Jarausch | Aus der Asche

Konrad H. Jarausch

Aus der Asche

Eine neue Geschichte Europas im 20. Jahrhundert

Aus dem Amerikanischen übersetzt von Ulrich Bossier

Reclam

Die Originalausgabe erschien unter dem Titel *Out of Ashes. A New History of Europe in the Twentieth Century* bei Princeton University Press, Princeton.

2018 Philipp Reclam jun. GmbH & Co. KG,
Siemensstraße 32, 71254 Ditzingen
Druck und buchbinderische Verarbeitung: GGP Media GmbH,
Karl-Marx-Straße 24, 07381 Pößneck
Printed in Germany 2018
RECLAM ist eine eingetragene Marke
der Philipp Reclam jun. GmbH & Co. KG, Stuttgart
ISBN 978-3-15-011114-7

Auch als E-Book erhältlich

www.reclam.de

MIX
Papier aus verantwortungsvollen Quellen
FSC® C014496
FSC
www.fsc.org

Inhalt

TEIL IV: Umstrittene Globalisierung, 1973–2000

Anhang

Vorwort

Die alte Legende von Doktor Faustus nimmt weitgehend den paradoxen Verlauf der europäischen Geschichte im vergangenen Jahrhundert vorweg. In dieser Erzählung schließt ein erfolgreicher Gelehrter einen Pakt mit dem Teufel, bei dem er seine Seele gegen unbegrenztes Wissen und freien Zugang zu weltlichen Vergnügungen tauscht. Nachdem er die vergänglichen Früchte seines Handels genossen hat, fällt er unvermeidlich der Verdammnis anheim, denn sein Ehrgeiz verletzt die göttliche Ordnung. In Goethes Version sucht Faust rastlos das innerste Wesen des Lebens, wobei er sich von Mephistopheles helfen lässt – und eine unschuldige junge Frau, Gretchen, zugrunde richtet. Doch im zweiten Teil des Dramas lernt Faust, anderen zu dienen, statt nur seine eigenen Begierden zu befriedigen, und da er nun immer strebend sich um menschliche Vervollkommnung bemüht, kann er schließlich der Verdammnis entgehen. In Thomas Manns Roman *Doktor Faustus* aus dem Jahre 1947, einer literarischen Reaktion auf die Gräuel des Dritten Reiches, erscheint wieder die warnende Tendenz der älteren Bearbeitungen des Stoffs; die Rolle des Faust spielt darin der Komponist Adrian Leverkühn, der wunderbare Musik schafft – freilich um den Preis eines syphilitischen Wahnsinns, der ihn verzehrt. Die Erzählung kann gelesen werden als Allegorie entweder auf die Suche nach Innovation, die zur Zerstörung führt, oder auf das Streben nach potenzieller Erlösung.

Was Europa im 20. Jahrhundert erlebte, ist angesichts seiner drastischen Umschwünge ein beispielloses Drama, dessen breites Handlungsspektrum von Leid und Selbstzerstörung bis hin zu Zivilität und Wohlstand reicht. Das Jahr 1900 begrüßten die europäischen Nationen mit großen Hoffnungen auf weiteren materiellen Fortschritt und Stolz auf ihre imperiale Herrschaft über den Erdball. Aber gar zu bald verwickelten sie sich in Konflikte, die zum »Großen Krieg« eskalierten; das gewaltige Blutvergießen erschütterte ihren Optimismus bis in die Grundfesten. Nach einer kurzfristigen Erholungsphase während der 1920er Jahre führte das Ringen zwischen kommunistischen, faschistischen und demokratischen Ideologien in den Zweiten Weltkrieg, der noch mehr Verwüstungen brachte, und in den furchtbaren Holocaust, der inzwischen ein Synonym für die Fähigkeit des Menschen zum Bösen geworden ist. Aus der Asche der großen Selbstverbrennung stieg der verheerte Kontinent jedoch – trotz der Belastungen durch den Kalten Krieg und den Verlust der Gebiete jenseits der Ozeane – lebendig wieder empor und erreichte erneut ein erstaunliches Maß an Frieden und Wohlstand. Mehr noch, eine unvorhergesehene friedliche Revolution verbreitete den liberalen Kapitalismus auch in Osteuropa, der sich allerdings bald mit neuen globalen Problemen konfrontiert sah. Die interpretatorische Herausforderung besteht nun darin, die Aufeinanderfolge dieser Umschwünge, Brüche und Verschiebungen verstehbar zu machen.

Um den verwirrenden Verlauf zu erklären, legt dieses Buch den Schwerpunkt auf die besondere Dialektik, die der europäischen Dynamik innewohnt: Sie hat einerseits den materiellen Fortschritt beeindruckend weit vorangetrieben, andererseits einen furchtbaren Prozess politischer Selbstzerstörung ausgelöst. Verteidiger der westlichen Zivilisation und ihre postkolonialen Kritiker sind sich darin einig, dass die Europäer eine proteische Zivilisation schufen, welche den Rest der Welt eroberte und so veränderte, dass sie ihn leichter beherrschen und ausbeuten konnten. Um den Beginn des 20. Jahrhunderts herum belegten Gesellschaftsanalytiker das Zusammentreffen von wissenschaftlichen Entdeckungen, ökonomischen Entwicklungen, politischer Teilhabe und kulturellem Experimentieren erstmals mit dem Terminus *Moderne*; so wollten sie die progressiven Wandlungen der Jetztzeit abgrenzen gegen die Traditionen der Vergangenheit – und sich selbst über die »rückständigen Völker« anderer Kontinente stellen. Zweifellos war ihr Anspruch, »modern« zu sein, mehr Wunsch denn Realität, beschrieb also eher ein Ziel, als dass er etwas schon Erreichtes feststellte. Aber wie die Faust-Legende macht auch dieses Selbstverständnis den unaufhörlichen Drang nach mehr Wissen, materiellem Gewinn und Massenmobilisierung deutlich, der den Kontinent in die Katastrophe stürzte und ihn anschließend zwang, für eine Rückkehr zur Zivilität zu kämpfen.

Besonders faszinierend an der Art und Weise, wie Europa das letzte Jahrhundert erlebte, sind die vielen gebrochenen und doch anrührenden Biografien, die sich aus den Versuchen ergaben, große Umwälzungen zu bewältigen. Meine Großeltern zum Beispiel zogen gegen 1900 von einem schlesischen Bauernhof in die wimmelnde Metropole Berlin, um dort ihr Glück zu suchen. Zwar kam mein Vater aus dem Ersten Weltkrieg, an dem er als Soldat teilgenommen hatte, lebend zurück, aber die Hyperinflation brachte den Kolonialwarenladen der Großeltern in Schwierigkeiten. Während der Depression hatten meine Eltern als junge Akademiker es schwer, Posten im Schulbetrieb zu finden, und im Zweiten Weltkrieg wurde mein Vater erneut eingezogen. Wie ich in *Das stille Sterben* geschildert habe, starb er Januar 1942 in Russland, während seine Witwe, als die Alliierten Magdeburg bombardierten, sich auf einem Bauernhof in Bayern befand und dadurch überlebte; nach dem Krieg nahm sie im Rheinland ihre Tätigkeit als Lehrerin wieder auf. Mein Schwiegervater, von Beruf Ingenieur, war mit anderen Wissenschaftlern Teil der amerikanischen Operation Paperclip, und da die Aussichten in Europa trübe erschienen, wanderte er 1948 in die Vereinigten Staaten aus. Dieses Buch skizziert die Strukturen der zerstörerischen Kräfte, die Verwandte töteten, Häuser in Schutt legten, Lebensgrundlagen gefährdeten – kurz, ganze Welten auf den Kopf stellten. Es berichtet aber auch von ermutigenden Entwicklungen – Genesung, Versöhnung und Emanzipation –, die Hoffnung für die Zukunft machen.

Ich selbst schaue auf die europäische Vergangenheit von einem transatlantischen Standpunkt aus, der Innenansichten und Außenansichten verbindet. Ich wurde während des Zweiten Weltkriegs in Magdeburg geboren und wuchs in Westdeutschland auf, wechselte dann aber in die Vereinigten Staaten und ging dort aufs College, promovierte an der University of Wisconsin und lehrte während meiner akademischen Laufbahn an verschiedenen amerikanischen Hochschulen. Der letzten Generation zugehörig, die noch eine klassische Bildung genoss, lernte ich Latein, Griechisch und Hebräisch im Gymnasium sowie danach Englisch, Französisch, Russisch und Italienisch, wodurch ich Zugang zu einer ganzen Reihe europäischer Kulturen erhielt. Während Ferienaufenthalten machte ich mich weiter mit dem deutschsprachigen Europa bekannt; ferner konnte ich dank Stipendien und familiärer Verbindungen zeitweise auch in Frankreich, den Niederlanden und Schweden leben. Schließlich führten mich berufsbedingte Reisen durch weite Teile des übrigen Europas, vom Balkan bis Großbritannien, von Russland bis Portugal. Mögen die folgenden Seiten viel aus dem schöpfen, was ich durch meinen deutschen Hintergrund und während meiner Ausbildung über Deutschland erfuhr, so sind sie doch von dem aufrichtigen Wunsch beseelt, auch anderen Ländern und dem jeweiligen Verlauf ihrer Geschichte gerecht zu werden. Als euroamerikanisches Hybridwesen bemühe ich mich jetzt schon über fünf Jahrzehnte, die »Einheit in Vielfalt« wissenschaftlich zu ergründen, jenes charakteristische Erbe, das der Alte Kontinent uns hinterlassen hat.

Konrad H. Jarausch
Berlin / Washington / Chapel Hill, im Sommer 2018

AUS DER ASCHE

Einleitung: Das europäische Paradox

Der Palast der Elektrizität bei der Weltausstellung in Paris, 1900

Die meisten europäischen Bürger begrüßten den Anbruch des 20. Jahrhunderts mit Optimismus. Sie waren stolz darauf, dass sich ihre Lebensbedingungen stetig verbesserten. Im Sommer 1900 präsentierte die Weltausstellung in Paris ermutigende Erfindungen und futuristische Designs, die rund fünfzig Millionen Besucher bezauberten. Die Permanentbauten wie die temporären Pavillons auf dem Marsfeld, ebenso die neu eröffnete Pariser Untergrundbahn, Métro genannt, waren stilistisch eine seltsame Mixtur aus Historismus und Moderne: In ihnen verschmolz eine idealisierte Vergangenheit mit der *Art nouveau* der Gegenwart. Zu den gezeigten Innovationen gehörten ein gigantisches Teleskop, ein Dieselmotor, eine extrem schnelle Dampflok, daneben Fotografien großer Brücken und anderer technischer Glanzleistungen; ein Laufband verkürzte die Wege zwischen den Ausstellungsorten. Die Hauptattraktion war der Elektrizitätspalast, eine strahlende Demonstration künstlichen Lichts, die schon vorausahnen ließ, was ein französischer Science-Fiction-Zeichner »das elektrische Leben« der Zukunft nannte. Die Weltausstellung und die »Wunder der Wissenschaft und Technik«, die sie so grandios darbot, verstärkten den »Glauben« der Öffentlichkeit »an einen ununterbrechbaren und unaufhaltsamen Fortschritt«.[1]

Kritischere Stimmen warnten jedoch davor, dass die »ausgreifende Mechanisierung des Lebens durch den Kapitalismus und den modernen Superstaat« eine gefährliche Krise bewirken werde. Keir Hardie, Führer der Scottish Labour Party, befürchtete ein Wettrüsten zu Lande oder zur See mit neuartigen Waffen und witterte Krieg, während andere sich eher durch den Imperialismus bedroht wähnten. Das Lager der Gesellschaftskommentatoren war gespalten: hier die Kritiker der Dekadenz, denen es vor der »Anarchie der Massen« graute, dort Autoren wie Émile Zola, die sich über die Profitmacherei in Kaufhäusern und die herzlose Ausbeutung der Arbeiter in den Bergwerken empörten. Der britische Oberrabiner Hermann Adler fürchtete das »Wiederaufflackern rassischer Antipathien und nationaler Animositäten«, während andere Moralisten die »infernalische Selbstsucht« beklagten, die bestimmte »Pseudophilosophen ›Individualismus‹ nennen«. Der Romancier Conan Doyle verabscheute die »erregungsfreudige und sensationsgierige Presse ohne Maß und Mitte«, während eine Dame der gehobenen Gesellschaft vor der zunehmenden »Laxheit im Bereich der Ehemoral« warnte. Einige scharfsichtige Beobachter spürten, dass unter der dünnen Schicht der Zivilisation immer noch die »schrecklichste und bösartigste Form der Barbarei« lauerte.[2]

Ungeachtet solcher Vorahnungen schauten die meisten Kommentatoren des *fin de siècle* doch hoffnungsfroh in die Zukunft; sie schlossen einfach von bisherigen Fortschritten auf kommende. Ingenieure prophezeiten, dass aufregende wissenschaftliche Entdeckungen und technische Innovationen auch das neue Jahrhundert kennzeichnen würden. Sozialreformer waren zuversichtlich, dass verbesserte Methoden des Ackerbaus, gründlichere Hygiene und soliderer Wohnungsbau den Menschen ein längeres und angenehmeres Leben bescheren könnten; endlich müssten sie Hunger und Kälte nicht mehr fürchten. Intellektuelle und Künstler erwarteten, dass der Zuwachs an Meinungsfreiheit und der größere Raum für Experimente ihnen ermöglichen würden, die Grenzen der bisher anerkannten Wahrheiten und Geschmäcker zu überschreiten. Geschäftsleute äußerten die Gewissheit, dass nun die Kolonialkonflikte gelöst würden und Europa friedliche Zeiten bevorstünden, so dass Handel und Warenaustausch über Grenzen hinweg sich intensivieren ließen. Sogar die Führer der Arbeiterbewegung proklamierten: »Das neue Jahrhundert gehört uns!« Mochte der Soziologe Werner Sombart auch eher besorgt auf die völlige Veränderung aller Lebensweisen schauen – es gab viele Gründe zu glauben, dass der weitere Fortschritt sämtliche verbliebenen Probleme beseitigen werde.[3]

Die vielversprechende Moderne

Der Schlüsselbegriff, der diese elektrisierende Fortschrittsvorstellung einzufangen suchte, war der Terminus »Moderne«. Eingeführt hatten ihn die Dichter des französischen Symbolismus in den 1870er Jahren, um ihre künstlerische Abkehr vom realistischen Stil zu rechtfertigen; schon bald fand er als Schlagwort breite Verwendung, wann immer Veränderungen initiiert werden sollten. Ein Jahrzehnt später übernahmen bestimmte Mitglieder der Berliner Literatenszene das Etikett und legitimierten so ihre Bewegung, den Naturalismus, dessen Ausdrucksmittel, wie sie meinten, erlaubten expressiver und kritischer über das »moderne Leben« zu schreiben. Auch in anderen Bereichen bedienten sich Avantgardisten dieses Begriffs und sprachen etwa von »moderner Kunst«, wenn sie mit atonaler Musik oder abstrakter Malerei experimentierten. Bürgerliche Intellektuelle, denen es um Reformen im Lebensstil der Mittelklasse ging, griffen das Wort ebenfalls auf; Wissenschaftler und Erfinder benutzten es, um ihre Entdeckungen zu propagieren. Und so wandelte sich »Moderne« denn am Beginn des 20. Jahrhunderts zu einem Lieblingsbegriff intellektueller Kreise, der die Idee suggerierte, hier breche man mit Traditionen, indem man neue Möglichkeiten erkunde.[4] Bezog sich die Bezeichnung ursprünglich nur auf innovative Impulse, wurde die Parole »Moderne« nun ein allgemeines Codewort für Fortschritt im Sinne von Befreiung.

Das Adjektiv *modern* markiert prinzipiell einen Gegensatz zur Vergangenheit. Ebendies aber macht den Terminus wandelbar, weshalb es stets schwerfiel, seine exakte Bedeutung zu erfassen. Wörterbüchern zufolge wurde der Begriff in der Renaissance geprägt, um die damalige Epoche von früheren Epochen zu unterscheiden, da sie sich abkehre vom klassischen Erbe der Antike, doch auch von der Periode dazwischen, in der religiöser Aberglaube und politische Konfusion geherrscht hätten, also jenem Zeitraum, den wir als das Mittelalter kennen. Dass der Terminus sich allein durch die Differenz zu einer vorherigen Ära bestimmt, bewirkte, dass er selbst kaum festen semantischen Gehalt bekam; wer ihn definieren wollte, musste sich ja auf die Gegenwart beziehen, und die bildete gleichsam ein bewegliches Ziel, da sie sich ständig veränderte. Dank dieser Fluidität konnten in der Geschichte immer wieder kulturelle Avantgarden, nur weil sie mit der Tradition zu brechen beabsichtigten, behaupten, sie seien »modern«, gleichgültig, welchen Stil sie gerade praktizierten. In Philosophie und Politik hieß »modern« oft auch, progressiv-aufklärerische Ansichten zu vertreten, eine weltlich orientierte Einstellung, die für rationales Denken und gesellschaftliche Verbesserungen eintrat.[5] Dass diese Konnotationen beliebig ineinanderflossen, hat die weite Verbreitung des Terminus beschleunigt, denn letztlich blieb offen, was eigentlich genau damit gemeint war.

In ihren Untersuchungen zur raschen Transformation Europas um 1900 haben Sozialwissenschaftler wie Émile Durkheim eine Theorie der gesellschaftlichen Evolution formuliert, die auf den Prozess der Modernwerdung besonderes Gewicht legte. Als Hauptfaktoren dieser »Modernisierung«, so der neue Fachbegriff, identifizierten sie zentrale Umbrüche in der Entwicklung Europas, darunter die wissenschaftliche, die industrielle und die demokratische Revolution. Darin sahen sie ein Geschehnismuster, das sie zu einem normativen Konstrukt verallgemeinerten; das faktische Ergebnis der Entwicklung Europas erhoben sie zu einem Ideal, das überall auf der Welt erreicht werden sollte. Der Soziologe Talcott Parsons exportierte das Modell in die Vereinigten Staaten und erklärte das genannte Resultat zum »höchsten Ziel des amerikanischen Liberalismus«; das Konzept »definierte« optimistisch »einen universellen historischen Prozess, durch den sich *traditionelle* Gesellschaften zu *modernen* wandelten«. Während des Kalten Krieges wurde diese Modernisierungstheorie der demokratische Gegenentwurf zur marxistischen Ideologie. Hauptmotor der Modernisierung sei demnach die ökonomische Entwicklung, der zuliebe der dynamische Geist des Kapitalismus entfesselt werden müsse, der dann eine Wachstumsphase nach der anderen bewirke. Lehrbücher erhoben das Konzept geradezu in den Rang eines soziologischen Determinismus, dem zufolge ein universeller Prozess der Veränderung abläuft, der zwingend zu dem bekannten Ende führt; das westliche System ist dabei Maßstab und Entwicklungsziel.[6]

Diese Verengung der Modernisierungstheorie auf eine Ideologie des Kalten Krieges provozierte harsche Kritik aus verschiedenen Richtungen. Einige Globalhistoriker schlagen schon vor, den Begriff gänzlich fallen zu lassen: Er beziehe sich unterschwellig allein auf europäische Erfahrungen, sei also gar zu »eurozentrisch«. Postkoloniale Anthropologen wiederum – eine ihrer Parolen lautet »Europa als Provinz« – wenden ein, dass offener Rassismus und rücksichtslose Ausbeutung die vorgeblich humanen Ziele des imperialen Modernisierungsprojekts unterminiert hätten. Gleichzeitig betonen Wissenschaftler und Philosophen wie etwa Zygmunt Bauman, die den Holocaust und seine Hintergründe erforschen, selbst ethnischen Säuberungen und Massengenoziden wohnten beträchtliche Elemente von Modernität inne; der vermeintlich gutartige Prozess habe also zumindest eine dunkle Kehrseite.[7] Umwelthistoriker schließlich heben mit Blick auf die »Grenzen des ökonomischen Wachstums« den unvermeidlichen ökologischen Schaden hervor, den ungezügelte Urbanisierung und wirtschaftliche Entwicklung anrichteten. Einst war die »Modernisierung« ein weithin geteiltes Ziel; seit der Intervention dieser Kritiker, könnte man sagen, ist sie ein intellektuelles Problem.

Statt auf den Terminus komplett zu verzichten, wäre es produktiver, sich der Moderne aus einer kritischen historischen Perspektive zu nähern. »Es gibt«, schreibt der Historiker Jürgen Kocka zu Recht, »keinen anderen Begriff, der eine ganze Epoche so suggestiv, assoziationsreich und kraftvoll in diachrone Prozesse langfristigen Wandels einzuspannen vermag.« Den Terminus zu historisieren, heißt auch, seine Bedeutung zu dekonstruieren, die sich ja verschiebt, je nachdem, wann, wo und vom wem er benutzt wird. Eine solche Perspektive offenbart eine Vielzahl konfligierender zeitgenössischer Bezugnahmen auf den Begriff, aber auch einen erstaunlich exzessiven, freilich oft unkritischen Gebrauch desselben in der wissenschaftlichen Literatur. Wichtiger noch: Die Existenz mehrerer miteinander wetteifernder Modelle – liberaler, kommunistischer und faschistischer – zur Erfassung ökonomischer und politischer Entwicklungen legt eine Pluralisierung des Begriffs nahe, so dass von »multiplen Modernen« gesprochen werden sollte. Außerdem enthüllt eine solche Annäherung die grundlegende Ambivalenz der Veränderungen, die einerseits enorme Erleichterungen, andererseits aber furchtbares Leiden brachten.[8] Statt »Moderne« als selbsterklärenden Standard der Zivilisation zu setzen, werden meine Reflexionen sie als ein komplexes Problem behandeln, das der historisierenden Annäherung bedarf.

Um die Verzweigungen dieses Begriffs zu erkunden, rücke ich vier zentrale Dimensionen besonders in den Fokus. Erstens diskutiere ich die verschiedenen Bedeutungen des Adjektivs »modern« als Bezugnahmen auf eine historische Periode und auf eine stetig sich wandelnde Gegenwart. Zweitens analysiert dieses Buch den Terminus »Modernisierung« als Beschreibung des Vorgangs des Modernwerdens; schließlich wurde er oft als Etikett für politische Bemühungen benutzt, eine »rückständige Gesellschaft« transformativ nach vorn zu bringen. Man denke an die damaligen Versuche, ›aus Bauern Franzosen zu machen‹.[9] Drittens studiere ich das Phänomen der »Modernität« im Kulturbereich. Immer wieder behaupten rivalisierende künstlerische Bewegungen, besonders Innovatives zu leisten; dabei haben sie nichts miteinander gemein außer dem Verwerfen der Tradition, denn die avantgardistischen Konzepte, die sie ihr entgegenhalten, fallen höchst unterschiedlich aus. Viertens analysiere ich den allgemeinen Begriff »Moderne« als ausdrückliche Zukunftsvision; »Moderne« war damit eine Projektionsfläche für – wiederum höchst verschiedene – Bilder eines besseren Lebens. Die vielfältigen Konnotationen dieser sprachlich so eng verwandten Konstrukte bieten wertvollen Aufschluss hinsichtlich der Frage, wie das uralte Streben nach Fortschritt im 20. Jahrhundert ausgesehen hat.

Mit den rapiden Innovationen der Moderne konfrontiert, erlebten die Europäer die Dynamik dieser Transformationen als Aufeinanderfolge so beglückender wie verstörender Beschleunigungen in ihrem immer schneller werdenden Alltag. Manche wissenschaftlichen Entdeckungen und technologischen Durchbrüche, etwa das Automobil oder das Flugzeug, lösten erregte, ja stolze Begeisterung aus, denn sie eröffneten unvermutete Zugänge zu Geschwindigkeit und Kraft. Damit schwanden Barrieren, die jahrhundertelang die

Mobilität des Menschen eingeschränkt hatten. Andere Errungenschaften wie die Fließbandarbeit oder das Flächenbombardement flößten den Leuten Furcht ein, denn sie ermöglichten in erschreckendem Maße wirtschaftliche Ausbeutung hier und Massentötungen im Krieg dort. Immer wieder produzierte dieses unaufhaltsame Streben nach Fortschritt Umbrüche mit ungewissem Ausgang, und immer wieder brachte es bald berauschende Möglichkeiten, bald entsetzliche Bedrohungen mit sich. So entstand ein neuartiges Turbulenzempfinden, das das Leben im 20. Jahrhundert prägte.[10] Da die Europäer sich als Verkörperung des Fortschritts sahen, möchte ich auf den folgenden Seiten ihre fieberhafte Suche nach politischen Lösungen nachzeichnen, mit deren Hilfe sie das erbarmungslose Vorandrängen der Modernisierung vielleicht doch zu meistern hofften.[11]

Europas Dynamik

Um 1900 hatten Denker wie Max Weber längst begonnen zu fragen, wo Europa seine außergewöhnliche Dynamik eigentlich hernahm. Dabei schwang freilich die Befürchtung mit, diese Kraft könnte irgendwann ins Zerstörerische umschlagen. Zeitgenossen lieferten alle möglichen Rechtfertigungen, die einander widersprachen – bald sollte das Christentum, bald rassische Überlegenheit die Ursache sein. Später führten Gelehrte als Gründe für die »großen Unterschiede« zwischen der ökonomischen Entwicklung in Europa und der in anderen Teilen der Welt Faktoren wie Kommerzialisierung, Marktwettbewerb, koloniale Ausbeutung, Institutionskultur und staatliche Interventionen ins Feld. Obwohl Zivilisationen außerhalb der Alten Welt, namentlich in Asien, auch ein hohes Wohlstandsniveau und einen hohen Grad kultureller Verfeinerung erreichten, muss gegen Ende des 19. Jahrhunderts in Europa etwas geschehen sein, das dessen Nationen ermöglichte, fast den ganzen Erdball zu beherrschen.[12] Ein senegalesischer Beobachter, der Schriftsteller Cheikh Hamidou Kane, staunte über diese »destruktive wie konstruktive, brutale, abstoßende und attraktive

Kraft«, die in der Lage sei, gleichzeitig zu töten und zu heilen.[13] Auch wenn man nicht in die Falle des normativen Eurozentrismus tappen will, bleibt doch die Frage zu klären: Was machte die modernen Europäer so besonders, dass sie den Rest der Welt kontrollieren konnten?

Ein wichtiger Grund lag in der Verbreitung einer rationalen Geisteshaltung, die wissenschaftliche Entdeckungen und technische Innovationen erst ermöglichte. Zwar hätte es zweifellos ohne Fürsorge der Kirche für die Gelehrsamkeit und ohne den Wissenstransfer aus der arabischen Welt keine »wissenschaftliche Revolution« gegeben. Aber der Geist der empirischen Forschung emanzipierte sich von der Autorität der klassischen Texte sowie den Diktaten der christlichen Religion und wagte sich über deren Grenzen hinaus. Zwar nahmen die europäischen Denker zur Kenntnis, was andere Hochkulturen ergründet hatten, doch sie entwickelten deren Einsichten weiter, bis sie zu bemerkenswerten Durchbrüchen gelangten, die ihr Weltverständnis grundlegend veränderten. Der erstaunliche Ausstoß an technischen Erfindungen, der im 18. Jahrhundert einsetzte, bescherte Europa eine ganze Reihe neuer mechanischer Antriebsapparaturen, namentlich die Dampfmaschine. Mit ihnen konnte man die Natur erobern, die Produktion verbessern und Transport wie Kommunikation beschleunigen. Schließlich erhielt dieser Prozess institutionelle Unterstützung durch die europäischen Universitäten, die Mitte des 19. Jahrhunderts sich selbst den »Forschungsimperativ« erteilten: Immer neue Entdeckungen zu machen, war ihnen nunmehr geradezu eine moralische Pflicht.[14]

Bedeutsam war zudem das Aufkommen des Kapitalismus und der Industrie, beides Phänomene, die eine zuvor nie gekannte Anhäufung von Reichtum hervorbrachten. Zwar hatten andere Kulturen, die chinesische etwa, ebenfalls weitläufige Handelsnetzwerke, aber die ökonomische Entwicklung in Europa ließ solche Modelle letztendlich doch hinter sich, indem sie einen kapitalistischen Elan erzeugte, immer höheren Profit zu erzielen. Auf einem Kontinent, der nur mit bescheidenen natürlichen Ressourcen gesegnet war – Eisen und Kohle –, trieb dieser Geist die Unternehmer an, sich außerhalb ihrer Heimat, ja in der ganzen Welt nach Rohstoffen und Märkten umzusehen. Er ließ auch Organisationsformen wie die Kapitalgesellschaft und die Börse entstehen – beides Mittel, um Kapital aufzubauen. Zusammen mit technischen Erfindungen führte solches Streben zu dem, was als »industrielle Revolution« bekannt wurde: Man mechanisierte die Textilproduktion, grub gewaltige Kohlenbergwerke ins Erdreich, expandierte Eisenschmelzereien zu Stahlfabriken und entwickelte Dampfschiffe und Eisenbahnen. Günstige Rahmenbedingungen – eine Kombination aus staatlicher Förderung und Laissez-faire-Liberalismus – halfen beim Aufstieg der kapitalistischen Industrie, der nicht nur die Massenproduktion von Waren erleichterte, sondern auch die materielle Basis für die Vormachtstellung Europas schuf.[15]

Eine wichtige gesellschaftliche Besonderheit war die Entwicklung des Individualismus und der Zuwachs an sozialer Mobilität in Europa. Die Entdeckung des »Selbst« in der Aufklärung lockerte die kollektiven Bindungen an Stände oder Körperschaften und übertrug dem Individuum die Verantwortung für das eigene Leben. Anders als in afrikanischen Gesellschaften, deren Stammesloyalitäten stark blieben, oder in Indien, wo der Platz des Einzelnen durch das Kastensystem bestimmt war, schwächten sich die traditionellen Formen der Unterordnung in Europa so sehr ab, dass Menschen daran denken konnten, ihr Glück dank eigener Leistungen zu machen – und damit kam die soziale Mobilität mehr und mehr in Schwung. Die Hoffnung, sich durch harte Arbeit voranzubringen, wie sie Samuel Smiles 1859 in seinem Bestseller *Self-Help* (dt. *Hilf dir selbst*) feierte, motivierte zahllose Individuen zur Selbstoptimierung, was einen gewaltigen Energieschub freisetzte. Die Suche nach besseren Chancen verstärkte auch die Migration, vom Lande in die expandierenden Städte ebenso wie über den Atlantik in die Neue Welt. Die wachsende Ruhelosigkeit, die nun die Europäer ergriff, war eine wichtige psychologische Motivation für ihre Dynamik.[16]

Ein letzter, oft vergessener Faktor war das zunehmende Streben nach Rechtsstaatlichkeit, das schließlich zur Festschreibung der fundamentalen Menschenrechte führte. Selbst absolutistische

Monarchen wie der Preußenkönig Friedrich der Große sahen ein, dass der Handel kaum gedeihen und der Frieden zwischen den Religionen schwerlich aufrechterhalten werden konnte, wenn nicht die Gültigkeit von Verträgen außer Frage stand, die Sicherheit des Eigentums gewährleistet war und der Gesetzgeber bindende Toleranzregeln schuf. In einer Reihe von Kämpfen zwischen Herrschern und Beherrschten, wobei die Französische Revolution und die späteren kontinentalen Revolutionen besondere Merkzeichen setzten, errangen die Untertanen gewisse Bürgerrechte, die sie vor den verheerenden Zumutungen des Staates schützten. Die Redefreiheit eröffnete nun eine öffentliche Sphäre, während die Versammlungsfreiheit die Bildung einer pluralistischen Zivilgesellschaft erleichterte. In Verfassungen verankert, ermöglichten diese schwer errungenen Bürgerrechte erst der Mittelklasse und schließlich auch dem Proletariat, sich an politischen Entscheidungen zu beteiligen. Obwohl dieser Bürgerstatus nach wie vor in den Bereichen des Sozialen, des Rassischen und des Geschlechts eingeschränkt blieb, lebten doch die meisten europäischen Männer nicht mehr unter einer Willkürherrschaft und fühlten sich um 1900 immerhin so sicher, dass sie sich in öffentliche Angelegenheiten einzumischen wagten.[17]

Unter diesen Bedingungen entwickelte sich ein neuer Typus politischer Ordnung, genannt Nationalstaat. Er unterschied sich grundlegend von den Ordnungen in der übrigen Welt. Während Osteuropa noch von Imperien beherrscht war – dem russischen, dem habsburgischen und dem osmanischen –, die sich aus verschiedenen Ethnien und Religionen zusammensetzten, wandelten sich im Gefolge der Französischen Revolution die westlichen Monarchien in neuartige, homogenere politische Gefüge, deren jedes beanspruchte, nur aus einer einzigen Nation zu bestehen. Dieses nationale Ideal bezog sich auf eine gemeinsame Sprache, eine ähnliche Vergangenheit und ein Zugehörigkeitsempfinden der Bürger, das alle bisherigen inneren Unterschiede transzendierte. So entstand ein Staatswesen aus einem Guss, das eine feste Herrschaft über ein bestimmtes Territorium innehatte, mit einer einzigen Verfassung, einem Gesetzeskorpus und einem Münzsystem ebenso wie einem

Binnenmarkt, was Wachstum und Handel erleichterte. Diese imaginäre Gemeinschaft erschien italienischen und deutschen Intellektuellen so attraktiv, dass sie versuchten, die fragmentierten Fürstentümer ihres Landes ebenfalls zu einem neu zu schaffenden Nationalstaat zu einen.[18] Indem sie ihre Bürger mobilisierte, wurde diese neue politische Organisationsform nicht nur mächtiger als die traditionellen Imperien, sondern es gelang ihr auch, Kolonien in Übersee zu erwerben.

Der Erfolg des Modells Nationalstaat beruhte zum Teil auf seiner Fähigkeit, Ressourcen zu erschließen. Das ermöglichten ein neuartiger effizienter Verwaltungsapparat und ein allgemeingültiges Steuersystem. Vor der Revolution wurden noch Ämter ge- und verkauft, oder es herrschte Korruption wie bei den Osmanen. Das administrative Korps des Nationalstaats hingegen galt als kompetent und unparteiisch, weil seine Angehörigen vom Staat besoldet wurden und Pensionsprivilegien innehatten. Eine Einstellung bei den Behörden setzte voraus, dass der Betreffende eine universitäre, zertifikatbelegte Ausbildung in Jura oder einer anderen Disziplin durchlaufen hatte; nicht mehr familiäre Beziehungen oder politische Patronage entschieden darüber. Ferner wurden Steuern jetzt nicht mehr willkürlich festgelegt, sondern basierten auf objektiven Kriterien, was die erzielbaren Einnahmen so verlässlich einschätzbar und transparent machte, dass die Regierungen vorausplanen konnten. Im Gegenzug bekamen die Bürger innerstaatlichen Frieden und Gleichheit vor dem Gesetz garantiert. So weit das Ideal – es wurde nicht immer erreicht, aber die Bürokratisierung der Verwaltung erwies sich doch als effizienter und berechenbarer als frühere Praktiken. Dies ermöglichte dem Nationalstaat, sein Wirken auf immer mehr und immer neue Gebiete auszudehnen.[19]

Ein zweiter Pfeiler des europäischen Nationalstaats war ein reformiertes Militär, das es ihm erlaubte, eine nie dagewesene Schlagkraft gegen seine äußeren und inneren Feinde aufzubieten. Im Gegensatz zum kostspieligen Söldnertum des Ancien Régime beruhte das revolutionäre Konzept des ›Bürgers in Uniform‹ darauf, dass alle wehrfähigen Männer Militärdienst leisten mussten. Bei Angriffen von außen konnten so mit begrenzten Kosten ganze Massenarmeen ausgehoben werden, und der Staat erhielt Gelegenheit, seinen Rekruten ihre nationalen Pflichten einzutrichtern. Gleichzeitig ermöglichten technische Innovationen – etwa die Repetierbüchse, das Maschinengewehr, die Handgranate und die schwere Artillerie – es den europäischen Soldaten, viel mehr Gegner zu töten als mit Musketen und Bajonetten. Ähnlich verlief die Entwicklung im maritimen Bereich: Dank Kanonen- und U-Booten sowie Panzerschiffen ließ sich auch der Krieg zur See mit mehr Durchschlagskraft führen, befähigten sie doch zu Attacken auf Ziele, die fern der heimatlichen Basis in Übersee lagen. Schließlich maximierten die Generalstäbe durch akribische logistische Planung die Effizienz von Truppenbewegungen. Diese Umstände, zusammengenommen, bildeten die Grundlage der militärischen Überlegenheit Europas.[20]

Die internationale Ordnung, in der diese europäischen Staaten dominierten, bestand aus einem informellen »Nichtsystem«, das den Nationen die Möglichkeit ließ, miteinander zu konkurrieren. Nachdem Versuche, die Hegemonie zu erlangen, gescheitert waren – zuletzt derjenige Napoleons –, blieb der Kontinent in mehrere Dutzend unabhängige Staaten fragmentiert. Die Führungsrolle unter ihnen hatten die Großmächte Großbritannien, Frankreich, Preußen, Österreich-Ungarn und Russland inne, deren informelles Ensemble man als »Pentarchie« [›Fünferherrschaft‹] bezeichnet; jede davon nahm bestimmenden Einfluss auf ihre Nachbarländer. Das Gefüge war stets flexibel genug, um auch Neuzugänge aufzunehmen, wobei ein dynamischer *newcomer* wie Preußen bzw. Deutschland schon einmal ein älteres, schwächelndes Mitglied wie Spanien verdrängen konnte. Die Briten nannten dieses System *balance of power*, ›Gleichgewicht der Kräfte‹; denn sie achteten sorgfältig darauf, dass keiner der Kontinentalstaaten stark genug wurde, um ihr Imperium herauszufordern. In gleicher Absicht – der Sicherheit zuliebe – suchte der deutsche Reichskanzler Otto von Bismarck stets ein Bündnis mit zwei anderen Staaten der Pentarchie. Konflikte zwischen kleineren Ländern oder den Großmächten wurden durch internationale Kongresse oder diplomatische Verhandlungen gelöst, und zwar gemäß dem Prinzip, dass, wenn ein Staat einem anderen Staat Gebiet wegnahm, der letztere eine Kompensation erhielt.[21] Das System hatte nur eine fundamentale Schwachstelle: Seine Neujustierung erforderte Krieg.

Zwar waren die führenden europäischen Staaten inzwischen mit nie dagewesener Macht ausgestattet, aber gleichzeitig schufen diese dynamischen Entwicklungen auch enorme Spannungen, die jeden Augenblick zu eskalieren drohten. Scharfsichtige Kritiker wiesen auf die Vielzahl der ungelösten Konflikte hin und zeigten sich besorgt, dass es bald zu einer Krise kommen könnte. Beim Aufteilen der Welt gerieten koloniale Gebietsansprüche mehrfach miteinander ins Gehege, so im Sudan, während einheimische Völker beispielsweise in Indien gegen die Fremdherrscher zu rebellieren suchten. Daheim lieferten sich Industrielle und Grundbesitzer, die von der Ausbeutung der Arbeitskraft profitierten, einen erbitterten Klassenkrieg mit dem Proletariat, das sich nun in Gewerkschaften und sozialistischen Parteien organisierte. In der Öffentlichkeit schürte die Sensationspresse nationalistische Hassgefühle, indem sie andere Länder herabwürdigte, während Agitatoren hässliche Rassenvorurteile mobilisierten. In den östlichen Imperien versuchten nationale Befreiungsbewegungen derweil, sich der Dominanz der jeweiligen Zentren zu entwinden, indem sie lautstark Selbstbestimmung einforderten.[22] Um die Jahrhundertwende war Europa also ein sich rasch entwickelnder Kontinent mit einer enormen Machtfülle, aber nicht minder eine von tiefen Klüften durchzogene Gesellschaft, die schließlich seine Länder zerreißen sollten.

Ambivalenzen des Fortschritts

Mein Buch baut zwar auf Untersuchungen anderer auf, doch präsentiert es eine eigene Interpretation der Geschichte Europas im 20. Jahrhundert, wobei es besonders die fundamentale Ambivalenz der Moderne in den Blick nimmt. Die Erzählung vom unaufhaltsamen Fortschritt, die sich in den meisten Lehrbüchern zur »Geschichte der westlichen Zivilisation« findet, wird dem immensen Leid, das die beiden Weltkriege brachten, nicht gerecht. Mark Mazower artikuliert in seiner Studie *Der dunkle Kontinent* eine Gegenposition und sieht als bestimmende Momente die ungeheuren Verbrechen, die ethnischen Säuberungen und den Holocaust; sie erklärt aber nicht hinreichend die Dynamik der Erholung nach dem Krieg. Weder Eric Hobsbawms vom linken Standpunkt her geführte Klage über die Niederlage des kommunistischen Projekts noch Edgar Wolfrums Betonung der segensreichen Fortschritte im täglichen Leben erfasst die ganze Komplexität der europäischen Entwicklung. Tony Judt, der den Wiederaufbau nach dem Zweiten Weltkrieg aus sozialdemokratischer Sicht darstellt, kommt dem Entscheidenden schon näher; leider lässt er jedoch wichtige Vorgänge der ersten Jahrhunderthälfte unerörtert, während Ian Kershaws eindrucksvolle Synthese vorerst nur bis 1950 reicht.[23] Anregend sind diese Studien zwar, jede in ihrer Art, aber sie liefern eben keinen umfassenden und ausgewogenen Gesamtplan, mit dessen Hilfe sich die Katastrophen und die Erfolge Europas während des letzten Jahrhunderts verstehen ließen.

Meine Reflexionen unterscheiden sich daher in mehrfacher Hinsicht von der bereits existierenden Literatur. Andere Autoren beginnen bei einem früheren oder späteren Zeitpunkt; im Gegensatz dazu setze ich mit der intensivierten Modernisierung ein, die um 1900 den Höhepunkt imperialistischer Macht in Europa verursachte. Ich blende nicht ab mit der Jugendrevolte von 1968 oder der friedlichen Revolution von 1989, sondern nehme das letzte Viertel des 20. Jahrhunderts ernst als eine Epoche mit eigenem Charakter, die einer Erklärung bedarf. Nur so lassen sich die konsternierenden Herausforderungen unserer Gegenwart verstehen. Während viele kulturalistische Darstellungen bevorzugt mit Impressionen und Gefühlen operieren, halte ich den Blick auf Politik, zwischenstaatliche Angelegenheiten und Kriege gerichtet und beziehe bei der Erörterung der Ursachen dieser Phänomene auch Faktoren wie ökonomische Dynamik, soziale Veränderung und kulturelle Strömungen ein. Die folgenden Seiten versuchen ferner eine diskursive Annäherung an die Vergangenheit, indem sie die eigenen Argumente in den Kontext von Sichtweisen stellen, die, was bestimmte wichtige Fragen betrifft, zu anderen Ergebnissen gelangt sind. Schließlich will dieses Buch, statt lediglich ein detailliertes Narrativ zu bieten, eine zusammenhängende Interpretation präsentieren, indem es rivalisierende Auffassungen von Moderne vergleicht.[24]

Um die Komplexität der europäischen Vergangenheit zu erfassen, wird die nachstehende Reflexion über essentialistische Definitionen hinausgehen und konstruktivistische sowie relationale Untersuchungsansätze nutzen. Einerseits interpretiert sie die Dynamik des Kontinents als Folge der Tatsache, dass er ein Raum intensiver Kommunikation war und über gemeinsame historische Erfahrungen verfügte, die auf die Antike, das Christentum, die Renaissance und die Aufklärung zurückgehen. Andererseits sehe ich Europa als diskursives Konstrukt, geschaffen von inneren Kommentatoren und äußeren Beobachtern, wobei sich das Konstrukthafte darin zeigt, dass sich Europas Zentrum, seine Grenzen und seine Werte immer wieder verschoben haben.[25] Bemüht, die übliche einseitige Ausrichtung auf Westeuropa zu vermeiden, gibt meine Synthese den Vorgängen in Mittel- und Osteuropa mehr Raum und stellt den Kontinent selbst in einen globalen Kontext, um nachzuzeichnen, wie er die Welt geprägt, aber auch, wie die Welt auf ihn eingewirkt hat. Ich will gemeinsame Muster in der Entwicklung mehrerer der immer noch mächtigen Nationalstaaten erkennen. Zu diesem Zweck nehme ich ein paar hochrelevante übergreifende Phänomene in den Blick, etwa wirtschaftliche Depression oder Dekolonisation. Diesbezüglich konzentriere ich mich auf eine Handvoll führender Länder, bei bestimmten kritischen Punkten werfe ich aber auch Seitenblicke auf kleinere Staaten, die wichtige transnationale Prozesse erhellen können. Da es einen regelrechten Staatenverbund vor der Europäischen Union noch nicht gab, beansprucht meine Studie nicht, *die* eine Erzählung der Europäisierung zu liefern, sondern geht von mehreren Geschichten aus, die sich überschneiden.[26]

Statt Europa nur durch die Linse schmerzvoller Erinnerung zu betrachten, nimmt meine Darstellung auch des Kontinents lebendige Gegenwart fest ins Visier. Touristen lassen sich ja gern vom romantischen Anblick alter Kathedralen, hoch aufragender Burgen und Schlösser sowie prächtiger Patrizierhäuser faszinieren. Scharfsichtigere Besucher bemerken auch die vielen Kriegsnarben, etwa

Bombenlücken in den Straßen, Schusslöcher in Häuserwänden, Soldatenfriedhöfe und Ehrenmale für die Opfer blutiger Schlachten.[27] Und doch ist dieser Kontinent, das wird mein Buch darlegen, mehr als nur ein Museum. Dafür sprechen die glänzenden modernen Städte, in denen das Leben weitergeht, Städte mit eleganten Einkaufszonen, Städte, die Hochgeschwindigkeitszüge verbinden und ein effizienter öffentlicher Nahverkehr durchzieht, Städte voller gutgekleideter Leute, die nicht mehr viel von der Vergangenheit zu wissen scheinen. In den letzten Jahren hat die Immigration die Menschenmassen bunter gemacht: Man sieht verschiedene Hautfarben, Kopftuch und Ganzkörperschleier neben Miniröcken und Jeans, und Moscheen wetteifern stellenweise schon mit den Kirchen. Diese Studie untersucht daher die Spannung zwischen einer problematischen Vergangenheit und einer vielversprechenden Gegenwart, um jene besondere Version der liberalen Moderne zu entschlüsseln, welche die europäische heißt.[28]

Ein solcher Ansatz wirft neue Fragen auf, was die Hoffnungen betrifft, die der Drang zur Modernisierung auslöste, aber ebenso, was den Widerstand gegen sie angeht. Neu beleuchtet werden muss der Konflikt zwischen den rivalisierenden ideologischen Versionen, die das gesamte 20. Jahrhundert beherrschten. Warum begeisterte das Versprechen des Fortschritts so viele Staatenlenker, Geschäftsleute, hochqualifizierte Akademiker und einfache Arbeiter, weshalb erschien er ihnen als ein Weg in eine bessere Zukunft? Diese Advokaten des Wandels mussten eine ganze Schar von Verteidigern der Tradition bezwingen, die sich gegen die Innovation wandten, weil sie ihre etablierte Ordnung und ihren gewohnten Lebensstil bewahren wollten. Welcher Druck spaltete das Projekt des »Immer vorwärts« in liberale, kommunistische und faschistische Ideologien auf, deren jede eine andere Blaupause für die Zukunft propagierte? Die Konflikte zwischen diesen Programmen förderten die üblen Seiten des Prozesses; sie brachten neue, unermessliche Arten von Leid in Gestalt des Vernichtungskrieges und des Holocaust. Wie konnte der verwüstete Kontinent aus den Trümmern wiederauferstehen und zu einem geläuterten Verständnis von Modernität gelangen? Indem es analysiert, wie die Europäer das Potenzial des Fortschritts genutzt haben, will dieses Buch zu einer kritischeren Betrachtung der Chancen und Gefahren ermuntern, die jenes Streben mit sich brachte und bringt.[29]

Schauen wir auf die Ambivalenzen der Moderne, erscheinen manche wohlbekannten Ereignisse in neuem Licht; andere, bisher eher vernachlässigte Vorgänge gewinnen schärfere Konturen. Wie sich dabei zeigt, war das erste Viertel des 20. Jahrhunderts von einem optimistischen Vertrauen in den Fortschritt beherrscht, da Wissenschaft, Wohlstand und Frieden der Mittelschicht ein unübersehbar besseres Leben bescherten. Die Tötungswucht der industriellen Kriegsführung wurde daher als ungeheurer Schock wahrgenommen, der zu beweisen schien, wie recht die Kritiker der Moderne hatten, denn sie brachte immenses Leid in die Schützengräben und an die Heimatfront. Doch davon unbeeindruckt behaupteten führende Politiker, es gebe Auswege aus dieser misslichen Situation, und bald waren verschiedene rivalisierende Ideen im Umlauf: Liberale, kommunistische und faschistische Visionen der Modernisierung versprachen, man könne den Fortschritt sehr wohl wieder voranbringen, wenn man nur ihren Anordnungen folgte. Der Übergang zum Frieden erwies sich zwar als schwierig, aber Mitte der 1920er Jahre verbesserten sich die Lebensbedingungen doch so weit, dass die Hoffnung zurückkehrte. Und die Intellektuellen ließen die Hemmnisse der Tradition hinter sich und experimentierten mit dem kulturellen Modernismus. Nachdem es das Trauma des Ersten Weltkriegs durchlebt hatte, schien Europa in der Lage, ein weiteres Stück Wegs voranzukommen.

Aus einer solchen Perspektive zeigt sich auch das gefährliche Potenzial der Moderne, das Europa im zweiten Viertel des 20. Jahrhunderts an den Rand der Selbstzerstörung brachte. Indem sie die bisherige Entwicklungsrichtung umkehrte, säte die Große Depression tiefe Zweifel, ob die Demokratie wohl überlebensfähig sei. Der erstaunliche Erfolg der stalinistischen Modernisierung in der Sowjetunion zog viele Intellektuelle aus dem Westen in Bann, die das sowjetische Modell des radikalen Egalitarismus als Weg in eine bessere Zukunft priesen. Andere, die sowohl der Demokratie als auch dem Kommunismus kritisch gegenüberstanden, wandten sich der organischen Modernität der Nazis zu, die versprachen, die soziale Ordnung mit dem technischen Fortschritt in der Volksgemeinschaft zu versöhnen. Das mörderische Wüten des Zweiten Weltkriegs übertraf noch bei weitem das Gemetzel seines Vorgängers, während die sozialtechnischen Projekte der Kommunisten und der Nazis – Klassenkrieg hier, ethnische Säuberungen bis hin zu Adolf Hitlers Holocaust dort –, Auswüchse einer Moderne waren, die Amok lief. Am Ende der heftigen Gefechte glichen weite Teile Europas einer Mondlandschaft, in der verstörte Bewohner um das nackte Überleben kämpften. Die Versuche des *social engineering* der Diktatoren hatten ungeheure Zerstörung angerichtet.

Die genannte Blickrichtung lässt uns des Weiteren erkennen, dass der Alte Kontinent nicht unterging, sondern sich aus der Asche wieder emporschwang. Das konnte er, weil er im dritten Viertel des 20. Jahrhunderts eine konservative Version der Modernisierung anstrebte. Unterstützt von den Vereinigten Staaten, nutzte der westliche Teil die Chance, die Demokratie mit Hilfe des Wohlfahrtsstaats zu stabilisieren, während die östliche Hälfte eine Sowjetisierung erlebte. Daraus ergaben sich die Krisen des Kalten Krieges, die glücklicherweise im Zaum gehalten wurden durch die Furcht vor nuklearer Vernichtung; zudem befreite die Dekolonisation Europa von seinem imperialen Ballast. Die wirtschaftliche Integration innerhalb Westeuropas bewies, dass man dort die Lektionen über die Schädlichkeit nationalistischer Feindseligkeiten gelernt hatte, während die östliche Hälfte unter der diktatorischen Herrschaft Russlands verblieb. Im Gegensatz zur Zwischenkriegsphase akzeptierten nach dem Zweiten Weltkrieg die meisten Europäer die Moderne, weil sie ihnen merkliche Verbesserungen ihres Lebensstandards brachte, etwa bei Konsum und Unterhaltung. Beiderseits des Eisernen Vorhangs waren die Politiker überzeugt, sie könnten das wohltätige Potenzial des Fortschritts ausschöpfen, indem sie soziale Reformen planten. Wieder einmal wurde die Modernisierung zum Leitwort einer friedlichen Koexistenz der konkurrierenden Zukunftsentwürfe in Ost und West.

Schließlich ergibt meine Analyse, dass im letzten Viertel des 20. Jahrhunderts eine unvorhergesehene kulturelle Revolte gegen die Moderne das wiedergewonnene Vertrauen in den Fortschritt erschütterte. Die Jugendrebellion, neue soziale Bewegungen und postmoderne Kritik lehnten die rationalistische Synthese des klassischen Modernismus ab. Gleichzeitig unterminierte die ökonomische Transformation, die sich im Gefolge der Globalisierung vollzog, die gesellschaftlichen Stützpfeiler sozialdemokratischen Planens. Das Ende des Kalten Kriegs bahnte der »friedlichen Revolution« von 1989 den Weg, die den Kommunismus stürzte; nun blieb als Modell für die Transformation Osteuropas einzig die demokratische Modernisierung übrig. Neue globale Herausforderungen im wirtschaftlichen Wettbewerb, »Armutsmigration« und internationaler Terrorismus machten jedoch rasch diesem Triumph ein Ende. Um 2000 sah sich Europa vor der Aufgabe, seine eigene Version des Wohlfahrtskapitalismus gegen die Hegemonie des amerikanischen Modells und die aufsteigenden asiatischen Konkurrenten zu verteidigen. Indem sie die Hoffnungen und Enttäuschungen, die mit diesem Streben nach Fortschritt verbunden waren, ins Schlaglicht rückt, liefert unsere Perspektivierung eine neue Interpretation des kontinentalen Ringens mit dem Fortschritt während des 20. Jahrhunderts.

Auch wenn sich der Fokus des Interesses inzwischen auf andere Regionen der Erde verschiebt – der Fall Europa bleibt wichtig, denn er repräsentiert ein drastisches Beispiel für die Fehlschläge und Erfolge, die beim Umgang mit der Modernisierung geschehen können. Aufstieg, Fall und Wiedergeburt des Alten Kontinents im 20. Jahrhundert bieten eine hochdramatische Erzählung, vorangetrieben von außergewöhnlichen Individuen, voller überraschender Kehren und Schicksalswendungen. Einerseits kann man sie lesen als Warnung vor den unheilvollen Folgen, die eine radikale Veränderung der Gesellschaft durch diktatorische Systeme anrichtet. Das stalinistische Russland und das nazistische Deutschland hinterließen eine Spur von Leid und Tod, und zwar in einem schier unvorstellbaren Ausmaß. Andererseits kann das Exempel Europas auch ermutigen, denn es bezeugt, dass Gesellschaften, die an den Rand der Selbstzerstörung gerieten, sich regenerieren können, wenn sie aus den Lektionen ihrer mörderischen Vergangenheit lernen, dass sie um einer besseren Zukunft willen kooperieren müssen.[30] Nur gar zu deutlich zeigen sich die Verheerungen, die eine autodestruktive Kriegsführung und ein ausbeuterischer Kapitalismus angerichtet haben. Daher führt die europäische Erfahrung letztendlich vor Augen, wie wichtig es ist, die Stabilität der Demokratie durch friedliche Kooperation nach außen und einen leistungsfähigen Wohlfahrtsstaat im Inneren zu bewahren. Die entscheidende Einsicht, die aus jenem Jahrhundert der Turbulenzen zu ziehen wäre, lautet also, dass die Dynamik der Moderne zu zügeln ist, damit ihr wohltätiges Potenzial freigesetzt werden kann.

TEIL I

Fortschrittsversprechen, 1900–1929

Globale Herrschaft

Südafrikanische Diamantenmine, 1911

Das diamantene Thronjubiläum Königin Victorias, der sechzigste Jahrestag ihres Machtantritts, bildete den symbolischen Höhepunkt des europäischen Imperialismus. Kolonialminister Joseph Chamberlain hatte die Idee zu diesem prächtigen *Festival of the British Empire* gehabt; es kamen auch elf Premierminister aus den selbstverwalteten *dominions*. Ein zeitgenössischer Film hat dieses Ereignis festgehalten; auf dessen flimmernden Bildern ist kaum zu erkennen, dass London schier unterging in Fahnen, Girlanden und Scharen neugieriger Menschen, zurückgehalten von Soldaten mit hohen Pelzmützen. Militäreinheiten aus dem gesamten Empire paradierten zu Fuß oder auf Pferden durch die Straßen. Sie trugen farbenfrohe Uniformen, so das Kontingent der kanadischen Reiterpolizei ihre roten Waffenröcke und indische Regimenter die traditionelle Tracht ihrer Heimat. An der Spitze des Zuges fuhr die bald achtzigjährige Königin in einer Pferdekutsche. Die Prozession hielt vor der Sankt-Pauls-Kathedrale, wo ein Gottesdienst unter freiem Himmel stattfand. Auch andernorts in England und nicht minder in den Kolonien wurde der Tag mit Reden und Feuerwerk festlich begangen. Das diamantene Jubiläum stellte die militärische Macht des Imperiums zur Schau und ebenso die Zuneigung vieler seiner Untertanen zu ihrer betagten Monarchin.[1]

Zeitgenössische Propagandisten und auch spätere Kommentatoren wurden und werden nicht müde, die Verdienste des Empire zu preisen, von denen Kolonisatoren *und* Kolonisierte profitiert hätten. Schriftsteller wie H. Rider Haggard verfassten aufregende Geschichten, so die Abenteuer des Allan Quartermain, die in Afrika spielten und nachmals Anregung für die Indiana-Jones-Filme liefern sollten. Journalisten, darunter der junge Winston Churchill, schilderten anschaulich begeisternde Siege der Kolonialtruppen gegen in Überzahl kämpfende Derwische, ohne deren Abschlachtung moralisch bedenklich zu finden. Ein Jahrhundert später hat das dschihadistische Chaos dazu geführt, dass wieder die Vorteile der imperialen Ordnung erörtert werden: Verglichen mit dem Problemwirrwarr, den spätere Konflikte zwischen Religionen oder Nationalstaaten ausgelöst hätten, habe sie doch funktioniert. Der britische Historiker Niall Ferguson erklärt deshalb, das Empire habe »weltweit den Wohlstand gefördert«, indem es den liberalen Kapitalismus, die englische Sprache, die parlamentarische Demokratie und die Ideen der Aufklärung in Schulen und Universitäten verbreitet habe. Er sieht darin eine Frühform dessen, was er *anglobalization* nennt (gemeint ist die Globalisierung mit Großbritannien und den USA als treibenden Kräften, namentlich nach dem Zweiten Weltkrieg). Mit Verweis auf das segensreiche Walten des britischen Weltreichs schließt Ferguson, das »Empire und seine Folgewirkungen« hätten »die moderne Welt so tiefgehend geformt, dass wir deren Beschaffenheit fast als selbstverständlich nehmen«.[2]

Andererseits mehrten sich im Laufe des Jahrhunderts die kritischen Stimmen; ja, Imperialismus avancierte zu einem der verhasstesten Begriffe im Wortschatz der Politik. Literaten beschrieben die Ausbeutung und den Rassismus, die Europa anderen Teilen der Welt angedeihen ließ, in packenden Geschichten, so Joseph Conrad in seiner Novelle *Heart of Darkness* (dt. *Herz der Finsternis*). Kritiker wie John A. Hobson attackierten den Kolonialismus, denn er habe »seinen Ursprung im selbstsüchtigen Interesse bestimmter Kreise der Industrie und Finanz sowie bestimmter Berufsgruppen, die privaten Profit aus einer Politik imperialer Expansion ziehen wollen«. Während des Ersten Weltkriegs meinte der Revolutionär Wladimir I. Lenin, der Imperialismus sei »seinem ökonomischen Wesen nach Monopolkapitalismus«, und die Kette der imperialistischen Ausbeutung könne an ihrem schwächsten Glied zerbrochen werden, nämlich seiner Heimat Russland. Da sie dringend einer theoretischen Rechtfertigung bedurften, um die europäische Herrschaft zu stürzen, übernahmen viele antikolonialistische Intellektuelle diese Kritik an der imperialistischen Ausbeutung für ihre nationalen Befreiungskämpfe. Da sie unverändert missbilligen, wie Amerika im Kalten Krieg Diktaturen in der »Dritten Welt« unterstützte, geißeln viele postkoloniale Wissenschaftler nach wie vor die schändlichen Konsequenzen des imperialistischen Rassismus und der Unterdrückung durch die Weißen.[3]

Die Intensität und Langlebigkeit der normativen Debatte um

den Imperialismus unterstreichen, wie zentral die Imperiumsidee für die moderne europäische Geschichte ist. Jahrhundertelang beherrschte das Streben nach ressourcenreichen Besitztümern in Übersee das Handeln der westlichen Staaten; mit ähnlichen Motiven suchten die östlichen Monarchien benachbarte Territorien zu erwerben. Viele der Rohstoffe, die Europas Industrien verbrauchten, kamen aus den Kolonien, während ihre Fertigprodukte in die vom Mutterland kontrollierten Kolonialmärkte exportiert wurden. Viele Europäer zeigten ein Bewusstsein der Überlegenheit über die sogenannten »Eingeborenen«, während wertvolle Objekte aus der imperialen Kultur die Salons der europäischen Elite zierten. Aufgrund dieser ungleichen Interaktion war das Phänomen Imperium in den Metropolenländern allgegenwärtig. Parallel dazu lernten die Nichteuropäer die Weißen zuerst in deren Eigenschaft als imperiale Ausbeuter, Händler, Missionare, Beamte oder Offiziere kennen. Welche Auffassung sie von den Europäern hatten und was sie ihnen gegenüber empfanden, war daher zutiefst durch ihre Erfahrungen mit imperialer Dominanz und ökonomischer Ausbeutung geprägt.[4] An der Wende zum 20. Jahrhundert bestimmte der Imperialismus nicht nur Europas Herrschaft über die Welt, sondern auch die Reaktion der Welt auf Europa.

Modernisierung war gleichermaßen Ursache wie Ergebnis des imperialen Projekts und eng mit ihm verbunden, wobei sich deutlich die Ambivalenz ihrer Dynamik zeigte. Einerseits beruhte die militärische Überlegenheit der Europäer über die einheimischen Völker auf dem technologischen Vorsprung in Waffen und Organisation, den ihnen die Moderne ermöglichte. Die Rastlosigkeit, neue Gebiete zu erforschen; die Gier, die Risikobereitschaft stimulierte; der Individualismus, der zur Auswanderung ermutigte; der Rechtsstaat, der Vertragstreue erzwingbar machte – all dies war zutiefst modern. Andererseits prägte die imperiale Unterdrückung die kolonisierten Gesellschaften; dabei verbreitete sich eine ausbeuterische Form der Modernisierung durch Gewalt oder Überzeugung auf dem ganzen Globus. Indem sie Plantagen, Handelshäuser, Regierungsapparate und Militärkasernen schufen, aber eben auch Schulen, Kliniken und Kirchen bauten, zerstörten die Imperialisten traditionelle Lebensmuster. Während die imperiale Inbesitznahme die Arroganzgefühle der Europäer und ihr Fortschrittsvertrauen verstärkte, zwang sie den Kolonisierten eine seltsame Mischung aus Unterdrückung und Verbesserung auf. Es ist daher von essentieller Wichtigkeit, die zutiefst problematische Verbindung zwischen Imperium und Moderne zu erkennen.[5]

Ursachen der Expansion

Europas Expansion nach Übersee hatte im 15. Jahrhundert mit wagemutigen Forschungsreisenden wie Vasco da Gama begonnen. Portugiesische und spanische Seefahrer machten den Anfang, später kamen niederländische, britische und französische hinzu. Diese erste Welle des Kolonialismus beschränkte sich im Großen und Ganzen auf Küstengebiete und war kommerziell motiviert; private Firmen mit besonderen Konzessionen wie die Niederländische Ostindien-Kompanie trieben sie voran. Hauptsächlich ging es um Edelmetalle wie etwa Silber, die in Europa knapp wurden, oder um Gewürze, Tee und Kaffee, die in der Heimat nicht wuchsen. Ein großer Teil handelte mit unfreiwilliger Arbeit; Menschen wurden zu Sklaven gemacht, weil man billige Kräfte für die Bodenbewirtschaftung in Plantagen auf den karibischen Inseln und dem amerikanischen Kontinent brauchte. In den gastlicheren Regionen Nordamerikas und Australiens, deren Klima gemäßigt war und in denen es keine Seuchen wie Malaria gab, entwickelten sich auch Siedlerkolonien, die religiöse Dissidenten, landhungrige Bauern und kriminelle Outlaws anzogen.[6] Dieser frühe Kolonialismus errichtete riesige transozeanische Imperien; aber als etwa im ersten Drittel der 19. Jahrhunderts der Freihandel aufkam und mit Sklaven keine Geschäfte mehr gemacht werden durften, war seine Energie weitgehend verbraucht.

Seit den 1870ern entwickelte sich ein neuer Imperialismus, getragen von der Dynamik der europäischen Modernisierung. Er baute zwar auf früheren Trends auf, doch intensivierte er das territoriale Vordringen und den Herrschaftsanspruch. Der Terminus »Imperialismus« war ursprünglich geprägt worden, um die abenteuerliche Politik Napoleons III. zu kritisieren, dessen Großmachtgebaren sich im Bau des Suezkanals äußerte. Kaum war aber der verkürzte Seeweg nach Indien eine »Lebensader des britischen Weltreichs« geworden, bekam das Wort einen positiveren Klang. Während des nun einsetzenden »Wettlaufs um Afrika« teilten die europäischen Mächte den Kontinent untereinander auf; den Verlauf der Grenzen legten sie in der Berliner Kongo-Konferenz 1884/85 fest. Der neue Imperialismus, der sich dabei formierte, sollte sich vom Kolonialismus älteren Musters unterscheiden. Zwar trieben auch ihn Wissenschaftler, Missionare und Handelsleute als Pioniere voran, doch wurde er sehr rasch von Regierungen für ihre Zwecke übernommen. Entsprechend erhoben sie Ansprüche auf ganze Territorien, statt sich wie zuvor mit den Küstenlinien zu begnügen, weshalb sie weit ins Landesinnere vorstießen und militärische Sicherheits- und bürokratische Herrschaftsapparate errichteten. Diese eher invasive Form der Machtausübung erlaubte es Plantagenbesitzern, Bergbauunternehmen, Finanzinvestoren und Schifffahrtsgesellschaften, ihren Profit künftig im Rahmen der europäischen Hegemonie zu erwerben.[7]

In den 1920ern versucht der amerikanische Politologe Parker T. Moon das Wesen dieses »neuen Imperialismus« näher zu bestimmen, indem er dessen politische Aspekte hervorhebt. Er definiert ihn als »Ausdehnung der politischen oder ökonomischen Kontrollmacht eines Staates auf einen anderen, in Kultur oder Rasse vom ersteren verschiedenen, mit Hilfe eines Ideenkorpus, der diesen Schritt rechtfertigen soll«. Jene klassische Definition hält also nicht die ökonomische Ausbeutung für den Hauptfaktor, sondern betont, dass zum neuen Imperialismus eine direkte oder indirekte Form von Herrschaft, kulturelle und rassische Unterschiede sowie eine die Expansion propagandistisch stützende Rhetorik gehörten. Eine jüngere Definition malt ein komplexeres Bild: »Charakteristische Merkmale eines Imperiums waren enorme Größe, ethnische Diversität, das Bestehen aus vielen Einzelterritorien als Ergebnis in der Vergangenheit erfolgter Abtretungen oder Eroberungen, besondere Formen übernationaler Macht, veränderliche Grenzen, ein

Fluktuieren der Landeshoheit in den Randgebieten und schließlich ein Geflecht aus interaktiven Beziehungen zwischen den imperialen Zentren und den Peripherien«. Diese Beschreibung hat den Vorteil, dass sie nicht nur die maritimen Imperien wie das Großbritanniens umfasst, sondern auch die landgestützten autoritären Imperien Russlands, des Osmanischen Reichs und Österreich-Ungarns.[8]

Dass Europa seine Expansion nach Übersee und seine Praxis der territorialen Eroberungen wieder aufgriff, wurde durch mehrere komplementäre Aspekte der Moderne beschleunigt. Ein oft übersehenes Motiv war wissenschaftliche Neugier. Man wollte die Geografie unbekannter Regionen erkunden – denken wir an David Livingstones Versuche, die Quellen des Nils zu entdecken – und die dort vorhandenen Ressourcen kartografieren, um sie dann ausbeuten zu können. Ingenieure reizte die Herausforderung, in schwierigem Gelände Häfen, Brücken, Bahngleise, Telegrafenleitungen und Kanäle zu errichten, kurz: die widerspenstige Natur zu zähmen. Den Europäern sollte so ermöglicht werden, ihre neuerworbenen Gebiete auch zu durchdringen und von ihnen zu profitieren.[9] Ferner entwickelte sich eine neue wissenschaftliche Disziplin, die Ethnologie. Anhand repräsentativer Objekte und Subjekte studierte man fremde Kulturen, die man für »primitiver« hielt als die eigene; man beschrieb ihre seltsamen Gebräuche und sammelte ihre religiösen und weltlichen Artefakte. Diese Anthropologen brachten Produkte und manchmal sogar Menschen aus exotischen Ländern mit nach Hause und zeigten sie in eigens dafür etablierten neuen Museen. Die europäischen Besucher konnten sie und ihre seltsamen Gebräuche dort bestaunen – und sich ihnen überlegen fühlen.[10]

Ökonomische Interessen spielten zweifellos auch eine wichtige Rolle. Sie trieben Abenteurer in fremde Länder, wo sie ein Vermögen zu machen hofften. Als die Massenproduktion aufkam, suchten Branchen wie die Textilindustrie neue Märkte außerhalb Europas, denn die kargen Löhne, die man den Arbeitern daheim zahlte, hielten den Konsum niedrig. Neue technologische Entwicklungen wie die Elektrizität und das Automobil erforderten außerdem Rohstoffe, die man auf dem Alten Kontinent nicht bekam, etwa Kupfer für Kabel oder Kautschuk für Fahrzeugreifen. Außerdem vermehrte die

Verbreitung des Wohlstands das verfügbare Kapital der Spekulanten, die fest entschlossen waren, dort zu investieren, wo die Rendite das Doppelte oder Dreifache dessen betragen konnte, das sich zu Hause erzielen ließ, auch wenn dies ein erheblich größeres Wagnis darstellte. Solche Anreize motivierten Geschäftsleute, Plantagen oder Bergwerke einzurichten, in denen Weiße die Aufsicht führten und Einheimische rücksichtslos um des Profits willen ausgebeutet wurden. Für die Verbraucher in den europäischen Metropolen lagen nun Importgüter wie Kaffee, Tee, Bananen, Orangen und Kakao als »Kolonialwaren« zum Kauf bereit.[11] Da der Aufbau der notwendigen Infrastruktur teuer war, operierten die meisten Kolonien mit öffentlichen Geldern, um privaten Gewinn zu fördern.

Etwas weniger klar ist, wie die soziale Dynamik des »Aufstiegs der Massen« mit dem Imperialismus zusammenhing. Einerseits fürchtete man sich vor der Überbevölkerung, bedingt durch den rapiden Bevölkerungszuwachs während der letzten Dekaden des 19. Jahrhunderts, den Hans Grimms Roman *Volk ohne Raum* (1926) recht dramatisch darstellt. Nicht wenige glaubten, ein besseres Leben zu erlangen, indem sie in die Kolonien emigrierten. Häufig wurden diese Hoffnungen jedoch enttäuscht, da ein solcher Wechsel mit beträchtlichen Härten verbunden war. Und so erfüllten sich die Erwartungen der Regierungen Europas, mit ihren einheimischen Slums per Imperialismus aufzuräumen, nur selten. Andererseits wirkte die Propaganda bestimmter *pressure groups* wie der Kolonialbünde und Flottenvereine, die Wirtschaftskreise mit bestimmten kommerziellen Interessen finanzierten, etwa Schifffahrtsunternehmen oder Kolonialimporteure. In Plakaten, Pamphleten und Vorträgen malten sie ein leuchtend helles Bild von den Chancen, die das Imperium dem Einzelnen eröffne – er müsse nur zugreifen.[12] Und dann nutzten manche europäische Eliten die imperiale Expansion auch noch, um den Druck umzulenken, der von unten auf soziale Reformen sowie politische Partizipation drängte. So konnten sie einem schlichten Proletarier das Gefühl eingeben, mehr wert zu sein als ein fremdländischer Fürst.

Der kulturelle Impetus des neuen Imperialismus war das paradoxe Projekt mit Namen *mission civilatrice*, »zivilisierende Mission«. Darunter wurden das Recht und die Pflicht verstanden, minderbedarfte Völker auf den europäischen Standard zu heben. Ursprünglich beinhaltete dieses Motiv noch das missionarische Ziel, den Heiden die Segnungen des Christentums zu bringen, damit auch sie eine Chance auf Erlösung erhielten. Die säkulare Version dieses Konzepts, die sich während der Aufklärung herangebildet hatte, schloss zusätzlich die Verbreitung einer vernunftbestimmten Lebensweise ein, für die Europäer der Gipfelpunkt der menschlichen Entwicklung. In seinem Gedicht »The White Man's Burden« (»Die Bürde des weißen Mannes«) formuliert der britische Autor Rudyard Kipling die klassische ethische Fundierung dieses Bestrebens: Er ruft die jungen Leute unter den Kolonisatoren auf, »den Bedürfnissen eurer Gefangenen zu dienen«. Doch indem er die kolonisierten Völker »halb Teufel und halb Kind« nennt, verrät er tiefsitzende Arroganz und Rassismus. Das widerspricht dem altruistischen Geist des Poems, worin er etwa fordert, man möge die sogenannten Wilden »aus ihrer Knechtschaft« befreien, indem man ihnen Wissen, Gesundheit und Zivilisation bringe. Das Zivilisierungsethos gab zwar vor, eine humanitäre Vision der Moderne zu propagieren. Doch in Wahrheit diente es nur dazu, ein problemloses Funktionieren der Kolonisierten innerhalb des imperialen Systems zu gewährleisten; volle Gleichberechtigung blieb ihnen versagt.[13]

Noch ein letztes Bündel von Ursachen für den neuen Imperialismus sei genannt. Die Rivalität zwischen den Großmächten trieb bestimmte Länder dazu, mit den anderen um die Wette Kolonien zu erobern und auszubeuten, da sie fürchteten, sie würden sonst abgehängt. Aus der sozialdarwinistischen Sichtweise jener Jahre war die internationale Politik ein Überlebenskampf, der die Regierungen zwinge, jeden vermutbaren Macht- oder Landgewinn eines Nachbarn durch eigene Zuwächse auszugleichen. War ein Imperium einmal installiert, bestand auch die strategische Notwendigkeit der geopolitischen Verteidigung des eigenen Besitzes. Das erforderte Bekohlungsanlagen für die Dampfschiffe der Marine oder die Okkupation weiterer Ländereien, um eine Grenze militärisch abzusichern. 1890 formulierte der amerikanische Admiral Alfred T.

Mahan ein überzeugendes Credo zur eminenten Wichtigkeit von »Seemacht«: Imperien wie das britische, argumentierte er, verdankten ihre weltweite Macht ihrer Überlegenheit auf den Ozeanen. Er vertrat somit einen »Navalismus«, der sich bestens in den Imperialismus einpassen ließ. Solche Haltungen verschmolzen zu einer sozialdarwinistischen Vorstellung der nationalen Vitalität, die mit biologischen Metaphern dartat, dass die Zukunft den jungen und wachsenden Nationen gehöre, wogegen die alten und verfallenden das Nachsehen hätten.[14]

Der Aufstieg des neuen Imperialismus in den letzten Dekaden des 19. Jahrhunderts resultierte also aus der Dynamik der europäischen Moderne, die zu weitestmöglicher Expansion drängte. Viele der dabei wirkenden Motive – etwa wissenschaftliche Neugierde, kapitalistische Habsucht und Massenpolitik – waren treibende Kräfte der Modernisierung. Auch waren die meisten Werkzeuge der Herrschaftsergreifung – etwa Dampfer, Eisenbahnen, Telegrafen und Maschinengewehre – neue technische Erfindungen, welche die europäischen Länder schlagkräftiger machten. Dank ihrer See- und Landarmeen konnten sie neue Territorien erobern und dort bürokratische Verwaltungsapparate errichten, die ihnen die Machtausübung sicherten. Die humanitäre Vision einer »Zivilisierung« der Welt war ebenso eine europäische Erfindung, um den ganzen Erdball nach dem eigenen »progressiven« Bild zu formen. Alles in allem machten diese Kräfte den neuen Imperialismus so unaufhaltsam, dass er selbst störrische Traditionalisten wie Fürst Otto von Bismarck überrollte. Letzterer hatte zwar geschworen: »Solange ich Reichskanzler bin, betreiben wir keine Kolonialpolitik«.[15] Doch das Ergebnis war das Gerangel, das Afrika und den Rest der noch-nicht-modernisierten Welt zerteilen sollte.

Muster der Machtgewinnung

Im Nachhinein erscheint immer noch erstaunlich, dass ein paar wenige Europäer es schafften, ihnen zahlenmäßig weit überlegene Völker und riesige Territorien zu unterwerfen, indem sie schlicht die Vorteile nutzten, welche die Moderne ihnen beschert hatte. Gewöhnlich erweiterten sie lediglich das Eindringverfahren, dessen sich bisher die Forscher, Händler und Missionare bedient hatten, sodass sie auch politische Herrschaft erringen konnten, und zwar, indem sie sich in lokale Konflikte einmischten. In Indien gelang es etwa hunderttausend Engländern, einen ganzen Subkontinent, bevölkert von Abermillionen Menschen, unter ihre Kontrolle zu bringen. Zu diesem Zweck kombinierten die britischen Raj politische Kontaktpflege zu lokalen Prinzen oder Eliten mit dem gelegentlichen Einsatz militärischer Gewalt gegen ihre Feinde. In Deutsch-Ostafrika unterwarfen sich wenige tausend Soldaten und Administratoren erfolgreich ein beträchtliches, von mehreren Millionen Stammesleuten bewohntes Areal, indem sie Allianzen mit Angehörigen zuvor besiegter Stämme eingingen. Gab es hier und da Rückschläge, sandte die Metropole zusätzliche Ressourcen oder Soldaten, um den Druck zu verstärken. Einmal an der Macht, setzten die Europäer darauf, als übergeordnete Organisation Frieden zwischen den Stämmen zu stiften; mit ökonomischen Anreizen und symbolischen Belohnungen wollte man die Kolonisierten daran gewöhnen, dass Fremde sie beherrschten.[16]

Eine andere Methode war der rücksichtslose Einsatz von Militär, der sich zu jener exzessiven Gewalt der Kolonialkriege steigerte, in der Technik und Organisation strategische Unzulänglichkeiten kompensieren mussten. So schlugen am 2. September 1898 in der Schlacht bei Omdurman 8000 reguläre britische Soldaten, unterstützt von 17 000 lokalen Hilfskräften, fast 50 000 Derwische in die Flucht, um Englands Kontrolle über den Oberlauf des Nils wiederherzustellen. Während dem General der Eroberer, Sir Herbert Kitchener, leistungsstarke Waffen zur Verfügung standen – Artillerie, Maschinengewehre und Kanonenboote –, waren Kalif Abdullahs numerisch überlegene Truppen nur mit Speeren, Säbeln und Vorderladerflinten ausgerüstet. Infolgedessen wurden rund 10 000 seiner Leute getötet, 13 000 verwundet und anschließend ermordet sowie 5000 gefangen genommen. Dagegen erlitten die Briten bescheidene Verluste: 47 fielen, 382 wurden verwundet. Dank der europäischen Überlegenheit war jener Kampf »keine Schlacht, sondern eine Exekution«. So berichtete der junge Churchill über jenen vernichtenden Sieg, der zur sich selbst verstärkenden Legende des Imperiums wurde. Brutalität gegen die Urbevölkerung war daher wesentlich, um mit numerisch begrenzten Kräften eine hohe Überzahl von Einheimischen in Schach zu halten.[17]

Eine weitere Strategie bestand darin, dem Handel neue Gewinnmöglichkeiten über die lokale Ebene hinaus zu eröffnen. Man errichtete eine neue Infrastruktur, um die kolonialen Ressourcen besser ausbeuten zu können. Damit Dampfschiffe anlegen konnten, wurden Häfen gebaggert wie San Juan in Puerto Rico; Kais, Kräne und Zollhäuser wurden gebaut, um den Transfer von Massengütern zu erleichtern. Gleichzeitig machte man das Landesinnere zugänglich: Aus Pfaden wurden Straßen, auf denen Lastkraftwagen fahren konnten; man konstruierte Eisenbahnen, mit denen sich mehr Menschen und Produkte über weitere Entfernungen transportieren ließen. Entlang dieser Route wurden Handelsstationen eingerichtet, um die weißen Siedler zu versorgen und in Massenproduktion hergestellte Güter an die Einheimischen zu verkaufen. Im Kongo ersetzte die Überschusswirtschaft auf Plantagen die bisherige Subsistenzwirtschaft. Kaffee und Bananen sollten in so großen Mengen zur Verfügung stehen, dass sich die Ausfuhr per Schiff auch lohnte. In Südafrika grub man Bergwerke verschiedenster Art, um Diamanten oder Metalle wie Kupfer und Silber aus dem Boden zu holen.[18] Solche Innovationen intensivierten die Ausbeutung der Ressourcen und verbanden die koloniale Produktion mit den Weltmärkten; und sie brachten auch den Kolonisierten – zumindest einigen – einen Hauch des europäischen Lebensstils.

Dieses imperiale System beruhte darauf, dass die sozialen Schichten einer Kolonialgesellschaft streng nach Rassen sortiert waren; es stand eindeutig fest, wer die Herren waren und wer die Beherrschten. Im Prinzip teilte sich die Kolonialgesellschaft wie folgt: Oben stand die herrschende weiße Klasse, auf Zwischenhöhe eine Gruppe subalterner Helfer, und schließlich, ganz unten, die ausgebeuteten lokalen Arbeitskräfte. Die Wirklichkeit war natürlich oft komplexer, denn es existierte ja eine parallele einheimische Hierarchie, die sich den neuen Machtverhältnissen anpassen musste. Entweder wurde sie fundamental umgeformt oder schrittweise aufgelöst. Gelegentlich mischten sich jedoch die beiden Sphären, was das Aufrechterhalten scharfer Abgrenzung erschwerte. Einige Europäer wurden zwangsläufig »Einheimische«; umgekehrt wollten die Söhne der lokalen Elite, nachdem sie europäische Universitäten besucht hatten, nicht länger untergeordnete Rollen spielen. Aber mochten auch einige Weiße sich von der Landschaft faszinieren lassen oder Zuneigung zur lokalen Bevölkerung entwickeln – manche Memoirenliteratur hat diesen Vorgang romantisiert, etwa Karen Blixens autobiografischer Roman *Out of Africa* (dt. *Jenseits von Afrika*) –, blieb das grundlegende Verhältnis zwischen Kolonisatoren und Kolonisierten nichtsdestoweniger das einer krassen Ungleichheit.[19] Zudem sorgte ein ganzes Bündel an Umständen – verschiedene Sitten und Gebräuche, Apartheid-Gesetze, Einsatz physischer Gewalt – dafür, dass die beiden Welten generell doch getrennt blieben.

In der festen Gewissheit, den Fortschritt zu bringen, stülpten die Europäer ihre eigenen Institutionen den unterworfenen Völkern über. Dies manifestierte sich anschaulich in kolonialen Gebäuden, die eine kuriose Mixtur aus mutterländischen und lokalen Stilen zeigten. Den Mittelpunkt einer kolonialen Verwaltungshauptstadt bildete gewöhnlich ein Gouverneurspalast wie etwa der in Windhoek: eine strahlend weiße Konstruktion mit Verandas und Gartenanlagen, die sich für Administration und Repräsentation gleichermaßen eignete. Ebenso brauchten die neuen Herren Kasernen, denn man musste ja Militär und Polizei unterbringen, derer man zur Aufrechterhaltung der Ordnung bedurfte. Da die Kolonisatoren oft krank wurden, mussten sie Hospitäler bauen lassen, ausgestattet mit weißen Ärzten, denen schwarze Schwestern zur Hand gingen. Ferner gab es Kirchen, die sowohl die Kolonisatoren als auch die Frischkonvertierten seelsorgerisch zu betreuen hatten. Auch Schulen nach europäischem Muster wurden geschaffen, Lehranstalten aller Stufen, vom Primar- bis zum Sekundarbereich. Schließlich entstanden in gesundheitlich besonders unbedenklichen Gegenden Villen mit viel Grün drumherum; in ihnen wohnten die Weißen samt ihrer Dienerschar. Abseits des Trubels jener

Städte, in denen die Einheimischen hausten, bildeten diese repräsentativen Bauten, Denkmäler des europäischen Lebensstils, eine Parallelwelt, in der sich Kolonisatoren und Kolonisierte kaum je begegneten.[20]

Wie weit den Europäern der Zugriff gelang, hing von zweierlei ab: erstens vom Druck der imperialen Modernisierung, zweitens vom Entwicklungsstadium der lokalen Kultur. Gab es nur einige indigene Stämme, gelang den Kolonisatoren problemlos die komplette Inbesitznahme, und Versuche einer Rebellion wurden rasch zerschlagen. Eine solche »vollständige Abhängigkeit« charakterisierte Kolonien reinsten Wassers wie den belgischen Kongo und das portugiesische Angola. Wo höher entwickelte lokale Kulturen existierten, komplexere Religionen und stärker ausgebildete Formen politischer Organisation, war der europäische Einfluss begrenzter, sodass lokale Strukturen überlebten. Solche »halbautonomen« Regime oder Protektorate gab es in Ägypten und Marokko, obwohl sie formell zum britischen bzw. französischen Imperium gehörten. Wenn die indigene Bevölkerung eine lange Tradition der Unabhängigkeit und eine Kultur hohen Niveaus besaß, so hielten diese Faktoren die Kolonisateure davon ab, den ganzen Staat zu annektieren. Die Imperialisten konnten dann nur Landeköpfe an der Küste einrichten oder politischen Druck ausüben. Typische Beispiele eines solchen extrem lockeren imperialen Regiments waren China und das Osmanische Reich.

Die europäische Herrschaft fußte also auf einer komplexen Mischung aus imperialistischer Macht und lokaler Mitwirkung. Natürlich war militärische Stärke wichtig, namentlich zu Beginn, als man Eroberungen tätigte, und auch später, als man Revolten niederschlug – wichtig ja, aber nicht hinreichend, denn die Kolonien waren zu groß und die Besatzer zu wenige. Ihr Erfolg beruhte wohl hauptsächlich darauf, dass die europäischen Generäle, Administratoren und Pflanzer sich in bestehende Strukturen einfügten, vorherige Herrscher ersetzten oder für die neue Ordnung vereinnahmten, wobei sie die unteren Ebenen der Gesellschaft weitgehend unangetastet ließen. Dazu nutzten die Kolonisatoren auch Anreize: So vergaben sie Orden und Titel und teilten ein paar ihrer finanziellen

Gewinne mit Einheimischen, um sie kooperationsbereiter zu machen. Wollte man militärische Sicherheit, administrative Kontrolle und ertragreiche ökonomische Nutzung der Kolonie, brauchte man lokale Arbeitskräfte auf den niederen Rängen, und die mussten in europäischen Verfahrensweisen geschult werden, damit sie effizient funktionierten. Die entstehende Kolonialgesellschaft war daher ein hybrides Reich, in dem Ausbeutung und rassische Ungleichheit herrschten, das aber gleichzeitig modernisierende europäische Einflüsse mit verbleibenden indigenen Traditionen verschmolz.

Imperiale Visionen

Über diese strukturellen Ähnlichkeiten hinaus entwickelten die großen europäischen Mächte konkurrierende imperiale Visionen. Wie die im Einzelnen ausfielen, hing ab von der Vergangenheit, der Politik und den Ressourcen des jeweiligen Landes. Das britische Empire, erfolgreich als Seemacht, besaß zu jener Zeit die ausgedehntesten Gebiete, denn es hatte schon im 17. Jahrhundert begonnen, sich Flächen anzueignen. Zwar erlebte es mit der amerikanischen Unabhängigkeit ein Debakel, holte sich aber immerhin die Kontrolle über Kanada zurück. Zudem konnte London neue Siedlungskolonien in Australien und Neuseeland eröffnen. Doch das »Kronjuwel« des Empire war der indische Subkontinent – wegen seines ungeheuren Reichtums und der immens hohen Bevölkerungszahl winkten den Kolonisatoren dort große Profite. Um die imperialen Verkehrsverbindungen zu sichern, bemächtigte sich England in den 1880ern des Suezkanals und warf die islamische Mahdi-Rebellion im Sudan nieder. Im »Wettlauf um Afrika« trieb London die »Kap-Kairo«-Vision voran: Von Kapstadt nach Kairo sollte eine Eisenbahnlinie gebaut werden, die durch aneinandergrenzende britische Besitztümer geführt und eine Nord-Süd-Achse gebildet hätte. Das Projekt wurde allerdings von den Portugiesen, Belgiern und Deutschen blockiert. Diese paradoxe Melange, in der ökonomische Ausbeutung, Rassenhochmut und humanitäre Rhetorik miteinander verschmolzen, trug trotz gewisser Widersprüche recht weit. Einerseits schaffte man den Sklavenhandel ab, andererseits betrieb man erfolgreich Eroberung und Unterwerfung – bis man in Territorien geriet, die schon Konkurrenten besetzt hielten.[21]

In seiner Art, persönlichen Profit mit imperialen Ambitionen zu verbinden, war Cecil Rhodes ein typischer britischer Imperialist. Geboren 1853 in Hertfordshire als Sohn eines Pfarrers, wurde er seiner schwachen Gesundheit wegen 1870 in die britische Kolonie Natal (Südafrika) gesandt. Während seines späteren unregelmäßigen Studiums an der Universität Oxford verinnerlichte er gründlich das dort verbreitete Ethos des Empire. Zuerst war er recht erfolgreich als Obstfarmer tätig, doch sein eigentlicher Durchbruch kam mit der Gründung der Bergbaufirma De Beers Mining Company, die schließlich, unterstützt von der Familie Rothschild, den Diamantenmarkt beherrschen sollte. Als einer der wohlhabendsten englischen Geschäftsleute in Afrika wurde er Premierminister der Kapkolonie, in der er rassistische Gesetze einführte, die es ermöglichten, Schwarzen ihr Land wegzunehmen. Um die Herrschaft Großbritanniens über den ganzen Süden Afrikas auszudehnen, förderte er die Burenkriege, die das Empire gegen niederländische Siedlerrepubliken in Transvaal führte; Rhodes' Eingreifen beschleunigte deren Unterliegen. Immer das Geschäftliche mit dem Politischen verbindend, rückte seine British South Africa Company nordwärts vor, erschloss das Sambesibecken und schuf eine weitere Kolonie, benannt nach dem Gründer der Company: Rhodesien. Schließlich rief Rhodes, der sich wünschte, dass Britannien die ganze Welt beherrsche, Stiftungen ins Leben, die hochbegabten Amerikanern und Deutschen ein Studienstipendium in Oxford finanzierten. So wollte er diese jungen Leute locken, sich seinem Eroberungszug anzuschließen, denn an jener Universität, erwartete er, würden sie das gleiche imperiale Ethos absorbieren, das ihn einst inspiriert hatte. Als Rhodes 1902 starb, wurde er gleichermaßen bewundert und geschmäht.[22]

Die Franzosen waren die Hauptrivalen der Briten beim Kampf um die Kolonien, denn ihre Unternehmungen in dieser Sache hatten eine ähnlich lange Geschichte und eine ähnliche geografische Größenordnung. Zwar verloren sie ihre nordamerikanischen Besitzungen im Siebenjährigen Krieg an die Briten, und Louisiana mussten sie an die Vereinigten Staaten verkaufen, doch immerhin behielten sie ihre karibischen Inseln. Aber der Widerspruch zwischen der aufklärerischen Theorie der Menschenrechte und der profitablen Praxis der Sklaverei in den Zuckerrohrfeldern spitzte sich zu, als die Schwarzen auf Haiti unter ihrem General Toussaint-Louverture revoltierten. Nach diesem Rückschlag konzentrierten die Franzosen ihre Anstrengungen auf »mediterrane Nahgebiete« und bemächtigten sich 1830 Algeriens. Während der Dritten Republik eroberte Frankreich eine ganze Reihe nord- und zentralafrikanischer Territorien und setzte sich auf Madagaskar und in Indochina fest. Anders als die Briten, die scharenweise in mehreren Regionen ihres Empires auch ihren Wohnsitz nahmen, siedelte sich eine größere Zahl Franzosen nur in Algerien an. Die anderen Kolonien und Protektorate überließen sie der Herrschaft einer dünnen Schicht von Soldaten und Administratoren. Apologeten der Kolonisierung wie Jules Ferry glaubten ernsthaft an deren zivilisatorische Mission, die französische Sprache und Kultur im Herrschaftsbereich Frankreichs unter allen Menschen jeglicher Hautfarbe zu verbreiten.[23] An dem Versprechen fanden einige indigene Intellektuelle sogar Gefallen; die Praxis blieb freilich weit hinter den Erwartungen zurück.

Ein Imperium zu haben erschien derart verlockend, dass bald Neulinge auf den Plan traten und ebenfalls Besitztümer in Übersee akkumulieren wollten. Während im Niedergang befindliche Länder wie Spanien und Portugal die Reste ihrer einst so extensiven Imperien zu halten versuchten, bemühten sich aufsteigende Nationen wie das erst 1871 vereinte Deutsche Kaiserreich zu erhaschen, was noch übrig war. Zunächst griffen sich die Deutschen Ost- und Westafrika, Togo, Kamerun und ein paar kleinere Gebiete im Pazifik. Da auf dem Schwarzen Kontinent bestimmte einheimische Stämme, die Maji-Maji und die Herero, sie in blutige Kriege verwickelten, wandte sich Berlin dem Balkan und der Türkei zu und versuchte dort seinen Einfluss zu stärken, im Osmanischen Reich etwa durch den Bau der Bagdadbahn.[24] Der neue italienische Staat unternahm ebenfalls einiges zur Gebietserweiterung; schließlich hoffte er, die Glorie des Imperium Romanum wiederzuerlangen. Folglich versuchte er 1895/96 Abessinien zu erobern, was misslang, und 1911 Libyen, was glückte. Über ihre kontinentalen Eroberungen hinaus vorstoßend und ihrer *manifest destiny* (der »offensichtlichen Bestimmung«) folgend, wagten sich die Vereinigten Staaten nun ebenso in die Karibik und auf die Philippinen vor. Schließlich mochte auch das sich rasch modernisierende Japan nicht hintanstehen. Selbst erst gerade der Fremdherrschaft entkommen, versuchte es sein eigenes Imperium in Asien zu errichten. Es setzte sich in Korea und der Mandschurei fest und forderte 1905 gar Russland heraus.

Die großen Landimperien Osteuropas entstanden durch Ausdehnung auf Nachbargebiete, aber sie ähnelten doch in mehrfacher Hinsicht den Imperien mit Übersee-Besitztümern. Zwar spielte hier das Militär die zentrale Rolle, und die Verschiedenheit zwischen den imperiumbauenden und den unterworfenen Völkern war oft geringer, aber die Strukturen der Annexion, Ausbeutung und der zentralen Kontrolle ähnelten doch dem Überseemuster. Das älteste und verwundbarste der östlichen Imperien war das Osmanische Reich, auch bekannt als »der kranke Mann Europas«, denn ab etwa 1900 verlor es eine Besitzung nach der anderen. In ihrer Glanzzeit waren die Osmanen eine hochentwickelte Militärmacht gewesen: Immerhin hatten sie 1453 Konstantinopel erobert und Territorien vom Balkan über den Nahen Osten bis nach Nordwestafrika, dem Maghreb, unterworfen. Obwohl muslimischen Glaubens, tolerierten sie die Andersgläubigen unter den Besiegten – solange diese Steuern zahlten und dem Sultan Söhne für dessen Elitekampfkorps lieferten. Im 19. Jahrhundert gerieten die Osmanen dann zunehmend unter Druck: Auf dem Balkan erhoben sich wiederholt die Christen, anderswo die Araber. Daher versuchten ab 1908 die Jungtürken, angeführt von Mustafa Kemal, genannt Atatürk, den kleinasiatischen Staat zu modernisieren, indem sie eine konstitutionelle Monarchie einführten.[25]

Das noch größere Russische Kaiserreich dehnte sich von Warschau im Westen bis nach Wladiwostok im Osten und von Finnland im Norden bis zum Kaukasusgebirge im Süden. Die Expansion hatte die üblichen Beweggründe: ökonomische Interessen, die mehr Ressourcen erforderten; eine sichere Verteidigung der Grenzen; die schwache Organisation der benachbarten Territorien. Da es sich um ein landgestütztes Imperium handelte, wurden die neu eroberten Gebiete schlicht dem bereits bestehenden Russischen Reich einverleibt, das ein allmächtiger Zar mit Hilfe einer imperialen Bürokratie und einer riesigen Armee autokratisch regierte. Die russische Kernethnie war von einer Art Auserwähltheitsideologie beseelt, die auf dem griechisch-orthodoxen Christentum beruhte und Russland als das »dritte Rom« begriff. In Wahrheit war jenes Imperium ein schwacher Riese, denn seine Einwohner – die Bauern hatte man gerade erst aus der Leibeigenschaft entlassen – blieben weitgehend auf Landwirtschaft ausgerichtet, und seine Aristokratie konnte sich, was die europäische Modernisierung betraf, nicht recht entscheiden: Sollte man sich ihr anschließen oder sie, ihrer subversiven Tendenzen wegen, verwerfen?[26] Die Mittelschicht erhoffte sich dringlich mehr Teilhabe an politischen Entscheidungen, während eine allmählich lauter auftretende Intelligenzija Autokratie, Orthodoxie und Hierarchie von innen her attackierte.

Das oft unterschätzte zentraleuropäische Imperium der Habsburger stellte eine Melange aus verschiedenen ethnischen Gruppen dar, innerhalb derer es keine klare Mehrheit gab. Das Habsburgerreich entstand 1526 durch die Vereinigung der österreichischen, böhmischen und ungarischen Kronländer. So formiert, gelang es ihm, die diversen Angriffe der Osmanen auf dem Balkan zurückzudrängen. Während der Gegenreformation unterdrückten die katholischen Kaiser den Protestantismus brutal in ihren eigenen Ländern, und auch in den anderen deutschen Staaten wollten sie ihn während des Dreißigjährigen Krieges niederwerfen. Um 1900 hielten folgende Faktoren das Reich noch zusammen: die Zuneigung der Untertanen zu ihrem altgedienten Kaiser Franz Joseph, eine multilinguale Armee, eine zentrale Bürokratie und eine Mittelklasse aus Kaufleuten, die über die ethnischen Differenzen hinweg zusammenarbeiteten. Mit den unabhängigkeitsbeseelten Ungarn ließ sich 1867 immerhin ein Kompromiss schließen, der die Doppelmonarchie noch einmal restrukturierte, aber es regten sich auch der deutsche und der tschechische Nationalismus, deren Aufkommen für die Zukunft nichts Gutes verhieß. Wien wurde einerseits bekannt als Hauptstadt des Jugendstils und der Psychoanalyse; andererseits war es auch eine Brutstätte des Antisemitismus. Was seine Politik auf dem Balkan betraf, wusste Österreich-Ungarn nicht recht, ob es sich aggressiv oder defensiv gebärden sollte.[27]

Die europäische Dominanz war also kein Gemeinschaftswerk, sondern eher ein Wettbewerb, in dem Kriege nur durch internationale Konferenzen vermieden wurden, die konfligierende Ansprüche im Sinne einer gütlichen Einigung regelten. Generell waren die westlichen Länder mit Überseeimperien moderner (d.h. ökonomisch weiter entwickelt sowie politisch liberaler) und besaßen eine stärkere Mittelschicht. Freilich handelte es sich bei ihnen um ehemalige Sklavenhaltergesellschaften, und diese Altlast schuf einen tiefen Widerspruch zwischen dem sozialdarwinistischen Rassismus gegenüber den Kolonisierten und der Einführung der Bürgerrechte innerhalb der eigenen Bevölkerung. Im Kontrast dazu waren die östlichen Imperien, die nur über eine riesige zusammenhängende Territorialmasse geboten, nicht aber über transozeanische Regionen, weniger industrialisiert und autokratischer; bezeichnenderweise arbeiteten die meisten Einwohner immer noch auf dem Lande. Gleichwohl sahen sich auch diese Reiche vor die Notwendigkeit der Modernisierung gestellt. Daraus entstand ein Konflikt zwischen den Wünschen ihrer eigenen Bürger nach politischer Teilhabe und den Forderungen der vom jeweiligen Reich unterjochten ethnischen wie religiösen Gruppen nach Selbstbestimmung. Zwar sah das Gebäude des Imperialismus um die Jahrhundertwende noch imposant aus, doch sollten die stetig wachsenden antiimperialistischen und nationalistischen Unabhängigkeitsbewegungen es schließlich zum Einsturz bringen.[28]

Koloniale Prägekraft

Der Imperialismus bewirkte in den Kolonien eine tiefgreifende Transformation, da er unwilligen Untertanen eine einseitige und destruktive Form von Modernisierung aufdrängte. Binnen einer einzigen Generation nach der Ankunft der weißen Kolonisatoren änderte sich das äußere Erscheinungsbild des öffentlichen Lebens in Afrika von Grund auf. Der Wandel reichte von der Verbreitung westlicher Kleidung bis zum stark vermehrten Auftauchen christlicher Symbole. Wie weit das ging, hing natürlich ab vom Entwicklungsstand der lokalen Kultur und jeweils gegebenen Möglichkeiten europäischer Machtausübung. Entsprechend kam es im Großteil Afrikas zu drastischen Veränderungen, während die Einwirkung in Asien, wo der Widerstand stärker war, schon weniger deutlich ausfiel. Mochten einige Neuerungen das Ergebnis formalen Zwanges gewesen sein, den die neuen Herren anwandten, entwickelten sich andere durch informelle Kontakte zwischen Kolonisatoren und Kolonisierten. Die Umformung begann allmählich in den kolonialen Zentren, expandierte aber dann über das gesamte Territorium, sodass ein instabiles Hybridgebilde aus alten Gebräuchen und neuen Gepflogenheiten entstand. Da eine krasse Ungleichheit die Beziehung kennzeichnete, waren auch die Resultate höchst gemischt; reichlich brutale Unterdrückung gab es ebenso wie einige humanitäre Verbesserungen.

Ein problematischer Punkt der erzwungenen Modernität war die Arbeitswelt. Statt ihrer traditionellen Tätigkeiten in Landwirtschaft oder Handwerk mussten die Einheimischen, vorwiegend die männlichen, nun harte Fron auf Plantagen oder im Bergbau verrichten. Gewöhnlich wurden sie mit Gewalt verpflichtet und gezwungen, ihr knochenbrechendes Tagewerk ohne die Hilfe von Maschinen zu erledigen. So ließen sich die einschlägigen Ressourcen wesentlich besser ausbeuten. Die Kolonisierten durften nicht mehr dem Rhythmus der Sonne oder der Jahreszeiten folgen, sondern sie mussten westliche Zeitbegriffe internalisieren; nun gab die Uhr oder die Sirene die Länge ihres Arbeitstages vor. Außerdem bläute man ihnen europäische Vorstellungen von Arbeitsdisziplin ein: Sie mussten unermüdlich schaffen, bis das zugewiesene Werk getan war, statt Pausen einzulegen, wann immer sie spürten, dass sie welche brauchten. Für ihre Mühen wurden sie in Naturalien oder in Geld entlohnt, aber es reichte kaum zum Leben. Sobald sie in ihrem Eifer nachließen oder sich beschwerten, wurden sie brutal geschlagen von meist weißen Aufsehern, welche die Rassenhierarchie verschärften, weil sie willkürlich strafen durften. Der Übergang vom traditionellen Leben zur kapitalistischen Arbeitswelt fand ja auch anderswo statt, aber in den Kolonien wurde er besonders prekär durch die noch rücksichtslosere Ausbeutung von Natur und Mensch.[29]

Die Heimstätten der Kolonisten, wo die meisten einheimischen Frauen arbeiteten, waren ein weiterer Schauplatz Ungleichheit produzierender Modernisierung. Der exquisite koloniale Lebensstil erforderte zahlreiche Dienstboten, die kochten, putzten, die Wäsche wuschen, die Gärten versorgten und die Kinder betreuten; schließlich sollte die weiße Hausherrin ein Leben in Müßiggang führen können. Damit sie effizient funktionierten, hatten die indigenen Frauen rasch bestimmte Tugenden der europäischen Mittelschicht zu verinnerlichen, wie etwa Ordentlichkeit, Sauberkeit, Sparsamkeit, Fleiß und Pünktlichkeit. Gleichzeitig mussten sie sich, um ihre Pflichten auch erfüllen zu können, hinreichend Kenntnisse europäischer Standards in Sachen Kleidung und Essenszubereitung aneignen. Im Haushalt gab es zwar weniger körperliche Misshandlungen als auf den Feldern, doch machte der koloniale Paternalismus dem Personal auch hier unmissverständlich klar, wo oben und unten sei, und die Herrinnen konnten sich höchst anspruchsvoll und kapriziös gebärden. Ein permanentes Problem stellte der Geschlechtstrieb dar, denn es standen einfach nicht genug weiße Frauen zur Verfügung; und so schwängerten denn weiße Kolonialherren häufig einheimische Mädchen. Auf diese Weise schufen sie eine Mischlingskaste, die Mulatten, die dann quasi zwischen zwei Rassen feststeckten. Die weißen Frauen dagegen waren durch den sozialen Druck gehalten, auch auf ihre Art die Rassentrennung innerhalb der Kolonialgesellschaft aufrechtzuerhalten.[30]

Die Handelsstationen waren ein weiterer Schauplatz der Modernisierung, denn dort wurden nun die Indigenen in den monetären Tauschverkehr einbezogen, allerdings unter häufig ungerechten Bedingungen. Auch die weißen Siedler im Hinterland sollten mit ihren gewohnten Waren versorgt werden, und dabei kam diesen Außenposten eine zentrale Bedeutung zu. Gleichzeitig lehrten sie die Einheimischen, ihre traditionellen Formen des Warentauschs aufzugeben und stattdessen gegen Geld zu kaufen bzw. zu verkaufen. Während in relativ weit entwickelten Ökonomien Münzsysteme bereits existierten und sogar überlebten, wurde anderswo die Währung des kolonisierenden Landes das wichtigste Tauschmittel. Der westliche Händler bot seinen einheimischen Kunden Alltagsgeräte wie metallene Kochtöpfe und Messer feil, ebenso Gewürze wie Salz, daneben Baumwollstoff und Nippes. Umgekehrt erwarb er lokale Produkte wie Kakaobohnen, Teeblätter und überhaupt alles, was sich in Europa als »Kolonialwaren« verkaufen ließ. Manchmal übernahmen andere Mittelsmänner die Rolle des westlichen Händlers – etwa Inder in Südafrika, Chinesen in weiten Teilen Asiens. Aber generell erwies sich dieser Handel als zutiefst unfair, denn die Indigenen waren dem Preisdiktat der weißen Geschäftsbetreiber hilflos ausgeliefert.[31]

Von der Begegnung mit der europäischen Kultur in den Schulen konnten sich die Kolonisierten schon mehr versprechen; immerhin gab man vor, moderne Aufklärung unter den »unwissenden Ureinwohnern« zu verbreiten. Zweifellos hatte die Initiation ins Lesen, Schreiben und Rechnen einen befreienden Effekt auf die oft noch analphabetischen Kinder, denn sie erschloss ihnen den Zugang zur großen Welt des Lernens und der Bildung. So rückten sie dem Ziel näher, mit den Weißen von Gleich zu Gleich zu verkehren. Aber der Unterricht fand in fremder Zunge statt, in der Sprache des kolonialen Lehrers, besonders in den höheren Schulen. Außerdem glorifizierten die Lektionen in der Regel Vergangenheit und Gegenwart des »Mutterlandes«. Den Errungenschaften der lokalen Kultur wurde dagegen kaum Beachtung geschenkt; stattdessen schuf man eine künstliche Welt, die die *mère patrie* nachstellte. Zudem gaben die oft strikt säkularistischen Lehrer traditionelle Gebräuche der Einheimischen als ›Aberglauben‹ der Lächerlichkeit preis und zerstörten so die alte Religion, ohne etwas Gleichwertiges an ihre Stelle zu setzen. Zwar eröffneten geschriebene Texte den Indigenen wahre Reiche des Wissens, aber sie drängten eben auch über lange Zeit gewachsene orale Traditionen in den Hintergrund. Es wundert kaum, dass Intellektuelle der Kolonialvölker oft beklagten, sie seien ihrem eigenen Erbe entfremdet worden, ohne dass sie sich in der westlichen Welt gänzlich heimisch fühlen könnten.[32]

Auch die Missionierung geschah mit dem Anspruch, den Indigenen Gutes zu bescheren, wollte man ihnen doch eine seligmachende Botschaft vermitteln. Man verfolge altruistische Absichten, hieß es, schließlich bringe man den Heiden die Segnungen des Christentums. Nicht selten unter Gefährdung des eigenen Lebens mühten sich Missionare verschiedener Konfessionen ab, um lokale Formen des Aberglaubens, etwa Voodoo oder Animismus, zu vertreiben und sie zu ersetzen durch die Hoffnung auf Erlösung nach dem Tode. Effektiver als ihre Lektionen waren handfestere Werke der Wohltätigkeit, etwa Albert Schweitzers Hospital in Lambarene, das lokale Seuchen bekämpfte und Arme vor dem Hungertod rettete. Die Taufe von Konvertiten war oft ein freudenreiches Ereignis, denn es führte die neuen Anhänger in die Gemeinschaft eines freundlicheren Glaubens. Aber wenn sich das Christentum hochentwickelten Religionen gegenüberfand, etwa dem Islam, dem Buddhismus oder dem Konfuzianismus, kam es nur schwer voran, denn es hatte kaum Spiritualität zu bieten, die diese Richtungen nicht schon besaßen.[33] Die Missionare zeichneten indigene Sprachen auf, sicherlich ein Verdienst – und doch war die Mission im Grunde eine herablassende Veranstaltung, die zur Voraussetzung nahm, dass man den überlegenen religiösen Durchblick besaß. Zudem erschraken die frisch Konvertierten nicht selten darüber, dass die Europäer sich selbst kaum an ihre christlichen Prinzipien hielten.

Das entscheidende Instrument der bürokratischen Modernisierung war das Kolonialamt, das die europäische Herrschaft über eine unruhige lokale Bevölkerung aufrechtzuerhalten hatte. Verwaltungsbüros, Gerichte, Polizeistationen und Zollhäuser mussten das Verhältnis zwischen Kolonisatoren und Kolonisierten dahingehend organisieren, dass ein reibungsloses Funktionieren der regierten Gebiete garantiert werden konnte. Wenn sie in der Welt der Weißen überleben wollten, mussten die Kolonisierten allerlei lernen: ungewohnte bürokratische Vorschriften, fremde Rechtsvorstellungen, seltsam erscheinende Verhaltensmuster und neue ökonomische Regularien. Besonders dort, wo nur wenige europäische Verwaltungskräfte vor Ort waren, bedurfte die Kontrolle über große Territorien und Bevölkerungen der Unterstützung durch ausgebildete Einheimische, niederrangige Beamte, die man zu Büroangestellten, Gerichtshelfern, Polizisten und Zöllnern ernannte. Während ihrer Arbeit bemerkten diese Subalternen mehr und mehr, dass sie ihre Kenntnis der europäischen Gesetze und Verfahrensweisen auch für ihre eigenen Interessen nutzen konnten.[34] Paradoxerweise mussten sie, die im Kolonialjargon bald »verwestlichte orientalische Herren« (*westernized oriental gentlemen*) hießen, gerade um sich dieses Wissen anzueignen, die europäische Dominanz mit aufrechterhalten und gerieten so zwischen die kulturellen Fronten.

Die Reaktion der Kolonisierten auf diese ausbeuterische Modernisierung war daher höchst ambivalent, was aber nur die Doppelnatur und Widersprüchlichkeit der kolonialistischen Einwirkung reflektierte. Als ihnen klar wurde, wie destabilisierend die Kolonialisierung wirkte, versammelten sich die lokalen Eliten hinter ihren eigenen Traditionen, um sie zu verteidigen. Dies geschah manchmal in blutigen Erhebungen, etwa dem Sepoy-Aufstand 1857, die mit großer Brutalität niedergeschlagen wurden. Eine erfolgreichere Taktik war die der Anpassung: Man lernte gemeinschaftlich die europäischen Gebräuche und Methoden, um sie für die eigenen Zwecke zu nutzen. Denen, die dies versuchten, kam zugute, dass liberale Kolonisatoren den Söhnen der einheimischen Elite erlaubten, an britischen und französischen Universitäten zu studieren, um sich die technischen Fähigkeiten, das Feinwissen und die Kultiviertheit der Europäer anzueignen – Kompetenzen, die sie brauchten, um nach ihrer Rückkehr bei der Transformation ihrer Heimatländer mitzuhelfen.[35] In den autokratischeren Landimperien zog dieser Prozess unweigerlich die totale Assimilation an die herrschende Ethnie nach sich, etwa an die Türken, die Russen, die Deutschen oder die Ungarn. Gleichermaßen willkommen geheißen und zurückgestoßen, beschlossen jene kolonialen Intellektuellen, die sich nicht mit ihrer untergeordneten Rolle abfinden mochten, folgende Strategie: Sie wollten ebenjene attraktiven Ideologeme, bewährten

Organisationsverfahren und schlagkräftigen militärischen Techniken, die sie von den Europäern gelernt hatten, verwenden, um die koloniale Herrschaft abzuschütteln.

Imperiale Kultur

Zwar wird dieser Aspekt oft übersehen, doch der Imperialismus hatte durchaus eine beträchtliche Prägewirkung auch auf die europäischen Länder, deren eigene Entwicklung er teils beschleunigte, teils behinderte. Einige Wissenschaftler meinen, dass sich in den letzten Dekaden des 19. Jahrhunderts eine »imperiale Kultur« herausbildete, welche die Notwendigkeit, ein Imperium zu haben, propagierte und dessen Nutzen für die gesamte Gesellschaft pries. Dann hätte der Imperialismus aber viel umfassender als Lehrstoff in den Schulen auftauchen müssen, tatsächlich spielte er dort kaum eine Rolle. Andere Historiker vertreten deshalb die These von den »geistesabwesenden Imperialisten«: Zwar seien sie welche gewesen, aber es sei ihnen nicht recht zu Bewusstsein gekommen. Denn die Einwirkung des Imperiums auf das Leben der Durchschnittsmenschen in Europa sei tatsächlich minimal gewesen.[36] Betrachtet man die Belege und Befunde näher, drängt sich der Schluss auf, beide Lesarten könnten teilweise korrekt sein. Eine stark engagierte Minderheit enthusiastischer Imperialisten war direkt ins Betreiben der Kolonien involviert, von denen sie profitierten, weswegen sie ihnen hohe Bedeutung zumaßen. Die passive Mehrheit kam mit der Angelegenheit hingegen kaum in Berührung. Sie nahm die Existenz ihres Imperiums schlicht hin, solange es sie nicht belastete. Doch eine kleine, aber wachsende Schar von Kritikern begann allmählich Einsprüche zu erheben gegen die finanziellen Kosten des Imperialismus und gegen seine ethischen Verstöße.

Unter jenen, die das Thema Imperium als verlockend empfanden, bildeten europäische Wissenschaftler, die sich in weite Ferne begaben, um neue Dinge zu entdecken, eine bedeutsame Gruppe. Eine ganze Phalanx von Disziplinen war beteiligt: Geografen verkarteten bisher »unbekannte« Territorien; Geologen prüften diese auf Erzlagerstätten; Biologen katalogisierten neue Tier- und Pflanzenarten; Ethnologen beobachteten die Sitten und Gebräuche der »primitiven Kulturen«; Linguisten transkribierten die Dialekte vor Ort; Mediziner studierten die Ursachen tropischer Krankheiten. Zuerst fügten diese Erkundungen nur bereits existierenden Forschungsbereichen neue hinzu, nämlich Nichteuropäisches betreffende Spezialgebiete. Schließlich aber fasste man diese verschiedenen Sujets in Kolonialinstituten zusammen, in denen künftige Imperialisten ausgebildet werden sollten. Wie der postkoloniale Literaturtheoretiker Edward Said zu Recht vermerkt, war die Perspektive, die man dort einnahm, ein paternalistischer Blick, der das fremde »Andere« zum Studienobjekt reduzierte. Außerdem zog die exotische Differenz das allgemeine Publikum in den Kolonialausstellungen und den frisch eröffneten Völkerkundemuseen an. Während viele der Funde und Ergebnisse das Bewusstsein rassischer Überlegenheit festigten, trugen andere Forschungen zu wissenschaftlichen Entdeckungen bei, von denen auch die kolonisierten Völker etwas hatten – etwa indem sie ihnen ermöglichten, tropische Krankheiten zu bekämpfen.[37]

Einen weiteren einflussreichen Block der Imperialismusbefürworter bildeten die Geschäftsleute, die vom Handel mit den Kolonien profitierten. Einige besaßen Schifffahrts- oder Eisenbahnlinien, die Waren und Post transportierten; dadurch stellten sie Verbindungen und Verkehr zwischen der Heimat und den Kolonien sicher. Auch die Betreiber von Gewürz-, Kaffee- oder Obstplantagen schätzten das Imperium, ebenso die Einzelhändler in Europa, die sie belieferten und die auf eine nicht abreißende Versorgung mit solchen Kolonialwaren angewiesen waren. Viele Kompanien ließen nach wertvollen Mineralien suchen, etwa Diamanten, oder nach Rohstoffen wie Kupfer. Die Materialien wurden dann veredelt und in zahllose Produkte eingearbeitet, die man an Kunden in den Metropolen verkaufte. Imperiumsgewinnler waren ferner die Fabrikanten massengefertigter Textilien und Küchengeräte wie Kochtöpfe; sie brauchten die kolonialen Märkte, damit sie ihre Produktion über das hinaus steigern konnten, was sie zu Hause absetzten.[38] Und sogar einige einfache Leute bauten aufs Imperium: Entweder wollten sie sich im Kolonialhandel ein Vermögen erarbeiten oder aber sich dauerhaft in einem dieser Gebiete niederlassen. Zwar meinten liberale Skeptiker, die ökonomischen Ziele, um derentwillen man Kolonialismus treibe, ließen sich billiger durch Freihandel erreichen. Doch die Imperialisten beharrten, politische Kontrolle sei unverzichtbar.

Staatsbedienstete, die auf eine raschere Karriere hoffen konnten, wenn sie sich in die Auslandsterritorien versetzen ließen, bildeten eine weitere imperiumsfreundliche Interessengruppe. Besonders Armee- und Marineoffiziere lockten die Abenteuer in der Fremde; zudem durften sie damit rechnen, dort schneller befördert zu werden als daheim. In den Kolonien konnten sie ferner neue Waffen wie Kanonenboote und Artillerie an unglücklichen Einheimischen ausprobieren. Wurden in Europa schon zivilisiertere Formen der Kriegsführung verlangt, mussten Militärs sich bei der Niederschlagung von Aufständen wie dem der Hereros an keine Rücksichten halten. Auch bot das Imperium Beamten, die daheim irgendwo in der Mitte ihrer Laufbahn stagnierten, die Möglichkeit eines großen Sprunges nach oben. In den Auslandsgebieten war ihre Autorität weniger eingeschränkt; dort konnten sie die Kolonisierten herumkommandieren. Hatte jemand seine Familie durch einen Skandal kompromittiert, wurde er bisweilen zur Strafe nach Übersee exiliert. Nach einer gewissen Schamfrist durfte er zurückkehren, sofern er nicht erneut Schande auf die Seinen lud. Je nachdem, wo man hinkam, drohten an manchen Versetzungszielorten zweifellos Krankheit oder Tod; aber der noble Lebensstil, den man als Europäer dort pflegen konnte, tröstete über solche Gefahren doch leicht hinweg. Während wissenschaftliche Entdeckungen und ökonomische Entwicklungen dazu beitrugen, Europa zu modernisieren, verstärkte die militärische und bürokratische Seite des Imperialismus eher konservative Machtstrukturen.[39]

Und noch eine Gruppe unter den Pro-Imperialisten müssen wir erwähnen: Altruisten, die in die Kolonien gingen, weil sie den indigenen Völkern helfen wollten, ihre Lebensbedingungen zu verbessern. Viele Missionare, ausgesandt von verschiedenen Konfessionen, beseelte der Wunsch, der einheimischen Bevölkerung den spirituellen Trost des Christentums zu bringen und sie moralisch zu läutern. Ähnlich lagen die Dinge bei Ärzten und Schwestern, die an kolonialen Hospitälern tätig waren und ebenfalls versuchten, den Schmerz und das Leid jener zu mildern, denen oft die wissenschaftlichen Kenntnisse und die pharmazeutischen Mittel zur Bekämpfung von Krankheiten und Seuchen fehlten. Des Weiteren zeigten einige Lehrer Bereitschaft, an Schulen in den Auslandsgebieten zu arbeiten. Sie wollten nicht nur der Langeweile ihres kontinentalen Lebens entfliehen, sondern auch das Licht der Aufklärung unter den »illiteraten und abergläubischen« Indigenen verbreiten. Zwar glaubten diese humanitär Gesinnten nicht minder als andere Befürworter des Kolonialismus an die Überlegenheit der europäischen Zivilisation, aber sie nahmen erhebliche Entbehrungen auf sich, um deren Segnungen mit jenen Bedürftigen zu teilen. Im Gegensatz zu den Geschäfts- und Verwaltungsleuten, die doch vorwiegend als Ausbeuter agierten, gaben diese Altruisten dem Imperialismus ein menschlicheres Gesicht, was die Kritik an ihm weniger harsch ausfallen ließ.[40]

Europäer, die wenig direkten Kontakt zum Imperium hatten, nahmen es meist bereitwillig hin, solange es mehr Nutzen als Kosten versprach. In den Metropolen gingen Wissbegierige schon einmal zu einem wissenschaftlichen Vortrag, lauschten einer Abenteuergeschichte oder bestaunten ausgestellte Exotika. Wesentlich höher war die Zahl derer, die Kolonialwaren für den täglichen Bedarf kauften, ohne sich groß um deren Herkunft zu kümmern. Wieder andere hörten sich politische Reden an, die neue einschlägige Erwerbungen und Errungenschaften priesen, oder lasen in der Zeitung Artikel über koloniale Themen – die Kolonien schienen ihnen durchaus interessant, aber weit weg. Oder sie wurden in der Kirche während eines Gottesdienstes um eine Spende für einen Missionsfonds gebeten. Generell produzierten diese geringfügigen Kontakte wohl die Empfindung, dass man zu etwas gehörte, das über den Nationalstaat hinausging, etwas Imperialem eben. Die Bereitschaft, für dieses Große auch Opfer zu bringen, schufen sie hingegen kaum. Die Europäer waren möglicherweise schon stolz, dass ihre Fahnen über ausländischen Besitztümern wehten, etwa über

Frankreichs Überseegebieten (*la France d'outre mer*). Aber um sie davon zu überzeugen, dass die ganze Unternehmung aller Mühen wert sei, mussten Imperialenthusiasten einiges tun. Immerhin konnten selbst skeptische »Unterschichtler« daheim sich einreden, sie gehörten zu jener »Herrscherklasse«, die in den Kolonien das Sagen hatte.[41]

Um die Jahrhundertwende wurden die kritischen Stimmen dann doch lauter, bis sie gar das gesamte koloniale Projekt in Frage stellten. Gewöhnlich lösten eklatante Vorfälle ökonomischer Spekulation und militärischer Brutalität sowie Korruptionsskandale in der Verwaltung solche Rügen aus. Befürworter des Freihandels fragten sich, ob der Handel nicht auch ohne politischen Gebietsbesitz zu florieren vermöge. Internationale Kommentatoren äußerten die Besorgnis, dass Interessenkonflikte zwischen imperialen Mächten – wie sie sich etwa bei der Konfrontation zwischen Sir Herbert Kitchener und Major Jean-Baptiste Marchand manifestierten – zu einem Krieg innerhalb Europas führen könnten. Sprecher der aufstrebenden Arbeiterbewegung geißelten den imperialistischen Hurrapatriotismus, der nur von den Problemen daheim ablenke und von der Notwendigkeit, sich ihrer anzunehmen. Moralisten agitierten gegen gesundheitsschädliche Laster, die man aus den Kolonien importiert habe, wie den Konsum von Opium. Mitfühlende Beobachter wie Sir Roger Casement prangerten die unmenschliche Behandlung der Eingeborenen im Kongo an – Klagen, die schließlich immerhin dazu führten, dass das Land dem belgischen König weggenommen wurde. Ferner hoben koloniale Intellektuelle die eklatante Diskrepanz zwischen den Bekenntnissen der Europäer zur Zivilität und ihrer Praxis hervor, die von rassistischen Vorurteilen und ökonomischer Ausbeutung gekennzeichnet war. Nach und nach kam das Imperium in Verruf.[42]

Während seiner Glanzzeit war die »Kultur des Imperiums« nichtsdestoweniger stark genug, solche Attacken abzuwehren und sogar einen populären Imperialismus zu verbreiten, der in den Kolonien eine Belohnung sah, die den Europäern aufgrund ihrer Überlegenheit von Natur aus zukam. Um der Kritik entgegenzuwirken, erzeugten die imperialistischen Interessenverbände – namentlich die Ligen der Flotten, der Armeen und der Kolonisten – wahre Fluten von Propaganda. Plakate, Pamphlete und Reden priesen in rauen Mengen die Verdienste und Segnungen des Imperiums. Es bedurfte schon einer konzertierten Anstrengung, um der Kolonisierung des Kongo im Mutterland Popularität zu verschaffen, doch am Ende wurden die Belgier – außer den Sozialisten – tatsächlich stolze Imperialisten.[43] Nicht minder zeigte sich das kulturelle Establishment von imperialistischen Ideen durchdrungen. Kinderbuchautoren spannen Abenteuergeschichten, Dramatiker ließen ihre Stücke in kolonialer Szenerie spielen, und Journalisten schrieben packende Reportagen. Dass sich die Organisation der *Boy Scouts* (Pfadfinder), gegründet 1907 von General Robert Baden-Powell, so rasch international verbreitete, beweist, dass die Idee, Jungen imperialen Zwecken zuliebe ein quasi-militärisches Training angedeihen zu lassen, überall Anklang fand. Imperialistische Geisteshaltungen infizierten weite Kreise mit jener fatalen Mischung aus Nationalismus, Militarismus und Rassismus, die bald Europa selbst zerreißen sollte.

Europäische Hegemonie

Es ist gar nicht so einfach, sich heute rückblickend zu vergegenwärtigen, wie weit Europas Herrschaft über die Welt einmal gereicht hat, weil sie seither bis auf wenige Spuren zerstört worden ist. Doch um 1900 konnte jedes Schulkind, das eine Weltkarte betrachtete, sofort sehen, dass der Globus unterschiedlich eingefärbt war. Praktisch alle Territorien in Afrika, Asien und Australien standen unter der Kontrolle irgendeiner Macht; sogar China sah man in Einflusssphären gegliedert. Während britische, französische, deutsche, belgische und italienische Kinder Namen und Hauptstädte ferner Dependancen auswendig lernen mussten, schwelgten Portugiesen und Spanier in Erinnerungen an ihre früheren Imperien. In Istanbul, Sankt Petersburg und Wien wurden die Schüler stattdessen angehalten, entlegene Provinzen aufzulisten, Landstriche, in denen verschiedene ethnische Gruppen lebten und seltsame religiöse

Praktiken ausübten.[44] Das sensationelle Gefühl, sich immer neue Territorien anzueignen, riss selbst Nachzügler, namentlich die Vereinigten Staaten und Japan, in den Wettlauf mit. So entstand rings um den Globus ein System konkurrierender Imperien, deren Zentrum in europäischen Staaten lag und die gleichzeitig nationalen wie imperialen Status hatten.

Die dynamische Kraft, die diesen neuen Imperialismus antrieb, indem sie die psychologischen, technischen und organisatorischen Voraussetzungen für die Expansion schuf, war die europäische Modernisierung. Wissenschaftliche Neugier stachelte die Forscher zu Entdeckungen an, und technologischer Erfindergeist entwickelte das Dampfschiff, den Telegrafen und das Maschinengewehr, was Verkehr, Kommunikation und Herrschaftsausübung über weite Strecken ermöglichte. Die Hoffnung auf Profite motivierte Investitionen im Ausland, und die Akkumulation von Kapital finanzierte waghalsige imperiale Unternehmungen. Streben nach Beförderung motivierte Einzelne, in den Kolonien zu dienen oder auf Dauer auszuwandern; Gesetze garantierten dort die weiße Überlegenheit. Dass eine effiziente Form gouvernementaler Organisation entstand, als die der Nationalstaat galt, war von entscheidender Bedeutung für die politische Umsetzung imperialer Träume. Schlagkräftiges Militär mit neuen technischen Waffensystemen wurde gebraucht, um Territorien zu erobern und zu halten, während eine effiziente Bürokratie die imperialen Gebiete verwaltete. Blieben auch die symbolischen Insignien und der äußere Dekor des Imperialismus neofeudal – die Quellen der Wirkmacht des Metropolitanen waren eindeutig modern.[45]

Die sich nun anschließende Europäisierung der Welt war daher eine ungleiche Form von Modernisierung, da sie mit einer Mischung aus Zwang und Anreizen die Kolonien transformierte. Wissenschaftliche Vorstöße, ökonomische Ausbeutung, koloniale Besiedelung und politische Kontrolle – all dies erforderte eine Infrastruktur, zu der Häfen, Eisenbahnlinien, Plantagen, Bergwerke und Märkte ebenso gehörten wie Verwaltungszentren nach europäischem Vorbild. Ferner verlangte die Ausbeutung der lokalen Arbeitskräfte eine soziale und kulturelle Transformation der indige-

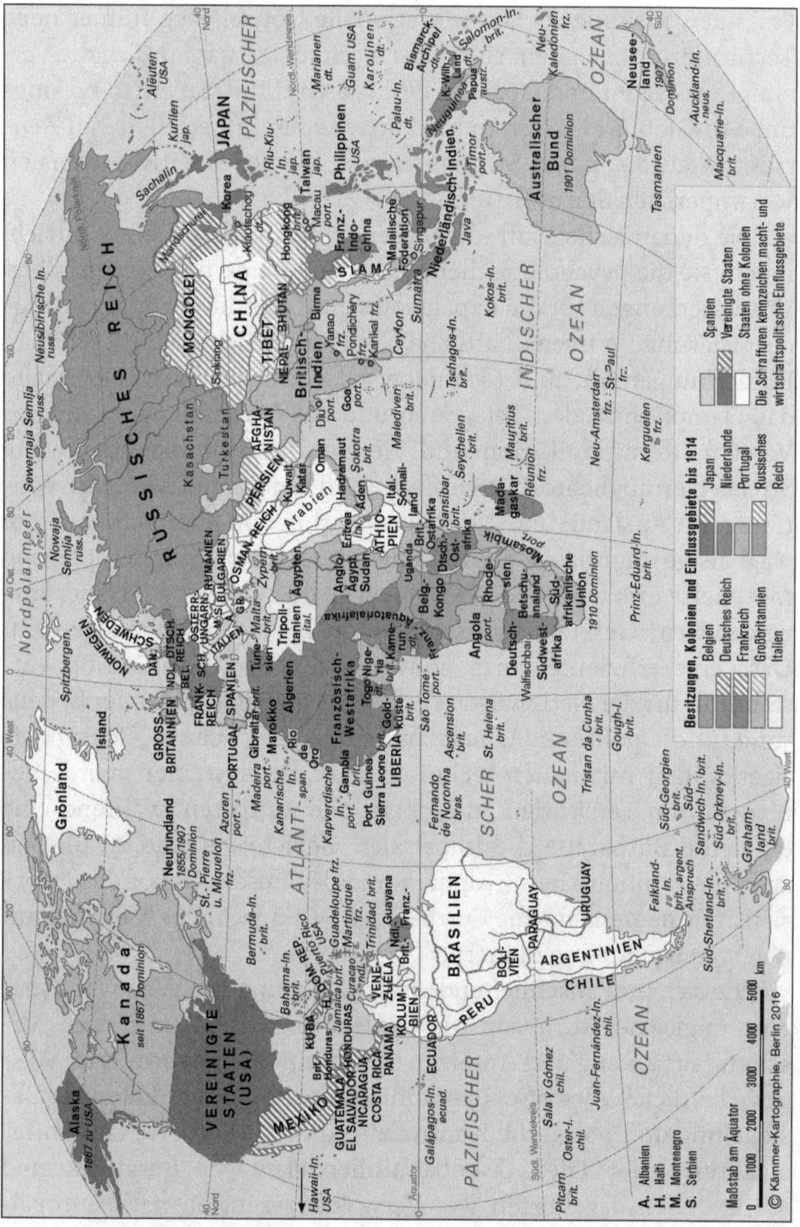

Die Ausdehnung des europäischen Imperialismus bis 1914

nen Bevölkerung. Man vermittelte den Einheimischen Grundkenntnisse in Lesen und Schreiben, aber ebenso Arbeitsdisziplin, verbreitete Hygienebewusstsein unter ihnen und predigte ihnen nicht zuletzt das Christentum. In diesem Zusammenhang attackierte die westliche Moderne gleich auf mehreren Ebenen, was zur Folge hatte, dass traditionelle Weltsichten wie Verhaltensformen verdrängt, bestehende soziale Gebräuche und Hierarchien aufgelöst sowie die kolonisierten Völker zutiefst irritiert wurden. Denn die Moderne kam gewaltsam und repressiv daher; sie ließ ihnen kaum eine andere Wahl, als sich zu fügen. Doch einige der importierten Veränderungen boten ihnen auch den Zugang zu Wissen und Kultur der Europäer; so lernten sie Ideologien und Techniken kennen, deren frustrierte koloniale Intellektuelle sich später bedienen sollten, um gegen die metropolitane Herrschaft vorzugehen.[46]

Auch Europa selbst wurde durch den Imperialismus gründlich transformiert. Dort schien es sich freilich eher um eine segensreiche Form der Modernisierung zu handeln, die neuen Wohlstand, neue Institutionen und neue Verfahrensweisen auf vielen Gebieten brachte. London, Paris und Berlin erlebten die Einrichtung neuer Kolonialämter oder -ministerien, wissenschaftlicher Institutionen, Missionshauptquartiere, Schiffsspeditionen und Landverwaltungsbehörden, deren Aufgabe es war, die Verbindung zum Imperium zu halten. Zoos voller seltsamer Tiere wie z. B. Elefanten, botanische Gärten voller exotischer Pflanzen, etwa Orchideen, und völkerkundliche Museen mit eigenartigen Artefakten boten den Europäern Impressionen einer fremden Welt, in die sie nun nicht mehr selbst fahren mussten. Gesellschaften gaben an der Börse Aktien auf koloniale Unternehmungen aus und erwirtschafteten jene großen Reichtümer, die sich in imposanten viktorianischen Villen und Stadtpalais manifestierten. Kaufhäuser boten kostbare Edelsteine und Genussmittel aus den Kolonien an. Nun konnten die Bürger Europas sich imperiale Objekte in die Wohnungen stellen und neue Konsumgewohnheiten entwickeln, etwa das Trinken von Kaffee, Tee und Kakao. In den belebten Straßen drängten sich Menschen verschiedener Hautfarbe, die verschiedene Religionen praktizierten und verschiedene Sprachen redeten; in den Hotels sah man Gäste ungewohnten Anblicks, die indische Saris oder chinesische Seidengewänder trugen.[47] Verblichene Fotos in alten zerfallenden Zeitungen legen den Schluss nahe, dass der Imperialismus die europäische Gesellschaft ganz beträchtlich durchdrungen hatte.

Durch die ihm innewohnende Brutalität schürte der Imperialismus freilich auch die in der Moderne angelegten destruktiven Spannungen, die letztendlich Verderben über ihn bringen sollten. International führte der Wettlauf um Auslandsgebiete zu einer Reihe schwerer Krisen zwischen den Großmächten, während in den Kolonien der Groll der unterjochten Völker eine Kette übler Kolonialkriege auslöste. Daheim förderte die Begeisterung über das jeweilige Imperium ein Klima von Chauvinismus und Rassismus, das europäische Länder gegeneinander aufbrachte und Hass unter den Angehörigen verschiedener ethnischer oder religiöser Gruppen verbreitete. In den landbasierten Imperien bemühten sich die Herrschenden, ihre multiethnisch besiedelten Gebiete in homogenere Nationalstaaten zu transformieren. Gerade diese Versuche veranlassten allerdings die unterworfenen Gruppen, nationale Befreiungsbewegungen zu bilden, die Autonomie für die eigene Ethnie reklamierten. In den Überseekolonien brachte die Diskrepanz zwischen den gepredigten zivilisatorischen Werten und den repressiven Praktiken der Kolonisatoren die Intellektuellen vor Ort dazu, für die Unabhängigkeit von europäischer Dominanz zu agitieren. Gerade als das Bauwerk des Imperialismus besonders imposant aussah, zeigten sich in ihm jene Risse, die zuerst die landgestützten und schließlich dann auch die Überseeimperien zum Einsturz bringen sollten.[48]

Ein Frieden bricht zusammen

Das Attentat auf Franz Ferdinand und Sophie, 1914

Am 28. Juni 1914 ermordete der serbische Terrorist Gavrilo Princip den österreichischen Thronfolger Franz Ferdinand und dessen Gattin Sophie von Hohenberg. Trotz Warnungen hatte sich das Erzherzogspaar in die bosnische Hauptstadt Sarajevo begeben, und das ausgerechnet am serbischen Nationalfeiertag, der an die Schlacht gegen die Osmanen auf dem Amselfeld 1389 erinnert. Als die offene Limousine, in der Franz Ferdinand und Sophie saßen, langsam durch die belebten Straßen der Innenstadt fuhr, explodierte plötzlich eine Bombe hinter ihnen und verletzte mehrere Begleitpersonen sowie einige Schaulustige. Nach einer zornigen Rede im Rathaus bestand der Thronfolger darauf, die verwundeten Offiziere im Garnisonsspital zu besuchen, aber der Chauffeur missverstand die Anweisung des Erzherzogs und folgte zunächst der ursprünglich festgelegten Route. Als er dann doch noch zum Wenden ansetzte, zog der 19-jährige Abiturient Princip seine Pistole und schoss; er traf Sophie in den Unterleib und Franz Ferdinand in den Hals, bevor empörte Passanten ihn überwältigen konnten. Obwohl der Wagen nun in großer Hast zurückraste, kam jede medizinische Hilfe zu spät; beide Opfer hatten schon zu viel Blut verloren.[1] Der Schock über diesen nationalistischen Anschlag auf den österreichischen Thronfolger löste eine internationale Krise aus, die schließlich in den Ersten Weltkrieg eskalierte.

Die terroristische Attacke serbischer Nationalisten zerriss die vielfältigen Friedensbande in Europa. Modernität schien zu Beginn des 20. Jahrhunderts ein Synonym für internationale Kooperation zu sein. Optimisten glaubten an den Traum eines friedlichen Fortschritts und meinten zu beobachten, dass sich die Welt, dank des gegenseitigen Austauschs auf unzähligen Gebieten, kontinuierlich in Richtung Harmonie und Wohlstand entwickle. Diese hoffnungsvolle Sicht rechtfertigte man damit, dass zwischen den großen Nationen ein Netzwerk aus Verbindungen bestehe, das einen Krieg immer undenkbarer und auch undurchführbarer mache. Viele Aspekte der Modernisierung – etwa wissenschaftliche Kooperationen, multilaterale Handelsbeziehungen, individuelle Migration und internationales Recht – festigten ja die Verbundenheit zwischen den Nationen. Nicht nur Pazifisten wie der britische Schriftsteller Norman Angell und die österreichische Romanautorin Bertha von Suttner, beide Träger des Friedensnobelpreises, glaubten, dass die immer häufigeren Kontakte unter den Gelehrten verschiedener Länder, das steigende Handelsvolumen, ausgebaute Verkehrs- und Kommunikationswege und die wachsende Mobilität über die Grenzen hinweg ein Netz aus rechtlichen Beziehungen wöben. Wenn sich das gegenseitige Verständnis derart intensiviere, könne es unmöglich zu neuerlichen militärischen Kämpfen kommen.[2]

Skeptische Beobachter indes betonten, in der Moderne obwalteten negative Kräfte, die das Konfliktrisiko erhöhten. Pessimisten wiesen schon seit einiger Zeit darauf hin, dass bestimmte Faktoren der Modernisierung – lautstarke Nationalismen, bürokratische Reglementierung, ungezügelter Militarismus und Rivalitäten zwischen den Großmächten – für mehr Feindseligkeit sorgten und dadurch Kompromisse erschwerten. Die Boulevardpresse schuf ständig neue Feindbilder, politische Repressionsmaßnahmen gegen Unabhängigkeitsbewegungen schürten den Groll der Unterworfenen, und viele Nationen traten in Rüstungswettläufe zu Lande und zu Wasser ein, sodass die internationalen Spannungen stiegen und sich ein weiterer Krieg bereits abzeichnete. All dies lieferte Anlass für eine dunklere, dystopische Vision der internationalen Lage, die geprägt sei vom Konkurrenzdenken und dem Kampf ums Überleben, in dem nur die stärkste Nation gewinnen könne. Manche Theoretiker der internationalen Beziehungen – etwa Kurt Riezler, der Berater des deutschen Reichskanzlers – glaubten, dass die traditionelle Pentarchie, also die Vorherrschaft von fünf Nationalstaaten, bald enden werde zugunsten einer Ordnung, in der nur noch zwei oder drei »Weltmächte« das Sagen hätten: Länder, die über genügend Ressourcen, Bevölkerung und Territorien verfügten, um globalpolitische Ziele zu verfolgen.[3] Die Morde von Sarajevo ließen das ohnehin längst labile Gleichgewicht zwischen den vielen rivalisierenden Nationen kippen; dies lenkte die Entwicklung in Richtung Krieg. Es wurde ein Waffengang, der Europa und die Welt in den bisher blutigsten Konflikt ihrer gesamten Geschichte stürzte.

Nach dessen Ende entbrannte unter Politikern und Historikern eine große Kontroverse zur »Kriegsschuldfrage«, in der man bis heute darüber streitet, wer für den Ausbruch des Krieges verantwortlich gewesen sei. Die Debatte verkannte und verkennt freilich, dass dem Prozess, der zum bewaffneten Konflikt führte, der eben geschilderte Perspektivwechsel zugrunde lag, und den hatten seinerzeit alle rivalisierenden Nationen vollzogen. In Artikel 231 des Versailler Vertrages ließen die siegreichen Alliierten keinen Zweifel daran, wie sie die Frage betrachteten:

> Die alliierten und assoziierten Regierungen erklären, und Deutschland erkennt an, dass Deutschland und seine Verbündeten als Urheber für alle Verluste und Schäden verantwortlich sind, die die alliierten und assoziierten Regierungen und ihre Staatsangehörigen infolge des ihnen durch den Angriff Deutschlands und seiner Verbündeten aufgezwungenen Krieges erlitten haben.

Diese juristische Rechtfertigung der deutschen Reparationszahlungen entfachte zwischen Revisionisten hier und Verteidigern des Vertrages dort eine hitzige Diskussion um die Kriegsschuld, in deren Verlauf diplomatische Dokumente publiziert wurden, die Deutschland entweder belasteten oder exkulpierten. Eine Generation später verstärkte Hitlers unleugbare Verantwortung für das Entfesseln des Zweiten Weltkriegs den Eindruck, Deutschland sei auch am Ersten Weltkrieg schuld gewesen. Auch längere Zeit nach 1945 kamen kritische Historiker zu dem Ergebnis, in erster Linie habe der wilhelminische Expansionismus das blutige Ereignis ausgelöst.[4] Da solch emotionale Involviertheit einen Konsens darüber verhinderte, welches Land genau wie viel Verantwortung trage, blieben die sterilen Argumente der gegenseitigen Schuldzuweisung in einem legalistischen Moralismus gefangen.

Die »krasse Modernität«, die sich in der Julikrise offenbart, legt eher nahe, die Frage umzukehren, d. h. schwerpunktmäßig nicht mehr zu untersuchen, warum der Krieg ausbrach, sondern, weshalb der Frieden zusammenbrach. Zwar hatte friedliche Kooperation gewisse Bindungen geschaffen, doch als diese im Sommer 1914 durch eine schwere Konfrontation auf die Probe gestellt wurden, erwiesen sie sich als zu schwach, um Europa einen Krieg zu ersparen. Die bellizistischen Tendenzen gewannen schließlich die Oberhand, weil die wachsende Feindseligkeit zwischen den Nationen die kooperativen Perspektiven verdrängte. Stattdessen legitimierte man lieber den Kampf um bestimmter Ziele willen, die nur mit militärischer Gewalt erreicht werden konnten. Eine Reihe immer heftigerer internationaler Krisen hatte zwischen dem Dreibund und der Entente das Bewusstsein eines so krassen Antagonismus geschaffen, dass den Beteiligten Kompromissbereitschaft als ein Zeichen von Schwäche erscheinen musste. Und so trafen die Führer der Großmächte eine Reihe desaströser Entscheidungen, die eine lokale Querele auf dem Balkan in mehreren Stufen eskalieren ließen: erst ein serbisch gesteuertes Attentat, dann eine österreichische Strafaktion und am Ende ein kontinentaler Krieg zwischen Deutschland, Russland und Frankreich, der schließlich auch noch England, die Türkei und Japan in den Konflikt mit hineinzog.[5] Statt einen Fortschritt in Frieden zu garantieren, entwickelte die Moderne eine negative Dynamik und trug dazu bei, einen Weltkrieg zu entfesseln.

Bande des Friedens

Inspiriert von Immanuel Kant, konnten um das Jahr 1900 Optimisten, die an den Fortschritt der Zivilisation glaubten, auf den wachsenden Internationalismus verweisen, der die europäischen Länder immer enger zusammenführte. Dass man beispielsweise Eisenbahnlinien errichtet und Telegrafenleitungen gespannt hatte, erleichterte das Reisen und das Kommunizieren von Nation zu Nation. Die größeren Städte des Kontinents hatten intensiveren Kontakt als je zuvor. Gleichzeitig wurden Maße und Gewichte standardisiert. Fast weltweit übernahm man das Meter, das Kilogramm und die Celsius-Skala. Auch die Zeitmessung erfuhr eine Neuordnung, denn nun galt die Mittlere Greenwich-Zeit als Richtschnur – all diese Maßnahmen schufen einen gemeinsamen Nenner der Zivilisation. Ferner entstanden internationale Organisationen mit nationalen Unterabteilungen wie das Rote Kreuz, die es erlaubten, spezifische Probleme über Ländergrenzen hinweg anzugehen. Diese Bemühungen betrafen die gesamte zivilisierte Welt, ihre Basis lag aber hauptsächlich in Europa, teilweise auch in den Vereinigten Staaten. Ausgeschlossen blieben freilich die Kolonien.[6] Hoffnungsvollen Beobachtern mochte es daher scheinen, dass die Modernisierung den Kontinent in hoher Geschwindigkeit zusammenwachsen lasse.

Traditionelle Verflechtungen gab es auch während der letzten Dekaden des 19. Jahrhunderts dadurch, dass die europäischen Monarchen eng miteinander verwandt waren. Für die kontinentale Aristokratie hatte es nichts Ungewöhnliches, Souveränen verschiedener Nationalitäten zu dienen, das taten sie seit jeher. Gekrönte Häupter wiederum neigten dazu, untereinander zu heiraten. Als Enkel Königin Victorias sehnte sich der deutsche Kaiser Wilhelm II. geradezu nach sozialer Anerkennung seitens seiner britischen Verwandten. War eine neue Monarchie zu etablieren, etwa in Griechenland, fand sich stets ein unbedeutender deutscher Prinz, der gern die Krone übernahm. Als sich die Politik aber immer nationalistischer ausrichtete, was sich in der neu aufgekommenen Massenpresse niederschlug, mussten die königlichen Familien sich quasi nationalisieren, z. B. indem sie die Landessprache lernten oder gar ihren ursprünglichen Namen änderten. So wurde aus Sachsen-Coburg-Gotha etwa Windsor. Familientreffen und Staatsbesuche boten den Monarchen reichlich Gelegenheit, nicht nur Höflichkeiten auszutauschen, sondern auch substanzielle politische Probleme zu besprechen, sehr zum Kummer ihrer Berater. Während die östlichen Höfe das gemeinsame Anliegen verband, die autokratische Herrschaft zu verteidigen, begannen die divergierenden geopolitischen Interessen ihre praktische Kooperation zu erschweren.[7]

Das explosive Wachstum des internationalen Handels baute eine weitere Brücke zwischen den europäischen Ländern. Während des ganzen 19. Jahrhunderts vergrößerte sich das Volumen des Welthandels um das 43fache; allein in den zwei Jahrzehnten vor dem Krieg verdoppelte es sich! Diese atemberaubende Expansion lag an der Industrialisierung, die vom Vereinigten Königreich auf den Kontinent übergriff und die Warenproduktion zwischen 1800 und 1900 um das 33fache steigen ließ. Anders als die imperialistische Propaganda verhieß, fand der Handel mit Massenprodukten aber zu über 75 Prozent zwischen den entwickelten Ländern statt, nicht zwischen den Metropolregionen und deren Kolonien.[8] Um Transaktionen zu erleichtern, schufen Kaufleute Verbindungen über Grenzen hinweg, indem sie etwa ihre Söhne ins Ausland schickten, wo sie neue Geschäftsmethoden lernen sollten, oder dort Filialen ihrer Firma gründeten. Besonders erfolgreich mit einer solchen Verflechtungsstrategie war das Haus Rothschild, das von einer jüdischen Bankiersfamilie aus Frankfurt zu einem führenden Finanznetzwerk mit weiteren Sitzen in Paris und London aufstieg.[9] Solche Kontakte schufen eine transnationale Geschäftswelt, die in europäischen oder gar in globalen Maßstäben dachte.

Die erfolgreiche Entwicklung des Handels machte internationale Kooperation auch auf einem anderen Gebiet notwendig, nämlich bei der Einrichtung eines rechtlichen und organisatorischen Rahmens für transnationale Aktivitäten. So engagierten sich die Europäer besonders, als Weltpostverein und Internationaler Telegrafenverein gegründet wurden; dank ihnen konnten Briefe und Telegramme nun über die Grenzen gehen. Nach komplizierten Verhandlungen vereinbarten die kontinentalen Regierungen außerdem, die Unantastbarkeit kommerzieller Verträge zu respektieren, da diese lebenswichtig für den Handel waren. Ebenso bemühten sie sich um den Schutz des geistigen Eigentums und beschlossen Copyrightregelungen, aufgrund derer nun auch Bücher international verkauft werden konnten. Andere Vereinbarungen betrafen die Migration: Man wollte Leute mit Vermögen hereinlassen, unerwünschte Arme jedoch fernhalten. Also drängten die Regierungen auf ein internationales Passwesen und auf die Formulierung von Niederlassungsrechten und -pflichten für Ausländer. Auch das Benutzen von Seen, Flüssen und Kanälen fanden sie regelungsbedürftig und beriefen entsprechende Kommissionen ein.[10] Für diese praktischen Angelegenheiten entwickelten die europäischen Staaten einen Korpus internationalen Rechts, der den friedlichen Austausch erleichterte.

Daneben entstand, eher spontan, eine Bruderschaft der Künste, gebildet aus Malern und Komponisten, die in Europa eine kulturelle Avantgarde formierten. Da die Sprachen der Kunst und der Musik universell zugänglich waren, spielten nationale Schranken keine Rolle. Die Freiheit und die stimulierende Atmosphäre der metropolitanen Zentren zogen Künstler aus dem ganzen Kontinent an. Beispielsweise ging der spanische Maler Pablo Picasso nach Paris und der böhmische Komponist Gustav Mahler nach Wien. »Kunst kennt kein Vaterland«, glaubten die kreativen Innovatoren jener Jahre, und so nutzten sie die Gelegenheit, neue Stile, etwa abstrakte Malerei oder Zwölftonmusik, von einer Hauptstadt zur anderen weiterzureichen. Offizielle, aber auch unabhängig organisierte Ausstellungen, Darbietungen in etablierten Konzerthallen oder an unautorisierten Orten hielten sowohl die Fachwelt als auch das große Publikum auf dem Laufenden. Kritiken in Zeitungen schufen ebenfalls eine internationale Debatte, bei der die Herkunft der besprochenen Werke und Urheber keine Relevanz besaß. Ein internationaler Kunstmarkt und internationale Konzertagenturen organisierten diesen Austausch. Viele der Künstler und Musiker, die ihren Durchbruch noch nicht geschafft hatten, führten zudem ein Bohème-Leben, für das die Nationalität gleichgültig war.[11]

Ein weiterer Bereich wachsender transnationaler Kooperation zwischen den Ländern Europas war die wissenschaftliche Forschung. Zwar wollten Institutionen wie das Deutsche Museum in München auch nationale Leistungen präsentieren, doch um den Wert wissenschaftlicher Entdeckungen und technischer Innovationen zu beurteilen, war man auf internationale Begutachtung angewiesen. Dank disziplinärer Spezialisierung und akademischer Professionalisierung entstand in der zweiten Hälfte des 19. Jahrhunderts eine internationale Gelehrtengemeinschaft, die eifrig bestrebt war, Informationen auszutauschen. Die Bildung nationaler Forschungsgesellschaften mit eigenen Zeitschriften und Tagungen zog nach sich, dass internationale Körperschaften, Organisationen und Kongresse ins Leben gerufen wurden. Dort konnten Wissenschaftler sich zusammenfinden und ihre Resultate einer größeren Öffentlichkeit präsentieren. Obwohl die finanzielle Förderung solcher Institutionen aus staatlichen oder philanthropischen Mitteln national blieb, zogen die hervorragendsten Einrichtungen Gelehrte vom ganzen Kontinent an. So kam es etwa, dass Albert Einstein aus einem Schweizer Patentamt an die Berliner Universität wechselte.[12] Internationale Preise wie jene, die der Schwede Alfred Nobel 1900 stiftete, leisteten solcher Internationalisierung weiteren Vorschub.

Die Pazifisten engagierten sich besonders nachdrücklich für die Erhaltung des Friedens. 21 einschlägige Kongresse veranstalteten sie vor Ausbruch des Ersten Weltkriegs. Gegen Ende des 19. Jahrhunderts kam zum religiösen Impuls der Quäker für die Gewaltfreiheit die weltlichere Überzeugung hinzu, dass »Krieg unter zivilisierten Menschen ein Verbrechen« sei. In Frankreich wollten einige radikale Republikaner an das universalistische Erbe der Französischen Revolution anknüpfen, indem sie Institutionen einer internationalen Konfliktregelung forderten, während andere sogar der europäischen Integration das Wort redeten. Im deutschsprachigen Bereich profilierte sich auf diesem Gebiet namentlich die mutige Freifrau Bertha von Suttner, die in ihrem Bestseller *Die Waffen nieder!* sich der Militarisierung der Gesellschaft entgegenzuwerfen versuchte, indem sie die furchtbaren Folgen des Krieges für die Zivilbevölkerung aus weiblicher Sicht schilderte. In England äußerte der Publizist Norman Angell sich ähnlich. Seine Studie *The Great Illusion* kommt gar zu dem Schluss, Krieg sei selbst für den potenziellen Sieger zerstörerisch und sollte daher als irrational betrachtet werden. Solche Appelle erregten zwar viel Aufmerksamkeit, Unterstützung fanden sie aber nur bei einer engagierten Minderheit – und doch trugen sie dazu bei, dass einschlägige internationale Konventionen unterzeichnet wurden, so die Haager Landkriegsordnung.[13]

Die Zweite Internationale der Arbeiterbewegung stellte sich ebenfalls gegen den Krieg, getreu Karl Marx' Diktum: »Die Arbeiter haben kein Vaterland«. Anfangs widmeten die Sozialisten einen Gutteil ihrer Energie der Überwindung der Feindschaft zwischen Frankreich und Deutschland, da die Gewerkschaften und die eigenen Parteien in diesen Ländern strukturell wie organisatorisch am besten entwickelt waren. Auf mehreren internationalen Kongressen diskutierten die politischen Führer und die theoretischen Köpfe der Bewegung – darunter Karl Kautsky, Jean Jaurès, Rosa Luxemburg und Wladimir I. Uljanow alias Lenin ihre künftige Strategie: Sollte man Revolution oder Evolution anstreben? Wozu die einzelnen Vertreter neigten, hing von der Heftigkeit der Repression in ihrem Lande ab. Man debattierte intensiv per Brief, in Theoriejournalen wie der *Neuen Zeit* und bei persönlichen Begegnungen, um eine marxistische Analyse der Entwicklung des Kapitalismus zu erstellen sowie auf dieser Grundlage Möglichkeiten eines gemeinsamen Handelns zu eruieren. Die Millionen, die den Gewerkschaften und den sozialdemokratischen Parteien anhingen, mochten sich jedoch nicht so recht aus ihren nationalen Kontexten herausbewegen.[14] Eine ähnliche Stimme, die sich für Veränderungen zum Frieden hin einsetzte, war die internationale Frauenbewegung, die während der letzten Jahrzehnte vor dem Großen Krieg rasch anwuchs.[15]

Quellen der Feindseligkeit

Trotz all dieser positiven Zeichen registrierten kritische Kommentatoren wie die Schriftsteller Heinrich Mann und Romain Rolland in der ersten Dekade des 20. Jahrhunderts eine spürbare Verschlechterung des internationalen Klimas, welche die Befürchtung nährte, das Gespenst des Krieges könne wiederkommen. Teilweise stieg die Feindseligkeit aufgrund bestimmter aktueller Interessenkonflikte, mochten sie nun strategisch oder kolonial begründet sein. Teilweise wuchsen die Spannungen aber auch durch Fehlinterpretationen der Motive der jeweils anderen und wegen nationaler Stereotype; beides erschwerte es den üblichen Mechanismen der Diplomatie immer mehr, akzeptable Kompromisse zu finden.[16] Manche Kulturkritiker wiesen außerdem auf die verderbliche Wirkung der Hasspredigten hin, die eine unverantwortliche Sensationspresse unter die Massen brachte. Solche Propaganda wirkte immer dann, wenn sie, von bisher gängigen Sichtweisen abrückend, die internationale Politik als unter den Nationen ausgetragenen Kampf

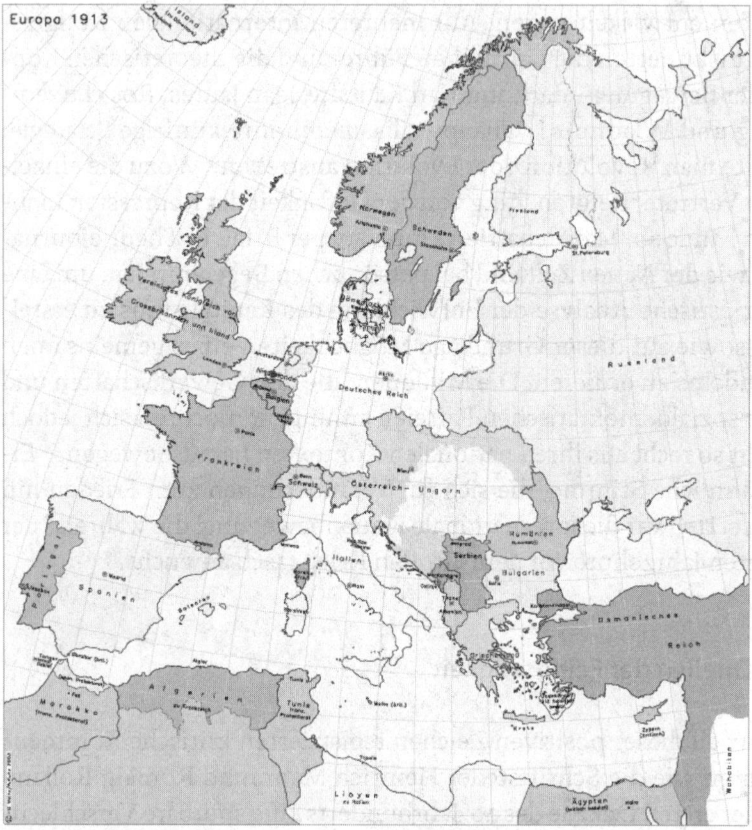

Europa vor dem Weltkrieg, 1913

ums Überleben kennzeichnete. Die negative Dynamik der Modernisierung trieb diese Entwicklung voran. Das Erzeugen nationaler Animositäten und des Gefühls existenzieller Bedrohtheit war daher wesentliche kulturelle Vorbedingung dafür, dass es auf dem europäischen Kontinent wieder zu Kriegen kam.

Eine erste Quelle wachsender Feindseligkeit war das Wuchern eines ungezügelten Nationalismus sowohl bei den politischen Eliten als auch bei den Volksmassen. Die Idee des 18. Jahrhunderts, einen Staat aus Menschen zu bilden, welche dieselbe Sprache sprechen, durch die gleiche Geschichte verbunden sind und sich eine gemeinsame Verfassung gegeben haben, war ursprünglich ein progressives Konzept, das territorialer Zersplitterung und dynastischer Willkür entgegenwirken sollte. Die Aussicht, Handel ohne Behinderung durch Zölle zu betreiben und zu reisen, ohne dass Schranken einem den Weg verlegten, erschien besonders Geschäftsleuten und Intellektuellen attraktiv, und politische Führer konnten auf größere militärische Stärke und internationalen Einfluss hoffen. Als Bürger aber begannen, ihr eigenes Land für allen anderen überlegen zu halten, bekam die Attitüde etwas Illiberales. *Chauvinisme* schimpfte man eine solche Einstellung in Frankreich, *jingoism* in England. Trat noch biopolitischer Rassismus hinzu, verfestigte sich Stolz zu Voreingenommenheit gegenüber Andersartigem, das diskriminiert werden durfte, wo es sich im Inland zeigte, und angegriffen, wo es sich im Ausland manifestierte.[17] Dank der zunehmenden Teilnahme der Massen an der Politik wurde schriller Nationalismus ein Werkzeug, mit dem sich das Volk leicht gegen imaginierte Feinde drinnen oder draußen mobilisieren ließ.

Ein weiteres unbewusstes Ideologem, das die europäischen Eliten vor dem Krieg in ihrer Entscheidungsfindung zunehmend beeinflusste, war der Sozialdarwinismus. Grob gesagt übertrug diese populäre Sichtweise Charles Darwins biologische Evolutionstheorie auf die Gesellschaft und auf zwischenstaatliche Verhältnisse. Intellektuelle wie Herbert Spencer und Ernst Haeckel betonten, dass der Kampf zwischen Einzelwesen zu einer »natürlichen Selektion« führe, die nur den Lebenstüchtigsten erlaube, sich fortzupflanzen und die weitere Existenz der Art sicherzustellen. Die Theorie ging aber über inländische Eugenik hinaus, weshalb sich ihr Denkschema auf die internationalen Beziehungen anwenden ließ. Somit konstruierte sie die Welt als einen Ort gnadenlosen Wettbewerbs, in dem nur die stärksten Nationen zur Blüte gelangten, während schwächere Länder unvermeidlich untergingen. Einer solchen Philosophie erschien der Krieg folgerichtig als ein Härtetest zwischen Nationen, weshalb sie logischerweise für ihn plädierte.[18] Leider verbreitete sich diese Sicht zeitgleich mit dem Übergang von der im eingeschränkten kontinentalen Rahmen agierenden »Realpolitik« zu der weiter ausgreifenden, ja perspektivisch den ganzen Globus umspannenden »Weltpolitik«. Diese unselige Kombination gab dem internationalen Wettbewerb einen rabiateren Charakter.

Bereits etablierten Nationen wie den Briten erschien das sich rasch entwickelnde Deutschland als drängelnder und penetranter Konkurrent, der ihren komfortablen ökonomischen Vorsprung bedrohte. Zwar behauptete das Mutterland der Industrialisierung in Produktion und Handel lange Zeit eine Spitzenposition, doch 1913 hatte das imperiale Deutschland im Handelsvolumen gewaltig aufgeholt, sowohl beim Import (659 gegenüber 525 Millionen Pfund) als auch beim Export (525 gegenüber 505 Millionen Pfund). Die Deutschen produzierten bereits mehr industrielle Güter, und ihre Handelsbilanz fiel im Vergleich mit dem Vereinigten Königreich zunehmend zu ihren Gunsten aus. England fürchtete, im ökonomischen Wettbewerb zu verlieren, zumal Berlin die neuen Technologien gezielt förderte und Inlandsmärkte protegierte; so entstand in London das Bewusstsein, dass da ein gefährlicher Handelsrivale heranwuchs. Man ersann Mittel, die England die Führungsposition bewahren sollten, etwa die Vorschrift, die Waren des Konkurrenten mit dem Siegel »Made in Germany« zu versehen. Britische Konsumenten sollten diese Importe von vornherein als minderwertige Billigprodukte einstufen, aber der Schuss ging nach hinten los. Andere Sperrmaßnahmen wie das Verbot der Einfuhr von Rübenzucker aus dem Kontinent schürten bei den Deutschen Groll gegen den »Handelsneid« der Briten.[19] Während der Handel zwischen den beiden Ländern weiter wuchs, trugen solche Differenzen, die von der Populärpresse weidlich ausgeschlachtet wurden, zur gegenseitigen politischen Entfremdung bei.

Der verspätete Eintritt des imperialen Deutschlands in den Kolonialismus war eine weitere Provokation, denn er brachte die etablierte Aufteilung der Welt durcheinander. Solange die politische Fragmentierung die Deutschen von imperialen Bestrebungen abhielt, konnten sich die Briten, Franzosen und Russen auf ihre Rivalität untereinander konzentrieren. Doch nachdem es sich, angeführt von Preußen, 1871 vereinigt hatte, begann auch das neu geschaffene Deutsche Reich imperiale Aspirationen zu entwickeln. Während der 1880er Jahre wurde in Berlin der Ruf immer lauter, man müsse sich unbedingt Kolonien verschaffen. Anders als die USA, die, jedenfalls rhetorisch, eine »Politik der offenen Tür« vertraten, glaubten führende Köpfe Deutschlands, ihr Reich könne seine kommerziellen Interessen besser schützen, wenn es auswärtige Gebiete regelrecht besäße. Widerwillig gab Otto von Bismarck dem nach. Er moderierte nicht nur die Neuaufteilung Afrikas beim Berliner Kongress 1884/85, sondern erwarb dem Reich auch Kolonien in Afrika: das künftige Deutsch-Ostafrika und Deutsch-Südwestafrika sowie die Länder Togo und Kamerun. Nicht, dass diese Besitzungen besonders profitabel gewesen wären (nur Togo warf Erträge ab), doch ihre bloße Existenz störte englisch-französische Pläne, den ganzen Kontinent zu kontrollieren. Als kolonialistische Nachzügler erschienen die Deutschen an den unwahrscheinlichsten Orten, etwa auf Samoa, und verlangten recht rüde einen Teil des Territoriums, auch wenn dort schon andere saßen. Es war diese Kombination aus Dynamik und Penetranz, die im Ausland für Zorn sorgte.[20]

Die wachsenden Spannungen zeitigten auch im literarischen und publizistischen Bereich Konsequenzen. Schriftsteller und Journalisten mühten sich, aus ehemaligen Widersachern Freunde und aus ehemaligen Freunden neue Feinde zu machen. So präsentierten britische Autoren plötzlich Frankreich – bisher Londons Hauptrivale zur See, in den Kolonien und auf dem Kontinent – in einem günstigeren Licht; Paris avancierte zu einem Zentrum der Mode und der Kunst. Nun geißelte man nicht mehr Napoleons hegemoniale Bestrebungen, stattdessen priesen Reiseschriftsteller die Schönheiten der Provence und der französischen Riviera. Dagegen wurden die Deutschen, die bisher als Vettern ersten Grades der Angelsachsen galten und als Mitglieder der weißen protestantischen Rasse Wertschätzung genossen, auf einmal finsterer gezeichnet. In seinem 1903 erschienenen und sehr populären Roman *The Riddle of the Sands* (dt. *Das Rätsel der Sandbank*) schrieb etwa Erskine Childers über eine Gruppe junger Männer, die zufällig auf eine geheime deutsche Armada stoßen und deren Plan durchkreuzen, Großbritannien anzugreifen. Die packende Abenteuergeschichte befeuerte die Ängste der Briten so sehr, dass die Admiralität sich gezwungen sah, mehrere defensive Flottenstützpunkte in und an der Nordsee zu bauen.[21] Diese Agentenfiktion war also keine harmlose Unterhaltung, sondern psychologische Vorbereitung auf einen neuerlichen Krieg.

Der konkrete Hintergrund der kulturellen Kriegsschwärmerei war ein ungestümes Wettrüsten zur See zwischen Großbritannien und dem Deutschen Reich. Da die Royal Navy während des ganzen bisherigen 19. Jahrhunderts die Meere beherrscht hatte, entschied Kaiser Wilhelm II., auch Deutschland brauche eine schlagkräftige Seestreitkraft, um seine Kolonien zu verteidigen und die Briten an den Verhandlungstisch zurückzubringen. Um sich ihre Überlegenheit zu bewahren, konterten die Briten 1906 mit einem technologischen Quantensprung, einem neuen Typ von Schlachtschiff, genannt *dreadnought* (wörtlich: ›Fürchtenichts‹), dessen leistungsstärkere Kanonen, festere Panzerung und höhere Geschwindigkeit die bisher üblichen Linienschiffe obsolet machten. Etwas überrascht war er schon, der deutsche Marinestabschef Alfred von Tirpitz, doch hielt er an dem Ziel fest, zwei Drittel der britischen Stärke zu erreichen. Dadurch sollte es für London zu riskant werden, die deutsche Flotte zu attackieren. Sein Gegenspieler bei den Engländern aber, Admiral John Fisher, beharrte darauf, dass die Royal Navy stärker bleiben müsse als die nächststärkeren zwei Flotten zusammen, und sorgte dafür, dass die Briten ihre Kriegsschiffsbautätigkeit verdoppelten.[22] Dieses Wettrennen stellte nicht nur den technischen Erfindungsreichtum und die industriellen Kapazitäten der Engländer auf eine harte Probe, sondern auch ihre finanziellen Möglichkeiten und ihre politische Entschlossenheit. Um zu gewährleisten, dass die Öffentlichkeit mit diesen Notwendigkeiten Schritt hielt, war ein gewaltiger Propagandaeinsatz notwendig.

Gleichzeitig entwickelte sich ein weiterer gefährlicher Wettbewerb zwischen der französisch-russischen Allianz und dem österreichisch-deutschen Zweibund, nämlich der um die größte Armee. Wegen seiner abnehmenden Bevölkerung bestand Frankreich auf der allgemeinen Wehrpflicht und zog 83 Prozent der betroffenen Jahrgänge ein. Die Deutschen dagegen verpflichteten nur 53 Prozent, weil die preußischen Junker das Offizierskorps nicht mit Männern aus der Mittelklasse ›verdünnt‹ sehen wollten. Angesichts ihrer zahlreichen Untertanen riefen die Russen nur 20 Prozent zu den Fahnen, aber sie modernisierten ihre technischen Kapazitäten und vermehrten zumindest die Zahl der Rekruten. 1912 forderte General Erich Ludendorff nachdrücklich die drastische Vergrößerung des deutschen Heeres, doch angesichts der gewaltigen Ausgaben für die Marine schien nur eine Erweiterung auf rund eine Dreiviertelmillion Soldaten möglich. Da die Aufstockung der bewaffneten Kräfte recht teuer war, musste die Bevölkerung überzeugt werden, indem man ihr einredete, ein feindlicher Angriff stehe unmittelbar bevor. Das Wettrüsten zu Lande ging nach demselben Muster vonstatten wie das zur See: Wenn eine Seite ihre Kampfkraft stärkte, bemühte sich die andere, nachzuziehen.[23] Die Folge der ganzen Aufregung war, dass beide Parteien sich immer unsicherer fühlten.

Wachsende Furcht und Feindstereotype flossen in spekulative Literatur über einen baldigen Krieg ein. Zu besonderer Bekanntheit gelangte eine prophezeiungsartige Schrift General Friedrich von Bernhardis, dem man Kompetenz zutraute; schließlich war er deutscher Militärattaché und Historiker des Generalstabs gewesen. 1911 erregte er eine stürmische Kontroverse mit dem Buch *Deutschland und der nächste Krieg*; darin bezeichnet er sozialdarwinistisch den Krieg als eine »biologische Notwendigkeit«, um die Tauglichkeit einer Nation zu prüfen. Bernhardi proklamiert nicht nur eine sittliche Pflicht, Krieg zu führen, er beharrt sogar auf einem »Recht zum Kriege« und zur Eroberung. Besonders ein Land wie Deutschland dürfe und müsse dieses wahrnehmen, da es bei der Aufteilung der Welt zu kurz gekommen sei. Denn als es die Arena betreten habe, seien die meisten Territorien schon vergeben gewesen. Mit ominösem Unterton nimmt er die Träume späterer Rassisten vorweg, wenn er Möglichkeiten zur Expansion hauptsächlich in Osteuropa sieht. Verbreitet vom Alldeutschen Verband, wurde das Buch rasch ins Englische und Französische übersetzt. Dort im Ausland diente es wiederum als Beweis für die deutsche Kriegslüsternheit; dabei stand es gar nicht im Einklang mit der offiziellen Politik.[24] Dieses Szenario und ähnliche Traktate, auch von Autoren anderer Nationen, machten den Ausbruch des Krieges, den sie so fleißig herbeischrieben, nur wahrscheinlicher.

Reale und vermeintliche Gefahren aus rivalisierenden Ländern wurden namentlich von der Boulevardpresse breitgetreten, billigen Tagesperiodika, die mit Skandalen und Gerüchten hohe Verkaufszahlen erzielten. Die Vorkriegsjahre waren das Goldene Zeitalter der Presse, denn Dutzende von Morgen- und Abendblättern erheischten in den Hauptstädten plakativ öffentliche Aufmerksamkeit. Selbstverständlich hatte jedes große Land eine seriöse Zeitung, England etwa die *London Times*, Frankreich *Le Temps* und Deutschland das *Berliner Tageblatt*, die ihr Bestes taten, akkurat zu berichten. Doch waren auch sie nicht davor gefeit, parteiisch zu werden, wenn es um das ging, was sie für das ›nationale Interesse‹ hielten. Gefährlicher waren Massenpostillen wie die *Daily Mail* oder die *Berliner Zeitung*, die sich an ein unterdurchschnittlich gebildetes Publikum wandten und ihm sensationelle Stories boten, ohne sich immer die Mühe zu machen, diese auf ihren Wahrheitsgehalt zu prüfen.[25] In jedem Land fachte die Boulevardpresse die Leidenschaften des Volkes an, indem sie nationale Stereotype verwendete und Gefahren übertrieb, die von auswärts drohen sollten. Sogar die Kinder wurden militaristisch konditioniert: Man bedachte sie mit Kriegsspielzeug. Indem sie internationale Konflikte anheizten und stereotype Feindbilder kreierten, unterminierten die negativen Dimensionen der Modernisierung den Frieden und halfen, das große Publikum auf den Krieg vorzubereiten.

Polarisierende Krisen

Noch war die internationale Kooperation nicht institutionalisiert. Daher erstaunt es nicht, dass eine Serie diplomatischer Krisen zu Beginn des 20. Jahrhunderts die Faktoren, die für Feindseligkeiten sorgten, verschärften. Bisher hatte ein System des Gleichgewichts der Kräfte das Ärgste verhindert, und man betrachtete solche Konfrontationen als normalen Teil internationaler Beziehungen: Staaten verfolgten nun einmal konfligierende Interessen durch Verhandlung oder Gewalt, bis sie auf hinreichenden Widerstand stießen – so weit, so üblich. Doch Ziele durchzudrücken, indem man

Konflikte riskierte, barg ernsthafte Gefahren, wie nun immer deutlicher wurde. Ungut war, wenn man während einer Krise tüchtig polterte und schwadronierte, das Ergebnis das Publikum dann aber enttäuschte; in dem Fall blieb nämlich selbst noch nach dem Erreichen einer Lösung ein Quantum an Feindseligkeit zurück, das die Bereitschaft der Kontrahenten minderte, sich beim nächsten Mal wieder auf einen Kompromiss einzulassen. Außerdem bedurfte eine Vereinbarung eines mediatorischen Mechanismus, sei es eine internationale Konferenz oder die Vermittlung durch eine oder mehrere unbeteiligte Mächte. Derlei Verhandlungen brachen jedoch zusammen, wenn eine Partei sich weigerte, ins Gespräch zu treten, oder wenn die potenziellen Vermittler selbst in den Konflikt verwickelt waren. Die Häufung der Krisen, die sich in den letzten Jahren vor dem Kriege entwickelten, trug wesentlich dazu bei, dass zwei antagonistische internationale Allianzen entstanden und sich die Fronten zwischen ihnen verhärteten.[26]

Das imperiale Deutschland rückte nun ab von Bismarcks kompliziertem diplomatischen System und vollführte überstürzt eine »diplomatische Revolution«, die es am Ende isolieren sollte. Bedacht, als Teilnehmer eines Zusammenspiels von fünf Großmächten immer Teil eines Trios zu sein, hatte der Eiserne Kanzler den Zweibund mit Österreich-Ungarn durch ein Geheimabkommen mit Russland ergänzt. Mit diesem sogenannten Rückversicherungsvertrag hoffte er, das nach Vergeltung strebende Frankreich in Schach zu halten, während sich England seiner *splendid isolation* erfreute. Der junge Kaiser Wilhelm II. wollte sich der Vormundschaft dieses vorsichtigen, freilich nicht immer ehrlichen Staatsmanns entwinden und eine »Weltpolitik« auf See betreiben. Der neue Kanzler wiederum, Georg Leo Graf von Caprivi, strebte einen kontinentalen Handelsblock unter Ausschluss des Russischen Reiches an. Das französische Kabinett witterte eine Chance: In der Hoffnung, das verlorene Elsass-Lothringen wiederzubekommen, bot es der zaristischen Regierung ein Bündnis an. Dass Letzterer der Sinn danach stand, ließ sich vermuten, denn es hatte Russland tief getroffen, dass Deutschland den genannten Pakt nicht verlängern mochte. Das Zarenreich war zudem zornig darüber, dass es auf dem

Balkan von Österreich blockiert wurde. 1892 gebar diese eigenartige Zweckehe dann die Französisch-Russische Allianz, was wiederum Zwietracht in den Kontinent brachte.[27]

Dass 1904 England und Frankreich die dramatische Faschoda-Krise beilegten, indem sie die Entente cordiale gründeten, war ein weiterer Schritt hin zur Polarisierung. Blicken wir zurück: September 1898 gerieten der französische Major Jean-Baptiste Marchand und sein kleines Truppenkontingent nahe der Stadt Faschoda, gelegen am Oberlauf des Nils im Sudan, mit einer kampfkräftigen Flottille britischer Kanonenboote aneinander, die Sir Herbert Kitchener befehligte. Hintergrund des Zusammenstoßes war, dass sich in Afrika die Expansionspläne der beiden Nationen ins Gehege kamen. Frankreich wollte einen kohärenten West-Ost-Gürtel von Senegal bis Somalia, doch das kollidierte mit dem britischen Vorhaben eines kolonialen Süd-Nord-Gürtels vom Kap bis Kairo, wie Südafrikas Premierminister Cecil Rhodes ihn propagierte. Kaum wurde die Konfrontation bekannt, heulte in beiden Ländern die Presse laut auf, französische und britische Politiker beschimpften sich wüst; London und Paris gerieten an den Rand eines Krieges. Aber um den britischen Beistand gegen Deutschland zu gewinnen, gab Außenminister Théophile Delcassé bestimmte französische Ansprüche auf und begann Verhandlungen über die kolonialen Streitigkeiten. Die schließlich erzielte Vereinbarung gab den Briten freie Hand in Ägypten, und Marokko ging an Frankreich über. Dadurch änderte sich die »geistige Haltung« der beiden Länder zueinander grundlegend.[28]

Die Erste Marokkokrise 1905/06 zementierte die Frontenstellung Entente vs. Zweibund in Europa. Verstimmt darüber, dass Frankreich dieses Land einfach klammheimlich annektiert hatte, protestierte Berlin und forderte, für die wirtschaftlichen Interessen Deutschlands müsse es dort weiterhin eine »offene Tür« geben. Um herauszufinden, ob die englisch-französische Kooperation wirklich schon eine starke Bindung sei, sandte Reichskanzler Bernhard von Bülow Kaiser Wilhelm II. nach Tanger. Dort hielt der deutsche Monarch eine Rede, in der er für die Unabhängigkeit Marokkos eintrat. Diese demonstrative Provokation verärgerte die Öffentlichkeit in Paris und in Berlin so sehr, dass beide Kontrahenten zum Krieg mobilmachten. Die Situation entspannte sich schließlich, als die französische Führung den überforschen Delcassé zwang, sein Außerministeramt niederzulegen, und einer internationalen Konferenz in Algeciras zustimmte. Doch dank der wirksamen Diplomatie Frankreichs fand sich Deutschland unter den Teilnehmern isoliert; allein Österreich-Ungarn stellte sich auf seine Seite. Berlin musste daher einen gesichtswahrenden Kompromiss akzeptieren: Nicht ganz Marokko, sondern nur die marokkanische Polizei solle unabhängig bleiben.[29] Das deutsche Muskelspiel erwies sich als gescheitert, denn es festigte die englisch-französische Kooperation, ja mehr noch: Es motivierte Russland, seine kolonialen Unstimmigkeiten mit den Briten vertraglich aus der Welt zu schaffen und 1907 der Entente beizutreten.

Die Annexion Bosnien-Herzegowinas durch Österreich am 6. Oktober 1908 spannte die internationale Situation weiter an. Der Berliner Vertrag von 1878 hatte Wien zwar erlaubt, diese osmanische Provinz zu besetzen – als Gegenleistung dafür, dass es im Russisch-Türkischen Krieg neutral geblieben war. Doch brachte 1903 ein Staatsstreich in Belgrad eine nationalistische Dynastie an die Macht, die mit russischer Unterstützung für ein Groß-Serbien agitierte. Um die Spannungen beizulegen, schloss der russische Außenminister Alexander Iswolski eine vorläufige Übereinkunft mit dem österreichischen Außenminister Graf Alois von Aehrenthal: Wien dürfe das Territorium annektieren und Bulgarien seine Unabhängigkeit erklären. Im Gegenzug werde Österreich Russland bei dessen Bestreben unterstützen, ein exklusives Recht auf Durchfahrt durch die maritime Ausgangspforte des Schwarzen Meeres, den Bosporus, zu erhalten. Letzteres konnte aber nicht in die Tat umgesetzt werden, weshalb Russland seine Zustimmung zur Annexion zurückzog, Österreich indes beharrte auf der Einverleibung, was nun zu massiver öffentlicher Erregung in Russland und Serbien führte. Um die Spannungen zu beenden, richtete das Deutsche Reich eine kaum verblümte Drohung an Sankt Petersburg : Akzeptiere Russland den *fait accompli* nicht, würden die Dinge ihren Lauf nehmen; Deutschland, so das bekannte Diktum des Kanzlers von Bülow, stehe in »Nibelungentreue« zu Österreich.[30] Sankt Petersburg sah sich zum Nachgeben gezwungen, was die Beziehungen zwischen ihm und den Regierungen in Berlin bzw. Wien dauerhaft verschlechterte.

Der Kaiser wiederum unternahm einen Versuch, die englisch-deutschen Beziehungen zu verbessern, der ironischerweise gerade das Gegenteil bewirkte. Ende Oktober 1908 erschien im Londoner *Daily Telegraph* ein Interview mit Wilhelm II. , das der britische Journalist Stuart Wortley aus mehreren privaten Gesprächen mit dem Kaiser zusammengestellt hatte. Wilhelm ließ sich die Version vorab aushändigen und leitete sie an Kanzler von Bülow zum Gegenlesen weiter. Wir wissen bis heute nicht, ob Letzterer, der gerade an der Nordsee urlaubte, den Text vor der Freigabe wirklich gelesen hat. Die britische Öffentlichkeit reagierte jedenfalls anders als erhofft. Befremdet und empört nahm sie zur Kenntnis, wie der Kaiser seine Freundschaft gegenüber England betonte, wie er damit prahlte, im Burenkrieg erfolgreich vermittelt zu haben, und wie er behauptete, der forcierte deutsche Flottenbau richte sich keineswegs gegen die Royal Navy. Nun entluden sich all die Friktionen, die sich über die Jahre zwischen den beiden Nationen angesammelt hatten, auf englischer Seite in einem Sturm des Protestes. Auf deutscher wiederum war die Öffentlichkeit erzürnt, dass ihr Monarch so wenig diplomatisches Taktgefühl besaß, und der Reichskanzler drohte mit Rücktritt. Der geläuterte Kaiser mischte sich danach zwar seltener in die Außenpolitik ein, aber die englisch-deutschen Beziehungen waren nun einmal beschädigt.[31]

Die Zweite Marokkokrise von 1911 isolierte Deutschland weiter. Berlins Gepolter drängte London in noch engere Kooperation mit Paris, und die Lösung der Krise enttäuschte den kriegsversessenen Teil der heimischen Öffentlichkeit. Den äußeren Anlass der Zuspitzung lieferte die französische Inbesitznahme von Fez und Rabat, die vorgeblich dem Sultan Hilfestellung gegen lokale Rebellen leisten sollte. Berlin hatte eigene Interessen in und an Marokko, und um diese wenigstens in anderen Teilen des afrikanischen Landes zu sichern, sandte die deutsche Regierung das Kanonenboot »Panther« nach Agadir. Dadurch befeuerte Berlin wiederum britische Ängste, die Deutschen könnten eine Flottenbasis im Atlantik errichten. London war die französische Invasion in Marokko zwar auch nicht recht, doch die deutschen Aktivitäten irritierten England stärker. Und so warnte der britische Premier David Lloyd George Berlin unverblümt, ein Frieden um den Preis einer Beschädigung der Interessen und der Ehre der Nation »wäre eine Demütigung, die ein großes Land wie das unsere nicht ertragen könnte«. Die Diplomaten Alfred von Kiderlen-Waechter und Jules Cambon verhandelten, und schließlich vereinbarte man, dass Frankreich Marokko unter sein Protektorat nehmen dürfe und Deutschland dafür ein Stück Äquatorialafrika erhalte, das seiner Kolonie Kamerun zugeschlagen werde.[32] Während die deutsche Öffentlichkeit die Einigung als diplomatische Niederlage empfand, dehnte die britische Marine ihren Schutzbereich auf die französische Seite des Ärmelkanals aus.

Die Balkankriege 1912/13 stellten das internationale Ordnungsgefüge auf eine harte Probe, doch blieben sie auf Südosteuropa beschränkt, weil die Großmächte beschlossen hatten, nicht direkt zu intervenieren. Im ersten Konflikt besiegte der Balkanbund, bestehend aus Bulgarien, Serbien, Griechenland und Montenegro, das Osmanische Reich. Mit dem Londoner Vertrag endete nun die jahrhundertelange Herrschaft der Türken über die Balkanhalbinsel. In der zweiten Auseinandersetzung attackierte Bulgarien seine bisherigen Verbündeten, zog aber den Kürzeren, zumal Rumänen und Osmanen den Angegriffenen zu Hilfe kamen. Im Friedensvertrag von Bukarest verlor Bulgarien alle Landgewinne, die ihm der Erste Balkankrieg eingebracht hatte. Die Feuersbrunst verbreitete sich nicht bis in die größeren europäischen Länder, denn die waren noch nicht kriegsbereit, und den Londoner Botschafterkonferenzen gelang es beide Male, Kompromisse auszuhandeln.[33] Der Wunsch der Russen nach freier Fahrt durch den Bosporus erfüllte sich nicht, es blieb ihnen nur die Unterstützung des expansionistischen Serbiens. Die Österreicher blockierten Belgrads Zugang zur Adriaküste, indem sie die Gründung eines unabhängigen Albaniens förderten, während die Bulgaren und Osmanen sich nunmehr Deutschland zuwandten. Ein größerer Krieg war nun zwar abgewendet, doch zeichneten sich schon künftige Frontverläufe ab.

Während die Feindseligkeit wuchs, entwarfen die Generalstäbe aller Großmächte offensive Kriegspläne gegen ihre mutmaßlichen Feinde – Pläne, die ihnen ihr Handeln im Juli 1914 praktisch diktierten. Die Österreicher etwa erwarteten eine Provokation vonseiten der Serben und bereiteten sich auf einen Krieg mit deren russischen Protektoren vor. Da Deutschland mit einem Zweifrontenkrieg rechnete, plante Graf Alfred von Schlieffen, zunächst Frankreich zu besiegen. Dafür sollten deutsche Heeresgruppen erst das neutrale Belgien passieren und dann weitschweifende Bögen durch Frankreich ziehen, um die französischen Festungen zu umgehen und der gegnerischen Armee in den Rücken zu fallen. War dies erledigt, sollten die deutschen Streitkräfte sich dem wohl etwas langsameren Vormarsch der Russen entgegenwerfen. Frankreich selbst ging es primär darum, seine verlorenen Provinzen wiederzuerlangen. Sein strategisches Konzept, genannt »Plan XVII«, sah eine Generaloffensive nach Süddeutschland vor. Ein Angriff ohne Rücksichten sollte das werden, der, so die Erwartung der Führung, den Kampfgeist der Truppe heben würde. Um seinen Verbündeten sofort zu Hilfe kommen zu können, konzipierte Russland eine schnellere Mobilisierung als ursprünglich vorgesehen, einem Feldzug zuliebe, den es nicht nur gegen Wien, sondern auch gegen Berlin führen wollte. Moskau plante, in Ostpreußen und Galizien einzumarschieren. Auch Großbritannien fand sich schließlich in den Krieg hineingezogen: Gespräche zwischen den Generalstäben beider Länder bewirkten, dass England sich immer tiefer verpflichtet fühlte, sich an der Verteidigung Frankreichs zu beteiligen, obwohl es offiziell verkündete, neutral bleiben zu wollen.[34] Bisher hatte sich noch für jede Krise eine friedliche Lösung gefunden – und doch zeigte sich Europa aus den genannten Gründen im Sommer 1914 in zwei große Allianzen geteilt, die bereit waren, gegeneinander Krieg zu führen.

Als letzte in einer Reihe von immer feindseligeren Auseinandersetzungen ähnelte die Julikrise den vorherigen Konfrontationen, aber in ihrem wichtigsten Aspekt unterschied sie sich – im Ergebnis. Alles begann mit der Ermordung Franz Ferdinands und hätte eine lokale Streitigkeit zwischen der Habsburgermonarchie und der serbischen Nationalistenbewegung bleiben können, wären da nicht die Bündnissysteme gewesen: Rasch – und vorhersehbar – fand sich Russland als Belgrads Schutzpatron in die Händel verwickelt, was wiederum Deutschland als Österreichs Alliierten und Frankreich als Russlands Freund hinzuzog. Anders als bei den bisherigen Balkankriegen brachte sich in dieser Krise eine der Großmächte gegen den Klientelstaat einer zweiten Großmacht in Stellung. Eine überhitzte öffentliche Meinung, von einer verantwortungslosen Presse befeuert, machte Kompromisse äußerst schwierig, und diplomatische Entscheidungen sahen sich eingeengt durch die technischen Notwendigkeiten, die Kriegsvorbereitungen und Mobilisierungszeitpläne mit sich bringen. Als Großbritannien seine *splendid isolation* aufgab, um Frankreich zu Hilfe zu kommen, war keine europäische Großmacht mehr übrig, die in der Lage gewesen wäre zu vermitteln. Da Deutschland an keiner weiteren Konferenz teilnehmen mochte, um nicht abermals gedemütigt zu werden, fehlte dem Beziehungssystem der modernen Staaten ein Mechanismus, der die Katastrophe noch hätte aufhalten können.[35]

Der Prozess der Eskalation

Obwohl die bisherigen Auseinandersetzungen den Schluss nahelegen mochten, dass ein Waffengang bevorstehe, bedurfte es doch einer Reihe von Entscheidungen einzelner Regierungen, um den Ersten Weltkrieg loszutreten. Ungeachtet all der Gewitterwolken aus Feindseligkeit, die sich da zusammenballten, hielten viele Europäer den Kollaps der Kooperation für unwahrscheinlich. Der Fortschritt der Zivilisation hatte, so schien es, die Oberhand gewonnen über den atavistischen Brauch, gegeneinander Krieg zu führen. Denn dank der hochentwickelten Waffentechnologie sei ein zuvor nie dagewesenes Zerstörungspotenzial erreicht, das, meinten die Optimisten, die Länder schon vom Krieg abschrecken werde. Aber die Julikrise zeigte, dass bestimmte negative Faktoren der Modernisierung – etwa Nationalismus, Sozialdarwinismus und Militarismus – eine »gemeinsame politische Kultur« in den europäischen Hauptstädten geschaffen hatten, die den Krieg als Mittel zur Durchsetzung nationaler Interessen legitimierte. Optionen der Versöhnung, die den Ausbruch noch verhindern konnten, hätte es gegeben; doch die konfrontativen Entscheidungen ließen am Ende wirklich keine Handlungsmöglichkeit mehr offen als eben den militärischen Konflikt.[36] Indem sie beständig dem Kompromiss das Risiko vorzogen, setzten die beteiligten Staatsführer einen Prozess der Eskalation in Gang, der einen lokalen Zwist auf dem Balkan zu einem kontinentalen Konflikt steigerte, um dann aus einer europäischen Auseinandersetzung einen Weltkrieg zu machen.

Den Funken, der das Feuer entzündete, lieferte Serbien, das damals wild entschlossen war, einen größeren Nationalstaat für die Südslawen zu schaffen. Überraschenderweise wird die zentrale Rolle Belgrads von der Geschichtsschreibung häufig ignoriert; dabei sollten die Gräuel der erst wenige Jahre zurückliegenden Jugoslawienkriege doch Grund genug sein, darüber nachzudenken, ob man diese Sachverhalte wirklich vernachlässigen kann. Es besteht wenig Zweifel daran, dass der serbische Militärgeheimdienst und dessen Leiter, Oberst »Apis« Dimitrijević, hinter dem Attentat von Sarajevo steckten. Sie nämlich besorgten den jugendlichen bosnischen Terroristen die benötigten Waffen, bildeten sie daran aus und leisteten logistische Hilfe. Die jungen Männer mag man als fehlgeleitete Idealisten betrachten, die einem fanatischen südslawischen Nationalismus anhingen. Ihre erwachsenen Hintermänner dagegen – unter ihnen Angehörige der serbischen Machtelite, etwa Premierminister Nikola Pašić – wussten, dass die von ihnen befohlene Ermordung einer hochgestellten österreichischen Persönlichkeit Krieg bedeuten konnte. Zuerst hatte man Provinzgouverneur Oskar Potiorek als Opfer ausersehen, später entschied man sich dann für den Thronerben. Trotz der lückenhaften Quellenlage lässt sich doch so viel sagen: Es ist unwahrscheinlich, dass die serbische Führung all dies tat, ohne sich der Unterstützung durch Russland sicher zu sein. Obschon einigen Zivilisten in letzter Minute Bedenken kamen, war es letztlich der staatlich geförderte Terrorismus der Serben, der die Kanone, die sie mit geladen hatten, von alleine losgehen ließ.[37]

Die grobe Antwort Österreichs auf das Attentat hatte einen lokalen Krieg auf dem Balkan zur Folge, der als Strafexpedition gegen die Serben auch den russischen Einfluss in der Region schwächen sollte. Wien war keine Marionette Berlins; die Führung aus dem Hause Habsburg war vielmehr ein unabhängiger Akteur, der Entscheidungen nach den eigenen Interessen traf. Allerdings war Österreichs Herrschaftsriege gerade in der aktuellen Frage nicht einig: Da gab es die Kriegspartei um Generalstabschef Conrad von Hötzendorf, die Friedensfraktion um den ungarischen Ministerpräsidenten István Tisza und den zwischen beiden Positionen schwankenden Außenminister Leopold Graf Berchtold, der eine »militante Diplomatie« verfocht. Um sich Rückendeckung für die Strafaktion zu holen, auf die man sich schließlich einigte, sandte Österreich Kabinettschef Alexander von Hoyos nach Berlin. Dort erhielt er den berüchtigten »Blankoscheck«, weil Deutschland fürchtete, sonst seinen letzten großen Verbündeten zu verlieren. Während der entscheidenden Ministerratssitzung am 14. Juli überzeugte Berchtold Tisza, ein demütigendes Ultimatum an Serbien mitzutragen. Die sicherlich folgenden ablehnenden Reaktionen würden Österreich einen Vorwand liefern, um anzugreifen.[38] Durch den Versuch, dem südslawischen Irredentismus mit Gewalt zu begegnen, löste Wien einen Krieg aus, von dem es sich erhoffte, er werde die Monarchie retten. Stattdessen sollte er sie am Ende zerstören.

Die Russen zeigten sich entschlossen, ihren Schutzbefohlenen Serbien zu unterstützen – schon, weil sie ihren Einfluss auf dem Balkan behalten wollten. Damit konnte der Konflikt zu einem kontinentalen Krieg eskalieren. Die Führungsriege in Sankt Petersburg gab dem Opfer die Schuld an seiner Ermordung und suchte nach einer Strategie, wie man den österreichisch-deutschen Versuch durchkreuzen könnte, den Konflikt in der Balkanregion zu halten. Bei einem derart eingegrenzten Krieg, so die russische Erwartung, werde es Wien sicherlich gelingen, Belgrad zu besiegen. Einerseits versammelte Russland mit falschen Beschuldigungen seine Alliierten hinter sich und versicherte Serbien seines Beistandes für den Fall, dass Österreich es angreife. Andererseits bereitete es die Mobilisierung seiner eigenen Truppen an der österreichischen Grenze vor, um das Habsburgerreich von eventuellen Kriegsabsichten abzubringen. Zwar zeigte sich Zar Nikolaus II. nach einem entsprechenden Appell Wilhelms II. bereit, die Mobilmachung auf den österreichischen Teil der Front zu beschränken, doch Außenminister Sergej Sasonow und Kriegsminister Wladimir Suchomlinow drängten weiter auf eine umfassende präventive Mobilmachung, weil sie die Armee für einen Konflikt mit Deutschland kampfbereit wissen wollten.[39] Diese unerwartet breite Aufstellung von Truppen zwang den Kontinentalkrieg herbei und verhinderte eine Begrenzung des Konflikts, denn der massive Einsatz nötigte Berlin, nun auch gegen Russland und Frankreich mobilzumachen.

Die Entscheidungen, die Deutschland damals traf, waren und bleiben unter Historikern besonders umstritten, denn es charakterisiert sie eine seltsame defensive Aggressivität: Berlin wollte seine Position gleichzeitig sichern und ausweiten. Zudem war nicht immer klar, wer jeweils wirklich das Sagen hatte: der launenhafte Kaiser, der nervöse Generalstabschef Helmuth von Moltke oder der pessimistische Reichskanzler Theobald von Bethmann Hollweg. In einem jedoch bestand Einigkeit: Deutschland werde Österreich unterstützen, komme, was da wolle. Die zivilen Mitglieder der Führungsriege verfolgten eine »Risikopolitik«, um zu testen, was Russland vorhatte. Man nahm einen lokalen Krieg auf dem Balkan in Kauf und riskierte auch einen größeren kontinentalen, denn selbst der erschien den Strategen noch gewinnbar. Aber sie wollten keinen Krieg mit Großbritannien, der die eigenen Kräfte dann doch überfordern würde. Besorgt beobachtete Berlin, wie rasch Russland militärisch wuchs und wie Frankreich sich bemühte, seine Truppen zu modernisieren. In dieser Situation erschien die Ermordung des Erzherzogs als letzte Chance, um Deutschlands diplomatische »Einkreisung« zu durchbrechen. Dass der Schlieffen-Plan den Angriff nach Westen an die erste Stelle setzte, zwang die Regierung, nicht nur Russland, sondern auch dessen Alliiertem Frankreich ein Ultimatum zu stellen.[40] Erst als den Deutschen klar wurde, dass auch England sich ins Getümmel zu stürzen beabsichtigte, wollten sie wohl gern einen Rückzieher machen, aber da war es schon zu spät.

Erstaunlicherweise entgehen auch die Aktivitäten der Franzosen während der Julikrise häufig der Aufmerksamkeit, obwohl sie ebenfalls einen beträchtlichen Beitrag zum Zusammenbruch des

Friedens leisteten. Nach seiner Niederlage im Französisch-Preußischen Krieg 1870/71 war eine der wenigen Konstanten innerhalb der europäischen Diplomatiewelt das Gebaren Frankreichs: Paris suchte Revanche mit dem festen Willen, die verlorenen Provinzen Elsass und Lothringen zurückzuerobern. Da es nach wie vor an der nationalen *grandeur* hing, die ihm Herrscher wie Ludwig XIV. und Napoleon verschafft hatten, bemühte sich Frankreich zudem, eine Dominanz des volkreicheren und industriell dynamischen Nachbarn Deutschland zu verhindern. Als der Sozialistenchef Jean Jaurès am 31. Juli von einem französischen Nationalisten ermordet wurde, war eine führende Stimme für Frieden und Versöhnung zum Schweigen gebracht. Während seiner Gespräche in Sankt Petersburg auf dem Höhepunkt der Krise riet Präsident Raymond Poincaré nicht etwa zur Mäßigung, sondern versicherte der russischen Führung, dass Frankreich dem Zarenreich zur Seite stehen werde, denn er wollte sich eine Gelegenheit zum Kämpfen nicht entgehen lassen.[41] Die Verantwortung der serbischen Irredenta ignorierte Paris. Der Wunsch nach Revanche trieb so auch Frankreich in den Konflikt, das durch seinen Eintritt den kontinentalen Krieg vervollständigte.

Um die Rolle Englands gab und gibt es ebenfalls heftige Debatten, da seine Entscheidung für den Krieg den Übergang zu einem generellen europäischen Konflikt mit weltweiten Implikationen bedeutete. Die Mehrheit des liberalen Kabinetts unter Herbert Asquith neigte eher zum traditionellen Abstandhalten zu kontinentalen Angelegenheiten; man wollte lieber vom Spielfeldrand zuschauen. Aber das Außenministerium unter Sir Edward Grey war frankophil und hob daher die Gefahr hervor, die ein immer stärker werdendes Deutschland für die britische Hegemonie bedeuten könnte. Außerdem steckten hochrangige Militärs tief in inoffiziellen Stabgesprächen mit den Franzosen, um die gemeinsame Verteidigung der Ärmelkanalküste zu planen. Und die britische Boulevardpresse liebte es, Wilhelm II. lächerlich zu machen, dessen Begabung für Ausrutscher sie mit reichlich Material versorgte. Als Deutschland die Neutralität Belgiens verletzte, wie der Schlieffen-Plan es vorsah, kippte die Stimmung in der bisher uneinigen Regierung zugunsten der Eingreifwilligen. Nun hatte man eine geeignete Rechtfertigung, mit der sich die Öffentlichkeit mobilisieren ließ. Was London zur Intervention drängte, war freilich nicht die Entschlossenheit, internationales Recht zu verteidigen, sondern Solidarität mit der Entente. Hinzu kam die eigennützige Sorge, da wachse ein gewaltiger maritimer und kolonialer Rivale heran.[42]

Die initiale Wucht der Eskalation brachte auch zwei entfernter gelegene Staaten in den Krieg hinein, denn gekämpft wurde nun auch jenseits des europäischen Kontinents. Japan hatte sich seit der Meiji-Restauration tüchtig modernisiert und sich dabei an diversen europäischen Ländern orientiert, die den Prozess mustergültig hinter sich gebracht hatten. Nachdem man gegen Russland schon siegreich gewesen war, sah Tokio den europäischen Konflikt Ende August als Chance, sich diverser deutscher Besitzungen zu bemächtigen. Also verleibte man sich Tsingtau ein und desgleichen die Karolinen-, die Marianen- und die Marshallinseln im Pazifik; Japan wollte die stärkste Macht in ganz Asien werden.[43] Ähnlich hatte sich auch das Osmanische Reich, geführt von Enver Pascha, in eine moderne Nation verwandelt, die ebenfalls europäischen Modellen folgte, was Säkularisierung, Erziehung und Wirtschaftswachstum betraf. Aufgrund geheimer Bündnisverträge duldeten die Osmanen, dass die beiden deutschen Schlachtkreuzer Goeben und Breslau unter Admiral Wilhelm Souchon die türkischen Meerengen passierten und die russische Schwarzmeerflotte attackierten; im Oktober schloss sich Istanbul den Mittelmächten an.[44] Der türkische Kriegsbeitritt war von größerer strategischer Bedeutung, da er die Dardanellen für die Russen blockierte, die nun keine eisfreie Schifffahrtsroute hin zu ihren westlichen Alliierten mehr besaßen. Beträchtliche russische Truppenkontingente waren nun in den Bergen des Kaukasus gebunden.

Entgegen der landläufigen Meinung brach der Erste Weltkrieg aus, weil das Führungspersonal insgesamt kollektiv versagte, nicht aber, weil einzelne Staatsoberhäupter, etwa der Kaiser, fehlgehandelt hätten. Wer da 1914 auf den Thronen saß – Monarchen wie Franz Joseph I. , Georg V., Nikolaus II. und Wilhelm II. –, war zu mittelmäßig und obendrein zu sehr der Kontrolle von Ratgebern unterworfen, um noch Ereignisse zu diktieren. Während militärische Führer wie der österreichische Generalstabschef Conrad von Hötzendorf bellizistischer dachten, überlegten selbst manche Generäle wie sein deutscher Kollege Helmuth von Moltke es sich zweimal, bevor sie sich zum Krieg entschlossen. Die entscheidende Rolle spielten eher die Zivilisten an der Spitze, so Nikola Pašić in Serbien, Graf Leopold von Berchtold in Österreich, Sergej Sasonow in Russland, Theobald von Bethmann Hollweg in Deutschland, Raymond Poincaré in Frankreich und Sir Edward Grey in England. Sie waren weder »Schlafwandler« noch »Fatalisten«, sondern erfahrene Politiker und Diplomaten, die die Interessen ihrer eigenen Nation auf Kosten des gesamten übrigen Kontinents verfolgten.[45] Sie verstanden nicht vollständig, welch blutige Konsequenzen die Entscheidungen hatten, die sie gerade trafen, und empfanden nicht genügend Verantwortung für das Ganze, um sich zu Kompromissen bereitzufinden.

Der Ausbruch des Ersten Weltkriegs war also weder Unfall noch Zufall, sondern das Ergebnis eines Eskalationsprozesses, der einen begrenzten regionalen Zusammenstoß zu einem generellen globalen Konflikt ausweitete. Mindestens drei verschiedene Ebenen sind auseinanderzuhalten: Am Anfang stand die serbisch-österreichische Konfrontation, zu der es kam, weil die bosnischen Serben sich von der Herrschaft der Habsburger befreien wollten. Aus dieser Querele ergab sich ein kontinentaler Streit um die Hegemonie über die europäische Halbinsel, der sich entspann zwischen dem Zweibund – Deutschland und Österreich – auf der einen und der französisch-russischen Allianz auf der anderen Seite. Schließlich weitete sich dieser Kontinentalkrieg aus zu einem maritimen und kolonialen Weltkrieg zwischen den Mittelmächten samt osmanischen Verbündeten hier und den Briten und Japanern dort. Die Allianzen schienen festgefügt. Nur Italien löste sich aus dem Dreibund, um im Frühjahr 1915 zur Entente überzutreten.[46] Nicht ein bestimmtes Land trug die Hauptverantwortung, sondern der Konflikt verbreitete und verschlimmerte sich schrittweise durch eine Abfolge einzelner Entscheidungen, die durch spezifische nationale Interessen motiviert waren. Da es weder übergreifende Institutionen noch

Empfinden einer gemeinsamen Verantwortung gab, trieben diese Entschlüsse Europa unaufhaltsam in den Krieg.

Ironischerweise hat, auf lange Sicht betrachtet, keine der Kriegsparteien ihre Ziele erreicht. Zwar verwirklichte sich der serbische Traum von einem größeren südslawischen Staat in der Gründung Jugoslawiens, nach dem Zusammenbruch des Kommunismus zerfiel dieses aber wieder. Das verzweifelte Hasardspiel, das die Doppelmonarchie retten sollte, ergab das genaue Gegenteil des Gewollten: Namentlich im Osten lösten sich Völkerschaften aus dem Kaiserreich Österreich-Ungarn und wurden autonom, so dass es schon nach dem Ersten Weltkrieg aufhörte zu existieren. Die russische Hoffnung, den Balkan zu dominieren und Zugang zum Mittelmeer zu erlangen, war mit der eigenen Revolution vereitelt. Letztere führte in die sowjetische Sackgasse, was das Land für Dekaden von freiheitlichen Entwicklungen abschnitt. Die Absicht der Deutschen, die Mitte des Kontinents zu beherrschen, hatte besonders desaströse Konsequenzen: Sie brachte einen zweiten, noch blutigeren Krieg, begleitet von einem völkermörderischen Holocaust, und anschließend die jahrzehntelange Teilung des Landes. Die Franzosen waren immerhin insofern erfolgreich, als sie Elsass-Lothringen zurückbekamen, doch dafür bezahlte die Nation mit einer Niederlage im Zweiten Weltkrieg und verlor ihren Großmachtstatus. Sogar die Briten, obwohl in beiden Weltkriegen Sieger, vermochten ihr Empire nicht zu halten und mussten erleben, wie die Vereinigten Staaten an ihnen vorbeizogen.[47] Wären die führenden Politiker Europas in der Lage gewesen, diese Ergebnisse vorherzusehen, hätten sie sich ihre verhängnisvollen Entscheidungen wohl gründlicher überlegt.

Kriegsgründe

Da die Einwirkung der Modernität auf die Transformation der internationalen Beziehungen theoretisch noch nicht genügend reflektiert wurde, stoßen die meisten Erklärungen für den Kriegsausbruch 1914 nicht zu den tieferen Ursachen vor. Adam Smiths Postulat des äußeren Friedens, das wertvolle Hinweise liefern könnte, scheint die Modernisierungstheorie unserer Zeit vergessen zu haben. Sie stützt sich hauptsächlich auf innenpolitische Faktoren, etwa wirtschaftliche Entwicklung, soziale Mobilisierung, Experimente in Kultur und Lebensstil und Demokratisierung, wohingegen von Zustand und Fortgang der internationalen Ordnung seltener die Rede ist. Aber wird diese Dimension erforscht, stehen sich zwei Denkschulen gegenüber: Historisch orientierte Juristen betonen häufig die Rolle des internationalen Rechts als »sanfter Zivilisator«. Als Mittel, um die Kooperation zwischen den Nationen auszubauen, regele es deren Interaktion mit bindenden Vereinbarungen und schlichte Konflikte durch Schiedssprüche.[48] Neorealistische Theoretiker der internationalen Beziehungen zeigen sich jedoch skeptisch, was die Chancen des Friedens angeht, da souveräne Staaten beim Verfolgen ihrer Interessen innerhalb eines Wettbewerbssystems den Einsatz von Gewalt nicht scheuen würden – jedenfalls, solange eine zentrale, übergreifende Autorität fehle. Beide Ansätze können, jeder auf seine Weise, Licht in die Frage bringen, warum der Erste Weltkrieg ausbrach.[49]

Vor 1914 hatte die Entwicklung des internationalen Rechts durchaus einige Fortschritte gemacht, aber dieses Mehr an Kooperation erwies sich als noch zu schwach, um die Großmächte vom Griff zu den Waffen abzuhalten. Doch immerhin: Wenn Staaten gemeinsame Interessen hatten, wie bei der Post- und Telegrammzustellung, erleichterten ihnen internationale Vereinbarungen die Kommunikation. Stellten sich transnationale Probleme ein, etwa die Versorgung von Verwundeten auf einem Schlachtfeld, leisteten Organisationen wie das Rote Kreuz ihre Dienste ohne Ansehen der Nationalität. Trotz aller Skepsis, die ihnen entgegenschlug, gelang es den an den Haager Konferenzen Beteiligten, Regeln für den Krieg zu Lande und zur See aufzustellen. Wurde der Gebrauch von Gewalt begrenzt, diente das schließlich allen Parteien eines bewaffneten Konflikts.[50] Letzten Endes aber glaubten die Nationen, der Frieden könne nur gewahrt werden, indem man potenzielle Gegner von einem Angriff abschreckte und sich der Hilfe mächtiger Verbündeter versicherte. Allianzen stabilisierten zwar kurzfristig das

System, langfristig bewirkten sie aber, dass schlicht noch mehr Länder in einen Konflikt hineingezogen wurden. Es erwies sich, dass die Instrumente der diplomatischen Verhandlungen, der Vermittlung und Konfliktlösung durch internationale Konferenzen noch nicht stark genug waren, um die Kooperation am Leben zu halten.

So betrachtet agierten die europäischen Staatsmänner 1914 eher gemäß der neorealistischen Sichtweise, denn sie handelten eigennützig nur im Interesse des Landes, das sie regierten, und scherten sich wenig um das Wohl des Ganzen. Die Ideologie des Nationalismus stellte das Voranbringen der eigenen Sache über alles und teilte die Welt in gefährliche Feinde, die man bekämpfen, und potente Freunde, die man umwerben musste. Gleichzeitig betrachteten die militaristischen Denker den Krieg nicht nur als legitimes Mittel der Politik, sondern auch als zum Verfolgen der eigenen Ziele notwendiges Instrument. In allen Ländern frönten die Generäle einem »Kult der Offensive«, denn sie glaubten – und überzeugten auch die zivile Führung davon –, dass, wer den Sieg wolle, Angriffsstrategien brauche, und sei es nur, um sich wirksam verteidigen zu können. Schließlich erklärte das weitverbreitete Konzept des Sozialdarwinismus internationale Beziehungen zu einem Kampf, in dem die starken Nationen überleben und die schwachen zertreten werden würden.[51] Mit solchen »stillschweigenden Voraussetzungen« im Hinterkopf waren damalige Staatsmänner zur Kooperation nur bereit, wenn sie ihre Interessen beförderte, und sie empfanden wenig Verantwortung für den Kontinent im Ganzen.

Im Gegensatz zu früheren Konfrontationen konnte die Julikrise nicht mehr gewaltlos beigelegt werden, weil alle involvierten Regierungen den Krieg bewusst riskierten. Jahrzehntelang hatte Frieden geherrscht, und die Gefahr, dass man einander angreifen werde, mutete so gering an, dass es keiner Seite notwendig erschienen war, zugunsten der Kooperation Opfer zu bringen. Jede Nation hegte Ziele – betrafen sie nun Landesverteidigung, politische Vergeltung oder territoriale Gewinne –, die sie nur erreichen konnte, wenn sie ihre Feinde einschüchterte und ihnen mit Angriff drohte. Alle Staaten hatten Angst nachzugeben, denn das wäre von ihren vermutlichen Feinden als Zeichen der Schwäche gedeutet worden –

und von ihren eigenen Untertanen ebenfalls.[52] Da England und Deutschland nun auf zwei verschiedenen Seiten standen, waren zudem keine Akteure mehr übrig, die erstens neutral, zweitens vermittlungsbereit und drittens stark genug gewesen wären, um den Streithähnen ihre Verhandlungslösung zu oktroyieren. Als es zur finalen Entscheidung kam, hielten die europäischen Staatsmänner und Generäle die Vorteile, die ihnen der Krieg bieten könnte, für bedeutsamer als die Verluste, die sie in einem solchen Konflikt erleiden müssten. Diese engstirnige Konzentration auf nationale Interessen bewirkte zusammen mit der Bequemlichkeit und Selbstgefälligkeit, die Jahrzehnte des Friedens in ihnen herangezüchtet hatten, dass den politischen Führungsfiguren letztlich der Wille zum Kompromiss fehlte.

Eine erschreckend destruktive Seite der Moderne wurde offenbar: Statt den Fortschritt der Zivilisation weiterzutreiben, setzten die Entscheidungen von Juli 1914 die Dämonen des Krieges frei. Die nationalistische Ausrichtung der Führungsleute verkehrte wohltätige Entwicklungen in ihr genaues Gegenteil. Technische Innovationen lieferten noch tödlichere Waffen fürs Schlachtfeld; ökonomische Entwicklungen erzeugten noch mehr Ressourcen für die Kämpfe; die soziale Mobilität drängte den Individualismus zurück und presste den Einzelnen unters Joch der Massenmobilisierung; und die gewachsenen Möglichkeiten politischer Teilhabe förderten feindselige Propaganda und deren begierige Rezeption. Nur die eigensüchtige Hoffnung im Blick, sich neue Besitztümer auf dem Kontinent aneignen zu können, wollten die Nationalstaaten Europas einander mit Hilfe ihrer kolonialen Besitztümer bezwingen. Eine effiziente Bürokratie brachte die für den Waffengang notwendigen Ressourcen auf den Weg, und ein modernes Militär arbeitete Mobilisierungspläne und Strategiekonzepte aus, die einen leichten Sieg versprachen.[53] Zurückhaltungsgebote verhallten, weil kein übergreifendes System existierte, das sie hätte durchsetzen können. Folglich versank Europa in einen gegenseitigen Vernichtungskrieg, der beinahe den ganzen Kontinent zerstört hätte.

Ein totaler Krieg

Grabenkrieg, 1916

Für die meisten Soldaten war das Kämpfen im Ersten Weltkrieg alles andere als heroisch. Am 29. Oktober 1914 bewunderte Sergeant I. F. Bell von den Gordon Highlanders gerade seine »fast perfekte Schanzarbeit« im Gelände nahe der belgischen Stadt Ypern, »da war es, als bräche die Hölle mit ihrer ganzen Macht los«. Plötzlich dröhnten die großen Kanonen und ließen die Erde erzittern, die Ohren klingen und die Augen tränen. Dann sprangen »von überallher Deutsche und attackierten uns«, warfen Handgranaten, duckten sich in Krater, schnitten sich durch Stacheldraht, wanderten auf Zehenspitzen über Minenfelder, ohne sich um sterbende Kameraden zu kümmern. Die erschrockenen Verteidiger krochen hinter Sandsäcke, konterten mit Feuer aus Repetier- und Maschinengewehren, bis die Läufe glühten, aber sahen sich doch zum Rückzug gezwungen. Einem tausendfach vollzogenen Ritual folgend, versammelte ein britischer Offizier seine Soldaten um sich und befahl ihnen, die »Stellung zurückzuholen« – mit Bajonetten im Kampf Mann gegen Mann. Dann spürte Bell einen »dumpfen Schlag«, stürzte kopfüber in das ausgehobene Loch und »stellte fest«, dass sein »rechter Fuß fehlte«. Die Toten lagen in drei Schichten übereinandergehäuft, aber der Geländegewinn war minimal. Schließlich herrschte wieder Stille, und die Leichen verwesten im Schmutz, weshalb sich ein ekelerregender Gestank erhob. Die »krasse Abscheulichkeit« der Szene war unbeschreiblich.[1]

Zeitgenossen nannten diesen Konflikt anfangs den »Großen Krieg«, weil er hundert Jahre relativen Friedens beendete und mehr Länder und mehr Menschenmaterial verschlang als die Kriege davor, die durch den Wunsch nach nationaler Einheit motiviert gewesen waren. Es ging zwar hauptsächlich um die Hegemonie in Europa, trotzdem sprach man bald immer häufiger von einem »Weltkrieg«. Schließlich dehnte er sich nach Übersee aus, denn ein Streitpunkt waren auch die Kolonien, und die beteiligten Mächte hatten globale Ambitionen. Millionen toter oder verwundeter Väter, Brüder und Söhne waren zu beklagen, viele Leichen wurden sogar nie gefunden. Die meisten Orte, auch kleine Dörfer, errichteten in ihrer Mitte ein Denkmal für die im Kampfe Gefallenen, eine Stätte patriotischen Gedenkens. Auf dem ganzen Kontinent erinnern noch heute Soldatenfriedhöfe mit ihren endlosen Reihen kleiner weißer Kreuze an den enormen Blutzoll einer männlichen Generation, säuberlich nach Nationalitäten getrennt. An den Schauplätzen berühmter Schlachten, etwa bei Verdun, entstanden Memorialbauten, an denen sich Veteranen regelmäßig jedes Jahr in feierlicher Runde zum Gedächtnis an ihre toten Kameraden versammelten. Letzteren wurde bescheinigt, dass sie nicht umsonst gestorben seien, indem man sich demonstrativ weiterhin zur nationalen Sache bekannte. Nur eine Minderheit kritischer Intellektueller wie die britische Feministin Vera Brittain wagte es, die Berechtigung von Kriegen in Frage zu stellen und auf Versöhnung zu drängen.[2]

Das Konzept des »totalen Krieges«, dem General Erich Ludendorff 1935 durch sein gleichnamiges Buch zu breiter Bekanntheit verhalf, forderte eine umfangreichere Mobilisierung und eine brutalere Kampfesweise als bislang üblich. »Das Wesen des totalen Krieges«, so Ludendorff, »beansprucht buchstäblich die gesamte Kraft eines Volkes.« Zwar waren frühere Konflikte wie der Dreißigjährige Krieg auch schon recht blutig gewesen, aber der Erste Weltkrieg schockierte viele Teilnehmer besonders, weil er alle bisherigen internationalen Bemühungen zunichtemachte, die bewaffneten Auseinandersetzungen auf die Soldaten zu beschränken. Obwohl die Schäden durch Flugzeugbombardements diesmal noch gering blieben, ebneten deutsche Vergeltungsmaßnahmen gegen Partisanen die Unterscheidung zwischen Soldaten und Zivilisten ein. Infolge der von den Alliierten verhängten Seeblockade mussten Frauen, Kinder sowie alte Menschen hungern und wurden anfälliger für Krankheiten. Außerdem erforderte der enorme Personalbedarf der Massenarmeen eine umfassendere Einberufung junger Männer. Wegen des Mangels an Arbeitskräften wurden zunehmend Frauen eingesetzt, und damit genügend Kriegsmaterial bereitstand, musste sich die gesamte Wirtschaft einer Transformation unterziehen, sodass sie dem Militärischen oberste Priorität einräumte. Da die Gefechte immer härter ausgetragen wurden, drängten die Generäle des Weiteren auf die Entwicklung von Waffen mit noch mehr Tötungspotenz. Derweil proklamierten die Politiker großspurige Kriegsziele, die sie nur im Falle eines vollständigen Sieges erreichen konnten.[3]

Dieser erste wirklich moderne Krieg unterschied sich fundamental von den gewaltigen napoleonischen Schlachten, denn die Industrialisierung des Schlachtfelds schien die Macht, die ein Staat sich leisten konnte, zu vervielfältigen. Der technische Fortschritt kreierte noch effizientere Tötungsinstrumente wie etwa das Maschinengewehr; dank Fließbandproduktion konnten die Fabriken noch mehr Munition liefern, darunter Artilleriegranaten; die Wehrpflicht ermöglichte es, die Truppenstärke erheblich zu steigern; und der Gebrauch bestimmter neuer Waffen, etwa der Giftgase, verletzte international akzeptierte Normen. Die Mechanisierung des Gefechtswesens forderte so viele Opfer, dass im Frühjahr 1915 die farbenprächtigen Uniformen abgeschafft wurden, da sie dem Feind das Zielen doch gar zu sehr erleichterten. Gleichzeitig mobilisierten Journalisten und Intellektuelle die Heimatfront durch Propaganda, während Behörden zur Überwachung der Kriegsproduktion sich bemühten, knappe Ressourcen wie Stahl und Nahrungsmittel in hinreichender Menge zu sichern. Betriebsdirektoren überredeten Frauen, in den Fabriken zu arbeiten, was die Geschlechterrollen aufweichte. Die Generäle wiederum passten ihre Strategie den Erfordernissen der Massenschlachten an und setzten statt auf Angriff mehr auf Zermürbung. Die politischen Führer schließlich taten ihr Bestes, um jenen emotionalisierten Konflikt aufrechtzuerhalten, denn beenden konnten sie ihn nicht. Im Unterschied zu den Kolonialkriegen, bei denen die Siegeschancen von vornherein auf einer Seite lagen, war der Erste Weltkrieg, wie der Bürgerkrieg in den USA, ein Kampf zwischen Gleichen, weshalb er eine unglaublich hohe Zahl von Opfern forderte.[4]

Mögen die Computerspiele unserer Tage in ihrer Vereinfachung auch den Schluss nahelegen, das Geschehen spiele sich nur an der Front ab – dieser erste moderne Krieg wurde nicht allein auf dem Schlachtfeld entschieden, sondern auch in den Herzen und im Denken der Bürger. Schon ein Jahrhundert zuvor hatte der preußische

Militärtheoretiker Carl von Clausewitz geschrieben, der Krieg sei die Fortsetzung der Politik mit anderen Mitteln. Natürlich blieb die Frage, ob eine militärische Strategie erfolgreich war oder nicht, von zentraler Wichtigkeit für den Ausgang dieses Konflikts. Doch je näher er dem totalen Krieg kam, desto mehr wurde er zum Wettbewerb um Alliierte, denn die Entente und die Mittelmächte suchten gleichermaßen ihre Position zu verbessern, indem sie andere starke Länder in den Konflikt hineinzogen. Der Krieg stellte außerdem die Wirtschaft der beteiligten Staaten auf eine schwere Probe: Wer ihn gewinnen wollte, musste zur nachhaltigen Waffenproduktion in der Lage sein, gerade weil der Kampf länger dauerte als erwartet. Und noch in anderer Hinsicht war der Erste Weltkrieg eine Prüfung, nämlich für den politischen Willen der streitenden Nationen, die Kämpfe trotz aller Schrecken fortzusetzen, im Angesicht grauenvoller Verluste an Menschenleben und Material.[5] In solch einem multidimensionalen Wettbewerb konnte sich ein Land nur durchsetzen, wenn es optimal organisiert und zu allem bereit war. Moderne Kriegsführung umfasste daher weitaus mehr als bloß innovative Waffentechnik: Sie bedeutete einen Härtetest für die Grundstrukturen von Gesellschaft und Politik.

Die Illusion vom kurzen Krieg

Die Öffentlichkeit begegnete dem Ausbruch des Krieges im Juli 1914 mit einer Mischung aus Enthusiasmus und unguten Ahnungen. In allen größeren europäischen Städten sammelten sich erregte Bürger spontan zu Massenversammlungen. Sie lasen einander die neuesten Zeitungsmeldungen vor, marschierten mit wehenden Fahnen einher, hörten nationalistische Reden und sangen patriotische Lieder. Nachdem sie ihre Professoren zur nationalen Einheit ermahnt hatten, zogen die Studenten auf die Straßen, denn sie begrüßten die Befreiung aus einem öden Frieden als eine Chance, ihren Schneid in einer historischen Waffenprobe zu beweisen. In den Arbeitervierteln und bei den nationalen Minderheiten jedoch überwogen die Bedenken. Sozialistische Redner und Rednerinnen, darunter Rosa Luxemburg, forderten gar »Massenaktionen gegen den Krieg«. Besonders die Armen fürchteten, was da kommen mochte, denn sicherlich würden sie die Hauptlast des Kampfes tragen müssen. Um ihre Nervosität zu überwinden, kritzelten frisch einberufene Rekruten »À Berlin!« oder »Nach Paris!« auf die Waggons der Züge, die sie fortbrachten; spätestens Weihnachten, das glaubten sie ganz fest, würden sie zurück sein. Weder Generäle noch Politiker konnten sich damals vorstellen, die Intensität einer modernen Kriegsführung ließe sich für länger als ein paar Monate aufrechterhalten. Folglich richteten sie ihre Entscheidungen nach der Frage aus, wie möglichst rasch ein Sieg zu erringen sei.[6]

Bedachte man, wie eindeutig die Entente den Mittelmächten überlegen war, was Bevölkerungsgröße und Zugang zu Ressourcen betraf, konnte man schon vermuten, dass der Krieg eher kurz ausfallen werde. Erstere verfügte über 28 Prozent der industriellen Kapazität weltweit, während den Letzteren nur 19 Prozent zu Gebote standen. Außerdem hatten die Alliierten 5,8 Millionen Soldaten unter Waffen, die Gegenseite lediglich 3,8 Millionen. Da die Royal Navy die Meere beherrschte, konnte die Entente Rohstoffe und Nahrungsmittel aus der ganzen Welt beziehen, während der Zweibund an essenzielle Materialien nicht mehr herankam, wie etwa Stickstoff für Sprengmittel und Kunstdünger, Eisen für Waffen oder Kautschuk und Öl für Motorfahrzeuge. Der einzige Vorteil der Mittelmächte bestand darin, dass sie über eine kompakte Landmasse verfügten. Daher konnten sie die Strategie der »inneren Linien« verfolgen und leichter Truppen von einer Front zur anderen verlegen. Ihre Feinde hingegen belasteten die langen Verkehrs- und Kommunikationswege zwischen Frankreich, England und Russland, die eine koordinierte Planung erschwerten. Im Falle Deutschlands kamen vielleicht noch der professionelle Drill beim Militär und die exzellente wissenschaftliche Zuarbeit als Pluspunkte hinzu.[7] Aber wegen ihrer strukturellen Unterlegenheit waren die Mittelmächte gezwungen, mehr und höhere strategische Risiken einzugehen.

Es war ein verzweifeltes Wagnis, einen Zweifrontenkrieg gewinnen zu wollen, indem man erst den gefährlicheren Feind im

Westen niederwarf und sich um den mutmaßlich noch nicht kampfbereiten im Osten später kümmerte. Dennoch erreichte der Schlieffen-Plan fast sein Ziel – aber fast genügte eben nicht. Im Prinzip von verführerischer Einfachheit, sah er für den ersten Teil Folgendes vor: Der rechte Flügel der deutschen Front marschiert durch Belgien in Nordwestfrankreich ein, den französischen Festungsgürtel umgehend, und schlägt danach einen weiten Bogen durch das Land, indem er zunächst Richtung Süden vorstößt, dann ostwärts schwenkt und dem Feind in den Rücken fällt; dabei wird auch Paris eingeschlossen – so weit das theoretische Konstrukt. In der Praxis scheiterte das Vorhaben schon daran, dass die Belgier ihre Festungen, Lüttich zum Beispiel, hartnäckig verteidigten. Hinzu kam, dass die Russen rascher mobilisierten als erwartet, was den Stabschef Helmuth von Moltke zwang, nun doch zwei Armeekorps zur Stützung der Ostfront zu entsenden. In Frankreich immerhin rückten die deutschen Streitkräfte trotz aller Widrigkeiten erfolgreich vor, überquerten Anfang September den Fluss Marne nahe Paris und bedrohten bald die Hauptstadt ganz unmittelbar. Aber wirre Kommunikation, erschöpfte Soldaten, Probleme bei Nachschub und Versorgung und eine über fünfzig Kilometer offenliegende Flanke machten sie verwundbar, als Frankreichs General Joseph Joffre und das Britische Expeditionskorps ihre Konterattacke starteten. Am 9. September beschlossen daher die Generäle Karl von Bülow und Alexander von Kluck, den Vormarsch abzubrechen. In höchster Not hatten die Franzosen sogar Pariser Taxis einsetzen müssen, um die Verteidiger zur Front zu bringen. Dieses »Wunder an der Marne« hieß für die Deutschen, dass ihr Kriegsplan im Westen gescheitert war.[8]

Nicht besser erging es aber seinem französischen Pendant, dem sogenannten Plan XVII, weil der deutsche Widerstand stärker ausfiel als erwartet. Die Strategie fußte auf dem damals gepflegten »Kult der Offensive« und bezweckte unter anderem, die verlorenen Provinzen im Westen zu befreien; daher sollte der Hauptstoß nach und durch Elsass-Lothringen geführt werden. Zusätzlich hoffte man, die südlichen deutschen Staaten von Preußen abzuspalten. Obwohl die Franzosen zunächst ins Oberrheintal vorrücken und

Mülhausen einnehmen konnten, zwangen erbitterte deutsche Konterattacken sie bald zu raschem Rückzug. Nun hatte jede Partei mit einem vormarschtaktischen Plan eine empfindliche Niederlage kassiert, und daraus zogen beide Seiten die Konsequenz, dass sie sich in ihren Schützengräben festsetzten, um eine Kette aus unbezwinglichen Stellungen zu etablieren. Nur im weiterhin offenen nördlichen Abschnitt der Front hatte sich noch ein »Wettlauf zum Meer« entwickeln können, bei dem jede Seite die andere auf dem Weg zur Nordsee zu überholen und zu übertrumpfen suchte. Schließlich wollte man die strategische Initiative wieder an sich reißen. Eifrig mühten sich Deutsche und Briten auf den flandrischen Feldern, einander einzukreisen, doch ihre Kräfte hielten sich die Waage, bis man sich an der Kanalküste schließlich regelrecht auf die Füße trat. Entgegen den meisten Vorhersagen endete der Bewegungskrieg im Westen im November 1914.[9] Den Deutschen war es zwar gelungen, fast ganz Belgien und einen Teil Nordfrankreichs zu besetzen, aber den Krieg hatten sie nicht gewonnen.

Im Osten erfüllten die russischen und österreichischen Offensiven ihren Zweck ebenfalls nicht. Stattdessen steckte man entlang einer Front fest, die von der Ostsee bis zur rumänischen Grenze reichte – rund 800 Kilometer. Nachdem sie ihre Truppen rascher hatte mobilisieren können als gedacht, zog die zaristische Armee unter Paul von Rennenkampf und Alexander Samsonow in Ostpreußen ein und stieß auf Königsberg und Danzig vor. Dass ihre beiden Einheiten getrennt marschierten, gab den deutschen Verteidigern die Möglichkeiten, die Russen zunächst bei Tannenberg, dann an den Masurischen Seen einzukreisen und sie nach Polen zurückzudrängen. So erbärmlich Moltke im Westen gescheitert war, so ruhmreich siegten Paul von Hindenburg und Erich Ludendorff im Osten. Dadurch entstand ein Mythos um die militärische Brillanz der beiden Heerführer, der noch desaströse politische Konsequenzen zeitigen sollte.[10] Im Feldzug gegen Serbien unterschätzte der österreichische Stabschef Conrad von Hötzendorf seinen Feind; zwar konnte er für kurze Zeit Belgrad einnehmen, aber angesichts des heftigen Widerstandes der Verteidiger nicht halten. In Galizien war die materielle Überlegenheit der russischen Angreifer so enorm, dass die Streitkräfte der Habsburger die Festungen Lemberg und Przemyśl aufgeben mussten. Erst der Winterfeldzug deutscher Verstärkungstruppen in den Karpaten brachte etwas verlorenen Boden zurück.[11]

Angesichts des unerwarteten Stillstands im Westen wie im Osten suchte man fieberhaft nach Verbündeten, die dabei helfen könnten, das militärische Gleichgewicht zur jeweils eigenen Seite hin zu kippen. Während der Eintritt der Türkei in den Krieg die Schlagkraft Russlands minderte, weil es nun Truppen zur kaukasischen Grenze verlegen musste, konnte die Entente Italien dafür gewinnen, auf ihrer Seite mitzuwirken. Wenn die nationalistische Agitation in Rom die Befreiung der *Italia irredenta* forderte, meinte sie eher die von Österreich beherrschten Territorien Trient, Friaul und Istrien als mittlerweile Frankreich eingegliederte Provinzen wie Nizza oder Savoyen. Nachdem der Westen Italien weitere Teile der dalmatinischen Küste und neue Kolonien in Aussicht gestellt hatte, entschloss sich die Kriegspartei, auf einen Sieg der Entente zu setzen; dabei befeuerte sie ein damals noch als Sozialist profilierter, erst seit kurzem kriegerisch auftretender Benito Mussolini. Eigentlich war Österreich in der Grenzregion militärisch eher schwach aufgestellt, doch seine strategische Position in der ersten Alpenkette galt als uneinnehmbar. Daher sah sich der italienische Feldmarschall Luigi Cadorna gezwungen, seine Attacke über den Isonzo-Fluss zu führen. Den habsburgischen Verteidigern kam nun zugute, dass sie eine bessere Artillerie besaßen und genügend Soldaten aus Serbien abziehen konnten, um einer Serie italienischer Offensiven standzuhalten.[12] Die Eröffnung einer neuen Front in Südeuropa bewirkte letztlich nur, dass noch mehr Blut floss.

Der Bewegungskrieg, mit dem der Waffengang begann, brachte also keineswegs, wie vielfach geglaubt, eine militärische Entscheidung bis Ende 1914. Keine Seite siegte oder unterlag entschieden genug, um das Einstellen der Kampfhandlungen zwingend zu machen. Bei den Mittelmächten wurden die Vorteile der Deutschen – taktische Effizienz und soldatische Disziplin – konterkariert durch die Schwäche des multiethnischen österreichischen Verbündeten. Bei der Entente wiederum blieben hohe Kopfzahlen und materielle

Der Erste Weltkrieg in Europa 1914–1918
Wichtige Schlachten
1 1914 Schlacht von Cer
2 1914 Schlacht bei Gumbinnen
3 1914 Schlacht bei Mons
4 1914 Schlacht bei Tannenberg
5 1914 Schlacht von Le Cateau
6 1914 Erste Marneschlacht
7 1914 Schlacht an den Masurischen Seen
8 1914 Erste Flandernschlacht
9 1914 Schlacht um Lódz
10 1914 Schlacht an der Kolubara
11 1915 Winterschlacht in den Karpaten
12 1915 Winterschlacht in Masuren
13 1915 Winterschlacht in der Champagne
14 1915/16 Schlacht von Gallipoli
15 1915 Zweite Flandernschlacht
16 1915 Schlacht von Gorlice-Tarnów
17 1915 Lorettoschlacht
18 1915–17 Zwölf Isonzoschlachten
19 1916 Seeschlacht im Skagerrak
20 1916 Brussilow-Offensive
21 1916 Schlacht an der Somme
22 1916 Schlacht um Verdun
23 1917 Schlacht von Arras
24 1917 Schlacht an der Aisne
25 1917 Dritte Flandernschlacht
26 1917 Tankschlacht von Cambrai
27 1918 Offensive Michael
28 1918 Vierte Flandernschlacht
29 1918 Schlacht von Soissons
30 1918 Zweite Marneschlacht
31 1918 Piaveschlacht
32 1918 Gefecht am San Matteo
Revolutionen
Russische Revolutionen (Februarrevolution/ Oktoberrevolution 1917)
Beginn der Novemberrevolution mit dem Matrosenaufstand in Kiel (3./4.11.1918)
Mittelmächte bei Ausbruch des Krieges
Spätere Verbündete der Mittelmächte
Von den Mittelmächten besetztes Gebiet Juli 1918 (in Russland und Rumänien bis Ende 1917 besetzt)
Angriffe und Vorstöße der Mittelmächte
Nach dem Waffenstillstand von Brest-Litowsk (15.12.1917) besetzte russische Gebiete
Weitestes Vordringen der deutschen Truppen bis zum Beginn der Marneschlacht (5.–9.9.1914)
Hauptfrontlinie im Westen Ende 1914 bis Mitte 1918
Ausgangsstellungen der Offensive der Mittelmächte im Osten und in Serbien Frühjahr 1915
Frontlinien im Osten, auf dem Balkan und in Italien Ende 1915
Frontlinie im Osten 8./9.1916
28.7.1914 Kriegseintrittsdatum Mittelmächte
3.11.1918 Kapitulationen der Mittelmächte
Neutrale Staaten
„Entente cordiale“ und Kolonien
Spätere Verbündete der Entente
Weitestes Vordringen russischer Truppen 1914
Frontlinie Ende 1917 (Waffenstillstand im Osten)
Frontlinie im November 1918 (allgemeiner Waffenstillstand)
Angriffe und Vorstöße der Alliierten
2.8.1914 Kriegseintrittsdatum Alliierte
Russisches Reich bei Ausbruch des Krieges 1914
Von Mittelmächten besetzte Staaten bzw. Gebiete, die der Entente angehören
Neutrale Staaten, die von den Mittelmächten besetzt wurden
Staatsgrenzen bei Ausbruch des Krieges 1914
Binnengrenze 1914
Hauptstadt / Stadt
Attentat von Sarajevo auf den Thronfolger Österreich-Ungarns am 28.6.1914
0 200 400 600 800 1000 km
ATLANTISCHER OZEAN
Shetlandinseln
Orkneyinseln
Hebriden
Brit. Blockadelinie ab 2.11.1914
NORWEGEN
Kristiania
Stockholm
SCHWEDEN
Åland-Inseln
Finnland 6.12.1917 unabhängig
Helsinki
Petrograd
Dagö
Ösel
Estland
Livland
Gotland
Nordsee
DÄNEMARK
Kopenhagen
Kiel
Hamburg
Bornholm
Memel
Königsberg
Danzig
Riga
Kurland
Litauen
Wilna
Witebsk
Moskau
RUSSISCHES REICH
1.8.1914
Irland
Dublin
GROSS-BRITANNIEN
4.8.1914
London
Amsterdam
NIEDERLANDE
4.8.1914
Köln
Brüssel
BELGIEN
LUX.
2.8.1914
Kanalinseln
Brest
Paris
FRANKREICH
3.8.1914
DEUTSCHES REICH
1.8.1914 11.11.1918
Berlin
Warschau
Brest-Litowsk
Polen
Charkow
Kiew
Ukraine
Jekaterinoslaw
Rostow
Prag
Krakau
Lemberg
München
Wien
ÖSTERREICH-UNGARN
28.7.1914 3.11.1918
Budapest
Bern
SCHWEIZ
Genf
LIECHTEN-STEIN
Trient
Triest
Venedig
Odessa
Krim
Sewastopol
RUMÄNIEN
27.8.1916
Bukarest
Schwarzes Meer
Golf von Biscaya
PORTUGAL
9.3.1916
Lissabon
Madrid
SPANIEN
ANDORRA
MONACO
SAN MARINO
ITALIEN
23.5.1915
Elba
Korsika
Rom
Sardinien
Balearen
Belgrad
Sarajevo
SERBIEN
28.7.1914
MONTE-NEGRO
7.8.1914
ALBANIEN
BULGARIEN
14.10.1915 29.9.1918
Sofia
Konstantinopel
Ankara
Saloniki
Brit. Blockade
GRIECHEN-LAND
29.6.1917
Athen
Ionische Inseln
OSMANISCHES REICH
29.10.1914 31.10.1918
Smyrna (Izmir)
Dodekanes (ital.)
Rodos
Kreta
Zypern (brit.)
Beirut
Tyrrhenisches Meer
Ionisches Meer
Sizilien
Malta (brit.)
Tanger
Gibraltar (brit.)
Er-Rif (span.)
Casablanca
Marokko (frz.)
Oran
Algier
Algerien (frz.)
Tunis
Tunesien (frz.)

Überlegenheit wirkungslos, weil ihre Feldzüge schlecht koordiniert waren. All die sorgfältig entwickelten strategischen Pläne scheiterten, weil sie den Akzent auf die Offensive setzten. Von ihr versprach man sich einen raschen, eindeutigen Sieg, durch den sich ehrgeizige Kriegsziele am ehesten erreichen ließen. Von einer defensiven Haltung wollte man wenig wissen; dabei war gerade sie militärisch effektiver und politisch leichter durchzuhalten. Das Ergebnis: Alle Armeen verloren fast die Hälfte ihrer ursprünglichen Mannstärke; die nicht mehr Einsatzfähigen waren entweder tot, verwundet oder gefangen. Die Mittelmächte hatten zwar fast ganz Belgien und große Teile Nordfrankreichs besetzt, beim Vormarsch auf Warschau aber bremste sie der Feind, und in Galizien hielten sie sich nur mit Mühe, ebenso in Italien. Zur Überraschung aller stellte sich heraus, dass moderne Kriegsführung die Kämpfe nicht verkürzte, sondern ins Unendliche verlängerte.

Stillstand durch Grabenkampf

Das ungefähre Gleichgewicht der Kräfte hatte zur Folge, dass die Kriegssituation für eine ganze Weile stagnierte. Längs der Front rannten die kämpfenden Armeen nicht mehr primär in offener Schlacht gegeneinander an, sondern verschanzten sich, getrennt durch einen Streifen Niemandsland, in komplexen Feldbefestigungen, die es den Verteidigern ermöglichten, noch den mörderischsten Sturmversuchen standzuhalten. Jede dieser Konstruktionen war ein kompliziertes Labyrinth, zu dem Beobachtungsposten, Deckungsgräben für die Infanterie, Verbindungsstollen, Rückzugsbereiche, Artillerieplattformen und Bereitstellungsräume gehörten. Gewöhnlich lagen drei parallele Grabenlinien hintereinander. Einen solchen Schanzbau konnte der Gegner wohl eindellen, aber kaum je komplett erobern, und gelang ihm dies doch einmal, wurde das Ganze eben weiter hinten neu errichtet. Das System musste sich ständig bewähren gegen lokale Überfälle, taktische Attacken und Massenoffensiven. Letztlich war es das Ergebnis eines Lernprozesses, in dem erkundet wurde, wie eine Truppe durch elaborierte Maßnahmen todbringende Artillerieangriffe überleben konnte, ohne dass ihre militärische Schlagkraft nachließ. Nur dort, wo man die Stellungen in Stein gehauen hatte, etwa im Elsass, blieb die Front weitgehend statisch. Anderenorts verschob sie sich schon einmal, wenn das Schlachtenglück sich einer Seite hold zeigte; dabei entstand ein wahres Gewirr von Schutzgräben, die man direkt in den Erdboden wühlte. Nur im Osten gab es dann wieder Bewegung, als die Mittelmächte Teile Polens okkupierten. Im Westen jedoch charakterisierte die Auseinandersetzungen, die die meisten Soldaten durchmachen mussten und von denen sie erzählten, wenn sie sich später an den »Großen Krieg« erinnerten, wesentlich ebenjener Grabenkrieg.[13]

Dabei entsprang die Stagnation gar keiner strategischen Überlegung, sondern ergab sich aus der extrem erhöhten Defensivpotenz bestimmter moderner Waffen. Zwar pries die Militärdoktrin immer noch den Geist der Offensive, doch tatsächlich erforderte das Wagnis, ein effizient organisiertes Grabensystem anzugreifen, ungeheure Opfer: Viele Tote, Vermisste und Verwundete waren in Kauf zu nehmen. Sturmtrupps mussten sich erst einmal durch gerollten Stacheldraht schneiden und durch Minenfelder laufen, während ihnen aus der Feindstellung schon mörderischer Repetier- und Maschinengewehrbeschuss entgegenknallte. Die Angreifer versuchten zunächst, mit massivem Sperrfeuer den Widerstand zu brechen; dann schleuderten sie Handgranaten in die Gräben oder setzten Flammenwerfer ein, um die Verteidiger auszuräuchern. Oft war schon die Hälfte der Angreifer kampfunfähig, bevor ihre Einheit an einen feindlichen Graben auch nur herankam. Nun folgten Kämpfe Mann gegen Mann mit Handwaffen und Bajonetten. Das Töten fand also überwiegend auf Distanz statt – durch Artilleriebombardement, Maschinengewehrfeuer oder Scharfschützen. Ob der Gegner erfolgreich vernichtet wurde, hing daher mehr von einem hinreichenden Vorrat an Munition ab als von individueller Tapferkeit. In diesem unpersönlichen, industrialisierten Kriegsmodus hatte man bessere Chancen zu überleben, wenn man sich innerhalb eines effizient gebauten Schützengrabens verbergen konnte, als wenn man den Mut zum »Rausgehen« besaß.[14]

Im Verlauf des Jahres 1915 entwickelte sich der Stillstand in den Gräben zu einem Abnutzungskrieg, gekennzeichnet durch sogenannte Materialschlachten: Jede Seite versuchte die jeweils andere durch massive Feuerkraft zu erschöpfen. Die Entente wollte Nordfrankreich und Belgien befreien, weshalb sie gezwungen war, Angriffe zu führen. Die Deutschen hingegen konnten sich in ihre Defensivstellungen niederducken und ihre Geländegewinne festhalten. England sandte immer mehr Truppen auf den Kontinent, die unter dem Kommando des wenig einfallsreichen Douglas Haig ihr Glück in Flandern versuchten. Die Franzosen wiederum hielten immer noch an der Kampfmethode der *percée* fest – einer äußerst aggressiven Durchstoßtaktik, konzipiert von ihrem General Robert Nivelle – und lancierten einschlägige Operationen in der Champagne. Diese wiederholten Offensiven erbrachten indes dank der wohlkonstruierten Verteidigungsanlagen nur minimale Bodengewinne: Eigentlich trat man auf der Stelle, aber unter enormen Verlusten. Ähnlich erfolgreich wehrten die Österreicher an der Isonzo-Front die Attacken der Italiener ab, allerdings fielen auch dort zahlreiche Soldaten auf beiden Seiten. Freilich missrieten nicht alle Offensiven: Vereinten Streitkräften aus Deutschland und Österreich gelang bei Görlitz-Tarnau der Durchbruch nach Osten. Die Verbündeten besetzten Warschau und warfen die immer noch stattlichen Armeen des Zaren hinter die Grenze zwischen Russland und seiner bisherigen Provinz Russisch-Polen zurück; schließlich blieb aber auch dieser Vormarsch buchstäblich im Schlamm stecken.[15] Insgesamt jedoch konnten die Mittelmächte auf dem Kontinent während des ganzen ersten Kriegsjahres allen Sturmversuchen der Entente standhalten.

Auch die Ergebnisse der Kämpfe an Europas Peripherie begünstigten zunächst die Mittelmächte. Der türkische Sultan Mehmed V. hatte gar einen »heiligen Krieg« gegen die Entente proklamiert, zu dem sein Land anfangs freilich wenig beitragen konnte. Denn das Osmanische Reich sah sich gerade anderen Feinden ausgesetzt: den von den Briten unterstützten Arabern im Nahen Osten und russischen Streitkräften im Kaukasus. Größere strategische Bedeutung hatte da schon der Umstand, dass ein Versuch der Alliierten scheiterte, sich die Durchfahrt durch die Dardanellen zu erzwingen – wer über diese enge Passage gebot, kontrollierte den Seeweg zum Schwarzen Meer. Briten und Franzosen lieferten sich auf der Halbinsel Gallipoli mit den Osmanen heftige Gefechte, bei denen sich ein australisches und ein neuseeländisches Expeditionskorps besonders hervortaten. Dennoch gelang es der türkischen Armee, die Angreifer zurückzuschlagen und der Entente diese wichtige maritime Versorgungslinie abzuschneiden. Als sich im Herbst 1915 auch Bulgarien, das seine im Zweiten Balkankrieg erlittenen Gebietsverluste noch längst nicht verwunden hatte, ins Getümmel stürzte, konnte eine gemeinsame Offensive der Österreicher, Deutschen und Bulgaren die unverändert widerständigen Serben bezwingen. Eine Gegenlandung britischer und französischer Streitkräfte im griechischen Saloniki kam zu spät. Indem sie ihre Stärke zu Lande nutzten, gelang es den Mittelmächten, die Kontrolle über den Balkan zu erlangen und eine direkte Verbindung zu ihrem türkischen Verbündeten herzustellen.[16]

Nur zur See und in den Kolonien behielten die westlichen Alliierten die Oberhand, weil die Royal Navy größer und erfahrener war als die deutsche Flotte. Zwar versenkten die Schlachtschiffe des Kaisers ein paar britische Kreuzer, in der Schlacht bei den Falkland-Inseln aber erlitten sie eine Niederlage, und die deutschen Handelsstörkräfte, die englische Kauffahrer auf Grund gesetzt hatten, wurden schließlich ebenfalls gestellt. Dass sie den Ärmelkanal und den oberen Ausgang der Nordsee beherrschte, nutzte die Royal Navy dazu, eine dichte Blockade gegen den kontinentalen Feind zu errichten. So hoffte England, die weitere Zufuhr von Grundnahrungsmitteln und Rohstoffen dorthin zu unterbinden. Dank jener Kontrolle über die maritimen Versorgungslinien konnten die englisch-französischen Kolonialarmeen die kleineren deutschen Kontingente in den Kolonien rasch bezwingen – mit alleiniger Ausnahme der »Schutztruppe für Deutsch-Ostafrika«, die General Paul von Lettow-Vorbeck im Südosten des Schwarzen Kontinents befehligte. Denn diese bediente sich einer Guerillataktik, die es den alliierten Verbänden schwermachte, ihren Gegner zu fassen. Zur See vermochten die Deutschen weniger zu punkten. Ihre aktive Heimatflotte wollten sie nicht unnötig aufs Spiel setzen, also blieben ihnen, wenn Gegenschläge geführt werden sollten, nur U-Boot-Attacken auf alliierte Schlacht- und Handelsschiffe. Aber als der britische Verkehrsdampfer Lusitania – den man beschoss, weil man vermutete, er transportiere auch Munition – vor Irland versank und mit ihm über 1200 Passagiere, musste die deutsche Marine auf amerikanischen Protest hin ihre willkürlichen, da militärische und zivile Seefahrzeuge nicht unterscheidenden Torpedierungen einstellen.[17]

1916, im dritten Kriegsjahr, verstärkten beide Koalitionen den Zermürbungskrieg, um endlich einen klaren Sieg zu erreichen. Der deutsche Stabschef Erich von Falkenhayn setzte auf den industriellen Faktor der modernen Kriegsführung und trachtete, den Kampfeswillen des Feindes zu brechen, indem er ihn durch Materialschlachten »ausbluten« ließ. Er wollte die Franzosen zwingen, ihre Soldaten an einem bestimmten Ort zu sammeln. Dazu hatte er die Festung von Verdun ausersehen, den strategischen Angelpunkt an der Westfront, der nach drei Seiten hin für Angriffe offen lag. Deutsche Artillerie schlug auf die Forts rings um die Stadt ein, während die Infanterie das Fort Douaumont stürmte und den Verteidigern empfindliche Verluste beibrachte. Doch da tönte von der Gegenseite die Parole »Sie sollen nicht durchkommen« des französischen Frontkommandeurs, General Philippe Pétain, der alles tat, um sie zu realisieren. Er organisierte eine entschiedene Abwehr, stellte Versorgung sowie Nachschub sicher und zog Soldaten aus den Kolonien heran. Als Falkenhayn sich vergegenwärtigte, dass die Deutschen die Verluste, die sie dem Feind zufügten, mit etwa der gleich hohen Zahl an Opfern auf der eigenen Seite bezahlten und so der Widerstand der Franzosen bestimmt nicht zu brechen war, sah er von weiteren Attacken ab. Zur selben Zeit begannen bestens ausgerüstete britische Truppen, deren Mannstärke beständig wuchs und die ihre Schlagkraft durch eine neue Waffengattung – Panzer – gestärkt wussten, eine gewaltige Offensive an der Somme. Doch gleich am ersten Tag kostete die Aktion sie rund 19 000 Tote, einen Blutzoll, so hoch wie keiner zuvor, und das für einen minimalen Geländegewinn.[18] Auf beiden Seiten scheiterten die großangelegten Angriffe, sodass im Westen wieder Stillstand eintrat.

Im Osten setzten die Russen unter Alexej Brussilow Sommer 1916 eine letzte große Offensive in Bewegung, die fast den Ausgang des Krieges verändert hätte. Immerhin konnten sie einen schier unerschöpflichen Vorrat an Personal nutzen, und eine rapide expandierende Industrie belieferte sie hinreichend mit Waffen. Und so attackierten russische Einheiten die deutschen Linien bei Wilna, wurden allerdings nach einer Weile doch zurückgeschlagen. Im Juni aber verblüfften die Zarenarmeen die Österreicher mit einem Überraschungsangriff in Galizien, durch den sie allerhand zuvor verlorenen Boden wiedereroberten. Dieser scheinbare Umschwung veranlasste die rumänische Regierung, die auf Erweiterung ihres Staatsgebiets um Teile Siebenbürgens hoffte, dazu, im August den Mittelmächten den Krieg zu erklären. Eine gemeinsame Militäraktion der Deutschen, Österreicher, Bulgaren und Türken warf diesen neuen Feind jedoch rasch nieder, und bis Ende des Jahres war das Land praktisch komplett besetzt. Die Ausbeutung der reichen Getreide- und Erdölvorräte Rumäniens trug dazu bei, dass die Mittelmächte den Krieg noch zwei Jahre weiterführen konnten. Und nachdem die Entente-Truppen schon einmal da waren, meinte auch Athen sich am Konflikt beteiligen zu müssen, denn es hätte gern Territorien wiedererlangt, die mittlerweile zu Bulgarien gehörten. Ironischerweise hat der Eintritt von immer mehr Ländern in den Krieg den Konflikt nur ausgeweitet, an seinem Ausgang aber nichts Wesentliches geändert.[19]

Auch auf hoher See ging der Kampf weiter, doch ließ der Verlauf das militärische Gleichgewicht ebenfalls unberührt. Die Royal Navy setzte ihre Blockade der Nordseeausgänge fort, und in Gewässern mit solch ungünstigen Bedingungen wagte die Kaiserliche Marine keine Gefechte zu provozieren. Zur einzigen größeren Seeschlacht, der im Skagerrak vor Jütland, kam es gewissermaßen durch ein Versehen: Die beiden Flotten rannten ineinander, weil dichter Nebel herrschte. Deutsche Schiffe versenkten zwar mehr britische Tonnage als umgekehrt, aber die Royal Navy behielt ihre Vorherrschaft zur See, blieb also strategischer Sieger. Der U-Boot-Krieg erwies sich allerdings sehr wohl als Bedrohung für die britischen Versorgungslinien – jedenfalls sofern die submarinen Angreifer ihre Torpedos, sobald die Sichtverhältnisse es zuließen, aus getauchter Position auf die feindlichen Schiffe feuerten. Zeigten sie sich, wie das traditionelle Reglement verlangte, an der Wasseroberfläche, setzten die verwundbaren U-Boote sich dem Feuer oder Rammen der Gegenseite aus. Doch die Amerikaner bestanden auf ihren Handels- und Reiserouten, auch auf solchen, die durch umkämpfte Gewässer führten. Man warnte Berlin davor, Linien- und Personenverkehrsschiffe zu versenken, die keinerlei Kriegszwecken dienten, wie es etwa der Arabic oder der Sussex geschehen war. Um die Vereinigten Staaten aus dem Krieg herauszuhalten, versuchte die deutsche Flotte, ihre Aktionen fortzusetzen, ohne dass Passagierschiffe Schaden nahmen. Das verschlechterte freilich ihre Abwehr, weil ihr auch echte Kampfschiffe entgingen.[20] Wegen der tödlichen Effizienz der modernen Waffentechnik setzte gerade die beschriebene Pattsituation grauenhafte Gewalt frei, die Millionen Leben kostete.

Für die Soldaten auf beiden Seiten war die Fronterfahrung eine Hölle besonderer Art, die sich tief in die Erinnerung der Überlebenden brannte. Dabei gehörten zum Alltag in den Schützengräben immer wieder auch ausgedehnte Phasen der Langeweile während der Kampfpausen, in denen die Männer ihre Schutzstände ausbauten, Karten spielten, Zigaretten rauchten oder ihre entzündeten Füße versorgten. Wenn es dann losging, herrschte eine rauschhafte Erregung der Sinne, ein höherer, schärferer Bewusstseinszustand, der etwas Beglückendes haben konnte. Der Lärm war überwältigend; es mischten sich darin das Befehlsgebrüll der Kommandeure, das Tack-Tack-Tack der Maschinengewehre, das Pfeifen der Minenwerfer, die dumpfen Aufschläge explodierender Geschosse und die Schreie verwundeter Menschen und Pferde. Der Anblick des Ganzen war entsetzlich: Verschwommene Fotos zeigen Soldaten, die in gebückter Haltung vorwärtsstürmen, Leiber, die von Granaten zerrissen werden, schmutzige Gestalten, die in Krater kriechen, um Deckung zu suchen. Nachts erhellten Leuchtkugeln den Himmel und illuminierten eine gespenstische Szenerie aus Tod und Zerstörung. Der Gestank der verwesenden Leichen war kaum auszuhalten. Viele Soldaten erlebten ein Wechselbad der Gefühle, empfanden bald Angst, bald Gleichgültigkeit. Diesen Emotionswirrwarr konnten sie nur durch eiserne Disziplin, großzügige Alkoholzufuhr und Bordellbesuche ertragen. Die Gefechte in den Gräben schmiedeten die enge Kameradschaft eines Männerbundes, der nun als Überlebensgemeinschaft fungierte.[21]

Kriegsziele und Friedensbemühungen

Der Erste Weltkrieg zog sich weiter hin, weil beide Seiten Ziele verfolgten, die nur durch einen klaren Sieg erreicht werden konnten. Wer da irgendwelche Friedensfühler ausstreckte, war von vornherein zum Scheitern verurteilt. Um öffentliche Unterstützung zu mobilisieren, behaupteten Regierungen, sie wollten ihre Länder gegen fremde Aggressoren verteidigen. Entsprechend appellierten sie an den Patriotismus selbst der Arbeiterschichten, die ihnen doch bisher wegen ihres Internationalismus verdächtig waren. Gleichzeitig verlangten Militärstrategen, ökonomische Interessengruppen und chauvinistische Propagandisten handfeste, vorzeigbare Gewinne, denn die brauche man dringend, um all die erlittenen Verluste an materiellen Gütern und Menschenleben wettzumachen. Dabei erhoben sie Ansprüche von gewaltiger Größenordnung, die sich nur erfüllen ließen, wenn die Feinde vollständig geschlagen würden. Hinzu kam, dass diverse Geheimabkommen wie der Vertrag von London zwischen der Entente und Italien Gebietsgewinne und andere Belohnungen in Aussicht stellten; manche dieser Zusicherungen widersprachen einander freilich. Welche Ziele man sich steckte und in welchem Umfang, schwankte mit dem jeweiligen Schlachtenglück. Die Erfordernisse der Massenpolitik trieben die Kabinette mehr und mehr in einen Zwiespalt zwischen der Verfolgung begrenzter, aber vielleicht realisierbarer Ziele und der Notwendigkeit, den Enthusiasmus des Publikums durch kompromisslose Rhetorik hochzupeitschen.

Unter den Mittelmächten war Österreich die verwundbarste, denn ihr setzte separatistische Stimmungsmache seitens der Serben und Tschechen zu. Das alte Habsburgerreich, organisatorisch eine Doppelmonarchie, wurde gleichzeitig von Wien und von Budapest aus regiert. Ersteres geschah mit der Unterstützung der deutschen Bevölkerung, Letzteres aufgrund der Dominanz der Ungarn im Balkanraum. Die multiethnische Struktur, gegen die nun die nationalistischen Agitatoren anrannten, wurde zusammengehalten von dem betagten Kaiser Franz Joseph, einer zentralen Bürokratie, einer imperialen Armee und einer handeltreibenden Mittelschicht, innerhalb derer die Juden eine größere Rolle spielten. Um weiteren Aufruhr zu unterbinden, beschloss die Wiener Regierung, Serbien zwischen Ungarn und Bulgarien aufzuteilen, auch wenn die Magyaren wenig Begeisterung dafür zeigten, dass künftig noch mehr Serben ihr Territorium bevölkern sollten. Da die Polen in Galizien sich überwiegend loyal zu Habsburgs Krone verhielten, weil sie unter ihr mehr Freiheiten genossen als ihre russisch oder preußisch regierten Brüder und Schwestern, wollte Österreich außerdem nach Zentralpolen expandieren. Welche Ziele es sich auch im Einzelnen setzte – schlussendlich kämpfte Wien um das schiere Überleben des Habsburgerstaates.[22] Ganz ähnlich rang das Osmanische Reich mit separatistischen Bewegungen in seinen Gebieten um den Fortbestand seiner Existenz.

Die Kriegsziele der Deutschen waren ein nicht minder paradoxes Amalgam aus der Verteidigung ihrer kontinentalen Position und der Expansion, die sie anstrebten, um ein *global player* zu werden. Das halbkonstitutionelle System mit dem sprunghaften Kaiser Wilhelm II. an der Spitze vermittelte mühsam zwischen zwei Kräften: einem starken Militär hier und einer schwächeren zivilen Führung dort, die auf die Unterstützung des Reichstags angewiesen war. Mitten im ersten Vorstoß der Armee erstellte der Sekretär des Kanzlers Bethmann Hollweg, Kurt Riezler, ein geheimes Konzept, das sogenannte *Septemberprogramm*, zur »Sicherung des Deutschen Reiches nach West und Ost auf erdenkliche Zeit«. Indem man Luxemburg, Antwerpen und das lothringische Eisenerzbecken von Logwy-Briey annektierte, wollte man Frankreich schwächen; indem man einen Grenzstreifen in Polen und Vasallenstaaten im Osten schuf, wollte man Russland territorial zurückdrängen; indem man eine mitteleuropäische Handelsunion aufbaute, wollte man die Kontrolle über den Kontinent gewinnen; und indem man ein zusammenhängendes mittelafrikanisches Zentralreich errichtete, das den Einbezug auch der Kolonien anderer europäischer Staaten erforderte, wollte man die deutschen Besitztümer in Übersee sichern und ausbauen. Hier und da gemäß der aktuellen militärischen Situation leicht abgewandelt, wurden diese Ziele von einer Kriegszielbewegung lauthals proklamiert, die die offizielle Lesart Lügen strafte, man kämpfe nur zur Selbstverteidigung. In solcher Atmosphäre hatten Ansätze zu Verhandlungen über einen Separatfrieden keine Chance.[23]

Die Planungen der Entente waren nicht minder umfassend, denn auch sie zielten auf eine fundamentale Schwächung ihrer Gegner. Das zaristische Russland mit seiner autokratischen Herrschaftsstruktur, nur mäßig relativiert durch die Duma, und seiner ökonomischen Rückständigkeit brachte seine westlichen Verbündeten in Verlegenheit, denn es passte schlecht zu dem propagierten Image, man verteidige gemeinsam die Demokratie. Der russische Außenminister Sergej Sasonow erklärte, sein Land habe als »Hauptziel, der Macht Deutschlands entgegenzuwirken und dessen Streben nach wirtschaftlicher und politischer Dominanz zu durchkreuzen«. Konkret bedeutete das die Annexion einiger preußischer Gebiete und die Eroberung ganz Polens, dem Russland aber eine nicht näher bestimmte Autonomie zusagte. Den österreichischen Rivalen wollte man schwächen, indem man bestimmten ethnischen Minderheiten, die derzeit noch unter habsburgischer Oberhoheit lebten, »Freiheit und die Verwirklichung ihrer nationalen Träume« versprach; man dachte hier namentlich an die Tschechen. Vom Osmanischen Reich verlangte die russische Führung die Kontrolle über den Bosporus, um freie Zufahrt zum Mittelmeer zu erhalten; auch beanspruchte sie einige Territorien im Kaukasus.[24] Petersburg verfolgte derart ehrgeizige Ziele, dass es alle Initiativen Berlins zu einem Separatfrieden zurückwies, obwohl es dadurch die Zukunft seiner Monarchie aufs Spiel setzte.

In Frankreich vereinfachte sich die Debatte um Kriegsziele durch den nationalen Konsens, dass man die nördlichen Departements von den deutschen Invasoren befreien müsse. Obwohl innerhalb der Dritten Republik ein Grundkonflikt bestand zwischen einer nationalistischen Rechten und einer internationalistischen Linken, waren sich alle Parteien einig, dass ein Rückgewinn der »verlorenen Provinzen« Elsass-Lothringen anzustreben sei. Damit gehorchte man den Wünschen der dortigen frankophonen Bourgeoisie, wohingegen die Vorbehalte der einfachen Leute, von denen nicht wenige Deutsch sprachen, keine Beachtung fanden. Auch hinsichtlich der Forderungen, dass Belgien wieder unabhängig werden und ein geschlagenes Deutschland Reparationen zahlen müsse, gab es keine Meinungsverschiedenheiten. Gedrängt durch Nationalisten wie Georges Clemenceau, beabsichtigte die französische Regierung insgeheim außerdem, das linke Rheinufer zu annektieren oder, wenn dies nicht gelang, wenigstens einen separaten rheinischen Staat zu schaffen und das Saarbecken zu erobern, obwohl diese Gebiete unbestritten mehrheitlich deutsch bevölkert waren. Ferner entwickelte Paris weitreichende Pläne für eine Teilung des Nahen Ostens mit den Briten, deren Details im geheimen Sykes-Picot-Abkommen festgelegt wurden. Gleichzeitig versicherte man den Russen, man werde ihre Ambitionen hinsichtlich des Bosporus unterstützen, wenn diese ihrerseits die Expansion des französischen Staatsgebiets zum Rhein hin akzeptierten. Festzustehen schien vor allem, dass Frankreichs Sicherheit nur gegen Deutschland zu erreichen war.[25]

Die Briten gaben sich öffentlich weniger vergeltungssüchtig gegenüber Deutschland, doch hinter den Kulissen verfolgten sie durchaus eigene Interessen und suchten ihre Position wesentlich zu stärken. In einer konstitutionellen Monarchie musste das Kabinett sorgsam Rücksicht nehmen auf das Unterhaus, in dem einige linke Abgeordnete saßen, die für Annexionismus wenig übrighatten. Und doch gab es in einigen Punkten breite Einigkeit: Belgien musste wieder souverän und die kaiserliche Flotte zerstört werden, die Kolonien des Reiches hatten – dies verlangten auch die *dominions* – an England zu fallen. London blieb zurückhaltend, was die Verschiebung von Grenzen auf dem Kontinent und dem Balkan betraf, wenn es auch rein rhetorisch Sympathie für nationale Befreiungsbewegungen äußern mochte. Handfester engagierten sich die Engländer woanders: Sie verteidigten nach Kräften die ihnen streitig gemachte Schutzherrschaft über den Suezkanal und förderten eine Rebellion arabischer Untertanen gegen das Osmanische Reich, um sich im Nahen Osten durchzusetzen. Auch im Wettbewerb um die Gunst der Juden hatte London die Nase vorn, da in seiner Balfour-Deklaration die Schaffung eines israelischen Heimatstaates befürwortet wurde – was sich freilich nicht so recht mit einigen Versprechen vertrug, die man den arabischen Scheichs gegeben hatte.[26] Kurz, die Briten wollten Deutschland als Konkurrenten ausschalten, ohne das Gleichgewicht der Kräfte auf dem Kontinent gar zu sehr zu beeinträchtigen.

Angesichts solch extensiver Kriegsziele auf beiden Seiten hatten Versuche der Friedensstiftung von vornherein kaum Erfolgsperspektiven; die Vorstellungen lagen für einen Kompromiss einfach zu weit auseinander. Im Londoner Abkommen hatten die Entente-Führer explizit bekräftigt, kein ihrem Bündnis angehöriges Land werde jemals einen Separatfrieden mit einer Mittelmacht schließen – und genau um einen solchen bemühte sich Berlin in der Folgezeit kontinuierlich, um seine diplomatische »Einkreisung« zu durchbrechen. Amerika sandte Präsident Woodrow Wilsons Vertrauten Colonel Edward House als Vermittler, doch auch sein Vorschlag war zum Scheitern verurteilt. Denn er forderte u. a. die Wiederherstellung der Unabhängigkeit Belgiens, die Abtretung Elsass-Lothringens und den Zugang der Russen zum Mittelmeer, begünstigte also die Entente. Die Mittelmächte fanden die damalige militärische Situation jedoch immer noch derart verheißungsvoll, dass sie lieber unverändert auf den Waffengang setzten. Im Dezember 1916 aber wuchs der heimische Druck auf die deutsche Regierung so stark an, dass sie sich gezwungen sah, selbst ein Friedensangebot zu lancieren. Was die Deklaration der deutschen Reichsleitung anbot bzw. verlangte, war die Rückkehr zu einem im deutschen Sinne verbesserten *status quo ante*, der jedoch der Entente nicht sonderlich attraktiv erschien. Nun schaltete sich der US-Präsident ein und auch der Papst, doch die Antworten beider Parteien wuchsen sich lediglich zu einem Propagandawettbewerb aus, in dem jede Seite nach außen möglichst friedfertig wirken, den Krieg aber munter fortführen wollte.[27]

Das Scheitern der Friedensbemühungen legte den Schluss nahe, dass der moderne Krieg der Kontrolle der Kabinettsdiplomatie entglitt. War durch Appelle an die Leidenschaften des Volkes erst einmal Massenunterstützung erreicht, ließen sich keine Kompromisse mehr erzielen. Nun müsse es handfeste Gewinne geben, damit sich der hohe Blutzoll auch gelohnt habe, drängten die Chauvinisten und verlangten die unbedingte Unterstützung der Öffentlichkeit, die den Regierungen der kriegführenden Länder effektiv die Hände band. Die annexionistischen Kriegsziele untergruben jedoch zunehmend die Glaubwürdigkeit der Behauptung, man kämpfe um der nationalen Verteidigung willen – die im Sommer 1914 die Bevölkerungen der betroffenen Staaten noch mehrheitlich überzeugt hatte. Angesichts materieller Entbehrungen und des Verlustes von Familienmitgliedern wurden die meisten Europäer jedoch des Gemetzels allmählich müde, denn sie mochten nicht glauben, dass die unklaren, in sich widersprüchlichen Ziele ihrer Eliten weiteres Leiden wert seien. Daher fanden Linkssozialisten und Pazifisten mit ihrer Agitation gegen den Krieg immer mehr Anhänger, und die waren sogar bereit zu streiken, um die sinnlose Schlächterei zu beenden. Statt zur Vorkriegsordnung zurückzukehren, strebten die enttäuschten Regierungen jedoch weiterhin nach dem absoluten Sieg.[28]

Mobilisierung der Heimatfront

Im modernen Krieg wurde die Heimatfront ebenso wichtig wie das eigentliche Kampfgeschehen, denn sie lieferte die materielle und psychologische Unterstützung, die der Soldat brauchte, um weiterzumachen. Das allgemeine Einziehen männlicher Staatsbürger eines bestimmten Alters konnte nur funktionieren, wenn sich junge Männer dafür begeisterten oder wenigstens dazu bereitfanden, in einen Waffengang zu ziehen, der vielen unter ihnen das Leben kosten würde. Da die Produktion von Waffen und Munition für den militärischen Erfolg wesentlich war, musste der Wegfall eines Großteils der Arbeitskräfte kompensiert werden, indem man

Nichtwehrpflichtige, Frauen, Kriegsgefangene und Leute aus den Kolonien heranzog. Gleichzeitig erforderte der Krieg enorme Summen Geldes, die durch höhere Steuern und öffentliche Anleihen aufgebracht werden mussten. Anders wären die horrenden Ausgaben für die Truppen und ihre Versorgung nicht zu finanzieren gewesen. Alle kriegführenden Länder starteten Propagandafeldzüge, um die neutralen Staaten von der Rechtmäßigkeit ihrer Sache zu überzeugen und um den Kampfgeist der eigenen Bevölkerung zu stärken. Wo patriotische Appelle zu wenig verfingen, sorgte die Militärzensur dafür, dass sich keine Kritik rührte und keine schädlichen Informationen verbreitet wurden.[29] So intensiv wie der Erste Weltkrieg hatte noch kein Konflikt die Zivilisten daheim involviert.

Nach Ausbruch der Kämpfe war jeder kriegführende Staat bestrebt, sich so darzustellen, als ob er eine einheitliche Front bildete. Indem zu Hause praktisch keine Politik mehr stattfand, wollte man maximale Einsatzbereitschaft erzielen. In Deutschland versuchte Kaiser Wilhelm II., Gräben zwischen Regionen, Religionen, Klassen und Ethnien zu überbrücken, indem er vor dem Reichstag proklamierte: »Ich kenne keine Parteien mehr, ich kenne nur noch Deutsche«. Es war der Appell zum sogenannten »Burgfrieden«. Weil ihnen daran lag, dass auch die Arbeiterbewegung in die nationale Gemeinschaft integriert wurde, sahen die Sozialisten sich gezwungen, für die Kriegskredite zu stimmen. Nun musste die Regierung sie nicht mehr als subversive Agitatoren einsperren. Ähnlich ging es in Frankreich zu: Die Mitte-Links-Regierung, in der zwei sozialistische Minister saßen, verkündete eine »heilige Union«, die nach eigenem Bekunden alle politischen Gruppen ungeachtet ihrer unterschiedlichen Ausrichtungen zum nationalen Kampf vereinte und innerhalb derer alle auf parteipolitische Vorteilssuche verzichteten. In England sammelten sich konkurrierende Kräfte – darunter Liberale, Gewerkschafter, Labouristen und irische Nationalisten – ebenfalls hinter den Kriegsanstrengungen; allerdings wurde dort offener über die richtige Strategie debattiert. Sogar in den autoritär regierten Ländern Österreich, Russland und dem Osmanischen Reich gab es vergleichbare Schulterschlüsse, obschon die sich teilweise der Tatsache verdankten, dass die dortigen

Oberen mehr Druck machen konnten.[30] Dieser »Geist von 1914« begann erst zu schwächeln, als der Krieg sich in die Länge zog und das Leiden kein Ende zu nehmen schien.

Die Propaganda, mit der man die Heimatfront mobilisierte und auch die internationale Meinung für die eigene Sache zu gewinnen hoffte, erzeugte eine regelrechte »Kriegskultur«, die Patriotismus mit Hass verschmolz. Auf diesem Gebiet hatten die Alliierten einen gewaltigen Vorteil, weil die Großagenturen Reuters und Havas die Telegrafenverbindungen kontrollierten, über die der Nachrichtenverkehr lief. Die Entente konnte den Streit erfolgreich als Kampf zwischen zwei antagonistischen Kräften darstellen: hier die universellen Werte der westlichen Zivilisation, gestützt durch demokratische Regierungen, dort der preußische Militarismus, dessen Barbarei sich in seinen Gräueltaten gegen belgische Zivilisten offenbare.[31] In diesem PR-Krieg gerieten die Mittelmächte in die Defensive, denn es gelang ihnen nicht, eine allgemeingültige Formel für ihre Sache zu finden, die ihnen erlaubt hätte, die Überlegenheit der eigenen »Kultur« glaubhaft zu betonen. Weniger versiert im Umgang mit und im Einsatz von Medien, verließ sich die deutsche Regierung lieber auf die vom Kriegsrecht diktierte Zensur: Man förderte patriotische Rhetorik, die man als »apolitische« Meinungsäußerung verstand, und unterdrückte die Kritik der Linken. Während Schriftsteller wie Maurice Barrès oder T. E. Lawrence sich hinter die Sache der Entente stellten, polemisierten Intellektuelle wie Werner Sombart und Thomas Mann zugunsten der Mittelmächte.[32] Auch Zeichner und Grafiker verstärkten die Wucht der patriotischen Appelle, indem sie farbenprächtige Plakate schufen, die den Feind in grauenerregenden Bildern zeigten.

Bei der industriellen Kriegsführung bedurfte es dringend einer hochpotenten Wirtschaft, um die für den Kampf benötigten Waffen in hinreichender Menge zu produzieren. Auch was die Mobilisierung der heimischen Wirtschaft betraf, waren die Entente-Mächte in einer besseren Position, denn sie verfügten über mehr Ressourcen und leichteren Zugang dazu. Auch konnten sie auf Reichtümer zurückgreifen, die sich in Jahrzehnten angesammelt hatten. Dass sie die Meere kontrollierten, ermöglichte ihnen, sich mit einschlägigem Nachschub zu versorgen, und zwar aus dem jeweiligen Imperium, aber auch aus den USA. Dort gaben Geschäftsleute fleißig Anleihen der Entente-Länder heraus und erzielten dabei gehörige Profite. Im Gegensatz zum wirtschaftlich unbeholfen und schwerfällig agierenden Russland erlangten England und Frankreich eine außerordentliche Dynamik, indem sie mit einer Mischung aus gouvernementalem Dirigismus und unternehmerischen Privatinitiativen ihre Leistung beträchtlich steigerten.[33] Da die Mittelmächte weniger Ressourcen zur Verfügung hatten, mussten sie auf technische Innovationen wie Fritz Habers Ammoniaksynthese aus Stickstoff und Wasserstoff setzen. Sie ließen nach Wegen suchen, Rohstoffe durch Ersatzprodukte zu substituieren. Die Berliner Regierung bediente sich eher bürokratischer Methoden, um die Produktion zu koordinieren, und richtete die sogenannte Kriegsrohstoffabteilung ein, die Walther Rathenau leitete. Außerdem wurden die Nahrungsmittel rationiert, damit die Preise nicht hochgingen. Als aber die Auswirkungen der Seeblockade sich immer mehr verschärften und die Kartoffelernte um 50 Prozent abnahm, verbreitete sich im Lande während des »Kohlrübenwinters« 1916/17 eine Hungersnot, die den Kampfeswillen untergrub.[34]

Ein weiterer Vorteil der Entente lag in ihrer höheren Einwohnerzahl, die von entscheidender Bedeutung für kontinuierliche Kampffähigkeit und Waffenproduktion war. Die Franzosen verlegten knapp eine halbe Million nordafrikanischer Soldaten an die Front, während die Briten 1916 die Wehrpflicht einführten; zusätzlich kamen ihnen zahlreiche Freiwillige aus den *dominions* und aus der indischen Armee zur Hilfe. Russland hatte zwar ein breites Reservoir an Soldaten, aber es tat sich schwer darin, sie adäquat auszubilden. Als 1918 ihre Reserven zur Neige gingen, beriefen die Deutschen auch sehr junge Männer des Jahrgangs 1900 ein. Auf die österreichischen Truppen war aus Gründen ethnischer Konflikte kein durchgehender Verlass, und unter den Völkerschaften des Osmanischen Reiches konnte man nur die Türken zu den wahren Verbündeten zählen. Die Sanitätsoffiziere, die sich einer riesigen Schar Verwundeter gegenübersahen, vollbrachten heroische Leistungen bei der Behandlung der Entstellten oder von der posttraumatischen

Zitterneurose Befallenen. Sie retteten viele Leben – und sorgten dafür, dass die Versehrten möglichst rasch wieder in den Kampf zurückkonnten. Daheim mussten sachkundige Industriearbeiter durch Ungelernte ersetzt werden; auch auf den Bauernhöfen wurde das Personal knapp. Um diesen Defiziten abzuhelfen, proklamierte die Berliner Regierung im Herbst 1916 im sogenannten Hindenburg-Programm die Verdoppelung der Rüstungsproduktion. Nun verpflichtete man alle Männer von 17 bis 64 zu einer Art nationalem Dienst; sie wurden entweder in einer Fabrik oder auf dem Lande eingesetzt. Den Gewerkschaften gewährte man als Gegenleistung für ihre Kooperation bei den patriotischen Bemühungen neue, erweiterte Vertretungsrechte.[35]

Frauen blieben zwar von den direkten Kämpfen noch ausgeschlossen, dafür trugen sie als Hilfskräfte immer mehr zu den Kriegsanstrengungen bei. Einerseits spielten sie unverändert die traditionellen, unterstützenden Rollen: symbolisch als patriotische Inspiration, praktisch als Trösterinnen, etwa durch das Versenden von Briefen und Paketen. Verheiratete wurden ermuntert, sich von ihren Gatten, wenn diese auf Heimaturlaub zurückkamen, schwängern zu lassen, um die Verluste auf dem Schlachtfeld durch Neugeborene auszugleichen. Andererseits übernahmen Frauen in wachsendem Ausmaß militärische Hilfsfunktionen, etwa als Krankenschwestern, Sekretärinnen oder Fahrerinnen in Uniform. Die Männer, die zuvor einige dieser Posten bekleidet hatten, konnten nun an die Front. Wichtiger noch war jedoch die Rekrutierung von weiblichem Personal für die industrielle Produktion, in der Frauen eingezogene Arbeiter ersetzten und Artilleriegranaten, Maschinengewehrmunition und sogar ganze Waffen fertigten – eine strapaziöse Arbeit in lauten, schlecht gelüfteten Fabrikhallen, die die körperliche Ausdauer und Konzentration auf eine harte Probe stellte. Obwohl das Kampfgeschehen selbst die alten Unterschiede verstärkte – die Männer töten, die Frauen liefern Hilfsdienste aus dem Hintergrund –, beschleunigte der Krieg insgesamt die Erosion der traditionellen Geschlechterrollen am Arbeitsplatz.[36]

Als die Kämpfe ins dritte Jahr gingen und keinerlei Ende in Sicht war, polarisierte sich die öffentliche Meinung zunehmend:

Die einen befürworteten einen Sieg um jeden Preis, und die anderen forderten sofortigen Frieden. Die stetig wachsende Zahl der Toten, Verwundeten und Vermissten sowie der wiederholte Mangel an Nahrungsmitteln und Treibstoff gaben Anlass zu der Frage, ob die gesteckten Ziele diese ganzen Opfer wohl wert seien. Die Nationalisten aller kriegführenden Länder betonten, man müsse »durchhalten« bis zum siegreichen Ende, denn sonst seien alle bisherigen Leiden umsonst gewesen. Lehrer versuchten ihre Schüler im Sinne des Krieges zu motivieren, indem sie ihnen die Frontverläufe anhand von auf Landkarten festgesteckten Nadeln zeigten; Plakate ermunterten zur Zeichnung von Kriegsanleihen; patriotische Versammlungen feierten lokale Siege. Bei den Mittelmächten wurden unfähige oder glücklose Kommandeure wie General Falkenhayn abgelöst durch Militärs, denen man Erfolge zutraute, etwa Hindenburg und Ludendorff. Bei der Entente wiederum traten, nachdem es innerhalb der Armeen zu Meutereien und Streiks gekommen war, politische Hardliner wie Georges Clemenceau, genannt *le tigre*, und der hyperaktive, freilich wechselhafte Lloyd George in den Vordergrund. Sie übernahmen mehr Verantwortung, weil sie es verstanden, die Massen durch patriotische Appelle mitzureißen. Neu gegründete chauvinistische Bewegungen wie die Deutsche Vaterlandspartei versuchten ebenfalls den Siegeswillen zu stärken.[37]

Trotz solcher Bemühungen begann die patriotische Begeisterung bald nachzulassen. Kriegsmüdigkeit verbreitete sich unter Soldaten und Zivilisten, die sich dem Tod oder der Verarmung gegenübersahen. In allen Ländern hielt die Mehrheit der Elite unverändert an ihrer Eroberungspolitik fest, und die Mittelschicht zeigte sich für nationale Appelle weiterhin empfänglich. In den Schützengräben jedoch verweigerten die ersten Soldaten den Gehorsam, wenn ihre Vorgesetzten Attacke befahlen, und in den Fabriken verlangten viele der Beschäftigten mehr zu essen, kürzere Arbeitszeiten und bessere Bezahlung. Unabhängige Sozialisten, angeführt von Wladimir I. Lenin, Rosa Luxemburg und Karl Liebknecht, brandmarkten den Waffengang als imperialistischen Krieg. Bei den Linken war diese Kritik immer lauter zu hören, deren Abgeordnete schließlich in einem symbolischen Akt den Kriegskrediten ihre Zustimmung versagten. Da er ein sofortiges Ende der Metzeleien versprach, fand der Slogan »Keine Annexionen, keine Entschädigungen« immer breiteren Widerhall unter den Industriearbeitern, die nun mit der Stilllegung der Politik an der Heimatfront brachen und Streiks organisierten. An der Westfront wiederum wagten rund 40 000 französische Soldaten eine Meuterei; freilich wurden ihre Proteste mit Gewalt und ein paar Zugeständnissen bald beendet. Da das Elend in den Schützengräben und der Hunger daheim die Attraktivität patriotischer Rhetorik verblassen ließen, geriet die Kriegsführung während des Winters 1916/17 in eine Krise.[38]

Äußerste Eskalation

Nachdem sich abzeichnete, dass weder der Eintritt Bulgariens noch der Rumäniens eine neue Entscheidung brachte, zog die totalisierende Logik des modernen Krieges schließlich auch die Vereinigten Staaten in den Konflikt hinein, die einzig verbliebene Nation, die das Gleichgewicht noch kippen konnte. Doch Amerika zeigte sich gespalten; weite Kreise gerade der Progressive Reform Coalition hielten George Washingtons Warnung hoch, die USA dürften sich nie in europäische Händel verstricken lassen. Insbesondere im Mittleren Westen und Westen waren viele Bürger, namentlich solche irischer und deutscher Herkunft, gegen die Teilnahme an einem Kampf, der ihnen so blutig wie sinnlos erschien. Die Eliten an der Ostküste indes empfanden eine kulturelle Affinität zu Großbritannien und Frankreich. Geschäftsleute machten dort viel Geld durch Lieferungen an die Entente, und Bankiers legten Anleihen auf, um einschlägige Bestellungen zu finanzieren. Englands Herrschaft über die Meere und das Telegrafenwesen tat das Ihre dazu, dass Sympathien und materielle Interessen einflussreiche Teile der politischen Klasse und der Presse bewogen, sich auf die Seite der Entente zu schlagen. Präsident Woodrow Wilson und seine Administration waren sich gleichwohl der Stärke des Widerstands seitens der Isolationisten bewusst und suchten zu vermitteln – bis die

Aktivität deutscher U-Boote schließlich einen *casus belli* schuf und die Vereinigten Staaten in den Krieg zwang.[39]

Anders als die britische Meerblockade war das U-Boot eine neue Art Waffe, deren uneingeschränkter Gebrauch die Regeln des Seekrieges verletzte. Während des Wettbewerbs um die beste Streitkraft zu Wasser hatte Admiral Tirpitz der Entwicklung der Unterseewaffe noch keinen Dringlichkeitsrang eingeräumt, denn dem Kaiser lag eine konkurrenzfähige Hochseeflotte am Herzen. Das allgemein akzeptierte traditionelle Reglement sah für die Kampfaktion eines U-Bootes Folgendes vor: Wollte es ein feindliches Schiff abschießen, musste es zunächst auftauchen, ihm einen Schuss vor den Bug setzen und es so zum Halten bringen, dann ein Prisenkommando hinübersenden und die gegnerische Crew in die Rettungsboote steigen lassen. Erst dann durfte es das Schiff versenken. Andererseits hatte das potenzielle Opfer auch diverse Abwehrmöglichkeiten: Es konnte, da schneller als das U-Boot, ihm davonfahren, es rammen oder seine verletzliche Hülle mit Feuer aus Maschinengewehren oder leichtkalibrigen Geschützen durchlöchern. Alternativ konnten Schiffe kriegführender Nationen ihren Namen ändern, falsche Schornsteine aufstecken oder neutrale Flaggen hissen, um ihre Herkunft zu verschleiern. Zunächst hatten die U-Boote mit den konventionellen Methoden durchaus einigen Erfolg. Dennoch entschieden sie sich mehr und mehr für die Taktik, das gegnerische Fahrzeug gleich zu torpedieren, sobald es ins Blickfeld kam, von unterhalb der Wasseroberfläche und ohne vorherige Warnung. Auf diese Art blieben das eigene Schiff und die eigene Mannschaft in Sicherheit, während der Feind keine Chance hatte zu entkommen. Auch Handelsschiffe wurden attackiert, weil man die Lieferung von Lebensmitteln und Rohstoffen zu unterbinden suchte, speziell nach England, das beides dringend brauchte.[40]

In den neutralen Ländern entzündete der uneingeschränkte U-Boot-Krieg mehr moralische Empörung als eine konventionelle Blockade, da Schiff und Crew verloren waren, statt festgesetzt und interniert zu werden. Die Briten dehnten die Regeln für den Seekrieg ziemlich weit aus, indem sie von den neutralen Schiffen verlangten, in ihren Häfen zu bleiben: Ausfahren dürften sie nur, wenn feststehe, dass sie keine Waren für den Transfer in die Länder der Mittelmächte dabeihätten. Die US-Regierung protestierte etwas halbherzig gegen diese Art der Handelsbeschränkung. Wurde jedoch ein Passagierdampfer versenkt, provozierte das schon einen lauteren öffentlichen Aufschrei. Im Falle der »Lusitania« gab es gewaltige Entrüstung, weil mit dem Schiff 128 Bürger der USA in den Fluten verschwanden. Freilich war zuvor ein Hinweis an die Amerikaner ergangen, in der Kriegszone nicht auf einem britischen Schiff zu reisen, das möglicherweise Munition transportierte. Das Torpedieren von Passagierschiffen konnte seitens der USA nicht ohne Antwort bleiben. Präsident Wilson warnte den Kaiser energisch: Sollte die Strategie des uneingeschränkten Versenkens fortgesetzt werden, müsse Amerika in den Krieg eintreten. Berlin fügte sich – sehr zum Ärger der eigenen Marineführung. Während die britische Blockade langsam tötete, nämlich durch Aushungern, verletzte die Vernichtung von Leben durch U-Boot-Schüsse die Ethik der Zivilisation dramatischer.[41]

Die Entscheidung der Deutschen vom 9. Januar 1917, den uneingeschränkten U-Boot-Krieg doch wiederaufzunehmen, war daher ein verzweifeltes Wagnis, das den absoluten Sieg erzwingen wollte. Das Scheitern der Friedensofferte Berlins, die realistische Verhandlungen hatte ermöglichen sollen, ließ der zivilen Führung um Kanzler Bethmann Hollweg keine andere Alternative als mitzuziehen. Während die Oberste Heeresleitung, an deren Spitze nun Hindenburg und Ludendorff standen, für die Westfront eine defensive Strategie vorsah, hoffte sie England mittels ihrer Unterseewaffe aus dem Krieg hinauszujagen: Eine stetig wachsende Zahl von U-Booten sollte die Versorgung der Britischen Inseln mit Kriegsgütern, Rohstoffen und Lebensmitteln verhindern. Erfreut, endlich eine entscheidende Rolle spielen zu können, unterstützte die Marineführung diese Strategie, indem sie fadenscheinige Statistiken fabrizierte, denen zufolge das Vereinigte Königreich binnen sechs Monaten zusammenbrechen werde. Die zivilen Experten, die man heranzog, äußerten sich vorsichtiger, denn sie wussten etwas besser Bescheid über das Potenzial der Vereinigten Staaten. Aber während der entscheidenden Sitzung taxierte die militärische Führung fatalerweise Amerikas Kräfte falsch, indem sie die Kapazitäten seiner Kriegsproduktion ebenso unterschätzte wie seine Fähigkeit, hinreichend Soldaten auszubilden, um den Ausgang der Kämpfe an der Westfront zu beeinflussen.[42]

Die Wiederaufnahme des uneingeschränkten U-Boot-Krieges bewirkte Amerikas Eintritt in den Ersten Weltkrieg; so wandelte sich die wohlwollende Neutralität gegenüber der Entente in einen veritablen Kombattantenstatus. Die Boulevardpresse hatte die öffentliche Meinung bereits zuvor mit sensationalistischen Stories über deutsche Sabotage und deutsche Spione aufgestachelt, die ein paar törichte Aktionen zu einer allgegenwärtigen Gefahr aufbliesen. US-Nachrichtendienste fingen ein Geheimtelegramm ab, das der deutsche Staatssekretär des Auswärtigen Amtes, Arthur Zimmermann, an die mexikanische Regierung gesandt hatte. Der Inhalt sorgte für einen weiteren Aufschrei, offerierte Berlin dem mittelamerikanischen Staat darin doch ein Bündnis. Falls es einwillige, solle Mexiko die Territorien zurückerhalten, die es ein Jahrhundert zuvor an die Vereinigten Staaten habe abtreten müssen. Diese diplomatische Intrige nach der Methode »sei nett zum Feinde deines Feindes« verletzte die Monroe-Doktrin und lieferte Präsident Wilson endlich den gewünschten öffentlichen Vorwand, sich den Alliierten anzuschließen. Man vollziehe den Schritt in der Hoffnung, hieß es, so eine neue, friedliche Weltordnung zu schaffen. Der Affront, den das Reich durch das schlichte Ignorieren rechtzeitiger Warnungen Amerika zugefügt hatte, trug entscheidend dazu bei, dass beide Häuser des Kongresses mit überwältigender Mehrheit für den Eintritt in den Konflikt votierten. Unter Berufung darauf, dass »die deutsche Regierung wiederholt kriegerische Akte gegen die Regierung und das Volk der Vereinigten Staaten begangen« habe, erklärte Washington am 6. April 1917 Berlin den Krieg.[43]

Militärisch hatte der amerikanische Eintritt zunächst nur begrenzte Wirkung; immerhin aber bestärkte schon die formale Rückendeckung die Entschlossenheit der Entente, weiterzukämpfen. Da sie bisher lediglich in lokalen und imperialen Feldzügen, an Orten wie Kuba, den Philippinen und Mexiko eingesetzt worden war, galt die U.S. Army lediglich als Kolonialstreitkraft, während sich die Navy bereits in raschem Wachstum befand. Obwohl Präsident Wilson auf einer Sonderrolle Amerikas als »assoziierte Macht« beharrte, damit es von den Geheimverträgen innerhalb der Entente unberührt blieb, bedeutete seine Beteiligung, dass den Alliierten die gesamte industrielle und finanzielle Potenz der Vereinigten Staaten zur Verfügung stand. Nun konnte die Navy ganz offen gemeinsam mit anderen Marineverbänden ein Konvoisystem quer über den Atlantik organisieren; Handelsfahrzeuge waren durch Kriegsschiffe geschützt, die Sonar und Wasserbomben an Bord hatten, was die U-Boot-Waffe wirkungsloser werden ließ. Schließlich begann auch die Army ein ehrgeiziges Expansionsprogramm, das ihr erlauben sollte, Zehntausende frischer Rekruten auszubilden und die erschöpften Personalreserven der Entente durch junge Männer aufzustocken, die noch bereit waren, ihr Leben in einer Attacke zu riskieren.[44] Auch wenn seine Schlagwirkung anfangs bescheiden blieb, verwandelte der Eintritt der USA den Krieg in einen echten globalen Konflikt.

Da der Großteil der Gefechte in Europa stattfand, lancierte die US-Regierung eine Propagandakampagne, um die eigene gespaltene Bevölkerung hinter den Kriegsanstrengungen zu versammeln. Präsident Wilson versuchte den Konflikt mit einem höheren Sinn aufzuladen, indem er verkündete, dieser Waffengang werde »ein Krieg [sein], der alle Kriege beendet«, und diene dem Zweck, »die Welt sicher genug für die Demokratie zu machen«. Außerdem schuf seine Regierung ein *Committee on Public Information*, an dessen Spitze George Creel stand. Der engagierte Journalist prangerte den preußischen Militarismus an und nannte »Kaiser Bill« spöttisch »den Hunnen«. Damit nahm Creel Bezug auf eine unüberlegte Äußerung Kaiser Wilhelms II.: Der hatte 1900, als ein internationales Expeditionskorps nach China aufbrach, um dort die antichristliche Revolte der Boxer niederzuwerfen, deutschen Soldaten aus diesem Einsatzkommando zugerufen, sie mögen so furchterregend dreinschlagen wie »vor tausend Jahren die Hunnen«. Diese diplomatische Fehlleistung ging als »Hunnenrede« in die Geschichte ein. Creels Bemühungen, unterstützt von einer blindwütigen Massenpresse, schürte eine regelrechte »Kriegshysterie«. Es war nunmehr verboten, in der Öffentlichkeit deutsch zu sprechen; nicht nur Straßennamen wurden patriotisch umbenannt, sondern auch harmlose Esswaren: Sauerkraut etwa hieß jetzt *victory cabbage* (›Siegeskohl‹). Die nationalistische Raserei forderte sogar einige Menschenleben, beispielsweise wurde in East St. Louis / Illinois ein unglücklicher Deutsch-Amerikaner gelyncht.[45] Die Propaganda überhöhte den Krieg zu einem Kampf zwischen der »westlichen Zivilisation« und dem deutschen Barbarentum.

Obwohl sich nun der Kreis der Kombattanten um einen erweitert hatte, blieb der Ausgang des Krieges bis Frühling 1917 unentschieden. Die Briten setzten ihre Massenoffensiven in Frankreich und Belgien fort: Unermüdlich rannten sie gegen jene Kette aus schwer befestigten deutschen Positionen an der Westfront an, die den Namen »Siegfriedstellung« trug (die Alliierten nannten sie »Hindenburglinie«); immer wieder eroberten sie kleine Areale verwüsteten Territoriums, und jeden dieser Erfolge bezahlten sie mit einem enormen Blutzoll. Die Deutschen drangen langsam von Polen aus in russisches Gebiet vor. Auch sie erlitten schwere Verluste, doch gelangen ihnen größere Geländegewinne von den baltischen Provinzen im Norden bis zur rumänischen Grenze im Süden. Was den Seekampf betraf, schien noch nicht klar, ob die Konvois oder die U-Boote ihn gewinnen würden. In den Ländern des Westens gab es bald wieder ernstliche Meinungsverschiedenheiten hinsichtlich der militärischen Strategie: Sollte man den Waffengang beenden oder weiterkämpfen? Schließlich setzten sich aber die Befürworter der letzteren Option durch. Deutlich überforderter zeigte sich das zaristische Russland, in dem Hungerrevolten die imperiale Ordnung auf eine harte Probe stellten. Nicht besser erging es dem Habsburgerreich, in dem die Stimmen des separatistischen Nationalismus immer lauter wurden. Am Ende des Krieges standen also zwei Entwicklungen, die den Wettlauf zwischen den Parteien bestimmten: hier der allmähliche Kollaps Russlands, der zum Sieg der Deutschen im Osten führte, dort die Ankunft der amerikanischen Truppen, die der Entente half, den Krieg im Westen zu gewinnen.

Mechanisierte Metzelei

Die »Fronterfahrung« hinterließ tiefe Narben bei den europäischen Intellektuellen, denn sie nahm ihnen die optimistische Illusion eines kontinuierlichen Fortschritts. Eine »verlorene Generation« von Dichtern versuchte das »Leid des Krieges« zu verstehen. Wilfred Owen etwa offenbarte die Hohlheit der Phrase vom ›Tod in Ehren‹, indem er die Auswirkungen eines Gasangriffs schilderte:

> Wenn auch du in erdrückenden Träumen liefest
> Hinter dem Wagen, in den wir ihn warfen,
> Und die verdrehten weißen Augen in seinem Gesicht sähest,
> In seinem hängenden Gesicht, wie das eines Teufels,
> der der Sünde müde ist,
> Wenn du hören könntest, wie bei jedem Stoß das Blut
> Gurgelnd aus seinen schaumgefüllten Lungen läuft,
> Ekelerregend wie der Krebs, bitter wie das Wiederkäuen
> Von Auswurf, unheilbare Wunden auf unschuldigen Zungen,
> Mein Freund, du erzähltest nicht mit so großer Lust
> Kindern, die nach einem verzweifelten Ruhmesglanz dürsten,
> Die alte Lüge: *Dulce et decorum est*
> *Pro patria mori.*

Schockierende Erfahrungen dieser Art zerstörten den Glauben an eine wohlwollende Vorsehung, desillusionierten den patriotischen Idealismus und untergruben die militärische Disziplin. Viele der größten Talente der jungen Autorengeneration bezahlten ihren Patriotismus mit ihrem Leben, etwa die beiden Lyriker Rupert Brooke und Walter Flex. Einige überlebende Soldaten stellten nicht nur die Sinnhaftigkeit des Krieges in Frage, sondern sogar die Werte selbst, die sie angeblich zu verteidigen hatten. Die meisten Schriftsteller, darunter Erich Maria Remarque und Robert Graves, richteten scharfe Anklagen gegen den Krieg, um vor einer Wiederholung solcher Gräuel zu warnen. Nationalistische Schreiber wie Ernst Jünger und Louis-Ferdinand Céline jedoch glorifizierten die Gefahr und Kameradschaft im Krieg als Gelegenheiten zu männlicher Bewährung.[46]

In solchen Zeugnissen erscheint der mechanisierte Krieg als alles verschlingende Macht, die früher unvorstellbare Ausmaße von Gewalt freisetzte. Dank dem technischen Fortschritt hatten Waffen wie schwere Artillerie, Maschinengewehre, Giftgase und Panzer eine viel zerstörerischere und tödlichere Wirkung als je zuvor. Nach dem Kampf ähnelte das Schlachtfeld daher immer öfter einer Mondlandschaft mit Schützengräben, Granatenkratern, Betonbunkern und Geschützstellungen. Darin gab es Häuser, von denen nur noch die Trümmer, Bäume, von denen nur noch die Stümpfe standen, und Tümpel voller Pferdekadaver. Rund siebzehn Millionen Menschen – so viele Opfer hatte noch nie ein Krieg gefordert – verloren ihr Leben, etwa gleich viele waren schwer verwundet, und andere erwiesen sich später als dermaßen traumatisiert, dass sie mitten in der Nacht schreiend aufwachten. Zwar geschah das Töten vielfach aus größerer Distanz, etwa bei Artilleriebombardements, durch Maschinengewehrsalven oder Gewehrschüsse, doch die Grabenkämpfe erforderten sehr wohl auch noch das Vorgehen Mann gegen Mann, wobei Handgranaten, Seitenwaffen und Bajonette zum Einsatz kamen. Nach Gefechten dieser Art verschwanden die meisten Illusionen um den individuellen Heroismus. Die Wirklichkeit des industriellen Krieges stellte sich als schmutzig, zerstörerisch und bedrückend heraus.[47]

Rückblickend scheint es immer noch erstaunlich, dass die Soldaten in solch einem mörderischen Krieg einfach weitermachten, trotz der nicht geringen Wahrscheinlichkeit, bei der Sache zu sterben. Tagebücher und Briefe von der Front geben uns aber Aufschluss über ihre Motive. Ursprünglich war es in der Tat ein hohes Maß an patriotischer Begeisterung, das britische Oberschichtangehörige bewog, sich zum freiwilligen Einsatz zu melden, und die deutschen Studenten dazu trieb, bei Langemarck in den Tod zu rennen. Bei den eingezogenen Arbeitern hat wohl eher Zwang dafür gesorgt, dass sie die Uniform anbehielten, denn ›Drückeberger‹ wurden hart bestraft, Deserteure sogar erschossen. Eine Weile spornte dann der Hass auf den jeweiligen Feind die Kampfmoral an, was sich auch in Schimpfnamen niederschlug: Bei den Briten hießen die Deutschen *jerries*, bei den Franzosen *boches*; die Deutschen wiederum nannten die Briten *Tommies* und die Franzosen *Franzmänner* oder *Froschfresser*.

Aber es gab auch Augenblicke der Waffenruhe, die man nutzte, um Verwundete aufzusammeln; manchmal, freilich seltener, kam es sogar zu Verbrüderungen, wenn man etwa gemeinsam Weihnachtslieder sang. In solchen Momenten ahnten die Beteiligten, dass man in einem Strudel gefangen war, aus dem es kein Entkommen gab. Eine noch stärkere Solidarität verband den Soldaten mit seinen eigenen Kameraden, denn die Einheiten wurden zu Überlebensgemeinschaften, in denen jeder Einzelne von allen anderen abhing. Des Weiteren spielte der fehlgeleitete Wunsch eine Rolle, seine Maskulinität zu beweisen; schließlich wollte man sich als junger Mann nicht vor anderen jungen Männern blamieren.[48]

Die moderne Form der Kriegsführung stellte auch an die Zivilisten neue Anforderungen, denn die Eskalation hin zum totalen Krieg involvierte die Heimatfront in viel höherem Ausmaß als zuvor. Die traditionelle Aufgabenverteilung legte ja fest, dass die Frauen die heimatlichen Herdfeuer am Brennen hielten, während nichtwehrpflichtige männliche Arbeitskräfte her- und bereitstellten, was die Kämpfenden draußen dringend brauchten. Aber im Ersten Weltkrieg setzte die britische Blockade auch Alte, Mütter und Kinder gnadenlos dem Hungertod aus, und deutsche U-Boote versenkten mit den Schiffen, die sie trafen, auch deren Mannschaften und Passagiere. Da die Regierungen nun Massenpolitik zu betreiben hatten, mussten sie sich erheblich mehr anstrengen, um ihre Wähler von der Gerechtigkeit ihrer Sache zu überzeugen und sie glauben zu machen, es gehe doch nur darum, das Vaterland bzw. *la mère patrie* zu verteidigen, obwohl ihre Kriegsziele eindeutig expansionistisch waren. Um den Kampfeswillen des Gegners zu brechen, versuchten sie ihn zusätzlich politisch zu destabilisieren. Dabei kleideten sie ihre nationalen Interessen in eine möglichst allgemeine Sprache und beriefen sich auf universell akzeptierte Werte, weil sie hofften, so vielleicht bei bestimmten Minderheiten in der Feindbevölkerung Anklang zu finden. Innerhalb dieses politischen Wettbewerbs hatten die Demokratien bessere Karten als die Monarchien, denn Erstere waren Konflikte gewohnt, während Letztere sich auf den Respekt ihrer Untertanen verlassen mussten.[49]

Dieser Waffengang markierte den Beginn der Selbstzerstörung Europas; in diesem Sinne war der Erste Weltkrieg »die große Urkatastrophe des 20. Jahrhunderts«.[50] Sie schleppte sich über viereinhalb Jahre hin und legte Häuser überall in Schutt und Asche – in Belgien, Nordostfrankreich, auf dem Balkan, in Polen, Russland und im Baltikum. Wenn heute Felder gepflügt werden, auf denen einst der Grabenkrieg tobte, wie beispielsweise an der Somme, finden sich immer noch Leichenteile und Bruchstücke metallenen Militärgeräts. In Verdun erinnern verkrüppelte Bäume an die mörderischen Ereignisse, während auf Flanderns Feldern der rote Klatschmohn die Sinnlosigkeit des Blutvergießens symbolisiert. Indem sie Soldaten aus ihren Kolonien mobilisierten, erschütterten die Imperien den Mythos von der Überlegenheit der weißen Rasse. Außerdem brachten sie ihren Untergebenen die militärischen Fähigkeiten bei, mit denen die Letzteren die Ersteren schließlich verdrängen würden. Dass nun auch transozeanische Mächte mitwirkten, so Japan und die Vereinigten Staaten, markierte obendrein das Ende der Hegemonie Europas im Weltgeschehen, denn der Konflikt konnte nicht gelöst werden ohne Rückgriff auf Ressourcen und Einsatzkräfte von außerhalb des Kontinents. Die Kämpfe schließlich waren mit einer nie gekannten Gewaltsamkeit ausgetragen worden, weshalb sie ein Erbe des Hasses hinterließen, das die europäische Politik für die Lebenszeit der nächsten Generation vergiftete. Auch wenn der Waffengang diverse Neuerungen hervorbrachte, etwa ein paar technische Innovationen und medizinische Fortschritte, kann daher die Auswirkung des ersten modernen Krieges auf Europa gar nicht negativ genug eingeschätzt werden.

Die bolschewistische Revolution

Lenin als Revolutionär, 1920

Es war der 3. April 1917, Finnischer Bahnhof, Petrograd. Kurz vor Mitternacht entstieg Wladimir I. Lenin dem Zug, der ihn in die russische Hauptstadt gebracht hatte. Gerade aus dem Schweizer Exil zurück, lancierte der noch nicht sehr prominente Revolutionär gleich einen bewegenden Appell zu einer »weltweiten sozialistischen Revolution«. Am nächsten Tag publizierte die bolschewistische Parteizeitung *Prawda* Lenins zehn »Aprilthesen«, in denen er seine radikalen Ideen darlegte. Keine Unterstützung mehr für den Krieg, forderte er darin, und da die bürgerliche Provisorische Regierung ihn fortführen wolle, sei ein Bruch mit ihr unvermeidlich. Es sei nun Zeit, überzugehen »zur zweiten Etappe, die die Macht in die Hände des Proletariats und der armen Schichten der Bauernschaft legen muss«. Da Lenin sehr wohl wusste, dass seine Kaderpartei nur eine kleine Minderheit innerhalb der breiten revolutionären Bewegung bildete, wies er der Propaganda eine entscheidende Bedeutung zu. Diese solle »Aufklärung der Massen darüber« leisten, »dass die Arbeiterdeputiertenräte die einzig mögliche Form der Revolutionsregierung sind«.[1] Mit dem Instinkt eines begabten Politikers versprach er die Abschaffung der verhassten Polizei, des Militärdienstes und des Beamtentums, dazu die Enteignung und Aufteilung des Großgrundbesitzes sowie die Kontrolle der Arbeiter über die industrielle Produktion. Um eine verwirrte Linke in Schwung zu bringen, befürwortete dieses improvisierte Programm eine zweite, radikalere Revolution.

In zahllosen Artikeln und Reden hat Lenin seine Vision wiederholt und verbreitet. Ihre Attraktivität gewann sie daraus, dass sie die marxistische Theorie fundamental revidierte, indem sie nämlich versprach, der Traum von der klassenlosen Gesellschaft lasse sich sofort realisieren. Die Revolutionäre müssten situationsbezogen umdenken, befand Lenin: Statt zu warten, bis sich der bürgerliche Kapitalismus voll entwickelt habe, solle man doch geistesgegenwärtig die Anarchie, die dem Zusammenbruch des Zarismus gefolgt sei, für die eigenen Zwecke nutzen. Keineswegs dürfe man mit der liberalen Mittelschicht aus Unternehmern und Freiberuflichen kooperieren, sondern müsse danach trachten, die Macht in die Hände der seit langem leidenden Massen zu legen – der Arbeiter, Bauern und Soldaten –, die nunmehr vertreten würden durch basisdemokratische Räte, die »Sowjets«. Nachdem sie sich gedanklich vom historischen Determinismus befreit hatten, den Karl Marx und Friedrich Engels seinerzeit verfochten, konnten wagemutige Revolutionäre wie Leo Trotzki und Josef Stalin nun den Versuch befürworten, das schwächste Glied in der imperialistischen Kette zu brechen. Dazu müsse man die Widersprüche nutzen, die sich in einem immer noch agrarisch geprägten, sich aber wirtschaftlich und technologisch rasch entwickelnden Staate wie eben Russland auftaten. In heroische Narrative gekleidet, zu denen John Reeds Erlebnisberichte ebenso beitrugen wie Leo Trotzkis autobiografische Darstellungen und Sergei Eisensteins Filme, nahm diese voluntaristische Umdeutung einer strukturellen Theorie mythischen Charakter an und inspirierte während der folgenden Jahrzehnte viele Nachahmer auf der ganzen Welt.[2]

Sie wurde mit gewaltigen Hoffnungen entwickelt, diese revolutionäre Form der marxistischen Modernisierung, aber sie forderte enorme Anstrengungen und ungeheures menschliches Leid. Eigentlich wäre in Russland nun der liberale Kapitalismus an der Reihe gewesen, doch diese Etappe übersprang man komplett – dafür bedurfte es des Einsatzes von viel Zwang und Gewalt, was den emanzipatorischen Intentionen der Bewegung widersprach. Weder die personalen Überbleibsel der zaristischen Autokratie noch die bürgerlichen Reformer würden, das wusste man, freiwillig ihrem Anspruch auf Macht entsagen. Die weitgehend analphabetischen Bauern und die immer noch in halb ländlichen Umständen lebenden Industriearbeiter würden davon überzeugt werden müssen, das marxistische Projekt eines emanzipatorischen Egalitarismus zu unterstützen. Selbst wenn es der Regierung gelänge, ihrer allerschlimmsten Not abzuhelfen, sei dennoch eine fundamentale Neugestaltung der russischen Gesellschaft anzustreben. Unter den Mitgliedern der bolschewistischen Partei wuchs die Zahl derer, die sich darauf freuten, endlich einmal revolutionäre Macht innezuhaben, und die radikale Intelligenzija könnte sich, so die Erwartung, in ein soziales Projekt nie dagewesenen Ausmaßes einbringen. Aber indem man die – hier und da bereits beginnende – Entwicklung hin zu einem Kapitalismus und einer Demokratie westlichen Stils stoppte und damit eine ganze Entwicklungsphase übersprang, drängte eine Minderheit von Berufsrevolutionären ihre theoretische Sichtweise einem widerstrebenden Plebs auf, der auf solch einen drastischen Wandel nicht vorbereitet war.[3]

Im Laufe des letzten Jahrhunderts erfuhr die Russische Revolution höchst unterschiedliche Bewertungen; nach dem Ende der UdSSR aber, als eine abschließende Einschätzung möglich wurde, wurden ihre Apologeten weitgehend diskreditiert und ihre Kritiker überwiegend gerechtfertigt. Während der Glanzzeiten der Sowjetunion gehörte es zum patriotischen Ritual, die »Große Oktoberrevolution« zu feiern und jenes Kollektiv heroischer Übermenschen zu preisen, das sie unter der Führung Lenins vollbracht hatte. Die Oktoberrevolution war der Gründungsmythos, auf den die Kommunisten sich auch später immer wieder zur Legitimation ihres Anspruchs beriefen: Ohne dieses Ereignis hätte es weder die Industrialisierung des Landes noch den Sieg im Zweiten Weltkrieg gegeben. Doch schon damals wiesen Skeptiker auf bedenkliche Phänomene hin: Medien und öffentliche Verlautbarungen zeigten sich nach einer Weile vom Personenkult um Stalin beherrscht; in Ungnade gefallene Altbolschewiken wurden aus Fotografien der Revolutionszeit wegretuschiert. Im Westen waren die Meinungen stets entlang den ideologischen Frontlinien gespalten; hoben Antikommunisten und Emigranten die repressiven Aspekte des Regimes hervor, wobei ihnen sogar antistalinistische Linksradikale zustimmten, waren viele Liberale eher bereit zu konzedieren, dass die Bolschewiken das Land tatsächlich modernisiert hatten, wenn auch mit Gewalt.[4] Später stellte dann der Zusammenbruch der Sowjetunion die ursprüngliche Frage neu: War der Kommunismus ein notwendiger Schritt nach vorn oder ein beklagenswerter Irr- und Umweg, der eine zuträglichere Entwicklung verhindert hatte?

Abstrahiert man einmal von den Positionen der einzelnen Parteien, erscheinen die russischen Revolutionen und die Planungen zu diesen weitestgehend als ein Kampf zwischen konkurrierenden Entwürfen der Modernisierung. Während die Slawophilen die alte ländliche Dorfgemeinschaftsordnung bewahren wollten, sah selbst die zaristische Autokratie ein, dass man bestimmte Innovationen aus dem Westen importieren musste, namentlich industrielle Produktion, Sozialreformen und politische Repräsentation, wenn das Land wettbewerbsfähig werden sollte. Das Leid des Großen Krieges offenbarte jedoch, dass jene Umgestaltung nicht weit genug gediehen war, und das erweckte Unmut in breiten Kreisen der Bevölkerung. Die Februarrevolution eröffnete einen Weg zur liberalen Moderne, aber das Ungeschick ihrer Führer, die Russland im Krieg halten wollten, diskreditierte deren Bemühungen, eine neue Verfassung zu erarbeiten. So erweist sich die Oktoberrevolution als paradoxes Gebilde: zu einem Teil ein bolschewistischer Militärcoup, der ein mehr und mehr Richtung Diktatur mutierendes Regime installierte; zum anderen Teil ein aufrichtiger Versuch, den Unterdrückten mehr Macht zu verleihen. Nur weil die autoritäre Transformation von oben her und die Entwicklung der Mittelklasse zur Liberalität hin scheiterten, bekamen die Bolschewiken eine Chance, ihre eigene diktatorische Modernisierung durchzusetzen – von unten her.[5]

Späte Westernisierung

Zu Beginn des 20. Jahrhunderts betrachteten ausländische Reisende, aber auch einheimische Beobachter Russland kritisch als die rückständigste der fünf Großmächte in Europa. Sogar Karl Marx war skeptisch, was die Chancen einer Revolution in einer unterentwickelten Gesellschaft betraf; erst gegen Ende seines Lebens revidierte er diese Meinung. Tatsächlich rechtfertigten viele Anzeichen solch eine pessimistische Sichtweise. Das riesige Land wurde regiert von einem autokratischen Monarchen, genannt der Zar, den bei diesem Geschäft ein schwerfälliger Beamtenapparat, eine gewaltige Armee und eine unbarmherzige Geheimpolizei unterstützten. Die führende Schicht war die Aristokratie, die sich zum kaiserlichen Hof hin orientierte und von den Erträgen ihrer Ländereien lebte. Die Mehrheit des Volkes wohnte immer noch in Bauerndörfern; dort arbeitete man entweder für den Adel oder bebaute gemeinschaftlichen Bodenbesitz in einer Landkommune, einem sogenannten *mir*; diese kollektive Agrarform gelangte zu einiger Berühmtheit. Das religiöse Leben beherrschte die orthodoxe Kirche, eine zuverlässige Stütze der traditionellen Hierarchie. In den Mietskasernen der überfüllten Städte vegetierten Massen armer, analphabetischer Menschen vor sich hin, die von Tag zu Tag darum kämpften, irgendwie über die Runden zu kommen.[6] Und doch entgingen dem, der solche Rückständigkeitsstereotype verbreitete, die sich mehrenden Zeichen einer raschen Entwicklung, die jenen schlafenden Riesen bald aufwecken sollten.

Ironischerweise kam der Anstoß von der Monarchie selbst, denn ausgerechnet sie nahm sich eine Innovation, eine »Modernisierung von oben« vor: Russland sollte der Konkurrenz mit dem Westen standhalten können. Die Niederlage im Krimkrieg 1856 hatte gezeigt, dass fundamentale Veränderungen notwendig waren, um die militärische Schlagkraft des Reiches wiederherzustellen. Die ersten Schritte erfolgten bald. 1861 befreite Zar Alexander II. 23 Millionen Bauern aus der Leibeigenschaft. Sie konnten jetzt selbst Land erwerben und bestellen, statt feudaler Dienste waren ihnen nur noch Ablösezahlungen an den Grundherrn auferlegt. Das sollte den Agrarsektor dynamisieren. Drei Jahre später schuf der Zar lokale Selbstverwaltungseinheiten, sogenannte *semstwa*. In einem solchen *semstwo* saßen Adelige, Stadtbewohner und Bauern, die sich gemeinsam um die Verbesserung des Volksbildungs-, Gesundheits- und Verkehrswesens sowie um die Weiterentwicklung der landwirtschaftlichen Kultur kümmerten. 1874 führte Alexander II. die allgemeine Wehrpflicht ein; sie war nun Voraussetzung für die Staatsbürgerschaft. All diese vielversprechenden Reformen fanden jedoch ein abruptes Ende, als Mitglieder der Terrorgruppe »Narodnaja Wolja« (›Volkswille‹) den Zaren 1881 ermordeten.[7] Da sie danach Revolten fürchteten, verweigerten sein Sohn Alexander III. und sein Enkel Nikolaus II. entschieden jedes weitere Zugeständnis.

Fortan konzentrierte sich der Reformeifer gänzlich auf den wirtschaftlichen Bereich, in dem Russland während der nächsten Jahrzehnte bedeutsame Fortschritte gelangen. So setzte sich Finanzminister Graf Sergej Witte für die rasche Industrialisierung des Landes ein und begann den Bau der Transsibirischen Eisenbahn, die das europäische mit dem asiatischen Russland verbinden sollte. Unter Wittes Ägide wurden zahlreiche Großfabriken errichtet, die für ihren Betrieb die neuesten Produktionsmethoden aus Westeuropa importierten; dies tat die Schwerindustrie ebenso wie der Maschinenbau und die Textilfertigung. Mit einer durchschnittlichen Zuwachsrate von circa 5 Prozent jährlich wurde Russland rasch die viertgrößte Industriemacht in Europa.[8] Ein anderer Wirtschaftsreformer, Premierminister Pjotr Stolypin, trieb die Kommerzialisierung der Landwirtschaft voran. Dazu löste er das System der sogenannten *obschtschiny* auf, in denen die Bauern gemeindeeigenes, ihnen von der Dorfgenossenschaft zugeteiltes Land bearbeiteten. Stattdessen sollten diese Bauern Privatbesitzer ihres Bodens werden und ihn hauptsächlich für den eigenen Gewinn kultivieren, nicht mehr primär für das Gemeinwohl. Weiterhin wurden Großbetriebe eingerichtet, landwirtschaftliche Kooperative geschaffen und Techniken der Melioration (Bodenverbesserung) propagiert; auch konnten die Bauern nun Kredite erhalten. Diese Maßnahmen entfachten eine überraschende Dynamik, durch die Russland die Chance bekam, den Westen einzuholen.

Diese ökonomische Entwicklung schuf jedoch enorme soziale Belastungen, weil sie einen raschen Übergang von einem spätfeudalistischen zu einem sich eben erst formierenden kapitalistischen System erzwang. Die Industrialisierung verhalf dem Großbürgertum zu gewaltigen Vermögen. Plötzlich konnte die neureiche Bourgeoisie in der Zurschaustellung von Wohlsituiertheit mit der herrschenden Aristokratie wetteifern, etwa indem auch sie elegante Stadtpaläste bauen ließ. Die Expansion des Beamtenapparats und die Arbeit der *semstwa* ließ eine Schicht studierter Freiberufler entstehen, die mehr Mitsprache in öffentlichen Angelegenheiten reklamierte. Immer weitere Kreise hatten Zugang zu Bildung, freilich fand nicht jeder eine seinem Abschluss entsprechende Stellung. Gleichzeitig wucherten die Printmedien, in denen man sich mitteilen konnte – all diese Faktoren brachten eine kritische Intelligenzija hervor, die energisch auf radikalere Veränderungen innerhalb der Gesellschaft hinwirken wollte. Die Kommodifizierung des Agrarbereichs verhalf manchen grundbesitzenden Bauern zu großen Geschäftserfolgen; wer sich mit ihr schwertat, der zog in die Stadt, um dort sein Glück zu suchen. Wo riesige Fabriken entstanden, brauchte man auch jede Menge neue Arbeitskräfte. Rund zwei Millionen wurden fürs Erste rekrutiert, aus denen das russische Industrieproletariat hervorging.[9] Jede einzelne dieser Gruppen hatte ihre eigene Vorstellung, wie das Russland der Zukunft auszusehen habe; leider vertrugen sich die Visionen der einen ganz und gar nicht mit den Szenarien der anderen.

Diese sozialen Spannungen entzündeten eine heftige intellektuelle Debatte um die Identität Russlands: Sollte es sich als eine unabhängige Alternative zu Europa begreifen? Oder nicht vielmehr als potenziellen Teil Europas? Auf der einen Seite vertraten die Verteidiger der religiösen Orthodoxie die Theorie, Moskau sei das Dritte Rom, nämlich der Nachfolger Konstantinopels, und habe sich daher östlich zu verorten. Die aufeinanderfolgenden Bewegungen der Slawophilen, Panslawisten und Neoslawisten zogen daraus ethnozentrische Konsequenzen; sie glaubten, Russland obliege die besondere Mission, alle slawischen Brüder in Osteuropa und auf dem Balkan zu vereinen. Diese antiwestlichen Gruppen glorifizierten die Romanow-Dynastie und feierten die Heiligkeit der orthodoxen Kirche sowie die Überlegenheit des russischen Lebensstils. Auf der anderen Seite standen zahlreiche westlich orientierte Reformer. Sie wollten die einheimische Ignoranz und Armut so rasch wie möglich überwinden, und das, meinten sie, gehe nur, wenn man Ideen, Stile und Praktiken aus dem Westen übernehme, wie es Peter der Große einst vorgemacht hatte. Leider war die Phalanx der ›Westernisierer‹ ihrerseits gespalten: hier die auf Evolution setzenden Freiberufler und Selbständigen, die liberalen Modellen einer kapitalistischen Demokratie nacheiferten, dort die Radikalen, die eher einen revolutionären Bruch mit der Vergangenheit befürworteten. Da diese Entwürfe miteinander inkompatibel waren, bestand durchaus keine Klarheit darüber, welchem der Wege Russland letztendlich folgen würde.[10]

Der Marxismus kam spät nach Russland, da dort ja schon konkurrierende Oppositionsströmungen existierten. Außerdem war das russische Industrieproletariat noch nicht sehr umfangreich. Oppositionsversuche hatte es diverse gegeben, etwa sporadische Bauernrevolten – sie bildeten schon eine Art Tradition –, das linkspopulistische Projekt der Narodniki, die das Volk agitierten, schließlich die Anarchisten mit ihrer Vorliebe für Terrorismus. Erst als diese Unternehmungen gescheitert waren, bekam die sozialistische Alternative einen Fuß in die Tür. 1883 gelang es dem marxistischen Theoretiker Georgi W. Plechanow, im Schweizer Exil eine Gruppe »für die Befreiung der Arbeit« zu gründen. Nachdem sich sozialistische Ideen in der Intelligenzija des Zarenreiches verbreitet hatten, konstituierte sich 1898 die *Sozialdemokratische Arbeiterpartei Russlands* (SDAPR), die sich der Zweiten Internationale anschloss. Nach der Jahrhundertwende spaltete sich diese radikale Gruppe. Der moderatere Flügel, geführt von Julius Martow, wollte eine offene, demokratische Arbeiterpartei schaffen, die innerhalb der bestehenden Gesellschaft stark genug wäre, soziale Reformen voranzutreiben. Die extremere Fraktion, die Hardliner um Lenin, folgten dagegen dessen Vorstellung, man müsse eine Kaderpartei aus engagierten Berufsrevolutionären formieren; anders sei die zaristische Repression nicht zu brechen. Als 1903 auf dem zweiten Parteitag der SDAPR die Radikalen die Majorität errangen, nannten sie sich fortan »Bolschewiki« (›Mehrheitler‹); für die Gemäßigten blieb entsprechend die Bezeichnung »Menschewiki« (›Minderheitler‹) übrig.[11]

Die Spannungen im Staate explodierten in der Revolution von 1905, die eine Art Generalprobe für den Sturz der zaristischen Autokratie war. Der Russisch-Japanische Krieg bescherte der Regierung empfindliche Niederlagen; sehr schadete ihrem Ruf, dass Port Arthur fiel und die Flotte des Monarchen die Seeschlacht bei Tsushima verlor. Nachrichten wie diese erregten die Öffentlichkeit bis zum Siedepunkt. Als eine Schar Protestler mit dem Priester Georgi

Gapon an der Spitze zum Winterpalast in Sankt Petersburg zog, eröffneten die Wachen das Feuer und töteten Hunderte von Demonstranten. Dieser »Petersburger Blutsonntag« entfachte einen Flächenbrand: Bauernrevolten brachen aus, rund dreitausend adelige Landsitze wurden ein Raub der Flammen, und in vielen Städten kam es wiederholt zu Streiks. Gesteuert wurden die Unruhen von der Partei der Sozialrevolutionäre (SR genannt). Diese populistische Gruppierung hatte eine neue Institution erfunden – basisdemokratisch bestimmte revolutionäre Räte, die Sowjets (*sovjeti*); hier beteiligten sich auch die orthodoxen Marxisten. Die Regierung antwortete mit militärischer Gewalt und schaffte es schließlich, die Ordnung wiederherzustellen. Graf Witte jedoch und ähnlich reformgewillte Kreise der Öffentlichkeit erhöhten den Druck auf den Zaren und ließen nicht locker, bis er endlich nachgab: Im *Oktobermanifest* dekretierte er die Einrichtung eines für ganz Russland zuständigen Parlaments, der »Staatsduma«. Diese Konzession minderte die umfassende Macht des Monarchen keineswegs, aber sie stellte ihm ein Beratergremium zur Seite, in dem über die richtige Politik diskutiert wurde und das er nicht ignorieren konnte.[12]

Während der letzten Vorkriegsjahre rangen drei Modernisierungsprogramme um Akzeptanz in der öffentlichen Meinung. Die Unterstützer der Autokratie – also die Aristokratie, der Beamtenapparat, die Armee und die Kirche – setzten auf ein einheimisches Konzept, das die militärische Schlagkraft des Landes verbessern sollte, ohne die traditionelle Hierarchie anzutasten. Die aufsteigende Klasse der Unternehmer und Freiberufler sowie die reformbereiten Adeligen begrüßten hingegen die Einrichtung der Duma. Mit deren Hilfe, glaubten sie, könne man die wirtschaftliche Entwicklung voranbringen, Rechtsstaatlichkeit erreichen und eine Regelung finden, wie man die Macht mit der Krone zu teilen habe. Anders als die angeschlagene Kaste der Aristokraten glaubten die meisten der neu zugelassenen Parteien optimistisch, nun sei der weitere gesellschaftliche Fortschritt gesichert, und das hieß für sie: der Weg hin zu einem liberalen System.[13] Die ausgebeuteten Massen der landlosen Agrarkräfte, der Industriearbeiter und der Armen in den Städten schließlich hofften auf eine revolutionäre Erhebung, die endlich die sie knechtende Herrschaft hinwegfegen und ihnen ein besseres Leben ermöglichen würde. Während die Sozialrevolutionäre – aufs Land ausgerichtet, wie sie waren – eine Neuverteilung des Bodens forderten, schlugen die Menschewiki soziale Reformen vor, und die Bolschewiki propagierten kurzerhand eine echte Revolution.

Auswirkungen des Krieges

Der Erste Weltkrieg bescherte den monarchistischen Patrioten und ihrem Russland das Gegenteil dessen, was sie erwartet hatten: Am Ende wurde das zaristische System unwiederbringlich beseitigt. Da die großrussischen Nationalisten aller Schichten den Ausbruch des Krieges mit Eruptionen vaterländischen Enthusiasmus begrüßten, dachte die konservative Regierung, die Teilnahme daran werde die Einheit Russlands stärken. Doch die militärischen Resultate waren kläglich: Man errang ein paar Siege über die Österreicher, erlitt aber seitens der deutschen Armee eine Niederlage nach der anderen. So bewirkte der Waffengang das Gegenteil dessen, was man erhofft hatte: das Volk war enttäuscht angesichts der schwachen Leistung der semikonstitutionellen Autokratie. Unterstützer der Monarchie bestürzte die Unfähigkeit des Zaren und seiner in rascher Folge einander ablösenden Kabinette; liberale Angehörige der Duma erzürnte die schlechte Organisation der Bürokratie, denn durch die mangelnde Koordination wurde die Kampfkraft beeinträchtigt. Die arbeitenden Massen auf den Feldern und in den Fabriken wiederum entsetzte die krasse Verschlechterung ihrer Lebensbedingungen. Kaum waren die angesammelten Vorräte erschöpft und die ersten Truppen dezimiert, legte der Krieg offen, wie unzureichend sich die zaristische Gesellschaft modernisiert hatte.[14] Statt Russland gegen einen äußeren Feind zu einen, verschärfte er das innere Gegeneinander.

Was zunächst wie vielsprechende Kriegsanstrengungen aussah, zerfiel nach und nach, als der Konflikt sich über mehrere Jahre hinzog. Da die Russen mehr fürs Militär ausgegeben hatten als die Deutschen, war ihr Arsenal an Waffen, auch das an Artillerie, durchaus beeindruckend, und ihre Mobilisierungspläne erwiesen sich als überraschend effektiv. Fast fünfzehn Millionen Arbeiter und Bauern hatte man zur Armee gezogen, wo bürgerliche Offiziere sie befehligten; die oberste Führung lag in den Händen adeliger Generäle. Als jedoch die Lagerbestände zur Neige gingen, immer mehr Soldaten fielen oder in Gefangenschaft gerieten und auch das Offizierskorps sich ausdünnte, war der zaristische Staat unfähig, die Verluste nachhaltig zu kompensieren. Obwohl man die Steuern erhöhte, führte die Umstellung auf Kriegswirtschaft zur schleichenden Inflation. Da man so viele Landarbeiter einberufen und so viele Pferde requiriert hatte, nahm die Produktion von Nahrungsmitteln drastisch ab; schließlich mussten sie rationiert werden. Zwar fertigten die großen Fabriken genügend Gewehre und Granaten, doch das russische Transportsystem brachte sie nicht rechtzeitig an die Front, was die Offensiven des Heeres in entscheidenden Momenten lähmte. Obwohl Russland *manpower* in Fülle besaß, versagte es dabei, hinreichend Nachschub zu organisieren, und konnte einem sich hinziehenden Abnutzungskrieg nicht standhalten.[15]

Nun folgte eine Niederlage der anderen, was innerhalb der militärischen Führung Verwirrung auslöste und die Moral der Soldaten an der Front untergrub. Obwohl die zaristische Armee das Heer der Habsburger zweimal schlagen konnte – im Herbst 1914 und Sommer 1916 –, verlor sie meistens gegen die Deutschen, weshalb sie sich nach und nach aus Polen und den baltischen Ländern zurückziehen musste. Kreise der zivilen Gesellschaft daheim versuchten es mit Eigeninitiative: Man bildete ein nationales *semstwo*-Komitee, das Sorge dafür tragen wollte, dass mehr Waffen produziert und diese dann rascher zur Front gebracht sowie an die Kämpfenden verteilt wurden. Dies aber verbrauchte lebenswichtige zivile Ressourcen und scheiterte oft an administrativer Inkompetenz, die sich hier einmal mehr offenbarte. Gerüchte gingen um, bei den russischen Soldaten würden die Gewehre knapp; sie hätten daher Weisung, sich die Waffen ihrer Kameraden zu nehmen, die während der Angriffe gefallen seien. Frische Rekruten stürmten herbei, die durch die Verluste entstandenen Lücken zu schließen; nur waren sie meist sowohl ungenügend ausgebildet als auch schlecht ausgerüstet, und es fanden erschreckend viele von ihnen bald den Tod. So kam es, dass nicht wenige einfache Soldaten und Unteroffiziere ihre Moral verloren. Einige verweigerten gar den Gehorsam und mussten mit vorgehaltenen Maschinengewehren in den Kampf gejagt werden.[16] Als Berichte von solchen schlimmen Geschehnissen die Heimatfront erreichten, verflüchtigte sich bei vielen der Patriotismus. Stattdessen wuchs der Zorn auf die Befehlshaber ebenso wie die Überzeugung, dass nur eine radikale Veränderung dem schier endlosen Gemetzel Einhalt gebieten könne.

Die zaristische Regierung erwies sich als unfähig, der Situation abzuhelfen, weil sie sich selbst gewissermaßen in Auflösung befand. Nach dem Fall Warschaus im Sommer 1915 fasste Zar Nikolaus II. den verhängnisvollen Entschluss, an die Front zu gehen und selbst den Oberbefehl zu übernehmen. Das war ein Fehler, denn dadurch war er nun für jede künftige Niederlage persönlich verantwortlich; außerdem hinterließ sein Fortgang ein politisches Vakuum in der Hauptstadt. Obwohl die Duma damals nur sporadisch tagte, kritisierten deren Sprecher die Regierung immer häufiger und heftiger. An der Spitze der Letzteren standen damals schwache Minister wie Boris Stürmer und Alexander Protopopow, deren Kompetenz sogar in herrschenden Kreisen bezweifelt wurde. Um eine »Regierung des öffentlichen Vertrauens« zu schaffen, organisierten die Deputierten den sogenannten Progressiven Block – aber der Zar verweigerte ihnen die volle Parlamentarisierung der Regierungsentscheidungen, weil sie eine Einschränkung seiner autokratischen Macht bedeutet hätte. Immer tiefer wurde der Konflikt zwischen den Staatsbürokraten, die unbedingt die Kontrolle behalten wollten, und den Repräsentanten einer Bürgergesellschaft, die bereits ihre eigenen Komitees zur Förderung der Kriegsindustrie organisierten. Bis November 1916 hatten sich die Fehlleistungen der Regierung in einem Maße gehäuft, dass dem liberalen Abgeordneten Pawel Miljukow der Ruf entfuhr: »Was ist das? Dummheit oder Verrat?«[17]

Ein Teil des Problems war die Einmischung der Zarin Alexandra in die politischen Geschäfte. Sie versuchte, in Abwesenheit ihres Gatten Hof und Regierung zu führen. Als Enkelin der britischen Königin Victoria gehörte sie zum höchsten Adel, aber das russische Volk verabscheute sie zutiefst, sowohl wegen ihrer deutschen Herkunft als auch wegen ihrer reservierten, distanzierten Art. Außerdem redete sie beständig in Personalentscheidungen hinein, sorgte für die Ernennung oder Entlassung ihrer Favoriten, ohne hinreichend nach deren Fähigkeiten zu fragen. Das gravierendste Problem aber war Alexandras Verbindung zu dem Mönch und Mystiker Grigori Rasputin, der behauptete, er könne der Bluterkrankheit ihres Sohnes, des Kronprinzen Alexej, Einhalt gebieten. Der Glaubensheiler führte ein ausschweifendes Leben mit viel Alkohol und Sex; gleichzeitig verschaffte er Vertrauten hohe Posten und griff in Regierungsgeschäfte ein. Aber da keine schulmedizinische Therapie das Blut ihres Sohnes zum Gerinnen bringen konnte, mochte die Zarin sich von Rasputin nicht lossagen, obwohl die Hauptstadt von Gerüchten um seine Missetaten geradezu überquoll. Im Dezember 1916 versuchten daher Fürst Jussupow und ein paar weitere Aristokraten, Rasputin zu töten: Sie gaben ihm Gift, schossen auf ihn und warfen ihn ins Wasser; sie wollten Würde und Glaubwürdigkeit der Krone zumindest ein wenig wiederherstellen.[18] Doch als der Mönch infolge des Attentats verschied, war der Schaden schon irreparabel.

Am 23. Februar 1917 verlor das Volk endgültig die Geduld. Der Winter war grausam kalt gewesen und die Lebensmittelversorgung in Petrograd zusammengebrochen. Am internationalen Frauentag demonstrierten neben streikenden Metallarbeitern zornige Hausfrauen, denen sich Textilarbeiterinnen anschlossen, und forderten mehr Brot für ihre darbenden Familien; einige Frauen plünderten Bäckereien und holten sich Mehl. Am nächsten Tag wuchs die Menge auf 150 000 Menschen an, die wiederholt mit der Polizei aneinandergerieten; ein paar Demonstranten wurden erschossen. Aus Solidarität mit den Protestlern proklamierten die Gewerkschaften einen Generalstreik, der die russische Hauptstadt lahmlegte. Die Menge begann zu rufen: »Nieder mit dem Zaren!«, »Nieder mit dem Krieg!« Schließlich befahl der auswärts weilende Zar seinem Militär, für Ruhe zu sorgen. Aber die Protestierenden skandierten: »Sie schießen auf unsere Mütter und Schwestern!« Tatsächlich feuerten Polizei und Teile der Regierungstruppen einfach in die Menge. Abgestoßen von deren Brutalität, begannen andere Soldaten, darunter die kosakische Kavallerie, die Seiten zu wechseln und auf ihre Offiziere anzulegen.[19] Als auch seine Armee ihm nicht mehr gehorchte, brach die Macht des Zaren zusammen. Aus Brotkrawallen und Streiks war eine echte Revolution geworden; sie ging in die Geschichte ein als »Februarrevolution«.

Nach dem Sturz der zaristischen Autokratie stellte sich die Frage, wie die revolutionäre Ordnung organisiert werden sollte, um einer Anarchie vorzubeugen. Der loyalistische Generalstabschef Michail Aleksejew war bereit, auf Petrograd zu marschieren; aber die Unruhe hatte sich schon so weit verbreitet, dass ihm nur eines übrigblieb: den Zaren opfern, um die Armee zu bewahren. Führende Duma-Deputierte wie Pawel Miljukow und Alexander Gutschkow regten an, die Monarchie zu retten, indem man sie in ein konstitutionelles System umwandelte, aber Nikolaus II. war bereits so diskreditiert, dass er zurücktreten musste. Das Volk fand mehr und mehr Gefallen daran, die Straßen zu beherrschen, und erzwang letztlich einen drastischeren Wandel. Nach dem 1905er Organisationsmuster hatten die Protestler revolutionäre Räte gebildet, gewählt in Fabriken, in Militäreinheiten und auf dem Lande. Innerhalb dieser Deputierten-»Sowjets« rivalisierten die agrarisch orientierten Populisten der Sozialrevolutionäre (SR) mit Sozialdemokraten (Menschewiki) und radikalen Kommunisten (Bolschewiki) um die Macht. Schließlich kam die moderate Duma ebenfalls, wenn auch schwerfällig, in Gang und konstituierte eine »Provisorische Regierung« unter dem *semstwo*-Führer Fürst Georgij Lwow. In einer informellen Arbeitsteilung, genannt »Doppelherrschaft«, übernahm die Duma die Aufgabe, zu regieren und eine Verfassung zu erstellen, während der Petrograder Sowjet, zusammengesetzt aus revolutionären Abgeordneten, die Interessen des Proletariats zu verteidigen suchte.[20]

In vielfacher Hinsicht war die Februarrevolution eine Volkserhebung wie der »Völkerfrühling« von 1848.[21] Die autokratische Ordnung kollabierte unter der Belastung des aussichtslosen Krieges; dass der Zar inkompetent war, räumten sogar die Anhänger des Systems ein. In der Duma dominierten die Mittelschichten, denn ihre Abgeordneten waren in Wahlen bestimmt worden, an denen nicht alle Russen gleichberechtigt hatten teilnehmen dürfen. Diese Körperschaft wollte eigentlich nur mehr Mitspracherecht in den laufenden nationalen Angelegenheiten, zeigte sich aber schließlich bereit, die Gründung einer Republik zu wagen. Es waren aber wesentlich die rebellischen Massen, die bewirkten, dass die Autokratie stürzte: Frauen, Arbeiter und Soldaten, die »Brot und Frieden« forderten. Auch die Armee hatte als zuverlässige Stütze des Regimes ausgedient, als die militärische Disziplin zusammenbrach und die Angehörigen der niederen Ränge unter der Leitung von Feldwebeln die Macht in ihre Hände nahmen. Die bourgeoisen Liberalen verlangten lediglich eine Verfassung, die die Bürgerrechte garantierte, dazu eine Marktwirtschaft und Verbesserungen im Bildungsbereich – kurz: sie wollten eine Modernität westlicher Art für Russland. Die seit langem leidenden Massen jedoch, die besonders während des Krieges Ausbeutung, Hunger und viele Todesopfer hatten erdulden müssen und deswegen Groll und Hass hegten, forderten radikalere Veränderungen in der russischen Gesellschaft, ohne recht zu wissen, wie sie ihre Ziele verwirklichen sollten. Da die orthodoxen Marxisten die Meinung vertraten, erst müsse das Bürgertum das Land ökonomisch transformieren, gaben sich die Sowjets zunächst damit zufrieden, der Provisorischen Regierung scharf auf die Finger zu sehen.

Die Provisorische Regierung

Der Zusammenbruch der alten Ordnung bot eine Chance für die liberale Modernisierung Russlands. Aber die Mittelschichten mussten nun den viel weiterreichenden Forderungen der sowjetgelenkten Massen gerecht werden. Zwar war die soziale Basis der Provisorischen Regierung relativ begrenzt, aber offiziell zumindest hielt *sie* die Zügel der Macht in den Händen, denn den Deputierten der Arbeiter und Soldaten fehlte praktische Erfahrung, mochten sie auch eine höhere revolutionäre Legitimität besitzen. Schließlich einigten sich beide Gruppen Anfang März auf eine informelle Koalition, um jene Ziele zu realisieren, die sie teilten: So wollten beide die alten politischen Zwänge abschaffen, Rede- und Versammlungsfreiheit garantieren, politische Gefangene befreien, eine Verfassung erstellen, Diskriminierung beenden und die Allmacht der Polizei wie der Bürokratie begrenzen. Im ersten Interview, das er als Premierminister gab, verkündete Fürst Lwow optimistisch: »Ich glaube an das große Herz des russischen Volkes, und ich bin überzeugt, dass es die Grundlage unserer Freiheit, Gerechtigkeit und Wahrheit ist.«[22] Die Provisorische Regierung hatte erfahrene Leute in ihren Reihen und verfügte obendrein über internationale Unterstützung – dass sie am Ende dennoch scheiterte, kam für die Beobachter in den Hauptstädten der Alliierten überraschend.

Das neue Kabinett entfernte sich mit seinem Personal, dessen Selbstdarstellung und politischer Orientierung allmählich vom Zarismus, wagte aber keinen radikalen Bruch mit der verhassten Autokratie. Premierminister Lwow, Außenminister Miljukow und Verteidigungsminister Gutschkow hatten reichlich Parlamentserfahrung und waren es gewohnt, Reden zu halten, Gesetze zu entwerfen und Kompromisse auszuhandeln. Betrachten wir offizielle Fotografien des Kabinetts, sehen wir Herren (keine Dame dabei!) in dunklen Anzügen, respektable Repräsentanten, wohlhabend, gebildet und mit gravitätischer Haltung, als sollte man ihnen ansehen, wie sehr sie ihrer Verantwortung bewusst waren. Politisch kamen sie aus der Mitte und aus der gemäßigten Rechten; die Einschränkungen bei den Wahlen zur Duma hatten zur Folge, dass darin nur wenige Vertreter der unteren Klassen saßen. Der luxuriöse Lebensstil jener Minister isolierte sie von den Leiden der russischen Massen; sie lebten in Landvillen oder noblen Stadtwohnungen und hatten Bedienstete. Ihr politisches Projekt bestand darin, ihr Land zu verwestlichen, eine republikanische Verfassung zu schreiben, die ökonomische Entwicklung zu beschleunigen, die Alphabetisierung voranzutreiben und die Wissenschaften zu fördern – kurz: aus den Russen moderne Europäer zu machen.[23] Solchen Führern mochte man einen graduellen Übergang zum Neuen hin zutrauen, aber keine dramatische Revolution.

Im Gegensatz dazu waren die Deputierten des Revolutionsrates Repräsentanten der aktuellen Massenstimmung; ihnen fehlte schlicht die Erfahrung, die man haben sollte, wenn man ein riesiges Land regieren will, noch dazu während eines Krieges. Selbst die Leitriege des Zentralen Exekutivkomitees im Petrograder Sowjet kannte kaum einer; das gilt sogar für Politiker wie Nikolos Tschcheidse (Menschewiki) und Alexander Kerenski (SR), immerhin führende Vertreter ihrer Parteien, und bei den Bolschewiki sah es nicht besser aus. Schnappschüsse aus der Zeit zeigen diese Leute mit vor Aufregung aufgerissenen Augen, wie sie in Lastwagen herumfahren oder auf Volksmengen einreden, wobei sie Arbeiterblusen oder Uniformröcke tragen und Gewehre in den Händen halten als Zeichen für ihre neuerrungene Macht. Nicht wenige von ihnen hatten Bildung und einen gewissen Rang erworben – Gewerkschaftsführer etwa oder Unteroffizier –, und doch standen sie dem Volk näher, denn sie hatten wie dieses Kälte, Hunger und Unrecht erlitten. Ihr »Befehl Nummer eins« ordnete die Einrichtung von Soldatenräten an, forderte politische Kontrolle über die Armee und schaffte einige exzessive Härten der militärischen Disziplin ab. Ihre politischen Ideale neigten zu einer egalitären Demokratie mit verbesserten Arbeitsbedingungen, genügend Lebensmitteln für alle und einer Rückkehr zum Frieden – all dies implizierte nicht nur eine politische, sondern auch eine soziale Revolution.[24]

Der zwischen der Provisorischen Regierung und den Sowjets umstrittenste Punkt war, ob der Krieg fortgesetzt werden solle. In ihm spiegelte sich das Gegeneinander von patriotischen Offizieren und defätistischen Rekruten. In den westlichen Hauptstädten wurde die Februarrevolution mit großem Enthusiasmus begrüßt, denn nun konnte man dort noch leichter und glaubwürdiger propagieren, es stehe eine Front demokratischer Länder gegen die autoritären Mittelmächte. Als bürgerlicher Liberaler wollte Außenminister

Miljukow durchhalten, bis ein »Entscheidungssieg« errungen sei. Dabei werde man, versprach er, die Verpflichtungen gegenüber den Alliierten unbedingt einhalten, wobei ihn freilich auch die Hoffnung umtrieb, die alten expansionistischen Ziele doch noch zu realisieren. Der kriegsmüde Petrograder Sowjet war empört: Er sah keinen Grund, einen Konflikt, den Russland ohnehin verlieren würde, um den Preis weiterer Menschenleben zu verlängern. Die Moderateren in den Sowjets fürchteten nun, dass die Antikriegsdemonstrationen sich zu einem Bürgerkrieg auswachsen würden, und schlugen als Mittelweg den »revolutionären Defensismus« vor: Man solle das Vaterland weiter militärisch verteidigen, die deutschen Invasoren vom russischen Boden fernhalten, gleichzeitig aber auf einen Kompromissfrieden hinarbeiten. Die Krise fand schließlich eine Lösung, die man »Koalition der Vernunft« betitelte: Sechs Angehörige des Sowjets – sämtlich aus den Reihen der Menschewiki und der Sozialrevolutionäre, darunter Kerenski – traten mit einem Programm der radikalen Demokratisierung ins Kabinett der Provisorischen Regierung ein.[25]

Gerade als es den Anschein hatte, dass sich die Regierung durch diese Verbreiterung ihrer politischen Basis stabilisierte, begannen die emigrierten Radikalen zurückzukehren, die einen pazifistischeren Kurs befürworteten. Die im Exil lebenden revolutionären Führer hatten die Februarrevolution mit Begeisterung verfolgt, aber auch mit Betrübnis, denn sie hätten so gern an ihr teilgenommen. Inzwischen verfiel man in Berlin auf die Idee, einen der mächtigeren Feinde auszuschalten, indem man für Unruhe an dessen Heimatfront sorgte. Die deutsche Reichsregierung ging dabei so weit, dass sie Lenin und dreißig seiner Gefolgsleute in einem plombierten Zug aus der Schweiz nach Schweden schmuggelte. Von dort aus konnten sie leicht nach Russland gelangen, wo sie ihre defätistischen Positionen verbreiteten. Anderen, etwa dem Sozialrevolutionär Viktor Tschernow, dem Menschewiken Martow und dem Bolschewiken Trotzki, gelang die Heimkunft ohne fremde Hilfe; wieder andere, so Lew Kamenew und Josef Stalin, kehrten nun aus der sibirischen Verbannung zurück. Vom russischen Patriotismus abgeschnitten, hatten sich die meisten Exilanten dem linken Flügel der Zweiten Internationale angeschlossen, der den Krieg ablehnte. Ihre Rückkehr nach Russland bescherte den kriegsmüden Massen eine intellektuelle und organisatorische Führung, die sich bemühte, die Räte vom Defensismus abzubringen.[26] Während die Mittelschicht den Krieg weiterhin unterstützte, hatten Soldaten, Arbeiter und Bauern jetzt neue Argumente gegen ihn.

Um dem Zerfall der Armee entgegenzuwirken und das Selbstvertrauen der Russen wiederzubeleben, autorisierte der ehrgeizige neue Verteidigungsminister Kerenski eine weitere Offensive. Als moderater Sozialist und Mitglied des Petrograder Sowjets unterstützte er eine Charta der Soldatenrechte; gleichzeitig aber wollte er die Autorität des Offizierskorps wiederherstellen. Mehr noch, er unternahm eine Propagandareise an die Front, und die eloquenten Plädoyers, die er dort für die Fortsetzung des Kampfes hielt, wurden mit Applaus quittiert. Kerenski feuerte auch den bisherigen Oberbefehlshaber und ersetzte ihn durch General Alexej Brussilow, der als Kommandeur erfolgreicher gewirkt hatte. Am 16. Juni 1917 begann die russische Armee ihren letzten Großangriff in Galizien gegen österreichische Truppen; sie gewann dreißig Kilometer – und das war es. Am 6. Juli starteten vereinte Kräfte der Mittelmächte eine Konterattacke und brachen durch, woraufhin in wilder Hast floh, was nur fliehen konnte. Die russischen Linien lösten sich auf; viele Soldaten, sogar ganze Einheiten desertierten und sahen zu, dass sie nach Hause kamen.[27] Statt das Land durch eine revolutionäre *levée en masse* zu retten, beschleunigte Kerenski eine militärische Niederlage, die die Provisorische Regierung mit zu Boden riss.

Das Kabinett kam nämlich auch in den heimischen Belangen nicht recht voran, denn die Positionen der liberalen und der sozialistischen Deputierten waren prinzipiell unvereinbar. Während die Minister aus der Mittelschicht auf der Respektierung privaten Eigentums bestanden, wollten die Repräsentanten des revolutionären Sowjets die Unternehmerfreiheit beschränkende Schutzrechte für die Arbeiter und Land für die Bauern. In den Fabriken forderten Gewerkschaftssprecher den Achtstundentag, bessere Bezahlung und Mitbestimmung der Arbeiter. Auf dem Lande begannen Bauernräte, den Adeligen Boden, Vieh und Gerät wegzunehmen. An den Rändern des Imperiums erklärten ganze Völkerschaften wie die Finnen, Ukrainer und Balten ihre Unabhängigkeit, von deutschem Militär nach Kräften unterstützt. Da eine der größeren bürgerlichen Fraktionen, die Konstitutionell-Demokratische Partei – informell »die Kadetten« genannt –, die Linksdrift der Regierung missbilligte, traten ihre Mitglieder von ihren Ämtern zurück. Diese erneute Krise wurde erst beigelegt, als Kerenski Premierminister wurde und ein Kabinett um sich scharte, in dem noch mehr Minister aus dem Petrograder Sowjet stammten. Bei den Wahlen zum Petrograder Stadtrat verlor die Kadettenpartei stark und holte nur noch 21 Prozent, die moderaten Sozialisten – Sozialrevolutionäre und Menschewiki – gewannen zusammen 44 Prozent der Stimmen. Ominöserweise legten aber auch die radikalen Bolschewiki zu, die auf 21 Prozent anwuchsen.[28]

Gegen Mitte des Sommers mehrten sich die Anzeichen, dass die Provisorische Regierung im Begriffe war zu scheitern, und zwar sowohl aus strukturellen als auch aus politischen Gründen. Unkooperative Konservative bremsten sie von oben, unzufriedene Radikale attackierten sie von unten; angesichts dieser Bedrängnis war die russische Mittelklasse einfach nicht groß und mächtig genug, um eine liberale Modernisierung eines so chaotischen Landes allein durchzusetzen. Zwar weigerten sich die Räte zunächst, sich an der Macht zu beteiligen, wobei ideologische Motive ebenso eine Rolle spielten wie das Wissen um die eigene Unerfahrenheit. Und doch wetteiferten sie – keineswegs erfolglos – mit der Regierung um die Gunst des Volkes, indem sie Programme einbrachten, die drastischere Veränderungen vorsahen. Zu den der »Doppelherrschaft« inhärenten Problemen kamen grundlegende politische Fehler. Der gewichtigste war die Entscheidung, den Krieg mit einer weiteren Offensive fortzusetzen, ein verzweifeltes Wagnis, das den Verfall der militärischen Autorität nur beschleunigte, und dies zu einem Zeitpunkt, da die zivile Ordnung zu schwinden begann. Nicht minder bedeutsam jedoch war der Konflikt zwischen den wirtschaftlichen Interessen der Bourgeoisie und denen der Massen: Wollte diese unbedingt das Privateigentum gewahrt sehen, wünschten sich jene ökonomische Erleichterungen durch soziale Reformen.[29] Indem sie nicht verstand, dass Brot und Frieden jetzt dringlicher gebraucht wurden als eine neue Verfassung, verspielte die Provisorische Regierung die Chance auf eine demokratische Entwicklung.

Roter Oktober

Da die bolschewistische Machtergreifung aus dem Nichts zu kommen schien, sind die Gründe für ihren überraschenden Erfolg bis heute heiß umstritten. Zweifellos hat die verfehlte Politik der Provisorischen Regierung die sich immer weiter steigernde Radikalisierung begünstigt; in dieser Hinsicht folgte die Entwicklung dem Muster der Französischen Revolution eineinviertel Jahrhunderte zuvor. Doch seltsamerweise half die Enttäuschung, die Kerenski dem Volke bereitete, nicht den Sozialrevolutionären und Menschewiki, sondern stärkte vielmehr die Bolschewiki. Eine traditionelle These macht das unterschiedliche Abschneiden der linken Gruppierungen wesentlich an Lenin fest, der klarsichtiger und skrupelloser geführt habe als seine Konkurrenten. Sowjetische Apologeten meinten dagegen, die bolschewistische Programmatik – ›Brot, Land und Frieden‹ – habe eben mehr und mehr Anklang im Volke gefunden. Dadurch sei ihrer Machtübernahme eine Aura der Legitimität erwachsen, die den anderen fehlte.[30] Im Gegensatz dazu betonen postsowjetische Kritiker des untergegangenen Systems, die kommunistische Machtergreifung sei eigentlich das Ergebnis eines Staatsstreichs gewesen. War die »Glorreiche Oktoberrevolution« also ein Triumph der Graswurzeldemokratie – oder der Putsch einer radikalen Minderheit, der zwangsläufig zur Diktatur führte?

Es ist schwierig, den Beitrag von Lenins Führerschaft zum Gelingen der Revolution genau zu bemessen, denn der Kult um seine Person hat ihn zu einer überlebensgroßen Figur mit außergewöhnlichem Charisma stilisiert. Unter dem Namen Wladimir I. Uljanow in eine liberale Lehrerfamilie hineingeboren, schien er prädestiniert für eine vielversprechende juristische Laufbahn. Doch als sein älterer Bruder wegen Beteiligung an einem terroristischen Attentat hingerichtet wurde, gelobte Wladimir, Revolutionär zu werden, und schloss sich dem radikalen Flügel der Arbeiterbewegung an. Um sich seinen zaristischen Verfolgern und einer möglichen Verbannung nach Sibirien zu entziehen, emigrierte er in die Schweiz, wo er sich eine theoretische Position erarbeitete. Konkret versuchte er, die marxistischen Strukturanalysen auf das rückständige Russland anzuwenden. Während jener Jahre legte er sich das Pseudonym »Lenin« zu, gewöhnte sich einen spartanischen Lebensstil an und wurde der Prototyp dessen, was er in seinen Schriften »Berufsrevolutionär« nannte. Er publizierte zahlreiche Pamphlete, darunter *Was tun?* (1902), die ihm einen Ruf als brillanter Theoretiker einbrachten; viele attestierten ihm eine imposante Fähigkeit, sozialistische Ideen auf konkrete politische Situationen zu übertragen. Den Ersten Weltkrieg brandmarkte er als einen imperialistischen Kampf. Lenin beeindruckte seine Genossen mit seinem eisernen Willen und seiner totalen Hingabe an die Sache, aber er hatte weiterhin Schwierigkeiten, sie von jenen seiner Erkenntnisse zu überzeugen, die das Taktische betrafen.[31]

Genauso wichtig war freilich, dass die bolschewistische Partei dank ihrer kompromisslosen Gegnerschaft zum Krieg und ihrer Brot-und-Land-Versprechen immer mehr an Attraktivität gewann. Im Untergrund hatte die Partei eine ganze Schar talentierter Individuen angezogen, so Leo Trotzki, Josef Stalin, Lew Kamenew und Nikolai Bucharin. Als diese Organisatoren nun ungehindert agieren konnten, transformierten sie die Bolschewiki von einem revolutionären Kaderverband in eine Massenorganisation, stark genug, die Macht zu übernehmen. Im Gegensatz zu den Sozialrevolutionären und Menschewiki, die sich durch ihre Teilnahme an der Provisorischen Regierung kompromittiert hatten, profitierte Lenins Partei von ihrer strikten Verweigerung jeder Kooperation; und so wuchsen ihre Reihen bis Mittsommer 1917 von ein paar tausend auf eine Viertelmillion. Im Ersten Allrussischen Sowjetkongress, der im Juni 1917 tagte, bekamen die Bolschewiki nur 105 Sitze – zum Vergleich: Die Sozialrevolutionäre hatten 285, die Menschewiki 248. Aber die enttäuschten Arbeiter, Soldaten und Bauern liefen in wachsenden Scharen zu ihnen über; bei den Wahlen zum Petrograder Stadtrat im August gaben sie den Bolschewiki ein Drittel der Stimmen, und beim Urnengang in Moskau Ende September erhielten sie die Hälfte der Sitze.[32]

Ein weiterer entscheidender Faktor war die Unfähigkeit der Provisorischen Regierung, die Sowjets unter Kontrolle zu bekommen und die militärische Disziplin aufrechtzuerhalten. Als Anfang Juli ein Maschinengewehrregiment zur Front befohlen wurde, fanden sich Arbeiter und Soldaten zu einem Massenprotest zusammen, marschierten in die Petrograder Innenstadt und riefen: »Alle Macht den Sowjets!« Mit einer spontanen Revolte konfrontiert, warnte Lenin: »Wenn wir jetzt die Macht ergreifen, wäre es naiv zu glauben, wir könnten sie behalten.« Da die Bolschewiki nur eine kleine Minderheit seien, sollten sie warten, bis sie mehr Rückhalt gewonnen hätten. Ihre Weigerung, sich an die Spitze der Menge zu stellen, rettete die Provisorische Regierung – vorerst. Kerenski wurde freilich auch von rechts bedroht. Im August überredeten verängstigte bürgerliche Parlamentarier und zaristische Offiziere General Lawr G. Kornilow, mit seinen Truppen einzugreifen: Er solle Recht und Ordnung wiederherstellen und so das Land vor der drohenden Katastrophe bewahren. Als Kerenski Gerüchte hörte, das Militär sei bereit, die Macht zu übernehmen, musste er ausgerechnet an die Arbeiter und Soldaten appellieren, sie mögen die Truppen stoppen, noch bevor diese Petrograd erreichten. Solche Krisen demonstrierten, dass die Regierung zwischen den politischen Extremen zerrieben wurde.[33]

Mitte September schien Lenin die Zeit reif für einen Aufstand unter bolschewistischer Ägide. Aus seinem sicheren Exil in Finnland mahnte er seine Gefolgsleute: »Die Bolschewiki haben in den Arbeiter- und Soldatenräten beider Hauptstädte die Mehrheit. Jetzt können und müssen sie die Macht in ihre eigenen Hände nehmen.« Da er befürchtete, Kerenski könnte, wenn die Konstituierende Versammlung eine demokratische Verfassung beschlösse, eine dadurch legitimierte Regierung bilden, bevorzugte Lenin ein Mandat durch das Volk: »Die Mehrheit des Volkes ist *auf unserer Seite*«. Ohne Rücksicht auf demokratische Formalitäten befürwortete er, mit einer »bewaffneten Erhebung in Petrograd und Moskau« das parlamentarische Regime zu stürzen: »Die Geschichte verzeiht uns nie, wenn wir jetzt nicht die Macht ergreifen.« »*Nein, tausendmal nein*«, hielt Kamenew dagegen, denn ein verfrühter Putsch, so seine Sorge, würde die Revolution vereiteln. Aber nach einer heftigen Debatte überzeugte Lenin auch ihn, ebenso wie andere störrische Parteiführer, und es begannen die Vorbereitungen für die Machtergreifung.[34] Dieses Wagnis beruhte auf dem Kalkül, die Bolschewiki könnten die neuen revolutionären Militärkomitees dominieren, die inzwischen sämtliche Truppenbewegungen in der Hauptstadt und um diese herum kontrollierten.

Ironischerweise lieferte die Provisorische Regierung selber Ende Oktober den Vorwand für die Erhebung. Nachdem er gehört hatte, dass etwas im Gange war, befahl Kerenski die Schließung zweier bolschewistischer Zeitungen und wollte außerdem die Führer des Petrograder Militärischen Revolutionskomitees verhaften lassen. Die Bolschewiki gaben die Parole aus: »Petrograd ist in Gefahr! Die Revolution ist in Gefahr! Das Volk ist in Gefahr!« Damit appellierten sie an die Sowjets, sich der drohenden Konterrevolution entgegenzustellen. Am Abend des 24. Oktober 1917 drängte Lenin seine Partei in dramatischem Ton: »Die Regierung wankt. Man muss ihr den Gnadenstoß versetzen, koste es was es wolle. Jede Verzögerung bedeutet den Tod«. Unter dem Oberbefehl Trotzkis setzte das Petrograder Militärische Revolutionskomitee die Roten Garden in Bewegung. Diese paramilitärische Organisation bolschewistischer Freiwilliger okkupierte die Bahnhöfe, die Post- und Telegrafenämter, das Elektrizitätswerk, die Staatsbank und strategisch wichtige Straßen und Brücken. Als Kerenski in einem Wagen der amerikanischen Botschaft floh, war der Aufstand schon erfolgreich beendet – und ohne Blutvergießen. Kein Wunder, denn die Provisorische Regierung besaß keine Truppen mehr, die sie hätte anweisen können, ihn niederzuwerfen. Entgegen der späteren Legende ergaben sich die anderen Minister im Winterpalais kampflos.[35]

Die Bolschewiken verloren keine Zeit und nutzten ihren Sieg, indem sie sich beim Zweiten Allrussischen Sowjetkongress sofort zur bestimmenden Kraft aufschwangen. Am Morgen des 25. Oktober verkündete ein Flugblatt, unterzeichnet vom Petrograder Militärischen Revolutionskomitee, die Provisorische Regierung sei gestürzt: »Die staatliche Gewalt ist übergegangen in die Hände der Organe des Rates der Petrograder Arbeiter- und Soldatendeputierten.« Zur Rechtfertigung ihres Vorgehens behaupteten die Revolutionäre: »Die Ziele, für die das Volk gekämpft hat: sofortiger Abschluss eines demokratischen Friedens, Beseitigung des Eigentumsrechtes der Gutsbesitzer auf Land, Kontrolle der Arbeiter über die Produktion, Bildung einer Sowjetregierung – all dies ist gesichert«. Stürmischer Applaus empfing Lenin, als er das Hauptquartier des Petrograder Sowjets betrat. Dort erklärte er, dies sei nun »die dritte russische Revolution« gewesen, die schließlich »zum Sieg des Sozialismus« führen werde. Obwohl die Bolschewiki nur 338 von 739 Sitzen im Allrussischen Kongress innehatten, billigte eine klare Mehrheit der Deputierten die Einrichtung einer Sowjetregierung. Im freudigen Überschwang verhöhnte Trotzki die unterlegenen Menschewiki: »Gehen Sie, wohin Sie gehören – auf den Müllhaufen der Geschichte!«[36]

Der Rote Oktober entwuchs also dem Staatsstreich einer Minderheit, der als eine Revolution des Volkes, ein Aufstand von unten inszeniert wurde. Im Gegensatz zu den Erhebungen von 1905 und Februar 1917 war die bolschewistische Machtergreifung keine spontane Graswurzelrevolte, sondern der sorgfältig geplante und geschickt ausgeführte Putsch einer radikalen Partei. Zwar konnte Lenin auf Anzeichen eines wachsenden öffentlichen Zuspruchs verweisen, dem die Bewegung verdankte, dass die Stimme des Bolschewismus innerhalb der Revolutionsräte überall in Russland jetzt lauter klang. Mit der Forderung »Frieden, Brot und Land« sympathisierten eben viele, weshalb sie Lenins Leuten ja auch Mehrheiten in den Militärischen Revolutionskomitees beschert hatte, welche die Truppen um Petrograd und Moskau kontrollierten. Aber nach klassischem Demokratieverständnis war die bolschewistische Machtübernahme keine Revolution *durch*, sondern *für* das Volk. Lenin und seine Partei mochten sich nicht mit den formalen demokratischen Mechanismen abgeben, denn sie glaubten in rousseauistischer Manier, dass sie schon wüssten, was für das russische Volk das Richtige sei; deswegen waren sie auch bereit, es in ihre Gefolgschaft zu zwingen.[37] Während der bolschewistische Coup im Inland wilde Turbulenzen auslöste und seine Gewaltsamkeit die Mittelklassen in ganz Europa erschreckte, sahen Russlands kriegsmüde Soldaten und Arbeiter die Oktoberrevolution als Fanal der Hoffnung auf Frieden und Gleichheit.

Die Sowjetmacht

Die Machtergreifung stellte die Bolschewiki vor eine gewaltige Herausforderung: Sie mussten nun tatsächlich ein chaotisches Land regieren und dabei auch noch eine sozialistische Modernisierung durchführen. Konnten sie sich überhaupt an der Macht halten? Selbst so erfahrene Marxisten wie Plechanow waren da skeptisch, denn »in der Bevölkerung unseres Staates bildet das Proletariat nicht die Mehrheit, sondern die Minderheit«. Um solche Bedenken zu überwinden, hielt Trotzki dagegen: »Was hier geschehen ist, war ein Aufstand und keine Verschwörung«; schließlich handelten die Bolschewiki im Namen der »Volksmassen«. Um die errungene Macht zu konsolidieren, richtete Lenin rasch ein Führungsorgan ein, den »Rat der Volkskommissare«, russisch *Sowjet Narodnych Komissarow*, abgekürzt *Sownarkom*, der zumindest vorgeblich die Sowjets repräsentierte.[38] Er hatte sich zu bewähren in einem sich stetig verschlimmernden Chaos, das Zaristen und konterrevolutionäre Parlamentarier, die auf baldige Rückkehr der alten Kräfte setzten, ebenso fleißig beförderten wie moderate Revolutionäre, die nicht verwinden konnten, dass man sie ausmanövriert hatte. In diesen anarchischen Zuständen versuchte das selbsternannte sozialistische Regime seine Autorität zu stabilisieren, indem es populäre Gesetze erließ und Gewalt gebrauchte. Kaum in der Lage, die Straßen der beiden Hauptstädte zu kontrollieren, sah sich das neue Führungsgremium, der Sownarkom – manche nannten ihn auch schon »die Sowjetregierung« –, vor der harten Aufgabe, die Macht zu behalten und sein Programm in die Praxis umzusetzen.

Vordringlich musste man die Unterstützung der kriegsmüden Soldaten gewinnen. Ein erster Schritt war das Friedensdekret vom 26. Oktober. Diese Proklamation forderte »alle kriegführenden Völker und ihre Regierungen dazu auf, sofort Verhandlungen über einen gerechten und demokratischen Frieden« zu beginnen. Die Bolschewiki übernahmen den menschewikischen Slogan »Frieden ohne Annexionen und Entschädigungen«; zusätzlich gewährten sie den verschiedenen Nationalitäten in Russland das Recht auf Selbstbestimmung. Ebenso erklärten sie die Geheimdiplomatie für abgeschafft und damit auch die Vereinbarungen, die das zaristische Russland inoffiziell mit anderen Staaten geschlossen hatte. Erfreut, einen bedeutsamen Feind loszuwerden, akzeptierte die deutsche Regierung einen Waffenstillstand und trat am 19. November in die Verhandlungen ein. Als jedoch deutlich wurde, dass die sowjetische Seite auf Zeit spielte, weil sie Revolutionen in weiteren kriegführenden Ländern erhoffte, schloss Berlin am 9. Februar 1918 einen Separatfrieden mit der Ukraine. Zornig verließ Trotzki den Verhandlungsraum und erklärte: »Weder Krieg noch Frieden«, aber die Deutschen durchschauten seinen Bluff und setzten ihren Vormarsch fort. Das zwang die Sowjets, am 3. März 1918 den Friedensvertrag von Brest-Litowsk zu unterzeichnen. Für die Atempause, die Russland dank seinem Ausstieg aus dem Krieg nun zur Konsolidierung der Revolution bekam, zahlte es den Preis, dass es mehrere seiner bisherigen Provinzen in die Unabhängigkeit entlassen musste: Finnland, die baltischen Staaten, Polen und die Ukraine.[39]

Weiterhin belohnten die Bolschewiki ihre Getreuen mit dem »Dekret über Grund und Boden« sowie dem »Dekret über Arbeiterkontrolle«. Kurz nach dem Umsturz proklamiert, schaffte Ersteres jeglichen Privatbesitz im Agrarbereich ab. Die Ländereien der Adeligen, der Kirche und der Krone wurden konfisziert und dem lokalen Bauernrat, *wolost'* genannt, überstellt. Tatsächlich legalisierte die Maßnahme lediglich einen Enteignungsprozess, der ohnehin im Gange war, doch nun hatten die Bauern ganz offiziell die Erlaubnis, sich selbst zu verwalten. Politisch gesehen war der Erlass ein brillanter Zug, entwand er doch den populistischen Sozialrevolutionären einen Hauptprogrammpunkt; ökonomisch jedoch war er von zweifelhaftem Wert, denn die Landverteilung parzellierte und fragmentierte den Grundbesitz. Entsprechend produzierten die Bauern vorwiegend für den Eigenbedarf, sodass sich keine hinreichende Versorgung der Städte mit Lebensmitteln sicherstellen ließ. Die zweite Verordnung etablierte die »Kontrolle der Arbeiter über die Industrie« durch »gewählte Komitees, die Produktion und Verteilung der Produkte beaufsichtigen«; so sollten große Betriebe schrittweise in den Besitz der Stadtgemeinden oder des Staates übergehen.[40] Und weitere gewerkschaftliche Forderungen wurden erfüllt, etwa die Einführung des Achtstundentages und der obligatorischen Krankenversicherung. Solche Schritte erleichterten es den Arbeitern in den Fabriken und auf dem Lande, sich von der bolschewistisch kontrollierten Regierung leiten zu lassen; freilich beschnitt ihnen die Sowjetregierung das frisch Errungene bald wieder.

Die Bolschewiki griffen im Namen des »revolutionären Klassenkampfes« auch zu diktatorischen Mitteln. Innerhalb der Sowjets stachen sie Konkurrenten aus oder säten Zwietracht, indem sie besonders zündende Programmpunkte von ihnen übernahmen und ihnen so die Schau stahlen. Um die öffentliche Meinung zu kontrollieren, behinderten sie außerdem das Erscheinen aller Presseorgane, die ihrer Politik kritisch gegenüberstanden. Mehr als einmal schafften sie genau die Rechte ab, die sie von der zaristischen Autokratie gefordert hatten. Anfang Dezember begannen sie ein Kesseltreiben gegen die Führer der Kadettenpartei sowie gegen unkooperative Sozialrevolutionäre und Menschewiki. Indem sie eine eigene Geheimpolizei gründeten, die Tscheka, etablierten sie einen Polizeistaat. Der Tscheka-Chef, ein Fanatiker namens Felix Dserschinski, hielt nichts davon, dass Revolutionäre »gerecht« zu sein hätten, denn er glaubte: »Heute herrscht Krieg. Von Angesicht zu Angesicht – ein Kampf bis zum Ende. Leben oder Tod!« Da Lenin nicht zum Parlamentarismus zurückkehren wollte, beseitigte er die Konstituierende Versammlung, auf der die Hoffnung aller moderaten Reformer geruht hatte. Im Bewusstsein der Tatsache, dass die

Mehrheitsverhältnisse dort sie nicht eben gut aussehen ließen – sie hatten nur 175 von 707 Sitzen gewonnen, die Sozialrevolutionäre hingegen 370 –, sperrten die Bolschewiki die Delegierten nach dem ersten Tage einfach aus und beendeten so das Experiment einer parlamentarischen Regierung in Russland.[41]

Der nun folgende Bürgerkrieg, den Boris Pasternak in seinem berühmten Roman *Doktor Schiwago* verewigt hat, beschleunigte die Einrichtung einer bolschewistischen Diktatur und entfesselte einen unsäglichen Terror, unter dem das zwischen den Fronten gefangene Volk leiden musste. Die Auflösung der Konstituierenden Versammlung zeigte deutlich genug, dass das sowjetische Regime nur mit Gewalt gestürzt werden konnte. Zwar schickten die westlichen Alliierten ein paar Truppen nach Nord- und Südrussland, um ihre militärischen Lieferungen zu sichern, aber sie konnten sich nicht so recht entscheiden, wen sie eigentlich unterstützen sollten. Während des Jahres 1918 gab es eine verwirrende Serie bewaffneter Aktionen gegen die Sowjetmacht, an der die deutschen Okkupanten, das ukrainische Parlament, genannt Rada, die Tschechische Legion und die Sozialrevolutionäre beteiligt waren, die in Samara eine Gegenregierung gebildet hatten. Im folgenden Jahr begannen die Generäle der gegen die Bolschewiki kämpfenden russischen Weißen Armee, Alexander Koltschak, Anton Denikin und Pjotr Wrangel, konzentrische Offensiven auf Moskau, aber wegen mangelnder Koordination erlitten sie eine Niederlage nach der anderen. Der unermüdliche Trotzki befeuerte derweil den Kampfeswillen des neuen russischen Staatsmilitärs, das er zuvor aus ehemaligen zaristischen Offizieren und revolutionären Soldaten formiert hatte. Dieses Heer, die Rote Armee, triumphierte über alle Feinde und eroberte 1920 auch die Ukraine zurück.[42] Die Streitkraft wurde sogar so stark, dass sie mit dem wiedererstandenen polnischen Nationalstaat einen veritablen konventionellen Krieg führen konnte, der in einem Unentschieden endete.

Der Kriegskommunismus radikalisierte das Sowjetregime noch mehr, denn es erkannte nun, dass es »Ordnung und Disziplin« brauchte, um zu überleben. Da die industrielle und die agrarische Produktion absackten, während die Inflation hochschnellte, entwickelte sich eine Art Tauschwirtschaft. Getreide musste das Regime zwangsrequirieren, und bestimmte Waren gab es nur noch auf dem Schwarzmarkt. Gleichzeitig wuchsen die Aktivitäten der Tscheka mächtig an; sie beschuldigte Tausende des Verrats und sperrte sie ein, ohne dass man den Festgesetzten Zugang zu Rechtsmitteln gewährte. Auch traten jetzt scharenweise Opportunisten in die Partei der Bolschewiki ein, da sie das Monopol der politischen Macht innehatte. Als die Soldaten der Marinebasis Kronstadt energisch eine Rückkehr zu den ursprünglichen revolutionären Zielen Freiheit und Gleichheit verlangten, schlug die Sowjetregierung die Revolte unbarmherzig nieder, womit sie sich selber diskreditierte.[43] Sogar Lenin erkannte die Gefahr, dass solch drakonische Maßnahmen das Regime genau jenen Arbeitern und Bauern entfremdeten, die es zu repräsentieren vorgab. Folglich führte er widerwillig die »Neue Ökonomische Politik« ein, die in beschränktem Rahmen marktwirtschaftliche Anreize wieder zuließ. Gleichzeitig stellte er freilich seine Parteigenossen unter eine noch schärfere interne Kontrolle.

Obwohl die Sowjetregierung sich daheim nur knapp über Wasser hielt, fand ihre Botschaft von Frieden und Gleichheit in Europa bei bestimmten Schichten durchaus Anklang. Sie motivierte Arbeiter und Bauern aller kriegführenden Länder, noch stärker auf ein Ende des Gemetzels zu drängen. Aus Furcht, ihre Untertanen könnten sich mit Pazifismus und Sozialismus anstecken, verdoppelten die Bolschewiki ihre Propagandabemühungen, um den Streiks und Demonstrationen etwas entgegenzusetzen. Doch ihre Hoffnungen auf Hilfe durch eine »Weltrevolution« wurden enttäuscht. Wohl beschleunigten die Antikriegsparolen den Zusammenbruch in den Staaten der Mittelmächte, aber Republiken nach sowjetischem Muster existierten nur kurz in München und in Budapest. Um den Rest der Welt gegen den revolutionären Virus zu isolieren, schuf die Pariser Friedenskonferenz einen entsprechend dem Vertrag von Brest-Litowsk angelegten Schutzstreifen oder *cordon sanitaire* unabhängiger Staaten zwischen Russland und Mitteleuropa. Moskau hielt aber fest an seiner Intention, die Revolution zu verbreiten; auch die Gründung der Komintern 1919 diente diesem Ziel. Und so blieb die Sowjetregierung denn international geächtet: Kein Staat erkannte sie an, mit keinem hatte sie vertragliche Beziehungen. Erst als sich die ehemaligen Alliierten nicht über die Reparationen einigen konnten, die Deutschland zu zahlen habe, unterzeichneten die beiden Parias Berlin und Moskau 1922 in Rapallo einen Normalisierungsvertrag, in dem jede Seite auf finanzielle Forderungen an die andere verzichtete. Gleichzeitig begann eine verdeckte militärische Kooperation.[44]

Letztendlich waren die Gründe für das Überleben der bolschewistischen Minderheitsdiktatur doch komplexer, als es geläufige Erklärungen suggerieren. Allein die Legitimierung durch das Volk gab den Ausschlag, meinen die einen, allein rücksichtsloser Zwang, meinen die anderen, und beide greifen zu kurz. Falsch ist auch die Unterstellung, es sei eine kapitalistische Verschwörung am Werke gewesen. Vielmehr waren es die Unfähigkeit ihrer Feinde und ihr Mangel an Koordination, die den umkämpften Sowjetführern Luft verschafften. Kein Zweifel, die frühen Dekrete über sofortigen Frieden, Neuverteilung des Agrarbesitzes und Arbeiterkontrolle über die Betriebe erfüllten die Wünsche einer kriegsmüden, bodenhungrigen und ausgebeuteten Unterschicht in Russlands metropolitanen Zentren und seinen ländlichen Weiten. Eine nicht minder wichtige Rolle spielten die systematische Ausschaltung tatsächlicher oder vermeintlicher Konterrevolutionäre durch die Tscheka und das siegreiche Vorgehen der Roten Armee gegen diverse Verbände der »Weißen« und der »Grünen« (mit Letzterem sind lokal operierende antisowjetische Bauern-Partisanen gemeint). Ebenso aber waren bestimmte personale und gruppenspezifische Eigenschaften bedeutsam: Lenins beharrlicher Wille und der Pragmatismus, mit dem er seine Politik den jeweiligen Bedingungen anpasste, aber auch die eiserne Disziplin, mit der sich die wachsende bolschewistische Partei den postrevolutionären Herausforderungen stellte.[45] Trotz vieler unleugbarer Enttäuschungen blieb die Vision einer sozialistischen Moderne – Frieden, genug zu essen und menschlichere Arbeitsbedingungen – verheißungsvoll, versprach sie doch, das ehemalige Zarenreich mit Macht einer besseren Zukunft entgegenzusteuern.

Revolutionärer Utopismus

Im frühen 20. Jahrhundert musste Russland zwischen mehreren Wegen zur Moderne wählen, die jeweils eine spezifische Kombination aus Vorteilen und Belastungen mit sich brachten. Nachdem die Russen den Krim- und den Japankrieg verloren hatten, sahen bestimmte Vertreter der zaristischen Autokratie wie Graf Witte ein, dass das Land sich ökonomisch entwickeln musste. Nur dadurch konnte es militärisch stärker werden und mit anderen Mächten konkurrieren. Während die Befreiung der Leibeigenen die traditionelle, durch den Dualismus von adeligen Landgütern und bäuerlichen Kommunen gekennzeichnete agrarische Ordnung auflöste, schuf die rasche Industrialisierung ab den 1890er Jahren ein neues städtisches Proletariat. Die Herausforderung bestand nun darin, die notwendige Modernisierung zu gestalten, wenn auch nur defensiv und partiell. Die Wirtschaft sollte auf ein höheres Niveau kommen, aber ohne dass die sozialen Hierarchien erschüttert oder die administrativen Kontrollmechanismen des zaristischen Apparats geschwächt würden. Das paradoxe Projekt, mit dem westlichen Fortschritt gleichzuziehen, sich aber eine slawische Identität zu bewahren, scheiterte während des Ersten Weltkriegs, denn das widersprüchliche System erwies sich als nicht in der Lage, einen Zermürbungskrieg zu bestehen. Die autokratische »Modernisierung von oben« brachte wachsende Widersprüche hervor, bis die Modernisierer stürzten – und das zaristische System gleich mit zu Boden rissen.[46]

Die Bildung einer parlamentarischen Regierung nach der Februarrevolution 1917 eröffnete neue Möglichkeiten für eine graduelle Entwicklung hin zur Demokratie unter der Ägide der Mittelschicht. Die Provisorische Regierung bestand aus erfahrenen Duma-Abgeordneten, die eine Verfassung westlichen Stils erarbeiten wollten, um Rechtsstaatlichkeit und Selbstverwaltung sicherzustellen. Führende Geschäftsleute sowie Freiberufliche leisteten Hilfsdienste, und die Provisorische Regierung konnte auf den organisatorischen Sachverstand der in den *semstwa* zivilgesellschaftlich Engagierten zählen. Ihr ökonomisches Programm setzte sich Freiheit für die individuelle Initiative zum Ziel und einen Wettbewerbsmarkt, der, so vermeinten sie, weiteres dynamisches Wachstum anschieben werde. Aus der Furcht vor Anarchie und Chaos geboren, erzeugte dieses Szenario ein fatales Ungleichgewicht: Man kümmerte sich hauptsächlich darum, eine Verfassung zu entwickeln und das Privateigentum zu schützen, wenig aber um die Forderungen des Volkes nach besserer Versorgung mit Lebensmitteln und der Verteilung von Land an die Bauern. Der fundamentale Fehler der Provisorischen Regierung aber war ihre Entscheidung, den Krieg fortzusetzen, die sie die Unterstützung der erschöpften Massen kostete. Indem sie einen nationalistischen Kurs verfolgte, vertat die eben erst führende Kraft gewordene Bourgeoisie die Chance einer liberalen Entwicklung hin zur Moderne.[47]

Das Scheitern des liberal-evolutionären Weges ermöglichte die radikale Variante, den Versuch einer Modernisierung von unten durch Revolution. Die Bolschewiki gewannen den Wettbewerb unter den sozialistischen Parteien, weil sie versprachen, die unmittelbaren Wünsche der Massen zu erfüllen. Denn die populistischen Sozialrevolutionäre agitierten hauptsächlich für die Verteilung von Grund und Boden, während die Menschewiki die notwendige kapitalistische Entwicklung nur durch flankierende soziale Reformen mäßigen und mildern wollten. Da gedachten andere weiter zu gehen und kamen auch weiter: In seiner eine Revision des Marxismus vornehmenden Schrift *Staat und Revolution* befürwortete Lenin eine sozialistische Revolution, die sich die Errichtung einer Diktatur des Proletariats zum Ziel setzt. Mit diesem Buch lieferte der Chefideologe die theoretische Rechtfertigung für die bolschewistische Machtergreifung in Russland. Außerdem erwies sich sein pragmatischer Beschluss, nicht schon Anfang Juli eine Entscheidung zu erzwingen, sondern zu warten, bis sich die Situation Ende Oktober für die Gegenseite weiter verschlechtert hatte, letztlich als richtig.[48] Obwohl die Bolschewiki das Jahr als Minderheit begonnen hatten – sogar innerhalb der Sowjets waren sie eine –, verfing ihre Parole »Brot, Land und Frieden« bei Arbeitern, Bauern und Soldaten, sodass sie ihre Anhängerschaft stetig vergrößern konnten. Der Erfolg ihres Coups verschaffte ihnen eine von der orthodoxen marxistischen Theorie für undenkbar gehaltene Gelegenheit, ihre sozialistischen Träume zu verwirklichen.

Die Bolschewiki begriffen, dass sie sich nur an der Macht halten konnten, wenn sie die Wirtschaft modernisierten, um ihr soziales Programm auch den Massen schmackhaft zu machen. Lenin selbst glaubte: »Kommunismus ist Sowjetmacht plus Elektrifizierung des ganzen Landes«. Ab Februar 1920 realisierte daher eine Kommission der Sowjets, unterstützt von Wissenschaftlern und Ingenieuren, den »GOELRO-Plan«, der die Elektrifizierung Russlands zum Ziel hatte. Dafür wurde ein Netz aus dreißig regionalen Kraftwerken errichtet, wobei sowohl Kohle- als auch Wasserenergie zum Einsatz kamen. Die gigantische Anstrengung sollte binnen einer Dekade die Leistungskapazität auf das Vierfache dessen steigern, was Russland im letzten Jahr vor dem Krieg an Strom zur Verfügung gestanden hatte. Mit dieser raschen Elektrifizierung wollte Lenin »die Organisation der Industrie auf der Basis moderner, fortschrittlicher Technik« voranbringen sowie Stadt und Land verbinden, »um auch in den entlegensten Winkeln des Landes Rückständigkeit, Ignoranz, Armut, Krankheit und Barbarei zu überwinden«.[49] Dies war ein klassisches Bekenntnis zum kommunistischen Weg in die Moderne; es enthielt das Versprechen, das Leben der Massen durch die Einführung industrieller Technik zu verbessern.

Die revolutionäre Modernisierung eröffnete Russland die Chance einer raschen Entwicklung – freilich um den Preis einer erschreckend hohen Zahl an Menschenleben. Laut Marx stand nach dem Feudalismus ja eigentlich erst jene Gesellschaftsformation an, die er als Kapitalismus und bürgerliche Demokratie beschrieb. Die Sowjets übersprangen also eine ganze historische Phase, und dies erforderte viel Zwang, denn Prozesse wie die Alphabetisierung des gesamten Landes, die anderswo die Lebenszeit mehrerer Generationen gedauert hatten, mussten in wenigen Jahren durchgepeitscht werden. Für die Bolschewiki und die Intelligenzija, die sie unterstützte, waren Planung und Aufbau einer neuen Sowjetgesellschaft ein erregendes Projekt, dessen diktatorischer Charakter sich moralisch rechtfertigen ließ. Doch die Mehrheit des Volkes ersehnte diese utopische Transformation nicht unbedingt, sie wollte lieber ihr normales Leben in vorhersagbaren Umständen fortsetzen. Allzu bald wurde die Kehrseite der mit so viel Mühen herbeiforcierten Modernität sichtbar: Zwangsarbeit in der Industrie, viel Hunger auf dem Lande und ein System aus übers ganze Staatsgebiet verteilten Straflagern. Da sich kaum zwischen diesen grausamen Leiden und der tatsächlichen Verbesserung der Lebensbedingungen abwägen lässt, war die Beurteilung der Oktoberrevolution stets ein Streitobjekt und wird es auch noch für lange Zeit bleiben.[50]

Demokratische Hoffnungen

Präsident Wilson prüft seine Truppen, 1918.

Am 8. Januar 1918 hielt Woodrow Wilson vor beiden Häusern des US-Kongresses eine programmatische Rede, die als demokratischer Gegenentwurf zu Lenins revolutionärer Botschaft gedacht war. Höchst eloquent breitete der Präsident ein in aller Diskretion vorbereitetes Konzept aus, das »Vierzehn Punkte« enthielt, die seiner Ansicht nach erfüllt sein müssten, damit der Große Krieg ein Ende finden und »die Welt für das Leben der Menschen tauglich und sicher gemacht« werden könne. An den diversen Geheimabsprachen zwischen den Alliierten hatte Wilson sich nie beteiligt, was ihm einen überparteilichen Gestus erlaubte. Und so richtete er sein Statement über die Vorbedingungen einer friedlicheren Welt, das auf dem Gedankengut der amerikanischen Progressiven aufbaute, an die kriegsmüden Völker beiderseits der Front. Seine ersten Postulate lauteten: nur noch offene Diplomatie, freie Seefahrt, unbeschränkter Handel und Abrüstung – noble Forderungen, deren Durchsetzung freilich auch den Interessen Amerikas entgegenkam. In den nächsten Punkten ging es um unverzichtbare territoriale Regelungen, die die Entente begünstigten, ohne Deutschland unnötig zu demütigen: Russland müsse von den feindlichen Truppen komplett geräumt, Belgien wiederhergestellt und Elsass-Lothringen an Frankreich zurückgegeben werden; österreichische und osmanische Untertanen wiederum sollten die Chance auf »autonome Entwicklung« erhalten. Der Lösungsplan für einen »gerechten und stabilen Frieden« gipfelte in der Anregung, ein »allgemeiner Verband der Nationen« möge sich künftig um die Entschärfung von Konflikten kümmern.[1]

Als Verfechter der Demokratie machte der amerikanische Präsident eine imposante Figur; er wirkte gleichzeitig achtunggebietend und begeisternd. Woodrow Wilson, schottisch-irischer Abstammung, war ein nüchterner Presbyterianer, der aber in öffentlichen Reden sein Publikum mitzureißen verstand. Er hatte Jura und Politik studiert sowie mit einer Dissertation über die Arbeitsweise des Kongresses und seinen Einfluss auf die Regierungspolitik der USA promoviert. Dabei besuchte er renommierte Hochschulen wie die

Johns Hopkins University und die Princeton University, deren Präsident er 1902 wurde. Als solcher baute er die Fakultät der Politischen Wissenschaften aus, modernisierte das Curriculum und ermunterte die Studenten, sich in den Dienst der Nation zu stellen. Schließlich ging er in die Politik und engagierte sich im fortschrittlichen Flügel der Demokraten. 1910 wurde er zum Gouverneur von New Jersey gewählt, nur zwei Jahre später gewann er die Präsidentschaftswahlen. Diesen Erfolg verdankte er seinem Ruf persönlicher Integrität und seiner Bereitschaft zu Reformen, die sein Programm »Neue Freiheiten« bezeugte. 1916 wurde er für eine zweite Amtszeit wiedergewählt – hauptsächlich, weil er das Land aus dem Krieg herausgehalten hatte. Als kundiger Demokratietheoretiker und erfahrener Politiker ging Wilson mit dem Idealismus des Progressive Movement die Aufgabe an, ein vom Kriege zerrissenes Europa zu befrieden.[2]

Um etwas anderes aufzubieten als traditionelle Machtpolitik, befasste sich die »Kriegszielerklärung« des Präsidenten mit drei Problembereichen, die seines Erachtens unbedingt zu beachten waren, wenn man eine stabile Nachkriegsordnung wollte. Im Einzelnen erwägt Wilsons Text das Folgende: Da die zurückkehrenden Soldaten bestimmt ihre Teilhaberechte als Staatsbürger einfordern würden, sollte erstens um des inneren Friedens willen die parlamentarische Autonomie ausgeweitet werden. Das Aufkommen der Massenpolitik machte in Westeuropa Reformen, in Mittel- und Osteuropa offenbar revolutionäre Veränderungen notwendig. Zweitens verlangten aufstrebende Völkerschaften, beflügelt von den vielen nationalen Bestrebungen, lautstark nach der Chance, eigene Nationalstaaten zu gründen. Daher sei die schlussendliche Auflösung der drei multiethnischen Imperien in Eurasien nötig – des zaristischen, des österreichischen und des osmanischen. Drittens und letztens werde, da Handel, Verkehrswege und Kommunikation über nationale Grenzen hinweg mehr und mehr an Bedeutung gewönnen, eine Institutionalisierung der internationalen Kooperation unerlässlich, um die neuen Länder zur Zusammenarbeit zu bringen. Ironischerweise ging Letzteres übrigens nicht ohne die Beschneidung der Souveränität jener Staaten, die selbige eben erst frisch errungen hatten. Die Prinzipien, die Wilson hier aufstellte, sahen eine fundamentale Revision der nationalen und der internationalen Ordnung vor – aber sie waren immer noch moderater als das sowjetische Programm, denn es bedurfte zu ihrer Umsetzung keiner sozialen Revolution.[3]

Obwohl einige Skeptiker sich entsetzt zeigten, verbreitete Wilsons Programm bei den erschöpften Völkern der betroffenen Staaten weithin Hoffnung, versprach es doch einen Kompromiss zur Beendigung des Krieges. Verteidiger der traditionellen Ordnung wie der britische Diplomat Harold Nicolson verurteilten Wilsons neue Diplomatie der »offenen Friedensvereinbarungen« freilich als naiv und schwerlich nachhaltig. Bolschewistische Radikale wie Leo Trotzki betrachteten dieses bourgeoise Programm als zu halbherzig, um an die Wurzeln des imperialistischen Problems zu rühren.[4] Der demokratischen Linken beiderseits der Front hingegen erschienen Wilsons Positionen zu den territorialen Fragen konstruktiv, weil sie auf eine moderate Möglichkeit verwiesen, den Stillstand aufzubrechen, in den exzessive Kriegsziele hineingeführt hatten. Da ihnen die chauvinistische Rhetorik der Kriegspropaganda ein Gräuel war, zeigten sich die kritischen Intellektuellen ferner fasziniert von den innovativen Prinzipien, die aus Wilsons Text sprachen. Sie sahen darin eine Planskizze zum Aufbau einer dauerhaften europäischen Nachkriegsordnung. Positiv reagierte auch die deutsche Führungsriege: Als man einsah, dass der Krieg nicht mehr zu gewinnen war, ergriff man bereitwillig Wilsons ausgestreckte Hand. So ließen sich vielleicht schärfere Bedingungen vermeiden, wie man sie von den kontinentalen Antagonisten befürchtete.[5]

Wilsons Vision beschrieb einen liberalen Weg zur Moderne hin. Er wollte die Hoffnung auf den Fortschritt wiederbeleben und dafür Europa demokratisieren. Die Völker äußerten vielfach den Wunsch nach Demokratie, und Wilson reagierte darauf, indem er Selbstverwaltung befürwortete. Er wollte eine neue Begeisterung für parlamentarische Systeme erzeugen, die den Massen die Teilhabe an Politik ermöglichen würden. Ethnisch gesehen bedeutete Selbstverwaltung nun Selbstbestimmung oder Autonomie; und so versuchte der Präsident auch unterjochte Völker aus autokratischer

Herrschaft zu befreien, indem er sie ermutigte, Nationalstaaten zu gründen. Bestimmten Bestrebungen des bürgerlichen Internationalismus kam er mit der Idee entgegen, einen »Völkerbund« zu errichten: Dieser sollte einen weiteren Weltkrieg verhindern und die Bande des Friedens festigen, indem er etwaige Streitigkeiten schlichtete. Einerseits richtete sich dieser mitreißende Plan gegen die Autokratien, indem er vorsah, landgestützte Imperien durch demokratische Nationalstaaten zu ersetzen. Andererseits war Wilsons Lösungsversuch eine Alternative zur sozialen Revolution bolschewistischer Manier, da er auf freiem Handel und Privateigentum beharrte.[6] Dieses liberale Programm präsentierte den Bauplan der Moderaten für Frieden und Wohlstand.

Deutschland kollabiert

Damit die Demokratie sich verbreiten konnte, musste zunächst einmal die autoritäre Variante der Modernisierung, die die Mittelmächte repräsentierten, auf dem Schlachtfeld besiegt werden. Die Alliierten kämpften, zumindest vorgeblich, für die universellen Werte der westlichen Zivilisation, zu denen nach ihrem Verständnis individuelle Freiheit, parlamentarische Regierungsform und Marktwettbewerb gehörten. In ihrer Praxis allerdings trübten Imperialismus, Rassismus und Ausbeutung das positive Bild. Im Gegensatz dazu behauptete die deutschlandgeführte Koalition, eine ernsthaftere »Kultur« zu verkörpern; sie war charakterisiert durch einen Autorität ausstrahlenden Beamtenapparat, militärische Effizienz und soziale Wohlfahrt. Schon 1915 hatte der amerikanische Soziologe norwegischer Herkunft Thorstein Veblen auf eine spezifische Diskrepanz innerhalb des imperialen Deutschlands hingewiesen: Er sah einerseits eine beachtliche wissenschaftliche und technische Modernität, andererseits eine unterentwickelte, dem Fortschritt hinterherhinkende Selbstverwaltung, in der die höchste Entscheidungsmacht dem Kaiser vorbehalten bleibe und das Militär mehr Mitspracherecht habe als in den Demokratien. Anstatt aber den Westen zum Standardmaßstab zu nehmen und zu befinden, dass in Deutschland nur eine »partielle Modernisierung« vollzogen wurde, fand Veblen es erhellender, das deutsche Modell als alternativen, eigenen Weg innerhalb der vielfältigen westlichen Tradition zu verstehen.[7] Da die liberale Variante der Modernität indes flexibler auf die strategischen Herausforderungen, die soziale Nivellierung und die Erosion der alten Herrschaft zu reagieren vermochte, erwies sie sich letztendlich als der autoritären überlegen.

Während die alliierten Führer auf ihren Materialvorteil vertrauen und abwarten konnten, wagte die deutsche Oberste Heeresleitung einen verzweifelten Versuch, doch noch die drohende Niederlage abzuwenden. Haudegen Erich Ludendorff hatte geplant, die antidemokratischen Kräfte daheim durch Eroberungen im Osten zu stärken. Nun war Russland kollabiert. Dies sah der OHL-Chef als Chance für den Kampf im Westen; also entsandte er flugs fünfzig Divisionen nach Frankreich, bevor amerikanische Verstärkung eintraf und die Moral der eigenen Truppen bröckelte. Es müsse nun schnell gehen, glaubte Ludendorff: »Die Lage bei unseren Bundesgenossen und bei uns sowie die Verhältnisse des Heeres«, schrieb Ludendorff später rückblickend, »erheischten einen Angriff, der eine baldige Entscheidung brachte.« Ab dem 21. März 1918 lancierte die deutsche Armee eine Reihe von Attacken, vier insgesamt, gegen die Westfront, in der Hoffnung, Briten und Franzosen zu trennen sowie Paris einzunehmen. Mit neuen Taktiken wie Stoßtrupps und rollendem Artilleriefeuer überrannten die Angreifer die alliierten Gräben und machten beeindruckende Geländegewinne, was beim kaiserlichen Heer die Illusion erweckte, es lasse sich der initiale Vormarsch von 1914 wiederholen. Die finale Offensive am 15. Juli jedoch verfehlte ihr Ziel, da sie die alliierten Linien zwar hier und da eindellte, aber nirgends komplett durchbrach. Indem sie auf Sieg setzten, verloren die Deutschen, denn nun hatten sie ihre letzten Reserven verbraucht.[8]

Das Scheitern der Ludendorffschen Offensive beschleunigte das Ende des Krieges, denn es spielte die strategische Initiative zurück in die Hände der Alliierten. Zwar erlitten beide Seiten ungefähr gleich hohe Verluste, aber die Mittelmächte hatten größere Schwierigkeiten als die Entente, verlorene Männer und Waffen zu ersetzen. Auf lange Sicht zeigte sich, dass die alliierten Ressourcen an Wehrmaterial und Personal doch der entscheidende Faktor waren, den Berlin auch mit hervorragender Ausbildung nicht mehr wettmachen konnte. Während die deutschen U-Boote dank des Konvoisystems ihre Bedrohlichkeit einbüßten, erreichten auf der Gegenseite mehr und mehr Granaten, Gewehre, Kanonen, LKWs und anderes Gerät die Westfront. Außerdem transportierten umfunktionierte Passagierdampfer soeben ausgebildete und kampfhungrige Soldaten aus den Vereinigten Staaten in wachsender Zahl auf die europäischen Schlachtfelder. Anders als die entmutigten französischen und britischen Veteranen, denen es nur noch ums bloße Überleben ging, parierten frisch aus Iowa hergebrachte Bauernjungen aufs Wort, sobald sie den Befehl hörten, »rauszugehen« und die deutschen Linien zu attackieren, koste es, was es wolle. Schließlich trugen auch bestimmte Fortschritte in der Militärtechnik – die alliierten Truppen hatten rund achthundert neue Panzer zur Verfügung, einsetzbar als effektive Unterstützungsplattform für die Infanterie – das Ihre dazu bei, das Blatt zu wenden.[9]

Die Hundert-Tage-Offensive der Alliierten im Sommer und Herbst 1918 erwies sich als die entscheidende Wende, die den Krieg überraschend schnell beenden sollte. Zwar hatte schon Mitte Juli der französische General Foch nahe Reims einen Angriff durchgeführt, bei dem er einigen verlorenen Boden zurückgewann. Aber erst als fünfhundert britische Panzer bei Amiens vorpreschten, die geschwächten deutschen Divisionen überrannten und sie zum hastigen Rückzug zwangen, kam die endgültige Wende: Der 8. August 1918 ging – nach einem Ausspruch des OHL-Chefs – als »schwarzer Tag des deutschen Heeres« in die Geschichte ein. Diese unerwartete Niederlage brachte Ludendorff zu der Einsicht, dass der Krieg nicht mehr zu gewinnen sei. Seine Divisionen waren dezimiert, und seine verbliebenen Soldaten hatten nun ein offenes Ohr für die Friedenspropaganda der radikalen Linken; immer weniger wollten noch kämpfen. Mit frischem Elan kassierten die attackierenden Alliierten die Frontausbuchtungen wieder ein, die den Deutschen im Frühjahr gelungen waren, und zwangen die kaum noch leistungsfähigen feindlichen Streitkräfte, hinter der befestigten »Siegfriedstellung« Deckung zu nehmen. Obwohl sie heftige Verluste erlitten, durchbrachen die gemeinsamen Sturmläufe der Alliierten schließlich auch dieses verzweifelt verteidigte Grabensystem. Ende September musste sich die Oberste Heeresleitung angesichts des unaufhaltsamen Vormarsches der Entente und der Abwendung der Verbündeten Berlins eingestehen: Der Krieg war verloren.[10]

Angesichts der bevorstehenden Niederlage, die sich so lange hinter schönfärbenden Militärbulletins hatte verbergen lassen, blieb der Führung des Deutschen Reiches nichts übrig, als Friedensverhandlungen einzuleiten. Schon im Juli 1917 hatte eine kritische Mehrheit im Reichstag für eine Resolution gestimmt, die einen Frieden »ohne Annexionen und Reparationen« verlangte. Aufgrund ihres militärischen Versagens konnten die Quasi-Diktatoren Hindenburg und Ludendorff nicht mehr verhindern, dass Forderungen laut wurden, es müsse »ein vollständiger Systemwechsel eintreten« und eine parlamentarische Regierung gebildet werden mit einem reformwilligen Kanzler, Prinz Max von Baden. Die OHL selbst sah ein, dass »die Fortsetzung des Krieges als aussichtslos aufzugeben« war, sodass die Zivilregierung »an den Präsidenten Wilson mit dem Ersuchen um Waffenstillstand und Frieden« herantrat. Da sie sich von ihren Offizieren verraten fühlten, ließen vielerorts deutsche Soldaten zu Lande und zur See Disziplin Disziplin sein und drängten außerdem auf die sofortige Einstellung der Feindseligkeiten.[11] Folglich musste die deutsche Armee, obwohl sie immer noch Teile Nordfrankreichs und Belgiens besetzt hielt, kapitulieren, denn weiterzukämpfen war sie nicht mehr fähig. Da man sich Hilfe von Wilson erhoffte und revolutionäre Propaganda von unten fürchtete, bat Berlin tatsächlich um einen Waffenstillstand.

Die entsprechende Vereinbarung wurde am 11. Oktober 1918 in einem Salonwagen der französischen Eisenbahn bei Compiègne unterzeichnet. Sie beendete aber nur die offiziellen Feindseligkeiten, keineswegs alle Gewalt zwischen einzelnen Staaten oder in diesen. Die strikten Bestimmungen des Vertrages – Rückzug aller deutschen Truppen in ihre Heimatbasen, Internierung aller Kriegsschiffe, Herausgabe allen schweren Wehrmaterials – sollten dem Deutschen Reich die Möglichkeit nehmen, weiterhin bewaffneten Widerstand zu leisten.[12] Der Verlauf mehrerer Grenzen in Mitteleuropa und auf dem Balkan blieb jedoch ungeklärt. Entsprechende Streitigkeiten gab es namentlich in Gebieten mit ethnisch gemischter Besiedelung; dort kämpften dann Freikorps bzw. Einheiten lokaler Milizen darum, der eigenen Volksgruppe Territorien zu sichern. Außerdem führten diverse Konflikte in Osteuropa – der Russische Bürgerkrieg, die alliierte Intervention in Russland und der Russisch-Polnische Krieg – noch einige Jahre lang zu Waffengängen größeren Umfanges. Manche Regionen, etwa die Ukraine, die unabhängig zu sein wünschten, verloren nicht nur schon bald ihre Freiheit, sondern sie wurden auch zwischen verschiedenen Mächten hin- und hergereicht. Gleichzeitig erlebten mehrere Länder innere Streitigkeiten, die gewaltsam eskalierten; so gab es kommunistische Erhebungen in Budapest und München, aber auch rechte Militärcoups wie den Kapp-Putsch in Berlin. Anders als der Mythos behauptet, der bis heute an den Feiertagen, die des Waffenstillstands gedenken, dargeboten wird, dauerte es noch fast ein halbes Jahrzehnt, bis wirklich überall in Europa die Waffen schwiegen.[13]

Nachdem der Alptraum namens Krieg endlich vorbei war, sahen sich Sieger und Verlierer gleichermaßen vor der enormen Aufgabe, die Staatsmaschinerie aus dem Kriegs- wieder in den Friedensmodus zu schalten. Laut Schätzungen waren rund 10 Millionen Soldaten im Kampf gefallen und 23 Millionen verwundet worden, während 7,5 Millionen Zivilisten zu Tode gekommen waren – ein irreparabler demografischer Aderlass.[14] Schwere Zeiten für Regierende wie Regierte. Erstere mussten die Demobilisierung organisieren, denn die Soldaten heimzubringen und ihrer Uniformen zu entledigen, erforderte eine komplizierte Logistik. Trainierte Killer zu gewaltabstinenten Zivilisten zu machen, erwies sich ebenfalls als recht schwierig. Damit genügend Arbeitsplätze für Veteranen zur Verfügung standen, musste der Staat die Wirtschaft dazu anhalten, umzudisponieren: Sie stellte nun kein Kriegsgerät mehr her, sondern wieder Konsumgüter, weshalb z. B. Stahlhelme zu Kochtöpfen konvertiert wurden. Was die Regierten betraf, so hegten die Untertanen in den Siegerländern eine gewaltige Hoffnung auf eine Friedensdividende; die in den Verliererstaaten mussten schlicht zusehen, wie sie mit den erlittenen Verlusten umgingen. Zurückgekehrte Soldaten, aber auch Frauen, die an der Heimatfront gedient hatten, verwiesen auf die physischen und mentalen Opfer, die sie hatten bringen müssen, und verlangten deutlichere Anerkennung – die sie teilweise in Gestalt von mehr politischen Rechten und einer besseren sozialen Versorgung auch erhielten. Dieser Übergang zum Frieden wurde dadurch erschwert, dass die Eliten die gesellschaftlichen Hierarchien so wiederhaben wollten, wie sie vor dem Kriege waren. Derweil riefen die leidenden Massen nach demokratischen Reformen, wenn nicht gar nach einer sozialistischen Revolution.[15]

Demokratische Friedensstiftung

Die Bedingungen für den Waffenstillstand, eine Übereinkunft der Vereinigten Staaten und der Entente, lassen schon einiges von den Widersprüchen und Unklarheiten erahnen, die den Prozess der demokratischen Friedensstiftung kennzeichnen sollten. Dem Drängen einer verzweifelten Obersten Heeresleitung nachgebend, hatte die deutsche Regierung Anfang Oktober Wilson um einen Waffenstillstand auf der Basis seiner Vierzehn Punkte gebeten. Doch der Präsident stellte in mehreren Noten klar, dass die deutschen Truppen zuvor sämtliche alliierten Territorien komplett zu räumen hätten und der Kaiser abdanken müsse. Noch komplizierter gestalteten sich die Verhandlungen zwischen Wilsons Emissär Colonel House, Clemenceau und Lloyd George, denn zumindest anfangs mochten sich der französische wie der britische Staatschef ganz und gar nicht durch die amerikanischen Friedensbedingungen binden lassen. Als sie aber erfuhren, dass »The Inquiry« – ein aus amerikanischen Akademikern und Diplomaten gebildetes Gremium, das mit der Vorbereitung der Friedenskonferenz betraut war – eine abgemilderte Version ausgearbeitet hatte, akzeptierten die europäischen Alliierten Wilsons *Vierzehn Punkte*; sie würden sie schon, glaubten sie, gemäß ihren eigenen Interessen modifizieren können. Die herben militärischen Konditionen, darunter die Besetzung der linksrheinischen Gebiete Deutschlands und die Aufrechterhaltung der Seeblockade, hatte General Foch hineinschreiben lassen.[16]

Immer wieder schien die alliierte Seite zwischen den Wilsonschen Prinzipien und nationalistischen Zielen zu schwanken; das Muster zeigte sich auch bei der bald anberaumten Pariser Friedenskonferenz. Die eigentlichen Verhandlungen begannen am 18. Januar 1919; sie wurden dominiert von den Oberhäuptern der drei großen »Alliierten und Assoziierten Mächte«, Clemenceau, Lloyd George und Wilson. Zu Wort meldeten sich freilich auch Italien, Japan und eine ganze Schar kleinerer Nationen, die versuchten, die Entscheidungen zu beeinflussen. Einzelfragen besprach man in Komitees, die von Petitionären belagert wurden, unter ihnen Ignacy Paderewski und Tomáš Masaryk. Während es dem einen darum ging, dass Polen wieder einen eigenen Staat bekam, wünschte sich der andere Hilfe bei der Bildung eines ganz neuen Staates, der Tschechoslowakei. Die französische Öffentlichkeit wollte sich in erster Linie vor einer neuerlichen deutschen Aggression schützen, weshalb sie territoriale Abtretungen, diplomatische Zusicherungen und ökonomische Konzessionen seitens des östlichen Nachbarn forderte. Den Briten kam es allgemein mehr darauf an, dass sie ihre Überlegenheit zur See behielten und ein paar Kolonien hinzugewannen, während für die Delegation der USA die Satzung des noch zu formierenden Völkerbundes Priorität hatte, die auch im Vertragswerk erscheinen sollte. An keiner Stelle hingegen war das neue, demokratische Deutschland in die Beratungen einbezogen; man konfrontierte es schlicht mit der Endfassung des Vertrags. Seine Repräsentanten beugten sich dem Zwang und unterschrieben am 28. Juni 1918 in Versailles.[17]

Der Versailler Vertrag erlegte Deutschland beträchtliche Einbußen auf: Es verlor ein Siebtel seines Vorkriegsterritoriums und ein Zehntel seiner Vorkriegspopulation. Frankreich gewann Elsass-Lothringen zurück und erhielt die Kontrolle über das kohlenreiche Saarbecken. Was das Rheinland betraf, hatten die Franzosen den Angelsachsen die Zusage abgerungen, dass es fünfzehn weitere Jahre unter alliierter Besatzung verblieb. Auch anderswo nahm man wenig Rücksicht darauf, welcher Ethnie die Einwohnerschaft vor

Europa nach dem Krieg, 1921

Ort mehrheitlich angehörte. So wuchs das Territorium Belgiens um das Gebiet Eupen-Malmedy. In Schleswig gab es ein Plebiszit, bei dem das nördliche Drittel der Region dafür votierte, wieder von Dänemark regiert zu werden. Im Osten wollten die Architekten des Versailler Vertrages den Polen einen freien Zugang zum Meer verschaffen, allerdings war die Mehrheit der Bevölkerung in den Gebieten an der Ostsee nicht polnisch. Der Konflikt wurde gelöst, indem man die ethnisch durchmischte Provinz Westpreußen dem neu erstehenden souveränen Polen zuschlug. Den deutschen Hafen Danzig erklärte man zur Freien Stadt unter der internationalen Kontrolle des Völkerbundes, womit Ostpreußen vom Reich abgeschnitten war. Einen weiteren Streitfall im Osten bildete Oberschlesien mit seinen Kohlen- und Industriegebieten; welche davon die Polen und welche die Deutschen nutzen durften, sollten wiederum Abstimmungen entscheiden. Die deutsche Hafenstadt Memel in Ostpreußen ging samt Hinterland an Litauen. Dass weder das mehrheitlich deutschsprachige Sudetenland noch Österreich die Erlaubnis bekamen, sich dem Reich anzuschließen, spielte den Nationalisten das Argument in die Hände, das Recht auf Selbstbestimmung werde immer nur zum Schaden Deutschlands ausgelegt.[18]

Die anderen Mittelmächte mussten sogar noch drakonischere Bestimmungen hinnehmen, denn die neuen Nationalstaaten, die sich ab 1918 in Europa und an dessen Rändern bildeten, entstanden hauptsächlich auf ihre Kosten. Die Verträge von Saint-Germain und Trianon brachen das Kaiserreich Österreich-Ungarn auf, indem sie vorgaben, das multiethnische Ostmitteleuropa nach nationalen Kriterien zu teilen. So blieben ein kleiner, ethnisch gesehen deutscher Staat Österreich und ein ebenfalls geschrumpftes Ungarn übrig; Letzterem wurden drei Millionen ungarischsprachiger Einwohner genommen, die nun unter die Oberhoheit von Nachbarstaaten kamen. Der Vertrag von Neuilly zwang Bulgarien, einige Randprovinzen an das neugegründete Jugoslawien abzutreten. Der Vertrag von Sèvres löste das Osmanische Reich auf; ihm blieb nur ein Rumpfstaat – die Türkei als Lebensraum der türkischen Ethnie. Seine arabischen Provinzen wurden hingegen abgetrennt und unter das Mandat des Völkerbundes gestellt. Eine vorwiegend von Griechen bewohnte Region im Westen, Izmir und Umgebung, sollte laut Vertrag Griechenland besetzen und verwalten dürfen. Die Entscheidung löste einen blutigen Konflikt aus, den Griechisch-Türkischen Krieg, der erst 1923 mit dem Vertrag von Lausanne beendet wurde. Darin verfügt wurde ein Bevölkerungsaustausch zwischen den Streitparteien: Etwa 1,2 Millionen Griechen mussten Kleinasien verlassen, etwa halb so viele Türken Griechenland. Geografische Ignoranz und unbegründete Sonderrechte schufen neue Grenzen – und damit bleibende Anlässe für weitere Feindseligkeiten.[19]

Den osteuropäischen Raum zu ordnen, wurde auch dadurch erschwert, dass Russland nicht mit am Konferenztisch saß, denn die westlichen Staaten fürchteten eine revolutionäre Ansteckung mit dem dort herrschenden Kommunismus. Im Prinzip lehnten die Alliierten den Vertrag von Brest-Litowsk seiner Härten wegen ab; tatsächlich aber mussten sie ihre Interventionstruppen zurückziehen und einige der Bestimmungen jenes Kontraktes hinnehmen, indem sie etwa die Unabhängigkeit Finnlands und der baltischen Staaten anerkannten. Dafür förderte die Friedenskonferenz die Gründung mehrerer neuer Staaten, die sich zusammengenommen als Pufferzone nutzen ließen. So bildeten sich mit alliierter Beihilfe Polen, die Tschechoslowakei und Jugoslawien, während man Rumänien erlaubte, zu expandieren. Dergestalt wollte man einem Wiedererstehen Österreich-Ungarns vorbeugen und dem deutschen Einfluss in der Region entgegenwirken. Gleichzeitig war diesen neuen Staaten die Funktion eines *cordon sanitaire* zugedacht, der Mittel- und Westeuropa vor der Infektion durch den kommunistischen Virus bewahren sollte. Freilich zwangen diese neu gezogenen Grenzen rund dreißig Millionen Menschen in Nationalstaaten hinein, deren Sprache sie nicht beherrschten und denen sie nicht anzugehören wünschten. Italien etwa forderte Istrien ein, weil dort Landsleute lebten, nahm aber ohne Bedenken den Brenner als strategisch günstige Nordgrenze in Anspruch, damit Südtirol, ein unbezweifelbar deutschsprachiges Gebiet, italienisch wurde.[20]

Um ein Wiederaufflammen der Kämpfe zu verhindern, wurden die Verliererländer gründlich entwaffnet und die Personalstärke ihrer Heere zusammengestrichen, ohne dass die Sieger an ihren eigenen Streitkräften ähnliche Reduktionen vornahmen. Auf das Drängen der Franzosen hin erlaubte man der Weimarer Republik nur eine Armee von 100 000 Mann, die weder eine Luftwaffe besitzen durfte noch Panzer, schwere Artillerie, Giftgas oder einen Generalstab. Das linke Rheinufer wurde besetzt und das rechte entmilitarisiert. Nachdem in Scapa Flow 66 deutsche Kriegsschiffe von ihren eigenen Mannschaften versenkt worden waren, damit sich nicht die Feinde ihrer bemächtigten, sorgte britischer Druck dafür, dass die neue Marine der Geschlagenen keinen großen Umfang annahm: Man ließ ihnen lediglich eine kleine Restflottille zum Küstenschutz, bestehend aus 15 000 Offizieren und Matrosen; ferner mussten die Deutschen sämtliche U-Boote abliefern. Österreich und Ungarn gestand man Zwergarmeen von je 30 000 Mann zu. Aufgrund dieser drastischen Reduktionen standen die Verliererländer praktisch ohne Verteidigung da, was Groll und Zorn in den Kreisen ehemaliger Militärs schürte, die sich plötzlich ohne Beschäftigung sahen. Da die neuen Staaten Polen und Tschechoslowakei auf eine Stärke von je einer halben Million Soldaten hochrüsteten, bewirkte die einseitige Entmilitarisierung ein gewaltiges Ungleichgewicht der Kräfte inmitten Europas. Auch fachte die Umsetzung dieser ganzen Auflagen ständig neue Konflikte an.[21]

Der vielleicht umstrittenste Punkt im Gesamtpaket der Verträge betraf die Reparationen. Sowohl in England als auch in Frankreich, das zusätzlich eine Menge Wiederaufbauarbeit vor sich hatte, erklang die von Chauvinisten befeuerte Forderung: »Deutschland muss zahlen!« Der Berater der amerikanischen Friedensdelegation, John Foster Dulles, formulierte einen Passus, der in den Vertragstext eingefügt werden sollte und der explizit die deutsche Verantwortung für den Ausbruch des Krieges feststellte. Dieser Abschnitt wurde der berüchtigte Artikel 231, die infame »Kriegsschuldklausel«. Nun hatten manche Alliierte auch noch Schulden bei anderen Alliierten, was die Beratungen nicht eben erleichterte. Im Wesentlichen kreisten die Pariser Debatten um drei Fragen. Erstens: Wie erfasst man die Höhe der Zivilschäden? Zweitens: Wie viel soll Deutschland zahlen? Drittens: Wie ist das zusammenkommende Geld zu verteilen? Einig waren sich die Friedensstifter lediglich darin, eine fixe Summe zu verlangen, nicht aber darüber, wie hoch diese sein solle und in wie vielen Jahren die Besiegten sie ratenweise zu erbringen hätten. Die endgültige Entscheidung fiel erst 1921. Der ursprünglich vorgeschlagene Betrag von 269 Milliarden Goldmark erschien den vergeltungssüchtigen Siegern enttäuschend niedrig, den Verlierern hingegen astronomisch hoch – da müsste man ja bis 1999 zahlen, hieß es. Der Vertreter des Britischen Schatzamts, John Maynard Keynes, hielt die Forderungen für ökonomisch absurd, drang aber nicht durch und verließ die Delegation. Nicht zuletzt infolge seines Austritts vergiftete die Debatte um die Gerechtigkeit der alliierten Reparationsforderungen die Nachkriegspolitik über Jahre hinweg.[22]

Zu guter Letzt erörterte die Pariser Friedenskonferenz die Frage, wie mit den deutschen Kolonien und den abgetrennten türkischen Provinzen zu verfahren sei. Diesbezüglich verfolgte England imperialistische Interessen, und auch die britischen *dominions* wollten ihren Teil der Beute. Dass nun sie die Kontrolle in jenen Regionen übernahmen, rechtfertigten die alliierten Verhandler mit einer nicht gerade objektiven Bilanz deutscher Übeltaten. Man erklärte die ehemaligen Kolonien der Besiegten zu »Mandatsgebieten« des Völkerbundes. Es gab drei Klassen von Mandaten, was im Grunde hieß: drei Grade der Bevormundung. Diese Entwicklung enttäuschte die antikolonialistischen Intellektuellen zutiefst, die auf sofortige Selbstbestimmung gehofft hatten. Frankreich und England teilten sich, die bisherigen Territorien zerstückelnd, Togo, Kamerun und Ostafrika; Japan erhielt den chinesischen Hafen Tsingtau, Südafrika gewann Südwestafrika hinzu, Australien durfte sich Neuguinea nehmen, und Neuseeland bekam Samoa. Im Nahen Osten wurden aus den früheren osmanischen Provinzen neue Staaten geformt. Theoretisch befanden sie sich auf dem Weg in die Unabhängigkeit, de facto aber lebten sie unter europäischer Herrschaft: der französischen in Syrien und im Libanon, der britischen auf dem Rest der arabischen Halbinsel.[23] Viel Sprengstoff barg die Balfour-Deklaration von 1917, versprach sie doch »eine nationale Heimat für das jüdische Volk« in Palästina, was mit arabischen Ansprüchen kollidierte.[24]

Beurteilt man die Pariser Verträge nach ihren Konsequenzen für die späteren Entwicklungen, bleibt der Befund, dass sie eher ein fehlerhaftes Konstrukt waren, denn sie kombinierten innovative Impulse Wilsonscher Art mit Verfügungen, aus denen ein regressiver Nationalismus sprach. Getrieben von einer rachsüchtigen Öffentlichkeit und angespornt von militärischen Beratern, ignorierten Clemenceau und Lloyd George die Appelle zur Mäßigung und unterminierten universelle Bestrebungen zugunsten der eigenen nationalen Interessen. Wilson wiederum sah zwar ein: »Wenn wir das deutsche Volk demütigen und es zum Äußersten treiben, bringen wir jede Regierung dort, gleich welcher Art, zum Scheitern, und der Bolschewismus tritt an ihre Stelle.« Ebenso wollte der amerikanische Präsident aber die preußische Tücke vergelten, mit der die Deutschen Russland den schmählichen Vertrag von Brest-Litowsk diktiert hatten.[25] Wilsons Programm, das Demokratie in allen Ländern, nationale Selbstbestimmung und internationale Kooperation durchsetzen wollte, hätte vielleicht dem Nachkriegseuropa eine konstruktive Ordnung bescheren können, aber die vielen Modifikationen, die man an den Konzepten vornahm, und die Einseitigkeit, mit der man sie anwandte, ruinierten ihre Glaubwürdigkeit. Zugegeben, viele der konkreten Schwierigkeiten beim Versuch, die Ideen der neuen Diplomatie auszuführen, waren damals unmöglich vorherzusehen. Doch ihre halbherzige und widersprüchliche Umsetzung machte sie einerseits zu hart, als dass die Unterlegenen sie hätten akzeptieren, andererseits zu konziliant, als dass die Sieger sie hätten erzwingen können. Letztlich führte, wie sich zeigen sollte, diese Doppelnatur dazu, dass die Versuche misslangen.

Demokratie auf dem Vormarsch

Trotz allem verschaffte der Sieg der Alliierten Europa die Gelegenheit, sich für die liberale Vision der Moderne zu entscheiden. Ein Weg hin zu Selbstverwaltung und Selbstbestimmung innerhalb einer kooperativen internationalen Ordnung wurde sichtbar. Während die westlichen Alliierten sich bestätigt fühlten, konnten die östlichen Demokraten den Zusammenbruch der multiethnischen Imperien im genannten Sinne nutzen, indem sie etwa in republikanischen Verfassungen die Eigenständigkeit ihrer Völkerschaften festschrieben. Allerdings profitierten von der Gunst der Stunde auch bestimmte lokale Nationalisten. Diese wollten über bloße Autonomie hinausgehen und eine Reihe neuer Nationalstaaten schaffen, die sie mit ihrem reichlich mythischen Geschichtsverständnis legitimierten. Der Vorgang stellte die sozialen Hierarchien auf den Kopf: Frühere Untertanen, so Polen und Tschechen, saßen jetzt an der Spitze, und wo sie regierten, fanden sich ihre einstigen Herren selbst als Minderheiten wieder, ohne einen Staat, der sie unterstützte. Um aber dieses ehrgeizige Ziel einer Souveränität zu verwirklichen, mussten die neuen Demokratien einige Probleme überwinden: die ererbte Unterentwicklung, die Verwüstungen des Krieges und die Widrigkeiten, die ein Übergang von der Nachkriegszeit in die Normalität bereithielt.[26] Für ihr *state-building* waren neue gouvernementale Strukturen erforderlich, und dies betraf weite Bereiche – Polizei wie Militär, Postbeamte wie Steuereinnehmer, Parlament wie Diplomatie.

Da die Alliierten propagiert hatten, sie kämpften für die Demokratie, und die Autokratien nun kollabiert waren, gewann im Westen die parlamentarische Regierungsform als überlegenes politisches System noch mehr Attraktivität. Aber die unsäglichen Opfer an Leben und Gesundheit, die im Krieg erbracht worden waren, motivierten auch Veteranen und Suffragetten, neue Rechte als verdienten Lohn für das staatsbürgerliche Engagement einzuklagen, das Männer wie Frauen während des Konfliktes bewiesen hatten. Die kleineren neutralen Demokratien wie die Schweiz und die skandinavischen Länder bekräftigten, an ihrer Art der Selbstbestimmung festzuhalten, und erweiterten sie um einige Partizipationsmöglichkeiten. In England brachte der »Representation of the People Act« 1918 hinsichtlich der ›Volksvertretung‹ einige Reformen: Der Zensus wurde abgeschafft, ein Mindesteinkommen war also nicht länger Vorbedingung für die Teilnahme am Urnengang. Alle Männer ab 21 durften jetzt wählen, desgleichen alle Frauen ab 30. Die Dritte Französische Republik gewährte schon seit längerem fast allen Männern das Wahlrecht, doch Frauen erhielten es erst viel später, nämlich 1944 (!). Desgleichen organisierten die Regierenden Hilfe für Veteranen, Verwundete sowie Kriegerwitwen und taten damit erste Schritte in Richtung eines modernen Wohlfahrtsstaats. Weiterreichende Forderungen, etwa die der Arbeiter nach sozialen Reformen und Kontrolle über die Betriebe, wurden höheren Ortes allerdings generell abgeblockt. Am kapitalistischen Klassensystem änderte all der Wandel verhältnismäßig wenig.[27]

Ein Dutzend neue Demokratien waren vom Baltikum bis zum Balkan entstanden, die mit hochfliegenden Hoffnungen in die Nachkriegsepoche gingen, dass die Unabhängigkeit ihren Völkern ein besseres Leben verschaffen möge. Nie mehr würden sie sich von Bürokraten herablassend behandeln lassen müssen, die nicht einmal die Sprache derer verstanden, die sie herumkommandierten; endlich durften sie ihre Angelegenheiten selber regeln – so die Erwartung. Die Führungsriegen entwarfen ehrgeizige Verfassungen, um neue Bürger zu erschaffen, nationalbewusst und bereit, sich in die neue Ordnung einzubringen. Doch die Realität erwies sich als eher ernüchternd. All den neuen Staaten – außer Ungarn – machten ethnische Minderheiten das Leben schwer, die lautstark Autonomie für sich beanspruchten, lieber zu einem Nachbarland gehören wollten oder einen eigenen Staat zu gründen begehrten. Die neuen Zölle, die die einheimische Industrie schützen sollten, unterbrachen alte Handelsrouten und strangulierten den Markt wie auch die ökonomische Entwicklung. Ferner kostete die Errichtung staatlicher Schulen, Krankenhäuser und Polizeistationen Unsummen Geldes, das man sich im Ausland leihen musste. Da ihre Völker Selbstbestimmung nicht gewohnt waren, wandelten sich, außer der Tschechoslowakei, all jene neu entstandenen Demokratien zu nationalistisch-autoritären Regimen, so etwa Polen unter General Józef Piłsudski.[28]

Auch beim Kriegsverlierer Deutschland triumphierte die Demokratie, denn die Novemberrevolution von 1918 stürzte Wilhelm II. Als die Matrosen in den Häfen Wilhelmshaven und Kiel hörten, dass sie zu einer finalen Schlacht gegen die British Royal Navy aufbrechen sollten, meuterten sie; solch eine heroische Aktion am Ende eines verlorenen Krieges erschien ihnen sinnlos. Da auch viele Arbeiter in den Fabriken streikten, musste der diskreditierte Kaiser abdanken und floh per Eisenbahn nach Holland – ein schmachvoller Rückzug. In Berlin hofften Spartakisten und einige Gewerkschaftsführer, sie könnten ein revolutionäres Regime aus Arbeitern und Soldaten errichten, mit Räten nach bolschewistischem Vorbild. Um einer solchen Radikalisierung vorzubeugen, rief der moderate Sozialdemokrat Philipp Scheidemann am 9. November 1918 von einem Balkon des Reichstagsgebäudes: »Das Alte und Morsche, die Monarchie, ist zusammengebrochen. Es lebe das Neue; es lebe die deutsche Republik!« Scheidemanns Parteifreund Friedrich Ebert wurde Kanzler der neuen republikanischen Regierung. Er manövrierte den Rat der Volksbeauftragten aus und stellte die Ordnung in der Hauptstadt wieder her – mit der Hilfe der Armee und der Rückendeckung des Unternehmertums.[29]

Die konfliktreiche Weimarer Republik zu stabilisieren, war schwierig, aber immerhin nicht unmöglich. Gegründet wurde sie abseits der Orte, an denen die Leidenschaften des Volkes tobten, nämlich an der Geburtsstätte der deutschen Klassik. Liberale Parlamentarier wie Hugo Preuß erarbeiteten dem neuen Staat eine fortschrittliche Verfassung, die proportionale Repräsentation vorsah und den Frauen das Wahlrecht gab. Schockiert zeigte sich das Kabinett jedoch über die herben Bedingungen des Versailler Vertrages. Man hatte gehofft, die Sieger würden mehr Großzügigkeit walten lassen – da Deutschland inzwischen doch eine Demokratie sei. Und die brauchte Unterstützung. Auf der Rechten wurde die frischgebackene Republik belagert von revanchistischen Nationalisten, die eine »Dolchstoßlegende« über den Kriegsausgang zurechtzimmerten: Die Niederlage der Armee sei allein durch Subversion an der Heimatfront verursacht worden, und in der Demokratie sahen diese Extremisten eine Komplizin der Alliierten. Auf der Linken befeuerten Kommunisten und Anarchisten die Rebellion in den Industriegebieten, um so die Macht an sich zu reißen und ein Regime nach sowjetischer Manier zu errichten. Außerdem streiften die paramilitärischen Freikorps durch die Straßen und ermordeten politische Gegner wie Karl Liebknecht und Rosa Luxemburg; anders als mit Gewalt, behaupteten sie, könne man weder die Ordnung im Inneren aufrechterhalten noch Deutschlands Ostgrenzen verteidigen. Trotzdem überlebte die Republik ihre turbulenten Anfänge, nicht zuletzt, weil die Arbeiterklasse hinter ihr stand. Allmählich gewann sie bei ihren Bürgern ein gewisses Maß an widerwilligem Respekt.[30]

Einer ungewissen Zukunft sah die Demokratie auch in den neuen Staaten Österreich und Ungarn entgegen, die vorher noch nie in dieser Form und diesem Zuschnitt existiert hatten. Das deutschsprachige Österreich besaß nun mit Wien eine überdimensionale Hauptstadt, deren politisches Leben zwischen den Parteien der Mittelschicht und jenen der Arbeiterklasse vermitteln musste; die wichtigsten Antipoden bildeten die Christlich-Sozialen und die Sozialdemokraten. Die Mehrheit der österreichischen Parteien befürwortete den Anschluss an die Weimarer Republik, doch der Vertrag von Saint-Germain verbot exakt diese naheliegende Lösung, um Deutschland nicht zu stark werden zu lassen. Von seinen bisherigen Handelspartnern durch nationalistische Zölle abgeschnitten, blieb Wien auf westliche Kredite angewiesen. Ungarn konnte sich immerhin freuen, endlich unabhängig zu sein; allerdings hatte es den Verlust eines Drittels der magyarischen Ethnie zu beklagen – so ungünstig für diese Bevölkerungsgruppe waren die Grenzverläufe durch den Vertrag von Trianon geändert worden. Der Aufstand unter Béla Kun brachte 1919 kurzfristig die Kommunisten in Budapest an die Macht, aber nach einer Weile stellte die rumänische Armee die konterrevolutionäre Ordnung wieder her. Im Januar 1920 rissen rechte Kräfte die Herrschaft an sich, sodass Admiral Miklós Horthy für die nächsten zwei Jahrzehnte Ungarn autoritär regieren konnte. So schuf die von außen auferlegte Selbstbestimmung zwei revisionistische Staaten, die mit dem Frieden unglücklich waren.[31]

Der Siegeszug der Demokratie nach dem Ersten Weltkrieg riss viele Länder mit; die große Ausnahme blieb die Sowjetunion. Sie präsentierte sich als egalitäre Alternative zur Wilsonschen Vision. Lenin brandmarkte unermüdlich die parlamentarische Regierung als Pseudoveranstaltung; nur vorgeschoben sei ihr Anspruch, die Bürgerrechte gegen zaristische Verfolgung zu schützen. Statt für eine Erweiterung der politischen Partizipationsmöglichkeiten innerhalb eines kapitalistischen Systems zu streiten, betonten die Bolschewiken die Notwendigkeit, der wirtschaftlichen Ausbeutung ein Ende zu bereiten; nur so lasse sich soziale Gerechtigkeit erreichen, die Vorbedingung echter Demokratie. Obwohl diese Gegnerschaft zu den westlichen Klassenhierarchien durchaus einigen Eindruck machte, installierten die Sowjets nach der Revolution eine »Diktatur des Proletariats«. Ihre Begründung lautete, sie müssten Gewalt gebrauchen, um ihre sozialen Veränderungen abzusichern, denn sie seien von Klassenfeinden umstellt. Auch die »Kommunistische Internationale«, kurz »Komintern«, der 1919 gegründete internationale Dachverband aller sozialistischen Parteien Moskauer Prägung, propagierte diese Legitimation eifrig. Manchen Gruppen im Westen erschien die Rechtfertigung plausibel, desillusionierte Intellektuelle und leidende Arbeiter etwa begrüßten den kritischen Impetus gegen kapitalistische Ausbeutung.[32] Doch erlangte die kommunistische Radikalisierung des Sozialismus – obwohl sie hier und da ein paar Aufstände zu entzünden vermochte – nie so ganz die Attraktivität, derer sie bedurft hätte, um die gemäßigteren Demokratiekonzepte zu verdrängen.

Die Demokratisierungswelle nach dem Ersten Weltkrieg zeitigte letztlich enttäuschende Ergebnisse, da die meisten neuen Regime an ungenügender Vorbereitung und widrigen Umständen scheiterten. Innerhalb Mittel- und Osteuropas bemächtigten sich gebildete Minderheiten, die sich früher, als die Imperien noch existierten, ausgeschlossen gefühlt hatten, im Namen der Selbstbestimmung der Beamtenapparate, während sich die bäuerliche Majorität lediglich nach einem besseren Leben sehnte. Dass sich so oft Demokratie mit Nationalismus verband, entzündete eine endlose Folge von Konflikten, denn die Minderheiten innerhalb der Nationen, die der Frieden geschaffen hatte, bekämpften die Bemühungen der neuen Regierungen um sprachliche und kulturelle Vereinheitlichung.[33] Das Entstehen eines Dutzends neuer Nationalstaaten brachte neue Zollgrenzen mit sich, und die beschädigten bewährte Handelsbeziehungen. Die Kosten des Staatsaufbaus brachten die neuen Regime in den Bankrott. Zu guter Letzt war die Zivilgesellschaft noch zu schwach entwickelt, was der Intoleranz Vorschub leistete; demokratische Gebräuche hatte man noch nicht genügend eingeübt. Folglich wuchs das Verlangen nach einer starken Führung. Hervorgegangen aus einer Revolution oder einer Niederlage, stieß die Demokratie in Nachkriegseuropa auf enorme Hindernisse. Bestenfalls lässt sich befinden, dass die neuen Nationalstaaten dem Wunsch nach Selbstbestimmung entsprachen und durchscheinen ließen, was aus der Demokratie unter günstigeren Bedingungen in Zukunft werden konnte.[34]

Mühen der Sieger

Sogar in den Bevölkerungen der Siegermächte regte sich bald Enttäuschung über die Demokratie, denn sie fanden ihren Lohn für die erbrachten Opfer unangemessen gering und den Übergang von der Nachkriegszeit zur Normalität mühsam. Das bessere Leben, das die Propaganda ihnen versprochen hatte, ließ auf sich warten, und viele Trophäen, die gewisse Geheimverträge in Aussicht gestellt hatten, blieben unerreichbar. Ferner zeigte sich, dass die Umdisponierung von der Kriegs- zur Friedenswirtschaft zeitaufwendiger, teurer und störanfälliger war als gedacht. Der Bedarf an Konsumgütern, den man während der Kämpfe hatte zurückstellen müssen und nun endlich wieder befriedigen konnte, bewirkte zwar einen kurzlebigen Nachkriegsboom. Doch die öffentlichen Kreditaufnahmen, mit denen die Kriegsausgaben finanziert worden waren, trugen zu einer kräftigen Inflation bei. Kaum waren die Ersparnisse verbraucht, brach die Kaufkraft weg, was eine Rezession zur Folge hatte, die sich noch verschärfte, als heimgekehrte Soldaten dringend zivile Arbeitsstellen suchten. Als illusionär erwies sich auch die Erwartung, man könne die Kosten ja den besiegten Feinden zuschieben, denn die Reparationszahlungen fielen niedriger aus als erwartet. Daneben hatten die Alliierten untereinander Schulden, und ein selbstgerechter US-Kongress beharrte stur auf deren Begleichung. Binnen weniger Monate wich die Siegeseuphorie der Frustration, was im Inland für Zwist sorgte und international das Aushandeln von Kompromissen blockierte.

Streitigkeiten prägten nun auch das politische Leben in der konstitutionellen Monarchie Großbritannien, weshalb deren Übergangsphase besonders strapaziös verlief. Der damalige Premierminister, der aus Wales stammende Liberale Lloyd George, versprach während der durch den Krieg geprägten sogenannten Khaki-Wahlen 1918 den Soldaten ein Land, »in dem Helden leben können«. Seiner Koalition aus Liberalen und Konservativen gelang ein beeindruckender Sieg, und die Mehrheitsverhältnisse erlaubten ihm, einige gesellschaftliche Reformen anzuschieben. Man baute das Bildungswesen aus, förderte sozialen Wohnungsbau, erweiterte den Arbeitslosenversicherungsschutz und erhöhte die Renten. Im Oktober 1922 aber verließen die Konservativen, denen soziale Maßnahmen missfielen, das Regierungsbündnis, während die Labouristen für weitere Reformen agitierten: Dank der nächsten Wahl kurz danach konnten sie die Liberalen als stärkste Oppositionspartei ablösen. Ihr talentierter, aber politisch etwas konfus agierender Führer Ramsay MacDonald bildete 1924 die erste Labour-Regierung, doch schon bald musste er den Premiersitz für seinen Vorgänger räumen, den konservativen Hardliner Stanley Baldwin, der dann seinerseits die Wahl 1929 verlor. Das brachte wiederum MacDonald an die Macht, der 1931 eine Regierung der nationalen Einheit bildete.[35] Während der Zwischenkriegsjahre blieb das Vereinigte Königreich in zwei große Lager gespalten: eine defensiv agierende Konservative und eine reformistische Labour-Partei. Keine der beiden war stark genug, um effizient zu regieren.

Die politischen und sozialen Spannungen spitzten sich zu im Generalstreik vom Mai 1926. Obwohl die britischen Bergwerke an Ergiebigkeit eingebüßt hatten und Kohle sich infolge der Rückkehr zum Goldstandard schlechter verkaufte, forderten die Bergarbeiter bessere Bezahlung und mehr betriebliche Sozialleistungen. Premier Baldwin betraute ein spezielles Expertengremium, genannt Samuel-Kommission, mit der Lösung des Problems, die empfahl, die staatlichen Subventionen für den Bergbau zu streichen und die Bergarbeiterlöhne um 13,5 Prozent zu beschneiden. Entsetzt und empört protestierten die Gewerkschaften samt ihrem Dachverband, dem Trade Union Congress (TUC). Man rang bis zum Äußersten um einen Kompromiss, und nachdem dies gescheitert war, erklärte der TUC den Generalstreik. In dessen Verlauf wurden drei Millionen Arbeiter ausgesperrt, und das Transportwesen kam zum Erliegen. Da es Anarchie befürchtete, organisierte das Kabinett sofort Noteinsatzkräfte, Streikbrecher und spezielle Milizen, um

Recht und Ordnung aufrechtzuerhalten. Als Gerichte den anderen Gewerkschaften verboten, in Solidaritätsstreiks zu treten, blies der TUC den Generalstreik nach neun Tagen ab und nahm grollend die Lohnkürzung hin.[36] Die Konfrontation zeigte, dass die britische Gesellschaft gespalten war zwischen einer *laissez-faire*-orientierten Mittelklasse und einer wachsenden Arbeiterbewegung, deren radikale Mitglieder von einer sozialen Revolution träumten.

Ein weiterer Konflikt, der sich ähnlich heftig gegen Lösungen sperrte, betraf die Zukunft Irlands. Dort brodelte ein hochentzündliches Gemisch aus Nationalismus, religiösem Fanatismus und sozialer Unzufriedenheit. Ausgelöst durch konfessionelle Feindseligkeit zwischen Protestanten und Katholiken und zusätzlich befeuert durch Spannungen zwischen nicht ortsansässigen Grundbesitzern und lokalen Arbeitern, bestritt die irische Unabhängigkeitsbewegung den Briten das Recht, über die grüne Insel zu herrschen. 1914 bewilligte ihr London endlich, wofür irische Patrioten wie Charles Stewart Parnell jahrzehntelang agitiert hatten: die sogenannte *home rule*, eine weitgehende Selbstbestimmung. Nun durfte im Weltkrieg eine eigenständige Formation irischer Freiwilliger an der Seite Englands kämpfen. Aber als die radikalen Nationalisten sich Ostern 1916 erhoben, schlugen die Briten sie mit brutaler Gewalt nieder; dadurch verhalfen sie freilich der separatistischen Partei Sinn Féin und ihrer Kampagne für vollständige Unabhängigkeit zu noch mehr Popularität. Das Kernproblem war, was aus den sechs Grafschaften der nordirischen Provinz Ulster werden sollte, in denen die Protestanten dominierten. 1921 handelte Lloyd George den Anglo-Irischen Vertrag aus: Die 26 katholischen Grafschaften durften sich unter der Präsidentschaft von Éamon de Valera zum weitgehend unabhängigen »Irischen Freistaat« zusammenschließen, der den Status eines *dominion* erhielt. Nordirland verblieb beim Vereinigten Königreich. Dies sollte sich zwar als realitätstauglicher Kompromiss erweisen, beseitigte aber nicht den Hass, den die Protestanten und Katholiken in Ulster gegeneinander hegten und der noch jahrzehntelang für fortgesetztes Blutvergießen sorgen würde.[37]

Frankreich wiederum fand zwar sein Prestige durch den Sieg gesteigert; doch außenpolitische Schwierigkeiten und Konfusion im

Inneren blieben auch ihm nicht erspart. Ruhm und Ehre hatten ihren Preis gefordert: 1,5 Millionen Tote und 3,5 Millionen Verwundete. Der Aderlass hatte eine Bevölkerung von rund 40 Millionen getroffen – Deutschland hatte damals 62 Millionen. Dieses relative demografische Defizit empfanden nationalistische Hardliner als Sicherheitsrisiko; wirksamen Schutz gegen ein wiedererstarkendes Deutschland könne es nur geben, wenn man auf der Erfüllung der Bestimmungen des Versailler Vertrages bis zum letzten Buchstaben bestehe. Dagegen suchten führende Köpfe der Linken nach einer flexibleren Strategie und empfahlen eine Annäherung an die Weimarer Republik, schon um die Belastungen zu mildern, die hohe Verteidigungsausgaben mit sich brächten. Die verwüstete Infrastruktur und die beschädigte Ökonomie mussten restauriert, zerstörte Wohnbauten in Nordfrankreich wiedererrichtet werden; all dies verursachte enorme Kosten, die sich nicht gänzlich auf die niedergeworfenen Feinde abwälzen ließen. Immerhin bewirkte die steuerliche Förderung des Wiederaufbaus einen Schub bei der industriellen Modernisierung. Ironischerweise bereitete Frankreich sogar der vielgefeierte Rückgewinn Elsass-Lothringens Sorgen, denn diese teilweise deutschsprachige Region wollte eine gewisse Autonomie gegenüber der Zentralregierung behalten, besonders in religiösen Angelegenheiten.[38] Das Grundproblem, vor das Paris sich gestellt sah, war, wie es die Früchte des Sieges bewahren konnte, ohne sich dabei zu übernehmen.

Die Dritte Republik fand keine klare Lösung, denn dazu hätte es einer Mehrheit bedurft. Doch die entscheidenden politischen Kräfte im Land – hier die nationalistische Rechte, dort die internationalistische Linke – waren ungefähr gleich stark. Witzbolde behaupten seit jeher, die Franzosen trügen ihr revolutionäres Herz links, aber ihre Brieftasche rechts. Die nationalistischen Hardliner bildeten einen aus mehreren Splitterparteien lose gefügten »nationalen Block«, während die Reformisten sich zu einem »Kartell der Linken« zusammenfanden. Das parlamentarische Karussell brachte bald einen Vertreter der Unerbittlichen, bald einen Gemäßigteren auf den Premierstuhl. Der rigorose Clemenceau, der insistiert hatte, dass die Bestimmungen des Versailler Vertrages unbedingt Strafcharakter haben müssten, wurde 1921 durch den versöhnlichen Aristide Briand ersetzt. Offenbar ging er zu sanft mit Deutschland um, denn schon ein Jahr später drängte ihn der Bellizist Raymond Poincaré vom Sessel. Nachdem sich dessen Reparationspolitik als Fiasko entpuppt hatte, gelangte 1924 der moderate Linke Édouard Herriot an die Macht, doch bereits 1926 saß wieder Poincaré auf dem Sitz. Da es Letzterem gelang, eine akute Finanzkrise zu beheben, indem er den Franc abwertete, ließ man ihn bis 1929 regieren.[39] Dieser rasche Wechsel an der Staatsspitze führte im Inland wie international zu einem Zickzackkurs, aufgrund dessen sich kein Mittel fand, um der inneren Zerstrittenheit und der strukturellen Schwäche des Landes abzuhelfen.

Vom Kriege geschwächt, ein dynamisches Deutschland als Nachbar – Frankreich hatte sehr zu kämpfen, um seine Hegemonie über den Kontinent zu bewahren. Mit der Oktoberrevolution war ihm ein verlässlicher Verbündeter, das zaristische Russland, abhandengekommen. Den neuen Machthabern traute das bourgeoise Paris nicht, da es fürchtete, der bolschewistische Virus könnte sich auch unter den eigenen Arbeitern verbreiten. Ferner sah Frankreich sich allein nicht in der Lage, die Einhaltung des Friedens zu erzwingen. Dazu bedurfte es der militärischen Rückendeckung der USA und Großbritanniens, und ob die ihnen auf Dauer sicher war, erschien den Franzosen mit der Zeit immer zweifelhafter. Paris schaute sich nach Ersatzpartnern um und schuf ein Netz neuer Bündnisse, das Polen, die Tschechoslowakei, Jugoslawien und Rumänien einschloss. So entstand etwas, was als »Kleine Entente« in die Geschichte einging. Dieser geopolitisch kluge Schritt erwies sich freilich in der Folge als für Frankreich ziemlich teuer, denn die vier Partner verlangten massive Subventionen von Paris – schließlich mussten sie ja ihre Länder wirtschaftlich auf Vordermann bringen und militärische Schlagkraft entwickeln. Frankreich agierte generell glücklos: Selbst als es versuchte, die fristgerechte Entrichtung der Reparationen zu forcieren und sich dafür beispielsweise zur Ruhrbesetzung im Januar 1923 entschloss, ging der Schuss nach hinten los. Angesichts des »passiven Widerstandes« der Deutschen musste Paris erkennen, dass man mit Bajonetten keine Kohlen graben kann, und das Wagnis schließlich abbrechen. So strapazierte die Aufrechterhaltung der Dominanz die französischen Ressourcen bis an die Grenze der Belastbarkeit.[40]

Anstatt vielfachen Profits bereitete der Triumph im Ersten Weltkrieg den Siegerländern unerwartete neue Probleme. Immerhin verstärkte der Sieg im Westen die Empfindung, dass man mit der liberalen Modernisierung auf dem rechten Pfad sei, schließlich habe am Ende die Demokratie die Autokratie geschlagen. Man freute sich auch über mehr Territorien, neue Kolonien, höhere militärische Sicherheit und weniger ökonomische Wettbewerber. Doch daheim bestätigte der Sieg nicht nur die parlamentarische Regierung, sondern auch die kapitalistische Ausbeutung und die Klassenhierarchie; die Forderungen der Kriegsveteranen nach Ausweitung des Wahlrechts, mehr sozialen Reformen und mehr Gleichheit blieben unerfüllt. Zwar entwarfen die Friedensvereinbarungen eine neue internationale Ordnung, nämlich ein Miteinander demokratischer Nationalstaaten; aber sie perpetuierten auch bestimmte Feindseligkeiten aus Kriegszeiten, denn das Eintreiben der Vertragsleistungen sorgte wiederum für Konflikte und zog sich entsprechend in die Länge.[41] Die Regelungen entfachten gewaltigen Unmut bei jenen, die sich von ihnen übervorteilt fühlten und daher kaum Neigung hatten, sie als einen konstruktiven Plan für die Zukunft Europas zu akzeptieren. Hochfliegende Hoffnungen verwandelten sich dergestalt in bittere Enttäuschung – sogar bei manchen Siegerstaaten, darunter besonders Italien.

Internationale Kooperation

Dauerhaften Frieden zu stiften, hieß nicht allein, für ein Ende der Kämpfe zu sorgen, sondern auch, abgebrochene Verbindungen wiederherzustellen. Nur eine moderne internationale Ordnung konnte eine Wiederkehr des Gemetzels verhindern. Die vielen einzelnen Schritte hin zur Versöhnung mussten zahlreiche Hindernisse überwinden. Die Amerikaner und Briten zogen ihre Besatzungstruppen rasch wieder ab, die der Franzosen und Belgier blieben dagegen bis

1930 im Rheinland. Auch galt es, die Propagandaapparate zu demontieren, die während des Krieges den jeweiligen Feind herabgewürdigt hatten. Zwar wurde der Kaiser nicht vor Gericht gestellt, aber die »Kriegsschuldfrage« erregte noch jahrelang mit gegenseitigen Anklagen die Gemüter. Die Kooperation in internationalen Vereinigungen und Verbänden musste erneuert werden, sodass zum Beispiel Delegierte aus Verliererländern wieder Zutritt zu wissenschaftlichen Organisationen erhielten, in denen die Sieger dominierten. Und schließlich musste die Blockade beendet und der freie Handel über die Grenzen hinweg wiederaufgenommen werden. Die ökonomische Wiederbelebung wurde aber immer wieder gehemmt: Man stritt um Patente, die der Feind für nichtig erklärt, um Betriebe, der er beschlagnahmt hatte – von dem ganzen Gezänk um die Reparationen gar nicht zu reden. Die Nachwirkungen des Krieges zu heilen und den freundschaftlichen Austausch wiederherzustellen, war also ein langfristiger Prozess, in den auch nichtpolitische Bedrohungen störend hineinwirkten, etwa die Grippeepidemie 1919.[42]

Mit der Lösung jener Probleme, die sich aus den Friedensregelungen ergaben, und dem Wiederbeleben internationaler Kooperation betraute man eine neue Organisation namens »Völkerbund«. Er wurde 1919 als intergouvernementales Gefüge gegründet und nahm sein Hauptquartier in Genf – einer französischsprachigen Stadt in der neutralen Schweiz. An der Spitze dieser Assoziation souveräner Staaten stand der Generalsekretär; die eigentliche politische Tätigkeit verrichtete der Exekutivrat, der ein paar wenige ständige Mitglieder und rund ein Dutzend nichtständige hatte, wobei die letzten nach einem festen Turnus wechselten. Oberstes Entscheidungsorgan war aber die Generalversammlung, in der jedes Mitgliedsland eine Stimme besaß. Dem Ständigen Generalsekretariat arbeiteten mehrere Untergremien zu, welche die Kooperation in bestimmten Bereichen arrangierten, so der Ständige Internationale Gerichtshof, die Internationale Arbeitsorganisation, die Gesundheitsorganisation und die Hohe Flüchtlingskommission. Laut Satzung strebte der Völkerbund die Verhinderung eines weiteren Weltkrieges an; zu diesem Zweck sollte »internationaler Frieden und Sicherheit« durch offene Diplomatie, Abrüstung, Verhandlungen und Schlichtungen erreicht werden. Diese neue Institution, eine persönliche Kopfgeburt Präsident Wilsons, war ein kühner Versuch, die klassische Politik des Gleichgewichts der Mächte durch die Formalisierung internationaler Kooperation auf eine höhere Ebene zu heben.[43]

Beim Friedensstiften hatte der Völkerbund nur begrenzten Erfolg, denn ein paar wichtige Staaten gehörten ihm nicht an, und seine Entscheidungen trugen doch sehr die Handschrift der Siegermächte. Dass die USA nicht beitreten mochten, war für die Genfer Liga ein harter Schlag. Deutschland und Russland wiederum ließ man zunächst nicht hinein – damit fehlten aber ausgerechnet zwei der problematischsten Mächte in den Beratungen der Organisation. Gebunden an den Versailler Vertrag, garantierte sie die Unabhängigkeit Danzigs, beaufsichtigte die französische Besetzung des Saargebiets und sicherte die Neuzuteilung der Kolonien über das Mandatssystem. Bei einigen Konflikten, etwa den deutsch-polnischen Rangeleien um Oberschlesien, gelang es dem Völkerbund, Plebiszite zu organisieren, nach deren Ergebnissen er schließlich die Teilung der Provinz zwischen den beiden Staaten bestimmte. In geringfügigeren Angelegenheiten wie den Grenzstreitigkeiten zwischen Griechenland und Bulgarien 1925 konnte die Liga erfolgreich vermitteln. Ging es jedoch um die nationalen Interessen großer Länder, erwies sich der Völkerbund als weitgehend hilflos. Denn widerspenstige Mitglieder konnten sich erlauben, seine Beschlüsse zu ignorieren, vertrauten sie doch darauf, dass er nicht in der Lage war, diese militärisch durchzusetzen.[44]

Um sich aus der Isolation ihrer Verbannung zu befreien, schlossen die *outcasts* Deutschland und Russland April 1922 im italienischen Badeort Rapallo einen Freundschaftsvertrag. Das Agreement, das die Außenminister der beiden Staaten Walther Rathenau und Georgi Tschitscherin ausgehandelt hatten, verstörte die Siegermächte des Krieges, denn es zeigte, dass die Weimarer Republik und Sowjetrussland nicht allein von ihrem guten Willen abhängig waren. Der Text des Vertrages kam recht harmlos daher, denn er legte nur fest, was die Partner einander erlassen wollten: Beide Länder, hieß es, »verzichten auf den gegenseitigen Ersatz ihrer Kriegskosten sowie auf den Ersatz der Kriegsschäden«. Praktisch bedeutete dies, dass das Reich keine Reparationen mehr für während der Oktoberrevolution verstaatlichtes ehemals deutsches Eigentum verlangte. Auch die Sowjets forderten keine Wiedergutmachung dessen mehr, was die Berliner Okkupanten auf russischem Boden angerichtet hatten. Der Vertrag versprach ferner, dass man künftig wieder normale diplomatische Beziehungen unterhalten und die wirtschaftliche Kooperation wiederaufnehmen werde; und das hatten beide Länder bitter nötig, weil sie aufgrund von Krieg und Revolution darniederlagen. Zusätzlich gab es in dem Text noch eine geheime Klausel, hinter der sich Brisanteres verbarg, nämlich die beiderseitige Bereitschaft zur militärischen Zusammenarbeit. Dadurch konnte die Reichswehr die Versailler Entwaffnungsbestimmungen umgehen, und die Sowjets erhielten Zugang zu deutscher Flugzeug-, Panzer- und U-Boot-Technik.[45]

Der strittigste unter den Punkten, die nun die internationale Kooperation behinderten, war die Frage der Reparationen. Als die Reparationskommission den zu entrichtenden Betrag auf 269 Milliarden Goldmark festsetzte, war die deutsche Öffentlichkeit schockiert; und selbst einige ausländische Ökonomen hielten die Summe für zu hoch. Vielleicht hätte Berlin tatsächlich zahlen können, wenn es die Steuern erhöht und den Lebensstandard des deutschen Volkes gesenkt hätte. Dies wagte die Regierung jedoch nicht, da sie sich bereits zu sehr in der Defensive befand. Also spielte sie auf Zeit und begann erst einmal schleppend, Sachlieferungen zu leisten. Die anschließende Ruhrbesetzung entfachte nationalistische Leidenschaften, zumal sie die ohnehin galoppierende Inflation beschleunigte. Darunter litt vor allem die Reichsmark, die Okkupation strapazierte aber auch die französischen Ressourcen. In diese festgefahrene Situation konnten nur amerikanische Vermittler wieder Bewegung bringen. Unter der Verhandlungsführung des republikanischen Bankiers und späteren US-Vizepräsidenten Charles G. Dawes wurde ein Kompromiss gefunden mittels der Kürzung des Gesamtbetrages um die Hälfte sowie der Reduktion der jährlichen Zahlung auf vorläufig 1 Milliarde Mark. Spätestens nach fünf

Jahren musste die jährliche Rate aber auf 2,5 Milliarden steigen. Finanziert werden sollte die Summe durch neue Steuern und amerikanische Anleihen. Unter dem Vorsitz Ramsay MacDonalds ratifizierte die Londoner Konferenz von 1924 diese Vereinbarung und hob auch die Pattsituation auf, die durch die Ruhrbesetzung verursacht worden war.[46]

Diese Lösung verbesserte das internationale Klima hinreichend, um weitere Schritte in Richtung Kooperation zu tun. Dazu gehörten auch die Verträge, die der deutsche Außenminister Gustav Stresemann, sein britischer Amtskollege Austen Chamberlain und Frankreichs Premierminister Aristide Briand 1925 in Locarno schlossen. Es handelte sich um Nichtangriffsvereinbarungen, mit denen die drei Länder die neuen Westgrenzen des Deutschen Reiches ratifizierten, wie sie in Versailles gezogen worden waren. Des Weiteren gab es in Locarno Schiedsabkommen mit Polen und der Tschechoslowakei, die freilich nur festlegten, dass man künftig Streifragen gewaltfrei regeln wolle. So eröffnete sich für Deutschland die Chance auf eine friedliche Revision jenes Teils des Versailler Vertrages, der die Ostgrenzen betraf. Dieser Kompromiss verschaffte den Westmächten die Gewissheit, dass ihre Besitztümer sich außer Gefahr befanden. Zugleich vergalt er den Deutschen ihre »Erfüllungspolitik« mit der Hoffnung, dass die Verluste im Osten vielleicht nicht unbedingt dauerhaft seien – eine Hoffnung, die allerdings in Polen für Unruhe sorgte. Der versöhnliche »Geist von Locarno« zeitigte eine Phase der Kooperation zwischen Deutschland und Frankreich, die nicht nur möglich machte, dass Berlin 1926 dem Völkerbund beitrat, sondern auch, dass die französischen und belgischen Truppen schon 1930, also fünf Jahre früher als ursprünglich vorgesehen, das Rheinland räumten.[47] Obwohl sich der dabei demonstrierte *good will* als flüchtig erwies, zeigte Locarno doch, was die zwischen den Kriegen versuchte Versöhnungspolitik hätte erreichen können, wäre sie nur mit mehr Ernsthaftigkeit betrieben worden.

Mit dem Nachlassen der Spannungen in Europa wurde es denkbar, dem dornigen Problem der Reparationen dadurch zu Leibe zu rücken, dass man die Ansprüche der Sieger noch weiter hinunterschraubte. Zwischen den meisten unparteiischen Beobachtern bestand mittlerweile Einigkeit, dass die Bürde für die deutsche Regierung zu schwer war. Erzwänge man die volle Begleichung, hätten die Rechten leichtes Spiel damit, die Weimarer Republik des Ausverkaufs zu zeihen. 1929 präsentierte deshalb eine internationale Kommission unter Leitung des US-Industriellen Owen D. Young folgenden Plan: Der Gesamtbetrag solle auf 115 Milliarden Mark reduziert werden, zahlbar in 59 Jahren, nur ein Drittel der Zwei-Millionen-Rate würde jährlich fällig, den Rest könne Deutschland später nachreichen.[48] Freilich wurde mit dem Zusammenbruch der Wall-Street-Börse auch diese Summe illusorisch. Präsident Herbert Hoover sah sich veranlasst, 1930 ein einjähriges Moratorium zu verkünden – in der Hoffnung, später würden die Zahlungen wieder aufgenommen. Doch die Große Depression wirkte so verheerend, dass man 1932 auf einer Konferenz in Lausanne den Betrag um weitere 90 Prozent senkte, und als selbst diese Summe ein Ding der Unmöglichkeit schien, durfte Deutschland sich für zahlungsunfähig erklären. Nur ein Achtel des Totums wurde je gezahlt; die Bundesrepublik überwies den letzten Abschlag 2010!

Obwohl die Emotionen der Bevölkerung die Versöhnung schwierig machten, bewies die in der zweiten Hälfte der 1920er schrittweise erfolgende Annäherung doch, dass Kooperation möglich war, wenn man sich nur ernsthaft genug darum bemühte. Aber das Erinnern an die Millionen toter und verstümmelter Soldaten, die Kriegerdenkmäler, die dafür errichtet wurden, und das Veranstalten von Veteranenparaden hielten den Hass gegen die ehemaligen Feinde lebendig. Viele Probleme, wie die neuen Grenzen und ethnische Minderheiten, waren unausräumbar, da konnten die Rahmenbedingungen noch so gut sein. Dennoch bot der Völkerbund ein vielversprechendes Forum für internationale Debatten und Konfliktlösungen – sofern die streitenden Parteien Bereitschaft zeigten, sich seinen Entscheidungen auch zu fügen. Die Sieger bemerkten zunehmend, dass ein Entgegenkommen bei bestimmten Punkten die Verlierer dazu bringen konnte, die übrigen zu beherzigen, während es den Niedergeworfenen langsam dämmerte, dass sie vielleicht ein paar der Bestimmungen würden modifizieren können, wenn sie den Rest des Vertrages akzeptierten. Damit sich der Abgrund des Misstrauens ein Stück weit schloss, bedurfte es eines langwierigen diplomatischen Prozesses, unterstützt durch eine freundliche Berichterstattung in den Medien. Nach Locarno schien solch ein Fortschritt gar nicht mehr fern, doch als neue Unruhen den guten Willen auf die Probe stellten, erwies sich seine mangelnde Belastbarkeit.[49]

Liberale Neugestaltung

Wilsons Programm war ein innovativer Versuch, eine liberale Ordnung für die Politik nach dem Kriege zu schaffen, der aber infolge unzureichender Umsetzung und immanenter Widersprüche scheiterte. Das Prinzip der Selbstverwaltung entsprach dem in vielen Völkern spürbaren Streben nach mehr Partizipation, um dessentwillen demokratische Verfassungen erstellt werden sollten. Das Versprechen der Selbstbestimmung ging ein auf die da und dort hochflammende nationalistische Agitation; den ethnischen Gruppen wurde nahegelegt, Nationalstaaten zu bilden. Der Vorschlag, internationale Kooperation zu organisieren, war motiviert durch den Wunsch, das Kriegerische aus der Politik des Mächtegleichgewichts herauszunehmen, indem man eine Institution kreierte, die Kriege überflüssig machte. Wilsons fortschrittlichen Initiativen mangelte es nicht an Attraktivität, doch führten sie zu vielen neuen Problemen. Das kulturelle Erbe des Autoritarismus besaß noch subversives Potenzial genug, um demokratische Selbstverwaltung zu blockieren. Ethnisch gemischte Besiedlungen lösten Konflikte um Minderheiten und Grenzstreitigkeiten aus. Unwillig, sich ihre neue Souveränität schon wieder schmälern zu lassen, kooperierten unabhängige Staaten oft nur, wenn es in ihre Interessen passte. Wilsons Vision betraf Kernprobleme der Moderne, nur verkannte er das destruktive Potenzial, das in ihr steckte.[50]

Die Verbreitung der Demokratie in Mittel- und Osteuropa bot den ehemaligen Untertanen der Landimperien die nie dagewesene Chance, ihre Angelegenheiten in die eigenen Hände zu nehmen.

Der Sturz der zaristischen, der Habsburger und der Osmanischen Monarchie brachte die nationalen Bewegungen ihrem Ziel endlich näher. Inspiriert von den Idealen der Französischen Revolution, hatten jene Kämpfer sich gegen ihre tyrannischen Oberherren gestellt, waren jedoch durch das Scheitern der 1848er-Revolutionen empfindlich zurückgeworfen worden. Die Hartnäckigkeit, mit der die alte Ordnung ihr Regiment verteidigte, um sich ihre Privilegien zu erhalten, hatte nur stückweise Fortschritte in Richtung Selbstverwaltung zugelassen.[51] Die autoritären Regime mussten erst niedergeworfen werden, bevor sich eine Gelegenheit eröffnete, politische Teilhabe zu umfassender Repräsentation auszuweiten. In den grimmigen ideologischen Zwisten nach dem Krieg gewann die demokratische Alternative anfangs überall die Oberhand – außer im autoritären Ungarn und in der radikalen Sowjetunion. Viele befreite Bürger waren aber noch nicht imstande, die frisch gewonnenen Rechte auch wahrzunehmen, denn sie hatten keinerlei Erfahrung mit Selbstverwaltung und Selbstbestimmung. Die Härten des Bürgerkrieges, ökonomische Einbußen und populistischer Nationalismus sorgten dafür, dass sich die neuen Demokratien gar zu bald in kleine Diktaturen verwandelten.[52]

Durch die Pariser Friedensverträge entstanden ein Dutzend neuer Nationalstaaten, die das Prinzip der Selbstbestimmung in Europa beträchtlich voranbrachten: verschiedene Ethnien konnten sich nun jeweils selbst regieren. Von der Ostsee bis zum Schwarzen Meer durften ehemalige Untertanen russischer, deutscher und ungarischer Herrscher ihre eigenen Nationalstaaten bilden, in denen sie dann die Möglichkeit hatten, ihre Unabhängigkeitsträume zu realisieren. Die Befreiung von den früheren Herren bedeutete für die nunmehr Souveränen, dass sie in öffentlichen Angelegenheiten ihre eigene Sprache benutzen, ihre Kinder in den Schulen das gemeinsame kulturelle Erbe lehren und internationalen Respekt beanspruchen konnten wie ältere, bereits etablierte Nationen. Aber der Minderheitenschutz, den der Völkerbund verfügte, erwies sich als unzureichend für bestimmte Gebiete in Ostmitteleuropa, die eine starke ethnische Durchmischung aufwiesen. Denn in vielen Städten lebten mehrere Völkerschaften nebeneinander, beispielsweise Deutsche, Juden und Slawen in Prag. Volkszählungen, die ja auch nationale Zugehörigkeiten ermittelten, bargen Zündstoff, denn der Anspruch auf Macht oder Grenzverläufe hing ab von der Identifikation der Bürger mit einer bestimmten Sprache. Die Einführung der Selbstbestimmung von oben herab, mit der der Völkerbund die Mittelmächte zu schwächen und Sowjetrussland draußen zu halten hoffte, sorgte für heftige Konflikte, die sich später zu ethnischen Säuberungen auswachsen sollten.[53]

Eine internationale Organisation einzurichten, die in Konfliktfällen vermittelte und einem zweiten Weltkrieg vorbeugte, schien ebenfalls eine exzellente Idee. Eigentlich trat der Völkerbund das Erbe der Kongresssysteme um ein Jahrhundert versetzt an. Auf dem neu geschaffenen internationalen Forum sollten die Öffentlichkeiten verschiedener Länder ihre Meinungen austauschen, die Probleme der Welt diskutieren, rechtliche Leitlinien für den Umgang der Nationen miteinander festlegen, sich um lebenswichtige Einzelmaßnahmen wie den Arbeitsschutz kümmern – alles ehrenwerte Ziele, und was die Gremien erreichten, tat sicherlich einiges, um Spannungen zwischen Ländern zu mindern. Doch die Verteidiger nationaler Souveränität schafften es immer wieder, die Initiative zu sabotieren. Sie beharrten darauf, dass den Großmächten ein Vetorecht zustehe und dass die besiegten Feindnationen ausgeschlossen, die Sowjetunion gar nicht erst hereingelassen und die Vereinigten Staaten am Beitritt gehindert werden müssten. Auch nötigten sie den Völkerbund, die Bestimmungen der umstrittenen Friedensverträge mit Härte durchzusetzen. Zwar gelang es der Genfer Liga, mehrere Grenzdispute durch Plebiszite beizulegen und ganz allgemein die internationalen Debatten zu zivilisieren; hingegen versagte sie katastrophal, als es darum ging, jene Streitigkeiten zwischen den Großmächten zu regeln, die später einen neuen Weltkrieg entzündeten.[54]

Die Bemühungen um demokratische Modernisierung, die am Ende des Ersten Weltkrieges begannen, wirken in der Rückschau gleichzeitig bestechend und enttäuschend. Die Niederlage der Mittelmächte schuf eine historische Chance, einen Frieden zu errichten auf den Prinzipien der Demokratie, der Selbstbestimmung und der Einbindung in eine internationale Organisation. Dank jener attraktiven Ideen fanden die meisten Bürger Mittel- und Osteuropas Wilsons liberales Reformprogramm sympathischer als Lenins kommunistische Revolutionsverheißungen. Aber nationales Eifererturn und konservative Widerspenstigkeit seitens der siegreichen Alliierten machten die Implementierung dieser Ideale durch die Pariser Friedensverträge zu einer recht einseitigen Angelegenheit. Dass die Triumphanten in fast allen umstrittenen Fällen als die Begünstigten erschienen, fachte unter den Geschlagenen verbliebene Ressentiments neu an. Hinzu kamen inhaltliche Ungereimtheiten – etwa, dass man Selbstbestimmung in Ländern installierte, die dafür noch nicht reif waren; dass man Nationalstaaten in ethnisch durchmischten Regionen errichtete; dass man eine internationale Organisation gründete, ohne sicherzustellen, dass die Mitglieder Teile ihrer Souveränität abgaben. Infolge solcher Fehler blieb die liberale Moderne auf den Westen beschränkt. Wilsons Vision hat auch noch später Demokraten inspiriert, doch bedurfte es einiger Überarbeitung und Weiterentwicklung, um zu gewährleisten, dass sie sich am Ende durchsetzte.[55]

Die faschistische Alternative

Der faschistische Marsch auf Rom, 1922. V. l. n. r.: Italo Balbo, Benito Mussolini, Cesare Maria de Vecchi und Emilio de Bono

Am 22. März 1919 versammelten sich in Mailand mehrere hundert Ex-Sozialisten, Syndikalisten, Futuristen und Veteranen, um eine neue politische Bewegung zu gründen, genannt *Fasci di Combattimento* (›Kampfverbände‹). Ihr künftiger Führer, der Journalist Benito Mussolini, der den Eintritt Italiens in den Krieg befürwortet hatte, verkündete das ehrgeizige Ziel, man wolle »das Fundament einer neuen Zivilisation legen«. Um »die begrenzten Horizonte all der verbrauchten und erschöpften Demokratien« zu überwinden sowie dem »gewalttätig utopischen Geist des Bolschewismus« entgegenzutreten, bedürfe es, so Mussolini, einer »italienischen Revolution«. Sein bunt zusammengeflicktes Programm umfasste Punkte wie diese: eine Nationalversammlung zur Reform des Staates, den Achtstundenarbeitstag, die Mitbestimmung der Belegschaft in Unternehmen, die Bildung eines technischen Sachverständigenrats und Maßnahmen gegen die Kirche. Später kamen noch Kranken- und Altersversicherung, die Beschlagnahme unbewirtschafteten Landes, eine hohe Steuer auf Kriegsgewinne, die Einziehung von Kirchenbesitz und die Militarisierung der Nation hinzu. Das Wort *fasci* im Namen dieser »Antipartei« bedeutet wörtlich ›Bündel‹ (Plural), was eine Reminiszenz an das alte Rom beinhaltete: Damals wurden hohen Magistraten als Symbol ihrer Amtsgewalt sogenannte *fasces* vorangetragen – Rutenbündel, in denen ein Beil steckte.[1] Der eher bescheidene Beginn 1919 in Mailand markierte die Geburt einer neuen Ideologie, die sich zu einer dritten Version der Moderne entwickelte und nun mit den beiden anderen um die Zukunft Europas konkurrierte.

Die faschistische Vision war eine merkwürdige Kombination aus Nationalismus und Sozialismus, womit sie sich die beiden großen ideologischen Kräfte des 20. Jahrhunderts zunutze zu machen suchte. Einen wesentlichen Grundpfeiler bildete ein übersteigerter »integraler Nationalismus«, wie ihn in Frankreich Charles Maurras vertrat, der das eigene Vaterland als höchsten Wert über alle anderen setzte. Der Publizist Enrico Corradini knüpfte an diese nationalistische Botschaft an und übertrug sie auf die einheimischen Verhältnisse: »Italien ist«, kritisierte er, »materiell und moralisch eine proletarische Nation«, es habe jedoch die Pflicht, mit Ländern gleichzuziehen, die es in Sachen Wohlstand und Imperialismus weitergebracht hätten. Der Dichter Filippo Tommaso Marinetti, Vertreter der Kunstströmung des Futurismus, verfocht ähnliche Ideen. In einem der Manifeste jener Bewegung verkündete er: »Wir wollen Krieg verherrlichen – die einzig wahre Hygiene der Welt –, den Militarismus, den Patriotismus, die Vernichtungstat der Freiheitsbringer, schöne Ideen, für die zu sterben lohnt, und die Verachtung des Weibes.«[2] Solch eine Rhetorik verfing bei Italienern, die Frustration empfanden angesichts der Diskrepanz zwischen der glorreichen Vergangenheit des Landes und seiner enttäuschenden Gegenwart. Zusätzlich inspiriert vom Sozialdarwinismus, träumten diese Ultranationalisten von einer nationalen Wiedergeburt, die im Inneren ein großes Gemeinschaftsgefühl stiften und nach außen die imperialen Besitztümer sichern und erweitern würde.

Die andere Hauptstütze bestand aus einer Art Sozialismus, einem zurechtgebogenen allerdings, der vom klassischen Marxismus dadurch abwich, dass er sich zum Syndikalismus bekannte. Letzteren hatte der französische Theoretiker Georges Sorel inspiriert, der die direkte Aktion, die mythische Mobilisierungskraft des Generalstreiks und die Kontrolle der Arbeiter über die Betriebe pries. Auch trat er für Gewalt ein, als Mittel und als Zweck gleichermaßen. Solche Ideen gefielen Arturo Labriola und anderen italienischen Sozialisten, die nicht jene Geduld aufbringen mochten, die Marx beharrlich einforderte, wenn er postulierte, die Revolution könne erst kommen, wenn der bürgerliche Kapitalismus sich fertig entwickelt habe. Die Syndikalisten teilten mit den Sozialisten manche Positionen: Wie diese hassten sie Ausbeutung und Ungleichheit, wie diese hofften sie auf eine revolutionäre Transformation, die dem Proletariat zur Macht verhelfen sollte. Anders jedoch als die einheimischen Sozialisten der *Partito Socialista Italiano* (PSI) waren die Syndikalisten produktivistisch orientiert, feierten also die Wachstumskräfte der Industrialisierung und stellten die Nation über die sozialen Klassen, die sie sich in einer großen nationalen Gemeinschaft vereint wünschten. Angesichts dieser nationalistischen Attitüde wundert es nicht, dass sie auch den italienischen Imperialismus und die Beteiligung ihres Landes am Weltkrieg unterstützten.[3] Da sie den sozialistischen Internationalismus entschieden ablehnten, waren sie ferner bereit, gemeinsame Sache mit den radikalen Nationalisten zu machen.

Gleichermaßen in Gegnerschaft zur bürgerlichen Demokratie wie zum Kommunismus, entwarfen die Faschisten eine alternative Variante der Moderne, innerhalb derer die Wiedergeburt der italienischen Nation besonderen Rang erhielt. Der Faschismus entstand in einer Modernisierungskrise des italienischen Staates, die durch die Belastungen des Ersten Weltkriegs und die Schwierigkeiten beim Übergang zum Frieden verschärft wurde. Zwar evozierten seine Rhetorik und sein Symbolgebrauch das Erbe des Römischen Imperiums; jedoch ist vielen Charakteristika der Bewegung Modernität nicht abzusprechen. Dazu gehören Massenmobilisierung, Führerkult, Männerbündelei, die Bewunderung der Jugend und die Ästhetisierung der Politik. Aus diesen Elementen, denen sich noch Hypernationalismus, Militarismus, Pro-Natalismus und Expansionismus beigesellten, versuchte der faschistische Glaube eine positive Synthese zu formen, eine Kombination aus Teilstücken der Moderne, freilich aus bedenklichen. Was so entstand, war eine radikal nationalistische, expansionistische und Gewalt und Krieg verherrlichende Ideologie. Diese etwas konfuse Weltanschauung war »eine Form des revolutionären Ultra-Nationalismus um der nationalen Wiedergeburt willen, der hauptsächlich auf einer vitalistischen Philosophie basierte und zu dessen strukturbildenden Spezifika ein extremer Elitarismus, Massenmobilisierung, das Führerprinzip und Lobpreisung der Gewalt als Mittel und als Zweck zählten, ebenso die Tendenz, dem Krieg und/oder militärischen Tugenden den Status der Normalität zu verleihen«[4] Alles in allem war der Faschismus eher ein Stil und ein Gefühl als eine systematische Ideologie.

Will man die bestürzende Attraktivität verstehen, die der Faschismus als Alternative zu Liberalismus und Sozialismus erlangte, sollte man unbedingt zwischen dem polemischen und dem analytischen Gebrauch des Begriffs unterscheiden. Ein Teil des Problems liegt in der Tendenz der antifaschistischen Linken, alles, was ihr auf der Rechten bekämpfenswert erscheint, ›faschistisch‹ zu nennen. Diese undifferenzierte polemische Verwendung verwischt den beträchtlichen Unterschied zwischen wahrhaft faschistischen Systemen, die auf Massenmobilisierung rekurrieren, und traditionellen autoritären Regimen, die sich primär auf Monarchie, Kirche, Armee und Beamtenapparat stützen. So schlimm sie gewesen sein mögen, Franco und Salazar waren weder Mussolini noch Hitler. Außerdem trägt zur Verwirrung bei, dass man zu wenig unterscheidet zwischen ›Faschismus‹ als Bezeichnung für das spezielle italienische Phänomen und einem allgemeineren Gebrauch des Terminus als Gattungsnamen, der Bezug nimmt auf die Verbreitung rechtsextremer Bewegungen in anderen Ländern, die mit dem italienischen Faschismus zumindest viele Glaubensinhalte teilten. Obwohl die Nationalsozialisten von Mussolinis Beispiel inspiriert waren, gingen sie doch bald darüber hinaus, indem sie eine rassistischere und tödlichere Version einer ähnlichen Ideologie propagierten.[5] Doch lässt man solche Differenzierungen einmal beiseite, ist die Feststellung richtig, dass das plötzliche Auftreten rechtsextremer Politikformen Europa in neue Wirren stürzte.

Die Rückständigkeit Italiens

Bis zur Mitte des 19. Jahrhunderts war Italien, einem sarkastischen Ausspruch Fürst Metternichs zufolge, kein Staat, sondern ein geografischer Begriff. Von Europa durch die Alpen abgeschnitten und vom Mittelmeer umgeben, erfreute Italien sich eines milden Klimas, aber sein fruchtbarer Boden litt unter Übernutzung, und es besaß wenige natürliche Ressourcen wie Kohle oder Eisen. Die große römische Vergangenheit war nur noch eine ferne Erinnerung, am Leben gehalten durch die physische Präsenz von Ruinen; die einst gemeinsame Sprache hatte sich in mehrere rivalisierende Dialekte aufgelöst. Zwar blieb der Stadt Rom der Sitz des Papsttums, aber die katholische Kirche mochte sich nicht damit begnügen, eine spirituelle Kraft zu sein, und mischte sich in die weltliche Politik ein. Nach den Barbareninvasionen während der Völkerwanderung zerfiel das Land in Fürstentümer, die bald unter spanische, bald unter französische, bald unter habsburgische Oberherrschaft kamen. Während Stadtstaaten wie Venedig, Florenz und Mailand wegen ihres Wohlstands und ihrer hohen Kultur großen Ruhm genossen, blieb die italienische Halbinsel politisch zerklüftet, mit auch ökonomisch negativen Folgen. Zwischen dem industriellen Norden und dem agrarischen Süden bestanden enorme soziale Unterschiede, und die Überbevölkerung zwang zahllose Generationen zur Emigration in alle Welt.[6]

Italien wurde erst 1861 zum Nationalstaat, und dass es dazu kam, verdankte das Land einem zufälligen Zusammenwirken von Ideologie, Rebellion und Diplomatie. Die napoleonische Besatzung hatte ein paar liberalisierende Reformen angestoßen und ein geistiges Wiederaufleben (*risorgimento*) inspiriert, das dem italienischen Stolz neuen Auftrieb gab und die Vereinigung zu einem Traum der Intellektuellen machte. Der republikanische Schriftsteller Giuseppe Mazzini verfasste poetische Aufrufe zum politischen Handeln, denen namentlich Studenten folgten, aber die einzelnen lokalen Erhebungen, einschließlich jener während der Revolutionen von 1848, scheiterten am Ende, und Mazzini musste nach England ins Exil. Erfolgreicher war der romantische Revolutionär Giuseppe Garibaldi, der die bourbonische Dynastie in Neapel mit einer zusammengewürfelten Armee aus Bauern, Unzufriedenen und Abenteuern stürzte und so zu einer nationalen Legende wurde. Vollendet hat die Einheit Italiens jedoch der Reformer und Diplomat Graf Camillo di Cavour, Ministerpräsident von Piemont-Sardinien. Mit Hilfe französischer Truppen und unter Bismarcks stiller Duldung verjagte er 1861 die österreichischen Fürsten, eroberte 1866 Venedig und besetzte 1870 Rom. Alle befreiten Provinzen integrierte er in ein erweitertes Piemont, nur Trient und Triest waren nicht dabei.[7]

Der so entstandene neue italienische Staat war eine konstitutionelle Monarchie, die sich dann schrittweise zu einer parlamentarischen Regierung entwickelte. Zwar galt jetzt wieder die Verfassung von 1848, das sogenannte *Statuto*, dem zufolge der König die allerhöchste Autorität innehatte, aber Vittorio Emmanuele II. war keine starke Herrscherpersönlichkeit, sodass die Macht nach und nach auf die Minister und die Deputierten überging. Allerdings besaßen damals nur Männer und selbst von diesen nur zwei Prozent das Wahlrecht, dessen Ausweitung nun zum dauerhaften Zankapfel wurde. Da über zwei Drittel der Bevölkerung immer noch in der Landwirtschaft tätig und Analphabeten waren, blieb Politik vorerst ein Spiel unter Männern mit Besitz und Bildung, da die nicht mehr sehr einflussreichen Adeligen sich weitgehend damit begnügten, zu verzehren, was ihr Grundeigentum an Renten abwarf. Das Parlament zeigte sich in zwei Lager geteilt: hier eine konservativ-liberale Fraktion, welche die Privilegien ihrer Klientel verteidigte und nur wenige Zugeständnisse machen mochte; dort eine demokratisch-radikale Gruppe, die heftig mehr Rechte für das Volk einklagte, der es aber oft an Unterstützung durch die Wähler mangelte. Die herrschende Elite nun bediente sich einer Taktik, die als *transformismo* in die Geschichte einging: sie suchte ihre Kritiker zu vereinnahmen, indem sie ihnen ein Stück Macht abgab – in der Erwartung, diese würden dann schweigen.[8] Entsprechend spielte die Politik sich in weiter Entfernung vom Leben der meisten Italiener ab, die tagtäglich ums Überleben kämpften, nicht selten in erbärmlicher Armut.

Die katholische Kirche lehnte den entstehenden Nationalstaat ab, weil er vom Liberalismus inspiriert war. Immerhin hatte er sie schon um politische Macht und weltlichen Besitz gebracht. Über beides erzürnt, erklärte Papst Pius IX. sich zum »Gefangenen im Vatikan« und verweigerte jede Einigung mit der neuen nationalen Regierung, die sich in Rom einrichtete. Es trug nicht eben zur Entspannung bei, dass Cavour und die anderen liberalen Staatsbegründer kirchliches Eigentum konfiszierten und die Oberhoheit des Staates über den Unterricht in den Primarschulen sowie über die Eheschließungen beanspruchten; Letztere mussten nun auch zivil erfolgen. Papst und Kurie reagierten, indem sie ihren »antimodernistischen« Kurs verhärteten und extrem rigide Doktrinen verkündeten, etwa das Dogma der päpstlichen Unfehlbarkeit oder der unbefleckten Empfängnis Mariens. Zusätzlich publizierte man eine Schrift namens *Syllabus errorum* (›Verzeichnis der Irrtümer‹), die progressive säkulare Denk- und Politikrichtungen attackierte. Obwohl religiöse Rituale nach wie vor den Rhythmus des Alltagslebens der Pfarrkinder bestimmten, verbot der Vatikan seinen Schäfchen, an nationalen Wahlen teilzunehmen! Zwar bewahrte sich die Geistlichkeit im lokalen Bereich einiges ihrer alten Stärke, doch verhinderte die Weigerung der Kurie, den Nationalstaat anzuerkennen, eine ganze Weile die Formierung einer klerikal-konservativen Partei. Dies änderte sich erst kurz nach dem Weltkrieg 1919, als die *Partito Popolare Italiano* gegründet wurde, um den Katholiken im Felde der Politik eine Stimme zu verschaffen.[9]

Eine weitere Hürde für den neuen Staat war die Langsamkeit der ökonomischen Entwicklung. Obwohl die meisten Italiener nach wie vor Ackerbau trieben, blieben die Erträge an Korn, Wein oder Oliven bescheiden, außer in einigen ergiebigen Gegenden, etwa der Toskana. Anderswo reichten die Ernten bestenfalls für den Eigenbedarf oder für die Belieferung der lokalen Märkte. In Mittel- und Süditalien dominierten Latifundien, auf denen Pächter leichtverkäufliches Getreide anbauten; oft jedoch bewirtschaftete man erschöpften Boden mit uralten, nicht besonders produktiven Methoden. Zwar besaß Italien zahlreiche hervorragende Handwerker, die Industrialisierung jedoch kam spät, denn es gab nur wenige natürliche Ressourcen, darunter Wasserkraft und Schwefel. Und gar zu viel von dem verfügbaren Kapital wurde wiederum in Land investiert. In der Lombardei und anderen nördlichen Provinzen benutzten Fabriken aber zunehmend Maschinen für die Herstellung von Textilien aus Schurwolle, Baumwolle oder Seide. Um das Land zusammenzuführen, trieb die Regierung den Bau von Eisenbahnlinien voran, der Ingenieurwesen und Technik Beträchtliches abverlangte, da zahllose geografische Hindernisse überwunden werden mussten.[10] Behindert durch eingefleischten Konservatismus, beschleunigte Italien seine Industrialisierung erst ab 1896 und entwickelte seine eigene Stahl-, Schiffsbau- und Autoindustrie.

Immer wieder kam es auf dem Land wie in den Städten zu sozialen Protesten gegen missliche Lebensbedingungen. Den Süden plagte eine Mischung aus rebellischem Banditentum, Mafia-Verbrechen und ländlicher Kriminalität. In den 1870ern stieß der exilierte russische Revolutionär Michail Bakunin eine anarchistische Bewegung an, die lokale Erhebungen versuchte und schließlich politische Anschläge verübte. Mit dem Wachsen der industriellen Arbeiterklasse im Norden begann sich während der 1880er Jahre auch der marxistische Sozialismus zu entwickeln, der sich bald in zwei Richtungen spaltete: einen »legalistischen« Zweig (POI) und einen revolutionären Flügel (PSRI). Unter der Leitung des Mailänder Soziologen Filippo Turati schlossen sich 1892 mehrere linke Gruppierungen zusammen und gründeten die Sozialistische Partei Italiens (PSI), dergestalt dem erfolgreichen Beispiel der deutschen Sozialdemokratischen Partei folgend. Dank der Rückendeckung durch die *camere del lavoro* (syndikalistische Arbeiterräte) und einer rasch expandierenden Riege von Gewerkschaften überlebte diese neue Partei mehrere Repressionswellen seitens der Regierung. Während der Jahre bis 1900 wurde die PSI so erfolgreich bei den Wahlen, dass das bürgerliche Kabinett auf Anregung des Ministerpräsidenten Giovanni Giolitti Versuche unternahm, sozialistische Abgeordnete in die Regierungsverantwortung einzubinden, um jene Partei mit dem Staat zu versöhnen. Dennoch blieb in dieser Phase der Konflikt zwischen Reformern und Revolutionären ungelöst.[11]

In der Hoffnung, auch eine Großmacht zu werden, erlag Italien den Verlockungen des Imperialismus. Freilich hatte es wenig Geschick bei der Wahl seiner Objekte, die es viel kosten sollten. 1890 erklärte die Regierung in Rom Eritrea am Horn von Afrika, wo Händler einen Stützpunkt etabliert hatten, zur italienischen Kolonie. Beflügelt vom Traum, Ruhm und Ehre des alten Rom wiederzubeleben, annektierte man 1905 noch Somalia. Aber diese neuen Besitzungen verwickelten die unerfahrenen Imperialisten in einen Konflikt mit dem Kaiser von Abessinien (heute Äthiopien), dessen Leute 1887 die italienischen Truppen besiegten. Diesen Rückschlag mochte man in Rom nicht hinnehmen, und so drängte Premierminister Francesco Capri, Italien müsse seine Kontrolle auf das gesamte Äthiopische Reich ausdehnen. Aber das Kriegsglück war Rom auch diesmal nicht hold: In der Schlacht von Adua töteten die Abessinier rund 5000 italienische Soldaten und nahmen 2000 gefangen. Diese Niederlage war ein deutliches Warnsignal, doch Capris Nachfolger Giolitti ließ sich nicht beirren und attackierte 1911 das Osmanische Reich. Immerhin konnte man Libyen nach blutigen Auseinandersetzungen unterwerfen. Diese Prestigepolitik riss ein gewaltiges Defizit ins Staatsbudget, und die Überbevölkerung Italiens konnte sie auch nicht lindern, denn wenn emigriert wurde, dann nicht in die neu eroberten Gebiete, sondern anderswohin, etwa nach Amerika.[12] Der imperialistische Kurs erwies sich als desaströs, denn er verschlang Ressourcen und nährte die chauvinistische Arroganz.

Eine Welle nationalistischer Euphorie trug Italien zur Teilnahme am Ersten Weltkrieg, doch traten gerade dadurch die strukturellen Schwächen eines Landes zutage, das sich immer noch mit der Aufholjagd hin zur Moderne abmühte. Die anfängliche Entscheidung, neutral zu bleiben, war ein Kompromiss zwischen den Anhängern des Dreibunds und den Befürwortern der Befreiung des *Italia irredenta*, des ›unerlösten Italiens‹, gewesen. Mit dem Begriff bezeichneten die einheimischen Nationalisten ehemals italienische Territorien, die sich derzeit unter dem »habsburgischen Joch« befänden. Um solche Begehrlichkeiten genau wissend, versprach die Entente den Italienern, dass sie, wenn sie mitwirkten und man gemeinsam siegte, Istrien, Trient und Dalmatien zurückbekommen und Kolonien hinzugewinnen würden. Daraufhin unterzeichnete Premierminister Sidney Sonnino getreu der Maxime des *sacro egoismo* den Vertrag von London, und im Mai 1915 trat Italien in den Großen Krieg ein. Aber die Hoffnungen auf einen raschen Sieg über die multiethnischen österreichischen Streitkräfte zerstoben bald in den Schützengräben des Friaul, und in der Zwölften Isonzoschlacht – auch: ›Schlacht von Karfreit‹ – wurde Italiens Armee zerschlagen. Zwar expandierten Industriekonzerne wie FIAT während des Krieges rapide, aber die Moral in der Truppe war erbärmlich, weil die Soldaten kaum eine richtige Ausbildung erfahren hatten und außerdem nicht recht verstanden, für welche Sache sie eigentlich sterben sollten. Erschwerend hinzu kam die Unfähigkeit ihrer Führung. Erst im Oktober 1918 gelangen der italienischen Armee Siege über Österreich. Der Krieg kostete das Land 600 000 Tote und noch mehr Verwundete. Die sinnlosen Leiden vertieften den Graben zwischen der skeptischen Mehrheit und der interventionistischen Minderheit.[13]

Die Nachkriegskrise

Der Faschismus war ein Produkt der Krise, die der parlamentarischen Regierung nach dem Krieg zusetzte; Modernisierungsprobleme der geschilderten Art erleichterten ihm sein Wirken. Zwar erhielt Italien die meisten der Territorien, die ihm der Vertrag von London zugesagt hatte, darunter Trient, doch waren viele Veteranen enttäuscht, dass nicht auch die dalmatische Küste und die neuen Kolonien zur Kampfesbeute gehörten. Dass sich nicht all ihre Hoffnungen erfüllt hatten, machte die Nationalisten zornig, die von einer *vittoria mutilata*, einem ›verstümmelten Sieg‹ sprachen. Um den Verlauf der neuen Grenze zu Jugoslawien entbrannten heftige Kontroversen, denn in vielen Städten Istriens und Dalmatiens wohnten vorwiegend Italiener, während im Land ringsum meist mehrheitlich Slowenen und Kroaten lebten. Um Rom unter Druck zu setzen, stellte der Dichter Gabriele d'Annunzio, ein Nationalist von kleiner Statur, eine Legion aus rund 2000 Ex-Soldaten, Deserteuren und Desperados zusammen und besetzte die Hafenstadt Fiume, heute bekannt als Rijeka. Dort errichtete er ein Operettenregime mit reichlich Proklamationen und Paraden. Der Dichter machte sich auch Gedanken über das äußere Erscheinungsbild und die Organisationsform der Bewegung, weshalb er einiges von dem erfand, womit die Faschisten später bekannt wurden, etwa einen spezifischen Gruß – damals die erhobene Faust – oder die »korporative Ordnung«. Schließlich musste die Marine d'Annunzio vertreiben, aber Fiume blieb eine italienische Stadt, was immerhin zeigte, wozu eine entschlossene rechte Miliz in der Lage war.[14]

Die Kabinette Nitti und Giolitti erwiesen sich als unfähig, den ökonomischen Übergang zur Friedenszeit zu regeln, sodass sich ein Gefühl der Panik in der Mittelklasse ausbreitete. Da nach Gewehren, Kanonen, Munition und Schlachtschiffen keine Nachfrage mehr bestand, traf nicht wenige Firmen, die Kriegsmaterial hergestellt hatten, der Kollaps. Nach der Demobilisierung der Veteranen waren rund zwei Millionen arbeitslos, während die Inflation in die Höhe schnellte: Die Preise kletterten auf 600 Prozent des Standes von 1914. Angeregt durch das revolutionäre Beispiel der Bolschewiki, reagierten die Arbeiter auf die sich stetig verschärfende Rezession mit wachsender Militanz. Eine Reihe von Streiks legte die Produktion lahm, Hungerrevolten brachen aus, Fabriken wurden monatelang besetzt. In den agrarischen Gebieten bemächtigten sich die Bauern des Landes und plünderten die reichen Lagerbestände der Großgrundbesitzer. Als die Regierung versuchte, der Unzufriedenheit des Volkes zu begegnen, indem sie ihm ein paar Konzessionen machte – sie führte etwa den Achtstundentag und eine erweiterte Sozialversicherung ein –, fürchteten die Begüterten, man wolle ihnen ihren Besitz abnehmen oder wegbesteuern. Seit der Einführung des allgemeinen Wahlrechts waren Urnengänge kein gemütliches Spiel innerhalb der Eliten mehr, sondern ein Wettkampf unter Beteiligung der Volksmassen, mit ungewissem Ausgang.[15] Die Politik zeigte sich der Aufgabe, einen Weg aus dem Nachkriegschaos zu finden und Stabilität wiederherzustellen, nicht gewachsen.

Diese Wirrnis bot Chancen für populistische Newcomer wie den Journalisten Benito Mussolini. Er wurde 1883 in Predappio geboren, einer kleinen Stadt der Romagna, und war bescheidener Herkunft. Sein Vater, Schmied von Beruf und antiklerikaler Republikaner sowie Sozialist von Gesinnung, nannte seinen Sohn nach dem mexikanischen Revolutionär Benito Juárez. Der Knabe war widerspenstig, doch zeigte er vielversprechende geistige Fähigkeiten, weshalb man ihn auf ein katholisches Internat schickte. Nach mancherlei Schwierigkeiten – ausgelöst durch Handgreiflichkeiten mit Kameraden – erlangte Benito schließlich ein Diplom, das ihn zum Unterricht an Elementarschulen berechtigte. Dem Ruhelosen sagte die biedere Routine eines Volksschullehrerdaseins allerdings nicht zu, und so ging er in die Schweiz, wo er bald mit radikalen Ideen in Berührung kam. Nach Italien zurückgekehrt, leistete er seinen Militärdienst ab und wurde Journalist. Er trat der Sozialistischen Partei bei und schrieb für deren Organ *Avanti* (›Vorwärts‹); dank seiner feurigen Rhetorik stieg er bald zum Chefredakteur auf. Nach Ausbruch des Weltkriegs brach er jedoch mit der PSI, denn diese plädierte für die Neutralität Italiens, er hingegen leidenschaftlich für dessen Beteiligung am Waffengang. Mussolini gründete eine neue, eigene Zeitung und gab ihr den Namen *Popolo d'Italia* (›Volk Italiens‹). Ein Polizeibericht aus den Nachkriegsjahren beschreibt ihn als »emotionale und impulsive Person«, »guten Redner«, als »sehr intelligent, gewitzt, umsichtig, bedachtsam« und »mit guter Menschenkenntnis« begabt.[16]

Mussolini war kein systematischer Denker, sondern eher ein weitgehend autodidaktischer Intellektueller, der sich leicht von starken Worten beeindrucken ließ und populäre Parolen mit emotionaler Rhetorik dramatisierte. In seiner Autobiografie gibt er an, er glaube nicht, dass man aus Büchern lernen könne; lehrreich sei für ihn nur eines gewesen: »Das Buch des Lebens – das ich gelebt habe«. Geprägt hatten ihn die Armut seiner Herkunft, der Antiklerikalismus seiner Jugend, die frühen Konflikte mit Autoritäten und das erregende Abenteuer des Krieges im Mannesalter. Trotzdem bezog er sich in seinen Reden immer wieder auf die Konzepte anderer Denker, die er sich zu eigen machte: So übernahm er den Protest gegen die Ausbeutung von Karl Marx, die Strategie der direkten Aktion von Georges Sorel, die Forderung nach einer Elite von dem Soziologen und Ökonomen Vilfredo Pareto, den Willen zur Macht von Friedrich Nietzsche und die Thesen über die Formbarkeit der Massen vom Psychologen Gustave Le Bon. All diese Vorstellungen, eher halb verdaut als gründlich reflektiert, flößten ihm einen tiefen Hass auf die politische Klasse Italiens ein, sei sie nun liberal, katholisch oder sozialistisch. Sich selbst betrachtete er als »Kämpfer im Redaktionsbüro«; er feierte den »Geist der nationalen Solidarität«, der zum ruhmreichen »Sieg der gesamten italienischen Rasse« führen werde. 1919 war Mussolini also ein Ex-Sozialist und ein Nationalist durch und durch, der sich selbst als »verzweifelt italienisch« bezeichnete.[17]

Die faschistische Bewegung, die sich im Frühling des Jahres gründete, vereinte bisher konkurrierende Gruppen jener italienischen Linken, die interventionistisch dachte. »Faschisten« nannte man damals verschiedene nationalistische Fraktionen, beispielsweise die Gefolgsleute d'Annunzios, von Sergio Panunzi inspirierte Syndikalisten, die von Marinetti geführten Futuristen, daneben ausgemusterte Stoßtruppler. Mussolinis eigenwillige Kombination von Egalitarismus und Nationalismus fand besonders bei Studenten und Offizieren Anklang, denen der Frieden nur Enttäuschungen gebracht hatte und die oft keine Arbeit fanden. Aus Furcht vor geschäftlichen Einbußen, die ihnen der Übergang zum Frieden bescheren könnte, finanzierten bestimmte industrielle Kreise Mussolinis Leute. Entsprechend attackierte *Popolo d'Italia* die Sozialisten scharf und präsentierte eine so produktivistische wie hierarchische Agenda, mit der sich nach Meinung ihrer Urheber am ehesten eine nationale Wiedergeburt erreichen ließ. Um ihre zahlreichen Feinde einzuschüchtern, bildeten die Faschisten paramilitärische Kommandos, *squadre* genannt, die dann politische Gegner verprügelten oder die Redaktionsräume von PSI-Zeitungen verwüsteten. Dank seiner revolutionären Rhetorik, seinem persönlichen Magnetismus und seinem Organisationstalent gelang es Mussolini nach und nach, verschiedene linke und nationalistische Gruppen zusammenzuführen. So schuf er eine Massenbewegung aus Unzufriedenen, die sich fest entschlossen zeigte, das parlamentarische Regime zu stürzen.[18]

Die ganze faschistische Attitüde durchzog eine Art Männerbündelei. Es schien, als sei die Erneuerung Italiens ein Abenteuer, in dem sich Mannhaftigkeit zu bewähren habe. Die *squadristi* trugen schwarze Uniformen, weiße Schlagstöcke und Revolver; sie ahmten das Militär nach – in Struktur, Erscheinungsform und Gebaren. Viele waren heimgekehrte Veteranen, andere waren Jugendliche, die den Krieg, in dem sie vornehmlich eine spannende Sache sahen, nicht hatten erleben dürfen. Beide besaßen damit ihren jeweils eigenen Grund, sich nach der Kameradschaft der Schützengräben und der Geschlossenheit eines kämpfenden Verbunds zu sehnen. Ihre Phantasie gaukelte ihnen überall liberale und sozialistische Bedrohungen vor; nur eine heroische Aktion, glaubten sie, könne Italien noch vor dem Zerfall retten. Eine solche Aufgabe erforderte in ihren Augen nicht etwa Überzeugungskraft, sondern physische Aggression, die sie als »Gewalt der Gerechten« verstanden. So legitimierten sie ihre Straßenschlachten gegen kommunistische Arbeiter, durch die sie auch die Herrschaft über den öffentlichen Raum erobern wollten. Die Faschisten sahen sich als politische Elite, die, frei von den abgenutzten Dogmen ihrer Gegner, den Schlüssel zur Zukunft besaß. Was jeweils zu tun sei, werde von Tag zu Tag entschieden, mit der »Kraft des Willens« als Leitprinzip. In diesem manichäischen Universum war kein Platz für Frauen oder zärtliche Gefühle. Wie ihr *duce* (›Führer‹) es vorgab, erhoben viele Faschisten männliche Härte in den Rang einer Ideologie.[19]

Dass der Faschismus im Chaos der Nachkriegsjahre solche Popularität erlangen konnte, lag zum großen Teil an seinem Kampf gegen die Sozialisten, der ihm die Sympathie einer verängstigten Mittelschicht eintrug. Im Gefolge des Sieges der PSI bei der 1919er Wahl und der Gründung einer Kommunistischen Partei kam es zu einer ganzen Reihe lokaler Erhebungen, die das Gespenst einer umfassenden Revolution ins Leben riefen. Als rebellische Bauernbanden Ländereien besetzten, gewannen die Faschisten die Gunst der Grundbesitzer, indem ihre Kommandos mit Macht anrückten, die sozialistischen Leitaktivisten verprügelten und den Boden den vorherigen Eigentümern zurückgaben. Analog verfuhren die faschistischen Milizionäre – die wegen ihrer Uniform auch *camicie nere*, also ›Schwarzhemden‹, hießen –, wenn kommunistische Arbeiter einen Streik organisierten: Handstreichartig stießen sie in die betreffende Stadt vor, setzten die Rädelsführer fest und ließen die Produktion quasi unter syndikalistischer Aufsicht weitergehen. Zwar verlangten sie für solche Aktionen Schutzgeld, aber das zahlte ihnen die dankbare Bourgeoisie ohne Murren, erschienen ihr doch die schwarzbehemdeten Straßenkämpfer als das kleinere Übel. Polizei und Militär vor Ort neigten dazu, wegzuschauen, wenn faschistische Vergeltungsmaßnahmen aus dem Ruder liefen; schließlich behaupteten deren Urheber, sie dienten der Wiederherstellung von Recht und Ordnung.[20] Indem er sich dergestalt zur Schutzmacht der Besitzenden wandelte und sich mit den Eliten einließ, rückte der Faschismus nach rechts.

Mussolini hatte den Eindruck – und da lag er nicht falsch –, dass die Schwäche des liberalen Parlamentarismus den Faschisten eine Gelegenheit bot, bei deren Nutzung sie sich auch konventionellerer Mittel bedienen konnten. Nachdem Mussolini in der ersten Nachkriegswahl jämmerlich gescheitert war, verdoppelte er seine journalistischen Anstrengungen und schrieb flammende Artikel in seinem Blatt *Popolo d'Italia*. Später sagte er über seine damalige Einschätzung der politischen Gesamtsituation: »Unsere Demokratie von gestern war gestorben, und was in ihrem Testament stand, wussten wir auch: Sie hatte uns nichts hinterlassen als das Chaos.« Bei wilden Massenkundgebungen fühlte sich der Duce so richtig in seinem Element. Dort schrie er seine Gegner nieder, mobilisierte seine Gefolgsleute mit heftigen Parolen und dramatisierte seine Reden zusätzlich durch übertriebene Gestik. Die beständige Litanei seiner antiliberalen und antisozialistischen Artikel sowie seine unablässigen revisionistischen Predigten gegen die Ungerechtigkeit des Friedensvertrags gewannen ihm allmählich die Anhängerschaft junger, sogar feinsinnigerer Geister, zu denen Italo Balbo und Dino Grandi zählten, die später wichtige Rollen spielen sollten. Da Italien immer mehr in Chaos versank, konnte sich die faschistische Bewegung jeden Monat über Tausende neuer Mitglieder freuen; entsprechend wuchs ihr Selbstvertrauen. Die Doppelstrategie – Einflussnahme durch Straßengewalt einerseits, durch politische Organisation andererseits – trug vor allem deshalb Früchte, weil die Verteidiger der Demokratie sich als überaus unfähig erwiesen.[21]

Die Machtergreifung

Die damals in Italien verantwortlichen Politiker verstanden nicht, wie gravierend die Modernisierungskrise war und welch erhebliche Schwierigkeiten die Neujustierung der Verhältnisse nach dem Krieg bereitete. Deshalb waren sie auch unwillig, die drastischen Maßnahmen zu ergreifen, die zur Bewältigung jener Probleme hätten erfolgen müssen. In den frühen 1920ern zeigte sich die parlamentarische Landschaft von drei Parteien geprägt: erstens der neu gegründeten *Popolari*, die den politischen Katholizismus repräsentierten und rund 100 Sitze innehatten; zweitens der gerade eine Blütezeit erlebenden, allerdings zwischen revolutionärer Rhetorik und reformistischer Praxis zerrissenen Sozialisten mit ca. 150 Sitzen; drittens der langsam erodierenden liberalen Zentristen, hinter denen die weltlich gesinnten Kreise der Mittelschicht standen, mit etwa 90 Sitzen. Die Faschisten betraten diese Arena formal 1921 unter dem Namen *Partito Nazionale Fascista* (PNF). Nun waren die Führer der drei großen Parteien – Don Sturzo, Turati und Giolitti – seinerzeit vorwiegend mit parlamentsinternen Manövern beschäftigt und nahmen Mussolini nicht ernst. Der sei doch, hieß es, bloß ein populistischer Parvenü, den man bestimmt im Zaume halten könne, etwa indem man seiner Bewegung mit Kooptation zusetze. Wie der Rest des italienischen Establishments unterschätzte auch der sonst so gewitzte Giolitti durchweg die Bedrohung, die von jener neuen rechten Formation ausging. Also setzte er die Faschisten auf seine Liste der zur 1921er Wahl zugelassenen Parteien – und verschaffte ihnen dergestalt 170 000 Stimmen und 35 Sitze.[22] Obwohl es unter den Arbeitern immer stärker brodelte, die Gewalt in den Straßen zunahm und die Parlamentarier wissen mussten, dass sie sich um diese Dinge zu kümmern hatten, spielten sie gewissermaßen lieber weiter Reise nach Jerusalem und ignorierten den draußen aufziehenden Gewittersturm.

Der wachsende Erfolg der Faschisten stellte Mussolini vor die Herausforderung, Popularität in Macht umzuwandeln, und das innerhalb eines Systems, das er explizit zu verachten vorgab. Dank ihres Zulaufs aus der Land- und Stadtarbeiterschaft sowie aus der unteren Mittelschicht war die faschistische Bewegung im Herbst 1922 auf rund 200 000 Mitglieder angeschwollen. Damit wurde es immer schwieriger, sie zu kontrollieren.[23] Eine Weile versuchte Mussolini, das Spiel des Parlamentarismus mitzuspielen, und kooperierte mit seinen geschworenen Feinden, den Sozialisten, gegen die geschwächte liberal-zentristische Regierung, doch darin weigerten sich seine Milizen, ihm zu folgen. Ende 1921, als er die Bewegung zur PNF formalisierte, machte er die widerspenstigen *squadristi* zum militärischen Arm der Partei. Nach und nach eroberten die Faschisten mit ihrer Kombination aus Agitation und Gewalt strategisch wichtige Städte, so Ferrara, Cremona, Parma, Ravenna und Livorno. Nun endlich erwachten die Sozialisten, die angesichts der drohenden Gefahr zum Generalstreik aufriefen – doch dieser wurde ein grauenhafter Fehlschlag. Obwohl der Duce inzwischen offen verkündete, eine Diktatur errichten zu wollen, versuchten die bürgerlichen Parlamentarier immer noch, ihn auf ihre Seite herüberzuziehen. Im Herbst 1922 schien sein Aufstieg zur Macht unabwendbar – blieb nur noch die Frage, ob sie ihm angetragen wurde oder ob er sie sich mit Gewalt nahm.

Der berühmte »Marsch auf Rom«, der den liberalen Parlamentarismus niederwarf, war überwiegend ein wohlkalkulierter Bluff. Einerseits verhandelte Mussolini im Geheimen immer noch mit den Regierenden, unter welchen Bedingungen er sich doch an der Lösung der festgefahrenen Lage beteiligen würde – es handelte sich um eine der vielen, Italien periodisch heimsuchenden Ministerkrisen –; andererseits drohte er ihnen auf dem PNF-Kongress großspurig, den Bürgerkrieg zu entfesseln: »Entweder wird uns die Regierung übertragen, oder wir nehmen sie uns durch einen Angriff auf Rom!« Um seine Entschlossenheit zu unterstreichen, trieb er mit Leitartikeln die Kampfeslust seiner treuen Gefolgsleute auf den Siedepunkt; er selbst aber hielt sich im Hintergrund und verließ sein Mailänder Quartier nicht. Vielmehr befahl er seinen Statthaltern, Kolonnen von rund 30 000 bewaffneten *squadristi* zu formieren, die dann alle mit LKWs oder mit Sonderzügen der Bahn auf die italienische Hauptstadt vorrücken sollten. Endlich erkannte die Regierung des liberalen Premiers Luigi Facta, dass der »Versuch einer Revolution« unternommen wurde, und bemühte sich, die »öffentliche Ordnung mit allen Mitteln und um jeden Preis aufrechtzuerhalten«. Obwohl König Vittorio Emanuele III. die Faschisten nicht mochte, weigerte er sich, das Kriegsrecht auszurufen. Er wollte Blutvergießen vermeiden und bot dem schon nervös werdenden Mussolini an, er möge »das verantwortungsvolle Amt des Ministerpräsidenten übernehmen«. Erleichtert, dass sein Wagnis geglückt war, grüßte der Duce die paradierenden Kolonnen: »An diesem Tag triumphierte ich – und das in Rom!«[24]

Rein formal gesehen war das neue Kabinett, das sich dort am 20. Oktober 1922 mit Mussolini als Premier bildete, eine Koalition, innerhalb derer die Faschisten sich in der Minderheit befanden, denn numerische Stärke besaßen sie im Parlament keineswegs. Mussolini überspielte die Grenzen seiner Macht, als er für eine vereinigte nationale Regierung warb: Dies würde, versprach er, den ewigen Kämpfen zwischen den Parteien ein Ende machen und alle Italiener miteinander versöhnen. Außer ihm selbst saßen nur drei Faschisten im Kabinett, daneben zwei Popolari, vier Liberale, ein Nationalist und drei parteilose Personen, darunter der Philosoph Giovanni Gentile. Nach einer mitreißenden Rede des Premiers bestätigte das Parlament die neue Regierung mit einem eindeutigen Votum: 306 dafür, 116 dagegen, 7 Enthaltungen. Während alle bürgerlichen Parteien nun Mussolini unterstützten, wagten nur die Sozialisten (PSI) und die Kommunisten (PCI), sich seinem Regime entgegenzustellen. Um die Schwarzhemden zu belohnen, die ihm so eifrig beigestanden hatten, schuf der Duce eine Nationalmiliz als feste Institution, die aus öffentlichen Mitteln finanziert wurde. Dieses Geld schuf nicht zuletzt Arbeitsplätze als Gegenleistung für Wohlverhalten gegenüber dem, was nun Recht und Ordnung war. Außerdem absorbierte Mussolini auch ältere nationale Verbände, so die *Associazione Nazionalista Italiana*, en bloc in die faschistische Partei. Desgleichen integrierte er zahllose Karrieristen, um seine Basis im Volk auszuweiten.[25]

Mit dem klassischen Parlamentarismus hatte Mussolini nichts im Sinn, aber er brauchte ein vorzeigbares Mandat des Volkes, das seine Macht zementierte und jeder Herausforderung standhielt. Um die politische Fragmentierung zu überwinden, die proportionale Repräsentation mit sich bringt, verfiel er auf einen genialen Ausweg, den ihm sein faschistischer Kombattant Giacomo Acerbo eröffnet hatte und den er in einem neuen Wahlgesetz kodifizieren ließ. Es besagte, dass eine Partei, die mindestens ein Viertel der Wählerstimmen erreichte, zwei Drittel der Sitze in der Deputiertenkammer beanspruchen konnte, sodass sie auf jeden Fall eine stabile Mehrheit innehatte. Als die Neuregelung zur Abstimmung anstand, befahl der Heilige Stuhl den Popolari, sich zu enthalten, doch dank der Unterstützung der Liberalen und der Nationalisten gewannen die Faschisten das entscheidende Votum über das Acerbo-Gesetz, das Italiens Demokratie entmannte. Nach ein paar kleineren außenpolitischen Erfolgen ließ Mussolini im April 1924 erste Wahlen abhalten; bei der Zusammenstellung der Kabinettsliste achtete er sorgfältig darauf, dass sie neben faschistischen Aktivisten auch Politiker traditioneller Ausrichtung enthielt. Dieses gemischte Angebot erfuhr überwältigende Zustimmung: Die Sammelliste erhielt 66,3 Prozent der Wählerstimmen, und schließlich saßen 374 Deputierte in der Kammer, 275 davon waren Faschisten. Die verschiedenen Oppositionsgruppen sahen sich dezimiert. Von den unversöhnlichen Radikalen in seiner eigenen Partei distanzierte Mussolini sich mittlerweile: »Ordnung, Hierarchie und Disziplin«, erklärte er, seien nunmehr die obersten Werte; dem »verfaulten Leib jener Göttin namens Freiheit« möge man hingegen fernbleiben.[26]

Die finalen Schläge, derer es noch bedurfte, waren die Enthauptung der Arbeiterbewegung, die Vernichtung der parlamentarischen Opposition und das Mundtotmachen der Presse. Nachdem der Sozialist Giacomo Matteotti in der Deputiertenkammer die Gewalt und Korruption der rechten Extremisten attackiert hatte, wurde er am 10. Juni 1924 von der faschistischen Geheimpolizei ermordet. Mussolini schob die Tat seinen Untergebenen zu, aber die Abgeordneten der Opposition schenkten dem keinen Glauben. Aus Protest verließen sie das Parlament und zogen sich, einem altrömischen Brauch folgend, auf den Aventin-Hügel zurück, in der Hoffnung, so die Kammer beschlussunfähig zu machen und weitere üble Gesetze zu verhindern. Aber der Boykott entwickelte keine Mobilisierungskraft, weswegen er ins Leere ging. Weder ließ sich das niedere Volk zur Erhebung gegen Mussolini motivieren, noch wollte die Elite den Abenteurer fallenlassen; selbst der Philosoph Benedetto Croce pries den Faschismus wegen seiner »Liebe zu Italien«. So konnten die Faschisten die Pressefreiheit abschaffen, teils per Regierungsdekret und teils, indem sie Druck auf Zeitungsbesitzer ausübten, liberale Chefredakteure wie Luigi Albertini zu entlassen. Als ihm seine Verwicklung in den Matteotti-Mord nachgewiesen wurde, übernahm Mussolini in dramatischer Pose »die volle Verantwortung für alles, was geschehen ist« und behauptete, er allein könne Italien »Ruhe und Frieden« verschaffen. Anstatt ihn zu stürzen, markierte die Matteotti-Krise den Übergang zur offenen Diktatur.[27]

Die diktatorische Herrschaft etablierte sich nach und nach, vorangetrieben einerseits von einem Faschismus, der Zwang ausübte, und andererseits von einer Öffentlichkeit, die ihn hinnahm. Die Machtergreifung wiederum war teils ein verfassungskonformer Akt – Mussolini wurde ja zum Premierminister ernannt –, teils ein Zugeständnis an den außerparlamentarischen Druck einer gewaltbereiten Massenbewegung. Die Kollaboration des Establishments trug Entscheidendes bei, denn die liberalen und nationalen Eliten kooperierten im guten Glauben, Mussolini lasse sich durch das Wundermittel des *transformismo* im Zaum halten. Eine unaufhörliche Propaganda mit Pressekampagnen und Massenversammlungen sorgte auf ihre Weise dafür, dass die Zustimmung zum nationalistischen *coup d'état* wuchs. Skeptische Politiker sahen bald keine Alternative mehr, wollten sie doch einer nationalen Erneuerung nicht im Wege stehen. Mit einer Mischung aus Anreizen und Repression spalteten die Faschisten die Front ihrer Gegner und blockierten sie; dies betraf die Vertreter der Arbeiterbewegung ebenso wie die demokratischen Intellektuellen, die sich von der Öffentlichkeit verlassen sahen. Mussolinis Regierung beruhte auf einem faulen Kompromiss zwischen bestimmten etablierten Institutionen – Monarchie, Kirche, Armee – und neu ins Leben gerufenen faschistischen Körperschaften wie der PFN, der Schwarzhemdenmiliz und der Geheimpolizei.[28]

Mussolinis erfolgreicher Griff nach der Macht elektrisierte die jugendlichen Anhänger der europäischen Rechten, denn sein Modell führte Tradition und Moderne in einer neuartigen Legierung zusammen. Geboren aus der Kameradschaft in den Schützengräben, versuchte Mussolinis aktionsorientierte Bewegung einerseits, konservative Werte wieder zur Geltung zu bringen, etwa Ordnung, Hierarchie, soziale Gemeinschaft und nationale Macht. Andererseits war der Faschismus zutiefst modern: er verehrte die Technik, bediente sich der elektronischen Medien und wandte sich an die Jugend. All dies verlieh ihm ein Image von Dynamik, das den Verteidigern der alten Ordnung fehlte. In ganz Europa, von Norwegen bis Frankreich, von Portugal bis Rumänien, fand die faschistische Ideologie bei den jungen Neokonservativen Anklang, denn sie suchten ja eine Alternative nicht nur zu den diskreditierten Autoritäten, sondern auch zu Marxismus und Liberalismus. Mit dem Faschismus schien sich ein Weg in eine bessere Zukunft zu öffnen.[29] Obwohl die Bewegung viel von ihrem Charakter speziellen italienischen Zuständen schuldete, nämlich den dortigen Nachkriegswirren, stellten sich bald ausländische Bewunderer ein. Zu ihnen gehörte der rassistische Hetzer Adolf Hitler, der die erregende Neuartigkeit des Faschismus hinreichend durchschaute, um ein Jahr später einen Coup nach Mussolinis Muster in München zu wagen. Der Versuch ging als »Bürgerbräuputsch« oder »Marsch auf die Feldherrnhalle« in die Geschichte ein.

Der faschistische Staat

Obwohl sie viele traditionelle Elemente verwendete, unterschied sich die faschistische Diktatur von konventionellen autoritären Regimen dadurch, dass sie moderner war und stärker in sämtliche Lebensbereiche eingriff. Mussolini selbst behauptete mit der für ihn typischen Übertreibung: »Der Faschismus versteht den Staat als allumfassend; außerhalb seiner können menschliche oder geistige Werte nicht existieren, geschweige denn gelten. Insofern ist der Faschismus totalitär, und der faschistische Staat – eine Synthese und eine Einheit, die alle Werte umschließt – interpretiert, entwickelt und potenziert das ganze Leben des Volkes.« Mit dem Neologismus »totalitär« markiert Mussolini, dass der Faschismus mehr verlangt als den begrenzten Gehorsam, den Könige, Priester oder Generäle fordern. Sein Konzept geht weiter als bisherige Diktaturen, denn der Staat, den er plant, herrscht nicht nur politisch, sondern restrukturiert auch die Gesellschaft, bis in die Privatsphäre hinein.[30] Der Faschismus will die Massen mobilisieren, um das Land fundamental zu transformieren sowie eine stolze und starke nationale Gemeinschaft zu schaffen, die in der Lage ist, Italien den ihm gebührenden Platz innerhalb der europäischen Nationen zu erkämpfen. So weit die Theorie. Um diese ehrgeizigen Ziele zu erreichen, musste Italien erst einmal gründlich faschisiert werden, und dafür setzte Mussolini ein ganzes Repertoire innovativer Maßnahmen ein.

Da die Doktrin des Faschismus verschwommen blieb und er in der praktischen Politik seine Positionen geschmeidig variierte, versteht man ihn vielleicht am besten als politisches Theater, als Selbstinszenierung, bei der öfter einmal das Programm wechselte, aber die Regie besorgte immer Mussolini. Den Kern bildete der Kult um *il duce del fascismo*, den faschistischen Führer, dessen sorgfältig erschauspielertes Charisma eine ganze Nation ermuntern sollte, ihm zu folgen. Weil Mussolini klein von Gestalt war, reckte er das Kinn vor, blähte die Brust, stieß die Arme in die Hüften, machte große Schritte und nahm dramatische Posen ein. Bilder zeigten ihn beispielsweise auf einem Pferd oder am Steuer eines Flugzeugs, um seine exorbitante Stärke und seinen außergewöhnlichen Weitblick zu unterstreichen. Wenn die Kolonnen der Schwarzhemden vor ihm paradierten, streckte er die Faust in die Luft – so ging damals der Römische Gruß –, um seine Autorität über seine Gefolgsleute zu demonstrieren. Manchmal mimte er auch den großen Staatsmann und präsentierte sich im eleganten Smoking, umgeben von ihn anhimmelnden Frauen – so betonte er seinen *machismo*. Bei besonderen Anlässen erschien er auf einem Balkon des Palazzo Venezia und richtete erbauliche Worte an die Menschenmenge, die er mit ausladender Gestik unterstützte. Propagandisten sorgten dafür, dass möglichst alle Schulen ein Porträt des Duce besaßen, und versäumten keine Gelegenheit, seine Heldentaten auf Zelluloid zu bannen und in Wochenschauen zu verbreiten, damit das gemeine Volk nur ja lernte: »Mussolini hat immer recht«.[31]

Der Faschismus führte auch neue syndikalistische und korporatistische Institutionen ein, um das Arbeitsleben zu disziplinieren und bei Entscheidungen darüber das Parlament zu umgehen. Die Syndikate erinnerten entfernt an Gewerkschaften; sie ersetzten die einschlägigen marxistischen Organisationen. Jene Verbände handelten Verträge mit den Unternehmern aus und vertraten die Interessen der Arbeiter, die sie gleichzeitig aber unter Kontrolle hatten. Als die wirtschaftliche Lage sich entspannte, gelang es den Syndikaten sogar, bescheidene Verbesserungen bei den Löhnen, bei den Freizeitbeschäftigungen und beim Kindergeld durchzusetzen. Das bekannte System der Korporationen war grundsätzlich nichts Neues, da der Faschismus es teils aus hierarchischen Partien der katholischen Soziallehre, teils aus der Geschichte übernommen hatte. Schon im Mittelalter hatte es ähnliche Organisationen gegeben, in denen Beschäftigende und Beschäftigte sich an einen Tisch setzten, verhandelten und ihre Interessen zum Ausgleich brachten; so ließen sich Klassenkonflikte vermeiden. Erste korporative Strukturen entstanden 1926; vier Jahre später expandierten sie zu einem Nationalrat der Korporationen, den man dann schließlich in 22 verschiedene Fachgruppen unterteilte. 1939 wurde das Parlament ersetzt durch die *Camera dei Fasci e delle Corporazioni* [›Kammer der Bünde und der Korporationen‹]; die Legislative war nun eine rein faschistische Beratungs- und Beschlusskörperschaft.[32] Unter dem Vorwand, eine Alternative zum Kapitalismus wie zum Kommunismus zu bieten, diente diese korporative Struktur den Faschisten als Werkzeug, um das Land zu beherrschen und Mussolinis Politik einen glatten Durchmarsch zu sichern.

Die Bemühungen der Faschisten, Italien zu transformieren, gipfelten in wiederholten Kampagnen zur Modernisierung der Ökonomie und zur Revitalisierung der Gesellschaft. Zwar hatte der Freihandel für einen Anfangsboom gesorgt; doch der Kollaps der Lira zwang Mussolini 1925 zu einer drastischen Aufwertung, bei der immerhin die hohen Zölle hilfreich waren. Als Reaktion auf die exorbitanten Preise importierten Getreides entfesselte er die »Weizenschlacht«: Er ließ die einheimische Landwirtschaft so fördern, dass sie reichere Ernten erzielte, um in diesem Sektor Autarkie zu gewinnen. Ferner suchte das Regime die Flucht in die Städte einzudämmen; ein Werbefeldzug glorifizierte die Vorzüge des Landlebens. Zudem wollte Mussolini die sinkende Geburtenrate bekämpfen: Frauen, die viele Kinder gebaren, erhielten Auszeichnungen und spezielle Hilfen; Junggesellen hingegen mussten höhere Steuern zahlen! Ein gewaltiges öffentliches Arbeitsprogramm widmete sich der Trockenlegung der Pontinischen Sümpfe, dem Bau von Straßen und der Versorgung der Landregionen mit Elektrizität. Des

Weiteren gab Mussolini Impulse zur Gründung diverser halbstaatlicher Firmen; u. a. rief er eine Gesellschaft für Erdölraffination ins Leben, die AGIP, sowie ein »Institut für den industriellen Wiederaufbau«, das IRI, das nichts anderes war als eine von der Regierung kontrollierte Investmentbank. Mit großem Trara veranstaltet, brachten diese propagandatriefenden Kampagnen wohl ein paar sichtbare Erträge ein, doch änderten sie wenig an der untergründig fortbestehenden Schwäche der italienischen Wirtschaft.[33]

Mussolinis größter Erfolg war die Aussöhnung Italiens mit der katholischen Kirche. An jener »Römischen Frage« hatten sich viele vorherige Regierungen vergeblich versucht – der Duce löste sie 1929. Seit 1871 vergiftete ein Zwist die Beziehungen zwischen dem Staat und dem Papsttum, doch die Entmachtung der Liberalen ebnete nun den Weg für einen Kompromiss. Mussolini selbst war zwar Atheist, aber er begriff die Notwendigkeit, die Katholiken ins faschistische Lager herüberzuziehen; Papst Pius XI. wiederum war nicht gerade entzückt vom Faschismus, aber Sozialisten und Kommunisten fürchtete er eben noch mehr. Freundliche Gesten seitens des Regimes wie die Rettung der Vatikanbank erleichterten ihm die Annäherung. Drei Jahre lang wurde verhandelt, dann standen die beiden sogenannten Lateranverträge. Der erste erkannte den Vatikan als souveränen Staat an und verfügte, dass dieser 1,75 Milliarden Lire als Entschädigung für den Verlust seiner weltlichen Besitztümer erhielt. Der zweite Vertrag erklärte den Katholizismus zur »einzigen Staatsreligion« Italiens. Die kirchliche Eheschließung besaß künftig – damit räumte man einen weiteren zentralen Streitpunkt aus – auch zivilrechtliche Geltung, der Religionsunterricht an staatlichen Schulen wurde obligatorisch, und die gesellschaftliche Aktivität katholischer Laienorganisationen wie der *Azione Cattolica* (der ›Katholischen Aktion‹) war nunmehr erlaubt.[34] Dieses Konkordat hatte entscheidende Bedeutung für die Stabilität von Mussolinis Herrschaft, indem es den Eindruck festigte, er regiere mit dem Segen der Kirche.

Die ideologische Indoktrination konzentrierte sich hauptsächlich auf die jungen Menschen; schließlich glaubte Mussolini fest, dass die Jugend den Schlüssel zur Zukunft in Händen halte, wie es in der Parteihymne »Giovinezza« feierlich hieß. 1926 gründeten die Faschisten ihre offizielle Jugendorganisation *Opera Nazionale Balilla*, kurz ONB. Aufgebaut nach dem Muster der Pfadfinder, kombinierte die ONB beliebte Freizeitaktivitäten mit Militarisierung und Propaganda. Jede Altersgruppe hatte eine eigene Stufe: Die Jungen begannen mit 6 Jahren als *balilla*, und wenn sie mit 21 junge Männer wurden, waren sie *avanguardisti*. Parallel wurden ähnliche Gruppen für Mädchen geschaffen. An der Universität konnten die Jungfaschisten dann in der *Gioventù Universitaria Fascista* (GUF) weitermachen, in der eine ähnliche Verschmelzung von ideologischer Indoktrination und sozialen Aktivitäten stattfand. Die staatlichen Schulen legten ebenfalls großen Wert auf politische Erziehung, denn jeder Schüler sollte nach seinem Abschluss ein stolzer, faschistisch gesinnter Italiener sein. Als man die Universitätsprofessoren zwang, einen Treueeid auf »das Vaterland und das faschistische Regime« zu leisten, verweigerten diesen nur zwölf von rund 1200, und jene zwölf wurden anschließend entlassen.[35] All diese strammen Bemühungen hatten immerhin den Erfolg, dass die Jugend weitgehend faschistisch orientiert wirkte, jedenfalls nach außen hin; die Vagheit der Ideologie selbst indes verhinderte eine tiefergehende Beeinflussung.

Für die Erwachsenen schufen die Faschisten neue Formen der Populärkultur und der Massenfreizeit; sie offerierten müden Arbeitern billige Erholungsmöglichkeiten, um so deren Loyalität zu gewinnen. Mussolini erkannte schon früh das propagandistische Potenzial des Rundfunks, der 1924 zwar einen recht bescheidenen Anfang genommen, sich dann aber schnell weiterentwickelt hatte: 1938 befanden sich eine Million Geräte im Einsatz, und es wurde eifrig gelauscht, ob daheim oder in der Trattoria. Ähnlich förderten die Faschisten den Sport; Großereignisse wie das Autorennen Mille Miglia, der Fahrradwettbewerb Giro d'Italia und die Fußballweltmeisterschaft, die Italien 1934 und 1938 gewann, wurden aufwendig in Szene gesetzt. Die wichtigste Institution war das *Opera Nazionale Dopolavoro*, ein Netzwerk von Freizeiteinrichtungen (*dopo lavoro* bedeutet ›nach der Arbeit‹), dessen Mitgliederschar 1939 auf vier Millionen wuchs. Das Angebot umfasste Bars, Büchereien,

Sportplätze, Tanzlokale, vor allem aber billige Urlaubsreisen; manches konnte man dank öffentlicher Finanzierung sogar gratis nutzen. Diese Organisation, unterstützt von Staat und Geschäftswelt, war sehr populär, bot sie doch preiswerte Erholung, wie sie sich viele Durchschnittsitaliener sonst nicht leisten konnten. Zwar war jede dieser Offerten von einer politischen Botschaft begleitet, doch das ließ sich ertragen, wenn man zu so günstigen Bedingungen an bestimmten Aktivitäten teilhaben wollte.[36] Der Faschismus verdankte viel von seiner Popularität solchen »sanften Stabilisatoren« seines Regimes.

Als Diktator wollte Mussolini aber nicht nur geliebt, sondern auch gefürchtet werden, denn er glaubte, dass die Affekte der Massen, wie die der Frauen, grundsätzlich wankelmütig seien. Mochte seine Popularität bis 1936 steigen – die Macht des Faschismus beruhte nichtsdestoweniger *auch* auf Zwang und Repression: eine dunkle Kehrseite, die ausländische Beobachter oft übersahen. Der Weg zu dieser Macht war schon mit den Opfern der von den *squadristi* ausgeübten Gewalt gepflastert, denn seinen Erfolg hatte der Faschismus nicht zuletzt der Tatsache zu verdanken, dass er seine Feinde misshandeln oder ermorden ließ. Die Bewegung besaß eine eigene Geheimpolizei, genannt »Organisation für Überwachung und Unterdrückung des Antifaschismus«, kurz OVRA. 1926 wurde sie neu organisiert und politisiert, damit sie Oppositionelle effektiver jagen und zur Strecke bringen konnte. Viele Führungsleute konkurrierender Parteien, so der Katholik Don Sturzo, der Liberale Gaetano Salvemini und der Sozialist Pietro Nenni, wurden ins Exil getrieben. Aber selbst dort waren sie nicht sicher – Carlo Rosselli etwa, ein besonders entschiedener Gegner des Faschismus, wurde in der Normandie ermordet. Andere, wie der Historiker Luigi Albertini, mussten jahrelang in faschistischen Gefängnissen schmachten. In einem solchen saß auch der kommunistische Intellektuelle Antonio Gramsci und schrieb seine bahnbrechenden politischen Notizen, bevor er 1937 starb.[37] Die italienischen Faschisten haben zwar weniger Menschen umgebracht als die Nazis oder die sowjetischen Kommunisten, doch den Bestand ihrer Diktatur verdankten sie – zumindest auch – skrupelloser Unterdrückung.

Prestige und Imperium

Die Stärkung der Nation diente einem übergeordneten Ziel: Italiens Expansion durch den Hinzugewinn von Territorien. Die glorreichen Zeiten des römischen Imperiums sollten wieder aufleben. Die zentrale Lage des Landes bot mehrere Ansatzmöglichkeiten: an den unmittelbaren Grenzen, in der Balkanregion und auf dem afrikanischen Kontinent. Aber Italiens begrenzte Ressourcen machten eine sorgfältige Suche nach Verbündeten notwendig, und diesbezüglich erwiesen sich Mussolinis Mangel an internationaler Erfahrung und sein impulsives Temperament als Störfaktoren bei der Steigerung des italienischen Prestiges. In seiner Außenpolitik erlebte man den Duce daher schwankend: Bald spielte er den Staatsmann und bezauberte seine ausländischen Gäste, bald gab er den polternden und drohenden Diktator, namentlich, wenn er Unterlegene vor sich zu haben glaubte. Der Faschismus war als Protestbewegung gegen für Italien nachteilige Friedensregelungen entstanden; getreu diesem alten Ziel arbeitete er nun, seit er an der Macht war, auf eine Revision der Versailler Verträge hin. Das verärgerte die Franzosen. Gleichzeitig versuchte Mussolini, Italien in den Rang einer führenden Regionalmacht zu erheben, weshalb er 1923 Korfu bombardieren ließ. Das verdross wiederum die Briten. Und dann erlag er auch noch dem süßen Lockruf des Imperialismus – jedoch die »Befriedung« Libyens erwies sich als kostspielig und zog sich bis 1932 hin.[38]

Solange er freilich eine zentrale Rolle spielen durfte, zeigte Mussolini sich willens, Europa zu stabilisieren. 1933 schlug er zu diesem Zweck einen Viererpakt vor: Wenn Frankreich, Großbritannien, Italien und Deutschland sich zu einem Direktorium zusammenschlössen, ließe sich der im Westen so gefürchteten Bedrohung durch die soeben an die Macht gekommenen Nazis Herr werden. Erfreut darüber, dass Hitler bei der ›Machtergreifung‹ in Deutschland seinem eigenen Beispiel gefolgt war, versuchte der Duce, die internationale Situation zu entschärfen, indem er nahelegte, die führenden kontinentalen Länder sollten doch außerhalb des Völkerbundes direkt miteinander verhandeln und so ihre diversen

Streitigkeiten beilegen. Obwohl sie aus ihren Botschaften in Berlin alarmierende Berichte über den Revisionismus der Nazis erhielten, mochten die Regierenden in Paris und London gegen Deutschland nicht mit Gewalt vorgehen. So konnte sich Mussolini als Vermittler zwischen Kriegsgewinnern den Kriegsverlierern gebärden. Die Faschisten waren ja genauso unglücklich über die Friedensverträge und suchten nach diplomatischen Möglichkeiten, eine Revision der Versailler Bestimmungen zu erreichen. Obwohl ihnen der italienische Machthaber nicht geheuer war, zeigten sich die westlichen Staatschefs bereit, seiner Eitelkeit ein paar Zugeständnisse zu machen – wenn sich so nur Hitler in Schach halten ließ.[39] Obwohl seine Initiative bald im Sande verlief, konnte der Duce weiterhin als Staatsmann posieren, der Italien zu mehr Prestige verhalf.

1935 war Mussolini überzeugt, dass Italien nun hinreichend aufgerüstet habe, um die Niederlage von Adua zu rächen. Also ließ er sein Heer in Äthiopien einfallen – den letzten Landstrich Afrikas, über den noch kein europäischer Staat Kontrolle ausübte. Für Marschall Badoglios Attacke gegen Abessinien wurden über eine halbe Million Soldaten mobilisiert; auch Teile der Marine befanden sich im Dauereinsatz, denn ihre Schiffe mussten die Truppen über den eritreischen Hafen Massaua versorgen; außerdem legte man in der ostafrikanischen Region Übungsplätze für insgesamt 500 Militärflugzeuge an. Nach fast einem Jahr blutiger Kämpfe brach die Kombination aus Bomben und Senfgas schließlich den Widerstand der Äthiopier. Mit Verweis auf diesen Sieg verkündete Mussolini stolz vom Balkon des Palazzo Venezia herab den jubelnden Massen die Gründung eines »neuen italienischen Imperiums«. Das imperialistische Abenteuer war ein großer Public-Relations-Erfolg daheim und steigerte die Popularität des Duce weiter. Doch löste die Brutalität, mit der seine Truppen die hoffnungslos unterlegenen Äthiopier niedergeworfen hatten, eine Welle internationaler Empörung aus. Der Völkerbund verhängte ökonomische Sanktionen, und Italien fand sich diplomatisch isoliert.[40] Der Bruch zwischen Mussolini und dem Westen führte dazu, dass Faschisten und Nationalsozialisten nun ganz offen *eine* Front bildeten und gemeinsam den Frieden Europas bedrohten.

Dass aus dem Großmachtstatus nun nichts wurde, trieb Mussolini in den Spanischen Bürgerkrieg hinein, in dem er Francos militärischer Erhebung gegen die legitime republikanische Obrigkeit beistand. Obwohl die meisten westlichen Nationen sich offiziell für Nichteinmischung entschieden hatten, unterstützten Italien und Deutschland den reaktionären Coup, während die Sowjetunion und das volksfrontgeführte Frankreich den republikanischen Kräften halfen. Warum genau der Duce intervenierte, ist bis heute nicht ganz klar; als Motive denkbar sind die ideologische Affinität zum Caudillo und der Wunsch nach mehr Macht im Mittelmeerraum. Doch während Hitler sich nur begrenzt engagierte und lediglich die Legion Condor aufbot, schickte Mussolini 70 000 reguläre Soldaten, getarnt als Freiwillige. Zudem stellte Italien 200 Bomber, 400 sonstige Flugzeuge und 1400 Piloten – eine Luftarmada, die eine wichtige Rolle im Kampf gegen die Internationalen Brigaden spielte. Zum Schutz der spanischen Republik angetreten, gerieten Letztere schließlich unter die Kontrolle der Moskauer Kommunisten. Als Francos Truppen Erfolge einfuhren, behauptete Mussolini, dies sei vornehmlich sein Verdienst gewesen. Freilich unterschätzte er die Dauer und die Kosten des Kampfes, denn beide strapazierten seine Ressourcen empfindlich, die schon die Eroberung Äthiopiens übermäßig beansprucht hatte.[41] Italien gewann nichts bei der Intervention, deren einziges Resultat wohl darin bestand, dass sie das Land Hitler in die Arme trieb.

Mussolinis Streben nach mehr Prestige beschleunigte jene Neuordnung der politischen und diplomatischen Gegebenheiten in den 1930er Jahren, die unaufhaltsam zum Zweiten Weltkrieg führte. Obwohl sich der Duce selbst als Oberhaupt der internationalen faschistischen Bewegung betrachtete, zwangen ihn die steigenden Kosten seiner Kriege und die Ausgrenzung seines Landes durch den Westen in die bescheidenere Rolle eines Bündnispartners. Und so schloss er im Oktober 1936 einen Freundschaftsvertrag mit Nazideutschland. Großsprecherisch nannte er diesen Bund »die Achse Berlin–Rom«, um die sich künftig Europa drehen werde. Ein Jahr später unterzeichnete Mussolini den Antikominternpakt mit Deutschland und Japan, der eine Front aggressiv revisionistischer

Mächte schuf und vorgeblich dem Ziel diente, den Bolschewismus zu bekämpfen. 1938 konnte der italienische Diktator die deutsche Annexion Österreichs nicht länger verhindern, denn er war inzwischen von Hitlers gutem Willen abhängig. Den Höhepunkt seines internationalen Einflusses erreichte er ein paar Monate später auf einer Konferenz in der bayrischen Hauptstadt, auf der er ein vom deutschen Außenministerium entworfenes Positionspapier als italienischen Kompromissvorschlag zur Lösung der Sudetenkrise aus der Tasche zog. Der drohende Krieg könne verhindert werden, hieß es darin, wenn der Westen die Eingliederung des Sudetenlandes in das Deutsche Reich hinnehme. Der Vorschlag fand Akzeptanz, was als »Münchner Abkommen« in die Geschichte einging. Da jetzt alle Brücken zu den früheren Verbündeten verbrannt waren, schloss Italien mit Deutschland 1939 auch noch den »Stahlpakt« und ein Jahr später mit Deutschland und Japan den »Dreimächtepakt«, eine militärische Allianz dreier Diktatoren.[42]

Mussolinis gewachsenes Format bewirkte einen regelrechten ›Faschismus-Tourismus‹. Eine bunte Schar von Bewunderern und Kommentatoren kam interessiert herbei, um das Geheimnis der Wiedergeburt Italiens zu ergründen; auch Akademiker waren darunter. Ausländische High-Society-Damen strömten nach Rom, um seinen machohaften Magnetismus zu bestaunen. Neugierige Journalisten wie Emil Ludwig trafen den Duce, um seine Sichtweisen von ihm persönlich zu hören, und publizierten lange Protokolle der gemeinsamen Gespräche. Fehlgeleitete Schriftsteller verklärten den Faschismus sogar; George Bernard Shaw etwa verstieg sich zu der Behauptung, Mussolini habe zwar »nichts vom Prestige Napoleons, aber er hat für Italien getan, was Napoleon für Frankreich tat«. Etwas sehr naiv bemerkte der amerikanische Botschafter Richard Washburn Child im Vorwort zu seiner Autobiografie, der Duce sei nunmehr »die größte Gestalt seiner Profession und seiner Zeit«. Nicht zuletzt konservative Politiker wie Winston Churchill priesen den Diktator: »Der römische Genius, der sich in Mussolini verkörpert, dem größten Gesetzgeber unter den Lebenden, hat vielen Nationen gezeigt, wie sie dem Druck des Sozialismus widerstehen können, und hat vorgezeichnet, welchen Weg eine Nation gehen kann, wenn sie nur mutig geführt wird.«[43] Da er solche Lobsprüche nun immer wieder zu hören bekam, mussten sie dem Duce wohl zu Kopfe steigen.

Die Triumphe des Faschismus – die vermeintlichen wie die tatsächlichen – trugen auch zur Verbreitung seiner Botschaft im Ausland bei, denn diese Bewegung schien eine dynamische Alternative zur sterbenskranken Demokratie und zum gleichmacherischen Kommunismus zu bieten. Anfangs war Mussolini noch skeptisch, ob sich seine Ideen exportieren ließen, aber während der 1930er prophezeite er erfolgstrunken, binnen zehn Jahren werde ganz Europa faschistisch sein. Eine Faschistische Internationale zu gründen, analog zur Kommunistischen, erwies sich zwar als schwierig, denn Hypernationalismus vertrug sich nicht mit transnationaler Organisation. Und doch teilten in Westeuropa einige Intellektuelle, so die der *Action Française*, der *British Union of Fascists* und der spanischen *Falange*, viele seiner rechten Grundsätze. In Osteuropa fanden rechtsradikale Bewegungen ebenfalls ihre Anhänger. Namentlich ohnehin autoritär regierte Staaten brachten diese hervor, so Ungarn die Pfeilkreuzler und Rumänien die Eiserne Garde, was an ihren revisionistischen Bestrebungen, aber auch an Spannungen zwischen einzelnen Ethnien lag. Die umfassendste Auswirkung hatte der Faschismus aber auf die verwirrte und verstreute deutsche Rechte: Die Nationalsozialisten als ihre große Einigungsbewegung übernahmen viele Prinzipien von ihren italienischen Gesinnungsbrüdern, beispielsweise Führerkult und Milizengewalt.[44] Nur in der Weimarer Republik gelang es den Faschisten freilich, am Ende aus eigener Kraft die Macht zu ergreifen.

Anders als der *resistenza*-Mythos es will, der von einem weitverbreiteten Widerstand während der Mussolini-Jahre ausgeht, blieb der Antifaschismus bis 1938 infolge der offensichtlichen Popularität des Regimes relativ schwach. Die bürgerlichen Parteien waren diskreditiert, und die paar Überbleibsel marxistischer Gruppen bekämpften einander. Nur die Kommunisten konnten sich ein Untergrundnetzwerk von mehreren tausend Mitgliedern bewahren. Die politischen Emigranten in Paris wie Graf Carlo Sforza oder Gaetano Salvemini debattierten endlos, erfuhren aber wenig Unterstützung und fanden innerhalb Italiens kaum Gehör. Einige ältere Gelehrte wie Luigi Einaudi hielten ebenfalls eine gewisse Distanz zum Regime, während jüngere Intellektuelle die Gruppe *Giustizia e Libertà* gründeten, welche die Diktatur offen kritisierte. Menschen mit besonders engen Bindungen zur katholischen Kirche blieben für faschistische Appelle unzugänglich, und gewiss gab es im Volk viel halblautes Murren. Aktive Opposition jedoch entfaltete sich kaum, denn die Geheimpolizei ging gnadenlos gegen Dissidenten vor. Es wurden auch ein paar Attentate auf Mussolini verübt, die er aber allesamt überlebte. Ein antifaschistischer Widerstand auf breiter Basis fand sich erst während des unpopulären Zweiten Weltkrieges zusammen, als Partisanen handfeste militärische Attacken wagten.[45]

Regeneration auf faschistische Art

Der Faschismus war keine rein reaktionäre Bewegung, sondern eher ein populistischer Versuch, auf die Modernisierungskrise der italienischen Gesellschaft zu reagieren. Strukturell gesprochen ging der Faschismus aus Italiens verspätetem Übergang von einer agrarischen zu einer industriellen Ordnung hervor, der Klassenkonflikte mit tiefen Trenngräben und ein regionales Gefälle zwischen dem sich industrialisierenden Norden und dem noch agrarischen Süden verursachte. Unter dem Aspekt der praktischen Politik betrachtet, hatte der Faschismus seine Ursache in den Schwierigkeiten des Übergangs vom Krieg zum Frieden. Denn das Parlament vermochte nicht, den seit jüngstem wahlberechtigten Massen ein angemessenes Auskommen zu sichern und der Enttäuschung zu begegnen, die sich angesichts überzogener Hoffnungen auf einen für Italien günstigen Frieden unvermeidlich einstellte. Die verschüchterten liberalen und katholischen Politiker waren nicht in der Lage, die öffentliche Ordnung gegen die Gewalt zu behaupten, die von zwei Seiten kam: von den Kommunisten, die versuchten, Fabriken zu besetzen, und von der extremen Rechten, die sich bemühte, hierfür Vergeltung zu üben. Um ein kraft- und haltloses Italien zu revitalisieren, versprach die faschistische Bewegung soziale Gerechtigkeit innen und imperiale Macht außen, indem sie sich auf eine konfuse Mischung aus Futurismus, Nationalismus und Syndikalismus berief.[46] Es war die Unfähigkeit der parlamentarischen Regierung, Italiens lang- und kurzfristige Probleme zu lösen, die diesem populistischen Newcomer eine Chance gab.

Mussolinis entscheidender Beitrag war die Erfindung einer modernen Form rechtsextremer Politik, mit der er nicht nur eine nationale Erneuerung proklamierte, sondern auch tatsächlich die Macht ergriff und sie über mehrere Jahrzehnte behielt. Die Faschisten reagierten auf die Erosion des Respekts vor den traditionellen Autoritäten, indem sie eine neue Art von Massenbewegung erfanden, die für sich beanspruchte, die gesamte nationale Gemeinschaft zu repräsentieren. Um seine Gefolgsleute zu inspirieren, baute Mussolini systematisch einen Führerkult auf, der ihm, dem Duce, übermenschliche Eigenschaften zusprach, die ihn befähigten, den kollektiven Willen seherisch zu erahnen und in die Tat umzusetzen. Der Faschismus machte zudem geschickten und einfallsreichen Gebrauch von Medien wie Presse, Rundfunk und Wochenschauen; so ließ sich seine politische Botschaft unter erheblich mehr Menschen verbreiten als je zuvor. Gleichzeitig suchte er das ganze Land zu kontrollieren und zu indoktrinieren, indem er Organisationen ins Leben rief und so gestaltete, dass ihnen eine Massenmitgliederschaft zuwuchs. Zu guter Letzt hegte Mussolini keinerlei Skrupel, zur Unterdrückung von Feinden im Inneren Gewalt zu gebrauchen.[47] Diese innovativen Strategeme, die den Faschismus kennzeichnen, gingen beträchtlich über die traditionellen Methoden der autoritären Regime hinaus, indem sie eine umfassendere Kontrolle über die Gesellschaft bezweckten.

Vieles in der praktischen Politik der Faschisten beinhaltete auch Modernisierung – wobei es ihnen freilich eher um mehr nationale Stärke denn um mehr Wohlfahrt, Bildung und Aufklärung ging. Immer wieder beschworen sie Glanz und Glorie der Vergangenheit – und doch waren Mussolini und andere faschistische Führer fasziniert von der modernen Technologie, namentlich davon, welche Geschwindigkeit und Mobilität sie ermöglichte: Man sah sie oft am Steuer eines Flugzeugs oder eines schnellen Autos sitzen, manchmal brachten sie sich in diesem Schnelligkeitsrausch gar in tödliche Gefahr. Selbst ihre Kampagne für das Landleben war nicht allein durch Nostalgie motiviert, sondern auch durch ihr Bestreben, die agrarischen Ernten zu steigern und auf diese Weise Italiens Selbstversorgung mit Nahrungsmitteln sicherzustellen. Die Bemühungen um eine bessere Infrastruktur – so ließen sie neue Straßen, Eisenbahnlinien und Dämme errichten und das Stromnetz ausbauen – sollten natürlich ganz im nationalistischen Sinne das Land zusammenführen, aber eben auch materiellen Fortschritt noch in die entlegensten Gebiete bringen. Das militaristische Projekt eines unabhängigen Verteidigungssektors, das ermöglichen sollte, Schlachtschiffe und Kampfflugzeuge zu produzieren, erforderte auch eine Expansion der Schwerindustrie und eine Entfaltung des technischen Potenzials, die zivilen Nutzern ebenfalls zugutekam. Obwohl die Ziele des Faschismus oft irrational und manche seiner Maßnahmen ineffizient waren, wirkte er in seiner Praxis streckenweise wie eine Entwicklungsdiktatur.[48]

Im Bereich der Kultur warb der Faschismus mit einer eigenen Version der Modernität. Dieser Stil verschmolz Bezugnahmen auf eine ruhmreiche Vergangenheit mit technologischen Zukunftsvisionen. Während die Faschisten liberale Dekadenz und kommunistischen Materialismus ablehnten, strebten sie als Ersatz eine Art spiritueller Regeneration an. Zu diesem Zweck boten sie zahlreiche Kunstanstrengungen auf, bei denen verschiedene Tendenzen miteinander wetteiferten. In der Architektur war der faschistische Stil eine kuriose Mischung aus historistischen Zitaten und experimentellen Bautechniken, die zum Monumentalen neigte sowie suggestiv auf nationale Einheit und Macht hinwies. In den faschistischen Massenspektakeln vermischten sich Beschwörungen der altrömischen Größe mit dem Einsatz zeitgenössischer Technologien wie Lautsprecher und Lichtprojektionen. Zusammen mit der choreografierten Bewegung vereinte sich das Ganze zu einer Art Drama, das die Emotionen ansprach. Sogar bei Dingen des täglichen Bedarfs förderten die Faschisten weniger die Rückkehr zum Handgemachten als innovative industrielle Produkte im neuzeitlichen Design – so ließen sich, meinten sie, die Wünsche der Massen nach einem besseren Leben doch am ehesten erfüllen. Es konkurrierten also zwei Ausrichtungen, eine historisierende – *Strapaese* genannt – und eine futurisierende, die als *Novecento* firmierte. Die Balance zwischen den beiden blieb nicht immer stabil, aber alle Faschisten stimmten in dem Grundprojekt überein, einen neuen Menschen formen zu wollen, und dies müsse geschehen durch die »Ästhetisierung der Politik«.[49]

Der Faschismus war also nicht allein ein Rückfall, wie die Linke behauptete, sondern zumindest auch eine alternative Variante der Modernität, und zwar einer vitalistischen, die versprach, dass all die raschen Veränderungen, die sich einstellten und die Menschen desorientierten, sich kontrollieren ließen. Obwohl sie sich im Westen großer Beliebtheit erfreut, führt die Gleichsetzung der Modernisierung mit der kapitalistischen Demokratie in die Irre, denn sie verkennt, dass Kommunismus und Faschismus gerade dadurch modern sein wollten, dass sie sich bemühten, die Defekte des liberalen Systems, nämlich Ausbeutung und Degeneration, zu umgehen. Ein Teil der Verwirrung verdankt sich der Tatsache, dass der Duce und die Seinen so oft Altes idealisierten: Mussolini beschwor in seinen Reden ständig die *romanità*, die Faschisten benutzten antike Symbole und verwiesen auf ihre rühmliche Vergangenheit. Aber trotz all dieses Mythisierens war doch vieles an ihnen sehr modern, etwa das Ziel einer biologischen wie militärischen Stärkung der nationalen Gemeinschaft oder die Mittel der Massenmobilisierung und -propaganda. Die faschistische Vision faszinierte Intellektuelle aus aller Welt, so Ezra Pound und Louis-Ferdinand Céline, weil sie versprach, die Krise der Moderne mit Hilfe einer dynamischen nationalen Einheit zu heilen.[50] Tragischerweise brachte die Verwirklichung dieser konfusen Ideen statt Erlösung noch mehr Leiden, denn sie führte zur Unterdrückung daheim und zur Aggressivität nach außen.

Modernistische Provokationen

Der Bauhaus-Modernismus, 1929

Juli 1920, Berlin: Ein unscheinbarer Handzettel informierte über eine Ausstellung besonderer Art – die »Erste Internationale DA-DA-Messe«. Die experimentelle Kunstbewegung Dada hatte die deutsche Hauptstadt erreicht. Gegründet vier Jahre zuvor im Zürcher Café Voltaire aus Abscheu gegen den Weltkrieg, schockierte sie die Betrachter, indem sie eine »neue Wirklichkeit« schuf, die das Chaos des modernen Lebens repräsentieren sollte. Das sich gerade erst verbreitende Medium der Fotografie war den Dadaisten eine Inspiration. Künstler wie George Grosz und John Heartfield verwarfen die Tradition, die ihrer Zunft die Aufgabe zuwies, Schönes zu schaffen. Lieber setzten sie mit brutaler Offenheit ins Bild, was der Krieg seinen Opfern antat, und kombinierten Alltagsobjekte auf neue erstaunliche oder verstörende Weise. Slogans wie »Die Kunst ist tot« und provokative Collagen aus Papierfetzen und anderem Fragmentären zogen sich an den Galeriewänden entlang. Das schockierendste Exponat war eine von der Decke herabhängende Puppe, die einen preußischen Offizier mit Schweinekopf darstellte. Die Kunstschau zeigte in krassem Ausmaß nihilistische, kommunistische, antiklerikale und antibourgeoise Tendenzen, die nicht allen gefielen. Die Reichswehr etwa sah sich durch die auf hohe Militärs gemünzte Parodie beleidigt und bemühte sich vergeblich, die Ausstellung schließen zu lassen. In vielfacher Hinsicht war der Dadaismus die radikalste Revolte gegen Konventionen, die im 20. Jahrhundert stattfand; laut einem ihrer Kombattanten, Raoul Hausmann, war er »der Beginn der modernen Kunst in einem internationalen Maßstab«.[1]

Im Gegensatz zu den Künstlern glaubten Wissenschaftler und Ingenieure unbeirrt weiter an den Fortschritt. Besonders deutlich wurde das bei der Einrichtung des Deutschen Museums in München. Der Bauingenieur und Ausstellungsmacher Oskar von Miller hatte das den »Meisterwerken der Naturwissenschaft und Technik« gewidmete Schauprojekt schon vor dem Kriege konzipiert. Im Mai 1925 öffnete das Deutsche Museum dann seine Pforten, Ingenieure und Handwerker formierten sich zu einer festlichen Parade und zogen durch die Straßen der bayrischen Hauptstadt. Die Ausstellung in den neumittelalterlich gestalteten Hallen begann mit den frühen Entdeckungen, setzte den Hauptakzent jedoch eindeutig auf die erstaunlichen Erfindungen der letzten Dekaden des 19. Jahrhunderts, von Elektromotoren und chemischen Farbstoffen bis zu Automobilen sowie Flugzeugen. Die ganze Anlage des Museums propagierte ein heroisierendes Technikverständnis; besonders breiten Raum widmete es den Erfindern, die es als mutige Eroberer neuer Wissenswelten porträtierte und als Schöpfer von Verbesserungen, die der Menschheit zugutekämen. Zwar pries man ausgiebig die Leistungen deutscher Genies, doch ließen die Exponate keinen Zweifel, dass man auch den internationalen Charakter des wissenschaftlichen Fortschritts anerkannte.[2] Besonders zeigte man sich bestrebt, die Neugier der Jugend anzusprechen. Unter den Schaustücken dieses größten aller Wissenschafts- und Technikmuseen der Welt waren einige Maschinen vertreten, die damals zur Speerspitze der technischen Innovation gehörten.

In jenen Jahren versuchten die Intellektuellen Mitteleuropas zu klären, wie sich mit der Modernisierung wohl zurechtkommen lasse. Den meisten ging es »nicht um einen Ausstieg aus dem Industriezeitalter, sondern um naturgemäßere oder menschlichere Formen der Existenz unter modernen Bedingungen«. Fasziniert von den ambivalenten Einwirkungen des großstädtischen Lebens auf die Individuen, dachte der Soziologe Georg Simmel über die zentrale Rolle des Geldes dabei nach. Ferdinand Tönnies wiederum unterschied kritisch zwei soziale Großkollektive: ein organisches, die »Gemeinschaft«, und ein gesichtslos abstraktes, die »Gesellschaft«. »Die ganze Zivilisation«, so resümierte Tönnies' Gedanken ein späterer Kulturhistoriker, »sei auf den Kopf gestellt worden durch eine moderne Lebensweise, die von der bürgerlichen Marktgesellschaft dominiert werde, und diese Veränderung läute letztlich das Ende der Zivilisation als solcher ein.« Der Ökonom Werner Sombart hingegen feierte die Dynamik des Kapitalismus, indem er freilich die kreative und wagefreudige Unternehmerschaft dem krämerseligen und profitgierigen Händlertum gegenüberstellte. Erstere sah er, namentlich während des Weltkrieges, auf deutscher, Letzteres auf britischer Seite wirken. Die originellsten Gedanken zu diesem Thema äußerte Max Weber, der die verwirrenden Veränderungen im Zuge der Industrialisierung als Prozesse einer Rationalisierung und Bürokratisierung interpretierte. Doch wie seine wilhelminischen Kollegen hatte auch er zutiefst ambivalente Empfindungen gegenüber der Moderne samt ihren Auswirkungen und fragte sich, ob diese wohltätig oder problematisch würden.[3]

Diese Widersprüche, die der Begegnung mit der Moderne innewohnten, fanden besonders heftigen Ausdruck in der »Weimarer Kultur«, deren Entwicklung später oft als warnendes Exempel dafür verstanden wurde, was künstlerischer Extremismus anrichten kann.[4] Diese Zuweisung ist nicht völlig unberechtigt; tatsächlich drängte der Kollaps mehrerer Imperien Intellektuelle und Künstler aus Mittel- und Osteuropa, scharenweise nach Berlin zu strömen und die Hauptstadt in ein Treibhaus für Experimente und Kontroversen zu verwandeln. Außerdem politisierte die Fragilität der ersten deutschen Demokratie die kulturelle Produktion in höherem Grad, als es die Verhältnisse in Paris oder London mit vergleichbaren dortigen Bewegungen taten. Bei der Weimarer Kultur schien immer gleich die ganze Zukunft des besiegten Landes mitzuschwingen, wodurch aus Konflikten um Stile Zwistigkeiten um Ideologien wurden. Dass die Republik schließlich zusammenbrach, gab den intellektuellen Bemühungen ein tragisches Flair. Zudem kam es zu der »Flucht der Musen«, denn die Verfolgung durch die Nazis verstreute Kreative in alle Welt, in der sie viele der in den Weimarer Jahren ausprobierten Innovationen verbreiteten. Obwohl der deutsche Kontext in der historischen Diskussion seither eine besonders große Rolle spielt, bleibt doch festzuhalten, dass die kulturelle Konfrontation mit der Moderne ein europaweites Phänomen war und dass ähnliche Kämpfe überall stattfanden.

Der Explosion modernistischer Kultur in einer erregenden Vielfalt von Bewegungen und Stilen folgte eine harte ideologische Gegenreaktion. Schon im letzten Jahrzehnt vor 1914 hatte eine revoltierende Avantgarde versucht, die Grenzen des stickig gewordenen traditionellen Kanons zu sprengen. Die Leiden, die der Erste Weltkrieg brachte, vertieften das Empfinden einer Dissonanz. Umso dringender wollte man diese auch in der Kunst ausdrücken, was das Verwerfen der überkommenen Regeln beschleunigte und die Attacke auf die bürgerliche (Un-)Moral radikalisierte. Als Frieden und Wohlstand wiederkehrten, wurde daneben die Populärkulturindustrie aktiv, die die Massen primär unterhalten und der Modernisierung ein fröhliches, optimistisches Gesicht verpassen wollte. Linken Erneuerern wiederum gelang es, in ein paar Institutionen Einfluss zu gewinnen und dort Leistungen von bleibendem Wert zu erbringen; sie schufen den Stil einer klassischen Moderne. Traditionalisten hingegen beklagten, wie sehr das urbane Leben die Menschen ihrem Wesen entfremde; religiöse Führer empörten sich über Dekadenz, und Elitaristen bedauerten den Verfall der Standards. Neokonservative Ideologen versuchten gar, eine antimoderne Form der Moderne zu entwickeln.[5] Die künstlerischen Experimente provozierten also intensive Konflikte, in denen die ideologischen Extreme die demokratische Vision, die sich zwischen ihnen befand, zerrieben.

Modernistische Revolte

Bei Anbruch des 20. Jahrhunderts empfanden viele Intellektuelle Unzufriedenheit hinsichtlich der hierarchischen Strukturen und der konventionellen Stile, die in Europas Hauptstädten immer noch vorherrschten. Während die Eliten auf dem Lande und in der Industrie noch fest die Kontrolle innehatten, verlangten die unteren Schichten, die sich in der Gewerkschaftsbewegung organisierten, lautstark mehr politische Rechte. Bürgerliche Werte wie Sauberkeit, Selbstdisziplin und Arbeitsamkeit blieben zwar weiterhin prägend, doch rebellierten feministische Aktivistinnen schon gegen das viktorianische Patriarchat und die Doppelmoral in sexuellen Angelegenheiten. Wohl erfreuten sich die Kirchen noch einer hohen Wertschätzung, aber wissenschaftliche Innovationen wie etwa die Evolutionstheorien untergruben die Autorität der Bibel. Technische Innovationen wie das elektrische Licht veränderten das Alltagsleben und weckten Hoffnungen auf weitere Verbesserungen. Während die meisten Architekten unverdrossen auf Bauweisen der Vergangenheit wie z. B. die Neugotik setzten, strebten die Wagemutigeren unter ihnen nach originellen, nie dagewesenen Ausdrucksformen. Dieser Suche schlossen sich auch Maler und Designer an; so entstand etwa jene neue Richtung der dekorativen Kunst, die hier »Jugendstil«, dort »Art nouveau« hieß.[6] Es war dieser Widerspruch zwischen einer scheinbar unveränderlichen Ordnung und dem Empfinden, dass sich etwas bewegen sollte, der die modernistische Revolte inspirierte.

Dass damals so viele überzeugt waren, die Moderne beschere den Menschen Gutes, verdankt diese wesentlich den spektakulären Fortschritten der Wissenschaft während der letzten Dekaden des 19. Jahrhunderts. Die biologischen Entdeckungen des britischen Forschers Charles Darwin boten eine rationale Erklärung des Ursprungs der Arten, die dem religiösen Schöpfungsmythos widersprach. Die dem franko-polnischen Forscherpaar Pierre und Marie Curie zuzuschreibenden Fortschritte der Physik öffneten die Tür zum Phänomen der Radioaktivität, während der deutsche Erfinder Werner von Siemens Möglichkeiten fand, die Kraft der Elektrizität zu nutzen und kontrolliert weiterzuleiten. Zur gleichen Zeit bestätigten die Untersuchungen des französischen Biologen Louis Pasteur und des deutschen Mediziners Robert Koch die Existenz und Wirkungsweise von Bakterien, sodass nun Krankheiten behandelt werden konnten, die zuvor als unheilbar galten. Und die Beobachtungen des österreichischen Psychiaters Sigmund Freud zum neurotischen Verhalten seiner Patienten gaben einen Einblick in das Reich des Unbewussten, aufgrund dessen sich psychische Störungen besser in den Griff bekommen ließen. Die Liste der Durchbrüche könnte man in viele Richtungen erweitern, etwa um die Experimente in den chemischen Labors, die uns beispielsweise das Aspirin beschert haben.[7]

Auch technische Erfindungen trugen zum Fortschrittsbewusstsein bei, denn sie veränderten das Alltagsleben tiefgreifend. Der Bau städtischer Kanalsysteme ließ den flüssigen Unrat aus den Straßen verschwinden, und die Versorgung der Haushalte mit sauberem Wasser verbesserte die Volksgesundheit. Stromnetze brachten

Licht in Wohnungen und Läden, beendeten die Tyrannei der Nacht und änderten den Schlaf-Wach-Rhythmus in den Metropolen. Telefonverbindungen ermöglichten Kommunikation über weite Strecken, selbst wenn gewaltige Distanzen die Gesprächspartner trennten – sie konnten miteinander in persönlichen Kontakt treten und Geschäfte tätigen. Schienen wurden verlegt und Tunnel gegraben; so war man dank Straßenbahn und U-Bahn in den boomenden Städten mobil. Eisenbahnlinien verbanden immer weiter voneinander entfernte Orte und verkürzten die Reisezeiten. Die Erfindungen Fahrrad und Auto sicherten die individuelle Beweglichkeit und schufen ein neues Bewusstsein für Geschwindigkeit.[8] Indem sie uralte Einschränkungen zu überwinden halfen, beschleunigten solche technischen Entwicklungen die Zeit und ließen Entfernungen schrumpfen. Diese innige Verschmelzung der Moderne mit Mobilität und Schnelligkeit verlangte geradezu nach neuen Formen kulturellen Ausdrucks jenseits des Kanons der Tradition.

Ein Zeichen der Revolte waren die »Sezessionen«, programmatische Abspaltungen einzelner Künstlergruppen vom gerade tonangebenden Kunstbetrieb. Viele Maler wollten mit der Konvention der gegenständlichen Darstellung brechen und Farben und Linien freies Spiel gewähren. Als die Jury der Pariser Kunstakademie 1863 impressionistische Gemälde ablehnte, arrangierte Edouard Manet eine unabhängige Parallelausstellung, den »Salon des Réfusés« (»Salon der Abgelehnten«), der Leinwände zeigte, auf denen sich lauter Lichtpunkte tummelten. In den Jahrzehnten danach organisierten auch der Bildhauer Auguste Rodin und der Maler Pierre-Auguste Renoir unabhängige Ausstellungen für innovative Werke und umgingen so die Kontrolle des Kunstmarkts durch konservative Akademiemitglieder. Die Experimente der Fauvisten mit kühner Farbgebung wurden ebenso gefördert wie die der Kubisten, die sich in die abstrakte Linienführung vorwagten. Schon bald präsentierte die autonom veranstaltete Werkschaureihe Maler, die traditionelle Vorstellungen von Schönheit bewusst überschritten, etwa Henri Matisse, Paul Cézanne und Paul Gauguin. 1897 sezessionierten in ähnlicher Weise die Wiener Künstler Gustav Klimt und Otto Wagner aus der österreichischen Kunstakademie und proklamierten:

»Der Zeit ihre Kunst – der Kunst ihre Freiheit«. Diese Forderung vertrat auch ihr Berliner Kollege Max Liebermann, und so griff die Rebellion der Maler auf die deutsche Hauptstadt über. Dort bahnte sie der Eruption des Expressionismus den Weg, jener Richtung, die man eine Zeitlang schlicht »Moderne Kunst« nannte.[9]

Dass sich die Komponisten von der Harmonie abwandten, wodurch die schrillen Dissonanzen und die hektischen Rhythmen des Großstadtlebens Eingang in die Konzertsäle fanden, war ein weiterer Indikator des Modernismus. Richard Strauss, Vertreter einer überreifen Spätromantik, dehnte zwar das tonale Vokabular erheblich aus, doch der immer wieder hervorblitzende Humor und die unerwarteten harmonischen Auflösungen wussten das Publikum zu bezaubern. Ähnlich erschienen in Gustav Mahlers schier endlosen Sinfonien die bedrohlichen dissonanten Crescendi ausgeglichen durch die Gefälligkeit volksliedhafter Melodik. Hingegen ließ Claude Debussy bei seinen Experimenten zur fein abgestuften musikalischen Nachzeichnung von Stimmungen und fluktuierenden Impressionen den Kanon der klassischen Formen oft hinter sich. Arnold Schönberg schließlich warf die Zwänge der Tonalität vollständig ab und wagte sich ins Offene vor, um »einen bunten ununterbrochenen Wechsel von Farben, Rhythmen und Stimmungen« zu erzeugen. Derlei Innovationen aber schockierten die Zuhörer, die gefälligere sinfonische Stile gewohnt waren. Durch seine mutigen Experimente mit der Atonalität lockte Schönberg zwar ergebene Schüler wie Anton Webern und Alban Berg an, aber der intellektualistische Charakter dieser »modernen Musik« befremdete viele Konzertbesucher doch sehr; Attraktion vermochte sie nur auf einen kleinen Zirkel Eingeweihter auszuüben.[10]

Gegen bürgerliche Ordnung und Respektabilität rebellieren konnte man auch durch das Schreiben und Inszenieren von Dramen mit sozialer und psychologischer Thematik. In realistischen Stücken wie *Nora. Ein Puppenheim* und *Hedda Gabler* kritisierte der Norweger Henrik Ibsen die Familien der Mittelschicht, indem er die desaströsen Konsequenzen vorführte, die sich aus patriarchaler Dominanz ergeben konnten. Namentlich ging es ihm um die gesellschaftlichen Normen, die die Frau zur Häuslichkeit zwangen, dem Mann aber sexuelle Freizügigkeit gewährten. Heiterer kamen die Stücke des Iren George Bernard Shaw daher. Shaw, Schriftsteller und Mitbegründer der sozialistischen Intellektuellenbewegung *Fabian Society*, legte die verhängnisvollen Auswirkungen des britischen Klassensystems offen und gab es der Lächerlichkeit preis, indem er aufzeigte, wie viel Heuchelei ihm innewohnte. Er verfasste zu diesem Sujet eine ganze Reihe von Komödien, die viel Beifall ernteten, darunter *Helden* (original *Arms and the Men*) und *Pygmalion*. Mit ähnlicher Intention, aber in einer drastischen naturalistischen Sprache demonstrierte der deutsche Autor Gerhart Hauptmann die Herzlosigkeit des kapitalistischen Systems in seinem anklagenden Stück *Die Weber*, das den hoffnungslosen Widerstand der schlesischen Handwerker gegen die Konkurrenz der industriellen Fertigung auf die Bühne brachte.[11] Während Shaws Texte Vorurteile durch Ironie lächerlich machten, gingen Ibsen und Hauptmann ernster zu Werke. Sie griffen bürgerliche Empfindlichkeiten frontal an, wobei naturalistisches Drama und skandalträchtige Provokationen eine Einheit bildeten.

Etwas weniger lautstark suchten auch die Romanautoren, der Tradition zu entkommen, in diesem Fall den Erzählkonventionen. Den Bruch vollführten sie, indem sie über Tabuthemen schrieben und das subjektive Bewusstsein erkundeten. In Deutschland handelte sich der sozialkritische Schriftsteller Heinrich Mann mit einer Satire auf die Arroganz des wilhelminischen Bürgertums, dem Roman *Professor Unrat*, Ärger mit der Zensur ein; nach dem Buch entstand später ein berühmter Film, *Der blaue Engel* mit Marlene Dietrich. In Frankreich mühte sich der hochproduktive André Gide, gegen moralistische Zwänge vorzugehen. In Romanen wie *Der Immoralist* erkundete er seine eigene Homosexualität, zu der er sich wagemutig bekannte – genau jene »schwere Unzucht« hatte den britischen Dramatiker Oscar Wilde in den Kerker gebracht. In Österreich experimentierte Arthur Schnitzler mit dem Erzählmodus des »Bewusstseinsstroms«; so zeichnet er in seiner Prosa psychische Störungen nach, die seinerzeit viele Wiener in den Selbstmord trieben. In England ergründete der Schriftsteller und Autodidakt D. H. Lawrence die durch die menschliche Sexualität aufgewühlten

Leidenschaften, und dies so unverhohlen und ungehemmt, dass viele Kritiker Romane wie *Söhne und Liebhaber* als Pornografie verrissen. In Abkehr von einem auf Äußerlichkeiten beschränkten Realismus überschritt »moderne Literatur« dieser Art die Grenzen, die das Ziel moralischer Erbauung dem Schreiben zog, legte die sozialen Probleme hinter den Erscheinungen offen und lotete die Tiefen der Psyche aus.[12]

Der produktive Künstler Pablo Picasso kann als Beispiel dienen für die vielen Innovationen, welche die Kunstrevolte brachte, aber auch für einige ihrer Schattenseiten. Geboren 1881 in Málaga, wuchs das Wunderkind Pablo in Barcelona auf, wo er bald ein versierter Zeichner wurde. Seine frühen Gemälde der blauen und rosa Periode benutzten noch die Techniken des Gegenständlichen und übersteigerten nur Farbe und Linie, um einen eindringlicheren ästhetischen Reiz zu erzeugen. In Paris beteiligte Picasso sich aber dann an den Experimenten der Avantgarde, indem er sich mehr und mehr vom Figurativ-Erkennbaren entfernte, einem freieren Spiel der Formen und Töne zuliebe. In den letzten Jahren vor dem Ersten Weltkrieg wurde Picasso, der sich zunehmend der Abstraktion annäherte, einer der Pioniere des Kubismus. Er hantierte mit gedämpften Farben und komplexen Formen in einer Weise, die über die ikonische Tradition hinausging. Man feierte ihn als Vorkämpfer der Innovation, seine Bilder verkauften sich bestens und machten ihn ziemlich reich. Dennoch wurde er Kommunist und schuf ein großes Gemälde, das die Bombardierung der Stadt Guernica durch die Nazis während des Spanischen Bürgerkriegs anprangerte. Privat führte er ein Bohème-Leben und wechselte häufig die Ehefrauen bzw. Mätressen. Als Meister der Moderne, der die künstlerischen Ausdrucksweisen modernisierte, wurde Picasso bewundert – aber auch geschmäht.[13]

Der Schock des Krieges

Angesichts des Ersten Weltkriegs wendete man sich umso intensiver gegen die Tradition, denn diese Erfahrung zerstörte zu viel, als dass sie noch mit den damals akzeptierten Formen hätte wiedergegeben werden können. Wenn sie da in schmutzigen Gräben kauerten, fühlten sich die Soldaten zu Automaten degradiert, die unverständliche Befehle auszuführen hatten; ihr Horizont verengte sich auf den ununterbrochenen Kampf ums Überleben, in den nur Zigaretten oder Schnaps dann und wann Erleichterung brachten. Sie nahmen teil am Massenmord und wurden Zeugen eines schändlichen Massentodes, sodass sie ihre jugendliche Unschuld und Unbefangenheit verloren – das Leben konnte nie wieder einfach schön und friedvoll sein. Der unpersönliche Charakter des Tötens und Sterbens im mechanisierten Gefecht zerstörte nach und nach die Illusionen, die das Leiden vielleicht noch zur heldenhaften Opfergabe fürs Vaterland erhöht hätten. Schließlich erweckten die jämmerlich geringen Geländegewinne, die viele der Attacken einbrachten, und die Nichtabsehbarkeit eines Endes der Kämpfe die beklemmende Frage, welcher Sinn der ganze Konflikt denn habe. Künstler wie Otto Dix rangen um Bilder, die das Grauen des »Fronterlebnisses« angemessen wiedergaben. Diese Grässlichkeiten offenbarten die destruktive Seite der Moderne, denn in ihnen manifestierte sie sich als eine Kraft, die sich individueller Kontrolle entzog.[14] Sogar bei den Intellektuellen an der Heimatfront hinterließ der Krieg tiefe Wunden, die erst in Jahrzehnten heilen würden.

Der Weltkrieg trug dazu bei, Wissenschaft und Technik zu diskreditieren, schließlich erwies sich ihre Wirkung eher als tödlich denn als wohltätig. Die Lebensvernichtung auf den Schlachtfeldern des Zermürbungskriegs verlief nach dem gleichen Prinzip wie die Fließbandfertigung in der Industrie: Nicht individuelle Tapferkeit entschied über Sieg oder Niederlage, sondern die reibungslose kollektive Aktion und die Menge des verfügbaren Materials. Seit 1915 wurde Giftgas eingesetzt, das einen langsamen Tod durch Verbrennungen in der Lunge auslöste; von denen, die es einatmeten, überlebten die wenigsten, und diese waren versehrt für den Rest ihrer

Tage. Auch in den Ozeanen konnte man nun Minen platzieren, die ebenso wie U-Boote, für deren Einsatz vielerorts keine einschränkenden Regeln mehr galten, Schiffe ohne Vorwarnung versenkten; ihre Mannschaften waren hilf- und wehrlos gegen diese Gefahr aus der Tiefe. Nicht besser erging es den Soldaten, wenn ein Angriff aus der Luft kam: Zum ersten Mal in der Geschichte warfen Flugzeuge Bomben ab. Ebenfalls innovativ waren die gepanzerten und auf Selbstfahrlafetten montierten Geschütze, Panzer genannt, ein wahrer Schrecken für die Infanteristen in den Gräben. Zwar gab es in den Feldhospitälern inzwischen bessere medizinische Versorgung, doch auch die ordnete sich strategischen Zwecken unter: Man flickte dort verwundete Körper nur zusammen, damit diese bald wieder ihren militärischen Pflichten genügen konnten. Auch ließ man den »Kriegsneurotikern« psychologische Therapien angedeihen, um die nunmehr faktisch Geisteskranken ins Inferno der Front zurückzuschicken. Es verwundert nicht, dass nach 1918 Maschinen in der kulturellen Vorstellungswelt zunehmend als mechanisierte Bedrohung erschienen.[15]

Seit dem Ersten Weltkrieg wurden Schlachten in Stil und Sprache anders geschildert als zuvor: Statt Erzählungen von heldenhaften Abenteuern gab es nun Bestandsaufnahmen von sinnlosem Leiden. Der feierlich-erhabene Ton der offiziellen Kriegsberichterstattung vermochte die quälende Erfahrung des Grabenkampfes nicht angemessen zu erfassen. Viele der Briefe, die Soldaten von der Front nach Hause sandten, vermieden es gezielt, irgendein Detail der grauenerregenden Vorgänge während der Gefechte zu erwähnen. Dadurch entfremdeten sich die Schlachtfelder und das tatsächliche Geschehen dort von der Heimatfront, während man die entstehende Kluft mit den hohlen Phrasen der Kriegspropaganda überbrückte. Während patriotische Autoren wie Walter Flex oder Rupert Brooke anfangs den Waffengang noch zu romantisieren versuchten, sahen sich andere Dichter, etwa die britischen *war poets* Robert Graves und Wilfred Owen, angesichts des Unbeschreiblichen, das sie in den Gräben erlebt hatten, dazu nicht länger imstande. Verse, die unter dem unmittelbaren Eindruck der Kämpfe entstanden, feierten nun immer seltener patriotische Tugenden und schockierten dafür immer häufiger mit der Ausmalung der Sinnlosigkeit des Leidens.[16] Die literarischen Anstrengungen, solche Empfindungen wiederzugeben, beförderten die modernistischen Trends zur Auflösung der Einheit von Form und Sinn.

Da, wie sich zeigte, die Fotografie die Gräuel der Front besser einfing, verstärkte der Krieg die Abkehr der Künstler von den Stilen der Gegenständlichkeit. Man mochte den Krieg nicht mehr in den traditionellen großformatigen, durchkomponierten Schlachtszenen darstellen; wer die Grabengefechte der jüngsten Zeit visualisieren wollte, präsentierte verwüstete Landschaften mit wirr verstreuten Leichen. Eindringlicher noch waren George Grosz' porträtartige Bilder, die den entstellenden Wirkungen des Krieges auf die Menschengestalt einen dramatischen Ausdruck gaben. Die Erfahrung des Krieges verlieh der Lossagung vom Realismus, die mit Henri Matisse und den Fauvisten begonnen hatte, zusätzlichen Schub; schon sie komponierten Flächen aus intensiven Farbtönen, die keine fotografische Ähnlichkeit mehr bezweckten. Die Kampferlebnisse beschleunigten dann den Trend zur Abstraktion, dessen Pioniere der französische Maler Georges Braque und sein exilrussischer Kollege Wassily Kandinsky waren. Letzterer erklärte Formen und Farben entschieden zu autonomen kompositorischen Elementen, denen geometrische Linien Struktur und Begrenzung gäben; die klassische Perspektivlehre wurde verworfen. Schließlich bestätigte das, was sie von den Grabengefechten mitbekamen, auch die expressionistischen Impulse vieler Künstler; sie fühlten sich, wie der deutsche Maler Emil Nolde, nun ermuntert, ihren Emotionen freien Lauf zu lassen in kräftigen Farben und dynamischem Pinselduktus.[17] Insgesamt bestärkte der Erste Weltkrieg also die modernistische Neigung zu Experimenten mit nicht-figurativen Stilen.

Das furchterregende Dröhnen der Front und das Getöse der durchmechanisierten Innenstädte ermutigte in Musik und Tanz einzelne Kunstschaffende, den Übergang von der Dissonanz zur Kakophonie zu wagen; bestenfalls das Unverständnis der Konzertbesucher konnte ihren Eifer bremsen. Schon 1913 schockierten der russische Komponist Igor Strawinsky und sein Landsmann, der

Ballettmeister Sergei Djagilew, das Pariser Publikum mit einer ungestümen Produktion namens *Le sacre du printemps* (»Die Frühlingsweihe«), deren Rhythmuskaskaden und schrille Akkorde Vorstellungen eines orgiastischen Primitivismus erweckten. Der Krieg selbst inspirierte Komponisten wie Leoš Janáček, Béla Bartók und Maurice Ravel zu einem gewagten Umgang mit dem nationalen musikalischen Erbe: Sie nahmen einheimische Volksweisen und transformierten sie zu unstrukturierteren und abstrakteren Klanggebilden. Strawinsky vertrat entschieden die Parole »Il faut absolument être moderne« (»Modernsein ist Pflicht«), und diese Attitüde dominierte die Nachkriegsszene. Entsprechend machte man Experimente aller Art, von Erik Saties subtilen Collagen bis zu Jean Cocteaus Anspruch, »Musik des Alltagslebens« zu komponieren. Die Begegnung mit dem Jazz erweiterte das melodische und rhythmische Vokabular, wovon so verschiedenartige Komponisten wie Darius Milhaud und Kurt Weill profitierten. Paul Hindemith postulierte: »Tonschönheit ist Nebensache«, während Arnold Schönberg und seine Schüler furchtlos in ein ganz neues Universum vorstießen – das Zwölftonsystem.[18]

Was die Literatur betraf, so beschleunigte die Kriegserfahrung die Auflösung der linearen chronologischen Erzähltechnik, bei der die Entwicklung von Charakteren im Vordergrund stand, zugunsten assoziativer Muster, die die Funktionsweise des Bewusstseins samt seinen raschen Richtungsänderungen und Sprüngen imitierten. Der hypersensible französische Romancier Marcel Proust konstruierte sein gewaltiges fünfzehnbändiges Meisterwerk *Auf der Suche nach der verlorenen Zeit* als eine Art introspektive Expedition: Der Protagonist erkundet seine Erfahrungen in der Pariser Gesellschaft durch genaue Prüfung seiner Erinnerungen, die per Assoziation ausgelöst werden. Der phantasievolle Franz Kafka, Tscheche mit jüdisch-deutschem Hintergrund, schilderte die Absurdität des Lebens in brillanten metaphorischen Texten, darunter *Die Verwandlung*, die seine Leser so verwirrt wie fasziniert zurückließen, weil eine fest umrissene Botschaft fehlte. Etwa um dieselbe Zeit saß ein anderer Avantgardist, der katholische Ire James Joyce, im selbst auferlegten Exil – während der Kriegsjahre Zürich, danach

Paris – an einem epischen Monumentalwerk mit dem Titel *Ulysses*. Darin evozierte er seine Geburtsstadt Dublin und benutzte eine komplexe Technik des Bewusstseinsstroms. Auch sparte er weder an Anspielungen auf die klassische Antike noch an sarkastischem Humor, was dem Roman zunächst Verbote wegen Unsittlichkeit in den USA und dem Vereinigten Königreich einbrachte.[19] Diese modernistischen Texte schockierten die Autoritäten nicht nur, weil sie sexuelle Themen ganz offen behandelten, sondern auch, weil sie Türen zu den Bereichen des zuvor Undenkbaren und Unsagbaren aufstießen.

Die Entwicklungen nach dem Krieg verwandelten bei vielen Kulturschaffenden die Utopie eines Freiheit bringenden urbanen Lebens in die Dystopie einer bedrohlichen, ausbeuterischen Megalopolis. Fritz Langs Film *Metropolis* (1927) dreht sich um den Konflikt zwischen Kapitalisten und Proletariern in einer futuristischen Großstadt, die von einem technischen Zentralsteuerungsmoloch beherrscht wird, der »M-Maschine«. Im Vordergrund steht die Liebe zwischen dem Sohn des Ober-Ausbeuters und einer jungen Arbeiterfrau; die reichlich verschachtelte Handlung unterstreicht die Botschaft, »das Herz vermittle zwischen Hand und Hirn«. Der Film war bahnbrechend auf dem Gebiet der *special effects*; so präsentierte er u. a. einen »Maschinenmenschen« sowie einen dem Turm zu Babel ähnlichen Wolkenkratzer; dank des raffinierten Einsatzes von Spiegeln und kleinen Modellkonstruktionen konnten reale Schauspieler in fiktiven Räumen agieren. Obwohl der Film ein Happy End hatte, trugen gerade die Trickaufnahmen, die meist Beklemmendes zeigten, dazu bei, dass eine Metropole, in der die Maschinen dominierten, als ein Ort ohne Gnade erscheinen musste. Ähnlich verhielt es sich bei Alfred Döblins breit angelegtem Collageroman *Berlin Alexanderplatz*. Darin erlebt der Leser, wie der straffällig gewordene Arbeiter Franz Biberkopf sich vergebens bemüht, anständig zu werden, und letztlich an der Gleichgültigkeit des gnadenlosen Klassensystems zugrunde geht.[20] In solchen Filmen und Romanen bewirkt die Metropole, dass die Bewohner sich selber und untereinander entfremden, und verschlingt sie am Ende. Ihre Unpersönlichkeit, die sozialen Spannungen und die Übermechanisierung, die in ihr obwalten, haben letztlich einen entmenschlichenden Effekt.

Die ganzen 1920er Jahre hindurch stritten sich die Intellektuellen auch um den Sinn des Weltkrieges, denn sie zogen grundverschiedene Lehren aus dem Gemetzel. In seinem autobiografischen Roman *In Stahlgewittern* schildert der hochdekorierte Offizier Ernst Jünger die Brutalität der Kämpfe als erregendes Abenteuer, das Kameradschaft stiftet und zum Heldentum begeistert; die Bewährung im Angesicht der Gefahr stählt den Mann. Ganz anders der tschechische Autor Jaroslav Hašek, dessen Roman *Der brave Soldat Schwejk* einen quasi zeitlosen Charakter in das Geschehen des Weltkrieges setzt: den Einfaltspinsel, dem zwar viele Missgeschicke passieren, der aber alle Fährnisse irgendwie überlebt. Die ironische Darstellung legt satirisch die Unfähigkeit der österreichisch-ungarischen Armee bloß. Ernster ging es bei dem deutschen Schriftsteller und Journalisten Erich Maria Remarque zu. Obwohl er nur kurz gedient hatte, bevor er 1917 verwundet worden war, konnte Remarque in seinem Hauptwerk eine niederschmetternde Schilderung der Inhumanität des Krieges geben: Sein Roman *Im Westen nichts Neues* erzählt von den Erfahrungen eines jungen Rekruten, der erleben muss, wie nach und nach seine gesamte Kompanie ausgelöscht wird. Unter den englischen Literaten und Literatinnen kam es zwar zu einem harten Dissens darum, ob man, wie etwa Siegfried Sassoon, die Tapferkeit der Soldaten preisen oder wie Vera Brittain den Waffengang als Schlächterei verdammen solle. Doch so unterschiedlich sie ihre Schilderungen akzentuierten – einig waren sie sich immerhin darin, dass die Moderne mehr und mehr mörderische Züge offenbarte.[21]

Reize der Populärkultur

Die Verbreitung der Massenkultur schien erfreulichere Aspekte ins moderne Leben hineinzubringen, denn sie bot den schwer arbeitenden Massen erschwingliche Zerstreuung und Freizeitbeschäftigung. Es gehört zu den Folgen rascher Urbanisierung, dass eine säkulare Populärkultur, die vorwiegend in Gaststätten, Vereinen, öffentlichen Shows und Paraden gepflegt wurde, die traditionellen ländlich-agrarischen und religiösen Volksbräuche nach und nach verdrängte. Während des späten 19. Jahrhunderts bescherten die Perfektionierung von Erfindungen wie der Linotype-Setzmaschine, des Grammophons, des Filmprojektors und des Radioempfängers nie dagewesene sinnliche Erfahrungen, wenn auch zunächst nur den Eliten, die sich nun auf neuartige Weise informieren und unterhalten lassen konnten. Als die Massenproduktion diese Gerätschaften so stark verbilligte, dass sie das große Publikum erreichten, entstand eine stetig wachsende Kulturindustrie, die nicht nur den Gebrauch dieser Dinge demokratisierte, sondern auch Inhalt und Stil dessen, was da vermittelt wurde.[22] Dass der Lebensstandard der Unterschichten sich verbesserte und ihre Mußezeit allmählich zunahm, setzte eine Entwicklung neuer Freizeitaktivitäten in Gang. Man konnte Großveranstaltungen mit Profisportlern verfolgen oder die Angebote des Massentourismus wahrnehmen; die Palette der Erholungsmöglichkeiten erweiterte sich zusehends. All dies kostete eine Menge Geld, versprach aber auch prächtige Profite. Doch wie stand es bei den ganzen Veränderungen um die Gefahr politischer Einflussnahme, wie um das intellektuelle Niveau? Befriedigende Antworten auf diese Fragen sollten sich nicht leicht finden.

Eine wichtige Innovation war die Entwicklung der Massenpresse, mit der man die Öffentlichkeit aufklären, aber auch agitieren konnte. Dank der zunehmenden Alphabetisierung wuchs die Zahl der Leser, die Linotype-Setzmaschine erleichterte die Herstellung, das Schalten von Werbung senkte die Kosten, und Nachrichtenagenturen wie AP, Reuters, Havas oder W. T. B. lieferten den Inhalt. In den großen Städten wetteiferten Dutzende von Morgen- und Abendzeitungen miteinander, die auf verschiedenen Niveaus Informationen, Unterhaltung und Kommentare boten. Der Zusatz von Grafiken, Karikaturen und Fotografien verstärkte den visuellen Reiz der illustrierten Magazine. Während Boulevardblätter wie die *Daily Mail* oder die *Berliner Zeitung* ihr Massenpublikum mit schrillen Schlagzeilen und primitiven Inhalten in Erregung versetzten, wobei sie eklatante Vorurteile pflegten, präsentierten sich seriösere Periodika wie die *London Times, Le Temps* oder das *Berliner Tageblatt* mit einer zurückhaltenden Aufmachung, verlässlichen Informationen und anspruchsvollen Reflexionen.[23] Für ihre täglichen Kunden schufen diese Zeitungen einen neuen geistigen Raum und erweiterten deren Horizont; der Blickwinkel weitete sich vom Wohnviertel auf die ganze Stadt und von der Region auf das ganze Land.

Der erste Apparat, der Musik und gesprochenes Wort zu den Leuten nach Hause brachte, ohne dass es einer Live-Darbietung bedurfte, war der Plattenspieler. Als Ersatz für mechanische Klaviere oder Spieldosen erfand Thomas Alva Edison 1878 den Phonographen, in dem ein Diamant in Wachszylinder geritzte Rillen abtastete und diese so in Schallwellen umwandelte. Ein Jahrzehnt später präsentierte Emil Berliner ein weniger sperriges Aufnahmemedium, das sich dann durchsetzte: eine flache rotierende Scheibe aus Schellack mit standardmäßig 78 Umdrehungen pro Minute, die optimale Klangwiedergabe ermöglichte. Sie verbesserte sich während der 1920er Jahre weiter durch den Einsatz neu entwickelter technischer Hilfsmittel: Mittlerweile nahm man über Mikrofone auf und benutzte zum Antrieb der Grammophonteller Elektromotoren. Die großen Plattenfirmen wie Columbia, Victrola, Pathé und Deutsche Grammophon boten ihren Kunden ein breites Spektrum an Platten, in dem alle Musikrichtungen vertreten waren, von Opern und anderem Klassischem für den Connaisseur bis hin zu Vaudeville-Schlagern fürs Ladenmädchen. Wer Musik um sich haben wollte, musste nicht mehr mühsam ein Instrument erlernen; dank der Leistungsfähigkeit mechanischer Gerätschaften konnte er sich die exquisitesten künstlerischen Darbietungen ins Haus holen. Doch nachdem die Tonträgerindustrie einmal entdeckt hatte, dass sich Volkstümliches besser verkaufte als anspruchsvolle Kompositionen, setzte sie einen neuen Schwerpunkt und produzierte vorzugsweise banale Hits, um die Massen zu unterhalten.[24]

Die Kinematografie war eine weitere Technik, die dem Publikum neue Phantasiewelten eröffnete. Neben Fotografien, die letztlich Standbilder wie die Erzeugnisse der alten *laterna magica* blieben, gab es nun auch bewegte Bilder. Ein Verfahren, Letztere auf Zelluloid zu bannen, hatte Edison bereits erfunden, und in Lyon entwickelten die Brüder Lumière eine Apparatur, mit der sich das Festgehaltene auf eine Leinwand projizieren ließ. Der erste – noch recht kurze – kinematografische Film wurde 1895 in einem Berliner Varieté vorgeführt. Regisseure experimentierten mit der Kapazität des neuen Mediums, zeigten Szenen aus dem Alltagsleben, erzählten aber auch schon Geschichten wie Edwin S. Porter 1903 in seinem Streifen *The Great Train Robbery*. Der Schlüssel zum Erfolg lag im Aufbau ganzer Studios, in denen sich Filme herstellen ließen. Ebenso notwendig waren Betriebe, die zahlreiche Kopien des Filmes fertigten, die dann wiederum an spezielle Filmtheater verteilt werden mussten. Diese Lichtspielhäuser konnten es sich leisten, niedrigere Eintrittspreise zu nehmen als die – personalintensiveren – traditionellen Bühnen, an denen Schauspieler aus Fleisch und Blut agierten, was den Kinos einen Massenandrang bescherte. Während Hollywood für die große Konsumentenschar spannende Western, glamouröse Variety-Shows und lustige Charlie-Chaplin-Komödien produzierte, war manchen kontinentalen Studios, etwa denen der UFA in Babelsberg, auch künstlerische Qualität ein Anliegen; dies bezeugen namentlich expressionistische Filme wie *Das Kabinett des Doktor Caligari*.[25] Ab Ende der 1920er Jahre waren die Streifen dann nicht länger stumm. Nun sah man die Akteure nicht nur, sondern hörte sie auch, weshalb die ersten Tonfilme in der amerikanischen Umgangssprache *talkies* hießen. Spätestens jetzt liebte das Publikum das neue Medium, weil es täuschende Wirklichkeitsnähe mit imaginär-fiktiven Inhalten verband.

Indem er seine Programme direkt in die Heimstätten der Menschen sendete, wirkte sich auch der Rundfunk auf die kulturellen Gewohnheiten aus. Guglielmo Marconi und andere hatten die Technologie auf der Grundlage der drahtlosen Telegrafie entwickelt; erste Versuche fanden um 1900 in England statt. Nicht sofort wurde sie ein Massenmedium, denn die notwendigen Transmitter waren kostspielig, die Signalreichweite blieb begrenzt, und die Hörer mussten komplizierte Detektoren kaufen. Seinen wahren Durchbruch erlebte der Rundfunk erst in den 1920ern, dann aber entwickelte und verbreitete er sich ziemlich rasch. In Europa wurde das Problem, wie die Dienstleistung zu finanzieren sei, gelöst, indem man Gebühren von den Nutzern erhob. Die Obrigkeiten begriffen nur zu gut, welche Möglichkeiten ihnen das Medium bot; so ließen sich etwa Nachrichten und Kommentare in ihrem Sinne einfärben und schattieren. Deshalb sicherten sich die Regierungen die rechtliche Kontrolle über die Anstalten, wofür sie einschlägige öffentliche Körperschaften gründeten, z. B. die British Broadcasting Corporation (BBC). Anfangs konnte man nur in größeren Städten Radio hören; entsprechend rechneten die Rundfunkmacher mit einem eher elitären Publikum und brachten kulturell wertvolle Inhalte. Als jedoch die Empfänger preiswerter wurden und immer mehr Menschen einen erwarben, mussten die Sender ihre Programme dem simpleren Geschmack der Massen anpassen. Diktatoren wie Stalin und Mussolini unterstützten den Ausbau drahtloser Übertragung besonders eifrig, denn durch das Radio konnte ihre Propaganda viel mehr Leute erreichen als durch Printmedien.[26]

Dass vielen jetzt mehr Mußezeit und mehr Geld zur Verfügung standen, trieb auch die Entwicklung der Massenfreizeitkultur voran; besonders das öffentliche Sportwesen expandierte. Dessen Anfänge lagen in den britischen Privatschulen, wo man schon länger zu wissen glaubte, dass athletische Wettbewerbe den Charakter stählten. Nun bemerkte man, dass sie außerdem geeignet waren, Zuschauende zu unterhalten. Während die Eliten kostspielige Aktivitäten wie Tennis, Segeln und Reiten bevorzugten, entschieden die weniger gut Betuchten sich lieber für preiswertere Betätigungen wie Wandern, Schwimmen, Fahrrad- oder Kajakfahren. Die Olympische Bewegung, die den »Amateursportler«, der nur um der Sache und nicht um des eigenen Vorteils willen »dabei« sei, in den Mittelpunkt rückte, sprach eher die oberen Klassen an, während Spektakel wie Boxen, Radrennen und Fußball die Volksmassen herbeilockten. Die gewaltigen Ticketeinnahmen, die bei solchen Großereignissen zusammenkamen, erlaubten den Akteuren, ins Profilager zu wechseln und nur noch für Wettkämpfe zu trainieren. Erfolgreiche Athleten wie der deutsche Boxer Max Schmeling oder der italienische Radrennfahrer Fausto Coppi wurden Stars, bewundert von Tausenden Fans. Dass dem Sport ein beträchtliches Propagandapotenzial innewohnte, begriffen auch die Diktatoren und förderten ihn kräftig. Um nationalistische Leidenschaften anzufachen, ließen sie ihre Länder an internationalen Wettkämpfen teilnehmen, so an den Olympischen Spielen und der Fußballweltmeisterschaft, und wenn ihre Athleten Preise und Medaillen heimbrachten, deuteten sie dies als Beweise für den Wert und die Stärke ihrer Regimes.[27]

Ausgebaute Beförderungsnetze und bezahlter Urlaub begünstigten ein weiteres Phänomen der Moderne, den Massentourismus. Scharenweise begaben sich Menschen in berühmte Städte oder in Naturlandschaften; manche wollten sich bilden, manche sich erholen. Organisierte Reisen zu entfernteren Orten hin hatte es zwar schon früher gegeben, man denke an das religiöse Pilgertum oder die *grand tour* der Adeligen. Was nun aber britische Unternehmer in diesem neuen Gewerbe, namentlich Thomas Cook, ihren Kunden anboten, ging darüber hinaus. Sie animierten die mittleren Klassen, ferne Länder zu besuchen, und priesen das Reisen als eine Form der Zerstreuung. Dank längerer Freizeit und etwas mehr Kleingeld konnten zunehmend auch die unteren Klassen am Wochenende einmal wegfahren, mindestens zu nahegelegenen Seen oder Wäldern, und sich dort regenerieren. Niedrigere Eisenbahn- und Dampfschifftarife ermöglichten selbst Leuten mit bescheideneren Budgets, weitere Strecken zurückzulegen, mochten die Ziele nun spektakuläre Gebirgszüge sein wie die Alpen oder die jüngst ausgebauten Seebäder. Zeigten sich Naturliebhaber mit spartanischer Unterbringung zufrieden, bestand die Mehrheit der Touristen auf Luxus, weshalb sich eine ganz neue Industrie entwickelte, zu der Hotels, Museen und andere Attraktionen gehörten.[28] Und wieder wussten die Kommunisten wie die Faschisten die Innovation für ihre Zwecke auszubeuten: Indem sie den Bürgern preiswerte Ferien anboten – den Jüngeren über einschlägige Organisationen wie den Komsomol, den Erwachsenen über Clubs wie den Dopolavoro –, konnten sie ihre jeweilige Ideologie populärer machen.

Als letzter Aspekt der Populärkultur sei die Transformation der Geschlechterrollen erwähnt. Diese verdankte sich auch dem kulturellen Konstrukt der »neuen Frau«, propagiert von den Feministinnen und den Medien. Während die Suffragetten, die meist der Oberschicht entstammten, gleiche Bildungschancen und politische Rechte reklamierten, wagten die Frauen der Mittelschicht immer häufiger den Schritt aus dem klassischen Hausfrauendasein, indem sie zumindest vor der Heirat als Verkäuferinnen oder Sekretärinnen arbeiteten. Frauen aller Schichten hatten die viktorianischen Korsetts und Turnüren satt, und statt kunstvoll gestalteter Haartürme waren nun schlichte, androgyne Stutzfrisuren *en vogue*, etwa der Bob. Nachdem sie in England und Deutschland das Wahlrecht bekommen hatten, gründeten die Frauen eigene Interessenverbände und beeinflussten auch die Gesellschaftspolitik, wobei sich bestimmte Hoffnungen, etwa auf liberaleres Scheidungsrecht und legalisierte Abtreibung, überwiegend bald zerschlugen. Doch feierten immerhin die Illustrierten und der Film einen weiblichen Typus, der von Traditionen abrückte: Sogenannte *flappers*, Frauen mit knabenhaft schlanker Figur, die selbstbewusst auftraten und rauchten, wurden modische Ikonen, denen urbane Mädchen nacheiferten. Die Befreiung der Frauen von einigen der bisherigen Zwänge verlangte auch eine Neudefinition der männlichen Rolle weg vom Patriarchat, hin zur Partnerschaft in der Ehe.[29] Diese beiden Faktoren, die einander verstärkten – einerseits die unzähligen technischen Fortschritte des noch jungen Jahrhunderts, andererseits neue Entwicklungen in Stil und Lebensweise –, verschafften der Modernität ein positives Image.

Klassische Moderne

Während der relativen Stabilität der mittleren 1920er Jahre experimentierten die Künstler weniger frenetisch als in der unmittelbaren Nachkriegsperiode; stattdessen suchten sie stabile Formen, um die Beschaffenheit des Modernen auszudrücken. In Zentraleuropa war das Ergebnis eine Wende hin zum Nüchternen, Schlichten und Unpathetischen; die damals vorherrschende Richtung hieß »Neue Sachlichkeit«. Die Kulturschaffenden wollten nicht mehr so sehr schockieren, sondern eher das Wesen der Modernität erfassen. Da technische Innovationen, industrielle Produktion und turbulentes Großstadtleben nun einmal existierten und wenig dafür sprach, dass sie bald wieder verschwänden, mussten sich die Menschen an den Lärm, die Hektik und die Aufregung gewöhnen, die das alles mit sich brachte. Höchstens noch auf dem Lande gab der Wechsel der Jahreszeiten den Rhythmus vor; die scheinbare Unordnung des urbanen Lebensstils verlangte eine andere, neue Art Ästhetik: Sie musste den spezifischen Gefühlen und Erfahrungen gerecht werden, die man ihm verdankte. Eine Flucht in dekorative Schönheit, so meinte man, passe nicht für ein Zeitalter der Geschwindigkeit und Energie. Stattdessen könne eine neue Beschränkung auf das objektive Dasein der Gegenstände, »Neue Sachlichkeit« eben, den rationalen Geist der Technik adäquater einfangen. Aus dieser veränderten Einstellung heraus favorisierte man die Reportage als akkurate Beschreibung und die Fotografie als verlässliche Reproduktion der Realität. Zwar beendete die Neue Sachlichkeit das Experimentieren nicht gänzlich, aber sie bremste doch die unbegrenzte Vermehrung der Stile. Vertretern dieser Richtung gelangen einige bemerkenswerte Werke von bleibendem künstlerischem Verdienst, vor allem aber fanden sie eine klassische Form für die Moderne.[30]

Die überraschenden Entdeckungen der Nuklearphysik legten derweil den Gegensatz zwischen Ungewissheit und Rationalität in der wissenschaftlichen Forschung bloß. Schon um 1900 gewann Max Planck Einsichten in die Grundbeschaffenheit der Materie, indem er entdeckte, dass Strahlungen ihre Energie nicht kontinuierlich abgeben, sondern in winzigen Energieportionen, denen er der mathematischen Darstellbarkeit zuliebe den Namen »Quanten« verlieh. Ein halbes Jahrzehnt später vertrat Albert Einstein, hauptberuflich technischer Experte im Schweizer Patentamt, die These, Licht sei gleichzeitig Welle und Teilchen; diese und andere Erkenntnisse führten ihn zur Speziellen Relativitätstheorie, die ihren Ausdruck in der berühmten Formel fand: $E = mc^2$. Nach dem Krieg konnte Niels Bohr in Kopenhagen, auf diese Theoreme aufbauend, die Binnenstruktur des Atoms näher ergründen. In jenen Jahren gelangte Werner Heisenberg durch statistische Methoden zur Klärung der Frage, warum zwei Eigenschaften eines Teilchens nie gleichzeitig mit derselben Genauigkeit bestimmt werden konnten: »Messen heißt Stören« – in diesem Diktum resümierte Heisenberg sein bekanntes »Unschärfeprinzip«.[31] Während die Erkundungen zum Aufbau des Atoms die mechanische Ordnung des Newtonschen Universums zu zerstören schienen, stärkten die mathematischen Berechnungen, mit deren Hilfe sich die Aktivitäten subatomarer Teilchen erfassen ließen, doch wieder den Glauben an den menschlichen Verstand.

Ebendieser Geist rational-empirischer Analyse veränderte auch die Arbeitswelt. Ein neuer Produktionsmodus entstand, für den sich später die Bezeichnung »Fordismus« einbürgerte, ein Neologismus, der übrigens auf Antonio Gramsci zurückgeht. Mehr Prosperität, so hatte man erkannt, ließ sich nicht nur durch technische Innovationen, sondern auch durch höhere Effizienz in der fabrikmäßigen Herstellung erzielen; dies senkte die Preise und machte die Produkte für weitere Kreise der Bevölkerung erschwinglich. Um die Produktivität zu steigern, müsse man Verschwendung vermeiden, postulierte Frederick Winslow Taylor und propagierte eine »wissenschaftliche Betriebsführung«, eine Methode, die er auf der Grundlage von Bewegungs-Zeit-Studien an Industriearbeitern entwickelte. In Detroit übertrug Henry Ford Taylors Ergebnisse auf die Kraftwagenproduktion: Der Herstellungsprozess wurde in dicht aufeinanderfolgende Arbeitsschritte unterteilt. Bei jedem einzelnen hatten ein oder mehrere Arbeiter bestimmte standardisierte Handgriffe zu verrichten, wobei die häufige Wiederholung ihnen Routine verlieh; ein Fließband, das das zu komplettierende Objekt transportierte, erleichterte den Übergang von einem Arbeitsschritt zum jeweils nächsten. Auf diese Weise war Ford imstande, Autos billiger produzieren als seine Konkurrenten. Nun konnten Millionen Bürger seine Wagen kaufen, darunter das berühmte Modell T. Jene Rationalisierung behandelte Menschen wie Maschinen, was zur Folge hatte, dass nicht wenige Arbeiter und Ingenieure als unrentabel und redundant aussortiert wurden; Charlie Chaplin drehte über den Vorgang seinerzeit die Filmsatire *Modern*

Times. Die Einführung dieser amerikanischen Verfahren in Europa kurbelte aber auch den Massenkonsum an und beförderte die Motorisierung breiterer Segmente der Mittelschicht.[32]

Inspiriert von solchen Ideen, fand die Neue Sachlichkeit ihren klassischen Ausdruck in der länderübergreifenden Strömung des »Internationalen Stils«, deren deutschen Zweig die Bewegung »Bauhaus« stellte. 1907 gründete der Architekt Hermann Muthesius in München den »Deutschen Werkbund«, der sich eine Verbindung von Handwerk und industriellem Design zum Ziel setzte. Nach dem Krieg etablierte Walter Gropius eine Schule für Architektur und andere Kunstarten, die ihren Sitz erst in Weimar, dann in Dessau und schließlich in Berlin nahm. Was sie anstrebte, waren preiswerte, massengefertigte, aber trotzdem attraktive Gebäude und Konsumgegenstände: »Wir wollen«, verkündete Gropius programmatisch, »eine Architektur, die unserer Welt der Maschinen, der Radios und schnellen Autos angepasst ist, deren Funktion in ihrer Beziehung zur Form klar erkennbar ist.« Eine außergewöhnliche Künstlergruppe, zu der Architekten, Möbeldesigner, Innendekorateure und Maler gehörten, formulierte diese neue Ästhetik, der zufolge die Form sich nach der Funktion zu richten habe. Beim Bauen solle man zudem bevorzugt jene Materialien heranziehen, deren Verwendbarkeit in jüngster Zeit optimiert worden sei, namentlich Stahl, Glas und Beton. Die aus dieser Konzeption heraus entstandenen Gebäude hatten klare Linien, offene Räume und große Fenster; jeder Rückgriff auf historische Modelle wurde vermieden. Realisieren konnten die Bauhaus-Leute selbst nur ein paar wenige Objekte, aber Architekten wie Mies van der Rohe brachten die Ideen der Bewegung ins Ausland, als sie vor dem Nazi-Regime fliehen mussten. Damit trugen sie das Ihre zur Durchsetzung des »Internationalen Stils« bei, und »Bauhaus« wurde in der Kunstgeschichte schließlich zum Synonym für moderne Architektur schlechthin.[33]

Weniger deutlich wirkte sich die Wendung zur Sachlichkeit auf die Malerei aus, in der weiterhin mehrere verschiedene stilistische Impulse miteinander wetteiferten. Natürlich ermutigte die Rehabilitation des nüchternen Wirklichkeitsbezugs realistische Künstler wie Otto Dix, Käthe Kollwitz und Max Beckmann, die in ihren Bildern soziale Ungerechtigkeit kritisierten. Andere Maler wie Fernand Léger und Lyonel Feininger hielten an einer stilisierten Version der Menschengestalt fest oder boten kristallisierte Ansichten von Seelandschaften, weil sie ein erweitertes Verständnis von Gegenständlichkeit im Sinn hatten. Symbolisten wie Giorgio de Chirico benutzten zwar oberflächlich betrachtet realistische Darstellungsmethoden, die gemalten Objekte entstammten aber der Phantasie – eine Tendenz, die Surrealisten wie Max Ernst oder Salvador Dalí dann noch radikalisierten. Aber die dominante Wirkung des Modernismus bestand doch in der Zurückdrängung erkennbarer Formen; sie wurden reduziert auf bloße Anspielungen, die als magische Stenogramme der Wirklichkeit fungierten wie etwa in den Werken Joan Mirós und Paul Klees. Maler wie Piet Mondrian gingen noch weiter, indem sie ihre Bildsprache so weit vereinfachten, dass nur noch Linien und Farben zu sehen waren und es keinerlei Bezug zum Erkennbaren mehr gab. Ähnliches geschah im Bereich der Plastik: Die Bildhauer Constantin Brancusi und Jean Arp schufen abstrakte Formen aus glänzendem Stahl oder poliertem Stein, die durch ihre Einfachheit Modernität signalisierten.[34]

Auf den Bühnen hinterließ die neue Tendenz zu nüchternem Wirklichkeitsbezug markantere Spuren, namentlich das »Epische Theater«, das der Regisseur Erwin Piscator und der Dramatiker Bertolt Brecht propagierten. Die beiden verwarfen die gefühlsbetonten Melodramen des Expressionismus, stattdessen sollte ihr Darstellungsmodus Einfachheit, Klarheit und kritische Distanz des Zuschauers zum Bühnengeschehen erzeugen, der nicht mitzufühlen, sondern mitzudenken und eine soziale Botschaft zu begreifen hatte. Während Piscator die Berliner Volksbühne benutzte, um sowjetsozialistische Ideen einem breiteren Publikum zugänglich zu machen, versuchte Brecht sich an Stücken, die gleichzeitig unterhalten und provozieren sollten. Brecht mühte sich, sein marxistisches soziales Bewusstsein mit der Faszination zu versöhnen, die der amerikanische Kapitalismus auf ihn ausübte. Privat hatte er einiges von einem Hallodri, einem Schürzenjäger und gar einem Ausbeuter an sich – auch, was den kreativen Prozess betraf, war er durchaus nicht gegen Arbeitsteilung: Viele seiner Dramen und Gedichte haben Frauen aus seiner Umgebung mitverfasst, etwa die ihm treu ergebene Sekretärin Elisabeth Hauptmann oder seine Gattin, die Schauspielerin Helene Weigel. Aus der Zusammenarbeit mit dem Komponisten Kurt Weill gingen gleichwohl bleibende Werke hervor wie die *Dreigroschenoper* oder *Aufstieg und Fall der Stadt Mahagonny*, die Frische, Entertainment und Kritik an der modernen Gesellschaft gleichzeitig boten. In seinen besten Stücken, etwa *Mutter Courage*, ging Brecht über die ideologische Lehre hinaus und schuf ein ergreifendes Bild zeitlosen menschlichen Leidens.[35]

Die Neue Sachlichkeit beeinflusste auch die eigentliche Epik, den Roman zumal, indem sie klassischen erzählerischen Autoren, die sich nun aber zunehmend darauf verlegten, soziale und psychische Belange zu erkunden, wieder zu mehr Geltung verhalf. In Frankreich las das Publikum die psychologischen Romane des Katholiken François Mauriac, während die britischen Buchkonsumenten in John Galsworthys verwickelten Familiensagas Trost fanden. In Österreich legten Robert Musil und Joseph Roth eloquent die kulturellen Gründe für den Kollaps des Habsburgerreichs bloß, während in der Schweiz Hermann Hesse die Psyche der männlichen Heranwachsenden ergründete. Der ambitionierteste dieser Autoren aber war der Deutsche Thomas Mann, der 1901 die Literaturszene mit seinem Romanerstling *Die Buddenbrooks* betrat, einer feinsinnigen Chronik des Verfalls einer Patrizierfamilie in Lübeck, der Heimatstadt des Verfassers. In seinem Monumentalopus *Der Zauberberg* (1924) schuf er die Figur des Hans Castorp, eines jungen Wahrheitssuchers, der in einem Schweizer Sanatorium die Zukunft der europäischen Zivilisation mit Vertretern des westlichen Rationalismus und des östlichen Mystizismus debattiert. Während des Ersten Weltkriegs hatte Thomas Mann noch die Überlegenheit der deutschen Kultur gepriesen; dann aber stellte er sich, wenn auch widerwillig, hinter die Weimarer Republik, um sie gegen die Angriffe seitens der Rechten zu verteidigen.[36]

Und noch eine letzte großartige Geistesleistung ist für die Mitte der 1920er Jahre zu verzeichnen: die »Kritische Theorie« der Frankfurter Schule, eine bestechende Reflexion der gesellschaftlichen Lebensbedingungen des modernen Menschen. Der Soziologe Max Horkheimer leitete das 1923 in Frankfurt am Main gegründete Institut für Sozialforschung, das über mehrere Jahre eine Reihe herausragender Intellektueller anzog, darunter Theodor W. Adorno, Erich Fromm, Herbert Marcuse und Walter Benjamin. Die großen sozialistischen Bewegungen der damaligen Zeit enttäuschten sie, die Rigidität des Kommunismus nicht minder als die Zaghaftigkeit der Sozialdemokratie. Also versuchten die Institutsmitglieder den marxistischen Impuls vom Dogmatismus zu befreien, indem sie sich bei anderen Gesellschaftsanalytikern theoretische Anregung holten, etwa bei Sigmund Freud und Max Weber. Um einen überzeugenden Entwurf zur Durchsetzung von Emanzipation und Aufklärung zu liefern, entwickelten sie ihre »Kritische Theorie«, in der das Denken dialektisch um Aspekte wie ökonomische Ausbeutung und kulturelle Abstumpfung kreiste. Sie verglichen die verschiedenen ästhetischen Prätentionen des Modernismus miteinander und warfen der Kulturindustrie vor, sie betreibe eine neue Form der Massenunterjochung, diesmal durch seichtes Entertainment.[37] Ihre Forschung vermittelte faszinierende Einblicke in die Ambivalenz der Moderne. Letztere habe durchaus positives Potenzial, nur müsse es durch die kritische Vernunft verstärkt werden.

Der antimodernistische Rückschlag

Durch die Geschwindigkeit der Veränderungen erschreckt, lehnten viele Europäer die Moderne ab und ebenso deren kulturellen Ausdruck, den Modernismus. Konservative religiöse Gruppen verabscheuten die Wissenschaft und vertrauten lieber weiter ihrer Heiligen Schrift. Handwerker hatten etwas gegen maschinelle Technik: Wurde ihre Geschicklichkeit und Kunstfertigkeit, auf die sie so stolz waren, überhaupt noch gebraucht? Kritiker des Kapitalismus brandmarkten die Industrialisierung und sehnten sich zurück nach einer stabileren, korporativen Ordnung. Psychologen zeigten sich besorgt darüber, wie die Urbanisierung Nervenkrankheiten fördere; das Leben auf dem Lande erschien ihnen gesünder. Angehörige der angegriffenen Eliten fürchteten den Aufstieg der Massen und verurteilten den Verlust von sowohl Hierarchie als auch Respekt. Idealisten attackierten den Siegeszug des Materialismus, Altruisten missbilligten die Ausbreitung des Hedonismus, Moralisten verdammten das Überhandnehmen der Unzüchtigkeit, und Sexisten beklagten den Vormarsch des Feminismus. Und die Verteidiger des »guten Geschmacks« missbilligten sowohl die Experimente der Avantgarde als auch die Krudität der Populärkultur. Dergestalt provoziert, schrieb die Schar der Traditionalisten dem Modernismus die Schuld am Zusammenbruch von Ordnung, Werten und Konventionen zu, ein Verfall, den für sie die Juden personifizierten. Diese Entwicklung könne nur ins Chaos führen und müsse um jeden Preis aufgehalten werden.[38]

Unter den führenden Köpfen des Antimodernismus waren viele Mitglieder des Klerus, denn man sah sich in der Defensive gegen den Anspruch der Wissenschaften, die Welt rein rational zu erklären. Das musste die Autorität der Bibel in Zweifel ziehen, schließlich stellten die neuen Theorien die Entstehung von Universum und Mensch wesentlich anders dar als das Erste Buch Mose. Besonders die katholische Kirche warnte in doktrinären Stellungnahmen vor der Ketzerei des Modernismus, denn sie fürchtete, die Anwendung der menschlichen Vernunft auf alles und jedes werde die Grundlage des Glaubens zerstören. Papst Pius X. dekretierte 1910, alle Geistlichen und Religionslehrer sollten in einem Eid dem Modernismus abschwören. Ihm zufolge war »nicht das Glaubensgegenstand […], was entsprechend der Kultur eines jeden Zeitabschnittes besser und passender scheinen könnte«; vielmehr gelte allein »die absolute, unabänderliche Wahrheit, die seit Anfang von den Aposteln gepredigt wurde«. Die meisten Protestanten zeigten sich nicht ganz so verschlossen gegenüber der wissenschaftlichen Forschung, aber selbst viele Vertreter der Dialektischen Theologie empfahlen, sich wieder mehr am Wortlaut der Heiligen Schrift zu orientieren, ihn als eigentliche Offenbarung zu verstehen sowie zu den Lehren Martin Luthers und anderer Reformatoren zurückzukehren. Diverse Sekten zeigten sich rationalistischem Denken noch feindlicher gesinnt: Sie schotteten sich von der zeitgenössischen

Welt völlig ab oder warteten auf die Wiederkunft Christi, die laut ihrer Lehre unmittelbar bevorstehe.[39] Gläubige, die sich modernen Betrachtungsweisen nicht gänzlich verschließen mochten, fühlten sich einem beständigen inneren Konflikt ausgesetzt – dem Dilemma, wie Wissenschaft und Religion in Einklang zu bringen seien.

Anders gingen die ebenfalls antimodernistischen Rassisten vor, denn sie bedienten sich auf ihre Weise durchaus der wissenschaftlichen Forschung. Wollten sie den traditionellen Antisemitismus neu rechtfertigen, zogen sie zur Untermauerung ihrer Vorurteile biologische Argumente jüngeren Datums heran. Einer der Pioniere dieser neuen Theoretisierung war der französische Adelige Arthur de Gobineau, der die Überlegenheit der arischen Rasse gegenüber ihren schwarzen und gelben Rivalen feierte. Wenn man solches rassistisches Denken mit sozialdarwinistischen Theoremen kombinierte, etwa dem »Kampf ums Überleben«, ließ es sich zur Legitimation der imperialistischen Herrschaft der weißen Rasse über die gesamte übrige Welt nutzen. Anders als die religiöse Judenfeindlichkeit bot im wissenschaftlich basierten Antisemitismus die Konversion zum Christentum keinen Ausweg mehr, denn man hielt den rassischen Makel des »Jüdischseins« für untilgbar. Unter der Parole »Die Juden sind unser Unglück« popularisierte der nationalliberale deutsche Historiker Heinrich von Treitschke dieses biologische Ressentiment in akademischen Kreisen.[40] Der britische Wagner-Verehrer Houston Stewart Chamberlain präsentierte weitere Argumente für den Primat der arischen Rasse in seiner antisemitischen Schrift *Grundlagen des neunzehnten Jahrhunderts*. Nach dem Ersten Weltkrieg wagte sich unter Berufung auf derlei konfuse Vorstellungen eine transnational operierende Bewegung, die Eugenik propagierte, mit der Idee an die Öffentlichkeit, die rassische Erbgesundheit der Bevölkerung durch Sterilisationen zu verbessern.

Die führenden Vertreter des Kulturpessimismus kritisierten die modernistischen Experimente als Verfall der Kohärenz sowie anderer unverzichtbarer Normen und riefen nach einer Neubelebung der Tradition. Schon während der letzten Dekaden des 19. Jahrhunderts hatte es solche Stimmen gegeben. In England verwarfen Kritiker wie Matthew Arnold den viktorianischen Optimismus.

In Deutschland missbilligte der Philosoph Friedrich Nietzsche die zeitgenössische Bildung und Erziehung als oberflächlich und verweichlichend – es bedürfe doch, meinte er, einer Rasse von »Übermenschen«, um die Herausforderungen der Zukunft zu meistern. Andere Intellektuelle, die zu einer gewissen Popularität gelangten, wie Paul de Lagarde und Julius Langbehn, sahen den Auslöser für die Malaise der Moderne in der Emanzipation der Juden, die sie für Träger und Förderer der kulturellen Dekadenz hielten.[41] Nach dem Krieg machte der Historiker Oswald Spengler solche Ideen noch populärer: In seinem Werk *Der Untergang des Abendlandes* argumentierte er, dass sich Aufstieg und Fall von Zivilisationen in der Geschichte immer wieder zyklisch abgelöst hätten, und empfahl als Rettung vor den Übeln der Moderne eine Fusion von Preußentum und Sozialismus. In Großbritannien gab der Lyriker T. S. Eliot in seinem berühmten Langgedicht *The Waste Land* (dt. *Das wüste Land*) dem auch anderswo zu hörenden Skeptizismus, die europäische Kultur sei im Niedergang begriffen, einen komplexeren, elaborierteren Ausdruck. Der Philosoph Arnold Toynbee präsentierte eine Geschichte der Weltzivilisation mit dem gleichen pessimistischen Grundgedanken.

Viele Verfechter der Hochkultur beklagten die Vulgarität der Produkte, mit denen die Populärkultur die Massen versorgte. Ein in solch geistiger Armut gehaltenes Publikum, fanden sie, lasse sich leicht für finstere Zwecke manipulieren und instrumentalisieren. In seinem Beststeller aus dem Jahre 1896, *Psychologie der Massen*, warnte der französische Mediziner Gustave Le Bon vor dem Verlust rationaler Kontrolle, der in großen Menschenansammlungen drohe, denn die »Kollektivseele« neige unweigerlich zum Primitivismus. Eine Generation später gab der spanische Philosoph José Ortega y Gasset solchen Ängsten in seinem Traktat *Der Aufstand der Massen* noch überzeugendere Gestalt. Der Kastilier Ortega, der in Deutschland studiert hatte, beklagte den Aufstieg des »Massenmenschen«, wozu er aber keineswegs allein den proletarischen Plebs, sondern auch die Beamten der Mittelklasse zählte. Die vermeintliche Gefahr, die von den Letzteren ausging, hatte schon der französische Philosoph Julien Benda in seinem Essay über den Verrat der Intellektuellen behandelt. In seiner Polemik wider die »homogenisierte Massengesellschaft« resümierte Ortega eine Reihe kulturpessimistisch motivierter Befürchtungen, in der »Massenkultur« würden Normen und Standards verlorengehen, da sie zum Sentimentalen und Primitiven tendiere.[42] Ironischerweise rechtfertigten diese neokonservativen Kritiker der »Vermassung« durch Amerikanisierung exakt jene Trends totalitärer Manipulation, gegen die sie zu kämpfen meinten.

Andere Denker wollten das von der Moderne angerichtete Chaos wieder in Ordnung bringen, indem sie irrationale oder autoritäre Lösungen vorschlugen. Der deutsche Philosoph Martin Heidegger, der seine Gedankengänge bewusst verrätselte, verwarf die gesamte philosophische Tradition des Westens. Stattdessen wollte er das Denken zu einer existenziellen Reflexion hin verschoben wissen, wie er in seinem Hauptwerk *Sein und Zeit* (1927) dartat. Obschon einige seiner Thesen – etwa die Verantwortlichkeit des Menschen für seine eigene Existenz – durchaus diskutabel und nicht fest an seine übrigen Positionen gebunden sind, belegen andere Bemerkungen, so jene zur Technik oder zur Überlegenheit der Imagination über den Verstand, seine Neigung zu einem Antimodernismus, der dazu beigetragen hat, fortschrittliches Denken zu unterminieren. Ähnliches gilt für die Kommentare, die der brillante Rechtstheoretiker Carl Schmitt zur liberalen Demokratie abgab. Für ihn war entscheidend, dass der Staat Macht innehatte und jederzeit den Ausnahmezustand verhängen durfte; ferner erklärte er »Freund« und »Feind« zu grundlegenden Kategorien der Politik. Auf die Krise der Weimarer Republik angewandt, stärkte dieser rechtliche Dezisionismus die Exekutive, verkörpert im Präsidenten. Damit legitimierte er dessen Entscheidungsgewalt als den Beratungen des Parlaments übergeordnet und gestattete ihm die Außerkraftsetzung verfassungsmäßiger Rechte.[43] Es verwundert kaum, dass beide Denker die Favoriten jener Intellektuellen wurden, die sich von der Moderne beunruhigt fühlten.

Während der 1920er lehnten neokonservative Kritiker sowohl den Liberalismus als auch den Kommunismus ab und suchten einen dritten Weg, der Nationalismus und Sozialismus vereinte.

Stark beeinflusst wurden sie von dem französischen Schriftsteller Maurice Barrès: Er vertrat einen »Integralen Nationalismus«, verachtete die Dritte Republik und machte sich den biologischen Antisemitismus zu eigen. Sein Mitstreiter Charles Maurras ging noch weiter, indem er eine antirepublikanische Bewegung namens *Action Française* gründete, die ganze Generationen von Intellektuellen mit rechter Ideologie versorgte. In Deutschland vertrat der Historiker Arthur Moeller van den Bruck die Idee einer nationalen Revolution, die durch die Gründung eines neuen Staates, genannt »Das Dritte Reich«, ins Werk gesetzt werden solle. Besagter Staat müsse sich hinter einem inspirierenden Führer versammeln – eine Vision, welche die Nazis nur zu gern übernahmen. Ein noch radikalerer *Kampfbund für deutsche Kultur* polemisierte gegen die rassische Degeneration, die der Aufstieg von »Untermenschen« bewirkt habe; er forderte eine kulturelle Wiedergeburt durch Rückbesinnung auf die ethnischen Wurzeln. Ähnliches trieb den österreichischen katholischen Philosophen Othmar Spann um, der für einen korporativen Staat eintrat, der wiederum eine Alternative zur gescheiterten Demokratie und zum blutrünstigen Bolschewismus gleichermaßen bieten sollte.[44]

Ironischerweise waren die meisten dieser Antimodernisten selbst nicht frei von den Tendenzen, die sie so verabscheuten, denn sie benutzten moderne Argumente und Methoden, um die Moderne zu bekämpfen. Zwar hassten Denker wie der französische Autor Pierre Drieu la Rochelle Szientismus, Industrialismus, Materialismus, Feminismus, Liberalismus und Sozialismus gleichermaßen; aber sie wussten auch, dass sie nicht einfach zu einer mythischen agrarischen Vergangenheit zurückkonnten, sondern Lösungen für ihre eigene Zeit finden mussten. Daher integrierten die Neokonservativen ausgewählte moderne Elemente in ihre Strategie. Beispielsweise rechtfertigten sie ihren rassistischen Antisemitismus quasiwissenschaftlich, denn sie wollten möglichst viele überzeugen, damit eine rechte Massenbewegung entstand, die stark genug wäre, den vermeintlichen Verfall aufzuhalten und die jeweils eigene Nation zu revitalisieren. Zwar beklagten sie die ausufernde Experimentiersucht in den Künsten, doch in ihren Schriften verwendeten sie oft Avantgardestile, und sie benutzten ohne Scheu die neuen Medien, um ihre Ideen zu propagieren. Statt die Wiederherstellung einer romantisierten früheren Ordnung zu betreiben, kämpften sie für eine alternative Zukunft – und die sollte dynamisch, viril und begeisterungskräftig sein. Da ihnen Jugend, Aktion und Gefahr so viel galten, war ihre Revolte wider die Moderne durchzogen von Elementen genau dessen, wogegen sie anrannten.

Ideologische Kulturkriege

Die Begegnung der Künste und der Wissenschaften mit der Moderne bewirkte zwischen 1900 und 1933 eine Explosion der Kreativität. Ihr sind einige bemerkenswerte kulturelle Leistungen zu verdanken, die den Menschen um neue Erkenntnisse und neue Erlebniswelten bereicherten. Die wissenschaftlichen Durchbrüche in der Nuklearphysik veränderten das Verständnis des Universums; die medizinischen Entdeckungen, etwa die der Bakterien, ermöglichten es, viele Krankheiten zu heilen; und die technischen Innovationen wie das Automobil oder das Telefon verbesserten Transport und Kommunikation. Während jener Jahre wurde erfolgreich versucht, die stilistische Freiheit der Moderne zu nutzen. Dabei entstanden Werke, die neue und tiefere Einsichten in das Menschsein vermittelten – besonders wenn sich die Inanspruchnahme der Freiheit mit einer gewissen Selbstbeschränkung paarte. Nennen wir als Beispiele nur ein paar herausragende Leistungen: für die Musik Strawinskys Rhythmusexperimente, für die Malerei Picassos kubistische Bilder, für die Plastik Brancusis gleißende Stahlfiguren, fürs Theater Brechts epische Stücke, für die Literatur Thomas Manns meisterliche Romane. In solchen Werken hinterfragten die Künstler radikal die Bestimmtheit des Menschen und fanden doch häufig Formen von einer Schlichtheit, die man nur klassisch nennen kann. Aber so eindrucksvoll diese Explosion der Kreativität auch war – sie verhinderte doch, wie sich zeigen sollte, das Abgleiten Europas in die nächste Katastrophe keineswegs.[45]

Die Provokation durch die modernistischen Stile und Ideen löste einen heftigen ideologischen Kampf aus, bei dem es regelrecht um die Zukunft der menschlichen Zivilisation zu gehen schien. Diejenigen, die gegen die Tradition rebellierten, sahen ihr Unterfangen als progressiven Versuch eines Bruchs mit der Konvention und einer Beendigung der Zensur, um neue Formen künstlerischen Ausdrucks durchzusetzen und bis dato tabuisierte Themen zu behandeln. Der Schock des Weltkrieges zwang die Intellektuellen, zwischen Hypernationalismus und Internationalismus zu wählen; sie mussten sich entscheiden, ob sie den Mythos vom heroischen Soldatentum aufrechterhalten oder demontieren sollten. Nach der Rückkehr des Friedens kam mit der Populärkultur, zu deren Entstehen die Weiterentwicklung der Technik den Anstoß geliefert hatte, ein neues Streitobjekt auf; viele bemängelten die Kommerzialisierung der Inhalte und die Vulgarität der Stile. Gleichzeitig wurde um die Oberhoheit über die kulturellen Institutionen wie Museen und Konzerthallen gerungen. Die Erneuerer eroberten sich zumindest stellenweise eine feste Position, aber die Verteidiger der Tradition schlugen sofort heftig zurück gegen die neuen »Barbaren«.[46] Die Vertreter des Neuen verbündeten sich dabei meistens mit den Parteien der Linken, während die Verteidiger der Tradition scharenweise in die rechten Bewegungen hineinströmten.

Obwohl die Aktivisten der modernistischen Avantgarde sich gern in revolutionäre Posen warfen und gegen die Zwänge der bürgerlichen Kultur zu kämpfen vorgaben, erzielten sie ganz und gar keine Einigkeit darüber, wodurch diese zu ersetzen wäre. Den Bohème-Intellektuellen machte es durchaus Vergnügen, Kurt Tucholskys Satiren auf die herrschenden Klassen zu hören und ihnen zu applaudieren; sie waren ja auch witzig und einfallsreich. Für weite Kreise war der Krieg eine leidvolle Erfahrung gewesen, weshalb der französische Autor Romain Rolland nach 1918 mit seinen pazifistischen Botschaften viele bereitwillige Leser fand. Ferner entzündete der Triumph der sowjetischen Revolution Hoffnungen, es könne mit der Ausbeutung bald ein Ende haben; wer aber leichtfertig versuchte, das russische Ereignis daheim zu imitieren, konnte rasch im Gefängnis landen, wie es der radikale Dichter Ernst Toller erfahren musste. Besonders bitter jedoch stritten die linksradikalen

Gesellschaftskritiker darum, ob sie für die Unterdrückten sprechen oder nicht vielmehr die Arbeiter anhalten sollten, selbst Kunst zu produzieren, wie es die *proletkult*-Bewegung in der Sowjetunion vorgemacht hatte. Bei der Unterstützung des Kommunismus ergab sich außerdem die Frage nach der künstlerischen Unabhängigkeit; die Partei diktierte nämlich gern die Produktion und regierte auch in Agitprop-Plakate und -Revuen hinein. Schließlich sollten diese unbedingt simpel genug ausfallen, um nur ja das Proletariat zu mobilisieren. Während die schneidende Kritik der Linken bei den Intellektuellen durchaus auf Resonanz stieß, fanden die sie übenden innovativen Künstler weder Form noch Botschaft, die Freiheit und Gleichheit zusammengeführt hätte.[47]

Ähnliche Fronten gab es bei den Antimodernisten: Man war sich einig, dass man den »Kulturbolschewismus« bekämpfen musste, aber über das Wie gingen die Ansichten auseinander. Da sie immer noch viele kulturelle Institutionen kontrollierten, konnten die Hüter der Tradition wie der österreichische Autor Hugo von Hofmannsthal versuchen, in der Hoffnung die Stellung zu halten, dass die Attacken der Avantgarde sich bald totliefen. Aus dieser defensiven Position heraus appellierten sie an die klerikalen und konservativen Parteien, den Einfluss der Kirchen zu sichern und die Standards des Bildungskanons zu verteidigen. Die jüngere Generation aber begriff, dass der Krieg die Monarchen, Generäle und Bischöfe derart diskreditiert hatte, dass es töricht war, auf deren Rückkehr zu setzen. Stattdessen machten sich jene Neokonservativen die Botschaft der »Jugendbewegung« zu eigen. Mitglieder dieser pfadfinderähnlichen Strömung lehnten die dekadenten Gewohnheiten des urbanen Lebens ab, darunter Alkoholkonsum, Rauchen und Sexualität ohne Gefühl. Stattdessen hegten sie den romantischen Traum von einer Rückkehr zu einer gesünderen Existenzweise, dem sie näherkommen wollten, indem sie über Land wanderten.[48] Wie der deutsche Freikorpskämpfer Ernst von Salomon forderte diese neue Rechte eine konservative Revolution, die eine andere, bessere Art von Gemeinschaft begründen müsse. Doch was aus der Phantasie später wurde, erwies sich als destruktiver als alle Gemeinschaften zuvor – im Faschismus.

In diesen Kulturkriegen wurden die Demokraten von beiden Seiten bedrängt und schließlich dazwischen zerrieben. Als französische Intellektuelle während der Dreyfus-Affäre die »Liga für Menschenrechte« gründeten, zogen viele Künstler mit, weil das Ziel sie überzeugte, die Rechte eines unschuldig angeklagten Bürgers zu schützen. Angeführt von republikanischen Politikern wie Ferdinand Buisson, weitete sich die Gruppe 1922 zur internationalen Organisation aus und versuchte eine Kooperation im Geiste des Völkerbundes zu schmieden.[49] Den deutschen Zweig der Liga unterstützten z. B. der Publizist Carl von Ossietzky, der Herausgeber der *Weltbühne*, und der Pazifist Ludwig Quidde. Allerdings hatte die bolschewistische Revolution in Russland eine Zeitlang sogar solche Geistesgrößen wie den britischen Philosophen Bertrand Russell fasziniert, und der Aufstieg des italienischen Faschismus hatte so eminente Gestalten des Literaturbetriebs wie den amerikanischen Dichter Ezra Pound in Bann geschlagen. Die Demokraten fanden sich daher verloren zwischen zwei politischen Extremen wieder. In Weimar versuchte eine moderate Gruppe der »Vernunftrepublikaner«, zu denen etwa der deutsche Historiker Friedrich Meinecke gehörte, die Verfassung zu verteidigen. Aber da die modernistischen Künstler radikaler sein wollten und die neokonservativen Intellektuellen eine nationale Wiedergeburt anstrebten, kamen die meisten der kreativen Geister nicht herbeigeeilt, um die Demokratie zu schützen.[50]

TEIL II

Auf dem Weg zur Selbstzerstörung, 1929–1945

Eine verhängnisvolle Depression

Suppenküche zur Zeit der Großen Depression, 1930

Am 11. Mai 1931 hatte das größte Bankhaus Wiens schlechte Nachrichten für die österreichische Regierung: Es war zahlungsunfähig. Sofort stürzten sich die Kunden auf die Einlagen der Bank. Die Creditanstalt, so ihr Name, konnte ihre Verpflichtungen nicht mehr erfüllen, weil sie sich zwei Jahre zuvor durch die Übernahme eines Konkurrenten zu stark belastet hatte. Und nun verlangten auch noch die Franzosen ihre bei den Wienern aufgenommenen Auslandsgelder zurück – politisch motiviert, denn Paris wollte Österreich von einer Zollunion mit Deutschland abhalten. Obwohl die City of London frische Darlehen anbot, brach die Wiener Regierung zusammen, und die Panik griff auf kleinere Institute über. Ein Bankier erschoss sich, ein anderer versuchte sich in der Donau zu ertränken. Beim nördlichen Nachbarn standen die Dinge nicht besser. Einen Monat später geriet die Darmstädter Nationalbank unter Druck, als Gerüchte vermeldeten, ihr Hauptkreditnehmer, die Textilkompanie Nordwolle, sei insolvent; schon wurden auch in Deutschland, der größten Wirtschaftsmacht des Kontinents, die Banken belagert. Am 13. Juli sah sich die Berliner Regierung gezwungen, Bankfeiertage anzuordnen: Für zwei Tage durften keine finanziellen Transaktionen getätigt werden.[1] Knapp zwei Jahre nach dem Schwarzen Donnerstag, dem berüchtigten Börsenkrach von New York, sorgten diese Bankpleiten dafür, dass die Finanzkrise nun auch Europa mit voller Wucht überkam.

Der Bankenkollaps verwandelte eine zyklische ökonomische Konjunkturschwäche in einen umfassenden und längeren Abschwung, den beunruhigte Beobachter »Weltwirtschaftskrise« oder, wie US-Präsident Herbert Hoover, »die Große Depression« nannten. Aufgrund kriegsbedingter Überproduktion waren die Preise für Agrarprodukte und Rohstoffe schon während des letzten Jahrzehnts um rund ein Drittel gesunken. Nach dem Schwarzen Donnerstag jedoch stellten die Hauptkreditgeber in New York und London kein Geld mehr zur Verfügung und begannen in Europa auch ihre kurzfristigen Darlehen wieder zurückzurufen. Allein aus Deutschland flossen im Sommer 1931 binnen nur sechs Wochen zwei Milliarden Dollar ab! Das Geschäftsklima verschlechterte sich, Kohle- und Stahlproduktion gingen um 40–60 Prozent zurück, der weltweilte industrielle Output schrumpfte um 30 Prozent, das europäische Handelsvolumen fiel zwischen 1929 und 1935 von 58 auf 21 Milliarden Dollar. Infolge dieser Entwicklungen wurden mehr als zwanzig Millionen Europäer arbeitslos.[2] Das Ineinanderwirken von Rückgängen im Finanzwesen, bei der Agrar- und Industrieproduktion und im Handel verstärkte eine normale Rezession zu einer Depression von einer Dauer und einem Ausmaß, wie man sie sich bis dato nicht hatte vorstellen können. Sie traf die Regierungen unvorbereitet, die nun nicht recht wussten, wie sie der hartnäckigen und allesverheerenden Katastrophe Herr werden sollten.

Die Frage, wie der Großen Depression zu begegnen sei, entfachte einen erbitterten ideologischen Streit zwischen Monetaristen und Keynesianern, der auch heute noch die Debatte um das richtige Wirtschaftsmodell beherrscht. Auf der einen Seite standen die Zentralbanker, an ihrer Spitze Sir Montagu Norman aus Großbritannien. Sie wollten unbedingt am Goldstandard festhalten, der feste Wechselkurse garantiere und so den internationalen Handel erleichtere. Der amerikanische Finanzmann Andrew Mellon betrachtete die Krise als ökonomische Strafe für die exzessiven Spekulationen während der 1920er Jahre und riet der Wall Street, die »Fäulnis aus dem System auszutreiben«: Man solle die Spekulanten, die sich dank ihrer überdehnten Aktionen in Bedrängnis befänden, getrost dem Bankrott überlassen, statt sie etwa durch staatliche Interventionen zu retten. Die Gegenposition vertrat der britische Ökonom John Maynard Keynes, dessen Konzept auch die Gewerkschaften unterstützten. Laut Keynes sollte der Staat antizyklische Ausgaben tätigen, um der Wirtschaft einen Neustart zu ermöglichen. Während einer Rezession, meinte er, müsste eine Regierung mit geliehenem Geld öffentliche Projekte finanzieren. Nur so ließen sich die Menschen wieder in Arbeit bringen, und es entstehe eine Kaufkraft, die infolge der gewachsenen Nachfrage die Geschäfte wiederbelebe. Der Konflikt blieb ungelöst. »Dieses Mal ist es anders«, sagen neoliberale Ökonomen bis heute bei jeder neuen Krise und schelten nach wie vor die US-Notenbank, sie tue nicht genug, um die Geldschöpfung zu begrenzen, während linksgerichtete Kommentatoren die »Goldstandard-Mentalität« kritisieren, die die nationalen Regierungen verleite, Deflationspolitik zu betreiben.[3]

Mehr als irgendein anderes Zwischenkriegsereignis beeinträchtigte die Große Depression die politische Stimmung in Europa: Aus friedfertigem Optimismus wurde kriegstreiberischer Pessimismus, denn der Fortschritt der Moderne im Materiellen kam zum Erliegen. Die Situation wirkte sich hart auf die Millionen Erwerbsloser aus: Sie mussten zu einer Zeit ums nackte Überleben kämpfen, da die öffentlichen Leistungen zurückgefahren wurden. Auch die weniger schlimm betroffenen Nachbarländer blieben von der Krise nicht unberührt, weder finanziell noch psychologisch, denn die Beschäftigten dort erhielten weniger Lohn und fürchteten sowohl den Jobverlust als auch Einbußen an Lebensstandard und Sicherheit. Eine ganze Generation der Oberschul- und Universitätsabsolventen sah eine Zukunft ohne Chancen vor sich, denn es gab viele Entlassungen und kaum Einstellungen. Nicht wenige von ihnen machten nun »das System« für jenes Übel verantwortlich, das ja nicht sie selber verschuldet hätten. Als sich kein Ende des Abschwungs abzeichnen mochte und die internationale Kooperation zusammenbrach, begannen sich viele Kommentatoren mit dem österreichischen Ökonomen Joseph Schumpeter zu fragen: »Kann der Kapitalismus überleben?«[4] Da die Sowjetunion gerade während der Großen Depression bei der Industrialisierung gewaltig vorankam und sogar das faschistische Italien von den gravierendsten Auswirkungen der Malaise verschont zu bleiben schien, stürzte der konjunkturelle Einbruch die demokratische Variante der Modernisierung in die Krise.

Indem sie die Entwicklungsrichtung des materiellen Fortschritts umkehrte, verstärkte die *great depression* jene negativen Aspekte der Moderne, die Europa während der folgenden Jahrzehnte an den Rand der Selbstvernichtung brachten. Die Schwierigkeiten der ökonomischen Neujustierung nach dem Ersten Weltkrieg und die Auswirkungen der Hyperinflation verzögerten die wirtschaftliche Erholung und begrenzten die Rückkehr des Wohlstands auf gerade einmal eine halbe Dekade. Die Tiefe der durch die Bankpleiten ausgelösten Zerrüttung machte die Hoffnungen zunichte, dass es weiter aufwärtsgehe, und schuf ein Klima der Furcht, in dem Individuen, Unternehmen und ganze Länder nur noch ihren unmittelbaren Eigeninteressen folgten. Folglich schrumpften Konsum, Produktion und internationaler Warenaustausch – eine sich selbst verstärkende Abwärtsspirale. Die massive Arbeitslosigkeit steigerte die Spannung zwischen den sozialen Klassen, etwa, wenn die Gewerkschaften öffentliche Programme forderten und die selbst im harten Existenzkampf begriffene Geschäftswelt jede Hilfe verweigerte. Die Zerrüttung des internationalen Handels- und Kreditwesens förderte den ökonomischen Nationalismus, der wiederum Kooperation über Grenzen hinweg verhinderte und Autarkiebestrebungen ermutigte. Die Weigerung der Liberalen, sich für öffentliche Projekte zu engagieren, brachte die Demokratie in Misskredit. Plötzlich erschienen die links- und rechtsextremen Diktaturen dynamischer und effektiver; so geriet Europa auf einen fatalen Kurs.[5]

Nachkriegsverwerfungen

Schon während der Verhandlungen in Versailles 1919 hatte John Maynard Keynes, damals Berater der britischen Delegation, gewarnt, ein harter Frieden werde desaströse Konsequenzen nach sich ziehen. Allgemein kritisierte er die Bedingungen als unfair, zumal sie die vor dem Waffenstillstand getroffenen Vereinbarungen verletzten. Besonders aber beunruhigten den brillanten Ökonomen aus Cambridge die umfassenden Reparationsforderungen, da sie Inflationen verursachen könnten. Des Weiteren plädierte er dafür, dass Washington seinen Alliierten ihre Schulden erlasse; so könne es einen materiellen Beitrag zu einem Krieg leisten, in den es erst im April 1917 eingetreten sei. Vielleicht war das, was Keynes, der enttäuschte Wilsonianer, forderte, angesichts der aufgeheizten Atmosphäre während der Nachkriegsjahre unrealistisch – im Hinblick auf die ökonomischen Folgen der Versailler Verträge behielt er recht. »Wer kann sagen, wie viel ertragbar ist oder in welche Richtung

Menschen sich am Ende wenden, um ihrem Ungemach zu entgehen?«[6] Angesichts der Vernichtung von rund einem Viertel seines Bruttoinlandprodukts brauche Kontinentaleuropa einen Plan zur ökonomischen Gesundung. Die Wiederherstellung internationaler Kooperation sei dringlicher als neue Grenzen, die noch mehr Entzweiung schafften, und hohe Ausgaben für militärische Sicherheit.

Allein schon die physischen Verheerungen zu beheben war eine beängstigend schwere Aufgabe. Das entstandene Schlachtfeld erstreckte sich von Nordfrankreich, Belgien und Norditalien bis nach Polen, Russland und in die Balkanländer, ganz zu schweigen vom Nahen Osten sowie den Kolonien. Die Grabensysteme, die Sperrfeuer und die Bombardements aus der Luft – jene typischen Elemente moderner Kriegsführung eben – hatten eine wahre Mondlandschaft hinterlassen: Granatenkrater, so weit das Auge reichte, Gräben, die nun voll Wasser standen, gefällte Bäume, zerstörte Gebäude und menschliche wie tierische Leichen prägten das Bild. Den Boden neu zu erschließen, damit wieder etwas gepflanzt, die Häuser neu zu errichten, damit wieder darin gewohnt werden konnte, war eine enorme Herausforderung. Allein in Frankreich mussten 23 000 Fabriken, 5000 Kilometer Eisenbahnschienen, 200 Bergwerke, 742 000 Häuser und 3,3 Millionen Hektar Ackerland instand gesetzt werden; die Kosten beliefen sich auf 80 Milliarden Francs.[7] Während die reicheren Länder des Westens solche öffentlichen Anstrengungen finanzieren konnten, besaßen neu geschaffene Staaten im Osten und Südosten wie Polen und Jugoslawien kaum genug Ressourcen und Kapazitäten, um sich diesem schwierigen Problem zu stellen. Selbst wenn durch die Wiederaufbauprogramme vorübergehend mehr Leute in Lohn und Brot kamen – was an Mitteln eingesetzt werden musste, um bei den Lebensstandards das Vorkriegsniveau zu erreichen, war ungeheuer.

Die Belastungen durch vernichtete Menschenleben, nämlich die Opfer der militärischen Kämpfe selbst *und* die der »indirekten Kriegsführung« gegen Zivilisten, waren ebenfalls gravierend – und weitgehend irreparabel, denn Tote können keine Kinder zeugen. Die meisten Schätzungen besagen, dass der Erste Weltkrieg 9,4 bis 11 Millionen Soldaten sowie 7 Millionen Zivilisten dahinraffte, und fast doppelt so viele blieben fürs Leben durch Verwundungen verstümmelt. Deutschland allein verlor 2 037 000 Mann, Russland kaum weniger – 1 811 000 –, Frankreich 1 398 000, Österreich-Ungarn 1 100 000, England 733 000 und Italien 651 000. Das Gemetzel kostete Frankreich und Deutschland rund 10 Prozent der einheimischen Arbeitskräfte, Italien und Österreich-Ungarn 6 Prozent und das Vereinigte Königreich 5 Prozent. Hinzu kam der Mangel an Lebensmitteln: Felder waren kriegsbedingt nicht ordentlich bestellt, Ernten vernichtet worden, Seeblockaden taten das Ihre, und es verbreiteten sich gewaltige Hungersnöte. Der Quäker Herbert Hoover und die American Relief Administration versuchten diese zu lindern, indem sie Millionen Tonnen Getreide ins kriegszerrissene Europa verschiffen ließen. Die Grippepandemie von 1918 forderte schließlich noch einmal Millionen Opfer, da die Bevölkerung ohnehin durch Kampf und Entbehrung geschwächt war.[8] Demografisch betrachtet verursachte der Erste Weltkrieg einen tiefen und dauerhaften Einriss auf der männlichen Seite der europäischen Bevölkerungspyramide: schlechte Bedingungen für wirtschaftliche Gesundung.

Der ökonomische Krieg und die Schaffung neuer Staaten lenkten den internationalen Handel um und durchtrennten alte Verbindungen. Der Krieg mit Waffen hatte die Austauschverhältnisse und -muster neu geformt, das kontinentale Geschäftsleben unterbrochen und dabei die neutralen sowie die Überseeländer bereichert. Die Friedensverträge machten die Sache noch schlimmer, denn sie zerstückelten das deutsche, das österreichisch-ungarische, das russische und das osmanische Imperium. Das vermehrte die Zahl der europäischen Länder von 24 auf 38, die wiederum 27 verschiedene Währungen benutzten. Um ihre Souveränität zu behaupten und die neu hinzugewonnenen Territorien einzugliedern, befestigten die neuen ostmittel- und südosteuropäischen Staaten ihre Grenzen und erhoben Zölle, den höheren Staatseinnahmen zuliebe. Solche Barrieren unterbrachen aber traditionelle Handelsrouten, und die Kreditgewährer suchten eher diplomatische Allianzen zu stützen, als dass sie sich an Standards der Profitabilität orientiert hätten. Präsident Wilsons Hoffnung auf den Freihandel wurde daher rasch vereitelt durch den zunehmenden Barrierenbau des ökonomischen Nationalismus. So kam es, dass das Welthandelsvolumen 1921 auf 53 Prozent seines Vorkriegsniveaus gesunken war; die Höhe von vor 1914 erreichte es erst wieder gegen Ende des Jahrzehnts.[9]

Diese strukturellen Schwierigkeiten verschärften sich noch durch das endlose politische Ringen um Reparationen und die Kriegsschulden zwischen den Alliierten, die die Vergabe von Wiederaufbaukrediten verkomplizierten. In der aufgeheizten Nachkriegsatmosphäre sah die Reparationskommission sich außerstande, wissenschaftlich exakt zu bestimmen, wie groß der entstandene Schaden wirklich war und welche Zahlungen man Deutschland realistischerweise zumuten durfte. Die 1920 in Spa festgesetzte Summe von 132 Milliarden Goldmark fand Berlin zu hoch, während Deutschlands tatsächliche Abgabe von rund einer Milliarde Pfund jährlich Paris zu gering erschien. Gleichzeitig zeigte sich die US-Regierung nicht bereit, den Ententeländern die Kredite zu erlassen, die jene für den Erwerb von Kriegsmaterial aufgenommen hatten, durch den es in den Vereinigten Staaten zu einem Boom gekommen war. Dabei hätten sie dadurch den Kampf der Europäer unterstützen können. Die Weigerung, den logischen Nexus zwischen Reparationen und Kriegsschulden anzuerkennen, erzeugte einen Teufelskreis: Obwohl sich ihre Wirtschaft gerade erholte, wollten die Deutschen keine Reparationen zahlen, welche die siegreichen europäischen Alliierten aber dringend brauchten, um ihre Schulden bei den USA zu begleichen.[10] Da sich die Situation festfuhr, trübte der Streit um die Reparationen die Aussichten auf vollständige ökonomische Erholung.

Die Beeinträchtigung durch den Krieg war so schwerwiegend und nachhaltig, dass sie die Dominanz Europas in der Weltwirtschaft beendete. Schon während des Ersten Weltkriegs geriet die Landwirtschaft des Alten Kontinents ins Hintertreffen, weil die Europäer einen Großteil des landbestellenden Personals an die Front einberiefen, Pferde für Kampfeinsätze requirierten, Kunstdünger als Schießpulver verwendeten und nicht wenige ihrer Ackerflächen zerstörten. So kam es, dass die Spitzenplätze bei der Agrarproduktion nunmehr die Weizenfelder von Kanada und die

Rinderranches des amerikanischen Westens einnahmen. Gleichzeitig verlagerte sich dank des Bedarfs der Entente an Kriegsmaterial die finanzielle Kommandogewalt von London nach New York. Dadurch wurden die unvorbereiteten Vereinigten Staaten zum »Bankier der Welt« und spielten eine Hauptrolle beim Wiederaufbau Europas. Obwohl der europäische Kontinent nach dem Ende des Gemetzels seine alte Produktionskapazität wiedererreichte, fiel sein Anteil am Welthandel von 36 Prozent im Jahre 1914 auf 24,4 Prozent im Jahre 1936. Die Friedensstifter zeigten sich schlecht beraten, denn ihre nationalistischen Prioritäten ließen sie die ökonomische Dimension dessen, was sie taten, weitgehend ignorieren. Sie schienen nicht wahrzunehmen, wie sehr es das internationale Klima vergiftete, dass man immer neue Grenzen hochzog und auf Reparationen und interalliierter Schuldenbegleichung bestand. Verglichen mit den boomenden USA und der aufsteigenden Sowjetunion verlor Europa fast ein Jahrzehnt an Wachstum und beschleunigte dadurch seinen Abstieg.[11]

Der Krieg und seine Nachwirkungen unterbrachen auch den Prozess der Globalisierung, der die europäischen Länder und den Rest der Welt seit der Jahrhundertwende einander nähergebracht hatte. In fast allen Produktions- und Handelsindices verursachte der Erste Weltkrieg einen tiefen Einschnitt, der einer längeren Fortschrittsperiode ein Ende machte. Nach dem Krieg gingen die Kurven zwar wieder hoch, doch starteten sie eben von einem niedrigeren Ausgangspunkt und erreichten den Vorkriegsstand erst während der späten 1920er Jahre. Dieses Niveau wiederum lag um einiges unter dem, das sie hätten erzielen können, wenn die ganze Zeit Frieden geherrscht hätte. Die allmähliche Befriedung des Kontinents und die Rückkehr zum Goldstandard verhalfen dem internationalen Warenverkehr zweifellos zu neuer Energie. Aber infolge der kriegsbedingten ökonomischen Verzerrungen und der Mühen des Wiederaufbaus suchten viele Verantwortliche ihr Heil statt im Freihandel lieber im Protektionismus, denn jedes Land war hauptsächlich damit beschäftigt, die eigene wirtschaftliche Basis zu regenerieren und möglichst rasch voranzukommen. Die Strapazen des Krieges und die Schwierigkeiten des Wiederaufbaus hatten ungute

Konsequenzen: indem sie die Finanz- und Handelsverbindungen zwischen den höher entwickelten Ländern schwächten, lähmten sie die Schwungkraft des Fortschritts, die bisher der Modernisierung ein positives Image verliehen hatte.[12]

Galoppierende Inflation

Die Verwerfungen in der europäischen Nachkriegsökonomie wurden noch verschlimmert durch einen enormen Inflationsdruck, der die Kaufkraft der führenden Währungen schwächte. Großbritannien traf es noch halbwegs erträglich, denn sein Pfund verlor gegen Ende des Krieges nur um die Hälfte seines Wertes, während in den Nachbarländern die Kaufkraft auf ein Drittel oder ein Viertel absank. Da die Regierungen den Krieg weitgehend durch öffentliche Anleihen finanziert hatten, die man später von den Besiegten bezahlen lassen wollte, waren sie nun versucht, ihre Notenpressen anzuwerfen, um ihre Obligationen billiger zu tilgen. Außerdem forderten heimgekehrte Veteranen Sozialleistungen für ihre verwundeten Kameraden, für Kriegerwitwen und Kriegswaisen, und die Erwerbslosen wollten, solange sie nach Arbeit suchten, Unterstützung erhalten. Die Umstellung von der Kriegsproduktion auf das Decken eines friedenstypischen Bedarfs dauerte eine Weile; aufgestaute Kaufkraft traf auf noch zu geringe Güterproduktion. Es bestand also Nachfrage, zudem wurden immer wieder verzögerte Neubau- und Wiederaufbauprojekte realisiert. All dies befeuerte einen kurzfristigen Boom, in dem sich die Konsumenten auf eine begrenzte Menge von Gütern stürzten und der Produzenten und Ladenbesitzern gestattete, ihre Preise zu erhöhen.[13] Da das Lohnniveau mit Letzteren selten Schritt hielt, schien die Inflation eine geeignete Methode, möglichst schmerzlos die Lebensstandards zu senken – solange man sie denn irgendwie unter Kontrolle halten konnte.

In Deutschland, Österreich, Ungarn, Polen und Italien gelang es den Banken jedoch nicht, den Preisanstieg zu bremsen. Damit gaben sie einer Hyperinflation freien Lauf, die die Währungen nicht nur abwertete, sondern regelrecht zerstörte. Das dramatischste Beispiel ist der Kaufkraftverlust der Reichsmark, der sich im Vergleich zu 1913 im Sinne einer geometrischen Reihe beschleunigte:

1918	245 %
1920	1400 %
1921	3500 %
1922	147 000 %
1923	126 000 000 000 %

Die Notenpressen kamen mit dem Drucken neuer Scheine kaum nach, und die Zahlen wurden mit immer mehr Nullen versehen, als die Preise erst monatlich, dann täglich, am Ende sogar stündlich stiegen. Bekamen die Menschen ihre Bezahlung, mussten sie sofort danach in die Geschäfte gehen, denn je näher der Abend rückte, desto weniger Kaufkraft besaß ihr Lohn oder Gehalt. Geld mit sich zu führen, wurde immer beschwerlicher; manche verzweifelten Deutschen benutzten Rucksäcke oder gar Schubkarren, um die Riesenmenge der inflationären Scheine in die Läden zu transportieren. Die galoppierende Inflation zerstörte auch den Wechselkurs der Währung – im Herbst 1923 kostete ein einziger Dollar vier Milliarden Reichsmark![14]

Die Hyperinflation hatte einen drastischen Effekt auf die Gesellschaft, allerdings einen widersprüchlichen. Einerseits gab es Profiteure: Schuldner etwa sahen sich praktisch auf einen Schlag gerettet, konnten sie ihre Kredite doch in entwerteter Währung zurückzahlen. Und auch Leute mit materiellem Hab und Gut wie Fabriken, Geschäften, Häusern oder Grundbesitz dürften sich gefreut haben, denn ihre Werte blieben von Preisanstiegen unberührt. Andererseits klagten die vielen Geschädigten: Bürger, die sich Geld geliehen oder in den Aktienmarkt investiert hatten, mussten Verluste hinnehmen, weil ihre Anteilpapiere immer wertloser wurden. Leute mit festen Einkünften wie Rentiers, Pensionäre oder Beamte litten schmerzlich, weil sich die Kaufkraft ihrer Bezüge rasch in Luft auflöste; Löhne wurden nur langsam erhöht und blieben immer weiter hinter den steil ansteigenden Preisen zurück. Freilich wurden die wenigen, die es schafften, ihre Aktiva in Dollars umzuwechseln, sogar reicher als zuvor. Weite Kreise der Mittelschicht aber traf die Krise hart; sie verloren das Vertrauen zu einem ökonomischen System, das sie um ihre Ersparnisse betrog und ihre aktuellen Einnahmen beeinträchtigte.[15] Kein Wunder, dass sich die Wähler nun in Scharen extremistischen Parteien zuwandten, die versprachen, die wirtschaftliche Sicherheit wiederherzustellen.

Die deutsche Inflation geriet völlig außer Kontrolle durch den Zwist um die Reparationen, der zur französischen Besetzung des Ruhrgebiets führte. Als man in Paris feststellte, dass bei Deutschlands einschlägigen Lieferungen 2,1 Millionen Tonnen Kohle und 135 000 Telegrafenmasten fehlten, beschloss am 11. Januar 1923 Raymond Poincaré, der Hardliner auf dem Ministerpräsidentenposten, Truppen in diese Industrieregion zu entsenden. So wollte sein Land sich, wie er es ausdrückte, »produktive Pfänder« holen, um sicherzustellen, dass die Deutschen ihre Reparationen künftig vollständig und fristgerecht leisteten. Da man in Berlin fürchtete, dass Frankreich obendrein eine Abspaltung des Rheinlands plante, proklamierte das dortige Kabinett eine Politik des »passiven Widerstandes«. In der Folge wurden wiederholt Generalstreiks durchgeführt, Behörden befolgten die Anweisungen der Okkupanten nicht, und gelegentlich kam es auch zu Sabotageakten. Die Besatzer gründeten eine Bergwerkskontrollkommission, genannt MICUM, die Zwangsarbeiter in die Kohlengruben schickte. Über 130 Menschen starben bei den Zwangsmaßnahmen der Franzosen. Damit der Widerstand fortgesetzt werden konnte, zahlte die deutsche Regierung den Streikenden die ihnen entgangenen Löhne, was weiteres Gelddrucken erforderte und die Abwertung der Reichsmark beschleunigte.[16] Keine Seite wollte nachgeben, denn der Ruhrkampf war längst ein symbolischer Wettstreit um Einhaltung oder Nichteinhaltung des Friedensvertrags geworden.

Um die festgefahrene Situation zu lösen und Europa wieder auf den Weg zur Stabilität zu bringen, bedurfte es US-amerikanischer Vermittlung – in Gestalt des Dawes-Plans. Nur langsam war Washington klargeworden, dass seine finanziellen Interessen auf dem

Kontinent ein aktives vermittelndes Eingreifen verlangten; anders ließ sich Europa, sein größter Markt, nicht wiederbeleben. Außerdem verstand Frankreichs Führung allmählich, dass eine andauernde Strafpolitik gegenüber dem Nachbarn seine Ressourcen überfordern würde, was sogar die eigene Währung gefährden könnte. Zu guter Letzt erkannte auch das Berliner Kabinett unter Gustav Stresemann, dass nationalistische Kraftmeierei nicht hilfreich war. Entsprechend blies man den passiven Widerstand ab und schuf eine neue, durch die produktiven Aktiva des Landes gedeckte Währung: die Rentenmark. Sich anglo-amerikanischem Druck beugend, Deutschland fairer zu behandeln, erarbeitete die Londoner Konferenz April 1924 einen Kompromiss, benannt nach dem amerikanischen Bankier Charles G. Dawes: Die französischen Truppen sollten sich schrittweise zurückziehen, dafür verpflichtete sich Deutschland zu Zahlungen – eine Milliarde Mark im ersten Jahr, danach jährlich 2,5 Milliarden.[17] Erst die Erfahrung der Hyperinflation überzeugte Paris und Berlin, dass der Vertrag nur erfüllt werden konnte, wenn man die Bestimmungen anpasste.

Fünf Jahre nach dem Krieg stabilisierte die Regelung der Reparationen das europäische Finanzsystem endlich wieder, wenn auch unter beträchtlichen Kosten. Mit dem Gold Standard Act von Mai 1925 kehrte Großbritannien zur Vorkriegsparität zurück, um, wie Schatzkanzler Winston Churchill betonte, die »Neubelebung des internationalen Handels zu erleichtern« und Englands »zentrale Position im Finanzsystem der Welt« wiederherzustellen. Frankreich und ein paar Dutzend andere Länder folgten dem Beispiel; so stellten sie ökonomisches Vertrauen wieder her und kamen leichter an amerikanische Kredite. Aber der Preis der Stabilisierung war hoch, denn die Rückkehr zum Goldstandard überbewertete die britische, französische und andere Währungen um 10 bis 20 Prozent, was die Güter der jeweiligen Länder weniger wettbewerbsfähig machte.[18] Außerdem hatten die Kosten des Krieges, die anschließenden Verwerfungen und die Hyperinflation weite Kreise der europäischen Bevölkerung verarmen lassen, namentlich jene, die von ihren Vermögen lebten, fixe Pensionen bezogen oder auf staatliche Gehälter angewiesen waren. Die psychische Erblast der Nachkriegsprobleme bestand aus einer tiefsitzenden Furcht vor Inflation und einem noch härteren Festhalten an der Laissez-faire-Orthodoxie. Bei künftigen Krisen sollte dies die Lösung erschweren.

Vorübergehender Wohlstand

In Europa waren die »Goldenen Zwanziger« auf das Halbjahrzehnt von 1924 bis 1929 begrenzt, als endlich eine hellere Zukunft zu dämmern schien. Dank neuer Industriezweige – etwa Chemie und Elektrotechnik, Automobil- und Flugzeugbau – stieg die Produktion um rund ein Viertel, und der internationale Handel erreichte wahrhaftig fast wieder das Vorkriegsniveau. Die Erwerbslosigkeit stand zwar immer noch höher als in besseren Zeiten, aber allgemein ging sie zurück, sodass auch mehr und mehr Arbeiter von der ökonomischen Erholung profitierten. Dank der wachsenden Steuereinnahmen konnten die nationalen Regierungen Fürsorgemaßnahmen einleiten, etwa die Arbeitslosenversicherung erweitern; Stadtverwaltungen gingen den sozialen Wohnungsbau und Verkehrsprojekte an. Den Hausfrauen erleichterten neue Produkte wie Elektroherde, Staubsauger und Kühlschränke den Alltag. Die schnelllebigen Zentren der Metropolen boten Gelegenheiten zur Unterhaltung: Lust auf Liebesabenteuer trieb die »flotten Feger« in die Tanzlokale, wo sie junge Männer trafen, die ihrerseits Zerstreuung suchten. Der Vergnügungshunger, wie ihn das Musical *Cabaret* unvergesslich schildert, lässt die zweite Hälfte der 1920er als eine erregende Zeit erscheinen. Die Menschen fingen an zu glauben, dass der Fortschritt sich wieder einstellen würde.[19]

Wichtigste Grundlage dieser Expansion waren amerikanische Darlehen, denn sie stellten die finanziellen Mittel bereit, um Europas Industrien wiederaufzubauen. Schon seit 1899 erlebten die Vereinigten Staaten eine spektakuläre Wachstumsphase, die sie ihrem meisterhaften Management der Massenproduktion verdankten, aber auch der Tatsache, dass sie nur peripher in den Ersten Weltkrieg verwickelt worden waren. Einen nicht geringen Teil des verfügbaren Kapitals suchte man im Ausland zu investieren, von dem man sich höhere Erträge versprach als daheim. Seit der Rückkehr zum Goldstandard erschien Europa als hinreichend sicherer Ort für solche Einsätze, zumal die Bankiers dort die amerikanische *laissez-faire*-Philosophie teilten. 1925 bis 1929 wurden ca. 5,1 Milliarden Dollar in den Alten Kontinent investiert, über die Hälfte davon in Deutschland. Überwiegend ging das Geld in die Modernisierung der Industrien, die man sich mit Hochdruck betrieben wünschte. Dem Verliererstaat sollten rasch genügend Steuereinnahmen zufließen, die ihm ermöglichten, seine Reparationen an die Sieger zu zahlen; ein Teil der Zuwendungen verschwand allerdings in der Verbesserung der städtischen Infrastruktur. Viele Darlehen waren außerdem kurz befristet und sollten nicht selten ältere, inzwischen fällig gewordene Schulden refinanzieren – es entstand ein Drehtüreffekt: Geld kam ins Land und floss wieder hinaus; die Drehtür kreiselte aber nur, solange neues hereinströmte.[20]

Ein anderes Problem bestand in den Rohstoff- und Agrarpreisen, deren Durchschnittswert bis 1930 um die Hälfte sank. Während des großen Waffengangs hatte man wegen des enormen Bedarfs an Kriegsmaterial die Ressourcensuche und den Bergbau intensiviert, was mehr Rohstoffe zutage förderte; als der militärische Bedarf dann wegfiel, sackten die Preise in die Tiefe. Gleichzeitig wurden dringend Lebensmittel gebraucht. Die Vereinigten Staaten, Kanada, Argentinien und Australien fluteten den Nachkriegsmarkt mit Weizen und Rindfleisch, während die europäischen Bauern gerade mühsam ihre eigene Produktion wieder in Gang zu bringen suchten. Die so verursachte Schwemme drückte die Preise nieder, was die Konsumenten in den Städten freute, für die nun die Lebensmittel günstiger wurden. In ländlichen Regionen wie Schleswig-Holstein bewirkte der Überschuss jedoch auch eine schwere agrarökonomische Krise. Dies rief radikale populistische Bewegungen ins Leben, die Protektion gegen die billigere ausländische Konkurrenz forderten. Die Regierungen reagierten darauf, indem sie die Zölle auf Nahrungsmittel drastisch erhöhten, um ihre einheimischen Produzenten zu schützen.[21] Während der Absturz der Rohstoff- und Lebensmittelpreise Fabrikanten und Konsumenten begünstigte, erschwerte er es auf der anderen

Seite einem signifikanten Teil der Bevölkerung, Industriewaren zu kaufen.

Der industrielle Output wuchs in der zweiten Hälfte der 1920er beträchtlich, aber die europäische Konjunktur nahm nur träge und diskontinuierlich Fahrt auf, verglichen mit dem Aufschwung bei der amerikanischen Konkurrenz. Viele betagtere Fabriken konnten infolge ihrer veralteten Technik nicht mithalten; allerdings bestand wenig Anreiz zu Investitionen, solange die Kolonien in Übersee oder die Bildung von Kartellen einen sicheren Markt garantierten. Wohl gab es auch neue, dynamische Industrien, etwa den Automobilbau; dabei versorgten Giganten wie Renault, Austin und Opel die Mittelschicht, während Luxuswagenhersteller wie Jaguar, Ferrari und Mercedes die Elite ansprachen. Jedoch kam die Motorisierung nur knapp einem Fünftel der Bevölkerung zugute; Autofahren war eben noch sehr teuer. Außerdem mussten die Industriellen mit einer stärkeren Arbeiterbewegung fertigwerden, die Streiks einsetzte, um Lohnerhöhungen oder die 48-Stunden-Woche zu erzwingen. Zwar boten die Zwanziger der europäischen Industrie Gelegenheit, zum Produktionsniveau aus Friedenszeiten zurückzukehren sowie ihre Produktpaletten zu erneuern und zu erweitern, aber gleichzeitig brachten die Umstände sie um ihre Weltführungsrolle, die sie nun an die Vereinigten Staaten abgab.[22]

Wer mit der dynamischeren amerikanischen Wirtschaft wetteiferte, musste das Evangelium der »industriellen Effizienz« in die europäische Geschäftswelt einführen. Nur indem sie Henry Fords Verbesserung des Arbeitsablaufs kopierten – die Fließbandfertigung –, konnten die Fabrikanten des Alten Kontinents hoffen, ihre Autos einmal so billig zu produzieren wie die Tochterbetriebe der Ford Motor Company in Europa. Der Profitsteigerung zuliebe orientierten sich viele Industrielle am Taylorismus, etwa den *time-and-motion-studies* (deutsch meist kurz »Zeitstudien« genannt), Grundlage einer »wissenschaftlichen Betriebsführung«, von der sich große Unternehmen versprachen, Redundanzen und Verschwendung auszumerzen. Interessierte Geschäftsleute und Ingenieure wie Ferdinand Porsche besuchten die Vereinigten Staaten, wo die neuen Produktionsmethoden erstmalig entwickelt worden waren. Sie wollten mit eigenen Augen sehen, was sie tun konnten, um die »Rationalisierung« ihrer Unternehmen voranzutreiben. Für die betroffenen Beschäftigten – Arbeiter und Angestellte gleichermaßen – bedeutete jene »Amerikanisierung« nicht selten die Entlassung, weshalb sie ausgerechnet in einer Phase bester ökonomischer Erholung erwerbslos wurden.[23] Zwar machten die Rationalisierungsmethoden die Produktion tatsächlich effizienter, schufen aber auch ein weitverbreitetes Gefühl der Unsicherheit, denn niemand wusste genau, ob er nicht der Nächste war, der seinen Job verlor.

Viele der Darlehen flossen auch in die Erneuerung der städtischen Infrastruktur. Bereits vor dem Krieg hatte es Bestrebungen gegeben, das Leben in den urbanen Zentren angenehmer zu gestalten, die nun wieder aufgegriffen wurden. Zu diesen Maßnahmen zählte die Erweiterung des öffentlichen Verkehrsnetzes: Es wurden mehr Autobus-, Straßenbahn- und U-Bahnlinien eingerichtet, um den wachsenden Bedarf an Mobilität zu befriedigen. Die britische *garden-city*-Bewegung des Ebenezer Howard inspirierte auch auf dem Kontinent Versuche, billigen Wohnraum in parkähnlicher Umgebung zu schaffen, damit müde Arbeiter nach Feierabend nicht mehr in unhygienische Slums zurückmussten. Eine eigenartige Kombination aus Lebensreformern, Künstlern und Gewerkschaftern förderte solche »Grüngürtel«-Projekte in der Hoffnung, dass geplante Kooperative den Gemeinsinn stärken und für eine gesündere Lebensweise sorgen könnten als überfüllte Mietshäuser.[24] Kommunalverwaltungen ließen daher Parks anlegen, Schwimmbäder errichten und Schulen bauen, um den negativen Effekten der Urbanisierung entgegenzuwirken. Einerseits verbesserten diese lobenswerten Versuche tatsächlich die Lebensqualität von Menschen mit bescheidenen Einkünften und schufen obendrein neue Jobs; andererseits musste die öffentliche Hand dafür beträchtliche Kredite aufnehmen, die eines Tages zurückzuzahlen waren.

Während der zweiten Hälfte der 1920er schöpften viele Europäer Hoffnung, dass sie ihre kriegsbedingten Schwierigkeiten überstanden hatten und der unterbrochene Fortschritt nun weiterging, einer wohltätigen Moderne entgegen. Im Gegensatz zu den Verwerfungen zuvor schenkten die sichtbaren Zeichen wirtschaftlicher Gesundung den Durchschnittsbürgern das Empfinden, die »Normalität« sei zurück, was ihnen ein geruhsameres und angenehmeres Privatleben erlauben würde. Aufgrund der höheren Löhne trauten die Verbraucher sich mehr und zeigten sich bereit, in großen Warenhäusern einzukaufen; so besuchten sie häufiger Harrods in London, die Galeries Lafayette in Paris oder das Kaufhaus des Westens in Berlin. Mit mehr Geld in ihren Taschen konnten sich die Europäer besseres Essen leisten, neuartige Konsumgüter wie Fotoapparate erwerben und sich unterhaltsame Zerstreuung zuführen, etwa in Kinos. Dank ihrer verkürzten Arbeitszeiten konnten sie außerdem in den Ferien Fernreisen unternehmen. Werbeanzeigen in Hochglanzmagazinen bestärkten diese neu aufgekommenen Bedürfnisse und wiesen Wege, sie zu befriedigen, während Filmstars und Sporthelden sich als Vorbilder für ein besseres Leben präsentierten. Es ist jene glitzernde Oberfläche der urbanen Freizeitwelt, die sich dem populären Gedächtnis als »die Goldenen Zwanziger« fest eingeprägt hat.[25]

Die vorübergehende Rückkehr der Prosperität löste jedoch nicht die strukturellen Probleme, die der Schwäche der europäischen Wirtschaft zugrunde lagen und weltökonomischer sowie sozialer Natur waren. Einerseits verdankte sich der Aufschwung weitgehend amerikanischen Krediten, und die begannen in der zweiten Hälfte des Jahres 1928 spärlicher zu fließen; schon dies brachte die deutsche Wirtschaft an den Rand einer Rezession. Andererseits hatten die Industriellen während der 1920er erkundet, wie Massenproduktion effizient zu organisieren war, und erzielten per Fließbandfertigung einen immer höheren Ausstoß an Konsumgütern. Aber die fortwährende Ungleichheit in der Einkommensverteilung machte es den arbeitenden Massen unmöglich, hinreichend viele dieser Produkte zu kaufen; so entstand das schwerwiegende Problem der Unterkonsumtion. Zwar kurbelten die Lohnerhöhungen und die langsame Aufstockung der Arbeitslosenversicherung die Nachfrage etwas an, doch vermochten diese Maßnahmen nicht all die neuen Konsumgüter an den Mann zu bringen.[26] Trotz solcher ungelöster Probleme blieb der optimistische Glaube weit verbreitet, dass die »Wohlstandpolitik« Bestand haben werde. Endlich führe man die Fortschrittsentwicklung von vor dem Krieg weiter, um das Versprechen der Moderne zu verwirklichen.

Der große Absturz

Es sollte anders kommen, als die Optimisten vermeinten. Der US-Börsencrash am 29. Oktober 1929 verursachte einen schwerwiegenden Abschwung in Europa, der an Intensität und Dauer eine normale Rezession, wie sie der Konjunkturzyklus mit sich bringt, weit übertraf. Jener 29. Oktober wurde der »schlimmste Tag in der Geschichte der Wall Street«. Ohnehin schon angeschlagen durch die restriktive Darlehenspolitik der Federal Reserve, brach der Markt um 11 Prozent ein; summa summarum verloren die Aktien bis Mitte November 40 Prozent ihres Nennwerts. Kaum hatte der drastische Sinkflug eingesetzt, begannen panische Anleger ihre Papiere zu verkaufen, denn sie hatten über Margenkredite darauf gewettet, dass die Aufwärtsbewegung weitergehe. Um nicht neben ihren jüngsten Gewinnen auch noch ihr Eingangskapital zu verlieren, mühten sie sich hektisch, ihre Beteiligungen zu veräußern, was den Zusammenbruch des Marktes nur beschleunigte. Aus einem Hoch von 381,17 Punkten am 3. September 1929 stürzte der Dow Jones auf ein Tief von 41,22 im Juli 1932 – ein beispielloser Abstieg um fast 90 Prozent! Wenn auch französische Bankiers höhnten, das Ganze sei doch nur die überfällige Entfernung einer Eiterbeule gewesen, waren die Folgen für Europa beträchtlich: der US-Börsencrash zerstörte das Geschäftsvertrauen auf dem Kontinent; schließlich galt New York inzwischen als Finanzhauptstadt der Welt.[27]

Das Platzen der Spekulationsblase löste eine internationale Finanzkrise aus. US-amerikanische Investoren sahen sich genötigt, von den Regierungen und der Geschäftswelt Europas Gelder zurückzufordern, die sie dort kurzfristig angelegt hatten. Amerikanische Banken spürten bald die Konsequenzen ihrer übermäßig bereitwilligen Kreditvergabe an Börsenspekulanten: Nicht wenige brachen nun selber zusammen. 1930 traf es 1300 Institute, 1931 mussten weitere 2300 ihre Pforten schließen. Um ihre eigene Liquidität wiederzuerlangen, holten US-Finanziers in den Monaten nach dem Crash 4 Milliarden Dollar aus Deutschland und 1,3 Milliarden aus Österreich zurück. Durch diesen jähen Kapitalabfluss griff die Bankenkrise auf Europa über, woraufhin im Sommer 1931 die Creditanstalt und die Danatbank zu Boden gingen. Es entspannte die Lage keineswegs, dass die deutsche Regierung die Finanzturbulenzen nutzen wollte, um sich ihrer Reparationsverpflichtungen zu entledigen. Frankreich wiederum bestand auf der buchstabengetreuen Erfüllung des Dawes-Plans, während die Briten den Goldstandard ihres Pfund Sterling zu verteidigen suchten. Das Zerwürfnis zwischen den Mächtigen des Kontinents mündete dann doch in eine Vereinbarung, nämlich das sogenannte Stillhalteabkommen von 1931, dem gemäß Deutschland die Rückzahlungen gestundet wurden, d. h., es brauchte seine Verpflichtungen zunächst nicht weiter zu erfüllen.[28] Da nun die internationale Kreditvergabe versiegte, kam auch die transatlantische Kapitalzirkulation zum Erliegen.

Der deflationäre Effekt einer fehlgeleiteten monetaristischen Politik verwandelte eine zyklische Rezession in eine beispiellose Depression. Laut der liberalen Doktrin des Laissez-faire, die in der City of London den Ton angab, sollten Regierungen sich aus der Wirtschaft heraushalten, und das Festhalten am Goldstandard verlangte ausgeglichene Budgets. Da durch das Schrumpfen der geschäftlichen Umsätze weniger Steuereinnahmen hereinkamen, glaubten die Politiker mehrheitlich, sie hätten keine andere Wahl, als die Ausgaben zu senken, öffentliche Projekte einzustellen und Sozialleistungen zu kürzen – gerade jetzt, da sie am meisten gebraucht wurden. In Deutschland startete die Regierung Brüning daher eine drastische »Austeritätspolitik«; man kappte die Gehälter der im Staatsdienst Beschäftigten um mehr als 30 Prozent, entließ Beamte und verfügte einen Neueinstellungsstopp, um die öffentliche Hand zu schonen. Bestrebt, ihre einheimischen Fabriken und Bauernhöfe zu beschirmen, erhöhten viele Staaten die Zölle, legten Importquoten fest und griffen gar zur Devisenbewirtschaftung, womit sie aber den internationalen Handel behinderten. Die deutschen Ausgabenkürzungen, die britische Verteidigung des Goldstandards und das französische Bestehen auf ausgeglichenen Haushalten vertieften den Einbruch; sie schufen eine Teufelsspirale, die sich immer schneller nach unten drehte.[29]

In dem sich stetig verschlechternden ökonomischen Klima verloren die Geschäftsleute das Vertrauen und begannen Zurückhaltung zu üben, wodurch sie die Krise noch weiter verschlimmerten. Als die Kredite versiegten, blieben Investitionen komplett aus. Sinkende Verkaufszahlen zwangen die Betriebe, ihre Eigenkosten zu reduzieren; sie sahen keine andere Möglichkeit, als weiter zu rationalisieren und irgendwie entbehrliche Arbeiter zu entlassen. Zwar machte der Verfall der Großhandelspreise um ein Fünftel auch die Lebensmittel und Rohstoffe billiger, aber da die geschäftlichen Gewinne sich sofort wieder verflüchtigten, stellte man alle peripheren Aktivitäten ein, die sich nicht selber trugen. Der Druck der eigenen Bilanzen nötigte viele Betriebe, Außenstände einzufordern, was das Überleben von Firmen gefährdete, die ihre Verpflichtungen nicht bedienen konnten. Ein paar Branchen waren zwar weniger betroffen, namentlich jene, die Verbrauchsartikel herstellten, denn essen und sich kleiden mussten die Leute ja weiterhin. Andererseits gerieten ganze Industrien – etwa Automobilherstellung, Stahlproduktion und Schiffsbau – in arge Not. Immer mehr unrentable Läden legten »Wir-schließen«-Schilder in die Schaufenster, aber auch alarmierend viele größere Unternehmen gingen infolge von Missmanagement bankrott.[30]

Der resultierende Kollaps der Industrieproduktion erreichte erschreckende Dimensionen; besonders heftig erschütterte er jene Länder, die am stärksten industrialisiert und in den internationalen Handel involviert waren. Verglichen mit den Zahlen von 1929 fand sich der Industrie-Output mancherorts praktisch halbiert, so in den Vereinigten Staaten (53 Prozent), Deutschland (53 Prozent) und in kleineren Staaten Mitteleuropas, etwa den Niederlanden (47 Prozent), Österreich und der Tschechoslowakei, deren Wirtschaften eng miteinander verflochten waren. Weniger gewaltig traf es Frankreich (72 Prozent) und Belgien, die den sogenannten *gold bloc* bildeten; auch Großbritannien kam glimpflich davon (84 Prozent), begünstigt durch den Commonwealth-Handel und dank einer Abwertung des Pfundes. Andere Länder, die es geschafft hatten, sich zu isolieren, wie etwa der schwedische Wohlfahrtsstaat und die militarisierte japanische Ökonomie (98 Prozent), mussten kaum Einbußen hinnehmen. Und ausgerechnet die Sowjetunion, die mitten in ihrem ersten Fünfjahresplan steckte, legte einen beeindruckenden Wachstumsspurt hin (183 Prozent), während die kapitalistischen Staaten litten.[31] Wo die Depression am härtesten zuschlug, kam das Wirtschaftsgeschehen praktisch zum Erliegen.

Die Sparprogramme der Regierungen und die Entlassungen in der Privatwirtschaft verursachten eine Arbeitslosigkeit nie dagewesenen Ausmaßes, die die ohnehin schon zusammengestrichenen Wohlfahrtssysteme überstrapazieren musste. Die einschlägigen Statistiken spiegeln das Elend nur unzureichend wider, denn sie erfassen nur die registrierten Erwerbslosen, aber schon die Situation, die sich aus ihnen ableiten lässt, ist drastisch genug: In Deutschland, dem die Krise am härtesten zusetzte, stieg die Zahl von circa 1 Million im Jahre 1927 auf 6,12 Millionen im Jahre 1932; in Lohn und Brot standen damals nur noch 12 Millionen Menschen. In den angrenzenden Staaten sah es kaum besser aus; sogar in Großbritannien waren 1933 nicht weniger als 3,75 Millionen Arbeiter erwerbslos. Und in diesen Ziffern fehlen noch die Kurzarbeiter, die nur gerade so durchhielten. Rund die Hälfte der arbeitsfähigen Bevölkerung befand sich also in schwerer Not. Die Erwerbslosigkeit plagte besonders die Industrieregionen, in denen sie die Jungen traf, die keine Jobs fanden, aber auch die Frauen, die ihren Dienstleistungsposten verloren, und die Alten, die vorzeitig in Rente gehen mussten. In der Weimarer Republik waren nicht weniger als 2,03 Millionen Arbeitskräfte von staatlicher Unterstützung abhängig; kirchliche Hilfsaktionen und private Wohltätigkeitsverbände versuchten ihr Bestes, für den Rest zu sorgen, waren damit aber überfordert.[32]

Der österreichische Soziologe Paul Lazarsfeld führte Anfang der 1930er mit zwei Kollegen Untersuchungen zu den Auswirkungen von Langzeitarbeitslosigkeit durch. Als Studienobjekt wählten die drei das Industriedorf Marienthal bei Wien. Als Folge der Krise beobachteten die Autoren eine zunehmende Verelendung des unteren Drittels der Bevölkerung. Verschuldete Bauern konnten, weil die Preise für Agrarprodukte verfielen, von ihrer eigentlichen Tätigkeit nicht mehr leben, mussten ihre bescheidenen Betriebe verkaufen und waren nun »Einlieger«, d. h. Landarbeiter ohne eigenen Grund und Boden und ohne festen Wohnsitz. Beschäftigungslose Industriearbeiter versuchten, nachdem sie ihre Ersparnisse alsbald verbraucht hatten, verzweifelt, Gemüse oder ein wenig Tabak in städtischen Schrebergärten anzubauen, sofern sie denn welche hatten. Wer in Suppenküchen verpflegt wurde, zählte noch zu den Glücklicheren; anderen blieb, wenn auch die städtischen Hilfsaktionen versagten, nur das Betteln. Wenn alle Ressourcen dafür draufgingen, das nackte Überleben zu sichern, sah man den Betroffenen ihr Elend an, denn ordentliche Kleidung und ihre Gesundheit mussten sie jetzt hintanstellen. Regelrechtes Verhungern gab es zwar relativ selten, jedoch stellten Ärzte der staatlichen Gesundheitsbehörde besonders bei Kindern bedrohliche Unterernährung fest. Angesichts solcher Umstände wundert es nicht, dass Vagabundentum und Selbstmorde überall zunahmen.[33] Untersuchungen wie die von Lazarsfeld und Kollegen, eine der frühesten soziologischen Studien zu dem Thema, sollten die Öffentlichkeit wachrütteln und mehr effektive Hilfe erwirken.

Auch Schriftsteller versuchten Mitgefühl für die Betroffenen zu erzeugen, indem sie die demoralisierenden Wirkungen der Großen Depression packend darstellten. In Deutschland widmete der Journalist Hans Fallada dem Thema 1932 ein Buch, das ein Bestseller wurde; es trug den passenden Titel *Kleiner Mann, was nun?* In schlichter Alltagssprache schildert der Roman den sozialen Abstieg eines jungen Angehörigen der unteren Mittelklasse. Aus seinem Job als Verkäufer in einem Herrenbekleidungsgeschäft gefeuert, kann er seine Frau und sein kleines Kind nicht mehr ernähren. Da viele Leser die Erfahrungen eines jungen Liebespaars, das gegen die Hoffnungslosigkeit kämpft, gut nachvollziehen konnten, wurde das Werk sehr populär, obwohl es keinen Weg wies, wie aus jener Zwangslage herauszukommen sei. Dagegen bot der britische Autor George Orwell in seiner fünf Jahre später erschienenen Schrift *The Road to Wigan Pier* sowohl eine Dokumentation des Leidens von

Bergleuten in Lancaster als auch einen feurigen Appell zum Sozialismus. Der erste Teil des Bandes schildert plastisch und schonungslos, welch furchtbare Auswirkungen die Arbeitslosigkeit für die Familien von Bergleuten hat, die in bitterster Armut vegetieren. Der zweite Teil attackiert die Selbstgerechtigkeit und Gleichgültigkeit der Mittelklasse. Nur der Sozialismus könne die verbreitete Verelendung beenden, lautete Orwells Botschaft, deren Vertrieb der New Left Book Club unterstützte.[34]

Berichte wie diese erhellten, welche psychischen Verheerungen Erwerbslosigkeit bei den Arbeitern anrichtete. Durch die Kündigung verloren sie nicht nur ihr Einkommen, ihren Status und ihre soziale Sicherheit, sondern auch ihre Selbstachtung, allgemein als Mensch und speziell als Mann, weil sie nicht mehr für ihre Familien sorgen konnten. Da sich die individuelle Identität einer Person über ihre Arbeit definierte, musste die Moral sinken, wenn man um dieses wesentliche Merkmal beraubt wurde. Die meisten Erwerbslosen durchliefen mehrere Phasen: Zuerst kam eine gewisse Unbekümmertheit, man werde schon etwas Neues finden; dann ergriff einen ohnmächtiger Zorn über die Ungerechtigkeit, entlassen worden zu sein; es folgten hektische Bemühungen, nun doch eine neue Stellung zu finden. Nachdem mehrere Versuche in dieser Richtung fehlgeschlagen waren, versank man schließlich in fatalistische Apathie. Obwohl sie besonders betroffen waren, wuchs nun den Frauen eine stärkere Position in der Familie zu, denn von ihrer Sparsamkeit und ihrem Einfallsreichtum hing es ab, ob alle überlebten. Die meisten erwerbslosen Arbeiter gaben den Unternehmern die Schuld dafür, dass sie nun auf der Straße standen, und kritisierten die Regierung, weil sie keine effektive Hilfe leistete. Keinen neuen Job zu finden und von der Stütze zu leben, verleitete die Krisenopfer zur Passivität. Ein Arbeitsloser beschrieb das so: »Während der letzten paar Jahre, wo ich aus dem Betrieb raus bin, hab ich, scheint's, die Fähigkeit verloren, mich anzustrengen. Ich kann mich zu nichts mehr aufraffen.«[35]

Aber weder Appelle an Mildtätigkeit noch gewerkschaftliche Initiativen linderten die Leiden. Den Erwerbslosen blieb letztlich nur der Straßenprotest, bei dem sie unmittelbare materielle Hilfe und eine Abkehr von der Deflationspolitik einforderten. Da den Unternehmern Millionen Arbeitslose als potenzielle Streikbrecher zur Verfügung standen, wagten die Gewerkschaften nur selten einen Ausstand. Verzweifelte Arbeiter wandten sich daher an die staatlichen Autoritäten, beispielsweise im Mai 1932 in Manchester:

> Wir erklären Euch, dass Hunderttausende der Menschen, die Euch wählten, damit Ihr Euch um ihre Belange kümmert, sich in schlimmster Not befinden. Wir erklären Euch, dass Männer, Frauen und Kinder hungern. Wir erklären Euch, dass eine große Zahl Eurer Mitbürger, die so gut sind wie Ihr, so viel wert sind wie die Besten von uns und so fleißig wie nur irgendeiner von uns, in bitterste Verelendung getrieben wurden und noch werden.

Die Petition warnte dann vor misslichen Konsequenzen und verlangte eine Änderung der Politik:

> Wir erklären Euch, dass die Arbeitslosigkeit allmählich die fleißigsten Menschen in unserem Gemeinwesen verhängnisvollem Verfall preisgibt. Wir erklären Euch, dass gewaltige Hilfsmaßnahmen erforderlich sind und dass es absolut notwendig ist [...], eine große Zahl staatlicher Arbeitsprogramme einzuleiten.[36]

Die Arbeiterbewegung forderte daher staatliche Ausgaben, um die Symptome der Depression zu lindern, und soziale Reformen, um deren Ursachen zu beseitigen.

Eine Konsequenz der Unsicherheit und des Leidens war eine entschiedene Radikalisierung innerhalb der politischen Szenerie Europas. Zunächst einmal gaben viele betroffene Bürger dem Kapitalismus die Schuld an ihrer Situation, denn sie glaubten, dass gierige Spekulation und herzlose Profithascherei die Große Depression ausgelöst hätten. Wenn ein erwerbsloser Arbeiter monatelang vergebens nach einer neuen Stellung suchte und erkennen musste, dass »da nichts zu holen war«, erschien ihm der Schluss logisch, dass etwas ganz Grundlegendes mit dem System nicht stimmen konnte. Außerdem diskreditierten Deflationspolitik und unzureichende Hilfsmaßnahmen die demokratischen Regierungen, die sich als unfähig erwiesen, den Abschwung zu bremsen und seine Auswirkungen zu lindern. Ältere Männer stellten zunehmend ihre langjährigen politischen Ausrichtungen in Frage und kehrten Parteien und Gewerkschaften den Rücken. Junge Leute, die sich aus der Erwerbsbevölkerung ausgeschlossen fühlten, glaubten mehr und mehr den radikalen Parolen der Kommunisten oder der Faschisten, die danach strebten, Kapitalismus *und* Demokratie abzuschaffen.[37] Sogar in Staaten mit scheinbar fest etabliertem Parlamentarismus weckte die Große Depression Zweifel am Überleben der Demokratie.

Dass die parlamentarische Regierung außerstande schien, die Depression zu beenden, verschaffte Kritikern von links wie rechts reichlich Gelegenheit, die Demokratie schlechthin als unfähig zu brandmarken. Linksorientierte Intellektuelle wie der Schriftsteller Kurt Tucholsky verspotteten die Kaltschnäuzigkeit der Militär- und Geldeliten gegenüber den Leiden der Proletarier und suchten nach revolutionären Lösungen für ökonomische Probleme. Da sie im Namen humanitärer Werte vorgebracht wurde, erwies sich diese Attacke auf die Selbstbestimmung des Volkes als schwer zu widerlegen. Rechtsgerichtete Denker wie der Jurist Carl Schmitt, die in der Politik eine Art gedämpften Bürgerkrieg sahen, mokierten sich über die Ineffektivität des parlamentarischen Debattenwesens und erklärten, eine »Massendemokratie« könne gar nicht funktionieren. Jene neokonservativen Theoretisierer behaupteten, sie handelten gerade im Sinne des Volkes, wenn sie für eine energischere und autoritärere Regierungsform plädierten. Angesichts der weiten Verbreitung solcher Vorwürfe hatten es die Verteidiger der Demokratie wie der Rechtstheoretiker Hans Kelsen schwer darzutun, warum die Langsamkeit öffentlicher Entscheidungsbildung und die Beschwerlichkeit der Kompromissfindung hinzunehmende Begleitumstände einer an sich guten Sache seien.[38] Indem sie den Liberalismus diskreditierte, beschleunigte die Depression das Abgleiten hin zu den diktatorischen Spielarten der Moderne.

Wiederaufschwung mit Ungleichheiten

Die ökonomische Erholung von der Depression erfolgte schmerzhaft langsam, denn man musste deren Ursachen überdenken und praktische Gegenmittel finden. Stimmte es denn wirklich, dass, wie die neoklassische Wirtschaftslehre behauptete, der Markt sich von allein wieder richte, wenn die Politik nur ja Austerität betreibe und sich ansonsten nicht einmische? Nein, widersprach der Cambridge-Professor John Maynard Keynes 1933 in seiner Schrift *The Means to Prosperity* (»Die Wege zum Wohlstand«), die Regierungen müssten eine viel aktivere Rolle einnehmen. Die Arbeitslosigkeit sei nur zu beenden, wenn die öffentliche Hand die Wirtschaft ankurbele, um die Nachfrage zu restimulieren; die dafür geliehenen Gelder könne man später, wenn die Ökonomie wieder blühe, zurückzahlen. Auch sozialistische Theoretiker wie der deutsche Ex-Finanzminister Rudolf Hilferding und der schwedische Soziologe Gunnar Myrdal fanden, dass Regierungen Stimuli einsetzen müssten, um den Abwärtszyklus anzuhalten. Nur wenn Politiker, die jede Kursänderung verweigerten, wie der deutsche »Hungerkanzler« Heinrich Brüning und der ineffektive amerikanische Präsident Hoover, ihr Amt aufgäben, könne der Wohlstand wiederkehren.[39] Die Überwindung der Depression erforderte also einen Wandel des öffentlichen Bewusstseins und neues Personal an den Staatsspitzen.

Ein erster Schritt zur Verbesserung der Situation bestand darin, das Gewirr aus Reparations- und Kriegsschuldenforderungen zu beschneiden, denn es behinderte die Gesundung der internationalen Finanzen. Kurz vor dem Wall-Street-Crash schlug ein Komitee unter der Leitung des amerikanischen Bankiers Owen D. Young vor, die deutschen Verpflichtungen auf 112 Milliarden Goldmark zu reduzieren, die über eine Laufzeit von 59 Jahren gezahlt werden sollten. Von der jährlichen Rate von zwei Milliarden wiederum, so der Plan, war die Hälfte als Fixum auf jeden Fall zu entrichten, der Rest je nach wirtschaftlicher Leistungskraft. Als nun die US-Kredite versiegten, musste Präsident Hoover ein einjähriges Moratorium auf die deutschen Reparationen aushandeln, weil der Zusammenbruch der Berliner Banken das Land außerstande setzte, weiter regelmäßig seine Abschläge zu liefern. Schließlich verminderte man auf der Lausanner Konferenz von 1932 die deutschen Obligationen um weitere 90 Prozent, damit wenigstens eine kleine Zahlung erfolgen konnte. Doch gleichzeitig sprachen sich Hoover, der Kongress und die amerikanische Öffentlichkeit strikt dagegen aus, die interalliierten Kriegsschulden zu streichen, obwohl genau dies den Gordischen Knoten durchschlagen hätte. Zwar gab es auf der Londoner Weltwirtschaftskonferenz Sommer 1933 multilaterale Bemühungen, Zölle zu senken und den internationalen Handel neu anzuspornen, doch ohne Erfolg. Die Länder betrieben nun wieder ihre nationalistischen Politiken.[40]

Der Erholung näher kam die Wirtschaft auch durch den Abschied vom Goldstandard, der die Währungswerte künstlich hoch gehalten und europäische Waren weniger wettbewerbsfähig gemacht hatte. Im Sommer 1931 löste ein Run auf das Pfund eine Sterling-Krise aus, denn Londons Kredite an Deutschland waren eingefroren, und die britische Ökonomie hatte ihre Einkommen aus Dienstleistungen aus dem Ausland verloren. Ramsay MacDonalds Labour-Kabinett stürzte über die Kürzung der Arbeitslosenversicherung, und die folgende Regierung wurde dominiert von Konservativen wie dem nunmehrigen Schatzkanzler Philip Snowden. Trotzdem zwang der Spekulationsdruck die Briten, den Goldstandard aufzugeben. Am 20. September 1931 war es so weit – und ein Schock ging durch die internationale Finanzwelt. Während der nächsten sechs Monate verlor das Pfund, das ursprünglich bei 4,86 Dollar gestanden hatte, rund 30 Prozent seines Wertes. Das machte englische Produkte auf den ausländischen Märkten nun wettbewerbsfähiger, was die Wirkungen der Depression innerhalb der Länder des Sterlingblocks milderte. Während Japan es den Briten nachtat, mochten die USA und Deutschland ihre Währung aus Furcht vor einer Inflation nicht abwerten; damit verschlimmerten sie aber die Depression weiter.[41] Indem sie eine Kettenreaktion anstieß, beendete die britische Abkehr vom Goldstandard eine Ära.

Länder wie Frankreich, die störrisch an der bisherigen Währungsordnung festhielten, hatten noch heftigere Schwierigkeiten, mit der Depression fertigzuwerden, zumal sie erst sehr spät gegensteuerten. Anfangs machte Paris sich keine gewaltigen Sorgen, denn Frankreich war weniger industrialisiert als England oder Deutschland; außerdem besaß es mehr kleine Bauernhöfe und größere finanzielle Rücklagen, sodass es den Abschwung zunächst weniger deutlich spürte. Um die Vermögenden zu beruhigen, bildeten die französischen Kabinette mit fünf anderen Ländern einen »Goldblock« zur Verteidigung ihrer Währungen und leiteten deflationäre Maßnahmen ein. Die Unfähigkeit mehrerer französischer Regierungen, der Depression ein Ende zu setzen, beschädigte die parlamentarische Stabilität und ermunterte rechtsgerichtete Proteste, nicht zuletzt im Gefolge des Stavisky-Skandals. Das soziale Elend verschlimmerte sich drastisch, und die politischen Stürme wehten 1936 gar den Sozialisten Léon Blum ins Amt des Premierministers. Seine Regierung, genannt die Volksfront, hatte die Unterstützung aller linken Parteien, von den Radikalen und Sozialisten bis zu den Kommunisten. Bestrebt, »die Kaufkraft der Konsumenten neu zu beleben«, wertete Blum schließlich den Franc ab, führte die Vierzigstundenwoche ein und sorgte über den Matignon-Vertrag für bescheidene Lohnerhöhungen. Zwar gelang es der Volksfront, wieder Vollbeschäftigung zu erzielen, doch die Produktivität lahmte, und die Industrie selbst wuchs nur langsam. Daher kehrte das Kabinett Daladier zu einer orthodoxeren Wirtschaftspolitik zurück, ohne dass sich freilich das Ergebnis verbesserte. Indem sie die sozialen Konflikte deutlich verschärfte, schwächte die Depression verhängnisvoll die französische Demokratie.[42]

Die einzigen Demokratien, die während der Depression prosperierten, waren Schweden und in geringerem Ausmaß seine skandinavischen Nachbarn. Bewirkt haben diesen Wirtschaftserfolg der konservative Korporatismus Rudolf Kjellens, der auf nationale Kooperation setzte, und die Abkehr der Sozialdemokraten vom Klassenkampf. Statt diesem empfahl 1928 der Sozialist Per Albin Hansson das Konzept des *folkhemmet*, was ›Volksheim‹ bedeutet; tatsächlich sollte das Land, so Hansson, wie ein gutes Zuhause jedermann eine faire Chance im Leben ermöglichen, unabhängig von seiner sozialen Herkunft. Konkret zielte das Programm auf eine

Planwirtschaft, die der Kontrolle der Regierung unterlag, und auf eine Ausweitung der Wohlfahrtsleistungen, namentlich der Arbeitslosenversicherung und des sozialen Wohnungsbaus. Diese Beilegung des Zwistes im Industriebereich resultierte letztlich aus der Suche nach gesellschaftlichem Konsens, wie sie das Luthenanertum charakterisierte.[43] Das Modell des schwedischen Wohlfahrtsstaats, das nachfolgende sozialdemokratische Premierminister noch ausbauten, bot somit einen dritten Weg zwischen Kapitalismus und Kommunismus.

Die radikalste Antwort auf die Krise war das nationalistische Programm der deutschen Nazi-Regierung, die seit dem 30. Januar 1933 die Geschicke des Landes steuerte. Eine der ersten Maßnahmen der Nationalsozialisten bestand in der Einführung des Reichsarbeitsdienstes (RAD), innerhalb dessen junge Männer und Frauen künftig ein Jahr lang körperliche Arbeit leisten mussten.[44] In einem zweiten Schritt vergab man umfangreiche öffentliche Bauaufträge; sie betrafen neue kreuzungsfreie Großschnellstraßen – die berühmten »Autobahnen« –, aber auch militärische Verteidigungsanlagen, beispielsweise den »Westwall«. Ein drittes Projekt lag in der zunächst heimlich, dann aber offen betriebenen Wiederbewaffnung. Mit massiver Anstrengung produzierte man, was der Versailler Vertrag Deutschland verboten hatte – Kriegsgerät wie Panzer, Kampfflugzeuge und Schlachtschiffe. Viertens strebte man nach wirtschaftlicher Autarkie, erhob höhere Zölle und spornte die einheimische Produktion an, denn man wollte bei Lebensmitteln und Rohstoffen weitestmögliche Selbstversorgung garantieren. Fünftens schloss man bilaterale Handelsverträge, um eine deutsche Einflusssphäre in Ostmitteleuropa zu schaffen. Zwar waren diese Maßnahmen durch Anleihen und Einfrieren der Löhne finanziert, aber immerhin: Die Vollbeschäftigung kehrte zurück, und die Produktion lief wieder rund. Das diktatorisch regierte Deutschland wirkte nun dynamischer als seine demokratischen Konkurrenten.[45]

Die Depression erreichte eine derartige Tiefe, dass die wirtschaftliche Erholung Jahre brauchte, zumal man nicht genau wusste, welche Maßnahmen wohl die wirksamsten seien. Angesichts des Zusammenbruchs der internationalen Finanz- und Handelsmärkte suchten die meisten Länder sich selbst zu retten, indem sie ihre Währung entwerteten, die Wechselkurse kontrollierten, Wälle aus Schutzzöllen errichteten oder Zuflucht zur Tauschwirtschaft nahmen. Diese nationalistischen Reaktionen verlängerten die Agonie aber nur. Nachdem die *laissez-faire*-Methode mit ihrem enger geschnallten Gürtel keinen Wiederaufschwung zu erzielen vermocht hatte, schwenkten die meisten europäischen Staaten widerwillig zum Schuldenmachen um, in der Hoffnung, so die Deflationsspirale umzukehren. Sozialdemokratische Regierungen in Frankreich und Schweden betrieben soziale Reformen, um durch Stärkung der Kaufkraft die Nachfrage zu stimulieren. Die faschistischen Diktaturen setzten lieber auf öffentliche Arbeitsprogramme und umfassende Wiederbewaffnung, während die Sowjetunion eine forcierte Industrialisierung versuchte. Letztlich war es die Erhöhung der Militärausgaben, die die wirtschaftliche Erholung beschleunigte. Erst der Ausbruch des Zweiten Weltkriegs beendete die Depression – aber um welch schrecklichen Preis![46]

Zweifel an der Demokratie

Man kann die verhängnisvolle Wirkung der Großen Depression gar nicht stark genug einschätzen, denn sie lenkte die Entwicklung Europas von einem positiven Verlauf in eine negative Richtung. Der große Absturz erschütterte den zuvor gewachsenen optimistischen Glauben, dass die Wunden, die der Erste Weltkrieg dem Alten Kontinent geschlagen hatte, nun verheilt seien und der Fortschritt hin zur Moderne weitergehen könne. Gleichzeitig verstärkte der Zusammenbruch der internationalen Kooperation die Kräfte des Nationalismus, die eine selbstsüchtige Wirtschaftspolitik betrieben, auch um den Preis, dass sie dabei Nachbarn schädigten. In Berlin und Wien brachte die Depression demokratische Regierungen zu Fall und autoritäre Regime ans Ruder, aus denen schließlich eine brutale nationalsozialistische Diktatur hervorging. Da an der sich industrialisierenden Sowjetunion die Effekte der Krise komplett vorbeigingen, übte der Kommunismus Attraktion auf westliche Intellektuelle aus, die jetzt an der Überlebensfähigkeit ihrer zerstrittenen Demokratien zweifelten. Als das »bahnbrechende makroökonomische Ereignis des 20. Jahrhunderts« änderte die Große Depression den Lauf der Geschichte in fataler Weise: Statt einer vielversprechenden Nachkriegsepoche setzte nun abermals eine unheilvolle Vorkriegsperiode ein. Man durchlief eine Zwischenkriegsära, innerhalb derer das Wirtschaftstief den entscheidenden Wendepunkt markierte.[47]

Mündliche Zeugenberichte aus den 1930ern vermitteln uns, dass die Zeitgenossen die Depression als »harte Zeit« heftigsten Leidens und schlimmster Desorientierung erfuhren. Wohl waren die Lebenshaltungskosten um rund ein Fünftel heruntergegangen, doch den verbliebenen abhängig Beschäftigten nützte dies kaum, denn die Löhne und Gehälter sanken immer weiter im Wert. Sie waren gezwungen, mit weniger auszukommen, und machten sich Sorgen um die Zukunft. Härter noch traf es die Erwerbslosen; die staatlichen Stützgelder reichten kaum, Leib und Seele zusammenzuhalten. Waren ihre kärglichen Ersparnisse aufgebraucht, blieb ihnen nichts als »die tiefste Talsohle des Elends und der Erniedrigung«. Man sammelte Zigarettenstummel, pulte die unverbrannten Tabakskrümel heraus und rollte sie zu einer bescheidenen Selbstgedrehten; man stand in Suppenküchen Schlange; man bettelte in den Straßen – so verging wenigstens irgendwie die Zeit. Für Männer, bisher gewohnt, ihre Familien ernähren zu können, bedeutete Arbeitslosigkeit Schande, zumal die Macht nun an die Frauen überging, die sich ständig abhetzten, um irgendwo irgendwelche Nahrungsmittel aufzutreiben. Die einst so stolze Solidarität der Gewerkschaftsmitglieder verflüchtigte sich, denn angesichts der Scharen verzweifelter Arbeiter klangen Streikdrohungen hohl. Bewegende Zeugnisse zeigen, dass die Depression ein massiver Eingriff in die persönliche Existenz war, denn sie machte Pläne zunichte und zwang den Einzelnen zum Kampf ums nackte Überleben.[48]

Als weder ökonomische Initiativen noch politische Maßnahmen zu funktionieren schienen, weckte die allgegenwärtige Aussichtslosigkeit Zweifel an Kapitalismus und Demokratie. Da die Selbstheilungskräfte des Marktes den Abschwung nicht umzukehren vermochten, ließen viele Krisenopfer alle Hoffnung auf eine wirtschaftliche Erholung fahren und wandten sich gegen das gesamte, als herzlos empfundene kapitalistische System. Die Ineffektivität der politischen Heilmethoden nahm Bürgern mit langem Leidensweg auch den Glauben, dass die Demokratie ihre ökonomischen Probleme lösen könne. Die Appelle aus der liberalen Mittelschicht, den Gürtel eben noch enger zu schnallen, stießen auf taube Ohren, denn es war nichts mehr da, was man hätte einsparen können. Die Bitten katholischer und protestantischer Kirchenführer, den Unglücklichen mit milden Gaben zu helfen, schienen wenig zu bewirken. Es kam nie genug zusammen, und das Ausmaß der Not überschritt die Möglichkeiten religiöser Wohlfahrtseinrichtungen erheblich. Aber auch sozialdemokratische Vorschläge wie Job-Sharing oder höhere Stützzahlungen überzeugten nicht so recht, denn offensichtlich verteilten sie das Elend nur gleichmäßiger, beseitigten aber nicht dessen Ursachen.[49] Infolge der engen Verbindung zwischen Marktwirtschaft und parlamentarischer Regierungsform trug die tiefe Krise des Kapitalismus dazu bei, die demokratische Version der Moderne zu diskreditieren.

Die augenscheinliche Unfähigkeit der demokratischen Führer, dem Übel abzuhelfen, trieb Millionen enttäuschter Europäer in die Arme der totalitären Ideologien, die alternative Versionen des Fortschritts präsentierten. Ein Nutznießer der Krise war der Kommunismus, denn die Planwirtschaft der Sowjetunion schien immun gegen die Unbilden der Konjunkturzyklen. Stalins Kollektivierungen und Fünfjahrespläne erbrachten spektakuläre Wachstumsraten, gerade als die kapitalistischen Ökonomien sich in größten Schwierigkeiten befanden. Scharen linker Intellektueller, darunter Sidney und Beatrice Webb, bewunderten Russland deswegen und unterstützten begeistert das sowjetische Experiment, wobei sie freilich dessen Schattenseiten ignorierten, etwa, wie viele Menschenleben die Säuberungen und der Gulag kosteten. Den sympathisierenden Erben der Aufklärung bot die kommunistische Utopie einen besseren Weg zur Moderne, denn sie schien rationale Planung, soziale Gleichheit und ökonomische Sicherheit bereitzuhalten, und das zu einer Zeit, da der Westen mit Krisen rang. Der französische Pazifist Romain Rolland gab die Meinung vieler europäischer Schriftsteller, Künstler und Kommentatoren wieder, als er bemerkte, die Sowjetunion sei die »letzte Hoffnung für die Zukunft der Menschheit«.[50]

Ein anderer Profiteur der Katastrophe war der Faschismus. Da er gleichermaßen Demokratie und Kommunismus verwarf, versprachen sich viele von ihm eine Wiederherstellung eines mythischen Gemeinschaftssinns. In Italien hatte Mussolini zwar mit manchen Schwierigkeiten zu kämpfen, aber nach außen hin wusste sein Staat ein Bild nationaler Stärke zu vermitteln, das selbst Winston Churchill beeindruckte. In Nazi-Deutschland schien die wirtschaftliche Erholung schneller und erfolgreicher zu verlaufen als im zaudernden England oder im unruhengeschüttelten Frankreich. Hitlers Staat vermochte sich ein dynamisches Image zu geben, das ihn für ungeduldige junge Bürgerliche auf dem ganzen Kontinent attraktiv machte. Kulturpessimistische Autoren wie Oswald Spengler, antisemitische wie Louis-Ferdinand Céline und fehlgeleitete Poeten wie Ezra Pound trauten Hitler zu, dass er der Unordnung entgegentreten, die Ansprüche der Eliten verteidigen und eine neue nationale Gemeinschaft ins Leben rufen könne. Verunsichert durch die Auflösung von Ordnung und Hierarchie, stellten sich neokonservative Denker wie der Philosoph Martin Heidegger die faschistische Bewegung als Heilmittel gegen die Dekadenz der liberalen Zivilisation vor.[51] Diese Sympathisanten wiederum übersahen gar zu leicht die Tatsache, dass die Nazis selbst intern darüber stritten, ob sie ältere Traditionen wiederbeleben oder eine andere, eine organische, ja tödlichere Version der Moderne vertreten wollten.

Stalinistische Modernisierung

Stahlwerk in Magnitogorsk, 1929

Ende April 1929 billigte eine Konferenz der Allrussischen Kommunistischen Partei ein »gewaltiges Projekt«, das »Programm einer umfassenden Industrialisierung binnen fünf Jahren«, das als »Fünfjahresplan« in die Geschichte einging. Das ehrgeizige Unternehmen wollte Lenins Traum realisieren, »aus einem primitiv agrarischen Russland einen industriellen Superstaat zu machen«. Den ersten Vorstoß zur Modernisierung hatte die Neue Ökonomische Politik weitgehend lahmgelegt; nun versuchte Sowjetführer Josef Stalin ihn mit frischem Elan fortzusetzen – durch Kollektivierung der Landwirtschaft und Ausweitung der Industrieproduktion. Die Initiative sollte auch seine Macht als Generalsekretär der bolschewistischen Partei zementieren. Den linken »Abweichler« Leo Trotzki hatte er ja schon ausmanövriert, und ebenso konnte er nun zu rechten Kritikern wie Nikolai Bucharin deutlich auf Distanz gehen, die zu zaghaft waren, um das Tempo der Industrialisierung zu steigern. »Ohne fremdes Kapital«, prahlte Stalin, »gelingt uns die beispiellose Großtat, eine Schwerindustrie in einem rückständigen Land aufzubauen.« Am Jahrestag der Revolution behauptete er, bald könne Russland den Wettkampf mit dem Kapitalismus gewinnen. »Dann werden wir ja sehen, welches Land rückständig zu nennen ist und welches die Avantgarde des menschlichen Fortschritts bildet.«[1]

Ausländische Besucher waren beeindruckt von dem »Versuch, über Nacht das rückständigste Land Europas zu industrialisieren«. Der US-Journalist Hubert R. Knickerbocker konnte nur staunen angesichts des ehrgeizigen Ziels, die »Strom-, Öl-, Kohle- und Stahlproduktion« innerhalb von fünf Jahren zu verdoppeln. Verblüfft nahm er den Feuereifer zur Kenntnis, mit dem man »in Magnitogorsk ein Stahlwerk« errichtete, »das binnen zweieinhalb Jahren einen jährlichen Ausstoß von 2,5 Millionen Tonnen Stahl und Eisen leisten wird« – ein Drittel der gesamten Produktion Englands! Er inspizierte auch »die größte sowjetische Traktorfabrik in Tscheljabinsk, derzeit noch nicht ganz fertig«, die einmal 50 000 Traktoren jährlich liefern sollte – für die Mechanisierung der kollektivierten Landwirtschaft. Ferner machte Knickerbocker einen Abstecher zum gigantischen hydroelektrischen Staudamm von Dnjeprostroj, bei dessen Konstruktion ein amerikanischer Ingenieur geholfen hatte und durch den sich die Stromproduktion vervielfachen ließ. Mit »Fleiß und Terror« trieben Partei und Komsomol diese aufregenden Leistungen voran, die allerdings »sehr schwere Opfer« von der Bevölkerung verlangten, die ohnehin schon litt: Die Leute »hatten wenig zu essen, trugen schäbige Kleidung und hausten in überfüllten Wohnbereichen«. Der Fünfjahresplan war buchstäblich »eine Methode für Russland, sich großzuhungern«.[2]

Immerhin, der kühne Plan einer Transformation der Sowjetunion glückte tatsächlich, und so priesen dankbare Gefolgsleute seinen Urheber, den aus Georgien gebürtigen Diktator Josef Stalin, als einen der größten Staatsmänner des 20. Jahrhunderts. Schon zu seinen Lebzeiten gab es einen Kult um ihn, denn seine Leistungen, meinten die Begeisterten, könnten sich sehen lassen: Habe er doch einem unabhängigen kommunistischen Staat die Existenz gesichert, ein rückständiges Land modernisiert, im Großen Vaterländischen Krieg den nazistischen Aggressor besiegt und durch Eroberungen ein wahres Sowjetimperium geschaffen. Die Lobredner verherrlichten Stalin als *woschd*, als unvergleichlichen ›Führer‹ mit übermenschlicher Weisheit und Weitsicht. Schulen, Parteiorganisationen und sogar eine ganze Stadt – Stalingrad – wurden nach ihm benannt, während überall in Osteuropa riesige Statuen sein Walten verewigten. Poeten wie A. O. Awdejenko dichteten verzückte Hymnen auf »Stalin, unseren genialen Führer«, und Maler porträtierten ihn, wie er in weißer Uniform dastand und von ehrfürchtigen Schulmädchen Blumen überreicht bekam. Als er starb, weinten Millionen Menschen. Der Stalin-Kult hat tiefe Spuren im Gedächtnis Russlands hinterlassen. Etwa die Hälfte der heutigen Jugendlichen hält ihn laut neueren Umfragen für einen großen Mann, und rund ein Drittel der Bevölkerung gab an, ihn wählen zu wollen, wenn er noch am Leben wäre.[3]

Und doch ist mit Stalins Namen ein ungeheures Blutvergießen verbunden, das er zu verantworten hatte. Ein wahrer Chor aus

Anklägern beschuldigte und beschuldigt ihn des Massemords. Ukrainer behaupten, dass die Millionen Kulaken, die infolge des Nahrungsmangels während der Kollektivierung jämmerlich verendeten, gezielt und systematisch im sogenannten *Holodomor* ausgehungert worden seien (gebildet nach dem ukrainischen Begriff *golodomor*, der nichts anderes bedeutet als »Tötung durch Hunger«). Trotzkisten zufolge hat der Diktator seine Schergen alte Bolschewiken zwingen lassen, in Schauprozessen zu gestehen, dass sie kapitalistische Agenten seien. Millionen von Fachleuten verschwanden in den Verliesen des NKWD (›Volkskommissariat für innere Angelegenheiten‹, de facto Geheimpolizei) oder starben bei der Sklavenarbeit im Archipel Gulag; ihre Familien wissen teils bis heute nicht, was während der Großen Säuberung aus ihnen wurde. Nicht minder betonen die überlebenden Opfer der sowjetischen Repression in den Satellitenländern, wie brutal und willkürlich der Stalinismus Osteuropa knechtete. Später hoben mutige Dissidenten innerhalb der Sowjetunion – darunter Menschenrechtsaktivisten wie Andrei Sacharow, Historiker wie Roy Medwedew und Schriftsteller wie Alexander Solschenizyn – die unglaublichen Leiden der unter Stalin Verfolgten hervor. Antikommunistische Intellektuelle des Westens haben die stalinistischen Verbrechen außerdem in einem schockierenden *Schwarzbuch des Kommunismus* bilanziert.[4]

Auch fast drei Jahrzehnte nach der Auflösung der Sowjetunion bleibt die Verbindung zwischen kommunistischer Modernisierung und Massenleiden weiterhin umstritten. Obwohl die durch den Kalten Krieg bedingten Animositäten mittlerweile gewichen und ehemals geheime Dokumente jetzt zugänglich sind, können Verteidiger des russischen Nationalstolzes wie Präsident Wladimir Putin und Ankläger sowjetischer Verbrechen wie die Menschenrechtsgruppe Memorial sich nicht einigen, wenn es um den Charakter der Regentschaft Stalins und seines Erbes geht. Im Kern dreht sich die Debatte um die Notwendigkeit von Gewalt während der sowjetischen Modernisierung. Obwohl die offiziellen Statistiken nicht immer verlässlich waren, steht doch ohne Zweifel fest, dass die Fünfjahrespläne Russland im Eiltempo modernisiert haben, indem sie

Investitionsgüter für Industrie, Transportwesen und Rüstung organisierten. Gleichzeitig ist aber nicht zu leugnen, dass viele Sowjetbürger an der ihnen aufgezwungenen Selbstausbeutung litten und dass die Paranoia, die jene große Transformation begleitete, Millionen Unschuldige das Leben kostete. Ein Paradoxon, das im Kern die Frage nach der Beziehung zwischen den beiden Seiten von Stalins Russland stellt – Industrialisierung und Repression. Diese Mixtur aus Enthusiasmus und Furcht sollte typisch für das gesamte sowjetkommunistische Experiment werden.

Lenins Erbe

Dass der Bolschewismus in Russland zur ersten Kraft aufstieg, verdankte er Wladimir Iljitsch Lenin, dem führenden Kopf hinter der Oktoberrevolution, der auch bei der späteren Konsolidierung der Macht eine leitende Rolle spielte. Freunde wie Feinde hielten ihn für eine herausragende Persönlichkeit und bescheinigten ihm ein Charisma, das ihn von anderen Sozialisten abhob. Als wortgewaltiger Redner überzeugte er nicht nur das zögerliche Zentralkomitee seiner eigenen Partei, sondern vermochte auch riesige Massen hinter sich und seine Ansichten zu bringen. Er pflegte einen bescheidenen Lebensstil und legte sich selbst die Disziplin eines hingabevollen Berufsrevolutionärs auf, der seine ganze Existenz der großen Sache unterordnet. Westlicher Sprachen bestens kundig, war er mit der europäischen Literatur vertraut und konnte dank seines souveränen Intellekts die marxistischen Klassiker dahingehend revidieren, dass sie sich auf die aktuelle Situation in Russland anwenden ließen. So hüllte er seine politischen Entscheidungen in das Gewand sozialistischer Theorie. Aber er war auch ein pragmatischer Führer, der Zugeständnisse an widrige Umstände machte; doch hielt er deshalb nicht minder beharrlich an der Verfolgung seiner utopischen Ziele fest.[5] Diese einzigartige Verschmelzung von Theorie und Pragmatismus sicherte ihm eine loyale Gefolgschaft in seiner Partei – und unvergänglichen Hass vonseiten seiner Feinde.

In mehreren Pamphleten erarbeitete Lenin eine Interpretation des Marxismus, die dessen ideologische Thesen auf das sich rasch industrialisierende, aber doch noch weitgehend agrarische Russland anwendet und ihn dabei modifiziert. 1902 befürwortet er in *Was tun?* eine Avantgarde-Partei aus Berufsrevolutionären, die einen Staatskapitalismus errichten müsse; die bürgerliche Entwicklungsstufe des Kapitalismus sei zu überspringen. Wichtiger noch ist seine 1916 entstandene Schrift *Der Imperialismus als höchstes Stadium des Kapitalismus.* Darin deutet Lenin den Ersten Weltkrieg als Kampf der kapitalistischen Länder um die Weltherrschaft, dessen Ursprung ein rivalisierendes Streben nach Kolonien bildet, die man ausbeuten kann. Da das Proletariat in den fortgeschrittenen Staaten korrumpiert ist, weil es am Raubgut des jeweiligen Imperialismus teilhat, bleibt der Revolution nur eine Chance, wenn sie sich im schwächsten Glied des globalen kapitalistischen Systems entfaltet – nämlich in Russland. Diese theoretische Innovation sollte die bolschewistische Machtergreifung von 1917 rechtfertigen. In der im gleichen Jahr geschriebenen Abhandlung *Staat und Revolution* legte Lenin seine Positionen detaillierter dar und äußerte die Hoffnung, der geplante Petrograder Umsturz werde der Zündfunke einer Weltrevolution der Unterdrückten sein. All jene Ergänzungen zum klassischen Marxismus dienten der Erklärung, warum man gleichzeitig gegen das Zarentum *und* die Provisorische Regierung agierte. Sie erweiterten die ursprüngliche sozialistische Theorie zu einer neuen Konzeption, dem Marxismus-Leninismus.[6]

Laut Lenin musste die bolschewistische Partei die Diktatur des Proletariats anführen, weil allein sie – die Partei – die Imperative der Geschichte verstand. Da das bürgerliche Stadium der kapitalistischen Entwicklung in Russland noch nicht vollendet war, konnte nur einer marxistischen Avantgarde zugetraut werden, im Interesse der Arbeiter, Bauern und Soldaten die überfällige Modernisierung des Landes zu leisten. Indem sie »Frieden, Brot und Land« versprachen, kamen die Bolschewiki den dringendsten Wünschen der kriegsmüden Bevölkerung entgegen; besonders in den größeren Städten und in den Industriezentren fanden sie damit Anklang, wie immer bessere Wahlergebnisse und die wachsende Mitgliederzahl der bolschewistischen Partei belegten. Lenin hatte freilich keine Skrupel, die Menschewiki, jene verhassten Rivalen, aus den Räten zu jagen und die agrarisch orientierte Bewegung der Sozialrevolutionäre zu spalten; die Kontrolle über die Sowjets sollten allein seine eigenen Anhänger innehaben. Der neue Diktator benutzte bedenkenlos die inzwischen aufgebaute Geheimpolizei, genannt Tscheka, um Opponenten des Regimes zu verfolgen, einzusperren und zu ermorden; weißer Gewalt wurde mit rotem Terror begegnet.[7] Von Anfang an war die Praxis der Bolschewiki janusköpfig: Einerseits behaupteten sie, zum Wohle der Proletarier zu agieren, andererseits unterdrückten sie jede abweichende Meinung.

Wenn es darauf ankam, konnte Lenin trotzdem immer noch pragmatisch sein; schließlich ging es darum, die Herrschaft über die Sowjets zu behalten. Einen bedeutsamen Streitpunkt bildete die Nationalitätenfrage, denn nicht wenige ethnische Gruppen in den Grenzregionen Russlands begehrten, das Joch der zaristischen Dominanz endlich abzuwerfen. Den Bolschewiki war bewusst, dass sie dazu irgendwie Position beziehen mussten; und so schrieben sie, wenn auch widerwillig, das Recht auf Sezession in ihr Programm, das den Finnen, Polen und Balten erlaubte, ihre eigenen Staaten zu gründen. Für andere Nationalitäten, etwa die Ukrainer, sah die Partei eher eine kulturelle Autonomie als eine wirkliche Unabhängigkeit vor. Sie durften ihre Sprache benutzen und ihre Religion ausüben, sofern die jeweilige Ethnie auf einem bestimmten, fest umrissenen Territorium lokalisierbar war. Mit diesem Kompromiss distanzierte man sich vom russischen Chauvinismus und hoffte gleichzeitig jene Völkerschaften im künftigen Sowjetstaat zu halten, als dessen Regierungs- und Verwaltungszentrum Moskau vorgesehen war. Aber was aus den Juden werden sollte, blieb ein ungelöstes Problem. Die sozialistische jüdische Organisation »Bund« reklamierte zwar lautstark Autonomie auch für ihre Ethnie, aber die hatte eben kein spezifisches Siedlungsgebiet, auf das sich diese hätte anwenden lassen. Die Verfassung von 1924 legte schließlich die autonomen regionalen Republiken zu einem ansatzweise föderalen, aber immer noch stark zentralisierten

Staat zusammen: der Union der Sozialistischen Sowjetrepubliken (UdSSR).[8]

Ein ähnlicher Teilrückzug vom Radikalismus der Anfangsjahre war die 1921 eingeleitete »Neue Ökonomische Politik« (NEP). Die Notmaßnahmen der Bürgerkriegszeit wie die Requisition und Rationierung von Lebensmitteln ließen sich auf dem Rücken einer unzufriedenen Bevölkerung nicht endlos weiterführen. Obwohl er damit den Zorn der Hüter der reinen sozialistischen Lehre erregte, integrierte Lenin daher einige kapitalistische Elemente ins Sowjetsystem. Es sollte wieder »lokale Märkte« geben, Lebensmittel durften privat verkauft werden, und auch Kaufleute sowie Handwerker konnten in engem Rahmen privatwirtschaftlich tätig sein. Diese Konzessionen änderten jedoch nichts an der grundlegenden Ausrichtung. Weder wurde die Verstaatlichung der Industrien revidiert, noch signalisierten die Profiteure der Liberalisierung, die sogenannten »NEP-Männer«, eine Rückkehr zum Kapitalismus. Sehr wohl aber halfen jene Zugeständnisse, die ökonomischen Aktivitäten wiederzubeleben, die infolge all der Kämpfe und radikalen Umstrukturierungen fast zum Erliegen gekommen waren. Einerseits schaffte die Atempause der NEP Raum für einige intellektuelle Experimente sowie die Erweiterung des Erziehungs- und Bildungswesens; andererseits ließ die Partei nicht davon ab, die Kirche zu verfolgen und das kulturelle Leben zu zensieren. Die Zugeständnisse der frühen zwanziger Jahre, die das Sowjetsystem retteten, waren also eine verwirrende Mixtur aus einer Rückkehr zur Privatinitiative und der Aufrechterhaltung rigider bolschewistischer Kontrolle.[9]

Die rastlose geistige Tätigkeit und der Umstand, dass er sämtliche wichtigen Entscheidungen allein fällen musste, zeitigten bei Lenin körperliche Folgen. Überarbeitet und überfordert, erlitt er im Mai 1922 einen Schlaganfall und war fortan teilweise gelähmt. Dank der sorgsamen Pflege durch seine Frau Nadeschda Krupskaja stabilisierte sich sein Zustand ein wenig, doch er blieb ein Invalide, der zwischen voller geistiger Leistungsfähigkeit und Verwirrung schwankte. Als die Aussicht auf Genesung schwand, mussten die Alltagsgeschäfte der Regierung von der bolschewistischen Führungsriege erledigt werden, unter anderem vom neu ernannten Generalsekretär Josef Stalin. Der ruhebedürftige Lenin verließ bald seine außerhalb Moskaus gelegene Datscha kaum noch, versuchte aber, durch Besuche seiner Genossen engen Kontakt zum politischen Geschehen zu halten. Indes stellte er mit wachsender Irritation fest, dass er die Kontrolle über die öffentlichen Angelegenheiten mehr und mehr verlor. Zudem bereitete Stalin ihm Unbehagen, dessen kultureller Stil ihm nicht recht passte. Außerdem war Lenin hinsichtlich der Nationalitätenfrage anderer Meinung als er. Stalins Aktionsweise erschien ihm zunehmend als rücksichtslos und anmaßend; auch beunruhigte ihn die Rivalität zwischen Stalin und Trotzki, dem er ein »Übermaß an Selbstbewusstsein« attestierte. Deshalb diktierte Lenin eine Notiz, die als sein ›Testament‹ bekannt wurde. Darin warnte er, Stalin habe »unermessliche Macht in seinen Händen konzentriert« und sei »zu grob« für sein Amt. Da jedoch einzelne Parteisekretäre den Gescholtenen informierten, konnte Stalin dafür sorgen, dass nur wenige aus der Führung diese letzte Botschaft zu lesen bekamen.[10]

Als Lenin schließlich im Januar 1924 einem Herzinfarkt erlag, beeilte sich Stalin, den engen Gefährten und getreuen Nachfolger zu mimen. In einem quasi-religiösen Akt beschloss das Politbüro, den Leichnam einbalsamieren und in einem Mausoleum auf dem Roten Platz zur Schau stellen zu lassen. Da Trotzki gerade Ferien im Süden machte, um sich von einer Grippe zu erholen, konnte Stalin die Hauptrolle bei den Trauerzeremonien spielen und jenen Mann feiern, der versucht hatte, ihn seines Amtes zu entheben. Pathetisch sprach er davon, Lenin habe den Seinen »das Vermächtnis hinterlassen, den Grundsätzen der Kommunistischen Internationale die Treue zu bewahren«, und er schloss mit dem Gelöbnis: »Wir schwören dir, Genosse Lenin, dass wir unser Leben nicht schonen werden, um den Bund der Werktätigen der ganzen Welt zu festigen und zu erweitern!« Mit dieser staatlichen Totenfeier stiftete Stalin den Kult des Leninismus, als dessen Hohepriester er sich selbst einsetzte. Er ließ die frühere zaristische Hauptstadt Petrograd in Leningrad umbenennen und versuchte die Lehren des Begründers zu systematisieren. Dazu dienten ihm eine Reihe von

Vorträgen und Artikeln, in denen er festlegte: »Der Leninismus ist die Theorie und Taktik der proletarischen Revolution im Allgemeinen und die Theorie und Taktik der Diktatur des Proletariats im Besonderen«.[11]

Lenin hinterließ Sowjetrussland ein höchst problematisches Erbe, in dem konstruktive und destruktive Elemente eng verwoben waren. Sein Beharren auf einer Kaderpartei aus Berufsrevolutionären hatte ein starkes Kampf- und Führungsinstrument geschaffen, und seine analytischen Beiträge zur Theorie einer sozialistischen Revolution in einem rückständigen Land hatten die Rechtfertigung für die bolschewistische Machtergreifung 1917 geliefert. Aber das Ausbleiben der ökonomischen Entwicklung, die kaum ausgeprägte Zivilgesellschaft und die Absage an die Demokratie machten die Sowjetherrschaft zu einer Minderheitsdiktatur, deren primäre Wirkfaktoren Propaganda und Gewalt sowohl gegen Klassenfeinde als auch sozialistische Konkurrenten waren. Während des Bürgerkriegs und der ausländischen Interventionen retteten Lenins pragmatische Entscheidungen und der Rückhalt bei Teilen der Arbeiter- und Bauernschaft den Bolschewiken die Macht, aber der Traum von der kommunistischen Weltrevolution schwand dahin, als die Versuche, in Bayern und Ungarn das sowjetische Vorbild nachzuahmen, scheiterten. Außerdem sahen die Bolschewiken Anfang der 1920er ein, dass sie einige der radikalen Maßnahmen des Kriegskommunismus zurücknehmen und Kompromisse akzeptieren mussten. Einer davon war die NEP, die ihnen ermöglichte, das große Projekt der kommunistischen Modernisierung einstweilen pausieren zu lassen.[12]

Stalins Aufstieg

Lenins Nachfolger wurde jemand, von dem man das eigentlich nicht erwartet hätte: Josef Dschugaschwili, besser bekannt unter seinem Pseudonym Stalin, was ›der Stählerne‹ bedeutet. Mehrere Umstände schienen seinen Erfolg ursprünglich fast auszuschließen. Er war noch nicht einmal Russe, sondern kam aus Georgien und sprach sein Leben lang mit einem starken Akzent. Außerdem war Stalin ein trockener und wenig inspirierender Redner, während der fulminante Trotzki ganze Massen elektrisieren konnte. Verglichen mit dem eleganten Internationalisten Grigori Sinowjew wirkte er provinziell; seine Verdienste als Kämpfer gegen die zaristische Repression hatte er in seiner Heimat erworben. Zwar hatte er die Dogmen der marxistischen Klassiker verinnerlicht, doch ein richtiger Theoretiker war er nicht, eher ein revolutionärer Kämpfer und Organisator, der sich nur gelegentlich auch an Theorie versuchte. Seit er dem Führungskreis der Bolschewiki angehörte, fürchteten die dort versammelten Genossen seine dominierende Persönlichkeit; bestimmte Eigenschaften, die man dem kaukasischen Menschenschlag nachsagt – Gerissenheit, Rachsucht, Gewaltbereitschaft –, wurde er nie so recht los. All dies erklärt, warum er der russischen Öffentlichkeit viel weniger bekannt war als seine wichtigsten Konkurrenten.[13] Aber eben in jenem Ständig-unterschätzt-werden lag eines der Geheimnisse seines Erfolges.

Stalin wurde am 6. Dezember 1878 in der kleinen georgischen Stadt Gori geboren. Sein Vater Besarion, ein Alkoholiker, war Schuster; die warmherzige Mutter Ketewan Geladse arbeitete als Näherin und verwöhnte ihren Sohn. Um ihm bessere Lebenschancen zu eröffnen, schickte sie ihn auf eine kirchliche Schule, wo er sich durch vielversprechende Leistungen auszeichnete. In seiner Freizeit allerdings strebte er nach Macht auf der Straße und unter seinen Freunden. Er überlebte eine Pockenerkrankung und einen Unfall mit einer Kutsche. Schließlich besuchte er das orthodoxe Theologische Seminar in Tiflis, um Priester zu werden. Dort erhielt er eine klassische Bildung, lernte Russisch, befasste sich eingehend mit der georgischen Literatur und schrieb Gedichte; dabei nannte er sich nach einem legendären, vor Ort romantisch verehrten Bergrebellen »Koba«. Da die harte Zucht seitens der Priester ihm widerstrebte, verließ er das Seminar kurz vor der Abschlussprüfung und wurde politischer Aktivist, wobei er die zaristische Unterdrückung zunächst als georgischer Nationalist bekämpfte. Während er aufrührende Artikel schrieb und den Volkswiderstand organisierte, studierte er auch zunehmend die Klassiker des Marxismus, denn sie schienen ihm eine radikale und doch wissenschaftlich fundierte Anleitung für seine Rebellion zu bieten.[14]

Nach und nach wurde aus dem ungestümen Nationalisten Dschugaschwili ein russischer Sozialistenführer, bekannt durch seine wagemutigen Taten und seine Hingabe an die Sache der Revolution. Obwohl im Kaukasus die Menschewiki die populärere linke Gruppe waren, schloss er sich der radikaleren bolschewistischen Strömung an, die Lenin leitete. Die politische Praxis des »Koba« bestand zunächst darin, dass er die Arbeiter im Ölhafen von Baku agitierte und Artikel für die Untergrundpresse schrieb. In der 1905er Revolution gelangte er zu einiger Prominenz durch sein Eintreten für den bewaffneten Aufstand und die revolutionäre Diktatur. Man wählte ihn also in die Delegation, die beim Stockholmer Exilparteitag der russischen Sozialisten die Bolschewiken vertrat; dort wurde Lenin auf ihn aufmerksam. Während der nun folgenden Repression ging Stalin wieder in den Untergrund und finanzierte seine Agitationstätigkeit durch Bankraub. Immer wenn die zaristischen Geheimpolizisten der Ochrana seiner habhaft wurden, schickte sie ihn nach Sibirien, aber er konnte jedes Mal ausbrechen. Da er selbst aus einem Randgebiet des Imperiums kam, verwundert es nicht, dass er in seiner Schrift *Marxismus und nationale Frage* (1913) regionale Selbstbestimmung als Lösung des Nationalitätenproblems vorschlug. Sein Pseudonym »Stalin« hatte er gewählt, um sich revolutionäre Zähigkeit zu attestieren; die befähigte ihn freilich nicht, seinen Häschern stets zu entwischen. 1913 verbannte ihn die Ochrana erneut nach Sibirien, und dort musste er unter schweren Bedingungen bis 1917 ausharren.[15]

Die Februarrevolution verschaffte Stalin endlich die Möglichkeit, wieder radikale Politik zu betreiben, und er ergriff die Gelegenheit mit Eifer. Zurück in Petrograd, schrieb er für die *Prawda* Leitartikel gegen die Provisorische Regierung. Darin solidarisierte er sich mit dem Sowjet der Arbeiter- sowie Soldatendeputierten und attackierte den »revolutionären Defensismus« der Menschewiki, also die Haltung, es müsse nun, da der Zar gestürzt sei, der Kampf gegen Russlands ebenfalls tyrannische Kriegsfeinde fortgesetzt werden, um das daheim Errungene zu ›verteidigen‹. Beeindruckt von Lenins explosiven »Aprilthesen«, machte sich nun auch Stalin für die Strategie stark, den Sozialismus umzusetzen, ohne auf das bürgerliche Stadium der kapitalistischen Entwicklung zu warten: »Wir müssen uns von der überholten Idee verabschieden, nur Europa könne uns den richtigen Weg zeigen. Es gibt dogmatischen Marxismus und schöpferischen Marxismus. Ich stehe auf dem Boden des Letzteren.« Obwohl er in gewissen – zweitrangigen – Punkten anderer Meinung war als Lenin, etwa in der Nationalitätenfrage, befürwortete Stalin entschieden den bewaffneten Aufstand und half dem Parteichef, die Zweifler im Politbüro zu überzeugen: »Die jetzige Regierung aus Grundbesitzern und Kapitalisten muss ersetzt werden durch eine neue Regierung aus Arbeitern und Bauern.«[16] Als der bolschewistische *coup d'état* Oktober 1917 gelang, lohnte man ihm die Unterstützung mit dem Posten des Volkskommissars für Nationalitätenfragen in der neuen Sowjetregierung.

Obwohl er während des Bürgerkriegs noch im Schatten Leo Trotzkis stand, trugen seine Engagiertheit und sein Pragmatismus dazu bei, dass der georgische Außenseiter in den bolschewistischen Führungszirkel aufstieg; er agierte oft bereits als Lenins Stellvertreter. Im heißen Disput um die Frage, ob man die harten Friedensbedingungen der deutschen Obersten Heeresleitung akzeptieren solle, befürwortete Stalin, wenn auch widerwillig, die Unterzeichnung des Vertrages von Brest-Litowsk. Er hoffte nämlich, dadurch lasse sich die Herrschaft der Bolschewiki in den russischen Kernlanden festigen. Als die Weißen Armeen unter General Anton Denikin von Süden her bedrohlich näherrückten, sandte man Stalin in die strategisch wichtige Stadt Zarizyn an der Wolga. Dort sollte er die Front stabilisieren, wobei er über die Truppenverteilung in einen Streit mit Trotzki geriet. Wegen des Einsatzes des Georgiers als Armeekommissar in jener Wolgastadt erhielt diese später den Namen Stalingrad. Beim Requirieren von Getreide wandte Stalin rücksichtslos Gewalt an, wenn es darum ging, Bauern und Händler einzuschüchtern, damit sie ihre Produkte und Waren hergaben; schließlich sollte die Versorgung der hungernden Arbeiter im Norden gesichert werden. Obwohl ursprünglich skeptisch, unterstützte Stalin auch die von Lenin befohlene Offensive gegen Polen, von der man sich versprach, in Mitteleuropa solidarische Revolutionen entzünden zu können – eine Illusion, die zu dem späteren militärischen Desaster beitrug. Eine Politik der regionalen Autonomie vertrat Stalin weiterhin, plädierte aber für brutale Härte, wenn es galt, ehemals russische Nachbarländer des Sowjetgebiets zurückzuerobern, darunter die Ukraine.[17]

Obwohl bestimmte seiner Rivalen, so Trotzki, Kamenew und Sinowjew, bessere Karten hatten, gewann schließlich Stalin den Streit um die Nachfolge. Gewiss, die anderen Bolschewikenführer waren inspirierendere Redner und versiertere Theoretiker, weshalb sie in der Öffentlichkeit bekannter waren. Doch ließen sie mehrfach die Gelegenheit verstreichen, Stalin zu diskreditieren; dabei machte er genug Fehler, die sie dazu hätten nutzen können. Stalin hingegen ging mit List vor: Er plante seinen Aufstieg sorgfältig, hüllte sich in Lenins Mantel und verstand Politik nicht als eine ideologische Angelegenheit, sondern als Kampf zwischen Personen um die Macht. Also nutzte er seine neue Position: Nunmehr im Amt des Generalsekretärs, etablierte er einen Stab loyaler Gefolgsleute, auf die im Notfall Verlass war. Da er mittlerweile auch die »Arbeiter-und-Bauern-Inspektion« kontrollierte, die über die Reinheit der Partei wachte, konnte er die Unterstützer seiner Rivalen hinauswerfen lassen, indem er sie der Übeltäterei bezichtigte. Eine noch größere Rolle spielte freilich das Verebben der revolutionären Welle außerhalb Russlands, das Trotzkis Glauben an die »permanente Revolution« hinfällig machte. Stalins Projekt des »Sozialismus in *einem* Land« hingegen ließ eine Konsolidierung der bolschewistischen Macht erwarten; dieser Kurs erschien den Parteimitgliedern realistischer.[18]

Mit dem Versprechen, den Sozialismus zunächst nur in Russland aufzubauen, gelang es dem Zentralisten Stalin, seine Hauptrivalen zu isolieren und aus der Partei zu vertreiben. Solange die Sowjetunion der einzige kommunistische Staat war, bedroht von einer antikommunistischen Restwelt als internationaler Opposition, standen die Bolschewiken geschlossen hinter ihrem Generalsekretär. Während des Winters 1923/24 konnte Stalin die »linke Opposition« disziplinieren, indem er »Fraktionsbildung« untersagte und viele Anhänger Trotzkis wegen »kleinbürgerlichen Abweichlertums« aus ihren Ämtern entfernte. Als Kamenew und Sinowjew ihm vorwarfen, er wolle sich über sie stellen, indem er einer neuen »Führer«-Theorie das Wort rede, begann Stalin seine verbliebenen Rivalen in aller Öffentlichkeit zu kritisieren. Die Dinge spitzten sich im Frühling 1927 zu, denn nun forderte die »vereinte Opposition« eine revolutionärere Außenpolitik, eine rasche Industrialisierung und mehr Demokratie innerhalb der Partei. Diese unverhohlene Herausforderung seiner Macht stachelte den Generalsekretär zu weiteren energischen Schritten an, und er erreichte den Ausschluss mehrerer Gegenspieler: im Oktober traf es Trotzki und Sinowjew, im Dezember Kamenew.[19] Indem er dergestalt seine Hauptkonkurrenten eliminierte, wurde Stalin für die Jahre der nächsten Generation der uneingeschränkte Diktator Sowjetrusslands.

Der große Wandel

Nachdem er sich die Macht gesichert hatte, startete Stalin ein gigantisches Modernisierungsunternehmen, das die Sowjetunion in die vorderste Reihe der hochentwickelten Länder bringen sollte. Von dem halbherzigen Kompromiss namens NEP, der die revolutionäre Sache nur mäßig voranbrachte, wandte er sich ab, um jenes radikale Projekt wieder aufzugreifen, das ein sozialistisches Utopia durch die Revolutionierung der agrarischen und industriellen Produktion zu schaffen plante. Eigentlich musste Russland laut der deterministischen Lehre des marxistischen Materialismus erst das bürgerliche Stadium des Kapitalismus durchlaufen, das mit Hochindustrialisierung einherging, bevor es eine wahrhaft egalitäre Gesellschaft ohne Ausbeutung und Leid aufbauen konnte. Ungeduldig wegen des langsamen Fortschritts während der NEP, die freie Märkte und staatliche Kontrolle koexistieren ließ, wollten viele Bolschewiken den Lauf der ökonomischen Entwicklung beschleunigen. Staatliche Planung und Parteiinitiativen sollten erheblich ausgeweitet werden, damit man beginnen könne, die Verheißungen des Kommunismus innerhalb einer ihm feindlichen Welt zu realisieren. Während er seine Parteirivalen ausmanövrierte, war Stalin die Idee gekommen, wie dies zu bewerkstelligen sei: durch eine vom kapitalistischen Modus abweichende Entwicklung der Wirtschaft im Eiltempo, die die Sowjetunion mit einer industriellen Basis versorgte, die ihr erlaubte, sich zu verteidigen. Zudem würde sie ein Modell für andere sich entwickelnde Länder, denen sie vormachte, wie sie den stagnierenden Westen ein-, ja überholen konnten.[20]

Verursacht wurde die Transformation durch die Tatsache, dass im Lande zu wenig Getreide verfügbar war, denn die Partei hatte die Produktion von Konsumgütern vernachlässigt. Da es wenig attraktive Waren zu kaufen gab, horteten die Bauern im Winter 1927 ihr Korn. Dadurch ging die Versorgung um 30 Prozent zurück, obwohl die Ernten des vergangenen Herbstes ertragreich gewesen waren. Empört über solche Unbotmäßigkeit, fuhren Stalin und seine Adlaten im Januar 1928 per Eisenbahn nach Sibirien und erzwangen die Herausgabe des Ernteguts mit Gewalt – wie schon während des Bürgerkriegs. Wo er auf Widerstand stieß, hielt sich Stalin an die wohlhabenden Bauern, »Kulaken« genannt: Er ließ kurzerhand einige von ihnen erschießen, um die übrigen zu lehren, dass sie sowjetischen Befehlen Gehorsam schuldeten. Nachdem er mit einer Zugladung requirierten Getreides nach Moskau zurückgekehrt war, überzeugte er sein Politbüro, eine Kollektivierungskampagne auf dem Lande durchzuführen; Bucharins Protest verhallte. Gleichzeitig autorisierte er das Gosplan (das Staatliche Planungskomitee), Pläne für eine rasche Industrialisierung zu entwerfen.[21] Dieser Kurswechsel setzte eine gewaltige Anstrengung in Gang, die das ökonomische Grundmauerwerk für den Aufbau des Sozialismus legen sollte.

Die Kollektivierung der Landwirtschaft war ein Versuch, den größten Sektor der Ökonomie zu modernisieren, indem man die Größe der Felder sowie Ställe erhöhte und die Produktion mechanisierte. Die Revolutionäre hatten Land an die Bauern verteilt; dadurch waren nun aber viele Kleinbetriebe entstanden, die sich meist mit Selbstversorgung begnügten, statt den Markt zu beliefern. Daher schuf man Kollektivbauernhöfe, um genügend Fläche und hinreichend Viehbestände zusammenzubringen, mit denen sich mehr Effizienz erreichen und die Produktion steigern ließ. Gewissermaßen kam die traditionelle Dorfgemeinschaft in veränderter Gestalt zurück. Es entstanden zwei Arten Kollektivhöfe: Die Sowchose war ein staatlicher Betrieb, der den Bauern den Status von Landlohnarbeitern zuwies. Eine Kolchose mietete Land vom Staat und verpflichtete sich, zur Erntezeit ein fixes Produktionssoll abzuliefern; ihre Mitglieder durften jedoch, freilich sehr begrenzt, auch privatwirtschaftlich tätig sein, etwa in eigener Regie ein kleines Stück Land bebauen und eine geringe Menge Vieh halten. Zur Unterstützung der neuen Kollektivbauernhöfe standen in sogenannten Maschinen-Traktoren-Stationen die einschlägigen Geräte bereit. Man wollte die Produktivität steigern, indem man Maschinen ins Agrarwesen einführte. War in kapitalistischen Staaten die Konsolidierung und Mechanisierung der Landwirtschaft die Folge individueller Hofpleiten, wurden sie in Russland von oben durch die bolschewistische Partei angeordnet.[22]

Um die Widerspenstigkeit der wohlhabenden Bauern zu überwinden, ließ Stalin einem Klassenkrieg auf dem Lande freien Lauf, mit dem man die systematische »Entkulakisierung« des russischen Agrarsektors erreichen wollte. Sollten die Hofbesitzer sich weiterhin weigern, den Kollektiven beizutreten, werde er, so gelobte Stalin, »ihren Widerstand brechen und sie als Klasse vernichten«. Und den Worten folgten Taten: während der nächsten Jahre wurden Hunderttausende Bauern verhaftet oder kaltblütig ermordet, ob sie kooperationsbereit waren oder nicht. Getreu Lenins Vorgaben wollte Stalin die sozialen Hierarchien auf dem Lande umstülpen: Die erfolgreichen Großbauern sollten beseitigt, die Mittelbauern eingeschüchtert und die landlosen Lohnarbeiter überzeugt werden, dass ihre Zukunft in kollektiver Bewirtschaftung liege. Mitten in der Nacht trieben städtische Stoßbrigaden die Dorfbewohner zusammen und selektierten die Kulaken samt ihren Familien. Sie mussten ihre Heimat verlassen und nach Sibirien übersiedeln. Nicht wenige verschwanden auch auf Nimmerwiedersehen. In der Ukraine nahm die Entkulakisierung besonders brutale Ausmaße an, denn sie fand während der Hungersnot von 1932/33 statt; bürokratische Gleichgültigkeit und Feindseligkeit zwischen Ethnien verschlimmerten das Desaster noch. Laut jüngsten Forschungen ukrainischer Historiker hat jenes systematische Morden, genannt »Holodomor«, 2,4 bis 7,5 Millionen Menschen das Leben gekostet.[23]

Diese Gewaltanwendung zeigte bald ihre Wirkung, indem sie das Gesicht des russischen Agrarwesens fundamental veränderte. 1928 arbeiteten erst rund 1 Prozent der Bauern in Kollektivbetrieben. Besonders die Getreideanbaugebiete hatten die Bolschewiken bei ihrer Umgestaltung im Auge; dort zwang man während des folgenden Jahres circa ein Viertel der Landwirte in die Kollektivhöfe hinein. Trotz Widerstands auf breiter Front ging der Prozess unerbittlich weiter, denn Stalin wollte die Versorgung der zu industrialisierenden Städte sicherstellen und Kornüberschüsse ins Ausland verkaufen. Bis 1932 stieg der Anteil der in Kollektivhöfen tätigen Bauern auf drei Fünftel, und bis 1936 waren über 90 Prozent beigetreten. Zwar ließen die chaotischen Zustände auf dem Lande den agrarischen Output um ein Fünftel schrumpfen, aber immerhin konnte die Partei dank der Kollektivierung die Lieferungen an die Städte sicherstellen. Am Ende führten die Vergrößerung der Erntefelder, die Vermehrung des Viehbestands sowie der Einsatz von Maschinen und chemischem Dünger tatsächlich zur Steigerung der Produktion; auch wurden viele Arbeitskräfte frei, die sich anderweitig betätigen konnten. Doch durchtrennte der Umstand, dass es kein individuelles Eigentum auf dem Lande mehr gab, die emotionalen Bindungen daran. Viele empfanden die Arbeit dort als »neue Leibeigenschaft«. Die rücksichtslose Gewalt, mit der die Kollektivierung daherkam, hinterließ tiefes Leid und Trauer bei ihren Millionen zählenden Opfern.[24]

Gleichzeitig brachte Stalin ein noch ehrgeizigeres Projekt in Gang: Laut dem ersten Fünfjahresplan sollte die Sowjetunion binnen einer halben Dekade eine vollindustrialisierte Ökonomie bekommen. Der Schachty-Prozess, in dem Ingenieure der Sabotage an einem Bergwerk im Kaukasus bezichtigt wurden, war geradezu symptomatisch dafür, dass die Bolschewiki mit der lahmenden Industrialisierung Russlands mehr und mehr die Geduld verloren. Also setzten die Ökonomen des Gosplans noch ambitioniertere Wachstumsziele, die der Parteikongress im Mai 1929 absegnete. Man nahm sich eine »äußerst rasche Expansion der Anlagevermögen in der Industriewirtschaft, dazu eine Steigerung des Arbeitskräftepotenzials« vor. Mit anderen Worten: Stalin erstrebte primär die schnelle Schaffung von Kapitalgütern als Basis für noch mehr Industrialisierung; die Erfüllung von Konsumentenwünschen war für ihn zweitrangig. Die gesamte Ökonomie sollte innerhalb von fünf Jahren ihren Output verdoppeln – und das zu einer Zeit, da die bestentwickelten Länder des Westens gerade die Hälfte ihrer industriellen Produktion verloren! Das Drängen auf eine Industrialisierung im Eiltempo mit Hilfe des Fünfjahresplans bescherte den Bolschewiki eine optimistische Vision, wie ganz real eine bessere Zukunft geschaffen werden könne.[25]

Tatsächlich bot der Fünfjahresplan aber keinen kohärenten Gesamtentwurf, sondern bündelte eher eine Reihe improvisierter lokaler Initiativen, namentlich für so prestigeträchtige Objekte wie Staudämme und Fabriken, mit denen sich die Industrialisierung anschieben ließ. Die Planer setzten ihre ambitionierten Ziele in der Hoffnung, sie würden Betriebsleiter und Arbeiter motivieren, das Land voranzubringen. In der »optimalen Variante« sollten von 1928 bis 1933 die Industrie um 285 Prozent expandieren, das Verkehrs- und Transportwesen um 197 Prozent, das Bauwesen um 353 Prozent und sogar der Wohnungsbau um 151 Prozent. Mit der Hilfe amerikanischer und deutscher Ingenieure wurden gewaltige Projekte angegangen; so entstand in Nischni-Nowgorod ein neues Fabrikzentrum, das Autos nach dem Muster von Ford herstellte. In dem Ort Asbest bei Swerdlowsk, benannt nach der dort gewonnenen Naturfaser, gab es das größte Übertagebergwerk der Welt, und das sollte seinen Ausstoß an Asbest verfünffachen. Um die nötige Energie bereitzustellen, war es notwendig, auch die Kohleförderung im Donezbecken und die Ölproduktion in Baku zu steigern. Und um diese Zentren miteinander zu verbinden, musste man neue Eisenbahnlinien bauen, Kanäle graben und Stromleitungen legen. Die ganze Sowjetunion ähnelte mehr und mehr einer gigantischen Baustelle. Ein amerikanischer Besucher notierte: »Das Ziel wird beständig höher gesteckt und immer ein wenig über die menschlichen Möglichkeiten hinaus.«[26]

Die Methode, mit der man diese kühnen Ziele zu erreichen trachtete, war hauptsächlich die teils freiwillig erbrachte, teils erzwungene Ausbeutung menschlicher Arbeitskraft; die Verwendung von Maschinen stand erst an zweiter Stelle. Um die Werktätigen zu motivieren, feierten die Bolschewiki den Hauer Alexei Stachanow, dem es angeblich gelungen war, mit seinem Pressluftbohrer 102 Tonnen Kohle in weniger als sechs Stunden zu fördern – wobei freilich die besonderen Vorbereitungen unerwähnt blieben, die man für diesen Rekorderfolg getroffen hatte. Unter dem Druck eiserner Disziplin und unglaublich harten Bedingungen rackerten die russischen Arbeiter zwölf Stunden am Tag und sechs Tage in der Woche, oft über ihr physisches Leistungsvermögen hinaus. Die Partei mobilisierte Hunderte von Freiwilligen, namentlich aus den Reihen der bolschewistischen Jugendorganisation Komsomol, die weitermachten, wenn die regulären Arbeiter Feierabend hatten, und auch am Wochenende die Schaufeln schwangen. Als dieses Quantum der Selbstausbeutung immer noch nicht hinreichte, holte sich der Staat zusätzliche Kräfte aus Gefängnissen und Zwangsarbeitslagern, insbesondere für den Bau von Eisenbahnlinien und Kanälen. Wie viel Zehntausende unglücklicher Gulag-Insassen zum Erfolg des Fünfjahresplans beigetragen haben, wird in der Sowjet-Saga oft vergessen. Die »sozialistische Industrialisierung« war eine Art Deal: Man sollte in der Gegenwart Leiden erdulden und würde dafür in der Zukunft Wohltaten ernten. Und so plagte sich das Volk denn weiter.[27]

Wegen seines improvisierten Charakters zeitigte der erste Fünfjahresplan eher gemischte Resultate. Wohl wimmelten die sowjetischen Medien von Statistiken von erstaunlichen Wachstumsraten, doch ist ihre Verlässlichkeit zweifelhaft, denn sie sollten eher Erfolg signalisieren als die Realität widerspiegeln. Obschon viele den offiziell proklamierten 213 Prozent Wachstum keinen Glauben schenken, räumen westliche Ökonomen ein, dass die russische Industrie innerhalb der ersten fünf Jahre des Planvollzugs um mindestens 150 Prozent wuchs. Das Verkehrs- und Transportwesen übererfüllte sein Ziel, das Bauwesen legte rapide zu, stagnierte dann einige Jahre, doch gegen Mitte der 1930er ging es wieder bergauf. Die Landwirtschaft hingegen schrumpfte um ein Fünftel, und der Wohnungsbau legte nur um 12 Prozent zu; die Einwohnerzahl in den Städten kletterte indessen, sodass Wohnraum immer knapper wurde. Statt nach und nach sämtliche Bereiche zu expandieren, schob der Fünfjahresplan die Ressourcen vornehmlich den Kapitalgütern zu – schließlich wollte man eine Basis für weitere Industrialisierung schaffen. So wuchs die Ökonomie während der gesamten 1930er um jährlich 10 Prozent; die damaligen Lebensbedingungen jedoch verbesserten sich langsamer. Schon im Vorhinein vom Erfolg überzeugt, proklamierte Stalin im Juni 1930 stolz: »Wir stehen an der Schwelle der Transformation, die unseren Agrarstaat in einen Industriestaat verwandelt.«[28]

Was diesen Wandel speiste, war der erregende Vorgang sichtbaren Fortschritts. Diese doppelte Politik der Kollektivierung und Industrialisierung veränderte das Gesicht Russlands grundlegend. Taktisch sollte die wiederaufgenommene Initiative, die der sowjetischen Ökonomie ein neues Gepräge gab, beweisen, dass Stalin ein echter Leninist war, der getreulich umsetzte, was der verstorbene Führer als Leitvorhaben bestimmt hatte: »Industrialisierung, Elektrifizierung, Mechanisierung«. Strategisch betrachtete Stalin den Doppelschlag als Bemühung, Russlands Rückständigkeit zu überwinden, die das zaristische Imperium zu Fall gebracht hatte, und eine uneinnehmbare Festung namens Sowjetkommunismus zu schaffen, die allen kapitalistischen Sturmversuchen standhielte. In operativer Hinsicht waren beide Projekte eng miteinander verflochten, denn die Kollektivierung benötigte bestimmte Industrieprodukte, etwa Traktoren, während die Industrie die Arbeitskräfte abzog, die auf dem Lande nicht mehr gebraucht wurden. Psychologisch betrachtet implizierte der große Wandel wiederum das Versprechen, dass die Partei ihren ursprünglichen utopischen Enthusiasmus neu entfachen und sich der begeisternden Aufgabe, die Zukunft des Landes zu gestalten, wieder zuwenden werde.[29] Indem sie Glanzobjekte wie die neue Stahlhochburg Magnitogorsk gleich dutzendweise bauten, konnten die Kommunisten endlich ihren Traum verwirklichen, eine umfassend moderne Gesellschaft zu errichten.[30]

Terrorherrschaft

Obwohl die Transformation der russischen Gesellschaft offenbar gelang, gab sich Stalin nicht damit zufrieden, den Sieg zu proklamieren. Vielmehr entfesselte er zusätzlich das, was wir als die »Große Säuberung« kennen. Zweifellos hatten die Zwangskollektivierung und die Industrialisierung im Hetztempo den Bolschewiki zahlreiche Feinde geschaffen, die ihnen die Zerstörung übelnahmen. Auch befanden sich immer noch Vertreter und Anhänger des zaristischen Regimes im Lande, die nicht ins Exil gegangen waren, sondern auf einen Sturz der Sowjetherrschaft hofften. Und dann gab es jede Menge enttäuschte Radikale, die mit Bitterkeit auf die diktatorische Wende der Revolution reagierten; selbst ein paar der Altbolschewiken kritisierten einzelne Maßnahmen als exzessiv. Doch Stalins persönliche Paranoia blies die von diesen »antisowjetischen Elementen« ausgehende Gefahr zu einer Größe auf, die sie niemals besaß. Er sah überall kapitalistische Saboteure und faschistische Spione, die auf einen Zusammenbruch des Systems hinarbeiteten oder einen Krieg auslösen wollten, in dem es besiegt würde. Seine revolutionären Genossen fürchtete er als potenzielle Rivalen, die seine Macht bedrohen könnten, weshalb er den Tatbestand »Verrat« mit einem neuen, eigenen Inhalt füllte: Der möglichen Illoyalität zu ihm als Führer und des so definierten Verrats verdächtigte er seine Konkurrenten.[31] Nun hätte er die Schar seiner Kritiker ja auch durch erfolgreiche Maßnahmen überzeugen können; aber statt für ein solches politisches Procedere entschied sich Stalin für Repression und ordnete eine Hexenjagd an, wie sie die Geschichte noch nicht erlebt hatte.

Die Säuberungen begannen eigentlich bereits mit der Ermordung des Leningrader Parteichefs Sergei Kirow am 1. Dezember 1934, dessen Popularität Stalin zunehmend verdross. Auf dem Parteikongress kurz zuvor war Kirow mit viel mehr Stimmen wiedergewählt worden als Generalsekretär Stalin. Da mehrere Komplizen des Mörders Leonid Nikolajew schon bald nach der Tat getötet wurden, wissen wir nicht genau, ob der sowjetische Diktator persönlich die Eliminierung seines Rivalen angeordnet hatte. Fest steht aber, dass Stalin und seine Adlaten den Vorfall sofort nutzten, um den NKWD zur Jagd auf Missliebige zu aktivieren: Betroffen waren Parteimitglieder, denen man Halbherzigkeit unterstellte, ebenso wie schlichte Leute aus dem Volk, bei denen man oppositionelle Haltungen vermutete. Ohne jede Rücksicht auf »sozialistische Rechtmäßigkeit« nahm der Geheimdienst Verdächtige fest, verhörte sie und presste ihnen Geständnisse ab. Die Opfer mussten sich Schauprozessen stellen, deren Urteile rasch vollstreckt wurden; die Strafen reichten von Zwangsarbeit bis zu summarischen Hinrichtungen. Die Bilanzen des NKWD verzeichnen Erschütterndes: allein während der Jahre 1937 und 1938 kamen 1 575 000 Menschen in Haft, von denen 681 692 erschossen wurden! Stalin hat eigenhändig Listen mit den Namen verurteilter Feinde unterzeichnet und teils auch gehässige Kommentare hinzugeschrieben, was beweist, dass der Diktator höchstpersönlich treibende Kraft war.

Das schockierendste Phänomen innerhalb des Terrors war die Praxis jener Schauprozesse, bei denen Altbolschewiken sich absurderweise selber bezichtigten, die Revolution verraten zu haben. Von 1936 bis 1939 inszenierten Geheimpolizeichef Genrich Jagoda und Generalstaatsanwalt Andrei Wyschinski drei größere Verfahren in Moskau. Das erste richtete sich gegen den »linkskonterrevolutionären Block« mit Lew Kamenew und Grigori Sinowjew an der Spitze, das zweite gegen das »sowjetfeindliche Trotzkistenzentrum«, dessen Leitung man Karl Radek zuschrieb, und das dritte gegen den »Block der Rechten und Trotzkisten« hinter Nikolai Bucharin. Gleichzeitig fand ein Geheimprozess gegen einige Kommandeure der Roten Armee statt, darunter Michail Tuchatschewski – ein Vorgang, der die militärische Führung dezimierte. Eine erstaunte Öffentlichkeit nahm zur Kenntnis, wie alte Kampfgefährten Lenins zerknirscht imaginäre Verbrechen gegen die Revolution bekannten und reuig ihre Abweichung von der Linie der bolschewistischen Partei und Verrat am Sowjetstaat beichteten. Die Selbstbeschuldigungen mussten die Betroffen zuvor sorgfältig einstudieren, unter Druck gesetzt durch physische Folter und die Einschüchterung von Familienangehörigen. Bei manchen genügte schon die Angst, man könne sie aus der Partei werfen.[32] Obwohl Stalin einmal versprochen hatte, Milde walten zu lassen, wurden letztendlich alle 139 angeklagten revolutionären Führer erschossen.

Die Große Säuberung stürzte die gesamte russische Gesellschaft in hektische Bemühungen, alle »sowjetfeindlichen Elemente« auszuradieren. Ein Attackenziel ersten Ranges war die Intelligenzija: Rund zweitausend Künstler wurden verhaftet; der Dichter Ossip Mandelstam und der Schriftsteller Isaak Babel kamen ums Leben. Später verfügte »Massenoperationen« nahmen auch »Ex-Kulaken und kriminelle Elemente« ins Visier, von denen Hunderttausende sterben mussten. Nicht minder gefährdet waren die sogenannten »Ehemaligen« (*byschije ljudi*), zu denen etwa Ex-Angehörige der zaristischen Bürokratie, frühere Offiziere der Weißen Armee und Mitglieder des orthodoxen Klerus zählten, da man ihnen ihre Loyalität zum Sowjetstaat nicht recht glaubte. Aber auch politisch neutralen Ingenieuren und bürgerlichen Spezialisten – ein für die Industrialisierung doch so wichtiger Personenkreis – wurde mangelnder Enthusiasmus vorgeworfen. Eine Bedrohung von außen sah man in Vertretern nichtrussischer Nationalitäten wie Polen und Deutschen; also dezimierte man ihre Zahl ebenfalls. Am absurdesten war die Verfolgung kommunistischer Exilanten aus dem Westen, von denen nicht wenige zusammengepfercht im Moskauer Hotel Lux wohnten und die man häufig der Spionage für faschistische Mächte bezichtigte.[33] Eine Beschuldigung konnte noch so weit hergeholt sein – sie wurde geglaubt. War jemand erst einmal in die Hände des NKWD gefallen, hatte er kaum Chancen, mit dem Leben davonzukommen.

Nur eine begrenzte Zahl von Fanatikern betrieb den Terror. Dass sich seine Herrschaft dennoch so weit ausbreiten konnte, lag auch an der freiwilligen Kooperation großer Teile der sowjetischen Gesellschaft. Angeführt von dem übereifrigen Nikolai Jeschow, lenkte die Geheimpolizei die Repressionsmaßnahmen, um ihre Macht auszudehnen. Doch auch lokale Parteifunktionäre, die ein bestimmtes Quantum Unzuverlässiger zu melden hatten, übererfüllten die Quoten oft und nannten mehr Namen als gefordert, schon weil sie den Verdacht von sich selber ablenken wollten. Beflissene Propagandisten unterstützten ihre Bemühungen, indem sie an verbreitete Ängste vor einer Konterrevolution appellierten und Argwohn hinsichtlich einer Unterwanderung durch ausländische Kräfte schürten. So kam es, dass gewöhnliche Russen – oft gar nicht aus politischen, sondern persönlichen Motiven, etwa Neid – ihre Nachbarn oder Arbeitskollegen denunzierten, zum Beispiel, wenn der Betreffende einen antisowjetischen Witz gerissen hatte. Wohl lebten die Menschen in permanenter Furcht davor, vom NKWD abgeholt zu werden, aber sie verschärften die Lage auch, indem sie ihre eigenen Freunde verrieten, wohinter der verzweifelte Versuch steckte, die eigene Haut zu retten. War ein Verdächtiger erst einmal in Gewahrsam, sorgte eine Troika aus Geheimpolizisten, Staatsanwälten und Parteileuten für eine rasche Verurteilung.[34] Die Große Säuberung war eine Orgie der Selbstvernichtung, welche die Behauptung der Kommunisten, eine humanistische Bewegung zu sein, Lügen strafte.

Jene, die man nicht gleich tötete, wurden in Konzentrationslager verbracht, die Alexander Solschenizyn als *Archipel Gulag* verewigt hat. Dabei handelte es sich um ein Strafsystem, dessen Einheiten über die ganze Sowjetunion verteilt waren. Unter dem Zarismus selber häufig in Haft, kerkerten die Bolschewiki ihre Feinde nun ihrerseits ein. 1929 erweiterten sie die Lager, um genügend Zwangsarbeiter für Industrialisierungsprojekte zur Verfügung zu haben, etwa für den Bau des Weißmeerkanals. Während der Großen Säuberung schwoll die Zahl der Insassen von einer Million auf über acht Millionen an, und dabei sind die administrativ in andere Regionen Verbannten noch nicht einmal mitberücksichtigt.

Die bewegenden Beschreibungen, die uns Überlebende geliefert haben, schildern einen höllischen Alltag auf stacheldrahtumzäunten Arealen und in überfüllten Baracken, mit endloser körperlicher Arbeit und einem Wachpersonal, dessen Brutalität man hilflos ausgeliefert war. All dies mag an die KZs der Nazis erinnern, doch es gab Unterschiede: Erstens definierten die Leute, die entschieden, wer dort hineinmusste, den Begriff »Feind« sehr willkürlich, und zweitens hatte der Gulag primär eine ökonomische Funktion. Dass Menschen starben, etwa durch ansteckende Seuchen, Verstrahlung in den Uranbergwerken der Kolyma-Region und weitverbreitete Hungersnöte, geschah eher beiläufig, von systematischem Töten kann man in diesen Fällen wohl eher nicht sprechen; die Opferzahlen erreichten freilich auch dort Millionenhöhe. Solche Entmenschlichung erscheint umso unerträglicher, als sie im Namen einer Ideologie betrieben wurde, die sich als human ausgab.[35]

Die Säuberungen waren nicht nur eine bedauerliche Verirrung eines emanzipatorischen Projekts, sondern ein essenzielles Begleitelement der stalinistischen Modernisierung. Vielleicht hätte sich Russland in dieser Geschwindigkeit tatsächlich nicht ohne Zwang transformieren lassen; doch Stalins willkürliche Gewalt ging weit über alles hinaus, was man zur Überwindung von Trägheit für notwendig halten mag. Da sie den Sozialismus verteidigen wollten, mochten viele linke Intellektuelle des Westens – so Sidney und Beatrice Webb in England, Jean-Paul Sartre in Frankreich und Bertolt Brecht in Deutschland – nicht anerkennen, dass der »Große Wandel« von Terror begleitet war. Erst als der Ex-Kommunist Arthur Koestler in seinem Roman *Sonnenfinsternis* den Doppelcharakter dieses Vorgangs enthüllte, machte sich die Öffentlichkeit klar, dass in jenen Jahren Altbolschewiken zu unwahren Bekenntnissen gezwungen wurden: Sie sollten gestehen, sie hätten geplant, die Sowjetunion zu unterminieren, um der Revolution einen letzten Dienst zu erweisen – und das, obwohl die Beschuldigungen ganz offensichtlich falsch waren. Auch nach der Veröffentlichung von Solschenizyns beeindruckenden Anklageschriften bedurfte es jahrelanger Debatten, bis unparteiische Beobachter das Ausmaß und den systematischen Charakter des kommunistischen Tötungswesens einsahen.[36] Schließlich jedoch ließ sich nicht mehr bestreiten, dass unter Stalin Modernisierung und Menschenmord Hand in Hand gingen.

Stalinismus

Stalins Persönlichkeit und Politik haben die Entwicklung des russischen Kommunismus dermaßen stark geprägt, dass sein Name schließlich dazu genutzt wurde, das gesamte System zu charakterisieren, das während seiner Regentschaft herrschte. Sowohl Gefolgsleute wie Lasar Kaganowitsch als auch Kritiker wie Leo Trotzki sprachen erstmals Anfang der 1930er von »Stalinismus« – entweder, um seine Politik zu preisen oder um sie zu verdammen. Anders, als es das Suffix »-ismus« nahelegt, wird damit aber kein theoretischer Beitrag bezeichnet, denn Stalins Schriften blieben in dieser Hinsicht dürftig, so auch sein *Kurzer Lehrgang* zur Parteigeschichte. Meist resümierte er lediglich Lenins Doktrin und rechtfertigte seine eigenen Entscheidungen. Stattdessen meint, wer »Stalinismus« sagt, gewöhnlich die irritierende Verschmelzung bestimmter politischer Maßnahmen, etwa die forcierte Entwicklung und den diese begleitenden Terror. Benutzt ein Anhänger Stalins den Begriff, impliziert er jenen umfassenden »Personenkult«, der den Sowjetführer und seine Leistungen in den Himmel hob. Der Kritiker denkt bei diesem Terminus hingegen an eine besonders brutale und paranoide Art der kommunistischen Diktatur, einen intoleranten Herrschaftsstil, der über alle rechtlichen Beschränkungen hinwegregierte. Sowohl in der politischen Propaganda als auch bei historischen Analysen gebraucht, ist »Stalinismus« ein schillernder Begriff mit mehreren einander gegenläufigen Bedeutungen – so widersprüchlich eben wie das Objekt, das er benennt, und wie die Person, von der er sich ableitet.[37]

Was bei einer kommunistischen Bewegung doch ein wenig überrascht: Es entstand ein veritabler Kult, der Stalins weise Führung als Symbol des sowjetischen Fortschritts pries. In diesem Sinne gefeiert wurde er erstmals an seinem 50. Geburtstag, den die Parteizeitung *Prawda* mit gewaltigen Lobeshymnen beging. Während der wirklich schwierigen Jahre des Großen Wandels mied Stalin das Rampenlicht eher; aber Mitte der 1930er wurde sein Gesicht öffentlich immer präsenter. Sein Porträt – der Abdruck eines Gemäldes oder einer Fotografie – hing nun nicht nur in Parteibüros, sondern auch in Behördenzimmern, wo sein Konterfei sich Lenin-Bildern beigesellte, bis es sie gar verdrängte. Zeitungen brachten Fotos, auf denen der Generalsekretär bald im offiziellen, bald im privaten Kontext posierte. So gewöhnte sich die Öffentlichkeit daran, dass Stalin nun im Mittelpunkt des Geschehens stand. Nach und nach wuchs ihm eine Bedeutsamkeit zu, die ihn über die anderen Parteiführer hinaushob. Auf den Bildern trug er meist den unter russischen Revolutionären damals üblichen Waffenrock und rauchte oft auch Pfeife; alles war so arrangiert, dass er gleichzeitig volkstümlich und gutmütig aussah. Ab 1937 erschien die Gestalt Stalins außerdem in sowjetischen Filmen, die den revolutionären Kampf behandelten, seinen Anteil daran glorifizierten und die Missetaten seiner früheren Rivalen brandmarkten. Die Stalin-Darstellungen zur Feier seines 60. Geburtstages fielen noch imposanter aus. Man umgab ihn gar mit einer Aura von Sakralität, die signalisierte, welch eine unangefochtene Stellung er inzwischen erreicht hatte.[38]

Das Alltagsleben unter Stalin war trotzdem ein eher prosaischer Kampf ums Überleben. Die Versprechen des Regimes, Sozialismus schaffe Überfluss, klangen angesichts dieser Verhältnisse immer hohler. Zweifellos schätzten viele Russen den sichtbaren Fortschritt, der sich etwa in neuen Fabriken, Wohnungen und U-Bahn-Netzen zeigte. Auch waren sie stolz, wenn ihr Militär paradierte, ihre Wissenschaftler erfolgreich forschten und ihre Athleten Wettkämpfe gewannen. Aber die Abschaffung des Marktes sorgte für endlose Versorgungsengpässe; Kunden mussten um Lebensmittel, Kleidung und Konsumgüter Schlange stehen. Die Kollektivierung des Agrarsektors trieb Arbeitskräfte, die man auf dem Lande nicht mehr benötigte, in die Städte, was die dortige Wohnraumknappheit verschärfte; Familien wurden in winzige Quartiere zusammengepfercht. Die massive Industrialisierung schuf Fabriken, in denen monotone und wiederholungsreiche physische Arbeiten verrichtet werden mussten und deren Schornsteine die Umwelt verpesteten. Die ausufernde Bürokratie produzierte einen wahren Schwall von Regulierungen, die man nur durch das Nutzen persönlicher Beziehungen, russisch *blat*, umgehen konnte. Die dichte Überwachung durch die Geheimpolizei ließ persönlicher Initiative und unabhängigem Denken kaum Luft.[39] Der Stalinismus eröffnete zwar neue Möglichkeiten, doch in vielen Bereichen blieben seine Erfolge hinter seinen Versprechungen und seiner ehrgeizigen Rhetorik weit zurück.

Der Sieg im »Großen Vaterländischen Krieg« befeuerte dann aber den Stalin-Kult erneut. Nun wurde aus dem Georgier ein übermenschlicher Führer, schließlich war es der scharfsinnige und weitsichtige *woschd*, der die Sowjetunion vor Hitlers Horden gerettet hatte. Mit »unbescheidener Bescheidenheit« posierte Stalin nun in Militäruniform, auf dem Kopf die Rote-Armee-Mütze, als sei er auch als militärischer Befehlshaber ein Genie – dabei hatte ihn seine Leichtgläubigkeit in die Nähe einer Niederlage auf ganzer Linie gebracht. Noch häufiger zeigten Porträts Stalin als ruhmreichen internationalen Staatsmann in Gesellschaft der anderen großen Regierungschefs, mit denen er über die Zukunft des besiegten Deutschlands beriet. Zu Ehren seiner Verdienste hatte sich die Stadt an der russischen Südfront, die den Vormarsch der weißen Truppen gestoppt hatte, 1925 in Stalingrad umbenannt. Nicht nur in der Sowjetunion, sondern auch in den osteuropäischen Hauptstädten schufen Bildhauer überlebensgroße Stalin-Statuen. Damit bekundeten die Auftraggeber jener Künstler, wie dankbar sie dem Dargestellten für ihre Befreiung waren und dass sie seinen Weisungen gehorsam zu folgen gedachten. Überall im Sowjetimperium äußerten Schulen und Fabriken die dringliche Bitte, seinen Namen tragen zu dürfen. Dichter wie der DDR-Lyriker Johannes R. Becher schrieben hochtönende Hymnen auf Stalins Heroismus.[40] So wandelte sich der Kommunismus zum Stalinismus, oder besser: Die beiden wurden eins und ununterscheidbar im Bewusstsein ihrer Gefolgsleute.

Während des ersten Nachkriegsjahrzehnts verschärften sich die negativen Eigenschaften des Stalinismus, denn inzwischen war Stalins Despotismus nicht mehr zu bremsen. Als allwaltender Führer konnte er Partei und Staat gegeneinander ausspielen, und seine Rivalen innerhalb der alten Garde hatte er sämtlich eliminiert. Nur seine Stellvertreter Wjatscheslaw Molotow und Andrei Schdanow waren übriggeblieben, die aber nach seiner Pfeife tanzten. Wie vormals der Zar besaß er nun die Kontrolle über ein erweitertes russisches Reich und ließ die glücklosen osteuropäischen Staaten, die zu Satelliten herabgesunken waren, seine Knute spüren. Die internationale kommunistische Bewegung setzte ganz auf seine Direktiven, und westliche Journalisten behandelten »Uncle Joe« mit Respekt, gleichgültig, was sie privat über ihn dachten. Als unangefochtener Diktator regierte Stalin willkürlich, ließ sich von seinen Launen treiben – bald trank er mit seinen Adlaten, bald degradierte er sie, wie es ihm gerade behagte. Seine Omnipotenz verleitete ihn zu einer Grausamkeit und Brutalität, die seine eigene Familie ebenso zerstörte wie die mehrerer Menschen aus seiner näheren Umgebung. Die Kontrolle über die Sowjetunion durfte nach seinem Willen keinesfalls aufgeweicht werden, und bald wähnte der alternde Diktator sich von Konspirationen umgeben. Er fürchtete westliche Einflüsse und offenbarte auch antisemitische Vorurteile, etwa in der Affäre der vermeintlichen »Ärzteverschwörung«.[41] Das hungernde Volk musste sein kriegsgeschundenes Russland in einer Dunkelheit wiederaufbauen, die sich stetig weiter verfinsterte.

Stalins Tod am 5. März 1953 war von Anfang an von einer Art Mysterium umgeben, das auch heute noch nicht ganz gelichtet ist. Nach einem seiner geliebten Gelage, die bis zum frühen Morgen zu dauern pflegten, hatte Stalin offenbar einen Schlaganfall erlitten; man fand ihn am Boden liegend, die Kleidung von Urin durchtränkt. Aber seine Entourage fürchtete sich so sehr vor dem Zorn des kranken Diktators, dass sie sich erst am nächsten Abend entschloss, medizinische Hilfe zu holen. Die herbeigerufenen Adlaten, darunter Geheimpolizeichef Lawrenti Beria, hatten ihn lediglich gewaschen und ins Bett gelegt, da sie glaubten, er sei nur betrunken. Als am nächsten Morgen die Ärzte kamen, war Stalin anscheinend bereits ins Koma gefallen, sodass man ihn nicht mehr hätte retten können. Schon bald gab es Gerüchte, der Despot sei vergiftet worden, der offizielle Obduktionsbericht hingegen attestierte ihm einen natürlichen Tod. Stalin, hieß es darin, war ja immerhin schon 74 und in keinem guten gesundheitlichen Zustand gewesen. Die Gewohnheit, exzessiv zu essen, zu trinken und zu rauchen, hatte Stalin eine Massivblutung eingebracht. Es ist aber nicht von der Hand zu weisen, dass er auch eine toxische Substanz zu sich genommen haben könnte. Der sowjetische Staatsrundfunk unterbrach sein Programm und verkündete pathetisch: »Das Herz des Menschen, der ein Mitarbeiter Lenins war und dessen geniales Werk fortsetzte, des weisen Führers und Lehrmeisters der Kommunistischen Partei und des sowjetischen Volkes, hat aufgehört zu schlagen.«[42]

Das Ableben des sowjetischen Diktators wurde mit einem Gemisch aus Trauer und Erleichterung zur Kenntnis genommen, was die widersprüchlichen Emotionen reflektieren mag, die man mit seiner Herrschaft verbunden hatte. Stalins überraschte und erschrockene Untergebene bereiteten ein Staatsbegräbnis vor, wie es einem Helden der Sowjetunion zustand. Viele Kommunistenführer anderer Länder, beispielsweise Tschu En-Lai, Palmiro Togliatti und Maurice Thorez besuchten die ausladende Zeremonie, und sogar hohe Politiker des Westens, etwa Präsident Harry Truman und Ex-Premier Winston Churchill, kondolierten per Telegramm. Hunderttausende Moskauer schauten zu, wie der militärbegleitete Trauerzug den Sarg ins Lenin-Mausoleum am Roten Platz brachte, wo der einbalsamierte Leichnam dann, bekleidet mit einem Waffenrock, in einem Blumenbett aufgebahrt wurde. Parteisekretär Malenkow, Außenminister Molotow und Geheimpolizeichef Beria brachten ihre Elogen dar; durch diese Reden konnten sie gleichzeitig ihre Bedeutsamkeit als enge Mitarbeiter Stalins bezeugen. Während Millionen Russen ehrliche Tränen angesichts des Verlustes ihres Führers weinten, freute sich eine ebenso große Zahl an Opfern seiner Willkür darüber, dass der brutale Despot endlich verschwunden war.[43]

Nach Stalins Tod drehte sich die sowjetische Politik in hohem Maße um die Erinnerung an den verstorbenen Diktator und die Frage, wie man seine Herrschaft einzuschätzen habe. Sein schließlicher Nachfolger Nikita Chruschtschow leitete eine begrenzte Entstalinisierung ein, um den Sowjetkommunismus von seinen ungeheuerlichsten Verbrechen abzusetzen. In einer Geheimrede während des 20. Parteitags der KPdSU warf er Stalin schwere Vergehen vor: die Ermordung seiner Kombattanten, militärisches Versagen und despotisches Regieren in den Nachkriegsjahren.[44] Doch konnte sein Bemühen, die sowjetische Modernisierung von den stalinistischen Exzessen zu trennen, nicht gelingen; zu eng waren die beiden miteinander verknüpft. Die Diktatur des Proletariats gehörte zu den zentralen Dogmen des Marxismus-Leninismus; die Große Säuberung hatte das Prinzip lediglich übertrieben. Die halsbrecherische Geschwindigkeit der Industrialisierung, der russische Sieg über die Nazi-Aggressoren sowie die Errichtung eines Sowjetimperiums waren derart populäre Leistungen, dass spätere Führer wenig Neigung zeigten, sie zu kritisieren. Nach dem Zwischenspiel der Entstalinisierung kehrte Leonid Breschnew daher zu einer orthodoxen Linie zurück, die in Zielsetzung und Stil neostalinistisch anmutete. Michail Gorbatschows Versuch, dieses bedrückende Erbe repressiver Herrschaft abzuschütteln, musste logischerweise zur Auflösung der Sowjetunion selbst führen.[45]

Das stalinistische Entwicklungsprojekt

In vielfacher Hinsicht war der Stalinismus ein gigantisches soziales Experiment einer forcierten Modernisierung, das ein sich bereits entwickelndes, aber eben doch noch rückständiges Russland ins 20. Jahrhundert katapultieren sollte. Um den »Neuen Sowjetmenschen« zu erschaffen, setzte man mehrere systematische Kampagnen in Gang: für die Verbreitung von Lese-, Schreib- und Rechenfähigkeit eine Massenbildung; für die Beseitigung von Seuchen eine öffentliche Hygiene; für den Ersatz der Religion eine Wissenschaft und Technik. Die sowjetischen Bestrebungen wurden offiziell damit gerechtfertigt, dass man den Westen einholen müsse, um militärische Sicherheit zu erreichen, gingen aber weit über dieses Ziel hinaus: Was man vorhatte, war eine utopische Transformation der Menschheit als Ganzes. In der Vorstellung der Propagandisten versprach die kommunistische Moderne, die kapitalistischen Plagen der Ausbeutung und Arbeitslosigkeit für immer abzuschaffen, indem sie den Klassenkampf durch soziale Gleichheit beendete. Darin sah man die historische Aufgabe der Partei: Gelänge die Mission, würde dies nicht nur dem Sozialismus in Russland das Überleben sichern, sondern auch einen allgemeinen Sprung in die Zukunft erlauben, welcher der gesamten leidenden Menschheit zugutekäme. Solch noble Ziele, verankert in der Verfassung von 1936, begeisterten nicht wenige Künstler, etwa den Schriftsteller Maxim Gorki und den Filmregisseur Sergei Eisenstein, sie bescherten den Sowjets aber auch viele Unterstützer im westlichen Ausland und der Dritten Welt.[46]

Leider wurde das Projekt der Modernisierung in stalinistischer Manier umgesetzt, das heißt mit einer Mischung aus revolutionärem Enthusiasmus und diktatorischer Repression. Die Fixierung optimistischer Ziele in den Fünfjahresplänen sollte zu außergewöhnlichen Anstrengungen anspornen, damit man sie auch erreichte. Die einseitige Fokussierung auf die Schwerindustrie sollte die Voraussetzungen für eine Infrastruktur bereitstellen, die dann weitere Industrialisierung ermöglichen würde. Von der Kollektivierung des Agrarsektors versprach man sich eine sichere Versorgung mit Lebensmitteln und Arbeitskräften, die vom Lande in die Fabriken wechseln könnten. Der Gigantismus vieler Bautätigkeiten – bei denen sich die Sowjetunion für weltweit führend hielt – erklärt sich dadurch, dass man bestimmte Zwischenphasen der Entwicklung, die eigentlich anstanden, überspringen wollte. Das endlose Verkünden von Erfolgsstatistiken in Sachen Planübererfüllung war ein Versuch, ein skeptisches Publikum für den Glauben zu gewinnen, dass der Vormarsch des Fortschritts bald zu besseren Lebensbedingungen führen werde. Während viele Parteimitglieder, Ingenieure und Intellektuelle sich an der Herausforderung berauschten, eine Gesellschaft ganz neu aufzubauen, mussten die einfachen Arbeiter schlicht gezwungen werden, sich um der Zukunft willen selber auszubeuten. Millionen Insassen von Zwangsarbeitslagern hatten ebenfalls keine andere Wahl, als für das bloße Überleben zu schuften.[47]

Immerhin charakterisieren auch westliche Historiker die stalinistische Modernisierung rückblickend als das »wichtigste sozioökonomische Experiment des Jahrhunderts«. Tatsächlich gelang es der sowjetischen Administrations- und Kommandowirtschaft in überraschendem Ausmaß, das Gesicht Russlands zu verändern. Das Politbüro bestimmte zunächst die generellen Ziele, dann zerlegte das Gosplan sie in praktische Einzelschritte. Schließlich leiteten die Ministerialbeamten die entsprechenden Maßnahmen ein und machten Vorgaben, und die Parteiführungen vor Ort stellten sicher, dass sie verwirklicht wurden. Der Kampf gegen eine störrische Realität gewährte einen gewissen Spielraum fürs Justieren und Verhandeln – aber keine Konzessionen konnte es geben beim fundamentalen Ziel, die Sowjetunion zu modernisieren. Das Resultat dieses Planungsprozesses war, dass die knappen Ressourcen für Schwerindustrie, Verteidigung und weiteres Wachstum verwendet wurden – auf Kosten einer besseren Versorgung des Volkes mit Wohnraum und Konsumgütern. Folglich stellte man die Ziele des russischen Staates über die Bedürfnisse seiner Bürger. Die forcierte Entwicklung ermöglichte einen großen Sprung nach vorn, aber die innerhalb eines Jahrzehnts erfolgte Industrialisierung hatte hässliche Begleiterscheinungen, etwa eine ineffiziente Landwirtschaft und den Menschenleben vernichtenden und verschwendenden Gulag.[48] Aber da es nun einmal einen dramatischen Fortschritt hervorbrachte, beeindruckte das stalinistische Modell durch seinen unerwarteten Erfolg viele Zeitgenossen.

Die enormen Kosten an Menschenleben unterminieren gleichwohl die moralische Legitimität der herbeigezwungenen ökonomischen Entwicklung. Das Tempo der Industrialisierung war nur zu beschleunigen durch das Hintanstellen des Konsumsektors und die Ausbeutung von Arbeitskraft – durch den Hinweis gerechtfertigt, dies alles diene der Herbeiführung einer besseren Zukunft.

Doch das ungezügelte Blutvergießen bei der Entkulakisierung während der Kollektivierung, die Hinrichtung unzähliger treuer Parteiaktivisten und Spezialisten in der Großen Säuberung, die millionenfache Vernichtung von Menschenleben durch Arbeit im Gulag, das unterschiedslose Töten während der Maßnahmen gegen ethnische Minderheiten, etwa durch Umsiedlungen ganzer Nationalitäten – all dies waren sinnfreie Exzesse stalinistischer Mordbereitschaft. Die große Transformation erfüllt viele Nationalisten in Putins Russland heute noch mit Stolz, weshalb sie das Grauenvolle hartnäckig leugnen – sie mögen sich der Widerwärtigkeit der Stalin-Jahre nicht stellen. Viele linke Intellektuelle zögern immer noch anzuerkennen, dass die Sozialexperimente ihrer Ideologie damals scharenweise Leben auslöschten; stattdessen prangern sie lieber die vielen Morde an, die den faschistischen Feinden der Stalinisten zugeschrieben werden. Zwar sind exakte Ziffern schwer zu ermitteln, doch schätzt die internationale Forschung inzwischen einhellig die Zahl der Opfer auf 20 Millionen – allein in den Friedensjahren.[49] Ist es nicht an der Zeit, deren unsägliches Leiden anzuerkennen?

Im Endeffekt diskreditierten die stalinistischen Exzesse die kommunistische Version der Modernisierung; sie verdarben ein emanzipatorisches Projekt durch unmenschliche Maßnahmen, die seine noblen Ziele verhöhnten. Das Bemühen, das zaristische Russland aus der Lethargie seiner Rückständigkeit wachzurütteln, war legitim; der Versuch eines gewaltigen utopischen Sprungs in eine gerechtere und egalitärere Gesellschaft scheiterte jedoch genau an der Unterentwickeltheit Russlands – eine Erkenntnis, zu der man selbst nach marxistischen Kriterien kommen muss. Es war nur logisch, dass die »Diktatur des Proletariats«, die Lenin errichtet hatte, Zwang und Menschenmord zeitigte, denn sie repräsentierte die Herrschaft einer fanatischen Minderheit über eine skeptische Mehrheit. Stalins späterer Großer Wandel erforderte dann sogar noch mehr Gewalt, da Kollektivierung und Industrialisierung nur mit einer Mischung aus Enthusiasmus und Repression durchzusetzen waren. Seine paranoide Persönlichkeit mag das Problem verschärft haben; im Wesentlichen aber ergab sich der mörderische

Charakter des Stalinismus strukturbedingt daraus, dass ein kommunistisches Projekt einer Bevölkerung übergestülpt wurde, die noch nicht so weit war. Letztlich hat die forcierte Modernisierung eine Entwicklung in kleineren Schritten vereitelt, verdarb sie doch humanitäre Ziele durch unmenschliche Methoden. Statt in eine bessere Zukunft zu führen, schuf die stalinistische Entwicklung eine neue Art von Hölle.

Hitlers Volksgemeinschaft

Parteitag der NSDAP, 1934

Am 30. Januar 1933 meldete der deutsche Rundfunk Geschichtsträchtiges: Präsident Paul von Hindenburg habe Adolf Hitler zum Reichskanzler ernannt. Zuvor waren mehrere Minderheitskabinette, die Hindenburg durch seine Notverordnungen unterstützt hatte, gescheitert, weshalb er nun die Regierungsgewalt dem Oberhaupt der stärksten Partei im Reichstag anvertraute. In Berlin waren Deutschnationale und Nationalsozialisten außer sich vor Freude über ihre gemeinsame Machtergreifung; sie trafen sich nahe dem Reichspräsidentenpalais und veranstalteten eine gigantische Demonstration. »Schwärme singender und Sprechchöre skandierender Zivilisten«, berichtete die *New York Times*, »begrüßten begeistert die uniformierten Sturmtruppen, die sich in der Siegesallee zu einer Fackelparade versammelten.« Beeindruckt verfolgten Beobachter, wie »Kolonne um Kolonne schwungvoll mit wehenden Hakenkreuzfahnen durchs Brandenburger Tor zog und dann den Prachtboulevard Unter den Linden entlangmarschierte, wo dicht gedrängt Massen jubelnder Nazi-Sympathisanten standen«. »Berlin«, wunderte sich der republikanisch gesinnte Ästhet Harry von Kessler, »ist heute nacht in einer reinen Faschingsstimmung.« Nicht wenige Arbeiter jedoch versuchten zu protestieren, teils sogar gewaltsam, während Intellektuelle wie der Literaturprofessor Victor Klemperer dunkle Vorahnungen hatten: »Es ist eine Schmach, die jeden Tag schlimmer wird.«[1]

Die Nationalsozialisten – offizieller Organisationsname NSDAP, informell Nazis genannt – waren alles andere als eine normale Partei, denn sie betrachteten sich als eine radikale Bewegung, die ein »Programm kultureller und sozialer Erneuerung« verfolgte. Gegründet 1920 in München unter dem Eindruck der Niederlage Deutschlands am Ende des Ersten Weltkriegs, verkörperte die NSDAP die mannigfachen Ressentiments der Rechten gegen den demütigenden Versailler Vertrag und gegen jene Politiker der Weimarer Republik, die dessen Bestimmungen zu erfüllen trachteten. Doch anders als die konventionellen Konservativen wollten die Nazis nicht zurück zum Kaiserreich, sondern suchten jenes Gefühl nationaler Einheit wiederzubeleben, das die Begeisterung beflügelt hatte, mit der man in den Krieg gezogen war. Eine echte Volksgemeinschaft sollte entstehen, ohne Klassenunterschiede, religiöse Differenzen und regionale Divergenzen. Als wiedergeborene Nation wäre Deutschland stark genug, einen weiteren Waffengang zu riskieren, der den endgültigen Sieg brächte. Ironischerweise stand an der Spitze der Partei ein zunächst Erfolgloser: ein gescheiterter Maler namens Adolf Hitler, der sich zum charismatischen »Führer« stilisierte, dem eine übermenschliche Erkenntniskraft eigen sei.[2] Die NSDAP war also eine dynamische rechte Bewegung, die sich nun anschickte, Deutschland fundamental neu zu gestalten.

Was aber machte den Nationalsozialismus eigentlich aus, und in welchem Verhältnis stand er zur Moderne? Wegen der Irrationalität, die ihm innewohnte, sind die Meinungen in dieser Frage tief gespalten. Besonders in Deutschland betrachten viele linke Intellektuelle die Nazis als durch und durch reaktionäre Bewegung, wobei sie Standards der westlichen Demokratie oder der marxistischen Theorie zugrunde legen. Sie zitieren gern Hitlers persönliche Abneigung gegen die angebliche Degeneriertheit der »modernen Kunst«, ebenso allerhand aus der propagandistischen Rhetorik Alfred Rosenbergs, in der sich antikapitalistische, antisemitische, antikommunistische und antiurbane Elemente finden. Zudem suggeriert die hohe Wertschätzung von Ordnung, Stabilität und Gemeinschaft ein Leben, das sich auf dem Lande und in kleinen Städten abspielt, jene Welt, die damals Walther Darrés »Blut-und-Boden«-Phantasien ideologisch glorifizierten. Von einem westlichen Standpunkt aus, der Modernisierung mit dem Vorwärtsbringen individueller Freiheit und sozialer Gleichheit identifiziert, erscheinen Rassenhass und Völkermord der Nazis zutiefst antimodern. Die antifaschistische Perspektive kommt daher zu dem Schluss: »Der Nationalsozialismus hat den Modernisierungsprozess in Deutschland nicht beschleunigt, sondern eher gehemmt.«[3]

Weniger ideologische Kommentatoren verfechten jedoch die These, dass die antimodernistische Haltung der Nazis ihrerseits ein Produkt der Moderne war, denn die machte sie sich sehr wohl, wenn auch selektiv, zu eigen. Schon damals glaubte Thomas Mann nach gründlichem Abwägen, im Nationalsozialismus eine »Mischung von robuster Zeitgemäßheit, leistungsfähiger Fortgeschrittenheit und Vergangenheitstraum« zu erkennen, und verspottete die nazistischen Sichtweisen als »hochtechnologische Romantik«. Tatsächlich zeigten sich Führungsfiguren wie Hitler, Speer und Goebbels von Errungenschaften wie Mercedes-Autos, Junkers-Flugzeugen und UFA-Filmen begeistert. Den darin verborgenen Widerspruch zwischen mörderischem Irrationalismus und erheblicher Technikfaszination versuchen manche Deuter mit Hilfe des Modells »reaktionärer Modernismus« aufzulösen. Andere vermuten, dass die biopolitischen Initiativen, mit denen die SS versuchte, den physischen Körper und die rassische Zusammensetzung der Nation neu zu gestalten, im Glauben an die Wissenschaft wurzelten. Dabei, so die Erklärer weiter, folgte man Tendenzen, die es in anderen Ländern auch gab, etwa der Eugenik; nur übertrieb man diese in Deutschland maßlos. Zwar wandten sich die Nazis heftig gegen die Dekadenz, ebenso energisch aber verbesserten sie die Reichweite der Medien erheblich und schufen eine populäre Unterhaltungs- sowie Konsumkultur.[4] Solche Maßnahmen lassen – bei allen Tiraden wider die urbane Dekadenz – doch vermuten, dass der Nationalsozialismus letztlich eine eigene, alternative Vision des Zeitgemäßen suchte: eine »organische Moderne«.

Dass die Nazis die Moderne gleichzeitig ablehnten und sich zu eigen machten – in diesem Phänomen liegt der Schlüssel zum Verständnis der verstörenden Tatsache, dass sie in einem Land die Macht ergreifen konnten, das doch so stolz auf seine Beiträge zur europäischen Kultur war. Angesichts der obszönen Faszination des Hakenkreuzes gibt es zu der Frage, was Hitler umtrieb, keine Theorie, die zu weit hergeholt wäre, als dass sie nicht von irgendjemandem geglaubt würde – etwa jene, die eine Kausalverbindung zu seinem fehlenden Hoden herstellt. Einerseits muss man sich unbedingt vergegenwärtigen, dass das Scheitern der liberalen Demokratie in der Weimarer Republik Hitler überhaupt erst ermöglichte, die Große Depression demagogisch zu nutzen. Ferner trieb die Angst vor einer Revolution bolschewistischer Manier viele Wähler ins Lager der Nazis, denn sie verhießen den Bürgern Schutz gegen kommunistische Erhebungen. Andererseits verwendeten die Nationalsozialisten selber aktuellste Techniken, um ihre nationalistischen Appelle weitestmöglich zu verbreiten, wobei sie sich vorwiegend an ein männliches und der unteren Mittelschicht zugehöriges Publikum wandten, dem sie eine starke und harmonische Volksgemeinschaft versprachen. Auch als sie dann an der Macht war, festigte die NS-Diktatur ihre Popularität mittels einer modernen Mischung aus Anreizen und Repression. Rationale Deutungen des diskutierten Phänomens finden sich durchaus – und dennoch kommt es einem so vor, als verbliebe ein Rest unerklärbaren Rätsels.[5]

Agonie der Republik

Das Schicksal der Weimarer Republik, deren letzte Jahre Christopher Isherwoods *Berlin Stories* (dt. *Leb wohl, Berlin*) so dramatisch erzählen, liest sich wie eine antike Tragödie, die hoffnungsfroh beginnt und in einer Katastrophe endet. Im Rückblick wirkt das Scheitern der ersten deutschen Demokratie fast zwangsläufig; man gewinnt angesichts ihrer endlosen Probleme den Eindruck, sie sei von Anfang an zum Untergang verurteilt gewesen. Es gibt viele Faktoren, die den Kollaps zu erklären scheinen – etwa das Ausbleiben einer sozialen Revolution, den Groll über einen Straffrieden, das ambivalente Verhältnis der Reichswehr zum neuen Staat oder die Mängel der Verfassung. Intellektuelle greifen daher gern zur »Weimar-Analogie«, wenn sie vor autoritären Tendenzen warnen wollen: Stoppe man diese nicht gleich zu Beginn, werde die Demokratie wie damals erodieren. Und dennoch übt die Kultur der Weimarer Jahre eine eigenartige Anziehungskraft aus, war sie doch das Produkt einer außergewöhnlichen Zeit modernistischen Experimentierens. Sie brachte innovative Stile hervor, die dann, nachdem deren Schöpfer außer Landes gejagt worden waren, an vielen Orten in der ganzen Welt neue Impulse setzten. Wollen wir dem Modernisierungspotenzial der Weimarer Republik Gerechtigkeit widerfahren lassen, müssen wir die teleologische Fixiertheit auf ihr Ende überwinden und auch erwägen, ob sie nicht doch Erfolg hätte haben können; ebenso sollten wir einige ihrer bleibenden Verdienste würdigen.[6]

Da sie einen viereinhalb Jahre dauernden Krieg beendete, erweckte die Novemberrevolution von 1918 Hoffnungen auf Frieden, politische Teilhabe und soziale Gleichheit. Praktisch über Nacht warf eine Revolte von kriegsmüden Soldaten, Matrosen und Arbeitern die Struktur des Reichs zu Boden, das sich durch die militärische Niederlage diskreditiert hatte: »Der Kaiser hat abgedankt. Die Revolution hat in Berlin gesiegt«, hieß es nun überall. Hungrige Massen versammelten sich, angeführt von Gewerkschaftsleuten und den radikalen Spartakisten, und forderten ein Rätesystem im sowjetischen Stil, das mehr Teilhabe und soziale Gleichheit gewährleiste. Letztlich setzte sich aber die moderate Mehrheit der Sozialdemokratischen Partei Deutschlands (SPD) durch, die auf einer demokratischen, von einer parlamentarischen Regierung geleiteten Republik bestand. Der frisch gewählte Reichspräsident Friedrich Ebert handelte einen Kompromiss mit der Armee aus, deren Führung versprach, die Republik zu tolerieren, während Gewerkschaften und Arbeitgeber übereinkamen, einander als legitime Sozialpartner zu behandeln. Die Wahlen von Januar 1919 erbrachten eine Mitte-Links-Mehrheit für die Verfassunggebende Nationalversammlung in Weimar; diese arbeitete eine fortschrittliche Verfassung aus, die den Deutschen sehr weitgehende Bürgerrechte garantierte.[7]

Doch die sozialen Spannungen und politischen Zwistigkeiten vertieften sich, bis sie das Land an den Rand eines Bürgerkriegs brachten. Ihren sowjetischen Vorbildern nacheifernd, starteten die Spartakisten einen unüberlegten Aufstand in Berlin, den die Regierung mit militärischer Hilfe niederschlug; die Kämpfe gipfelten in der Ermordung des spartakistischen Führungsduos Karl Liebknecht und Rosa Luxemburg. Die Bekanntgabe der harten Bestimmungen des Versailler Vertrages und die Behauptung, Deutschland trage die alleinige Schuld am Krieg, schufen eine »unbeschreibliche Niedergeschlagenheit, als ob alles Leben im Innern der Seele erstorben wäre«. Diese Bedrücktheit empfanden alle an der Regierung beteiligten Parteien, und so scheiterte das erste Kabinett der Republik, was den hartnäckigen Nationalisten Auftrieb gab. Auf die Stärke der paramilitärischen Freikorps vertrauend, wagte der ostpreußische Verwaltungsdirektor Wolfgang Kapp unter dem Vorwand, die Ordnung wiederherstellen zu wollen, einen Rechtsputsch, der freilich dank des resoluten Widerstands der Gewerkschaften danebenging. So kam es, dass die größeren politischen Parteien sich uniformierte Schutztruppen zulegten; bei den deutschnational gesinnten Kriegsveteranen war dies der »Stahlhelm«, bei den Sozialdemokraten das »Reichsbanner«, bei den Kommunisten der »Rote Frontkämpferbund«, kurz »Rotfront«, bei den Nazis die »Sturmabteilung«, kurz SA. Jene Gruppierungen wetteiferten nun rabiat um die Herrschaft über die Straße. Zwar überstand die Regierung die Anfechtungen, aber die Ausbreitung extremistischer Gewalt schwächte die Republik, die keine Sicherheit zu gewährleisten vermochte.[8]

Nach den anfänglichen Unruhen konsolidierte sich die erste deutsche Demokratie Mitte der 1920er unter der fähigen Führung Gustav Stresemanns. Eine Zeitlang saßen die SPD, ursprünglich Vertreterin der Arbeiterklasse, die linksbürgerliche Deutsche Demokratische Partei (DDP) und das katholische Zentrum zusammen in der Regierung. Infolge unpopulärer Maßnahmen verlor diese Koalition allerdings ihre parlamentarische Mehrheit. Viele Wähler wanderten zur nationalliberalen, dem Mittelstand verbundenen Deutschen Volkspartei (DVP); ihr Hinzutritt verschob die künftigen Kabinette innerhalb des politischen Spektrums in die rechte Hälfte der Mitte. Obwohl Stresemann einst ein fanatischer Nationalist und Unterstützer des Kaisers gewesen war, veranlasste ihn politischer Realismus, seine Einstellungen so weit zu mäßigen, dass er die Republik akzeptierte. In deren Namen beteiligte er sich auch an der Aushandlung des Dawes-Plans, der die Hyperinflation beendete und Deutschland einen erträglicheren Modus für die Begleichung seiner Reparationen bescherte. Anders als viele Angehörige der Elite sah Stresemann in der internationalen Versöhnung den besten Weg zu einer Revision der drückenden Versailler Bedingungen. So kooperierte er denn unter anderem im Geiste von Locarno mit dem französischen Staatsmann Aristide Briand.[9] Mochten auch die linksradikalen Kommunisten und die rechte Deutschnationale Volkspartei (DNVP) die Demokratie nach wie vor ablehnen: Die ökonomische Erholung trug dazu bei, dass die Weimarer Republik sich politisch stabilisierte.

Während der halbwegs ruhigen Jahre ihrer Existenz konnten aufregende Experimente in demokratischer Moderne stattfinden; Innovationen aller Art sollten die Lebensbedingungen der schaffenden Massen verbessern. Linke Politiker stießen soziale Reformen an – etwa kürzere Tagesarbeitszeiten oder höhere Arbeitslosenhilfe – und sorgten für deren Finanzierung. Progressive Architekten wie Bruno Taut errichteten freundlichere Arbeiterquartiere, in Nord-Süd-Richtung angelegt und mit Grünflächen dazwischen, die den Bewohnern mehr »Licht und Luft« verschafften als die meist düsteren und muffigen Mietskasernen alter Art. Sozial engagierte Ärzte starteten Kampagnen für verbesserte Hygiene und legten dar, dass sich die Sterblichkeitsrate senken ließe, wenn die Präventivmedizin öffentliche Förderung erhielte. Während die Werbung das Ideal der »Neuen Frau« propagierte, das stark androgyne Züge aufwies, forderten Sexualreformer wie Magnus Hirschfeld kämpferisch, den Zugang zu Antikonzeptiva zu erleichtern und Abtreibung sowie Homosexualität nicht länger zu kriminalisieren. Gleichzeitig erkundeten Philosophen wie Martin Heidegger, Künstler wie George Grosz und Intellektuelle wie Carl Schmitt die Widersprüchlichkeiten des Lebens in den Metropolen.[10] Dank ihrer Kühnheit schufen diese emanzipatorischen Initiativen, wagemutigen Experimente und innovativen ideologischen Diskussionen das allgemeine Empfinden, an einer nie dagewesenen sozialen und kulturellen Modernität teilzuhaben.

Die Große Depression setzte nicht nur der hoffnungsvollen Stimmung ein Ende, sondern verpasste zudem der deutschen Demokratie einen Schlag, von dem sie sich nicht wieder erholte. In einigen ländlichen Gegenden, etwa Schleswig-Holstein, entstand angesichts des Verfalls der Preise für Agrarprodukte eine Protestbewegung gegen das Weimarer System, die auch zu terroristischen Mitteln griff, um die Landregionen zu destabilisieren. In den Städten liefen entlassene Arbeiter scharenweise zu den radikalen Kommunisten über, während die Sozialdemokraten Mühe hatten, ihre Gunst zurückzugewinnen, indem sie zusätzliche Wohlfahrtsmaßnahmen versprachen. Viele Angehörige der Mittelschicht, die sich vom Abstieg in die Armut bedroht sahen, kündigten der Demokratie die Gefolgschaft; zahlreiche Mitglieder der ökonomischen, militärischen und administrativen Eliten wiederum plädierten lautstark für eine autoritäre Diktatur. Als die Arbeitslosenversicherung infolge der zahllosen Menschen ohne Beschäftigung bankrottging, platzte die vom SPD-Kanzler Hermann Müller geführte Koalition, da sie sich nicht einigen konnte, wie der Not zu begegnen sei: Wollte die Linke die Gewerbesteuern erhöhen, bestand die bürgerliche Rechte darauf, staatliche Leistungen zu beschneiden. So kam es, dass Präsident Paul von Hindenburg schließlich den konservativen Zentrumspolitiker Heinrich Brüning zum Kanzler ernannte.[11]

Da dessen Austeritätskurs und aggressiv revisionistische Außenpolitik unpopulär waren und blieben, mutierte die Republik Schritt für Schritt zu einer »autoritären Demokratie«. Als die Bürger bei den Wahlen im September 1930 der neuen Regentschaft massiv ihr Missfallen bekundeten, indem sie deutlich mehr NSDAP- und KPD-Abgeordnete in den Reichstag entsandten, griff Brüning zu Paragraph 48 der Weimarer Verfassung, die dem Präsidenten im Falle eines nationalen Notstands erlaubte, durch Dekrete zu regieren, sogenannte Notverordnungen. Nur vermochten die verfügten deflationären Maßnahmen die Depression nicht zu beenden, und Hindenburg verlor die Geduld, zumal den Junkern, die seine Entourage bildeten, manche Pläne Brünings missfielen, etwa der, im Osten Land an Arbeitslose zu verteilen. Mai 1932 ernannte der Präsident den katholischen Adeligen Franz von Papen zum Kanzler, einen Politiker, dessen schneidiges Auftreten mit politischer Inkompetenz einherging. Als dieser jedoch die Wahlen im Juli verlor und ohne parlamentarische Rückendeckung dastand, war der Präsident mit seinem Latein am Ende. Auf Drängen seiner konservativen Kamarilla bestimmte der über achtzigjährige Hindenburg im Dezember den Ex-General und damaligen Reichswehrminister Kurt von Schleicher zum Kanzler.[12] In nur zwei Jahren war aus einer um ihr Leben kämpfenden parlamentarischen Demokratie ein autokratisches Präsidialregime geworden.

Das Scheitern der Weimarer Republik hatte zweierlei Ursachen, einerseits grundlegende strukturelle Probleme, andererseits gewisse kurzfristig entstandene Krisenreaktionen. An dem Klischee der »Republik ohne Republikaner« ist zumindest so viel richtig, dass nur die Arbeiterklasse und das liberale Bürgertum bereit waren für Selbstbestimmung, während zahlreiche Angehörige der Elite der Massenteilhabe feindlich gesinnt blieben. Negative Begleitumstände wie die militärische Niederlage, der belastende Friedensvertrag, innere Unruhen und die Große Depression machten die Demokratie der Bevölkerung auch nicht eben sympathischer. Verfehltes Regierungshandeln – nennen wir exemplarisch die Streitereien um die Reparationen, revisionistische Außenpolitik, die Beibehaltung der alten Eliten, das Tolerieren von Privatarmeen und Austerität als Antwort auf die Depression – trug ebenfalls zum Kollaps bei. So kam es, dass Bürger, die der parlamentarischen Regierungsform reserviert gegenüberstanden, sich gänzlich von ihr distanzierten, als sie enttäuscht sehen mussten, dass sie ihre Versprechen nicht einzulösen vermochte.[13] Letztendlich war der Sturz der Weimarer Republik lediglich die deutsche Variante einer allgemeineren, in der Zwischenkriegsperiode vielerorts auftretenden Abkehr von der demokratischen Moderne; freilich hatte sie in Deutschland bei weitem desaströsere Konsequenzen als anderswo.

Der Führer aus dem Obdachlosenheim

Dass ein »bizarrer Außenseiter« wie Adolf Hitler in einem kultivierten Land wie Deutschland zur Macht gelangen konnte, ist bis heute schwer zu glauben. Seine zentrale Rolle beim Aufstieg der Nazi-Bewegung lässt sich seinen bemerkenswerten Fähigkeiten zuschreiben, dem Führerkult und dem polykratischen System, das er errichtet hatte, in dem mehrere mächtige Instanzen miteinander rivalisierten, die letzte Entscheidungsgewalt aber stets ihm vorbehalten blieb. Von seinen Konkurrenten oft unterschätzt, verdankte er einen Teil seines Erfolgs auch seiner außergewöhnlichen Persönlichkeit, einer seltsamen Mischung von Talenten und Schwächen. Charlie Chaplin hat Hitler in *Der große Diktator* parodiert, was als Gegenpropaganda gewiss sehr wirksam war. Die Beantwortung der Frage, wie Hitler die Herrschaft erringen konnte, hat der Film hingegen nicht erleichtert, denn er konzentrierte sich auf dessen schrullige Manierismen, um ihn so der Lächerlichkeit preiszugeben. Doch indem man sich nur über seine absonderlichen Persönlichkeitszüge lustig macht, hat man noch keineswegs geklärt, warum so viele Menschen einem derart exaltierten Individuum hinterhergelaufen sind. Wir verstehen diese verblüffende Bindekraft wohl besser, wenn wir Max Webers Begriff der »charismatischen Autorität« heranziehen, denn er bringt zweierlei zusammen: eine Aura von Führertum und eine folgebereite Masse.[14] Das Geheimnis von Hitlers Erfolg lag demnach in der besonderen Beziehung zwischen seiner Persönlichkeit und dem Publikum.

Da Hitler seine Herkunft und seinen Hintergrund mythologisiert hat, sollten wir uns zunächst ein paar schlichte Fakten ins Gedächtnis rufen. Adolf Hitler wurde 1889 als Sohn eines österreichischen Zollbeamten in Braunau am Inn geboren. Anders als der autoritäre Vater vergötterte die Mutter, eine einfache Frau, ihren Adolf, vermochte ihn allerdings nicht zu disziplinieren. In der Provinzstadt Linz besuchte der Junge die dortige Realschule, eine Anstalt mit durchaus modernen Lehrplänen. Nach dem Tode seines Vaters 1905 wurden seine Leistungen aber so schlecht, dass er abgehen musste. Es folgten zwei Jahre Müßiggang, den er gelegentlich durch die Beschäftigung mit den Opern Richard Wagners unterbrach, für die er eine wahre Leidenschaft entwickelte. Schließlich zog er, mittlerweile achtzehn, in die Hauptstadt Wien, wo er zweimal durch die Aufnahmeprüfung der österreichischen Akademie der Bildenden Künste fiel. Seinen hochfliegenden Plan, ein erfolgreicher Maler zu werden, konnte er vergessen. Eine Weile lebte er von der finanziellen Hinterlassenschaft seiner Mutter; reguläre Arbeit mochte er nicht aufnehmen. Als ihm das Geld ausging, wurde er ein Habenichts, ein ungepflegter junger Mann mit verlauster Kleidung, der in Obdachlosenheimen schlief und selbstgefertigte Postkarten sowie Gemälde verkaufte. Erst als er erneut erbte, diesmal von einer Tante, verbesserte sich seine Situation; im Ganzen blieb er aber ein heruntergekommener Bohemien, der sich freilich für Politik zu interessieren begann: Er lauschte den antisemitischen Tiraden des Georg von Schönerer und las rechtsradikale Pamphlete, die nur so strotzten vor Hass auf die Roten und auf die Slawen.[15]

Der Ausbruch des Ersten Weltkriegs gab Hitlers Leben plötzlich ein neues Ziel und eine neue Richtung, denn er wurde von der Welle des nationalen Enthusiasmus geradezu mitgerissen. Um dem Militärdienst in Österreich zu entgehen – einem Land, das er für nicht mehr lebenstüchtig hielt –, hatte er zuvor seinen Wohnsitz nach München verlegt, wo er sich mit Malerei durchschlug. Anfang August 1914 trat er als Freiwilliger in die Bayerische Armee ein und wurde dem Regiment List zugeteilt, das für die nächsten paar Jahre seine physische und psychische Heimat sein sollte. An der Westfront arbeitete er als Meldegänger, d. h., er trug Nachrichten vom jeweiligen Hauptquartier des Regiments zu den Schützengräben und umgekehrt – eine gefährliche Aufgabe, die ihm eine Verwundung einbrachte. Obwohl oft grüblerisch und missgelaunt, fühlte er sich in der Gemeinschaft seiner Kameraden sicher, und im Dienst zeigte er immerhin so viel Mut, dass man ihn zum Gefreiten beförderte und ihm das Eiserne Kreuz Erster und Zweiter Klasse verlieh. Im Oktober 1918 bekam er Senfgas ab, weshalb er das Ende des Krieges im Lazarett von Pasewalk (Vorpommern) erlebte. Die unerwartete Niederlage erschütterte sein nationalistisches Weltbild, ja, sie raubte seinem Leben Struktur und Sinn.[16] Verstört suchte er Erklärungen für das Desaster und identifizierte als Schuldige die Linken sowie die Juden.

Zurück in München, wurde der nun 30-jährige Hitler ein Bierhallenredner, der größere Menschenmengen mit schlichten, emotionalen Tiraden aufzurütteln verstand. Die bayerische Hauptstadt war zerrissen zwischen einerseits den von linkssozialistischen Revolutionären gebildeten Räten und anderseits konterrevolutionären Kräften aus den Reihen der regionalen wie nationalen Reaktionäre. In diesem Chaos spionierte Hitler für die gerade entstehende Reichswehr die Linken aus. Die neue Armee organisierte darüber hinaus Lehrgänge, die dafür sorgen sollten, dass die Truppen loyal blieben, und an denen auch Hitler teilnahm. Dort entdeckte man sein rednerisches Talent, und er wurde Propagandaredner der Reichswehr. September 1919 besuchte er eine Veranstaltung der Deutschen Arbeiterpartei (DAP), trat ihr bei und erhielt die Mitgliedsnummer 555. Irgendwie spürte er schon, dass er bald eine führende Rolle in dieser kleinen Organisation spielen werde. Innerhalb der zersplitterten Szene rivalisierender rechter Bewegungen machte Hitler sich rasch einen Namen mit seiner leidenschaftlichen Rhetorik, die Kommunisten und Juden attackierte und zu einer nationalen Wiedergeburt aufrief. Das 25-Punkte-Programm seiner Gruppierung war eine Mischung aus Appellen an diverse Ressentiments; hauptsächlich verschmolz es antikapitalistische mit antisemitischen Positionen. Bald hatte Hitler dank seinen Fähigkeiten als rhetorischer »Trommler« die Kontrolle über die Vereinigung inne, die nun einen neuen Namen bekam: Nationalsozialistische Deutsche Arbeiterpartei, kurz NSDAP.[17]

Ermutigt durch den wachsenden Erfolg, beschloss Hitler im November 1923, einen Putsch gegen die Berliner Regierung zu unternehmen. Seine feurigen Reden hatten ihm hochaktive Gefolgsleute zugetrieben, so den Rechtsanwalt Hans Frank, das Flieger-As Hermann Göring und den Hauptmann Ernst Röhm, der die paramilitärische SA ins Leben rief. Die Reihen der Partei schwollen bald auf rund 50 000 Mitglieder an. Nachdem Mussolini die Macht in Rom ergriffen hatte, beschloss Hitler, der sich fortan ebenfalls als »Führer« stilisierte, seinem Beispiel zu folgen. Die Gelegenheit schien günstig: Der »Ruhrkampf« gegen die französische Besatzung und die Hyperinflation ließen die nationale Regierung unfähig wirken. Am 8. November 1923 stürmte Hitler eine Großveranstaltung im Münchner Bürgerbräukeller und wollte die dort versammelte Führungsriege der konservativen bayerischen Regierung zwingen, gemeinsam mit ihm die nationale Revolution zu proklamieren. Doch als die Reichswehr vor einer Unterstützung seines Coups zurückschreckte und die regionalen Reaktionäre seine Forderungen ablehnten, folgte ein Debakel. Am nächsten Morgen schoss die Polizei auf die Demonstration der Nazis, die vom Bierlokal zur Feldherrnhalle zogen; vierzehn Aufrührer starben. Hitler, der mit Ludendorff in der ersten Reihe marschiert war, kam selbst nur knapp lebend davon; allerdings landete er kurz darauf als Häftling in der Festung Landsberg.[18]

Das Scheitern des Bierhallenputsches zwang Hitler, sich nach seiner Entlassung Dezember 1924 auf eine legale Strategie zu verlegen. Seine Gefängniszeit hatte er zum Verfassen einer Schrift mit dem Titel *Mein Kampf* genutzt, in der er seine Weltsicht darlegte: eine Sammlung schwülstig verbalisierter Tobsuchtsanfälle wider die Juden und den Bolschewismus, daneben nationalistische Attacken auf den Friedensvertrag und Forderungen nach mehr »Lebensraum« für die Deutschen. Während der Phase, da sich die Republik konsolidierte, gründete Hitler die NSDAP neu, diesmal unter seiner Führung, und sorgte dafür, dass sie innerhalb der konkurrierenden Rechtsgruppen den ersten Rang erklomm. Mit Hilfe des Organisationstalents Gregor Strassers und der Propaganda Joseph Goebbels' dehnte er ferner die Reichweite der Partei nach Norddeutschland aus. Anfangs trug ihm die Strategie eines legalen Machterwerbs lediglich lokale Gewinne ein; so erhielt die NSDAP in der 1928er Wahl nur 12 Sitze. Aber bald schürte die Große Depression so viel Radikalismus auf dem Lande und so viel Verzweiflung in den Städten, dass die Mitgliederzahlen sprunghaft anstiegen und die Spendengelder sich vervielfachten. Der Durchbruch kam im September 1930, als die NSDAP 107 Sitze gewann – ein »schwarzer Tag für Deutschland«, befand ein besorgter Beobachter. Zwei Jahre später verhalfen gewalttätige Straßenkämpfe und unablässige Agitation gegen das »Weimarer System« der Partei zu 37,1 Prozent der Stimmen: Nun entsandte sie 230 Abgeordnete in den Reichstag.[19]

Da die Nazis inzwischen die größte Partei im Parlament waren, ließ sich keine Lösung der Regierungskrise denken, die sie nicht irgendwie einbezog. Präsident Hindenburg freilich misstraute dem österreichischen Emporkömmling; dieser wiederum verlangte nicht weniger als die Kanzlerschaft und die Kontrolle über die Regierung. Diese Pattsituation wurde erst durchbrochen, als bei den Wahlen im November 1932 die Zahl der NSDAP-Sitze auf 196 schrumpfte, was den Schluss nahelegen mochte, die Nationalsozialisten hätten den Zenit ihrer Popularität bereits überschritten. Nun kam Papen ins Spiel, der nicht verwunden hatte, dass er von seinem Amtsnachfolger Schleicher ausmanövriert worden war. Papen also erkannte schließlich, dass er nur wieder zur Macht gelangen konnte, wenn er Hitlers Führungsanspruch akzeptierte. In komplizierten Verhandlungen zwischen den NSDAP-Oberen, dem Kreis um Hindenburg und den Konservativen erreichte man einen Kompromiss. Hitler wurde Kanzler, aber nur zwei weitere Nationalsozialisten traten in die Regierung ein: der Jurist Wilhelm Frick als Reichsinnenminister und Hermann Göring als kommissarischer preußischer Innenminister; Papen, den namentlich der reaktionäre Pressezar Alfred Hugenberg und eine Schar konservativer Adeliger unterstützten, wurde Vizekanzler.[20] Ironischerweise wirkte diese Koalition aus NSDAP und DNVP fast wie eine Rückkehr zur Demokratie, repräsentierte sie doch über zwei Fünftel der Wählerstimmen.

Einen Teil seines Erfolges verdankte Hitler also seiner außergewöhnlichen Persönlichkeit, durch die er gegen andere Politiker abstach. Wer ihn nur so kennt, wie die Karikaturen ihn zeigen – mit Schnauzbart, flammenden Augen und starrem Gesichtsausdruck –, übersieht, dass seine Redegabe Massen begeisterte, dass seine emotionale Intensität eine Bewegung ins Leben rief und dass sein persönlicher Magnetismus ihm Gefolgsleute sicherte. Er zögerte zwar lange vor Entscheidungen, doch setzte er bei seinen politischen Hasardspielen oft auf das richtige Pferd. Kritiker schildern ihn zu Recht als sonderbaren Menschen: mürrisch, faul, grüblerisch und zu Temperamentsausbrüchen neigend. Dadurch, dass er vegetarisch aß, weder rauchte noch trank und auch den Frauen nicht hinterherjagte, wich er beträchtlich von dem machohaften Image ab, das man Politikern häufig zuschreibt. Aber irgendwie gelang es ihm, Schwächen als Vorzüge und Anderssein als evidentes Zeichen von Überlegenheit erscheinen zu lassen; so konnte er glaubhaft machen, Qualitäten zu haben, die seine Machtposition rechtfertigten und für die er Verehrung erwarten durfte. Seinen Aufstieg erleichterte ferner, dass bürgerliche Gönner wie die Bechsteins ihm halfen, sein Erscheinungsbild, sein Benehmen und seine Sprechweise gesellschaftsfähiger zu machen, sodass er in besseren Kreisen eindrucksvoller wirkte. Beigetragen zum »Führer«-Mythos hat nicht zuletzt auch der Fotograf Heinrich Hoffmann, der ihn in verschiedenen einstudierten Posen als Repräsentanten eines Führertums modernen Stils zeigte.[21]

Agitation und Gefolgschaft

Ein weiteres Geheimnis von Hitlers Erfolg war ein immer weiter um sich greifendes Krisenempfinden. Vielen erschien seine extremistische Ideologie als die einzige Möglichkeit, eine drohende Katastrophe abzuwenden oder eine bereits geschehene zu überwinden. Unter normalen Umständen hätten die schrillen Vereinfachungen seiner Rhetorik vernünftige Wähler abgeschreckt, doch während der Depression und dem Verfall der Republik fand seine Botschaft immer mehr Resonanz. Die Agitation der Nazis bündelte Ressentiments gegen alles, was in Deutschland vermeintlich oder tatsächlich falsch lief, erweitert um eine pseudophilosophische Verwerfung bestimmter negativer Aspekte der Moderne. Aber Hitler bot auch eine positive – freilich recht verschwommene – Vision: Nationale Wiedergeburt und Errichtung einer Volksgemeinschaft würden, so sein Versprechen, das Land in eine bessere Zukunft führen. Nicht weniges innerhalb der Propaganda widersprach sich, denn sie richtete sich an verschiedene Zielgruppen. Zudem ließ sie sich im Einzelnen wegen ihrer großen Irrationalität auch nur schwer auf konkrete Aussagen festlegen; aber der bloße Aktionismus erweckte den Eindruck von Entschlossenheit. Es verbreitete sich das Empfinden, nun werde endlich etwas getan, das die Situation verbessere.[22] Indem sie sich gleichermaßen gegen das Parteiengezänk der Demokratie und die Gewalttätigkeit des Bolschewismus wandten, entwarfen die Nazis eine andere, organischere Moderne für die nationale Gemeinschaft.

Hitlers Philippika befasst sich hauptsächlich mit Fehlern der jüngeren Vergangenheit und Misslichkeiten der Gegenwart. Er schmäht die Novemberrevolution als »erbärmlichste Schurkentat der deutschen Geschichte überhaupt« und erklärt die Niederlage der kaiserlichen Armee, die doch »siegreich in tausend Schlachten« geblieben sei, mit der sich »langsam weiterverbreitenden Zersetzung unseres Volkskörpers«. Mit sozialdarwinistischen Anklängen erklärt er: »Der tiefste und letzte Grund des Unterganges des alten Reiches lag im Nichterkennen des Rassenproblems und seiner Bedeutung für die geschichtliche Entwicklung der Völker.« Er schimpft auf den »Schandfrieden« von Versailles, den jene »Novemberverbrecher« unterzeichnet hätten, die auch Urheber der schwachen Weimarer Republik seien. Dies habe Deutschland jene »wüste Zersetzung« eingetragen, »die wir durch das demokratisch-parlamentarische System, das unser ganzes öffentliches Leben langsam anfrisst, vor uns sehen«. Als glühender Nationalist beklagt Hitler, wie sehr Deutschland bedrängt werde: »Das deutsche Volk ist heute von einer Meute beutegieriger Feinde innen und außen überfallen«; entsprechend versucht er, seine Landsleute zu militantem Widerstand anzustacheln. Nur die NSDAP, so Hitler, könne die Weltwirtschaftskrise durch Eroberung zusätzlichen Lebensraums überwinden: »Sie kämpft für das tägliche Brot dieses Volkes. [...] Sie kämpft für den notwendigen Raum, weil sie die Lebensrechte dieses Volkes vertritt.«[23] Solche Ressentiments wurden von einer wachsenden Zahl verwirrter Patrioten durchaus geteilt.

Hitler will jedoch die Malaise Deutschlands noch besser verstehen, um einer nachhaltigeren Heilung willen. Ausgehend von der Prämisse, dass »die höchste Aufgabe der Politik die Erhaltung und Fortführung des Lebens eines Volkes« sei, behauptet er, dessen biologische Gesundheit könne nur gewährleistet werden, indem die Nation ihre »Rassenreinheit« bewahre. In schrecklicher Fehlinterpretation der Menschheitsgeschichte postuliert Hitler: »Alle großen Kulturen der Vergangenheit gingen nur zu Grunde, weil die ursprünglich schöpferische Rasse an Blutsvergiftung abstarb.« In

Deutschland nun sieht er die überlegene »kulturschöpferische arische Rasse« bedrängt von zwei Todfeinden – den Juden und den Bolschewiken. Da Erstere kein eigenes Territorium besäßen, seien sie zwangsläufig »immer nur Parasit am Körper anderer Völker« gewesen. Von Juden angespornt, hätten auch die Marxisten eine äußerst destruktive Wirkung auf die Zivilisation, weil es ihnen um soziale Gleichmacherei gehe. Hitlers Einwände gegen Kapitalismus und Feminismus leiten sich aus diesen Grundthesen ab, auch wenn die Schlussfolgerungen nicht unbedingt logisch erscheinen.[24] Mit seinem rassistischen Nationalismus bezieht Hitler Position gegen alle Vorstöße des emanzipatorischen Fortschritts, der seinen gedanklichen Ursprung in der Aufklärung hat.

Sein positives Gegenprogramm hält Hitler viel vager als seine Ängste, aber immerhin skizziert er das Idealbild einer nationalen Wiedergeburt, die aus einer »Volksgemeinschaft« hervorgehen soll – so der Kernbegriff. Deutschland kann nur revitalisiert werden, wenn es der gebieterischen Notwendigkeit der »Rassenhygiene« folgt; ein Staatswesen muss entstehen, aus dem die biologisch und rassisch Minderwertigen getilgt seien. Um die Gesundheit ihres Blutes wiederzuerlangen, soll die Nation auf dem und vom Lande leben, den Boden beackern und gleichsam Stärke aus ihm ziehen. Anders als die bürgerliche Hierarchie und der marxistische Klassenkampf verfahren, behandelt die Volksgemeinschaft laut Hitler prinzipiell alle Mitglieder gleich; eine hierarchische Höherstellung gibt es nur als Lohn für bessere Leistung. Sind die Schäden urbaner Dekadenz erst einmal behoben, findet die nationale Gemeinschaft auch zu ihrer alten Kampftüchtigkeit zurück, welche sie befähigt, die dann unvermeidlichen Schlachten durchzustehen. Bei dieser teils militärischen, teils biologischen Unternehmung sah Hitler die Geschlechterrollen klar definiert: Männer hätten Krieg zu führen, Frauen die Rasse zu reproduzieren. Indem sie sich bemühe, die emotionale Einheit der Kriegsjahre wiederherzustellen, könne eine so transformierte Nation den Parteienhader der Demokratie hinter sich lassen und nach Größe streben, indem alle enthusiastisch zusammenarbeiteten.[25]

Dem westlichen Demokratiemodell hält Hitler eine eigene Alternative entgegen: die »wahrhaftige germanische Demokratie der freien Wahl des Führers mit dessen Verpflichtung zur vollen Übernahme aller Verantwortung für sein Tun und Lassen«. Darin gehen idealiter atavistische Mythen und moderne Innovationen eine neuartige Verbindung ein, die die Nation stärken soll. Der Führer verfüge über eine politische Bewegung aus ergebenen Gefolgsleuten, die seine Vision unters Volk bringe; so entstehe ein dynamischer Verbund nationaler Entschlossenheit. Die Massen müssten durch Propaganda gewonnen werden; sie seien wie Frauen: Einem eisernen Willen falle es nicht schwer, sie mitzureißen und zu beherrschen. Natürlich müssten Feinde wie Juden und Bolschewiken rücksichtslos ausgestoßen werden. Eine neue Elite, höchster Leistungen fähig und bereit zu heroischem Handeln, habe eine Kombination aus visionärer Führerschaft und Volksakklamation ins Werk zu setzen. In dieser Konzeption spielen Wissenschaft und Technik eine wichtige Rolle, liefern sie doch die benötigten Mittel für Propaganda, Wiederbewaffnung und Biopolitik. Bei dem ganzen Entwurf des völkischen »Führerstaats« handelte es sich um ein Gedankenexperiment in Sozialtechnik, das eindeutig modern war, auch wenn es den demokratischen und marxistischen Ideologien eine illiberale, rassisch begründete Alternative entgegenstellte.[26]

Die NSDAP begann als kleiner Verein von Extremisten, doch später wuchs ihre Anhängerschaft zu einem Querschnitt der deutschen Gesellschaft *en miniature*. Während der Kämpfe zu Beginn wagten nur überzeugte Reaktionäre, sich mit einer Partei einzulassen, die zum radikalen Rand gerechnet wurde. Die Nazis zogen einige Arbeiter an, aber mehr Gefolgsleute kamen aus der unteren Mittelklasse oder waren marginale Mitglieder der Elite. Seit den späten 1920ern trieb die Große Depression dem Nationalsozialismus neue Konvertiten zu; es handelte sich vorwiegend um Angehörige der Mittelklasse, die sozialen Abstieg fürchteten, und um junge Leute, die ihre Karrieren blockiert sahen. Nach dem nazistischen Wahltriumph 1932 versammelten sich Opportunisten aus den Reihen des Beamtentums, der Freiberufe und der technischen Metiers scharenweise hinter der Hakenkreuzflagge: Einer solchen

Bewegung, der offensichtlich die Zukunft gehörte, wollte man sich doch gern anschließen. Und als die Nazis erst einmal fest im Sattel saßen, konnten sie mit Privilegien Leute aus den ehemals skeptischen Eliten ködern; außerdem bildete ihre eigene Jugendorganisation eine verlässliche Rekrutierungsbasis. 1945 besaß die Nazi-Partei dann über acht Millionen Mitglieder. So hatte sich die NSDAP systematisch vom Rand der deutschen Gesellschaft in deren Mitte hineinbewegt.[27]

Entsprechend wuchs der Rückhalt der Nazis bei Urnengängen von einer kleinen Randgruppe zu einer Massengefolgschaft. Schließlich war die NSDAP fast eine Volkspartei, die namentlich Modernisierungsverlierer und Protestwähler erreichte. Der NSDAP gelangen ein paar Vorstöße in die Arbeiterschaft, aber sie eroberte niemals die Mehrheit des Proletariats. Den harten Kern ihrer Anhängerschaft bildeten stattdessen ums ökonomische Überleben kämpfende Gruppen wie Kleinbauern, Ladenbesitzer und unabhängige Handwerker; hinzu kamen höhere Angestellte, denen die Wirtschaftskrise besonders zusetzte. Ferner fand die Partei erstaunlich viel Unterstützung bei Studenten und Beamten, und auch in wohlhabenden Bezirken stieß die nationalistische Botschaft auf Resonanz. Extrem empfänglich zeigte sich die Jugend, aber auch eine beträchtliche Zahl von Rentnern stimmte für die Partei. Ebenso machten viele Frauen ihr Kreuz bei der NSDAP, obwohl darin anteilsmäßig nur wenige vertreten waren. Der typische Nazi-Gefolgsmann war also ein junger protestantischer Weltkriegsveteran von beschränkter Bildung. Der NSDAP gelang es vor allem, ehemals apolitische Wähler zu mobilisieren, die keiner speziellen Richtung zuneigten, aber mit der Weimarer Republik stark unzufrieden waren.[28]

Im Wesentlichen präsentierte der Nationalsozialismus eine dynamischere und modernere Version des Programms der radikalen Rechten, indem er die ökonomische und politische Krise nutzte, um seine Attraktivität zu steigern. Trotz aller Bemühungen der nazistischen Propaganda blieb die Arbeiterklasse jedoch größtenteils der Sozialdemokratie verbunden, während die Erwerbslosen dazu neigten, kommunistisch zu wählen. Zudem immunisierte religiöse

Autorität in gewissem Maße gegen nationale Agitation, so dass viele Katholiken sich ihre Skepsis bewahrten. Die demokratischen und liberalen Mittelschichtparteien hielten dagegen kaum stand, vielmehr zerbröselten sie regelrecht. Zuerst zerfielen sie in nur ihre Eigeninteressen vertretende Gruppen, dann verschwanden sie gänzlich von der Bildfläche, denn ihnen fehlte eine übergreifende Vision. Die Deutschnationale Volkspartei konnte von dem Chaos nicht profitieren, weil sie zu rückwärtsgewandt war: Sie wollte den Kaiser zurück an die Macht bringen und das diskreditierte Imperium wiederaufleben lassen. Die Nazis jedoch gaben sich dynamisch und in der Lage, die Zukunft zu formen, indem sie eine nationale Erneuerung versprachen. Diese werde die Wirkungskraft nach außen hin wiederherstellen und die inneren Zwistigkeiten heilen.[29] Ihre Botschaft, die Verachtung für das Vergangene mit Hoffnung auf das Künftige verband, schlug immer mehr Deutsche in ihren Bann.

Nationale Revolution

Wohl war die »nationale Erhebung« weitgehend eine Propagandaschau, doch Hitler gelang es, in überraschend kurzer Zeit und mit erstaunlicher Gründlichkeit eine Diktatur zu errichten, indem er seine Opponenten und Partner austrickste. Da er nur der Kanzler einer Koalitionsregierung war, in der die DNVP eine starke Mehrheit innehatte, vertrauten die traditionellen Eliten darauf, dass sie den Agitator würden kontrollieren können. Von Skeptikern hörte man, der »Spuk« werde glücklicherweise nicht lange dauern, weil die Nazis mit Papen und Hugenberg aneinandergeraten müssten. Aber die Vermutung erwies sich bald als Illusion, denn die Nazis dachten gar nicht daran, irgendwelche rechtlichen Grenzen zu respektieren. Davon legte der Straßenterror der SA gegen Kommunisten und Juden, zu dem Görings preußische Polizei tüchtig Beihilfe leistete, beredtes Zeugnis ab. Eingeschüchtert durch die Welle nationalistischer Propaganda, ließen sich verängstigte Opponenten schlicht nicht mehr blicken. Allenfalls hielten sie ein paar kritische

Reden, wagten aber keinen Massenwiderstand oder Generalstreik zu organisieren. Während der ersten Wochen gewann Hitler rasch den Rückhalt des Unternehmertums und der Armeeführung; so konnte er Hugenberg überzeugen, der Auflösung des Reichstags zuzustimmen. Unter dem Deckmantel einer »nationalen Revolution« gingen die Nazis nun daran, eine rassistische Diktatur zu etablieren.[30]

Auch wenn der Reichstagsbrand wohl nicht zu Hitlers Plänen gehört hatte, verschaffte er ihm eine unerwartete Chance, seine Macht zu erweitern; nun konnte er ungehindert die Bürgerrechte aufheben und die marxistische Opposition festsetzen. Am Abend des 27. Februar 1933 legte der junge Niederländer Marinus van der Lubbe Feuer im Parlamentsgebäude, um gegen die gesetzlose Gewalt der Nazis zu protestieren. Obwohl niemand glaubte, dass »kommunistische Brandstiftung« vorlag, erkannte die rasch zusammengetretene NSDAP-Spitze den Akt als »vom Himmel gebotene, einzigartig günstige Gelegenheit« und nutzte diese auch prompt, indem sie eine »Verordnung zum Schutz von Volk und Staat« ausgab: Alle Bürgerrechte, welche die Weimarer Verfassung garantierte, wurden kurzerhand abgeschafft. Und so ließ denn Göring nicht nur »die ganze kommunistische Reichstagsfraktion verhaften«, sondern auch »Hunderte oder Tausende von Kommunisten in ganz Deutschland«, dazu viele Sozialdemokraten und Gewerkschaftsführer; außerdem wurde die linke Presse verboten. Zwar fand am 5. März 1933 ein Urnengang statt; die geschilderten Repressionen verwandelten den vorherigen Wahlkampf aber in einen höchst ungleichen Wettstreit. Die NSDAP erhielt 43,9 Prozent der Stimmen, die DNVP 8; damit hatten beide zusammen knapp die absolute Mehrheit errungen.[31]

Das Ermächtigungsgesetz vom 23. März 1933 gab der nationalsozialistischen Diktatur formale Legitimation; mit ihm schaffte der Reichstag sich praktisch selbst ab. Ermutigt durch den »ungeheuren Wahlsieg«, setzten die Nazis ihren Terror in den Straßen fort: »Niemand atmet mehr frei«, klagte Victor Klemperer, »kein freies Wort, weder gedruckt noch gesprochen.« Hitler wollte seinem Regime aber unbedingt den Anschein von Legalität verleihen; darum ließ er es parlamentarisch beschließen. Zunächst einmal reichte er während des Festakts zur konstituierenden Sitzung des neu gewählten Reichstags in der Potsdamer Garnisonkirche dem greisen Präsidenten Hindenburg feierlich die Hand, um so die Versöhnung zwischen den preußischen Traditionen und der radikalen völkischen Bewegung zu besiegeln. Zwei Tage später warb Hitler im Reichstag mit heftigen Tiraden für die von der NSDAP eingebrachte Gesetzesvorlage, die der Verfassung anzufügen sei; sie bedeutete indes eine fundamentale Veränderung der Letzteren, namentlich kraft des scheinbar so harmlosen Satzes: »Reichsgesetze können außer in dem in der Reichsverfassung vorgesehenen Verfahren auch durch die Reichsregierung beschlossen werden.« Obwohl die Nazis versprachen, den Reichstag und das Präsidentenamt unangetastet zu lassen, übertrug diese Bestimmung die Gesetzgebungsgewalt auf das Regierungskabinett; damit war die diktatorische Herrschaft legitimiert. Um die katholische Kirche zu schützen, votierte die Zentrumspartei in der entscheidenden Abstimmung wie die Nationalsozialisten und die Konservativen für die Vorlage, die also mit 441 zu 94 angenommen wurde. Nur der Sozialdemokrat Otto Wels hatte den Mut zu warnen, dass damit die katastrophale Abschaffung von Menschlichkeit, Freiheit und Gerechtigkeit verbunden sei.[32]

Eine Mischung aus gewalttätiger Einschüchterung und freiwilliger Kooperation nazifizierte die deutsche Gesellschaft im Frühling und Sommer 1933; der Prozess ging als »Gleichschaltung« in die Geschichte ein. Zuerst sicherte sich die nationale Zentralregierung die Kontrolle über die einzelnen Länder, indem sie dort Reichsstatthalter einsetzte. Dann lösten sich, wenn auch widerstrebend, alle Oppositionsparteien auf, denn sie waren überflüssig geworden. Auch die einst so mächtigen Gewerkschaften kamen den neuen Machthabern entgegen und beteiligten sich an den von den Nazis organisierten Feiern zum 1. Mai, dem »Tag der Nationalen Arbeit«. Die Universitäten betrieben Selbstreinigung, indem sie den demokratischen, marxistischen und jüdischen Professoren ihre Lehrstühle nahmen. Berufsvereinigungen schlossen Juden aus, zwangen Liberale, ihren Posten zu räumen, und wählten nationalistische Funktionäre in die Führung, die jene Organisationen zu Hilfstruppen der Nazis transformierten. Sogar die katholische Kirche unterzeichnete einen Vertrag mit dem Dritten Reich, das »Reichskonkordat«; darin nahm sie die Einschränkung der gesellschaftlichen Aktivitäten ihrer Verbände hin, um dafür die Garantie zu erhalten, dass sie ihre religiöse Kerntätigkeit weiter ausüben konnte. Typisch für die zunehmende nationalistische Intoleranz war die »Aktion wider den undeutschen Geist«, organisiert von der Deutschen Studentenschaft, bei der Tausende von Büchern linker Autoren wie Karl Marx, Heinrich Heine, Sigmund Freud, Bertolt Brecht und Kurt Tucholsky verbrannt wurden.[33]

Am 30. Juni 1934 kam es zu einem Blutbad, das eine stetig schriller werdende Disharmonie innerhalb der nationalsozialistischen Bewegung aufheben sollte: die Spannung zwischen dem Streben nach einer Fortsetzung der Revolution und dem nach Respektabilität. Hitler hatte zwar durchaus Sympathien für den Radikalismus vieler Gefolgsleute, die Marxisten zusammenschlugen und Juden drangsalierten; dabei starben fünf- bis sechshundert Menschen im Zuge der Machtergreifung. Andererseits geboten Zweckmäßigkeit und Klugheit, sich das Wohlwollen der etablierten Eliten sowie der ausländischen Beobachter zu bewahren, die Gewalt verabscheuten. Ein Problem in dieser Hinsicht war das Oberhaupt der SA, Hauptmann Ernst Röhm, der mit einer »zweiten Revolution« liebäugelte, die, so hoffte er, einen egalitären Nationalismus initiieren würde. Ein zweites Hindernis bildete die wachsende Skepsis der Konservativen, der Vizekanzler Papen durch seine Warnung Ausdruck verlieh, man könne keine »Revolution in Permanenz« leben. Als die Armeechefs gegen die Umwandlung der SA in eine nationale Miliz protestierten, sah sich Hitler zum Handeln gezwungen. In einer Nacht-und-Nebel-Aktion, bekannt als die »Nacht der langen Messer«, ließ er die Führungsriege der SA hinrichten, während die Gestapo Konservative wie Schleicher und alte Parteirivalen wie Strasser ermordete. Öffentlich behauptete Hitler, durch die Maßnahmen eine heimtückische Verschwörung zerschmettert zu haben. Nach Hindenburgs Tod im August 1934 vereinte er sein Amt des Reichskanzlers mit dem des Reichspräsidenten.[34] Nun endlich regierte er uneingeschränkt.

Die Rede vom sogenannten Röhm-Putsch sandte die schauererregende Botschaft an die Bevölkerung, dass im Dritten Reich niemand mehr sicher sei. Bei den Parteitreuen festigte das frevelhafte Gemetzel den Führermythos, denn nun stand Hitler endgültig über allen Rivalen. Die Herzen der NSDAP-Gegner jedoch konnten die Morde nur mit Schrecken erfüllen; und so flohen viele von ihnen – darunter Heinrich Brüning, Willy Brandt und Walter Ulbricht – ins Exil. Aus dem Ausland bemühten sie sich, Widerstandsorganisationen aufzubauen, und warteten vergebens auf den Zusammenbruch des Dritten Reiches. Nach den Bücherverbrennungen sahen sich Schriftsteller wie Bertolt Brecht und Thomas Mann gezwungen, das Land zu verlassen, und die Säuberungen an den Universitäten vertrieben bedeutsame Wissenschaftler wie den Physiker Albert Einstein und den Historiker Hajo Holborn, was Deutschland um die besten und hellsten Köpfe brachte. Im Reich mussten die Bürger lernen, Nazi-Parolen nachzubeten, damit sie nicht etwa von einem der zahlreichen Fanatiker gemeldet wurden, die nationalistische Konformität erzwingen wollten. Während die Eliten der Beamtenschaft, des Unternehmertums und des Militärs immer noch eine gewisse Bewegungsfreiheit genossen und Autoren sich in die »innere Emigration« zurückziehen konnten, mussten gewöhnliche Demokraten, Sozialisten und Kommunisten mit der ständigen Furcht leben, dass eine Denunziation sie in ein Konzentrationslager brachte.[35]

Hitlers Diktatur bezog ihre Beständigkeit nicht nur aus Repression, sondern auch aus der Dankbarkeit des Volkes für die wirtschaftliche Erholung, die sie sich als Verdienst anrechnete. Ökonomen streiten bis heute darüber, welche der Maßnahmen die entscheidende Wirkung hatte, aber fest steht, dass die Vollbeschäftigung ziemlich rasch zurückkehrte. Gleichsam nach dem Gießkannenprinzip initiierten die Nazis zahllose Maßnahmen, die von öffentlichen Arbeiten wie der Errichtung innovativer Schnellstraßen, »Autobahnen« genannt, bis zur Subvention regulärer Bauprojekte und der Neubelebung industrieller Investitionen reichten. Zwar blieben die Löhne anfangs noch eingefroren, aber als es wieder genug Arbeit gab, stieg der Lebensstandard auch jener Haushalte, welche die Depression nur mit Mühe überstanden hatten. Propagandacoups wie die Produktion eines erschwinglichen Radiogeräts namens »Volksempfänger« und die Planung eines Autos für alle namens »Volkswagen« hellten ebenfalls die Stimmung auf. Besonders aber trug das massive, erst heimlich, dann offen betriebene Aufrüstungsprogramm, das man über öffentliche Kredite mit Hilfe der berüchtigten »Mefo-Wechsel« finanzierte, zur Erholung bei.[36] Selbst wenn sie nicht sämtliche Facetten der nationalsozialistischen Ideologie akzeptierten, schätzten viele Deutsche doch die Verbesserung ihrer materiellen Lebensbedingungen.

So konnten die Nazis schließlich ihre Macht konsolidieren, und es fiel ihnen leichter als gedacht. Die Opposition war im Exil, zersplittert oder in den Untergrund getrieben, und Hitler ersetzte ohne größeres Aufsehen die letzten im Machtapparat verbliebenen Angehörigen der konservativen Eliten durch eigene Leute. In kürzester Zeit feuerte er den »Finanzmagier« Hjalmar Schacht, suspendierte die Armeeführer Werner von Blomberg sowie Werner von Fritsch wegen angeblicher sexueller Fehlorientierung und entließ den erfahrenen Diplomaten Konstantin von Neurath. Ihre Nachfolger – Walter Funk, Wilhelm Keitel, Walther von Brauchitsch – gehörten zur zweiten Garnitur der NSDAP und erhielten ihre Posten, weil sie alte Kampfkumpane Hitlers waren. Mitglieder der Elite wie der General Ludwig Beck oder Leipzigs Bürgermeister Carl Goerdeler, die dem Nationalsozialismus skeptisch gegenüberstanden, blieben isoliert, weil die wirtschaftliche Erholung daheim und mehrere Erfolge in der Außenpolitik Hitlers Führungsanspruch zu bestätigen schienen. Nur Emigranten wie Sebastian Haffner hatten die Möglichkeit, die Welt vor dem mörderischen Charakter der Nazis zu warnen, in der Hoffnung, man könne ihre Macht vielleicht von außen unterminieren. Innerhalb des Dritten Reiches versuchten unerschrockene Kommunisten und Sozialisten Widerstand aus dem Untergrund zu organisieren, doch erzielten ihre Bemühungen wenig greifbare Ergebnisse.[37] Binnen eines halben Jahrzehnts hatte Hitler eine Einparteiendiktatur etabliert.

Die Volksgemeinschaft

Der wichtigste unter den sanften Stabilisatoren der nationalsozialistischen Herrschaft war die Rede von der »Volksgemeinschaft«. Ihr auch äußere, konkrete Gestalt zu geben, oblag diversen subsidiären Organisationen. Sogar Deutsche, die den Nationalsozialismus ansonsten ablehnten, teilten die Sehnsucht nach einer nationalen Harmonie, welche die Unterschiede zwischen den Klassen, Religionen und Regionen aufhob. Goebbels' Propagandaministerium gab pausenlos Parolen aus wie »Gemeinnutz geht vor Eigennutz« oder »Ein Volk, ein Reich, ein Führer«, um die nationale Einheit zu betonen. Letztere sollte ihren symbolischen Ausdruck darin finden, dass man an jedem Sonntag einen schlichten Eintopf aß. Zweifellos wurde die Wirklichkeit dem Idealbild der klassenlosen Solidarität nie so ganz gerecht, aber die konstante Wiederholung des ideologischen Mantras zeigte doch einige Wirkung, sogar bei der Klasse der Industriearbeiter. Die jungen Menschen waren besonders empfänglich für Appelle an den Idealismus; das Bedürfnis, zur Volksgemeinschaft zu gehören, wurde ihnen in Schule und Hitlerjugend ja auch kräftig eingehämmert. Allerdings bedeutete diese Vision von Inklusivität gleichzeitig Exklusion, denn Marxisten, Juden und andere ›Feinde‹ mussten selbstverständlich draußen bleiben. Diesbezüglich kamen die Berichte des inländischen Sicherheitsdienstes und die der sozialistischen Exilanten zu ein und demselben Ergebnis: die nationale Gemeinschaft war beides – Propagandabehauptung und partielle Realität.[38]

Eine zentrale integrative Kraft war die Nazi-Partei, die ihre Einheit jedes Jahr mit einer Massenveranstaltung, dem sogenannten Reichsparteitag, in der mittelalterlichen Stadt Nürnberg feierte. Die Regisseurin Leni Riefenstahl hat eine solche Veranstaltung in ihrer verführerischen Filmdokumentation *Triumph des Willens* festgehalten. Diese Kongresse waren sorgfältig orchestrierte, quasi-religiöse Zeremonien, in denen der Führer und seine Gefolgsleute, vom Gauleiter bis hinab zum Blockwart, ihre emotionale Verbundenheit bekräftigten. Hitler kam mit dem Flugzeug und fuhr dann im offenen Mercedes durch die jubelnden Scharen zum Paradegelände. Dort begrüßten ihn freudig Zehntausende begeisterter Mitglieder der Partei, der Hitlerjugend und anderer nationalsozialistischer Organisationen mit donnerndem Applaus, während paramilitärische Einheiten der SA, der SS und des Reichsarbeitsdienstes an seiner Tribüne vorbeidefilierten. Die Erregung erreichte Fiebergrade, wenn sich schließlich das Staatsoberhaupt selbst an die begeisterte Menge wandte, mit seiner eigentümlichen Intonation, seinen übertriebenen Gesten und seiner magnetischen Intensität. Das gigantische Spektakel sollte die Ergebenheit der Mitglieder an die Sache des Nationalsozialismus bekräftigen, die Herzen der Feinde in Angst versetzen und der Welt draußen beeindruckend dartun, dass Deutschlands Kraft nun wieder erstarkt war.[39]

Die »Deutsche Arbeitsfront« (DAF), in der die sozialistischen, katholischen und liberalen Gewerkschaften hatten aufgehen müssen, war eine weitere wichtige Organisation, die der Formierung der Volksgemeinschaft diente. Ins Leben gerufen hatte die DAF der NSDAP-Reichsleiter Robert Ley, ein korrupter Alkoholiker und Schürzenjäger, dem vorschwebte, das Arbeitswesen im nationalsozialistischen Sinne umzugestalten und zu kontrollieren. Nach dem neuen »Gesetz zur Ordnung der nationalen Arbeit« hatte sich ein Unternehmen als »Betriebsgemeinschaft« zu begreifen, an deren Spitze der Arbeitgeber als Werksleiter stehe, mit dem die Arbeiter als dessen Gefolgsleute harmonisch zusammenwirken sollten. Gab es früher eine scharfe Trennlinie zwischen Arbeitern der Hand und Büroangestellten, waren beide Gruppen nun gehalten, dem Gemeinwohl zuliebe zu kooperieren. Um sich eine hart rackernde und fügsame Arbeiterschaft zu sichern, unterdrückte die Deutsche Arbeitsfront nicht nur die letzten Reste marxistischer Agitation, die da und dort noch stattfand, sondern setzte auch eine Reihe positiver Anreize. Eine dieser Maßnahmen war die Kampagne »Schönheit der Arbeit«, die dem Ziel diente, Arbeitsplatz und -bedingungen attraktiver zu gestalten. Eine weitere Bemühung um die Gunst der Werktätigen führte zum Programm »Kraft durch Freude«, das ihnen, damit sie ihre Arbeitskraft regenerieren konnten, erschwingliche Freizeitaktivitäten und bezuschusste Urlaubsreisen bot.[40] Wenn auch manche Arbeiter sich mundtot gemacht fühlten, so zögerten doch viele nicht, solche nationalsozialistischen Initiativen zu nutzen.

Die Hitlerjugend (HJ) versuchte stattdessen, um die nationalistische und rassistische Botschaft des neuen Regimes der jüngeren Generation zu vermitteln, durch aufregende Programme ebenso wie durch unablässige Propaganda. Die HJ war als Jugendabteilung der Partei entstanden und seit der Machtergreifung immer mehr gewachsen, zumal die Mitgliedschaft darin allen deutschen Kindern und Jugendlichen zur Pflicht erklärt worden war. Kinder von 10 bis 14 Jahren kamen ins »Jungvolk«; für die Jugendlichen von 14 bis 18 gab es eigene Verbände: Die Jungen gingen zur HJ, die Mädchen zum »Bund deutscher Mädel«, kurz BdM. Die Lagerfeuerromantik, die jene Organisationen pflegten, war einerseits ein Überbleibsel der völkischen Jugendbewegung, die um die Jahrhundertwende Wandern und Zelten populär gemacht hatte. Andererseits ahmte ihr paramilitärisches Programm die – im Hitlerreich übrigens verbotenen – Pfadfinder nach, indem man den Jungen Disziplin einbläute und sie durch abenteuerliche Kriegsspiele ins Kämpfen einführte. Zur Zeit ihrer Gründung in den frühen 1920ern umfasste die HJ nur ein paar Hundert Mitglieder; unter Baldur von Schirach stieg die Zahl dann explosionsartig; 1940 betrug sie acht Millionen. Wegen der vielen Zeit, welche die Aktivitäten bei der HJ verschlangen, geriet sie immer wieder in Konflikte mit den Schulen, wenn Lehrer darauf bestanden, dass ihre Zöglinge sich auch einmal mit dem akademischen Bildungsstoff befassten, statt dauernd nur Athletentum und Durchhaltevermögen zu glorifizieren. Ein paar wenige Rebellen, etwa die »Swing-Jugendlichen«, versuchten sich der Gängelung zu entziehen; aber im Ganzen gelang es der Hitlerjugend doch, viele junge Deutsche zu indoktrinieren.[41]

Trotz der starken misogynen Tendenzen innerhalb des Nationalsozialismus bildeten auch die Frauen einen wichtigen Teil der »Volksgemeinschaft«, da ihre biologischen und sozialen Beiträge den Fortbestand der Herrenrasse sicherten. Zwar frönten die uniformierten Kolonnen der nationalsozialistischen Bewegung eindeutig der Männerbündelei und verrieten ein sexistisches Gefühl der Überlegenheit. Um die Zahl der Arbeitslosen zu mindern, bekämpften die Nazis das »Doppelverdienertum«: Frauen mussten bei ihrer Eheschließung den öffentlichen Dienst verlassen, wenn ihr Gatte ebenfalls dort beschäftigt war. Die Quote der weiblichen Studierenden durfte an den Universitäten 10 Prozent nicht übersteigen. So gesehen sahen sich die Frauen durchaus in die klassische Sphäre »Kinder, Küche, Kirche« verbannt. Aber Hitlers eugenische Obsession, die Geburtsraten der Deutschen sänken beständig, verlieh der reproduktiven Rolle des weiblichen Geschlechts eine größere Bedeutung. Ein symbolisches Reich der Frauen sollte entstehen, das die Familie in die Gesellschaft hinein ausdehnte; anders gesagt: Die Familie sollte Anliegen der ganzen Gesellschaft werden. Die »NS-Frauenschaft«, aufgebaut und geleitet von der »Reichsfrauenführerin« Gertrud Scholtz-Klink, kümmerte sich um einschlägige »soziale Fürsorge, Erziehungsprogramme, Freizeitaktivitäten, ideologische Indoktrination und Verbraucherlenkung«. Entgegen dem Klischee, das man aus vielen Filmen kennt, waren die Nazis in sexuellen Dingen keineswegs verklemmt – solange es nicht zur Rassenmischung kam.[42] Die Frauen waren also nicht nur Opfer, sondern auch bedeutsame Komplizinnen des Regimes.

Die populärste NS-Organisation war die »Nationalsozialistische Volkswohlfahrt« (NSV), die ihre Funktion so definierte: »Vornehmste Pflicht der NSV ist es, die lebendigen, gesunden Kräfte des deutschen Volkes zu entfalten und zu fördern«. Die NSV begann als Nothilfe für bedürftige Parteimitglieder, entwickelte sich aber nach und nach zum zentralen Fürsorgeverband des Dritten Reiches, dessen Mitgliederschar bis 1943 auf 17 Millionen anwuchs. Geleitet von Erich Hilgenfeldt, ersetzte sie die sozialistische »Arbeiterwohlfahrt«, verteilte die staatlichen Fürsorgemaßnahmen und koordinierte diese mit denen der kirchlichen Karitativvereinigungen und dem Roten Kreuz. Konkret widmete sich die NSV namentlich der Pflege von »Mutter und Kind«, für deren begleitende Beratung ebenso gesorgt werden sollte wie für richtige und hinreichende Ernährung. Auch die körperliche Gesundheit förderte man durch bessere Hygiene und subventionierten Urlaub. Organisatorisch von der NSV getrennt, aber mit engem propagandistischen Bezug zu ihr operierte das »Winterhilfswerk«, das die Bedrängnisse im Blick hatte, die sich während der kalten Monate ergeben konnten. Unter der Parole »Keiner soll hungern, keiner soll frieren« appellierte es zu Geld- oder Sachspenden und veranstaltete jedes Jahr zur Winterszeit umfassende Sammelaktionen. Gleichzeitig schloss die NSV »rassisch Minderwertige« und »Asoziale« von der einschlägigen Betreuung aus, denn an deren Fortpflanzung bestand kein Interesse. Es ging weniger darum, einzelnen Bedürftigen zu helfen, als darum, einen gesunden »Volkskörper« zu schaffen.[43]

Ausgeschlossen von der imaginierten »nationalen Gemeinschaft« waren deren politische und rassische »Feinde«, die nun die volle Wucht des nazistischen Terrors abbekamen. Hitlers ungezügelter Hass auf die Linke schlug sich bald in konkreten Maßnahmen nieder. Zuerst hatte der Kampf gegen deren Druckerzeugnisse oberste Priorität, und so wurde amtlich verfügt, »daß das zersetzende Gift der marxistischen und pazifistischen Schriften [...] zu entfernen sei«. Dann rückten die Feinde als Personen in den Fokus: Prominente Kommunisten wurden verhaftet, eingesperrt und getötet. Ein weiteres wichtiges Ziel war die durch den antisemitischen Rassismus der Nazis motivierte Verfolgung der Juden. Sie manifestierte sich zunächst in der legalisierten Säuberung des öffentlichen Dienstes, der Universitäten und der Freiberufe sowie in einem Volksboykott jüdischer Geschäfte. Victor Klemperer fühlte sich ins Rumänien des Mittelalters zurückversetzt und konstatierte bedrückt: »Ein Tier ist nicht rechtloser und gehetzter [als ein Jude]«. Zwar verfügte die Gestapo nur über knapp 20 000 Agenten, aber sie verließ sich auf die deutschen Normalbürger, die ihre kommunistischen oder jüdischen Nachbarn – »Volksfeinde« eben – schon denunzieren würden. Entsprechende Initiativen der SA weiterentwickelnd, errichtete die SS drei größere Sammelstätten für Inhaftierte: Dachau, Buchenwald und Sachsenhausen. Ein solches »Konzentrationslager«, kurz KZ, nahm die wachsende Zahl jener auf, von denen man vermutete, sie könnten »die Sicherheit des Staates gefährden«.[44] Durch Diskriminierung, Repression und Gewalt schufen die Nazis in den KZs eine Art Negativgemeinschaft aus Opfern der politischen und rassistischen Verfolgung.

Jene Deutschen, die kein Bannfluch traf, entwickelten im Allgemeinen Sympathie für das nationalsozialistische Projekt einer Volksgemeinschaft, das die Gespaltenheit der Weimarer Republik zu überwinden schien. Ein wichtiger Grund lag in der bemerkenswerten Verbesserung der Lebensgrundlagen, dank derer sogar Arbeiter die Vorkriegsjahre des Dritten Reiches als »eine gute Zeit« empfanden. Eine weitere Ursache war der greifbare Nutzen, den einige Programme dem einzelnen Bürger wie auch der Nation bescherten, denn er machte den Zwang und die Indoktrination, die von den nationalsozialistischen Organisationen ausgingen, zumindest erträglich. In diese Rubrik fallen eigentlich auch die Olympischen Spiele in Berlin 1936, die das Leistungsvermögen des nationalsozialistischen Deutschlands zur Schau stellten – nicht zuletzt anhand des hunderttausend Zuschauer fassenden Olympiastadions – und die selbst ausländische Besucher beeindruckten. Zwar störten der Streit um die Teilnahmesperre für jüdische Athleten und Jesse Owens' spektakuläre Siege das positive Gesamtbild; doch immerhin konnten die Deutschen stolz auf insgesamt 89 gewonnene Medaillen verweisen, womit sie die 56 ihres schärfsten Konkurrenten, der Vereinigten Staaten, deutlich übertroffen hatten.[45] Mit dieser Mixtur aus Kontrolle, Anreizen und Propaganda gelang es Hitler, eine rechte Diktatur zu errichten, deren Bestand auf breiter Zustimmung im Volke beruhte.

Antimoderne Moderne

Die Debatte um die Beziehung zwischen Nationalsozialismus und Moderne muss fruchtlos bleiben, solange sie weiterhin eher moralisierend als analytisch geführt wird. Da sie den Fortschritt mit dem Vorrücken der Demokratie gleichsetzen, tendieren westliche Intellektuelle seit jeher dazu, den Faschismus als reaktionären »utopischen Antimodernismus« zu brandmarken. Kein Zweifel, viele Äußerungen Hitlers, Rosenbergs und anderer nationalsozialistischer Ideologen demonstrieren, dass die Nazis das Erbe der Aufklärung ablehnten, sei es nun kapitalistisch, demokratisch oder sowjetkommunistisch geprägt. Zudem gifteten sie gegen »modernistische« Kunst und Kultur. Wenn das Adjektiv »modern« jedoch eine historische Periode bezeichnet, gehört der Nationalsozialismus eindeutig zu dieser neuzeitlichen Ära. Und konzediert man, gestützt auf soziologische Theorien, dass der Gang der Geschichte eben »multiple Modernen« erzeugt, die einzelne Überbleibsel der Tradition bewahren wollen, bestimmte andere Elemente jedoch ablehnen – dann kann das Projekt des Nationalsozialismus verstanden werden als Vorschlag »einer radikalen Alternative zu den liberalen und sozialistischen Ansichten darüber, wie die Moderne idealiter aussehen solle«.[46] Auch wenn es paradox erscheinen mag – die Nationalsozialisten haben durchaus eine eigene Version der Moderne entwickelt.

Hitler und seine Gefolgsleute unterstellen der demokratischen und marxistischen Modernisierung destruktive Konsequenzen, die sie schärfstens brandmarken. Sie hassen die Demokratie, schelten sie eine »Spottgeburt aus Dreck und Feuer«. Es sei ja schließlich eine Demokratie gewesen, die der deutschen Armee den Dolch in den Rücken gestoßen, den demütigenden Versailler Vertrag akzeptiert und die Stärke der Nation durch Pazifismus untergraben habe. Gleichermaßen aber schmähen sie die »marxistische Weltpest«, die sie zur »geistigen Entartung« erklären. Deren Auswirkungen seien in der Sowjetunion zu besichtigen, wo »blutbefleckte gemeine Verbrecher« regierten, wo der »Abschaum der Menschheit« herrsche, der »Millionen seiner führenden Intelligenz in wilder Blutgier abwürgte«. Ihre härtesten Beschimpfungen aber reservieren die Nazis für die vermeintlich gemeinsame Quelle der beiden rivalisierenden Ideologien: das internationale Judentum. Dieses nämlich strebe um des »erhofften jüdischen Weltreichs« willen danach, andere Völker »zu geschlechtslosen Bastarden zu erziehen«. Auch den Deutschen drohe die Gefahr, dass die Juden sie entnationalisieren und ihr Blut verderben würden.[47] Es genüge aber nicht, die westlichen und sowjetischen Gegner zu disqualifizieren: Man müsse auch eine überlegene Alternative ausarbeiten, die sich nicht bloß in eine mythisierte völkische Vergangenheit retten wolle, sondern die Nation für eine bessere Zukunft revitalisieren könne. Da sie Wunden heilen sollte, die ihre Konkurrenten schlugen, empfiehlt sich für diese verzerrte nationalsozialistische Vision der Begriff »organische Moderne«.

Vor allem bezweckte das nazistische Projekt einer alternativen Zukunft, Mensch und Maschine zu einer kreativen Einheit zu versöhnen, die der Nation zur Ehre gereiche. Wohl begegnete Hitler jener Moderne, die etwa experimentelle Kunst implizierte, mit Geringschätzung. In anderen Kontexten jedoch benutzte er das Adjektiv »modern« im positiven Sinne, namentlich, wenn er über Wissenschaft und Technik sprach, die sich in den Dienst der revitalisierten Nation stellen ließen.[48] Die programmatische Rückkehr in eine agrarische Vergangenheit ging man nur halbherzig an – schließlich war die Führungsriege der Nazis fasziniert von technischen Novitäten wie Radiosendern, Düsenflugzeugen und ballistischen Raketen; sie finanzierten auch die ersten Experimente mit dem Medium Fernsehen. Trotz allem Antiintellektualismus förderten die Nationalsozialisten wissenschaftliche Forschung, wenn sie ihnen zupasskam. Zu den unterstützten Disziplinen zählten die Waffentechnologie, der Wiederaufrüstung zuliebe; Rassenkunde als Basis zur Reinigung des Nationalkörpers; aber auch völkische Geschichtswissenschaft, die Ansprüche konstruierte, mit denen sich eine expansionistische Außenpolitik legitimieren ließ. Bei gigantischen Bauprojekten wie dem geschwungenen Dach des Flughafens Berlin-Tempelhof sahen die vom Dritten Reich bestallten Planer »moderne« Konstruktionen aus Stahl und Beton vor, während sie die Fassade mit Kalkstein verkleiden ließen. Auch als das Netz der Autobahnen angelegt wurde, zog man Landschaftsarchitekten zu Rate, damit sich die Hochgeschwindigkeitsstraßen harmonisch in ihre Umgebung fügten.[49]

Ein zentraler Aspekt der organischen Moderne waren die biopolitischen Bemühungen, den »Volkskörper« mittels eines gigantischen sozialtechnischen Projekts zu reinigen und zu kräftigen. Die Idee zur »Biologisierung des Sozialen« stammte aus den Büchern von Ärzten und Kulturkritikern, die den städtischen Lebensstil für ungesund befanden, weil er Nervenschwäche, Siechtum, Degeneration und sinkende Geburtenraten bewirke. Eugeniker aus verschiedenen Nationen hatten diese Positionen vertreten, die die Nazis nun für Deutschland und ihre speziellen Zwecke adaptierten, wobei sie der Eugenik eine rassistische Richtung gaben. Man wollte ebenso genetisch bedingte Krankheiten bekämpfen wie die Reinheit der Rasse fördern. Die von Ersteren Befallenen wurden sterilisiert; aber auch andere Träger »minderwertigen Erbguts« rückten ins Blickfeld, so Juden und »Asoziale«. Teils sterilisierte man sie ebenfalls, teils hinderte man sie durch diverse Segregationsmaßnahmen daran, mit »Arierinnen« und »Ariern« Kinder zu zeugen. Gleichzeitig betrieben die Nazis eine positive Bevölkerungspolitik mit Programmen wie dem SS-»Lebensborn«, die der Erhöhung der Rate ehelicher und außerehelicher Geburten durch spezielle Anreize, der Reduktion der Kindersterblichkeit und dem Zurückdrängen der Geschlechtskrankheiten durch verbesserte hygienische Prävention dienten.[50] Dieser staatliche Eingriff in individuelle Sexualität, Geschlechterrollen und öffentliche Gesundheit, der sich um Bürgerrechte ja nicht scheren musste, war ein modernes Projekt sozialer Medikalisierung, das von akademischen Forschern unterstützt wurde, die im Namen der Rassenreinheit und der nationalen Stärke agierten.

Schließlich hatte das Einbringen charismatischer Elemente ins deutsche Staats- und Gemeinwesen auch noch das Ziel, eine neue, harmonische Form rechter Politik zu schaffen, die dem Zeitalter der Massen angemessen war. Die Macht des Führers beruhte nicht nur auf der Verbreitung des Hitler-Kults, sondern ebenso auf einer mystisch aufgeladenen Bereitschaft eines großen Teils der Bevölkerung, Kritik auszublenden und sich willig von dem Verehrten leiten zu lassen. Gemäß der Losung »dem Führer entgegenarbeiten« agierte die Partei als entscheidende Vermittlungsinstanz, denn sie interpretierte Hitlers Willen und setzte seine Diktate um, oft noch bevor sie öffentlich verkündet wurden. Staat und Verwaltungsorgane hatten gar keine andere Wahl, als die Richtungsvorgabe der Nazipartei hinzunehmen und ihr zu dienen. Die Bürger als Individuen waren gezwungen, dem Führer zu vertrauen und, wann immer dazu aufgefordert, seinen Entscheidungen zu applaudieren. Außerdem hatten sie ihr Bestes zu geben, damit die Ziele, die ihm seine höhere Weisheit eingab, auch erreicht wurden. Das Verbot von Dissens und abweichenden Meinungen sowie die Verfolgung jeglicher Opposition rechtfertigte man damit, dass jetzt doch alle an einem Strang zögen, weshalb man eben den Parteienegoismus und das Gezänk der parlamentarischen Debatten habe unterbinden müssen. Von Goebbels' Propaganda bis zu Himmlers SS-Schergen bildeten Struktur und Instrumente des neuen Regierungsmodus eine durch und durch moderne Konsensmaschine.[51]

Der Zweite Weltkrieg wird entfesselt

Münchner Konferenz, 1938 (zeitgenössische Montage). Am Münchner Hauptbahnhof v. l. n. r. (vorne): Joachim von Ribbentrop, Edouard Daladier, Neville Chamberlain, Adolf Hitler im Gespräch mit Benito Mussolini. Hintere Reihe (v. l. n. r.) Heinrich Himmler, Hermann Göring, Galeazzo Ciano

Am 5. November 1937 versammelten sich Hitler und die Oberbefehlshaber der Wehrmacht zu einer Geheimkonferenz in der Reichskanzlei. Der Diktator hielt den hohen Militärs einen erregten Sermon über den »Bedarf des deutschen Volkes« an »Lebensraum«, den Hitler als »seine testamentarische Hinterlassenschaft für den Fall seines Ablebens« bezeichnete. Weder Autarkie noch stärkere Teilhabe an der Weltwirtschaft, so legte er dar, würden genügen, um Deutschland »die Sicherung und die Erhaltung der Volksmasse und deren Vermehrung« zu garantieren. Die Bevölkerung wachse, bei dem bisherigen Gebietsstand sei aber deren ausreichende Versorgung auf Dauer nicht möglich. Hitlers Konsequenz: »Zur Lösung der deutschen Frage könne es nur den Weg der Gewalt geben, dieser niemals risikolos sein.« Die unverblümte Feststellung signalisierte: Hitler hatte sich für einen neuen Krieg entschieden, zur Debatte stand nur noch das *Wann* und *Wie*. Die Zeit dränge, denn wie viel Jahre ihm auf Erden noch verblieben, wisse niemand, und der augenblicklich optimale Zustand der wiederaufgerüsteten Armee lasse sich auch nicht dauerhaft halten. Daher »sei es sein unabänderlicher Entschluß, spätestens 1943/45 die deutsche Raumfrage zu lösen«. Die Bedenken seiner militärischen Ratgeber ignorierend, befürwortete Hitler, zunächst die Tschechoslowakei und gleichzeitig Österreich niederzuwerfen, wobei der »Überfall« auf Erstere »blitzartig schnell« erfolgen müsse, bevor andere Länder sich einmischen könnten.[1] Friedrich Hoßbach, Adjutant der Wehrmacht bei Hitler, notierte all diese Aussagen. Diese sogenannte »Hoßbach-Niederschrift« sollte später im Nürnberger Prozess als Beleg für den Willen des Diktators zum Kriege dienen.

Während um die Frage, wer für den Ersten Weltkrieg verantwortlich gewesen sei, bis heute erbittert debattiert wird, gibt es daher keine solche Diskussion, was den Urheber des Zweiten Weltkriegs betrifft. Die Beweislast ist erdrückend und lässt eben nur einen Schluss zu: Nazideutschland war die treibende Kraft, die Europa in ein neues Blutbad stürzte, das noch schrecklicher wurde als das erste – falls überhaupt möglich. Die wenigen Versuche, das

Dritte Reich freizusprechen oder bestimmte Fehler der westlichen Diplomatie hervorzuheben, hat die Forschung als irrelevant abgetan, wenn sie nicht gar Schlimmeres dahinter vermutete.[2] Mögen der ideologisch begründete Expansionismus des sowjetischen Diktators Stalin und die Sturheit des polnischen Außenministers Józef Beck zum Zusammenbruch des Friedens beigetragen haben – sie alle spielten nur eine Nebenrolle, verglichen mit Hitlers Initiative. Teilweise folgte der nationalsozialistische Diktator einer bewussten Strategie zur Beseitigung der durch den Versailler Vertrag auferlegten Restriktionen, Wiederherstellung der starken kontinentalen Position Deutschlands und Eroberung von Lebensraum im Osten. Teilweise ergab sich jene Aggressivität aber auch aus der polykratischen Dynamik des nazistischen Systems, in dem mehrere Gruppen einander anstachelten und die ehrgeizige Wiederaufrüstung einen siegreichen Krieg brauchte, um ihre Kosten zu finanzieren.[3]

Da die Energien der Franzosen voll und ganz durch ihre Volksfront gebunden waren, landete die Verantwortung für die Verhandlungen mit Hitler auf den Schultern des britischen Premierministers Neville Chamberlain. 1869 in eine Familie hineingeboren, die schon mehrere hochrangige Politiker hervorgebracht hatte, besuchte er eine Privatschule und wurde zunächst Geschäftsmann. Mit 49 ging er in die Politik und engagierte sich bei den Konservativen. Rasch wurde er erst Gesundheitsminister, dann Schatzkanzler; in letzterem Amt setzte er sich für imperiale Schutzzölle und fiskalische Austerität ein, um der Großen Depression zu begegnen. Als Stanley Baldwin 1937 zurücktrat, wurde der rührige und eigentlich grundanständige Chamberlain Premier. Schon hoffte er, sich nun primär mit inneren Reformen befassen zu können, doch das Erstarken des nazistischen Deutschlands zwang ihn, sich der Außenpolitik zuzuwenden. Er suchte nach einer Möglichkeit, den drohenden Krieg zu verhindern, und die sah er darin, dass man Berlins Forderungen und Klagen, sofern sie gerechtfertigt erschienen, entgegenkam.[4] Sein Handlungsspielraum war denkbar klein, denn es herrschte eine tiefe Spaltung im Lande: hier die autoritären Konservativen und die linken Pazifisten, die beide den Frieden bewahren wollten, dort Nationalisten wie Winston Churchill und antifaschistische Labour-Intellektuelle, die beide warnten, nur durch Härte und Festigkeit lasse sich das nahende Gewitter noch abwenden.

Seitdem Chamberlain mit seiner Versöhnungspolitik scheiterte, herrschte und herrscht eine rege Kontroverse darüber, ob *appeasement* die richtige Strategie sei, um ein expansionistisches Schurkenregime einzuhegen. Da Zugeständnisse Hitlers Expansionismus nicht zu stoppen vermochten, betrachteten viele während des Kalten Krieges und danach als wichtigste Lehre aus dem Münchner Abkommen, dass man Aggression stets mit Entschiedenheit bekämpfen müsse, worauf sich Staatsmänner von Harry S. Truman bis George W. Bush berufen haben. Allerdings hat eine simplistische Anwendung dieser Analogie manchmal auch den Krieg herbeigezwungen, wenn weitere Verhandlungen vielleicht den Frieden bewahrt und positive Veränderungen gebracht hätten, ohne Menschenleben aufs Spiel zu setzen. Die britische Linke hat zu Recht bemängelt, das *appeasement* sei nicht zuletzt deshalb erfolgt, weil einige seiner führenden Vertreter mit dem Faschismus sympathisierten. Doch das konservative Gegenargument, die Kompromisse mit Hitler hätten einige Mängel des Versailler Vertrags bereinigt und den Briten Zeit erkauft, um die Royal Air Force aufzurüsten, ist ebenfalls nicht so einfach vom Tisch zu wischen.[5] Während eine Beschwichtigungspolitik gegenüber den bescheideneren Ambitionen des deutschen Kaiserreichs möglicherweise den Ersten Weltkrieg verhindert hätte, hat die milde Reaktion auf den rassistischen Expansionismus des Dritten Reiches zweifellos den Weg in den Zweiten Weltkrieg beschleunigt.

Dem liberalen Internationalismus gelang es nicht, den Frieden, der sich nach dem Ersten Weltkrieg gebildet hatte, aufrechtzuerhalten. Das lag einerseits an Widersprüchen, die dem »Pariser System« selbst innewohnten, andererseits an der Skrupellosigkeit seiner nazistischen und sowjetischen Gegenspieler. Die beeindruckende Konstruktion des Völkerbunds reflektierte zwar die gewachsene Bedeutung von Kooperation, Handel und Investitionen auf internationaler Ebene. Da man auf der Friedenskonferenz aber auch der ethnischen Selbstbestimmung einen hohen Rang einräumte, konnten die Nationalstaaten umso energischer ihre Eigeninteressen verfolgen und ihre Bevölkerungen homogenisieren, woraus endlose Minderheitenkonflikte erwuchsen. Die westliche Vision friedlicher Interaktion missfiel Kommunisten und Faschisten gleichermaßen. Sie vertraten vielmehr ihre eigenen, antiliberalen Versionen einer internationalen Ordnung, denn sie sahen die Welt von Klassen- beziehungsweise Rassenkampf bestimmt.[6] Im Bemühen, ihre konkurrierenden ideologischen Projekte voranzubringen, nutzten sie eifrig die Zerstrittenheit, die innerhalb der Demokratien um die Frage eines neuerlichen Krieges herrschte. Ebenso kamen ihnen jedoch die Unklugheiten einzelner Versailler Friedensregelungen zugute, die weithin für ethnische Ressentiments sorgten. Als sich der Westen als zu schwach erwies, die Aggression seiner Feinde zu stoppen, konnte Hitler mit Stalins Hilfe einen neuen Weltkrieg beginnen.

Rückzug aus dem Internationalismus

Der Völkerbund begann seine Arbeit 1920 mit dem hehren Ziel, christliche Brüderlichkeit und internationales Recht zu fördern. Dazu musste ein modernes internationales System geschaffen werden, und die Genfer Institution, die auf eine britisch-französische Initiative zurückging, war ein erster bewundernswerter Schritt in diese Richtung. Man wollte die Kooperation zwischen Staaten formalisieren; an die Stelle der kriegerischen Mittel sollte die gütliche Lösung von Konflikten treten. Dass die USA nicht beitraten und Deutschland sowie Russland einstweilen nicht hineindurften, begrenzte zwar die Möglichkeiten der Liga, die umstrittenen Friedensverträge so durchzusetzen, wie sie es anstrebte. Immerhin eines ihrer Hauptorgane, die Völkerbundversammlung, bot jedoch ein neues Forum, in dem umstrittene Themen debattiert werden konnten. Dort hatte die internationale öffentliche Meinung eine Chance, gehört zu werden. Die Einrichtung bekam eine umfassende institutionelle Infrastruktur: Es gab einen Generalsekretär, außerdem den Völkerbundsrat, das Ständige Generalsekretariat und mehrere Kommissionen. So entstand ein neuer Akteur, der allgemeine, übergreifende Interessen artikulieren konnte, nachdem bisher nur nationale Agenden die öffentliche Diskussion bestimmt hatten. Als man die Weimarer Republik doch noch aufnahm und später sogar die Sowjetunion beitrat, waren in dieser internationalen Organisation alle größeren europäischen Länder vertreten. Obwohl er aus lauter souveränen Nationalstaaten bestand, hatte der Völkerbund die Chance, die Kooperation zu stärken und seinen Worten Taten folgen zu lassen.[7]

Das primäre Ziel des Völkerbundes war die Herstellung »kollektiver Sicherheit« durch die Lösung internationaler Konflikte, die kurz davor standen, in Kriege zu eskalieren. Seine Schlichtungskommissionen verzeichneten durchaus einige Erfolge; beispielsweise konnten sie bestimmte sich nach dem Ersten Weltkrieg zuspitzende Grenzstreitigkeiten beilegen: die Ålandinseln etwa, Zankapfel zwischen Schweden und Finnen, sprachen sie Letzteren zu; Oberschlesien teilte der Völkerbund, gemäß den Ergebnissen eines Referendums, zwischen Deutschland und Polen auf, und die Ostseehafenstadt Memel, ehemals deutsch, erhielt Litauen. Bei Konflikten zwischen kleineren Ländern genügte eine scharfe Warnung aus Genf, um den Zwist zu beenden; entsprechend stellten Griechenland und Bulgarien 1925 ihre Feindseligkeiten ein. Im Jahre 1929 gipfelte der pazifistische Internationalismus in dem Briand-Kellogg-Pakt, dessen Unterzeichner versprachen, dass »sie den Krieg als Mittel für die Lösung internationaler Streitfälle verurteilen und auf ihn als Werkzeug nationaler Politik in ihren gegenseitigen Beziehungen verzichten«. Nur in zwei Fällen blieb der Einsatz militärischer Mittel ausnahmsweise erlaubt: zur Selbstverteidigung und zur Unterstützung von Entscheidungen des Völkerbundes. Kriege sollten künftig durch internationales Recht verhindert werden. Rund vierzig Staaten unterschrieben den Vertrag, aber da er eine bloße Absichtserklärung war und weder Sanktionen noch Durchsetzungsmechanismen enthielt, blieb sein Wortlaut weitgehend »ein frommer Wunsch«.[8]

Auf anderen Gebieten konnte der Völkerbund jedoch der internationalen Gemeinschaft sehr wohl nützliche Dienste leisten, indem er Probleme anging, die vor nationalen Grenzen nicht haltmachten. Eine wichtige der Liga angeschlossene Institution war die Internationale Arbeitsorganisation (ILO). Geleitet von dem Sozialisten Albert Thomas, suchte sie die Arbeitsbedingungen der abhängig Beschäftigten zu verbessern, propagierte etwa die Einführung des Achtstundentags und die Abschaffung der Kinderarbeit. Die ebenfalls dem Völkerbund zugehörige Weltgesundheitsorganisation (WHO) bekämpfte epidemische Krankheiten wie Typhus, Lepra, Malaria und Gelbfieber. Zur Betreuung der damals mehrere Millionen zählenden *displaced persons* schuf die Liga außerdem die Flüchtlingskommission, an deren Spitze der Polarforscher Fridtjof Nansen stand. Sie repatriierte Tausende und stellte Staatenlosen Pässe aus. Ebenso richtete man das Internationale Institut für geistige Zusammenarbeit ein, das sich unter der Direktion des Philosophen Henri Bergson bemühte, die Situation der Geistesarbeiter zu verbessern, den wissenschaftlichen und intellektuellen Austausch auf internationaler Ebene zu erleichtern und das Urheberrecht der Autoren zu schützen. Aktionen wie die Kampagnen gegen Opium und Sklaverei brachten dem Völkerbund den Ruf einer hilfreichen Organisation ein, die sich der Probleme annahm, welche die nationalen Grenzen überschritten.[9]

Es gab also vielversprechende Anfänge, denen freilich nicht eben wenige Fälle politischen Versagens gegenüberstanden. So setzte die Liga unzureichenden Schutz für Minderheiten durch und ließ Bevölkerungstransfers geschehen. Das unterminierte den sonst gepflegten liberalen Internationalismus des Völkerbundes und erschütterte seine Autorität. Die Pariser Friedensverträge hatten in Ostmitteleuropa acht neue Staaten geschaffen; auf deren Territorium lebten nunmehr insgesamt 25 Millionen Menschen, die einer anderen Ethnie oder Religion angehörten als die Mehrheiten der Bürger dieser Länder – Minoritäten, die einschlägige Rechte forderten. Die neuen Nationalstaaten waren indes bestrebt, ihre Minderheiten zu »nationalisieren« – entweder, indem man sie zwang, die Sprache der Majorität zu sprechen, oder aber, indem man die unerwünschten Ethnien einfach vertrieb. Der Völkerbund kümmerte sich hauptsächlich um Individuen; Schonungsrechte für ganze

Gruppen wurden in den Friedensgesprächen zwar erörtert, aber nie allgemeingültig beschlossen, weil die britischen Imperialisten Einspruch erhoben. Zwar kam es zu mehreren Minderheitenschutzverträgen mit einzelnen Ländern. Für Polen vereinbarte man beispielsweise, alle Einwohner genössen vollen Schutz »ohne Unterschied der Geburt, Nationalität, Sprache, Rasse oder Religion«. Es fehlte aber jedweder konkrete Durchsetzungsmechanismus; auch duldete die Liga, dass bestimmte Länder unliebsame Minoritäten gewaltsam fortjagten, wie es etwa die Türkei mit ihren Griechen tat. Beides minderte die Wirkmächtigkeit solcher Verträge.[10] Da wundert es nicht, dass die heftigen Streitigkeiten über die Behandlung ethnischer Minderheiten die internationalen Beziehungen in der Folgezeit vergifteten.

Ein weiterer desaströser Rückschlag bestand darin, dass keine allgemeine Vereinbarung über Abrüstung zustande kam. Das daraus folgende neue Wettrüsten kulminierte dann im Zweiten Weltkrieg. Nicht nur kriegsmüde Pazifisten, sondern selbst nüchtern denkende Bankiers wollten die Zahl der teuren Wehrgeräte reduziert und Angriffswaffen geächtet sehen. Auch die Verlierer des Ersten Weltkriegs forderten einschlägige Reduktionen – auf der Gegenseite: Sie verlangten die Ausgeglichenheit der Militärstärken, und um die zu schaffen, sollten die Sieger abrüsten. Die deutsche Reichswehr durfte nur 100 000 Mann behalten, während allein die tschechoslowakische Armee fünfmal so groß war. 1932 kam in Genf die »Abrüstungskonferenz« zusammen, um zu erörtern, wie sich die Waffenlager so reduzieren ließen, dass ein Gleichgewicht der Kräfte auf dem Kontinent entstand. Die Franzosen indes fürchteten, Deutschland könne bald seine alte Machtposition wiedererlangen, weshalb sie sich standhaft weigerten, ihren militärischen Vorsprung im Geringsten zu verkleinern. Die Briten und Amerikaner sperrten sich nicht minder gegen Auflagen, ihre überlegene Schlagkraft zur See und in der Luft zurückzufahren. Die Beratungen brachten zwar viele fromme Reden hervor – auch der MacDonald-Plan war im Grunde nichts als eine solche –, aber auf konkrete Aktionen einigte man sich nicht. Enttäuscht über die dauernden Ausflüchte ihrer Verhandlungspartner, zogen die Japaner sowie die

Deutschen ihre Delegierten zurück und wandten sich stattdessen der Wiederaufrüstung zu.[11]

Und noch eine Verbesserungsbemühung scheiterte katastrophal. Während der Großen Depression war der internationale Handel zusammengebrochen, den man auf der Londoner Weltwirtschaftskonferenz im Sommer 1933 wieder in Gang zu bringen suchte. Ökonomieexperten, die man mit der Vorbereitung des Treffens betraut hatte, wandten sich gegen Zölle, Quoten, Handelsdefizite und Inflation, doch die Politiker ignorierten diese Ratschläge schlicht. Zu sehr standen sie daheim unter dem Druck, nationale Belange obenan zu stellen, zumal manche Analysen anders ausfielen als die der Fachleute. Während die Franzosen unbedingt am Goldstandard festhalten wollten, hofften die Briten, ihre Wirtschaft durch Abwertung ankurbeln zu können. Die gerade frisch ins Amt gekommene Roosevelt-Administration sandte widersprüchliche Signale: Sie sei bereit, den Goldstandard fallen zu lassen und Zölle zu senken; was jedoch die interalliierten Kriegsschulden betraf, verweigerte sie jeden Kompromiss. Obwohl doch allen daran gelegen sein musste, den internationalen Warenaustausch wiederzubeleben, versagte sich Franklin D. Roosevelt letztlich der Währungsstabilisation und entschied sich dafür, das amerikanische Business durch eine Politik des leichten Geldes zu stimulieren. Sir Herbert Samuel, das Oberhaupt der britischen Liberalen, zog den pessimistischen Schluss: »Die Crux des gesamten Problems lag darin, dass jede Idee, die Europa als Ganzem zum Vorteil gereicht hätte, fast jedem einzelnen Land in Europa zum Nachteil gereichte.«[12]

Die erste Verletzung seiner Statuten durch eine Großmacht zeigte, dass der Völkerbund eine Aggression lediglich moralisch verurteilen konnte und ansonsten im Wesentlichen hilflos blieb. Am 18. September 1931 verübten hitzköpfige japanische Offiziere nahe der Stadt Mukden einen Sprengstoffanschlag auf die Südmandschurische Eisenbahn, die über chinesisches Gebiet führte, aber den Japanern gehörte. Letztere schoben die Urheberschaft des Attentats den Chinesen zu und nutzten den Zwischenfall als Vorwand, um die Mandschurei zu besetzen, eine wegen ihres Ressourcenreichtums bedeutsame Provinz im Nordosten des Landes. Die chinesische Kuomintang-Regierung, die ihre Truppen aus der Region hatte zurückziehen müssen, legte beim Völkerbund Protest gegen die Invasion ein, der die Aktion der Japaner mit einem Votum von 42 zu 1 verurteilte. Um zu ergründen, welcher der Kontrahenten denn nun die Wahrheit sagte, sandte die Liga eine Kommission aus, die der erfahrene Ex-Kolonialpolitiker Victor Bulwer-Lytton leitete. Letzterer berichtete bald, dass tatsächlich die Japaner hinter der Sache steckten, die in der Provinz einen Vasallenstaat namens Mandschukuo errichten wollten. Zwar erkannten die USA das neue Regime nicht an, und die Genfer hatten die Invasion fast einstimmig verdammt; aber England und Frankreich, zu beschäftigt mit heimischen Problemen, zeigten keine Neigung, für die Liga eine Expedition in den Fernen Osten zu schicken. Die Untätigkeit erntete scharfe Kritik: »Im Angesicht der ersten ernsthaften Herausforderung«, hieß es, habe der Völkerbund schmachvoll kapituliert.[13]

Kurz bevor die Nazis die Macht ergriffen, war der liberale Internationalismus also bereits ins Hintertreffen geraten, was psychische, strukturelle und praktische Gründe hatte. Die großen Hoffnungen auf eine Ära des Friedens, welche die ersten Nachkriegsjahre beseelten, waren nach einigen Erfolgen der Enttäuschung gewichen, denn der Völkerbund erwies sich bei einer ganzen Reihe hartnäckiger Probleme als unfähig. Es war nicht hilfreich, dass die Satzung für Beschlüsse des Rates, die in konkrete Aktionen münden sollten, Einstimmigkeit verlangte. Ebenso begrenzte es den Handlungsspielraum des Völkerbundes, dass er nicht über Streitkräfte verfügte und keine Steuern erheben durfte; so blieb er eine intergouvernementale Körperschaft ohne die wesentlichen Attribute staatlicher Macht. In den ersten Jahren war die Liga zu sehr an die Aufgabe gebunden, einen kontroversen Friedensvertrag umzusetzen, als dass sie die Verlierer hätte motivieren können, die neue Institution wertzuschätzen. Zudem erweckte sie den Verdacht, hinsichtlich des Prinzips der Selbstbestimmung mit zweierlei Maß zu messen. Schlussendlich scheiterte die Liga daran, dass die größeren Mächte sich unverändert auf ihre nationale Souveränität berufen konnten, um einen Eingriff des Völkerbundes in ihre inneren Angelegenheiten abzuwehren. Die Akkumulation solcher Ungelöstheiten unterminierte die Bemühungen, eine friedliche internationale Ordnung zu schaffen, denn sie stellte die Liga als zahnlosen Tiger bloß.[14]

Revisionismus und Wiederaufrüstung

Es war zweifellos niemand anders als Adolf Hitler, der ein widerstrebendes Europa in einen neuen Krieg hineintrieb, um die deutsche Niederlage rückgängig zu machen. Nur vier Tage nach der Ernennung zum Reichskanzler informierte er die Spitzen der Armee und der Marine während eines Abendessens über seine Ziele. Erstens wolle er die innenpolitische Zersplitterung des Landes überwinden; dafür müsse der Marxismus eliminiert und die Nation auf den »Gedanken« eingestimmt werden, »daß nur d[er] Kampf uns retten kann«. Zweitens bekannte sich Hitler unter dem Rubrum »Nach außen« zum »Kampf gegen Versailles«: Alle Restriktionen, die dieser lästige Frieden gebracht habe, sollten fallen. Der dritte Punkt betraf die Wirtschaft, die er durch agrarisches »Siedeln«, weniger durch internationalen Handel wiederzubeleben plante. In Punkt vier versprach er den »Aufbau der Wehrmacht«, denn die brauche er für sein wichtigstes Ziel: die »Eroberung neuen Lebensraums im Osten u[nd] dessen rücksichtslose Germanisierung«. Hitler beabsichtigte langfristig, den Versailler Vertrag schrittweise zu kündigen, die Hegemonie über Europa zu gewinnen und, wie erwähnt, der germanischen Rasse Lebensraum im Osten zu verschaffen.[15] Mag man in dieser schauererregenden Vision auch noch keinen festen Plan sehen – sie verrät doch bereits einen Ehrgeiz, der weit über eine bloße Revision der Bestimmungen eines Straffriedens hinausging.

Von dieser Radikalität der nationalsozialistischen Vorhaben ahnten Deutschlands Nachbarn nichts, und so versäumten sie es denn auch, auf die Errichtung der Hitler-Diktatur entschieden zu reagieren. Obwohl aus Berlin eine wahre Flut schlimmer Nachrichten kam, etwa die Verfolgung von Kommunisten und Juden betreffend, glaubten viele Beobachter, die Dinge würden sich gewiss wieder beruhigen und die konservative Mehrheit im Kabinett werde die SA schon zügeln. Zwar sandten Botschafter, die sich die Lektüre des wirren und weitschweifigen *Mein Kampf* hatten antun müssen, alarmierende Berichte in ihre Heimathauptstädte, aber die meisten politischen Führungskräfte in Paris und London mochten solche Warnungen nicht recht ernst nehmen. Sie waren in ihren Ländern mit starken linken Friedensbewegungen konfrontiert, die einen neuen Krieg um jeden Preis vermeiden wollten; manche Konservative bewunderten gar den Elan, mit dem Mussolini und Hitler, eigener Darstellung zufolge, bei sich zu Hause die Ordnung wiederhergestellt hatten. Die Franzosen hielten unbeirrt am Versailler Vertrag fest, während die Briten sich bereit zeigten, die eine oder andere Bestimmung zu revidieren, um bestimmte Fehler zu korrigieren. Die Sowjetunion wiederum wollte gern ihre Kooperation mit Berlin fortsetzen. Da die Unterschiedlichkeit ihrer Belange eine gemeinsame Aktion verhinderte, verstrich der Moment, in dem die sich anbahnende Katastrophe möglicherweise noch leicht hätte abgewendet werden können.[16]

Um seine geheime Aufrüstung zu verdecken, betrieb der »Führer« ein politisches Doppelspiel, das die Verwirrung bei seinen internationalen Antagonisten steigerte. Einerseits verkündete er fromm, das »neue Deutschland« wolle »Brot und Frieden«; andererseits bereitete er Europa immer wieder Überraschungen auf dem Feld der Diplomatie, mit denen er die Grenzen dessen ermittelte, was seine Nachbarn zu tolerieren bereit waren. Im Sommer 1933 griff er Mussolinis Vorschlag auf, vier europäische Mächte – England, Frankreich, Deutschland und Italien – sollten eine friedliche Revision des Versailler Vertrags aushandeln, und so beschlossen diese Länder den »Viermächtepakt«. Doch die Genfer Gespräche über Abrüstung brachten kein Ergebnis; prompt trat Deutschland im Oktober aus dem Völkerbund aus – ein Schritt, mit dem es der kollektiven Sicherheit eine Absage erteilte. Dessen Legitimität ließ Hitler sich durch ein Plebiszit bestätigen, das er haushoch gewann. Um das internationale Misstrauen hinsichtlich seiner territorialen

Ziele zu zerstreuen, unterzeichnete er, erneut unerwarteterweise, im Januar 1934 einen Nichtangriffspakt mit Polen. Im folgenden Sommer wiederum schockierte er die Welt, indem er einen Nazi-Putsch in Wien unterstützte. Der Umsturz aber scheiterte, weil Mussolini Österreich die Unabhängigkeit bewahrte, indem er ein paar Divisionen an den Brennerpass schickte.[17] Ganz in Bann geschlagen durch Hitlers persönlichen Magnetismus, tendierten ausländische Besucher wie der Historiker Arnold Toynbee immer noch dazu, die zunehmende Kriegslüsternheit des Diktators zu ignorieren.

Während dieser diplomatischen Manöver trieb Hitler die Wiederbewaffnung voran, um schnellstmöglich die Sieger einzuholen und sich die notwendigen militärischen Mittel für künftige Expansionsunternehmungen zu sichern. Laut Versailles stand Deutschland nur ein gewisses Quantum an Verteidigungswaffen zu, doch das hatte die Wehrmacht längst überschritten. Um Offensivkraft wiederzugewinnen, ließ sie eine Menge neuen Kriegsgeräts entwerfen, testen und produzieren; dazu zählten Panzer, mobile Artillerie, Sturzkampfbomber und schleichfahrtfähige U-Boote. Gleichzeitig umging Nazideutschland die personellen Beschränkungen, die der Vertrag verfügt hatte, durch paramilitärisches Training in Reichsarbeitsdienst und Hitlerjugend; die Eingliederung der SA in die reguläre Armee unterblieb jedoch auf Geheiß Hitlers. Von dem überraschenden Ergebnis der Saar-Abstimmung Januar 1935 durfte sich der Diktator abermals ermutigt fühlen, denn 91 Prozent der Saarländer votierten dafür, dass ihre Heimat wieder Teil Deutschlands werden solle, ungeachtet aller Warnungen der Linken vor einer nationalsozialistischen Repression. Inzwischen war Hitler es leid, verbergen zu müssen, was die meisten Journalisten ohnehin längst wussten; und so gab er öffentlich bekannt, dass er die Wehrpflicht wiedereinführen werde. Dadurch solle die Wehrmacht auf 36 Divisionen mit insgesamt 550 000 Mann anwachsen. Außerdem wolle er eine neue, moderne Luftflotte bauen lassen.[18] Diese Absage an die militärischen Bestimmungen des Versailler Vertrags im Mai 1935 bedeutete eine unverhohlene Herausforderung der internationalen Gemeinschaft.

Schockiert darüber, wie sich der Potentat über vertraglich fixierte Restriktionen hinwegsetzte, machten die Westmächte endlich ein paar Anstrengungen, die nazistische Bedrohung einzudämmen. Der französische Premierminister Pierre Laval überredete die Briten und Italiener, sich mit ihm in Stresa am Lago Maggiore zu treffen und unisono die »unilaterale Verletzung« internationaler Verträge zu verurteilen. Gleichzeitig trat Russland, besorgt angesichts der antikommunistischen Rhetorik Berlins, in den Völkerbund ein und schloss ein Beistandsabkommen mit Frankreich. Doch die sich gerade erst formierende Front bröckelte schon, als England sich zu einem separaten Flottenabkommen mit dem Hitlerstaat entschloss und Deutschland erlaubte, seine Marine auf maximal 35 Prozent des Kampfpotenzials der Royal Navy auszubauen. Schließlich ließ auch noch Mussolini, begierig nach imperialer Glorie, die faschistischen Truppen in Äthiopien einmarschieren, wo sie mit Luftbombardements und Giftgas über die glücklosen Abessinier herfielen. Die internationale öffentliche Meinung zeigte sich entsetzt angesichts der Grausamkeit moderner Kriegsführung und forderte Sanktionen gegen Italien. Zu allem Überfluss wurde ruchbar, dass der britische Außenminister Samuel Hore und der französische Premier Laval Mussolini weitgehende territoriale Zugeständnisse in Äthiopien gemacht hatten, um ihn bei der Auseinandersetzung mit Deutschland auf ihrer Seite zu halten; damit war das Projekt der kollektiven Sicherheit noch stärker diskreditiert als zuvor. So verflüchtigte sich die Chance auf eine Kooperation gegen die Nazis zusehends.[19]

Der Uneinigkeit seiner Feinde sicher und im Bewusstsein der wachsenden militärischen Schlagkraft des Dritten Reiches, unternahm Hitler ein weiteres Wagnis, das für die Vorbereitung seines Krieges von entscheidender Bedeutung war. Mussolinis Offensive in Abessinien steckte damals fest, und so rückte Italien langsam, aber sicher näher an Deutschland heran. Die Briten wiederum schienen nicht so recht bereit, den Friedensvertrag von 1919 zu verteidigen. Diese günstigen Bedingungen wollte Hitler nutzen, weshalb er am 7. März 1936 22 000 Wehrmachtsoldaten in die entmilitarisierte Zone an Rhein und Ruhr schickte, die den Befehl hatten, sich zurückzuziehen, sollten sie auf Widerstand stoßen. Die Deut-

Die deutsche Expansion: Gebietsgewinne 1935–1939

schen im Rheinland jubelten; die Franzosen hingegen waren erschrocken und verzweifelten regelrecht über der Frage, ob sie Gewalt einsetzen sollten, um das Glacis vor ihrer Ostgrenze zu behalten. Schließlich aber gelang es Hitler, durch pseudopazifistische Nebelkerzen – so versprach er etwa künftige Kooperation und deutete sogar die Möglichkeit an, dass Deutschland in den Völkerbund zurückkehre – sowohl Paris als auch London wieder zu Verhandlungen zu motivieren. Das Rheinland und ebenso das Ruhrgebiet, die

Waffenschmiede Deutschlands, durch Okkupation wieder in Besitz zu nehmen, war ein riskanter Streich, der aber dank der Zaghaftigkeit der machtlos wirkenden Westmächte Erfolg hatte. Anschließend jedoch gab ein schadenfroher »Führer«, überzeugt von seiner eigenen Unfehlbarkeit, erneut den Friedlichen und hieß die Welt zu den Olympischen Spielen in Berlin willkommen.[20] Wieder war eine Gelegenheit, der Aggression zu wehren, ungenutzt verstrichen.

Nun wusste Nazideutschland, dass es die Proteste des Westens getrost ignorieren konnte, und ging ganz offen daran, einen neuerlichen Griff nach der europäischen Hegemonie vorzubereiten. Im September 1936 proklamierte Hitler den »Vierjahresplan«, der das Fundament für eine weitgehend autarke Kriegswirtschaft legen sollte; die entsprechenden Maßnahmen leitete Hermann Göring. Die Produktion wichtiger strategischer Güter – darunter synthetisches Benzin, Aluminium und Stickstoff – musste rasch gesteigert werden. Gleichzeitig forcierte der Diktator das Tempo bei der Aufrüstung. Alle Abteilungen der Wehrmacht wuchsen gewaltig, und die Rüstungsausgaben schossen zwischen 1933 und 1938 von 746 auf 17 247 Millionen Reichsmark hoch. Da an ausländische Kredite nicht mehr zu denken war, ersann der Finanzmagier Hjalmar Schacht eine raffinierte Methode der Geldbeschaffung: Deutschland nahm riesige Summen durch Industrieobligationen auf, die später zurückgezahlt werden mussten – und zwar, so das Vorhaben, von den geschlagenen Feinden nach einem gewonnenen Krieg. Der Wiederaufstieg Deutschlands in der Weltpolitik sortierte einige diplomatische Beziehungen neu, zumal das Reich Ende 1936 die Achse Berlin–Rom mit Italien als Juniorpartner proklamiert und den Antikominternpakt unterzeichnet hatte, dem auch Japan beitrat.[21] Da ihr ausgeklügeltes Sicherheitssystem nun in Scherben lag, blieb den Westmächten nichts anderes übrig, als ebenfalls hektisch aufzurüsten.

Der Spanische Bürgerkrieg verdunkelte den Horizont weiter, denn er offenbarte die Schwäche der westlichen Demokratien. Am 17. Juli 1936 initiierte ein Bündnis aus spanischen Monarchisten, Katholiken und Falangisten einen Militärputsch gegen die sozialistische Regierung der Zweiten Republik. Aus Prestigegründen kam Mussolini dem Führer der Nationalisten, General Franco, zu Hilfe. Auch Hitler stand dem Spanier bei, indem er seine Legion Condor und verschiedene Bomber der Luftwaffe entsandte, nicht zuletzt, um die neuen Waffensysteme unter echten Kampfbedingungen zu testen. Die Republikaner wehrten sich, unterstützt von den aus linken Freiwilligen mehrerer Länder bestehenden Internationalen Brigaden. Ein blutiger und langwieriger Konflikt brach los, in dem keine Seite der anderen etwas schenkte: weißer Terror gegen Arbeiter hier, rote Gräueltaten an Priestern und Landbesitzern dort. Entsetzt drängten die Westmächte den Völkerbund, eine Nichteinmischungspolitik zu proklamieren, die Waffenlieferungen an die Republik verbot. Diese sah sich daher gezwungen, die Hilfe der Sowjets anzunehmen, die den Bann ignorierten. Nach drei Jahren – einer gefühlten Ewigkeit für viele Beteiligte – siegte schließlich Franco.[22] Faschisten wie Kommunisten gewannen in diesem ideologisch motivierten Stellvertreterkrieg, der zahllose Schriftsteller und Intellektuelle inspirierte, an Prestige.

So erreichte Hitler in relativ kurzer Zeit sein von Anfang an verfolgtes Ziel, die Restriktionen des Versailler Vertrages abzuwerfen. Indem er Friedensbeteuerungen mit aggressiven Überraschungscoups kombinierte, erntete der Nazi-Diktator, was die Weimarer Demokraten gesät hatten, nämlich eine Änderung der Friedensbedingungen zugunsten Deutschlands. Die Länder des Westens protestierten zwar laut dagegen, dass immer wieder gültige internationale Verträge gebrochen wurden – aber sie konnten sich nach wie vor nicht entschließen, die Vertragstreue durch eine glaubwürdige Kriegsdrohung zu erzwingen, weil der Großteil ihrer Bürger den Frieden bewahren wollte. Die meisten Opponenten der braunen Machthaber wiederum unterschätzten den Radikalismus der nazistischen Bewegung und die Gefahr, die von ihr ausging. Auch begriffen sie nicht, dass deren rassistischer Expansionismus daranging, das europäische Mächtegleichgewicht insgesamt zu erschüttern. Die defensiven Franzosen verschanzten sich hinter ihrer Maginot-Linie, während die Briten sich bereit zeigten, Zugeständnisse zu machen, um ihre Schuldgefühle wegen der übermäßigen Strenge des Friedensvertrags zu beschwichtigen. Die Amerikaner verkrochen sich derweil im Isolationismus. Indem er an das schlechte Gewissen appellierte, das den Westen aufgrund der harten Bedingungen von Versailles befallen hatte, konnte der »Führer«, ganz moderner Diktator, ungestraft dessen mangelnde Bereitschaft zum Krieg für seine Zwecke ausnutzen.[23]

Der »Anschluss« Österreichs

Seine wiedererstarkte Macht nutzte Deutschland zunächst für die Annexion seines südöstlichen Nachbarn Österreich. Jahrhundertelang war Wien das Zentrum des Heiligen Römischen Reiches Deutscher Nation gewesen – und doch wurde Österreich, als sich ein deutscher Nationalstaat bildete, ausgeschlossen, weil es 1866 einen Krieg gegen Preußen verloren hatte. Außerdem war es das Land, in dem Hitlers Geburtsort lag; es war seine kulturelle Heimat und politische Umwelt während der prägenden Jahre seiner Jugend. Ein eigener, unabhängiger Staat wurden die deutschsprachigen Habsburger Kernlande erst 1919 durch den Vertrag von Saint-Germain; mit ihm wollten die Siegermächte verhindern, dass Österreich dem geschlagenen Deutschland beitrat. In Wien rief eine starke pangermanische Bewegung lauthals nach einer Vereinigung mit Berlin; und die meisten politischen Parteien in Österreich wollten auch kein eigenes Land mit einer übergroßen Hauptstadt, das sich nur dank ausländischer Kredite am Leben hielt. Es gab Parlamentsvoten für die Vereinigung, einmal 1919 und dann wieder während der letzten Jahre der Weimarer Republik, aber stets ignorierten die alliierten Sieger diese Abstimmungsergebnisse.[24] Den Wunsch, Deutschland beizutreten, begründete man mit dem Recht auf nationale Selbstbestimmung; dadurch erschien er als eine durchaus liberale Forderung, gegen die sich schwer etwas sagen ließ.

Der Kollaps der österreichischen Demokratie machte den Anhängern einer Fortsetzung der Unabhängigkeit das Leben schwerer, denn er enttäuschte die westlichen Sponsoren des Landes. Der Graben zwischen der lautstarken pangermanischen Minorität und ihren Gegnern war nicht der einzige in Österreich; auch sonst präsentierte sich die politische Landschaft ideologisch zutiefst polarisiert. Auf der extremen Rechten standen die »Heimwehren« unter Fürst Starhemberg, lokale Milizen, die sich besonders über den Verlust der Provinz Südtirol erregten; sie gehörte nun zu Italien und hieß Alto Adige (»Obere Etsch«). Mittig-rechts positionierte sich die Christlichsoziale Partei, die einen katholischen Konservatismus propagierte und ihre Unterstützer in den kleineren Städten sowie den Landgemeinden hatte. Die linke Mitte belegte eine kraftvolle sozialistische Bewegung, geführt von Otto Bauer; sie repräsentierte die städtische Arbeiterklasse und machte Wien zu einem Modell für öffentlich geförderten Wohnungsbau und andere soziale Einrichtungen. Weiter links gab es die Kommunisten, deren Zahl aber überschaubar blieb. 1932 wurde der Christsoziale Engelbert Dollfuß Bundeskanzler, der die staatlichen Ordnungskräfte auf seine politischen Gegner losließ. In blutigen Straßenschlachten besiegten Militär und Polizei schließlich die Sozialisten und ihre Miliz, den »Republikanischen Schutzbund«. Dann errichtete Dollfuß einen austrofaschistischen Staat, ein klerikal-autoritär-korporatistisches Regime nach italienischem Vorbild.[25]

Wegen der Rohheit ihrer Methoden schlug der erste Versuch der Nazis, Österreich ins Dritte Reich zu inkorporieren, desaströs fehl. Das Anwachsen von Hitlers NSDAP und deren Unterorganisationen imponierte auch einigen Österreichern, die vorwiegend der unzufriedenen Mittelschicht und den pangermanischen Nationalisten angehörten. Juli 1934 stürmten 154 österreichische SS-Männer das Bundeskanzleramt, schossen auf den nur 1,51 Meter großen Diktator Dollfuß (mit dem Spitznamen »Millimetternich«) und ließen ihn verbluten. Obwohl es den Nazis gelang, die Sendezentrale des nationalen Rundfunks und einzelne Bahnhöfe zu besetzen, schlugen Österreichs Armee und Polizei die Erhebung rasch nieder, auch in den Provinzen. Mussolini war außer sich über die Ermordung seines Wiener Protégés und entsandte ein paar Armeedivisionen an die italienisch-österreichische Grenze, um Hitler vor der Machtübernahme im Land zu warnen. Angesichts dieser Situation scharten sich die Verteidiger der Unabhängigkeit um Kurt Schuschnigg, den neuen Kanzler. Für diesmal musste Nazideutschland aufgeben. Obwohl sein Image als »Führer« gelitten hatte, sah sich Hitler gar gezwungen zu erklären, er habe mit dem Putsch nichts zu tun gehabt. Letztlich war es nur die Drohung des Duce, die Österreich vorläufig rettete, denn die Westmächte hatten in keiner Weise reagiert.[26]

Von diesem Rückschlag unbeirrt, verfolgte Hitler sein Ziel weiter, alle ethnischen Deutschen in einer Nation zu vereinen – mit einer Mischung aus subversiver Aktion und diplomatischem Druck. Um die Wirtschaft des Nachbarlandes zu schwächen, verfügte Berlin, dass deutsche Staatsbürger beim Grenzübertritt nach Österreich eine Mindestgebühr von eintausend Mark entrichten mussten – so wollte man Touristen davon abhalten, dort Urlaub zu machen. Obwohl offiziell verboten, wuchs der österreichische Zweig der NSDAP beständig und ergänzte seine propagandistischen Aktivitäten durch terroristische Attacken. Auch die Sozialisten agitierten aus dem Untergrund gegen die Regierung, denn sie mussten weiterhin üble militärische Repression erdulden. Mussolini schließlich war dank seiner Abenteuer in Äthiopien und Spanien inzwischen so abhängig von deutscher Unterstützung geworden, dass er Wiens Unabhängigkeit nicht länger garantieren konnte. Auf Schuschnigg lastete also zunehmender Druck, den Hitler nutzte, um dem neuen Kanzler im Juli 1936 einen »Freundschaftsvertrag« abzuzwingen. Dieses »Juliabkommen« legte fest, dass »Österreich sich als deutscher Staat« bekenne, 17 000 österreichische Nazis Amnestie erhielten, die Partei wieder legalisiert werde und nationalsozialistische Vertreter in die Regierung einziehen dürften. Schuschnigg kämpfte zwar weiter für ein »freies und deutsches Österreich«, aber daheim wie im Ausland bröckelte sein Rückhalt.[27]

Anfang 1938 fühlte Hitler sich diplomatisch und militärisch stark genug, um eine faktische Annexion Österreichs zu erzwingen. Botschafter Papen überredete Schuschnigg, Hitler auf dem Berghof zu besuchen, der beeindruckenden Zweitresidenz des »Führers« nahe Berchtesgaden. Zuerst gab sich Hitler höflich, dann wurde er massiv: Österreich habe seine jahrhundertealten deutschen Wurzeln verraten, polterte er, und seine Geduld sei jetzt erschöpft. Als der österreichische Kanzler sich nicht beugen mochte, drohte Hitler, die Wehrmacht ins Alpenland einmarschieren zu lassen, wenn die Nationalsozialisten in der Wiener Regierung nicht mehr Macht bekämen: Arthur Seyß-Inquart, führender Kopf der österreichischen Nazi-Bewegung, müsse Innenminister werden und die Zuständigkeit für die Polizei erhalten. Schuschniggs Lage war desperat, denn diplomatische Unterstützung hatte er keine, und von unten her drangsalierten ihn die nazistischen Fanatiker. So kapitulierte er schließlich und unterzeichnete das »Berchtesgadener Abkommen«, in dem er Hitlers Forderungen akzeptierte. Aber als er nach Wien zurückgekehrt war und daheim nun doch einigen Zuspruch erfuhr, verfiel er auf den Verzweiflungsplan, ein Plebiszit zu veranstalten – »für ein freies und deutsches, unabhängiges und soziales, für ein christliches und einiges Österreich«. Eine Formulierung, von der sich, meinte Schuschnigg, doch alle politischen Gruppen angesprochen fühlen müssten und deren Inhalt gewiss alle patriotischen Bürger würden zustimmen können.[28]

Erbost über diesen unerwarteten Widerstand, ließ Hitler alle Zurückhaltung fallen und ging zu unverhohlenen Drohungen über. Die Berliner Reichsregierung forderte nicht nur, dass die Volksbefragung abgesagt werde, was der eingeschüchterte Schuschnigg schließlich tat; sie ließ ihn durch Göring außerdem wissen, dass er zurücktreten und die Regierungsmacht an Seyß-Inquart übergeben solle. Parallel dazu inszenierten die alpenländischen Nazis eine Erhebung, setzten die legitimen Autoritäten ab und hissten Hakenkreuzflaggen auf öffentlichen Gebäuden. Hitler sorgte dann dafür, dass die österreichische Parteiführung ein Hilfsersuchen an Berlin richtete, dem er sofort eifrigst nachkam. Zusätzlich ermutigte ihn die Tatsache, dass der britische Botschafter Neville Henderson signalisiert hatte, London werde nicht intervenieren. Am 12. März 1938 rückten 65 000 Wehrmachtssoldaten und Polizisten mit schweren Waffen in Österreich ein. Zwar blieben ein paar Panzer liegen; auf Widerstand stießen die Deutschen jedoch nicht, im Gegenteil: Sie wurden von jubelnden Massen willkommen geheißen. Wenige Tage später konnte ein freudenstrahlender Hitler in Wien proklamieren, er melde »vor der Geschichte nunmehr den Eintritt meiner Heimat in das Deutsche Reich«. Nach einem Trommelfeuer nationalistischer Propaganda wurde nun doch ein Plebiszit abgehalten, in dem über 99 Prozent der Stimmberechtigten für den Anschluss Österreichs an Deutschland votierten.[29]

Der pangermanische Enthusiasmus kühlte indes bald ab, als die Österreicher merkten, was es bedeutete, unter einer Nazidiktatur zu leben. Das »Gesetz über die Wiedervereinigung Österreichs mit dem Deutschen Reich« formalisierte die Eingliederung juristisch, indem es die Österreicher zu Vollbürgern des Letzteren machte, mit allen Rechten und Pflichten. Die neuen Herren beeilten sich, die uneingeschränkte Kontrolle über das Beitrittsgebiet zu erlangen, weshalb die Nazipolizei 72 000 Personen verhaftete – Patrioten, Linke und Juden, die nun als Feinde galten. Trotzdem traten rund 700 000 Österreicher – also 8 Prozent der Bevölkerung – in die NSDAP ein, manche aus Überzeugung, manche aus Opportunismus. Dagegen bekamen 250 000 österreichische Juden, über Nacht aller Bürgerrechte beraubt, die volle Wucht der diskriminierenden Nürnberger Gesetze zu spüren. Bald wurde Österreich, das mittlerweile »Ostmark« hieß, in sieben Verwaltungsbezirke (»Gaue«) aufgeteilt, und Wien verlor seine privilegierte Position als Hauptstadt. Für die strapazierte deutsche Wirtschaft war Österreich ein wertvoller Zugewinn: Der Beitritt steigerte ihre Leistung um 8 Prozent; auch hatte Deutschland nun ein paar bedeutsame Eisenerzlager mehr. Wir sehen: Der Anschluss war eine seltsame Mischung aus freiwilligem Beitritt und Okkupation.[30] Dieser Erfolg bestärkte Hitler in seiner Überzeugung, der Westen werde bei weiteren aggressiven Akten Deutschlands zwar protestieren, sich aber letztlich doch weigern zu kämpfen.

Die Münchner Konferenz

Das nächste Ziel der Nazis war die Tschechoslowakei, doch diese Nuss zu knacken stellte ein viel schwierigeres Unterfangen dar. Die ehemaligen Habsburgerländer Böhmen, Mähren und Slowakei waren strategisch wichtig, denn dank ihrer geografischen Lage schienen sie wie ein Dolch auf das Herz des Dritten Reiches zu zeigen. Während des Ersten Weltkriegs war eine tschechische Nationalbewegung aufgekeimt, die einen westlich orientierten, unabhängigen slawischen Staat anstrebte und im Westen um Unterstützung für dieses Projekt warb. Tomáš Masaryk und Edvard Beneš vertraten das tschechische Anliegen dort so überzeugend, dass ihre extensiven Forderungen nach einem eigenen Staat auf der Pariser Friedenskonferenz Erfolg hatten. Das neue Land Tschechoslowakei, das die tschechische und die slowakische Bevölkerung zusammenführte, war die einzige funktionierende Demokratie in Ostmitteleuropa, die bis in die 1930er Jahre hinein überlebte. Außerdem verdankte es dem Vertragssystem, das als die »Kleine Entente« bekannt wurde, eine enge Verbindung zu Frankreich. Ferner besaß es eine beachtliche Industriewirtschaft und eine respektable Armee, dazu wohldurchdachte Grenzbefestigungen.[31] Der neue Staat hatte nur einen Schwachpunkt, der sich als fatal erweisen sollte – nach dem Anschluss war er auf drei Seiten von Territorien des Dritten Reiches umringt: Schlesien und Sachsen im Norden, Bayern im Westen und endlich Österreich im Süden.

Den Hebel, der sich nutzen ließ, um Prag auszuschalten, fand Hitler in einer ethnischen Minderheit dieses Landes, den Sudetendeutschen. Diese Minorität bestand aus 2,5 Millionen Menschen und war benannt nach einem Gebirgszug zwischen Schlesien und Böhmen. Nach 1918 fühlten sich die dortigen Deutschsprachigen, die während des Habsburgerreichs zur herrschenden Klasse gehört hatten, plötzlich auf Gedeih und Verderb einer viel größeren slawischen Bevölkerung ausgeliefert, die politisch das Sagen hatte. Viele Sudetendeutsche – die meisten lebten im Grenzgebiet zu Deutschland und Österreich, manche aber auch verstreut in den Städten des Landesinneren – nahmen es übel, dass sie nunmehr Tschechisch lernen mussten. Zudem beobachteten sie empört, wie in Prag die seit dem Mittelalter bestehende Deutsche Universität verkleinert wurde, während die tschechische Konkurrenz-Institution expandierte. So kam es, dass viele ethnische Deutsche sich um ihrer vermeintlichen Selbstverteidigung willen hinter der »Sudetendeutschen Partei« (SdP) versammelten, die bald 44 der 66 deutschen

Sitze im tschechischen Parlament holte; den Rest belegten Sozialdemokraten und Kommunisten. Als SdP-Oberhaupt Konrad Henlein in Berlin um Unterstützung bat, erkannte Hitler einen Weg, die Tschechoslowakei zu destabilisieren: Er würde schlicht immer mehr ethnische Autonomie für die Sudetendeutschen fordern, als Prag ohne Gesichtsverlust gewähren konnte. Kaum wurden Gerüchte laut, eine deutsche Invasion stehe unmittelbar bevor, mobilisierte die tschechische Regierung im Mai 1938 auch schon ihre Truppen. Der erboste »Führer« war nun gezwungen zu leugnen, dass es solche Pläne überhaupt gebe.[32]

Mitte September erhöhte Hitler den diplomatischen Druck, was eine internationale Krise auslöste, die sich immer weiter verschärfte und der Vorbereitung des Krieges diente. In einer aggressiven Rede auf dem Nürnberger Parteitag proklamierte er als Ziel der Regierung, die Sudetendeutschen »heim ins Reich« zu holen – damit forderte er offen, deren Territorien Deutschland einzuverleiben. Während die Franzosen bereit waren zu kämpfen und die Russen Teile ihrer Streitkräfte mobilisierten, versuchte der britische Premierminister Neville Chamberlain, den Naziführer zu besänftigen, indem er mit ihm über diejenigen seiner Beschwerden sprach, die als gerechtfertigt gelten konnten. Zunächst traf er Hitler auf dem Obersalzberg, wo sich beide darin einig zeigten, dass die Forderung der Sudetendeutschen nach Selbstbestimmung legitim sei und es dazu ein Plebiszit geben solle – sehr zum Entsetzen der Prager Regierung. Gerissen ermunterte der Führer außerdem die Ungarn und Polen, ebenfalls Gebietsansprüche bei den Tschechen geltend zu machen. Statt aber dankbar zu sein, verlangte Hitler als Nächstes, die umstrittenen Territorien sollten unverzüglich an Deutschland übergehen, und setzte für diese Maßnahme ein Ultimatum. Trotz dieses Affronts war Chamberlain unverändert bereit, auf sein Angebot noch etwas draufzulegen, wenn nur der Frieden bewahrt bleibe. Er bat Mussolini um Vermittlung.[33]

Hastig wurde am 29. September eine internationale Besprechung organisiert, die als »Münchner Konferenz« in die Geschichte einging und das infame »Münchner Abkommen« zuwege brachte. Die Konferenz war ein letzter Versuch seitens der britischen Regierung, den drohenden Krieg doch noch abzuwenden. Es handelte sich um ein klassisches Treffen der europäischen Großmächte – auf der einen Seite Frankreich und das Vereinigte Königreich als Sieger des Ersten Weltkriegs, auf der anderen Deutschland und Italien als führende revisionistische Nationen. Die USA mochten nicht teilnehmen, sondern hielten an ihrem Isolationismus fest. Russland wiederum war nicht eingeladen worden, weil man den Kommunismus immer noch für zu subversiv hielt. Obendrein mussten die sorgenvollen Vertreter der tschechischen Regierung in der Vorhalle der Tagungsstätte darauf warten, dass das Geschacher über Teile ihres Landes beendet sein würde; sie selbst durften darüber nicht mitreden. Im entscheidenden Augenblick zog Mussolini ein Angebotspapier aus der Tasche, das Ernst von Weizsäcker, Staatssekretär im Berliner Auswärtigen Amt, vorbereitet hatte. Demnach sollte Folgendes geschehen: Die deutsche Armee besetzt umgehend die sudetendeutschen Gebiete, die Signatarmächte garantieren den Bestand der verbleibenden Tschechoslowakei, und Deutschland erklärt sich bereit, mit Großbritannien einen Freundschaftsvertrag zu schließen. Als der tschechische Präsident Beneš hörte, was man da vereinbart hatte, war er am Boden zerstört. Notgedrungen akzeptierte er jedoch das Abkommen, weil es ihm als das geringere von zwei Übeln erschien.[34]

Das Münchner Abkommen war der Gipfelpunkt der *appeasement*-Politik; es stellte eine ernsthafte Bemühung dar, einen zweiten Weltkrieg dadurch zu verhindern, dass man den für legitim gehaltenen Ansprüchen Deutschlands nachkam. Die britische Öffentlichkeit sah darin einen mutigen Versuch, den Schatten von Versailles endlich aus den internationalen Beziehungen zu verbannen. Daher war man immens erleichtert, als Chamberlain, wieder zurück in London, verkündete, er habe »Frieden für unsere Zeit« gewonnen. Selbst Daladier wurde in Paris, als er auf dem Flughafen Orly ankam, enthusiastisch willkommen geheißen. Doch der viel zu hohe Preis für die temporäre Atempause war die partielle Zerstückelung eines wichtigen Klientenstaats der Westmächte, die den Friedensvertrag verfügt hatten. Die versuchte Versöhnung ›erkaufte‹ ihnen ein weiteres Jahr, in dem sie ihre Aufrüstung komplettieren konnten, und als sich dann der Krieg als unvermeidlich erwies, brachte er auch alle öffentlichen Zweifel an seiner Notwendigkeit zum Verstummen. Doch ihr Entgegenkommen kostete sie den Rückhalt der Tschechoslowakei und der Sowjetunion, die, so schien es, zur Gegenwehr bereitstand. Obwohl man all seine Ansprüche erfüllt hatte, tobte Hitler dennoch vor Wut darüber, dass ihm die Gelegenheit zum Eintritt in den Krieg, den er ja wollte, auf den letzten Metern weggeschnappt worden war. Das nächste Mal würde er sich nicht auf Kompromisse einlassen.[35]

Die deutsche Annektion weiterer tschechischer Gebiete im März 1939 zerstörte die Illusion, dass die Nazi-Bestie sich vielleicht doch noch zähmen lassen würde. Nach der Okkupation des Sudetenlandes ordnete Hitler eine Polizeiaktion an, um auch die slawischen Kernlande des tschechischen Staates einzunehmen, die nun wehrlos waren, weil sie keine Grenzbefestigungen mehr hatten. Den von Hitler hingeworfenen Köder schluckend, holten sich Polen und Ungarn ihren Teil der territorialen Beute, insbesondere die Stadt Teschen und diverse slowakische Grenzgebiete. Dies hatte der »Erste Wiener Schiedsspruch« bestimmt, eine Art Nachspiel zum Münchner Abkommen, das die Tschechoslowakei weiter zerstückelte. Interne Spannungen zwischen Tschechen und Slowaken nutzend, drängte Hitler die Slowakei, sich gänzlich von Prag loszusagen. Dem gab der dortige Regierungschef Jozef Tiso am 14. März 1939 nach, und es entstand ein unabhängiger slowakischer Rumpfstaat – unter der militärischen Kontrolle Deutschlands. Einen Tag später erklärte der schon sehr bejahrte tschechische Präsident Emil Hácha – dem man u. a. mit der Drohung zugesetzt hatte, Prag zu bombardieren –, er lege »das Schicksal des tschechischen Volkes und Landes vertrauensvoll in die Hände des Führers des Deutschen Reichs«. Die Bildung des »Protektorats Böhmen und Mähren« verschaffte Deutschland einen bedeutenden strategischen Vorteil, denn sie verkürzte seine Grenze und führte der überhitzten deutschen Ökonomie neuen Treibstoff zu. Am 23. März 1939 setzte Hitler noch einen drauf, indem er deutsche Truppen aus Ostpreußen in Memel einrücken ließ, einem wichtigen Ostseehafen, um dessen Besitz sich Deutschland und Litauen schon längere Zeit stritten.[36]

Mit seinem Prager Streich hatte Hitler den Übergang von der Förderung der ethnischen Selbstbestimmung zur unverhohlenen Expansionspolitik vollzogen. Entsprechend löste der Regelbruch Entsetzen und Empörung in den westlichen Hauptstädten aus. Selbst Italiens Außenminister Ciano nannte Hitler nun »unzuverlässig und verlogen«, während der britische Botschafter Henderson meinte, »mit der Besetzung der verbliebenen Tschechoslowakei« habe Hitler »den Rubikon überschritten«. Premierminister Chamberlain fühlte sich persönlich brüskiert und warnte Hitler vor neuerlichen Aggressionen. Er verschärfte also den Ton, was sein konservativer Rivale Winston Churchill schon länger befürwortet hatte. Außerdem trieb die britische Regierung ihre Aufrüstung voran, orderte mehrere tausend zusätzliche Spitfire-Jagdflugzeuge und erarbeitete in enger Abstimmung mit den Franzosen eine diplomatische Replik. Als Mussolini die Torheit beging, über die Ostertage in Albanien einzufallen, gaben England und Frankreich Polen, Rumänien, Griechenland und der Türkei eine unilaterale Garantieerklärung, ihnen gegen eine faschistische Aggression beizustehen.[37] In seinem grenzenlosen Zynismus hat Hitler nie so recht verstanden, dass er, als er den Vorwand des Kampfes für Selbstbestimmung fallen ließ, die Fortsetzung der *appeasement*-Politik selbst torpedierte. Nun waren die westlichen Länder gezwungen, zu den Waffen zu greifen.

Seither werden irreführende »München-Analogien« immer wieder in den Wirrnissen ideologischer Dispute gezogen; so war es während des Kalten Krieges, so wiederholte es sich bei der Debatte um den Irak. Oft ging und geht man dabei von einem zu stark vereinfachenden Verständnis von *appeasement* aus. Dass der versprochene Frieden so schnell endete, lässt das Münchner Abkommen wie ein feiges Einknicken vor diktatorischer Druckanwendung erscheinen. Obwohl ehrenwert in ihren Absichten, erlag die damalige britische Politik einer fundamentalen Verkennung des Hitlerschen Regimes. Seinen rassistischen Imperialismus, seine antisemitische und antikommunistische Verfolgungswut ignorierte man schlicht. Stattdessen behandelte man ihn, als wäre er ein demokratischer Staatsmann, ein vernunftgeleiteter Regierungschef, dem es nur um ein paar begrenzte Korrekturen am Versailler Vertrag ging.[38] Die Lektion aus den Münchner Ereignissen liegt also nicht darin, bei ähnlichen Konstellationen von vornherein jedes Verhandeln und jeden Kompromiss zu verweigern, wie die Neokonservativen fordern, sondern in der Notwendigkeit, sich über den Charakter der Gegenseite Klarheit zu verschaffen. Wenn der Kontrahent sich an elementare Standards hält, sich etwa bereit zeigt, internationales Recht zu respektieren und Vertragsbestimmungen zu erfüllen, dann können Konzessionen sehr wohl einen unnötigen bewaffneten Konflikt verhindern. Ist der Verhandlungspartner aber ein mörderischer Diktator, dem es vorrangig um die Vergrößerung des eigenen Machtbereichs geht, dann ist es klüger, standhaft zu bleiben. Weder Härte noch Versöhnlichkeit sind immer das Richtige – die Entscheidung sollte jedes Mal nach dem Kontext getroffen werden.

Der Streit um Danzig

Ironischerweise hatte Nazideutschland beim Zwist um Danzig – der immerhin den Zweiten Weltkrieg auslöste – triftigere Argumente als bei der Annexion der Tschechoslowakei. Um dem neuen polnischen Staat einen Zugang zum Meer zu verschaffen, nahm der Versailler Vertrag seinerzeit die ethnisch gemischten Provinzen Posen und Westpreußen dem Deutschen Reich weg und schlug sie Polen zu. So entstand ein Landstreifen, der »Polnische Korridor«, der Ostpreußen vom übrigen Deutschland trennte und es zu einer Enklave machte, umgeben von polnischen und litauischen Territorien. Obwohl mehr als 90 Prozent der Danziger deutschsprachig waren, wurde der Hafenort an der Weichselmündung zur »Freien Stadt« erklärt, die unter der Aufsicht des Völkerbunds stand. Trotzdem baute sich Polen abseits des Flussdeltas einen eigenen, neuen Erfordernissen gemäßeren Tiefwasserhafen in Gdynia (deutsch Gdingen). Aber 1922 hatte in einem Plebiszit die slawische Bevölkerung von Masuren mehrheitlich für einen Verbleib bei Ostpreußen votiert. Diese komplizierte Situation hätte vielleicht im Feudalismus noch funktionieren können, doch im Zeitalter des modernen

Nationalismus erwies sie sich als Quelle eines Dauerkonflikts. Mit Verweis auf die regionale Unzufriedenheit verlangte Hitler die Rückgabe Danzigs an Deutschland und den Bau einer exterritorialen Eisenbahn- und Autobahnlinie durch den Polnischen Korridor nach Ostpreußen.[39] Beide Ansprüche erschienen für sich genommen durchaus nachvollziehbar.

Die polnische Regierung allerdings betrachtete diese Forderungen als Attacke auf ihre wiedererlangte Souveränität und verweigerte jedwedes Entgegenkommen, um keinesfalls Juniorpartner Nazideutschlands zu werden. Unter Führung des dezidierten Nationalisten General Piłsudski hatte Polen mit knapper Not einen Krieg mit der Sowjetunion überlebt und im Inneren reichlich autoritäre Strukturen angenommen. Auf polnischem Territorium gab es diverse ethnische Minderheiten – namentlich Deutsche, Juden und Ukrainer –, deren Loyalität man sich nicht sicher war. Entsprechend versuchte man sie zu polonisieren, was etwa bedeutete, dass man jene Deutschen aus Posen und Westpreußen vertrieb, welche die polnische Oberhoheit und Staatsbürgerschaft ablehnten. Der stolze Außenminister Józef Beck überschätzte die militärische Stärke seines Landes und vertraute gar zu sehr den Zusicherungen der Briten und Franzosen, dass diese Alliierten es gegen einen deutschen Angriff schon verteidigen würden. Obwohl sie sich mit hektischem Eifer auf den drohenden Konflikt vorbereiteten, verfolgten westliche Generäle einstweilen eine defensive Strategie, der zufolge Polen die Hauptwucht der Attacke auffangen sollte, ohne selbst viel aktive Hilfe zu erhalten. Nachdem Hitler den deutsch-polnischen Nichtangriffspakt gekündigt hatte, kamen die Verhandlungen zwischen Berlin und Warschau zum Stillstand, weil jede Seite die andere verdächtigte, ein falsches Spiel zu treiben.[40]

Während die betroffenen Staaten mit Feuereifer aufrüsteten, versuchten Diplomaten im Frühjahr 1939 immer noch, das Unausweichliche abzuwenden oder doch wenigstens die Chancen ihrer Länder im bevorstehenden Kampf zu verbessern. Hitler aber sah den Zeitpunkt zum Losschlagen gekommen, da er seine Armee inzwischen für stark genug hielt und fürchtete, die anderen Mächte würden in der Hinsicht bald aufholen. Also autorisierte er Anfang

April seinen Stab, einen Angriff auf Polen zu planen. Die Operation mit dem Decknamen »Fall Weiß« sollte am 1. September 1939 beginnen. Außerdem schloss Berlin, obwohl es an Roms militärischen Fähigkeiten zweifelte, am 22. Mai unter großem offiziellem Getöse den »Stahlpakt« mit dem faschistischen Italien. Auch die Gegenseite blieb nicht untätig. Die Westmächte verhandelten mit der Sowjetunion über eine antifaschistische Verteidigungsallianz, nachdem der sowjetische Volkskommissar für Auswärtige Angelegenheiten, Maxim Litwinow, dazu aufgerufen hatte, sich um der kollektiven Sicherheit willen abzustimmen. Aber die polnische Regierung fürchtete, dass die Truppen der Roten Armee, waren sie erst einmal im Land, nicht wieder gehen würden, und verweigerte ihr deshalb den Durchmarsch zur deutschen Grenze. Das Misstrauen der Sowjets gegenüber dem westlichen Kapitalismus tat das Seine, um den Abbruch der britisch-französischen Gespräche mit Russland herbeizuführen. Wären sie gelungen, hätte Deutschland jene Konstellation aus dem Ersten Weltkrieg gedroht, die zu vermeiden Hitler geschworen hatte; nun war diese Gefahr erst einmal gebannt.[41]

Stattdessen erfuhr eine fassungslose Welt am 24. August, dass Nazideutschland und die Sowjetunion einen Nichtangriffspakt unterzeichnet hatten. Nach Jahren antikommunistischer Propaganda in Deutschland und antifaschistischer Agitation innerhalb der Komintern schockierte die Vereinbarung zwischen den ideologischen Feinden nicht nur deren Anhänger, sondern auch neutrale Kommentatoren, die stets geglaubt hatten, ein solcher Schritt liege außerhalb jeder Wahrscheinlichkeit. Aber es gab eine Reihe von Gründen dafür, dass das Abkommen zustande kam: Im Rapallo-Vertrag von 1922 hatte die Weimarer Republik nicht nur als erster Staat die Sowjetunion anerkannt, sondern mit ihr auch ökonomische Beziehungen geknüpft und eine geheime militärische Kooperation vereinbart. Im Frühjahr 1939 hatten zwischen Berlin und Moskau immer wieder Handelsgespräche stattgefunden, bei denen Stalin den Eindruck gewann, es ergebe sich eine Alternative für den Fall, dass die Verhandlungen mit England und Frankreich um ein Bündnis mit der Sowjetunion scheiterten. Eine Übereinkunft mit den Deutschen würde Russland ein Stück aus seiner diplomatischen Isolation herausführen, und die Rote Armee gewönne Zeit, um sich von den Säuberungen zu erholen, die Stalin in ihrem Offizierskorps vorgenommen hatte. Für die Nazis brachte der Vertrag den Nutzen, dass er die Gefahr eines Zweifrontenkrieges bannte. Und nicht zuletzt ließ der Umstand, dass die zwei Diktatoren einander einen widerwilligen Respekt zollten, den Vertrag besonders solide erscheinen.[42]

Der Öffentlichkeit verborgen blieb damals, dass der Vertrag ein geheimes Zusatzprotokoll hatte, das weite Partien Osteuropas von der Ostsee bis zum Schwarzen Meer in Einflusssphären Nazideutschlands und der Sowjetunion aufteilte. Bis in die 1980er leugneten die Sowjets die Existenz dieses Anhangs, belegte er doch, dass Stalin genauso wenig Skrupel hatte wie Hitler, sich Nachbarländer anzueignen. Die vorgesehene Neuverteilung der Territorien ging erheblich zugunsten Moskaus – offensichtlich hatte der deutsche Außenminister Joachim von Ribbentrop seinem sowjetischen Konterpart Wjatscheslaw Molotow beträchtliche Anreize bieten müssen, damit das Geschäft zustande kam. Laut Protokoll sollte wie folgt verfahren werden: Finnland, Estland, Lettland und Bessarabien werden den Sowjets zugeschlagen, die damit die Hauptmasse des zaristischen Gebiets zurückerhalten, das sie seinerzeit im Vertrag von Brest-Litowsk verloren hatten. Polen erlebt seine vierte Teilung, indem die beiden Vertragsstaaten es entlang den Flüssen Narew, Weichsel und San spalten. Westmittelpolen und Litauen plus Wilna gelangen zu Deutschland, das dadurch jene Territorien zurückgewinnt, die es im Kaiserreich besaß. Infolge dessen schiebt sich die deutsche Ostgrenze ein Stück jener Linie entgegen, die Annexionisten während des Ersten Weltkriegs eingefordert hatten.[43] Dieser zynische Plan radierte nicht nur »Zwischeneuropa« von der Landkarte, das nun nicht mehr als Pufferzone das deutsche und das russische Reich auf Abstand hielt; er räumte auch das letzte Hindernis beiseite, das dem Ausbruch des Krieges noch im Weg lag.

Während des finalen Countdowns der Krise versuchten mehrere Vermittler verzweifelt, doch noch einen weiteren Krieg abzuwenden – aber ihre Bemühungen zerschellten an Hitlers Entschlossenheit zur Aggression. Selbst innerhalb Deutschlands waren Offiziere wie der frühere Generalstabschef des Heeres Ludwig Beck und Diplomaten wie Staatssekretär Weizsäcker gegen den neuen Waffengang, und sogar ein paar führenden Nazis, darunter Hermann Göring, fehlte der rechte Enthusiasmus. Im Gegensatz zu 1914, als die Briten sich nicht zu einer eindeutigen Haltung hatten durchringen können, reagierten sie nun unmissverständlich: In scharfem Ton warnten sie Berlin, es solle sich nicht einbilden, England werde sein aggressives Treiben weiter hinnehmen. Französische Diplomaten hofften dagegen, die Deutschen mit dem Hinweis abzuschrecken, man werde im Falle des Falles standfest bleiben. Hitler hätte England schon gern aus dem Krieg herausgehalten, deshalb machte er ihm in einem ungeschickten Manöver ein pathetisches Angebot: Er werde die Integrität des britischen Imperiums respektieren, den Fortbestand der Grenzen im Westen garantieren und die deutsche Aufrüstung einschränken, wenn London ihm freie Hand im Osten lasse. England jedoch schloss am 25. August ein offizielles Bündnis mit Polen. Mussolini wiederum entzog sich seinen Bündnisverpflichtungen, indem er wissen ließ, seine Truppen seien noch nicht so weit; stattdessen richtete er an Berlin Wünsche nach umfassender militärischer Hilfe. Da auch die Warschauer Regierung weiterhin handfeste Zugeständnisse verweigerte, blieben am Ende alle in letzter Minute unternommenen Vermittlungsversuche erfolglos: Die Italiener scheiterten ebenso wie die Schweden und der Papst.[44]

In den frühen Morgenstunden des 1. Septembers 1939 meldete der deutsche Rundfunk kurz und knapp, es sei zu Feindseligkeiten mit Polen gekommen, und: »Seit 4.45 Uhr wird zurückgeschossen«. Der betagte Kreuzer Schleswig-Holstein hatte polnische Munitionsdepots auf der Westerplatte nahe dem Danziger Hafen unter Feuer genommen. Fast gleichzeitig täuschten SS-Männer in polnischen Uniformen einen Sturm auf den oberschlesischen Radiosender Gleiwitz vor; dabei ließ man einen Toten mit polnisch klingendem Namen zurück, bis kurz zuvor Häftling in einem deutschen Gefängnis. Die ganze Aktion sollte eine zögerliche Nation überzeugen, dass sie sich nun gegen einen Angriff von außen wehren musste. Aber nur wenige ließen sich mit solch einem durchsichtigen Propagandatrick irreführen, denn es war nur allzu klar, dass Hitler auf einen Krieg hingearbeitet hatte. Anders als 1914 zeigte sich kaum jemand in Europa in Kampflaune. Die Stimmung war nüchtern und besorgt, da man sich ja noch an den Ersten Weltkrieg erinnerte, und die Entwicklung neuer Waffen ließ erahnen, dass der zweite Konflikt noch mehr Tote kosten würde. Sogar als die Kämpfe schon tobten, gab es ein paar allerletzte Versuche, sie zu stoppen, aber die Diplomaten hatten keine Chance. Nach zwei Tagen quälender Debatten setzten England und Frankreich Deutschland Ultimaten, dann erklärten sie ihm am 3. September den Krieg.[45] Es bestand kein Zweifel, dass Hitlers Expansionismus Europa in einen neuen Waffengang gestürzt hatte.

Das zweite große Blutvergießen innerhalb einer Generation war freilich nicht völlig unausweichlich. Der französische General Charles de Gaulle betrachtete die Zwischenkriegsperiode zwar lediglich als einen langen Waffenstillstand und behauptete, dass die beiden Weltkriege sowie das gefechtsfreie Interim zusammengenommen eigentlich nur ein einziger »zweiter Dreißigjähriger Krieg« gewesen seien. Dies ist aber eine zu zynische Betrachtungsweise, denn die zwei Jahrzehnte Frieden boten dank dem Völkerbund durchaus reelle Chancen, ein Wiederaufflammen der Feindseligkeiten zu vermeiden. Es musste, erstens, schon die deutsche Demokratie kollabieren, damit ein Fanatiker wie Hitler Gelegenheit erhielt, die Macht zu ergreifen und auf einen neuerlichen Waffengang hinzuarbeiten, der den Schuldspruch von Versailles annullieren sollte. Zweitens ist den Staatsmännern der Alliierten zu attestieren, dass sie gegenüber Deutschland sowohl politisch als auch diplomatisch unglücklich agierten: Die Weimarer Republik ließen sie immer wieder volle Härte spüren, den ethnischen Revisionismus des Diktators aber bedachten sie mit Beschwichtigungen, und erst sehr spät entschlossen sie sich zu konsequentem Widerstand. Ihre Taktik hat die Aggression ermutigt, die sie eigentlich verhindern wollten. Zusätzlich spielten der Isolationismus der Amerikaner, der Opportunismus der Sowjets und die Selbstüberschätzung der Polen den Nazis in die Hände. Es ist unbestreitbar, dass die

Schuld an der Katastrophe klar und eindeutig Hitler persönlich, der NSDAP-Führung und der Reichsregierung zuzuschreiben ist. Aber auch die Fehleinschätzungen, Vorurteile und Egoismen ihrer Gegner trugen dazu bei, dass es letztlich nicht gelang, diese mörderischen Pläne zu vereiteln, woraufhin ein Zweiter Weltkrieg zu diesem Zeitpunkt und unter diesen Beteiligten ausbrach.[46]

Rivalisierende Internationalismen

Die auswärtigen Beziehungen in Europa wandelten sich während der Zwischenkriegsära grundlegend. Leider schafften es die Verantwortlichen trotzdem nicht, eine internationale Ordnung zu etablieren, die stark genug gewesen wäre, den Frieden aufrechtzuerhalten und den faschistischen Revisionismus in die Schranken zu weisen. Gegenüber den Verhältnissen im 19. Jahrhundert vergrößerte die Entwicklung der Massenpolitik – ob demokratisch oder diktatorisch ausgerichtet – die betroffene Öffentlichkeit gewaltig und verlieh den populären Stimmungen mehr Gewicht. Hinzu traten noch ökonomische Interessen, artikuliert durch mächtige Lobbygruppen, und das unter den Bedingungen von Inflation und Depression, was die Einigung über hochstrittige Punkte nicht eben einfacher machte. Die Medien gewannen nie dagewesenen Einfluss, etwa durch Zeitungen in Riesenauflagen, Rundfunkreden von Staatsmännern und Wochenschauen, die in den Kinos vor dem Hauptfilm liefen. So wurden äußere Erscheinungsbilder und symbolische Gesten wichtiger als rationale Urteilsbildung und Kompromissbereitschaft. All dies spielte schon in der Kriegspropaganda 1914–18 eine Rolle, und später rivalisierten Wilson, Lenin und Mussolini samt ihren medialen Hilfsmannschaften darum, ihre Weltsicht als die einzig richtige hinzustellen. Die internationalen Beziehungen wurden dadurch stark ideologisiert. Jede dieser konkurrierenden Modernen hatte ihre eigenen Methoden der Diplomatie, jede ihre eigene Vision von der richtigen internationalen Ordnung, was eine friedliche Kooperation erschwerte.[47]

Nach den Vorstellungen des demokratischen Westens ließ sich

der Frieden am besten durch Kompromissbereitschaft herstellen, institutionalisiert im internationalen Recht und im Völkerbund. Den Imperativen des ökonomischen Liberalismus folgend, befürwortete der Westen eher den Freihandel als Zollschranken, um zugunsten der Teilnehmer die Kosten des Warenaustauschs möglichst niedrig zu halten. Im Inland förderte diese Sichtweise verschiedene Formen der Selbstbestimmung, von der konstitutionellen Monarchie bis hin zur partizipativen Demokratie. Auf internationaler Ebene trieb sie ebenfalls die ethnische Selbstbestimmung voran, die sich dort in der Auflösung der mittel- und osteuropäischen Imperien in unabhängige Nationalstaaten manifestierte. Idealiter wurde dieses System stabilisiert durch eine institutionelle Form kollektiver Sicherheit, verkörpert im Völkerbund, der potenzielle Konflikte durch Verhandlungen lösen und so einem Krieg größeren Ausmaßes in Europa vorbeugen sollte. Zweifellos war dieser wilsonianische Traum eine attraktive Vision, die viele Hoffnungen auf einem vom Krieg zerrissenen Kontinent weckte.[48] Unglücklicherweise beeinträchtigte ihn aber seine enge Bindung an amerikanische Wirtschaftsinteressen und sein Festhalten an dem, was die Kriegsverlierer als einen ungerechten Friedensvertrag erachteten.

Der Hauptkonkurrent des westlichen demokratischen Systems bei den Intellektuellen und der Arbeiterklasse war der sozialistische Internationalismus, institutionalisiert in der Zweiten Internationale und der moskaudominierten Komintern. Diese Vision wurde inspiriert durch marxistische Kritik am Nationalismus sowie Appelle an die Solidarität unter den Besitzlosen und Entrechteten der Welt. Die Fokussierung auf den Klassenkampf als Vehikel menschlichen Fortschritts gab ihr einen konfliktreichen Weg vor, denn aus sozialistischer Sicht musste man erst mit einer eigenen Organisation und mit Streiks gegen die Unterdrücker angehen, bevor man die Utopie einer klassenlosen Gesellschaft erreichte, in der es keine antagonistischen Widersprüche mehr gäbe. Über die Frage, wie im Inland dieses segensreiche Stadium herbeizuführen wäre, herrschte heftiger Streit zwischen den Befürwortern einer Revolution, der die Niederwerfung der kapitalistischen Bourgeoisie obläge, und denen einer Evolution, deren Instrumente Gewerkschaften und parlamentarische Repräsentation wären. Auf internationaler Ebene proklamierten die Sozialisten ihren Hang zum Frieden, was nicht ausschloss, dass sie in Einzelfällen zur Verteidigung der Diktatur des Proletariats Gewalt anwendeten. Wohl besaß dieses Konzept hohe Attraktivität für viele Denker und Arbeiterführer, doch war es befleckt durch Stalins Skrupellosigkeit und Paranoia. Der Despot hatte etwa hintertrieben, dass die Sowjetunion eine Föderation aus gleichberechtigten Nationalitäten wurde.[49]

Überraschenderweise hatten auch die radikalen Nationalisten ihre eigene Vorstellung hinsichtlich internationaler Beziehungen; freilich waren sie nicht in der Lage, effektiv zusammenzuarbeiten. Die autoritären Regime und die faschistischen Bewegungen waren vornehmlich nationalistisch ausgerichtet, glaubten an die Überlegenheit ihres eigenen Volkes und taten alles, um Macht und Ruhm ihrer Nation zu fördern. Daheim verwarfen sie den moribunden Parlamentarismus als hinfällig und den revolutionären Sozialismus als spalterisch. Solche Hypernationalisten betrachteten folglich die Welt nach den Prinzipien des Sozialdarwinismus. Im darin vor sich gehenden Kampf um die Vorherrschaft konnte nur ihre eigene, überlegene Rasse gegen verschiedene »Degenerierte« wie Juden und Slawen gewinnen. Außenpolitisch bedeutete das konkret, dass sie internationale Kooperation verachteten und Verträge rein instrumentell betrachteten: Man respektierte sie nur so lange, wie sie den nationalistischen Eigeninteressen dienten. Das Pariser Vertragssystem enthielt in seinen Regelungen zu ethnischen Angelegenheiten einige Widersprüche, die sich die Nazis für ihren rassistischen Expansionismus zunutze machten, der primär die schwachen, neu gegründeten Staaten im Osten anvisierte.[50] In den Augen der Faschisten war der Krieg kein Übel, das vermieden, sondern eine Notwendigkeit, die gepriesen werden musste.

Der Zusammenstoß so fundamental inkompatibler Vorstellungen von einer internationalen Ordnung machte die wohlmeinenden Bemühungen, den Frieden durch Ausgleich zu bewahren, zu einem sinnlosen Unterfangen. Indem der liberale Internationalismus daheim die Selbstverwaltung sowie auswärts den Freihandel propagierte, diente er hauptsächlich den nationalen Interessen der

Briten und Amerikaner. Aber wenn der Völkerbund das friedenstiftende Potenzial der Kooperation verwirklichen wollte, musste er mehr und anderes tun, als nur die Bestimmungen des Versailler Vertrages zu verteidigen, und damit verprellte er die Franzosen. Die sozialistische Vision eines revolutionären Internationalismus beflügelte nach dem Krieg viele Hoffnungen auf Frieden, aber seine revolutionäre Militanz und die diktatorischen Praktiken in der Sowjetunion diskreditierten ihn international; dagegen schien die friedlichere Version der gemäßigten Sozialdemokratie in Skandinavien schon attraktiver. Letztlich obsiegte jedoch der Hypernationalismus der Nazis, der die Welt in einen neuen Krieg hineinstieß. Dafür nutzten die Deutschen zunächst geschickt die Rede von der Selbstbestimmung der Völker, um den Anschluss Österreichs und des Sudetenlandes zu rechtfertigen, bevor sie ihr wahres Gesicht zeigten und sich als rassistische Imperialisten offenbarten. Die Horrorvision einer Versklavung durch die Nationalsozialisten ließ den anderen Europäern keine Wahl, als sich mit Gewalt zu wehren.

Eroberungszüge der Wehrmacht

Blitzkrieg in Frankreich, 1940

Während einer kurzen Zeremonie übergaben am 21. Juni 1940 bestgelaunte Oberkommandeure der Wehrmacht Generälen der besiegten französischen Armee die Bedingungen für den Waffenstillstand an der deutschen Westfront. Um »ein altes Unrecht zu heilen«, wählte Hitler als Ort des Aktes denselben Eisenbahnwaggon im Wald bei Compiègne, wo am 11. November 1918 General Foch sich ein entsprechendes Schriftstück von Vertretern des damals geschlagenen Deutschen Reiches hatte unterzeichnen lassen. In Gegenwart Hitlers erklärte General Wilhelm Keitel seinem französischen Kollegen General Charles Huntziger die harten Bestimmungen: Sie dienten dem Zweck, »eine Wiederaufnahme des Kampfes zu verhindern«, die »Weiterführung des Krieges gegen England« zu erleichtern sowie »Voraussetzungen zu schaffen für die Gestaltung eines neuen Friedens« – eines Hegemonialfriedens zugunsten Deutschlands. Die Deutschen hielten fortan drei Fünftel des französischen Bodens besetzt, während der Rest als *zone libre* von Vichy aus regiert werden sollte. Alle von den Franzosen festgesetzten deutschen Gefangenen waren sofort dem deutschen Heer zu übergeben, Flüchtlinge und Emigranten auf Verlangen auszuliefern. Die französischen Gefangenen hingegen mussten bis zu einem Frieden im deutschen Gewahrsam bleiben. Die Kriegskosten trugen die Verlierer. So weit der Waffenstillstandsvertrag. Nachdem Hitler nun endlich die Schmach der Niederlage im Ersten Weltkrieg getilgt hatte, schien der »Führer« der Deutschen vor »Verachtung, Zorn, Hass, Rachgier und Triumph« regelrecht zu »brennen«. Einen Versuch, die »überharten Bedingungen« zu mildern, machten die gedemütigten französischen Gesandten noch, doch dann sahen sie die Vergeblichkeit ihres Bemühens ein und akzeptierten sie einen Tag später.[1]

Überrascht von der Geschwindigkeit und der Durchschlagskraft der Siege, führten neutrale Beobachter den deutschen Erfolg auf ein neuartiges Konzept mobiler Kriegsführung namens *Blitzkrieg* zurück. Der amerikanische Journalist Louis P. Lochner, der »Hitlers erstaunliche, respektgebietende Armee in Aktion« erlebt hatte, erklärte diese innovative Methode als revolutionäre Kombination aus »schreckenverbreitenden Stukas [Sturzkampfflugzeugen]« in der Luft und »schnellen mechanisierten Einheiten« am Boden, die buchstäblich »geschwind wie der Blitz« zuschlügen. Unzufrieden mit der Unbeweglichkeit der Schützengräben, hatten Militärtheoretiker von Hauptmann Basil H. Liddell Hart bis hin zu Oberst Charles de Gaulle versucht, eine neue Taktik zu entwickeln, mit der sich die feindlichen Linien durchbrechen ließen. Das deutsche Oberkommando fand diese Überlegungen äußerst interessant, da bei einer solchen Strategie die Initiative wieder beim Angreifer lag. In der Praxis bestand diese Art Kriegsführung aus folgenden Elementen: Erst erledigten Sturzkampfflugzeuge Luftaufklärung und Bombardements, dann attackierten dichtgedrängt rollende Panzer, unterstützt von mobiler Infanterie. Deren Ziel war es, per Zangenbewegung in den Rücken des Feindes zu gelangen, um die gegnerischen Verteidiger einzukesseln und sie so zur Aufgabe zu zwingen.[2] Da die Wehrmacht nur eine begrenzte Zahl von Panzern und mechanisierten Divisionen besaß, war es ihr konzentrierter Einsatz, der die plötzlichen Angriffe erfolgreich machte.

Auch im Nachhinein hat die Wirkung der koordinierten Blitzkrieg-Strategie Erstaunen erregt. Spätere Analytiker hoben hervor, welchen besonderen militärischen und politischen Nutzen sie dem Expansionismus der Nazidiktatur brachte. Kurze Attacken erlaubten der Wehrmacht, die ihr Rüstungsziel nur teilweise erreicht hatte, mechanisierte Truppen jeweils lediglich auf ein paar wenige Frontabschnitte gleichzeitig zu konzentrieren. Die Geschwindigkeit der Schläge isolierte meist ein einzelnes Opfer, sodass Nazideutschland der Gefahr entging, gegen mehrere Feinde auf einmal kämpfen zu müssen, denn einen Zweifrontenkrieg wollte Hitler unbedingt vermeiden. Zur Taktik gehörte ferner, Nachschubwege zu zerstören und Verwirrung zu verbreiten. So ließen sich die Verteidiger entmutigen, damit sie umso schneller aufgaben. Dank dieses Verfahrens fielen den deutschen Truppen große Mengen an Soldaten und Wehrmaterial in die Hände. Indem man solche begrenzten Gefechte gegen einen einzelnen Feind nach dem anderen führte und gewann, konnte man mit den eigenen knappen Beständen an Öl und Stahl haushalten, sich entsprechende Ressourcen von den Unterworfenen holen und anschließend das nächste Opfer bekriegen. Wochenschauen verherrlichten die Siege. Die Unaufhaltsamkeit des Vormarsches verschaffte der nationalsozialistischen Bewegung zudem einen Anschein von Dynamik, die zögerliche Verbündete wie Italien mitriss und sie bewog, sich auch ins Getümmel zu stürzen.[3] Einzelne Kritiker haben inzwischen Zweifel geäußert hinsichtlich der Frage, ob die Blitzkrieg-Strategie wirklich ganz neu war und ob sie nur von Deutschland praktiziert wurde. Ihren überraschenden Erfolg aber konnten und können sie schwerlich bestreiten.[4]

Der General, der am meisten zu dieser innovativen Form der Kriegsführung beitrug, war der Oberkommandeur der Panzertruppen Heinz Guderian. 1888 in eine westpreußische Offiziersfamilie hineingeboren, erhielt er seine Ausbildung an mehreren Militärakademien und diente im Ersten Weltkrieg als Aufklärungsspezialist. Während der Weimarer Zeit leitete er mehrere Jahre das Amt für Heerestransporte. Dort befasste er sich gründlich mit dem Potenzial jener hochgerüsteten Kampffahrzeuge und studierte dazu auch die Schriften ausländischer Theoretiker wie J. F. C. Fuller. Auf diesem Weg kam er zu der Überzeugung, dass man bei militärischen Angriffen Panzer als Speerspitzen nutzen sollte, um den Sturmtruppen Durchbrüche zu erleichtern. Daher befürwortete er den Aufbau einer eigenen, unabhängigen Panzerwaffe. Hitler war seiner Meinung, da sich mit Panzerdivisionen vermeiden ließ, dass es wieder zu der statischen Situation eines Grabenkrieges kam. Im praktischen Kampf erwies sich Guderian als wagemutiger Kommandeur; die Wehrmacht verdankte hauptsächlich ihm den Durchbruch der französischen Linien bei Sedan und den anschließenden Vorstoß zur Kanalküste. Der mobile Einsatz von Panzern in dichten Pulks, zwischen denen jeweils Funkverbindung bestand, dazu massive Stuka-Bombardements als Unterstützung – diese Taktik hatte im Wesentlichen Guderian erdacht, und offenbar hatte er eine regelrechte Zauberformel gefunden. Was das Militärhandwerk betraf, war der Berufsoffizier Guderian zweifellos vorbildlich, moralisch gesehen jedoch ein Versager, weil er den kriminellen Gebrauch, den die Nazis von seinem Talent machten, nicht in Frage stellte.[5]

Der Schlüssel zu den anfänglichen Erfolgen der Wehrmacht war also die Kreativität und die Bedenkenlosigkeit, mit der sie das Offensivpotenzial »modernster Kriegsführung« nutzte. Nun hatten ja alle Kriegsparteien ungefähr die gleichen Waffen zur Verfügung, doch gewannen die Deutschen die Oberhand durch den taktischen Gebrauch ihrer Truppen und ihres Kampfgeräts, der ihnen das Image einer unbesiegbaren Kraft einbrachte, die ihre glücklosen Gegner leicht überwältigte. Unter den kämpfenden Nationen besaß jede größere eine hochentwickelte Industrie; Deutschlands einziger Trumpf bestand in seinem Vorsprung bei der Kriegsproduktion, die 1939 mehr als 20 Prozent seines Bruttosozialprodukts verschlang. Alle in den Krieg involvierten Länder geboten über ein weitgespanntes Netz von Medien, darunter Zeitungen, Rundfunk und Wochenschauen. Führend waren die Nazis auf diesem Gebiet allein hinsichtlich der Schamlosigkeit, mit der sie ihre Propaganda Gefolgs- und Nichtgefolgsleuten zuteilwerden ließen – eine Propaganda, die zumindest zeitweise glaubwürdig schien. Ein weiterer wichtiger Unterschied lag in der Unmenschlichkeit der nationalsozialistischen Diktatur, die keine Hemmungen hatte, um politischer Ziele willen zu töten, betraf es nun die Soldaten oder die Zivilisten des Feindeslands. Hauptsächlich aber hat die Koordination modernster Waffen und innovativster Taktiken für Angriffszwecke zu den frühen Siegen der Nazis beigetragen.[6]

Erste Invasionen

Nazideutschlands »empörender, unentschuldbarer, grundloser Aggressionsakt« gegen Polen wurde sofort als der Beginn eines neuen Krieges erkannt. Herrschte bei Ausbruch des Ersten Weltkriegs noch ein weitverbreiteter Enthusiasmus, ging es diesmal weniger euphorisch zu. Der amerikanische Journalist William S. Shirer, 1939 vor Ort, bemerkte in Berlin »keine Begeisterung, kein Hurrageschrei, keine Hochrufe, kein Blumenstreuen, kein Kriegsfieber, keine Kriegshysterie«.[7] Viele wussten noch, welch furchtbares Leid der »Große Krieg« seinerzeit gebracht hatte; die meisten Erwachsenen rissen sich nicht gerade darum, dem Ruf zu den Waffen zu folgen, und waren nur bereit, ihre Pflicht zu tun, als sie keine andere Wahl mehr hatten. Angesichts der Unterlegenheit des Dritten Reiches auf mehreren Gebieten – Bevölkerungsgröße, ökonomische Produktion, Truppenstärke, Waffenbestände und Verlässlichkeit seiner Verbündeten – erwarteten die Kommentatoren, dass die polnische, die französische und britische Armee, die ja zusätzlich Soldaten aus den Kolonien und Dominions zur Verfügung hatten, das neuerliche Kräftemessen gemeinsam schon gewinnen würden, wenn sie denn wirklich willens seien zu kämpfen. Nazideutschland hingegen konnte nur auf eine innovative Waffentechnik, militarisierte Gesinnung, wohltrainierte Soldaten, eine wagemutige Führung und eine skrupellose Politik zählen. Die Schnelligkeit und das Ausmaß der Wehrmachtsiege in der ersten Hälfte des Krieges hat daher alle überrascht.

Die Anzahl der Soldaten war eigentlich auf beiden Seiten annähernd gleich – und doch wurde der Polenfeldzug eine erstaunlich kurze und für die deutsche Armee verblüffend erfolgreiche Operation. Ein Grund war die technische Überlegenheit – die Wehrmacht hatte die neueren Flugzeuge, Panzer und Artilleriegeschütze –, ein weiterer die günstige strategische Position des Angreifers, der die Verteidiger von drei Seiten umzingelte. Deutsche Einheiten unter den Generälen Fedor von Bock, Walter von Reichenau und Gerd von Rundstedt attackierten von Ostpreußen, Schlesien und der Slowakei aus. Die polnischen Generäle versuchten sie an der Grenze zu stoppen; schließlich zogen sie sich, um eine bessere Verteidigungsposition zu erhalten, hinter Weichsel und Bug zurück, aber da war es schon zu spät. Obwohl Polens westliche Alliierte Deutschland den Krieg erklärten, brachten sie keine Entlastungsoffensive zustande, und dann griff am 17. September die Sowjetunion auch noch von hinten an. Die polnischen Soldaten schlugen sich wacker, aber der eindeutigen Überlegenheit der Gegenseiten waren sie nicht gewachsen; ein Truppenteil nach dem anderen wurde eingekreist und zur Aufgabe gezwungen. Als am 23. September Lublin

Unter der Herrschaft der Nazis: Europa Anfang Dezember 1941

fiel und fünf Tage später Warschau kapitulierte, gab man den Widerstand faktisch auf. Zwar erlitten auch die deutschen Invasoren beträchtliche Verluste, aber immerhin hatten sie binnen vier Wochen ihren östlichen Nachbarn erobert.[8]

Die Invasion Polens markierte auch den Beginn des ideologisch motivierten Vernichtungskrieges, der noch etwas unkoordiniert, aber trotzdem bereits mörderischer war als bisherige Waffengänge. Da die Deutschen so schnell vorankamen, konnten die polnischen Verteidiger ihren Kampf nur hinter den Linien fortsetzen, und die Eroberer reagierten mit brutalen Vergeltungsaktionen. Nach ihrer »Befreiung« durch die Wehrmacht fanden nicht wenige ethnische Deutsche Gelegenheit, sich für erlittene polnische Gräueltaten zu rächen; sie töteten über 15 000 Polen, nachdem bei den germanophoben Ausschreitungen nur etwa 5000 »Volksdeutsche« umgekommen waren. Wahre Massenmorde begingen die sieben SS-Einsatzgruppen, wobei sie erheblich systematischer zu Werke gingen als ihre bisher auf diesem Gebiet agierenden Landsleute. Heinrich Himmler hatte diese mobilen Tötungseinheiten damit betraut, erstens feindliche Elemente im Rücken der vorrückenden Truppen auszuschalten und zweitens die Intelligentsia des unterworfenen Volkes zu beseitigen, um dem polnischen Nationalismus das Rückgrat zu brechen. Die 2700 Mann jener umherziehenden Todesbrigaden trieben über 50 000 Angehörige der geistigen Elite zusammen und erschossen sie – Professoren, Ärzte, Rechtsanwälte, Lehrer, Priester und politische Führer. Dieses beispiellose Blutbad sollte die Polen auf den Status von Knechten ohne Eigeninitiative reduzieren. Gleichzeitig töteten »Volksdeutsche«, das Militär und die SS rund 7000 Juden; die Überlebenden sahen zu, dass sie umso rascher auf das sowjetisch besetzte Territorium kamen.[9]

An der Westfront hingegen blieb es während der ersten sieben Monate erstaunlich ruhig. Experten nannten das verwunderliche Phänomen schon *Sitzkrieg*, anderswo hieß es *drôle de guerre* oder *phony war*, also »komischer« bzw. »Pseudokrieg«. Obwohl die alliierten Streitkräfte den deutschen zahlenmäßig eindeutig überlegen waren – rund 100 Divisionen hier vs. 23 dort –, gelang es ihnen nie, den Westwall zu stürmen; ja, er erlebte zunächst kaum Kampfhandlungen, außer einer Ablenkungsattacke an der Saar. Stattdessen duckten die Franzosen sich hinter ihrer eigenen Außenbefestigung, genannt Maginot-Linie, die sich von der Schweizer bis hoch zur belgischen Grenze erstreckte. Beim Bau der Anlage hatte man die Erfahrungen aus dem Grabenkrieg verwertet und ein regelrechtes Wunderwerk aus Betonbunkern, Geschütztürmen, Maschinengewehrnestern und Panzersperren erschaffen; hinzu kamen unterirdische Truppenquartiere, Munitionslager und Fernmeldeleitungen. Da man warten wollte, bis die britische Armee ihre Aufrüstung beendet hatte, und ganz dem Potenzial der Royal Navy vertraute, entschloss sich General Maurice Gamelin, eine Dreiviertelmillion Soldaten in Verteidigungsstellung zu halten in der Hoffnung, man könne die Deutschen schlagen, indem man sie angreifen lasse. Aber nicht einmal der ungeduldige Hitler war tollkühn genug, diesen Erwartungen sofort zu entsprechen, zumal die Munitionsvorräte seiner Truppen erst einmal wieder aufgestockt werden mussten. Da sich an der Westfront so wenig tat, unternahmen die Franzosen keinen Entlastungsangriff zugunsten der verbündeten Polen, die ohne Hilfe blieben. Auch diese Gelegenheit, die Nazis zu besiegen, verstrich also ungenutzt.[10]

Am 30. November 1939 griff die Sowjetunion überraschend Finnland an und begann damit das, was als Winterkrieg in die Geschichte einging. Hinter der Deckung der deutschen Invasion Polens hatte Moskau die Beutegebiete eingesammelt, die ihnen im Nazi-Sowjet-Pakt zugestanden worden waren, das heißt: Es hatte Ostpolen besetzt – ein Versuch, alte zaristische Besitztümer wiederzuerlangen. Obwohl einst eine russische Provinz, leistete das nunmehr unabhängige Finnland Stalins Attacke Widerstand; tapfer und strategisch geschickt kämpften seine Streitkräfte im Schnee. Die Öffentlichkeit im Westen reagierte empört auf die kommunistische Aggression und suchte verzweifelt nach Wegen, den Finnen zu helfen. Berlin hingegen blieb untätig, weil es seinen östlichen Partner nicht vergrätzen wollte. Da sie die Entschlossenheit der Finnen gewaltig unterschätzt hatten, missrieten den Sowjets ihre anfänglichen Offensiven gegen die *Mannerheim-Linie*, jene finnische Grenzbefestigung auf der Karelischen Landenge, weshalb sie rund 200 000 Mann verloren. Aber sie waren nun einmal numerisch überlegen und besaßen die schwereren Waffen, was es der Roten Armee ermöglichte, die feindlichen Verteidigungsstellungen doch noch zu durchbrechen. Am 15. März 1940 schlossen Finnland und die Sowjetunion Frieden. Zwar mussten sie laut Vertrag über 10 Prozent ihres karelischen Territoriums und 30 Prozent ihrer ökonomischen Ressourcen hergeben, aber immerhin gelang es den mutigen Finnen, ihre Unabhängigkeit zu wahren.[11]

Bevor er eine Offensive im Westen riskierte, wollte Hitler noch rasch in Skandinavien zuschlagen, und so marschierten seine Truppen am 9. April 1940 in Dänemark sowie in Norwegen ein. Die deutsche Marine wünschte sich schon lange nordatlantische Stützpunkte wie das norwegische Trondheim; besäßen sie diese, so das Kalkül, könnten sie endlich aus dem von England abgeriegelten Nordseedreieck ausbrechen und auf den Atlantik hinausfahren. Die Ostsee war insofern ein Problem, als sie im Winter zufror. In solchen Zeiten musste kriegswichtiges Eisenerz aus den Bergen nahe dem schwedischen Luleå erst per Bahn nach Narvik, dann per Schiff nach Norddeutschland transportiert werden. Britische Zerstörer lauerten darauf, diese Versorgungslinie zu unterbrechen; daher sahen sich die deutschen Frachter gezwungen, nicht mehr als drei Meilen von der skandinavischen Westküste entfernt zu manövrieren – denn nur so weit reichte das norwegische Hoheitsgebiet. Dänemark wiederum hatte lediglich das Pech, Deutschland am Ausgang der Ostsee geografisch im Wege zu liegen, auch, was den Zugang zu seinem nördlichen Nachbarn betraf. Admiral Erich Raeder sorgte sich zudem, dass die Royal Navy, einschlägige Neutralitätskonventionen ignorierend, die norwegischen Küstengewässer verminen und vielleicht sogar in Norwegen landen könnte, um sicherzustellen, dass Oslo die versprochene »wohlwollende Neutralität« auch wirklich einhielt. Obwohl die Operation bei der bescheidenen Größe der deutschen Marine ein Himmelfahrtskommando war, autorisierte Hitler den Angriff auf Skandinavien, hoffte er doch, dass der Überraschungseffekt und die Unterstützung des norwegischen Naziführers Vidkun Quisling die Sache schon richten würden.

Die Okkupation Norwegens geriet zum Wettlauf zwischen den Minenlegern der Royal Navy und den Invasionsbemühungen der deutschen Truppen. Da sie nur wenig aktivem Widerstand begegnete, überrannte die Wehrmacht Dänemark am 9. April 1940 binnen sechs Stunden. Mit Hilfe der verbliebenen Schiffe der Kriegsflotte und schwerer Luftunterstützung landeten die Deutschen – fünfzehn- bis zwanzigtausend Infanteristen, verborgen in Frachtern, dazu Hunderte von Fallschirmspringern – schließlich auch in Norwegen. Indem sie die überlegene britische Navy umging, gelang der Wehrmacht eine fast komplette Überraschung. Den mitunter erbitterten lokalen Widerstand kämpfte man rasch nieder. Die Deutschen eroberten nicht nur die Hauptstadt Oslo, sondern auch die wichtigen Küstenhäfen Bergen, Trondheim und Narvik. Fünf Tage später gelang den Briten eine Gegenlandung, und sie machten sich sogleich daran, die inzwischen verschanzten Besatzer aufzustöbern und zu verjagen. Dabei vertrauten sie ihrer numerischen Übermacht, denn ein guter Teil der deutschen Seestreitkräfte, darunter der neue schwere Kreuzer *Blücher* und zehn Zerstörer, waren während der Invasion versenkt worden. Doch die Wehrmachttruppen hielten, unterstützt von lokalen Kollaborateuren, in dem erbarmungslosen Kampf stand. Anfang Mai zogen sich die Briten zurück und überließen Norwegen der Naziherrschaft.[12]

Am Ende des ersten Kriegswinters konnte Hitler sich zu einer »brillanten militärischen Leistung« gratulieren, wenn auch die größte Herausforderung noch bevorstand. Das Reich hatte dank fortschrittlicherer Waffen und größerer Rücksichtslosigkeit im Kampf ein unterlegenes Opfer nach dem anderen niedergeworfen, hatte Polen überrannt sowie Dänemark und Norwegen erobert. Diese anfänglichen Siege verbesserten die strategische Position sowohl der Wehrmacht als auch der Kriegsmarine in den kommenden Kämpfen mit stärkeren Feinden, bei denen es um die Hegemonie auf dem Kontinent ging. Freilich hatte der Angriff auf Polen Deutschland auch in einen europäischen Krieg mit Frankreich und England verwickelt, und die Schlagkraft des Letzteren war unverändert durch die Kolonien und Dominions verstärkt. Und noch eine Entwicklung machte dem Hitlerstaat zu schaffen: Nach dem Scheitern der Royal Navy im Norwegenfeldzug trat Neville Chamberlain als Premier zurück. Nun zog der resolutere Winston Churchill in Downing Street Nr. 10 ein – und der rüttelte gleich im April 1940 den Kampfgeist der Nation mit seinem Versprechen wach, es könne in allernächster Zukunft nichts geben als »Blut, Mühe, Tränen und Schweiß« für das Ziel, das England erreichen müsse: einen »Sieg um jeden Preis«. Mittlerweile waren auch die deutschen Ressourcen durch Verluste verschiedener Art und ökonomische Engpässe bis an die Grenzen der Belastbarkeit strapaziert. Frankreich hielt hinter der trutzigen Maginot-Linie weiterhin stand. Mochten auch die Eröffnungssiege und der sagenhafte Blitzkrieg einen Mythos der Unüberwindlichkeit geschaffen haben – der Ausgang des Krieges war alles andere als entschieden.[13]

Sieg im Westen

Die deutsche Attacke auf Frankreich am 10. Mai 1940 bedeutete ein noch größeres Wagnis als die Invasion Norwegens, denn diesmal waren die westlichen Alliierten besser vorbereitet und verfügten über umfänglichere Ressourcen. Auf beiden Seiten erinnerten sich Generäle an die Bilder von jenem Stillstand im Ersten Weltkrieg, zu dem der Grabenkampf geführt hatte, weshalb sie mit einer langwierigen Auseinandersetzung rechneten. Außerdem begünstigte die strategische Situation nun die Verteidiger: Die Maginot-Linie wirkte unbezwingbar, und die neutralen Länder nördlich davon schienen geschützt durch breite Flüsse, namentlich Rhein, Maas und Schelde, die zu überqueren für Truppen nicht leicht war. Ferner konnten die westlichen Alliierten, anders als die Blitzkriegopfer, deutliche Überlegenheit vorweisen: Sie hatten mehr Panzer (4200 vs. 3254), mehr Flugzeuge (4469 vs. 3578) und mehr Divisionen (151 vs. 135) zur Verfügung, ganz abgesehen von den Schiffen der Royal Navy – dank ihnen beherrschte Britannien noch immer die Weltmeere. Außerdem hatten die alliierten Generalstäbe inzwischen genügend Zeit gehabt, um die neuen Taktiken der Wehrmacht zu analysieren und Gegenmaßnahmen zu ersinnen. Selbst aus den hyperbolisch wie üblich dahertönenden zweckoptimistischen Parolen des nazistischen Propagandaapparates klang heraus, dass es diesmal um etwas Besonderes ging: »Der heute beginnende Kampf entscheidet das Schicksal der deutschen Nation für die nächsten tausend Jahre.«[14] Und doch errangen die Deutschen auch diesmal einen raschen Sieg.

Einer der Hauptgründe war, dass sie ihren ursprünglichen Plan früh fallenließen, den Angriff durch die Niederlande hindurch zu führen. Genau dies erwarteten die Alliierten: eine Neuauflage des Schlieffenplans aus dem vergangenen Krieg. Es erschien nur logisch, dass die Deutschen die Maginot-Linie umgehen und sich darauf konzentrieren würden, möglichst schnell durch die weniger befestigten neutralen Staaten Niederlande und Belgien hindurchzustoßen und die Kanalküste zu erobern; von dort aus würden sie dann das Kampfgeschehen nach England tragen. Doch es kam anders. Die Notwendigkeit, die Munitionsvorräte der Armee aufzufüllen, und Uneinigkeit unter den Planern erzwangen eine mehrfache Verschiebung der Operation aus dem Herbst in den Frühling des nächsten Jahres. Dann gab es noch eine nachrichtendienstliche Panne: Ein deutscher Stabsoffizier musste mit seiner Maschine in Belgien notlanden; an Bord befanden sich die aktuellen Aufmarschpläne, die so den Alliierten in die Hände fielen. Die neue Strategie, die Eduard von Manstein sich daraufhin hatte einfallen lassen müssen, wurde als »Sichelschnittplan« bekannt: Die Attacke würde durch die Ardennen erfolgen – ein unwegsames Berggelände, in dem die Gegner keinen Vorstoß erwarteten. So konnte man den französischen Hauptverteidigungslinien ausweichen und weiter zur Kanalküste vorstoßen. Die Niederlande wären damit schon einmal von den britisch-französischen Streitkräften abgeschnitten. Mit dieser riskanten Strategie, richtig angewandt, hätte der Aggressor die taktisch günstigen Elemente der Überraschung und Täuschung auf seiner Seite. Denn die düpierten Alliierten würden sicherlich das Gros ihrer Truppen nach Holland und Belgien verlegen, um ihren Klientenstaaten beizustehen.[15]

Weitere Ursachen für den Erfolg der Wehrmacht waren die Geschwindigkeit, der Umfang und die Feuerkraft, die beim Sturm auf die Niederlande zum Einsatz kamen. Sie versetzten die unvorbereiteten Verteidiger nicht nur in Schrecken, sondern überrumpelten sie. Fallschirmspringer und Segelflieger bildeten die Speerspitzen der ersten Angriffswelle, die trotz schwerer eigener Verluste bereits viele Brücken und Flugplätze einnehmen konnte. Die regulären Bodentruppen folgten rasch, und zwei Tage später war Holland abgeschnitten. Als sich Rotterdam zu kapitulieren weigerte, unternahm die Luftwaffe ein verheerendes Bombardement, das die ganze Altstadt vernichtete und viele Zivilisten das Leben kostete. In Panik ergaben sich die Niederlande am 15. Mai; Königin Wilhelmina freilich ging ins Exil nach London, von wo aus sie den Kampf fortsetzen wollte. Der belgische Widerstand hielt nur ein paar Tage länger. Am 16. Mai brachen General Erich Hoepners Panzer durch die Dijle-Breda-Verteidigungslinie, obwohl sie eigens durch alliierte Soldaten verstärkt worden war. Brüssel fiel einen Tag später, und am 28. Mai ergab sich die eingekesselte belgische Armee; König Leopold II. ging mit seinen Truppen in Gefangenschaft. Obwohl die Alliierten diesmal die Richtung des Vorstoßes so erwartet hatten, wie er kam, waren sie nicht in der Lage, die deutsche Dampfwalze zu stoppen.[16]

Schließlich sollte zweierlei den Kampf im Westen zuungunsten der Alliierten entscheiden: die Konzentration der überlegenen deutschen Truppenteile auf den Hauptpunkt der Attacke und die diesbezüglichen Irrtümer ihrer Gegner. Da die Franzosen meinten, die Ardennen seien »für Panzer unpassierbar«, hatten sie diese Region am Nordrand der Maginot-Linie nur geringfügig gesichert. Obwohl die engen Straßen, die tief eingeschnittenen Täler und die üppige Bewaldung die Fahrt in der Tat hier und da behinderten, überquerten die Panzereinheiten schon am 14. Mai die Maas. Die Lage der Franzosen wurde prekär, denn man hatte große Teile der Armee zur Verstärkung der Partner nordwärts geschickt. Nur wenige Panzer- und Infanteriedivisionen waren im Lande verblieben, und die reichten nicht, um den deutschen Vormarsch zu stoppen. Gamelin musste einem aufgebrachten Winston Churchill gestehen, dass er nun über gar keine Reserve mehr verfüge. Nun geriet Hitler zwar zunehmend in Nervosität, weil er fürchtete, die Zangenbewegung könnte überdehnt werden, die Einkesselung also stellenweise reißen, aber seine von ihrer Waffengattung begeisterten Panzertruppenkommandeure, darunter Heinz Guderian und Erwin Rommel, hielten dagegen. Bei ihrer »massiven Gefechtsaufklärung« bewegten sich stahlbewehrte Fahrzeuge im Rücken der Feinde hin und her, um Chaos, Verwirrung und Verunsicherung zu stiften. Obwohl General de Gaulle und die Briten die eine oder andere Konterattacke unternahmen, erreichte die Wehrmacht am 20. Mai den Ärmelkanal. Nun hatte sie den Großteil der französischen Kräfte in Flandern eingeschlossen und konnte die Briten gegen die Küste drücken. Dank eng koordinierter Panzerspitzen und zeitgleicher massiver Luftunterstützung war Hitler ein weiteres Wagnis gelungen.[17]

Dann aber beging die siegessichere deutsche Führung einen Fehler, der als »Wunder von Dünkirchen« bekannt wurde und den bis heute eine Aura der Rätselhaftigkeit umgibt. Am 24. Mai befahl General von Rundstedt den deutschen Einheiten, fliehende Briten und Franzosen nicht mehr zu verfolgen. So konnten alliierte Truppen einen Verteidigungsring um den letzten Ärmelkanalhafen anlegen, den sie noch unter Kontrolle hatten – eben Dünkirchen. Zweifellos hatten die deutschen Panzerdivisionen beträchtliche Verluste erlitten; ihre Personal- und Munitionsbestände mussten wieder aufgestockt werden und die Soldaten sich ganz allgemein von der Schnelligkeit ihres Vormarsches erholen. Außerdem hatte auch Hermann Göring Hitler versprochen, die Luftwaffe werde bald dem eingepferchten Feind den »coup de grâce« verpassen – doch hielt schlechtes Wetter seine Bomber für mehrere entscheidende Tage am Boden. Während dieser Atempause unternahm die Royal Navy eine gewagte Rettungsoperation, indem sie Wasserfahrzeuge aller Art – vom Schlachtschiff bis zum zivilen Segelboot – requirierte, um 338 226 alliierte Soldaten zu evakuieren und nach England zu bringen. Diese resolute Aktion rettete den Kern der britischen Armee und einige französische Einheiten. So wurde aus einer militärischen Niederlage ein Propagandasieg, zumal Churchill das leidenschaftliche Versprechen hinterherschickte, England werde sich niemals ergeben.[18]

Die sich anschließende Schlacht um Frankreich aber wurde rasch eine eindeutige Schlappe für die Alliierten, weil der »komplette Zusammenbruch der französischen Gesellschaft« die Organisation einer effektiven Verteidigung verhinderte. Der neue Oberkommandeur Maxime Weygand wollte zwar eine Verteidigungslinie entlang den früheren Schützengräben an Somme und Aisne schaffen und halten, aber ihm fehlten Leute und Ausrüstung. Beides hätte er von der Maginot-Linie abziehen müssen, die er aber nicht ungeschützt lassen mochte. Am 5. Juni attackierte die Wehrmacht mit ihrer Heeresgruppe B aus Nordost und stand bald westlich der Hauptstadt, während die Heeresgruppe A die Verteidiger in den östlichen befestigten Stellungen von hinten her bedrängte. Nach heftigen Gefechten brachen beide Zangenbewegungen durch die Verteidigungslinien. Am 10. Juni marschierte auch Mussolini, der bisher nervös abgewartet hatte, welche Seite gewann, in Frankreich ein, um sich seinen Teil der Beute zu sichern. Zur offenen Stadt erklärt, fiel Paris am 14. Juni, und drei Tage später erreichte Guderian die Schweizer Grenze, wo er an der Maginot-Linie eine Dreiviertelmillion französischer Soldaten gefangen nehmen konnte – mit Leichtigkeit, denn ihre schweren Geschütze schossen nur nach Osten! Der entmutigten französischen Regierung, die nach Bordeaux geflohen war, blieb nichts übrig, als um Frieden zu bitten.[19]

Der Waffenstillstandsvertrag, der am 25. Juni in Kraft trat, erlegte Frankreich harte Bedingungen auf. Es wurde geteilt in eine besetzte Zone – drei Fünftel des Landes –, die von den Deutschen kontrolliert wurde, und eine »freie Zone« (*zone libre*), die, trotz ihrer nominellen Neutralität, nur einen Untergebenenstatus hatte, auch wenn ihre Regierung aus Franzosen bestand. Die Okkupation, hieß es, werde fortdauern, bis der Krieg gegen England gewonnen sei. Elsass-Lothringen komme wieder zum Deutschen Reich. Die Besatzungskosten hätten die Franzosen zu tragen; eine Million Kriegsgefangene blieben bis zum Ende des Krieges in deutschem Gewahrsam. Die Marine wollte Deutschland entwaffnen lassen, aber da die Flotte nach Afrika entkommen war, versenkten die Briten die meisten der französischen Schiffe, damit sie nicht den Nazis in die Hände fielen. Die neue Regierung, die sich im Heilbadeort Vichy etablierte, durfte eine Truppe von 100 000 Mann halten – genauso viel, wie Deutschlands Bezwinger seinerzeit der Weimarer Republik zugebilligt hatten. Unter diesen demütigenden Umständen verabschiedete ein Rumpfparlament eine eher konservativ, katholisch und autoritär geprägte Verfassung; an die Spitze des Regimes trat ein Held des Ersten Weltkrieges, Marschall Philippe Pétain. Diese Führung, genannt die Vichy-Regierung, suchte nach eigenem Bekunden »das schlimme Los [der französischen Nation] zu erleichtern«, indem sie mit den Siegern so weit wie nötig kooperierte. Charles de Gaulle, der im Londoner Exil eine Art Gegenregierung namens *La France libre* (»Freies Frankreich«) gebildet hatte, brandmarkte diese Rechtfertigung der Vichy-Politiker als schändlich.[20]

Der erstaunliche Sieg über Frankreich zementierte Hitlers Selbstvertrauen, ließ seine Popularität daheim wachsen und befeuerte den Hass anderer Nationen gegen ihn. Inländische Kritiker übertönend, pries die Nazipropaganda die Modernität des Militärs und das Genie des »Führers«, nannte ihn gar den »größten Feldherrn aller Zeiten«. Auch ausländische Stimmen sprachen bewundernd von der Wehrmacht als einer »großartigen Maschinerie«. Dabei ließen sie freilich so manches außer acht, etwa den nicht unerheblichen Verlust von 714 Panzern und 1236 Flugzeugen in Frankreich, ganz zu schweigen von rund 40 000 Gefallenen. Zwar gab es weniger willkürliche Gewalt als im Osten, aber in der ›Hitze des Gefechts‹ begingen deutsche Soldaten auch in Westeuropa Kriegsverbrechen; Angehörige des Widerstands und Juden bekamen bald die Hauptlast nazistischer Verfolgung zu spüren. Dank des deutschen Erfolgs stand nun auch ein großer Teil der in Frankreich vorhandenen Rohstoffe und Produktionsressourcen dem Reich zur Verfügung. Das minderte ein wenig die Nachschubsorgen, da Deutschland jene Schätze ausbeuten und obendrein einen Teil der Bevölkerung des Nachbarlands zur Zwangsarbeit verpflichten konnte. Da nun die Atlantikküste samt den dicht am Ärmelkanal gelegenen Flugplätzen im Besitz Deutschlands war, verbesserte sich dessen Ausgangsposition für die kommenden Konflikte mit England, sodass sich das befreundete Italien ebenfalls in den Kampf einschaltete. Seit dem Fall Frankreichs hatte Deutschland die Vormachtstellung über Kontinentaleuropa inne.[21]

Ausweitung des Krieges

Indem er an die Briten appellierte, sich zum Widerstand zu sammeln, weigerte Winston Churchill sich, Hitlers Sieg zu akzeptieren, und verlängerte dadurch den Krieg. 1874 in eine aristokratische Familie hineingeboren, die schon einige Politiker hervorgebracht hatte, absolvierte der junge Winston – wegen seiner Widerspenstigkeit nicht immer reibungslos – Internat und Militärakademie. Das Multitalent versuchte sich zeitweise als Journalist, wurde dann aber doch konservativer Politiker, und ein streitlustiger dazu. Er bekleidete nacheinander verschiedene hohe Ämter, so das des Ersten Lords der Admiralität und des Finanzministers. Sein ungezügelter Imperialismus und seine reaktionäre Haltung zu innenpolitischen Angelegenheiten führten ihn während der 1930er in die Isolation, in die »Wildnis«, wie er selber sagte. Man hörte nicht mehr so recht auf ihn, auch nicht, als er beständig vor der nazistischen Bedrohung warnte. Erst am 10. Mai 1940 wurde Churchill zum Premierminister eines großkoalitionären Kriegskabinetts bestimmt. Nun fiel ihm die Aufgabe zu, das britische Volk mit seinem unbeugsamen Willen zu mobilisieren und auch die Entschlossenheit der Franzosen zum Kampf zu stärken. Bei der Bewältigung dieser Herausforderung kam ihm seine enorme rhetorische Begabung zugute, die sich etwa in diesem Gelöbnis äußerte: »Wir werden auf den Stränden kämpfen, wir werden an den Landungsabschnitten kämpfen, wir werden auf den Feldern und auf den Straßen kämpfen, wir werden in den Hügeln kämpfen. Wir werden uns nie ergeben.«[22] Sein enges Verhältnis zu US-Präsident Roosevelt war ein weiterer Aktivposten, denn es garantierte Hilfe durch den *Lend-Lease Act.* Jenes Gesetz ermöglichte es den USA, kriegswichtiges Material an die Gegner der Achsenmächte zu liefern – eine lebenswichtige Unterstützung für die Inseldemokratie, die ansonsten vorläufig allein durchhalten musste.

Im Kampf gegen England erwies sich die deutsche Marine als eine bittere Enttäuschung. Die Bestimmungen des Versailler Vertrages hatten die Entwicklung neuer Schlachtschiffe sichtlich verzögert, und so blieb die Kriegsmarine weiterhin kleiner als die Royal

Navy. Obwohl sie einigen Schaden anzurichten vermochten, wurden die Schlachtschiffe des Dritten Reiches – die bekanntesten waren die *Bismarck* und die *Graf Spee* – bald versenkt, sei es durch feindliche Torpedos, sei es durch die eigene Mannschaft. Als Hitler begriff, dass er es in diesem Bereich mit England nicht aufnehmen konnte, setzte er neue Prioritäten: U-Boote sollten entstehen, mit denen sich die Handelsschifffahrt blockieren ließ. Zwar erzielten die hinterhältigen U-Boote ein paar Einzelerfolge – eines versenkte etwa das Schlachtschiff *Royal Oak* in heimischen Gewässern –, aber sie waren eindeutig unfähig, die Kontrolle über die Meeresoberfläche zu gewährleisten. Da die britische Flotte nun einmal mehr Wasserfahrzeuge besaß und die deutsche während des Überfalls auf Norwegen empfindlich dezimiert worden war, hatte die Marine des Reiches schlicht nicht mehr genug Schiffe zur Verfügung, um 40 Divisionen über den Ärmelkanal zu setzen, die die Planer des »Unternehmens Seelöwe« für die Invasion Großbritanniens vorsahen.[23] Trotz all der Investitionen an Geld und Ressourcen, die man getätigt hatte, um eine amphibische Landung vorzubereiten, erwiesen sich die gut zwanzig Meilen zwischen Calais und Dover letztlich als ein unüberwindliches Hindernis.

Von Juli bis Oktober 1940 ereignete sich nun die »Luftschlacht um England«, ein Ringen um die dortige Luftüberlegenheit. Letztlich trugen die Deutschen dieses ihrer Marine zuliebe aus, denn wenn die eine erfolgversprechende Invasion unternehmen sollte, brauchte sie die Kontrolle der Luftwaffe über den Himmel. Technisch gesehen waren die Maschinen der Briten ungefähr gleichwertig: Die Messerschmitts flogen zwar schneller, dafür hatten die Spitfires mehr Manövrierfähigkeit. Bomber wie die Heinkel 111 und die Junkers 88 brauchten Feuerschutz, denn ihre vergleichsweise langsamen Geschwindigkeiten machte sie zu leichten Zielen. Wieder einmal begünstigte die Situation die Seite der Angegriffenen, denn die Tankladungen der deutschen Flugzeuge, die da über England unterwegs waren, reichten nur für etwa eine Stunde, während die Verteidiger, wenn ihre Maschine getroffen wurde, per Fallschirm abspringen und auf einheimischem Territorium landen konnten, wo sie ja nichts zu befürchten hatten. Außerdem war der Aktionsraum der Angreifer begrenzt auf den südlichen und mittleren Teil des Vereinigten Königreiches, denn die Flugplätze und Fabriken im Norden waren zu entlegen. Zwar hatten die deutschen Piloten eine bessere Ausbildung erfahren und benutzten effektivere Formationen, doch erwies sich die britische Radaraufklärung als überlegen, denn flexiblere und zeitnähere Gegenmaßnahmen waren möglich, wenn man früh genug wusste, wann und woher ein Angriff kam. Der nun folgende Kampf über England war die erste Schlacht in der Geschichte, die allein aus der Luft geführt wurde.[24]

Numerisch gewannen weder Royal Air Force (RAF) noch die Luftwaffe die Oberhand; de facto war das Resultat aber eine Niederlage für die Letztere, denn sie hatte es nicht geschafft, die Lufthoheit zu erringen. Nach ersten Erfolgen über dem Ärmelkanal lancierten die Deutschen Mitte August ihr »Unternehmen Adler«. Dabei versuchten sie zuerst, Radaranlagen und feindliche Flieger zu zerstören, nahmen dann aber Flugplätze und Flugzeugfabriken ins Visier – und schließlich zivile Ziele wie die Stadt Coventry. Vom 10. Juli bis zum 31. Oktober verlor die RAF 544 Piloten und 1547 Flugzeuge, während die Gegenseite 2000 Mann und 1733 Maschinen einbüßte. Die deutsche Luftwaffe unterschätzte fortwährend ihre Kontrahenten und musste einsehen, dass einige ihrer Flugzeuge, darunter die Stukas und die zweimotorige Messerschmitt 110, nicht ihren Erwartungen entsprachen. Viele der britischen Piloten mochten Anfänger sein, aber sie kämpften ziemlich tapfer; für getötete Flieger wurde durch schnelleres Training rasch Ersatz geschaffen. Die britischen Rüstungsbetriebe bauten außerdem um 50 Prozent mehr Flugzeuge als die deutschen. Mitte Oktober war klar, dass Göring seine Versprechen nicht einhalten konnte, und Hitler sah sich gezwungen, die Angriffe einzustellen.[25] Die »Schlacht um England« noch dem »Blitzkrieg« zuzurechnen, wäre verkehrt. Vielmehr erlebten die Nazis darin, als sie es mit einem Gegner auf der gleichen Modernitätsstufe zu tun hatten, ihre erste echte Niederlage.

Der Eintritt Italiens in den Krieg dehnte dann den Konflikt nach Afrika aus, als Mussolini Mitte September 1940 in Ägypten einfiel.

Die faschistischen Streitkräfte hofften, baldmöglichst den Suezkanal zu erreichen, und machten zunächst auch ein paar Geländegewinne gegen die Briten, woraufhin sie sich in Sidi Barrani festsetzten. Doch sie sollten rasch wieder ausquartiert werden: General Archibald Wavell schlug die Invasoren in einer Konterattacke und nahm 130 000 von ihnen gefangen. Hitler hielt es geopolitisch für geboten, dass Italien seine Kolonie Libyen behielt; daher entsandte er im Januar 1941 zu Mussolinis Unterstützung das Afrikakorps unter Erwin Rommel ins Kampfgebiet. Den deutschen Truppen gelang es, die Front zu restabilisieren, indem sie eine Art Überfallwettbewerb mit dem britischen General Bernard Montgomery begannen, eine Gefechtsfolge, die wegen des Schauplatzes bald den Namen »Wüstenkrieg« erhielt. Die wagemutigen Taten während dieses Feldzugs wurden später romantisch verklärt, was daran lag, dass die Protagonisten einander mit einer gewissen Ritterlichkeit behandelten, die man auf anderen Schlachtfeldern keineswegs vorfand. Rommel konnte schließlich die Hafenstadt Tobruk erobern, aber das Ziel, die »Lebenslinie des Britischen Empire« zu durchtrennen, blieb unerreicht. Da die afrikanischen Kolonien für Hitler keine zentrale Rolle spielten, versorgte er diese Kampagne nur unzureichend mit Ressourcen. Islamische Erhebungen in Syrien und Irak erwiesen sich zudem als zu schwach, um die Kontrolle der Alliierten ernsthaft zu gefährden.[26]

Ein weiterer Fehlschlag der Italiener zwang die Wehrmacht auf den Balkan. Hitler hatte eigentlich nicht vorgehabt, sich dort militärisch zu engagieren; in diesem Falle war ihm Diplomatie lieber. Auf der einen Seite okkupierte Russland, während im Westen der Frankreichfeldzug lief, die baltischen Staaten, Bessarabien und die nördliche Bukowina, um aus Einflusssphären echte Herrschaftsgebiete zu machen. Auf der anderen Seite versuchte Berlin, seine Kraft- und Brennstoffversorgung zu sichern, indem es einen »Waffen-gegen-Öl«-Vertrag mit Rumänien unterschrieb und außerdem Soldaten hinschickte. Hitler schloss ferner ein Bündnis mit Bulgarien und ließ auch dort deutsche Einheiten stationieren. Mussolini wiederum, der den östlichen Teil des ehemaligen Römischen Imperiums zurückerobern wollte, attackierte am 28. Oktober 1940 Griechenland mit schwerem Truppeneinsatz. Doch dank beherzter Verteidigung und britischer Hilfe drängten die Angegriffenen die italienischen Invasoren nach Albanien zurück. Anfang April 1941 putschten Offiziere gegen die Belgrader Regierung, weil sie ihnen zu deutschfreundlich erschien; sie kündigten die mit dem Reich geschlossenen Vertragsbestimmungen und suchten die Unterstützung der Sowjetunion. Obwohl Berlin bisher versucht hatte, in den territorialen Streitigkeiten auf dem Balkan eine Mittlerrolle einzunehmen, drängten die lokalen Konflikte und die wachsenden Spannungen zwischen den Großmächten Hitler zu der spontanen Entscheidung, die Südflanke doch mit militärischer Gewalt zu sichern.[27]

Am 6. April 1941 attackierte die Wehrmacht Jugoslawien und Griechenland, wobei sie von Stützpunkten in Österreich, Ungarn, Bulgarien und Rumänien aus operierte. Obwohl beide Länder tapfer ihre Unabhängigkeit verteidigten, machte die deutsche Überlegenheit bei Panzern und Flugzeugen den Balkanfeldzug zu einer neuerlichen klassischen Blitzkriegsaktion. Am 17. April brachte ein konzentrischer Sturmangriff Belgrad zu Fall. Jugoslawien kapitulierte und wurde in ein unabhängiges Kroatien, beherrscht von der pro-nazistischen Ustascha, und ein geschrumpftes Serbien aufgeteilt, das zusätzlich einige seiner Grenzregionen an mit den Deutschen alliierte Nationen verlor. Da Griechenland von mehreren britischen Divisionen unterstützt wurde, dauerten die Kämpfe dort weitere zehn Tage, bis die Wehrmacht schließlich am 27. April Athen besetzen konnte, worauf die Briten sich zurückzogen. Eine waghalsige Fallschirmjägerattacke sicherte den Deutschen die Kontrolle über die Insel Kreta, die innerhalb des Schiffsverkehrs im Mittelmeer eine strategische Schlüsselrolle spielte. Zwar wurden die Siege auf dem Balkan wie üblich rasch errungen, aber die Okkupation band beträchtliche Kräfte, denn im Untergrund organisierte Widerstandskämpfer lieferten den Invasoren einen heftigen Partisanenkrieg, der zu hässlichen Vergeltungsakten führte.[28] Dass die Armee sich dergestalt in Nebenfronten verzettelte, verzögerte den deutschen Feldzug gegen Russland um sechs entscheidende Wochen.

Die Entwicklungen nach dem Sieg im Westen erwiesen sich für Hitler als enttäuschend, denn die Gegenseite tat ihm immer noch nicht den Gefallen, die Feindseligkeiten einzustellen. Dank Churchills Kampfgeist und der Gelassenheit der Briten signalisierte London keinerlei Einlenken, und die hartnäckige Gegenwehr der RAF hatte der allzu selbstsicheren Luftwaffe eine blutige Nase verpasst. Stattdessen zog die Solidarität mit den großsprecherischen, aber militärisch unfähigen italienischen Verbündeten das »Dritte Reich« auf Nebenschauplätze von Nordafrika bis zum Balkan, was seine Ressourcen und Einsatzkräfte verzehrte, ohne ihm nennenswerten strategischen Gewinn einzubringen. Im Frühjahr 1941 war die Wehrmacht immer noch in der Lage, weniger modernisierte kontinentale Feinde in Blitzkriegmanier zu schlagen; aber die deutsche Bevölkerung wurde langsam unruhig, denn all die Siegesfanfaren hatten den Krieg nicht beendet. Die Gebietsgewinne bescherten zwar der Ökonomie ein Mehr an Ressourcen, aber sie minderten die militärische Stärke des deutschen Heeres; schließlich musste man in den eroberten Regionen der Kontrolle wegen Soldaten stationieren. Nachdem Hitler den südöstlichen Teil des Kontinents erobert hatte, stand der »Führer« vor dem gleichen Dilemma wie einst Napoleon: Sollte er ein Arrangement mit den Engländern anstreben oder nach Osten marschieren?[29]

Suche nach Lebensraum

Hitlers Entscheidung, Russland zu überfallen, die ins Desaster führen sollte, hatte sowohl ideologische als auch ökonomische Motive. Die Überlegung der Nazis lautete: Deutschland ist überbevölkert, Abhilfe schaffen kann aber nicht der Erwerb von Kolonien in Afrika, die sich nicht für Besiedlung durch Weiße eignen, sondern nur die Eroberung agrarischen Lebensraumes in Osteuropa. Das angestrebte Territorium reichte von der Ostsee bis zur Ukraine; seine derzeitigen Einwohner müssten umgesiedelt werden. Auf den Karten des Kontinents mochte das Deutsche Reich wie ein ansehnlicher Block wirken, in den Statistiken ebenso, lebten dort doch dreihundert Millionen Menschen. Aber wichtige Grundnahrungsmittel und Rohstoffe schienen den Nazis dort nicht hinreichend vorhanden: Beispielsweise gebe es zu wenig Getreide, Eisenerz und Erdöl, und zu viel davon müsse importiert werden. Die Sowjetunion war zwar bisher ein verlässlicher Partner gewesen und hatte vertragsgemäß die Ressourcen geliefert, die Deutschland fehlten. Im Gegenzug hatte sie aber Waffen und Fertigwaren erhalten, und Erstere könnte sie eines Tages gegen Deutschland einsetzen. So weit das Räsonnement. Da so viele Generäle der Roten Armee bei der Großen Säuberung ums Leben gekommen waren, unterschätzte das deutsche Oberkommando ihre Kampfkraft und nahm die mittelmäßige Leistung des sowjetischen Heeres während des Winterkrieges als Bestätigung. Die Deutschen hätten ja schlicht mehr Flugzeuge und Schiffe produzieren können als die Briten und ihre amerikanischen Helfer, aber dafür fehlten Hitler die Fabriken und die Geduld. So lenkte er seine Wehrmacht dem einen noch verbliebenen Ziel zu: Sowjetrussland.[30]

Das *Unternehmen Barbarossa* – so der Tarnname für die aktuelle Operation – begann in den frühen Morgenstunden des 22. Juni 1941. Der Angriff war als Überraschung geplant, und dies gelang auch weitgehend, denn die deutsche Armee verfuhr nach dem klassischen Blitzkrieg-Muster: Drei Heeresgruppen stießen tief ins Land vor, kreisten die Verteidiger ein und zwangen sie zur Aufgabe. Dass die Sowjets ein Festungssystem, genannt die *Molotow-Linie*, auf ihren neuerworbenen westlichen Territorien errichtet hatten, getreu ihrer Entscheidung für eine Strategie der Vorwärtsverteidigung, spielte den Deutschen nur in die Hände. Stalin ignorierte verlässliche Berichte seiner Nachrichtendienste, dass ein Angriff bevorstehe, und meinte, diese seien einer Desinformation aufgesessen; selbst der akuten Warnung des Spions Richard Sorge schenkte er keinen Glauben. Die selbstgewisse und schlachtenerprobte Wehrmacht rückte mit rund drei Millionen deutschen und etwa sechshunderttausend Soldaten aus verbündeten Ländern ein; doch von Beginn an besaß sie weniger Panzer, Kanonen und Flugzeuge als die Rote Armee. Im März 1940 hatte Hitler den kommenden Waffengang als einen ideologischen »Vernichtungskrieg« bezeichnet, bei dem es um die Beseitigung von Kommunisten und Juden gehe. Obwohl die Verteidiger tapfer kämpften, konnten die Deutschen das westliche Russland von Riga bis Odessa überrennen und nahmen Millionen sowjetischer Soldaten in den Schlachten um Białystok, Minsk und Smolensk gefangen.[31]

In ihrer Euphorie angesichts solch gewaltiger Siege waren die nazistischen Aggressoren sich sicher, dass sie den Feldzug noch vor Einbruch des Winters beenden könnten. Aber die Sowjets blieben nicht untätig. Sie gründeten ein Staatliches Verteidigungskomitee, das künftig die Defensivanstrengungen koordinieren sollte. Stalin rief den »Großen Vaterländischen Krieg« aus, um auch die nichtbolschewistischen Patrioten und die orthodoxe Kirche mitzureißen; wenn diese nicht für den Kommunismus kämpfen mochten, dann doch sicherlich für »Mütterchen Russland«. Am 12. Juli unterzeichneten England und die Sowjetunion außerdem einen Bündnisvertrag, den London bisher hinausgezögert hatte. Die USA bezogen jetzt schrittweise Russland in ihr *Lend-Lease program* ein und sandten wichtiges Heeresgut gerade zu jenem Zeitpunkt, da es am dringlichsten gebraucht wurde. Inzwischen hatte Hitler seine Pläne geändert. Er wollte nicht nur an die Kohlen- und Ölvorräte im Donbass heran, sondern auch die eigenen Truppen mit denen seines finnischen Verbündeten verbinden. Hitler befahl also einem Teil der Wehrmacht, nicht mehr Moskau anzuvisieren, sondern weiter südlich in die Ukraine hineinzustoßen und im Norden Leningrad einzukreisen. Infolge dieser strategischen Richtungsverlagerung machten die Deutschen im Ring um Kiew 660 000 Gefangene sowie weitere 600 000 in der Region von Wjasma und Brjansk. Überzeugt, dass angesichts solch unglaublicher Verluste gar nicht mehr genügend Rotarmisten da seien, um noch Widerstand zu leisten, verkündete das deutsche Oberkommando auf einer Pressekonferenz am 10. Oktober 1941, der Krieg sei bereits gewonnen.[32]

Als die Attacke auf Moskau zehn Tage später dann doch begann, kamen die Deutschen der Hauptstadt verlockend nahe, aber einnehmen konnten sie diese nicht. Der Anblick der Panzer Guderians und Hoepners rund dreißig Kilometer vom Kreml entfernt löste freilich eine Massenpanik aus, die der NKWD nur mit Gewalt stoppen konnte. Dann aber unterbrachen Herbstregenfälle die Versorgung der Wehrmacht, denn sie verwandelten die endlosen staubigen Rollbahnen in Schlamm und machten sie unpassierbar. Mitte November wies ein verzweifelter Stalin die Rote Armee an, alle Dörfer, Felder und Fabriken nahe den Frontlinien in Brand zu stecken, denn die Invasoren sollten keine Möglichkeit haben, sich mit Erzeugnissen des Landes zu versorgen. Außerdem kam der Winter in jenem Jahr einen Monat früher als gewöhnlich; die Temperaturen sanken auf minus 35 Grad Celsius. Dies ließ die Panzer in ihren Spurfurchen unbeweglich stehenbleiben, weil das Motorenöl erstarrte und die Artilleriekanonen feststaken. Vor allem aber die Gliedmaßen der Soldaten erfroren, sofern sie keine wintergerechte Kleidung mithatten. Schließlich zog der sowjetische General Georgi Schukow Reserven aus Asien herbei und schickte alle Armeeangehörigen, derer er habhaft wurde, bis zum letzten Mann in die Schlacht; um des Vaterlandes willen nahm er hohe Todesopferzahlen in Kauf.[33] Im Dezember hatten das fürchterliche Wetter und frische Verteidiger den scheinbar unabwendbaren Vormarsch der Deutschen zum Halt gebracht.

Die nun folgende russische Konteroffensive fegte fast die gesamte Ostfront leer, denn sie jagte die ermatteten Angreifer Hals über Kopf in die Flucht. Stalin hatte ohne Rücksicht auf Verluste den Großteil der Kriegsproduktion hinter den Ural verlegen lassen, also außerhalb der Reichweite der Luftwaffe. Einige russische Waffen, namentlich der Katjuscha-Raketenwerfer – von den Deutschen schwarzhumorig »Stalinorgel« genannt –, waren allem überlegen, was die Wehrmacht aufzubieten hatte. Obwohl oft ungenügend ausgebildet, kämpften die sowjetischen Soldaten – zumal ihnen beim Rückzug von der Front die Hinrichtung drohte – mit grimmiger Entschlossenheit für ihr »Heiliges Russland«. Die erschöpften Invasoren wiederum litten unter der Kälte, beschädigter Ausrüstung und überdehnten Versorgungslinien. Plötzlich sahen sich Tausende deutscher Soldaten umzingelt und versuchten verzweifelt, durch den Ring zu brechen. Mitte Dezember übernahm Hitler persönlich das Kommando über die Ostfront und erließ eine Art Kämpf-oder-stirb-Befehl, der zu fanatischem Widerstand verpflichtete. Obwohl die Russen rund sechs Millionen Soldaten verloren hatten – Tote, Verwundete und Gefangengenommene zusammengerechnet – und auf der Gegenseite lediglich knapp eine Million Gefallene zu verbuchen war, schienen die Kämpfe der letzten Monate den Deutschen erheblich zugesetzt zu haben. Nur mit ihren letzten Reserven konnte die Wehrmacht die Front restabilisieren – die inzwischen allerdings 160 Kilometer weiter westlich verlief.[34]

Zum Teil war der Misserfolg der Nazis auch politisch begründet, denn die brutale Behandlung der russischen Zivilisten und Gefangenen entfremdete sie der Bevölkerung vor Ort. Zumindest in den baltischen Staaten und der Ukraine hatte man die Deutschen anfangs willkommen geheißen, da viele Einheimische hofften, diese würden sie von Stalins Joch befreien. Aber die unterschiedslose Repression, die ökonomische Ausbeutung und die Massenmorde der SS-Einsatzgruppen machten nur allzu klar, dass sie nicht als Freunde gekommen waren. Teils durch widrige Umstände verursacht, teils bewusst herbeigeführt, starben im Winter 1941/42 über zwei Millionen russische Kriegsgefangene an Hunger, ebenso erging es zahlreichen Zivilisten in Weißrussland. Auch davon ging die schaurige Botschaft aus, dass die braunen Eroberer noch erheblich grausamer waren als die roten Kommissare. Obwohl viele Gefangene sich bereit zeigten, der von General Andrei Wlassow gegründeten antikommunistischen Russischen Befreiungsarmee beizutreten, fiel Hitler gar nicht ein, ihnen eine attraktive Gegenleistung anzubieten, etwa einen eigenen postkommunistischen Staat. Lieber ermordeten die nationalsozialistischen Truppen kommunistische Parteimitglieder und Juden. Prompt bildete sich eine Partisanenbewegung, die sich in den Wäldern verbarg und deutsche Versorgungslinien unterbrach. So konnten die Nazis keinen Vorteil ziehen aus gewissen weitverbreiteten Stimmungen im Volk – Antikommunismus, ethnischer Hass, religiöse Ressentiments –, die ihnen andernfalls vielleicht dienlich gewesen wären.[35]

Da Hitler den Krieg im Osten immer noch unbedingt gewinnen wollte, initiierte er während des Sommers 1942 eine weitere Offensive. Bei Charkow konnte die Wehrmacht eine sowjetische Attacke zurückschlagen. Nun setzte sie alles daran, sich ukrainisches Getreide und kaukasisches Erdöl zu sichern, die sie beide für die Fortsetzung des Krieges dringend brauchte. Nach heftigen Gefechten bemächtigten sich Anfang Juli die Deutschen der Krimhalbinsel. Sie unternahmen zwei größere Vorstöße: Der eine ging in Richtung Kaspisches Meer und erreichte am 12. August 1942 den Elbrus, den höchsten Gipfel des Kaukasus; der zweite Sturm führte noch weiter nach Osten und kam Ende desselben Monats in der Nähe der Industriestadt Stalingrad an, die den Übergang über die Wolga kontrollierte. In harten und zähen Häuserkämpfen gelang es der Wehrmacht zwar, einen Großteil Stalingrads einzunehmen, aber ganz konnte sie die Stadt nie erobern, und sie erlitt bei den Gefechten schwere Verluste. Zwar brachte dieser Doppelschlag den Deutschen viel zusätzliches Territorium ein, aber die Versorgungslinien wurden dadurch noch mehr gedehnt. Mittlerweile musste die Wehrmacht Verteidigungstruppen am mittleren und nördlichen Teil der schier endlosen russischen Front postieren. Die deutsche Militärmaschinerie konnte immer noch Schlachten gewinnen, aber es war ihr nicht mehr gegeben, einen größeren Gegner wie die Sowjetunion auszuschalten.[36]

Der russische Feldzug stoppte den deutschen Vorstoß durch ganz Europa und änderte den Modus der Kriegsführung; letztlich bewirkte er Hitlers Sturz. Begonnen hatte das »Unternehmen Barbarossa« als ein weiterer Blitzkrieg, doch nun wandelte er sich zum Abnutzungskrieg – genau jene Art von Waffengang zwischen höherrangigen Industriemächten, die ein nur mittelgroßes Kontinentalland, selbst ein so stark militarisiertes wie das Deutsche Reich, nicht gewinnen konnte. Hitlers maßloser Expansionismus hatte einen Zweifrontenkrieg geschaffen, indem er das britische Empire in eine, wenn auch zögerliche, Allianz mit der Sowjetunion zwang, die stark genug war, der nazistischen Attacke standzuhalten. Zuerst verfehlten die deutschen Flugstreitkräfte ihr Ziel, die Lufthoheit über England zu erlangen, und dann fand die Wehrmacht ihren Meister im russischen Winter mit seiner Kälte. Die deutsche Führung unterschätzte weiterhin die Größe des Landes, die Zahl der Rotarmisten, die Qualität der russischen Waffen und die Leidensfähigkeit der Russen. Jedes andere Land wäre unter solch einem Ansturm zusammengebrochen.[37] Als deutsche Soldaten in den Bergen des Kaukasus oder in der ägyptischen Wüste für einprägsame Propagandabilder posierten, wussten sie noch nicht: Weiter würden sie nicht kommen. Das Kriegsglück war dabei, die Seiten zu wechseln.

Weltweiter Kampf

Vorangetrieben nicht nur von Nazi-Deutschland, sondern auch dem faschistischen Italien und dem militaristischen Japan, entwickelte sich der Krieg schrittweise zu einer wahrhaft globalen Auseinandersetzung, in die praktisch alle größeren Länder hineingezogen wurden. Obwohl ein Masterplan fehlte, hatte der nationalistische Expansionismus der Achsenmächte verschiedene Kriegsschauplätze zu *einem* weltweiten Konflikt verwoben. Ideologisch betrachtet wetteiferten nationalsozialistische, kommunistische und liberaldemokratische Visionen von Moderne um die Macht. Ökonomisch gesehen erforderte die industrialisierte Kriegsführung Ressourcen aus allen Teilen des Globus, an die die westlichen Seemächte leichter herankamen als die landgestützten Faschisten. Diplomatisch betrachtet stritten zwei Vielstaatenbündnisse gegeneinander, denn nicht nur das Britische Empire und die Sowjetunion, sondern auch die Nazis konnten auf Hilfe von Alliierten und Klientenstaaten in Europa sowie in Asien zurückgreifen. Und militärisch gesehen traten neben britischen auch Soldaten aus den kanadischen und australischen Dominions sowie Truppen aus den Kolonien in Indien und Afrika gegen die deutsche reguläre Armee, aber auch die Freiwilligeneinheiten der SS aus ganz Europa an. Da er mehr Teilnehmer umfasste als der erste, wurde der zweite große Konflikt des 20. Jahrhunderts ein echter Weltkrieg.[38]

Nach der Entmachtung des Völkerbundes wurde es immer schwieriger, während des weltweiten Konflikts neutral zu bleiben. Umzingelt von Territorien, in denen Nazis oder Faschisten das Sagen hatten, mobilisierte die demokratische Schweiz zwar ihre milizähnliche Armee, trieb aber viele Finanzgeschäfte mit ihrem deutschen Nachbarn und beherbergte zahlreiche Spione. Das sozialdemokratische Schweden, seit 1940 durch die Wehrmacht von der Restwelt abgeschnitten, sah sich gezwungen, sein Eisenerz, sein Holz und seine Industrieprodukte an Berlin zu verkaufen; gleichzeitig aber diente es als Zuflucht für entkommene Juden. Obwohl ihm faschistische Kämpfer aus Italien und nazistische aus Deutschland geholfen hatten, seinen Militärputsch zu gewinnen, hielt General Franco Spanien aus dem Krieg heraus. Diplomatischer Druck seitens der USA hatte bewirkt, dass nur spanische Freiwilligeneinheiten gegen Russland mitmarschieren durften. Ähnlich enttäuschte Hitler, dass der rechte Diktator Salazar Portugal nicht erlaubte, der Achse beizutreten, denn das Land hätte waffentechnisch wertvolles Wolfram liefern können. Der Freistaat Irland mochte nicht an die Seite Englands treten, und auch die Türkei beteiligte sich nicht am Krieg. Solange die Nationalsozialisten siegten, kooperierten die kontinentalen Neutralen mit ihnen; aber kaum wendete sich das Blatt, begannen sie auch den Alliierten zu helfen.[39]

Japans Aggression gegen China entfesselte einen weiteren regionalen Krieg in Asien, der zunächst nur eine lose Verbindung zum Konflikt in Europa besaß. Schon im Juli 1937 hatte ein Vorfall in der Nähe von Peking eine japanische Großinvasion ausgelöst. Sie sollte das nationalistische chinesische Regime unter Tschiang Kai Schek treffen und führte zur Besetzung eines breiten Landstreifens längs des Pazifiks, in dem auch Nanking und Schanghai lagen. Nach der Attacke auf China gerieten die japanischen Truppen in der Mandschurei selber in Bedrängnis, nämlich in langwierige Grenzstreitigkeiten mit der in der Äußeren Mongolei sitzenden Roten Armee; bei diesem Kampf erlitten die Japaner überraschenderweise eine Niederlage. Also schloss Tokio, getreu dem Muster des Ribbentrop-Molotow-Paktes, im April 1941 einen eigenen Nichtangriffsvertrag mit der Sowjetunion. Gedrängt von einer ehrgeizigen Marine, begann Japan seine Ambitionen in Richtung Südwesten zu verlagern; dort gedachte es die Schwäche und die Schwierigkeiten der Kolonialmächte auszunutzen. So sicherte es sich das bisher niederländisch besetzte erdölreiche Indonesien, übernahm in Indochina französische Besitztümer und bedrohte die britische Herrschaft über Indien. Nachdem Japan im September 1940 den Dreimächtepakt mit Deutschland und Italien unterzeichnet hatte, verfolgte jede dieser Mächte wieder ihre nationalen Prioritäten.[40]

Präsident Franklin Delano Roosevelt beobachtete das Treiben der europäischen und asiatischen Diktatoren mit wachsender Besorgnis, zumal ihm durch die in den Vereinigten Staaten vorherrschende isolationistische Stimmung die Hände gebunden waren. Es existierten sogar Neutralitätsgesetze, die geradezu geboten, die USA aus einem möglichen Weltkrieg herauszuhalten. Die ablehnende Haltung der Republikanischen Partei zum Völkerbund, die Kritik der Revisionisten am Versailler Vertrag und die leidvollen Erfahrungen in der Großen Depression hatten bei der amerikanischen Öffentlichkeit eine Wendung nach innen bewirkt. Franklin D. Roosevelt hingegen hatte als Kind mehrfach seine Ferien in Deutschland verbracht und war während des Ersten Weltkrieges Staatssekretär im Marineministerium gewesen; beides trug dazu bei, dass er die Deutschen nicht besonders mochte. Schon im Oktober 1937 warnte er, Aggressoren gehörten »unter Quarantäne gestellt«. Er fand einen raffinierten Weg, die Neutralitätsgesetze zu umgehen, und orientierte sich dabei am *cash-and-carry*-Prinzip der Geschäftswelt, am Selbstabholer-Prinzip also: Rein formell lieferte Amerika keine Waffen an ausländische Mächte, aber diese durften bei den Amerikanern welche erwerben, mussten sie sofort bezahlen und mit nichtamerikanischen Schiffen abtransportieren. Ab November 1939 konnten die Alliierten in den Staaten direkt Waffen kaufen – was ja auch die amerikanische Wirtschaft belebte. Der Präsident erklärte die USA zum »Arsenal der Demokratie«. Nun erhielten die Briten fünfzig alte Zerstörer und die Amerikaner im Gegenzug das Recht, britische Marinestützpunkte zu übernehmen. Im März 1941 paukte Roosevelt den *Lend-Lease Act* durch den Kongress, um England zu unterstützen; die Waffenlieferungen erfolgten nun doch direkt, und amerikanische Marineschiffe eskortierten die entsprechenden transatlantischen Schiffstransporte. Durch diese Entscheidungen näherten sich die USA schrittweise der aktiven Teilnahme am Krieg.[41]

Hitler nahm den Vereinigten Staaten zutiefst übel, was diese Deutschlands Feinden an Hilfe zufließen ließen, namentlich Waffen und Rohstoffe in wachsender Menge. Seine Haltung zu Amerika war widersprüchlich. Einerseits faszinierten ihn dessen Größe, Geschwindigkeit, Erfindungsreichtum und ökonomische Kraft – eine Dynamik, die er den arischen Wurzeln der weißen Bevölkerung zuschrieb. Einiges bewunderte er geradezu, so die Effizienz der fordistischen Massenproduktion, den Glamour der Hollywoodfilme und den hohen Lebensstandard der Durchschnittsbürger. Anderes aber stieß ihn ab, nämlich die ethnische Vielfalt bei der Einwanderung bzw. die Tatsache, dass sich dort Schwarze, Hispanos und Asiaten miteinander und mit Weißen vermischten. Solch ein Rassengemenge, befand Hitler, könne nur Dekadenz hervorbringen. Als die transatlantischen Feindseligkeiten sich verschlimmerten, begann der »Führer« immer offener New York zum Zentrum der »jüdischen Weltverschwörung« zu erklären, die alles, was er plane und tue, zu durchkreuzen trachte. Da Hitler in näherer Zukunft eine interkontinentale Kraftprobe mit den Vereinigten Staaten erwartete, versuchte er die deutsche Machtbasis – sein Territorium, seine Industrie und seine Ressourcen – auszubauen, um für solch einen Konflikt gewappnet zu sein. Zwar träumten einige Offiziere der Luftwaffe und der Kriegsmarine von einem direkten Angriff auf die USA; eine derartige transatlantische Invasion lag aber weit jenseits der militärischen Kapazität Deutschlands.[42]

Die japanische Attacke auf die US-Marinebasis Pearl Harbor am 7. Dezember 1941 zog die Vereinigten Staaten endgültig in den Zweiten Weltkrieg hinein. Da die britische und die französische Armee in Europa zu kämpfen hatten, war die amerikanische Pazifikflotte das einzige nennenswerte Hindernis, das noch zwischen Japan und dessen Ziel stand, eine von ihm allein kontrollierte »südöstliche Ressourcenzone« in Asien zu etablieren. Dass die japanische der amerikanischen Armee hinsichtlich Flugzeugträgern, Schlachtschiffen und Zerstörern ebenbürtig war, brachte Admiral Yamamoto auf den Gedanken, ein Überfall aus heiterem Himmel sei die beste Methode, die gegnerische Flotte ein für alle Mal zu eliminieren. Da die US-Kommandeure sich einen solchen Schlag nicht hatten vorstellen können, hatten sie die Verteidigung des Stützpunktes vernachlässigt. So flogen denn japanische Maschinen von Flugzeugträgern aus mehrere Angriffswellen und ließen eigens dafür entworfene Torpedos und panzerbrechende Bomben fallen. Sie richteten verheerende Schäden an: Nach der Aktion waren alle acht amerikanischen Schlachtschiffe versenkt oder schwer beschädigt, desgleichen mehrere Kreuzer und Zerstörer, nicht zu reden von zahlreichen Marinefliegern. Der Schock, den dieser unerwartete Überfall Amerika versetzte, löste dort eine zornige Entschlossenheit zum Kampf aus. Schon am nächsten Tag erklärte der Kongress mit einem Votum von 470 zu 1 Japan den Krieg. Ein wütender Roosevelt nannte den 7. Dezember 1941 »einen Tag der Schande, der in die Geschichte eingehen wird«. Allerdings war auch Berlin völlig überrascht.[43]

Drei Tage später erklärte Hitler unerklärlicherweise den Vereinigten Staaten den Krieg, und damit verwandelte er einen noch unentschiedenen Wettstreit in eine sichere Niederlage für Deutschland. Da er Tokio nicht über seine bevorstehende Attacke auf Russland informiert hatte, setzten die Japaner ihn auch nicht über ihre Absicht eines Schlages gegen die US-Marine in Kenntnis. Er war ihnen also zu nichts verpflichtet. Tatsächlich stimmten sich die Achsenmächte miteinander kaum ab; es gab keine Gesamtstrategie. Ein gemeinsames deutsch-japanisches Vorgehen gegen Russland hätte Tokio vielleicht Zugriff auf die sibirischen Ressourcen gebracht und Stalin zumindest an den Verhandlungstisch gezwungen. Obwohl er ein ungefähres Bild von der Leistungsfähigkeit der Vereinigten Staaten besaß, ignorierte der »Führer« die Warnungen seiner ökonomischen Berater. Bei seinem Kalkül ging er allein von den aktuellen Truppenstärken aus, und so unterschätzte er katastrophal das militärische Potenzial und die politische Entschlossenheit des Gegners. Vielleicht gab ihm der Gedanke den letzten Anstoß, dass die Kriegserklärung doch eigentlich nur die formelle Bestätigung eines Kriegs nachreiche, der informell schon stattfand, nämlich auf dem Meer. Deutsche U-Boote waren dort ja bereits aktiv und versenkten amerikanische Seefahrzeuge, sobald sie in ihre Sichtweite gerieten. Die gewaltige Disparität zwischen den beiden Ländern hinsichtlich Ressourcen und Industrien nahm Hitler schlicht nicht zur Kenntnis. Er wollte das große Wagnis, solange er noch in Führung lag.[44] Mit dieser Fehlentscheidung beschleunigte er schlagartig seinen Untergang, während er Roosevelt eines Problems entledigte, das diesen schon lange plagte: Der US-Präsident wollte in Europa kämpfen, ohne dafür aber genügend Rückendeckung in der Bevölkerung zu haben. Die bekam er jetzt.

Der japanische Überfall und die deutsche Kriegserklärung schlossen den Kreis der beteiligten Nationen und sorgten gleichzeitig dafür, dass der Wettstreit ein wahrhaft weltweiter wurde. Die faschistischen Regime Deutschlands und Italiens verfolgten jeweils eigene Ziele, aber sie trafen auf eine geschlossene Gegenfront: Ebenjene Bedrohung schuf eine zuvor nicht für möglich gehaltene Große Allianz zwischen liberaler Demokratie und Kommunismus. Trotz der ideologischen Diskrepanz kämpfte das Bündnis wirkungsvoll gegen einen Feind, der beide Partner gleichermaßen bedrohte. Zweifellos besaßen die angriffslustigen Diktaturen eine gut geölte Kriegsmaschinerie, wild entschlossenen Kampfgeist und wertvolle Gefechtserfahrung – all dies mochte ihnen auf kurze Sicht einen Vorteil sichern. Aber die diversen Verteidigernationen hatten eine höhere Einwohnerzahl, eine produktivere Wirtschaft und mehr Ressourcen. Könnten sie all dies vollumfänglich mobilisieren, würden sie in dem Konflikt obsiegen, auch wenn er länger dauern sollte.[45] Anfangs imitierten die Japaner das Muster der erfolgreichen deutschen Blitzkriegstrategie; so konnten sie einen nicht geringen Teil Südostasiens erobern, wobei ihnen antikoloniale Ressentiments zugutekamen. Aber als der jeweiligen lokalen Bevölkerung klarwurde, dass die neuen Eroberer noch heftigere Forderungen an sie stellten als die alten Imperialisten, wandte sie sich gegen die Invasoren. In diesem globalen Wettstreit konkurrierender Modernen fanden sich die Geschicke Europas und Asiens nun eng miteinander verbunden.

Blitzkriege

Schon während die Schlachten noch tobten, begannen Militärtheoretiker darüber zu debattieren, was denn nun den Charakter der modernen Kriegsführung ausmache, die hinsichtlich Intensität und Gewalt selbst die Gräuel des Ersten Weltkrieges hinter sich ließ. Ein neues Element war der größere Tötungsfaktor, da Fortschritte in der Waffentechnik sich etwa bei Bombern, Panzern und mobiler Artillerie bemerkbar machten. Dies sicherte einer Seite zumindest flüchtige Überlegenheit über die andere. Eine zweite Dimension lag in einer massiveren Propaganda, die den Wettkampf in eine Auseinandersetzung unter Ideologien verwandelte. Sie hatte den Zweck, den Feind zu entmenschlichen und die eigenen Massenarmeen zu motivieren, sich für ein vorgegebenes Ziel zu opfern. Eine dritte Neuheit war der systematische Einsatz von Terror. Er konnte in Bombenabwürfen auf die Zivilbevölkerung bestehen oder in willkürlichen Vergeltungsmaßnahmen, die Panik erzeugten und die Kapitulationsbereitschaft förderten. Eine vierte Dimension war die konsequentere Mobilisierung der ökonomischen Basis, mochte sie der Massenproduktion von Waffen, der Ernährung der Bevölkerung oder der Aufrechterhaltung der Kampfmoral dienen. Ein letzter Faktor lag offenbar im jeweiligen politischen System der Kontrahenten begründet: Die Diktaturen hatten einen gewichtigen Vorteil beim Entfesseln von Attacken, erwiesen sich aber als verwundbarer bei Niederlagen.[46]

Während der ersten Hälfte des Krieges beruhte der Erfolg der Nazis auf einer neuen Synthese strategischer Elemente namens »Blitzkrieg«, die speziell zur Situation Deutschlands passte, das schnell aufrüsten wollte, aber nur begrenzte Ressourcen besaß. Laut amerikanischen Augenzeugen wirkte die konzentrierte Verwendung technisch komplexer Waffen wie stahlbewehrter Panzer, Sturzkampfbomber und mobiler Artillerie dermaßen einschüchternd, dass man meinen mochte, dagegen sei so gut wie kein Widerstand möglich. Dank der innovativen Taktik, mit einer dem Gegner nicht zu Gebote stehenden Konzentration der Angriffskräfte dessen Verteidigungsfront zu durchbrechen, die Verbindungs-

und Versorgungslinien abzuschneiden und die Verteidiger in Kesseln einzukreisen, konnten die Deutschen viele Gefangenen machen. Die Strategie, sich einen mutmaßlich schwächeren Opponenten nach dem anderen vorzunehmen, ermöglichte zudem eine Serie kurzer Feldzüge. Bevor potenzielle Verbündete ihm Hilfe zu leisten vermochten, war der Betreffende schon geschlagen und konnte kaum etwas anderes tun als sich ergeben. Der unablässige Terror gegen Zivilisten und die propagandistische Ausbeutung von Siegen schließlich schufen ein Klima der Angst und erzeugten eine Aura der Unbesiegbarkeit, die jeden Widerstand sinnlos erscheinen ließ. Während der Anfangsphase des Krieges funktionierte diese Aggressionsmethode so exzellent, dass es selbst ihre Erfinder überraschte.[47]

Die westlichen Demokratien entwickelten einen anderen Stil der Kriegsführung, der mehr auf Verteidigung abstellte; schließlich war der Aktionsraum der Regierungen eingeschränkt durch parlamentarische Kontrolle. Während der Atempause, die das Münchner Abkommen bot, rüsteten England und Frankreich derart auf, dass sie hinsichtlich verfügbarer Waffen und Soldaten überlegen waren; jedenfalls besaßen sie eigentlich ausreichend Material, um Angreifer abzuschrecken. Aber die beiden Nationen blieben in der Folgezeit zu passiv. So ließen sie die überrannten Polen im Stich, und die RAF kümmerte sich vorrangig um die Verteidigung Englands, statt den in Panik verfallenden Niederländern beizustehen. Die Franzosen wiederum waren durch inneren Zwist und Selbstzweifel gelähmt bis zur Unbeweglichkeit. Auf dem Papier mochten sie so stark sein wie ihr westlicher Nachbar, aber sie begingen einen Fehler nach dem anderen. Sie irrten sich fundamental in der Einschätzung, wo der deutsche Vorstoß erfolgen würde, sie verharrten hinter der Maginot-Linie, machten schlechten Gebrauch von ihren Waffen und ließen den Kampfgeist vermissen, den sie gebraucht hätten, um sich gegen die selbstbewussten Invasoren zu erheben. Die Fortsetzung des Kampfes oblag nun dem Land hinter dem Ärmelkanal. Immerhin besaß England in seiner Marine und Luftwaffe spürbar wirksame Verteidigungskräfte, hinzu kamen Verstärkung aus den Kolonien und Dominions sowie immer mehr materielle

Hilfe aus den Vereinigten Staaten. All dies eröffnete die Möglichkeit, die auf dem Kontinent erlittene Niederlage wettzumachen. Auch dass den Bürgern die Freiheit immer noch lieber war als Knechtschaft und das eigene Land über mehr Ressourcen verfügte als der Feind, ließ für den bevorstehenden ausgedehnten Konflikt Gutes erhoffen.[48]

Die Sowjetunion brachte wiederum einen anderen Kampfmodus für den modernen Krieg hervor. Zunächst hatte er desaströse Konsequenzen, später aber, als der Waffengang fortdauerte, erwies sich gerade er als geeignet, alle Widerstände zu überwinden. Anfangs brachte der Diktator Stalin die Sowjetunion an den Rand einer Niederlage, weil er den Nachrichten über den bevorstehenden deutschen Angriff keinen Glauben schenkte und sein Offizierskorps durch die Säuberungen selbst dezimiert hatte. Aber Stalin befahl eben auch, die Industrie zu verlegen und Gulag-Insassen als Kämpfer einzusetzen, und diesen Maßnahmen verdankte Russland sein Überleben. Den Kommunisten standen scheinbar unerschöpfliche Menschenreserven zur Verfügung, wahre Massenarmeen, deren Umfang die hohen Militärs des Invasionsheeres immer wieder in Erstaunen versetzte: »Jedes Mal, wenn ein Dutzend [Divisionen] zerstört sind«, wunderte sich ein General, »ersetzen die Russen sie mit einem weiteren Dutzend.« Die schlichtere, aber stabilere und strapazierfähigere Bauweise der sowjetischen Waffen eignete sich bestens für das russische Klima, zudem waren sie leicht in großer Zahl zu produzieren. Die Sowjets setzten – ein Relikt aus dem Bürgerkrieg – auch Politkommissare zur ideologischen Mobilisierung ein und reaktivierten schlummernde nationalistische Emotionen. Hinzu kam, dass das sowjetische Militär mit bemerkenswert wenig Rücksicht auf das Menschenleben Einzelner operierte und unsäglich hohe Gefallenenzahlen in Kauf nahm. Zwar waren die methodischen Attacken der Roten Armee eher von Bedachtsamkeit gekennzeichnet, aber sie summierten sich zu einem unablässigen Zuschlagen, das die Wehrmacht schließlich zermürbte.[49]

Zu Beginn war die koordinierte Kampftaktik der Nazis effektiv, aber als nicht mehr einzelne kurze Feldzüge den Charakter des Konflikts bestimmten, sondern ein sich in die Länge ziehender Vernichtungskrieg entstand, wurde die Blitzkriegmethode zu einer stumpfen Waffe. Da der Krieg weiter- und weiterging, wurde die Mobilisierung von Ressourcen und industrieller Produktion immer wichtiger. So verschob sich das Kräfteverhältnis zugunsten der Großen Allianz, denn die ihr angehörigen Nationen besaßen eine größere Bevölkerung und eine breitere ökonomische Basis. Den Nazis hingegen fehlten Erdöl und andere Rohstoffe; sie versuchten, Ersatz zu schaffen, etwa durch Kohleverflüssigung, aber die Herstellung dieser Surrogate war teuer. Zwar ermöglichte die Ausbeutung des Kontinents durch Zwangsarbeit und Ressourcenraub es den Deutschen weiterzukämpfen, aber die Brutalität der nazistischen Repression machte sie allen »bitterlich verhasst« und ließ eine Widerstandsbewegung entstehen, die immer mehr Zulauf bekam. Waren anfangs einige deutsche Waffen noch ihren ausländischen Pendants technisch überlegen, begannen die Alliierten sie um die Mittelphase des Krieges in Quantität wie in Qualität zu überholen.[50] Ironischerweise wurde Hitler letztlich das Opfer seiner eigenen Erfolgsformel: Indem das Dritte Reich eine riskante Angriffsstrategie betrieb, um seine materielle Unterlegenheit zu kompensieren, schuf es ungewollt diejenige Große Allianz, die ihm am Ende überlegen sein sollte.

Hitlers Holocaust

Bei der Selektion in Auschwitz, 1944

Am 28. September 1941 hingen in der ukrainischen Hauptstadt Plakate der lokalen deutschen Kommandantur, auf denen stand, »sämtliche Juden der Stadt Kiew und Umgebung« hätten sich am nächsten Tag bei einer bestimmten Straßenecke in der Peripherie einzufinden, denn man wolle sie evakuieren. Tatsächlich aber begann eine Vergeltungsaktion. Kurz zuvor hatten feindliche Saboteure in Kiew Minen und Bomben gelegt, denen mehrere deutsche Offiziere zum Opfer gefallen waren. Dies sollten nun die vor Ort verbliebenen Juden büßen. Die SS zwang die mehreren zehntausend, die gekommen waren, noch ein Stück aus der Stadt hinaus. Nach zweieinhalb Kilometern endete der Fußmarsch. Dort mussten die Versammelten sich ausweisen, ihre Wertsachen hergeben und ihre Kleider ablegen. Mitglieder der Einsatzgruppe C, rekrutiert aus den Reihen der deutschen Sicherheitspolizei, SS-Männer und ukrainische Hilfswillige führten sie in Zehnergruppen an den Rand einer Schlucht, erschossen sie und warfen die Leichen hinunter. 33761 Menschen starben so – die Schlächter, die 36 Stunden am Stück mordeten, waren selbst überrascht von der hohen Zahl. Sie töteten »alle, ohne Ausnahme – auch Alte, Frauen und Kinder«. Nur 39 Personen, darunter die zitierte Dina Pronitschewa, konnten überleben und der Welt von dem Gemetzel berichten. Allerdings gibt es außerdem Fotos, aufgenommen durch deutsche Wachen – so ist das grausige Geschehen doppelt belegt. Jewgeni Jewtuschenko hat in einem bewegenden Gedicht und Dmitri Schostakowitsch in einer düsteren Sinfonie versucht, das Gedenken an das Massaker zu bewahren. Als eine der opferreichsten Tötungsaktionen ist Babi Jar ein Emblem für die erste Phase jenes Menschheitsverbrechens geworden, den »Holocaust durch Erschießen«.[1]

Bedingt durch das wachsende Bedürfnis nach ethischer Selbstorientierung und Selbstvergewisserung, wird seit einigen Jahrzehnten vielfach der Begriff »Holocaust« für den Judenmord der Nazis benutzt, um ihn als eine spezifische Eskalation des Unmenschlichen zu kennzeichnen. Namentlich in den USA fand diese Sichtweise Akzeptanz: Ihr zuliebe unterstützte man den Staat

Israel und ehrte die Opfer und Überlebenden, sie linderte aber auch das Schuldgefühl, damals nicht genug Flüchtlinge aufgenommen zu haben. Eben weil der Massenmord nicht in Amerika stattfand, konnten die Intellektuellen ihn zu einer universellen Kategorie ausweiten, einem säkularen Standard der Unmenschlichkeit, indem sie ihn mit einem gerade erst von Raphael Lemkin geprägten Neologismus belegten: *genocide* – »Völkermord«. Zwar brauchte es eine ganze Generation, um das Schweigen, mit dem das Thema nach dem Krieg bedacht wurde, zu beenden; dann aber konnte jene spezielle Holocaust-Sichtweise sich rasch institutionalisieren. Beispiele sind etwa die Einrichtung des U. S. Holocaust Memorial Museums und die Etablierung zahlreicher Lehrstühle für Holocaustforschungen an den Universitäten – eine Ausbreitung, die auch die Reste störrischer Holocaust-Leugnung hinwegfegte. Wohl hat das gedankliche Modell »Holocaust« eine wirksame Sperre gegen das Vergessen geschaffen; doch hat dessen Tendenz zum metahistorischen Moralisieren dazu geführt, dass seine Vertreter oft das ihm eigene Narrativ von Gut und Böse über ein rationales Verständnis seiner Geschichte stellten.[2]

Im Gegensatz zu manchen Holocaustforschern versuchen Historiker mit einem anderen Ansatz, den Genozid in Osteuropa zu rekontextualisieren, indem sie die antimoderne Moderne hervorheben, die den ethischen Säuberungen, dem Antisemitismus und dem Vernichtungskrieg innewohnte. Die Orgie der Massentötung sehen sie als Teil eines größeren Projekts des rassischen Imperialismus, der sich zum Ziel gesetzt hatte, dem Reich neuen Raum für agrarische Ansiedlung im Osten einzuverleiben. In der Praxis bedeutete dieses sozialdarwinistische Ziel, dass die vor Ort lebenden Polen, Ukrainer und Weißrussen gewaltsam vertrieben werden mussten; bestenfalls zu Zwangsarbeitern herabgestuft wollte man sie dulden. Sie sollten weichen, um arischen Landwirten Platz zu machen. Da bei den Deutschen antislawische Vorurteile weit verbreitet waren, hatte diese Politik durchaus Zugkraft, denn sie appellierte an ein Überlegenheitsempfinden und nährte die befriedigende Erwartung, nun werde die höherstehende eigene »Kultur« den unterlegenen Osten kolonisieren. Außerdem rechneten die Nazis damit, dass dem Dritten Reich bald neue Ressourcen – etwa ukrainisches Getreide und kaukasisches Erdöl – zur Verfügung stünden, sodass es künftig sogar Konflikten globalen Ausmaßes standhalten könnte. Bei der Realisierung dieses Planes waren nun aber Millionen Juden im Weg: Ihr »Ansiedlungsrayon« – so hieß jener breite Streifen Landes zwischen Ostsee und Schwarzem Meer, auf den das zaristische Regime Wohnen und Arbeiten der Juden beschränkt hatte – umfasste genau jenes Gebiet im östlichen Polen und westlichen Russland, das die Nazis zu erobern hofften.[3] Der systematische Massenmord war also ein Teil des Großprojektes, ein arisches Rassenimperium zu schaffen.

Diesen räumlichen Imperialismus verschärfte eine eigentümlich moderne Form des Antisemitismus. Jene Vorurteile hatten tiefe Wurzeln im Christentum, das oft den Juden die Schuld an der Kreuzigung Christi zuschrieb; auch legte es ihnen Ritualmorde und Geldgier zur Last. Doch die Emanzipation hatte die Schranken beiseitegeräumt, die früher Leben und Handeln der jüdischen Minderheit eingrenzten: Ihre Angehörigen mussten nicht mehr im Ghetto wohnen, und sie durften auch andere Berufe ausüben als nur den Geldverleih. Bald waren sie etwa in Medizin, Jura und Journalismus relativ erfolgreich, aber auch in der Geschäftswelt, wo etliche von ihnen große Reichtümer anzuhäufen vermochten. All dies erweckte in weiten Kreisen der christlichen Konkurrenten Neidgefühle, besonders heftige bei denen am radikalem Rand. Seit dem 19. Jahrhundert vollzog sich innerhalb der antisemitischen Rhetorik eine entscheidende Verschiebung: Der neue Rassismus erhielt eine pseudowissenschaftliche Basis. Man behauptete nun, es gebe einen fundamentalen biologischen Unterschied, der durch Konversion oder Säkularisierung nicht beseitigt werden könne – was die Juden auf ewig in ihrem Anderssein einschloss. Da sie diese für die Übel der modernen Zivilisation verantwortlich machten, forderten die neuen Judenhasser lautstark deren Vertreibung. Zwar war auch dies schon »ein eliminatorischer Antisemitismus«, doch wollte man damals schlicht dafür sorgen, dass die Juden nicht mehr dem Volkskörper angehörten; Massentötung hatte man noch nicht im Sinn. Erst Hitlers Obsessionen und die Machtergreifung der Nazis trieben die Eskalation von der sozialen Diskriminierung zum physischen Genozid voran.[4]

Der ideologische Vernichtungskrieg zwischen Nationalsozialismus und Kommunismus schuf eine Gelegenheit, geplante ethnische Säuberungen und rassistische Tötungen in die Praxis umzusetzen. Diplomatische Rücksichten und moralische Hemmnisse schob man schlicht beiseite; ebenso unterschied man nicht mehr zwischen regulären Kämpfern und Zivilisten. All das erlaubte der mörderischen Modernität der Kriegsführung an der Ostfront, sich voll zu entfalten, was wiederum die Umsetzung des Genozids erleichterte. Für beide Parteien – Nazis und Bolschewiken gleichermaßen – war der Gegner der Kardinalfeind, also gab es kein Pardon. Gefangene wurden nicht gemacht. Hinzu kam, zunächst aufseiten der Sowjets, die Strategie der »verbrannten Erde«: Der Eroberer sollte keine Möglichkeit erhalten, sich der Ressourcen des Landes zu bedienen, das er gerade besetzte, und dergestalt seine Versorgungslinien zu entlasten. Also rollten bald wahre Zerstörungswellen, die auch die eigenen Leute trafen, denn sie vernichteten ebenjene Ressourcen, welche die Übriggebliebenen zum Weiterleben brauchten. Rasch verbreiteten sich Hunger und Krankheiten. *Bloodlands* – ›Blutlande‹ – hat Timothy Snyder, ein amerikanischer Historiker, diese geschundenen Gebiete genannt. Die Juden und Slawen dort hatten das Pech, in jenen ideologischen Schlagabtausch hineinzugeraten. Die Macht, die sie beherrschte, wanderte freilich von den Sowjets zu den Nazis und wieder zurück, je nachdem, welcher Seite das Kriegsglück gerade hold war.[5] Die beispiellose Brutalität dieses Kampfes führte unvermeidlich dazu, dass sämtliche moralische Grenzen und zivilisatorische Hemmungen fielen – nun zeigte die Moderne ihr grausamstes Gesicht.

Die Kriegsziele der Nazis

Im Sommer 1941 hatte Hitler den Zenit seiner Macht erreicht. Nun konnte er offener als bisher verkünden, welche Ziele ihn veranlasst hatten, den Zweiten Weltkrieg auszulösen. Innerhalb von nur acht

Jahren hatte er es geschafft, die lästigen Restriktionen des Versailler Vertrages abzuwerfen und die meisten deutschsprachigen Volksgruppen – darunter Österreicher, Sudetendeutsche und Westpreußen – in einem neuen nationalen Gebilde zu vereinen, das bald den Propagandanamen »Großgermanisches Reich« erhielt. Außerdem hatte Hitler Deutschland die Hegemonie über den europäischen Kontinent beschert, indem seine Heere Polen, Skandinavien, Frankreich und die Balkanländer eroberten, und nun schien auch Sowjetrussland zu kippen. Die Anhänger der traditionellen »Realpolitik« staunten nicht wenig über diese Stärkung der internationalen Position Deutschlands. Selbst radikale Nationalisten wie die Alldeutschen, die nicht immer mit den Nazis konformgingen, mussten anerkennen, dass nun alles erreicht war, was sich der Pangermanismus je zum Ziel gesetzt hatte. Und doch wollte der »Führer« sich nicht damit begnügen, jene spektakulären Erfolge zu konsolidieren – er sah in ihnen nur ein Sprungbrett für noch gewaltigere Unternehmungen. Was Hitler vorschwebte, ging über konventionelle Hegemonie weit hinaus. Seine Ziele trieben die Nazis voran und machten den Krieg noch mörderischer.[6]

Für Hitler war der zentrale Zweck des Konflikts »die Ausweitung des Lebensraums nach Osten«. Sie sollte die Kontrolle Deutschlands über den Kontinent stabilisieren und außerdem gewährleisten, dass das Reich in der Weltpolitik mit allen anderen Mächten auf gleicher Augenhöhe stand und als Konkurrent ernst genommen wurde. Da er in Deutschland eine Kontinentalmacht sah, hielt er nicht viel von Überseebesitztümern; er bevorzugte die Kolonisierung des slawischen Ostens. Mit den Ländern des Westens mochte er sich lieber nicht anlegen, da sie ihm schon politisch zu gefestigt schienen. In gewisser Weise versuchte Hitler mit diesem Projekt an ein spezifisches Mythologem anzuknüpfen, den »Drang nach Osten«, der in der deutschen Literatur – historiografischer und fiktionaler – seit langem verklärt wurde. Namentlich, wenn es um die Geschichte Preußens ging, glorifizierte man die Ritter des Deutschen Ordens als Träger von Christentum und Recht. Die verlockende Vision »mehr Lebensraum« wollte sich auch die Wünsche der Deutschbalten zunutze machen, die vom Reich

Unterstützung begehrten gegen die ebenfalls in den Ostseeländern lebenden und ihnen zahlenmäßig überlegenen Russen, Litauer, Letten und Esten. Schon während des Ersten Weltkrieges hatte die deutsche Armee unter Ludendorff weite Landstriche Polens, Weißrusslands und der Ukraine kontrolliert, musste sie aber infolge ihrer Niederlage im Westen wieder räumen.[7] Könnte man den agrarischen Osten erobern und kolonisieren, würde dies, so das Kalkül der Nazis, Deutschland eine breitere Ressourcenbasis verschaffen. Die brauche es, um im globalen Wettbewerb gegen Weltmächte wie die Vereinigten Staaten und Russland zu bestehen.

In dem Gebiet, das die Nazis anvisierten, hatten schon seit Jahrzehnten scharfe Rivalitäten und Kämpfe zwischen einzelnen Völkerschaften getobt, in denen sich gerade Deutsche und Deutschstämmige öfters bedrängt sahen. Es verwundert daher kaum, dass die nazistische Kolonisierung eine radikalere Form annahm als konventionelle Eroberungs- und Okkupationspraktiken; schließlich war nichts Geringeres beabsichtigt als eine Umkehr der ethnischen Verhältnisse. Ihre Vordenker – namentlich Adolf Hitler, Heinrich Himmler und Walther Darré – betrachteten die industrielle Produktion skeptisch und maßen ihr keinen hohen Wert bei; die wahre Quelle nationaler Macht sei die agrarische Ansiedlung. Entsprechend plante man eine Kette deutscher Bauerndörfer bis hin zur Krim. Dieses gigantische Projekt der »Umvolkung« sollte alle im Osten verstreuten ethnischen Deutschen dort herausholen und ihnen eine neue gemeinsame Heimstatt in Westpreußen und dem Warthegau geben, jene zwischen den Ethnien heftig umstrittenen Territorien, die dadurch regermanisiert würden. Diese Änderung der demografischen Zusammensetzung aber machte die Beseitigung der zurzeit noch dort Lebenden erforderlich, und das waren hauptsächlich Polen und Juden. Durch rücksichtslose ethnische Säuberung sollten diese entfernt werden, um Raum für die deutschen Kolonisten zu schaffen. Um die arische Rassendominanz zu wahren, bestand ferner die Notwendigkeit, systematisch die Eliten der slawischen Völker zu töten; den Rest würde man auf den Status passiver Zwangsarbeiter herabstufen, die nicht in der Lage wären, den Eroberern Widerstand zu leisten. Dieses Projekt einer barbarischen Sozialtechnik, das mehr auf Gewalt setzte denn auf Assimilation, nahm seinen Fortgang mit furchterregender Brutalität.[8]

Ein verwandtes biopolitisches Ziel war die »Lösung der Judenfrage«. Die Nazis wollten einen Einfluss zurückdrängen, dem ihre Vordenker die Schuld an der kulturellen und sozialen Degeneration innerhalb der Moderne gaben. Der säkulare Judenhass führte zwar einzelne Elemente der Tradition des religiösen Antisemitismus fort, reagierte aber im Wesentlichen auf ein soziales Phänomen, nämlich die Emanzipation der Juden: Die gesellschaftliche Entwicklung in Mitteleuropa hatte ihnen die rechtliche Gleichstellung beschert, woran sich manche störten.[9] Während der Finanzkrise Anfang der 1870er wiesen kritische Publizisten wie Heinrich von Treitschke die Verantwortung für den Crash skrupellosen jüdischen Spekulanten zu, und Kulturpessimisten wie Julius Langbehn warfen den Juden vor, die deutsche »Kultur« zu untergraben. An den Universitäten erhoben die nationalistischen Hochschüler des Verbands der Vereine Deutscher Studenten das antisemitische Banner und propagierten die einschlägigen Vorurteile unter den künftigen Akademikern.[10] Aber es gab Rückschläge: Der Agitator Otto Böckel etwa wollte eine antijüdische Partei gründen, scheiterte aber am Widerstand assimilierter Juden – besonders der Centralverein deutscher Staatsbürger jüdischen Glaubens tat sich hervor, ein bürgerrechtlicher Schutzverband, doch auch freiheitlich denkende Deutsche in den Parteien der Linken hielten dagegen. War es allerdings einmal gebraut, verbreitete sich das antisemitische Gift in immer weiteren Kreisen, und allmählich wurde Judenhass gesellschaftsfähig.

Der Antisemitismus hat die Nazis nicht an die Macht gebracht, aber kaum hatten sie die Kontrolle über die Regierung inne, fielen alle Hemmungen, in Deutschland eine konsequente judenfeindliche Politik zu betreiben. Ohne Zweifel hat gerade der radikale Hass auf die Juden viele derjenigen, die während des Dritten Reiches respektvoll »Alte Kämpfer« genannt wurden, in ihren politischen Anfangsjahren zu Beginn der 1920er motiviert, der eben erst flügge gewordenen Nazi-Bewegung beizutreten. Einer der übelsten unter ihnen, der Franke Julius Streicher, gab ein antisemitisches Blatt namens *Der Stürmer* heraus, das nur so wimmelte von pornografischen Karikaturen, in denen lüsterne jüdische Männer unschuldige arische Mädchen schändeten. Ein weiterer blindwütiger Rassist war der studierte Agronom Heinrich Himmler, der innerhalb der Schlägerbrigade SA eine ideologische Elitetruppe organisierte, die »Schutzstaffel«, kurz SS.[11] Obwohl vielen Deutschen der krude Antisemitismus der Nazis missfiel, konnten SA und SS nach der »Machtergreifung« so ungehindert wie pausenlos Hassparolen speien, jüdische Läden boykottieren und ihre unglücklichen jüdischen Nachbarn peinigen. Im Frühjahr 1933 erließ die Hitler-Regierung eine Reihe antisemitischer Dekrete, die den Beamtenapparat und die Freiberufe von Juden »säuberten« und jüdischen Studenten den Zugang zu höheren Bildungsabschlüssen versperrten. Gemeinsam mit den immer wieder vorkommenden spontanen Pogromen trugen diese offiziellen Maßnahmen dazu bei, die in liberaleren Zeiten erreichten Fortschritte bei der zivilrechtlichen Emanzipation wieder rückgängig zu machen.[12]

Der Zweite Weltkrieg bot Hitler und Himmler die Gelegenheit, ihre antisemitische Praxis zum Äußersten zu treiben: Der Diskriminierung, die zur Auswanderung nötigen sollte, folgte als nächste Stufe die Ghettoisierung, die wiederum nur ein Vorspiel zum Massenmord war. Die Nazis erhöhten den Druck systematisch: Erst nahm man den Juden die Möglichkeit, ihren Lebensunterhalt zu verdienen, dann entzog man ihnen 1935 in den Nürnberger Gesetzen die deutsche Staatsbürgerschaft; schließlich bedrohte man sie physisch. Den vorläufigen Höhepunkt bildete der 9. November 1938, der als »Reichskristallnacht« in die Geschichte einging, so benannt wegen der vielen zertrümmerten Ladenfensterscheiben. Die stetig zunehmende Verfolgung zwang eine Viertelmillion Juden – etwa die Hälfte der Gesamtheit – zur Emigration; ihr Eigentum mussten sie zurücklassen. Freilich konnten sie von Glück sagen, wenn sie eine neue Heimat fanden, denn viele Staaten waren nicht unbedingt willens, sie als Flüchtlinge aufzunehmen. Durch den »Anschluss« Österreichs und die Besetzung der Tschechoslowakei wuchs die Zahl der Juden im Deutschen Reich um mehrere hunderttausend, und infolge der Entfesselung des Krieges kurze Zeit später verschlossen sich die meisten Türen, die noch eine

Chance zum Entkommen boten. Die Eroberung Polens brachte zusätzlich mehrere Millionen Ostjuden unter nazistische Herrschaft, nun von der gewalttätigen SS terrorisiert, weshalb manche sich beeilten, auf sowjetisches Territorium zu kommen. Dass man sie in städtischen Ghettos zusammenpferchte, konnte nur eine Zwischenstation sein, aber welches weitere Schicksal ihnen zugedacht war, blieb vorläufig offen.[13]

Obwohl der Nazi-Sowjet-Pakt den Konflikt zwischen den beiden Seiten auf Eis gelegt zu haben schien, blieb Hitlers letztes ideologisches Ziel die Vernichtung des Kommunismus, daheim und in Russland. Wie andere deutsche Nationalisten hassten auch die Nazis die Bolschewiken als Defätisten, die zur Niederlage im Ersten Weltkrieg beigetragen hatten, und als Revolutionäre, die durch ihre Klassenkampfstrategie die nationale Einheit bedrohten. Nach dem Reichstagsbrand richtete die Gestapo ihre Energie auf die Unterdrückung des kommunistischen Widerstands innerhalb der Arbeiterschaft, in dem sie die einzige ernstzunehmende inländische Gefahr sah. Im internationalen Spannungsfeld betrachtete Hitler Stalin als diktatorischen Rivalen sowie den Bolschewismus als eine Massenbewegung von ähnlicher Attraktivität wie die eigene. Entsprechend musste sie unbedingt niedergeworfen werden, damit er ihres subversiven Einflusses Herr werden konnte. Obwohl die beiden Totalitarismen einige Charakteristika teilten, war ihre gegenseitige Feindschaft geopolitisch unausweichlich, beanspruchten sie doch um ihrer imperialen Ziele willen die gleichen osteuropäischen Territorien, nämlich die baltischen Staaten, Polen, Weißrussland und die Ukraine. In Besprechungen mit seinem Militärstab sagte Hitler einen harten »Zusammenprall der Ideologien« voraus, weshalb er äußerste Brutalität im Kampf gegen die Sowjetunion forderte; dazu gehörte die Eliminierung der Intelligenzija und der Politkommissare.[14]

Die antislawischen, antisemitischen und antikommunistischen Ängste konvergierten, verstärkten einander und führten zu einem beispiellosen Blutbad in Osteuropa. Laut der verzerrten Weltsicht der Nazis war nun ein ideologischer Kreuzzug gegen die Bolschewiken notwendig, denn sie standen an der Spitze der russischen Slawen und wurden obendrein von Juden dominiert. Dass es für notorische Kommunisten und slawische Intellektuelle nur den Tod geben konnte, stand fest; die verbleibende Bevölkerung dagegen hatte eine Chance zu überleben, sofern sie sich kooperativ zeigte, indem sie etwa harte Arbeit auf den Feldern und in den Fabriken verrichtete. Das den Juden zugedachte Schicksal war hingegen noch grauenvoller. Kurzfristig hatte man überlegt, sie nach Madagaskar oder hinter den Ural umzusiedeln; aber nachdem diese Pläne alle gescheitert waren, nahmen sich ihre Peiniger die vollständige Vernichtung vor. Dringend auf Unterstützung vor Ort angewiesen, versuchten die Nazis lokale ethnische Konflikte zu nutzen, indem sie etwa Hilfstruppen wie die Arājs-Kommandos in Lettland oder die Trawniki-Verbände in Polen mobilisierten. Doch bald erwies sich Hitlers schaurige Vision, arische Hegemonie durch Massenmord zu erzwingen, als selbstzerstörerisch, denn dort, wo laut Doktrin nur Deutsche ein Recht auf Leben hatten, blieb eben kein Raum mehr für potenzielle Kollaborateure.[15] Schon drängten diverse Interessengruppen in Deutschland darauf, noch anderswo aktiv zu werden, etwa doch afrikanische Kolonien zu erobern, aber der mörderische Kern des nazistischen Ehrgeizes bestand nun einmal in der Neugestaltung des Ostens.

Die Neuordnung Europas

Dank seiner militärischen Siege konnte Hitler nun das Gesicht Europas verändern, indem er dem Kontinent eine Mischung aus deutscher Vorherrschaft und nazistischer Ideologie aufzwang. Theoretisch war alles nach dem »Führerprinzip« organisiert, dem zufolge die Autorität von ganz oben nach ganz unten wirkte. Praktisch aber ließ Hitler in vielen Machtbereichen mehrere Abteilungen miteinander wetteifern, so Alfred Rosenberg und Heinrich Himmler im ideologischen, Hermann Göring und Fritz Todt im ökonomischen etc. Obwohl es sich meist gefügig zeigte, blieb das Militär bis zu einem gewissen Grad organisatorisch und operational unabhängig, aber es musste konkurrieren mit der immer bedeutsameren Waffen-SS. Himmlers SS oblag die Aufgabe, für Sicherheit zu sorgen, und sie selbst sah sich als die neue ideologische Elite des Reiches. Folglich schuf sie ein grausiges Paralleluniversum – die Konzentrationslager. Der willfährige Beamtenapparat, der so oft vorauseilenden Gehorsam gegenüber Hitler bewies, versuchte ebenfalls, ein gewisses Maß an eigener Kompetenz und Befehlsgewalt in dynamischen Situationen zu behalten. Führende Geschäftsleute wiederum beuteten nur zu gern die Ressourcen der eroberten Territorien aus. Als europäischer Hegemon war das Dritte Reich eine in sich widersprüchliche Verschmelzung von diktatorischer Herrschaft und polykratischem Chaos.[16]

Wie andere Eroberer vor ihm zeichnete Hitler die Landkarte Europas grundlegend neu. Deutschland selbst war nun ein »Großdeutsches Reich«, umringt von besetzten Territorien, verbündeten Ländern und neutralen Staaten. Zunächst einmal reannektierten die Nazis die vielumstrittenen Provinzen Elsass und Lothringen, die aus französischer nun wieder unter deutsche Hoheit kamen. Im Osten begnügte man sich keineswegs damit, alte Besitztümer wieder an sich zu nehmen – so Danzig, Oberschlesien, Westpreußen und Posen –, sondern dehnte die Grenze bis weit in den ethnischen Siedlungsraum der Polen aus; für die Zeit nach dem Krieg waren weitere Annexionen vorgesehen. Südtirol freilich mussten die Deutschen Mussolini überlassen. All diese territorialen Hinzugewinne verbreiterten die ökonomische Basis des Reiches, aber sie brachten auch eine beträchtliche Zahl Nicht-Deutschsprachiger herein. Da man die Nationalstaaten des Westens und des Nordens eher respektvoll behandeln wollte, herrschten die Nazis in den besetzten Ländern Frankreich, Belgien, Holland, Dänemark und Norwegen mit einer Mischung aus Militärregierung und ziviler Verwaltung. Nicht so schonend behandelt wurden die Gebiete im Osten, so das Protektorat Böhmen und Mähren, das Generalgouvernement in Polen, die baltischen Staaten, die Ukraine und die Balkanländer. Für diese Territorien ernannte Hitler eigens Reichskommissare, um aus Berlin direkt in sie hineinregieren zu können. Die Nazis beherrschten das von ihnen besetzte Europa mit einem verwirrenden Gemengsel aus militärischen und politischen Strukturen.[17]

Oft wird vergessen, wie sehr bestimmte Verbündete dem Dritten Reich dabei halfen, auch in Gebiete hineinzuwirken, die nicht unmittelbar deutscher Kontrolle unterstanden. Eine Rolle spielt die Achse Deutschland – Italien – Japan. Das hochgepriesene Bündnis machte zwar, wie sich zeigte, auf dem Papier mehr her als in der Praxis, aber immerhin weitete es die Kriegszone auf die Mittelmeeranrainer und auf Asien aus; die Kampfhandlungen dort banden gewaltige Teile der alliierten Streitkräfte. Mussolini zog die Deutschen zudem auf seine Art in den mediterranen Raum, denn er traf mitunter eigenwillige Entscheidungen, und wenn etwas schiefging, durften deutsche Truppen ihn heraushauen. Japan wollte seine Grenzstreitigkeiten mit Sowjetrussland lieber friedlich beilegen, statt die deutsche Attacke zu unterstützen. Dennoch wuchs sich sein Militär zu einer eminenten Bedrohung für die Kolonien der westeuropäischen Nationen sowie für die Vereinigten Staaten aus, und es sollte Jahre dauern, bis sie überwunden war.[18] Auf dem europäischen Kontinent beschlossen Finnland und die Balkanstaaten Ungarn, Bulgarien und Rumänien, sich mit Nazi-Deutschland zu verbünden, teils aus ideologischer Affinität, teils, weil sie sich territoriale Beute erhofften. Und dann waren da noch autoritäre Marionettenregime, etwa in der Slowakei und in Kroatien, die ihre bloße Existenz der Zerschlagung der Versailles-mandatierten Barrierestaaten verdankten. Selbst die verschiedenen neutralen Länder kooperierten in beträchtlichem Maße mit Berlin, was Deutschland die Dominanz erleichterte.[19]

Die komplizierteste Mischung zwischen Kontrolle von außen und fortdauernder Unabhängigkeit entwickelte sich in Frankreich. Drei Fünftel des Landes, überwiegend im Norden, hielt die Wehrmacht besetzt; besonders befestigt war ein breiter Küstenstreifen längs des Atlantiks, der sich von der belgischen bis zur spanischen Grenze hinzog und den die deutschen Truppen als Aktionsbasis für den Seekrieg nutzten. Der Rest des französischen Territoriums bildete die »Freie Zone«, deren Regierung ihren Sitz im Kurort Vichy bezog; ihre zivile Autorität erstreckte sich auch auf die besetzte Zone. Formell blieb Frankreich weiterhin ein unabhängiges Land, das sogar die Vereinigten Staaten anerkannten. Aber nach dem Waffenstillstand im Juni 1940 endete die Dritte Republik; nun proklamierten konservative Opponenten der demokratischen Moderne in Frankreich eine autoritäre Verfassung, und ein Held des Ersten Weltkrieges, Marschall Philippe Pétain, trat an die Spitze des Staates. Die neue Ordnung sollte auf »Gott, Familie und Vaterland« fußen. Das reaktionäre Vichy-Regime arbeitete ganz offiziell mit dem Dritten Reich zusammen. Man wolle, so hieß es, die Substanz der Nation bis zu einer Zeit bewahren, in der das Land wieder eine echte Unabhängigkeit erlange. Dass die Briten im Juli 1940 bei Mers-el-Kébir französische Marineschiffe versenkten, erleichterte Vichy die Kooperation mit Berlin. Im November 1942 aber landeten Truppen der Alliierten in Nordafrika, woraufhin die Deutschen auch die Freie Zone besetzten, um eine drohende Invasion abzuwehren. Dazu brauchte man eine stärkere Befestigung der Mittelmeerküste und eine Kontrolle über deren Hinterland.[20]

Wie die Bürger all der anderen okkupierten Nationen standen auch die Franzosen vor der schwierigen Entscheidung: kollaborieren oder Widerstand leisten? Sich Befehlen offen zu verweigern, brachten viele Franzosen, namentlich die unpolitischen, nicht fertig. Stattdessen versuchten sie, sich mit den Ausgangssperren, Lebensmittelknappheiten, Arbeitsverpflichtungen und politischen Restriktionen so gut wie irgend möglich zu arrangieren. Opportunistische Geschäftsleute nutzten derweil die Gelegenheit, große Profite zu machen, indem sie die deutsche Kriegsmaschinerie belieferten. Berlin forderte von Frankreich Rohstoffe sowie bestimmte Fertigprodukte und zog dadurch auch die Regierung des Premierministers Pierre Laval in repressive, ausbeuterische und antisemitische Maßnahmen hinein. Manche rechtsgerichtete Jugendliche fühlten sich von den ideologischen Appellen der Nazis angesprochen oder von der Todesromantik der SS in Bann geschlagen, und zwar so sehr, dass sie sich freiwillig als Kämpfer für das Dritte Reich meldeten. In Paris mühte sich der frankophile Botschafter Otto Abetz, Intellektuelle wie Louis-Ferdinand Céline zu einer kulturellen Kollaboration mit Deutschland zu bewegen, obschon die Militärverwaltung ein drakonisches Regime führte. Bei den Franzosen stellte sich bald eine gewisse Verdrossenheit ein, aus der General Charles de Gaulle, der im Londoner Exil die Bewegung *France libre* proklamierte, Kapital schlagen konnte: Damit animierte er seine Landsleute auf dem Kontinent zum Widerstand, französisch *résistance*. Die nationalistischen und kommunistischen Gruppen, die sich nun formierten, koordinierte Jean Moulin, ein Gefolgsmann de Gaulles. Loyalitätskonflikte entstanden, die Frankreich tief spalten sollten.[21]

Dieser organisatorische Flickenteppich erlaubte den Nazis eine rücksichtslose Ausbeutung europäischer Ressourcen durch eine »Großraumwirtschaft«, deren Tätigkeitsfeld das Deutsche Reich und die eroberten Gebiete umfasste. Eine Wirtschaft so gewaltigen Ausmaßes brauchte man auch, um den Abnutzungskrieg zu bestehen, der sich seit Herbst 1941 entwickelt hatte. Landwirtschaftsminister Herbert Backe ließ seine Emissäre in den niedergeworfenen Staaten ausschwärmen und Nahrungsmittel sicherstellen, um das deutsche Militär und die deutschen Zivilisten zu versorgen – auf Kosten der Besiegten, die schlimmstenfalls verhungern mussten. Industriegiganten wie die Krupp-Stahlwerke und der Chemiekonzern IG Farben rissen Rohstoffe und ganze Betriebe an sich, um die steigenden Produktionsziele hinsichtlich Waffen und Munition erfüllen zu können; Eigentumsrechte und faire Verträge spielten dabei kaum eine Rolle. An der Front gab es inzwischen durchschnittlich 50 000 Tote pro Monat; in Industrie und Landwirtschaft wurden die Arbeitskräfte knapp – ein Engpass, der dringend überwunden werden musste. Zuerst rekrutierte man auf freiwilliger Basis. Als sich aber die furchtbaren Arbeitsbedingungen herumsprachen – Schichten bis zu zwölf Stunden, unzureichende Verpflegung, Unterbringung in Lagern –, musste der »Generalbevollmächtigte für den Arbeitseinsatz«, Fritz Sauckel, zu Gewalt greifen, um genügend Leute zusammenzubekommen; Widerstrebende wurden brutal misshandelt. Gegen Ende des Krieges erreichte die Gemeinschaft aus Kriegsgefangenen und Zwangsarbeitern die kolossale Zahl von 7,9 Millionen – ein unentbehrliches Arbeitsheer, das die Kriegsmaschinerie der Nazis am Laufen hielt, gleichgültig, wie viele Menschenleben es kostete.[22]

Die Beherrschung von Kontinentaleuropa war entscheidend wichtig für die Fortsetzung des Krieges und für die Verwirklichung zentraler Ziele der Nazis: die Siedlung im Osten, den Judenmord und die Niederwerfung des Kommunismus. Da nicht einmal ein expandiertes Deutschland stark genug war, gleichzeitig gegen England, Russland und die Vereinigten Staaten zu kämpfen, versuchte Hitler, den ganzen Kontinent zu mobilisieren. Um Defizite bei Ressourcen und Personal wettzumachen, musste die Wehrmacht die Rohstoffe, die Industrieproduktion und die landwirtschaftlichen Erzeugnisse der neuen Provinzen, der besetzten Territorien, der Verbündeten sowie der Neutralen ausnutzen. Um freiwillige Kollaboration zu fördern, behaupteten die Nazis mittlerweile verstärkt, sie verteidigten die »Festung Europa« gegen die kommunistische Bedrohung durch die anstürmenden bolschewistischen Horden. Aber die unzureichende Versorgung der eigenen Seite mit Lebensmitteln und Kriegsmaterial zwang sie, immer häufiger gewaltsamen Zwang auszuüben, was nur Hass und Widerstand zur Folge haben konnte. Die deutsche Herrschaft über den Kontinent modernisierte Europa in ausbeuterischer Form, indem sie die ökonomischen Ressourcen der zentralen Verfügungsmacht Berlins unterstellte.[23] Die Erträge ermutigten Hitler, ein noch gigantischeres Projekt in Angriff zu nehmen: die Festigung der deutschen Hegemonie durch Kolonisierung des Ostens.

»Ethnische Säuberung« der Slawen

Obwohl der Terminus »ethnische Säuberung« erst im Zusammenhang mit den Jugoslawienkriegen der 1990er Jahre entstand, erfasst der Begriff akkurat das Vorgehen der Nazis in Osteuropa während der 1940er. Was Hitler vorschwebte, war nicht weniger als eine »vorsätzliche Politik«, die alles tat, »um die Zivilbevölkerung einer anderen ethnischen oder sozialen Gruppe durch gewaltsame und terroristische Mittel aus bestimmten geografischen Gebieten zu entfernen«. In den Zielbestimmungen der deutschen antisemitischen Politik selbst war die Rede davon, das Land »judenrein« zu machen; damit gebrauchten schon sie exakt jenes Bild der »Säuberung«, das in dem erst später geprägten Ausdruck auftaucht. Zum Procedere gehörten »Mord, Folter, willkürliches Verhaften und Gefangenhalten, Exekutionen ohne Gerichtsverfahren, sexuelle Übergriffe bis zur Vergewaltigung, Einsperren der Zivilbevölkerung in Ghettozonen, gewaltsame Vertreibung, Umsiedlung und Deportation, Androhung und auch Ausführung militärischer Attacken auf Zivilisten und zivile Wohngebiete und mutwillige Zerstörung von Eigentum«, und all diese Mittel wurden seit 1939 in Osteuropa angewendet – von der SS, der Wehrmacht und den örtlichen Hilfstruppen gleichermaßen.[24] »Ethnische Säuberungen« waren für die Nazis sowohl die Methode als auch das Ziel, mit dem sie die dort lebenden Juden und einen Großteil der slawischen Bevölkerung eliminierten, damit genügend Raum für deutsche Ansiedlung zur Verfügung stand.

Wie man sich die Verwirklichung des Doppelziels dachte, in den erwählten Gebieten Osteuropas die eingesessenen Bewohner zu beseitigen und Deutschsprachige anzusiedeln, skizzierte 1940 ein Geheimpapier, genannt *Generalplan Ost*. SS-Bürokraten wie Hans Ehlich vom Reichssicherheitshauptamt (RSHA) und Akademiker wie der Berliner Agronom Konrad Meyer entwarfen hochfliegende Visionen für die Verbreitung des Deutschtums ohne Rücksicht auf vor Ort lebende Bevölkerungen. Der Radikalismus der Konzepte lässt erschauern: Rund 45 Millionen Ansässige sollten fort, vier Fünftel der Polen und die Hälfte der Russen oder Ukrainer; die Verbleibenden wollte man zur Zwangsarbeit verpflichten. In die geräumten Regionen zögen dann acht bis zehn Millionen Deutsche als *Wehrbauern*, bewaffnete Landwirte, die, zusätzlich zu ihren agrarischen Tätigkeiten, die kolonisierten Territorien verteidigen und die einheimischen Slawen absorbieren würden. Zimperlichkeit war bei der Eroberung und Vertreibung nicht vorgesehen; die Methoden reichten von der Verschiebung in den Fernen Osten bis zur physischen Vernichtung jener, die nirgendwo unterkamen oder für die sich keine Verwendung fand. Vieles innerhalb der rassistischen Rhetorik des Planes mag phantastisch erscheinen, doch einzelne der projektierten Schritte fanden sehr wohl ihre Umsetzung, und so wurde aus grauenvollen Absichten grauenvolle Wirklichkeit.[25]

Das Hauptinstrument der Germanisierung war die ethnische Selektion, die das deutsche Blut stärken sollte. Rassisch Minderwertige dagegen wollte man ausrotten und im Zuge dessen politische Opponenten gleich mit beseitigen. Wer innerhalb der annektierten Territorien ins deutsche Volk integriert werden konnte und wie, bestimmte die »Deutsche Volksliste«, offiziell verkündet 1941. Erstellt hatte diese Einstufungstabelle das SS-geleitete »Reichskommissariat für die Festigung deutschen Volkstums«. Anhand persönlicher Dokumente und Gespräche wurden ethnische Deutsche ohne entsprechende Staatsbürgerschaft in vier Kategorien eingeteilt: (1) *Volksdeutsche*, die vor dem Krieg das Reich unterstützt und sich für das deutsche Volkstum eingesetzt hatten; (2) *Deutschstämmige*, Menschen mit ethnisch deutscher Herkunft, die politisch eher passiv geblieben waren; (3) *Eingedeutschte*, zwischenzeitlich Slawisierte, die ihre deutschen Wurzeln erst noch wiederfinden mussten; und (4) *Rückgedeutschte*, Menschen nichtdeutscher Herkunft, die aber Deutsche werden wollten. Während deutsche Kommunisten und andere Widersacher der Nazis gnadenlos in die Konzentrationslager geschickt wurden, konnten ethnische Brüder und Schwestern, deren einschlägige Zugehörigkeit erwiesen war, mit diversen Vergünstigungen rechnen, etwa der Gewährung der deutschen Staatsbürgerschaft – die Männer unter ihnen mussten dann freilich Militärdienst leisten. Bald merkten die SS-Experten, dass die beabsichtigten Selektionen sich schwierig gestalteten, denn es gab keine festen ideologischen oder biologischen Kriterien. Man musste sich allein auf das Verhalten und das äußere Erscheinungsbild verlassen. So verwundert es nicht, dass die Mehrheit von den 2,7 Millionen auf der Liste erfassten Personen 1944 in der vagen dritten Kategorie landete.[26]

Die systematische Dezimierung der polnischen Elite und die Verfolgung der Juden begannen nicht erst nach, sondern schon während des deutschen Sieges über Polen. SS-Einsatzgruppen agierten hinter den Kolonnen der vorwärtsstürmenden Wehrmacht – angeblich, um die Armee vor etwaiger Sabotage zu schützen, tatsächlich aber, um die intendierten Massentötungen einzuleiten. Rhetorisch rechtfertigte man diese Morde als Racheakte für einige von Polen an Deutschen verübte Gräuel, deren Schrecklichkeit die nazistische Propaganda allerdings stark übertrieb. Hauptziel dieser Schlächterei waren Polens politische Elite und Intelligenzija; Zehntausende von ihnen wurden ermordet, um jeden Widerstand von vornherein zu verhindern. Die Vernichtungswelle erfasste auch die Juden, galten sie doch als rassisch minderwertig oder als potenzielle Gegner. Wer nicht gleich den Tod fand, lief Gefahr, ins Ghetto oder ins Arbeitslager gesperrt zu werden, weshalb Hunderttausende Juden sich beeilten, ostwärts zu fliehen – wo sie freilich oft wiederum inhaftiert oder gar ermordet wurden, diesmal von Stalins Schergen. Der Angriff auf die Sowjetunion bewirkte, dass die nazistische Repression nun auch in den baltischen Staaten, Weißrussland und der Ukraine wütete. Besonderes Gewicht legte man darauf, bolschewistische Kommissare zu verfolgen und den Juden jegliche Fluchtrouten abzuschneiden. Gelegentliche Attacken von Partisanen gaben Anlass zu organisierten Vergeltungsmaßnahmen, bei denen die Soldaten eine unbeschränkte Lizenz zum Töten auch von Zivilisten erhielten.[27]

Noch mehr Tote forderte aber der Umstand, dass die Unterworfenen nichts zu essen hatten, was teils der Nachlässigkeit, teils der bewussten Strategie der Besatzer geschuldet war. In der Gefahr, den Hungertod zu sterben, schwebten slawische und russische Zivilisten namentlich während des Winters 1941/42. Als die deutsche Führungsriege merkte, dass die Versorgung mit Lebensmitteln nicht hinreichte, setzte sie brutal nationalistische Prioritäten: Das Wichtigste sei, dass die Kampfkraft der Wehrmacht erhalten bleibe und an der Heimatfront der Durchhaltewillen nicht sinke – eine rücksichtslose Entscheidung, die schließlich in einem »Hungerplan« gipfelte, den man über die Besetzten und die Kriegsgefangenen im Osten verhängte. In Berlin befand man, dass sich die deutschen Truppen primär aus lokalen Ressourcen versorgen sollten, statt sich auf Lieferungen aus der Heimat zu verlassen, die inzwischen doch gar zu weite Transportwege erforderten. Diese Entscheidung aber hatte zur Folge, dass die deutschen Soldaten den Zivilisten vor Ort ihre inzwischen ohnehin desaströs knappen Rationen wegnehmen mussten, die sie dringend zum Überleben brauchten. Nicht besser erging es den sowjetrussischen Kriegsgefangenen, denn dass es so viele würden, hatte die deutsche Seite nicht geahnt, und an Mitgefühl für den besiegten Feind mangelte es ihr ohnehin. Sie war nicht in der Lage, eine derartige Masse unterzubringen, zu ernähren und sinnvoll zu beschäftigen, weshalb eine unerhörte Menge an Menschen den Hungertod starb. Letzterer wurde dann bei der Belagerung von Leningrad durch deutsch-finnische Truppen ab Januar 1941, die mehr als zwei Jahre dauerte, zur gezielt eingesetzten Waffe. Da die Epidemien leichteres Spiel haben, wenn ein Körper nur mangelhaft ernährt ist, schlugen sie auch dort zu, besonders der Typhus. Über fünf Millionen Zivilisten und Kriegsgefangene gingen so dahin. »Stilles Sterben« hat man diese Todesart genannt.[28]

Eine weitere, ähnlich unmenschliche Methode der ethnischen Säuberung war der »Tod durch Arbeit«, d. h. durch Arbeit unter unerträglichen Bedingungen. Da deutsche Arbeiter in großer Zahl an der Front kämpften und starben, mussten die gerissenen Lücken kompensiert werden. Deshalb wurden Millionen junger Polen, Juden, Russen, Weißrussen und Ukrainer requiriert und in Waffenfabriken sowie auf Bauernhöfen eingesetzt. Im riesigen Universum der von Himmlers SS geleiteten Konzentrationslager mussten Gefangene schwerste körperliche Schinderei verrichten, wurden aber so jämmerlich verpflegt, dass es nicht zum Überleben reichte. In den Fabriken des Reiches wurde den Zwangsarbeitern zwar manchmal geringfügig bessere Behandlung zuteil, wenn die Industriellen an ihnen Fähigkeiten bemerkten, die den Unternehmern zupasskamen. Aber auch diese Gefangenen gingen in hoher Zahl zugrunde, denn sie litten unter Mangelernährung, lebten eingekerkert, mussten nicht selten lange Tage schuften und durften bei Bombenalarm nicht in die Schutzräume. Nur wenn sie auf einem Bauernhof eingesetzt waren, den eine gutherzige Landwirtin führte, hatten sie eine Chance zu überleben. Entgegen jeder ökonomischen Logik erhielten die Zwangsarbeiter nur unzureichende Verpflegung, aber man erwartete von ihnen ebenjene Leistung, die ein vergleichbarer deutscher Arbeitsmann unter den gewohnten Bedingungen erbracht hätte.[29] Obwohl zwei Drittel der deutschen Werktätigen inzwischen Zwangsarbeiter waren, ließ die Obrigkeit Hunderttausende davon sich buchstäblich zu Tode arbeiten.

Gemessen an ihrem mörderischen Eifer, blieben die Erfolge der Nazis auf dem Gebiet der Germanisierung eher bescheiden. Das SS-geführte Reichskommissariat für die Festigung deutschen Volkstums versuchte ethnische Deutsche aus Sprachinseln im ganzen besetzten Osteuropa einzusammeln; so brachte es etwa Bauern, die seit Jahrhunderten in Transnistrien an der rumänischen Grenze lebten, zurück ins Reich. Von ihren ländlichen Wurzeln abgetrennt und in eine urbane Kultur versetzt, mussten sich diese Umsiedler mühsam eingewöhnen. Insgesamt wurden rund 867 000 ethnische Deutsche ins eigentliche Deutschland zurückverlegt. Noch größere Probleme bereitete es, Landwirte zu finden, die leerstehende polnische Höfe in Westpreußen oder im Warthegau übernehmen wollten, denn diese genügten oft nicht den Standards, den deutsche Bauern gewohnt waren. Obwohl die »Volksdeutsche Mittelstelle« bunte Broschüren mit Bildern verbreitete, die glücklich lächelnde Landwirte in ihrer neuen Heimat zeigten, sah die Wirklichkeit ernüchternd aus, denn die Umsiedler mussten mit anderen Feldfrüchten, unvertrautem Vieh und einem ungewohnten Klima umgehen lernen. Insgesamt zogen etwa 723 000 Siedler in die neuen Provinzen – dabei hatte man mit zehnmal so vielen Interessenten gerechnet.[30] Ihres Bleibens dort war ohnehin nur kurz, denn die Rote Armee vertrieb sie schon 1944/45 alle wieder.

Es ist weitgehend in Vergessenheit geraten, dass von den Menschen, die bei den ethnischen Säuberungen der Nazis starben, die Hälfte Slawen waren – getötet, um Raum zu schaffen für die Errichtung eines deutschen Imperiums im Osten. Grob geschätzt wurden seit 1939 circa 100 000 Mitglieder der polnischen Elite ermordet, um jedem potenziellen Widerstand das Rückgrat zu brechen. Hinzu kamen 4,2 Millionen sowjetische Kriegsgefangene, außerdem russische, weißrussische und ukrainische Zivilisten, die während der deutschen Besatzung an Hunger zugrunde gingen. Schließlich gehören in die Statistik rund 700 000 Partisanen und Nichtkombattanten, die bei Vergeltungsmaßnahmen für Widerstandsaktionen gegen die deutschen Streitkräfte in Warschau und in Weißrussland erschossen wurden.[31] All diese erschütternden Zahlen summieren sich zu etwa fünf Millionen Toten, und dabei sind die Zivilisten gar nicht mitgerechnet, die bei den Kämpfen ums Leben kamen; dies dürften noch ein paar Millionen mehr gewesen sein. Weil die Metzelei sich abseits der westlichen Medienaufmerksamkeit vollzog und in den betroffenen Bevölkerungen ja die meisten doch überlebten, ist die Erinnerung an jene, die den stillen Hungertod starben, schwächer ausgeprägt. Doch diese Opfer waren keine bloßen Kollateralschäden eines barbarischen Kriegsgeschehens, sondern vielmehr die logische Konsequenz des Versuchs, in Osteuropa eine moderne rassistische Utopie durch ethnische »Umvolkung« zu verwirklichen.

Genozid an den Juden

Die radikalste Form der ethnischen »Säuberung« war der Genozid an den Juden, denn damit sollte eine Bevölkerungsgruppe nicht etwa bloß ausgesiedelt, sondern komplett vernichtet werden. Der Neologismus *genocide* – deutsch *Völkermord* – entstand in den 1940er Jahren unter dem Eindruck des nazistischen Judenmords, aber auch aus der Diskussion darum, wie solche Vorgänge angemessen zu bezeichnen seien. Schließlich setzte sich der genannte Begriff durch und fand 1948 Eingang in eine Konvention der Vereinten Nationen, die »Genozid« allgemeingültig definiert als »Handlungen, die in der Absicht begangen werden, eine nationale, ethnische, rassische oder religiöse Gruppe als solche ganz oder teilweise zu zerstören«. Der Unterschied zwischen der Dezimierung der Slawen und dem Genozid an den Juden liegt genau im radikalen Projekt der Nazis, sämtliche Juden zu liquidieren, die ihnen in die Hände fielen – zu dem sich die deutschen Machthaber entschlossen, als die Möglichkeiten von Emigration und Vertreibung nicht mehr gegeben waren. Zwar hatten Diskriminierung und Verfolgung schon fünfzig Prozent der deutschen, österreichischen und tschechischen Juden zur Flucht gezwungen, aber die Siege über Polen, Frankreich, die Balkanländer und die anfangs erfolgreiche Attacke auf die Sowjetunion brachten rund fünf Millionen zusätzliche Juden unter nazistische Herrschaft. Lebensmittelknappheit und Siedlungspläne gaben Anlass zu harten Maßnahmen wie etwa Zwangsarbeit, aber letztlich war es eben doch der Wille zu einem biopolitischen Kreuzzug, der diesen Massenmord motivierte – einem Kreuzzug mit dem Ziel, den »jüdischen Virus« ein für alle Mal zu eliminieren. Inspiriert von radikalem Rassismus, erwuchs der Genozid also aus der ethnischen Säuberung, ging aber weit über sie hinaus.[32]

Den Weg für jene genozidale Tötungsmethode bereitete das Euthanasieprogramm der Nationalsozialisten, in dessen Rahmen Nazi-Ärzte unheilbar kranke und behinderte Deutsche ermordeten. Hitler autorisierte die Euthanasie ausdrücklich als Tilgung »lebensunwerten Lebens«; mit ihrer Hilfe ließen sich sowohl Reinheit und Gesundheit der arischen Rasse verbessern als auch während eines Krieges Pflegearbeit und Lebensmittel einsparen. Eugenik gab es auch in den Vereinigten Staaten und in Schweden, und die deutschen Rassenhygieniker taten zunächst nichts Ungewöhnliches, als sie begannen, die Erbkranken zu sterilisieren; dabei nahmen sie rund 330 000 Deutschen die Zeugungskraft. Doch der Sieg über Polen verschaffte den Nazi-Doktoren eine Gelegenheit, zur Euthanasie Bestimmte in besonderen Tötungsanstalten zu liquidieren. Daraus wurde ein regelrechtes Programm, das erst nur im neu eroberten Gebiet, dann im ganzen Reich durchgeführt wurde. Zu Beginn tötete man Erwachsene und Kinder mit Injektionen, schließlich aber wurden sie in Lastwagen mit Kohlenmonoxid vergast. Medizinische Berichte vermelden, das einschlägige T4-Programm habe 70 273 Menschen das Leben gekostet. Zwar bemühten sich die Nazi-Ärzte, ihr Treiben zu vertuschen, aber bald protestierten führende Kirchenleute und Familienangehörige so laut dagegen, dass Hitler die Tötungen im August 1941 stoppen ließ. Doch das Beispiel war nun gesetzt. In den Konzentrationslagern gingen die entsprechenden Morde trotzdem weiter; bis Kriegsende kamen noch rund zweihunderttausend betroffene Häftlinge so zu Tode.[33]

Die Politik der Ghettoisierung schuf günstige Bedingungen für die späteren Mordeinsätze, indem sie Juden aus ihrem bisherigen Lebensumfeld herauslöste und sie in bestimmten Enklaven polnischer oder russischer Städte konzentrierte. Im September 1939 befahl Gestapochef Reinhard Heydrich, dass man die Juden zunächst in den Zentren der Großstädte sammeln und sie dann aus Deutschland bzw. Westeuropa in den Osten transportieren solle, wo sie dann abermals in Ghettos zu sperren waren. Damit lebte ein unschöner mittelalterlicher Brauch wieder auf, allerdings auf noch hässlichere Weise. Die den Juden zugewiesenen Viertel wurden verwaltet von aus Juden bestehenden Zwangskörperschaften, sogenannten »Judenräten«, die eine ambivalente Rolle spielten: einerseits als Organe der Selbstvertretung und -verteidigung, andererseits als Weiterträger und Mitvollstrecker des Willens der nazistischen Besatzer. Die Existenzbedingungen in den Ghettos von Warschau, Łódź und Minsk – um nur drei zu nennen – waren schlicht grauenvoll: Hunderttausende von Menschen waren zusammengepfercht auf zu kleinem Raum und bekamen unzureichende Essensrationen; den Kontakt nach draußen versperrten Mauern oder Stacheldraht. Und doch wussten die Eingesperrten sich inmitten all des Hungers und Elends ein erfülltes Privatleben und einen reichhaltigen Kulturbetrieb zu gestalten während jener seltsamen Zeitspanne zwischen einer normalen Vergangenheit und einer tödlichen Zukunft. Für die SS waren die Ghettos ein praktisches Reservoir an Arbeitskräften und eine ideale Zwischenlösung. Die Art, wie sie mit den jüdischen Wohnbereichen umgingen, beweist, dass die Nazis sich damals noch nicht zum Äußersten entschlossen hatten.[34]

Es gab freilich umzäunte Bereiche, in denen es noch übler zuging: die sogenannten Konzentrationslager, kurz KZs. Wer dort hineingeriet, sah sich jeglicher Menschenwürde beraubt. Das Zusammensperren einer hohen Zahl von Feinden in improvisierten Gehegen hatten schon die Briten während der Burenkriege praktiziert; man versammelte so eine große Menge Widersacher an einem Ort, was die Kontrolle erleichterte. Das erste Lager richteten die Nazis nach diesem Vorbild 1933 in Dachau ein, doch bald gab es ein ganzes System solcher Einrichtungen: Buchenwald, Sachsenhausen, Bergen-Belsen, Ravensbrück und viele weitere kamen hinzu. Darin inhaftierte man deutsche Kommunisten und andere Widersacher des Regimes, daneben Homosexuelle, sogenannte »Zigeuner«, verdächtige Ausländer und gewöhnliche Kriminelle. Vor

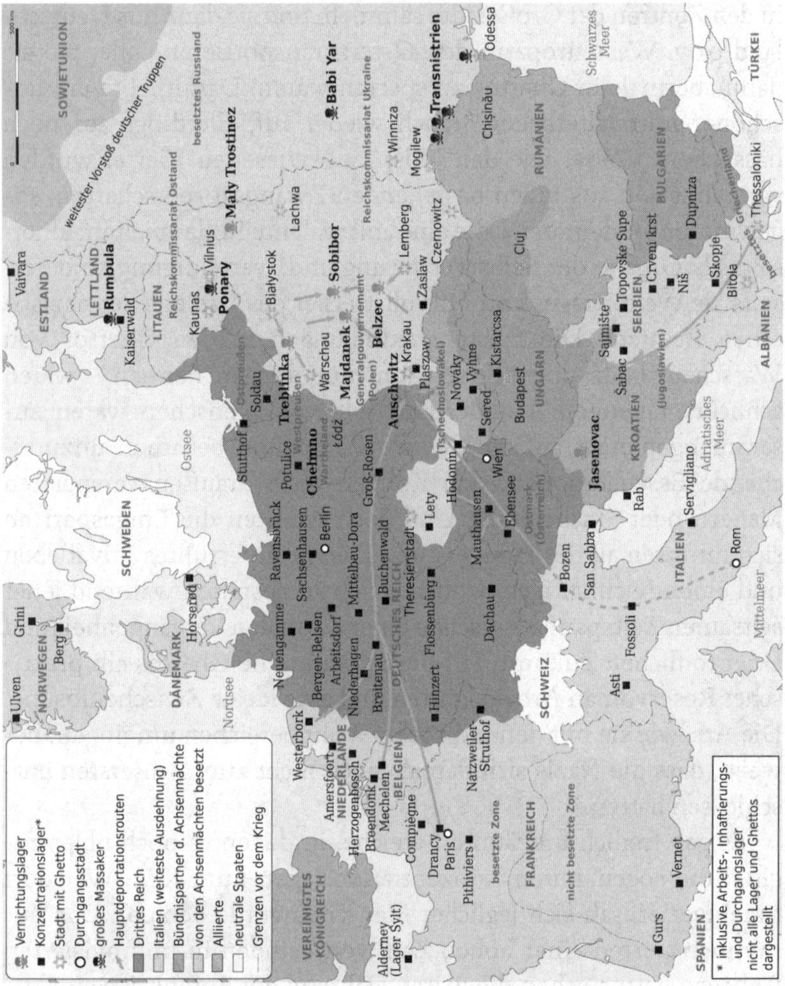

Konzentrationslager, 1943–1944

1939 hatten die Nazis die Juden noch festgesetzt, um sie zu möglichst rascher Emigration anzutreiben, doch während des Krieges sperrte man sie ein, damit sie Zwangsarbeit in Steinbrüchen oder in Untertagebereichen leisteten, in denen die V-2-Raketen gebaut wurden. Zwar mussten alle Insassen Hunger und Misshandlungen erdulden, aber die Juden, leicht erkennbar an ihrem gelben Stern, standen ganz unten innerhalb der Hierarchie und waren allen Peinigungen, auch von Mitgefangenen, hilflos ausgesetzt. Nach und nach schossen Tausende solcher Lager aus dem Boden des Deutschen Reiches und der okkupierten Territorien; darin schufteten lebende Skelette in gestreifter Sträflingskleidung ohne Unterlass für ihre nazistischen Herren. Ihre Leiden waren, wen wundert es, unermesslich und die Sterberaten hoch.[35]

Der eigentliche Genozid begann mit dem »Holocaust durch Erschießen« im Herbst 1941; damals ermordeten die Nazis noch ganze Massen von Ostjuden auf konventionelle Art. Obwohl bis heute umstritten bleibt, wann genau Hitler den Befehl zur »Endlösung der Judenfrage« gab und was exakt er beinhaltete, ist unbestreitbar, dass der Angriff auf die Sowjetunion der SS eine Art Freibrief bescherte, ihre antisemitischen Phantasien auszuleben – erst noch improvisiert, schließlich aber doch recht systematisch. Das hundertfach wiederholte Procedere ging so: Eine der berüchtigten »Einsatztruppen« – zusammengesetzt aus Angehörigen der SS, der Sicherheitspolizei und einheimischen Hilfswilligen – drang in einen Ort vor, trieb alle Juden zusammen, derer sie habhaft wurde, führte sie in einen nahegelegenen Wald, ließ sie ihre eigenen Gräber ausheben und exekutierte sie dann mit einzelnen Gewehrschüssen oder Maschinengewehrsalven. Oft leisteten Nachhuteinheiten der Wehrmacht logistische Unterstützung.[36] Eine Mischung aus ideologischer Überzeugung, Gruppendruck und großzügiger Alkoholvergabe scheint es gewesen zu sein, die ganz gewöhnliche Polizisten motivierte, den Tötungsbefehlen Folge zu leisten, obwohl es vielen von ihnen nicht behagte, hilflose Frauen und Kinder zu ermorden. Während dieser unglaublichen Abschlachtungsorgie im Winter 1941/42 verloren bis zu 1,8 Millionen Juden ihr Leben.[37]

»Aktion Reinhardt« lautete der Tarnname für die noch systematischere Vernichtung der Juden im Generalgouvernement. Mit dieser Maßnahme vollzog sich der Schritt von der Massentötung durch Erschießen zu einer Art Mord am Fließband, der in speziellen Vernichtungslagern durchgeführt wurde. Im Januar 1942 besprachen führende Mitglieder der SS und Vertreter der deutschen Regierung auf der berüchtigten »Wannsee-Konferenz« eine umfassende »Endlösung« der »Judenfrage in Europa«. Auf Himmlers persönlichen Befehl wurden neue Tötungslager eingerichtet, etwa in Chełmno, Bełżec, Sobibór und Treblinka. Diese Orte lagen alle in Ostpolen, waren umgeben von dichtem Wald, und an jedem endete eine Eisenbahnstrecke. Regelmäßig brachten Züge mit Viehwaggons neue Opfer: Wer körperlich robust war, wurde vielleicht als Arbeiter selektiert, doch alle Übrigen mussten sich ausziehen, ihre Wertsachen abgeben und in angebliche »Entlausungsduschen« hineingehen. Darin starben sie durch das Einatmen von Zyklon-B-Gas, das aus den Duschköpfen strömte. Nach fünfundzwanzig bis dreißig Minuten endeten ihre verzweifelten Schreie und Todeskämpfe. Man schaffte die Leichen hinaus, warf sie in Massengräber oder verbrannte sie in besonderen Krematorien. Mit den Jahren gelang es, diese grässliche »Sonderbehandlung« zu perfektionieren, bis schließlich nur noch ein paar SS-Leute, lokale Wachen und jüdische Arbeitsgehilfen für den Tötungsakt erforderlich waren. Auf diese gnadenlose Weise wurden die osteuropäischen Ghettos sukzessive leergemordet.[38]

In einem Brief an seine Familie von August 1945 hat der belgische Überlebende Charles Katzengold eine drastische Schilderung dieses grausamen Martyriums hinterlassen. Im Oktober 1941 als Résistancekämpfer gefangen genommen, wurde er in das »berühmte Konzentrationslager Auschwitz« verbracht. Man nahm ihm bei der Ankunft seine Wertsachen ab, schor ihn kahl, tätowierte ihm eine Nummer auf den linken Arm und schlug ihn brutal; so begann er, wie er schreibt, »die andere Seite des Lebens kennenzulernen«. Der Lagerkommandant ließ die neuen Insassen nicht im Zweifel darüber, welches Schicksal ihnen zugedacht war: »Juden, ihr seid nicht hergekommen, um hier zu leben, sondern, um hier zu sterben.« In Birkenau, einer Nebenabteilung des Stammlagers Auschwitz, zwang man ihn unter »absolut inhumanen Bedingungen«, Baracken zu bauen und Gräben auszuheben. Ungeziefer peinigte die Gefangenen, sie bekamen kaum Wasser, dafür ständig Schläge, weshalb seine Mithäftlinge dahinschwanden wie »Schnee in der Sonne«. Da Katzengold mehrere Sprachen beherrschte, ergatterte er einen Sekretärsposten in der Lagerverwaltung. Doch dann erkrankte er an Typhus, der an ihm zehrte, bis er nur noch ein »lebendes Skelett« war und sein Gewicht unter 50 Kilo sank. Seine Situation besserte sich geringfügig, als er Kapo wurde. Die Kapos waren Funktionshäftlinge, die Aufsicht zu führen hatten und mehr Essen sowie bessere Kleidung bekamen. Als sich jedoch die Rote Armee dem Lager näherte, sandte man ihn auf einen Todesmarsch. 700 Kilometer mussten er und seine Mitgefangenen zu Fuß laufen, mitten im tiefsten Winter; nur 122 der ursprünglich 6000 Lagerinsassen überstanden die Strapaze. In Auschwitz, so Katzengold, »gingen alle in die Gaskammer, Männer, Frauen, Kinder, und wenige, sehr wenige kehrten aus ihr zurück«.[39] Solche individuellen Zeugenberichte, die unmittelbar nach der Befreiung geschrieben wurden, sind unwiderlegbare Beweise für den Massenmord an den Juden.

Auschwitz war wohl das bekannteste und berüchtigtste KZ, trotzdem bildete es in mehrfacher Hinsicht eine Ausnahme. Das Stammlager existierte schon seit dem Frühjahr 1940 und diente mehreren Zwecken. Auschwitz lag im von Deutschland annektierten Teil Polens, unterstand deswegen nicht dem Generalgouvernement, sondern dem Reich unmittelbar. Die bereits vorhandenen Gebäude gehörten ursprünglich zu einer polnischen Kaserne; die Deutschen errichteten einige zusätzliche Baracken und nutzten das Ganze zunächst als Haftanstalt für polnische Widerstandskämpfer und russische Kriegsgefangene, später wurde das Verwaltungszentrum der Gesamtanlage dort untergebracht. Der eigentliche Schauplatz der Vernichtung war aber Birkenau, ein gewaltiger Zusatzbau, in den Juden aus allen eroberten Teilen Europas transportiert wurden, um mit Giftgas getötet zu werden. Dann gab es noch einen dritten Komplex, Buna-Monowitz, ein riesiges Arbeitslager mit 48 Außenposten, dessen Insassen für deutsche Firmen schufteten, etwa die IG Farben, die synthetisches Gas produzierte. Rund 90 Prozent der 1,1 Millionen Menschen, die in Auschwitz ermordet wurden, waren Juden. Als die Niederlage absehbar war, versuchte die SS, die Spuren ihres Verbrechens zu verwischen, indem sie die Insassen auf Todesmärsche schickte, bevor am 27. Januar 1945 die Rote Armee das Lager Auschwitz befreite.[40] In den reinen Tötungslagern entgingen nur wenige Opfer dem ihnen zugedachten Ende. Ein paar derer, die diese Hölle doch überlebten, waren oder wurden Schriftsteller wie Primo Levi oder Tadeusz Borowski; in schockierenden Bildern haben sie die Brutalität der SS-Wachen, die Korruption der Kapos und das Leiden der Insassen festgehalten. »Humanität?« fragt bitter ein Häftling bei Elie Wiesel. »Humanität zählt für uns nicht mehr. Heute ist alles erlaubt. Alles ist möglich, sogar diese Krematorien.«[41]

Besonders empören müssen die medizinischen Experimente, die in den Konzentrationslagern an hilflosen Insassen ohne ihr Einverständnis durchgeführt wurden. Nicht wenige Ärzte erwiesen sich als höchst empfänglich für die Nazi-Ideologie, weil ihre eugenischen Vorstellungen viele Berührungspunkte mit der rassistischen Biopolitik hatten. Manche Versuche geschahen im Auftrag des Militärs, das gern wissen wollte, wie der menschliche Körper reagiert, wenn er bestimmten extremen Belastungen ausgesetzt wird, seien es Kälte, Meerwasser, Höhenlagen oder Verwundungen. Auch Amputations- und Transplantationsmethoden ließen sich nun am lebenden Objekt studieren. Die Armee wollte Maßnahmen entwickelt sehen, mit denen sie ihre Soldaten in derartigen Ernstfällen besser zu schützen vermochte. Manche nazifizierten Doktoren beglückte es geradezu, unter solchen Bedingungen zu »forschen«, denn die KZ-Insassen waren Menschenmaterial, das nicht dagegen protestieren konnte, was man ihm zufügte – Schmerzen, Verunstaltungen und Tod. Am berüchtigtsten wurde Dr. Mengele, der in Auschwitz knapp 1500 Experimente an Zwillingskindern leitete; die Versuchsopfer waren Sinti und Roma. Mengele injizierte ihnen z. B. Substanzen, die ihre Augenfarbe verändern sollten, oder er nähte die Körper eines Zwillingspaares zusammen, um zu beobachten, was daraus entstand. Da die Ergebnisse solcher grässlichen Studien in Fachzeitschriften veröffentlicht wurden, kann man die deutsche Medizinwelt und ihre Führungsorgane von einer Mitschuld an diesem Amoklauf der Wissenschaft nicht freisprechen. Der hippokratische Eid wurde in sein Gegenteil verkehrt: statt humaner Heilung medizinische Folter.[42]

Zwar gab es Beispiele heroischen Widerstandes, aber insgesamt erleichterte auch die Fügsamkeit der meisten Opfer die Durchführung der schrecklichen »Endlösung«. Die Mehrheit der Juden kämpfte nicht gegen die ihnen drohende Vernichtung, weil sie hoffte zu überleben, wenn sie den Befehlen ihrer Peiniger gehorchte, oder jedenfalls sicher war zu sterben, wenn sie es nicht tat. Natürlich wirkte der Terror der SS, ihrer Helfershelfer und der Wehrmacht weithin dermaßen einschüchternd, dass Aufbegehren sinnlos erschien. Außerdem operierten die Nazis, um die Deportation in die Lager leichter durchführen zu können, mit dem Mittel der gezielten Täuschung: Sie versprachen den Juden, dass sie sich dort, wohin man sie brachte, ansiedeln dürften und dass es dann bezahlte Arbeit sowie medizinische Behandlung für sie geben werde. Sowohl die Feindseligkeit der lokalen Bevölkerung als auch die Gleichgültigkeit der deutschen Soldaten machten es zusätzlich schwierig, Widerstandsgruppen zu finden und sich ihnen anzuschließen. Und immer wieder trieb einen die Hoffnung weiter, dass man sich durch gute Miene zum bösen Spiel vielleicht werde retten können. Solche erzwungene Kooperation konnte darin bestehen, dass man Mitglied eines »Judenrates« oder Kapo wurde, oder darin, dass man einen Posten in einer organisatorischen Unterabteilung des Lagers erhielt, etwa in der Buchhaltung wie Irmgard Mueller. Alternative Möglichkeiten des Überlebens fanden nur sehr wenige Glückliche, etwa jene, die sich zu den Partisanen durchschlugen oder die von christlichen Familien versteckt wurden.[43] Angesichts dieser schrecklichen Situation kann man die Mutigen, die sich an der Erhebung im Warschauer Ghetto von 1943, an einer der wenigen Revolten in den KZs und am Partisanenkampf beteiligten, nur aufrichtig bewundern.[44]

Der Genozid an den Juden, auch »Holocaust« oder »Shoah« genannt, war also das Ergebnis eines fanatischen antisemitischen Kreuzzuges, der von der Diskriminierung über die Ghettoisierung zur Eiliminierung eskalierte. Nach den Zählungen des Nürnberger Tribunals, die von neueren Forschungen gestützt werden, töteten die Nazis und ihre lokalen Hilfskräfte knapp sechs Millionen Juden. Das entsprach etwa zwei Drittel der rund neun Millionen, die im deutsch besetzten Teil Europas lebten und nicht mehr fliehen konnten.[45] Der Holocaust ging über die bloße ethnische Säuberung um eines größeren »Lebensraums« willen hinaus, denn er bezog die Juden westlicher Länder wie Frankreich und Holland mit ein. Die Shoah war auch insofern einzigartig, als die SS eine rassisch definierte Gruppe nicht nur zu dezimieren, sondern gänzlich auszulöschen suchte. Hitlers fanatischer Judenhass ließ alle rationalen Überlegungen hinter sich. Dass man eine so beträchtliche Menge an Ressourcen der Ausmerzung von Rassefeinden widmete, die man doch als Zwangsarbeiter hätte verwenden können, dürfte auch für die Kriegsführung kontraproduktiv gewesen sein.[46] Anfangs noch Teil des Planes, ein Großgermanisches Reich Deutscher Nation durch Siedlung im Osten zu schaffen, wurde die »Endlösung der Judenfrage« schließlich zum ideologischen Selbstzweck, mit dem das Regime alle Bande zur Zivilisation durchtrennte.

Täter, Kollaborateure, Widerständler

Die Durchführung der ethnischen Säuberung und des Genozids erforderte Hunderttausende, wenn nicht Millionen williger Helfer, nicht nur in und aus Deutschland, sondern auch in und aus ganz Europa. Um ihre eigene Beteiligung zu minimieren, schoben viele Mittäter später die Schuld auf Hitler und seine Schergen, die SS sowie die NSDAP, eine Strategie, die den meisten von ihnen die Integration in die Nachkriegsgesellschaft erleichterte. Einige beriefen sich auf den sogenannten »Befehlsnotstand«, andere behaupteten, sie hätten lediglich »ihre Pflicht getan«, während wieder andere vorbrachten, sie hätten doch nur »versucht, selber zu überleben«. Aber die Selbstentlastungstaktik des »Wir haben das alles nicht gewusst« vermag nicht recht zu überzeugen. Dass jüdische Nachbarn verschwanden, bekam jeder mit; dass Konzentrationslager und Pläne für Siedlungen im Osten existierten sowie dass Kriegsverbrechen geschahen, war allgemein bekannt. Höchstens über dem vollen Ausmaß des Holocausts mag ein Schleier der Geheimhaltung gelegen haben. Dass das Volk es vorzog, alles nicht so genau wissen zu wollen, und bereit war, innerhalb des Nazi-Universums weiterhin zu funktionieren, lässt sich rückblickend nur schwer erklären.[47]

Am einen Ende des Spektrums befanden sich die fanatischen nationalsozialistischen Aktivisten, die den »Führer« bewunderten und an die finstere Ideologie der Bewegung glaubten. Viele von ihnen hatten sich, wie der Rechtsanwalt Roland Freisler, der Partei aus Überzeugung vor 1933 angeschlossen, als es noch problematisch war, für einen Nazi gehalten zu werden; später im Dritten Reich nannte man sie die »Alten Kämpfer«. Obwohl einige aus jenen Reihen immerhin zum Rang eines Gauleiters aufstiegen, wurden diese Ideologen und Schlägertypen mehr und mehr verdrängt durch die neue SS-Elite. Zu ihr gehörten Technokraten mit akademischer Ausbildung wie der Jurist Werner Best, die es fertigbrachten, kompetente Fachleute und rabiate Antisemiten gleichzeitig zu sein. Viele aus dieser »Generation des Unbedingten« hatten während der Krisenjahre der Weimarer Republik die nationalsozialistische Bewegung für sich entdeckt, mit deren Hilfe sie die Herren eines neuen Europa zu werden hofften, an dessen Spitze das alldominierende Großgermanische Reich Deutscher Nation stünde.[48] Auch in anderen Ländern strömten zahlreiche rechte Jugendliche zu den faschistischen Fahnen; sie sahen in Hitler und Mussolini die dynamischen Führer der Zukunft. Obwohl ihre kontrastierenden Nationalismen die Schaffung einer »Faschistischen Internationale« schwierig machten, waren sie doch gewillt, bei der ethnischen Säuberung ihrer Länder behilflich zu sein. Dadurch hofften sie, sich eine führende Rolle in einem nationalsozialistischen Europa zu erkämpfen.

Unauffälliger, aber doch entscheidend wichtig für das System war das Mitmachen von Nationalisten und Opportunisten, namentlich wenn sie Kompetenzen besaßen, welche die Kriegsmaschinerie am Laufen hielten. Auch wenn sie die Exzesse der Nazis verabscheuten, stellten sie doch weiterhin ihr Wissen und Können in den Dienst des Dritten Reiches, weil sie eben auch an ein Großgermanien glaubten. Diplomaten wie Ernst von Weizsäcker, Generäle wie Erwin Rommel und Dirigenten wie Wilhelm Furtwängler zeigten sich bereit, mitzuwirken und eine respektable Fassade für das schimpfliche Regime zu liefern. Hatten Männer wie der Philosoph Martin Heidegger oder der Schriftsteller Ernst Jünger Hitlers Diktatur erst einmal den Rücken gestärkt, nützte es nicht mehr viel, dass ihnen später Bedenken kamen; da war der Schaden schon angerichtet. Scharenweise sprangen auch Opportunisten auf den Nazi-Zug, solange er siegreich dahinrollte. Nicht anders verhielt sich die Wirtschaftswelt. Die Hoffnung, jüdische Firmen übernehmen, Okkupationsbeute machen und eroberte Ressourcen plündern zu können, trieb viele Industrielle wie Alfried Krupp und Friedrich Flick dazu, das Dritte Reich zu unterstützen. Als aber die Niederlagen auf dem Schlachtfeld und die Bombardements der Alliierten verdeutlichten, dass Deutschland den Krieg verlieren würde, war es für Reue zu spät: mitgegangen, mitgefangen.[49]

Die apolitische Mehrheit der Bevölkerungen in Deutschland und im besetzten Europa versuchte schlicht und einfach, ein normales Leben unter anormalen Bedingungen zu führen und sich weiterhin hauptsächlich um private bzw. persönliche Angelegenheiten zu kümmern. Konkret bedeutete dies, dass man seine Arbeit auch unter dem Nazi-System tat, so gut man konnte, ohne bei den kleinen Diktatoren wie etwa dem Blockwart seiner Straße oder dem Parteivertreter in der Firma anzuecken. Die Sicherung des eigenen Überlebens erforderte ferner nominelle Zugeständnisse: Beispielsweise ging man in die nationalsozialistischen Berufsorganisationen und zahlte brav die Beiträge; man spendete fürs Winterhilfswerk; man schickte seine Kinder zur Hitlerjugend und mimte Begeisterung auf politischen Veranstaltungen. Vielleicht erfreute man sich gar an den Angeboten der nazistischen Unterhaltungsindustrie oder machte eine preiswerte Urlaubsreise mit »Kraft durch Freude«. Gleichzeitig konnten solche Konformisten reihenweise Hitlerwitze erzählen und sich über die primitiven SA-Schlägertypen lustig machen – privat, versteht sich, um eine emotionale Distanz zu den plumpen Braunhemden zu wahren. Zwar ging die »widerwillige Loyalität« innerlich nie besonders tief, aber auch das vorgetäuschte Einverständnis war letztlich Mitwirkung, denn es hielt die Kriegsmaschinerie in Gang und erlaubte den Nazis, ihre mörderischen Träume weiterzuverfolgen.[50]

Einige Gruppen innerhalb Deutschlands und nicht wenige Bürger in den besetzten Ländern erwiesen sich als widerstandsfähiger gegen Ideologie und Praktiken der Nazis. Sie wählten einen vorsichtigen Modus, sich vom Regime zu distanzieren, für den Historiker später den Begriff *Resistenz* prägten. Katholiken etwa lebten traditionell in einer kirchendominierten Subkultur, die zweifellos autoritär und patriotisch war, aber den Säkularismus der Nationalsozialisten ablehnte. Während viele Protestanten mit den Nazi-inspirierten Deutschen Christen sympathisierten, folgte eine substanzielle Minderheit Dietrich Bonhoeffer und den Lehren der Bekennenden Kirche, die das germanentümelnde Neuheidentum des Regimes ablehnten. Ähnlich war die Situation bei den Vereinigungen der abhängig Beschäftigten. Die Auflösung der Gewerkschaften mochte Arbeiter zwingen, in die Deutsche Arbeitsfront einzutreten, aber sie konnte der marxistischen Solidarität mit den mannigfachen Opfern des Systems nichts anhaben. Obwohl einige junge Frauen mit Wehrmachtssoldaten fraternisierten, hassten die meisten Menschen in den besetzten Ländern nicht nur die Nazis, sondern die Deutschen insgesamt, jedenfalls solange sie als Obrigkeit daherkamen. Wenn auch viele Skeptiker im Reich keine offene Rebellion wagen mochten, bewahrte man sich doch eine Haltung stillen Dagegenseins, indem man etwa die BBC hörte. So blieben trotz aller Gestapo-Kontrolle manche alternative Sichtweisen lebendig, die von den offiziell verordneten abwichen.[51]

Aktiver Widerstand war eine noch mutigere Option, mit der man das eigene Leben riskierte; die notwendige Festigkeit konnte nur daraus erwachsen, dass man sich humanistischen Werten stark verpflichtet fühlte, die sich nicht mit der Repression und dem Genozid der Nazis vertrugen. In den besetzten Ländern beteiligten sich immer mehr Nationalisten sowie Kommunisten an Sabotageakten und Partisanenkrieg. Ermutigt durch die *France-libre*-Bewegung im Exil, entstand nun auch auf französischem Boden eine aus dem Untergrund agierende Widerstandsorganisation, genannt *Ma-*

quis (›Unterholz‹). Diese attackierte etwa deutsche Außenposten und unterstützte die D-Day-Invasion mit Aufklärung. Während russische und jugoslawische Partisanen den deutschen Versorgungslinien zusetzten, war der spektakulärste Versuch der Aufstand in Warschau im August 1944, initiiert von der Polnischen Heimatarmee, um die Hauptstadt zu befreien. Doch die Erhebung scheiterte, weil die Rote Armee sie im Stich ließ.[52] Innerhalb Deutschlands gegen das Regime aufzustehen, war schwierig, solange Hitler noch siegte. Als aber die Niederlage absehbar wurde und sie von in deutschem Namen begangenen Gräueltaten erfuhren, entschlossen sich einige konservative Offiziere und Politiker zu einem Versuch, die nationalsozialistische Diktatur gewaltsam zu stürzen. Am 20. Juli 1944 deponierte Oberst Claus Schenk von Stauffenberg eine Zeitbombe dicht neben Hitler. Leider überlebte dieser den Anschlag, und die Nazis nahmen blutige Rache, indem sie Tausende Verschwörer und Regimegegner umbrachten.[53] Solcher Widerstand war eine heroische Demonstration von Moral und Anstand, aber er allein konnte die Nazis nicht zur Strecke bringen.

Mörderische Moderne

Die Brutalität des Holocausts stellt, ganz allgemein gesprochen, die westliche »Meistererzählung« fundamental in Frage, welche die Modernisierung als einen Zivilisierungsprozess betrachtet. Laut dem Soziologen Norbert Elias haben die Europäer seit dem Mittelalter insofern einen Fortschritt gemacht, als die Gewalt immer mehr zurückgedrängt werden konnte. Wenn das stimmt, ist der jähe Rückfall in die äußerste Barbarei während der Nazi-Diktatur schwer zu erklären. Um die optimistische Interpretation der Whig-Historiker aufrechtzuerhalten, dass die Geschichte ein Vorgang unweigerlichen Fortschritts sei, neigen demokratische Intellektuelle zu der Behauptung, die Deutschen hätten diesen Pfad hin zur freiheitlichen Entwicklung eben verlassen und einen »Sonderweg« in Richtung Antimoderne eingeschlagen. Aber der polnisch-jüdische Soziologe Zygmunt Bauman will auch diese Sichtweise nicht gelten lassen, schon weil sie zu viel Selbstrechtfertigung beinhalte und die Verbrechen des westlichen Imperialismus zu gering gewichte. Er postuliert stattdessen: »Die historische Untersuchung des Holocausts hat mit über jedem vernünftigen Zweifel stehender Klarheit bewiesen, dass der von den Nazis verübte Genozid ein legitimes Ergebnis der rationalen bürokratischen Kultur ist.« Bei den Tätern habe die Moderne eine Haltung »moralischer Indifferenz« erzeugt, den Opfern aber »moralische Unsichtbarkeit« auferlegt. Die Moderne selbst trage in diesem Falle Schuld: »Schöpfung und Zerstörung sind untrennbare Eigenschaften dessen, was wir Zivilisation nennen.«[54]

Um dieses Paradox aufzulösen, ist es notwendig, den Holocaust nicht länger als metahistorische Moralerzählung zu betrachten, sondern ihn wieder in seinen tatsächlichen historischen Zusammenhang zu stellen. Hitler entfesselte seine Angriffskriege hauptsächlich, um die Hegemonie über den europäischen Kontinent zu erlangen; so wollte er Deutschlands Basis für den globalen Wettbewerb stärken. Der anschließende Massenmord an Zivilisten ergab sich aus dem Traum der Nazis, im Osten ein gewaltiges Siedlungsgebiet entstehen zu lassen. Dieses Projekt erforderte eine ethnische Säuberung, das heißt die Beseitigung der derzeit noch dort lebenden Völker, um genügend Raum für die deutschen Kolonisten freizumachen. Dass Millionen Juden verfolgt, in Ghettos und Konzentrationslager gesperrt und ermordet wurden, hat darüber hinaus eine besondere Form des rassistischen Antisemitismus zur Ursache, die erst nach der jüdischen Emanzipation entstand. Dieser Antisemitismus argumentiert biologisch, dass es aus der Rasse kein Entkommen gebe, weder mittels religiöser Konversion noch soziokultureller Assimilation. Schließlich erleichterte der ideologisch motivierte Vernichtungskrieg gegen den Kommunismus bzw. die Sowjetunion das Massentöten, denn infolge der Brutalität der Kämpfe fielen alle moralischen Schranken. Indem er lokale Hilfswillige involvierte und seinen Wirkungsbereich auf die Balkanländer ausdehnte, verwob der Massenmordfeldzug der Nazis diese drei separaten Stränge in einer komplexeren Weise, als es gewöhnlich erinnert wird.[55]

Vieles an der nazistischen Zerstörungsorgie und ihrer ideologischen Rechtfertigung hatte tatsächlich antimoderne Untertöne, in

Intention und Praxis gleichermaßen. Dies scheint die Interpretation zu stützen, dass der Holocaust eine schreckliche Rückkehr zur alten Barbarei gewesen sei. Nicht wenig von der kulturellen Energie des Nationalsozialismus entsprang einer Ablehnung der Dekadenz, die er beispielhaft in der experimentellen, urbanen Modernität der Weimarer Republik verkörpert sah. Gleichzeitig beschwor die kultische Verklärung von Gewalt und Männerfreundschaft, die noch aus dem Großen Krieg herrührte, Bilder herauf, die an germanischen Tribalismus und mittelalterliches Rittertum gemahnten; mit ähnlichen Einstellungen wollte man nun eine neue rassische Elite konstituieren. Ferner gründete das gesamte Projekt eines agrarischen Siedlungswesens im Osten auf einem romantischen und anti-industriellen Verständnis von nationaler Kraft, die unmittelbar aus »Blut und Boden« hervorgehe. Das rassistische Vorurteil gegen die Slawen wie auch der Hass auf die Juden hatten uralte Wurzeln; die Mobilisierung dieser Ressentiments appellierte an irrationale Gefühle deutscher Überlegenheit und reanimierte antisemitische Furcht vor Ritualmorden. Und schließlich hatte die anfängliche Tötungsmethode, die noch mit Kugeln operierte, doch auch etwas Primitives, sie war eine recht elementare Form der Metzelei. All diese Aspekte legen den Schluss nahe, dass die Abkehr der Nationalsozialisten von den Standards der Zivilisation ein mörderischer Rückfall in die Barbarei gewesen sein muss.[56]

Andere – und wichtigere – Indikatoren zeigen jedoch, dass die Massenmorde an Polen, Juden und Kommunisten ein integraler Bestandteil der Bemühung des Nationalsozialismus waren, eine alternative, eigene, organische Form der Moderne zu konstruieren. Ideologische und rassische Feinde drinnen und draußen konnte man nur verfolgen, weil ein massiver Einsatz von Propaganda vorangegangen war, der die Täter verrohen ließ und die potenziellen Opfer entmenschlichte. Beachten wir ferner, dass die Tötungen in den Lagern wie Fließbandarbeit erledigt wurden – mit immer der gleichen Abfolge ineinandergreifender Schritte: Ankunft in Viehwaggons, Selektion, Entkleidung und Vergasung. Die Abläufe hatten fast fordistische Qualität. Derlei war nur in einem industrialisierten Jahrhundert möglich. Außerdem benötigte die systematische Organisation von Diskriminierung, Verfolgung und Vernichtung, die Schreibtischmörder wie Adolf Eichmann überwachten, eine aufwendige und wohldurchdachte Bürokratie, die jeden Schritt plante. Die akademische Unterstützung durch Gelehrte, die sich mit »Judenforschung« befassten, und Mediziner, die Experimente am lebenden menschlichen Objekt machten, untermauerte die Quasi-Rationalität. Und schließlich war das genozidale Unterfangen einer ethnischen Säuberung und rassischen Selbstreinigung eines jener großen sozialtechnischen Projekte, die nur in Epochen vorstellbar sind, in denen Selbstüberschätzung und Verblendung durch Ideologie dominieren.[57]

Diese beängstigende Modernität des Holocausts offenbart einen fundamentalen Zivilisationsbruch, der den optimistischen Erwartungen eines kontinuierlichen Fortschritts widerspricht. Die Ideologien des Nationalismus, Rassismus und Faschismus entmenschlichten die Polen, Juden und Kommunisten derart kaltschnäuzig, dass sie zu bloßen Nummern wurden, die man einfach ausradieren konnte.[58] Selbst ein Vertreter der These vom Zivilisierungsprozess wie Norbert Elias sieht sich gezwungen einzuräumen: »Hochorganisierte und wissenschaftlich geplante Ausrottung ganzer Bevölkerungsgruppen in eigens dafür eingerichteten Todeslagern und abgesperrten Ghettos durch Verhungern, Vergasen […] scheint nicht ganz fehl am Platze in hochtechnisierten Massengesellschaften.« Zwar haben umfängliche Tötungsaktionen eine lange Geschichte, die mit den alten Assyrern beginnt, aber das Wirken der Nazis, das ethnische Säuberung, rassistischen Genozid und politische Gewalt kombinierte, fügte dieser Geschichte ein weiteres, noch tödlicheres Kapitel hinzu – dank seiner technischen Möglichkeiten, bürokratischen Methoden und ideologischen Ziele. Statt kontinuierlichen Fortschritt zu bringen, bedrohten nun die modernen Zustände das schiere Überleben der Menschheit, seit nie dagewesene Kapazitäten für Mord vorhanden waren.[59] Zweifellos repräsentiert die mutige Widerständlerin Sophie Scholl von der Weißen Rose die humanen Werte des Fortschritts; aber der skrupellose Auschwitz-Täter Rudolf Höß verkörpert deutlicher das mörderische Potenzial, das in der Moderne steckt.

Bitterer Sieg

Dresdener Bombeninferno, 1945

Am 25. April 1945 traf ein amerikanischer Spähtrupp nahe der mittelalterlichen Stadt Torgau an der Elbe auf vorstoßende sowjetische Soldaten. Während Reste der Wehrmacht immer noch gegen die Rote Armee kämpften – viele hofften auf eine Chance, sich den Amerikanern zu ergeben –, gelang der 69. Infanteriedivision der 1. US-Armee die Kontaktaufnahme zur 5. Gardearmee der 1. Ukrainischen Front, was Nazideutschland praktisch in zwei Teile zerschnitt. Am nächsten Tag reichten Leutnant William Robertson und Leutnant Alexander Silwaschko einander auf der zerstörten Brücke feierlich die Hände. Wieder einen Tag später reinszenierte man die lächelnde Begegnung der beiden in einem Innenraum für das offizielle Foto, das blitzschnell um die ganze Welt ging. US-Korrespondent Andy Rooney war dabei, als die wohlgelaunten Kämpfer bei musikalischen Klängen fraternisierten: Eine Sängerin, gerade erst aus einem Kriegsgefangenenlager befreit, gab ein improvisiertes Konzert, begleitet von russischen Soldaten auf Mundharmonikas, die sie aus einer unweit gelegenen Filiale des Instrumentenherstellers Hohner erbeutet hatten.[1] Die Begegnung an der Elbe ist wenig bekannt – zu Unrecht, bedeutete sie doch den gemeinsamen sowjetisch-amerikanischen Triumph über die einst so vielgerühmte deutsche Armee und damit das Ende des Zweiten Weltkrieges in Europa.

Zweieinhalb Jahre dauerte es von Stalingrad bis zur deutschen Kapitulation; so lange brauchten die Alliierten für ihren Sieg. Er fiel vielleicht nicht so dramatisch aus wie Hitlers waghalsige Unternehmungen, dafür aber war er von deutlicherer Endgültigkeit. Im Rückblick mag es zwangsläufig erscheinen, dass der Wechsel vom Blitz- zum Zermürbungskrieg die Große Allianz begünstigte; aber die Teilnehmer blieben lange im Zweifel darüber, wie die Sache enden werde. Erst durch konzentrierte Bemühungen um technische Innovation gelang es den Alliierten, die Deutschen einzuholen und aus ihrer Führungsposition zu verdrängen, zumal die »Wunderwaffen« des Dritten Reiches nicht mehr rechtzeitig fertig wurden, um am Ausgang noch etwas zu ändern. Kein Zweifel, die Briten,

Sowjets und Amerikaner verfügten über beträchtlich mehr Arbeitskräfte, Produktionskapazitäten und Ressourcen, als Hitlers Generäle aus dem okkupierten Europa herauspressen konnten, aber diese Vorsprünge mussten ja erst einmal auf dem Schlachtfeld in Erfolge umgesetzt werden. Und die Vereinigten Staaten hatten einiges nachzuholen: Als Deutschland ihnen den Krieg erklärte, standen die Briten und Russen schon vollumfänglich im Gefecht; die USA jedoch mussten erst einmal ihre Industrien mobilisieren und ihre Soldaten einsatzbereit machen.[2] Der Sieg der Alliierten stand also keineswegs von vornherein fest, sondern war das Ergebnis einer enormen gemeinsamen Anstrengung.

Seit diesem Erfolg gibt es heftigen Streit um die Frage, wem das eigentliche Verdienst daran gebühre. Westliche Medienprodukte, darunter viele Filme und ebenso die zahllosen Dokumentarspecials des *History Channel*, schreiben ihn selbstgefällig dem Westen zu. Wer dergleichen konsumiert, muss glauben, die Landung in der Normandie allein habe die Wende gebracht; der Beitrag der sowjetischen Seite findet kaum Berücksichtigung. Dagegen behaupten Russen und Osteuropäer, nicht zuletzt unter Verweis auf ihre viel höheren Opferzahlen, der unermüdliche Vorwärtssturm der Roten Armee sei der entscheidende Faktor gewesen, der den Sieg im »Großen Vaterländischen Krieg« gebracht habe. Selbst unter den westlichen Ländern besteht keine Einigkeit, denn die Briten sind überzeugt, Lob und Preis zu verdienen, weil sie jahrelang alleine standhielten. Die Franzosen wiederum meinen, nur die *résistance* und General de Gaulle hätten Paris befreit, und die Amerikaner glauben natürlich sowieso, die wichtigste Rolle gespielt zu haben. Verwirrender noch wird das Bild dadurch, dass selbst zwischen den Truppengattungen Rivalitäten herrschen: Zu jenem guten Ende wäre es nicht ohne die strategischen Bombardements gekommen, rühmt sich die Luftwaffe; nicht ohne die richtige Taktik im Landkrieg, reklamiert die Armee; nicht ohne die vielen versenkten feindlichen U-Boote, betont die Marine; nicht ohne die vielen geknackten feindlichen Codes, prahlen die Geheimdienste. Was bei diesem Gezänk in Vergessenheit gerät, ist, dass all jene Einzelaktionen ja ineinandergreifen mussten, um den letztlichen Erfolg zu ermöglichen.[3]

Obwohl die Große Allianz zwischen England, Sowjetrussland und den Vereinigten Staaten für humanitäre Ziele stritt, brutalisierte der verzweifelte Charakter des Kampfes die Kriegsführung der Alliierten so sehr, dass sie sich zu fragwürdigen Handlungen hinreißen ließen. Winston Churchill und Franklin D. Roosevelt proklamierten im August 1941 gemeinsam die *Atlantik-Charta*, in der sie sich zu hochfliegenden Prinzipien bekannten: Nicht um territoriale Expansion solle es gehen, sondern um Selbstbestimmung der Nationen, Handel ohne Beschränkungen, internationale Zusammenarbeit zur Verbesserung der sozialen Lebensbedingungen, die Beendigung von Furcht und Not, ungehinderte Schifffahrt auf allen Meeren und Abrüstung nach dem Friedensschluss. Die Rote Armee indes hatte keine Skrupel, bis zu 20 000 polnische Offiziere zu ermorden. Doch auch der Westen hielt sich nicht gerade zurück: Die britische und die amerikanische Luftwaffe erfanden eine neue Form des Flächenbombardements, die sich bei Angriffen auf Städte das brandbeschleunigende Phänomen des »Feuersturms« zunutze machte. Diese Luftschläge kosteten mehrere hunderttausend Zivilisten das Leben. Besonders schlimm traf es Dresden und Hamburg, was Kurt Vonnegut und W. G. Sebald in ihren Romanen dramatisch geschildert haben.[4] Die Amerikaner warfen außerdem zwei Atombomben auf Japan ab, um das Kaiserreich zur Kapitulation zu zwingen. Gräuel der Roten Armee hier, systematisches Bombardement von Nichtkombattanten durch den Westen dort – der Sieg kostete einen hohen Preis, der ebenjene Werte gefährdete, für die die Alliierten zu kämpfen vorgaben.[5]

Letztendlich wurzelte der Erfolg der Großen Allianz in der Überlegenheit der kommunistischen sowie der demokratischen Spielart der Moderne über die diktatorische Variante, die der Nationalsozialismus ihnen entgegensetzte. Zwar verschaffte ihre organische Moderne der NS-Diktatur anfangs einige Vorteile beim Attackieren von Nachbarländern, doch fehlten ihr auf lange Sicht die Ressourcen und die politische Attraktivität, um im Ringen mit den ausnahmsweise kooperierenden Kräften des liberalen Kapitalismus und des diktatorischen Kommunismus zu bestehen. Trotz Stalins Paranoia und ungeachtet seiner Fehler produzierte die Sowjetunion am Ende doch mehr effektive Waffen als ihr Feind, und sie konnte mehr Menschen zum Opfertod für »Mütterchen Russland« begeistern, als das Dritte Reich fürs »Vaterland« in Stellung zu bringen vermochte. Obwohl demokratische Entscheidungsfindung das Regierungshandeln verlangsamte, auch bei der Kriegsführung, hielten die Briten gegen die Flugzeug- und U-Boot-Attacken der Nazis stand. Die Vereinigten Staaten brauchten zwar etwas Zeit zur Mobilisierung, zumal sie menschlichem Leben einen hohen Wert zumaßen, womit sie gewissermaßen ein zweifaches Handicap hatten. Schließlich aber zeigte ihre höhere militärische Potenz in der Luft und zur See auch auf dem Kontinent Wirkung; es reichte sogar noch für ein Engagement im Pazifik gegen Japan. Der Sieg der antifaschistischen Allianz hatte also seine Gründe in der größeren Potenz der kommunistischen und der demokratischen Vorstellungen von Moderne.

Die Wende des Kriegsverlaufs

Nachdem die Alliierten den Vormarsch der Nazi-Heere gestoppt hatten, ging der Krieg trotzdem weiter, bis die Achsenmächte komplett geschlagen waren, da beide Seiten eine Kompromisseinigung ablehnten. Hitler musste, wie seinerzeit Napoleon, den Kampf fortsetzen, um seine Führungsposition zu legitimieren; und der Gegenpartei versperrten seine grauenhaften Verbrechen der ethnischen Säuberungen und des Rassengenozids jeglichen Weg zu einer Verhandlungslösung. Um zu vermeiden, dass wieder »Dolchstoßlegenden« entstanden, beschlossen die westlichen Alliierten während der Casablanca-Konferenz im Januar 1943, auf Deutschlands »bedingungsloser Kapitulation« zu bestehen. Damit wollte man ausdrücklich sicherstellen, dass das Land sich nie wieder militärisch gegen andere erheben konnte. Diese Erklärung sollte die Sowjets beruhigen, welche die Hauptlast des Landkrieges trugen und nun befürchteten, die anglo-amerikanischen Alliierten könnten einen Separatfrieden mit den Deutschen schließen, vielleicht motiviert durch die frustrierenden Verzögerungen bei der Invasion

Frankreichs. Die Verweigerung eines Waffenstillstands entmutigte allerdings die Widerstandskämpfer innerhalb Deutschlands, die nun ihren Landsleuten kein glimpflicheres Davonkommen mehr versprechen konnten. Der Krieg musste daher so lange weitergehen, bis die Alliierten mit Waffengewalt Nazideutschland samt seinen Verbündeten endgültig erobert hatten.[6] Da es die meisten Todesopfer während der letzten sechs Monate des Kriegsgeschehens gab, bedeutete diese Entscheidung auch, dass Millionen weiterer Menschen sterben mussten.

Die Schlacht, die im Osten das Blatt wendete, fand in Stalingrad statt und wurde nicht nur deshalb legendär, sondern auch wegen der Vehemenz der Gefechte und der fast zwei Millionen Getöteten. Einst als Zarizyn bekannt, war diese Stadt ein wichtiges Industriezentrum, das den Wolga-Übergang ebenso wie die Wege zu den Ölfeldern des Kaukasus kontrollierte. Nach unerbittlichen Luftangriffen erreichte die deutsche 6. Armee am 23. August 1942 unter General Friedrich Paulus den Nordrand von Stalingrad. Der verzweifelte Widerstand jener, die sich ihnen entgegenwarfen – sowjetische Soldaten, Milizen, Zivilisten, darunter auch Frauen –, zeigte der Wehrmacht bald, dass ihre übliche Taktik des gleichzeitigen Einsatzes von mobilen Panzern und Stukas in Stalingrad nicht fruchtete. In und zwischen den Mauerresten von ausgebrannten Wohnblöcken und Fabriken schlugen ihre Feinde mit Handwaffen, Heckenschützenfeuer und Granatwerfern zu. Der schonungslose Häuserkampf machte sowohl die Panzer als auch die Artillerie der Deutschen unschädlich. Trotz schwerer Verluste erlangten Letztere aber nach und nach die Kontrolle über 90 Prozent der Stadt am Westufer der Wolga. Ihrer symbolischen Bedeutung war sich Stalin nur zu bewusst; also befahl er alle verfügbaren Verstärkungen dorthin. Diese Auseinandersetzung sollte nach seinem Willen die entscheidende Schlacht um die Überlegenheit an der Südfront werden.[7]

Am 19. November lancierte die Rote Armee eine wohldurchdachte Gegenattacke. Zuerst zerschlug sie die überdehnten Linien der rumänischen, ungarischen und italienischen Truppen nördlich und südlich der Stadt. Damit durchstieß sie die beiden deutschen

Flanken, sodass die Invasoren praktisch bereits in Stalingrad festsaßen. Dessen übriggebliebene Verteidiger, die sich am Ostufer der Wolga versammelt hatten, wurden neu ausgestattet und erhielten massive Verstärkung. Marschall Georgi Schukow ließ seine Soldaten nun eine gigantische Zangenbewegung vollführen, als wollte er die Blitzkriegtaktiken seines Feindes imitieren: Zwei Speerspitzen marschierten los und trafen sich schließlich westlich der Stadt, sodass die Sechste Armee dort eingeschlossen und von den übrigen deutschen Verbänden abgeschnitten war. Einige Wehrmachtsoffiziere befürworteten nun, aus dem Kessel auszubrechen, aber Hitler war dagegen, denn Göring versicherte ihm, die Luftwaffe könne die Umringten noch eine ganze Weile durch entsprechende Abwürfe versorgen, und General Erich von Manstein traute sich gar zu, sie per Bodenattacke zu befreien. Besessen vom Prinzip des unbedingten Standhaltens, verkündete Hitler im Berliner Sportpalast, die Deutschen würden niemals zurückweichen; damit hatte er sich öffentlich verpflichtet. Und so saßen denn rund 21 deutsche Divisionen mit etwa 250 000 Soldaten in der Falle, die nicht nur keine Möglichkeit hatten, aus eigener Kraft zu fliehen, sondern auch kaum Aussichten, befreit zu werden. Was als ein großer Sieg der Wehrmacht begonnen hatte, verwandelte sich in eine krachende Niederlage.[8]

Die Rote Armee gewann in Stalingrad, weil sie mehr Gerät einsetzte, härter für ihre bedrohte Heimat kämpfte und bessere taktische Entscheidungen traf. Die deutsche Luftwaffe erwies sich als außerstande, ihre eingekreisten Kameraden mit so viel Munition, Treibstoff und Lebensmitteln zu versorgen, wie diese brauchten, um kampffähig zu bleiben; sie verlor bei dem Einsatz rund ein Drittel ihrer Ostfront-Flugzeuge. Manstein versuchte im Dezember eine Befreiungsoffensive, aber die sowjetischen Kommandeure hatten sie vorhergesehen und stoppten seine »Heeresgruppe Don«, bevor sie zur 6. Armee stoßen konnte. Während die Rote Armee den Ring um Stalingrad immer enger zog, wurden die bisherigen Angreifer zu Verteidigern, gefangen in einer zerstörten Stadt, bar aller Ressourcen für die Fortsetzung des Gefechtes. Als der Winter kam, mussten sie nicht nur hungern, sondern auch noch frieren.

Der erbitterte Häuserkampf ging trotzdem unvermindert weiter; beide Seiten machten keine Gefangenen und litten unsäglich. Russische Tagebucheinträge und die letzten nach Deutschland ausgeflogenen Briefe belegen, dass bei den Rotarmisten das Selbstvertrauen stieg und bei der Wehrmacht die Verzweiflung.[9] Am 2. Februar 1943 setzte sich Paulus schließlich über Hitlers Befehl hinweg und ergab sich mit seinen Soldaten, einer ursprünglich recht großen Truppe, von denen nur die Hälfte überlebt hatte. In Stalingrad erfuhr die Kriegsmaschinerie der Nazis, dass sie doch nicht allen überlegen war – ein Schlag, von dem sie sich nicht wieder erholte.

In seiner Bedrängnis bat Stalin die westlichen Alliierten unentwegt, eine zweite Front in Europa zu eröffnen. Dazu konnten sie sich noch nicht entschließen, versuchten aber auf andere Weise, Druck von der Sowjetunion zu nehmen, nämlich indem sie am 8. November 1942 in Nordafrika landeten. Der Vorgang trug den Tarnnamen *Operation Torch* (›Operation Fackel‹). Churchill, der unverbesserliche Imperialist, hatte schon lange auf eine solche Aktion gedrängt, da ihn die Situation der britischen Versorgungslinien im Mittelmeerraum beunruhigte. Er befürchtete zudem, dass die französischen Kolonialtruppen, zu denen immerhin nicht unbeträchtliche Marineeinheiten gehörten, sich auf die Seite der Faschisten schlagen könnten. In dieser Hinsicht sollte der Militärschlag Sicherheit schaffen. Zehntausende alliierter Soldaten landeten in marokkanischen und algerischen Häfen wie Casablanca, Oran und Algier; später wollte man auch nach Tunesien vorstoßen. Die französischen Streitkräfte in Afrika beabsichtigten anfangs, gegenüber der Vichy-Regierung loyal zu bleiben, und leisteten Widerstand, mussten sich aber angesichts der zur See, in der Luft und zu Lande überlegenen Briten und Amerikaner, die da gemeinsam angestürmt kamen, bald geschlagen geben. Admiral Darlan und General Giraud zauderten eine Weile; als aber Hitler befahl, nun auch den bisher unbesetzten Teil des Mutterlandes Frankreich einzunehmen, schlossen sich die meisten französischen Einheiten den Alliierten an.[10] Die Landung in Nordafrika, unternommen zur Sicherung der mediterranen Schifffahrtswege, mag nur eine Nebenhandlung zu dem großen Waffengang auf dem europäischen Kontinent gewesen sein, aber mit ihr errangen die westlichen Alliierten ihren ersten Erfolg zu Lande.

Die Bedeutung des Afrikafeldzuges liegt darin, dass er die Truppen der Achsenmächte vom Schwarzen Kontinent verjagte und die nun folgende Attacke auf sie im heimatlichen Europa ermöglichte. Im Oktober 1942 hatte der britische General Bernard Montgomery das legendäre Afrikakorps unter Erwin Rommel, dem »Wüstenfuchs besiegt«; damit konnte ein für alle Mal verhindert werden, dass die Deutschen Ägypten und den Suezkanal bedrohten. Die bereits erwähnte erfolgreiche Landung einen Monat später eröffnete dann eine weitere nordafrikanische Front: Nun bekamen die deutschen und italienischen Truppen von zwei Seiten Druck. Nachdem sie Verstärkung erhalten hatten, beendeten Briten und Amerikaner den mehrmonatigen Stillstand 1943 mit ihrer Apriloffensive, die den Faschisten so zusetzte, dass sie in wilder Hast flohen. Obwohl die Achsenmächte nicht genügend Flugzeuge und Schiffe besaßen, um die italienischen Kolonien in Nordafrika zu verteidigen, wiederholte Hitler seinen Fehler von Stalingrad: Statt so viele Leute und so viel Material wie möglich aus dem Gebiet der Gefährdung zu retten, befahl er den Truppen, vor Ort zu verharren. Am 13. Mai 1943 ergaben sich die übriggebliebenen Deutschen und Italiener in Tunis; so nahmen die Alliierten gleich 275 000 Kriegsgefangene auf einmal in Empfang. Viele von ihnen hatten das Glück, per Schiff in die USA verbracht zu werden, wo sie den Ausgang des Krieges unter relativ komfortablen Bedingungen abwarten konnten. Das afrikanische Fiasko, eine weitere drastische Niederlage der Achse, räumte den Alliierten den Weg zur Invasion Italiens frei.[11]

Obwohl die Schauplätze Tausende Kilometer voneinander entfernt lagen, waren es tatsächlich die Erfolge in Südrussland und in Nordafrika, die den Verlauf des Krieges unumkehrbar änderten: Nicht mehr die Aggression der Achse, sondern der Siegeszug der Alliierten bestimmte nun das Bild. Bei der verzweifelten Schlacht um Stalingrad wurden die Wehrmacht und ihre Verbündeten in ihrer eigenen Paradedisziplin geschlagen: durch bessere Waffen, bessere Kampfmethoden und bessere Neutralisierung des Feindes. Der Fehlschlag an der Wolga bewirkte, dass die Achse zugleich die strategische Initiative und den Glauben an einen letztendlichen Sieg verlor. Trotz all der Großtaten des Wüstenfuchses wurden die deutsch-italienischen Streitkräfte auch im Nordafrika-Feldzug niedergeworfen, denn sie hatten schlechtere Waffen, weniger Personal und kampfumtobtere Versorgungslinien. Wütend suchte man in Berlin nach Möglichkeiten, die allumfassende Katastrophe abzuwenden. Der Meisterpropagandist der Nazis, Joseph Goebbels, trug das Seine bei. Am 18. Februar 1943 sprach er im Berliner Sportpalast vor einem handverlesenen Publikum. Er räumte ein, dass es an der Ostfront eine massive »Krise« gebe, pries dann aber gleich die eingeschlossenen »Helden von Stalingrad« als Verteidiger der europäischen Kultur gegen die jüdisch-bolschewistische Bedrohung. Goebbels beschwor alle, die ihn hörten, nicht den Glauben an den Führer zu verlieren und ihren bisherigen Eifer zu verdoppeln. Nachdem er die Leidenschaften bis ins Fieberhafte angeheizt hatte, wandte er sich mit einer Suggestivfrage an sein Auditorium: »Ich frage euch: Wollt ihr den totalen Krieg? Wollt ihr ihn, wenn nötig, totaler und radikaler, als wir ihn uns heute überhaupt erst vorstellen können?« Die elektrisierten Massen schrien zurück: »Ja! Ja!« und brachen aus in »stürmischen, nicht enden wollenden Beifall«. Aber fieberhafter Fanatismus, so zeigte sich bald, reichte eben nicht aus, um überlegene Kräfte zu stoppen.[12]

Zermürbung des Reichs

Die Siege der Alliierten 1942/43 offenbarten aufgrund der Dauer des sich hinschleppenden Abnutzungskampfes die Überlegenheit der kommunistischen und demokratischen Moderne. Wenn es schnell ging, etwa durch Blitzangriffe, hatte die gutgeölte NS-Kriegsmaschinerie die besseren Karten; nun zog sich der Konflikt aber in die Länge, und das brachte den Alliierten bei Ressourcen, Mannstärke und Waffen einen Vorteil. Aufseiten der Achse versuchte Albert Speer die Produktion effizienter zu organisieren und die Ausbeutung der eroberten Teile Europas zu steigern. Dennoch vermochte er wichtige Rohstoffe, etwa Erdöl, nur in geringer Menge unter seine Kontrolle zu bringen, und die Gewinnung von synthetischem Benzin aus Kohle durch Hydrierung blieb kostspielig und zeitraubend. Die Alliierten hingegen konnten sich auf einen erstaunlich schnell wachsenden Ausstoß an Wehrmaterial stützen, da die russischen Rüstungsfabriken sicherheitshalber hastig nach Osten hinters Uralgebirge verlegt worden waren. Die Herstellungsleistung Englands, verstärkt durch die des British Empire, erwies sich zudem als ungebrochen; enorme Kapazitäten besaßen auch die Vereinigten Staaten, wo Betriebe vollständig auf die fordistische Massenproduktion von Militärgütern umgestellt worden waren.[13] Es brauchte zwar Zeit, diese Anstrengungen zu koordinieren, und es dauerte, bis man die Soldaten im Umgang mit dem erst seit jüngstem verfügbaren Gerät geschult hatte und bis die neuen Waffen auf dem Schlachtfeld erfolgreich zum Einsatz kamen. Aber letztendlich erwies sich die besagte Diskrepanz als ausschlaggebend.

Die Produktionsziffern zeigen das drastische Ausmaß der alliierten Überlegenheit, die sich während der zweiten Hälfte des Krieges kontinuierlich derart steigerte, dass die Achse nicht mehr mitkam. Schon die Grundgrößen der konkurrierenden Ökonomien waren ziemlich disparat: 1942 betrug das Bruttosozialprodukt pro Kopf bei den Alliierten das 2,4fache dessen, was die Achse zuwege brachte, ein Faktor, der während des Jahres 1944 auf das 3,1fache stieg. So konnten die Alliierten ihre faschistischen Feinde regelrecht niederproduzieren, und zwar in allen wichtigen Waffenkategorien: Im Zeitraum 1942–44 fertigten sie 184 200 Panzer, die Achse nur 39 600, womit sie diese um das 4,7fache übertrafen. Bei den Kampfflugzeugen war der Unterschied etwas geringer: 299 500 vs. 114 600, was jedoch immer noch einen 2,6fachen Vorsprung bedeutete. Bei der Artillerie wiederum klaffte eine breitere Diskrepanz: 1 209 000 vs. 395 000 – eine 3,1fache Prävalenz. Bei anderen Waffen – Gewehren, Maschinengewehren usw. – boten die Alliierten generell das etwa Dreifache der gegnerischen Produktion auf.[14] Auch hinsichtlich der Qualität holte das alliierte Kriegsgerät das der Achsenmächte nach und nach ein, das es in Einzelfällen, etwa beim russischen T-34-Panzer, sogar übertraf.

Das deutsche Oberkommando versuchte seine Unterlegenheit

zu kompensieren, indem es vermehrt auf submarine Kriegsführung setzte. So hoffte man zu verhindern, dass die Versorgungsgüter der Alliierten – sie waren auch diesbezüglich überlegen – die Schlachtfelder erreichten. England litt besonders unter einer Konterblockade zur See, denn es bezog 75 Prozent seiner Lebensmittel, 95 Prozent seiner Erdölprodukte und 30 Prozent seines Eisenerzes auf dem Wasserweg. Außerdem musste alles amerikanische Kriegsgerät über den Atlantik befördert werden. Der Royal Navy gelang es zwar rasch, einige der deutschen Schlachtschiffe zu versenken, darunter die »Bismarck«, doch Churchill machte sich Sorgen wegen der feindlichen U-Boote, deren hinterhältige Attacken die britische Schifffahrt komplett lahmzulegen drohten. Trotz der inständigen Hinweise des Admirals Dönitz, wie dringend seine Marine dieser neuen Waffe bedürfe, hatte Hitler deren Bedeutsamkeit zunächst unterschätzt, und so besaßen die Deutschen anfangs lediglich etwa fünfzig U-Boote, von denen nur ein Drittel jederzeit einsatzfähig war. Dennoch schafften es die submarinen Kriegsschiffe, die mit ihrer »Wolfsrudeltaktik« hauptsächlich Konvois angriffen, allein im Entscheidungsjahr 1942 rund sieben Millionen Bruttoregistertonnen der britischen Handelsschifffahrt zu versenken. Wie die offizielle Historiografie der Royal Navy später kommentierte, wurde die Atlantikschlacht zu einem »nur knapp gewonnenen Kampf ums schiere Überleben«.[15]

Obwohl Dönitz seine Flotte weiter ausbaute, versetzten die Alliierten während des Jahres 1943 dem submarinen Geschwader empfindliche Schläge, die das Selbstbewusstsein der Deutschen arg erschütterten: 242 U-Boote wurden versenkt. Dieser Erfolg war zu einem nicht geringen Teil der strategischen Hilfe der USA geschuldet; sie erhöhte durch den Begleitschutz, den sie bot, die Sicherheit der transatlantischen alliierten Nachschublinien. Kaum weniger hatte jedoch die Okkupation Islands zu dem Gelingen beigetragen: Dort stationierte Flugzeuge konnten nun im Nordatlantikraum patrouillieren und die durch diesen verlaufenden Routen überwachen. Die Alliierten änderten und ergänzten einzelne ihrer Taktiken, indem Zivilkonvois jetzt vermehrt von Kriegsschiffen eskortiert wurden und Flugzeuge tief eintauchende Wasserbomben abwarfen. Auch entwickelte man Sonar- und Radarsysteme, um U-Boote zu orten. All diese Maßnahmen brachten die Angreifer in Schwierigkeiten; bald kamen deren Mannschaften von ungefähr jedem dritten ihrer Einsätze nicht zurück. Die Massenproduktionstechniken in ihren Werften erlaubte es den Amerikanern, jeden Monat mehr standardisierte Frachter – genannt *liberty ships*, ›Freiheitsschiffe‹ – zu bauen, als von den submarinen Aggressoren versenkt werden konnten. Die Deutschen reagierten nach Kräften: Man versuchte eine Verkürzung der Bauzeiten und eine Verbesserung des Schnorchels, damit die Boote länger unter Wasser bleiben konnten; man konstruierte gar eine Serie technisch extrem innovativer und leistungsfähiger Super-U-Boote. Doch was immer die Deutschen an Gegenschritten unternahmen – es kam zu spät. Zwar versenkten die U-Boote insgesamt fast 15 Millionen Bruttoregistertonnen an feindlichem Schiffsvolumen, aber dies konnten die Alliierten reichlich kompensieren, da sie zur gleichen Zeit 46,5 Bruttoregistertonnen neuen Schiffsraum bauten. Die antisubmarinen Maßnahmen der Alliierten waren so effektiv, dass die U-Boote zu »eisernen Särgen« wurden; die Gesamtquote der Verluste betrug unglaubliche 75 Prozent.[16]

Die Alliierten wiederum verschärften nun den Luftkrieg. Das sogenannte »strategische Bombardement« sollte die deutsche Kriegsproduktion schwächen und die Moral der Nazis untergraben. Zu Beginn verstanden die Briten ihre Attacken als Vergeltung für deutsche Angriffe auf England und als psychologisches Schockmittel, um zu signalisieren, dass es ihnen mit ihrem Kampf gegen die Nazis ernst war. Anfangs flog man vorwiegend bei Tage, aber dies kostete die RAF zu viele Piloten, denn im Hellen konnten deutsche Jäger ihnen leichter zusetzen und die Flugabwehrkanonen am Boden sie besser abschießen. Also ging man über zu diffusen Nachtattacken auf militärische und zivile Ziele, die zwar weniger treffgenau, aber sicherer für die Bomber waren. Die U. S. Air Force hingegen griff weiterhin lieber tagsüber ihre strategischen Ziele an. Dabei zerstörte sie mit Vorliebe Fabriken, die Kugellager oder synthetisches Benzin herstellten; gelegentlich sprengte sie auch Löcher in Staumauern von Talsperren. So hofften die Amerikaner, die Deutschen aus dem Krieg hinauszuprügeln. Die von Tausenden von Flugzeugen ausgeführten Flächenbombardements verursachten zwar enorme Schäden am Boden, aber sie erwiesen sich auch als sehr gefährlich für die Männer in den Maschinen, denn nicht wenige stürzten ab. Um solche Verluste zu minimieren, entwickelten Briten und Amerikaner eine neue Strategie: das Auslösen von »Feuerstürmen«. Dafür warf man Brandbomben auf Großstädte, bevorzugt auf deren dicht bewohnte und viel hölzerne Bausubstanz enthaltende mittelalterliche Viertel, sodass Abertausende Häuser und Zivilisten verbrannten.[17] Die verheerenden Attacken verwüsteten viel, doch die deutsche Moral konnten sie vorerst nicht brechen.

Obwohl das vorläufige Ergebnis der »Sättigungsangriffe« enttäuschen mochte, haben sie letztlich doch den Alliierten geholfen, den Krieg zu gewinnen, denn sie schränkten Deutschlands Kriegsproduktion ein. Zudem brachten sie sein Verkehrs- und Transportwesen letztlich zum Stillstand. Den deutschen Verteidigungsmitteln, darunter die Abfangjäger und die über ganz Deutschland verteilten 50 000 Flaks, gelang es zunächst recht gut, es den Angreifern heimzuzahlen – kein Wunder, dass die Luftwaffe der Alliierten rund 81 000 Mann verlor, darunter Piloten und anderes Flugpersonal. Während des Bombenhagels drängten sich deutsche Zivilisten in Luftschutzräumen zusammen und beteten, dass sie nicht getroffen wurden. Arbeiter mühten sich, zerstörte Fabriken rasch wiederaufzubauen, entweder am alten Standort oder weiter draußen, in sichereren Landstrichen. Aber diese Gegenmaßnahmen vermochten den unermüdlichen Luftschlägen der Alliierten nicht Paroli zu bieten. Zwar konnten Letztere die Kriegsproduktion nie völlig unterbinden, aber deren Wachstum seit dem Mai 1943 doch verlangsamen, namentlich durch die massiven Angriffe auf Hamburg und das Ruhrgebiet, die wiederum Zehntausende Deutsche das Leben kosteten. So kam die Achse um Waffen, die sie bei ungestörtem Herstellungsprozess hätte nutzen können. Letzten Endes war es aber die Zerstörung von Eisenbahnstrecken, Brücken und Kanälen, die das Dritte Reich zur Strecke brachte. Die Bombardierungsflüge, die Dutzende uralter Städte wie Köln in Schutt und Asche legten, brachten rund 600 000 Zivilisten den Tod; diese Opferzahlen gehen weit über das hinaus, was man »Kollateralschäden« nennen könnte. In diesen tausend Luftangriffen lag auch ein Element der Rache.[18]

Auch im Kampf der Aufklärungsdienste war das Kriegsglück der alliierten Seite insofern wesentlich holder, als es ihr gelang, den deutschen Nachrichtencode namens Enigma zu knacken. Zunächst schienen die Nazis im Vorteil, denn faschistische Sympathisanten trugen ihnen Informationen über ausländische Chiffrierungssysteme in Schrift und gesprochenem Wort zu. Ferner hatten die Deutschen einigen Erfolg beim Entschlüsseln britischer Codes, aber es dauerte zu lange, bis die Informationen auf dem Schlachtfeld verwertet wurden. Für eigene Nachrichten verwendeten sie einen besonderen Verschlüsselungsapparat namens Enigma; er ähnelte einer elektromechanischen Schreibmaschine mit vielen Zusatzvorrichtungen und konnte 1,253 Trillionen Permutationen produzieren. Anfangs taten sich Deutschlands Gegner schwer mit diesem Kryptografen. Dann aber konnte sich der polnische Geheimdienst eine Frühversion der Enigma besorgen, baute sie nach und kam hinter das Prinzip. 1941 kaperten die Engländer dann ein Wetterbeobachtungsschiff und ein U-Boot der deutschen Marine, die einschlägige Codierungs- und Decodierungstafeln mit sich führten, was den kryptologischen Abteilungen der alliierten Geheimdienste ungemein weiterhalf. Im britischen Bletchley Park arbeitete eine ganze Einheit an der Entschlüsselung abgefangener Enigmanachrichten, die als »ultra-geheim« eingestuft waren, und bald nannte man das Team selbst *Ultra*. Ihm assistierten der brillante Mathematiker Alan Turing und andere Gelehrte aus Cambridge. Da die meisten militärischen Befehle über die Ätherwellen telegrafiert wurden, konnte man die deutschen Botschaften abfangen und an die Ultra-Experten senden, die sie binnen weniger Stunden decodierten.[19] Diese Entzifferung quasi in Echtzeit brachte einen enormen operativen Vorteil, denn nun kannten die Alliierten früh die Pläne der Deutschen und konnten sich Gegenmaßnahmen ausdenken, ohne dass der Feind etwas davon ahnte.

Schließlich erwiesen sich die Alliierten auch als fähiger in der psychologischen Kriegsführung als die Nazis, denn sie benutzten moderne Werbemethoden und appellierten an menschlichere Werte. Der NS-Staat kontrollierte seine Medien über das Reichsministerium für Volksaufklärung und Propaganda, an dessen Spitze Joseph Goebbels stand. Er war ein exzellenter Redner bei Massenveranstaltungen, und auch die Presse nutzte er virtuos im Sinne der Nazis. Als er jedoch bemerkte, dass sich die mit diesen Methoden befeuerten Emotionen nicht dauerhaft in Fieberhöhe halten ließen, wählte er unpolitisches Entertainment, um die Moral während der Kriegsjahre hochzuhalten. Im Gegensatz dazu verfolgten die Alliierten bei ihren Beeinflussungsversuchen eher eine »Strategie der Wahrheit«, wobei die Medien sich gleichsam selbst mobilisierten. Hollywoodregisseure produzierten eine Flut von Propagandastreifen, bei denen ihnen nicht selten emigrierte Filmschaffende der Weimarer Jahre assistierten. Manche entstanden auf Anordnung der Regierung, manche aber auch durchaus als kommerzielle Projekte. Beide Seiten schickten Unterhaltungskünstler an die Front, deren Lieder gelegentlich sogar die Frontlinien übersprangen, wie etwa Lale Andersens »Lili Marleen«. Auch der Rundfunk beider Seiten beteiligte sich. Machte von Deutschland aus »Lord Haw Haw« in englischer Sprache für die Achse Propaganda, sendete London die alliiertenfreundlichen Kommentare des Sefton Delmer. In diesem Wettbewerb gewann schließlich die BBC die Oberhand, weil ihre Nachrichten und Reportagen sich als verlässlicher erwiesen.[20]

Befreiung des Westens

Der Militärführer, der die Überlegenheit der alliierten Moderne auf dem Schlachtfeld zur Geltung brachte, war General Dwight D. Eisenhower. Er kam 1890 als Kind einer armen, aber frommen deutsch-amerikanischen Familie zur Welt und wuchs in einer ländlichen Region des Bundesstaates Kansas auf. Ausgebildet an der Militärakademie von West Point, war er im Ersten Weltkrieg als Ingenieur und Panzerkommandeur tätig, allerdings nie direkt an der Front. Während der Jahre zwischen den Kriegen wurden seine Führungsqualitäten und strategischen Begabungen erkannt, und so berief man ihn in den Generalstab nach Washington, wo er während des Zweiten Weltkrieges den letztlich siegreichen Kampf gegen Japan und Deutschland mit plante. 1942 erhielt er das Kommando über die amerikanischen Truppen auf dem europäischen Kriegsschauplatz, und ein Jahr später, nach den erfolgreichen Operationen in Nordafrika, avancierte er zum Oberbefehlshaber der alliierten Streitkräfte in Europa. Eisenhower war ein sorgfältiger Planer, ein fähiger Organisator und ein überzeugender Vermittler bei Streitigkeiten in strategischen Fragen, etwa wenn es darum ging, ob man eine zweite Front in Frankreich, auf dem Balkan oder in Italien etablieren solle. Obwohl er weniger auffiel als Douglas MacArthur oder George S. Patton, wurde der umgängliche »Ike« der *spiritus rector* hinter dem anglo-amerikanischen Sieg.[21]

Am 10. Juli 1943 fielen britisch-amerikanische Truppen in Sizilien ein; beteiligt waren 160 000 Soldaten, die auf 3000 Schiffen transportiert wurden. Nachdem sie sich die Luft- und Seehoheit in der Region gesichert hatten, erhöhten die Alliierten die Mannstärke dieser Armee rasch auf 450 000, woraufhin sie die italienischen und deutschen Verteidiger binnen 38 Tagen niederwarfen. Die Feinde der Faschisten erreichten ihre strategischen Ziele, obwohl persönliche Rivalitäten zwischen einzelnen ruhmsüchtigen Generälen, etwa Montgomery und Patton, die Operation komplizierten. Die Italiener verloren 132 000, die Deutschen 32 000 Mann, die teils getötet, teils verwundet, teils gefangen genommen wurden. Der Wehrmacht gelang es allerdings, 53 000 ihrer Leute aufs italienische Festland zu bringen. Gleichwohl hatten die Alliierten nun die Kontrolle über die Insel. Jedoch sollten sich die politischen Nachwirkungen, die diese Invasion zeitigte, als noch wichtiger erweisen. Überraschend beschloss nämlich in Rom der faschistische Großrat mit 17 zu 9 Stimmen, den Diktator Mussolini abzusetzen und Marschall Pietro Badoglio zum Premierminister zu ernennen. Selbst der Schwiegersohn des Duce, Außenminister Ciano, befürwortete dessen Amtsenthebung. Öffentlich versicherte Badoglio der Achse zwar seine Loyalität, insgeheim handelte er aber mit General Eisenhower einen Waffenstillstand aus, den beide am 3. September unterzeichneten. Der alliierte Einsatz schien sich doppelt gelohnt zu haben, denn bald wechselte Italien ganz offiziell die Seiten und erklärte Nazideutschland am 13. Oktober den Krieg.[22]

Und doch erwies sich der Italienfeldzug insgesamt als eine Enttäuschung. Er mündete in Kämpfe, die sich schier endlos hinzogen, und war eher eine Ablenkung *von* dem Ziel, den Krieg zu beenden, als ein entscheidender Beitrag *zu* diesem Ziel. Die Alliierten landeten nun an mehreren Orten an der Spitze des italienischen Stiefels, so in Salerno, Taranto und Bari. Sie befreiten den Süden, ohne großem Widerstand zu begegnen, und stießen vor bis nach Neapel. Hitler jedoch, von rasendem Zorn erfasst, mochte wieder einmal nicht aufgeben. Rasch befahl er, die noch ganz desorientierten italienischen Streitkräfte zu entwaffnen und zu internieren. Unter dem Kommando des Feldmarschalls Albert Kesselring kratzten die Deutschen, die sich ja nun mit ihren italienischen Partnern nicht mehr abstimmen mussten, eilends eine neue Armee zusammen, die militärisch kompetent und entschlossen kämpfte. Und auch der Duce erschien noch einmal als politischer Akteur: In einem waghalsigen Handstreich befreite SS-Obersturmbannführer Otto Skorzeny am 12. September 1943 Mussolini aus seiner Gefangenschaft im mittelitalienischen Gran-Sasso-Massiv und brachte ihn hinter die deutschen Linien. Obwohl innerlich bereits gebrochen, etablierte der Diktator noch einmal ein Regime, diesmal eine Marionettenregierung, die sogenannte Republik von Salò, die wieder auf deutscher Seite kämpfte und eine noch radikalere faschistische Politik verfolgte als zuvor. Nun blieb der Vormarsch der Alliierten stecken; bis sie endlich die Lombardei im Norden erreichten, sollte es fast zwei weitere Jahre dauern.[23]

Während des Bodenkrieges in Italien kam es zu erbitterten Kämpfen, weil die schwierige Beschaffenheit des Terrains die meisten Vorteile der Alliierten zunichtemachte. Die Berge des Apennins und die Schmalheit der langgestreckten Halbinsel erlaubten es den Verteidigern, stattliche Stellungen zu bauen – darunter die Gustav-Linie –, die nur eine Infanterie im Sturm überwinden konnte. Amerikanische Trupps versuchten diese Befestigungen zu umgehen, indem sie weiter nördlich hinter den deutschen Linien landeten, etwa in Anzio an der Westküste bei Rom. Dort bildeten sie einen

Brückenkopf, sahen sich aber bald eingekreist. Blindwütige Gefechte gab es auch vor den deutschen Linien: Das Kloster auf dem Monte Cassino, 130 Kilometer südlich von Rom, war beispielsweise bald in den Händen der Alliierten, bald in denen ihrer Feinde. Was Rom selbst betraf, so wollten beide Seiten vermeiden, dass seine vielfältigen Schätze Schaden nahmen, weshalb es zur Offenen Stadt erklärt worden war. Im Juni 1944 endlich befreiten die Alliierten die italienische Hauptstadt; im Herbst nahmen sie Florenz ein. Aber der Wehrmacht gelang es immer wieder, neue Defensivstellungen zu errichten, darunter die »Gotenlinie«, die durch die Regionen Toskana und Marken lief und durch Artillerie geschützt war. Wegen der zeitgleichen D-Day-Landungen in Frankreich wurden einige erfahrene Einheiten aufseiten der Alliierten abgezogen, und so konnten die Antifaschisten erst im April 1945 endlich in die Ebene der Lombardei vorstoßen, woraufhin die Deutschen in Italien sich ergeben mussten. Auf beiden Seiten forderte der Konflikt jeweils über 50 000 Todesopfer und über 330 000 Verwundete.[24] Der Italienfeldzug trug wohl zur Zermürbung Nazideutschlands bei, für den letztendlichen Ausgang des Krieges war er jedoch nicht entscheidend.

Erst die Invasion in Frankreich lieferte den Vernichtungsschlag, der die Straße nach NS-Deutschland öffnete. Sie etablierte eine zweite Front in Europa, die ähnliche Ausmaße hatte wie die Front im Osten. So viel wurde geschrieben über die *Operation Overlord* und so viele Filme wurden über sie gedreht, dass es schwerfällt, Fakten und Fiktionen auseinanderzuhalten. Die Attacke musste verschoben werden, da man angesichts der Verteidigungswerke des deutschen »Atlantikwalls« den Gedanken fallen ließ, den Ärmelkanal an der Meerenge zwischen Dover und Calais zu kreuzen, an der die Entfernung zwischen England und Frankreich am geringsten ist. Stattdessen entschied man sich für eine andere Stelle, nämlich für die nicht ganz so stark befestigte Normandieküste. Eine Armada aufzustellen, die groß genug war, dass sie einen Sieg realistisch erscheinen ließ, dauerte dennoch mehrere Monate. Erst im Sommer befanden die Verantwortlichen, dass man alles Notwendige beisammenhatte. Am 6. Juni 1944 startete die größte Invasionsstreitkraft, die je formiert wurde, Richtung Frankreich: 12 000 Flugzeuge, 7000 Schiffe, 17 000 Fallschirmjäger und 160 000 Fußsoldaten, die in Booten übersetzten. Man verteilte sich über den ganzen anvisierten Landstreifen von »Utah« im Westen bis »Sword« im Osten – die Planer hatten den einzelnen Einsatzgebieten an der Küste englischsprachige Tarnnamen gegeben. Insgesamt waren 2,8 Millionen Mann unterwegs, zusammengestellt aus den Armeen der USA, Englands, der Dominions und Frankreichs. Ungeachtet der gewaltigen numerischen Überlegenheit stellte die Landung eine militärische Herausforderung dar, denn zunächst galt es ja, den tückischen Kanal zu überwinden. Kaum waren die Kämpfer der ersten Angriffswelle zum Ufer hingewatet, mussten sie steile Klippen erklettern, um die großen Geschütze zum Schweigen zu bringen, die weit oben in Bunkern postiert waren und von dort hinunterfeuerten. Obwohl die Wehrmacht zähen Widerstand leistete, hielt Hitler seine gepanzerten Truppen zurück, weil er glaubte, die wahre Ärmelkanalinvasion würde an einer anderen Stelle erfolgen. Diese entscheidende Verzögerung erlaubte es den landenden Armeen, die Brückenköpfe, die sie gleich zu Beginn auf französischem Boden etabliert hatten, zu sichern und zu halten.[25]

Nachdem sie sich zwei Monate lang durch normannische Wallhecken gekämpft hatten, rückten die Alliierten in die Bretagne vor; damit verschafften sie sich Zugang zu Nordfrankreich. In einem logistischen Meisterstück bauten die anglo-amerikanischen Truppen zwei provisorische Häfen, dank derer eine Million Soldaten binnen zehn Tagen landen konnten. Nun war die numerische Überlegenheit auf dem Schlachtfeld gesichert. Während Montgomery längs der Küste ostwärts vorstieß, brach US-General Omar Bradley Anfang August in Richtung Südwesten durch die feindlichen Linien und setzte die deutschen Garnisonen in den wichtigen Hafenstädten Cherbourg, Brest und Saint-Nazaire fest. Statt den Rückzug anzuordnen, befahl Hitler den deutschen Divisionen einen Gegenangriff südlich von Caen, woraufhin Pattons Truppen sie in Falaise einkesselten und ihre wehrlosen Panzer aus der Luft zerstörten. Obwohl viele Deutsche entkamen, wurden 40 Divisionen vernichtet und 50 000 Mann gefangen genommen. Nun war der Weg nach

Paris frei. Am 15. August ließen die Alliierten eine zweite Invasionsstreitmacht landen, diesmal an der Mittelmeerküste der Provence. Sie bewegte sich rasch das Rhônetal empor und bedrohte so die Wehrmacht auch im Rücken. Der deutsche Kommandant der französischen Hauptstadt, General Dietrich von Choltitz, erhielt Weisung, Paris nicht zu übergeben, es sei denn als Trümmerfeld. Entgegen Hitlers ausdrücklichem Befehl ersparte Choltitz Paris die Zerstörung und kapitulierte am 25. August.[26]

Das restliche Frankreich wurde rasch ebenfalls befreit; aber dann verlangsamte eine Pause den alliierten Vormarsch für mehrere Monate. Die überlebenden deutschen Einheiten zogen sich hastig zu ihrer eigenen Grenze zurück, während die Alliierten die in den französischen Häfen eingeschlossenen Wehrmachtssoldaten aushoben. Die Briten und Kanadier kreuzten an der Nordseeküste mehrere Flussmündungstrichter und eroberten im September fast ganz Belgien. Holland jedoch verblieb in Nazi-Händen, und es drohte aufgrund einer deutschen Lebensmittelblockade einen langsamen Hungertod zu sterben. Einige Generäle der Alliierten drängten Eisenhower, doch zügig weiter voranmarschieren zu lassen; doch Letzterer, verantwortlich für die Gesamtstrategie, hatte bemerkt, dass die eigene Nachschublage prekär und die Versorgung über noch weitere Entfernungen nicht gewährleistet waren. Die Soldaten brauchten etwas Ruhe, auch mussten Gerät und Verkehrswege instand gesetzt werden, bevor die Invasion Deutschlands stattfinden konnte. Obwohl hier und da deutscher Widerstand erneut aufflammte, etwa im Hürtgenwald bei Düren, näherten sich die Alliierten allmählich der »Siegfriedlinie«, auch »Westwall« genannt, also dem deutschen Verteidigungssystem längs der Westgrenze des Reiches. Im Oktober nahmen sie Aachen ein – die erste deutsche Stadt, die ihnen in die Hände fiel – und errichteten ein Besatzungsregime. Zwar scheiterte Montgomerys Versuch, in der »Operation Market Garden« die Übergänge über den Rhein zu sichern. Dass die Alliierten aber ganz Frankreich binnen eines halben Jahres befreien konnten, war ein wahrlich beeindruckender Kraftakt.[27]

Die Alliierten hatten in Frankreich gesiegt, weil sie ihre Materialüberlegenheit auch strategisch auf dem Schlachtfeld umzusetzen verstanden. Obwohl auch sie schwere Verluste erlitten, warfen die alliierten Armeen die Wehrmacht nieder, indem sie 1800 Panzer zerstörten, 240 000 Deutsche töteten und 350 000 gefangen nahmen. Verschiedene Faktoren bewirkten ihren Triumph: Sie behielten immer klarer die Kontrolle über Luft und See; sie besaßen mehr Panzer und Kanonen und wendige Geländewagen neuen Typs, die Jeeps; und ihnen standen schlicht mehr Leute zur Verfügung. In den erbitterten Gefechten hatten ihre Soldaten auch jene Kriegerhärte erworben, die sie brauchten, um einen selbst höchst kampferfahrenen Feind zu schlagen, der dadurch den Glauben an die eigene Überlegenheit mehr und mehr verlor. Dank dem Ultra-Team, das deutsche Funksprüche abfing, wussten die Alliierten im Voraus, was ihre Feinde planten – ein entscheidendes Plus bei den Vorbereitungen für den D-Day. Ferner hatten sie eine multinationale Streitmacht mit Einheiten aus Polen, Kanada und Australien an ihrer Seite. Zu guter Letzt unterstützten lokale Widerstandsbewegungen wie der französische *maquis* ihren Vormarsch mit Aufklärung und Partisanenattacken.[28] Kein Wunder also, dass die demokratische Moderne am Ende die Oberhand erlangte.

Sieg im Osten

Wie groß der Beitrag der westlichen Alliierten gewesen sein mag – entschieden wurde der Zweite Weltkrieg letztendlich an der Ostfront, an der das Ausmaß der Schlachten größer, die Verlustzahlen beider Seiten höher und die psychischen Wirkungen auf die Wehrmacht entmutigender waren.[29] Es ist verständlich, wenn angloamerikanische Veteranen darauf bestehen, dass der Sieg ihrer Tapferkeit zu verdanken sei und keiner anderen, wenn also im Westen Romane, Filme und TV-Sendungen die Befreiung Frankreichs feiern. Die osteuropäischen Schauplätze lagen eben zu weit entfernt, und zu wenige westliche Journalisten begleiteten als Berichterstatter die Rote Armee. Auch hat sich im Osten kein Schlachtfeldtourismus entwickelt, der mit dem in der Normandie vergleichbar wäre. Nur in der ehemaligen Sowjetunion ist, was an der Ostfront geschah, bis heute Gegenstand ehrenden Erinnerns: Man feiert am 9. Mai jedes Jahres offiziell den »Tag des Sieges«, an dem ordenbehangene Veteranen der Roten Armee sich versammeln und in Reden gepriesen werden. Unverändert lobt man die Leistungen der russischen Kommandeure und pilgert weiterhin zu den gewaltigen Monumenten zum Gedenken an die Millionen von Toten. Offiziere und einfache Soldaten des deutschen Heeres schrieben ihre Niederlage der Überlegenheit des westalliierten Wehrgerätes zu, doch auch später hatten sie Mühe zu verstehen, warum es ihnen seinerzeit nicht gelang, den russischen Vormarsch im Osten zu stoppen. Nun, die Rote Armee triumphierte am Ende, weil auch die Kommunisten eine unbesiegbare Version militärischer Modernität entwickelt hatten.

Die Schlacht bei Kursk, der gewaltigste Panzereinsatz aller Zeiten, gibt darüber einigen Aufschluss. Nach ihrem Erfolg in Stalingrad hatte die Rote Armee diesen wichtigen Eisenbahnknotenpunkt eingenommen; dafür war sie weit hinter die deutschen Linien vorgedrungen. Orjol im Norden von Kursk konnte die Wehrmacht jedoch halten und Charkow im Süden gar zurückerobern. Nun wollte sie ihre Front begradigen, indem sie die russische Ausbuchtung, bekannt als »Kursker Bogen«, wieder beseitigte. Am 5. Juli 1943 attackierten 2900 deutsche Panzer, 10 000 Artilleriegeschütze und 900 000 Soldaten 5100 russische Panzer, 25 000 Kanonen und 1,9 Millionen Rotarmisten. Anfangs machten die Invasoren ein paar Geländegewinne, doch bald schon kam das »Unternehmen Zitadelle« zum Erliegen, denn die Gegenwehr des Feindes war zu heftig. Obwohl die Deutschen einige ihrer neuesten Waffen und ihrer besten Einheiten aufboten, erwiesen sich die russischen Linien als undurchdringlich, weil bei den Verteidigern mehr Kämpfer zu sterben bereit waren als bei den Angreifern. Da sein Heer keinen entscheidenden Durchbruch zustande brachte, ließ Hitler die Attacke einstellen. Die Deutschen verloren in dieser Schlacht etwa 3000 Panzer, 1400 Flugzeuge und eine halbe Million Mann, die teils tot, teils verwundet, teils gefangen waren. Zwar hatte die Rote Armee noch höhere Verluste zu beklagen, doch es war ihr gelungen, die strategische Initiative wieder an sich zu reißen. Im Frühherbst drängte sie die Deutschen bis an den Dnjepr zurück.[30]

Der Sieg bei Kursk zeigt, dass die Sowjets eine Strategie gefunden hatten, die deutsche Blitzkriegtaktik zu vereiteln, nämlich die Tiefenverteidigung, die auf Überlegenheit in Mannstärke und Material basierte. Seit 1942 produzierte die Sowjetunion mehr kampfentscheidende Waffen als das Reich, namentlich eine Unmenge von Panzern, Artilleriegeschützen und Flugzeugen. Außerdem erhielt sie Hilfe aus den USA auf der Basis des *Land-Lease Act*; das Spektrum der Lieferungen reichte von Jeeps bis zu Infanteriebooten. Einige der neuen deutschen Waffen wie der Tiger-Panzerkampfwagen waren eigentlich denen des Gegners überlegen, erwiesen sich aber im Feld als störanfällig, während die Sowjets ihren T-34 besser an das russische Klima angepasst hatten. Auch konnte die Wehrmacht gegen die Katjuscha-Raketenwerfer, die gefürchteten »Stalinorgeln«, nichts ausrichten. Die Rote Armee hatte ferner hinreichend Zeit gehabt, eine Methode zum Stoppen deutscher Panzerspitzen zu entwickeln; dabei kamen Minenfelder ebenso zum Einsatz wie koordiniertes Artilleriefeuer und eine Staffelung in der Tiefe, unterstützt durch Flugzeuge. Bei den Infanteriegefechten bewiesen die Russen, die für ihre Heimat kämpften, größere Bereitschaft, ihr Leben zu opfern, und zermürbten den feindlichen Widerstand durch Angreifen in schier endlosen Wellen.[31] Die Rote Armee erlitt zwar schwerere Verluste, aber sie hatte spätestens im Sommer 1943 die Fähigkeit erworben, die Wehrmacht in offener Feldschlacht zu bezwingen.

Am 27. Jahrestag der Oktoberrevolution schrieb Stalin, die Offensiven, die Russland befreit und die Nazis aus Osteuropa vertrieben hätten, seien in »zehn großen Schlägen« erfolgt. Während ihres unaufhaltsamen Vormarsches nutzte die Rote Armee ihre Überlegenheit hinsichtlich der Soldaten (6,5 Millionen vs. 4,3 Millionen), Panzer (5600 vs. 2300), Kanonen (90 000 vs. 54 000) und Flugzeuge (8800 vs. 3000) konsequent und sinnvoll. Die erste Offensive führten die Sowjets längs des Dnjepr-Flusses, um die Ukraine von Besatzung und Ausbeutung zu befreien. Dann rückten sie in den Norden vor und beendeten die Einkesselung Leningrads, bei der

1,1 Millionen Menschen umgekommen waren, hauptsächlich durch Verhungern. Anschließend wandten sie sich südwärts und marschierten nach Odessa und zur Krim, wo sie die Achsentruppen zum Aufgeben zwangen. Kaum war das erledigt, ging es wieder nach Norden, diesmal gegen Finnland, Deutschlands Verbündeten, dem schließlich nichts übrigblieb, als die Sowjets um Frieden zu bitten. Aber ihren wichtigsten Erfolg hatte die Rote Armee an der Mittelfront in der Bagration-Offensive, während derer sie dreißig deutsche Divisionen in Minsk einschloss, Weißrussland wiedereroberte und tief in Polen hineinstieß. Die Wehrmacht kämpfte zwar immer noch verbissen, aber den methodischen Vormarsch der Roten Armee aufhalten konnte sie nicht.[32]

Das Grundmuster des Kampfes kam nun wieder und wieder zum Einsatz. Es wurde zu einer Art Totentanz, der einer festen Choreografie folgte. Die Rote Armee sammelte ihre Truppen, attackierte auf einer Front von etwa 160 Kilometern, durchbrach die feindlichen Linien an mehreren Stellen, schwärmte vorwärts und machte die Verteidiger nieder. Partisanenangriffe leisteten zusätzliche Hilfe. Hitler hörte nicht auf seine Generäle, die ihm zu strategischem Rückzug rieten; lieber befahl er »verbrannte Erde« und »stehen oder sterben«. Verzweifelt versuchte seine Wehrmacht, die Front zu stabilisieren. Die sowjetischen Truppen zogen an den deutschen Igelstellungen vorbei – die konnte man später noch eliminieren – und preschten weiter, bis sie auf die nächste Verteidigungslinie trafen. Letztere hatten Reserveeinheiten der Achse angelegt, die sich weit hinten in der Nachhut glaubten. Dieses systematische Procedere war nie waghalsig genug, um die gesamte Ostfront mit einem einzigen kühnen Hieb aufzurollen, aber es erschütterte doch die Moral der Wehrmacht, die den kontinuierlichen russischen Vormarsch nicht anzuhalten vermochte. Die demoralisierten Soldaten munterten einander mit sarkastischen Parolen wie dieser auf: »Vorwärts, Kameraden, wir müssen zurück!« Während ihres Abzugs fügten die Deutschen den Russen fürchterliche Verluste zu, aber nie so viele, dass sie diese hätten stoppen können.[33] Hitlers störrische Weigerung, eine flexible Verteidigung zuzulassen, beschleunigte seine Niederlage.

In Polen leisteten General Tadeusz Bór-Komorowski und seine Untergrundbewegung »Polnische Heimatarmee« den Besatzern Widerstand. Am 1. August 1944 wagten sie einen Aufstand in Warschau, denn man wollte die Nazis hinausjagen und die Hauptstadt befreien, bevor die Russen eintrafen. Ohne schwere Waffen zu besitzen, lieferten Tausende beherzte polnische Patrioten den Besatzern in Häusern und Abwasserkanälen heftige Gefechte, um ihre Freiheit wiederzuerlangen. Obwohl die Rote Armee das Ostufer der Weichsel erreicht hatte, ließen die russischen Generäle nicht übersetzen, um den bedrängten Polen zu helfen, da Stalin im westlichen Nachbarland keine unabhängige, nationalistische Regierung wollte. Vielmehr sollte ein kommunistisches Marionettenregime die Macht übernehmen; dieses durfte sich nur aus dem »Polnischen Komitee der Nationalen Befreiung« rekrutieren, das der sowjetische Diktator gerade in Lublin gegründet hatte. 63 Tage lang wehrten sich die Polen in erbitterten Häuserkämpfen gegen mechanisierte Armeeeinheiten und brutal vorgehende SS-Truppen, aber schließlich mussten sie sich ergeben, denn die Rote Armee unterstützte sie weder am Boden noch aus der Luft. Rund 16 000 polnische Widerstandskämpfer fanden den Tod, weitere 6000 erlitten Verwundungen; allerdings gab es auch gewichtige Verluste auf deutscher Seite. Während der Erhebung wurde die Stadt zu 85 Prozent zerstört, und es starben 200 000 Zivilisten.[34]

Im Jahre 1944 liefen mehrere sowjetische Offensiven gleichzeitig, von denen aber keine Polen betraf. Stattdessen nahmen die Sowjets die Balkanländer und das Baltikum zum Ziel, um die Deutschen aus den eroberten Territorien im Osten zu vertreiben und sie von ihren Verbündeten zu trennen. Die Sommerattacke in der südwestlichen Ukraine kreiste rund zwanzig deutsche und rumänische Divisionen ein, die dort die für sie lebenswichtigen Erdölfelder zu verteidigen suchten; so zwangen die Russen Rumänien, ins Lager der Alliierten zu wechseln. Dann, nachdem sie die Donau überschritten hatte, nötigte die Rote Armee Bulgarien zur Kapitulation, schloss zu Titos Partisanen auf und befreite gemeinsam mit ihnen im Oktober Belgrad. Dadurch war den Nazi-Besatzern in Griechenland der Rückweg abgeschnitten. Die Sowjetheere begannen im

Dezember, Budapest zu belagern. Während des Herbstes nahm die Rote Armee auch die baltischen Staaten ein – Estland, Lettland und einen großen Teil Litauens –, die dadurch wieder an die Sowjetunion fielen. Im westlettischen Kurland fand sich Guderian mit seiner Heeresgruppe Nord eingeschlossen, weil Hitler ihm trotz dringlichen Ersuchens die Erlaubnis zum Abzug verweigert hatte. Schließlich verjagten die Sowjets die letzten deutschen Truppen aus Finnland; sie mussten sich nach Norwegen retten.[35] All diese sowjetischen Siege brachten das Bündnissystem der Nazis zum Einsturz, denn sie beseitigten die profaschistischen Regierungen und zwangen die überrannten Staaten, die Seiten zu wechseln.

Der Zusammenbruch des Hitlerreiches stürzte Osteuropa in eine chaotische Übergangsphase, die bei den Betroffenen teils Freude, teils Furcht auslöste. Die befreiten slawischen Völker feierten die Rote Armee; auch die überlebenden ehemaligen KZ-Insassen waren erleichtert, dass ihr Martyrium endlich vorbei war. Länder wie Ungarn jedoch oder die russischen Soldaten der Wlassow-Armee, die mit den Deutschen kollaboriert hatten, erlebten die sowjetischen Truppen als neue Unterdrücker, die gewalttätige Vergeltung übten. Die Zivilisten unter den deutschen Besatzern flohen angesichts der Niederlage scharenweise zurück ins Reich, wobei sie versuchten, ihre kriegsindustriellen Betriebe zu verlagern und einen Teil ihrer Beute zu retten. Gleichzeitig bemühten sich nichtdeutsche Kollaborateure, ebenfalls zu entkommen, denn sie fürchteten die Rache der Partisanen oder der Widerständler, die nun den Ton angaben. Die Ordnung löste sich auf im gefährlichen Interim zwischen dem Abzug der Wehrmacht und der Ankunft der Roten Armee, einer Zeit, da jegliche Autorität verschwand und private Rechnungen beglichen werden konnten. In dieser wirren Übergangsperiode stritten sich bald nationalistische Führer und sozialistische Funktionäre um die künftige Orientierung ihrer befreiten Länder.[36]

Erzwungene Kapitulation

Die alliierten Vormärsche aus West und Ost auf die Reichsgrenzen hin leiteten die letzte Runde des Krieges ein, bei der es darum ging, wer künftig in und über Deutschland herrschen sollte. Goebbels nahm russische Gräuel in Ostpreußen, von denen die Wehrmacht erfuhr, als sie einzelne Dörfer zurückeroberte, zum Anlass, den »Endkampf« zu proklamieren; alle nur verfügbaren Ressourcen müssten mobilisiert werden, um die drohende Niederlage abzuwenden. Die NS-Führer hofften immer noch auf Wunder; sie erwarteten sie entweder von neuen, schlagkräftigeren Waffen oder von einem Auseinanderbrechen der feindlichen Koalition nach Roosevelts Tod. Eine solche Entzweiung eines gegnerischen Bündnisses hatte es in vergangenen Konflikten ja schon gegeben, etwa im Siebenjährigen Krieg (1756–63). Manche nationalsozialistischen Fanatiker waren gar bereit, in einer wagnerianischen Götterdämmerung unterzugehen und dabei das ganze Land mit hinabzureißen, während gewöhnliche Deutsche bereits Pläne für ein Leben nach dem Dritten Reich machten. Inhaftierte Widerstandskämpfer beteten, dass die Befreiung bald kommen möge, bevor es zu spät sei.[37] Die alliierten Kommandeure hingegen hegten keinerlei Zweifel an ihrem letztendlichen Sieg; sie fragten sich nur, wer zuerst in Berlin einziehen werde, die Russen oder die Amerikaner. Auf ihrem Treffen in Jalta im Februar 1945 verhandelten Roosevelt, Churchill und Stalin darüber, wie die künftige Nachkriegsordnung in Europa aussehen solle, und begannen schon ihre Claims abzustecken.

Die Hoffnungen der Nazis auf die sogenannten »Wunderwaffen« waren nicht gänzlich aus der Luft gegriffen. Das Militär verfügte durchaus über innovative Gerätschaften mit ungeheurer Tötungskapazität, doch kamen diese zu spät und in zu geringer Zahl, als dass sie den Kriegsausgang noch hätten beeinflussen können. Deutsche Ingenieure verbesserten zunächst, was es schon gab, konstruierten etwa Prototypen eines überschweren Panzers namens »Maus«. Sie wagten sich allerdings auch auf völlig neues Terrain vor. Messerschmitt entwickelte Kampfflugzeuge mit Strahltriebwerken wie die Me 262, die viel schneller waren als traditionelle Maschinen mit Hubkolbenmotoren. Aber es mangelte an Treibstoff, und man hatte eine Menge Piloten verloren; hinzu kamen Behinderungen im Verkehrs- und Transportwesen – entsprechend blieben die meisten dieser Flugzeuge überwiegend am Boden und vermochten im Luftkampf nichts Entscheidendes mehr auszurichten. Eine andere Projektgruppe, die Wernher von Braun leitete, versuchte sich in Raketentechnik. Sie entwickelte ballistische Flugkörper, die England erreichen konnten und in ihrer Spitze bis zu eintausend Kilogramm Sprengstoff mit sich führten. Eine Serie, die V-2, wurde tatsächlich gebaut und abgeschossen, unter anderem auf London. Die Raketen verbreiteten Schrecken in der britischen Hauptstadt, trafen aber nicht zielgenau genug, und man hatte schlicht zu wenige zur Verfügung, um dem Reich einen echten strategischen Vorteil zu verschaffen. Glücklicherweise maßen die Nazis der Entwicklung von Atombomben keine wesentliche Priorität zu. Einzelne Forscher befassten sich zwar mit dem Bau von Atomsprengköpfen, die sich auf Raketen montieren ließen. Wegen des Kriegsendes wurden solche Planungen aber nicht mehr umgesetzt.[38]

Da seinen Armeen allmählich die Leute ausgingen, verfiel ein hektischer Hitler im Oktober 1944 auf die Idee, eine Nationalmiliz zu etablieren. Sie erhielt den Namen *Volkssturm* nach den 1813 gegen Napoleon streitenden preußischen Behelfskorps. Da die Reserve, genannt das »Ersatzheer«, nicht mehr genügend Soldaten lieferte, die für die Millionen toten, verwundeten oder gefangenen Kameraden nachrücken konnten, befahl der Diktator der NSDAP, eine paramilitärische Verteidigungstruppe zu organisieren. In diese wurden alle männlichen Deutschen vom 16-jährigen Jungen bis zum 60-jährigen Großvater einberufen – ein allerletzter Versuch zur Hebung der Kriegsmoral. Es fehlte an vielem, auch an Uniformen; die Milizionäre erkannten einander lediglich an schwarzen Armbinden. Ausgerüstet waren sie mit Gewehren, Maschinenpistolen und Panzerfäusten. Von Parteifunktionären angefeuert, aber miserabel ausgebildet, sollten diese Zivilisten Panzersperren errichten und Brücken zerstören, um, wie es hieß, ihre Stadt zu verteidigen. Einige der zusammengewürfelten Einheiten schickte man sogar an die Front gegen die vorrückenden Russen. Die kümmerlichen »Volksstürmer« hatten so gar nichts von dem stolzen Selbstbewusstsein, das fünf Jahre zuvor die zackigen Wehrmachttruppen an den Tag gelegt hatten. Ihrem erbärmlichen Einsatz zum Stoppen der Invasoren kam nur geringer militärischer Wert zu; er erhöhte lediglich die Zahl sinnloser Opfer.[39]

Die Alliierten wunderten sich, dass so viele Deutsche im Angesicht einer sicheren Niederlage noch weiterkämpften. Freilich taten das nicht alle: Im Westen übergaben einige mutige Kommandeure ihre Stadt lieber dem Feind, als sie von ihm zerstören zu lassen; außerdem desertierten ganze Einheiten. Besonders im Osten aber setzte die Wehrmacht verzweifelt ihre Aktionen fort, weil ihre Soldaten instinktiv befürchteten, dass sie für die Gräuel, die sie während des Krieges angerichtet hatten, empfindlich würden bezahlen müssen. Viele hatten auch Angst vor den Feldjägern der Armee und der SS, die in Staffelstärke umherstreiften. Diese Ordnungskräfte, genannt »Kettenhunde«, durchkämmten systematisch Front wie Nachhut und erschossen kurzerhand jeden der Desertion oder des Defätismus auch nur Verdächtigen. Goebbels malte propagandistisch die Rache aus, die von den »asiatischen Horden« aus dem Osten drohte, wobei ihm zupasskam, dass die Rote Armee tatsächlich entsprechende Übergriffe auf die Zivilbevölkerung begangen hatte. In solcher Situation, so sein Appell, müsse doch nicht nur jeder engagierte Nationalsozialist, sondern auch jeder normale Deutsche gewillt sein, die Heimat zu verteidigen. Vor allem jedoch blieben die Soldaten aus »Loyalitätsgefühl, Verantwortungsempfinden und Kameradschaft« bei der Fahne; es gab zwischen ihnen einen unausgesprochenen Überlebenspakt, der sie voneinander abhängig machte.[40] So entstand eine merkwürdige kognitive Diskrepanz: Man spürte immer deutlicher das nahende Verhängnis – und sah sich doch verpflichtet weiterzukämpfen. Zynische Veteranen scherzten: »Genießt den Krieg, der Frieden wird schrecklich«.

Im Westen lief inzwischen der letzte große deutsche Gegenangriff, der die Invasion der Alliierten für kurze Zeit aufhielt. In der Hoffnung, seine Anfangserfolge zu wiederholen, setzte Hitler in dieser Ardennenoffensive seine letzten Reserven auf einen waghalsigen Plan: Seine Armee sollte die britischen und amerikanischen Streitkräfte voneinander trennen sowie den wichtigen Hafen Antwerpen zurückerobern. Am 15. Dezember 1944 ging es los: 13 Wehrmachtdivisionen mit rund 340 Panzern und 1600 Kanonen stürmten einen nur schwach verteidigten Abschnitt der amerikanischen Linien. Den Deutschen gelang damit eine komplette taktische Überraschung, da das schlechte Wetter die Luftaufklärung stark erschwert hatte. Zwar leisteten die US-GIs doch heftigeren Widerstand als erwartet, das freilich stoppte den Einfall nicht, sondern verlangsamte ihn nur. 80 bis 110 Kilometer weit stießen die Deutschen vor, umzingelten eine Luftlandedivision der Amerikaner in Bastogne und hatten bald ungefähr die Hälfte der Strecke zur Kanalküste geschafft. Schließlich kam die Offensive aber doch zum Halt, und amerikanische Konterattacken unter dem Befehl General Pattons konnten die Wehrmacht zurückschlagen. Beide Seiten verloren ca. 100 000 Mann.[41] Ende Januar 1945 waren die Alliierten wieder auf dem Vormarsch und näherten sich erneut bedrohlich der Siegfried-Linie. Indem Hitler solchermaßen seine letzten verfügbaren Panzerstreitkräfte und Luftwaffenflugzeuge verschwendet hatte, öffnete er ungewollt das Tor nach Deutschland sperrangelweit.

Die anschließende Einnahme Westdeutschlands erwies sich als überraschend leicht, denn die erschöpfte und demoralisierte Wehrmacht leistete nur noch sporadischen Widerstand. Im Februar 1945 durchbrachen die Alliierten den Westwall, jenes legendäre deutsche Grenzverteidigungssystem aus Bunkern, Unterständen und Panzerfallen. Vorauskommandos der amerikanischen Neunten Panzerdivision nahmen die Brücke von Remagen ein und errichteten eine Ausgangsstellung auf dem Ostufer des Rheines; die Truppen General Montgomerys konnten bei Wesel und bei Rees übersetzen. Anschließend rollten die Briten das Ruhrgebiet, die Industrieschmiede Deutschlands, von Norden her auf, während amerikanische Panzerstreitkräfte es von Süden her mit einem Sichelschnitt abriegelten. So entstand der »Ruhrkessel«, den die Amerikaner am 1. April in Lippstadt schlossen. Zwar brauchten die Alliierten drei Wochen, um wirklich jede Gegenwehr innerhalb des Kessels niederzuwerfen, aber immerhin machten sie über 325 000 Gefangene. Generalfeldmarschall Walter Model trieb diese Niederlage in den Selbstmord. Da die Deutschen zu keiner kohärenten Verteidigung mehr in der Lage waren, änderte Eisenhower seine Pläne und stieß ostwärts in Richtung Leipzig vor, um an der Elbe zur Roten Armee aufzuschließen. Während die Briten nun ausfächerten, um das Norddeutsche Tiefland zu erobern, wandten sich die amerikanischen Einheiten nach Süden, um zu verhindern, dass die Nazis eine Bergfestung in den Alpen errichteten.[42]

Da hatte es die Rote Armee bei ihrer finalen Offensive im Osten schon schwerer. Dort waren die Gefechte viel heftiger, und es gab gewaltige Verluste auf beiden Seiten. Die sowjetischen Streitkräfte waren hinsichtlich Mannstärke, Panzern, Kanonen und Flugzeugen sechsfach überlegen, aber die Verteidiger der Wehrmacht rangen erbittert um jeden Quadratkilometer deutschen Bodens. Am 12. Januar startete Marschall Schukow die Weichsel-Oder-Offensive. Nun endlich nahmen die Sowjets Warschau ein, überrannten dann Pommern und stießen rasch zur Oder vor, wobei sie Ostpreußen abschnitten, das sich noch bis Anfang April hielt. Im Süden besetzte die Rote Armee im Februar Budapest und zog anschließend nach Wien, das Mitte April kapitulierte. In der nun folgenden Schlacht um Berlin stand eine zuversichtliche Rote Armee aus 2,5 Millionen Soldaten, 20 000 Panzern und selbstfahrenden Artilleriegeschützen einem Sammelsurium aus Einheiten der regulären Armee, der SS, des Volkssturmes und der Hitlerjugend gegenüber, die numerisch nur einem Fünftel der Feindeskräfte entsprachen. Am 16. April begannen die Sowjets ihre allerletzte Offensive: Sie überquerten die Oder, stürmten im Norden, in der Mitte und im Süden voran und umzingelten die Reichshauptstadt. Den Rest der Wehrmacht umschloss die Rote Armee auf den Seelower Höhen, der letzten deutschen Verteidigungsstellung.[43]

Hitler, der sich im »Führerbunker« inmitten Berlins verkrochen hatte, vermochte nun seinen Untergang nicht mehr abzuwenden. Wenn bestimmte Städte wie Breslau zu Festungen erklärt wurden, verlängerte dies zwar den Widerstand vor Ort, machte aber auch deren anschließende Zerstörung durch Bomben und Artilleriefeuer nur umso sicherer. 700 000 Soldaten hatte Deutschland in den Monaten Januar und Februar verloren; der ›Führer‹ befahl inzwischen Geisterheeresgruppen hin und her, denen Ausrüstung und Kampfkraft fehlten. General Walther Wenck unternahm mit seinen Leuten einen Befreiungsversuch von außerhalb Berlins, aber auch der wurde zurückgeschlagen. Nun nahm die Rote Armee die Reichshauptstadt unter Beschuss; zudem arbeitete sie sich im erbarmungslosen und blutigen Kampf Mann gegen Mann ins Zentrum vor. Hitler hatte inzwischen der Lebensmut verlassen. Er heiratete noch rasch Eva Braun, dann beging er am 30. April Selbstmord. In seinem Testament schob er die Schuld an der Niederlage der »jüdischen Weltverschwörung« zu. Während einzelne NS-Oberhäupter Hitlers Beispiel folgten wie Goebbels oder sich zu verstecken suchten wie Himmler, gaben die Reste der deutschen Streitkräfte ihr Letztes dafür, sich einen Weg nach Westen zu bahnen. Damit das sinnlose Blutvergießen aufhörte, übergab General Helmuth Weidling Berlin endlich am 2. Mai den Sowjets. Die Überlebenden in der Stadt mussten bei aller Freude darüber, dass nicht mehr gekämpft wurde, nun selbst einiges von den Vergewaltigungen, Plünderungen und Morden erdulden, welche die Nazis auf dem ganzen Kontinent begangen hatten.[44]

Die Kapitulation der übriggebliebenen deutschen Streitkräfte beendete den Weltkrieg in Europa nach fast sechs Jahren unglaublichen Leidens und Blutvergießens. Wohl hatte die Wehrmacht immer noch die Kontrolle über einzelne Länder und Regionen, so über Norwegen, Dänemark, bestimmte Landstriche Nord- und Süddeutschlands, Kurland, Böhmen, Teile Österreichs und Norditaliens. Aber die Begegnung der amerikanischen und russischen Streitkräfte an der Elbe und der Fall Berlins machten doch hinreichend klar, dass weiterer Widerstand sinnlos war. Nicht wenige regionale Kommandeure ergaben sich ab dem 1. Mai den herankommenden Alliierten. Hitler hatte – Göring und Himmler übergehend, die er für Verräter hielt – Admiral Dönitz zu seinem Nachfolger als Reichspräsident ernannt. Der schwor prompt, »Deutschland vor der Zerstörung durch den vorrückenden bolschewistischen Feind zu retten«. Als Eisenhower jedoch auf der »bedingungslosen Kapitulation« bestand, gab die Führungsebene des Heeres nach. In Reims unterzeichnete General Alfred Jodl ein Dokument, das den Kriegsgegnern zusicherte, das Oberkommando der Wehrmacht (OKW) werde »allen von Deutschland beherrschten Streitkräften den Befehl geben, die Kampfhandlungen um 23.01 Uhr mitteleuropäischer Zeit am 8. Mai einzustellen«.[45] Damit die Sowjetunion nicht ins Hintertreffen geriet, wiederholte Marschall Schukow die Zeremonie einen Tag später in Berlin-Karlshorst; diesmal signierte der ranghöhere Generalfeldmarschall und OKW-Chef Wilhelm Keitel. Nun bestand kein Zweifel mehr: Deutschland hatte, schon zum zweiten Mal in jenem Jahrhundert, unabänderlich einen Krieg verloren.

Gründe für den Sieg

Der Zweite Weltkrieg, in dem die drei großen Ideologien des 20. Jahrhunderts gegeneinander antraten, war in vielfacher Hinsicht ein Konflikt, bei dem antagonistische Visionen von Moderne einander die Kontrolle über Europa streitig machten. Statt nur um Wahlerfolge zu konkurrieren, lieferten sich Faschisten, Kommunisten und Demokraten tödliche Kämpfe und versuchten, weniger durch Propaganda als durch Gewalt zu gewinnen. Konventionelle Erklärungen des alliierten Sieges betonen den Heroismus der Soldaten, die Brillanz der strategischen Entscheidungen, die Überlegenheit der Waffen und den Reichtum an ökonomischen Ressourcen. Andere Interpretationen heben eher das Versagen der Achsenmächte hervor, ihre Fehlleistungen in Waffenentwicklung, Strategiewahl und politischer Koordination.[46] Auf einer tieferen Ebene aber war die Tatsache, dass der Krieg so ausging, auch bestimmt durch die unterschiedlichen Anlagen und Potenziale der streitenden Modernekonzeptionen, da deren Implikationen die militärischen Fähigkeiten und taktischen Entscheidungen der Kombattanten bedingten. So zwang der besonders aggressive Expansionismus der Faschisten ihre kommunistischen und demokratischen Konkurrenten zur Zusammenarbeit, obwohl zwischen den letzteren beiden fundamentale ideologische Gegensätze bestanden. Doch schließlich gewann genau diese eigentlich undenkbare Große Allianz die Oberhand.

Obwohl sie dynamisch wirkte, musste die organische Moderne der Nazis sich am Ende doch selbst zerstören, weil sie fundamental das menschliche Leben missachtete. Im Chaos nach dem Ersten Weltkrieg und auch noch während der Großen Depression erweckte der Faschismus den Eindruck, er sei die Welle der Zukunft, denn er versprach, mit starker Hand eine nationale Gemeinschaft herzustellen. In den Augen nicht weniger Bürger hatte diese Vision viele Vorteile: Das Führerprinzip ermöglichte rasche Entscheidungen; öffentlicher Beifall suggerierte Einigkeit; durch die Militarisierung der Wirtschaft war man bestens auf den Krieg vorbereitet; der Männlichkeitskult erhöhte die Bereitschaft, das eigene Leben dem Vaterland zu opfern; und die rassistische Rhetorik identifizierte Sündenböcke, denen man die Schuld an Misslichkeiten und Fehlschlägen zuschieben konnte. Aber das NS-System hatte auch enorme Schwachstellen, die sich als verderblich erwiesen: Hitlers Charisma machte Korrekturen seiner politischen und strategischen Irrtümer unmöglich; die Unterdrückung jedes Dissenses ließ keinen Raum für Alternativen; die rassistische Verfolgung vernichtete Arbeitskräfte; und die rücksichtslose Ausbeutung der eroberten Länder stachelte zum Widerstand an. Ungeeignete Strategien, mangelnde Ressourcen, fehlende Achtung vor Verbündeten und kriecherische Servilität innerhalb des Systems waren keine Zufälle, sondern vielmehr das logische Resultat des Grundcharakters der NS-Ideologie.[47]

Obwohl mit sozialen Umbrüchen und gewaltigem Leid verbunden, erwies sich die kommunistische Moderne als widerstandsfähiger. Ihre Lebens- und Strapazierfähigkeit überraschte nicht nur die Russen, sondern erstaunte auch ausländische Beobachter. Zwar schadeten Stalins Diktatorenparanoia und der Aderlass der Großen Säuberungen, besonders jene in der Generalität der Roten Armee, der Sowjetunion zunächst enorm, brachten sie 1941 gar an den Rand des Zusammenbruchs. Einiges dessen aber, was zuvor geschehen war, gereichte dem Land mittlerweile zum Nutzen. Die

Kollektivierung und Industrialisierung hatten eine ökonomische Basis geschaffen; dank der Bildungsreformen standen nun fähige Waffenkonstrukteure zur Verfügung, und die Entscheidung, kriegswichtige Industrien hinter den Ural zu verlagern, ermöglichte Russland, mehr zu produzieren als Deutschland. Außerdem schmiedete die nazistische Aggression eine neue politische Einigkeit, weil sie die Sowjetbürger bewog, für ihre *rodina* (ihr ›Mutterland‹) zu kämpfen, gleichgültig, was sie über den Kommunismus und die bolschewistische Partei dachten. Die existenzielle Bedrohung durch ethnische Säuberungen ließ auch Angehörige anderer Nationalitäten, sogar einige Frauen, zu den Waffen greifen, wobei rund 27 Millionen Menschen ihr Leben opferten. Westliche Hilfe, etwa durch den *Land-Lease Act*, mag einiges zum Erfolg der Sowjetunion beigetragen haben, er hatte aber auch interne Gründe: Der emanzipatorische Kern und die rationale Ausrichtung der marxistischen Ideologie, die sich auf die Aufklärung berief, machten es leichter, an die Gerechtigkeit der eigenen Sache zu glauben.[48]

Die demokratische Version der Moderne, die während der Depression am Ende zu sein schien, erwies sich ebenfalls als fähiger, den Konflikt durchzustehen, als ihre Kritiker vorhergesagt hatten. Zunächst missriet freilich vieles: Frankreich kollabierte infolge innerer Schwäche, und die illusionäre Appeasement-Politik hatte bei den Briten falsche Erwartungen geweckt. Folglich waren sie völlig überrascht, als Hitlerdeutschlands Luftwaffe ihre Städte bombardierte und seine U-Boote ihre Schiffe versenkten. Eine günstige Fügung hingegen war die Ernennung Winston Churchills zum Premier. Schon durch seine brillanten Reden trug er dazu bei, den Widerstands- und Durchhaltewillen der Royal Air Force und der Navy zu verstärken. Was die USA betraf, so machte es der amerikanische Isolationismus Präsident Roosevelt längere Zeit schwer, den Briten zu helfen. Erst die Attacken der Japaner auf Pearl Harbor und Hitlers Kriegserklärung spornten die Vereinigten Staaten an, in einem nie dagewesenen Ausmaß zu mobilisieren. Obschon es eine Weile dauerte, bis alle Maßnahmen wirkten, half der Eintritt der USA doch dabei, das Kriegsglück schließlich zu wenden; nennen wir nur die Aufstockung der alliierten Arbeitskräfte um die Riesenschar der amerikanischen, die massive fordistische Kriegsproduktion und Hollywoods Propagandaeinsatz. Aber es gab noch andere, wichtigere Faktoren: das Ideal der Freiheit, das verteidigt wurde; die öffentliche Debatte, durch die sich Fehler korrigieren ließen; schließlich die Fähigkeit der Vereinigten Staaten und des Vereinigten Königreiches, ihre strategischen Entscheidungen abzustimmen. Letztendlich bewirkte all das, dass die Entschlossenheit daheim sich festigte und die internationale Unterstützung für die Sache der Alliierten wuchs.[49]

Bei denen, die Mai 1945 noch lebten und erleichtert die Befreiung von der Nazi-Tyrannei zur Kenntnis nahmen, blieb jedoch ein bitterer Nachgeschmack zurück, denn die Eskalation der Gewalt zwischen den widerstreitenden Ideologien hatte während des Krieges fast Europa zerstört. Allein auf dem Kontinent starben bei den Kämpfen rund 40 Millionen Menschen, Soldaten wie Zivilisten; und unter jenen, die dem Tod entgingen, war eine noch größere Zahl verwundet oder traumatisiert. Weitere ca. 30 Millionen befanden sich in rastloser Bewegung, Entwurzelte wie die Überlebenden der Konzentrationslager, *displaced persons*, die versuchten, nach Hause zu gelangen, Kriegsgefangene, soeben entlassen, und ethnische Deutsche, die aus dem Osten flohen. Die Brutalität des Ersten Weltkrieges hatte schon vorgezeichnet, was an Furchtbarem während des Zweiten geschah: Ideologische Propaganda, bürokratische Planung und technische Innovation schufen zusammen eine spezifisch moderne Art des Massenmords. Um die üblen faschistischen Aggressoren zu bezwingen, hatten sogar die Alliierten sich genötigt gesehen, Methoden anzuwenden, die als Verletzung der Menschenrechte betrachtet werden könnten, etwa die Flächenbombardierung deutscher Städte und der Einsatz von Atombomben gegen Japan. Taktiken der verbrannten Erde, Feuersturm-Bombardements, Rassengenozid – dieser moderne Krieg hatte eine so unbändige und barbarische Gewalt ausgelöst, dass nun große Teile des europäischen Kontinents in Schutt und Asche lagen.[50]

TEIL III

Überraschende Erholung, 1945–1973

Demokratischer Neubeginn

Aneurin Bevan besucht eine Patientin des National Health Service, 1948.

Der Tagungsort Jalta auf der Krim bot mildes Klima und eine malerische Umgebung. Im Februar 1945 trafen sich dort die Staatschefs der Siegermächte, um zu beraten, wie der Übergang zum Frieden aussehen solle. Ein ansehnliches Trio fand sich da zusammen, um »einen erbitterten Kampf um die Gestaltung der Welt nach dem Kriege« auszutragen: Winston Churchill, der unbeugsame Konservative aus London; Franklin Delano Roosevelt, der bereits todkranke Präsident aus Washington; und Josef Stalin, der revolutionäre Diktator aus Moskau. In der Hoffnung, die Kooperation, die sich während des Krieges bewährt hatte, lasse sich nach dessen Ende fortsetzen, verhandelte man über die Gründung der Vereinten Nationen, den russischen Beitrag zur Niederwerfung Japans und die Neuziehung der Grenzen Polens. Die Konferierenden betonten ihren »unbeugsamen Willen, den deutschen Militarismus und Nationalsozialismus zu zerstören«. Damit sollte sichergestellt werden, »dass Deutschland nie wieder in der Lage ist, den Weltfrieden zu stören«. Im bald »befreiten Europa«, so versprachen die Sieger weiter, werde man den Besiegten »bei der auf demokratischem Wege zu bewerkstelligenden Lösung ihrer drängenden politischen und wirtschaftlichen Probleme« helfen. Euphorisch erklärte man unisono, die Nachkriegsordnung müsse den Völkern Europas gestatten, »demokratische Einrichtungen nach eigener Wahl zu schaffen«.[1]

In dieser Situation demokratische Selbstverwaltung wiederherzustellen, war eine Aufgabe einschüchternden Ausmaßes, denn weite Teile Europas lagen in Ruinen. Nur an wenigen glücklichen Landstrichen war der Krieg vorbeigegangen; die meisten größeren Städte aber hatte – so zeigen uns Fotos jener Jahre – die Kombination aus Flächenbombardements und blindwütigen Bodengefechten in Kraterlandschaften mit aufgerissenen und leergebrannten Häusern verwandelt, in bzw. zwischen denen ein paar Verlorene sich einen Weg durch Berge von Schutt bahnten.[2] Unterbrochene Wasserzufuhren, durchtrennte Stromleitungen, zerstörte Eisenbahnschienen, gesprengte Brücken und mit Trümmern sowie umherirrenden Menschen verstopfte Straßen machten die Prioritäten deutlich: Es ging erst einmal darum, sowohl die Infrastruktur instand zu setzen als auch so viel Nahrung und Brennstoff zu besorgen, dass die verbliebenen Einwohner überleben konnten. Damit nicht genug der existenziellen Herausforderungen: Die vielen Leichen mussten entsorgt werden, um Epidemien zu verhindern. Auch stellte sich die Frage, wie den Traumata, die Massenmord und Massentod ausgelöst hatten, zu begegnen sei; man suchte gleichsam nach der richtigen Art zu trauern. Der Krieg hatte zudem die Gesellschaft zerrissen, die es nun zu befrieden galt; man musste ein Mindestmaß an Zivilität schaffen und der grassierenden Gewalt Einhalt gebieten. Auch die geistigen Bande, ohne die kein soziales Leben auskommt, waren neu zu knüpfen. Besonders wichtig aber war es, andere Formen der Innen- und Außenpolitik zu entwickeln; ansonsten drohte womöglich ein Rückfall in die Barbarei.

Der demokratische Neuanfang wurde auch durch die Tatsache erschwert, dass der Zusammenhalt innerhalb der Großen Allianz bröckelte, weil der Sieg über Hitler alte Differenzen wieder hervortreten ließ. Letztlich hatte nur die faschistische Bedrohung die beiden konkurrierenden Ideologien der liberalen Demokratie und des stalinistischen Kommunismus zusammengebracht. Sie zwang sie während der Kriegsjahre zu einem eigentlich undenkbaren Bündnis, das sie ohne äußeren Anlass nicht hatten schließen können. Zwar herrschte zwischen Ost- und Westsoldaten damals gutes Einvernehmen, und auch die Intellektuellen beider Seiten empfanden Affinität zueinander; aber die Niederlage der Nazis beseitigte eben das gemeinsame Ziel, und so traten die Divergenzen bei den politischen Kulturen wie auch den nationalen Interessen wieder in den Vordergrund. Trotz intensiver Verhandlungen schafften die Westmächte und die Sowjetunion es nicht, den Zweiten Weltkrieg mit einem Friedensvertrag zu beenden, denn sie hatten so unterschiedliche Vorstellungen von der künftigen postfaschistischen Ordnung, dass sich kein Kompromiss finden ließ. Was sie stattdessen zustande brachten, war der Beschluss, dass Polen westwärts rücken musste und Deutschland entlang der Besatzungszonengrenzen geteilt wurde. Die US-Truppen verließen Leipzig; im Gegenzug erhielten die Vereinigten Staaten das Kontrollrecht über einen Sektor Berlins.[3] Für die westlichen Länder hatte diese Unterteilung in kontrastierende Sphären den Vorzug, dass dort die Demokratie eine zweite Chance bekam.

Im Zweiten Weltkrieg gab es umfassendere Zerstörungen und höhere Opferzahlen als im Ersten. Ironischerweise bewirkte gerade das ein intensiveres Nachdenken darüber, wie »Bedingungen für eine wahrhaft demokratische Regierung« zu schaffen seien, als in den Jahren nach dem Ersten Weltkrieg. Was die Sieger betraf, so hatte jeder seine eigene Agenda: Die Führungsriege der USA beschloss, sich weiter in den internationalen Angelegenheiten zu engagieren, um sowohl Kapitalismus als auch Demokratie zu fördern; die Briten entschieden sich, den Klassenantagonismus ihrer parlamentarischen Monarchie zu mildern, indem sie den Wohlfahrtsstaat ausbauten; und die Franzosen versuchten ihre republikanische Regierung zu stabilisieren. Schockiert angesichts der Totalität ihrer Niederlage und der Heftigkeit ihres eigenen Leidens, beeilten sich auch die Verlierer Deutschland und Italien, der Gewalt abzuschwören, und bemühten sich, ihre Gesellschaften nach dem westlichen Muster zu demokratisieren, das sich als überlegen erwiesen hatte.[4] Solche kollektiven Lernprozesse nehmen die Zeitgenossen, die sie durchlaufen, kaum je bewusst wahr. Dennoch kehrten sie sogar die ganze Richtung der europäischen Entwicklung um: Der Kontinent bewegte sich weg von der Katastrophe, hin zur Zivilität. So wurde 1945 zum entscheidenden Anstoß, der den Verlauf der Geschichte in eine neue Bahn lenkte. Obwohl der Kalte Krieg anfangs diese qualitative Veränderung in den Hintergrund drängte, sollte die zweite Hälfte des 20. Jahrhunderts den Europäern erheblich mehr Wohlstand und Frieden bringen als die erste.

Die Methode, mit der sich Westeuropa nach 1945 wieder in Gang setzte, war eine paradoxe Form konservativer Modernisierung: Man versuchte, Traditionen neu zu beleben, dabei aber gleichzeitig vorwärtszugehen. Beim materiellen Wiederaufbau wurde meist versucht, Häuser und Fabriken so zu rekonstruieren, wie sie vorher gewesen waren, und das in möglichst großer Zahl, um den ursprünglichen Zustand wiederherzustellen. Konservative Parteien mühten sich auch, Vorkriegsmuster hinsichtlich Familienleben, religiöser Werte und sozialer Hierarchie zu restaurieren; so wollten sie Ordnung und Stabilität gemäß überkommenen Normen neu erschaffen. Gleichzeitig aber zeigten sich die Europäer der Nachkriegsjahre nicht minder fasziniert vom technischen Fortschritt als die der Generationen zuvor; sie bewunderten etwa die Autos, Kühlschränke und TV-Geräte, die ihnen leichteren Zugang zu Mobilität, Konsum und Unterhaltung bescherten. Außerdem drängten linke Parteien auf soziale Reformen. Auch die künstlerische Avantgarde griff ihre Experimente von einst wieder auf und suchte neue Wege, besonders in Musik und Architektur; dank ihrer Anstrengungen wurde der Modernismus der beherrschende Kunststil innerhalb der westlichen Demokratien.[5] In vielfacher Hinsicht half dieser Versuch, die positiven Aspekte der Moderne wiederzuerlangen, Europa dabei, sich wie ein Phönix aus der Asche zu erheben. Allerdings schufen die ihnen innewohnenden Widersprüche auch jene Spannungen, die zur Revolte von 1968 führten.

Allgegenwärtige Verheerung

Die freudigen Siegesfeiern in den Hauptstädten der Alliierten waren ein Akt emotionaler Befreiung. Den so erzeugten Schwung würden die Menschen bald brauchen, wenn es nämlich an die harte Arbeit des Wiederaufbaus ging. Als eine AP-Radiomeldung berichtete, der Krieg in Europa sei zu Ende, strömten über eine Million New Yorker auf den Times Square; sie tanzten, jubelten und tollten in den Straßen herum. Nachdem sie von der bedingungslosen Kapitulation gehört hatten, versammelten sich auch auf Moskaus Rotem Platz enthusiastische Massen und improvisierten eine Parade zu Ehren der siegreichen Rotarmisten. Ein paar Wochen später paradierten 50 000 Soldaten durch Paris, und über zwei Millionen Zuschauer ließen sie hochleben, als wollten sie nochmals bekräftigen, dass Frankreich seine Unabhängigkeit nun wiederhatte. Während einer offiziellen Feier in London August 1945 beschwor König Georg VI. die Briten, sich für den Frieden einzusetzen, und betonte: »Unser Gefühl der Befreiung ist überwältigend.«[6] Im besiegten Deutschland fürchteten die Nazis Vergeltungsakte, die befreiten Ex-KZ-Insassen hingegen zeigten sich überglücklich; die meisten Bürger allerdings waren schlicht erleichtert, dass sie noch lebten. Sieger wie Besiegte erwartete indes mit dem Wiederaufbau eine enorme Herausforderung. Verheerungen in einem Ausmaß, das die Welt noch nicht gesehen hatte, waren zu beheben.

Europa war 1945 viel umfassender zerstört als 1918, da mehr Gebiete von Kämpfen betroffen waren, zumal die Tötungs- und Verwüstungspotenziale der neuen Waffen sich als erheblich höher erwiesen. Wo kaum alliierte Bomben gefallen waren und die Deutschen ihren Feinden nur wenig Bodengefechte geliefert hatten, blieben rurale Landstriche, aber auch Städte wie das malerische Rothenburg ob der Tauber in Bayern weitgehend unversehrt. Überwiegend aber hatten unermüdliche Bombenangriffe die Zentren großer Städte in Schutthaufen verwandelt, etwa in Rotterdam und Coventry oder auch in Köln, Hamburg und Dresden. Die Straßen, deren Verlauf nur noch die Reihen zerschmetterter Häuser erahnen ließen, verschwanden unter Bergen von Trümmern. Die Artilleriesperrfeuer und die Taktik der verbrannten Erde, eingesetzt von Wehrmacht und Roter Armee gleichermaßen, hatten nicht nur militärische Ziele zerstört, sondern auch die Wohnviertel der Zivilisten. Wo in Stalingrad und Warschau die Häuserkämpfe getobt hatten, stand kaum noch ein Gebäude. Und so verliefen denn gleichsam breite Schneisen durch Europa, von Frankreich nach Norwegen, von Italien zum Balkan, von Deutschland in die Sowjetunion. In all diesen Regionen waren zahllose Wohnhäuser, Fabriken, Eisenbahntrassen, Fernstraßen und Brücken nur noch Ruinen. In den am schlimmsten getroffenen Gebieten gewannen amerikanische Beobachter den Eindruck, die gesamte Infrastruktur der modernen Zivilisation sei zerstört.[7]

Die schreckliche Totenziffer des Zweiten Weltkrieges lag über doppelt so hoch wie die des Ersten. Rund 40 Millionen Europäer starben in der unmittelbaren Folge von Kampfhandlungen; die Alliierten erlitten etwa doppelt so viele militärische und fast fünfzehnmal so viele zivile Opfer. Mit rund 26,6 Millionen verlor Russland die meisten Menschen, gefolgt von Deutschland mit 6,7 bis 8,8 Millionen Getöteten und Polen mit 5,6 bis 5,8 Millionen Ermordeten. Im Verhältnis zur gesamten Einwohnerzahl starben über 16 Prozent der polnischen Bevölkerung, kamen fast 14 Prozent der Russen um und verloren 10,5 Prozent der Deutschen ihr Leben. Während aufseiten der Wehrmacht etwa 30 Prozent fielen, hatte die viel größere Rote Armee eine Verlustrate von rund 25 Prozent. Wie bei einem Vernichtungskrieg kaum verwunderlich, waren circa die Hälfte der Toten Zivilisten; neuere Schätzungen zur Zahl der Holocaustopfer belaufen sich auf mindestens 4,87 bis über 5,84 Millionen.[8] Der Aderlass, den der Zweite Weltkrieg brachte, betraf primär Männer im Alter von 18 bis 45; jedem überlebenden Mann standen am Ende durchschnittlich 1,6 Frauen im heiratsfähigen Alter gegenüber. Statistisch kann man die Massentode auch in Kinder umrechnen, die nie geboren wurden, was die ermittelten Summen vervielfacht. So hinterließ der Krieg eine tiefe und für lange Zeit dauerhafte Lücke in der Bevölkerungsstruktur der Hauptkombattanten.

Gleichzeitig waren endlose Scharen von Menschen unterwegs, die Europas Straßen und Eisenbahnzüge verstopften: Kriegsgefangene, befreite Zwangsarbeiter und aus dem Osten vertriebene ethnische Deutsche. Die mehreren hunderttausend alliierten *prisoners of war* konnten sich über ihre Freilassung freuen, die Millionen Wehrmachtssoldaten aber gerieten nun ihrerseits hinter Stacheldraht. Teils nahmen sie die Plätze der POWs ein, teils kamen sie in russische oder französische Gefangenschaft, nicht selten für Jahre. Eine weitere Kategorie bildeten die sieben Millionen Zwangsarbeiter und KZ-Überlebenden, klassifiziert als *displaced persons* (DPs), die darauf warteten oder damit rechneten, dass sie wieder in ihre Herkunftsländer gebracht würden. Westliche Politiker befürworteten auch ihre Rückkehr, doch zahlreiche DPs hatten kein Zuhause mehr, zu dem sie zurückkehren konnten. Andere hatten eines, wollten dort aber nicht hin, weil ihre Heimatorte nun in einem anderen Staat lagen als vor dem Krieg, noch dazu waren manche unter kommunistische Herrschaft gekommen; diese Gruppe hoffte stattdessen auf Auswanderungspapiere. Schließlich mussten zwölf Millionen ethnische Deutsche Osteuropa verlassen: Die ersten flohen aus Angst, den Gräueltaten der Roten Armee zum Opfer zu fallen; ihnen folgten jene, die in den inzwischen von Russland und Polen eroberten Territorien gelebt hatten und nun vertrieben wurden.[9] Vornehmlich der Nothilfe- und Wiederaufbauverwaltung der Vereinten Nationen (UNRRA), die organisatorische Unterstützung und Lebensmittel bereitstellte, ist es zu verdanken, dass all das nicht in eine humanitäre Katastrophe mündete.

Der Kollaps der europäischen Wirtschaft und nicht minder die Strafpolitik der Alliierten gegen Deutschland bremsten die Erholung. Da wichtige Waren unverändert knapp waren, gab es nicht nur im Krieg, sondern auch noch in den Nachkriegsjahren Rationierungen. Dadurch entstand ein Schwarzmarkt, auf dem man kostbare Familienerbstücke gegen Lebensmittel und anderes tauschte; amerikanische Zigaretten wie die »Lucky Strike« avancierten gar zu einer Art Währung im Westen. Der Mangel an Schlacht- und Nutzvieh, Dünger und Arbeitskräften verringerte die Nahrungsmittelproduktion auf nur zwei Drittel der Vorkriegshöhe, und so verbreitete sich der Hunger. Wegen der Zerstörungen im Transport- und Verkehrswesen konnte kaum Kohle zu den Fabriken transportiert werden, was die Industrieproduktion auf die Hälfte des Friedensniveaus schrumpfen ließ. Hinzu kam der Frost: Viele Europäer froren, ja erfroren während des bitterkalten Winters 1946/47; Parks und ganze Wälder wurden auf der Suche nach etwas zum Heizen kahlgeschlagen. Die Demilitarisierung der deutschen Wirtschaft brachte die Demontage von Fabriken in großem Rahmen mit sich, was das industrielle Herzland Europas lahmlegte und auch die Regeneration des internationalen Handels behinderte. Dass Gewerkschaften Verstaatlichungen und bürokratische Planwirtschaft einforderten, verlangsamte die Wiederbelebung der Nachkriegsökonomie zusätzlich.[10]

Ein weiteres giftiges Kriegserbe, das den Neubeginn komplizierte, war der weitverbreitete Hass, der das Verlangen anfachte, für erlittenes Unrecht Rache zu nehmen. Nicht nur die eigentlichen nazistischen und faschistischen Übeltäter wurden international zu Ausgestoßenen, sondern die Deutschen allgemein, einschließlich ihrer Helfershelfer. Dass Deutschland jetzt selber litt, erregte wenig Mitleid. Alliierte Zeitungen diskutierten ernsthaft radikale Vorschläge wie jenen, wegen der Verbrechen der Hitler-Armee das gesamte Offizierskorps der Wehrmacht zu erschießen. Einige strafwütige Politiker regten an, das niedergeworfene Land in mehrere Einzelstaaten zu zerteilen. Besonders bekannt wurde die Idee des US-Finanzministers Henry Morgenthau, Deutschland zu deindustrialisieren und der gesamten Bevölkerung als Erwerbszweig nur die Agrarwirtschaft zu lassen.[11] In den befreiten Staaten riefen die ehemaligen Widerstandsgruppen ebenfalls nach strikter Abrechnung: Kein Kollaborateur sollte ungeschoren davonkommen, keiner, der aus Geschäften mit dem verabscheuten Feind Profit geschlagen hatte. Durch die hochkochenden Leidenschaften kam es zu spontanen Gewaltakten gegen Deutsche und jene Landsleute, die ihnen zu Willen gewesen waren; nach Recht und Gesetz wurde dabei kaum noch gefragt. Dass der aufgestaute Zorn hier gebieterisch Vergeltung einforderte, ist verständlich; nur entstand so ein Klima der Angst, das der Gesamtgenesung nicht eben förderlich war.

Eine letzte Schwierigkeit lag in dem weitverbreiteten Verfall der Werte, der einen lähmenden Zynismus nach sich zog, besonders bei der desillusionierten Jugend. Die Barbarität der Kriegsführung schockierte die europäischen Denker, da die humanistische Zivilität sich als zu schwach erwiesen hatte, um die schrecklichen Gräuel zu verhindern. Viele konservative Verteidiger der kulturellen Tradition waren diskreditiert wegen ihrer Kooperation mit dem Faschismus, was ihre Appelle für eine Restauration von Ordnung und Autorität fadenscheinig wirken ließ. Aber auch die linken Bewunderer der Revolution hatten an Glaubwürdigkeit verloren: Ihre mangelnde Distanzierung von der stalinistischen Repression bewirkte, dass ihre Rufe nach sozialistischen Reformen nicht so viel Anklang fanden, wie sie hofften. Zahlreiche Intellektuelle flirteten daher mit dem Nihilismus oder einer unabhängigen Sinngebung des Lebens, wie sie die Existenzialisten Jean-Paul Sartre und Albert Camus vertraten. Da sie weniger schandbefleckt schien als die meisten anderen Institutionen, wurde Religion wieder populär, zumal nicht wenige das gegenwärtige Elend nur mit einem transzendentalen Glauben zu ertragen vermochten.[12] Unter den Jugendlichen, die nun ihre Uniformen ausziehen oder ihre Bombenbunker verlassen konnten, wussten viele nicht, wohin sie sich wenden sollten. Sie hielten sich daher aus den öffentlichen Angelegenheiten heraus und setzten ihre Energie darein, dass die Städte wieder lebensfähig wurden und ihre eigene Berufskarriere Fortschritte machte.

Illustrierte Magazinberichte jener Zeit beweisen immerhin, dass das Leben in und zwischen den Ruinen weiterging, und dokumentieren das Beharrungsvermögen des Menschengeistes innerhalb schlimmster Verwüstungen. Schnappschüsse zeigen halbzerstörte Häuser, deren ehemalige Innenräume mangels Decke und Dach zu Balkonen mutiert sind, auf denen man Wäsche zum Trocknen aufhängt oder in Blumenkästen Tabak pflanzt. Wir sehen Frauen in tristen grauen Kitteln und mit Kopftüchern, die Schutt von den Straßen räumen und Mörtel von Ziegelsteinen kratzen oder klopfen, der für neue Bauten verwendet werden kann. Fotos porträtieren hohlwangige Männer in zerrissenen Uniformmänteln, die durch Fabrikruinen streifen, um heilgebliebene Gerätschaften oder Einzelteile davon zu suchen, die ermöglichen konnten, die Produktion wiederaufzunehmen. Andere Bilder halten überfüllte Schwarzmärkte fest, auf denen man das Familienporzellan gegen Essbares tauscht. Doch auch lachende Mädchen sind zu erblicken, die in Seen schwimmen und sich offenbar nicht an den frischen Birkenholzkreuzen ringsum stören, auf denen Stahlhelme stecken. Letztere markieren die Gräber jener, die in den allerletzten Schlachten des Krieges den Tod fanden. Andere Aufnahmen zeigen fröhliche US-Soldaten, die von ihren Jeeps herab Schokolade an neugierige Kinder verteilen, die dafür ihre Spiele in den Trümmern unterbrechen.[13] Es war ihr ureigener Drang zum Weiterleben, der die Menschen dazu bewegte, eine neue Moderne aufzubauen, eine freundlichere diesmal.

Frieden ohne Vertrag

Der wichtigste politische Unterschied zwischen dem Ende des Ersten und dem des Zweiten Weltkrieges besteht darin, dass es nach dem letzteren nicht zu einem formalen Friedensvertrag mit dem ehemaligen Hauptfeind, dem Deutschen Reich, kam. Im Frühsommer 1945 war für die Alliierten der Krieg gegen Hitler gewonnen, der gegen Japan noch nicht. Im Juli trafen sich die drei großen Siegermächte – die USA, England und die Sowjetunion – zu einer Konferenz in Potsdam. Dort beschlossen sie, die finalen Entscheidungen über einen Friedensvertrag mit Deutschland bis zum Ende der Kämpfe in Asien zurückzustellen. Stattdessen einigten sie sich darauf, ein paar Grenzen neu zu ziehen und ein Besatzungssystem zu errichten. Jeder dieser alliierten Staaten sollte auf deutschem Boden eine eigene Besatzungszone erhalten, in der die jeweilige Okkupationsmacht die höchste Autorität innehabe. Der Pariser Friedensvertrag vom Februar 1947 beendete den Krieg mit den ehemaligen Nazi-Verbündeten Italien, Rumänien, Ungarn, Bulgarien und Finnland, die allesamt Gebietsverluste hinnehmen und mit Reparationen den Wiederaufbau ihrer geschundenen Nachbarstaaten unterstützen mussten. Bis danach die Verhandlungen um einen Friedensvertrag mit Deutschland begannen, hatten sich die ideologischen Differenzen und die Divergenz der Interessen derart verschärft, dass zwischen der Sowjetunion und den Vereinigten Staaten keine Einigung über die Bedingungen mehr möglich war. Stattdessen wurden die behelfsmäßigen Vereinbarungen zu den Grenzverschiebungen und den Besatzungszonen nach und nach quasi endgültig. Dies leitete eine tiefe Spaltung Europas ein, die dann fast fünf Jahrzehnte lang andauerte.[14]

Die provisorische Nachkriegsordnung war das Ergebnis intensiver Beratungen der Alliierten noch während der Kriegsjahre; auf den Gipfeltreffen wurden Beschlüsse formal festgehalten. In Teheran besprachen Churchill, Roosevelt und Stalin Dezember 1943 die weitere Kriegsstrategie, die beinhaltete, dass mit der Invasion Frankreichs eine zweite Front geschaffen werden sollte. Das Treffen in Bretton Woods Juli 1944 vereinbarte die Gründung eines Inter-

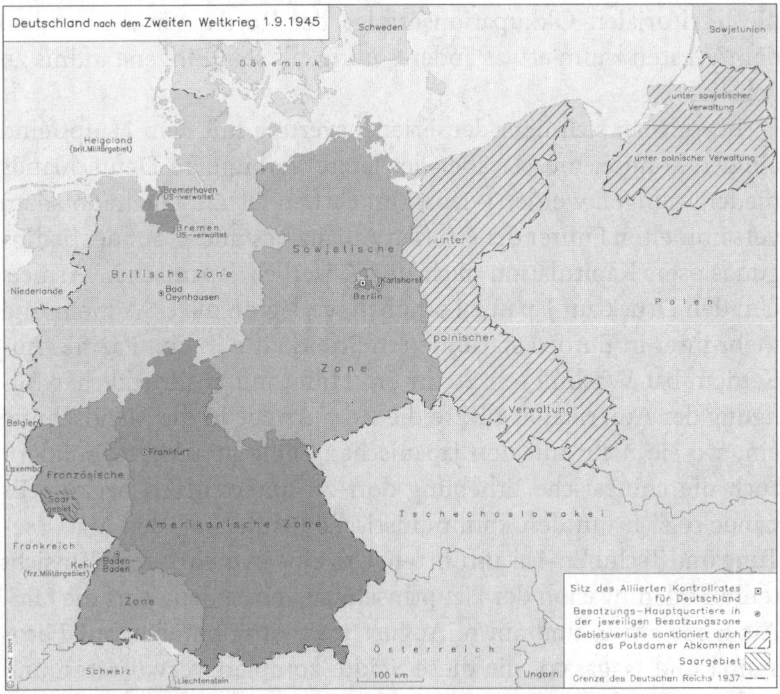

Das von den Siegermächten besetzte Deutschland, 1945

nationalen Währungsfonds und einer Internationalen Bank für Wiederaufbau und Entwicklung, um den Welthandel wieder in Schwung zu bringen. Die Konferenz von Dumbarton Oaks ein paar Monate später etablierte die Vereinten Nationen, die der Nachfolger des gescheiterten Völkerbundes werden sollten. Viele wichtige Entscheidungen, so die Teilung Deutschlands in – anfangs drei – Besatzungszonen, die Zerlegung Berlins in Sektoren, die Schaffung eines Alliierten Kontrollrats, hatten Mitarbeiter der European Advisory Commission in London vorbereitet. Im Februar 1945 trafen sich die *Big Three* wieder, diesmal in Jalta. Dort akzeptierten die Briten und die Amerikaner Polens Verschiebung nach Westen, Deutschlands Zergliederung und die Herrschaft der Russen über die befreiten Staaten Osteuropas. Diese Interimsvereinbarungen reflektierten die territorialen Okkupationserfolge der Roten Armee; es blieb dem Westen kaum etwas anderes übrig, als sein Einverständnis zu geben.[15]

Bevor man sich über den Friedensvertrag mit dem Hauptfeind einigen konnte, musste aber der letzte Verbündete Deutschlands niedergerungen werden – Japan im Fernen Osten. Die in Potsdam versammelten Führer der Großen Allianz bestanden auf der bedingungslosen Kapitulation auch der Kaiserlich Japanischen Armee. Um den Druck auf Japan zu erhöhen, verlegten die USA mehr und mehr ihrer in Europa stationierten Streitkräfte in den Pazifik. Außerdem bat Washington Stalin um Hilfe; mit ausdrücklicher Billigung der Amerikaner rückte die Rote Armee in die Mandschurei ein, wo sie nicht nur den japanischen Feind attackierte, sondern auch die chinesische Erhebung dort zu unterstützen begann. Es handelte sich um den kommunistischen Aufstand, den Mao Tse-Tung und Tschu En-Lai anführten. Um eine in mehrfacher Hinsicht teure Bodeninvasion der Hauptinseln zu vermeiden, warf die U. S. Air Force am 6. und am 9. August 1945 Atombomben auf Hiroshima und Nagasaki, die diese Städte komplett verwüsteten und mehrere hunderttausend Einwohner töteten. Nach diesem unerwarteten Angriff auf ihre Heimat baten die militaristischen Führer Japans zunächst um einen Waffenstillstand. Am 14. August ergaben sich die Japaner dann doch vollständig, und am 2. September unterzeichneten Vertreter der Tokioter Regierung das entsprechende Dokument in einer feierlichen Zeremonie an Bord des Schlachtschiffes *Missouri*. Nachdem er 55 Millionen Menschenleben gekostet hatte, war der Zweite Weltkrieg nun endlich vorbei.[16]

Immer noch vom antifaschistischen Konsens inspiriert, traf die Potsdamer Konferenz in den letzten zwei Wochen des Juli 1945 die territorialen Entscheidungen, welche die Nachkriegsordnung Europas formten. Als Gastgeber des Treffens in einer russisch besetzten Stadt saß Stalin quasi im Chefsessel und war auch deshalb in einer eher starken Position, weil Churchill gerade die Unterhauswahl verloren hatte – Premier war mittlerweile Clement Attlee – und Roosevelts Nachfolger Harry S. Truman noch kaum diplomatische Erfahrung besaß. Es war nur logisch, dass Deutschland die Nazi-Eroberungen zurückgeben musste und seine Ausdehnung den Stand des Jahres 1937 nicht überschreiten durfte. Konkret bedeutete dies: Österreich erlangte seine Unabhängigkeit wieder, das Sudetenland fiel zurück an die Tschechoslowakei, Elsass-Lothringen an Frankreich und Westpreußen an Polen. Gewichtiger noch waren bestimmte Veränderungen im Osten, die den Territorialumfang Deutschlands gegenüber 1937 noch weiter verkleinerten: Die Sowjetunion annektierte Ostpolen und die Hälfte Ostpreußens (künftig der Regierungsbezirk Kaliningrad), wodurch der neugegründete polnische Staat westwärts zu Oder und Neiße hinrückte und die andere Hälfte Ostpreußens erhielt, dazu Westpreußen mit Danzig (heute Gdańsk), Pommern, Schlesien und Ostbrandenburg. Diese Grenzverschiebung löste die Vertreibung von 12,5 Millionen Deutschen aus, deren Auszug laut Protokolltext »in ordnungsgemäßer und humaner Weise« erfolgen sollte – und doch kamen dabei rund eine halbe Million ums Leben. Diese Gebietsrevisionen, letztlich nur das Resultat des siegreichen Vormarsches der Roten Armee, bescherten der Sowjetunion die Kontrolle über Osteuropa.[17]

Die alliierte Politik gegenüber Deutschland wollte vor allem dafür sorgen, dass es nie wieder einen Weltkrieg auslösen konnte; zu diesem Zweck musste das niedergeworfene Land seiner militärischen Kapazitäten entledigt werden. In einem unerwarteten Schritt setzten die Alliierten am 5. Juni 1945 die nachhitlersche Reichsregierung des Karl Dönitz ab, erklärten die Staatlichkeit des Deutschen Reiches für aufgehoben und übernahmen selbst die oberste Regierungsgewalt in dessen bisherigem Gebiet, die der eigens geschaffene *Alliierte Kontrollrat* (*Allied Control Council*, kurz ACC) ausüben sollte. Was vom deutschen Territorium übrig war, wurde in vier Besatzungszonen aufgeteilt: Russland sollte den Osten verwalten, England die industriestarke Rhein-Ruhr-Region sowie die USA Hessen und Bayern; für die Franzosen wurde ein Gebiet im Westen zurechtgeschnitten, bestehend aus dem Saarland, der Pfalz und Württemberg. Berlin, die ehemalige Reichshauptstadt, verwalteten künftig alle Siegermächte gemeinsam, was Westberlin, bildlich gesprochen, zu einer Insel im sowjetisch besetzten Meer machte. Deutschlands Kriegsführungspotenzial wollte man komplett neutralisieren, indem man seine Industrien demontierte und die Zahlung von 23 Milliarden Reichsmark Reparationen verlangte, zu entrichten in Geld und in Sachleistungen. Die Hälfte des Betrages sollte an Russland gehen. Diese Forderungen wurden auf der Grundlage der Annahme erhoben, die Kooperation der Alliierten in dieser Frage werde fortgesetzt wie bisher. Hätte man sie komplett durchgesetzt, wären den Deutschen kaum genug Ressourcen zum Überleben geblieben.[18]

Auch gegen Deutschlands Verbündete wurden Strafen verhängt. Die entsprechenden Maßnahmen gingen weitgehend von der Landkarte der Zwischenkriegszeit aus; nicht angetastet wurden freilich die Zuwächse, die der Molotow-Ribbentrop-Pakt der Sowjetunion beschert hatte. Trotz des Seitenwechsels kurz vor Schluss wurden Italien seine Kolonien und Territorialgewinne entzogen. Österreich jedoch kam glimpflich davon, da es als »das erste Opfer der Nazis« galt, das nun mit Recht seine Unabhängigkeit zurückerlangte. Die Slowakei fiel wieder an die Tschechoslowakei, Kroatien wieder an Jugoslawien. Ungarn verlor die Territorien, die ihm die Wiener Schiedssprüche zugeteilt hatten, während die rumänische Provinz Moldawien von Russland annektiert wurde. Auch Finnland musste ein paar Grenzregionen abtreten. Gleichzeitig verpflichteten die Alliierten die Ex-Verbündeten des Dritten Reiches zu beträchtlichen Reparationszahlungen an ihre Nachbarstaaten, die sie bisher zu plündern pflegten. Bei der Demontage der NS-Ordnung in Ostmitteleuropa und auf dem Balkan stellten die territorialen Entscheidungen der Sieger praktisch die staatlichen Gliederungen der Zwischenkriegszeit wieder her und erweckten die Barrierestaaten des Versailler Vertrages zu neuem Leben.[19] Zwar forderten die prowestlichen Exilregierungen jener Nationen unermüdlich, dass dort in freien Wahlen entschieden werden müsse, welcher Kurs nach dem Krieg zu fahren sei. Aber da die Rote Armee diese Staaten befreit hatte, fielen sie zwangsläufig unter sowjetische Dominanz.

Der Prozess vollzog sich schrittweise, aber er brachte Dauerhaftes hervor: Die vermeintlich nur provisorischen Entscheidungen prägten Europa für fast die ganze zweite Hälfte des 20. Jahrhunderts. Anfangs beschlossen die Alliierten in der Freude über den gemeinsamen Sieg einträchtig ein Negativprogramm gegen den Unterlegenen: Das Nazi-System sollte vernichtet, ein Wiedererstarken Deutschlands verhindert werden. Doch dann wurden endgültige Übereinkünfte vertagt, und diese Verzögerung genügte, um interalliierte Meinungsverschiedenheiten, was die positiven Pläne für Deutschlands Zukunft betraf, hervortreten zu lassen. Dadurch, dass sie mehr zur Niederwerfung des faschistischen Feindes beigetragen hatte als die Westmächte, sah die Sowjetunion sich berechtigt, die Kontrolle über Osteuropa und die Balkanländer zu behalten. Den anglo-amerikanischen Kräften blieb immerhin die Dominanz über Westeuropa, die Mittelmeerstaaten, Skandinavien und gut die Hälfte des inzwischen geteilten Deutschlands. Je länger die militärische Okkupation dauerte, desto deutlicher zeigte sich, dass man bestimmte Werte des antifaschistischen Konsenses unterschiedlich interpretierte: »Demokratie« etwa bedeutete in Russland die Herrschaft der Kommunistischen Partei; für den Westen gehörten zur »Demokratie« unbedingt freie Wahlen. Nachdem beide Seiten erst einmal begonnen hatten, die von ihnen kontrollierten Gebiete nach ihrem eigenen Bilde zu formen, gab es kein Zurück mehr. Das Resultat der vermeintlich vorläufigen Lösungen von 1945 war daher die langfristige Spaltung Europas in eine östliche und eine westliche Einflusssphäre.[20]

Während des Kalten Krieges entspannen sich immer wieder Kontroversen um Inhalt und Interpretation der Potsdamer Entscheidungen. Prodemokratische Gruppen in Osteuropa fühlten sich im Stich gelassen, denn die Proteste der westlichen Regierungen waren, wie sich zeigte, zu schwach, um sowjetische Repressionen zu verhindern. Flüchtlingsverbände in Deutschland wollten die Grenzen von 1937 zurück; aber ethnische Säuberungen waren längst im Gange, die Deutschlands verlorene Territorien in Westregionen Polens und Russlands verwandeln sollten. Außerdem beschuldigte die sowjetische Propaganda unermüdlich den Westen, die Potsdamer Vereinbarungen zu verletzen, etwa indem er keine Reparationen mehr einforderte und nur in seinen eigenen Besatzungszonen Wiederaufbau betrieb. Die Aufteilungen waren in der

European Advisory Commission vor der Befreiung Frankreichs beschlossen worden und begünstigten zweifellos die Sowjetunion. Außerdem hatten Eisenhowers Drängen, erst einmal eine tragfähige Logistik zu schaffen, und seine Befürchtungen, es könne zu *friendly fire* kommen, den Vormarsch der westlichen Alliierten verlangsamt; er hatte sich nicht klargemacht, dass militärische Inbesitznahme eines Gebietes nach dem Krieg die politische Kontrolle darüber garantierte.[21] Dass die Russen Osteuropa eroberten, die Briten und Amerikaner den Westen befreiten und ihre Streitkräfte in Mitteleuropa zusammentrafen, sollte nun den Kontinent spalten. Ein Wettbewerb begann, der die Errichtung einer wahrhaft friedlichen Nachkriegsordnung verhinderte.

Neuaufbau der Demokratie

Der Sieg der Alliierten gab den Verfechtern der demokratischen Moderne im Westen eine zweite Chance, ein politisches System aufzubauen, das repräsentativer und stabiler sein sollte als das zwischen den Kriegen. Während der Kämpfe hatte sich die westliche Demokratie dank der Festigkeit der parlamentarischen Regierung Englands und der Unterstützung durch die Ressourcen des New-Deal-Amerikas letztendlich als der faschistischen Diktatur überlegen erwiesen. Die britische und die amerikanische Öffentlichkeit sahen daher das parlamentarische System bestätigt, und den Kontinentaleuropäern, so den Franzosen, Belgiern, Niederländern, Dänen und Norwegern, erlaubte die Befreiung, ihre Vorkriegsinstitutionen zu rekonstruieren, damit ihre Bürger sich wieder selbst regieren konnten. Dennoch gab es hitzige Debatten um das Gesellschaftsmodell Demokratie: Warum waren vorherige Versuche so enttäuschend, dass sie scheiterten? Wie ließ sich Demokratie widerstandsfähiger machen gegen politischen Extremismus? Auch Nationalisten aus dem Bürgertum und Kommunisten aus der Arbeiterklasse meldeten sich zu Wort. Sie waren die führenden Kräfte innerhalb der Widerstandsbewegungen gewesen und wollten nun unbedingt, untereinander heftig streitend, ihre konkurrierenden Sichtweisen in der Nachkriegsordnung verwirklicht sehen.[22] Der erneute Versuch der Modernisierung sollte den Bürgern bessere Möglichkeiten der Mitgestaltung bieten und mehr auf sie eingehen.

Eine Grundvoraussetzung für den Wiederaufbau der Demokratie war die Entfernung von Nationalsozialisten aus Politik und Gesellschaft, die sowohl die deutschen Nazis als auch deren Kollaborateure in den von ihnen okkupierten Ländern betraf. Die aufgestaute Empörung gegen die deutsche Repression machte sich in Frankreich in einer populistischen Welle der *épuration* (›Säuberung‹) Luft, die rund zehntausend Kollaborateure das Leben kostete. Die Minderheit, die aktiven Widerstand geleistet hatte, nutzte die Chance, um Rechnungen zu begleichen und die Macht zu übernehmen – war sie doch die einzige politische Kraft mit antifaschistischer Legitimität. Rachsüchtige Mengen versammelten sich in Frankreichs Straßen; Frauen, die mit dem Feind geschlafen hatten, wurden die Köpfe kahlgeschoren, und sie mussten Schilder tragen, auf denen stand: »Ich bin eine Nazi-Hure«. In Norwegen nahm man Besatzungskinder ihren Müttern fort und brachte sie zu Pflegeeltern, um so gleichsam den Makel des schändlichen Geschlechtsverkehrs auszulöschen. Während einige prominente Kollaborateure kurzerhand erschossen wurden, stellte man andere wegen Verrats vor Gericht; die Kammern verhängten entweder das Todesurteil oder langjährige Freiheitsstrafen. Derartige Maßnahmen rechtfertigte man damit, dass eine »militante Demokratie« sich gegen ihre extremistischen Feinde zur Wehr setzen müsse. Nur langsam dämmerte es den in heiligem Zorn entbrannten Rächern, dass, wer die Herrschaft des Rechts wiederherstellen will, auch selbst die gesetzlichen Regeln beachten muss.[23]

Die amerikanischen Eliten halfen bei der Neuerrichtung der Demokratie, denn sie hatten aus dem Debakel zwischen den Kriegen gelernt, dass sie in Europa präsent bleiben mussten – das verlangte der »demokratische Internationalismus«, der sie nun beseelte. Aus den USA kamen inzwischen 50 Prozent der weltweiten Industrieproduktion. Dies machte sie zur führenden westlichen Wirtschaftsmacht, zumal der Krieg sie relativ wenig Menschenleben gekostet hatte, nämlich 418 500 – das waren nur 0,32 Prozent der Gesamtbevölkerung. Das programmatische Erbe des Isolationismus verwarf man nun, da beide politischen Parteien verstanden hatten, dass sie in Europa Mitverantwortung trugen: Man musste den Wiederaufbau des Alten Kontinents unterstützen, um weiteres Unheil zu verhindern. Die neue Einsatzbereitschaft ließ sich auch ökonomisch begründen, denn man zählte auf das verwüstete Europa als profitablen Markt für die US-Businesswelt – dazu brauchte es aber die Mittel, deren Güter zu erwerben. Zwar mussten viele Truppen, wie bei einer Wehrpflichtigenarmee unvermeidlich, bald abgezogen werden. Dennoch ließen die Vereinigten Staaten eine stattliche Besatzungsstreitmacht in Deutschland zurück, die den Nachbarstaaten das Gefühl der Sicherheit bescherte und Washington ein gewichtiges Mitspracherecht bei Entscheidungen über Deutschlands Zukunft sicherte. Und nicht zuletzt gierte der erschöpfte Kontinent nach Entertainment im Stile Hollywoods und war höchst empfänglich für den durch Wohlstand lockenden *American way of life.*[24]

Im siegreichen England beschlossen die Wähler derweil, der Demokratie durch massiven Ausbau des Wohlfahrtsstaates zu besonderer Attraktivität zu verhelfen. Der sie so erfolgreich durch den Krieg geführt hatte, verlor nun ihre Gunst: Mit erstaunlichem Ärger ließen sie Juli 1945 ihren feuerköpfigen Premier Winston Churchill fallen und brachten die Labour-Partei an die Macht, denn sie wollten, dass die Austerität der Kriegsjahre baldmöglichst endete. Eine wirtschaftliche Erholung sollte sich einstellen, die allen zugutekam, und die scharfen Kanten der Klassenhierarchie sollten flacher gefeilt werden. Erschöpft vom vielen Kämpfen, befürwortete die Mehrheit ein System sozialer Sicherheit, das sie »von der Wiege bis zur Bahre« begleitete, wie es bereits der *Beveridge Report* von 1942 skizziert hatte. Der eher uncharismatische neue Premierminister Clement Attlee setzte gewaltige ökonomische Umsteuerungen durch. Ein Vergesellschaftungsprogramm wurde aufgelegt: Nachdem der Staat im Krieg die Wirtschaft lediglich koordiniert hatte, gingen einzelne Zweige nun ganz in die öffentliche Hand über, so die Bergwerke, das Energiewesen und die Eisenbahn.

Gleichzeitig ermöglichte die Labour-Regierung mehr Bürgern den Zugang zu höherer Bildung und förderte den sozialen Wohnungsbau. Die Schaffung eines »umfassenden Versicherungsprogramms« gipfelte 1948 in der Einrichtung des *National Health Service*, des ›Nationalen Gesundheitsdienstes‹, der jedem Bewohner Großbritanniens gebührenfreie medizinische Versorgung bot.[25] Obwohl England praktisch bankrott war und Lebensmittel noch jahrelang rationiert wurden, muss man dem Ausbau des Wohlfahrtsstaates positive Folgen bescheinigen: Er entschädigte die ehemaligen Soldaten für all die Opfer, die sie während des Krieges gebracht hatten, und förderte den sozialen Frieden durch mehr Gleichheit.

Auch im befreiten Frankreich trieb Charles de Gaulle den Parlamentarismus voran, denn der künftige Staat sollte stabiler werden als das parlamentarische System in der stark polarisierten Dritten Republik. Geboren 1890 im industriegeprägten Norden als Sohn eines frommen katholischen Lehrers, besuchte er die Militärschule von Saint-Cyr. Danach diente er mit Auszeichnung im Ersten Weltkrieg, wurde aber von den Deutschen gefangen genommen. Während der Zwischenkriegsjahre forderte er den Aufbau einer Panzerstreitmacht, die er im Zweiten Weltkrieg erfolgreich kommandierte. Nach der Niederlage und der Kapitulation Frankreichs floh er nach England und baute für seine Exilregierung in London eine eigene Truppe auf, die *Forces françaises libres*, mit denen er gegen die nazistischen Invasoren kämpfte. Es erboste de Gaulle, dass die angelsächsischen Alliierten ihn nicht als gleichrangigen Kriegsverbündeten behandelten. Nach seinem triumphalen Einzug ins befreite Paris 1944 beanspruchte er für sich das Amt der nationalen Führerschaft. Dass ihm so viel Autorität gebühre, bestritten aber die Widerstandskämpfer der Kommunistischen Partei Frankreichs (PCF): schließlich hatten doch sie die Hauptlast des inneren Widerstands getragen. Aber de Gaulle wurde Präsident. Die neue Verfassung der Vierten Republik, ratifiziert im Oktober 1946, stärkte die Exekutive und gewährte den Frauen endlich das Wahlrecht. De Gaulle hingegen kritisierte, sie gebe dem Präsidenten nicht genug Macht. Als er nun verärgert sein Amt hinwarf, kehrte die vorherige parlamentarische Instabilität zurück. Trotzdem gelangen der Wiederaufbau in Frankreich und die überfällige Modernisierung der Wirtschaft.[26]

Die kleineren westeuropäischen Länder entstanden nach dem Zweiten Weltkrieg auf ähnliche Weise neu: als Nationalstaaten mit demokratisch gewählten Regierungen. In den Niederlanden kehrte Königin Wilhelmina aus dem Exil zurück, und man errichtete eine konstitutionelle Monarchie nach Vorkriegsmuster. In Belgien dagegen musste König Leopold III. abdanken, weil er zu bereitwillig mit der Nazi-Besatzung kollaboriert hatte. Beide Länder bildeten zusammen mit Luxemburg 1948 die »Benelux-Wirtschaftsunion«, um die Erholung der Wirtschaft durch den Aufbau eines breiteren Marktes zu beschleunigen. In Skandinavien belebten auch die Dänen und Norweger ihre Nationalstaaten neu, als inzwischen wieder funktionierende Demokratien. Da Finnland sich durch den ihm aufgezwungenen Neutralitätsvertrag in seinem Handeln eingeschränkt sah, kam bei den Bemühungen um internationale Kooperation nicht mehr heraus als der »Nordische Rat«. Dieses interparlamentarische Beratungsgremium brachte durchaus einen gemeinsamen Arbeitsmarkt und freien Grenzverkehr zustande, aber keine wirkliche Wirtschaftsunion. Obgleich ihnen klar war, dass kleine Staaten wie die ihren der Nazi-Aggression allein nicht hatten standhalten können, wollten deren Bürger lieber ihre vorherigen Institutionen zurück, und Kooperation sollte nur in begrenztem Rahmen stattfinden.[27]

Die neutralen Staaten hatten teils mehr, teils weniger mit dem Dritten Reich kollaboriert, von dem sie sich nun demonstrativ distanzierten. Sie behielten ihre Unabhängigkeit und besannen sich, wo das möglich war, wieder stärker auf ihre Demokratien. Die Schweiz hatte von den Nationalsozialisten profitiert, indem sie diese ihre Beute auf Schweizer Banken hatte deponieren lassen. Das moralisch zweifelhafte Verhalten mussten die Eidgenossen nun wiedergutmachen. In der Folge bevorzugten sie die politische Isolation; an dem allgemeinen Wirtschaftsaufschwung des Westens aber nahmen sie trotzdem teil. Schweden pochte ebenso während des Kalten Krieges auf seine Neutralität. Statt sich militärisch zu engagieren, perfektionierte es lieber den inländischen Wohlfahrtsstaat, mit dem es einen weltweiten Standard für gute Sozialpolitik setzte. Der Irische Freistaat wurde anfangs geschnitten, weil er auch während des Krieges seine Distanz zu England gewahrt hatte; zu sehr lag ihm die Befreiung Nordirlands am Herzen. Dem Diktator Franco mochte man zugutehalten, dass Spanien nicht in Hitlers Krieg eingetreten war; aber zeitweise mit ihm kooperiert hatte es doch. Franco selbst führte seinen semi-faschistischen Obrigkeitsstaat in einiger Isolation weiter. Während des Kalten Krieges nahmen die USA mit seinem antikommunistischen Regime allerdings wieder Kontakt auf und holten gleich auch das autokratisch regierte Portugal in die NATO, das amerikanisch-westeuropäische Militärbündnis, da die iberische Halbinsel als Stationierungsbasis für die Marine unverzichtbar war. Im Großen und Ganzen lösten die Neutralen ihre ehemaligen Bindungen zu Deutschland und richteten sich nach dem siegreichen anglo-amerikanischen Modell aus.

In Westeuropa reinstallierte die Befreiung die Demokratie durch eine neuartige Mischung aus Tradition und Moderne. Als die Organisationsformen der Vorkriegszeit, repräsentative Regierung und Nationalstaat, nun wiedererstanden, wurden sie nur geringfügig angepasst, weil die Bürger fanden, dass sie sich bewährt hatten. Das Mitte-Rechts-Lager der Bourgeoisie machte freilich eine Veränderung durch: Nach ihrem fatalen Flirt mit dem Faschismus verwarfen die Konservativen den Autoritarismus und bekannten sich zur neuen Bewegung der Christdemokratie, die religiöse sowie humanistische Werte und parlamentarische Institutionen zusammenbringen wollte. Unter dem Druck der Gewerkschaften erweiterten die Regierungen den Wohlfahrtsstaat; es entstand ein stärkeres Netz sozialer Sicherheit. Dank dieser neuen Regelungen wurde nicht nur die Gesellschaft besser mit den demografischen Folgen des Krieges fertig, sondern die Massen verfügten während des Prozesses wirtschaftlicher Erholung auch über genügend Kaufkraft. Obwohl viele Bürger Verstaatlichungen befürworteten, sorgten der Einfluss der USA und die Furcht vor kommunistischer Enteignung dafür, dass der Kapitalismus zurückkehren konnte. Allerdings nahm er eine regulierte Form an, welche die Tücken des

Marktes begrenzte. Die westlichen Intellektuellen ließen ihre frühere Skepsis gegenüber der Demokratie fallen und diskutierten mit großem Interesse, wie sie erneuert werden könne.[28]

Die Rehabilitierung der Feinde

Was ihre Politik gegenüber den besiegten Feinden betraf, so war den Alliierten bewusst, dass sie diesmal viel tiefer würden eingreifen müssen als 1918. Schließlich galt es, um jeden Preis zu verhindern, dass noch einmal ein Weltkrieg ausbrach. Anfangs legten drastische Berichte über die Brutalität des Vernichtungskrieges und die Gräuel des Holocaust eine Bestrafung nahe: Man würde Vergeltung üben und den Verlierern nur so viel Hab und Gut lassen, dass es gerade zum Leben reichte. Außerdem bestand ein klarer Konsens, dass die Täter verfolgt, der gesamte faschistische Machtapparat zerschlagen und das militärische Establishment aufgelöst werden mussten. Aber die Praxis der Besatzung brachte die Alliierten bald zu der Einsicht, dass sie, wenn sie ein Land in Besitz nahmen, auch die Verantwortung für die Versorgung und die Sicherheit der unterworfenen Bevölkerung trugen – und das konnte teuer werden, es sei denn, man erlaubte ihr, das Land wiederaufzubauen. Und so änderte sich die öffentliche Meinung in den Hauptstädten allmählich. Schon bald befürwortete man eher ein therapeutisches Vorgehen, nämlich eine Rehabilitation der einstigen Kontrahenten im medizinischen und juristischen Sinne.[29] Mochte ihn auch die sowjetische Führung misstrauisch beäugen, dieser Umschwung von der Bestrafung zum Wiederaufbau bot den Besiegten die Chance eines Neubeginns, die viele begeistert wahrnahmen.

Anfangs behandelte man den Hauptfeind Deutschland recht hart, um die Totalität seiner Niederlage hervorzuheben und jeder denkbaren revanchistischen Regung entgegenzuwirken. Ein Geist des Strafens sprach aus den Direktiven, die der Gemeinsame Generalstab der amerikanischen Armeen seinerzeit erließ, namentlich aus der JCS Directive 1067, in der es unmissverständlich hieß: »Deutschland wird nicht besetzt zum Zwecke seiner Befreiung, sondern als ein besiegter Feindstaat.«[30] Das Potsdamer Abkommen forderte die »Entmilitarisierung« des Landes durch die Demontage der Wehrmacht; man wollte Deutschland den militaristischen Geist austreiben, indem man es zu einem Land der Zivilisten machte. Zudem verlangte der Beschluss die »Entnazifizierung«: Die NSDAP sollte aufgelöst, die Nazi-Ideologie gebrandmarkt werden; alle Mitglieder und Funktionäre der Partei hatten sich vor zivilen Gerichten zu verantworten. Der Internationale Militärgerichtshof und andere mit Kriegsverbrechen befasste Spruchkammern verurteilten 668 Führungspersonen aus Politik, Militär und Wirtschaft zum Tode und schickten rund 4000 ins Gefängnis. Zu guter Letzt befürwortete die Potsdamer Vereinbarung eine »Entkartellierung« der deutschen Wirtschaft, ein Aufbrechen ihrer monopolistischen Struktur, die sich bei den Banken ebenso fand wie bei der Schwer-, der Maschinen- und der chemischen Industrie: Deutschland sollte nie wieder in der Lage sein, Waffen zu bauen. Erst wenn alle diese Bedingungen erfüllt seien, so das Protokoll, könne an eine Demokratisierung gedacht werden. Damit war die Möglichkeit einer späteren »Rehabilitation« im obengenannten Sinne zumindest angedeutet.[31]

Am 6. September 1946 hielt US-Außenminister James F. Byrnes in Stuttgart eine Ansprache, die bei den Deutschen als »Hoffnungsrede« populär wurde. Sie signalisierte einen Schwenk der amerikanischen Politik zum Wiederaufbau. Der Chef des US-Amtes der Militärregierung für Deutschland, General Lucius D. Clay, zeigte sich überzeugt, dass ein wirtschaftliches Niederhalten Deutschlands die amerikanischen Steuerzahler teuer zu stehen käme, denn sie müssten dann die Deutschen alimentieren. Anders lägen die Dinge, wenn man Letzteren erlaubte, ihre industrielle Produktion wieder hochzufahren. Als Washington auf ökonomische Kooperation zwischen den Besatzungszonen drängte, verweigerten sich freilich die Sowjets, wollten sie doch in ihrem Einflussgebiet den Sozialismus durchsetzen. Im März 1948 wagte Ludwig Erhard, ein liberaler Ökonom und Direktor des Wirtschaftsrates der britisch-amerikanischen sogenannten »Bizone«, eine Währungsreform, bei der die alte Reichsmark auf ein Zehntel des alten Werts reduziert wurde, was das ökonomische Wachstum neu entfachte. Die Westmächte nahmen nun nicht nur ihre wirtschaftlichen Kontrollen zurück, sondern erlaubten Deutschland zudem den Wiederbeginn des politischen Lebens, erst auf lokaler, dann auch auf Länderebene. Es durften wieder politische Parteien gegründet werden und Wahlen stattfinden.[32] Ferner förderten die Westalliierten die kulturelle Neuorientierung der Deutschen, indem sie Medien lizenzierten, Austauschprogramme einrichteten und Amerikahäuser sponserten, die den Einheimischen positive Beispiele von Demokratie geben sollten. Und so erholten sich die Westzonen bald mit überraschender Geschwindigkeit.

Im Frühjahr 1949 führten der dynamische Wiederaufbau im Westen einerseits und die sowjetische Kooperationsverweigerung andererseits zur Gründung eines separaten westdeutschen Staates, der den Namen »Bundesrepublik Deutschland« erhielt. Darin gingen die drei westlichen Besatzungszonen auf. Jene Neuschöpfung war der Höhepunkt eines politischen Wiederanfangs, der mit lokalen Bemühungen um deutsche Selbstverwaltung begonnen hatte. Damals hatten erwiesene Antifaschisten die städtischen Behörden übernommen, um das Los der Bürger zu erleichtern und den Wiederaufbau zu organisieren. Teils durch alliierte Verordnungen, teils durch einheimische Volksentscheide entstanden föderale Staatsgebilde, die bald »Bundesländer« heißen sollten. Bei deren Gestaltung orientierte man sich grob an den Traditionen regionaler Repräsentation. Die Oberhäupter der westdeutschen Länder, die Ministerpräsidenten, trafen sich August 1948 zu einem Verfassungskonvent in Herrenchiemsee. Dort arbeitete man unter Aufsicht der westlichen Alliierten eine neue politische Ordnung demokratischen Zuschnitts für Deutschland aus. Das Endergebnis, das sogenannte *Grundgesetz*, war eine provisorische Verfassung, in der man die Fehler zu vermeiden suchte, die zum Untergang der Weimarer Republik geführt hatten. Dieser zweite, erfolgreichere Versuch einer deutschen Demokratie etablierte ein föderales System aus rund einem Dutzend Staaten; beschlossen wurden ferner die Notwendigkeit eines konstruktiven Misstrauensvotums und die Begrenzung des Amts des Bundespräsidenten auf weitgehend repräsentative

Funktionen ohne Exekutivmacht. Dazu kam später noch eine Fünf-Prozent-Klausel – nur Parteien, die diese Quote erreichten, durften künftig ins Parlament einziehen.[33]

Bei den ersten Bundestagswahlen im September 1949 erhielten die beiden großen christlich-konservativen Parteien, CDU und CSU, knapp die meisten Stimmen. Ein paar Tage später wählte der Bundestag den Vorsitzenden der CDU/CSU-Fraktion, Konrad Adenauer, mit hauchdünner Mehrheit, unterstützt von kleineren konservativen Partien, zum Bundeskanzler. Konrad Adenauer wurde 1876 in eine fromme katholische Familie hineingeboren, ergriff den Beruf des Rechtsanwaltes und profilierte sich schon im Kaiserreich politisch. Der Rheinländer, der eine heftige Abneigung gegen den preußischen Autoritarismus hegte, aber nicht minder vehement den Kommunismus ablehnte, stieg auf ins Amt des Oberbürgermeisters von Köln, das er sechzehn Jahre lang erfolgreich führte. Während des Dritten Reiches saß er zweimal kurzfristig im Gefängnis. Seine politische Heimat war bis 1933 die Deutsche Zentrumspartei gewesen; in den Diskussionen um ihre Neugründung nach dem Krieg unter dem Namen Christlich-Demokratische Union (CDU) drängte Adenauer darauf, die bisherige Beschränkung auf den Katholizismus fallenzulassen, um auch für protestantische Wähler attraktiv zu werden. Mit der CDU entstand eine überkonfessionelle christliche Mittelstandspartei gemäßigt konservativer Ausrichtung. Anders als für seinen sozialdemokratischen Gegenspieler Kurt Schumacher hatte für Adenauer nicht die nationale Einheit oberste Priorität. Ersterer wollte Deutschland schnellstmöglich wieder vereint sehen, einschließlich der sowjetisch besetzten Territorien, doch Letzterer strebte lieber die Westintegration an, um die politische Souveränität zurückzugewinnen. Was den Umgang mit der jüngsten deutschen Vergangenheit betraf, achtete Adenauer sorgfältig auf Balance: Einerseits holte er ehemalige Nazis in sein Kabinett, andererseits sorgte er für Wiedergutmachungszahlungen an Israel. Unter der patriarchalen Führung des »Alten«, und beflügelt vom sich bald entfaltenden »Wirtschaftswunder« wurde die Bundesrepublik nach und nach die erste erfolgreiche Demokratie der deutschen Geschichte.[34]

Dank seines Seitenwechsels kam Italien glimpflicher davon und konnte seine parlamentarische Tradition weitgehend ohne alliierte Anleitung wiederbeleben. Seine territorialen Verluste – beispielsweise sollte es Julisch-Venetien an Jugoslawien abtreten – blieben überschaubar, da es letztlich Triest doch behalten konnte. Schon 1946 schaffte ein Referendum die Monarchie ab, und 1948 stand eine neue republikanische Verfassung. Da der Vatikan inzwischen seine politische Zurückhaltung aufgegeben hatte, gewann die katholisch-konservative Partei *Democrazia Cristiana* haushoch die erste Wahl nach dem Kriege; Premierminister wurde ihr Vorsitzender Alcide de Gasperi. Freilich setzte ihr unermüdlich eine starke Kommunistische Partei zu, die beständig die für die italienischen Eliten typischen Missstände geißelte, nämlich Korruption und Klientelismus, und radikalere soziale Reformen forderte. Diesen Kulturkonflikt, den es so wohl nur in Italien gibt, kennen wir aus der unsterblichen Filmkomödie *Don Camillo und Peppone*. Während der 1950er erlebte auch dieses Land ein Wirtschaftswunder im Norden und in der Mitte; der agrarische *mezzogiorno* hingegen blieb zurück. Noch weniger als die deutsche zeigte die italienische Öffentlichkeit Bereitschaft, offen über die Kollaboration mit dem Faschismus zu reden; lieber versteckte man sich hinter dem Mythos einer allgemeinen *resistenza*.[35]

Im Falle Österreichs verliefen die Dinge ähnlich paradox, denn das Land wurde gleichzeitig als Täter und als Geschädigter des Nationalsozialismus behandelt. Einerseits hatten die Alliierten schon 1943 proklamiert, Österreich sei das erste Opfer Hitlers gewesen und solle seine Unabhängigkeit wiederbekommen; andererseits erlegten sie ihm 1946 Gebietsabtretungen auf wie den übrigen Besiegten: Österreich musste Südtirol an Italien zurückgeben. Obwohl die Rote Armee Wien erobert hatte, wurde das Land in vier Besatzungszonen aufgeteilt; die Hauptstadt erhielt eine gemeinsame Verwaltung wie Berlin. Die Russen beuteten die von ihnen okkupierten Ostregionen rücksichtslos aus, was sie ihrem Ziel, mehr politischen Einfluss zu erlangen, nicht unbedingt näherbrachte. Prompt erzielten die einheimischen Kommunisten bei den Nationalratswahlen November 1945 ein schlechtes Ergebnis; an ihrer

Stelle gewannen die konservative Österreichische Volkspartei (ÖVP) und die Sozialdemokratische Partei Österreichs (SPÖ), die während der nächsten Jahrzehnte die Politik des Landes wesentlich bestimmen sollten. Als die Bundesrepublik 1955 in die NATO eintrat, wollten russische Diplomaten verhindern, dass Österreich diesem Beispiel folgte. Deshalb machten sie ihm ein Angebot: Die Sowjetunion werde ihre Truppen vollständig aus Österreich abziehen, wenn das Land sich zur Neutralität verpflichte. Es kam zum Staatsvertrag von Wien, den auch die Westalliierten unterzeichneten; Österreich war nun wieder ein souveräner, unabhängiger und neutraler Staat wie die Schweiz.[36] Dies hatte freilich auch zur Folge, dass die österreichische Öffentlichkeit kaum eine Notwendigkeit sah, sich mit dem Anteil ihres Landes am nazistischen Unheil auseinanderzusetzen.

Insgesamt wird die Umorientierung und Wiedereingliederung der früheren Demokratiefeinde durch die Alliierten in der Literatur über Staatenbildung gern als Paradebeispiel für gelungenes *nation building* angeführt, und das mit gewisser Berechtigung. Ganz anders als 1918 war 1945 die Niederlage so allumfassend, dass die Besiegten schwerlich auf den Gedanken kommen konnten, das Ergebnis in einer Revanche noch einmal umzukehren. Die Politik der westlichen Alliierten beinhaltete genau die richtige Mischung aus Härte und Hilfe: einerseits Bestrafung der Faschisten und ihrer Kollaborateure, andererseits Beistand, damit die betroffenen Länder wieder auf die Beine kamen. Anders als bei späteren Fällen, in denen die Sache schiefging, gab es in diesen zentraleuropäischen Staaten starke pro-demokratische Minderheiten, die nur so darauf brannten, die Tradition der Selbstverwaltung fortzuführen und die zuvor schon erreichte Volkssouveränität wiederzuerlangen. Dank der schnellen wirtschaftlichen Erholung, die hilfreicherweise von der Ausweitung des Sozialstaates begleitet wurde, assoziierte man Kapitalismus nun mit Wohlstand, nicht mehr mit ökonomischer Depression; dies ließ die Demokratie attraktiver erscheinen. Und schließlich erleichterte die Konfrontation des Kalten Krieges dem westlichen Lager die Akzeptanz der reumütigen Sünder in seinen Reihen – und erhöhte die Bereitschaft der Letzteren, sich dorthin zu begeben. Dass damals die Demokratie in den besiegten Ländern wieder auflebte, war einem Ensemble von recht außergewöhnlichen Begleitumständen geschuldet, das nicht ohne weiteres an jedem anderen Ort der Erde repliziert werden kann.[37]

Internationale Kooperation

Und noch eine Lehre verdankt Europa dem Zweiten Weltkrieg: Man musste das internationale Organisationswesen modernisieren und die länderübergreifende Kooperation stärken, damit sich eine solche Katastrophe niemals wiederholte. Der Zusammenbruch des Welthandels während der Großen Depression verdeutlichte die Notwendigkeit, den transnationalen Güteraustausch zu reanimieren; dies bildete die Basis für die ökonomische Erholung. Das grauenhafte Leid, das der Weltkrieg gebracht hatte, ermutigte die Beteiligten zudem, politische Streitfragen in Verhandlungen zu lösen, sodass sich Gewalt künftig vermeiden ließ. Konkret entwickelten sich die Initiativen, ein dichteres organisatorisches Netz zu knüpfen, in drei miteinander konkurrierenden Bereichen: Der Optimismus der Großen Allianz beflügelte globale Lösungen, etwa dass man die Vereinten Nationen gründete, den Internationalen Währungsfonds schuf und in Bretton Woods den festen Wechselkurs etablierte. Als die Ost-West-Spannungen universale Ansätze verhinderten, verschob sich der Fokus auf transatlantische Initiativen wie den »Marshallplan« und den »Nordatlantikpakt«, kurz NATO, die auf der anderen Seite ähnliche Erscheinungen hervorriefen, nämlich den »Rat für gegenseitige Wirtschaftshilfe«, kurz Comecon, und den »Warschauer Pakt«. Und schließlich rief die paneuropäische Vision der antinazistischen Widerstandsbewegungen nach dem Krieg die ersten Initiativen zur europäischen Integration ins Leben.[38]

Überraschenderweise wurde der Nationalstaat nach dem Zweiten Weltkrieg kaum hinterfragt, obwohl seine Souveränität sich doch gerade als unfähig erwiesen hatte, ökonomische Depression und militärische Aggression zu verhindern. Zwar prophezeiten kritische Intellektuelle unermüdlich sein baldiges Ableben, aber weder sie noch der transnationale kapitalistische Handel noch der kommunistische Internationalismus überzeugten die Bürger, die Nation als politische Haupteinheit aufzugeben. Dass der Griff der Nazis nach imperialer Herrschaft gescheitert war, hatte der Wilsonschen Idee vom Selbstbestimmungsrecht der Völker neue Attraktivität beschert, und dieses Recht wurde eben immer noch national interpretiert; viele wünschten sich das Staatensystem zurück, das sich nach dem Ersten Weltkrieg gebildet hatte. Ob Sieg oder Niederlage, die Nation blieb der legitime Referenzrahmen. Galt es einen gemeinsamen Triumph zu feiern, stellte er die kollektive Identität bereit, und wenn man gemeinsam leiden musste, bot er Solidarität. Als die Kolonialmächte ihre überseeischen Besitzungen verloren, konzentrierten sie sich einfach auf ihr Mutterland, ihre nach wie vor existente Nation, an der sie festhielten. Sogar das amerikanische Imperium – das als »Imperium durch Einladung« gilt – und das sowjetische Satellitensystem respektierten nominell die Nationalitäten ihrer Mitgliedsstaaten.[39] Regionale, kontinentale und globale Zusammenarbeit war daher nur zwischen souveränen Ländern möglich, was jene Kooperation erschwerte, weil es ihre Effektivität beschränkte.

Unter allen neuen Maßnahmen, die »Frieden und Sicherheit« garantieren sollten, war die wichtigste die Gründung der Vereinten Nationen (kurz UNO oder UN), eine Art verbesserte Neuauflage des Völkerbundes. Präsident Roosevelt trieb noch in den letzten Kriegsjahren die Einrichtung einer solchen Organisation voran, um die Kooperation der 26 Nationen zu verstetigen, die gegen die Achse kämpften. Auf der Konferenz von Dumbarton Oaks August bis Oktober 1944 klopften China, Großbritannien, die Vereinigten Staaten und die UdSSR die Grundstruktur der einzelnen Institutionen des neuen Zusammenschlusses fest: Generalversammlung, Sicherheitsrat, Internationaler Gerichtshof und Sekretariat. Gut ein halbes Jahr später trafen sich die Vertreter von fünfzig Ländern in San Francisco, um die »Charta« der Vereinten Nationen auszuarbeiten; am 26. Juni 1945 wurde sie schließlich unterzeichnet. Die UNO, hieß es darin, solle »künftige Geschlechter vor der Geißel des Krieges bewahren«. Die Signatare betonten ihren »Glauben an die Grundrechte des Menschen« und ihre Absicht, das »Völkerrecht« zu stärken; auch versprachen sie, den »sozialen Fortschritt« zu fördern. Diese globale Initiative, deren anvisiertes Wirkungsfeld nun weit über Europa hinausging, sollte für »kollektive Sicherheit« sorgen, indem sie über Probleme diskutierte und in Streitfällen vermittelte. Präsident Truman hieß daher die Vereinten Nationen willkommen als eine »solide Struktur, auf der wir eine bessere Welt bauen können«.[40]

Ganz ungehindert konnte die neue Institution zwar nicht agieren, denn die fünf Dauermitglieder des Sicherheitsrates besaßen ein Vetorecht, und die durch den Kalten Krieg bedingten Rivalitäten legten die UN oft lahm. Und doch erwiesen sich die Vereinten Nationen als nützlich, um eine stattliche Zahl internationaler Probleme endlich anzugehen. In den Jahren unmittelbar nach dem Krieg sicherte die Nothilfe- und Wiederaufbauverwaltung der Vereinten Nationen, kurz UNRRA, vielen hungernden Europäern das Überleben; sie besorgte ihnen Nahrungsmittel, Brennstoffe, Kleidung und Unterkünfte. Die grässlichen Erfahrungen mit diktatorischer Repression und Massenmord vor dem und im Krieg motivierten die Vereinten Nationen außerdem zur »Allgemeinen Erklärung der Menschenrechte«, die sie 1948 erließen. Zwei Jahre später nutzte die Institution den zeitweiligen Boykott des Sicherheitsrates durch die Sowjetunion dazu, die Verteidigung Südkoreas gegen die Aggression aus dem kommunistischen Norden zu organisieren. Die Suez-Krise 1956 konnte die UNO nicht verhindern; wohl aber vermochte sie den Nahen Osten zu stabilisieren, indem sie eine eigene Friedenssicherungstruppe formierte und ins Konfliktgebiet entsandte. Und da das Treuhandmandat der Vereinten Nationen von nun an als Vorbereitung der Unabhängigkeit einer Region interpretiert wurde, denn die UNO akzeptierte frisch souverän gewordene Staaten sofort als Mitglieder, erleichterte sie den Prozess der Dekolonisierung.[41] Zwar zeigte der Standort des UN-Hauptquartiers – New York – eindeutig, dass Europa nicht mehr das Zentrum der Weltangelegenheiten war; aber viele Initiativen der Vereinten Nationen kamen dem Alten Kontinent zugute.

Noch erfolgreicher als die UN und bedeutsamer für die Erholung der kriegsversehrten europäischen Ökonomien war allerdings eine Hilfsleistung der Vereinigten Staaten: der Marshallplan. Am 5. Juni 1947 versprach Außenminister George Marshall in einer Rede an der Harvard-Universität, die USA würden »alles tun, um die Wiederherstellung gesunder wirtschaftlicher Verhältnisse in der Welt zu fördern«. Priorität habe dabei die Linderung des Leidens der Europäer, die andernfalls empfänglicher für die Lockrufe des Kommunismus würden. Das Unternehmen startete 1948 und trug offiziell den Namen »European Recovery Program« (›Programm für die Erholung Europas‹). Der Marshallplan war ein Produkt intelligenten Eigeninteresses: Er setzte zwar amerikanische Finanzressourcen ein, aber motivierte auch die europäischen Nationen, in einer eigens gegründeten Organisation für europäische wirtschaftliche Zusammenarbeit (kurz OEEC) an der Umsetzung des Plans durch gegenseitige Kooperation selbst mitzuwirken. Um dieses Programm zielführend durchzuziehen, mussten die europäischen Wirtschaften sich liberalisieren, was den USA nur recht sein konnte. Ungeachtet des noch immer existierenden Hasses bezog Washington Deutschland, immerhin das industrielle Herz des Kontinentes, in die Maßnahmen mit ein. Im Osten jedoch zwangen die Sowjets ihre Satellitenstaaten, das Angebot als einen Versuch kapitalistischer »Versklavung« zurückzuweisen. Dank der Kredite in Höhe von 13 Milliarden Dollar konnten die westeuropäischen Länder amerikanische Lebensmittel und Industrieprodukte kaufen, was den US-Produzenten zugutekam; gleichzeitig standen dem geschundenen Kontinent endlich jene Materialien zur Verfügung, deren er bedurfte, um seine Infrastruktur zu reparieren und seine Fabriken zu modernisieren. Obwohl sich die Ökonomen immer noch darüber streiten, welche Wirkungen der Marshallplan denn nun genau hatte, bleibt festzuhalten, dass seine Botschaft der Hoffnung die Erholung beschleunigte und den Nachkriegsboom auslöste.[42]

Eine weitere transatlantische Verbindung war die Organisation des Nordatlantikvertrages, kurz NATO, gegründet aus Furcht um die Sicherheit Europas während des Kalten Krieges. Als sowjetische Besatzungstruppen 1948 den Westalliierten die Zufahrten nach

Berlin versperrten, schlossen sich England, Frankreich und die Benelux-Staaten zur »Westunion« zusammen, um sich gegen einen denkbaren russischen Angriff verteidigen zu können. Im April 1949 erweiterte sich die Bündnisrunde um die Vereinigten Staaten, Kanada, Italien, Portugal, Norwegen, Dänemark und Island. Wichtig war vor allem der Beitritt der USA, weil er deren Bereitschaft signalisierte, an der Verteidigung Europas mitzuwirken. Der erste NATO-Sekretär, Lord Ismay, scherzte lakonisch, die Allianz verfolge ein dreifaches Ziel: »die Russen draußen zu halten, die Amerikaner drinnen und die Deutschen unten«. Die militärische Hilfe Chinas für Nordkorea während des Koreakrieges legte dem Westen eine engere militärische Zusammenarbeit nahe, auf der Kommandoebene wie bei Feldoperationen. Dafür schuf man eine Bodenstreitmacht, deren Größe hinreichte, um eine potenzielle sowjetische Aggression zu stoppen; zur Unterstützung dieser Truppe standen eine massive Luftwaffe und Flottenverbände zur Verfügung. Es gab zunächst Versuche des Alten Kontinents, ein eigenes Defensivbündnis zu schaffen, die Europäische Verteidigungsgemeinschaft. Als Frankreich nicht mehr in diese eintreten mochte, wurde Deutschland 1955 in den Nordatlantikpakt aufgenommen, um dessen stattliche Bevölkerungszahl zu nutzen. Obwohl von den Vereinigten Staaten dominiert, gab die NATO der Verteidigung Westeuropas eine stabile Form.[43]

Für das Projekt Europa waren alte, historisch gewachsene Feindschaften zu überwinden, und manche Westeuropäer machten gar erste Schritte hin zur politischen Integration, um ihrem darniederliegenden Kontinent wieder Leben einzuhauchen. 1946 empfahl Winston Churchill in Zürich pathetisch, nun müssten die Vereinigten Staaten von Europa errichtet werden – wobei er freilich keineswegs der Meinung war, dass England sich diesem Bund anschließen sollte. Anhänger der nationalen Souveränität gründeten 1949 den Europarat, der die Kooperation zwischen den Nationalstaaten auf dem Gebiet der Menschenrechte zu verbessern suchte und eigens einen Gerichtshof in Straßburg etablierte. Verfechter der supranationalen Integration, darunter Altiero Spinelli, schlossen sich wiederum 1946 in Paris zur Union der Europäischen Föderalisten

(UEF) zusammen. Da sie glaubten, nur die Schaffung einer europäischen Föderation könne künftig Frieden und Fortschritt garantieren, propagierten sie die Umwandlung des Europarates in die verfassunggebende Versammlung eines noch ins Leben zu rufenden europäischen Staates. Obwohl Tausende von Intellektuellen, aber auch einfachen Bürgern, die Petition der UEF für einen Föderalpakt unterstützten, war das Projekt zu visionär, um damals schon Erfolg zu haben. Zwar gaben diese Initiativen das Ziel der Integration vor, aber wie es realisiert werden sollte, blieb unklar.[44]

Wohl verstärkte der Schock des Weltkrieges nach 1945 den Wunsch nach mehr internationaler Kooperation erheblich, doch brachte dieser Impuls keine moderne Ordnung hervor, die Frieden in Europa und der Welt garantierte. Das Festhalten am Nationalstaat und das Bestehen auf dessen Souveränität sollten vorläufig alle Bemühungen um internationale Zusammenarbeit konterkarieren. Drei große supranationale Initiativen gab es inzwischen: eine globale – die UN –, eine transatlantische – den Marshallplan – und eine europäische – den Europarat. Sie existierten nebeneinander und schufen eine Reihe von Institutionen mit einander teilweise überlappenden Zuständigkeiten und Befugnissen; Kooperation fand jedoch oft gerade nicht statt. Außerdem teilte der sich verschärfende Konflikt zwischen Kommunismus und Kapitalismus Europa in eine sowjetische und eine westliche Einflusssphäre. Deshalb konnten organisatorische Innovationen wie die NATO und der Warschauer Pakt lediglich separate Blöcke sein, zwischen denen Feindschaft herrschte. Inmitten dieser Konfusion suchten Europa-Visionäre wie Jean Monnet nach weiterreichenden Lösungen, die eine Einigung des europäischen Kontinentes in Gang setzen könnten.[45] Während die Notwendigkeit einer intensiveren Kooperation offensichtlich war, stand noch ganz und gar nicht fest, welches Konzept sich am Ende durchsetzen würde.

Wiederbelebung der Demokratie

Während der Nachkriegsjahre sehnten sich die meisten Europäer schlicht nach einer Rückkehr zur Normalität; ihr persönliches Leben sollte weitergehen wie ehedem, ohne von Kräften gestört zu werden, über die sie keine Kontrolle hatten. In vielfacher Hinsicht wollten die Leute zurück zu den »guten alten Zeiten« der Vorkriegs-, Zwischenkriegs- oder gar der Kaiserjahre, als sie noch genügend verdienten, um das Leben ohne Zukunftssorgen zu genießen. Der verbreitete Wunsch nach Frieden und Wohlstand verlangte eher die Wiederherstellung von Ordnung und Stabilität, die auf akzeptierter Autorität gründeten, als Experimente mit neuen Regierungs- und Gesellschaftsformen. In den westlichen Demokratien bedeutete dies, dass die parlamentarischen Institutionen gestärkt werden mussten; in den besiegten Ländern war die Selbstverwaltung wiedereinzuführen, ein wichtiger Baustein der Demokratie, den Faschisten und Kommunisten unisono verlacht hatten. Ältere Staatenlenker wie Charles de Gaulle, Konrad Adenauer und Alcide de Gasperi waren gerade deshalb populär, weil sie Beständigkeit verkörperten und suggerierten, dass sie ruhige, beschauliche und idyllische Verhältnisse garantieren könnten, wie die Leute sie den Jahren vor dem Ersten Weltkrieg zuschrieben. Es erstaunt also nicht, dass bei der Rekonstruktion der Demokratie viel Mühe darauf verwandt wurde, wiederherzustellen, was in der unerfreulichen Zwischenzeit verlorengegangen war.[46]

Gleichzeitig bestand unverändert ein Drang nach Modernisierung, denn Massentod und Massenmord hatten es eindeutig unmöglich gemacht, das alte Leben einfach fortzuführen. Wohl waren Technik und Wissenschaft in Verruf geraten, weil sie sich in den Dienst der Zerstörung gestellt hatten. Der technische Fortschritt ging jedoch weiter und wurde, da er nützliche Erfindungen wie Fernsehen und Düsenflugzeuge hervorbrachte, auch wohlwollend zur Kenntnis genommen. Trotz einzelner Bemühungen um den Erhalt historischer Bauwerke konnte nicht alles werden wie zuvor, denn es wäre schlicht zu teuer gewesen, Stadtzentren exakt nach mittelalterlichem Muster wiederaufzubauen. Enge Straßen mit

Kopfsteinpflaster waren nicht das Richtige für Automobile, die breite Fahrbahnen brauchten. Das Patriarchat konnte sich zwar behaupten; doch viele Frauen, die in der Kriegsproduktion gearbeitet und später Schutt weggeräumt hatten, zeigten nun keine Neigung mehr, an den Herd zurückzukehren und sich ihren von der Front heimgekehrten Männern unterzuordnen. Ungeachtet des Widerstands kultureller Traditionalisten triumphierten modernistische Stilformen wie abstrakte Malerei, absurdes Theater und Zwölftonmusik in den Galerien, Schauspielhäusern und Konzerthallen. Angesichts solcher Veränderungen war es undenkbar, die Demokratie in ihrer doch recht elitären Vorkriegsgestalt zu restaurieren. Damit die Menschen sie akzeptierten, musste sie den neuen Umständen angeglichen werden, namentlich dem Wunsch nach mehr Teilhabe.[47]

Eine Möglichkeit, die parlamentarische Demokratie zu revitalisieren, lag darin, die strukturellen Schwächen zu beseitigen, die viele Länder während der Zwischenkriegsperiode in ihren Ruin geführt hatten. Die Teilhabe am politischen Prozess konnte verbessert werden, indem man die letzten Reste des Zensuswahlrechts abschaffte, laut dem nur mitstimmen durfte, wer über Grundbesitz oder Vermögen verfügte. Auch musste man den Frauen mehr Rechte geben, etwa das Wahlrecht, wie in Frankreich geschehen. Verfassungen konnte man so modifizieren, dass Regieren vorhersagbarer und verlässlicher wurde; hierzu konnte man Prozenthürden bauen, damit nicht gar zu viele Splitterparteien ins Parlament kamen, und das Verbot von Organisationen antidemokratischer und extremistischer Gesinnung ermöglichen, wie man es in Deutschland eingeführt hatte. Politische Führer konnten den Stimmungen der Gesellschaft außerhalb der Parlamente mehr Aufmerksamkeit widmen – dank der neuen Methode der Meinungsumfragen, die schon seit einiger Zeit in England praktiziert wurde. Neue Formen fand man auch für die Ansprache der Öffentlichkeit; Wahlkampagnen konnten sich amerikanische Werbestrategien zunutze machen, die mehr Erfolg versprachen als das Entwerfen komplizierter Parteiprogramme. Interessengruppen wie die Bauern konnten lernen, dass das Beeinflussen des legislativen Prozesses viel mehr einbringen würde, als wenn man gewählte Regierungen durch populistische Opposition destabilisierte. Und die Stärkung der Exekutive – wie in der bundesrepublikanischen »Kanzlerdemokratie« und im präsidentiellen System der französischen Fünften Republik – sorgte für mehr politische Stabilität.[48]

Ein weiteres Verfahren, die Demokratie moderner zu machen, war die Verbreiterung ihrer sozialen Basis durch den Ausbau des Wohlfahrtsstaates. Mit dem Hinweis darauf, dass während des Krieges die Regierungen doch schon einmal in die Ökonomien eingegriffen hätten, forderten Gewerkschaften, Intellektuelle und linke Medien nach 1945 lautstark die Verstaatlichung der Schlüsselindustrien. Doch aus den USA kam Gegendruck in Gestalt des Marshallplanes. Folglich unterblieb in wirtschaftlich wichtigen Ländern wie der Bundesrepublik Deutschland die Verstaatlichung der Produktion, denn man vertraute eher der Dynamik des Wettbewerbs in der freien Marktwirtschaft und trieb daher Letztere voran. England und Frankreich jedoch ließen sich nach dem Krieg zumindest auf einen massiven Ausbau des Wohlfahrtsstaates ein, um Soldaten wie Zivilisten für die Opfer zu entschädigen, die sie der nationalen Sache gebracht hatten. Sogar die Christdemokraten in Italien und Deutschland, die sich normalerweise in der rechten Mitte positionierten, zeigten sich bereit, nicht nur schon existente Zuwendungen wie Pensionen, Arbeitslosenversicherung und Gesundheitsfürsorge zu erhöhen, sondern auch weitere staatliche Leistungen zu erbringen. Auf diese Weise sollte den vielen Kriegsopfern geholfen werden, so den Witwen, Waisen, Veteranen und Vertriebenen. Indem sie Ungleichheit verringerten, milderten solche sozialen Maßnahmen die Klassenkämpfe, retteten den Kapitalismus und stärkten so die öffentliche Zustimmung zur Demokratie.[49]

Die erfolgreiche Erneuerung der Demokratie nach dem Zweiten Weltkrieg beruhte also auf einer Mischung aus Wohlfahrtsstaat und freier Marktwirtschaft, die charakteristisch für Europa wurde. Die Wiederbelebung der parlamentarischen Institutionen fiel in jenen westlichen Ländern am leichtesten, die bereits Traditionen der Selbstverwaltung entwickelt hatten; dabei spielte keine Rolle, ob es sich um formell konstitutionelle Monarchien wie Großbritannien oder Republiken wie Frankreich handelte. Aber die Wiedereinführung der Demokratie bei den besiegten Nationen machte ebenfalls langsam Fortschritte, was auch daran lag, dass Wähler aus Mittelschicht und konservativem Lager, die früher den Faschismus unterstützt hatten, zur Christdemokratie konvertierten. Erleichtert wurde die Erholung der Demokratie nach dem Kriege auch durch den lobbyistischen Einsatz der Gewerkschaften und der sozialdemokratischen Parteien für die Expansion des Wohlfahrtsstaates, der dem Bürgerbewusstsein eine soziale Basis gab. Das abschreckende Beispiel des stalinistischen Kommunismus ebenso wie die amerikanische Kombination aus Druck und Hilfe hielten den dynamischen Marktwettbewerb genügend in Gang, um den Nachkriegsboom auszulösen.[50] Obwohl ihre Beschaffenheit von Land zu Land beträchtlich variierte, sollte sich die europäische Nachkriegsdemokratie als widerstandsfähiger und stabiler erweisen als alle einschlägigen Versuche zuvor.

Kommunistisches Diktat im Osten

Der Aufstand in Ungarn, 1956

Am Morgen des 10. März 1948 wurde der tschechische Außenminister Jan Masaryk im Hof seines Amtssitzes, des Palais Czernin zu Prag, tot aufgefunden. Seine Leiche lag vierzehn Meter unterhalb des Badezimmerfensters seiner Dienstwohnung. Dort wiederum war eine Bibel an einer Passage des Galaterbriefes aufgeschlagen, die die erlösende Wirkung des Heiligen Geists beschreibt. Laut den Aussagen Vertrauter litt Masaryk unter starken Depressionen, seit zwei Wochen zuvor die Kommunisten die Macht ergriffen und die einzigen beiden Andersdenkenden in der Regierung, ihn selbst und den hochbetagten Präsidenten Edvard Beneš, an den Rand gedrängt hatten. Die Polizei erklärte, der Minister habe den Freitod gewählt; in der Öffentlichkeit aber regte sich der Verdacht, sowjetische Agenten hätten ihn ermordet – eine Theorie, die später durch forensische Beweise erhärtet wurde. Es hatte also wieder einen Fenstersturz in Prag gegeben – er erinnerte an jenen von 1618, der den Dreißigjährigen Krieg ausgelöst hatte. Was genau in jener Märznacht geschah, blieb eines der Geheimnisse des Kalten Krieges. Doch ob Selbstmord oder Mord – Masaryks Tod markierte eindeutig das Ende der Kooperation der Kommunistischen Partei mit ihren bürgerlichen Partnern und den Übergang zur unverhohlenen Diktatur unter dem neuen Präsidenten Klement Gottwald. Das Ereignis »versetzte der gesamten westlichen Welt einen großen Schock«, denn es signalisierte »eine Politik, die offensichtlich restlos zerstören wollte«, was in Osteuropa »an Freiheit noch übrig war«.[1]

Der militärische Sieg 1945 bescherte der Sowjetunion die Gelegenheit, ihren Kommunismus den von ihr eroberten Territorien und ihren Satellitenstaaten aufzuzwingen. Die erfolgreiche Abwehr der deutschen Aggression schien zu bestätigen, dass die kommunistische Ideologie richtig lag und dem Nationalsozialismus überlegen war; so ließ sich die bolschewistische Diktatur für ein weiteres halbes Jahrhundert zementieren. Der Vorstoß der Roten Armee ins Herz Mitteleuropas demonstrierte nicht nur den Aufstieg der Sowjetunion zur Großmacht, sondern schuf auch eine bewaffnete Besatzung, die man später in politische Dominanz umwandeln konnte. Zur Passivität verdammt, sahen die westlichen Regierungen zu; ihnen blieben nur papierene Proteste, denn es fehlten ihnen die Mittel, die Entwicklungen vor Ort zu beeinflussen. Im Osten wiederum waren von der Ostsee bis zum Schwarzen Meer viele Menschen dankbar, nicht mehr der Repression und dem Vernichtungswillen der Nazis ausgeliefert zu sein, während die Intellektuellen die Geschwindigkeit und das Ausmaß der sowjetischen Modernisierung bewunderten. Kurz, nach dem Ende des Krieges konnte Stalin endlich umzusetzen beginnen, was sein Rivale Trotzki ehedem gefordert hatte – die Revolution über die Grenzen der Sowjetunion hinaus zu exportieren.[2]

Mitteleuropäische Emigranten und westliche Kritiker attackierten die Errichtung der sowjetischen Hegemonie über Osteuropa und brandmarkten sie als *totalitär*. Unter *Totalitarismus* versteht eine wichtige politiktheoretische Denkschule im Westen eine Herrschaft, die einen uneingeschränkten Verfügungsanspruch über die von ihr Beherrschten stellt, womit Faschismus und Sowjetkommunismus gleichermaßen gemeint sind. Die Philosophin Hannah Arendt etwa zeigte sich erschüttert darüber, wie sich die diktatorischen Methoden der Nazis *und* der Sowjets in ihrem antidemokratischen Vorgehen ähnelten. Der Politikwissenschaftler Carl J. Friedrich hat eine Reihe charakteristischer Merkmale aufgelistet, die beiden totalitären Systemen eigen seien – darunter eine dominante Ideologie, eine von einem Diktator geführte Massenpartei, der Einsatz von Terror, das Gewalt- und Propagandamonopol des Staates und die Kontrolle der Ökonomie durch Planwirtschaft. Enttäuscht angesichts der Unterdrückung der Freiheit in den kommunistischen Ländern, schilderte der britische Autor George Orwell mit dramatischer Übersteigerung die Mechanismen der Repression in seinem dystopischen Roman *1984*. Auch die praktische Politik reagierte. Präsident Eisenhower gründete 1959 das »National Captive Nations Committee« (›Nationales Komitee für die unterdrückten Nationen‹), das sich für die langfristige Befreiung der osteuropäischen Länder von der Sowjetherrschaft einsetzte.[3] Indem der Westen es sich zur Aufgabe machte, gegen den Totalitarismus zu kämpfen, konnte er bestens rechtfertigen, dass er statt des Nationalsozialismus nun den Kommunismus zum Hauptfeind nahm. So wurde der Begriff selbst zu einer starken Waffe in den ideologischen Schlachten des Kalten Krieges.

Liberale Intellektuelle und kommunistische Sympathisanten hielten dagegen, dass die Totalitarismustheorie die Unterschiede zwischen den einzelnen Arten autoritärer Regime verwische und die Komplexität von deren Dynamiken vereinfache. Mit Verweis auf den Bezug der sozialistischen Utopie zur Aufklärung hoben linke Kommentatoren den konsequenten Antifaschismus der Kommunisten sowie deren ideologische Feindschaft zum Nationalsozialismus hervor. Gelehrte, die dem sowjetischen Projekt eine gewisse Legitimität zusprachen, verwiesen auf die Schwäche und Hinfälligkeit des zaristischen Staates, die rege Teilnahme des Volkes an der Revolution und die relative Normalität, die das Leben der meisten Menschen in der UdSSR kennzeichne. Unvermindert kritisch gegenüber dem Westen, lobten Sozialreformer die Verbesserung der Lebensbedingungen, die Wohlfahrtsleistungen, Gesundheitsfürsorge und vermehrten Bildungschancen, die im Kommunismus eine größere soziale Gleichheit ermöglichen würden als im Kapitalismus. Sie verglichen die tatsächlichen Funktionsweisen der sowjetischen mit der faschistischen Diktatur und fanden gewichtige Unterschiede in Ideologie, Langlebigkeit und mörderischer Auswirkung. Gegen den verallgemeinernden Befund einer umfassenden Repression zeichneten sie ein nuancierteres Bild von der Sowjetunion, die zwar eine »Fürsorgediktatur« sei, aber doch durchaus Elemente enthalte, die gegenüber den Westzuständen einen Fortschritt darstellten.[4]

Der Begriff »Sowjetisierung« bietet einen Ausweg aus dem Dilemma der Interpretation, denn er rückt die Transformation Osteuropas gemäß dem Modell der sowjetischen Moderne in den Fokus der Debatte. Zwar kam der Begriff als westliches Schimpfwort im Kalten Krieg auf, aber wenn man ihn analytisch benutzt, erkennt man ein östliches Gegenstück zum Terminus »Amerikanisierung«, der verwendet wird, um die Veränderungen im Westen zu kennzeichnen. »Sowjetisierung« lenkt die Aufmerksamkeit hin zum hegemonialen Einfluss, den die Sowjetunion auf ihre Satellitenstaaten ausübte. Betroffen waren vielerlei Bereiche: die politische Rhetorik, die Herrschaftsform, aber auch die Struktur der Ökonomie, die Muster der sozialen Interaktion und die kulturellen Stile. »Sowjetisierung« umfasst aber auch eine Mischung aus zwei Komponenten: *Zwang* (etwa die Diktate der Kominform, die Befehlsgewalt des Militärs, die Priorität der ökonomischen Bedürfnisse Russlands und lokaler kollektivwirtschaftlicher Einheiten) und die *freiwillige Imitation von Gebräuchen* (man trägt beispielsweise russische Pelzmützen, trinkt Wodka und isst Gerichte wie die Soljanka-Suppe). »Sowjetisierung« nimmt also Bezug auf die verschiedenen Vorgehensweisen, mit denen Ost- und Mitteleuropa durch das Projekt der kommunistischen Modernisierung transformiert wurden.[5]

Bestätigung des Kommunismus

Der hart errungene Sieg der Sowjets über die deutschen Invasoren im »Großen Vaterländischen Krieg« schien zu beweisen, dass die Ideologie des Kommunismus dem Nationalsozialismus und dem Kapitalismus überlegen war. Stalins Appell während des Krieges sowohl an den sozialistischen Internationalismus als auch an den russischen Nationalismus seiner einheimischen Zuhörer hatte beide Emotionen untrennbar zu einer neuen sowjetischen Identität verschmolzen. Dass die Sowjetunion einige Territorien hinzugewonnen hatte – die baltischen Staaten, ein Stück Finnlands, Ostpolen, die Hälfte Ostpreußens und Bessarabien –, machte den Triumph evident, denn es stellte die geografische Ausdehnung des Zarenreichs wieder her und erweiterte die russische Einflusszone bis in die Mitte Europas hinein. Mit massiven Denkmälern – vom Ehrenmal am Mamajew-Hügel in Stalingrad bis zu jenem im Treptower Park, Berlin – feierte die Sowjetunion den Mut ihrer Soldaten und ihren militärischen Sieg. Jedes Jahr am 9. Mai gab es ritualisierte Paraden zur Erinnerung daran, bei denen orden- und medaillenbehangene Kriegshelden zusammenkamen und zusahen, wie Truppen im Stechschritt vorbeidefilierten und endlose Reihen Panzer und Raketen daherzogen.[6] Mit solchen Gedenkveranstaltungen schuf sich die kommunistische Führung ein selbstbestätigendes Narrativ vom Sieg über den Faschismus, das, wie der Dissident Efim Etkind beklagte, die Diktatur der Partei für ein weiteres halbes Jahrhundert zementierte.

Der Wiederaufbau im Osten war aber trotzdem eine größere Herausforderung als der im Westen, denn der Vernichtungskrieg hatte umfassendere Zerstörungen zurückgelassen. Viele Gebiete zwischen Wolga und Elbe hatten zweimal verheerende Kämpfe erlebt, und die Taktik der verbrannten Erde – erst von den russischen Verteidigern angewandt, dann von der abrückenden Wehrmacht – hatte Felder ebenso verwüstet wie Fabriken. Außerdem war in Russland, Polen und Ostdeutschland der Blutzoll proportional höher; die Verluste dezimierten eine ganze Männergeneration empfindlich, was einen großen Teil der Wiederaufbauarbeit auf die Schultern der Frauen lud. Da Stalin das Hilfsangebot der USA zurückwies, weil er keinen amerikanischen Einfluss in seinem Machtbereich wollte, blieb der Sowjetunion nichts übrig, als ihre Wirtschaft ohne Unterstützung von außen zu regenerieren. Man musste innerhalb der sowjetischen Grenzen die Ressourcen zusammenkratzen, die man brauchte, um die verbrannten Städte und geschleiften Fabriken wiederzuerrichten. Die Felder lagen brach, das Vieh war tot, die Maschinen standen still – ein typisches Bild während jener Jahre. Es verwundert nicht, dass nach dem Kriege Hungersnöte die Sowjetunion heimsuchten; Menschen vegetierten in ausgehobenen Erdlöchern, bis wieder Häuser zur Verfügung standen. Obwohl sich Moskau nach außen hin als mächtiger Eroberer gerierte, kämpften im Inneren des Landes viele Russen ums nackte Überleben.[7]

Wegen dieser Probleme bestanden die Sowjets entschieden darauf, Reparationen zu erhalten. Teils sollten sie aus der laufenden Produktion beglichen werden, teils aber auch durch die Demontage deutscher Fabriken erfolgen. Die ursprüngliche Liste umfasste rund 1600 Betriebe; Deutschlands industrieller Output sollte auf in etwa drei Fünftel seines Vorkriegsniveaus reduziert werden. Die Russen wollten sich ihren Anteil von 10 Milliarden Dollar in Materialien teils aus ihrer eigenen Besatzungszone, teils aus dem Ruhrgebiet holen, aber der Westen hatte inzwischen sein Wiederaufbauprogramm gestartet und stoppte die Lieferungen. Dennoch nahmen die Sowjets rund 760 Fabriken aus Ostdeutschland mit, wobei sie besonders alles militärisch Verwendbare interessierte, etwa Einrichtungen für den Maschinenbau; daneben bauten sie an zahlreichen Eisenbahnlinien die zweite Spur und die Oberleitungen ab. Diese rücksichtslose Plünderung reduzierte die industrielle Kapazität der Sowjetzone auf zwei Drittel des Vorkriegslevels; damit nahm die UdSSR ausgerechnet jenem Proletariat die Lebensgrundlage, das sie ideologisch umwarb. Während ein Teil des Materials tatsächlich half, russische Produktionsstätten wieder instand zu setzen, blieb viel Gerät neben den Bahngleisen liegen und rostete dort vor sich hin, weil niemand es zu gebrauchen wusste.[8]

Der militärische Sieg hatte auch zur Folge, dass die sowjetische Herrschaft reichlich byzantinisch wurde: Ein Tyrann war umgeben von einem Heer schmeichelnder Kriecher, die gegeneinander intrigierten. Der Triumph verstärkte Stalins Reputation, vergrößerte seine Macht und befeuerte seine Paranoia. Ein Personenkult blühte auf, der sich in zahllosen Gemälden, Gedichten und Liedern äußerte und Stalin als weisen »Führer« (*woschd*) pries, der das Vaterland vor den Aggressoren gerettet hatte. Seine Fehler und die von ihm befohlenen oder in seinem Namen geschehenen Morde ignorierte man geflissentlich. Im Alter immer unflexibler, misstraute Stalin allmählich selbst seinen engsten Mitarbeitern; Altbolschewiken wie Wjatscheslaw Molotow sahen sich gezwungen, ihn zu umschmeicheln, denn wer seine Gunst verspielte, der verlor leicht auch das Leben. Sein Propagandachef Andrei Schdanow, der Leningrad als Generaloberst während der langen Belagerung erfolgreich verteidigt hatte und nun Kulturpolitik betrieb, zeigte sich besonders feindselig gegenüber künstlerischen Innovationen; experimentelle Dichtungen wie die Anna Achmatowas verbot er kurzerhand. Während seiner letzten Jahre fabulierte Stalin von einer »Ärzteverschwörung«: hochrangige, meist jüdische Ärzte in Kremlnähe hätten sich zum Ziel gesetzt, führende Sowjets zu ermorden. Die Hysterie steckte an, und bald gab es eine regelrechte antisemitische und antikosmopolitische Kampagne, die jeden, der Verbindungen ins Ausland besaß, zum Verdächtigen stempelte.[9] Der Triumph über Hitler verstärkte also die negativen Seiten des Stalinismus; in seiner Folge wurde der Sowjetkommunismus noch diktatorischer.

Die Freude über die Befreiung war von kurzer Dauer, denn die besagte Furcht vor dem Einfluss Fremder machte die sowjetischen Autoritäten immer intoleranter. Keineswegs alle Kriegsgefangenen fanden sich nach ihrer Heimkehr mit ihren Lieben vereint; Hunderttausende von ihnen wurden stattdessen in den Gulag verschleppt. Vielleicht hatten sie in Mitteleuropa ein besseres Leben erfahren, mutmaßte man, und hielt sie deshalb für potenziell subversiv. An den Universitäten waren die pseudowissenschaftlichen Lehren des Agrarbiologen Trofim Lyssenko im Schwange, denen zufolge man Pflanzen durch geänderte Umweltbedingungen neue Erbeigenschaften eingeben könne, um üppigere Ernten zu erzielen. Literatur von Autoren wie dem zutiefst patriotischen Boris Pasternak wurde verboten, andere, wie Alexander Solschenizyn, kamen ins Arbeitslager, weil sie Stalin kritisiert hatten. In der Architektur florierte der Historismus; man kopierte und kombinierte traditionelle Baurichtungen. Berühmtheit erlangte der »Zuckerbäckerstil«, der selbst für Wolkenkratzer in Moskau, Warschau und Ostberlin verwendet wurde. Nachdem der Sieg nicht die erhoffte Freiheit gebracht hatte, fasste Pasternak die weitverbreitete Enttäuschung unter den Intellektuellen in die Worte: »Wenn wir in einem bösen Traum all die Gräuel gesehen hätten, die uns nach dem Krieg erwarteten, wären wir beim Untergang Hitlers betrübt gewesen, dass Stalin nicht gleich hinterherfiel.«[10]

Die Begeisterung über den Sieg und Stalins Sicherheitsmanie trugen beide dazu bei, dass Russland sich nun militarisierte, trotz seiner nimmermüden Friedenspropaganda. Die Armee war in der Sowjetunion die Institution mit dem höchsten Prestige, band drei bis fünf Millionen Männer für Wehrzwecke und verschlang enorme ökonomische Ressourcen. Anfangs betrug die Dienstzeit drei Jahre, während derer die Wehrpflichtigen eine harte Ausbildung erhielten, woraufhin sie in ganz Osteuropa stationiert wurden; das Einsatzgebiet reichte von Polen bis Ostdeutschland und von der

Tschechoslowakei bis Ungarn. In der Annahme, der nächste Konflikt werde dem Krieg gegen die Wehrmacht gleichen, gestaltete man die russischen Streitkräfte primär als Landarmee. Doch auch die anderen Waffengattungen vernachlässigte man nicht: Die Luftwaffe erhielt eine neue Generation von Jagdflugzeugen, die »MiGs«, und die Marine stockte ihre U-Boot-Flotte auf. Das sowjetische Militär tat sein Bestes, mit dem technisch avancierteren Arsenal der USA Schritt zu halten; namentlich wollte es Raketen konstruieren und sich u. a. mit Hilfe gefangener deutscher Wissenschaftler zunächst die Atom- und dann auch noch die Wasserstoffbombe zulegen.[11] Im Glauben, nur militärische Schlagkraft garantiere Macht, schuf die Sowjetunion die größte Armee der Welt, unterstützt von einem riesigen militärisch-industriellen Komplex. Dies ging freilich auf Kosten der Verbesserung des Lebensstandards.

Die russische Hegemonie in Osteuropa etablierte sich also durch Gewalt, und sie spiegelte fast exakt die nazistische Vorgehensweise. Zuerst annektierte man direkt und kurzerhand Teile Finnlands und Rumäniens; dies verstetigte die Zugewinne aus dem Ribbentrop-Molotow-Pakt und erweiterte das sowjetische Territorium beträchtlich. Mit rücksichtslosen ethnischen Säuberungen vertrieben die Kriegsgewinner die bisherigen Einwohner der Gebiete und siedelten dort Menschen russischer Nationalität an; gleichzeitig führten sie vor Ort die kommunistische Einparteiendiktatur ein. Zweitens schuf man in den brutal besetzten Gebieten, deren Schicksal erst in einem künftigen Friedensvertrag entschieden werden sollte, eine sowjetische Militäradministration, die den Russen ihre Dominanz sicherte – so geschehen in Ostdeutschland. Kaum war diese Besatzung eingerichtet, begann auch schon der Prozess der Sowjetisierung, der in Ostdeutschland mit der Entnazifizierung in eins fiel. Letztere wiederum führte man vom sozialistischen Klassenstandpunkt aus; Großgrundbesitzer und Industrielle wurden enteignet und beseitigt. Die lokalen Kommunisten unterstützte man bei ihrem Projekt, die politische Macht zu ergreifen sowie die soziale und ökonomische Struktur der jeweiligen besetzten Nation zu transformieren. Drittens gebärdete sich die Sowjetunion selbst in nominell unabhängigen Satellitenstaaten wie Polen als repressiver Hegemon – durch die Stationierung von Truppen, durch die fleißige Arbeit der Geheimdienste und durch die Selbstdarstellung als »Ratgeber« der Bruderparteien, die sich doch in Wahrheit Moskaus Weisungen fügen mussten.[12]

Wer Hoffnungen auf die kommunistische Moderne gesetzt hatte, wurde herb enttäuscht: Im Osten brachte die Befreiung von der nazistischen Repression lediglich sowjetische Dominanz; die Betroffenen tauschten nur eine Diktatur gegen eine andere. Teilweise war diese Entwicklung tatsächlich der persönlichen Paranoia des alten Diktators Stalin geschuldet, der keine Einschränkung seiner Macht mehr duldete. Teilweise ist aber auch die Struktur des bolschewistischen Systems selbst zu kritisieren, denn dessen Einparteienherrschaft akzeptierte keine konkurrierenden Kräfte und begrenzte die politische Diskussion auf eine kleine Parteielite, innerhalb derer jeder fürchtete, als Abweichler zu gelten. Zudem verstärkte der Sieg über Hitler den Einfluss des sowjetischen Militärs, einer hierarchischen Institution, die ohne Zögern schon aus Gewohnheit Gewalt anwendete, um zu bekommen, was sie wollte. Gleichzeitig festigte die Ausdehnung der russischen Herrschaft auf Ost- und Mitteleuropa die Autorität eines imperialen bürokratischen Apparats, den man von den zaristischen Vorgängern geerbt hatte. Dass der Kommunismus in der Aufklärung wurzelte, merkte man seiner sowjetischen Nachkriegsinkarnation nicht unbedingt an. Vielmehr schien sie Lichtjahre entfernt von den utopischen Visionen der *lumières*, in denen es um Freiheit, Gleichheit und Brüderlichkeit gegangen war. Die Wirklichkeit der sowjetischen Version hatte so viele Defekte, dass sie letztendlich die Ideale des Sozialismus diskreditierte.[13]

Volksdemokratien

Während ihres Marsches auf Berlin wurde die Rote Armee vielerorts mit großem Jubel begrüßt, denn ihre Ankunft verkündete das Ende des nazistischen Alptraums. Die meisten Osteuropäer waren dankbar, dass die russischen Truppen »doch noch die Befreiung brachten«; endlich war man »diese Deutschen los«. Gerade konservative Patrioten zeigten sich begeistert von der Niederlage der Wehrmacht, denn sie hofften, nun könne ihr Land ein gewisses Maß an Unabhängigkeit zurückgewinnen. Gleichzeitig priesen Sozialisten vor Ort ihr glückliches Los, unter sowjetische Herrschaft zu kommen, die »dabei helfen würde, ein paar Veränderungen durchzuführen«. Derer bedurfte es auch, um den Sozialismus zu etablieren, was ohne die Unterstützung der Roten Armee unmöglich gewesen wäre. Dass die Mehrheit der Bevölkerung am liebsten zur Demokratie – westlichen Zuschnitts – zurückgekehrt wäre, wussten die Kommunisten nur zu gut. So freute sich etwa der polnische Marxist Jakub Berman, dass die Präsenz der Russen ihnen gewisse bürgerliche Rücksichten erspare; namentlich freie Wahlen sollten besser nicht stattfinden, »weil wir verlieren würden«. Vor deutschem Revanchismus, aber auch vor dem Unwillen ihrer eigenen Untertanen durch sowjetische Panzer geschützt, gingen die osteuropäischen Kommunisten nun daran, ihre eigene Form von Demokratie aufzubauen, die »Volksdemokratie«.[14]

Für die Deutschen und ihre Verbündeten grub sich die Niederlage als traumatische Erfahrung tief ins kollektive Gedächtnis, weshalb sie kaum den Wunsch aufkommen ließ, den Kommunismus zu unterstützen. Umsichtige russische Offiziere wie Lew Kopelew sorgten sich, die Rohheit der Racheakte der Rotem Armee könne gar zu viel Ähnlichkeit aufweisen mit der Brutalität der Nazi-Gräuel. Befeuert von antifaschistischer Propaganda, ermutigt vom Oberkommando ihres Heeres und enthemmt durch großzügige Wodkarationen, töteten die Soldaten oft ohne Unterschied und brandschatzten nach Belieben. In Deutschland zahlten sie mit Zins und Zinseszins zurück, was ihren eigenen Familien angetan worden war. Besonders perfide ließ man den Zorn an Frauen aus, indem man sie (sehr oft in Gruppen) vergewaltigte; manche Schätzungen sprechen von über zwei Millionen Fällen allein in Deutschland. Zusätzlich nutzten Einheiten, die aus den ärmeren Regionen der Sowjetunion kamen, die Gelegenheit zu umfassenden Plünderungen. Mit dem sprichwörtlich gewordenen Ruf »Uhri, Uhri!« forderten sie Armbanduhren ein; auch Fahrräder eigneten sie sich an, schlicht alles von nur irgendeinem materiellen Wert; was übrig blieb, wurde vandalisiert. Diese Akte der Zerstörung schufen einen tiefsitzenden Hass, der trotz aller Bekenntnisse zur »Völkerfreundschaft« nie völlig überwunden werden konnte. Der Begriff »Befreiung« umschrieb nun zwei unterschiedliche Sehnsuchtsziele: Für die einen bedeutete er das Begehren, den Sozialismus mit aufzubauen, für die anderen den radikal antikommunistischen Wunsch, sich der neuen Herren bald wieder zu entledigen.[15]

Die Ostmitteleuropäer reagierten ambivalent auf die Ankunft des Sowjetkommunismus, denn sie wollten abwarten, worauf die Sache tatsächlich hinauslief. Rund ein Drittel – hauptsächlich Arbeiter und Intellektuelle – begrüßten die Chance, ihre Gesellschaften zu reformieren, indem man die Klassenunterschiede abschaffte und Planwirtschaften ins Leben rief. Vom Westen enttäuscht und voller Hoffnung auf Hilfe seitens ihrer slawischen Brüder, zeigten sich die Tschechen besonders begierig, das sowjetische Modell anzunehmen. Ein weiteres Drittel – Bauern, Handwerker und Kaufleute – waren beeindruckt vom durchschlagenden Sieg der Roten Armee und daher bereit, dem Kommunismus eine Chance zu geben: Sollte er doch beweisen, ob er für mehr Frieden und Stabilität sorgen konnte als die gescheiterten Demokratien. Nur das letzte Drittel – überwiegend nationalistisch gesinnte Geschäftsleute, Freiberufler und der Klerus – äußerten sich skeptisch oder gar offen ablehnend. Da sie nicht nur die Gräuel der Nazis, sondern auch die der Bolschewiken erlebt hatten, wollten große Teile zum Beispiel der polnischen Elite nichts von einer Zusammenarbeit mit den Sowjets wissen; Reste der Heimatarmee führten sogar einen Guerillafeldzug gegen die russische Dominanz.[16]

Da der östliche Hegemon den moralischen Druck des Westens spürte, verfuhr seine Politik in den Satellitenstaaten zunächst nach einem gemischten Herrschaftsmodell, genannt »Volksdemokratie«. Diese wahrte formal bestimmte parlamentarische Elemente, doch war dafür gesorgt, dass nach und nach alles wie auf einer schiefen Ebene der Oberhoheit der einen kommunistischen Partei entgegenrutschte. Um die gemäßigten Parteien auszumanövrieren, förderten die Sowjets die Gründung der sogenannten »Nationalen

Front«. Ihr gehörten neben den Kommunisten auch Vertreter des Bürgertums und des Bauernstands an, doch Erstere hatten stets die Möglichkeit, indirekt Macht auszuüben, indem sie strategische Positionen in Polizei und Militär einnahmen. Um Wahlniederlagen zu vermeiden, wie sie ihren ungarischen Genossen im November 1945 widerfahren waren, fusionierten die eher kleinen kommunistischen Parteien mit den größeren sozialdemokratischen; laut offizieller Lesart sollte diese Maßnahme die historische Spaltung zwischen Sozialisten und Kommunisten überwinden. Jene Pseudokoalitionen wurden zusammengehalten durch einen verständlichen Hass gegen den Nazismus, eine weitverbreitete Furcht vor deutschen Racheakten und ernsthaftem Engagement beim Nachkriegswiederaufbau. In Ostdeutschland etwa fusionierten Kommunisten und Teile der Sozialdemokratie zur Sozialistischen Einheitspartei Deutschlands, kurz SED. Mit erstaunlicher Offenheit formulierte der ostdeutsche Diktator Walter Ulbricht das allgemeine Prinzip dieses Übergangskurses: »Es muss demokratisch aussehen, aber wir müssen alles in der Hand haben.«[17]

Die Sowjetische Besatzungszone in Deutschland, die SBZ, war insofern ein Spezialfall, als aus ihr, wie sich erst nach und nach erwies, ein zweiter deutscher Staat wurde, die Deutsche Demokratische Republik (DDR). Anfangs schwankte Stalin zwischen zwei Alternativen: Sollte er seine Eroberung als Verhandlungsmasse benutzen – mit der Offerte, die Bundesrepublik und die DDR dürften sich zusammenschließen, wenn das dergestalt wiedervereinigte Deutschland entmilitarisiert würde und neutral bliebe? Oder sollte er die SBZ zum kommunistischen Vorzeigeprojekt ausgestalten, dessen Attraktivität den Sozialismus auch im Rest des Landes verbreiten könnte? Da er sich für den letzteren Weg entschied, musste die Sowjetzone höhere und widrigere Hindernisse überwinden als ihre Nachbarn gleicher Couleur: Sie war schließlich Teil einer geschlagenen und geteilten Nation, die ihre östlichen Territorien verloren, Millionen von Flüchtlingen aufzunehmen und enorme Reparationen zu zahlen hatte. Die aus dem Exil zurückkehrenden Kommunisten, die bald die »Gruppe Ulbricht« bildeten, und ebenso jene Genossen, denen im Inland zu überleben gelungen war, verkündeten gleichwohl, sie wollten »ein besseres Deutschland« schaffen als jenes, das sich im kapitalistischen Westen zu entwickeln begann. Da sie aber weder bei den Kommunal- noch den Landtagswahlen 1946 genügend Stimmen bekamen, entschieden sie sich, das parlamentarische System zu untergraben, indem sie einen »Nationalen Block« bildeten, dessen Sitzverteilung im Vorhinein festgelegt war. Wie andere orthodox kommunistische Staaten interpretierte auch die DDR »Demokratie« nicht als Herrschaft *des* Volkes, sondern als Herrschaft *für* das Volk, ausgeübt durch die Staatspartei SED.[18]

Schon während der ersten Beseitigung der Kriegsschäden begannen die ostdeutschen Kommunisten, die Fundamente für den künftigen Aufbau des Sozialismus zu legen. Eine um die andere Maßnahme drängten die marxistischen Eiferer unter dem Deckmantel der Entnazifizierung der widerstrebenden Bevölkerung auf. Im Gegensatz zur westlichen Praxis, individuelle Schuld zu bestrafen, nahm sich der Osten Kollektive vor: Die Beseitigung der NS-Täter und -Kollaborateure sollte gleichzeitig deren Klassenbasis eliminieren. Mit ihnen glaubte man den Kapitalismus zu treffen, da man Nazis und Faschisten für besonders rabiate Vertreter desselben hielt. In dieser Hinsicht wirkte Georgi Dimitroffs Theorem von 1935 nach, der den Faschismus definiert hatte als »terroristische Diktatur der am meisten reaktionären, chauvinistischen und imperialistischen Elemente des Finanzkapitals«. Konkret hieß dies, dass man die »Junker« (d. h. die Großgrundbesitzer) als Gruppe enteignete und ihre Latifundien an landlose »Agrarproletarier« verteilte. Ebenso mussten die Fabriken den Kapitalisten weggenommen und die Industrien verstaatlicht werden, um die Produktionsmittel unter die Kontrolle der Arbeiter zu bringen. Die Maßnahmen gipfelten in der Einführung der Planwirtschaft, die man nun sukzessive nach sowjetischem Modell implementierte. An die Stelle der wettbewerbsbestimmten Marktökonomie traten Produktionsziele, die von der Regierung vorab festgelegt wurden.[19]

Viele Intellektuelle beiderseits des Eisernen Vorhangs gerieten ins Schwärmen über diesen Neuanfang, der den sozialistischen Traum zu verwirklichen versprach. Nicht wenige linke Autoren wie

Stefan Heym oder Bertolt Brecht, die aus dem US-Exil zurückkehrten, wählten bewusst die DDR als ihre neue Heimat; Holocaust-Überlebende wie Tadeusz Borowski und Marcel Reich-Ranicki eilten herbei, weil sie helfen wollten, Polen zu revolutionieren. Drei Aspekte erschienen den Linksintellektuellen besonders attraktiv. Erstens glaubten sie, dass der Aufstieg der Kommunisten, die den Faschismus am entschiedensten bekämpft hatten, einen Rückfall in den Rassismus verhindern werde. Zweitens sahen sie sich selbst innerhalb des edlen Experiments, eine egalitäre Gesellschaft ins Leben zu rufen, als federführend in seiner Umsetzung. Und drittens imponierte ihnen, dass die neuen Machthaber den unteren Schichten einen Zugang zur Bildung eröffneten – da könnte doch eine wahre Volkskultur entstehen, eine Kultur, die das Volk sich zu erschließen imstande wäre; so ließe sich die Kluft zwischen Elite und Massen überbrücken. Andere, klarsichtigere Beobachter wie der polnische Schriftsteller Czesław Miłosz bemerkten rasch die trügerische Natur der sozialistischen Modernisierung: »Was in Russland passiert und in den von ihm abhängigen Ländern, ist eine neue Art Irrsinn.«[20]

Während der ersten Nachkriegsjahre zogen die Sowjets in ihrer Einflusszone langsam die Zügel an, denn sie waren zunehmend bereit, westlichen Einspruch zu ignorieren. Was als Befreiung durch die Rote Armee begonnen hatte, wurde sukzessiv militärische Besatzung, materieller Wiederaufbau und soziale Transformation. In den Satellitenstaaten befürwortete eine breite Koalition von Sozialisten, Nationalisten und Opportunisten die kommunistische Dominanz, weil sie ihnen ein besseres Leben für die Zukunft versprach. Sogar bürgerliche Demokraten wie Victor Klemperer, die mit Mühe das Dritte Reich überlebt hatten, waren überzeugt, dass man in die SED eintreten müsse, um den Neuanfang zu unterstützen. Dass die Sowjets Gewalt einsetzten und sich wenig um die Menschenrechte scherten, rechtfertigte man mit dem Hinweis, solche Maßnahmen seien notwendig, um den Widerstand uneinsichtiger Traditionalisten zu brechen. Hatte man sich auch ehedem für die braunen Machthaber engagiert, genügte eine persönliche Bekehrung, kam sie nur glaubwürdig genug daher wie die der jungen

Christa Wolf, um den Nazi-Makel zu tilgen und am heroischen Projekt des Aufbaus einer neuen Gesellschaft teilnehmen zu dürfen. Nur ein paar kritische Kommentatoren wie Arthur Koestler bemerkten, dass der Kommunismus, jener »Gott, der keiner war«, eine neue Form der Knechtschaft brachte.[21]

Die Sowjetisierung des Blocks

Die russische Dominanz über Osteuropa führte dazu, dass dort durchgehend – teils erzwungen, teils freiwillig – das Modell der sowjetischen Moderne angenommen wurde; gleichzeitig verhinderte sie erfolgreich, dass irgendein Land einen eigenen, nationalen Weg zum Sozialismus fand. Stalin selbst gestand ein: »Dieser Krieg ist nicht wie in der Vergangenheit; wer immer ein Gebiet besetzt, der erlegt ihm auch sein eigenes gesellschaftliches System auf.« Die sichtbare Präsenz der Roten Armee und die unsichtbaren Aktivitäten des NKWD etablierten eine Kontrolle, an der sich kaum rütteln ließ. Hinzu kamen die Diktate, mit denen das Kominform das Verhalten der Bruderparteien lenkte, und die von den politischen Ratgebern in den russischen Botschaften erteilten Befehle. Gleichzeitig begannen viele Osteuropäer, den sowjetischen Stil zu imitieren, was Essen und Trinken, Kleidung, Verhalten und Aussehen betraf. Um zu erkunden, was sozial und kulturell angesagt war, spähte man nicht mehr nach London oder Paris, sondern nach Moskau. Wenn beispielsweise transnationale Kontakte gepflegt wurden, geschah das meist über Delegationen, die die Freundschaft zwischen ihren Ländern bekräftigten, indem sie üppige Bankette mit reichlich Wodka veranstalteten. Dieser Konterpart zur Amerikanisierung veränderte sowohl Substanz und Erscheinungsbild als auch Alltagsleben, und er vollzog sich in einer seltsamen Mischung aus kommunistischer Modernisierung und stalinistischer Repression.[22]

Der erste Schritt zum Oktroi des sowjetischen Modells war die unverhohlene Errichtung einer »Diktatur des Proletariats« nach dem Staatsstreich der tschechoslowakischen Kommunisten Februar 1948. Da der Kalte Krieg Zugeständnisse an den Westen überflüssig gemacht hatte, ergriffen teils rein kommunistische Vereinigungen wie die tschechoslowakische KP, teils kommunistisch-sozialdemokratische Pseudoallianzen wie die polnische ZPR, die deutsche SED und die »Partei der Ungarischen Werktätigen« nun formell die Macht in ihren jeweiligen Ländern. Ihre Generalsekretäre Klement Gottwald, Bolesław Bierut, Walter Ulbricht und Mátyás Rákosi wurden praktisch Alleinherrscher, die mittels ihrer Parteien den Regierungsapparat kontrollierten. Um ihr fehlendes Charisma zu kompensieren, machten sie jegliche Opposition mundtot, reduzierten die anderen Parteien zu einem Schattendasein und höhlten die parlamentarischen Funktionen aus. Gleichzeitig brachen sie die in der Verfassung garantierten Bürgerrechte, indem sie Zensur ausübten, Diskussionen verboten und alle öffentlichen Versammlungen außer denen ihrer eigenen Richtung ächteten. Innerhalb der in letzter Zeit deutlich angewachsenen kommunistischen Parteien waren Debatten kaum noch möglich, denn es gab das Fraktionsverbot, und den Vorgaben aus Moskau hatte man strikt Folge zu leisten.[23] Während der frühen 1950er sah sich die osteuropäische Politik reduziert auf die Konformität, die für den späteren Stalinismus typisch war.

Der zweite Streich bestand in der systematischen Unterdrückung der Zivilgesellschaft, sodass die kommunistischen Verbände die alleinige Kontrolle über das soziale Feld innehatten. In der Deutschen Demokratischen Republik etwa wurden die Gewerkschaften zu einer einzigen Organisation zusammengelegt, dem Freien Deutschen Gewerkschaftsbund, der keine Arbeiterinteressen mehr repräsentierte, sondern Befehle an das Proletariat weiterreichte. Seine harten Vorgaben versüßte man den Betroffenen durch ein paar Vergünstigungen wie Bonuszahlungen, subventionierte Urlaubsreisen samt reservierten Hotelzimmern und Ferienwohnungen. Ebenso verfuhr man mit der bunten Vielfalt der Jugendgruppen, die von den Pfadfindern bis zu Segelklubs reichte. Auch sie bündelte man in einer einzigen Jugendorganisation, der Freien Deutschen Jugend (FDJ), die ideologische Indoktrination mit Freizeitangeboten kombinierte. Diverse andere, nicht minder parteidominierte Organisationen, so der »Demokratische Frauenbund Deutschlands« (DFD), versuchten ebenfalls eine bestimmte Klientel anzusprechen, wobei sie freilich zusahen, dass ihre Forderungen nicht mit der kommunistischen Politik in Konflikt gerieten.[24] Diese Freizeitaktivitäten mit gleichzeitiger Indoktrination zogen endlose Zwistigkeiten mit der katholischen und der evangelischen Kirche nach sich, die beide auf mehr Autonomie bestanden. Was immer die Bürger im gesellschaftlichen Leben tun wollten, das mussten sie, bildlich gesprochen, durch die Kanäle der Parteiorganisationen zwängen.

Ein weiteres Element der Sowjetisierung war die Einführung der Planwirtschaft, die die Kontrolle der Arbeiter über das ökonomische Geschehen sichern und das Wunder der russischen Industrialisierung wiederholen sollte. Um größere, mechanisierte Agrareinheiten zu schaffen, wurde die Landwirtschaft überall kollektiviert – außer in Polen, dessen Kleingrundbesitz fortbestand. Die Übertragung des industriellen Modells auf den Landbereich erleichterte zwar die Massenproduktion von Getreide und Fleisch, bot aber wenig Raum für Eigeninitiative. Ähnlich ließ die Nationalisierung von Industrie und Handel einen gewaltigen Sektor staatseigener Betriebe entstehen. Die Arbeiter waren aber keineswegs freier als vorher, da sie nun unter neuerlicher Kontrolle standen, ausgeübt von Gewerkschaft, Partei und Regierungsbürokratie. Jetzt gab es Fünfjahrespläne auch im nichtsowjetrussischen Osteuropa, um eine Schwerindustrie-Basis aus Kohleförderung und Stahlproduktion zu schaffen, immerhin Grundvoraussetzung für den Nachkriegswiederaufbau. Vernachlässigt wurde jedoch die Herstellung von Konsumgütern. Außerdem legten die Eliminierung des Marktwettbewerbs, die Beseitigung des Prinzips von Angebot und Nachfrage, das Ignorieren der Kosten bei der Preisgestaltung und das Fehlen von Anreizen auf allen Ebenen die Entscheidungen in die Hände der Planer, die oft die Bedürfnisse und Wünsche der Kunden nicht richtig einschätzten.[25]

Schließlich griff die Dominanz des sowjetischen Modells sogar auf den weniger materiellen Bereich der Kultur über, weshalb intellektuelle Debatten und künstlerische Kreativität stagnierten. Dass man die großen russischen Schriftsteller oder Komponisten studierte, ist gewiss auch von heutigem Standpunkt aus kaum zu beanstanden. Dass aber Dichter wie Johannes R. Becher und Philosophen wie György Lukács zur ideologischen Lähmung alles Geistigen und Kulturellen beitrugen, ist verwerflich. Das Dogma des Marxismus-Leninismus durchdrang nicht nur alle Schulen, sondern schränkte auch gravierend die Freiheit von Forschung und Lehre an den Universitäten bzw. Akademien ein.[26] Paradoxerweise geriet ausgerechnet der Stil, der dem gesellschaftlich Neuen künstlerisches Gepräge geben sollte, der Sozialistische Realismus, ausgesprochen kleinbürgerlich, zumal er jegliches modernistische Experimentieren ablehnte. Appelle wie »Greif zur Feder, Kumpel, die sozialistische deutsche Nationalkultur braucht dich!« sollten eine authentische Literatur der Arbeiterklasse schaffen, aber die Erzeugnisse solcher Aktionen waren weitgehend belanglos. Das Denken und die Sprache litten überdies darunter, dass man ständig und überall die Klassiker des Marxismus-Leninismus zitieren musste oder wollte. Vereinigungen wie der Schriftstellerverband und der Kulturbund hielten die kreativen Geistesarbeiter bei der Stange, indem sie etwa mit Publikationsmöglichkeiten und Auslandsreisen lockten. Der Prozess der Neuorientierung kulminierte in der Entwicklung und Pflege kultureller Bindungen zum großen östlichen Nachbarn in den Sektionen der Gesellschaft für Deutsch-Sowjetische Freundschaft.[27]

Die Sowjetisierung setzte sich keineswegs nur dank eines Zwangs von oben durch, vielmehr fand sie bei einer lautstarken Minderheit auch Unterstützung von unten. Die überlebenden Kommunisten – teils aus den KZs befreit, teils aus dem antifaschistischen Untergrund, teils aus ihren sowjetischen oder westlichen Exilen zurückgekehrt – waren die entschiedensten Befürworter einer sozialen Revolution. Sie konnten auf viele Angehörige der Arbeiterbewegung zählen, die hofften, nun endlich ihre egalitären Ziele verwirklichen zu können – mit Hilfe des Großen Bruders in Moskau. Natürlich hatten die »Neubauern«, denen Land aus den aufgelösten Agrarbesitztümern des Adels zugewiesen worden war, ebenfalls ein beträchtliches Interesse am Erfolg des Regimes. Hinzu kam, dass eine Reihe von Intellektuellen wie die »Neulehrer« den

Marxismus-Leninismus als Ideologie übernahm, weil ihnen so die Aufgabe im Staate zuwuchs, die kommunistischen Klassiker für die Massen zu interpretieren. Dann gab es noch Opportunisten, die ihre Karrieren voranzubringen suchten, indem sie das siegreiche sowjetische Modell imitierten. Der größte Teil der osteuropäischen Bevölkerung indes hielt sich von der Politik fern und konzentrierte sich darauf, das eigene Leben in Ordnung zu bringen.[28] Daher verwundert es nicht, dass die verbliebenen Antikommunisten in den Kirchen, älteren Parteien und nationalistischen Zirkeln immer weniger Rückhalt fanden.

Äußerlich manifestierte sich die Blocksolidarität durch die ökonomische Kooperation im Comecon und im militärischen Bündnis des Warschauer Pakts. Längst hatten die kommunistischen Parteien sich angewöhnt, dass ihre Führer sich zu bilateralen Gesprächen und multilateralen Beratungen auf Kongressen der bolschewistischen Partei in Moskau trafen. Doch als der Westen 1949 die »Organisation für europäische wirtschaftliche Zusammenarbeit« ins Leben rief, beschloss Stalin, weiter zu gehen, und gründete den »Rat für gegenseitige Wirtschaftshilfe«, besagten Comecon oder RGW. Dieser Bund zwischen der Sowjetunion und ihren Satellitenstaaten, die ja alle dem gleichen planwirtschaftlichen Modell folgten, sollte den Handel miteinander intensivieren. Als Westdeutschland der NATO beitrat, formalisierte auch Moskau seine Kooperation mit sieben anderen osteuropäischen Ländern, darunter Albanien und Rumänien. Der 1955 geschlossene Beistandsvertrag erhielt den Namen »Warschauer Pakt«, weil die Signatarstaaten ihn in der polnischen Hauptstadt unterzeichneten.[29] Die beiden Organisationen boten ein beeindruckendes Bild vereinter Stärke; dennoch waren sie eindeutig von der Sowjetunion als dem größten Mitglied dominiert und dienten nicht unwesentlich dem Ziel, die russische Hegemonie zu institutionalisieren. Trotzdem gab es im Osten Spannungen, was Ziele und Methoden betraf; namentlich das sozialistische Jugoslawien zeigte sich eigenwillig, etwa indem es dem Warschauer Pakt erst gar nicht beitrat.

Während des ersten Nachkriegsjahrzehnts transformierte eine Kombination aus Zwang und freiwilliger Imitation Ost- und Mitteleuropa gemäß dem sowjetischen Modell der Moderne. Der Marxismus-Leninismus, wie die Sowjetunion ihn interpretierte, lieferte das ideologische Band und rechtfertigte Moskaus Dominanz. Da die östlichen Währungen auf dem Weltmarkt nicht frei konvertibel waren, verkümmerte der Handel mit dem Westen; stattdessen trieb man nun bilateralen Geschäftsverkehr mit der Sowjetunion und tauschte Sachlieferungen mit den anderen Comecon-Ländern. Ferner rechtfertigte der Warschauer Pakt die Dauerstationierung sowjetischer Truppen in den meisten der Satellitenstaaten und bot eine integrierte Verteidigungsdoktrin; den entsprechenden Ernstfall probte man in jährlichen Manövern, bei denen die militärische Koordination zwischen den Mitgliedern getestet wurde. Der Propagandaleim, der den Sowjetblock zusammenhielt, war die Furcht vor einem revanchistischen Westdeutschland. Reißerischen Plakaten zufolge hatten dort NATO-Generäle das Sagen, ehemalige Nazis zumeist, und üble US-Kapitalisten finanzierten diese Bedrohung. Doch gerade als Moskaus Vorherrschaft unanfechtbar schien, begannen die Chinesen die sowjetische Orthodoxie mit einer neuen Version des Agrarkommunismus herauszufordern, die durchaus Exportchancen besaß, denn sie passte offenbar besser zu Ländern wie Korea und Vietnam.[30]

Entstalinisierung

Im März 1953 starb Josef Stalin. Es entbrannte ein heftiger Nachfolgestreit, den am Ende der temperamentvolle Nikita Chruschtschow für sich entschied, indem er versprach, die Repression zu mildern, ohne die Kontrolle aufzugeben. Ein früher Favorit, Ex-Geheimpolizeichef Lawrenti Beria, war verräterischer Aktivitäten verdächtigt und von Armeeangehörigen erschossen worden. Den zweiten Konkurrenten, Premierminister Georgi Malenkow, schob man mehr und mehr zur Seite, da man ihm ein schlechtes Management der Ökonomie vorwarf. Mehr Geschick bei der Bewerbung um das hohe Amt bewies der 59-jährige Chruschtschow; im September 1953 ernannte ihn die Partei dann endlich zu ihrem Ersten Sekretär.

Der 1894 Geborene, gelernter Maschinenschlosser, hatte seinen Aufstieg als Politkommissar für die Ukraine erlebt, gegen deren Nationalisten er kämpfte. Er war auch an den Säuberungen beteiligt gewesen, doch hatte er inzwischen begriffen, dass eine neue Führung sich von Stalins Exzessen distanzieren musste. Die Kommunisten konnten sich nur an der Macht halten, wenn sie sich weniger repressiv gerierten. Chruschtschow kultivierte eine populistische, bodenständig-hemdsärmelige Attitüde, die ihm im politischen Geschäft der nächsten Jahre zugutekam. Zu leisten war ein außergewöhnlicher Balanceakt: Einerseits musste der Erneuerer einige der Verbrechen seines Vorgängers zugeben, um dem Zorn und dem Entsetzen, die der Gulag ausgelöst hatte, Rechnung zu tragen; andererseits hieß es, der öffentlichen Kritik eindeutige Grenzen zu setzen, denn die kommunistische Partei sollte ja unbedingt die Kontrolle behalten.[31]

Während der letzten Jahre des Stalin-Regimes hatte sich Unzufriedenheit im Sowjetblock aufgebaut, ohne ein geeignetes Ventil zu finden. In der Sowjetunion frustrierte die langsame wirtschaftliche Erholung die Bürger ebenso wie die hohen Kosten, die das durch den Kalten Krieg erzwungene Wettrüsten forderte. Auch hinterließ die Willkürlichkeit der Säuberungen eine Spur von Furcht, und das Gefühl verstärkten die Erzählungen derer, die nun aus den Lagern zurückkehrten und schilderten, was sie dort erlitten hatten. Zudem brachte die Zensur im kulturellen Bereich viele Intellektuelle gegen das System auf, selbst jene, die den Sozialismus im Prinzip unterstützten. Unter den Bürgern der besiegten NS-Alliierten, namentlich den ungarischen, brodelte nationalistischer Zorn über die russische Dominanz; die Sowjetisierung erschien ihnen als das Überstülpen eines fremden Modells. Gleichzeitig wurden bei der Errichtung der Diktatur und dem Aufbau des Sozialismus, der Kollektivierung und Industrialisierung zahllose Dissidenten staatlich unterdrückt, auch in Polen und der Tschechoslowakei; viele flohen in den Westen. Ferner schuf die Verfolgung der Kirchen Märtyrerfiguren wie Kardinal József Mindszenty und entfremdete gläubige Christen dem kommunistischen Regime. Nur westliche Medien wie Radio Free Europe in München oder der Rundfunk im amerikanischen Sektor (RIAS) in Westberlin konnten dieser Unzufriedenheit eine Stimme geben.[32]

Überraschenderweise ereignete sich der erste Ausbruch in Ostberlin, am 17. Juni 1953, als Arbeiter eine Revolte gegen die SED-Diktatur wagten. Der Versuch eines »beschleunigten Überganges« zum Sozialismus ging in der DDR mit besonderen Problemen wie Lebensmittelknappheit, Unterdrückung Andersdenkender und Verfolgung der protestantischen Kirche einher. Als die Regierung die Arbeitsnormen erhöhte und damit die Löhne senkte, traten Berliner Bauarbeiter in den Streik. Sie marschierten über die Stalinallee, den Prachtboulevard des Regimes, und verlangten die Rücknahme der Kürzungen. Während der Demonstration wuchs die Menge auf fünfundzwanzigtausend Menschen an, und die Forderungen eskalierten: Politische Reformen sollten her, »freie Wahlen«, gar die »deutsche Wiedervereinigung«. Über die westlichen Medien verbreitete sich die Unruhe rasch in anderen Regionen Ostdeutschlands, bis sie rund fünfhundert größere und kleinere Städte erfasste, deren zornige Bürger Parteifunktionäre verprügelten und Gefangene befreiten. Um seine Herrschaft fürchtend, appellierte das DDR-Politbüro an die Sowjets, auf deren Geheiß Panzer der Roten Armee heranrollten und die Erhebung niederschlugen. Der Aufstand, für die Regierenden ein »konterrevolutionärer Putschversuch«, zeitigte harte Folgen: Rund fünfundsiebzig Menschen wurden getötet, etwa sechzehnhundert inhaftiert. Der Vorgang ließ die SED traumatisiert zurück, denn er hatte gezeigt, dass es mit der Legitimität ihrer Macht nicht weit her war.[33]

1956 rang sich Chruschtschow endlich zum entscheidenden Schritt durch: Er brandmarkte die Exzesse der Herrschaft Stalins, um das kommunistische Projekt zu rehabilitieren. Auf dem 20. Parteitag der KPdSU hielt er am 20. Februar 1956 in vertrautem Kreis eine leidenschaftliche Rede über »den Personenkult und seine schädlichen Folgen«. Vier Stunden ging auf die Delegierten ein rhetorisches Donnerwetter nieder, in dem der Erste Sekretär seinem Vorgänger leidenschaftlich »Intoleranz«, »brutale Gewalt«, »Missbrauch der Macht« und mehr vorwarf. Die Anklage gegen Stalins skrupellose Machtstrategie, die von »Repressionen« bis zur »physische[n] Vernichtung« gereicht habe, wurde eine wahre Litanei. Sie begann mit der Beseitigung einzelner Bolschewiken der ersten Stunde, fuhr fort mit der von Stalin verfügten Deportation ganzer Völker und schloss mit der exzessiven Verehrung, welche die Partei Stalin habe zukommen lassen. Der Redner lieferte detaillierte Beispiele dafür, wie die Rolle Stalins im Großen Vaterländischen Krieg übertrieben und seine Person propagandistisch zu einem monumentalen Helden erhöht worden sei. Zwar hatte ein innerparteiliches Komitee dieses Belastungsmaterial vorbereitet, doch schockierte es viele Funktionäre, denn hinter dem Schleier des Schweigens, den Chruschtschow nun fortriss, lag eine ganze Reihe von Übergriffen, an denen sie selber teilgenommen hatten.[34] Bisher war Stalin im quasi-religiösen Glaubenssystem des Marxismus-Leninismus eine Art Führungsheiliger gewesen, aber Chruschtschows beherzte Attacke auf den »Personenkult«, in die Geschichte eingegangen als die »Geheimrede«, stürzte ihn von diesem Sockel. Eigentlich wollte Chruschtschow mit jener Philippika ja dem Kommunismus neues Leben einhauchen, indem er sich von dessen vorherigen Verbrechen distanzierte. Allerdings fanden einheimische Dissidenten und ausländische Kritiker in ihr vor allem ihre schlimmsten Befürchtungen offiziell bestätigt.

Indem er dergestalt die Entstalinisierung ermutigte, stieß Chruschtschow nicht nur innerhalb des politischen Sektors eine kritische Auseinandersetzung mit der Vergangenheit an, sondern er initiierte auch eine kulturelle Liberalisierung in der Sowjetunion, die in den Satellitenstaaten ebenfalls Hoffnung auf eine offenere Form des Sozialismus weckte. Es schloss sich nun eine Phase an, die als »Tauwetter« Berühmtheit erlangte; die Bezeichnung war dem Titel eines Romans von Ilja Ehrenburg aus dem Jahre 1954 entlehnt. Während dieser Periode wurden nicht nur Stalin-Denkmäler gestürzt, Örtlichkeiten, die zeitweise den Namen Stalins getragen hatten, wieder umbenannt und Gefangene aus dem Gulag entlassen, die staatlichen Autoritäten erlaubten auch mehr Experimente in den Künsten und lockerten ihre Zensur. Endlich konnten Konzert- und Opernhäuser die innovativen Kompositionen Dmitri Schostakowitschs und Sergei Prokofjews öffentlich spielen. Zwar blieb Pasternaks *Doktor Schiwago*, inzwischen in Italien gedruckt, verboten, aber Alexander Solschenizyns *Ein Tag im Leben des Iwan Denissowitsch* konnte erscheinen. Plötzlich lagen Regisseuren, deren Filme die Schrecken des Krieges zeigten, keine Steine mehr im Weg. Kalatosows *Die Kraniche ziehen* etwa gewann sogar bei den Filmfestspielen von Cannes 1958 die Goldene Palme. Bands durften Musik in US-amerikanischem Stil spielen, Jugendfestivals brachten ausländische Besucher herein, und es nahmen mehr Ost-Athleten an Weltmeisterschaften und Olympischen Spielen teil.[35] Die dem Sozialismus zugeneigten Intellektuellen schöpften Hoffnung: Vielleicht war es dem Sowjetkommunismus doch gegeben, sich in eine freiheitliche Richtung zu entwickeln.

Als polnische Arbeiter in der Stadt Posen Ende Juni 1956 die neue Freiheit austesteten, mussten sie freilich rasch lernen, dass die Kommunisten unverändert bereit waren, mit Gewalt zu reagieren, wenn man ihre Macht ernsthaft in Frage stellte. Während Intellektuelle wegen ideologischer Einschränkungen grollten, traten die Beschäftigten der Posener Stahlbetriebe, die immer noch »Stalinwerke« hießen, in Streik und forderten bessere Verpflegung sowie höhere Löhne. Der allgemeine Unmut über die politische Repression und die ärmlichen Lebensbedingungen trieb rund einhunderttausend Sympathisanten zu einer Demonstration auf den Marktplatz der Stadt. Die Unzufriedenen stürmten das Hauptquartier der Polnischen Vereinigten Arbeiterpartei, entwaffneten die Polizei und öffneten die Gefängnistore. Um zu verhindern, dass die Dinge gänzlich aus dem Ruder liefen, befahl Konstantin Rokossowski – Armeechef und Verteidigungsminister seines Landes, gleichzeitig quasi Moskaus Statthalter in Polen – 400 sowjetische Panzer in die Stadt; sie sollten dort das niederkämpfen, was die Propaganda als einen Akt »deutscher Provokateure« hinstellte. Mindestens 57 Menschen wurden getötet, circa 600 verletzt und 250 inhaftiert. Damit sich die Unruhe nicht weiterverbreitete, erlaubten die Sowjets anschließend die Ernennung des innovationswilligen Władysław Gomułka zum Ersten Sekretär der Arbeiterpartei, der auch gleich ein paar – sich sehr im Rahmen haltende – Reformen initiierte.[36] Nichtsdestoweniger waren die Reaktionen auf die Posener Proteste eine Warnung an alle Untertanen, es mit der Entstalinisierung nicht zu weit zu treiben.

Die nächste größere Erhebung erfolgte Oktober 1956 in Ungarn. Sie bedeutete eine noch größere Herausforderung an die sowjetische Dominanz, denn eine ganze Nation lehnte sich auf. Ungarn hatte zweimal einen Krieg verloren – erst als Teil der Doppelmonarchie, dann als souveräner Staat – und war danach um etliche von nichtungarischen Ethnien besiedelte Territorien geschrumpft. Für all dies machten viele Ungarn, namentlich in Budapest, den Kommunismus mitverantwortlich, weshalb er dort nie besonders populär war. Am 23. Oktober bekundeten oppositionelle Studenten vor dem Budapester Parlament ihren Unmut über die politische Repression; ein Teil der Demonstranten zog weiter zum Rundfunkgebäude, um ihre Forderungen per Radio verbreiten zu lassen. Die Ordnungskräfte reagierten harsch, woraufhin die Gewalt in der ungarischen Hauptstadt losbrach. Die Protestler erhielten regen Zulauf. Rebellische Massen bildeten Arbeiterräte und Milizen, die gegen die Geheimpolizei vorgingen und Parteifunktionäre verjagten. Schließlich brachten sie die Regierung zu Fall. Neuer Ministerpräsident wurde der Reformkommunist Imre Nagy, der freie Wahlen versprach und verkündete, Ungarn ziehe in Erwägung, den Warschauer Pakt zu verlassen. Aus Angst vor Machtverlust baten nach einer Weile orthodoxe Mitglieder des Budapester Politbüros die Rote Armee um Hilfe; diese fiel am 4. November im Lande ein. Einheimische und Sowjettruppen lieferten sich nun eine Woche lang einen verzweifelten, aber ungleichen Kampf. Rund 2500 Ungarn und 700 russische Soldaten starben, aber der Westen schritt nicht ein, um die Revolution zu retten, fürchtete er doch, eine solche Intervention könnte den Dritten Weltkrieg auslösen. Etwa 200 000 Menschen flohen während der rabiaten Repression, die wieder einmal das diktatorische Gesicht des Sowjetkommunismus offenbarte.[37]

Chruschtschows Versuch einer begrenzten Entstalinisierung erzeugte daher eine paradoxe Mischung aus Hoffnung und Enttäuschung in der Sowjetunion und ihren Satellitenstaaten. In mehrfacher Hinsicht war die Bemühung, den Kommunismus vom Gewalteinsatz bei der Kollektivierung und Industrialisierung wegzurücken sowie die mörderische Repression der Großen Säuberungen und des Gulags zu beenden, eine überfällige Kurskorrektur, die das System für die sowjetischen und die osteuropäischen Bürger lebbarer machen sollte. Auch konnte sich das, was die durch das Tauwetter freigesetzte Kreativität hervorgebracht hatte, sehen lassen: Werke von bleibendem Wert waren zustande gekommen, die sogar international hochgeschätzt wurden. Vorbei mit Druck und Zwang war es im Osten jedoch keineswegs, nicht einmal im tauwetterbegünstigten Moskau: Chruschtschow nutzte die Anklagen gegen Stalin zumindest auch dazu, seine eigene diktatorische Herrschaft zu festigen, und die Partei zermalmte alle Ansätze zur öffentlichen Diskussion. Auch die Brutalität, mit der nacheinander die Revolten in Ostberlin, Posen und Budapest niedergeschlagen worden waren, zeigte deutlich, dass, wo immer sich Dissens rührte, sowjetisches Militär kam und ihm die Luft abdrückte; um ihr Imperium zu verteidigen, gebrauchte die UdSSR auch weiterhin Gewalt. Da Freiheit unverändert nach dem Ermessen der Partei gewährt wurde, statt als Grundrecht Geltung zu erlangen, blieb die Idee eines »liberalen Kommunismus« ein Widerspruch in sich.[38]

Konsumkommunismus

Da die kommunistischen Diktatoren fürchteten, durch echte politische Konzessionen Macht einzubüßen, wählten sie einen anderen Weg, um öffentliche Zustimmung für ihre unpopulären Regime zu gewinnen: die Erhöhung der Lebensstandards. Den Anstoß gab der neue Generalsekretär der ungarischen KP, János Kádár. Nachdem er zuvor alle Dissidenten brutal zum Schweigen gebracht hatte, vertrat er nun eine besondere Kompromissvariante, den sogenannten »Gulaschkommunismus«. Im Ökonomischen äußerte sich diese Politik durch eine graduelle Verschiebung vom schwerindustriebetonten »Schornsteinsozialismus« zur vermehrten Produktion gefragter Konsumgüter wie Fernsehgeräte und Autos, wenn sie auch technisch und optisch bescheidener ausfielen als ihre westlichen Pendants. Im Kulturellen manifestierte sich dieser Kurs durch eine widerwillige Akzeptanz internationaler Modernismen, besonders augenfällig wurde das in der Architektur. Dort setzte sich der Stil des Brutalismus durch, den »roher« Beton und eine Neigung zur Rechteckigkeit kennzeichneten. Namentlich für Wohnanlagen verwendete man vorgefertigte Betonelemente, und was da entstand, ähnelte durchaus wohnungsbaulichen Entwicklungen im Westen. Dem Befriedungsversuch, an dem sich alle Länder des Sowjetblocks beteiligten, lag eine Art Geschäft auf Gegenseitigkeit zugrunde: Die Regierten tolerierten das System; dafür erhöhten die Regierenden langsam den Lebensstandard.[39] Während die Menschen für jeden Schritt zu einem besseren Leben hin dankbar waren, trat der Kommunismus durch diese Maßnahmen in einen gefährlichen Wettstreit mit dem Westen ein.

Gemessen an dem Verteidigungsetat, der ihr zur Verfügung stand, gelangen der Sowjetunion ein paar technische Erfolge, mit denen der Westen nicht gerechnet hatte, jedenfalls nicht in diesem Ausmaß und nicht so früh. Am 4. Oktober 1957 schickte Russland vom kasachischen Baikonur aus einen Satelliten in die Erdumlaufbahn und gewann so das »Weltraumrennen« mit den Vereinigten Staaten. *Sputnik* hieß der Flugkörper, was ›Begleiter‹ oder ›Gefolgsmann‹ bedeutet (wie »Satellit« ja ursprünglich auch). Die glänzende, 100 Kilogramm schwere Kugel mit zwei Antennen war einfach gebaut und enthielt einen Funksender, der drei Wochen lang wissenschaftlich relevante Daten zur Erde zurücksandte. Dieser propagandistisch verwendbare Prestigegewinn bewies aber auch, dass die sowjetischen Techniker die Reichweite einer Interkontinentalrakete des Typs R-7 so sehr vergrößert hatten, dass sie bis Nordamerika fliegen konnte. Verständlicherweise nutzte die Sowjetregierung das gelungene Unternehmen, um zu preisen, zu welchen Höchstleistungen kommunistische Wissenschaft doch fähig sei, während die US-Öffentlichkeit der »Sputnik-Schock« ereilte: Mit einem Schlag war ihr Glaube an die Überlegenheit der westlichen Forschung empfindlich erschüttert.[40] Und noch auf einem anderen Gebiet zog der Osten am Westen vorbei: auf dem der Sportwettkämpfe. Die russischen Athleten waren sogenannte »Staatsamateure«, die vom Militär unterstützt wurden. Dort erhielten sie erstens optimale Trainingsmöglichkeiten und standen zweitens als Soldaten in einem Arbeitsverhältnis, das internationale Grundvoraussetzung für den Amateurstatus war. Jene östlichen Athleten errangen nun mehr und mehr Erfolge gegen ihre Konkurrenten aus dem Westen, der sich immer noch mühte, nur echte Amateure antreten zu lassen. Aus dem Umstand, dass man die Kapitalisten im Weltraum und in den Sportstadien überholt hatte, ließ sich schon allerlei Stolz schöpfen.

Immerhin wurde der Wettlauf im Konsumbereich nicht mit Waffen ausgetragen und leistete insofern durchaus einen Beitrag zur »friedlichen Koexistenz«. Aber der Osten war auf diesem Gebiet im Nachteil, denn die Kommunisten blieben einer Tonnenideologie verhaftet, der zufolge es mehr auf die Menge als die Qualität der Produktion ankam. Überschwänglich optimistisch versprach Nikita Chruschtschow, die Sowjetunion werde in naher Zukunft einen höheren Lebensstandard haben als die USA. Dieses Vorhaben ließ sich aber schwerer verwirklichen, als er erwartet hatte. Bald kam es zu einer in dieser Hinsicht signifikanten Ost-West-Begegnung. Im Sommer 1959 ließ die US-Regierung in Moskau die »Amerikanische Nationalausstellung« veranstalten, eine wahre Konsumschau, die unter anderem ein amerikanisches Modellwohnhaus samt hypermodern eingerichteter Küche zeigte. In diesem Raum nun trafen am 24. Juli der Erste Sekretär der KPdSU und der US-Vizepräsident Richard Nixon zusammen und diskutierten vor laufender Kamera darüber, welches System wohl die besseren Gerätschaften hervorbringe. Das Gespräch ging als *kitchen debate* in die Geschichte ein, und den Wettbewerb gewann mühelos das typisch amerikanische *home*. Um die Frustration der Frauen zu mildern, bemühte sich das Sowjetregime, bei der Versorgung über das Grundnotwendige hinauszugehen. Bald sollte die Staatswirtschaft attraktivere Kleider, Schuhe und Möbel anbieten; man hatte auch nichts gegen einen modischen Touch, ein neuartiges Design. Man versuchte, Konsumgüter aller Art ansprechender zu gestalten und die staatlich geführten glanzlosen Läden bzw. Konsums mit ihren tristen Auslagen in etwas zu verwandeln, das westlichen Warenhäusern zumindest nahekam. Wenn sie künftigen Revolten vorbeugen wollten, dann, so die Einsicht der Ostblockführer, mussten sie mehr Anstrengungen unternehmen, die Konsumwünsche ihrer Völker zu befriedigen.[41]

Das Ziel eines verbesserten Lebensstandards schien durchaus in Reichweite, denn die Kommunisten hatten ihr eigenes bescheidenes Wirtschaftswunder vollbracht, wenn auch später und auf einem niedrigeren Niveau, als es bei der Rekonstruktion Westdeutschlands erreicht wurde. Für den Wiederaufbau der kriegszerstörten Industriebetriebe und Infrastrukturen, bei dem man jede Menge Kohle, Stahl und Arbeitskräfte benötigte, war der Schornsteinsozialismus durchaus geeignet. Die Kollektivierung brachte nach und nach zumindest so viel Lebensmittel hervor, dass es nicht mehr zu Knappheiten kam, und die verstaatlichten Industrien stellten Produkte in solcher Menge bereit, dass man nichts mehr rationieren musste. Ungünstigerweise blieb man jedoch auf feste quantitative Ziele fixiert, obwohl die volatilen Wünsche der Abnehmer Flexibilität erforderten. So erwies sich der Konsumsektor als schwieriges Problem für die Planwirtschaft, weil die Kundenzufriedenheit auch von Qualität und Stil abhing. Mindestens zehn Jahre später als der Westen produzierte der Ostblock nun ebenfalls Kühlschränke, Fernseher und Autos, aber sie waren teuer und hatten lange Lieferzeiten. Wenn sie endlich eintrafen, war ihr Design oft schon aus der Mode. Versorgungsmängel, Produktionsausfälle, Verteilungsengpässe und politische Einmischungen behinderten die kreativen Designer immer wieder. Im Konsumbereich hinkte der Osten dem dynamischeren Westen immer hinterher.[42]

Dass die Kommunisten beim Konsumwettbewerb den Kürzeren zogen, lag letztlich an der Struktur der Planwirtschaft, die sich als zu schwerfällig erwies, um der sich ständig wandelnden Nachfrage zu entsprechen. Dass außerdem der Rüstungswettlauf, der Geheimdienst und die Parteibürokratie enorme Summen verschlangen, war auch nicht eben hilfreich. Die ungeachtet der Produktionskosten festgelegten Preise sowie das Subventionieren des Nahrungsmittelsektors, des Wohn- und des Verkehrswesens trugen zur Fehlleitung von Ressourcen bei. Da die Beschäftigung unabhängig von individueller Leistung garantiert war, sank die Arbeitsmoral, denn häufige Boni und geförderte Ferien in attraktiven Urlaubsorten bildeten nur bescheidene Anreize. Die Nichtkonvertibilität der östlichen Währungen schirmte die lokale Produktion vor dem harten Wettbewerb des Weltmarktes ab; dafür ließ sich nur innerhalb des Comecon Handel treiben, und das lediglich per Sachlieferungen, die man in einer Reihe von Abkommen vereinbarte. So wurden der Dollar und die Deutsche Mark die heimlichen Zweitwährungen, mit denen man in privilegierten Geschäften, den »Intershops«, westliche Waren kaufen konnte. Trotz allmählicher Verbesserungen blieben der Ökonomie jede Menge Engpässe erhalten, sodass die Bürger viel Zeit mit Schlangestehen verbrachten und es bestimmte Waren bzw. Dienstleistungen nur gegen Sachlieferungen gab. Gelegentliche Versuche, wenigstens ein paar Elemente des Marktwettbewerbs wiedereinzuführen, scheiterten an der Strenge der Plan-Ideologie.[43]

Die Treue zur reinen Lehre freilich hatte in der UdSSR nachgelassen; dies wiederum vertiefte ihren Zwist mit China, wo man argwöhnte, Moskau habe sich von der Hingabe an die Revolution verabschiedet. Anfangs war Mao Tse-Tung den Russen noch sehr dankbar für die Unterstützung gewesen, die sie ihm während des chinesischen Bürgerkrieges geleistet hatten, und nicht minder für die spätere Hilfe beim Wiederaufbau seines verwüsteten Landes. Chruschtschows Entstalinisierung aber schockierte die Pekinger Führung; auch die Politik der »Koexistenz« kritisierte man dort als revisionistischen Ausverkauf. Mao setzte nunmehr auf Unabhängigkeit und entwickelte eine Art Agrarkommunismus, mit dem nach seinen Worten ein »Großer Sprung nach vorn« gelingen sollte. Dafür interessierten sich bald auch Nordkorea und Nordvietnam, die beide gerade antiimperialistische Kämpfe austrugen und im Zuge derer wider ihre südlichen Landsleute fochten. Auf nationale Befreiungsbewegungen, die erst noch die Macht ergreifen mussten und dann ihre Länder modernisieren wollten, übte die pragmatische Politik der ›saturierten‹ Sowjetunion keinen starken Sog mehr aus, umso mehr jedoch der radikale chinesische Weg. Hinter Pekings Weigerung, Moskaus Diktat weiterhin zu folgen, steckten auch widerstreitende nationale Interessen, wie sie schließlich bei den Grenzkonflikten in der Amurregion zutage traten. Durch seine relative Mäßigung verlor Moskau langsam die ideologische Kontrolle über das kommunistische Lager.[44]

Nachdem er die Sowjetunion elf Jahre geführt hatte, wurde Chruschtschow plötzlich durch einen Coup seiner engsten Mitarbeiter gestürzt, die meinten, dass er den Bezug zur Partei und zu den Notwendigkeiten der sowjetischen Politik verloren habe. Am 14. Oktober 1964 beschloss das Präsidium des Zentralkomitees der KPdSU seine Absetzung; man erlaubte dem gefallenen Diktator jedoch, sich ins Privatleben zurückzuziehen und seine Memoiren zu schreiben. Für die Unzufriedenheit der Partei mit Chruschtschow gab es viele Gründe. Seine launenhafte Persönlichkeit, seine Grobheit im Umgang mit Untergebenen und sein autoritärer Führungsstil machten ihn bei seinen Genossen und Kollegen nicht gerade beliebt. Gleichzeitig enttäuschte das Fehlschlagen seiner Landwirtschaftsreform, die keineswegs mehr Lebensmittel auf den Markt gebracht hatte, auch seine ehemaligen Unterstützer. Daneben sahen sich durch seinen Versuch, die Parteibürokratie zu restrukturieren, viele Funktionäre bedroht, die fürchteten, ihre Posten zu verlieren. Chruschtschows Außenpolitik erwies sich als ebenso sprunghaft und uneinheitlich wie sein Charakter. Innerhalb des Ostblocks hatte er sich in die Situation manövriert, mehrere Rebellionen niederschlagen zu müssen; um Berlin und Kuba war es zu brenzligen Weltkrisen gekommen; und nun gab es auch noch Zwietracht mit China. Da mochte sich mancher fragen, ob dieser Kurs richtig sei. Die Parteiführung jedenfalls betrachtete ihn als »Abenteurertum« und ersetzte Chruschtschow durch den Kriegshelden Leonid Breschnew, der zu einer orthodoxeren neostalinistischen Politik zurückkehrte.[45]

Das Experiment, ein Stück weit ökonomischen Wettbewerb zuzulassen, statt bloß unverhohlen zu unterdrücken, erwies sich also für den Ostblock als gleichermaßen frustrierend wie gefährlich. Walter Ulbricht fasste sein Verständnis von der richtigen wirtschaftlichen Strategie des Ostens gegenüber dem Westen in das dialektische Bild: »Überholen, ohne einzuholen«. Physisch ein Ding der Unmöglichkeit – im Ökonomischen schien es einen Versuch wert. Aufgrund ihrer materialistischen Ideologie konnten die Kommunisten dem verlockenden Irrweg nicht widerstehen, den Westen bei der Produktion von Konsumgütern ausstechen zu wollen, trotz ihrer recht ungünstigen Startposition. Zweifellos waren die Bürger des Sowjetblocks dankbar für jede Verbesserung ihres Lebensstandards und jede Erleichterung, die ihrem Alltag zuteilwurde. Auch freuten sie sich, wenn sie einmal etwas anderes erfahren durften als die Härten einer Mangelwirtschaft einschließlich Schlangestehen nach bestimmten Waren wie Bananen und Kaffee. Doch die privilegierten Kader, die in den Westen reisen durften, bemerkten bald, dass der Osten dieses Rennen nicht gewinnen konnte; der Marktwettbewerb schuf einfach mehr ökonomische Dynamik. Indem die östlichen Führungen den Klassenfeind gerade auf dem Felde des Konsums zu schlagen anstrebten und dabei scheiterten, befeuerten sie die Unzufriedenheit ihrer Völker mit dem Kommunismus, was letztlich den Sturz des Systems beschleunigte.[46]

Real existierender Sozialismus

Entgegen der im Westen oft geäußerten Meinung, der Kommunismus wolle nur zum Kapitalismus aufschließen, war das sowjetische Projekt ein Versuch, eine alternative, postkapitalistische Form der Modernisierung zu vollbringen. Die Planwirtschaft sollte die zyklischen Krisen des Marktes und die Ausbeutung bei der Lohnarbeit überwinden, und hinter der egalitären Abschaffung der Klassenprivilegien stand die Intention, die Massen zur echter politischer Teilhabe zu befähigen, jenseits des Parteiengezänks innerhalb der bisherigen Demokratie. Der wissenschaftlichen Weltsicht des Marxismus-Leninismus traute man zu, dass sie bürgerliche Theorie und Forschung mit ihren Entdeckungen sowie ihrer technischen Innovation übertreffe.[47] Voller Selbstvertrauen angesichts des Sieges über den faschistischen Feind ging Moskau daran, diese Vision des Fortschritts seinen neu eroberten Territorien und Satellitenstaaten in Osteuropa aufzuzwingen. Viele Arbeiter und Intellektuelle, sogar im Westen, hegten die Hoffnung, dass jenes Konzept, bei dem *eine* Partei bestimmte und lenkte, direkt auf eine höhere Stufe der ökonomischen Entwicklung führen könne: Vielleicht könne man die Vorzüge der Modernisierung ernten, ohne die mit ihr verbundene Unsicherheit in Kauf nehmen zu müssen. Nun funktionierte der Staatssozialismus zwar einigermaßen in zeitlich begrenztem Rahmen und bei bestimmten Herausforderungen, nämlich während nach dem Krieg ein Land wiederaufgebaut und eine Schwerindustrie ins Leben gerufen werden musste; als Dauerprojekt aber führte er schließlich, nicht zuletzt wegen seiner Reformresistenz, in die Sackgasse.

Bedenkt man das Scheitern der Demokratie in den Staaten Osteuropas zwischen den Kriegen, muss man konzedieren, dass die Sowjetunion anfangs bei deren Transformation mehr Erfolg hatte, als ihr rückblickend zugebilligt wird. In manchen Ländern, etwa Bulgarien, machte Moskau sich slawische Bindungen ebenso zunutze wie die Hoffnungen der Menschen auf ökonomische Entwicklung; in anderen Nationen wie Polen konnte es sich als Verdienst anrechnen lassen, Hitler besiegt zu haben und die Deutschen fernzuhalten. Wieder anderswo, beispielsweise in der Tschechoslowakei, konnte es auf ansehnliche Sympathien für das Projekt zählen, die vorgefundene Gesellschaft zu revolutionieren; und in besiegten Staaten wie Ungarn konnte es sich auf die einschüchternde Gegenwart der sowjetischen Armee verlassen. Nach ein paar Jahren ihrer Herrschaft konnten die kommunistischen Regime außerdem durchaus ein paar bemerkenswerte Leistungen vorweisen: In allen östlichen Ländern schuf die stalinistische Politik eine Schwerindustrie, die als Basis für die weitere Entwicklung notwendig war. Der massive Einsatz von Arbeitskräften ermöglichte die rasche Beseitigung von Kriegsschäden bei Infrastruktur und Wohnwesen. Aufgrund der Mechanisierung der Landwirtschaft kam es nicht mehr zu Nahrungsmittelknappheit, denn dank umsichtiger Planung gab es Güter des Grundbedarfs nun in umfassender Menge.[48] Verglichen mit den Krisenjahren der Vorkriegszeit stand man, darin waren sich die kommunistischen Führer ziemlich sicher, erheblich besser da.

Nachdem für die ökonomische Sicherheit hinreichend gesorgt war, kamen freilich die Defizite des kommunistischen Weges zur Moderne mehr und mehr zum Vorschein. Was den Aktionsradius des Staatssozialismus am meisten einschränkte, war der Umstand, dass das sowjetische Modell anderen Ländern übergestülpt wurde, ohne aber dem zu entsprechen, was die Osteuropäer sich wünschten. Während die nachholende Industrialisierung Bulgarien und Rumänien ökonomisch voranbrachte, bedeutete sie für höher entwickelte Wirtschaften wie die der Tschechoslowakei, Ostdeutschlands, Ungarns und Polens einen Schritt zurück. Gleichzeitig wurde die politische Teilhabe auf bloße Mitgliedschaft in Massenorganisationen und öffentliche Akklamation gegenüber kommunistischen Diktatoren reduziert; dies musste jenen Bürgern als ein hohles Ritual erscheinen, die zwischen den Kriegen ein wenig Demokratie gekostet hatten. Die Implantation des marxistisch-leninistischen Dogmas, die nicht nur die Methode, sondern auch schon die Ergebnisse vorschrieb, erschwerte die wissenschaftliche und künstlerische Innovation, was die Intellektuellen verdross, denen das Anregende einer freien Diskussion und Forschung fehlte. Indem er die Zivilgesellschaft wegdrängte und die Menschenrechte ignorierte, raubte der diktatorische Kommunismus der Modernisierung ihre Möglichkeit, sich selbst zu regulieren.[49]

Anstatt dass man mit »Sowjetisierung« einen Weg zum sozialen Fortschritt verband, wurde der Begriff während des Kalten Krieges verhöhnt, da er auf den Terror verwies, dem der Stalinismus Osteuropa unterwarf. Von Anfang an belasteten Untaten wie Vergewaltigungen, Plünderungen und willkürliches Töten das sowjetische Projekt mit negativen Assoziationen, die loszuwerden sich als schwierig erwies. Der rücksichtslose Klassenkrieg im Namen der Entnazifizierung, mit dem man ohne Einzelfallprüfung Grundbesitzer und Industrielle enteignete, offenbarte, wie unbekümmert die marxistischen Sozialtechniker eine egalitärere Gesellschaftsordnung herbeizuführen gedachten. Die brutale Unterdrückung politischer Alternativen, die systematische Verfolgung von Opponenten durch die Geheimpolizei und das Ersticken öffentlicher

Diskussion zeigten, dass man das Volk eigentlich fundamental verachtete. Zu guter Letzt demonstrierten das Aufdrängen ideologischer Konformität durch systematischen Marxismus-Leninismus-Drill sowie die systematische Zensur den unmenschlichen Charakter des Regimes. Nur eine Minderheit fand den Kommunismus der Unterstützung wert und pries seine Vorzüge, während die Mehrheit der Öffentlichkeit ihn wegen seiner massiven Repression verabscheute. Letzten Endes haben sowohl seine exzessiven Ziele als auch seine brutalen Methoden das sozialistische Projekt diskreditiert.[50]

Sowie der Sowjetblock den kommunistischen Weg zur Moderne beschritt, wurde er eine »zivilisatorische Schimäre«, deren selbstzerstörerische Elemente das progressive Potenzial verdrängten. Ursprünglich als alternative Strategie konzipiert, um »die Krise der westlichen Moderne« zu vermeiden, geriet das sowjetische Modell zu einer kuriosen Mixtur aus marxistischer Ideologie, Antifaschismus und russischem Imperialismus. Seine Lösungsvorschläge wie Planwirtschaft, Einparteiendiktatur und ideologische Konformität schufen innere Widersprüche, die sich nicht lösen ließen. Ferner exportierten die Allgegenwart der Sowjetarmee, die Aktivitäten der Geheimpolizei und die Rolle der russischen Berater eine repressive Version des Sozialismus, die ihre Deformation durch den Stalinismus nie völlig abschütteln konnte.[51] Versuche einer Liberalisierung gab es, namentlich während der Jahre 1953–1956, teils von oben mit der Entstalinisierung, teils von unten in Gestalt von Protesten aus der Bevölkerung. Sie vermochten aber nicht, das System so zu verändern, dass es erträglich wurde. Obwohl sie den Sieg über den Faschismus zu schätzen wussten, erlebten die meisten Osteuropäer das kommunistische Projekt als enttäuschende Dystopie.

Krisen des Kalten Kriegs

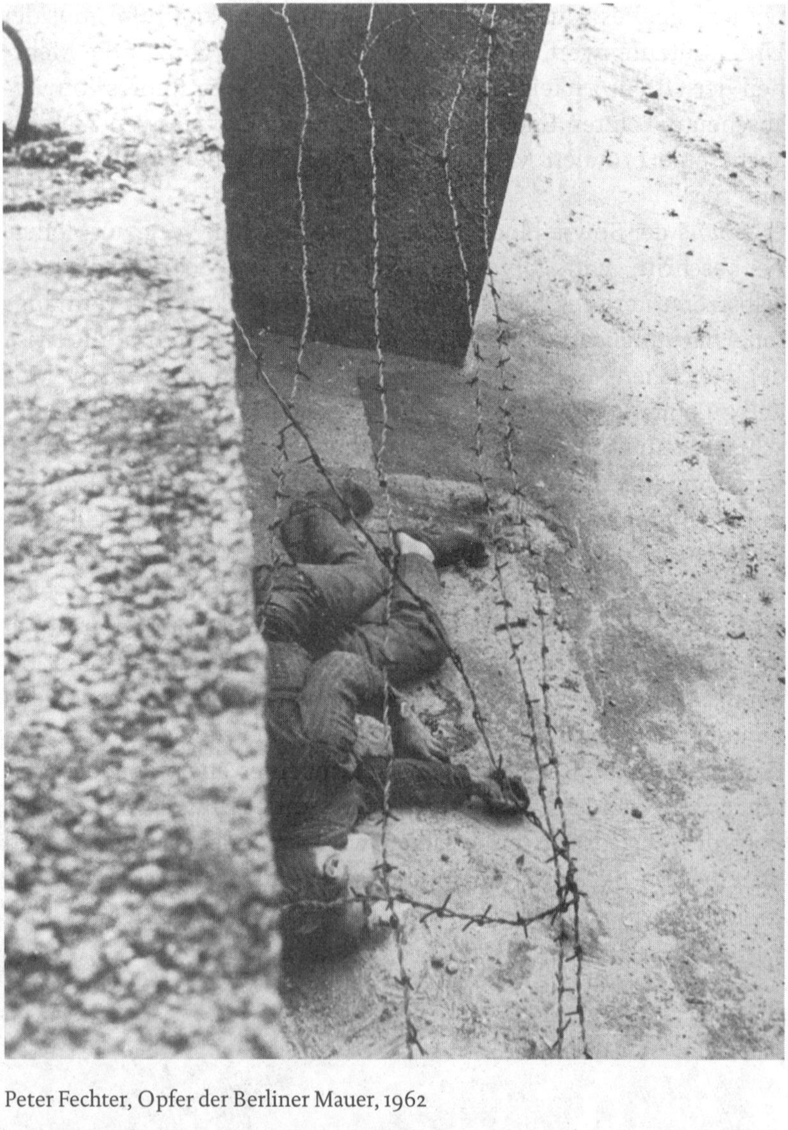

Peter Fechter, Opfer der Berliner Mauer, 1962

Am 24. Juni 1948 sperrte die Sowjetische Militäradministration alle Straßen-, Eisenbahn- sowie Wasserverbindungen nach Westberlin und kappte den elektrischen Strom. Mit dieser Maßnahme übten die Russen Vergeltung für die Währungsreform im Westen, die ihre ökonomische Kontrolle über die Stadt bedrohte, indem sie die alte Reichsmark wertlos machte. Plötzlich standen nicht nur die westalliierten Garnisonen, sondern auch rund 2,2 Millionen Berliner Zivilisten ohne Versorgung da, auf Gedeih und Verderb davon abhängig, dass Ostdeutschland Lieferungen erlaubte. General Lucius D. Clay, der Militärgouverneur der amerikanischen Besatzungszone, war entschlossen, dagegenzuhalten; allerdings schickte er keine Panzer los, sondern Flugzeuge, welche die Belagerten mit dem Nötigsten versahen. So brauchte man gegenüber den Sowjets keine Feindseligkeiten zu eröffnen, die womöglich den Dritten Weltkrieg ausgelöst hätten. Die Westalliierten nutzten die 1945 mit den Russen ausgehandelten drei Luftkorridore, die über SBZ-Gebiet führten, und starteten schon zwei Tage nach Blockadebeginn die Hilfsaktion, die als »Luftbrücke« berühmt wurde: ein Meisterstück an Improvisation, um in ca. 1500 Flügen pro Tag 5000 Tonnen Lebensmittel und Treibstoff zu den Eingeschlossenen zu schaffen. Zwar kamen durch ungünstige Wetterverhältnisse, besonders Nebel und Schnee, 83 Piloten und Angehörige des Bodenpersonals um, doch trotz der Behinderungen landete eine Maschine nach der anderen in Westberlin, und zwar alle drei Minuten. Ausmanövriert durch diese technische Höchstleistung, hoben die Sowjets die Blockade nach elf Monaten am 12. Mai 1949 auf.[1]

Die erste Berlin-Krise stellte die Entschlossenheit des Westens auf die Probe – nun war der offene Konflikt um die Kontrolle in Europa entfacht, der den Kalten Krieg kennzeichnete. Ging es der Sowjetunion zunächst primär darum, ihre dem Zweiten Weltkrieg entstammenden Zugewinne zu verteidigen, war sie inzwischen versucht, ihren Einfluss nach Westen auszudehnen, indem sie sich ökonomische Verwerfungen und politisches Chaos dort zunutze machte. Entscheidungsträger der amerikanischen Politik wie Clay verstanden, dass sie sich der Herausforderung stellen mussten: »Wir sind überzeugt, dass unser Verbleib in Berlin für unser Ansehen in Deutschland und Europa von wesentlicher Bedeutung ist. Mag er leicht oder schwer zu bewältigen sein – er ist ein Symbol dessen geworden, was Amerika will.« Auch der Westberliner Oberbürgermeister Ernst Reuter sah in der Blockade eine Prüfung der Entschlossenheit des Westens, weshalb er vor einer halben Million Demonstranten an die Welt appellierte: »Schaut auf diese Stadt und erkennt, dass ihr diese Stadt und dieses Volk nicht preisgeben dürft und nicht preisgeben könnt!« Sogar die Berliner Regierung war nun in Ost und West gepalten, eine weitere Folge des ideologischen Konflikts, der Europa in zwei feindliche Lager schied, die um die Kontrolle über den Kontinent rangen. Gleichzeitig entstand durch das amerikanische und britische Engagement ein symbolisches Band zwischen diesen Ländern und Westdeutschland, das nicht wieder zerreißen sollte.[2]

Die Hoffnungen auf einen echten Frieden nach der Niederlage des Faschismus wurden also enttäuscht. Aber welche Seite war verantwortlich dafür, dass die Kooperation zwischen Kommunismus und westlicher Demokratie scheiterte? Diese Frage wurde in der Folgezeit hitzig debattiert. Während des Kalten Krieges selbst zeigten sich die Antikommunisten unter den Deutern überzeugt, dass die Bedrohung eines neuen größeren Krieges – und dann eines ›heißen‹ – in Stalins Persönlichkeit und in den sozialistischen Träumen von der Weltrevolution begründet lag. Anschließende Ereignisse wie der Vietnamkrieg ließen freilich die moralische Überlegenheit, die der Westen sich zuschrieb, fadenscheinig wirken; eine ganze Generation von *revisionists* kritisierte nun die hohen ethischen Werte, die namentlich die USA als Motive ihrer Politik nannten, als Feigenblätter, hinter denen sich kapitalistische und imperialistische Motive verbärgen. Nach dem Fall der Sowjetunion fanden die Traditionalisten ihren Verdacht hinsichtlich des russischen Expansionismus durch nunmehr zugängliche Dokumente aus dem seinerzeit gegnerischen Lager bestätigt, aber nach und nach gelang es weniger parteiischen Beobachtern, dieses Schwarz-Weiß-Bild zu differenzieren, etwa indem sie die Uneinigkeiten hervorhoben, die innerhalb des Ostblocks durchaus existierten. Sie beschränkten ihre Aufmerksamkeit nicht mehr auf den bilateralen Konflikt zwischen Washington und Moskau, sondern nahmen andere Geschehensorte und Phänomene genauer in den Blick, etwa Europa und die weltweite Auswirkung des Kalten Krieges.[3] Statt sich mit Schuldzuweisungen zu begnügen, interpretieren diese Beobachter den Konflikt als einen interaktiven Prozess, in Gang gehalten von einer Mischung aus widerstreitenden Interessen und Fehlwahrnehmungen auf beiden Seiten.

Unterschiede bei der persönlichen Erinnerung an den Kalten Krieg haben konfligierende Bewertungen innerhalb des kollektiven Gedächtnisses und des öffentlichen Gedenkens geschaffen. Einerseits fallen vielen Zeitgenossen akute Ängste vor einem nuklearen Armageddon ein, das die Welt in Asche legen werde. Die Informationspolitik nicht weniger Regierungen hat solche Emotionen befeuert: Die Bürger sollten Bombenbunker bauen und in »Selbstschutzübungen« lernen, was zu tun sei, wenn der Atomblitz komme – Schulkindern riet man etwa, sich unter ihrem Pult zu verstecken. Andererseits begegnet man häufig auch geradezu nostalgischen politischen Retrospektiven. Darin erscheint der Ost-West-Konflikt als Periode außergewöhnlicher Stabilität, in der die Supermächte eine informelle Gemeinherrschaft über die polarisierte Welt ausübten und ihre jeweiligen Satellitenstaaten auf Linie hielten. Schaut man näher hin, entdeckt man stattdessen ein wirres Muster aus zahlreichen Konflikten, Krisen und Koexistenzen, deren Elemente in unvorhersehbarem Wechsel bald anwuchsen, bald wieder abflauten – eine Komplexität, die jede lineare Darstellung verbietet. Das Adjektiv »kalt« selbst suggeriert und impliziert ja, dass es auch »heiße« Kriege gegeben habe – und die gab es tatsächlich, vor allem in Asien, aber auch zahlreiche Erhebungen und Gegenerhebungen in Afrika und Lateinamerika mag man dazuzählen. Der Kalte Krieg war kein *grand jeu* der Supermächte, weit gefehlt, sondern ein unaufhörlicher Kampf mit vielen Teilnehmern und an mannigfachen Schauplätzen.[4]

Unter dem Aspekt der Moderne betrachtet, war der Kalte Krieg im Wesentlichen ein Konflikt zwischen kommunistischen und demokratischen Entwürfen für die Gestaltung der Zukunft. Der aus den seit 1917 währenden Ost-West-Spannungen hervorgegangene Kampf intensivierte nach dem Krieg den Wettstreit zwischen der marxistischen und der liberalen Version ökonomischer Entwicklung, denn jede der beiden Seiten wollte, dass ihre Version sich durchsetzte. Für die Suche der Intellektuellen nach einem dritten Weg blieb wenig Raum.[5] Die rivalisierenden Alternativen beinhalteten fundamental unterschiedliche Formen der Fortentwicklung: kollektivistische vs. individualistische, einheitsparteidominierte vs. pluralistische, staatlich gelenkte und geplante vs. marktwirtschaftlich-kompetitive Moderne. Diese Konkurrenz der Systeme förderte die technische Innovation, nicht zuletzt dank des Rüstungswettlaufs, in dem man einander bei Raketen, Jagdflugzeugen und Atomsprengköpfen ständig zu übertreffen suchte. Sie brachte zudem die Ökonomie voran durch den Ausbau der Infrastruktur und die Bereitstellung attraktiver Konsumgüter mit neuartigem Design; und sie begünstigte kulturelle Experimente, etwa in der hier gegenständlichen, dort nichtgegenständlichen Malerei, desgleichen in der funktionalistischen Architektur.[6] So betrachtet mutet der Kalte Krieg wie ein globales Rennen um die Modernisierung an. Die Menschheit freilich taumelte auf einem schmalen Grat zwischen humanem Fortschritt und nuklearer Selbstvernichtung voran.

Gegenseitige Fehlwahrnehmungen

Unterschiedliche und widerstreitende Prioritäten einerseits und Irrtümer andererseits machten zusammen die Hoffnungen zunichte, es werde auch nach dem Krieg eine friedliche Kooperation zwischen den ideologischen Antipoden geben. Kaum hatte man das gemeinsame Ziel erreicht, die faschistische Aggression niederzuwerfen, schien es fast zwangsläufig, dass die Zweckehe der Großen Allianz zerbrach und frühere Divergenzen Gelegenheit erhielten, sich wieder zu zeigen. Die zugrundeliegenden Ideologien des Kommunismus und der bürgerlichen Demokratie waren zu disparat und die politischen Ziele beider Seiten zu gegensätzlich, als dass man über einen längeren Zeitraum hinweg hätte zusammenarbeiten können. Einzelne politische Meinungsverschiedenheiten hätten nicht in globale Konfrontation münden müssen, wären sie dem antifaschistischen Konsens untergeordnet geblieben. Stattdessen führten Missverständnisse von weitgehend defensiven Vorhaben zu aggressiven Überreaktionen, die dann als Beweis für eine wachsende Bedrohung dienten, die wiederum vermeintlich harsche Gegenmaßnahmen erzwang. Zwar bemühte man sich auch nach dem Krieg weiter, die zwischen den Blöcken auftauchenden Probleme diplomatisch zu lösen, aber die schädliche Wirkung des allgegenwärtigen Verdachts verhinderte letztlich einen echten Kompromiss.[7] Der Kalte Krieg war nicht nur ein zwangsläufiges Ergebnis widerstreitender Interessen, sondern auch ein Produkt gegenseitigen Misstrauens.

Stolz darauf, die Invasion der Wehrmacht zurückgeschlagen zu haben, strebte Stalin vor allem Sicherheit an, damit die Wunden des Krieges heilten und das neugewonnene sowjetische Imperium sich konsolidierte. Aus ideologischen Gründen betrachtete er den bourgeoisen Westen mit Argwohn und hoffte auf eine Krise des Kapitalismus, die die Vereinigten Staaten gegen das Vereinigte Königreich in Stellung bringen würde. Da der Krieg Russland immense Opfer an Menschen und Material gekostet hatte, glaubte der Diktator außerdem felsenfest, er habe ein moralisches Recht auf die von der Roten Armee befreiten Territorien. Doch im Kontrast zu den indirekten Methoden westlicher Herrschaft wollte Stalin die ihm in Jalta und Potsdam gewährte »Einflusssphäre« unbedingt mit eiserner Faust regieren, wobei er auf bürgerlichen Luxus wie Parlamentarismus und freie Wahlen keinerlei Wert legte. Hauptsächlich ging es ihm darum, dass in den eroberten Gebieten und den Satellitenstaaten alles nach seinem Willen lief. Darüber hinaus zeigte er sich bereit, auch anderswo Kommunisten bei der Machtergreifung zu helfen – vorausgesetzt, dass dies die Sicherheit der Sowjetunion nicht gefährdete. Grundsätzlich war die sowjetische Denkart also defensiv – aber wenn die Russen durchgriffen, agierten sie oft brutal und offensiv, weshalb westliche Politiker ihnen Expansionismus unterstellten.[8]

Als führende Nation der westlichen Alliierten wünschten auch die Vereinigten Staaten Sicherheit für sich und ihre Klientelstaaten, doch sollte es dabei demokratisch und kapitalistisch zugehen. Die USA hatten viel weniger unter dem Krieg gelitten als andere, denn abgesehen von Pearl Harbor fanden keine Kämpfe auf ihrem eigenen Boden statt. Im Gegenteil, Amerika prosperierte sogar: Noch während des Konflikts wurde seine Wirtschaft die größte der Welt. Aber die Präsidenten Roosevelt und Truman wussten nur zu genau, wie verbreitet und tief verwurzelt isolationistische Stimmungen bei den Amerikanern waren. Viele von ihnen verlangten nun einen raschen Abzug der Truppen, um »die Jungs nach Hause zu holen«. Die Detonation der beiden Atombomben über Hiroshima und Nagasaki katapultierte nicht nur Tokio aus dem Krieg hinaus und versagte Russland die Möglichkeit, sich an der Besetzung Japans zu beteiligen, sie begünstigte auch die USA, denn nur sie besaßen nun die stärkste Waffe, die es jemals gegeben hatte. Statt diese Macht aber zu nutzen, um andere Länder durch »nukleare Diplomatie« einzuschüchtern, setzten die Liberalen des New Deal lieber darauf, sie durch positive Anreize zu überzeugen. Außerdem diente ihnen die UNO als globales Forum für Diskussionen und Verhandlungen.[9] Washingtons beständige Bemühungen, dem freien Welthandel die Türen zu öffnen und den Völkern ihre Selbstbestimmung zu verschaffen oder zu sichern, erregten in Moskau dennoch gemischte Gefühle: Den USA, fürchtete man dort, gehe es darum, die Herrschaft der Sowjetunion in deren Kontrollbereich zu schwächen, weshalb die Russen sich auf ihre Position versteiften.

Großbritannien und in gewissem Umfang auch Frankreich richteten sich nach der amerikanischen Leitvorgabe, verzichteten aber keineswegs darauf, ihre eigenen, besonderen Interessen zu verfolgen. Der langwierige Waffengang hatte England ökonomisch geschwächt, weshalb es sich wünschte, dass der Kontinent stabil bleiben möge. Nur so konnte London sich darauf konzentrieren, sein

Kolonialreich zusammenzuhalten, aus dem Indien gerade auszubrechen begann. Um eine Parallele aus der Antike zu bemühen: Die Briten sahen sich in der Rolle der geistig überlegenen Griechen und die naiven Amerikaner in der eines neuen Imperium Romanum. Was Deutschland betraf, so zeigten sie sich bereit, ihm beim Wiederaufbau zu helfen; schließlich sollte es sich in die entstehende Nachkriegswelt integrieren. Die Franzosen waren vor allem damit beschäftigt, ihr Land materiell und psychisch wiederzuerrichten, und wollten ihren Nachbarn jenseits des Rheins am liebsten durch Teilung in mehrere Staaten permanent geschwächt sehen. Paris war ständig versucht, im Alliierten Kontrollrat Moskaus harte Linie zu unterstützen, und stimmte nur unter starkem Druck aus Washington der Vereinigung der drei Westzonen zur Bundesrepublik zu. Außerdem hatten auch die Franzosen ihre liebe Not, dafür zu sorgen, dass ihnen ihre Besitztümer auf anderen Kontinenten nicht verlorengingen, darunter einige Länder Nordafrikas und Indochina. Das westliche Lager musste also nicht nur mit Bedrohungen von außen fertig werden, sondern auch mit Entzweiung im Inneren.[10]

Die mitteleuropäischen Nationen wiederum hatten, gefangen zwischen den rivalisierenden Blöcken, kaum eine andere Wahl, als sich der Supermacht anzupassen, in deren Einflussbereich sie jeweils geraten waren. Diese Länder fanden sich unter der Kontrolle jener Mächte wieder, deren Armee ihr Territorium befreit hatte. Eine Ausnahme bildet Leipzig, das der Westen nach einer Weile räumte, woraufhin er im Gegenzug einen Teil Berlins okkupieren durfte. Hoffnungen auf breitere Spielräume im Osten, die während der Volksdemokratiephase viele gehegt haben mochten, zerschlugen sich, als auf Stalins Geheiß Ende der 1940er dort ganz offen die »Diktatur des Proletariats« etabliert wurde. Die Erwartungen auf eine wirtschaftliche Wiederbelebung im Westen wurden nicht so herb enttäuscht; dies lag am hilfreichen Marshallplan und an der indirekteren Natur des amerikanischen Imperialismus, der lokalen Initiativen mehr Bewegungsfreiheit ließ. Unter der wachsenden Zwietracht zwischen den Kriegsgewinnern hatte am meisten das besiegte Deutschland zu leiden, denn der Zusammenbruch des Alliierten Kontrollrats bewirkte die Teilung des Landes entlang der existierenden Grenze zur sowjetischen Besatzungszone. Es war nur eine logische Konsequenz, dass nun zwei Nachfolgestaaten des Deutschen Reiches entstanden: die Bundesrepublik Deutschland im Westen und die Deutsche Demokratische Republik im Osten.[11]

Als immer mehr Versuche einer Kooperation scheiterten, begannen scharfsichtige Analytiker zu erkennen, dass der Antagonismus zwischen Ost und West bedrohlich wachse und eskalieren könne, und sie warnten die politischen Entscheidungsträger vor einem unvermeidlichen Konflikt. Februar 1946 sandte George Kennan, Assistent des amerikanischen Botschafters in Moskau, eine geheime Depesche nach Washington, die als »Langes Telegramm« in die Historie einging. Darin schreibt der Diplomat die »neurotische Sicht auf die Weltangelegenheiten durch den Kreml« dem »traditionellen und instinktiven Unsicherheitsempfinden der Russen« zu. Erwartungen, mit ihnen lasse sich kooperieren, seien illusionär, warnte Kennan: »Wir haben hier eine politische Kraft vor uns, die dem fanatischen Glauben anhängt, dass es mit den USA keinen dauerhaften *modus vivendi* geben könne.« Deshalb forderte er eine abgestimmte Politik einer »auf längere Dauer angelegten, geduldigen, aber entschlossenen und wachsamen Eindämmung der expansiven Tendenzen Russlands«. Die Gegenseite zeichnete ihren Kontrahenten nicht freundlicher: So behauptete der sowjetische Botschafter in den Vereinigten Staaten, Nikolai Nowikow, die Außenpolitik der USA reflektiere »die imperialistischen Tendenzen des amerikanischen Monopolkapitalismus«, und beschuldigte Washington, »die Weltherrschaft anzustreben«. Andrei Schdanow, ein enger Mitarbeiter Stalins und Chefarchitekt der sowjetischen Außenpolitik, bezeichnete diese Sichtweise als »Zwei-Lager-Theorie«.[12] Diese komplementären Statements bestätigten, dass der Ost-West-Streit sich nun zu einer globalen Konfrontation zwischen den Supermächten ausgewachsen hatte.

Um diesen fundamentalen Konflikt, der zwar heftig tobte, aber stets kurz vor der bewaffneten Auseinandersetzung haltmachte, auf einen Begriff zu bringen, entstand die Bezeichnung:

»Kalter Krieg«. Ein paar Monate nach Ende des Zweiten Weltkrieges benutzte der britische Romancier George Orwell den Terminus in einem Artikel über die Atombombe. Darin sprach der Autor von einem »Staat, der gegen Eroberung gefeit ist und sich gleichzeitig in einem permanenten ›Kalten Krieg‹ mit seinen Nachbarn befindet«. Der amerikanische Finanzier Bernard Baruch griff den Ausdruck auf, um die wachsenden Spannungen zwischen der Sowjetunion und den Vereinigten Staaten zu charakterisieren. Zum Durchbruch in der Öffentlichkeit verhalf dem Begriff aber erst der liberale Kolumnist Walter Lippmann, dessen Artikelserie über die neuerdings prekären Ost-West-Beziehungen 1947 in Buchform erschien – unter dem Titel »Der Kalte Krieg«. Lippmann stimmte mit Kennans Analyse insofern überein, als auch er im Gebaren der Sowjetunion eine Bedrohung sah. Gleichwohl verwarf der New-Deal-Intellektuelle das Konzept, der sowjetischen Expansion durch das Schmieden militärischer Allianzen Einhalt zu gebieten. Stattdessen schlug er eine »Politik des Ausgleichs« mit Russland vor; man solle »das Gleichgewicht der Mächte wiederherstellen«, indem man darauf hinarbeitete, dass sowohl die Rote Armee als auch die US-Streitkräfte Europa verließen.[13] Dieser Streit darüber, wie Russland entgegenzutreten sei – mit einer harten oder einer weichen Linie –, bestimmte fortan die Debatten im Westen.

Die Erkenntnis, dass sich eine neue Konfrontation bildete, eben der Kalte Krieg, erwuchs nach und nach aus den Versuchen, die neuen Spannungen zwischen den Amerikanern und Russen zu erklären: Warum waren sie unfähig, einen Kompromiss zu finden? Was machte die ehemaligen Verbündeten zu heutigen Feinden? Der zugrundeliegende Ost-West-Konflikt zwischen dem kapitalistischen und dem sozialistischen Weg zur Moderne existierte seit 1917 und war nur zeitweise von der Notwendigkeit überlagert worden, gemeinsam gegen die faschistischen Feinde vorzugehen. Nun hatte sich die Große Allianz nach dem Krieg ja durchaus bemüht, ein institutionelles Fundament für weitere Kooperation zu legen, aber weder die Gipfeltreffen während des Krieges noch die späteren Expertenrunden erzielten Einigkeit über die Details; jedenfalls blieb Raum genug für fortgesetzten Streit. Hinzu kam, dass zentrale Begriffe auf der einen Seite eine gänzlich andere Bedeutung besaßen als auf der anderen. Mit »Demokratie« etwa meinte die Sowjetunion unbedingt die Herrschaft des Proletariats, die USA ebenso unbedingt freie Wahlen. Divergierende Interessen und widerstreitende Ideologien sorgten für wachsenden Argwohn, der das Handeln des ehemaligen Partners in einem düsteren Licht erscheinen ließ. Solche Deutungen führten zu Überreaktionen, die wiederum auf der anderen Seite das Misstrauen verhärteten. Aufgrund dieser langsamen Verschiebung von Wahrnehmungen und Einstellungen während der ersten Nachkriegsjahre versank die Welt für Jahrzehnte in einer Konfrontation der Supermächte.

Konfliktfälle

Eine Reihe konkreter politischer Streitsachen beschleunigten die Entfremdung zwischen den ehemaligen Partnern, denn beide meinten, darin Muster eines gefährlichen Expansionismus zu erkennen. Für sich genommen waren die Anlässe nicht besonders schwerwiegend, aber betrachtete man sie als aufeinander abgestimmte Aktionen innerhalb einer systematischen Bemühung, die Oberhand zu gewinnen, mochten sie schon recht bedrohlich erscheinen. Die meisten Konflikte entbrannten in Grenzregionen, in denen eine Gruppe sich den USA, die andere sich der UdSSR zuwenden wollte. Indem sie jene Staaten quasi um Schutz baten, zogen sie diese in den Konflikt hinein. Überraschenderweise ging es bei diesen Streitigkeiten hauptsächlich darum, wer in Europa das Sagen hatte. Obwohl er in Trümmern lag, betrachteten die amerikanischen und sowjetischen Entscheidungsträger den Alten Kontinent als entscheidend für die Frage, wer im Wettkampf der Systeme künftig die Nase vorn hatte. So kam es, dass man den chinesischen Bürgerkrieg zwischen den Kommunisten Mao Tse-Tungs und der Kuomintang-Regierung unter Tschiang Kai-Schek für eine regionale asiatische Angelegenheit hielt, jedenfalls nicht für eine Sache von globaler Bedeutung.[14] Wegen ihres ideologischen Hintergrunds ging es bei den Streitigkeiten gleichzeitig darum, wer daheim bestimmte, und darum, wer in der internationalen Konfrontation im Vorteil war, was die Lösung jener Konflikte nicht unbedingt leichter machte.

Eine umstrittene Region waren die Anrainergebiete Europas im Nahen Osten, in denen Stalin die sowjetische Position auszubauen gedachte; immerhin hatte die Rote Armee ja schon Teile des Balkans erobert. Moskau drohte nun damit, Ansprüche der Armenier gegen die Türkei zu unterstützen, wenn ihm nicht Zugriff auf den Bosporus gewährt werde – in seiner Politik lebten zaristische Träume vom freien Zugang zu Warmwasserhäfen weiter. Auch weigerten sich die Sowjets, ihre Streitkräfte aus dem Iran abzuziehen, wo sie stationiert worden waren, damit die Nazis nicht an persisches Erdöl kamen. Nun unterstützten die Russen Bemühungen der Einheimischen, ein kommunistisches Regime zu installieren. Ein noch gefährlicherer Konflikt entbrannte um Griechenland. Angesichts der Überlegenheit der britischen Flotte hatten Stalin und Churchill 1944 in ihrem Einflusssphären-Abkommen die Hellenen dem westlichen Lager zugeschlagen. Ermutigt durch die Präsenz der Roten Armee in Bulgarien, starteten die griechischen Kommunisten jedoch eine bewaffnete Erhebung gegen das prowestliche Royalistenregime in Athen, das wiederum die Vereinigten Staaten um Hilfe bat; die Briten sahen sich nämlich der Kosten wegen nicht in der Lage einzugreifen.[15] Dass die Sowjets bei diesen antiwestlichen Akten zumindest Beihilfe leisteten, schien die schlimmen Ahnungen hinsichtlich einer universalen kommunistischen Subversion zu bestätigen, was die westliche Öffentlichkeit zu alarmieren begann.

Präsident war inzwischen der Demokrat Harry Truman. Er hatte sich schon in Missouri eine Reputation als resoluter Politiker erworben, und diesem Ruf wollte er offenbar auch jetzt gerecht werden, denn er entschied sich für eine harsche antikommunistische Reaktion. 1884 geboren, verlebte er Kindheit und Jugend auf einem Bauernhof. Während des Ersten Weltkriegs diente er als Artillerieoffizier in Frankreich, danach betrieb er kurzzeitig ein Herrenbekleidungsgeschäft. Dank der Pendergast-Seilschaften wurde er 1934 in den US-Senat gewählt; zehn Jahre später machte ihn der Apparat der Demokraten zum Vizepräsidenten, um den Aufstieg des radikalen Henry Wallace zu verhindern. Als April 1945 Franklin D. Roosevelt starb, musste Truman plötzlich außenpolitische Entscheidungen treffen, auf die er kaum vorbereitet war. Da seinem pessimistischen Blick nun das Treiben der Sowjetunion immer expansionistischer erschien, bot er am 12. März 1947 Griechenland und der Türkei militärischen und ökonomischen Beistand an. Er nutzte die Gelegenheit zu einer Grundsatzrede und verkündete, »dass es die Politik der Vereinigten Staaten sein muss, den freien Völkern beizustehen, die sich der Unterwerfung durch bewaffnete Minderheiten oder durch Druck von außen widersetzen«. Darin zeigte sich deutlich der Einfluss der Eindämmungstheorie Kennans, besonders an der Stelle, an der der amerikanische Präsident verspricht: »Ich glaube, dass wir den freien Völkern helfen müssen, sich ihr eigenes Geschick nach ihrer eigenen Art zu gestalten.« Dieses Versprechen wurde als die »Truman-Doktrin« bekannt.[16]

Der Marshallplan war eine weitere US-Initiative, die »den vollständigen Zusammenbruch Westeuropas verhindern« sollte, damit es nicht in die Hände der Sowjets fiel. Wenn so viele seiner Bewohner an Hunger, Kälte und mangelnder medizinischer Versorgung litten, steigerte dies die Attraktivität der kommunistischen Parteien, die namentlich in Frankreich und Italien ohnehin recht stark waren. Änderte sich nichts, konnten die Kommunisten sogar hoffen, die Macht auf friedlichem Wege zu erlangen, etwa durch eine Volksfrontstrategie, und so nach und nach den ganzen Kontinent unter sowjetische Kontrolle zu bringen. Im Juni 1947 hielt der neue Außenminister George Marshall an der Harvard-Universität daher eine wegweisende Rede. Die Truman-Regierung, versprach er darin, werde finanzielle Beihilfe leisten zur »Wiederbelebung einer funktionierenden Weltwirtschaft, damit die Entstehung politischer und sozialer Bedingungen ermöglicht wird, unter denen freie Institutionen existieren können«. Statt den Kommunismus lediglich rhetorisch zu bekämpfen, versuchte man mit dieser Strategie seine Attraktivität zu mindern, indem man die Lebensbedingungen der europäischen Bevölkerungen verbesserte. Obwohl das An-

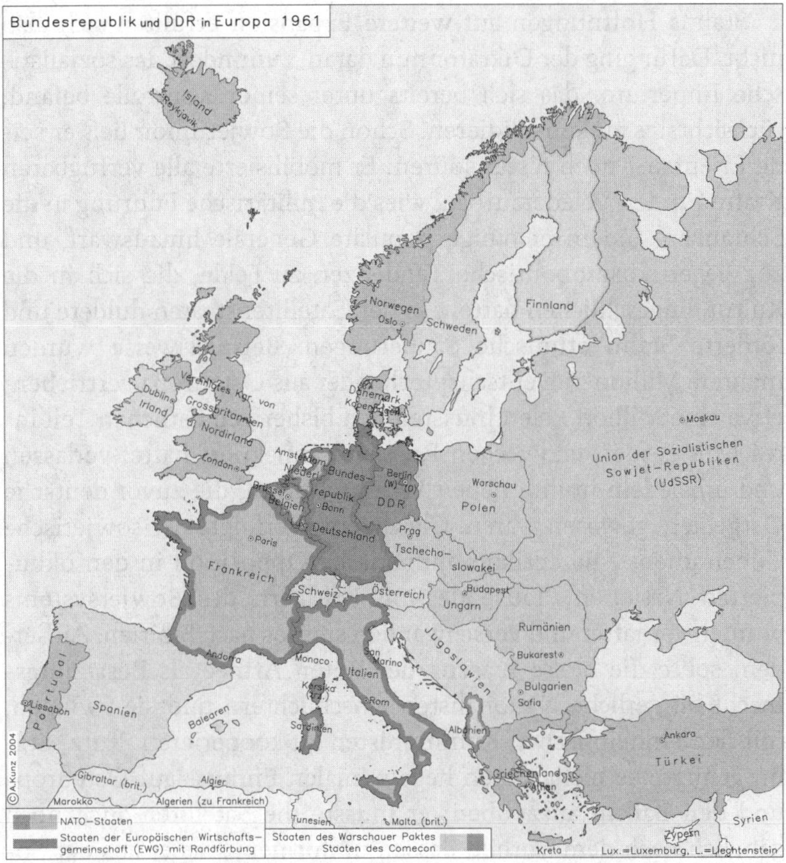

Das Europa des Kalten Krieges, 1961

gebot eigentlich für alle europäischen Nationen galt, lehnte Stalin es kurzerhand ab: Weder Russland noch seine Satellitenstaaten sollten am Marshall-Programm teilhaben, um nicht von den Vereinigten Staaten ökonomisch abhängig zu werden. Daher halfen die großzügigen Marshall-Kredite nur dem Westen Europas, amerikanische Maschinen und Lebensmittel zu kaufen. Auf diese Weise beschleunigten sie die wirtschaftliche Erholung dort und intensivierten die Bereitschaft seiner Bürger, das antikommunistische Lager zu unterstützen.[17]

Stalins Hoffnungen auf weitere Expansion erfüllten sich also nicht. Dafür ging der Diktator nun daran, zumindest das sozialistische Imperium, das sich bereits unter seiner Kontrolle befand, rücksichtslos zu konsolidieren. Schon die Sowjetunion ließ er seine Eisenfaust noch fester spüren: Er mobilisierte alle verfügbaren Kräfte für den Wiederaufbau, wies die militärische Führung in die Schranken, indem er einige populäre Generäle hinauswarf, und zog gegen kosmopolitische Tendenzen zu Felde, die sich in die Kultur eingeschlichen hatten. In den Satellitenstaaten duldete und förderte Stalin ethnische Säuberungen. Beispielsweise wurden mehrere Millionen Deutschsprechender aus Osteuropa vertrieben; etwa eine Million Polen mussten den bisherigen östlichen Teil ihres Landes, den inzwischen Russland annektiert hatte, verlassen und umsiedeln in ihre neuen Westprovinzen, die zuvor deutsche Ostgebiete gewesen waren. Gleichzeitig verfolgte der sowjetische Geheimdienst die antikommunistische Opposition in den okkupierten Nationen; Tausende von Kritikern des Sowjetsystems wurden verhaftet und verschwanden spurlos nach Sibirien. Außerdem sollte die bloße Präsenz der Roten Armee als Besatzungsmacht bürgerliche Nationalisten einschüchtern und sie zwingen, mit den einheimischen Kommunisten zu kooperieren. Kurz, Stalin genügte es nicht, einen hegemonialen Einfluss auf Osteuropa und den Balkan auszuüben; er musste die Satelliten auch noch gänzlich nach dem Vorbild dessen umformen, was er aus der Sowjetunion gemacht hatte. Folglich oktroyierte er ihnen deren aktuelle Ideologie, Sozialsystem, politische Institutionen und kulturelle Stile. Als westliche Führer von der Brutalität seiner Methoden hörten, waren sie entsetzt und beschlossen dagegenzuhalten, wo immer sie konnten.[18]

Das Ringen zwischen Ost und West erreichte seinen entscheidenden Punkt, als es um die Zukunft Deutschlands ging, denn beide Seiten sahen in der Handhabung der deutschen Frage den Schlüssel zur Kontrolle über den ganzen Kontinent. Während der Potsdamer Konferenz hatten sich Stalin, Truman und Attlee auf die Prinzipien »Entmilitarisierung, Entnazifizierung und Entkartellisierung« geeinigt, die der Alliierte Kontrollrat durchzusetzen hatte. Diese gemeinsame Militäradministration der vier verbündeten Mächte sollte nun das besiegte Land regieren. Dessen Gebietsverluste im Osten hielt man schon für endgültig, ansonsten jedoch bezogen sich alle Überlegungen immer noch auf Deutschland als Ganzes – aber die unterschiedlichen Praktiken in den vier Besatzungszonen förderten eine divergente Entwicklung. Anfangs wollte sich Stalin offensichtlich seine Option noch offenhalten. Am liebsten wäre ihm ein vereintes Deutschland gewesen, und zwar ein sozialistisches. Als zweitbeste Lösung konnte er sich ein neutralisiertes Land zwischen den beiden europäischen Blöcken vorstellen; und wenn dies scheiterte, konnte man aus der Sowjetzone ein kommunistisches Vorzeigeprojekt machen.[19] Schließlich erkannten die Staatsmänner des Westens das Ausmaß der sowjetischen Ziele. Im September 1946 forderte US-Außenminister Byrnes eine Erweiterung der Hilfen für den Wiederaufbau Deutschlands und der Wiederbelebung seines Wirtschaftslebens. Damit Strukturen geschaffen wurden, in denen sich dieser Beistand leichter gewährleisten ließ, appellierte Byrnes an die USA, England und Frankreich, ihre drei Zonen zu einer zusammenzulegen. Nun begann in allen vier Zonen ein hitziges Wetteifern um die Loyalität der Deutschen.

Im Kampf zwischen sozialistischem Antifaschismus und kapitalistischer Demokratie hatten die Sowjets die schlechteren Karten, obwohl sie das Herz Deutschlands kontrollierten. Die Brutalität der Roten Armee erschreckte glücklose Zivilisten, und dass Deutschland Ostpreußen, Pommern, Schlesien und einen Teil Brandenburgs unter nicht unwesentlicher Mitverantwortung der Sowjetunion an Polen verloren hatte, machte die Russen unbeliebt. Auch die bewusste Arroganz der Sowjetischen Militäradministration nährte Ressentiments, während die ökonomische Ausbeutung in Gestalt von Reparationen, Fabrikdemontagen und sowjetisch-deutschen Wirtschaftsunternehmen das Proletariat erzürnte.[20] Dagegen hatten Angehörige der amerikanischen Militärverwaltung wie General Clay eingesehen, dass materielle Hilfe zum Wiederaufbau mehr Bürger von der Attraktivität der Demokratie überzeugen konnte als endlose Vorträge während irgendwelcher Umerziehungsprogramme. Also schwenkte Washington um von einer strafenden zu einer rekonstruktiven Politik und entschloss sich nach einigem Zögern, die drei Westzonen in das *European Recovery Program* des Marshallplans einzubeziehen. Die besetzten Deutschen erlebten einen krassen Kontrast: Die Lebensbedingungen in der Sowjetzone blieben schwierig, während sie in »Trizonesien« merklich besser zu werden begannen. Wann immer sie eine Wahl hatten, optierten die Ostdeutschen mehrheitlich für die westliche Seite.[21]

Die politischen Streitigkeiten beschleunigten die Polarisierung, die Ende der 1940er den ganzen Kontinent in zwei feindliche Blöcke spaltete. Die Sieger erwiesen sich als unfähig, ihre weitere Kooperation zu sichern, indem sie einen Friedensvertrag mit Deutschland schlossen, denn sie waren nicht bereit, eine wesentliche Vorbedingung zu erfüllen: einen offenen Dialog zwischen ihren konkurrierenden Ideologien. Um sein Imperium unter Kontrolle zu halten, griff Stalin zu Gewalt und Repression, denn Propaganda allein genügte nicht, um die Vorherrschaft des Kommunismus in den Satellitenstaaten und anderswo zu wahren. Alarmiert durch Ausmaß und Methoden der sowjetischen Expansion, zogen sich die Vereinigten Staaten und das Vereinigte Königreich nicht wie erwartet aus Europa zurück, sondern hielten ihr Engagement aufrecht. Was den Ex-Partner im Osten betraf, ersetzten sie ihre Politik der passiven Kooperation durch aktiven Widerstand. Immerhin konnten beide Seiten – der Osten durch Zwang, der Westen durch Überzeugung – ihre eigenen Einflusszonen konsolidieren; Deutschland freilich, das zwischen den Blöcken lag, wurde deshalb geteilt. Schon am 5. März 1946 hatte Winston Churchill vor der Spaltung Europas gewarnt: »Von Stettin an der Ostsee bis hinunter nach Triest an der Adria hat sich ein Eiserner Vorhang über den Kontinent gesenkt«.[22]

Wachsende Konfrontation

Kaum war der Wettstreit im Gang, versuchte jede Seite, ihre jeweils eigene Stärke aufzubauen, während sie die Schwächen ihres Feindes auslotete, um das heikle Gleichgewicht zuungunsten des gegnerischen Lagers zu verändern. Im Zuge dessen autorisierte Stalin im Februar 1948 Klement Gottwalds kommunistischen Staatsstreich in Prag. Als dagegen in Italien kampfeslustige Aktivisten der Kommunistischen Partei eine bewaffnete Erhebung planten, riet Stalin sehr nachdrücklich davon ab, denn Rom lag eindeutig in der US-Sphäre. Auf der westlichen Seite versuchten sieben Länder ihre Verteidigungskapazitäten zu verstärken, indem sie 1948 die *Western Union Defense Organisation* gründeten, um ihre Anstrengungen zu koordinieren. Die Westdeutschland okkupierenden Mächte fusionierten eilends ihre drei Zonen zu einer einzigen, die ein Wirtschaftsrat verwalten sollte, um die ökonomische Erholung zu erleichtern. Der Kalte Krieg entwickelte sich nun in einem Ping-Pong-Muster: Eine Seite unternahm etwas, das die andere Seite als gefährlich einschätzte, woraufhin sie zu Gegenmaßnahmen griff, die wiederum neue Feindseligkeiten der ersteren auslösten. Dieser Teufelskreis führte zu einer Reihe von Krisen, die den europäischen Kontinent immer wieder an den Rand eines Krieges brachten.[23]

Der erste Brennpunkt des Kalten Krieges war die Berlinblockade, ein symbolischer Test der Einsatzbereitschaft des Westens. Im Frühjahr 1948 führte der Leiter des Wirtschaftsrates, Ludwig Erhard, in den Zonen der Westalliierten eine Währungsreform durch. Das erboste Stalin, denn nun war das Geld, das die Druckerpressen in der Sowjetzone auswarfen, wertlos und konnte die Okkupation nicht mehr finanzieren. Stalin ließ alle Zufahrtsrouten in die deutsche Hauptstadt in der Hoffnung sperren, die westlichen Alliierten »rauszukicken«. Die strategische Position des Diktators begünstigte sein Machtspiel eindeutig, denn Berlin lag inmitten der Sowjetzone. Außerdem waren im Westen der Metropole nur kleine Verbände der amerikanischen, britischen und französischen Truppen stationiert – zu wenig für eine effektive Verteidigung. Erschwerend kam hinzu, dass die zwei Millionen Westberliner, was ihre Versorgung mit Lebensmitteln und Treibstoffen betraf, auf Lieferungen aus dem Westen angewiesen waren, die über drei Landwege erfolgten; ihren elektrischen Strom bekamen sie überwiegend von Kraftwerken im Osten. Da die Stellung der westlichen Alliierten unhaltbar war, mussten sie entweder eine Panzerattacke auf die überlegenen Kräfte der Sowjetarmee lancieren und dadurch einen neuen Krieg provozieren – oder ihre Schwäche eingestehen und sich schmachvoll aus Berlin zurückziehen. In beiden Fällen hätten die Sowjets als Sieger dagestanden.[24]

Die wagemutige technische Lösung des Problems, die »Luftbrücke«, durchkreuzte Stalins Pläne: Westberlin wurde elf Monate lang über Frachtflugzeuge versorgt. General Clay, der Militärgouverneur der amerikanischen Zone, wählte diese riskante Methode, weil dem Westen die drei Luftkorridore, die von seinen Maschinen benutzt wurden, vertraglich garantiert waren. Hätten die Sowjets die Flüge verboten oder behindert, wären *sie* in der Rolle des Kriegstreibers gewesen. Die ganze Operation war eine logistische Meisterleistung, die General William H. Tunner organisierte. Er setzte Militärflugzeuge namens Douglas DC-4 ein, die rund um die Uhr in gestaffelter Formation flogen. Sie wurden unterstützt von deutschen Bodenmannschaften, die die Versorgungsgüter eiligst in Tempelhof, Gatow und auf dem gerade neu errichteten Flughafen Tegel ausluden. Besonders die Berliner Kinder freuten sich, wenn die »Rosinenbomber« kamen; sie bejubelten nun die gleichen U. S.-Air-Force- und RAF-Maschinen, die sie vorher gefürchtet hatten. Da die Westberliner trotz bitterer Entbehrungen standhielten, wandelte sich ihr Bild innerhalb der westlichen Presse: Plötzlich waren sie keine bösen Nazi-Übeltäter mehr, sondern »freiheitsliebende Berliner«.[25] Die Blockade erwies sich für die Sowjets als ein Schuss, der nach hinten losging. Statt die westlichen Alliierten aus der früheren Hauptstadt hinauszuzwingen, schuf sie ein transatlantisches emotionales Band, denn in ihr hatte sich erwiesen, dass die Westdeutschen sich auf die amerikanische Unterstützung verlassen konnten.

Diese erste Berlinkrise offenbarte, wie weit sich Ost und West voneinander entfremdet hatten. Sie beschleunigte die Bildung zweier deutscher Staaten, einer wie der andere fest verankert in seinen jeweiligen Block. In den westlichen zwei Dritteln hatten regionale Wahlen bereits zu Landesregierungen geführt, die den dortigen Bürgern wieder politische Partizipation ermöglichten. Gleichzeitig mit der Fusion der drei Bundesstaaten entstand ein gemeinsamer Wirtschaftsrat, der die Währung reformierte und die wettbewerbsorientierte Marktwirtschaft wiedereinführte, um die Konjunktur ab Frühjahr 1948 auf Touren zu bringen. Im Sommer trafen sich Delegierte auf Herrenchiemsee, um eine provisorische Verfassung zu erarbeiten, genannt das *Grundgesetz*. Darin versuchte man, bestimmte Fehler der Weimarer Republik zu vermeiden. Beispielsweise sollte der Präsident weniger Macht und der Staat eine föderative Struktur erhalten; und der Sturz einer Regierung hatte sich fortan geordnet zu vollziehen, nämlich durch ein konstruktives Misstrauensvotum. Dazu kam noch die Bestimmung, dass politische Parteien künftig nur ins Parlament einziehen konnten, wenn sie mindestens fünf Prozent der Wählerstimmen holten. Ein Jahr später gewann die Christlich-Demokratische Union (CDU) die ersten Wahlen zum Deutschen Bundestag, und Konrad Adenauer wurde Bundeskanzler.[26] Zwar vertiefte die Gründung der Bundesrepublik Deutschland (BRD) die Teilung des Landes, aber ihre Befürworter rechtfertigten sie als eine Zwischenstation auf dem Wege zu einem einigen und freien Deutschland in der Zukunft. Da ihm keine Möglichkeit mehr blieb, das gesamte besiegte Land zu kontrollieren, musste Stalin die Etablierung eines sozialistischen Satellitenstaates in dessen Osten autorisieren. So wurde aus der Sowjetzone die »Deutsche Demokratische Republik«, kurz DDR.

Schon während der letzten Kämpfe kurz vor Kriegsende flog eine Gruppe von Parteifunktionären mit Walter Ulbricht an der Spitze aus Moskau ein, um die Kommunistische Partei (KPD) wiederzubeleben, die zwölf Jahre nur im Untergrund hatte agieren können. Die KPD vereinte sich im Frühjahr 1946 mit der größeren SPD zur »Sozialistischen Einheitspartei Deutschlands« (SED), um dem sozialistischen Projekt eine breitere Wählerbasis zu beschaffen. Maßnahmen wie die Enteignung der Großgrundbesitzer und die

Verstaatlichung der Industrie weckten bei vielen Arbeitern und Bauern durchaus Sympathien. Um sich die Legitimität für die Gründung eines separaten Staates zu verschaffen, lancierte die SED eine massive Propagandakampagne mit Namen »Volkskongressbewegung«. Diese prangerte die BRD als Neonazi-Staat an und behauptete, nur in Ostdeutschland ließen sich Sozialismus und Demokratie verwirklichen. Die DDR gab sich zwar eine Verfassung, die bemerkenswert liberal ausfiel; zum Beispiel vermied sie jedweden Bezug auf den Kommunismus. Die Praxis der Machthaber jedoch – die Art etwa, wie sie politische Gegner und unliebsame Klassen verfolgte – war typisch stalinistisch. Da sich die Gründung der BRD nun einmal nicht verhindern ließ, schuf die SED im Oktober 1949 ihren eigenen Staat.[27]

1950 steigerte der Koreakonflikt die Spannungen des Kalten Krieges, ja, er sandte Schockwellen der Angst um den Erdball. Nachdem die Gründung der NATO 1949 Stalins Aktivitäten in Europa blockiert hatte, sah er neue Möglichkeiten in Asien, denn vom Sieg der chinesischen Kommunisten ließ sich zweifellos profitieren. Indem er Nordkoreas Führer Kim Il-Sung erlaubte, Südkorea anzugreifen, hoffte Stalin, die Vereinigten Staaten in einen lokalen Konflikt zu verwickeln. Aber er machte einen strategischen Fehler, als er die russische Delegation die UNO wegen des Ausschlusses Rotchinas boykottieren ließ. Dadurch nämlich war die Sowjetunion in diesem Gremium nicht mehr präsent, sodass die UNO kein sowjetisches Veto mehr fürchten musste, wenn sie die Aggression der Nordkoreaner verurteilte und eine internationale Streitmacht mobilisierte, um deren Vormarsch zu stoppen. Auf dem europäischen Kontinent entfachte die Invasion Kriegsangst; furchteinflößende Analogien taten sich auf: Konnten nicht auch jederzeit massive Panzerverbände der Sowjetarmee bis zum Ärmelkanal vorstoßen? Ökonomisch indes war der Konflikt in Ostasien für die Bundesrepublik profitabel: Der sogenannte Koreaboom bewies die Überlegenheit der Marktwirtschaft, denn deutsche Kohle und deutscher Stahl – die Materialbasis zweier Weltkriege – erfreuten sich wieder großer Nachfrage. Die eskalierenden Spannungen des Kalten Krieges machten sich auch in Deutschland bemerkbar, denn sie unterstrichen die strategische Bedeutung Ostdeutschlands als sowjetischer Aktionsraum, und bei den Westdeutschen festigten sie die antikommunistische Überzeugung, dass alle Gefahr aus dem Osten komme.[28]

Die Kriege in Asien beschleunigten die Militarisierung des europäischen Kontinents, denn beide Weltmächte begannen nun ›ihre‹ jeweiligen Deutschen als potenzielle Verbündete wiederaufzurüsten. Amerikanische Meinungsumfragen entdeckten bei den Deutschen zwar eine tiefe Aversion gegen Militärisches – man fürchtete einen neuerlichen Waffengang, denn der Zweite Weltkrieg war noch als echte Katastrophe in Erinnerung. In Ostdeutschland drängten allerdings sowjetische Berater trotz der einschlägigen Verbotsbestimmungen des Potsdamer Abkommens auf robuste Wehrhaftigkeit; und so schuf die DDR eine »Kasernierte Volkspolizei«, ausgestattet mit schwerem Gerät. Sie bildete den Kern für eine »Nationale Volksarmee« (NVA), wie sie auch in den anderen Ländern des Warschauer Paktes entstand, und sollte stark genug sein, um Erhebungen im Inland niederzuwerfen und die sowjetische Armee zu unterstützen. Gleichzeitig plante Kanzler Adenauer einen Beitrag der BRD zur westlichen Verteidigung, denn er glaubte, nur im Besitz einer bewaffneten Armee die nationale Souveränität zurückerlangen zu können. Um die in den Hauptstädten der ehemaligen alliierten Kriegsgegner verbreitete Furcht vor einem wiederbewaffneten Deutschland zu zerstreuen, schlug Adenauer vor, die bundesdeutschen Soldaten in die supranationalen Einheiten einer noch zu schaffenden Europäischen Verteidigungsgemeinschaft zu integrieren. Dies aber lehnte Frankreich ab. Nun drängte Adenauer sein Land gegen starken Widerstand, aber letztlich erfolgreich, ins transatlantische Bündnis, und so trat die Bundesrepublik mit der Bundeswehr 1955 der NATO bei.[29] Infolge dieser Aufrüstung sammelte sich auf beiden Seiten eine gewaltige Menge konventioneller und atomarer Waffen. Sollte es nun zum Konflikt kommen, wäre Deutschland aller Wahrscheinlichkeit nach das Schlachtfeld.

Obwohl zwischen den Schauplätzen Welten lagen, intensivierten sowohl die Berlinkrise als auch der Koreakonflikt den Kalten

Krieg, ja, sie weckten die Erwartung, es könne ein heißer werden, nicht nur in Asien, sondern auch in Europa. Kaum fünf Jahre, nachdem man gemeinsam die Nazis niedergeworfen hatte, befanden sich Moskau und Washington in einer ideologisch bedingten Auseinandersetzung, deren Ausmaß man getrost global nennen durfte. In Korea wurde zwar faktisch gekämpft, doch hatte der Waffengang weitgehend den Charakter eines Stellvertreterkrieges, denn die USA nahmen nur innerhalb einer multinationalen UN-Armee teil, und die Sowjetunion agierte hauptsächlich über ihre nordkoreanischen und chinesischen Hilfstruppen. In Europa verlief die Konfrontation glücklicherweise ohne Blutvergießen; denn dort waren beide Seiten direkter engagiert und fürchteten den Ausbruch eines neuen Weltkrieges. Für die entsprechende Abschreckung sorgten die starke konventionelle Streitmacht der Sowjets und die Atomwaffen der Amerikaner. Statt unmittelbar aufeinander loszugehen, schufen die Supermächte zwei feindliche Blöcke, die einander zwanghaft hitzige Propagandaschlachten lieferten, wobei jede der beiden Parteien die Ideale Frieden und Freiheit im Munde führte. Indem er furchterregende Krisen auslöste, verunsicherte der Kalte Krieg beide Seiten.[30]

Dimensionen des Wettstreits

Gemeinhin erinnert man sich an den Kalten Krieg als an eine militärische Konfrontation zwischen den zwei großen Blöcken. Dieses Bild ist korrekt, aber unvollständig, denn er war ein multidimensionaler Kampf, der kaum eine Region unangetastet ließ. In diversen Landschaften Mitteleuropas bezeugen Überbleibsel von Raketensilos, Kommandobunkern, Armeekasernen und gelegentlich auch brachliegende Truppenübungsplätze, dass dort einmal ein echtes Wettrüsten stattgefunden hat. Um die gegenseitige Subversion entstand als eigenes fiktionales Genre der Spionagethriller: Ersten Annäherungen, wie etwa die Romane John Le Carrés sie boten, folgten opulente Hollywoodfilme wie die frühen James-Bond-Streifen. Doch der Ost-West-Konflikt war auch ein ideologischer

Wettkampf zwischen sozialistischen und demokratischen Versionen der Modernisierung, wobei Antifaschismus gegen Antitotalitarismus antrat. Zudem handelte es sich um einen ökonomischen Wettlauf, der sowohl Verbesserungen im öffentlichen Raum bringen als auch den individuellen Wohlstand mehren sollte; Sozialleistungen und die Erfüllung von Konsumentenerwartungen spielten ebenfalls eine Rolle. Letztlich war der Kalte Krieg auch ein Wettstreit um Ideale: Sollte man sich dem Kampf für ein kommunistisches Utopia widmen oder westlichen Werten? Die Frage hatte große Bedeutung für die einheimische Politik, aber auch für die internationalen Beziehungen. Wer das damalige Geschehen umfassend verstehen will, muss das Zusammenwirken all dieser Dimensionen in Betracht ziehen.[31]

Der Rüstungswettlauf war der gefährlichste Teilbereich des Kalten Krieges, denn die wachsenden nuklearen Bestände reichten aus, um die ganze Erde in Stücke zu reißen. Bei den konventionell bewaffneten Streitkräften hatte in Europa die Sowjetunion einen klaren Vorsprung, den die Überlegenheit der NATO zur See und in der Luft nur partiell kompensieren konnte. Vier Jahre lang erfreuten sich die USA eines Nuklearmonopols, und 1954 testeten sie als erste Macht der Welt eine Wasserstoffbombe. Doch holte die Sowjetunion mit Hilfe von Spionage und einem wissenschaftlich-technischen Crashkurs rasch auf: 1949 besaß auch sie die Atombombe, und 1955 kam die eigene Wasserstoffbombe hinzu. Als Transportmittel für diese Gerätschaften sah man zunächst sogenannte »Strategische Bomber« vor, neue Jets mit großer Reichweite, die sie befähigte, Ozeane zu überqueren. Aus der deutschen V-2 entwickelten Wissenschaftler auf beiden Seiten zudem Interkontinentalraketen, die mit Atomsprengköpfen bestückt werden konnten. Diese ICBMs waren keine Waffen fürs Schlachtfeld mehr, sondern eher Werkzeuge für den »totalen Krieg«. Sie bedrohten ein Feindesland als Ganzes, denn sie vermochten seine Zivilbevölkerung auszulöschen. Bomber und Raketen erlaubten beiden Lagern, einen Angriff noch rechtzeitig mit einem ebenso zerstörerischen Gegenschlag zu parieren; so entstand das »Gleichgewicht des Schreckens«.[32] Ironischerweise war es die Furcht vor der tödlichen Vernichtungsgewalt dieser Waffen, die dafür sorgte, dass sie nie zum Einsatz kamen. Ihre Verwendung hätte schlicht keinen praktischen Nutzen gebracht.

Ein weiteres Instrument des Kalten Krieges war die Spionage. Durch Nachrichtendienste ließen sich militärische Geheimnisse erkunden und falsche Informationen verbreiten. Die Sowjets machten sich zunutze, dass nicht wenige westliche Intellektuelle mit dem Kommunismus sympathisierten. Beispielsweise rekrutierte der KGB Klaus Fuchs und Julius Rosenberg, die wichtige Informationen über das amerikanische Nuklearprogramm lieferten. Der CIA nutzte ihrerseits das Wissen ehemaliger Nazi-Spezialisten über die Sowjetunion; auch von antikommunistischen Widerstandskämpfern erhielt sie Kenntnisse der Aktivitäten der Sowjetarmee in Mitteleuropa. Da die Amerikaner ihre nachrichtendienstlichen Informationen mit den Briten teilten, gelang der östlichen Seite, als sie die »Cambridge Five« zu ihren Agenten machte, ein Doppelcoup, dem der Westen nur schrittweise auf die Schliche kam. Genaueres erfuhr er erst nach Entzifferung der Venona-Papiere. Die Vereinigten Staaten wiederum bekamen hochrelevantes Material von Überläufern, deren prominentester wohl Oleg Penkowski war. Daneben setzten sie Aufklärungstechnik wie die U-2-Spionageflugzeuge und kamerabestückte Satelliten ein; beide spielten eine zentrale Rolle innerhalb der Krise um die sowjetischen Raketen auf Kuba. Besonders verwundbar in Sachen Ausspähung war Westdeutschland, denn Stasi-Spionagechef Markus Wolf konnte seine Agenten leicht vom Osten her einschleusen.[33] Viele dieser Aktionen mochten Mantel-und-Degen-Romantik und einen gewissen verschwörerischen Reiz besitzen; im Großen und Ganzen aber haben die Erfolge beider Lager sich gegenseitig neutralisiert.

Ebenso wichtig, aber weniger deutlich augenfällig war der ideologische Wettstreit zwischen den beiden Seiten, in dem sie um die kulturelle Dominanz konkurrierten. Die Sowjets setzten auf eine Reihe von Propagandaargumenten, zu denen Antifaschismus, Weltfrieden und soziale Gleichheit gehörten. Die Kommunisten organisierten geeignete Veranstaltungen wie Abrüstungskongresse oder internationale Jugendfestivals, um dort Mitstreiter zu mobilisieren. Fündig wurden sie unter Intellektuellen – etwa in Gestalt von Jean-Paul Sartre –, in der Arbeiterbewegung und im Klerus. Die Vereinigten Staaten blieben ebenfalls nicht untätig. In großen Städten eröffneten sie Informationszentren, »Amerikahäuser« genannt, denen jeweils eine kostenlose Bibliothek angeschlossen war. Wo die Amerikaner um Sympathien warben, betonten sie Werte wie Freiheit, Menschenrechte und westliche Zivilisation. Sie vertrauten darauf, dass ihr wohlstandsaffiner Lebensstil schon attraktiver wirken werde als der triste russische Egalitarismus. Besonderen Einsatz zeigten die USA, indem sie Radiosender wie den »Rundfunk im Amerikanischen Sektor« (RIAS) in Westberlin sowie »Radio Free Europe« und »Radio Liberty« in München gründeten. Die Sender kamen mit ihrem Rock'n'Roll-Programm nicht zuletzt dem Geschmack der Jugend entgegen; dahinter stand aber die Verbreitung einer politischen Botschaft, die betonte, was die Marktdemokratie alles Großartiges hervorbringe. Der »Kongress für Kulturelle Freiheit«, den Journalisten wie Melvin Lasky leiteten, sollte die sozialistischen Beschwörungen von Gleichheit mit dem demokratischen Versprechen von Freiheit konterkarieren. Ähnliches geschah auch in anspruchsvollen Zeitschriften, etwa dem *Encounter* oder dem *Monat*.[34] Dieser Kulturkrieg sollte Bürger bekehren, indem er die eigene Sache als idealistisches Unternehmen porträtierte.

Auch die ökonomische Rivalität war ein zentraler Aspekt des Ost-West-Konflikts, denn der gewöhnliche Europäer beurteilte ein politisches System anhand seines aktuellen Lebensstandards. In den ersten drei Jahren nach dem Krieg waren die Unterschiede noch geringfügig, aber nach der Wiedereinführung des Wettbewerbs und der Umsetzung des hilfreichen Marshallplans stach die Marktwirtschaft im Westen die Planwirtschaft im Osten sichtlich aus. Das »Wirtschaftswunder«, das sich zuerst in der Bundesrepublik vollzog, wirkte auch in deren Nachbarstaaten hinein. Folglich bot die westliche Ökonomie höhere Löhne, niedrigere Preise und bessere Qualität als der »Schornsteinsozialismus«. Während kommunistische Regierungen ihre Bürger mit öffentlichen Projekten und subventionierten Grundgütern zufriedenzustellen suchten, erzeugte die Entfesselung des Marktwettbewerbs im Westen höhere Zuwachsraten, von denen besonders die neu entstehende Infrastruktur und der wieder intensiv betriebene Wohnungsbau Zeugnis gaben. Bei den Konsumwaren schlug der freie Markt die Planwirtschaft spielend, denn er präsentierte ein umfänglicheres Angebot attraktiver Produkte und wusste ein breites Spektrum verschiedener Geschmäcker zu bedienen. Durch die offene Grenze in Berlin versuchte der Osten mit sozialer Grundsicherung zu locken, aber der Glanz des Kurfürstendamms im Westen erwies sich am Ende doch als unwiderstehlicher.[35]

Letztendlich war der Kalte Krieg ein politischer Kampf innerhalb jedes einzelnen Landes, ein Konflikt zwischen der radikalen Linken einerseits und der demokratischen Mitte und der Rechten andererseits. Da die Kommunisten freie Wahlen zu verlieren pflegten, griffen sie in ihrem eigenen Block auf die »Diktatur des Proletariats« zurück; Volksfronttaktiken verwendeten sie nur im Westen. Ihr utopisches Versprechen beinhaltete eine egalitäre Revolution, die den Massen ein würdigeres Leben ermöglichen sollte – mit besserer Bildung, Gesundheitsversorgung, gesicherten Arbeitsplätzen, Wohlfahrt und Unterhaltung. Die westlichen Demokraten hingegen boten eine parlamentarische Regierung, in der politische Parteien Ziele artikulierten und verfolgten, die sich an den Wünschen der Bürger orientierten, während unterschiedliche zivile Gruppen ihren Wünschen in Verbänden Ausdruck verleihen konnten. Die Demokraten strebten eine pluralistische Gesellschaft an, welche die Menschenrechte garantierte, kulturelle Freiheit ermöglichte und die Bürger durch einen umfänglichen Wohlfahrtsstaat gegen die bösen Folgen ökonomischer Krisen absicherte.[36] Beide Seiten versuchten, im eigenen Lager ideologische Konformität zu erzielen, notfalls mit Zwang, und gleichzeitig das gegnerische zu unterminieren. Zwar hat die ideologische Hexenjagd, die im Umfeld des amerikanischen Senators Joseph McCarthy betrieben wurde, der Glaubwürdigkeit des Westens geschadet, aber die ausgemachte Unterdrückung jeden Widerspruchs und die Verfolgung von Oppositionellen im Osten diskreditierte den Sozialismus doch stärker.

Um dem polarisierenden Sog des Kalten Krieges etwas entgegenzusetzen, entstand in den 1950ern eine Bewegung blockfreier Nationen, die die Prinzipien der Nichtaggression und Nichteinmischung hochhalten wollten. Jugoslawien, Indonesien, Indien, Ägypten und Ghana mochten nicht in die ideologische Konfrontation zwischen den beiden feindlichen Lagern hineingezogen werden, die jeweils aus einer Supermacht, ihren Verbündeten und den von ihr abhängigen Satellitenstaaten bestanden. Um diesem Druck zu entgehen, beschlossen die Oberhäupter jener Länder – Tito, Sukarno, Nehru, Nasser und Nkrumah –, einen dritten Block zu formieren, der groß genug war, um sich Gehör zu verschaffen. Repräsentanten antiimperialistischer Nationen trafen sich 1956 in Bandung und fünf Jahre später in Belgrad. Beide Male proklamierten sie eine Politik der Blockfreiheit und die Hoffnung, dass sie ökonomische Hilfe und militärischen Beistand vom Westen oder vom Osten beziehen durften, ohne deshalb der einen oder anderen Seite beitreten zu müssen. Obwohl sie eine wichtige Rolle in der UNO spielten, da sich die Zahl der unabhängigen Staaten stetig vermehrte, waren einzelne Staaten, etwa Indien und Pakistan, untereinander in Ideologie und Interessen heftigst zerstritten. Die Kluft, die der Kalte Krieg gerissen hatte, konnten sie daher nur abmildern, nicht aber überbrücken.[37]

Die alles durchdringende Konfrontation schuf eine eigentümliche Kalter-Krieg-Mentalität, und zwar nicht nur unter politischen Entscheidungsträgern, sondern ebenso in der allgemeinen Öffentlichkeit. Der Ost-West-Konflikt spaltete die Loyalitäten innerhalb eines Landes und zwischen Ländern, verlieh der militärischen Sicherheit höchste Wichtigkeit und ließ die Angst grassieren. Diese Sichtweise verleitete dazu, in Schwarz-Weiß-Schemata zu denken und alles danach einzuordnen, ob es der eigenen Sache förderlich oder abträglich sei; dadurch wurde jede Möglichkeit eines Kompromisses eliminiert. Innerhalb des Ostblocks führte die vom Kalten Krieg diktierte Betrachtungsart zur offenen Verfolgung und Unterdrückung von Oppositionellen, während im Westen Selbstzensur und illiberale Reaktionen auf Widerspruch an der Tagesordnung waren. Zwischen den beiden Seiten verhärtete sich dadurch der

Argwohn, und noch die harmlosesten Aktivitäten erschienen als besonders heimtückische Formen von Subversion. Gemäß dieser paranoiden Wahrnehmung tobte in der Welt ein endloser Kampf, in dem man niemandem trauen durfte und nichts so war, wie es schien.[38] Schließlich entwickelte sich diese Sicherheitsmanie zu einer selbsterfüllenden Prophezeiung, die in die einheimische Politik Rigidität und in die internationalen Beziehungen Konfrontation brachte.

Erneute Krisen

Fast während der ganzen 1950er Jahre schwankte der Kalte Krieg zwischen gefährlichen Konfrontationen und Bemühungen um eine Koexistenz. Dass die Konteroffensive der UNO gegen Nordkorea Erfolg hatte, entzündete in Washington Diskussionen, ob man das – damals noch existente – Nuklearmonopol der USA nicht nutzen sollte, um den Kommunismus zurückzurollen. Namentlich Außenminister John Foster Dulles befürwortete eine aggressive Positionierung und stellte klar, dass die »schließliche Befreiung« der Nationen unter kommunistischer Herrschaft ein »wesentlicher und dauerhafter Teil« der amerikanischen Außenpolitik sei. Als aber am 17. Juni 1953 Ostdeutsche gegen ihre Regierung demonstrierten, weigerte sich Präsident Eisenhower, ihnen zu Hilfe zu kommen, was praktisch bedeutete, dass er die sowjetischen Hegemonieansprüche respektierte.[39] Dank der amerikanischen Zurückhaltung konnte im Mai 1955 der Österreichische Staatsvertrag unterzeichnet werden, der die Alpenrepublik zu einem neutralen und blockfreien Staat erklärte, und die Genfer Gipfelkonferenz zwei Monate später erzeugte geradezu eine Atmosphäre des Friedens. Nikita Chruschtschow lieferte ein Konzept für dieses Nachlassen der Spannung; er nannte es »friedliche Koexistenz«. Entgegen einem verbreiteten Missverständnis bedeutete der Begriff nicht das Ende des ideologischen Konflikts, sondern betonte vielmehr, dass er nur mit nichtmilitärischen Mitteln ausgefochten werden dürfe.[40]

Gerade als die Feindseligkeit nachzulassen schien, kam eine neue Bedrohung für den Frieden in Europa: die Ungarn-Krise. Trotz ihrer kriegsabstinenten Rhetorik versuchten beide Lager weiterhin, einander politisch zu destabilisieren – veranstalteten die einen Friedensrallyes, schickten die Sender der anderen, etwa Radio Free Europe, Propaganda über die Ostgrenze. Als 1956 im Sommer die Polen revoltierten und im Herbst die rebellischen Ungarn den Westen um Hilfe baten, war Washington erneut gezwungen zu entscheiden, ob es seine Reden von der Zurückdrängung des Kommunismus in die Tat umsetzen oder sich auf Beifall von der Seitenlinie beschränken sollte. Aber die Nachricht, dass die Sowjets sich neben der Atom- nun auch die Wasserstoffbombe zugelegt hatten, und die Furcht, dass diese verheerenden Waffen vielleicht auf amerikanischen Boden fielen, ließen sogar bei antikommunistischen Falken wie Dulles die Einsicht reifen, dass sich eine Intervention verbot. Aus dieser widerstrebenden Zurückhaltung erwuchs ein informelles Einvernehmen zwischen den Supermächten, den Einflussbereich des jeweils anderen zu respektieren und fortan auf anderen Gebieten zu konkurrieren, etwa der Wirtschaft und dem Sport. Beim Treffen Eisenhowers mit Chruschtschow September 1959 in Camp David gaben beide der Bereitschaft Ausdruck, einander von gleich zu gleich zu behandeln; irgendwelche konkreten Schritte hin zur Abrüstung blieben allerdings aus.[41]

Indem er im November die Zweite Berlinkrise auslöste, kehrte Chruschtschow gleichwohl zum Spiel mit dem Feuer zurück. Die Sowjetunion hielt er nicht für gefährdet, weil sie bei Atomwaffen und Raketen inzwischen mit den USA mithalten konnte. Da vorherige Konferenzen und Initiativen wie die Eden-Pläne das deutsche Problem nicht hatten lösen können, blieb der westliche Teil der ehemaligen Hauptstadt ein Pfahl im Fleische des Sowjetimperiums, war er doch ein Paradebeispiel freier Politik und attraktiver Konsumkultur. In einem undiplomatischen Ultimatum forderte der Sowjetführer, die Truppen der Westalliierten sollten sich binnen sechs Monaten aus ihren Sektoren zurückziehen und Westberlin eine »Freie Stadt« werden. Andernfalls lege die Sowjetunion die Kontrolle über die Verbindungswege zwischen Westdeutschland sowie Westberlin nieder und trete sie ab an die DDR. Diese Attacke auf den Viermächtestatus Berlins überraschte die westlichen Staatsführungen, die befürchteten, Chruschtschow könne diese Drohung ernst meinen. Aber die Westberliner versammelten sich solidarisch hinter ihrem Oberbürgermeister Willy Brandt; und Washington, das mehr atomare Sprengköpfe hatte als Moskau, überzeugte England und Frankreich, keinerlei Zugeständnisse zu machen. Obwohl die Sowjetunion gleichzeitig der internationalen Öffentlichkeit dauerhafte Entwaffnung versprach, blieb der negative Eindruck, es betreibe hauptsächlich *eine* Seite Machtspiele.[42]

Die Krise verschärfte sich, als der ostdeutsche Diktator Walter Ulbricht auf eine Schließung der Grenze zwischen Ost- und Westberlin drängte, um seine Bevölkerung am Weglaufen zu hindern. Seit 1952 hatte die DDR die innerdeutsche Grenze – sie zog sich über 1400 Kilometer von der Ostsee bis hinunter zur Tschechoslowakei hin – zur Abschreckung befestigt. Wer hindurch wollte, den erwarteten Stacheldrahtzäune, Landminen, Beobachtungstürme und Wachhunde; all dies machte eine Flucht praktisch unmöglich. In Berlin jedoch konnten die Bürger ohne Behinderungen von einem Sektor in den anderen wechseln – mit dem Zug, mit dem Bus, mit der Straßenbahn, mit der U-Bahn, mit dem Fahrrad oder auch zu Fuß. Die Kollektivierung der Landwirtschaft, die Verstaatlichung der Fabriken, die diskriminierenden Maßnahmen gegen die Kirche und Verfolgung von politischen Oppositionellen machten nicht wenigen in Ostdeutschland das Dasein unerträglich; und so flohen in den fünfzehn Jahren nach dem Krieg dreieinhalb Millionen Menschen durch das Schlupfloch Berlin in den Westen, während nur eine halbe Million der sozialistischen Verheißungen wegen in den Osten zogen. Der Exodus befreite die DDR zwar von Unzufriedenen und Kritikern, aber er kostete sie Bauern, Ingenieure, Ärzte sowie fähige Arbeiter und Handwerker – alles Kräfte, die das Land dringendst brauchte. Die Bundesrepublik hieß diese wertvollen Flüchtlinge willkommen, indem sie ihnen sofort die Staatsbürgerschaft und Sozialleistungen gewährte. Um die DDR am Leben zu halten, gab Chruschtschow nach einer Weile seine Einwilligung dazu, dass man auch das letzte Loch im Eisernen Vorhang schloss.[43]

Während der Nacht vom 12. zum 13. August 1961 begann die DDR mit der Errichtung hermetischer Sperranlagen. Bauarbeiterbataillone und Grenzwachen der Volkspolizei zogen Stacheldraht quer über Straßen und Gleise, bis alle Verkehrswege zwischen Ost und West abgeschnitten waren. Die neue Berliner Mauer – offiziell gerechtfertigt als »Antifaschistischer Schutzwall« – wuchs nach und nach heran zu einem komplexen Befestigungssystem aus Betonplatten, Elektrozäunen, Wachtürmen, Suchscheinwerfern und Patrouillen; undurchdringlich sollte dieses Bollwerk werden. Trotzdem gelang es Tausenden beherzter Ostdeutscher herauszukommen, indem sie aus Fenstern sprangen, durch Tunnel krochen, durch Kanäle schwammen und über Straßensperren sprangen. Um diese verzweifelten Ausbrüche zu unterbinden, autorisierte die SED die Grenzpolizei, auf Flüchtlinge zu schießen, was diese auch tat – rund 138 Menschen, die zu entkommen suchten, wurden getötet, mehrere hundert weitere inhaftiert. Die Spannung erreichte einen Höhepunkt, als amerikanische und sowjetische Panzer im Oktober 1961 einander am Checkpoint Charlie gegenüberstanden. Vorausgegangen war ein Streit um die Frage, wem das Recht gebühre, Grenzkontrollen durchzuführen. Nach Abzug der Panzer stabilisierte die Teilung der Stadt ironischerweise die DDR, denn nun waren alle Wege nach draußen abgeschnitten. Die Ostdeutschen waren also gezwungen, mit ihrem ungeliebten SED-System klarzukommen.[44] Die Mauer beschädigte aber auch die Legitimität des ostdeutschen Staates, ja, sie wurde zu einem ein weltweit verabscheuten Symbol kommunistischer Repression.

Die Kubaraketenkrise im Oktober 1962 war sogar noch gefährlicher, denn sie brachte die Welt an den Rand eines Atomkrieges. Fidel Castros Revolution gefiel Moskau, weil sie die Wirkung ihrer antiimperialistischen Strategie zu beweisen schien, namentlich nach dem Scheitern der schlecht geplanten Invasion in der Schweinebucht durch vom CIA ausgebildete Exilkubaner. Ein Jahr zuvor hatte Chruschtschow auf dem Gipfeltreffen in Wien den neuen US-Präsidenten John F. Kennedy kennengelernt und den Eindruck bekommen, dass von diesem wohl keine harschen Reaktionen zu erwarten seien, wenn die Sowjetunion mit martialischen Aktionen vorpreschte. Allerdings unterschätzte der Russe die Entschlossenheit des jungen amerikanischen Staatschefs. Chruschtschow ließ Mittelstreckenraketen mit Atomsprengköpfen auf der Insel stationieren, um das wiederherzustellen, »was der Westen so gern das ›Gleichgewicht der Kräfte‹ nennt«. Zusätzlich wollte die UdSSR Castro schützen. Die Entdeckung der Raketen durch ein U-2-Aufklärungsflugzeug löste Panik in Washington aus, denn nun waren die Vereinigten Staaten selbst durch Kernwaffen bedroht, und zwar ganz aus der Nähe. Kennedy zögerte eine Weile, dann aber machte er die Gefahr weltweit publik, sodass sich Chruschtschow schließlich zurückzog. Entgegen der öffentlichen Wahrnehmung wurde diese Krise aber mit einem Kompromiss beigelegt: Die Sowjets zogen ihre Raketen von der Insel ab, während die Amerikaner ihre aus der Türkei entfernten und die Unverletzlichkeit Kubas garantierten. Die Europäer konnten nur machtlos zuschauen, wie die Welt einen schmalen Grat entlangtaumelte. Der Absturz hätte nicht weniger bedeutet als nukleare Vernichtung.[45]

Dank dem schieren Schrecken des nahen Armageddon hatte die Kubaraketenkrise ironischerweise den heilsamen Effekt, dass beide Seiten sich vom nuklearen Zündeln abwandten. Chruschtschow wies seine Generäle an, keine Raumstationen und künstlichen Inseln für Attacken auf die USA mehr zu planen, und Kennedy ließ Robert McNamaras Szenarien fallen, die einen begrenzten Atomkrieg ins Auge gefasst hatten. Während jeder der beiden Streitpartner behauptete, das Kräftemessen gewonnen zu haben, begannen Moskau und Washington einen schwierigen und langsamen Prozess der Deeskalation. Man musste Rüstungskontrollmaßnahmen verhandeln, denn die Spirale der Militärkosten drehte sich in Höhen, die kaum noch zu kontrollieren waren, und Wissenschaftler warnten vor einem weiteren Ausbau der Waffenbestände. 1963 unterzeichneten beide Seiten das »Begrenzte Atomteststoppabkommen«, das das Ausprobieren von Nuklearwaffen in der Atmosphäre verbot. 1968 schlossen sie den »Atomwaffensperrvertrag«, auch genannt »Vertrag über die Nichtverbreitung von Kernwaffen«. Darin versprachen sie, anderen Nationen nicht bei der Anschaffung nuklearer Waffen zu helfen. 1972 erzielten die Kontrahenten nach jahrelangen einschlägigen Verhandlungen, »SALT« genannt, den »Interimsvertrag zur Begrenzung strategischer Rüstung«, der die Zahl der ballistischen Raketen einschränkte und Überprüfungsverfahren festlegte.[46] Die Erkenntnis, in welche Gefahren die Berliner Mauer und die Kubaraketenkrise geführt hatten, gab den entscheidenden Anstoß zu den Bemühungen, solche Bedrohungen künftig zu vermeiden.

Dieser unvorhersagbare Wechsel von Krise und Koexistenz vertiefte die Entzweiung Europas und machte dem Alten Kontinent seine Ohnmacht bewusst. Indem er den Eisernen Vorhang herabließ, schuf der Kalte Krieg eine physische Grenze, die den Osten von den westlichen Entwicklungen abschnitt. Er erzeugte auch eine militärische Konfrontation zwischen hochgerüsteten konventionellen Streitkräften, Letztere verstärkt durch die von den Supermächten kontrollierten atomaren Arsenale. Gleichzeitig zog er eine ideologische Demarkationslinie zwischen feindlichen Weltsichten, deren Vertreter verschiedene Vokabularien benutzten und einander oft missverstanden. Und er ließ bestimmte, fundamental unterschiedliche sozioökonomische Systeme entstehen, mit jeweils eigenen Produktionsordnungen und Konsumtionsmustern. Da er Reiseverkehr, Handel und Kommunikation drastisch reduzierte und Europa in konkurrierende Blöcke teilte, entfremdeten sich Ost und West weiter voneinander; die Durchtrennung gewachsener Bindungen und Verbindungen ließ beide Seiten verarmen.[47] Selbst wenn das Leben im westlichen Teil des Kontinents angenehmer war als im östlichen, demonstrierten die ersten zwei Jahrzehnte des Kalten Krieges den entzweiten Europäern, dass sie die Kontrolle über ihre eigenen Angelegenheiten weitgehend verloren hatten.

Wissenschaftler haben zur Analyse der unterschiedlichen Entwicklung der USA und Deutschlands vorgeschlagen, von mehreren, miteinander konkurrierenden Modernen auszugehen. Dasselbe Erklärungsmodell ermöglicht uns nun eine neue Betrachtung des Kalten Krieges, die über die Sterilität des traditionellen Schuldzuweisungsspiels hinausgeht. Ohne Zweifel war der Ost-West-Konflikt eine globale Konfrontation der Supermächte, charakterisiert durch ideologische Feindschaft und atomares Wettrüsten – Faktoren, welche die Welt in zwei rivalisierende Lager spalteten. Gleichzeitig aber bemühte man sich im Kalten Krieg auch, aus der Niederlage der organischen Moderne, die der Faschismus propagiert hatte, Lehren zu ziehen, um mit deren Hilfe eine segensreichere Zukunft ohne aggressive Kriege und rassistischen Imperialismus zu bauen. Er war also in vielfacher Hinsicht eine Suche nach alternativen Wegen, die aus der mörderischen ersten Hälfte des Jahrhunderts hinausführen sollten, um das wohltätige Potenzial der Moderne wiederherzustellen. Wenn man Modernisierung nicht als einen einzigen, homogenen Prozess versteht, sondern als Konkurrenz zwischen verschiedenen Fortschrittsentwürfen, dann erscheint der Kalte Krieg als Ergebnis der Ausschaltung des nationalsozialistischen Konkurrenten. Nun blieb es dem Kommunismus und der Demokratie vorbehalten, miteinander um die Hegemonie zu wetteifern.[48]

Als »umfassendes Gegenmodell zur kapitalistischen Moderne« versprach die »sozialistische Moderne« des Sowjetblocks, ihre Konkurrenten zu überholen, indem sie eine soziale Revolution einleitete. Die Kommunisten hofften, sie könnten die Quellen des Faschismus austrocknen und den Versuchungen der Demokratie einen Riegel vorschieben, indem sie deren sozioökonomische Basis durch die Kollektivierung von Grund und Boden sowie die Verstaatlichung der Industrie eliminierten. Das sowjetische Modell setzte nicht nur die Traditionen der Arbeiterbewegung in radikalisierter Form fort, sondern legte auch großen Wert auf seinen kompromisslosen Antifaschismus und seinen nimmermüden Antiimperialismus. Die sozialistischen Modernisierer konnten zwar darauf verweisen, dass die atemberaubende Geschwindigkeit der russischen Industrialisierung und die technische Innovation ihres Raketenprogramms, das den Sputnik in den Orbit schoss, eine beschleunigte Entwicklung ermöglichten.[49] Aber sogar die sowjetischen Führungen wussten, dass der Fortschritt behindert wurde durch die massiven Kriegszerstörungen, die Rückständigkeit vieler sowjetisierter Regionen und das repressive Erbe des Stalinismus. Aber indem es die östliche Hälfte des Erdteils kontrollierte, konnte Moskau seine Form der Moderne den Satelliten aufdrängen und hoffen, dass andere Länder, die auch noch eine weite Strecke vor sich hatten, ihrem Weg folgen würden.

Die westliche »demokratische Moderne« hingegen suchte persönlichen Wohlstand und politische Freiheit zu erzielen, indem sie die existierende kapitalistische Wirtschaftsweise und das parlamentarische System optimierte. Ihrem evolutionären Ansatz zufolge fuhr eine Gesellschaft am besten, wenn sie auf die Dynamik des Wettbewerbs und die Freiheit der Selbstverwaltung setzte, während sie Missstände abbaute, die sich eingeschlichen hatten. Ein besseres Leben, versprachen die westlichen Demokraten, lasse sich dadurch erreichen, dass man die individuellen Lebensstandards erhöhe, den Bürgern Teilhabe an öffentlichen Angelegenheiten ermögliche und die Menschenrechte hochhalte. Ihrer Sache zuliebe versuchten sie, die Exzesse des Kapitalismus zu begrenzen, indem sie das soziale Netz des Wohlfahrtsstaats ausbauten. Dem Gefühl der gesellschaftlichen Haltlosigkeit sollte die Gründung zivilgesellschaftlich wirkender Verbände entgegenwirken. In der Außen- und Verteidigungspolitik fand das amerikanische System des *empire by invitation* bei Verbündeten eher Anklang als eine Art freiwilliger Kooperation bei dem Projekt, die gemeinsamen Werte der westlichen Zivilisation voranzubringen.[50] Allerdings wurde die hochfliegende Rhetorik des Westens und sein optimistisches Selbstbild gestört durch Klassenkonflikte, Ausbeutung in der Arbeitswelt, fortwährenden Rassismus und imperialistische Unterdrückung. Da beide Lager ihre Stärken und ihre Schwächen hatten, blieb zweifelhaft, wie der Wettstreit ausgehen würde.

Die militärische Rivalität innerhalb des Kalten Krieges verfestigte das furchteinflößende Gesicht der Moderne, denn sie brachte die Menschheit näher als je an den Rand der Selbstzerstörung. Das krampfhafte Bemühen, der anderen Seite überlegen zu sein, löste einen technischen Wettlauf um die Entwicklung immer effektiverer Waffensysteme aus. Die Innovationen reichten von schlagkräftigen Panzern bis zu Überschallbombern, die heute noch scharenweise in den Kriegsmuseen herumstehen. Am tödlichsten war die Erfindung der Atom- und der Wasserstoffbombe, deren Zerstörungsmacht die Erwartungen der Ingenieure übertraf. Noch der Fallout aus ihren Tests vermochte Beobachter zu töten, die sich gerade in der Nähe befanden. Außerdem schwand mit der Entwicklung jener Raketen, auf die man Atomsprengköpfe montieren konnte, jede Unterscheidung zwischen Kämpfern und Zivilisten, denn die Geschosse nahmen zumeist große Bevölkerungszentren ins Visier. Die Logik der Abschreckung beruhte darauf, einen Atomschlag mit gleicher Münze zurückzahlen zu können. Dies zöge unweigerlich die »sichere gegenseitige Zerstörung« nach sich (*mutually assured destruction*), deren englisches Akronym MAD bezeichnend ist. Die schockierenden Bilder der Aschehaufen, in die sich Hiroshima und Nagasaki verwandelt hatten, initiierten eine leidenschaftliche Friedensbewegung. Doch die Unsicherheit darüber, ob nicht sogar der Angreifer im Ernstfall komplett zerstört werden würde, dämpfte schließlich die Kriegslust der politischen Entscheidungsträger beiderseits des Eisernen Vorhangs.[51]

Glücklicherweise enthüllte also gerade die Todeskraft dieser Waffen, dass sich ihr neuerlicher Einsatz verbot; und so verwandelten ausgerechnet sie den Kalten Krieg in einen friedlichen Wettstreit zwischen zwei Alternativen der Modernisierung. In Europa stabilisierte das nukleare Patt die Grenzen und führte zu einer gegenseitigen Anerkennung der Einflusssphären. Es kam nicht mehr in Frage, dass man zu den Waffen griff, um die soziale Revolution voranzubringen oder den Kommunismus zurückzudrängen. Mit der Koexistenz verlegte sich der Wettbewerb auf weniger gewaltträchtige Bereiche wie Konsumgüter, Populärkultur, soziale Dienstleistungen und Sport. Sogar der Wettlauf im All blieb friedlich: Die

Sowjets brachten den ersten Satelliten in den Raum, und den Amerikanern gelang die Premiere einer Mondlandung. Ironischerweise führte gerade die Intensität der Konkurrenz zwischen den beiden »alternativen Visionen von Moderne« zu einer gewissen Annäherung in einem Stil, der den Namen *Cold War Modern* erhielt und die Architektur, das Design von Konsumprodukten, die Kleidungsmoden sowie die Popmusik beeinflusste. Auf all diesen Gebieten eroberten westliche Modernismen nach und nach den Osten, sodass Hochhäuser und Fernsehtürme beiderseits der Trennlinie einen fast identischen Anblick zu bieten begannen.[52] Die neuen Gefahren ergaben sich deswegen aus ungelösten Konflikten an der kolonialen Peripherie.

Enttäuschende Entkolonialisierung

Algerien wird 1962 unabhängig.

Um seiner Kolonie die Unabhängigkeit persönlich zu gewähren, landete Baudouin I. von Belgien am 30. Juni 1960 im feuchtheißen Léopoldville, der Hauptstadt des seit einiger Zeit unruhigen Kongo. Nach mehr als siebzig Jahren paternalistischer und autoritärer Kolonialadministration waren die dortigen Einwohner wohl kaum darauf vorbereitet, ihre Regierung selbst in die Hand zu nehmen. Doch da inzwischen mehrere afrikanische Länder ihre europäischen Herren losgeworden waren, fühlten sich im Kongo bestimmte Kräfte ermutigt, das Gleiche zu versuchen. Eine lose Koalition aus Intellektuellen und Stammesführern rief also lautstark nach nationaler Befreiung. Panik ergriff die Regierung in Brüssel, die einen womöglich jahrelangen Guerillakrieg vermeiden wollte. Folglich ließ sie ursprüngliche Pläne eines schrittweisen Übergangs fallen und entschied sich für einen sofortigen Machttransfer. Diesen verkündete der belgische König an jenem Junitag in einer öffentlichen Rede. Leider ließ Baudouin es sich nicht nehmen, darin die kolonialen Leistungen seines Großonkels Leopold zu rühmen. Dies provozierte Kongos neuen Premierminister, den charismatischen Patrice Lumumba, zu der scharfen Reaktion, Leopolds Herrschaft sei ein »Regime der Ungerechtigkeit, Unterdrückung und Ausbeutung« gewesen. Im Lande jedenfalls wurde der Rückzug der Kolonialisten herbeigesehnt: »Es war einfach unbeschreiblich. Die ›Unabhängigkeit‹ umgab eine Aura aus religiöser, fast mystischer Freude und apokalyptischer Erwartung, aber auch der Ängste und tragikomischsten Missverständnisse.«[1]

Die hochfliegenden Hoffnungen wurden rasch zunichte, da der Kongo sich bald in Chaos auflöste. Im Juli meuterte die Armee gegen ihre weißen Offiziere; prompt kehrten die belgischen Truppen zurück, auch um die europäischen Siedler zu schützen. Gleichzeitig spaltete sich die Provinz Katanga auf Betreiben ihres Präsidenten Moïse Tschombé vom kongolesischen Staatsverband ab, da dieser nun allein über ihre reichen Bodenschätze – Kupfer, Gold und Uran – verfügen wollte. Die UNO wollte die Einheit des Kongo retten und intervenierte militärisch; eine der Folgen war, dass ihr

Generalsekretär Dag Hammarskjöld bei einem Flugzeugabsturz den Tod fand. Lumumba suchte nach Unterstützern für seine linke Agenda und wandte sich an die Sowjetunion, sodass Amerika eine zweite Kubakrise, diesmal in Afrika, befürchtete. 1961 wurde der radikale Premier in Katanga ermordet, wodurch er zum Märtyrer des Unabhängigkeitskampfes aufstieg. Während der anschließenden Wirren setzten die konservativen Eliten brutale Söldner aus Südafrika ein, und auf der Gegenseite stritt eine Basisbewegung, bei deren Entwicklung kein anderer als Che Guevara Hilfe leistete. Nach fünf Jahren regionaler Desintegration, sozialer Konflikte und blutiger Feindseligkeiten zwischen den Stämmen ergriff Joseph Mobutu durch einen von den USA unterstützten Militärcoup die Macht.[2] Die Kongokrise illustriert *in nuce* die Schwierigkeiten, die bei der Entkolonisierung immer wieder zu bewältigen waren: Unerfahrenheit im Inneren und Einmischung von außen.

Die Enttäuschung über die Ergebnisse der Dekolonisation hat eine hitzige Debatte entfacht zwischen postkolonialen Kritikern, die das Erbe des Imperialismus brandmarken, und den Apologeten des Letzteren, die das Unvermögen der neuen Eliten hervorheben. Inspiriert von der moralischen Empörung, die Aktivisten wie Frantz Fanon umtrieb, ist die antiimperialistische Rhetorik geprägt durch die Ideologie der nationalen Freiheitsbewegungen, die ihr imperiales Joch abschüttelten. Aus einer derartigen Haltung heraus entstand eine eigene Forschungsrichtung, genannt *Subaltern Studies* (wobei »Subalterne« »niederrangige Personen« heißt), die den Eurozentrismus ablehnt und zuvörderst das Leiden der Unterdrückten zur Sprache bringen will, von dem die Narrative der Kolonialherren schweigen.[3] Die Verteidiger des Kolonialismus geben derweil ihrem Entsetzen über das Chaos Ausdruck, das die nationale Unabhängigkeit vielerorts angerichtet hat; entsprechend kehren sie die zivilisatorischen Leistungen der Europäer hervor und betonen, die Imperialisten hätten doch gar nicht auf ihrem fernen Eigentum beharrt, sondern sich weitgehend friedlich zurückgezogen. Anders als die Marxisten, die der imperialen Herrschaft Ausbeutung nachsagen, beschreiben diese Lobredner sie als grundsätzlich wohltätig; sie sei den Kolonien wie den Mutterländern gleichermaßen zugutegekommen.[4] Aber weder die postkoloniale Perspektive, die den antiimperialistischen Kampf feiert, noch das apologetische Argument, die Mutterländer hätten doch den Verlust der Kolonien akzeptiert, liefern uns ein komplettes Bild von der Entkolonialisierung.

Der rasche Kollaps der europäischen Imperien war vielmehr ein komplexer Prozess, der nicht überall gleich ablief. Die Bandbreite der lokalen Ausprägungen reichte von blutigen Gefechten bis zu widerstrebenden oder gar freiwilligen Rückzügen. Der Begriff ›Dekolonisation‹ bezeichnet »die Emanzipation Asiens und Afrikas von europäischer Kontrolle« im Politischen, Ökonomischen und Kulturellen – Vorgänge, die allesamt grob gerechnet während einer Generation nach dem Zweiten Weltkrieg stattfanden. Zum Teil wurde die Hegemonie Europas über den Rest der Welt von unten abgeschüttelt, wenn die niedergehaltenen Völker die koloniale Herrschaft durch Protest oder Revolte zu beenden suchten. Zum Teil ging die Befreiung aber auch von oben aus, denn die Imperialisten schienen immer weniger entschlossen oder fähig, ihre Dominanz aufrechtzuerhalten, weil ihre gegenseitigen Vernichtungskämpfe während der Weltkriege ihre Kräfte banden. Hinzu kam, dass in der internationalen öffentlichen Meinung die Kritik an den europäischen Kolonialisten wuchs, während Organisationen wie die UNO sie weiter zurückdrängten. Unglücklicherweise enttäuschte das Ergebnis der Dekolonisation oft ausgerechnet die betroffenen Völker. Immerhin, die Unabhängigkeit brachte den neuen Staaten die Selbstbestimmung; doch waren und blieben sie instabil. Ihre wirtschaftliche Entwicklung verlief schleppend, und Europa erlebte unerwartete Rückwirkungen seiner Kolonialpolitik, etwa ein unverhofftes Wiedersehen mit seinen ehemaligen Untertanen, die nun als Immigranten zu ihm kamen.[5]

Das Verhältnis der Dekolonisation zum Prozess der Modernisierung war daher eher ambivalent. In mancherlei Hinsicht war der Befreiungskampf ein Versuch, sich nicht in eine europäische Moderne hineinzwingen zu lassen – hatte sie nicht fatale Folgen gezeitigt? Aber die von den antikolonialistischen Bewegungen benutzten Mittel und Methoden – etwa Militärwaffen, politische Organisationen und nationalistische Ideologie – waren eindeutig auch modern. Unabhängigkeitsaktivisten wie der Angolaner Agostinho Neto wussten, dass sie vor einer zweifachen Herausforderung standen: »Wir versuchen, unser Volk durch eine doppelte Revolution zu befreien und zu modernisieren: erstens gegen seine traditionellen Strukturen, denn sie sind ihm nicht mehr von Nutzen, zweitens gegen die koloniale Herrschaft.« Sogar nach dem Rückzug der europäischen Imperialisten blieben deren Sprachen, Staatsgrenzen, Verwaltungssysteme und wirtschaftliche Einheiten als notwendige Basis für den kommenden Fortschritt bestehen; so gab es auch weiterhin Geschäfte, Schulen und Krankenhäuser.[6] Der Prozess der Dekolonisation ist also als selektiver Umgang mit dem europäischen Erbe zu verstehen, dessen Bestandteile teils bewahrt und teils abgelehnt wurden. So entstand eine neue Hybridform, die postkoloniale Moderne.

Die Weltkriege als Katalysatoren

Die gegenseitigen Vernichtungskriege auf dem Kontinent während der ersten Hälfte des 20. Jahrhunderts führten zum Kollaps der europäischen Land- und Überseeimperien. Bereits der Sieg der japanischen Marine über das imperiale Russland im Krieg von 1905 hatte den Nimbus weißer Unbesiegbarkeit angekratzt. Im Ersten Weltkrieg wurden die Kolonien nun selbst zum Schlachtfeld; zu besonderer Bekanntheit gelangte der schier endlose Guerillakampf, den der deutsche General Paul Emil von Lettow-Vorbeck in Ostafrika gegen die Briten führte.[7] Das Vereinigte Königreich schickte Freiwillige aus den Dominions Kanada, Australien, Neuseeland und Südafrika in den Kampf, namentlich beim unglückseligen Gallipoli-Feldzug. Zunehmend knapp an eigenen Leuten, setzten die Franzosen Hunderttausende kolonialer Soldaten aus Nordafrika bei der Verteidigung Verduns ein, wie arabische Namen auf den Grabsteinen der Militärfriedhöfe bezeugen. Infolge ihrer jeweiligen Niederlage zerbrachen die großen Landimperien Russland, Österreich-Ungarn und das Osmanische Reich in Fragmente, die dann jeweils einen eigenen neuen Nationalstaat bildeten. Der Erste Weltkrieg zerstörte nicht nur den kontinentalen Imperialismus, sondern fügte auch dem Überseeimperialismus Schaden zu, indem er den europäischen Glauben an die eigene Allmacht ins Wanken brachte.

Die Zwischenkriegsperiode war trotzdem ein Nachsommer für den Imperialismus, denn die Seeimperien hatten zur alten Form zurückgefunden; allerdings begannen ihre Fundamente aufzuweichen. Während Japan die deutschen Kolonien in Asien annektierte, schuf der Völkerbund ein Mandatssystem für Berlins Besitzungen in Afrika, das diese auf die Unabhängigkeit vorbereiten sollte. Bestrebt, wenigstes indirekte Einwirkungsmöglichkeiten zu behalten, gewährte England Ägypten 1922 formell die Unabhängigkeit, dem Irak ein Jahrzehnt später ebenfalls. Die anderen neuen Staaten im Nahen Osten, die früher unter osmanischer Herrschaft gestanden hatten, blieben innerhalb der britischen oder französischen Einflusszone, wo sie auf einem ambivalenten Status der Halb-Unabhängigkeit verharrten. Als Mussolini versuchte, Libyen zu annektieren, empörte sich die internationale Öffentlichkeit – nicht nur, weil er so brutale Methoden anwendete, sondern auch, weil sich der Erwerb von Kolonien nicht mehr schickte. Ganz anders ging das Vereinigte Königreich vor, das versuchte, die weißen Dominions mit größerer Unabhängigkeit zu belohnen, indem es Mitte der 1930er den »Commonwealth of Nations« ins Leben rief. Dieser Verbund erlaubte den Siedlungskolonien mehr Selbstbestimmung, band sie aber unverändert an die Krone.[8]

Der Zweite Weltkrieg versetzte dem System der europäischen Überseekolonien einen verheerenden Schlag, von dem es sich nie wieder erholte. Der überraschend schnelle Fall Frankreichs im Sommer 1940 erschütterte die Kontrollgewalt der *grande nation* über ihre afrikanischen und asiatischen Besitztümer, denn die Administratoren vor Ort mussten sich entscheiden, ob sie sich auf die Seite des Vichy-Regimes oder der France libre schlagen sollten. Der Wüstenkrieg Deutschlands und Italiens bedrohte zunächst die französische Kontrolle über den Maghreb und die Lebensader des britischen Imperiums, bevor die Landung der Alliierten die imperiale Dominanz Frankreichs und Englands wieder herstellte und die italienische Herrschaft über Libyen beendete. Von anhaltenderer Wirkung war der Vormarsch der Japaner in Südostasien, die den Briten, Franzosen und Niederländern zahlreiche Kolonien wegnahmen. Im Gegensatz zu den Gefechten, die Europäer und Amerikaner untereinander austrugen, bewiesen die militärischen Triumphe der Armee unter General Tojo, dass weiße Männer durchaus von Männern anderer Rassen besiegt werden konnten. Nun gab es Bilder von weißen Soldaten und Zivilisten in Gefangenen- oder Internierungslagern, und sie wirkten so erbärmlich, wie festgesetzte Soldaten und Zivilisten eben zu wirken pflegen. Zwar gelang es Briten und Franzosen – unter wesentlicher Beihilfe der Amerikaner – letztlich doch, die japanischen Aggressoren hinauszudrängen, aber das Prestige der europäischen Imperialisten war irreparabel beschädigt.[9]

Das zeitweilige Schwinden der kolonialen Kontrolle verlieh indigenen Unabhängigkeitsbewegungen einen kräftigen Schub, der das Ziel der Selbstregierung allmählich in greifbare Nähe brachte. Um eigenes Personal zu schonen, hatten Briten und Franzosen Einheimische in Missionarsschulen erziehen lassen und die Söhne der dortigen Elite sogar an die Universitäten des Mutterlandes geschickt, an denen man ihnen europäische Techniken und Ideologien beibrachte. Mehr noch, das Vereinigte Königreich hatte 2,5 Millionen Inder und 150 000 Afrikaner für den Kampf gegen die Achsenmächte mobilisiert. Dazu waren sie im Umgang mit Waffen und der einschlägigen Technik ausgebildet worden, und man hatte ihnen militärische Disziplin sowie Taktiken der Kriegsführung beigebracht. Sowohl Nazi-Deutschland als auch Japan ermunterten die niedergehaltenen Völker, sich wider ihre europäischen Herren zu erheben, wobei freilich die rassistischen Praktiken in diesen beiden Ländern ihre Appelle und Hilfsversprechen Lügen straften. Viele westlich geschulte Intellektuelle, die sich in den globalen Konflikt hineingezogen sahen, mochten nun keine Subalternen mehr sein oder sich mit einer begrenzten Autonomie zufriedengeben. Also bildeten sie Unabhängigkeitsbewegungen verschiedener Art, die die erlernten europäischen Methoden nun gegen die Kolonisatoren wandten. Ihr Kampf offenbarte die Verwundbarkeit der

Imperialisten, die das Projekt der nationalen Befreiung machbar erscheinen ließ.[10]

Nach dem Ende des Zweiten Weltkrieges nahm der Prozess der Dekolonisation Fahrt auf, denn nun gab es die Vereinten Nationen. Diese internationale Organisation erleichterte nicht nur den Zugang zur nationalen Unabhängigkeit – ist doch das Ziel, »freundschaftliche, auf der Achtung vor dem Grundsatz der Gleichberechtigung und Selbstbestimmung der Völker beruhende Beziehungen zwischen den Nationen zu entwickeln«, in ihrer Charta verankert –, sondern sie schuf auch einen Mechanismus, dank dem Staaten rascher als Mitglied der internationalen Gemeinschaft anerkannt werden konnten. In Gestalt der UNO trat bei den bilateralen Verhandlungen zwischen Kolonie und Mutterland eine dritte Instanz hinzu, die den Prozess des Übergangs, der ja fast nie ohne Streit ablief, vereinfachte. Während die afrikanischen Mandatsgebiete nun Treuhandgebiete wurden und damit abhängig blieben, erreichten bestimmte Länder des Nahen Ostens, etwa der Libanon, Syrien und Jordanien, recht schnell die Anerkennung als unabhängige Staaten. Diese neuen UN-Mitglieder formierten sich zu einer einflussreichen Interessenvertretung, die die europäischen Regierungen aufforderte, ihre ausländischen Besitzungen loszulassen. Bei Grenzstreitigkeiten vermittelten die Vereinten Nationen, und zivile Unruhen wie jene im Kongo konnte bald ein neues Instrument besänftigen: eigene Soldaten, die die UN als Friedenswächter in die Krisenregionen entsandten.[11]

Der Erste, der aus dieser Gelegenheit Vorteil zog, war Mohandas Gandhi, der Führer der Unabhängigkeitsbewegung auf dem indischen Subkontinent. »Mahatma« (›Heiliger‹), wie viele ihn bald ehrfürchtig nannten, wurde 1869 in eine hinduistische Kaufmannsfamilie hineingeboren und ergriff den Beruf des Advokaten; seine Ausbildung erhielt er am »Inner Temple« in London, einer der vier britischen Anwaltskammern. Später ging er als Rechtsvertreter für Exilanten nach Südafrika. Dort entwickelte er seine Strategie des zivilen Ungehorsams, eine Form gewaltlosen Protests gegen die sozialen Ungleichheiten des kolonialen Klassensystems. Zurück in der Heimat, wurde er 1921 zum Vorsitzenden des »Indischen Nationalkongresses« gewählt, der für die nationale Unabhängigkeit stritt; berühmt wurde namentlich sein Marsch gegen die Salzsteuer 1930. Obwohl er den Krieg der Alliierten gegen die Achsenmächte unterstützte, drängte er weiter auf Selbstbestimmung und ersuchte 1942 die Briten offen, ihre Kolonie freizugeben: »Verlasst Indien!«, lautete sein schlichtes Motto. Sein einfacher Lebensstil, sein Vegetariertum, seine Verachtung des Kastensystems und sein Eintreten für die Gleichberechtigung der Frauen verliehen ihm die Aura eines Charismatikers, ja eines Heiligen. Um seinen Einfluss in der Region nicht ganz zu verlieren, entschloss sich England 1947, »Britisch-Indien«, sein »Kronjuwel«, friedlich in die Unabhängigkeit ziehen zu lassen, es allerdings in zwei Staaten (Indien und Pakistan) zu teilen. Tragischerweise versank Indien in einem Bürgerkrieg zwischen Hindus und Moslems, der 1948 zur Ermordung Gandhis führte.[12]

Indonesien hingegen erlangte seine Freiheit erst nach einem vier Jahre währenden blutigen Kampf gegen die niederländischen Kolonisatoren. Im August 1945 kapitulierten die Japaner; das so entstehende Machtvakuum nutzten die indonesischen Nationalistenführer Sukarno und Hatta, um noch im selben Monat die Unabhängigkeit zu proklamieren. Die Folge waren Jubelfeiern, aber auch Gewaltausbrüche. Obwohl britische Truppen, die damals noch vor Ort waren, die Ordnung wiederherzustellen suchten, begannen die Republikaner, eigene Verwaltungsstrukturen zu schaffen. Als die Niederländer 1946 mit beeindruckender Truppenstärke zurückkehrten, stießen sie bei der Wiedereroberung der Städte auf heftigste Gegenwehr, und die Kontrolle der ländlichen Regionen entglitt ihnen ganz. Die Vereinten Nationen verurteilten das Blutvergießen, und die Vereinigten Staaten unterstützten die Unabhängigkeitsbewegung ebenfalls, nachdem sie sich vergewissert hatten, dass auch die neue Regierung eine antikommunistische wäre. Die Niederländer, gerade erst von der nazistischen Okkupation erlöst, besaßen nun weder die militärischen Kapazitäten noch den politischen Willen, einen langwierigen Guerillakrieg im Dschungel zu führen. Und so kam es, dass die Haager Regierung im Herbst 1949 schließlich der Bildung der Vereinigten Staaten von Indonesien zustimmte. Freilich wurde das befreite

Land bald von neuen sozialen, ethnischen und religiösen Konflikten zerrissen.[13]

Der überraschende Beginn der Dekolonisation spiegelte nicht nur das selbstbewusstere Streben der autochthonen Kolonienbewohner wider, sondern auch das Aufweichen der europäischen Entschlossenheit. Ihre schwindende militärische und wirtschaftliche Macht veranlasste die Verantwortlichen in London und Paris, sich von der Praxis der »indirekten Herrschaft« ab- und einer integrativeren imperialen Führung zuzuwenden. Indem sie Schirmorganisationen wie Commonwealth und Union française schufen, boten die ermatteten Imperialisten ihren Untertanen in Afrika und Asien eine Teilbürgerschaft, Pläne für ökonomische Entwicklung und sogar, in begrenztem Rahmen, Zugang zum Mutterland an. Doch die Gräuel der Eroberungskriege und des rassistischen Mordens, die viele dort mittlerweile mit der europäischen Kolonialisierung assoziierten, hatten die zivilisatorischen Werte diskreditiert, auf die seit jeher die Europäer ihre Überlegenheit gründeten. Frustriert durch die Diskrepanz zwischen Gleichheitsversprechen und Diskriminierung, machten zahlreiche Intellektuelle mobil und forderten, das koloniale Joch abzuwerfen, um eigene Nationalstaaten zu schaffen. Ironischerweise übernahmen sie im Zuge dessen viele europäische Werte und Methoden; so entstanden paradoxe Verschmelzungen indigener und westlicher Gesellschaftsphänomene. Die Kooperation zwischen europäischen Reformern, die etwas Macht abzugeben suchten, und den Aktivisten in den Kolonien, die ihre eigenen Gesellschaften zu befreien trachteten, bedeutete letztlich das Ende der Überseeimperien.[14]

Kämpfe um nationale Befreiung

Da die meisten Kolonisatoren wenig Anstalten machten, von allein zu gehen, bedurfte es massiven Druckes seitens der nationalen Befreiungsbewegungen, sie hinauszudrängen. Dank des Sieges der Alliierten im Zweiten Weltkrieg konnten Großbritannien, Frankreich und andere imperialistische Länder nun eigentlich versuchen, wieder die volle Kontrolle über ihre auswärtigen Gebiete zu erlangen. Aber die Vereinigten Staaten unterstützten eine allmähliche Übertragung der dortigen Macht an moderate Mitglieder der einheimischen Eliten, damit der Übergang geordnet blieb und die Interessen der multinationalen Unternehmen gewahrt wurden. Und es gab ja noch konkurrierende Gegenkräfte: Der Vorstoß der Sowjetunion nach Mitteleuropa und der Sieg der chinesischen Kommunisten schienen radikalere Entwürfe antiimperialistischer Mobilisierung nahezulegen. Nicht nur die europäische Schwäche, sondern auch der amerikanische Druck und die kommunistische Ideologie ermutigten also antiimperialistische Intellektuelle, Volksbewegungen zu begründen, die lautstark nach Unabhängigkeit und sozialer Revolution riefen.[15] Der Kalte Krieg beschleunigte diese Entwicklung. Die meisten antikolonialen Bewegungen waren breite Koalitionen aus Nationalisten und Marxisten, die sich zwar einig darin waren, dass die koloniale Herrschaft gestürzt werden müsse, aber tief zerstritten darüber, welcher Kurs nach dem Erringen der Unabhängigkeit zu steuern sei.

Der erfolgreichste Befürworter gewaltsamer Befreiung war Ho Tschi Minh, der Führer der vietnamesischen Unabhängigkeitsbewegung Vietminh. 1890 in eine konfuzianische Familie hineingeboren, besuchte er eine französische Schule in Vietnam und lebte als junger Erwachsener sowohl in Europa als auch in den Vereinigten Staaten, wobei er sich durch Hilfsarbeiterjobs über Wasser hielt. In Paris schloss er sich einer Gruppe vietnamesischer Nationalisten an, die 1919 bei der Tagung der alliierten Siegermächte in Versailles eine Petition für die Unabhängigkeit Vietnams vorlegte. Als diese jedoch ignoriert wurde, trat Ho in die Kommunistische Partei ein, ging nach Moskau und nahm dann in China am kommunistischen Aufstand gegen die dortige nationalistische Regierung teil. Während des Zweiten Weltkrieges organisierte er eine Guerilla-Streitmacht in Vietnam, die ausgerechnet von den Vereinigten Staaten unterstützt wurde und die japanischen Invasoren vertreiben sollte. Für Ho stand spätestens in den 1940ern fest: »Der weiße Mann ist in Asien am Ende.« Er drängte weiter auf Souveränität, bis endlich am 2. Dezember 1945 die unabhängige »Demokratische

Republik Vietnam« ausgerufen wurde. Als die Franzosen zurückkehrten, um wieder die Kontrolle zu übernehmen, führte Ho die Vietminh-Kräfte in eine blutige Revolte, die auch Überraschungsattacken auf Verbindungsstraßen und einsam gelegene Stützpunkte umfasste. Die Chinesen halfen mit schwerem Gerät. Bald war die Truppe so schlagkräftig, dass sie im Frühjahr 1954 den Franzosen bei Dien Bien Phu eine vernichtende Niederlage zufügen konnte.[16] Kaum war der letzte Schuss gefallen, tagte in Genf die Indochinakonferenz. Sie erkannte die Unabhängigkeit Vietnams an, teilte allerdings das Land entlang dem 17. Breitengrad in zwei Teile, denn der Süden mochte nicht unter kommunistischer Herrschaft leben.

Dass sich nun die Briten, Niederländer und Franzosen nacheinander aus Südostasien zurückzogen, begünstigte die Sache derer, die in Nordafrika nach Unabhängigkeit strebten. Libyen war schon 1951 souverän geworden, denn die Vereinten Nationen hatten verhindern wollen, dass das Land erneut unter die Kontrolle Italiens kam. Die Franzosen hatten versucht, eine unauflösliche Union mit ihren Kolonien zu schmieden, die sie sogar in ihre Nachkriegsverfassung geschrieben hatten – und doch entließ Paris 1956 auch Tunesien und Marokko in die Unabhängigkeit. Eine ähnliche Entscheidung trafen im selben Jahr die Briten: Sie beendeten ihre gemeinsame Herrschaft mit Ägypten über das gewaltige Territorium des Sudans, um eine militärische Konfrontation zu vermeiden, von der sie sich wenig Nutzen versprachen.[17] Dass es zu diesen Zugeständnissen kam, hatte weniger mit antiimperialistischer Militanz zu tun als mit vorausschauender Politik: Man half Staaten auf die Beine, die nur kurz europäische Kolonien gewesen waren und weder interessante ökonomische Ressourcen (Erdöl spielte damals noch keine bedeutende Rolle) noch eine große strategische Wichtigkeit besaßen. Ganz anders lagen die Dinge in Algerien, Rhodesien und Südafrika, deren weiße Siedler denn auch die Fortsetzung der imperialen Herrschaft einforderten.

Die Suezkrise im Herbst 1956 sollte der letzte militärische Triumph des europäischen Imperialismus sein. Sie demonstrierte, dass England und Frankreich nicht länger gegen den internationalen Druck an ihren Imperien und Einflusszonen festhalten konnten. Erzürnt über die Weigerung des Westens, den Bau des Assuanstaudamms zu finanzieren, bat Ägyptens Ministerpräsident Gamal Abdel Nasser die Sowjetunion um Hilfe und verstaatlichte den Suezkanal. Daraufhin landeten britische sowie französische Marine- und Fallschirmjägertruppen in der Region und eroberten sich die Kontrolle über strategisch wichtige Städte wie Port Said und Suez zurück. Auch beteiligt war Israel, dessen Schiffe den Kanal nun nicht mehr benutzen konnten und an dessen Grenzen es immer wieder zu gewalttätigen Konflikten mit den Palästinensern kam, die Nasser unterstützte. Die Israelis nutzten die Gelegenheit, um Ägypten beides heimzuzahlen, und marschierten über die Sinaihalbinsel bis zur Ostküste des Roten Meeres. Schließlich waren die Verteidiger auf ganzer Linie geschlagen. Doch getreu den Mustern des Kalten Krieges warnte der sowjetische Regierungschef Nikolai Bulganin die Mächte des Westens, Russland werde seinen neuen Klientelstaat Ägypten nicht im Stich lassen. Da Präsident Eisenhower den Ausbruch des Dritten Weltkrieges befürchtete, drohte er, der gegen die Invasion gewesen war, London und Paris mit ökonomischen Sanktionen für den Fall, dass sie ihre harte Linie fortsetzten. Am Ende zwang der empörte Aufschrei der internationalen Öffentlichkeit die Invasoren zum Rückzug; bald patrouillierte die UNO an der Sinaigrenze. Obwohl militärisch ein Erfolg, war das Suezabenteuer eine diplomatische Demütigung für London und Paris. Die Dekolonisation schritt in der Folge noch schneller voran.[18]

Trotz dieser Schlappe weigerte sich Paris, Algerien die Unabhängigkeit zu gewähren. Stattdessen führten die Franzosen einen jahrelangen Waffengang, der gleichzeitig Züge eines imperialistischen und den eines Bürgerkrieges trug. Die 2,5 Millionen europäischen Siedler betrachteten Algerien als integralen Teil Frankreichs, während die traditionelle maghrebinische Gesellschaft sich weigerte, die Verschleierung der Frauen aufzugeben, sahen sie in ihr doch ein Symbol des Widerstandes gegen die westliche Moderne. 1954 startete die wichtigste radikale Organisation algerischer Araber, die »Nationale Befreiungsfront« (FLN), eine revolutionäre Erhebung, bei der sie zu terroristischen Methoden griff. Paris stellte den Konflikt als »Polizeiaktion« hin und bediente sich kontraterroristischer Gewalt, um den Widerstand zu brechen. Das Land versank rasch in einen Bürgerkrieg: Die französischen Kräfte und ihre einheimischen Hilfstruppen, die *harkis*, kontrollierten die Neubaugebiete der Städte und die flacheren Landregionen, während die Aufständischen ihre Stützpunkte in den alten Vierteln und den unzugänglichen Bergen hatten. Als sich der niemals erklärte Krieg aussichtslos hinschleppte, unternahm das französische Militär in Algerien einen Putsch, der Erschütterungen in Frankreich nach sich zog, die schließlich Charles de Gaulle, den Helden des Zweiten Weltkrieges, an die Macht bringen sollten. Dieser rief nun die präsidial regierte Fünfte Republik ins Leben. Doch die *pieds-noirs*, die weißen Siedler in Algerien, waren bald enttäuscht: Sehr zu ihrem Kummer betrachtete der neue Präsident den dortigen Kampf als aussichtslos, und so gestand er dem Land 1962 im Evian-Abkommen doch die Unabhängigkeit zu. Das Ergebnis war ein Massenexodus von Siedlern und indigenen Kollaborateuren ins Mutterland.[19]

London wie Paris schlugen ihren Überseegebieten ein Konzept vor, das sich mit »Autonomie innerhalb des Commonwealth« bzw. »der Union française« umschreiben lässt. Damit waren die Kolonisierten aber keineswegs zufrieden, und so kam es in Subsahara-Afrika während der späten 1950er und der frühen 1960er Jahre zu einer wahren Kaskade von Unabhängigkeitserklärungen. England hatte versucht, die britischen Kolonien auf eine – in seinem Sinne – »verantwortungsvolle Selbstregierung« vorzubereiten, indem es ihnen Wahlen und ökonomische Entwicklung ermöglichte; die Franzosen hielten lieber an Assimilation und Integration fest. Aber die Stärke der nationalistischen Bewegungen in mehreren afrikanischen Ländern führte fast zwangsläufig in die Unabhängigkeit, beispielsweise in Ghana unter Kwame Nkrumah 1957, in Nigeria 1957 und in Sierra Leone 1961. Die Vereinten Nationen entließen Anfang der 1960er Jahre ihre Treuhandgebiete Kamerun, Togo und Somalia ebenfalls in die Souveränität. 1960 wurde Guinea unabhängig, und die anderen französischen Kolonien folgten alsbald. Der Rückzug der Briten aus Ost- und Zentralafrika dauerte etwas länger. In Kenia etwa wollten sie erst noch die blutige Mau-Mau-Erhebung niederwerfen, bevor sie 1963 das Land verließen; dessen Nachbarstaaten Tansania und Sambia gaben sie 1961 und 1964 frei.[20] Hinter diesen teils erzwungenen, teils freiwilligen Abzügen der Kolonisatoren aus ihren Imperien stand die Absicht, sich dadurch für später ökonomische Besitzrechte, kulturelle Verbindungen und politischen Einfluss zu sichern.

Alarmiert beobachtete Portugal, wie da ein kolonialer Dominostein nach dem anderen umfiel. Störrisch versuchten das diktatorisch regierte Mutterland und die Siedler vor Ort, sich dem Unausweichlichen entgegenzustemmen, doch auch sie konnten den Prozess am Ende nicht stoppen. Sogar Botswana erlangte 1966 seine Unabhängigkeit von England. Aber erst eine Revolution zu Hause in Portugal, geboren aus dem Unmut des Militärs über einen teuren und nicht zu gewinnenden Kolonialkrieg, bewog Lissabon, den letzten Schritt zu tun und 1974/75 Guinea, Angola und Mosambik freizugeben. Leider versanken diese Länder, gänzlich unvorbereitet auf die Autonomie, rasch in bewaffneter Zwietracht zwischen prokommunistischen und prowestlichen Faktionen. In Rhodesien verlangten die weißen Siedler unter Ian Smith eine Unabhängigkeit nur für sich: Sie wollten weiter das Land dominieren, nur eben ohne dass ihnen London hineinredete; die Wünsche der zahlreichen Schwarzen sollten keine Rolle spielen. Erst nach massivem internationalem Druck ließen die Weißen die schwarze Mehrheit an die Macht, und so wurde Rhodesien 1980 unter dem Namen Simbabwe souverän. Ein Jahrzehnt später konnte sich Namibia endlich der Treuhänderschaft Südafrikas entledigen. Südafrika selbst, das schon seit 1910 unabhängig war, wurde beherrscht von weißen Rassisten, den »Buren« oder »Afrikaners«. Deren Apartheid-Regime verschärfte sich über lange Jahrzehnte, bevor die Buren schließlich 1994 den Sieg Nelson Mandelas und seines African National Congress akzeptieren mussten.[21]

Das europäische Imperium zerfiel so rapide, weil es sowohl von unten umgestürzt wurde als auch von oben aus kollabierte. Mit inspirierenden Führern an der Spitze wie Sekou Touré oder Léopold Senghor und Nationalisten wie Sozialisten in ihren Reihen warfen sich Befreiungsbewegungen für die Unabhängigkeit in die Bresche, indem sie sich Massenmobilisierung, zivilen Ungehorsam und notfalls auch Guerillakrieg zunutze machten. Gleichzeitig mehrten sich im Mutterland die kritischen Stimmen, die den imperialistischen Konsens anzweifelten: Arbeiterbewegung und liberale Kirchenleute äußerten sich ebenso scharf ablehnend wie progressive Intellektuelle. Angesichts des massiven Widerspruchs wurde es schwer, die Aufrechterhaltung der Kolonien mit Waffengewalt zu rechtfertigen. Außerdem animierte der Kalte Krieg zum Wettstreit zwischen kapitalistischen und sozialistischen Wegen zur Unabhängigkeit, denn beide Lager umwarben die neu entstehenden Länder mit Propaganda, ökonomischer Hilfe und militärischem Beistand. In der UNO wiederum wuchs die Zahl der unabhängig gewordenen Staaten, die sich zusammen engagiert für die Sache der Selbstregierung einsetzten. Die einzelnen Faktoren spielten nicht überall auf die gleiche Weise ineinander, weshalb die Dekolonisation unterschiedlich je nach Imperialmacht und lokalen Kontexten verlief. Aber letztlich hat die gegenseitige Verstärkung dieser Faktoren die Befreiung zu einem so raschen und unaufhaltsamen Prozess gemacht.[22]

Herausforderungen der Dekolonisation

Mit der Unabhängigkeit kamen massive Probleme, denn wie sich zeigte, war es leichter, die europäischen Kolonialherren hinauszuwerfen, als eine funktionierende Selbstregierung zu errichten. Zweifellos hinterließen die Imperialisten ihren Ex-Kolonien ein in vielfacher Hinsicht vergiftetes Erbe, deren Bevölkerungen gar nicht darauf vorbereitet sein konnten, selbst das Heft in die Hand zu nehmen. Nach vollzogenem Machttransfer mussten sich die Eliten der Befreiten quasi über Nacht an die Aufgabe machen, Nationen zu schmieden, Verwaltungen zu etablieren und Rechtsstaatlichkeit herzustellen. Wollten sie den Hoffnungen des Volkes auf ein besseres Leben entsprechen, war es nicht minder erforderlich, die wirtschaftliche Entwicklung anzukurbeln, günstigere Bedingungen für den Handel mit den landeseigenen Rohstoffen auszuhandeln und möglichst auch von fremder Hilfe unabhängig zu werden. Zudem standen sie vor der Notwendigkeit, ihren Weg zwischen den feindlichen Blöcken des Kalten Krieges zu finden, damit sie nicht in interne und internationale Konflikte hineingezogen wurden.[23] Damit ein solcher Staat seine eigene postkoloniale Identität bekam, mussten aus Europa Importiertes und einheimische Traditionen miteinander verschmelzen, was sich schwieriger gestaltete, als die entzückten Volksmassen erwartet hatten. Geschwindigkeit und Ausmaß der notwendigen Veränderungen erwiesen sich vielfach als überwältigend.

Beim Übergang zur Unabhängigkeit erhob sich die Frage, wie die europäischen Verwalter zu ersetzen seien, während man doch erst dabei war, die für eine Autonomregierung notwendigen Erfahrungen zu sammeln. Die entsprechenden symbolischen Akte waren ja vollzogen: Man hatte die Herrschaft übernommen und die vakanten Verwaltungsämter mit eigenen Leuten besetzt, aber wie ging es nun weiter? Wie regierte man die neu gewonnenen Territorien? Den Ex-Kolonisierten wurde klar, dass es nicht reichte, die Macht zu übernehmen. Man brauchte auch die Kompetenz, praktische Probleme zu lösen, und die gewann man eben nur durch Erfahrung, die man nicht hatte. Die nationalen Befreiungsbewegungen waren nicht gut vorbereitet auf solche Verantwortlichkeiten. Was die künftige Rolle der Europäer betraf, waren sie innerlich gespalten: Einerseits wollten die neuen Herren nichts sehnlicher, als ihre einstigen Unterdrücker vor die Tür zu setzen; andererseits brauchten sie das technische Know-how der Kolonialherren, um ihre Unabhängigkeit zu sichern. In Ländern wie Indonesien, in denen der Befreiungskampf blutig gewesen war, überwog der Impuls, reinen Tisch zu machen. Dort, wo sich das Mutterland eher freiwillig zurückgezogen hatte, wie etwa im Senegal, ließ man die europäischen Ratgeber hingegen im Lande bleiben und hielt am Band zum früheren Besatzer fest. So bildeten sich zwischen den neuen Eliten und den alten Herren postkoloniale Netzwerke.[24]

Kaum hatten die Lenker der unabhängigen Länder die Macht in Händen, sahen sie sich vor der Herausforderung des *nation-building*: Disparate Territorien, die von den Kolonisatoren getreu dem

Prinzip ›teile und herrsche‹ geschaffen worden waren, mussten zu einer politischen Gemeinschaft zusammengefügt werden. Wegen der stammesmäßigen, religiösen, regionalen und sozialen Fragmentation konnte schon die Aufrechterhaltung der Einheit und Integrität eines Landes wie des Kongos extreme Schwierigkeiten bereiten. Für Sicherheit im Lande war ebenfalls zu sorgen – zum Schutze der eigenen Angelegenheiten und Geschäfte, aber auch der ausländischen Investitionen. Ferner musste man einen Bürgersinn, ein Gefühl der Zusammengehörigkeit zwischen disparaten ethnischen Gruppen, ein einigendes Band schaffen, das alles zu einem größeren Ganzen fügte. Folglich galt es, eine Nationalität regelrecht zu erfinden in Territorien, denen jegliche Kohäsion fehlte, weil sie das Ergebnis kolonialer Rivalitäten waren. Das bedeutete auch, eine kompetente öffentliche Verwaltung zu schaffen, die einen Haufen Probleme anzugehen hatte, vom Schul- bis zum Gesundheitswesen. Und schließlich erwartete die mobilisierte Bevölkerung, im neuen System der Autonomregierung mehr an der politischen Entscheidungsfindung beteiligt zu werden.[25] Dass das ein dorniger Prozess war, verwundert nicht, wenn man bedenkt, dass Strukturen, für deren Entwicklung die Europäer Jahrzehnte gebraucht hatten, binnen Wochen improvisiert werden mussten.

Eine andere wesentliche Aufgabe betraf die ökonomische Entwicklung, da die Hoffnungen der Völker auf eine sichtbare Verbesserung des Lebensstandards nicht unerfüllt bleiben sollten. Rückständigkeit zu überwinden bedeutete, nicht mehr ausschließlich Plantagenwirtschaft und Rohstoffabbau zu betreiben. Europa hatte dieses System zu seinem eigenen Vorteil eingerichtet, weil es so billiger an die entsprechenden Produkte und Ressourcen kam, nicht zuletzt dank niedrig entlohnter Arbeitskräfte. Zu den Haupthindernissen, die die notwendige Veränderung blockierten, gehörte die Tatsache, dass wichtige wirtschaftliche Sektoren sich in ausländischem Besitz befanden, während die Macht der multinationalen Konzerne und ungünstige Handelsbedingungen, die den Europäern die Preise niedrig hielten, den Afrikanern ebenfalls zu schaffen machten. Mangelnde Bildung, unzureichende Infrastruktur und innere Zwistigkeiten wirkten sich auch nicht eben hilfreich aus. Unterstützt durch Kredite des Internationalen Währungsfonds und der Weltbank machten sich die postkolonialen Länder an ehrgeizige Entwicklungsvorhaben, die oft nicht mehr viel mit ihren bisherigen, von Agrikultur geprägten Wirtschaften zu tun hatten. Stattdessen investierten sie häufig in Prestigeprojekte wie den Assuanstaudamm am Nil, die wiederum billige Arbeitskräfte benötigten. Die Agrarwirtschaften in Afrika konnten bald einige Erfolge bei der Marktanpassung vorweisen, während den Siedlungskolonien, wie sich zeigen sollte, die Industrialisierung eher lag. Die Elfenbeinküste behauptete sich anfangs recht gut, und Ghana gelang wenig später ein noch schnellerer Aufstieg. Aber nur Botswana schaffte es, seit dem Erlangen der Unabhängigkeit ökonomisch kontinuierlich zu wachsen.[26]

Die nunmehr unabhängigen Staaten sahen sich vor der schwierigen Wahl, welchem Modernisierungsmodell sie folgen sollten. Die marxistische Entwicklungsdiktatur schien entscheidende Vorteile zu bieten und erregte viel Interesse bei der radikalen Intelligenzija wie auch bei den Gewerkschaften, etwa in Staaten wie Guinea. Die revolutionäre Rhetorik versprach eine egalitäre Gesellschaft, in der alle freien Zugang zu Bildung und Gesundheitsversorgung hätten, und entwarf ein Modell für eine Industrialisierung durch arbeitsintensive Projekte. Die materielle Unterstützung aus der Sowjetunion weckte antiimperialistische Solidarität bei dem spannenden Experiment, im Lande den Sozialismus aufzubauen. Dessen praktische Umsetzung erwies sich indes schon bald als zweischneidiges Schwert. Kaum waren die Kolonisatoren verjagt, wurden auch die einheimischen Eliten enteignet. Um deren Widerstand zu bezwingen, griff das neue System zu recht diktatorischen Mitteln wie z. B. Zensur, einer Geheimpolizei mit umfassender Befugnis und der Militarisierung der Gesellschaft. Und da die neuen Obrigkeiten eine starke Neigung zu glamourösen Großprojekten besaßen, blieb die Mehrheit der Bevölkerung meist bettelarm. Viele Länder wie etwa Benin, die mit großem Enthusiasmus in die Revolution gestartet waren, wurden von den Ergebnissen zutiefst enttäuscht.[27]

Eine kapitalistische Alternative war die rechtsgerichtete Entwicklungsdiktatur, der es aber fast ebenso wenig gelang, das Leben der einfachen Leute zu verbessern, mochten ihre Apologeten wie der Ökonom Walt W. Rostow auch anderes behaupten. Durch den Fortbestand der Eliten und die weitere Präsenz europäischer Berater blieb zwar durchaus mehr Fachkompetenz im Land. Für westfreundliche Staaten ließen die Banken auch höhere Investitionen fließen, und multinationale Konzerne wie Nestlé oder Royal Dutch Shell schufen einige Entwicklungsschwerpunkte. Dem Anschein nach ging beim Regieren und Verwalten alles unverändert demokratisch zu. Doch die Furcht vor dem Kommunismus ermöglichte es Schurken wie Idi Amin, das Militär zur Etablierung einer persönlichen Diktatur zu missbrauchen und auf Kosten der Bevölkerung große Vermögen für den herrschenden Clan anzuhäufen. Wenn nach dem Erwerb der Unabhängigkeit überhaupt etwas wuchs, dann die soziale Kluft zwischen den Nutznießern der Hilfe und den in städtischen Slums zusammengepferchten Massen. Unterdrückung der freien Rede gab es auch dort; und unter der Mehrheit der Bevölkerung grassierten weiterhin Armut und oft zusätzlich der Analphabetismus. Die rhetorische Aufmunterung, man gehöre nun immerhin zur freien Welt, klang daher reichlich hohl.[28] Keine der beiden Varianten war besonders erfolgreich darin, die Lage der Mehrheit zu verbessern.

Durch die polarisierende Logik des Kalten Krieges sahen sich die mit ihrer Dekolonisation beschäftigten Länder gedrängt, einen dieser zwei Wege zu wählen und ein Klientelstaat eines der Blöcke zu werden. Jeder der beiden lockte mit Unterstützungsmaßnahmen und sachkundigen Beratern, die bei der Bewältigung praktischer Probleme halfen, indem sie etwa vorführten, wie man Brunnen baute und bessere Ernten erzielte. Man verkaufte den neuen Nationen allerdings auch Waffen, damit sie einheimischen Widerstand niederhalten und Attacken anderer Länder abwehren konnten – ein besonders schändliches Geschäft. Einerseits war der Besitz moderner Panzer, Artillerie und Jagdflugzeuge eine machtvolle Demonstration nationaler Souveränität; andererseits verführte er dazu, dass man sich mit Nachbarländern einen teuren Wettkampf um das imponierendere Arsenal lieferte, wodurch sich die Entwicklungsnationen immer tiefer verschuldeten. Moskau und Washington übertrafen einander beim Liefern von Militärtechnik an Diktatoren und Aufständische, sodass sie verheerende Stellvertreterkriege auslösten.[29] Nur ein paar wenigen Staaten, etwa Ägypten, gelang es, zum eigenen Vorteil die Amerikaner und Sowjets gegeneinander auszuspielen. Viele Entwicklungsländer versuchten dem Dilemma dadurch zu entgehen, dass sie sich der Organisation der blockfreien Nationen anschlossen.

Das Ausmaß der postkolonialen Herausforderungen wurde erst klar, als die Feiern des Machttransfers vorbei waren. Auf die nun folgenden Erneuerungen hatten die Europäer mit ihrer vielfach immer noch zumindest halbkolonialistischen Mentalität ein waches Auge. Nach Erhalt der Unabhängigkeit setzte eine weitere Modernisierung mit aller Gewalt ein und provozierte eine ausgewachsene Krise. Alte Vorstellungen, Bräuche und Traditionen, religiöse wie weltliche, die bisher das Leben reguliert hatten, begannen recht schnell zu verblassen; was zuvor Glaube war, galt nun als Aberglaube. Die neuen Erfordernisse wie wissenschaftliche Rationalität, persönliche Disziplin, ökonomische Effizienz und individuelles Durchsetzungsvermögen verdrängten traditionelle Gewohnheiten rasch, um das Leben hektischer und stressreicher zu machen. Das Ergebnis war eine tief empfundene kulturelle Unsicherheit. Die Jugend reagierte darauf, indem sie Orientierung bei den Stars der Popkultur suchte, wie Miriam Makeba in der Musik oder Didier Drogba im Fußball. Da nur eine Minderheit, zumeist Amtsträger und Geschäftsleute, direkt von den Veränderungen profitierte, erhoben sich Forderungen, den Segen der Unabhängigkeit gerechter zu verteilen, viel geschwinder, als die Regierungen sie erfüllen konnten. Besonders in Afrika fühlte sich die jüngere Generation daran gehindert, ihre Pläne umzusetzen. Daher wandten sich viele Jugendliche dem islamischen Fundamentalismus zu oder begaben sich auf eine gefährliche Reise nach Norden, um in Europa ein besseres Leben zu suchen.[30]

Enttäuschende Ergebnisse

Abgesehen von ein paar vielversprechenden Ausnahmen fiel die Leistung der frisch unabhängig gewordenen Staaten eher enttäuschend aus. Kenias erster Präsident Jomo Kenyatta hatte so sicher geklungen, als er sagte: »Wenn wir Respekt vor uns selber haben und vor unserer Unabhängigkeit, werden die ausländischen Investitionen nur so hereinströmen, und wir werden florieren.« Leider machten aber zahlreiche ethnische, religiöse, regionale und ideologische Konflikte das Konsolidieren einer Staatlichkeit sehr schwierig. Die Menschenrechtsbilanz der Diktaturen fiel katastrophal aus, da sie Bürgerkrieg, ethnische Säuberung und sogar regelrechten Völkermord mit sich brachten. Behindert durch die Abhängigkeit von fremder Hilfe und eine parasitäre Bürokratie, stagnierte die wirtschaftliche Entwicklung generell. Sie bereicherte zwar eine neue Klasse aus Geschäftsleuten und hohen Beamten, der Rest jedoch blieb abgehängt zurück. Die soziale Umwälzung war dramatisch, nicht zuletzt infolge des unkontrollierten Bevölkerungswachstums. Menschen wurden in urbane Slums gedrängt, in denen sie gerade eben ein karges Leben fristen konnten. Außerdem ließ die kulturelle Unsicherheit viele stranden zwischen traditionellen Verhaltensweisen und westlichen Praktiken. Zu all diesen Problemen hinzu kamen Naturdesaster wie das Hochwasser in Bangladesch und die Dürrekatastrophen in Sahara-Afrika, nicht zu vergessen die Infektionsgeißel Aids.[31]

Ein ständig wiederkehrendes Hindernis für den Fortschritt war die politische Instabilität, lösten doch in den meisten Ländern autoritäre Regime und innere Unruhen einander stetig ab. Die Fassade der Demokratie blieb zwar unangetastet, doch wurden Wahlen oft manipuliert oder, genauer gesagt, umfunktioniert zu Belobigungsveranstaltungen für die Regierung. Macht galt gewissen Kreisen als etwas, das man möglichst lange behalten und ausbeuten sollte, nicht aber als etwas, das die Bürger ihnen nur für begrenzte Zeit auf Treu und Glauben verliehen. Deshalb wurden Volksaufstände und Militärcoups die bevorzugten Mittel, wenn es Herrscher loszuwerden galt. Die Mächtigen neigten häufig dazu,

Opposition zu verbieten, freie Meinungsäußerung einzuschränken und Gegner zu verfolgen. In solchen Staaten betrachtete man Politik als eine Möglichkeit, den eigenen Clan, den eigenen Stamm oder die eigene ethnische Gruppe auf Kosten anderer voranzubringen, indem man die Allgemeinheit auspresste. In Nigeria, Somalia und dem Sudan versuchten außerdem immer wieder Minderheiten, sich durch Abspaltungen eine eigene Regierung zu verschaffen. Daher installierten selbst gutmütige und wohlmeinende Führer diktatorische Regime, um ihre Nationalstaaten zusammenzuhalten; doch entfachten ihre drakonischen Maßnahmen wiederum militanten Widerstand. Nur ein paar wenige glückliche Staaten wie Botswana und Singapur entgingen diesem Zyklus der Umwälzungen.[32]

Fast scheint es, als hätte es seit der Unabhängigkeit mehr Blutvergießen gegeben als zu den Hochzeiten des Imperialismus. Benachteiligte Gruppen wie die radikalen Moslems verlegten sich darauf, ihre christlichen Nachbarn oder westliche Geschäftsleute zu terrorisieren. In Angola lieferten sich von marxistischer Seite geförderte Revolutionäre wie die Movimento Popular de Libertação de Angola (MPLA) und kapitalistengestützte Formationen wie die União Nacional para a Independência Total de Angola (UNITA) einen schier endlosen Bürgerkrieg, in dem eine halbe Million Menschen getötet und eine ganze Million vertrieben wurde. In solchen Konflikten erwiesen sich Plünderung, Vergewaltigung und Mord als probate Mittel, um missliebige Bevölkerungsteile gleich massenweise zu entwurzeln, namentlich bei den ethnischen Säuberungen, denen bald Zwietracht zwischen Stämmen, bald religiöse oder ideologische Feindschaften zugrunde lagen. Noch mehr Tote brachten der umfassende Genozid, den die Roten Khmer während der 1970er in Kambodscha verübten und der rund zwei Millionen Menschen das Leben kostete, sowie der Völkermord der Hutu an den Tutsi in Ruanda während der 1990er, der zwischen einer halben und einer Million Opfer forderte. In jüngster Zeit scheint die Repression in Darfur kaum weniger verheerende Folgen zu zeitigen.[33] Gelähmt durch die Rivalitäten unter den Großmächten, vermochten die Vereinten Nationen solche Schlächtereien nicht zu stoppen, sondern nur zwischen den Streitenden zu vermitteln, nachdem das Schlimmste schon vorbei war. Das Rote Kreuz und andere Hilfswerke waren in ihrem Aktionsradius ähnlich eingeschränkt – sie konnten nur den Flüchtlingen helfen, aber nicht verhindern, dass sie überhaupt fliehen mussten.

Infolge des schlechten Regierens stagnierte in vielen unabhängig gewordenen Ländern die Wirtschaft, denn sie blieb in der Ausrichtung auf Feldfruchtanbau und Rohstoffabbau verhaftet, die Europa einst zu seinen Gunsten etabliert hatte. Wenn Staaten gefragte Güter anzubieten hatten wie Kakao oder Erdöl, die auf dem Weltmarkt einen stattlichen Preis erzielten, konnten sie durchaus prosperieren; dies galt etwa für Ghana und Gabun. Südafrika wiederum konnte die Erträge seiner Diamantminen nutzen, um einen regionalen Produktionssektor aufzubauen, der freilich nur profitabel war, solange die Löhne niedrig blieben. Vielen Staaten jedoch fehlten solche attraktiven Ressourcen. Andere besaßen welche, aber nicht die Mittel, sie abzubauen; so konnten sie nur noch ihre Arbeitskraft exportieren. Anstatt eigenständig durchzustarten, wurden sie immer abhängiger von internationalen Hilfszahlungen, die aber nur ihre Eliten korrumpierten, ohne das Leben der Massen zu verbessern. Zahllose Entwicklungspläne für Landwirtschaft und Industrie scheiterten aber auch daran, dass die europäischen Planer die Bedingungen vor Ort nicht kannten oder indigene Bräuche missverstanden.[34] So öffnete sich in Afrika eine immer tiefer werdende Kluft: hier jene Länder, die einen international wettbewerbsfähigen Exportsektor besaßen und gute Löhne für wenige erwirtschafteten; dort jene, die auf ihre lokale Ökonomie begrenzt blieben, was geringfügige Einkommen für viele bedeutete.

Eines der Kernprobleme, die die politische und ökonomische Entfaltung in den postkolonialen Ländern behinderten, war das rapide Bevölkerungswachstum. Der »demografische Wandel«, den die Europäer bereits durchgemacht hatten, wiederholte sich nun im Süden: Die leichtere Verfügbarkeit von Nahrungsmitteln und Medizin verlängerte die Lebenserwartung; gleichzeitig sorgte das Fehlen einer Geburtenkontrolle für eine kontinuierlich hohe Zahl an Kindern. Allein in Afrika wuchs die Bevölkerung jährlich um drei

Prozent, was binnen der vergangenen 60 Jahre einen Anstieg um das Fünffache zur Folge hatte – von zweihundert Millionen auf über eine Milliarde! Indien, Indonesien und andere südostasiatische Länder haben schon gewaltige Einwohnerzahlen, und sie wachsen immer noch weiter. Im Gegensatz zum überalterten Europa gibt es in Afrika wie in Asien eine Menge an jungen Leuten, und man kann sich kaum vorstellen, dass sie alle Bildung erwerben sowie eine Arbeit finden werden, die sie ernährt. Wenn ein Land wie Benin ökonomisch bescheiden zulegt, wird das gesamte Plus vom demografischen Wachstum aufgefressen – was der Bevölkerung eine stets gleichbleibende Armutsquote beschert. So kam es zu einer urbanen Explosion, infolge derer nun die prächtigen Regierungsgebäude und pompösen Villen der Reichen mit den endlosen Elendsvierteln der Armen kontrastieren.[35]

Mit der Überbevölkerung fertigzuwerden, wurde noch schwerer, als eine Reihe von Naturkatastrophen und medizinischen Notsituationen die betroffenen Regionen heimsuchten. Einige Probleme wurden verursacht durch Überweidung und durch weiträumiges Abholzen des Dschungels, was jeweils ungünstige Veränderungen im Mikroklima bewirkte. Anderen Schwierigkeiten lagen zyklische Wetterschwankungen zugrunde, etwa als die Sahelzone, ein Landstreifen zwischen der Sahara und dem tropischen Regenwald, 1970–1990 eine schwerwiegende Dürre erlebte, die 50 Millionen Menschen mit dem Hungertod bedrohte. Möglicherweise mit ausgelöst durch die globale Erderwärmung, verursachten 1998 ungewöhnlich heftige Zyklone immense Überschwemmungen im tiefliegenden Gangesdelta in Bangladesch, die zahlreiche Opfer forderten. Ähnliches geschah 2004 in Südostasien, wo Tsunamis ungeheurer Stärke die Ufer des Indischen Ozeans verwüsteten; sieben Jahre später ereilte das gleiche Los die Küste Japans.[36] Da es in Afrika sowohl an Kondomen als auch an sexueller Zurückhaltung mangelte, wurde der Kontinent seit den 1980ern das Hauptopfer der Aids-Epidemie. Obwohl es bald erste Therapien gab, mussten viele HIV-infizierte Patienten sterben, weil die Medikamente so teuer waren. Schon in entwickelten Ländern sind solche Desaster nur mühsam zu bewältigen; um wie viel härter mussten sie da

Staaten mit unzureichenden Ressourcen treffen, wie sehr den Druck verstärken, der von ihren anderen Problemen ausging.

Bestimmte Lichtblicke jedoch lassen neuerdings hoffen, dass ein paar postkoloniale Länder diese Probleme allmählich bezwingen und bald in ein nachhaltiges Wachstum eintreten, das ihre politischen Verhältnisse stabilisieren wird. Ein inzwischen schon klassisches Beispiel für einen solchen Erfolg bilden die asiatischen »Tigerstaaten«, zu denen Singapur, Südkorea und Taiwan gehören. Während der letzten beiden Generationen gelang es ihnen, sich hochzuwuchten, und zwar aus eigener Kraft, indem sie weitgehend das japanische Modell kopierten. Am Anfang stand eine Warenproduktion zu niedrigen Löhnen aufgrund von Lizenzverträgen mit ausländischen Firmen. Bei den arbeitsintensiven Produkten handelte es sich zunächst hauptsächlich um Textilien, dann auch Technisches, beispielsweise Unterhaltungselektronik und Kameras, und schließlich gar Erzeugnisse der Spitzentechnologie wie Computerchips. Optimistische Journalisten sehen schon ein »afrikanisches Wirtschaftswunder«, denn sieben Staaten dieses Kontinents haben während der letzten Jahre Wachstumsraten von sechs Prozent erzielt. Ein Handelsverband schloss daraus: »Nach dem aufgestiegenen Asien ist Afrika die am schnellsten wachsende Region in der heutigen Welt.« Einige Länder spielten schon länger eine Rolle, etwa Ghana und Nigeria mit ihrem Erdöl sowie Südafrika mit seinen Mineralien; aber auch in Kenia und der Elfenbeinküste bewegt sich, trotz gelegentlicher Unruhen, einiges voran, und Tansania sowie Sambia kommen gerade erst in die Gänge.[37]

Dass die Unabhängigkeit eine solche Enttäuschung wurde, lag weitgehend am politischen Versagen der postkolonialen Eliten. Fraglos stellte das imperialistische Erbe sie vor enorme Herausforderungen, aber fünfzig Jahre nach der Machtübergabe ist es nicht mehr glaubhaft, dass die Kolonialherrschaft alle Probleme verschuldet haben soll. Viele Staatsgründer wie Nkrumah und Senghor waren begeisternde Fürsprecher der Unabhängigkeit, aber nur gar zu wenigen gelang es, so demokratisch zu regieren wie Jawaharlal Nehru in Indien. Liest man das Sündenregister, das die neuere Forschung ihnen aufstellt – »Korruption, Genozid, Bürgerkriege, Militärcoups und ethnische Konflikte« –, festigt sich der Eindruck, dass die »postkolonialen Führungsriegen in Afrika, einerlei ob revolutionär oder versöhnlerisch«, eine »düstere Bilanz« zu verantworten haben. Nicht viel besser sieht die der Untertanen aus, denn wer sie damals plötzlich mit der Erwartung konfrontierte, sie sollten über ihr eigenes Schicksal entscheiden, schätzte ihre politische Reife höher ein, als sie war. Die Bürger der neuen Nationalstaaten setzten vielmehr auf eine paternalistische Autorität und suchten hauptsächlich den Vorteil ihrer eigenen Person oder ihrer eigenen Gruppe, ohne sich groß um das Wohl des Ganzen zu scheren. Schließlich mengte sich noch der Kalte Krieg zwischen der Sowjetunion und den Vereinigten Staaten hinein, der der Stabilität dieser Länder abträglich war, denn die Supermächte beuteten lokale Konflikte für ihre Zwecke aus.[38] So stieg die Zahl der Fehlstarts in bedrückende Höhen.

Der imperiale Blowback

Die Dekolonisation entledigte nicht nur die ehemaligen Kolonien ihrer imperialistischen Herren, sondern zeitigte auch Effekte auf die Mutterländer in Europa, die nur selten erörtert werden. Ein Terminus, der die »unbeabsichtigten Konsequenzen einer Politik« umschreibt, ist der in US-Geheimdienstkreisen geprägte Begriff *blowback* (eigentlich ›Rückstoß‹, eine Bezeichnung aus der Ballistik).[39] Wenden wir ihn auf das Ende des Imperialismus an, kann er uns helfen, die unbeabsichtigten Wirkungen des Rückzugs aus den Imperien bei den früheren Kolonisatoren deutlicher zu erkennen. Man kann ihn auf zweifache Weise interpretieren. Die nostalgische Perspektive der Apologeten, die Kolonien unterhielten oder von ihnen profitierten, verbindet die Dekolonisation mit einer endgültigen Einbuße an Prestige, Besitz und Privilegien, mit einer schändlichen Aufkündigung einer großartigen Mission der eigenen Nation in der Welt. Kritiker imperialistischer Ausbeutung, die schon lange die Doppelmoral des ganzen Unternehmens belastete, sehen die Gewährung der Unabhängigkeit dagegen als eine Befreiung von einer schweren Bürde aus enormen Kosten und weitgespannten Verantwortlichkeiten, als einen Akt, der endlich den Weg zu Reformen daheim öffnete. Der Blowback des imperialen Kollapses hatte daher in Europa Wirkungen widersprüchlicher Art.

Während der 1950er Jahre löste der Prozess der Dekolonisation unter Europäern oft Furcht aus, was kaum verwundert, denn die Zeitungen verbreiteten damals allerlei Horrorgeschichten. Augenzeugen wussten Furchtbares mitzuteilen: Fanatische Afrikaner und Asiaten hätten Rachemorde an weißen Siedlern verübt, deren Frauen vergewaltigt und deren Kinder versklavt. Weniger sensationsgierige Berichte legten den Fokus auf die Enteignung und Vertreibung der weißen europäischen Siedler, aufgrund derer man die daran Beteiligten des Undanks beschuldigte: Sie würdigten offenbar nicht die Bemühungen der Kolonisatoren, ihre Völker zu zivilisieren. Inspiriert waren diese reißerischen Darstellungen von Berichten über tatsächliche Aufstände wie jenen der Mau-Mau in Kenia, die man eher als barbarische Feldzüge atavistisch-tribalistischer Killer denn als Unabhängigkeitsbewegungen beschrieb.[40] Auch spontane Massaker an Weißen, wie im Kongo nach Erhalt der Unabhängigkeit geschehen, lieferten Vorlagen für Gruselgeschichten. Im Großen und Ganzen waren solche Ängste aber übertrieben, denn die Regime der Befreiten zeigten sich ebenso wie die imperialen Regierungen bestrebt, Rassengewalt zurückzudrängen, bewerteten sie diese doch beide als kontraproduktiv. Vielmehr offenbarten solch alarmistische Schilderungen das schlechte Gewissen der Kolonisatoren, die nun Vergeltungsakte für ihre Missetaten erwarteten. Dennoch blieb neben der offiziellen Erzählung, der zufolge die Befreiung friedlich verlief, ein Konternarrativ postkolonialer Angst erhalten.

Der Rückzug aus dem Empire bewirkte einen umfassenden teils freiwilligen, teils erzwungenen Exodus von Europäern in ihre Heimatländer. Nachdem der Machttransfer Verwaltungsbeamte, Soldaten und Polizisten vor Ort überflüssig gemacht hatte, wurden sie schlicht zurückberufen. Für viele Geschäftsleute und Siedler blieb naheliegenderweise kein Platz mehr in den Ex-Kolonien, denn mit der Unabhängigkeit wurden Betriebe oft verstaatlicht und Ländereien beschlagnahmt, die die neuen Machthaber, wie etwa in Simbabwe, an Indigene verteilten. Eine Gruppe von Europäern kam die Notwendigkeit zu fliehen besonders bitter an: die *pieds-noirs*, französische Kolonisten, deren Familien seit Generationen in Algerien lebten. Als kein Zweifel mehr bestand, dass Frankreich sich von seiner Kolonie trennen werde, flüchteten eine Million *pieds-noirs* in wilder Hast, wodurch sie den heimatlichen Beamtenapparat, der sie nun aufnehmen musste, geradezu überschwemmten – er hatte nur mit einem Drittel so viel gerechnet. Die meisten ließen sich in den südlichen *départements* nieder, deren Klima und Boden nordafrikanischen Verhältnissen zumindest ähnelten; aber vielen von ihnen fiel es schwer, sich an die Lebensbedingungen des Mutterlandes zu gewöhnen. Nicht wenige fühlten sich von Paris im Stich gelassen, weshalb die *pieds-noirs* empfänglich für die Propaganda der rechtsextremen Partei Front National wurden. Insgesamt wurden während der Dekolonisation rund drei bis vier Millionen Europäer repatriiert.[41]

Zu dieser Zahl sollten noch ca. 2,5 Millionen nichtweißer Immigranten aus den ehemaligen Kolonien kommen, deren Ankunft die ehemaligen Kolonialmächte doch einigermaßen verdutzte. Die meisten von ihnen waren, wie die algerischen *harkis*, Verwaltungsleute oder Soldaten niederen Ranges gewesen, die mit den Kolonisatoren kooperiert hatten und nun angesichts der Unabhängigkeit um ihr Leben fürchteten. Andere waren schlicht ehrgeizige Migranten, die an das attraktive Bild glaubten, das die Lehrer in den kolonialen Schulen von ihrem Mutterland gemalt hatten, und nun hofften, dort ein besseres Leben zu finden. Beispielsweise gingen Indonesier in die Niederlande, Kenianer nach Großbritannien und Maghrebiner nach Frankreich. Sie brachten anderes Essen mit, andere soziale Gebräuche und besonders andere Religionen wie den Islam, sodass der Kontinent einen unübersehbaren muslimischen Bevölkerungsanteil erhielt. Anders als die repatriierten Weißen hatten die farbigen Einwanderer oft Schwierigkeiten, die Staatsbürgerschaft ihres ›Gastgeberlandes‹ zu erlangen und Arbeit zu finden. Man ließ sie fast ausschließlich in urbanen Ghettos wohnen, und ihre Kinder kamen nur mühsam in der Schule mit. So schuf jene postkoloniale Einwanderung Minderheiten, die Diskriminierung erfuhren und sich als schwer integrierbar erwiesen.[42]

Diese doppelte Migration erzeugte Widerwillen gegen die Einwanderer, denn viele Bürger in Europa fürchteten nun eine »Islamisierung« ihrer Staaten – eine Haltung, die selbst in Ländern zu grassieren begann, die sich gar nicht am Imperialismus beteiligt hatten. So mag die koloniale Vergangenheit erklären, warum die repatriierten Franzosen politisch zur Rechten neigten und Le Pens Front National unterstützten; doch löste die Anwesenheit nichtassimilierter Muslime Protestwellen sogar in Hochburgen des Sozialliberalismus wie Dänemark aus. Von den britischen Konservativen bis zu der Lega Nord in Italien fordern die politischen Parteien der Rechten stärkere gesetzliche und physische Barrieren gegen Einwanderung; namentlich die Flüchtlinge von jenseits des Mittelmeeres sollten nicht mehr ungehindert ins Land strömen dürfen. Populistische Politiker wie Jörg Haider in Österreich und Geert Wilders in den Niederlanden erzielten dadurch überraschende Wahlerfolge, die wiederum die Innenpolitik erschwerten, sogar in toleranten Gesellschaften. Offenbar war es die Furcht vor dem internationalen Terrorismus, die in vielen Ländern einschlägige Ressentiments verbreitete und bewirkte, dass angestammte Bürger sich gegen den Bau von Moscheen sowie das Tragen von Kopftüchern und Burkas als Zeichen kulturellen Andersseins wandten.[43] Ironischerweise ist das Gift der rassischen und religiösen Ausgrenzung den Weißen aus den Kolonien in ihre europäischen Stammländer gefolgt.

Trotz Machttransfer und Kolonisatorenflucht sollten viele Verbindungen zwischen den Ex-Kolonien und den europäischen Ex-Mutterländern fortbestehen. Besonders dort, wo die Dekolonisation friedlich ausgehandelt wurde, hat man versucht, durch eine Reihe ökonomischer und kultureller Vereinbarungen die vorherige Beziehung zu bewahren. Dank einiger Kontakte im Bildungs- und Medienbereich hielten die Instrumente der Frankophonie und der Anglophonie den kulturellen Einfluss der früheren Mutterländer aufrecht: Mehrere Ex-Kolonialstaaten wählten Französisch oder Englisch als offizielle Amtssprache, sodass sich die Bürger dieser Länder auch dann verständigen konnten, wenn sie unterschiedlichen Stämmen mit jeweils eigenen Idiomen angehörten.[44] Sogar nach dem Weggang der europäischen Geschäftsleute und Siedler blieben die ökonomischen Beziehungen für beide Seiten profitabel, da man einander beim Handel privilegierte und gemeinsam in neue Unternehmen investierte. Frankreich ließ seine Einflusszone in Nordafrika auch nach der Dekolonisation nicht aus den Augen und intervenierte dort sogar militärisch, wenn es ihm um der politischen Stabilität willen notwendig schien. Großbritanniens Beziehungen zu seinen Ex-Kolonien gestalteten sich weniger eng, denn die USA waren immer als ein stärkerer Partner präsent. Auf diese Weise gewannen die multinationalen Konzerne so viel Einfluss zurück, dass linke Kritiker schon bald das Gespenst »Neokolonialismus« an die Wand malten. Zwar sind die ehemaligen Kolonien immer noch bis zu einem gewissen Grad abhängig von Europa, aber auch durch den Aufstieg Chinas haben sich ihre Partner etwas pluralisiert, was ihnen mehr Wahlmöglichkeiten beschert.[45]

Mit dem Anspruch, den unabhängigen Staaten bei der Modernisierung zu helfen, engagierten sich auch einige idealistisch Motivierte weiter in den ehemaligen Kolonien, inzwischen aber nicht mehr im Namen Europas, sondern des Westens. Eine neue Generation entdeckte Afrika und Südostasien für sich, und studierte die Sprachen und Gebräuche der früheren Überseebesitzungen. Noch junge akademisch gebildete Berater zogen in die Entwicklungsländer hinaus, um internationale Hilfsprojekte in Kooperation mit den Bevölkerungen vor Ort umzusetzen. Diese »Nichtregierungsorganisationen« (NGOs) wurden ein neuer Akteur des postkolonialen Übergangs. Zu ihnen gehören die von französischen Ärzten initiierten Médecins Sans Frontières und das amerikanische Peace Corps. Man bohrt Brunnen, repariert Gebisse und informiert über Geburtenkontrolle. Im engeren Sinne politisch agierend, beobachtet Amnesty International bis heute scharf den Umgang der neuen Staaten mit den Menschenrechten, während Greenpeace versucht, ökologische Katastrophen zu verhindern. Manchmal wurde derartiges Engagement als Feigenblatt des Neoliberalismus beargwöhnt, der damit ja nur sein schädliches Wirken in der Welt verdecken wolle. Nicht alles, was diese Organisationen taten, war effektiv, und häufig bevormundeten sie die Einheimischen.[46] Im Großen und Ganzen sind diese Bemühungen aber gut gemeint, und es geht den Helfern wirklich darum, aktuelle Probleme zu lösen; die Wiedererrichtung der westlichen Hegemonie haben sie gewiss nicht im Sinn.

Die ernüchternde Erfahrung dieses imperialen Blowbacks zeigt, dass Kolonialherren wie Kolonisierte immer noch Mühe damit haben, die Nachwirkungen des Imperialismus zu bewältigen. Der imperiale Schatten ist nach einem halben Jahrhundert Unabhängigkeit nicht verschwunden, denn die Bande waren nicht so leicht zu lösen, wie man zur Zeit der Machtübergabe erwartet hatte. Die ehemaligen Kolonien stehen vor den immensen Herausforderungen der Bevölkerungskontrolle, der ökonomischen Entwicklung und des guten Regierens, um die Wünsche ihrer Bürger zu erfüllen. Die einstigen Kolonisatoren fühlen ihrerseits immer noch eine gewisse Verantwortlichkeit für ihre früheren Besitzungen und möchten ihnen auf die Füße helfen; gleichzeitig müssen sie mit neuen ethnischen sowie religiösen Minderheiten in ihrer Mitte fertigwerden und zumindest versuchen, Letzteren ein besseres Leben zu verschaffen. Glücklicherweise sind beide Partner nicht mehr nur aufeinander angewiesen, denn sie können sich inzwischen multinationaler Netzwerke bedienen, etwa der Vereinten Nationen, des Internationalen Währungsfonds, der Weltbank, der Weltgesundheitsorganisation usw. Hauptaufgabe beider Seiten bleibt es, die Bürde einer von viel Gewalt gekennzeichneten Vergangenheit zu akzeptieren, um eine neue, auf Gleichberechtigung beruhende Beziehung zu schmieden und gemeinsam für eine friedliche Zukunft zu kämpfen.

Postkoloniale Hinterlassenschaften

In der Rückschau erscheint die Dekolonisation wie ein überraschend schneller Prozess, angetrieben von einer antiimperialistisch inspirierten Suche nach einer Version der Modernität in Unabhängigkeit. Binnen einer einzigen Generation nach dem Zweiten Weltkrieg, der die europäische Hegemonie erschüttert hatte, lösten sich die Überseeimperien auf. Nur selten wurden die Europäer in offener Schlacht geschlagen wie die Franzosen in Vietnam, aber die nationalen Befreiungsrevolten schufen Belastungen genug, um die mutterländischen Regierungen, die vorrangig mit dem Wiederaufbau ihrer eigenen Länder beschäftigt waren, zu der Entscheidung zu bewegen, dass die Verteidigung ihrer fernen Besetzungen die Summen und die Menschenleben nicht wert war, die man hätte aufwenden müssen. Wegen des so raschen Rückzugs der Kolonisatoren sahen sich die frisch unabhängigen Länder, die sich hauptsächlich um politische Stabilität und ökonomische Entwicklung kümmern mussten, gewaltigen Aufgaben gegenüber. Die UN-Deklaration von 1960 unterstützte alle Länder, die Unabhängigkeit begehrten, aber der Kalte Krieg erschwerte den Übergang dadurch, dass die beteiligten Supermächte auch dieses Terrain nutzten, um ihre Rivalität auszutragen. Außerdem brachte die Unerfahrenheit der neuen Staaten einiges Unheil mit sich, das einen grauen Schatten auf die strahlende Errungenschaft namens Unabhängigkeit warf. Die Dekolonisation wurde also vorangetrieben von einer komplexen Melange aus mutterländischen, kolonialen und kontextuellen Faktoren, die der postkolonialen Unabhängigkeit ein ambivalentes Erbe hinterließ.[47]

Nachdem sie ihnen von außen zum Vorteil der europäischen Kolonisatoren aufgezwungen worden war, erschien die Modernisierung der Kolonien den Kolonisierten als destruktive Kraft. Existierende Feindseligkeiten zwischen den Stämmen ausnutzend, beseitigte man die Strukturen tribaler Selbstregierung und unterwarf die Menschen vor Ort dem Willen eines weit entfernten Kolonialamtes. Indem sie die Plantagenwirtschaft und den Mineralienabbau rationalisierte, drängte die ökonomische Ausbeutung der kolonialen Ressourcen lokale Konkurrenten an die Wand und verwandelte die Bevölkerung in ein Heer billiger Arbeitskräfte. Der europäische Lebensstil, der sich nun in den Kolonien breitmachte, unterminierte die kollektiven Lebensmuster in den Dörfern. Ein wettbewerbsversessener Individualismus dominierte, in dessen Mittelpunkt die persönliche Bereicherung stand und nicht so sehr das Gemeinwohl.

Die Einführung der Schulpflicht und den Unterricht in diesen Lehranstalten erlebten die Indigenen als Zwang, sich einem Rationalismus zu beugen, der die alten traditionellen Vorstellungen als Aberglauben abstempelte. Viele Menschen strandeten zwischen ihrer früheren Religion und der Erlösungsbotschaft des Christentums, die sich aber mit den imperialen Praktiken der Europäer so gar nicht vertrug.[48] Der Import europäischer Muster brachte einen Modernisierungsschock, der die kulturelle Orientierung zerstörte, ohne neue Leitlinien an deren Stelle zu setzen.

Aber im Gegensatz zu früheren nativistischen Revolten sperrten sich die nationalen Befreiungsbewegungen nach dem Kriege nicht gegen die Moderne. Wenn sie Erfolg hatten, dann nur, weil sie bereit waren, bestimmte Ideologien und Techniken der europäischen Kolonisatoren zu übernehmen. Keiner der damaligen antikolonialen Führer wollte die neue Infrastruktur wieder aufgeben – weder die Städte noch die Häfen, Eisenbahnen, Flughäfen, Krankenhäuser und Schulen. Zwar hoffte Nkrumahs Panafrikanische Bewegung die willkürlichen Grenzen ausradieren zu können, die der Imperialismus ihnen hinterlassen hatte, doch diese Bemühungen scheiterten: Die Transformation der Territorien zu Nationalstaaten nach westlichem Muster ließ sich nicht mehr aufhalten. Selbst die Guerillatruppen, die angetreten waren, die Imperialisten hinauszuwerfen, benutzten jene Waffen und Taktiken, deren Einsatz sie von ihren europäischen Okkupanten während der Weltkriege gelernt hatten. Die marktliberalen wie die marxistischen Selbständigkeitskämpfer vertraten Ideologien, die sie sich während ihres Studiums an den Universitäten der Mutterländer von europäischen Intellektuellen abgeschaut hatten. Auch die Gründungen von Gewerkschaften und politischen Parteien folgten den auf dem Alten Kontinent entwickelten organisatorischen Mustern. Obwohl sie entschieden antiimperialistisch dachten, sehnten sich die nationalen Befreiungsbewegungen gleichzeitig nach der Modernisierung der Verhältnisse daheim.[49]

Eine nachhaltige Form der Entwicklung zu finden, erwies sich nach Erlangung der Unabhängigkeit als schwieriger als gedacht, denn die Antiimperialisten wiederholten viele Fehler der Kolonisatoren. Allein schon das *nation-building* gestaltete sich verzwickt aufgrund der ethnischen, religiösen und regionalen Fragmentierung der Einwohnerschaft. Illusorisch schien auch der Versuch, lebensfähige Formen einer Selbstregierung zu etablieren, da sich viele der durch die Befreiung zur Macht gelangten Herrscher bei Auflösungstendenzen zu autoritären Patriarchen wandelten, wenn sie nicht gleich ungeniert zur Diktatur griffen. Daheim und international den Frieden zu erhalten, war ebenfalls mühsam, denn vielfältige Konflikte zerrissen die neuen Staaten. Ausländische wirtschaftliche Interessen verschlimmerten die Reibereien, in denen oft Söldner kämpften. Ein besonders kraftraubendes Unterfangen stellte das Ankurbeln der wirtschaftlichen Entwicklung dar, dem die Belange multinationaler Konzerne und die Korruptheit des einheimischen Beamtenapparates im Wege standen. Schließlich erwies sich auch die Kontrolle des Bevölkerungswachstums und der Urbanisierung als nahezu unmöglich.[50] Dass der Transfer von Institutionen so schwierig sei, hatte man nicht erwartet. Die Erfahrung der Unabhängigkeit mündete vielfach in eine Enttäuschung, und die Hoffnung, die Moderne könne ein gutes Leben garantieren, schwand dahin wie eine Fata Morgana.

Dennoch gibt es vielversprechende Zeichen, dass das positive Potenzial der Modernisierung sich auch in den unabhängig gewordenen Staaten entfaltet. Inzwischen hat sich dort eine hybride postkoloniale Moderne entwickelt. Zwar hinken die Lebensstandards immer noch denen im Westen hinterher, aber andere Indikatoren wie die Säuglingsgesundheit und die Lebenserwartung steigen kontinuierlich. Die Schulpflicht hat die Lesefähigkeit überall erhöht. Neuere technische Geräte wie Transistorradios, Smartphones und sogar Computer verbreiten sich geschwind, und die urbanen Straßen in den Entwicklungsländern sind verstopft mit Fahrrädern und Mopeds. Die junge Generation strömt scharenweise in die Städte, um an den Konsummöglichkeiten und der Populärkultur teilzuhaben, die ihnen die Globalisierung bietet. Von unten her entstehen gleichzeitig Institutionen einer Zivilgesellschaft. Diese Jugend, die nicht mehr durch Traditionen eingeengt wird, strebt nach einer neuen Verschmelzung von Identitäten. Man öffnet sich der modernen Technik und dem westlichen Lebensstil, sucht aber auch nach einer neuen, eigenen Form von Demokratie. Seit dem Aufstieg Chinas freilich hat Europa leicht an Einfluss verloren; es ist zwar immer noch eine Quelle potenzieller Hilfe, jedoch im globalen System nur noch ein Spieler unter anderen.[51] Wenn dieser Fortschritt anhält, bringt er die Beteiligten vielleicht einem Ziel näher, das Wohlmeinende beider Seiten schon länger fordern: einer Beziehung auf Augenhöhe.

Integration durch Wirtschaft

Einführung des Gemeinsamen Marktes mit der Unterzeichnung der Römischen Verträge, 1957

Der beständige Nieselregen konnte an diesem 27. März 1957 die Euphorie der Runde nicht trüben. Führende Politiker aus sechs europäischen Ländern waren in der italienischen Hauptstadt zusammengekommen, um die Kooperationsvereinbarungen zu schließen, die als »Römische Verträge« Berühmtheit erlangen sollten. Das Fernsehen übertrug den feierlichen Akt aus einem Festsaal auf dem Kapitolhügel, sodass Millionen miterleben konnten, wie der deutsche Bundeskanzler Konrad Adenauer und die Außenminister Frankreichs, Belgiens, der Niederlande, Luxemburgs und Italiens zwei wichtige Dokumente unterzeichneten. Das erste betraf die Errichtung einer Zollunion und eines Gemeinsamen Marktes zwischen den Signatarländern, die die »Europäische Wirtschaftsgemeinschaft«, kurz EWG, ins Werk setzten sollte. Das zweite Dokument hatte die friedliche Nutzung der Kernkraft zum Gegenstand, die die »Europäische Atomgemeinschaft«, kurz EURATOM, künftig koordinieren wollte. Nachdem die »Europäische Verteidigungsgemeinschaft« 1954 gescheitert war, versuchte man einen bescheideneren Ansatz, indem man ökonomische Instrumente für politische Zwecke nutzte. Angestrebt wurden u. a., so berichtete die *New York Times*, »ein Gerichtshof, ein rudimentäres Parlament und der Embryo eines künftigen europäischen Kabinetts«. Die Verträge schüfen die »Zentralorgane« für Strukturen, »aus denen sich im Laufe der Zeit die Regierung einer europäischen Föderation entwickeln« solle. Der Bürgermeister von Rom unterstrich die Wichtigkeit des Abkommens, das Europa auf »ein Jahrhundert der Einigkeit in Frieden, Freiheit und Wohlstand« vorbereiten wollte. Die Kirchenglocken läuteten, eigens herbeigeströmte Massen jubelten. Nur die Kommunisten grummelten.[1]

Die Gründung des Gemeinsamen Marktes war ein konzertierter Versuch, eine Wiederholung der Katastrophen zu verhindern, die die erste Hälfte des 20. Jahrhunderts geprägt hatten. »Im festen Willen, die Grundlagen für einen engeren Zusammenschluss der europäischen Völker zu schaffen«, strebte man mehrere Ziele an: Indem der Vertrag die Wirtschaften Frankreichs, Deutschlands, Italiens, Belgiens, der Niederlande und Luxemburgs miteinander verband, sollte er künftig jeden Krieg in dieser Weltregion unmöglich machen. Zu diesem Zweck müsse man »die Europa trennenden Schranken beseitigen«. Gleichzeitig sollte das Gespenst der Großen Depression dauerhaft verbannt werden, und so setzte man »die stetige Besserung der Lebens- und Beschäftigungsbedingungen« der beteiligten Länder ganz oben aufs Programm. Die Zollunion werde, versprach man, »den wirtschaftlichen und sozialen Fortschritt« in ihnen fördern, nicht zuletzt um den beiden postfaschistischen Mitgliedsstaaten den Übergang zur Demokratie zu erleichtern. Die Präambel enthält sogar den frommen Wunsch, während der Dekolonisation »die Verbundenheit Europas mit den überseeischen Ländern zu bekräftigen«. Eingedenk des Kalten Krieges gaben die Signatarnationen der Hoffnung Ausdruck, »Frieden und Freiheit zu wahren und zu befestigen« und beides auch den Osteuropäern zu bescheren, die ja in der Zukunft den Wunsch hegen könnten, dem Bund beizutreten.[2]

Enthusiastische Europäer haben ein optimistisches Narrativ um die europäische Integration geschaffen, das die Entwicklung vom Gemeinsamen Markt bis zur Europäischen Union als eindeutige Erfolgsgeschichte feiert. In zuversichtlichen Reden wetteifern führende Politiker wie der ehemalige deutsche Außenminister Joschka Fischer mit öffentlichen Intellektuellen wie Timothy Garton Ash um attraktive Visionen von gegenwärtigem Nutzen und künftiger Harmonie. Die Idee eines entstehenden kontinentalen Gemeinwesens fasziniert viele mit Europa-Studien befasste Politikwissenschaftler, die der Brüsseler Bürokratie eifrig Ratschläge geben, was als Nächstes zu tun sei. Sogar einige Historiker begrüßen begeistert die Entwicklung einer gemeinsamen europäischen Gesellschaft und Öffentlichkeitssphäre, als hätte diese schon stattgefunden. Wer einen solchen normativen Europäismus verficht, tappt freilich leicht in die gleiche Falle des intellektuellen Parteigängertums wie Heinrich von Treitschke und wiederholt so die Fehler, die der Nationalismus und die von ihm inspirierte Historik während des 19. Jahrhunderts begingen, nur in größerem geografischen Maßstab. Sind Forscher ins Vorantreiben der Integration verwickelt, kann das zu einem Mangel an kritischer Distanz sowie zum Übertreiben des bereits Erreichten führen.[3]

Die nicht weniger entschlossene Minderheit der Euroskeptiker widerspricht dieser positiven Sicht. Ihre Vertreter positionieren sich gegen die Europäische Union und lehnen es scharf ab, ihr weitere Macht zu gewähren. In Westeuropa verleihen hauptsächlich rechte Populisten wie die United Kingdom Independence Party (UKIP) oder die Alternative für Deutschland (AfD) derartigen, nationalistisch motivierten Haltungen Ausdruck, während in Osteuropa die Enttäuschung nach dem Beitritt zu einer lautstarken Opposition führte. Gemäßigte Verweigerer ziehen es dagegen vor, die Integration auf dem jetzigen Stand zu belassen, oder wenden sich gegen bestimmte Aspekte der Europäisierung, etwa die gemeinsame Agrarpolitik. In ihrem Fall ist der Übergang fließend zu einer legitimen Kritik an der EU, die diese nicht beseitigt, sondern verbessert sehen will. In Freihandelsländern wie Großbritannien beklagen Brexit-Befürworter die invasive Regulierungswut der Brüsseler Bürokratie oder werfen ihr gar Protektionismus vor. In den Vereinigten Staaten schätzen viele Neokonservative die EU gering, die sie für militärisch impotent und politisch uneinig halten. Kritiker wiederum, die offen ihre Skepsis bezüglich einer europäischen Identität äußern, verwerfen Europa nicht als Ganzes, plädieren aber für mehr Eurorealismus. Obwohl auch die Europaskeptiker oft übertreiben, zeigt dieses Ressentiment die Notwendigkeit, den Prozess leidenschaftsloser zu betrachten sowie auch die Fehl- und Rückschläge zur Kenntnis zu nehmen, die er gezeitigt hat.[4]

Wir werden beidem, den Leistungen wie den Defiziten, am besten gerecht, wenn wir den Vorgang unter der Perspektive der Modernisierung betrachten. Sie bietet uns neue Möglichkeiten, den Prozess der Integration im Sinne eines »Europas ohne Illusionen« einzuschätzen.[5] Ein dreifaches Desaster hatte den Erdteil heimgesucht: die Weltkriege, die Große Depression und der Zusammenbruch der Demokratie. Traumatisiert von diesen Erfahrungen, wollten die Gründer der EWG im Wesentlichen zu den wohltätigen Aspekten der liberalen Moderne zurückkehren. Konkret erhofften sie sich, dass die Überwindung der Feindschaft zwischen

Deutschland und Frankreich kontinentalen Frieden garantieren werde. Die ökonomische Kooperation, basierend auf Marktwettbewerb und Freihandel, werde zudem stabilen Wohlstand bringen; und die Einrichtung supranationaler Selbstverwaltungs- bzw. Selbstregierungsinstitutionen werde die Demokratie zementieren. Die engere Zusammenarbeit unter den westeuropäischen Kernländern sollte schließlich auch den Mittelmeerstaaten, den Osteuropäern und den Balkanländern bei ihrer Modernisierung helfen. Nach dem Verlust ihrer Kolonien sollten sich die Überseeimperien künftig auf die Reform des Mutterlandes konzentrieren. Die Neigung zur Selbstzerstörung musste aufgegeben werden – so weit waren sich die europäischen Staatenlenker einig. Während der folgenden Jahrzehnte rang man darum, wie die genannten Leitprinzipien in die Praxis umzusetzen seien.

Anfänge der Kooperation

Stellt man das Projekt der europäischen Integration in einen weiten historischen Rahmen, kommt man zu dem Befund, dass es inspiriert war durch das offenkundige Scheitern vorheriger Versuche, den ganzen Kontinent zu dominieren. Verschwommen erinnerte man sich nun, dass das Reich der Griechen einschließlich seines kulturellen Erbes, das Imperium Romanum, aber auch die Verbreitung des Christentums allesamt bewiesen hatten, dass Kooperation möglich war und viele Vorteile brachte. Zwar hatten auch Karl der Große, Philipp II. und Ludwig XIV. die Hegemonie über den Kontinent angestrebt, aber ihr Bemühen befeuerte eher Erbfolgekriege, als dass es Einheit stiftete. Napoleons Taten wirkten sich ebenfalls zutiefst ambivalent aus: Einerseits führte er freiheitliche Rechtsnormen, einen kontinentweiten Handel und aufgeklärtes Verwalten und Regieren ein; andererseits unterwarf er so manche Region französischer Fremdherrschaft und initiierte eine schier endlose Reihe militärischer Konflikte. Nicht einmal Hitlers rassistisches Reich war sich selbst genug gewesen, sondern bemühte sich auch um breitere Unterstützung, indem es behauptete, für Europa zu kämpfen. Immerhin begründete der Diktator seinen Feldzug mit der Abwehr der vermeintlichen Bedrohungen durch Judentum und Bolschewismus. Mit dem Versuch, militärisch die Dominanz über Europa zu erzwingen, hatte man also schlechte Erfahrungen gemacht. Folglich überlegten viele, wie wohl eine friedlichere und konstruktivere Art der Vereinigung zu bewerkstelligen sei. Denker hohen Ranges vom Abbé de Sieyès bis hin zu Jürgen Habermas haben sich mit dieser Frage beschäftigt.[6]

Beschaut man mehr ihre jüngere Vorgeschichte, erscheinen die Integrationsbestrebungen nach 1945 als ein Versuch, die Initiativen der Zwischenkriegszeit fortzuführen, die sich bereits um breitere supranationale Kooperation bemüht hatten. Trotz aller Konflikte wuchs während jener Jahre dank des Verkehrs- und Kommunikationswesens, Tourismus und Sports ein allseits geteiltes europäisches Bewusstsein.[7] Da ihm der Zusammenbruch des Habsburger Imperiums zu denken gab, verfasste der österreichische Philosoph Graf Coudenhove-Kalergi einen Appell mit dem Titel *Pan-Europa* (1923), der für die europäische Einheit warb. Ein paar klarsichtige Jugendliche nahmen auch an französisch-deutschen Begegnungen teil, um den engen Rahmen des Nationalismus aufzubrechen und die gegenseitige Verständigung zu fördern. Der Geist von Locarno bewegte Frankreichs Premier Aristide Briand und Deutschlands Außenminister Gustav Stresemann sogar dazu, über engere Kooperation zu verhandeln. Doch die Bemühungen fanden ein jähes Ende durch den Tod des Letzteren und durch die Große Depression. Stattdessen einigten nun ausgerechnet die Nationalsozialisten Europa: Sie eroberten fast den ganzen Kontinent und installierten eine vom Krieg angetriebene, Ressourcen plündernde und Zwangsarbeit ausbeutende »Großraumwirtschaft«. Die Widerstandsbewegungen kamen deshalb rasch zu der Einsicht, dass es dringend transnationaler Zusammenarbeit bedurfte, um das faschistische Joch abzuwerfen, und entwickelten Ideen eines europäischen Föderalismus: Das wiederum inspirierte den italienischen Politiktheoretiker Altiero Spinelli, eine freiwillige Kooperation unter den befreiten Staaten vorzuschlagen.[8]

Der Sieg der Alliierten bot den Akteuren die Chance, Europa zu integrieren, statt nur die einzelnen Nationalstaaten wiederaufzubauen. Belgien, die Niederlande und Luxemburg hatten längst eingesehen, dass ihre kleinen Länder allein nicht konkurrenzfähig waren, und so hatten ihre Repräsentanten bereits 1944 die Benelux-Zollunion unterzeichnet. Nach dem Kriege trafen die Integrationsidealisten sich regelmäßig, um ihr Programm zu formulieren, und gründeten Herbst 1946 die »Union der Europäischen Föderalisten«. Ähnlich forderte Winston Churchill, der als Premier inzwischen nicht mehr im Amt war, »die Neuschöpfung der europäischen Völkerfamilie, oder doch so viel davon, wie möglich ist, indem wir ihr eine Struktur geben, in welcher sie in Frieden, in Sicherheit und in Freiheit bestehen kann. Wir müssen eine Art Vereinigte Staaten von Europa errichten.« Da England mit dem Zusammenhalt des Commonwealth genügend zu tun hatte und keine Vorreiterrolle spielen wollte, postulierte Churchill: »Der erste Schritt zu einer Neuschöpfung der europäischen Völkerfamilie muss eine Partnerschaft zwischen Frankreich und Deutschland sein.« Die Vertreter dieser Idee gründeten 1948 in Den Haag den »Europarat« als intergouvernementale Institution, also als eine zwischen den Regierungen souveräner Staaten, was die Föderalisten enttäuschte. Der Europarat wurde ein Debattierclub ohne ernstzunehmende Macht, aber ihm ist es zu verdanken, dass der »Europäische Gerichtshof für Menschenrechte« in Straßburg zustande kam. Dessen Entscheidungen trugen immerhin dazu bei, dass die Grund- und Bürgerrechte im Kreise seiner 47 Mitgliedsstaaten mehr Geltung erlangten.[9]

Jean Monnet, nach dem Kriege Leiter des Planungsamtes für die französische Wirtschaft, befürwortete ebenso eine Form der Modernisierung, die über die bloße Kooperation zwischen Nationalstaaten hinausging. Der erfolgreiche Geschäftsmann und Diplomat mit Verbindungen zu Dean Acheson sowie John McCloy erkannte, dass die wachsenden Spannungen des Kalten Krieges die amerikanischen Prioritäten gerade von der Bestrafung der Nazis hin zum Aufbau Westdeutschlands verschoben. Zwar begrüßte er die Gründung der »Organisation für europäische wirtschaftliche Zusammenarbeit« (OEEC) im April 1948, doch fand er diese 18 Mitglieder umfassende intergouvernementale Körperschaft zu groß, um mehr als die Marshallplanhilfen verteilen zu können. Da er auch wusste, dass Frankreich allein nicht stark genug wäre, um ein wieder zu Kraft gelangtes Deutschland im Zaum zu halten, kam Monnet die Idee, die Produktion von Kohle und Stahl zu europäisieren. Schließlich waren diese Hauptenergiequellen die für den Wiederaufbau wichtigsten Materialien. Die supranationale Beaufsichtigung jenes strategisch relevanten Industriesektors würde die alliierte Kontrolle über das Ruhrgebiet verstetigen und verhindern helfen, dass man dort neue Kriegswaffen baute: »Wenn man sie [i. e. Kohle und Stahl] über Grenzen hinweg zusammenlegte, würde man ihnen einiges von ihrem Unheilsprestige nehmen, ja sie in Garanten des Friedens verwandeln.«[10]

Angesichts der Tatsache, dass die Antipathien aus Kriegszeiten damals noch unvermindert bestanden, war die Etablierung der »Europäischen Gemeinschaft für Kohle und Stahl« – kurz »EGKS« oder »Montanunion« – eine politische Meisterleistung ersten Ranges. Frankreichs Außenminister Robert Schuman hatte sich so sehr über Monnets Idee gefreut, dass er sie aufgriff und unter seinem eigenen Namen präsentierte. Der »Schumanplan« sollte für Sicherheit sorgen, aber durch Kooperation statt durch Konfrontation. Kanzler Adenauer hatte seinerzeit schon den Marshallplan begeistert begrüßt, von dem Deutschland profitierte. Auch jetzt war er nur zu begierig, die ausgestreckte Hand zu ergreifen; schließlich konnte er nun die exklusive Kontrolle der Alliierten über die Ruhr für beendet erklären und dafür sorgen, dass die Bundesrepublik ein gleichberechtigter Partner auf der internationalen Bühne wurde. Im Gegenzug zeigte er sich bereit, eine Politik der Versöhnung und der Westintegration zu betreiben. Italiens Premier Alcide de Gasperi erfreute allein schon der Umstand, dass sein Land überhaupt mitmachen durfte. England jedoch, zu sehr seiner Inselposition verhaftet, weigerte sich beizutreten. US-Diplomaten wie John Foster Dulles hießen die französisch-deutsche Annäherung hingegen willkommen, denn sie waren an einer gedeihlichen kontinentalen Kooperation interessiert. Ökonomisch gesehen rührte die Attraktivität des Schuman-Plans nicht zuletzt daher, dass er eine schon seit längerem bestehende Zusammenarbeit zwischen französischen Eisenerzproduzenten und deutschen Kohlebergwerksbesitzern formalisierte.[11] Nach Überwindung kommunistischer und nationalistischer Widerstände unterzeichnete man den »Vertrag von Paris« am 18. April 1951.

Die Montanunion war der erste praktische Schritt zur supranationalen Integration Westeuropas. Laut Präambel des Vertrages erfolgte der Zusammenschluss »in dem Bewusstsein, dass Europa nur durch konkrete Leistungen, die zunächst eine tatsächliche Verbundenheit schaffen, und durch die Errichtung gemeinsamer Grundlagen für die wirtschaftliche Entwicklung aufgebaut werden kann«. Als Zweck der EGKS postulierte Artikel 1, »zur Ausweitung der Wirtschaft, zur Steigerung der Beschäftigung und zur Hebung des Lebensstandards in den Mitgliedstaaten beizutragen«. Ihr zentrales Instrument war die »Hohe Behörde« unter Monnet, die Produktion und Preise von Kohle und Stahl kontrollierte. Die eigentliche Innovation lag aber in der Schaffung bestimmter Begleitinstitutionen: der »Ministerrat«, der entscheidende Befugnisse innehatte, ein rudimentäres Parlament, in dem man die Beschlüsse der oberen Instanzen diskutieren durfte, und ein Gerichtshof zur Schlichtung von Streitfällen. Damit entstanden Verwaltungs- und Regelungsstrukturen, deren Wirken weit über die begrenzte Aufgabe hinausging, einen strategisch relevanten ökonomischen Sektor zu überwachen; man könnte fast von einem embryonalen Regierungsgebilde sprechen. Bald kam der Koreakrieg, Materialien für den Waffenbau waren gefragt, und der EGKS gelang es zunächst bestens, die Produktion zu steigern. Doch die allmähliche Hinwendung zum Erdöl als Energiebasis und die Stahlschwemme nach dem Korea-Konflikt minderten die Wichtigkeit von Kohle und Stahl.[12] Letzten Endes lag die Bedeutsamkeit der Montanunion daher eher im Politischen als im Ökonomischen.

Der Plan der »Europäischen Verteidigungsgemeinschaft« (EVG) war noch ehrgeiziger, denn er betraf den Komplex der militärischen Schlagkraft, den Kernbereich nationaler Souveränität. Die Attacke der Nordkoreaner auf Südkorea am 25. Juni 1950 weckte in Europa Ängste vor einer sowjetischen Invasion, weshalb alsbald die Frage im Raum stand, ob man nicht Deutschland die Wiederaufrüstung erlauben solle, um die westliche Verteidigungspotenz zu stärken. Den ersten Anstoß gab auch diesbezüglich Jean Monnet. Seine Idee aufgreifend, schlug 1952 der französische Verteidigungsminister René Pleven die Schaffung einer supranationalen europäischen Armee vor, die zwar deutsche Kräfte einbeziehen, aber keine komplette Wiederaufrüstung Deutschlands erfordern würde. Die Schwierigkeiten, die sich daraus ergaben, glichen der Quadratur des Kreises: Der Pleven-Plan sah Basiseinheiten vor, die national bleiben sollten, erforderte jedoch integrierte Kommandostrukturen; deutsche Soldaten wollte er hauptsächlich in der Infanterie einsetzen, ihnen aber keinen Zugang zu hochentwickelten Waffensystemen gewähren. Eine Karikatur stellte die Widersprüchlichkeit des Projektes so dar: Nach Osten sollte die EVG ein grimmiger Wolf sein, um die Rote Armee abzuschrecken, nach Westen hin dagegen ein zahmes Schoßhündchen, um die Alliierten zu beruhigen. Nach einer hitzigen Debatte lehnte das französische Parlament 1954 die Ratifizierung des Vertrages mit einem Votum von 319 zu 264 ab; dabei kamen die meisten Gegenstimmen aus dem Lager der beiden Extreme – der nationalistischen Gaullisten und der prosowjetischen Kommunisten.[13]

Nach einem Jahrzehnt von Versuchen, Europa durch Integration zu modernisieren, blieb das Ergebnis eher enttäuschend; sie hatten mehr Rhetorik als Substanz produziert. Zu Anfang stand bei den führenden europäischen Staatsmännern die Aufgabe im Vordergrund, ihre unmittelbare Umgebung wiederaufzubauen, die Städte ebenso wie die Staaten. Die steigende Furcht vor kommunistischen Angriffen und das ständige Drängen Washingtons bewirkten lediglich Kooperationen diverser Art zwischen den existierenden Staaten im Europarat und in der OEEC. Der Druck seitens der europäischen Föderalisten, die Appelle von Intellektuellen und die Initiativen von Visionären wie Monnet wiederum brachten gerade einmal eine einzige supranationale Institution hervor, die nur einen einzigen Sektor der Ökonomie überwachte: jenen, der für Wiederaufbau und Wiederbewaffnung gebraucht wurde. Ein ambitionierteres Vorhaben, die EVG, scheiterte, weil die Integration der Armeen der beteiligten Länder nicht zu haben war ohne eine *politische* Gemeinschaft in Europa, nicht ohne eine gemeinsame Regierung also, die jene europäische Streitmacht kommandierte. Genau dies hielten aber nach dem Ende des Koreakrieges viele für verzichtbar. Da aus der EVG nichts wurde, suchte man nach anderen Lösungen, etwa dem Eintritt Deutschlands in die NATO. Tatsächlich sah es Mitte der Fünfziger so aus, als sei das Projekt, eine europäische Einheit zu schmieden, zum Stillstand gekommen.[14]

Der Gemeinsame Markt

Überraschenderweise starb die europäische Integration aber nicht, sondern nahm nur eine andere Form an. Nachdem die Idealisten ihre große Vision nicht hatten verwirklichen können, verfolgten die Pragmatiker das Anliegen weiter, aber mit einem bescheideneren Anspruch – in der Hoffnung, dass die Logik kooperativer Problemlösung notwendig weitere integrative Schritte nach sich ziehen werde. Genügend Schwung besaß das Projekt schon, aber statt Föderalismus wurde nun Funktionalismus anvisiert, statt des großen Sprunges die Aufeinanderfolge kleiner Schritte.[15] Das *peu-à-peu*-Verfahren hatte den Vorteil, dass man Skeptiker leichter überzeugen konnte, wenn man ihnen den Nutzen jedes geringfügigen Fortschritts begreiflich machte, als wenn man dauernd die Fabelhaftigkeit des Endzieles heraufbeschwor. Die Strategie baute durchaus auf die Leistungen der Montanunion auf, aber sie versuchte deren Wirkungsbereich auszuweiten: von einem einzigen Sektor der Wirtschaft auf die gesamte Ökonomie. Eine Zollunion konnte sowohl Anhängern des Freihandels imponieren, die sich gewiss über einen größeren Markt freuten, als auch Protektionisten, die darauf bestanden, dass die kontinentale Produktion gegen äußere Konkurrenz abgeschirmt werde. Man hatte also nach dem Scheitern der EVG umgedacht und sich entschlossen, eine umfassendere Modernisierung anzustreben – im Sinne eines gemeinsamen Marktes.

Die Befürworter der Integration ließen sich durch die erlittenen Rückschläge keineswegs entmutigen und suchten Mitte der 1950er nach Mitteln, um »Europa zu reanimieren«. Auch nachdem er als Vorsitzender der Montanunion zurückgetreten war, hatte Jean Monnet noch Einfluss genug, um eine gemeinsame Initiative für die friedliche Nutzung der Kernkraft anzustoßen, der man zutraute, bald Kohle und Erdöl ersetzen zu können. Schon während der Debatten um die EVG hatte der niederländische Außenminister Johan Willem Beijen vorgeschlagen, über die bisherige Integration in nur einem Sektor hinauszugehen, indem man eine Zollunion und einen Gemeinsamen Markt etablierte, denn so lasse sich die ökonomische Entwicklung des Kontinents beschleunigen. Der belgische Außenminister Paul-Henri Spaak griff beide Ideen auf, als er und seine Kollegen während der Konferenz von Messina Juni 1955 die Möglichkeiten ausloteten. Nach langwierigen Beratungen verfasste sein Komitee ein Positionspapier, das sie auf der Außenministertagung von Venedig Mai 1956 vorlegten. Es empfahl die Schaffung zweier separater, aber politisch verbundener Gremien: eines für den Gemeinsamen Markt, ein anderes für die nukleare Kooperation. In den anschließenden Verhandlungen erarbeiteten die sechs EGKS-Mitglieder – Frankreich, Westdeutschland, Italien und die Beneluxländer – zwei Kontraktwerke: einerseits den Vertrag von Rom, der die EWG betraf, andererseits den ein Jahr später unterzeichneten Euratom-Vertrag.[16]

Es bedurfte vielfältiger Kompromisse zwischen den Mitgliedsländern und ökonomischen Interessengruppen, um deren Akzeptanz und Ratifikation zu erreichen. Während französische Protektionisten hofften, ihre Betriebe durch gemeinsame Zölle, die dann auch die anderen Mitgliedsländer erheben sollten, gegen Konkurrenz aus Nicht-EWG-Staaten abschirmen zu können, begrüßten deutsche Freihandelsenthusiasten den Wegfall der inneren Handelsbeschränkungen. Fand Paris das Potenzial der Atomenergie am aufregendsten, interessierten Bonn eher die Vorteile, die der Gemeinsame Markt seiner wettbewerbstauglichen Industrie brachte. Während die Unternehmer sich über neue Möglichkeiten für gute Geschäfte freuten, bestanden die Gewerkschaftsführer auf der Hinzufügung eines Europäischen Sozialfonds. Um seine zögerlichen Landsleute zu überzeugen, forderte der französische Verhand-

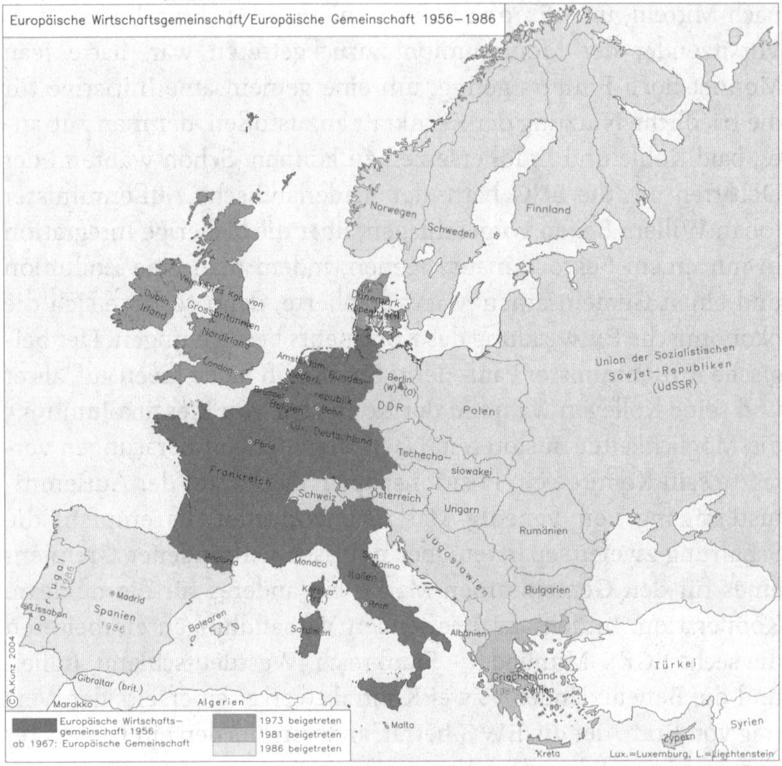

Europäische Integration: die Europäische Wirtschaftsgemeinschaft bzw. Europäische Gemeinschaft, 1956–1986

lungsführer Robert Marjolin »die Einführung einer gemeinsamen Politik auf dem Gebiet der Landwirtschaft«, die Frankreichs Bauern zugutekommen sollte. Ferner verlangte er Assoziationsabkommen mit Frankreichs Überseeterritorien. Um die Skepsis seines Wirtschaftsministers Ludwig Erhard zu zerstreuen, rühmte der deutsche Kanzler Adenauer an dem Vertrag besonders den Wegfall der Hemmnisse, die bisher den kontinentalen Handel innerhalb des Gemeinsamen Marktes eingeschränkt hatten.[17]

Die Sprache des Vertrages von Rom atmete den Geist jener Modernisierung, die auf ökonomischen Liberalismus und namentlich auf das Wettbewerbsprinzip setzte. Im Inneren erforderte die Gestaltung des Gemeinsamen Marktes »die Beseitigung der Hindernisse für den freien Personen-, Dienstleistungs- und Kapitalverkehr zwischen den Mitgliedsstaaten«; dazu zählte auch der Abbau von indirekten Beschränkungen sowie von Subventionen. Es musste ein System errichtet werden, »das den Wettbewerb innerhalb des Gemeinsamen Marktes vor Verfälschungen schützt«, beispielsweise vor Dumping und Besteuerung. Nach außen hin sollte die Zollunion den Zustand beenden, dass jedes Mitgliedsland seine Grenzabgabe individuell bestimmte; stattdessen galt nun ein gemeinsamer Zolltarif, und die entsprechenden Einnahmen teilten die Regierungen untereinander auf. Um eines Kompromisses zwischen Freihandelsanhängern und Protektionisten willen wählte man für die Höhe der Außenzölle das arithmetische Mittel der Tarife, die aktuell in den Mitgliedsländern galten. Der gleichzeitig ausgehandelte Euratom-Vertrag sollte wiederum »die Voraussetzungen für die Entwicklung einer mächtigen Kernindustrie schaffen«. An den Kosten sollten sich alle Mitgliedsstaaten beteiligen. Die Deutschen erhielten Zugang zur Nuklearforschung, doch die Entwicklung eigener Atomwaffen blieb ihnen untersagt. Da jedoch das Erdöl rasch eine alternative Energiequelle anbot, verlor die nukleare Kooperation bald an Relevanz.[18]

Wie schon in der EGKS waren auch die Institutionen der EWG, des Gemeinsamen Marktes also grundsätzlich Abkommen zwischen nationalen Regierungen, hatten aber ein paar supranationale Elemente. Die EWG-Kommission, an deren Spitze ein Präsident stand, war gewissermaßen die Exekutive, die sich um das Funktionieren des Marktes kümmerte, Maßnahmen vorschlug und deren Ausführung sicherstellte. Doch hing ihr Tun ab vom »Ministerrat«, in den die Mitgliedsländer ihre Ressortminister entsandten. Er hatte das letzte Wort und entschied per Mehrheitsvotum. Ferner existierte auch ein »Europäisches Parlament«, das sich aus von den Bürgern der EWG-Länder gewählten Abgeordneten zusammensetzte, aber nur »Beratungs- und Kontrollfunktionen« wahrnehmen konnte. Größere Bedeutsamkeit besaß da schon der »Europäische Gerichtshof«, der über die korrekte Umsetzung des Vertrages wachte und dessen Entscheidungen bindend waren. Dieses gemischte System war einerseits das Samenkorn einer europäischen Regierung, andererseits formalisierte es die Kooperation zwischen souveränen Staaten. Das System funktionierte bestens, wenn Einigkeit herrschte, kam aber fast zum Stillstand, wenn Frankreich und Deutschland sich in den Haaren lagen.[19] Ihren symbolischen Ausdruck fanden die Spannungen innerhalb der EWG allein schon in der bis heute unveränderten geografischen Verstreutheit ihrer Institutionen: Der noch im Aufbau begriffene Beamtenapparat und die Kommission saßen in Brüssel, der Gerichtshof entstand in Luxemburg und das Parlament in Straßburg.

Ökonomisch erwies sich der Gemeinsame Markt als äußerst erfolgreich, was nicht zuletzt daran lag, dass seine Einführung mit dem Nachkriegsboom während der *trente glorieuses*, also den dynamischen Jahrzehnten zwischen 1945 und 1975, zusammenfiel. Unter der energischen Führung des deutschen Juristen Walter Hallstein beseitigte die Kommission erstaunlich geschwind interne Handelsbarrieren und vervollständigte die Zollunion binnen fünf Jahren, viel schneller als gedacht. Zwar sollte die Abschaffung manch anderer Ungleichgewichte Dekaden dauern, aber die Arbeit der Kommission bescherte ihren sechs Mitgliedsstaaten ein kräftiges Wachstum um durchschnittlich rund fünf Prozent jährlich. Den Produzenten bot der Gemeinsame Markt den Vorteil, dass sie nun auch im Ausland Fabriken errichten konnten und neue Absatzgebiete jenseits nationaler Grenzen hinzugewannen; nach und nach formierten sich bedeutende europaweite Konzerne und Vermarktungsketten. Den Konsumenten brachte der gesteigerte Wettbewerb bessere Produkte zu niedrigeren Preisen, von Luxusautos bis hin zu verlässlichen Waschmaschinen. Ökonomen streiten heute noch darüber, ob diese Entwicklungen nicht auch ohne den Gemeinsamen Markt stattgefunden hätten. Zweifellos aber hatte er einen starken psychologischen Effekt, der den Impetus des wirtschaftlichen Wachstums noch verstärkte.[20]

Die »Gemeinsame Agrarpolitik« (GAP) wurde gleichzeitig ein Vorzeigeprojekt und die Achillesferse der europäischen Integration, denn in ihr manifestierte sich der Triumph einer bürokratischen Interessengruppenpolitik. Besonders der niederländische Kommissar Sicco Mansholt erwarb sich Verdienste als fähiger Fürsprecher der Bauern. In den ersten Dekaden verbrauchten Regulierung und Unterstützung der landwirtschaftlichen Produktion 80 Prozent des gemeinsamen Haushaltes. Einerseits war die GAP ein spektakulärer Erfolg, denn die Produktion wuchs beachtlich, sodass der Hunger und der politische Extremismus im Agrarbereich von der Bildfläche verschwanden. Sie half vor allem ländlichen Regionen in Frankreich und Italien, aber auch Marktproduzenten in den Niederlanden. Den Käufern verschaffte die GAP ein bunteres Angebot an Obst und Gemüse. Andererseits führte ihre Preispolitik zu Überproduktion: Es entstanden die berüchtigten »Milchseen« und »Butterberge«, die dann unter Verlusten auf dem Weltmarkt verschleudert werden mussten. Bald stiegen die Verbraucherpreise und mit ihnen die Lebenshaltungskosten, was indirekt auch den industriellen Export schädigte. Während sie offiziell die Familienbauernhöfe pries und sie zu schützen vorgab, begünstigte die GAP effektiv eher die Großproduzenten. Bald dominierte nicht mehr der Kleinbetrieb, sondern die Massenmarktproduktion den Agrarsektor.[21]

Zwei Jahrzehnte nach Kriegsende blieb die Bilanz der europäischen Integration entschieden gemischt; zwar waren einige wirkliche Erfolge zu verbuchen, aber auch fortbestehende Defizite zu verzeichnen. Die Etablierung des Gemeinsamen Marktes schuf eine leistungsstarke Institution für ein wichtiges Feld der Politik. Sie hat Europas Produktions- und Konsumtionsweisen modernisiert, indem sie der Ökonomie den gesamten Kontinent als Arena eröffnete. Nun wollten aber die Gründungsmitglieder der EWG diese nicht als bloße Freihandelszone sehen, wodurch sie Westeuropa de facto spalteten. In der Folge nämlich gründeten die Briten eine konkurrierende Freihandelsorganisation, genannt EFTA, die aus Ländern der europäischen Peripherie bestand. Da sie nirgends direkte Steuern erheben konnte, blieb die EWG-Kommission »ein Kostgänger der Mitgliedstaaten«, ohne die Möglichkeit, politische Kernbereiche wie Verteidigung, Diplomatie oder Wohlfahrtsstaat zu beeinflussen. Walter Hallsteins umfassendere Vision einer erweiterten Budgetkompetenz, die zur Schaffung eines europäischen Bundesstaates hätte führen sollen, lehnte Frankreichs Präsident

Charles de Gaulle scharf ab, der Hallstein 1967 zum Rücktritt zwang.[22] Da der Supranationalismus sich als vorläufig nicht machbar erwies, wählten die engagierten Europäer nunmehr eine andere Integrationsstrategie, den pragmatischen Funktionalismus.

Das Europa der Vaterländer

Ironischerweise half ausgerechnet der ökonomische Erfolg des Gemeinsamen Marktes, den Nationalstaat im Nachkriegseuropa zu retten. Es mag geradezu kontraintuitiv erscheinen, aber »ohne den Prozess der Integration hätte der westeuropäische Nationalstaat sich wohl kaum die Gefolgschaft und Unterstützung der Bürger sichern können, wie er sie erhielt«. Tatsächlich lieferte der Gemeinsame Markt das ökonomische Fundament für »die Sicherheit und den Wohlstand«, die die nationale Unabhängigkeit bewahrten. Integration und Nationalstaaten schlossen einander keineswegs aus, sondern bedingten einander sogar, denn indem die Staaten einen Teil ihrer Souveränität abgaben – nämlich die Hoheit über die Wirtschafts-, Handels- und Agrarpolitik –, konnten sie die Kontrolle über den Rest behalten. In der institutionellen Arbeitsteilung nach dem Kriege kümmerte sich die NATO um die Verteidigung und die Europäische Gemeinschaft um die Wirtschaft, während die Nationen die soziale Wohlfahrt gewährleisteten.[23] Der Nationalstaat hatte durch die positiven Auswirkungen des Gemeinsamen Marktes eine zweite Chance bekommen; freilich stand er genau deshalb späteren Versuchen einer Fortsetzung des Integrationsprozesses im Wege.

Der französische Präsident Charles de Gaulle befürwortete ein »Europa der Vaterländer«. 1965 provozierte er gar eine »Krise des leeren Stuhles«: Als die Brüsseler Kommission Verhandlungen über die GAP dazu nutzen wollte, ihre Macht und den EWG-Haushalt zu erweitern, zog de Gaulle den Repräsentanten Frankreichs einfach aus dem Ministerrat zurück. Besonders störte ihn, dass laut Reformplänen der Kommission für Beschlüsse künftig nicht mehr Einstimmigkeit erforderlich sein sollte. Stattdessen sollte eine qualifizierte Mehrheit reichen, sodass Frankreichs Interessen, befürchtete der Präsident, leicht unter die Räder geraten könnten. Dieser Akt war Teil einer umfassenderen Strategie, mit der sich Paris in eine mächtigere Position bringen wollte. In diesem Zusammenhang stand auch der Rückzug aus allen militärischen Organen der NATO und die Entwicklung der *force de frappe*, einer unabhängigen nuklearen Abschreckungswaffe, die Frankreichs *grandeur* demonstrieren sollte. Man löste die Krise schließlich 1966 durch den »Luxemburger Kompromiss«, dem zufolge bei »sehr wichtigen Fragen« künftig so lange verhandelt werden solle, bis »allgemeine Einigkeit« erzielt sei. Praktisch verschaffte diese Änderung jedem Mitgliedsstaat ein nationales Vetorecht. Obwohl die Vereinbarung nur die alten Regeln etwas nachjustierte, hielt sie den weiteren Fortschritt der Integration für über ein Jahrzehnt auf. Paris immerhin kehrte, da es ja seine Interessen dort vertreten musste, nach einer Weile in die Brüsseler Runde zurück. Aber der Gaullismus hatte klargestellt, dass die Mitgliedsstaaten im Machtgefälle unverändert über der Europäischen Gemeinschaft standen.[24]

Um Frankreichs politische Dominanz zu wahren, verhinderte de Gaulle auch die Erweiterung der EWG, indem er zweimal gegen die Aufnahme Großbritanniens stimmte. Als die Engländer bemerkten, dass die Wirtschaft in den Staaten des Gemeinsamen Marktes schneller wuchs als in denen der EFTA, beschloss Premierminister Harold Macmillan, die Mitgliedschaft zu beantragen. Aber der General sagte »*Non!*« zu dem Beitritt der Briten, erst 1963 und dann erneut 1967, weil er fürchtete, die Kontrolle über Deutschland zu verlieren. Letzteres trat damals aber recht bescheiden auf. Es tat sogar sein Äußerstes, um Frankreich nicht zu kränken, und unterzeichnete 1963 den Élysée-Vertrag zur deutsch-französischen Zusammenarbeit. Erst als de Gaulle 1969 abtrat, erneuerte England seine Bitte um Aufnahme, die der proeuropäische Führer der Konservativen Partei, Edward Heath, vortrug; 1973 wurde sie positiv beschieden. Doch erneut kam Widerstand, und diesmal aus dem eigenen Land: Die Labour Party sprach sich dagegen aus, weil sie um die britische Souveränität fürchtete. 1974 gewann sie die Wahlen, und ihr neuer Premier Harold Wilson hielt ein Referendum über die europäische Frage ab; er werde auch, versprach er, die Mitgliedsbedingungen nachverhandeln. Stattliche 67,2 Prozent stimmten für den Verbleib in der Europäischen Wirtschaftsgemeinschaft, die seit 1967 schlicht »Europäische Gemeinschaft« hieß, kurz EG. 1973 kamen auch die Dänen und Iren hinzu; Norwegen allerdings, das sich auf seinen Ölreichtum und ergiebigen Fischfang konzentrierte, mochte ihnen nicht folgen.[25]

In den 1970ern erlebte die EG eine Reihe schwieriger Phasen, die Kolumnisten schon über eine »Eurosklerose« klagen ließen. Immerhin gab der Kollaps des Bretton-Woods-Systems Anstoß zu neuerlichen Integrationsbemühungen. Das Verschwinden der festen Wechselkurse nach 1971 und der Ölpreisschock 1973 konfrontierten den Ministerrat mit heiklen Entscheidungen, die das Verhältnis von monetärer und ökonomischer Politik zueinander betrafen. Um wenigstens den Anschein von Stabilität herzustellen, schuf man die »Währungsschlange«: Im Verhältnis der Mitgliedswährungen zueinander durften die Wechselkurse fortan nur noch innerhalb einer Marge von +/– 2,25 Prozent von den vereinbarten Leitkursen abweichen. Aber allein die Benelux-Staaten vermochten der Führung durch die starke Deutsche Mark (DM) zu folgen, die als Ankerwährung fungierte. Um dieses Problem zu beheben, erarbeiteten der französische Präsident Valéry Giscard d'Estaing und der deutsche Kanzler Helmut Schmidt eine verbesserte Version, das »Europäische Währungssystem« (EWS). Künftig sollten die Wechselkurse weiterhin fest sein, aber doch flexibler als zuvor. Zusätzlich etablierte man eine eigene Rechnungswährung für die EG, den Ecu, der nun Basis aller Transaktionen wurde. Zwar musste das Europäische Währungssystem wiederholt nachjustiert werden, aber immerhin ermöglichte es durch die Schaffung eines gemeinsamen monetären Instruments den einzelnen EG-Mitgliedern die Kontrolle über ihre eigenen Währungen.[26]

Die nächste Krise beschwor wieder eine politische Figur herauf, die einen glühenden Nationalismus vertrat: die kampflustige Premierministerin des Vereinigten Königreiches, Margaret Thatcher. Schon in ihrer Antrittsrede, die sie 1975 als Anführerin der konservativen Opposition im Unterhaus hielt, hatte sie die EG attackiert, der sie mangelnde Fairness gegenüber England vorwarf. Da Großbritannien mehr industrielle und landwirtschaftliche Produkte importierte als irgendein anderer EG-Staat, zahlte es auch höhere Importzölle. Wegen seines kleinen, aber effizienten Agrarsektors bekam London indes weniger Hilfe von der GAP als die anderen. Kaum war Thatcher 1979 in Downing Street Nr. 10 eingezogen, forderte sie vorsorglich, die Finanzierungsverhältnisse innerhalb der Europäischen Gemeinschaft müssten neu verhandelt werden, um Englands Bürde zu erleichtern. Durch ihren aggressiven Stil verprellte sie sogar Kollegen, die ihr Anliegen berechtigt fanden. Nach fünf Jahren des Zwists, in denen das Problem des britischen Budgets die Arbeit der EG-Kommission lähmte, konnte Frankreichs Präsident François Mitterrand 1984 auf dem Gipfel von Fontainebleau schließlich einen Kompromiss aushandeln. Englands Beitragspflicht wurde um 66 Prozent gesenkt, die GAP erhöhte endlich ihre Hilfen, und die Einnahmen der EC stiegen generell.[27]

Trotz dieser heftigen Konflikte umgab die Europäische Gemeinschaft weiterhin eine Aura ökonomischer und demokratischer Modernität. Griechenland, Spanien und Portugal imponierte sie so sehr, dass sie die Mitgliedschaft beantragten. Solange sie noch diktatorisch beherrscht und ökonomisch unterentwickelt waren und Arbeitskräfte exportierten, hatte man sie nicht in den Verbund geladen. Aber kaum waren 1974 in Athen die Obristen gestürzt, begehrten die Griechen Einlass. Etwa zur selben Zeit endete auch in den anderen beiden Ländern die Diktatur – in Portugal 1974 mit dem Rücktritt der Nachfolger António Salazars, in Spanien 1975 mit dem Tode General Francos –, die alsbald ebenfalls der EG beitreten wollten. Zuvor aber erlegte man allen drei Kandidaten auf, sich zu modernisieren, indem sie funktionierende Demokratien wurden und ihre Wirtschaften liberalisierten. Zudem mussten sie das europäische Gemeinschaftsrecht akzeptieren und alle Regelungen umsetzen, welche die bereits existenten Mitgliedsstaaten in der Zwischenzeit erarbeitet hatten. Die EG stellte Regionalfonds bereit, um ihnen bei ihrer Entwicklung zu helfen. Letztendlich war die Entscheidung aber doch eine politische. Obwohl ihre Pro-Kopf-Bruttoinlandsprodukte nur die Hälfte des EG-Durchschnitts erreichten und die Stärke ihrer Zivilgesellschaften zu wünschen übrigließ, nahm man sie 1981 und 1986 auf, um ihnen den Übergang von der Diktatur zur Demokratie zu erleichtern.[28]

Von der Mitte der 1960er bis in die frühen 1980er Jahre spielte sich die europäische Kooperation weitgehend zwischen den Nationalregierungen ab, was viele föderalistische Hoffnungen enttäuschte. Doch selbst während dieser Jahre gingen die kleinschrittigen Bemühungen um Integration weiter, und man kam durchaus voran. Zwar wurden ambitioniertere Vorschläge der EG-Kommission oft abgeblockt, aber es gab auch Faktoren, die Problemlösungen erleichterten. Dazu gehörte eine neue Institution, der 1974 gegründete »Europäische Rat«, der regelmäßige Gipfeltreffen abhielt, und das gute Verhältnis zwischen dem französischen Präsidenten Valéry Giscard d'Estaing und dem deutschen Kanzler Helmut Schmidt. Die Mitgliedsstaaten bekräftigten zwar immer wieder ihre individuelle Entscheidungsmacht, doch expandierte der Brüsseler Beamtenapparat beträchtlich und wurde eine reguläre Infrastruktur für die Implementierung gemeinschaftlicher Politik. Er hatte den fairen Wettbewerb zu sichern und regulierte allerhand – von der Größe importierter Bananen bis zur Pasteurisierung beim französischen Käse und den Zutaten des deutschen Bieres. Langsam gewann das Europäische Parlament mehr Einfluss auf den EG-Haushalt, da seine Abgeordneten inzwischen direkt gewählt wurden, was das vielbeklagte Demokratiedefizit in der EG verminderte. Und schließlich fällte auch der Europäische Gerichtshof regelmäßig Entscheidungen, welche die Freiheit von Handel und Wettbewerb stärken sollten; dabei durfte europäisches Recht die nationale Jurisdiktion außer Kraft setzen.[29]

Der Prozess der modernisierenden Integration vollzog sich mithin keineswegs gleichmäßig, sondern ruckartig. Er erlitt gelegentlich sogar Rückfälle und stand eine Zeitlang still, um dann wieder an Schwung zu gewinnen. Vereinfachend könnte man ihn als einen Zyklus beschreiben, dessen Grundmuster in etwa so aussah: Hochengagierte Europäer in der EG-Kommission präsentieren visionäre Pläne, die der Ministerrat abblockt, sodass zunächst einmal nur vage Kommuniqués herauskommen. Divergierende nationale Interessen, in provokanten Stellungnahmen für das mediale Publikum daheim zugespitzt artikuliert, führen zu Konfrontationen bzw. einer ernstlichen Krise. Es folgen Verhandlungen zwischen nationalen Repräsentanten, die sich manchmal über Jahre hinziehen; die Kommission bringt immer wieder Vorschläge ein. Schließlich erzielt ein dramatisches Gipfeltreffen, das nicht selten bis zum frühen Morgen dauert, doch noch eine politische Vereinbarung. Manchmal findet man einen brauchbaren Kompromiss, manchmal beschließt man auch nur, die Entscheidung auf einen späteren Termin zu verschieben.[30] Der modernisierende Schub der Integration war also keine automatische Folge vorheriger Entscheidungen, sondern das Ergebnis einer Beilegung von Interessenkonflikten, die sich in konkurrierenden Visionen hinsichtlich der Zukunft Europas ausdrückten.

Die Europäische Union

1992 fand eine Periode langwieriger Stagnation im Einigungsprozess ihr Ende: Es gründete sich die »Europäische Union«, die EU, als Ergebnis einer Neuauflage des Integrationsprogramms. Zu dieser Wiederbelebung konnte es nur kommen, weil Führungspersonen des nationalen wie des europäischen Lagers zusammenwirkten, denen man eine Kooperation gar nicht zugetraut hätte. An deren Interessenkonflikten waren ja bereits Projekte gescheitert wie etwa der Tindemans-Bericht, der schon 1976 das Ziel einer engeren Vereinigung skizziert hatte. Auf europäischer Seite brachte aber 1985 die Ernennung des französischen Sozialisten Jacques Delors zum Präsidenten der Europäischen Kommission einen Visionär in eine Schlüsselposition, der fest entschlossen war, die integrationistische Agenda wiederaufzunehmen. Auf nationaler Seite bemühte sich die britische Premierministerin Margaret Thatcher, bessere Bedingungen für England herauszuholen. Außerdem erwartete sie, dass ihre daheim schon vollzogenen neoliberalen Reformen sich auch in einem zusammenrückenden Europa wiederfänden. All dies forderte von den Integrationsakteuren weitere Schritte hin zur Vereinheitlichung; schließlich sollte ja der europäische »Binnenmarkt«

ausgebaut werden. Mit dem gleichzeitigen Beginn der Kanzlerschaft des Christdemokraten Helmut Kohl wurde die Bundesrepublik zu einem Partner, der Schritte zur Stärkung der Integration begrüßte, sofern sie mit seinen eigenen Interessen in Einklang standen.[31] Diese Konstellation brachte eine Reihe von Vereinbarungen hervor, die aus dem Gemeinsamen Markt ein ökonomisch vereinigtes Europa machten.

Die »Einheitliche Europäische Akte« (EEA) von 1986 war ein wichtiger Schritt nach vorn, denn sie verband zwei Ziele: »den Binnenmarkt schrittweise zu verwirklichen« und die Machtbefugnisse der Europäischen Gemeinschaft auszubauen. Vorbereitet hatte diese Akte ein Weißbuch, in dem die Kommission vorschlug, »einen Raum« zu schaffen, »in dem der freie Verkehr von Gütern, Personen, Dienstleistungen und Kapital [...] gewährleistet ist«. Im Februar 1986 billigte der Europäische Rat das Unterfangen. Die EEA sollte den Binnenmarkt bis 1992 fertigstellen, das Europäische Währungssystem weiterentwickeln und die Sozial-, Wissenschafts- und Umweltpolitik der Mitgliedsländer koordinieren. Indem sie nationale Vetos ablöste, erweiterte sie im Ministerrat die qualifizierte Mehrheitsentscheidung auf viele Bereiche. Daneben wurden die Mitwirkungsrechte des Europäischen Parlaments gestärkt durch ein spezielles »Verfahren der Zusammenarbeit« mit dem Ministerrat. Schließlich skizzierte sie eine konstitutionelle Basis für eine mögliche Europäische Politische Gemeinschaft. Die Dänen und Iren gaben per Referendum ihre Zustimmung, anderswo taten dies die Parlamente. Die Einheitliche Europäische Akte war die erste größere Revision der Römischen Verträge. Sie brachte das Integrationsprojekt wieder in Gang, um durch Beseitigung der verbliebenen Barrieren den Binnenmarkt auszubauen und gleichzeitig die politischen Institutionen zu stärken sowie die Entscheidungsprozesse der Europäischen Gemeinschaft zu erleichtern.[32]

Welchen Zugewinn an Freizügigkeit die EU den Europäern bot, zeigen die beiden »Schengener Abkommen« von 1985 und 1995. Sie gewährten den Bürgern der Signatarstaaten das Recht, sich über Landesgrenzen hinweg zu bewegen, ohne durch Schranken und Kontrollen aufgehalten zu werden. Zu diesem Schritt entschieden sich zuerst Frankreich, Deutschland und die Beneluxstaaten im Jahre 1985, was Reisen zu Lande und in der Luft sehr vereinfachte. Dass keine Polizei mehr an den Grenzen wachte, weckte aber auch Befürchtungen in Bezug auf kriminelle Aktivitäten. Daher verschob man die Inkraftsetzung: Erst einmal mussten internationale Sicherheitsmaßnahmen ausgehandelt werden, die dann Eingang in eine zweite Übereinkunft fanden. Das schwierigste Problem war das Hereinströmen von Asylsuchenden in die Europäische Gemeinschaft, hauptsächlich aus der südlichen Hemisphäre. Seine Lösung sollte das »Dubliner Übereinkommen« von 1994 sein, das das Prinzip der »ersten Zuständigkeit« festlegte: Der EU-Staat, in den der Asylbewerber nachweislich zuerst eingereist ist, muss über dessen Immigrantenstatus entscheiden. Nach einer Versuchsphase wurde das Schengener Abkommen 1995 für gültig erklärt, zunächst nur unter den fünf Initiatorenländern, denen sich aber bald auch Italien, Spanien, Portugal, Griechenland und Österreich anschlossen. Für Urlaubs- und Geschäftsreisende erwies sich der Wegfall der Kontrollen im Schengenraum als großer Segen, der die Vorteile der Integration veranschaulichte.[33]

Der nächste, noch wichtigere Schritt war der »Vertrag über die Europäische Union« (EUV), unterzeichnet Anfang Februar 1992 in der niederländischen Grenzstadt Maastricht. Zwei Ereignisse beflügelten sein Entstehen: erstens die deutsche Wiedervereinigung – ein so starkes Deutschland wollte man doch lieber eingehegt sehen –; zweitens der Erste Irakkrieg, der Europa schmerzhaft seine Machtlosigkeit vor Augen führte. In schwierigen Verhandlungen beschlossen Frankreichs Präsident François Mitterrand, Deutschlands Bundeskanzler Helmut Kohl und Großbritanniens Premierminister John Major, die bestehenden Strukturen in einer neuen Körperschaft zusammenzuführen und zu konsolidieren – in der »Europäischen Union« (EU). Den Binnenmarkt ausbauend, schuf sie eine politische Vereinigung mit einer gemeinsamen Bürgerschaft, in der das Prinzip der Subsidiarität galt: Entscheidungen fallen stets auf der niedrigstmöglichen Ebene. Der Vertrag wies der EU drei Hauptaktionsbereiche zu, »Säulen« genannt: Die erste Säule umfasste die bisherigen wirtschaftlichen Tätigkeitsfelder der

EG und der Euratom; Verbraucherschutz und Kulturförderung wurden hinzugefügt; eine übergreifende europäische Sozialpolitik allerdings mochte England nicht übernehmen. Säule zwei stützte die gemeinsame Außen- und Sicherheitspolitik; Säule drei bestimmte die Kooperation in justiziellen und politischen Angelegenheiten. Das Europäische Parlament erhielt mehr Mitspracherechte in Haushaltsfragen. Wegen der Supranationalität in Ton und Ausrichtung stieß das Dokument mancherorts auf Widerstand, so in Dänemark und Frankreich; am Ende aber stimmten alle beteiligten Länder zu.[34]

Der sichtbarste und fühlbarste Aspekt des Maastricht-Vertrages war die Einführung einer gemeinsamen Währung, denn die betraf das Alltagsleben der europäischen Bürger ganz unmittelbar. Das EWS ging auf in einer umfassenderen Vereinbarung über feste Wechselkurse, durch die 1999 aus dem Ecu eine neue Währung wurde, genannt »Euro«, der 2002 endgültig zum alleinigen Zahlungsmittel in den Ländern der Union avancierte. Die Banknoten zeigten fiktive Bauwerke, inspiriert von Architekturdenkmälern und -stilen, die in ganz Europa bekannt waren; die Münzen wiederum hatten überall die gleiche Vorderseite und auf der Rückseite Motive aus den jeweiligen Ländern. Die Aufsicht über das neue Zahlungsmittel oblag fortan der frisch gegründeten »Europäischen Zentralbank« (EZB) mit Sitz in Frankfurt am Main, dem monetären Herzen jenes Landes, das innerhalb der EU den Rang einer ökonomischen Führungsmacht innehatte. Stringente Konvergenzkriterien sollten die Stabilität der neuen Währung garantieren: Die jährliche Inflationsrate durfte künftig nicht mehr als 1,5 Prozent über jener der drei preisstabilsten Mitgliedstaaten liegen, das jährliche Haushaltsdefizit einer Regierung nicht mehr als 60 Prozent, der staatliche Schuldenstand nicht mehr als 3 Prozent des Bruttoinlandsproduktes betragen – recht rigorose Forderungen, mit denen man nicht zuletzt deutsche Sorgen beschwichtigen wollte; dennoch gingen schließlich auch die Franzosen und Italiener von einer weichen zu einer harten Geldpolitik über.[35] Geschäftsleute und Ferienreisende wiederum begeisterte die gemeinsame Währung außerordentlich.

Nach ein paar Anfangsschwierigkeiten legte der Euro eine doch recht respektable Leistung hin. Bald trat er als Reservewährung für internationale Finanztransaktionen in Konkurrenz zum US-Dollar. Zuerst führten ihn nur die sechs Urmitglieder der EWG ein; in der Folgezeit aber übernahmen ihn 17 Nationen; selbst einige afrikanische Länder koppelten ihre Währungen an ihn. Der Wegfall der Umtauschkosten erleichterte den Handel innerhalb der EU und machte auch Geschäfte mit Partnern aus Nicht-EU-Staaten kalkulierbarer, da sie meist ebenfalls in Euro abgerechnet wurden. Zu Beginn setzte dem neuen Geld noch die Spekulation ein wenig zu; es startete mit einer Rate von 0,82 Euro im Verhältnis zum Dollar. 2002 jedoch überholte es die US-Währung im Wert, und jüngst wurde es sogar mit ca. 1,25 Dollar zu 1 Euro gehandelt. Durch die Einführung des Euros haben die EU-Mitgliedsstaaten die Zuständigkeit für monetäre Politik an die Europäische Zentralbank abgegeben, die finanzielle Stabilität über wirtschaftliches Wachstum stellte. Namentlich während der Rezession, die 2000 das Platzen der Dotcom-Blase auslöste, führten die Entscheidungen der EZB zu kontroversen Debatten, denn damals verletzten selbst Frankreich und Deutschland die Konvergenzkriterien und konnten kaum noch so nachdrücklich wie zuvor den schwächeren Ökonomien deren Einhaltung abverlangen.[36] Damit der Euro reibungsloser funktionierte, mussten die Mitgliedsstaaten daher ihre Wirtschaftspolitiken harmonisieren.

Ein anderes Betätigungsfeld für ihre Modernisierungsbemühungen fand die EU im höheren Bildungswesen und der wissenschaftlichen Forschung, wo sie Innovation und internationale Kooperation förderte. Seit Mitte der 1970er Jahre versuchte die »Europäische Wissenschaftsstiftung«, Ressourcen aus 30 Ländern zusammenzuführen und so transnationale Forschungen zu fördern. Die »Europäische Weltraumorganisation« machte sich daran, eigene Satelliten in den Erdumlauf zu schicken. Seit Mitte der 1980er finanzierte die EU technische und wissenschaftliche Forschungen direkt, und zwar durch eine Reihe immer ambitionierterer Rahmenprogramme, um die Wettbewerbsfähigkeit Europas auf dem Weltmarkt zu erhalten. Ab 1987 unterstützte das »Erasmus-

Programm« den Austausch mehrerer Millionen Studenten und mehrerer hunderttausend Lehrer zwischen den EU-Staaten, die auf diese Weise andere Sprachen lernen und lehren sowie Einblick in andere Kulturen erhalten konnten. 1999 konstituierte sich in Bologna der »Europäische Hochschulraum«, eine Institution, die sich mühte, nationale Graduiertenprogramme kompatibler zu machen. Zu diesem Zweck führte sie ein gestuftes Studium nach angloamerikanischem Vorbild ein, innerhalb dessen sich die Abschlüsse BA (»Bachelor«), MA (»Master«) und PhD (der traditionelle »Doktor«) erreichen ließen. Der Prozess sollte nicht zuletzt der internationalen Vergleichbarkeit von Diplomen dienen.[37] Anfangs schuf diese Homogenisierung der Curricula ein Chaos; letztlich erleichterte sie aber doch den Studentenaustausch.

Angetrieben durch den Modernisierungsdruck der Globalisierung, schuf der neue Integrationsimpetus während der 1980er und 1990er ein ›Mehrebenensystem‹ mit einer höchst komplexen Struktur, die politische Kommentatoren gelegentlich ratlos machte. Die EU erwarb sich zahlreiche Merkmale eindeutig supranationalen Charakters, darunter die gemeinsame Währung Euro, und man konnte schon meinen, da formiere sich ansatz- und schrittweise sogar eine gemeinsame Politik. Aber die letzte Entscheidungsgewalt lag unverändert beim Ministerrat, ergo bei den von den Einzelnationen entsandten Ministern. Darin gab wiederum die deutschfranzösische Achse den Ton an, die nationalen Regierungen hatten ihre Bedeutung also keineswegs eingebüßt. Außerdem sollten inzwischen Regionalförderungsprogramme bestimmte Gebiete unterstützen, die bei der ökonomischen Entwicklung hinterherhinkten. So gelangte ein Stück Subsidiarität in die Gesamtmixtur, denn die Maßnahmen für die betroffenen Regionen steuerte die nationale Ebene. All dies ergab eine komplizierte Struktur konkurrierender und sich überschneidender Kompetenzen. Sie strapazierte den Scharfsinn der Bürger doch arg, die aus dem System oft nicht schlau wurden. Der Vergleich mit dem Heiligen Römischen Reich mag etwas weit hergeholt erscheinen, aber zwei Gemeinsamkeiten dürfen wir doch festhalten: Beide Male war »Einheit in Vielfalt« angestrebt, und beide Male war es schwierig, sie zu erreichen.[38]

Erweitern oder vertiefen?

Der Zusammenbruch des Kommunismus konfrontierte die gerade erst im Entstehen begriffene Europäische Union mit einem unvorhergesehenen Dilemma: Sollte man die Länder des Ostens als neue Mitglieder aufnehmen oder die Integration der bereits beigetretenen fortführen? Die friedlichen Revolutionen zeigten zumindest teilweise, dass die Konsumdemokratie westlichen Stils den Bürgern attraktiver erschien als die Wohlfahrtsdiktatur östlichen Stils. Die »sozialistische Wirtschaftsintegration« des Comecon hatte sich in recht engen Grenzen gehalten, denn die Planwirtschaft war zu unflexibel, und die Art, wie im Osten Arbeitsteilung betrieben wurde, sah vielfach weniger nach moderner Wirtschaft denn nach traditionellem bilateralen Tauschhandel aus.[39] Beschleunigt durch die Unzufriedenheit der betroffenen Völker, hob der sowjetische Rückzug aus Mitteleuropa den Eisernen Vorhang auf, der rund vier Jahrzehnte lang den Kontinent geteilt hatte. Nun stellte sich aber die Frage, wie man mit Moskaus ehemaligen Satellitenstaaten verfahren sollte, etwa mit Polen, der Tschechoslowakei und Ungarn. Deren antikommunistische Konterelite wollte eine »Rückkehr nach Europa« und forderte lautstark die Aufnahme in die frisch formierte EU. Gleichzeitig jedoch waren die westeuropäischen Mitglieder damit beschäftigt, die Integration untereinander weiterzutreiben und der Europäischen Kommission mehr Macht zu übertragen. In praxi erwiesen sich diese divergenten Ziele – Erweitern und Vertiefen – als schwer miteinander vereinbar.

Die erste Erweiterungsrunde nach dem Kalten Krieg gestaltete sich eher unproblematisch. Während der deutschen Wiedervereinigung 1990 wurden die fünf östlichen Länder, die zuvor die DDR gebildet hatten, automatisch dadurch EU-Mitglieder, dass sie der Bundesrepublik beitraten. Sieht man von diesen ab, betraf die besagte erste Runde nur ein paar neutrale Staaten, die nun keinen Grund mehr sahen, ihre Bindungen zur EU nicht zu formalisieren. Nachdem der Kalte Krieg an sein Ende gekommen und die Sowjetunion kollabiert war, interpretierten Finnland und Österreich ihre Neutralitätsversprechen neu: Da politisch kein Osten mehr existierte, bedeutete es keine unzulässige Parteinahme, wenn sie nun der EU beitraten. Schweden wiederum mochte schlicht nicht vom kontinentalen Markt ausgeschlossen bleiben. Angesichts all dieser Kandidaten stellte die EU auf ihrem Kopenhagener Gipfel 1993 klare Kriterien auf, die die Anwärter erfüllen mussten: Verlangt wurden eine demokratische und rechtsstaatliche Ordnung, eine funktionsfähige Marktwirtschaft und Akzeptanz des bisher kodifizierten europäischen Gemeinschaftsrechts. Da keine Zweifel bestanden, dass alle drei Staaten diese Bedingungen erfüllten, wurden sie 1995 als starke Ökonomien willkommen geheißen, die gewiss zur Erweiterung des gemeinsamen Haushaltes würden beitragen können.[40] Nur die eigenwillige Schweiz und das ölreiche Norwegen verweigerten den Beitritt, handelten aber Sonderbestimmungen aus, die ihnen trotzdem den Zugang zum europäischen Markt gewährten, ohne dass sie formell Mitglieder sein mussten.

Die zweite Erweiterung der EU betraf die früheren Sowjetblockstaaten (plus Zypern und Malta). Sie gestaltete sich schwieriger, denn diese Länder waren dank ihres kommunistischen Erbes weniger reif für die Union. Sie hatten nicht nur eine ökonomische Aufholjagd und den Übergang in ein neues politisches System zu leisten; einige Bewerber kamen auch lediglich auf ein Viertel des Pro-Kopf-Bruttoinlandprodukts der westlichen Mitglieder. Doch erwies sich das Argument, Inklusion sei das Gebot der Stunde, weil sie die Teilung des Kontinents heilen und das Verlangen nach Demokratie stärken könne, als unwiderstehlich. Und so einigte man sich auf eine längere Übergangsperiode, in der die Länder Stützzahlungen erhalten sollten. Die Finanzierung sollte allerdings erst nach und nach erfolgen, um das gemeinsame EU-Budget nicht gar zu sehr zu strapazieren. Ein Problem war in diesem Zusammenhang die Beschäftigungsfrage, denn die deutschen und österreichischen Gewerkschaften fürchteten eine Schwemme von Billiglohnarbeitern aus dem Osten und forderten kategorisch, noch keine vollständige Mobilität zu gestatten. Die erste Gruppe ehemaliger Sowjet-Satellitenstaaten wurde 2004 zugelassen; sie umfasste die baltischen Länder, Polen, Tschechien, die Slowakei, Ungarn und Slowenien; Bulgarien und Rumänien folgten drei Jahre später.[41] So wuchs die EU auf 27 Mitgliedsstaaten an, bis ihr rund 500 Millionen Bürger angehörten.

Um die Entscheidungsfindung innerhalb der erweiterten Union zu verschlanken, drängten die Befürworter einer Fortsetzung der Integration auf eine neue Verfassung, welche die Entwicklung der EU konsolidieren und beschleunigen sollte. 2001 versammelte sich auf dem Gipfel von Laeken bei Brüssel unter der Leitung Giscard d'Estaings ein Verfassungskonvent, um einen Text zu erarbeiten, der die verschiedenen inzwischen geschlossenen Verträge in einem Dokument vereinigte. Es gehe darum, hieß es im Reinentwurf, eine kohärentere und der allgemeinen Öffentlichkeit verständlichere Union zu schaffen; alte Feindschaft wolle man überwinden und den kontinentalen Frieden sowie die Werte Europas und den Wohlstand seiner Völker fördern, ja sogar auf »Frieden, Gerechtigkeit und Solidarität in der Welt hinwirken«. Die Menschenrechte der Bürger Europas erneut betonend, unterschied der Entwurf zwischen exklusiven, gemeinsamen und vorbehaltenen Kompetenzen. Er kodifizierte provisorisch bereits Erreichtes wie den Binnenmarkt, nahm aber auch neue Gebiete wie das Energiewesen in den Blick. Der Text klärte ferner die institutionelle Struktur, erweiterte die Anwendungsfälle der qualifizierten Mehrheit, bekannte sich explizit zu einer gemeinsamen Außen- und Sicherheitspolitik und gewährte dem Europäischen Parlament ein Mitentscheidungsrecht. Das 2004 unterzeichnete Dokument schrieb hauptsächlich bereits übliche Praktiken fest; in bestimmten Bereichen aber nahm es schon einen europäischen Superstaat vorweg.[42]

Die überraschende Ablehnung des Entwurfs während des nun folgenden Ratifikationsprozesses offenbarte die Nachteile einer Integrationsstrategie, die bisher weitgehend von oben nach unten erfolgt war. Obwohl schon 18 Staaten die Verfassung durch Parlamentsvotum oder Plebiszit angenommen hatten, verwarfen die Franzosen den Text im Referendum vom 29. Mai 2005 mit einem Stimmenverhältnis von 55 zu 45 Prozent; der Entscheid der Dänen am 2. Juni fiel ähnlich negativ aus mit 61 zu 39 Prozent. Die Wahlbeteiligung war in beiden Fällen bescheiden. Die Medien riefen den Jüngsten Tag aus und erklärten das gesamte Integrationsvorhaben für von vornherein gescheitert. Differenziertere Analysen versuchten die Gründe des Scheiterns auf den Punkt zu bringen. Bei dem Verfassungskonvent handele es sich um ein Eliteprojekt, dem es nicht gelinge, öffentliches Interesse zu entzünden; kein Wunder also, dass ihm eine breite Welle der Unterstützung versagt bleibe. Die Referenden boten zudem den Euroskeptikern Gelegenheit, ihrem Unmut über die »Brüsseler Bürokraten« Luft zu machen und gegen ihre eigenen Regierungen zu polemisieren, weil sie die von diesen verordnete unpopuläre Politik mittrugen. Außerdem genügte den meisten Europäern die erreichte Version der EU mit der gemeinsamen Währung, den offenen Grenzen und dem breiteren Angebot an Obst und Gemüse sowie Konsumgütern bereits. Ein weitläufiges Symbolwerk wie eine Verfassung und eine vertiefte Integration erschienen ihnen daher unnötig.[43]

Aber die Verfechter der Integration gaben nicht auf und konnten schließlich den Kern der Verfassung durch eine intergouvernementale Vereinbarung retten, den »Vertrag von Lissabon«. Dieser neue Versuch, die bisherigen Verträge zusammenzuführen und zu reformieren, kam bescheidener daher und hatte einen kürzeren Text. Beides erwies sich als vorteilhaft, denn der Ratifikationsprozess gestaltete sich nun leichter und schneller, wenn er auch nicht überall so glatt lief wie erwünscht: Irland etwa rang sich erst bei einer zweiten Volksabstimmung zum Ja durch. Die wichtigsten Neuregelungen zielten darauf, die interne Funktionsweise der EU zu optimieren: Der Vertrag vergrößerte den Aktionsraum ihrer Einzelinstitutionen, denen er mehr Kompetenzen zuwies. Er erweiterte die Machtbefugnisse des Europäischen Parlaments und gestattete häufigeres Abstimmen mit qualifizierter Mehrheit in der Europäischen Kommission. Gleichzeitig versuchte er aber auch, den externen Einfluss der EU zu verstärken: Der Europäische Rat bekam einen Präsidenten, der jeweils zweieinhalb Jahre amtierte; und es gab fortan einen »Hohen Vertreter der EU für Außen- und Sicherheitspolitik«. Europas Bürger wiederum erhielten das Recht, die Europäische Kommission zu einem bestimmten Gesetzentwurf aufzufordern, sofern sie eine Million Unterschriften aus einem Viertel der EU-Staaten zusammenbekamen (»Europäische Bürgerinitiative«). Der Schutz der Menschenrechte rückte in den Rang der obersten »Ziele und Werte der Union«, die für das gesamte Handeln der EU verpflichtend seien.[44] Der 2009 in Kraft getretene Vertrag von Lissabon stellte die EU auf ein solideres Fundament und brachte die Integration wieder in Schwung.

Fast unmittelbar danach allerdings unterzog die Staatsschuldenkrise in einigen Ländern an der Peripherie Europas den Zusammenhalt und die Reaktionsfähigkeit der EU einer schweren Prüfung. Als amerikanische Rating-Agenturen die Staatsanleihen Griechenlands, Irlands, Portugals und schließlich sogar Spaniens wegen der gewaltigen Haushaltsdefizite dieser Länder herabstuften, gingen die Zinssätze durch die Decke. Großzügige Kredite seitens vieler Banken und spendable Transfers aus Brüsseler Fonds hatten zu exzessiven Ausgaben und einer Immobilienblase geführt, deren Platzen das gesamte Wirtschaftsgefüge bedrohte. Hysterische Kommentatoren trieben die EU vor sich her, die nun einen Weg suchen musste, um den Schuldnern per Bürgschaft aus der Klemme zu helfen. Schließlich galt es, den Euro zu verteidigen. Als bedeutendste Wirtschaftsmacht der Eurozone verspürte Deutschland keine große Lust, undisziplinierte Haushälter zu unterstützen; aber nach einer Weile zog es vor einzulenken, da Deutschlands Exporte davon abhingen, dass die gemeinsame Währung gerettet wurde und die Gestrauchelten sich nicht im Stich gelassen fühlten. Widerwillig stimmte Kanzlerin Angela Merkel einer Reihe von Rettungspaketen zu – die Schuldner wiederum mussten versprechen, ihre Ausgaben künftig zu mäßigen und in ihren Ländern strukturelle Reformen vorzunehmen. Mit Hilfe der Refinanzierung aus der Kasse der EZB gelang es der EU, die Märkte zu beruhigen. Die Krise zeigte jedoch, dass die monetäre Union aufmerksamerer Kontrolle und einer gemeinsamen Fiskalpolitik bedurfte.[45]

Trotz einiger frustrierender Rückschläge wie des britischen Austritts aus der EU weist vieles darauf hin, dass nun, zu Beginn des 21. Jahrhunderts, eine gemeinsame europäische Identität heranwächst. In den Läden zahlt man für technische Geräte aus Deutschland, Mode aus Frankreich, Weine aus Italien, Orangen aus Spanien und Whiskey aus Irland mit ein und derselben Währung. Auf den

Autobahnen überholen LKWs aus der Ukraine dänische Camper, die zum Urlaub nach Portugal unterwegs sind. Handwerker aus Polen fahren zu Baustellen in Holland. Nationale Kfz-Zeichen mischen sich in wimmelnder Vielfalt auf den Straßen; nicht geringer die Diversität der Bestimmungsorte. Auf den Flughäfen passieren Reisende mit europäischen Ausweisen dank ihrer Sonderabfertigungsbereiche die Sperren relativ umstandslos, während Touristen aus den Vereinigten Staaten ihre Papiere sorgfältiger prüfen lassen müssen. Auf den Universitätsgeländen mischen sich Erasmusstudenten aus EU-Ländern mit Einheimischen sowie Studenten aus der ganzen Welt und bereden die gerade angesagten Rockbands in akzentgefärbtem Englisch. Einige Ältere mag unverändert erstaunen und verwundern, dass es in weiten Teilen Europas die Grenzen, die sie noch kannten, nicht mehr gibt. Doch die jüngere Generation nimmt jene Verschmelzung von Hintergründen und Kulturen, die sich dem Einigungsprozesses verdankt, schon als selbstverständlich hin; dadurch entsteht eine europäische Elite, die in kontinentalen, ja globalen Dimensionen denkt.[46]

Der Traum von Europa

Nach der katastrophalen ersten Hälfte des 20. Jahrhunderts träumten viele europäische Intellektuelle von der Wiederbelebung einer positiven Version der Moderne, die den Menschen reichen Segen statt, wie die bisher erlebte Variante, Tod und Zerstörung bescheren würde. Von der klassischen Antike bis zum Christentum, von der Renaissance bis zur Aufklärung hatten führende Denker sich einen Weltfrieden ausgemalt, der auch den hartgeprüften Kontinent zur Ruhe kommen lassen würde. Angesichts des Leids, das er durchmachen musste – die Weltkriege, die Große Depression, die Diktaturen –, wurde die Verwirklichung dieser frommen Wünsche zu einer Notwendigkeit praktischer Politik: Ohne Frieden hatten die Europäer keine Chance auf eine bessere Zukunft. Dass wieder Fortschritt möglich sei – daran hatten sich führende Widerstandskämpfer während ihrer dunkelsten Stunden geklammert, und so setzten sie, als sie zu Einfluss gelangten, auf wissenschaftliche Forschung, Marktwirtschaft, individualistische Lebensstile und Rechtsstaatlichkeit. Umgeben von Ruinen des Zweiten Weltkrieges, knapp den Verheerungen des Holocaust entgangen, suchten die Überlebenden nach einer politischen Ordnung, mit der sich Übel wie Nationalismus, Militarismus, Autoritarismus und internationaler Zwist künftig verhindern ließen.[47] Die Bemühungen um Integration waren eine Antwort auf die Frage, wie eine bessere Zukunft zu gestalten sei.

Obwohl diese Hoffnungen nur teilweise realisiert wurden, muss man, was die Modernisierung angeht, der EU eine beeindruckende Bilanz bescheinigen. Zunächst einmal hat die europäische Integration Krieg unter den nun vereinten Ländern des Kontinents undenkbar gemacht, denn sie hat die entzweienden Schranken zwischen ihnen beiseitegeräumt und sie in ein gemeinsames Unternehmen eingebunden. Zweifellos leisteten auch bilaterale Versöhnungsversuche wie der Élysée-Vertrag zwischen Frankreich und Deutschland ihren Beitrag, ebenso die in jüngster Zeit erfolgten Anstrengungen, die Spannungen zwischen Warschau und Berlin abzubauen. Während die transatlantische Verankerung im NATO-Bündnis einen wichtigen nuklearen Schutzschirm bot, konnten die Europäer eine neue Ost-West-Konfrontation, die sehr dem Kalten Kriege glich, eindämmen. Die einzige Ausnahme bilden die jugoslawischen Sezessionskriege auf dem Balkan während der 1990er Jahre. Sie vollzogen sich freilich außerhalb der EU und taugten immerhin als drastische Mahnung, was alles schiefgehen konnte. Gleichzeitig verschwanden aufgrund einer grundlegend gewandelten Einstellung zum Kriege die Verfechter des Militarismus, bis amerikanische Neokonservative den Europäern gar mangelnden Kampfeswillen unterstellten.[48] Angesichts der bellizistischen Vergangenheit war diese Befriedung erstaunlich.

Nicht minder gehört der Wohlstand zu den Segnungen der Moderne, auch wenn sich die Spanne zwischen Arm und Reich während der letzten Jahrzehnte wieder vergrößert hat. Bemerkenswerte Aufbauleistungen ließen aus den Trümmern ein »neues Europa« entstehen, in dem sich restauriertes historisches und blitzendes modernes Design faszinierend mischten. Dieses ökonomische Wunder verdankte sich gewiss zu einem großen Teil der Rückkehr des Marktes, der individuelle Initiative und Wettbewerb entfesselte sowie ineffiziente Strukturen ausmerzte. Neoliberale Kommentatoren vergessen freilich gar zu leicht, dass die *trente glorieuses* ihre Ursache auch in der systematischen Expansion des Wohlfahrtsstaates hatten, der es den unterprivilegierten Teilen der Bevölkerung erst ermöglichte, am Konsumleben teilzunehmen. Nach dem Ölpreisschock der 1970er Jahre hatte diese »soziale Marktwirtschaft« beträchtliche Schwierigkeiten, den Druckwirkungen der Globalisierung standzuhalten, doch ihre sozialen Schutzeinrichtungen waren, wie sich zeigte, krisenfester als jene der späten 1920er. Obwohl an der Peripherie ein paar Armutsgebiete verblieben sind, haben einige europäische Länder inzwischen einen höheren Lebensstandard erreicht als die Vereinigten Staaten – eine taugliche Barriere gegen den Radikalismus.[49]

Mögen Kritiker ein »Demokratiedefizit« in der EU rügen – die europäische Integration hat beträchtlich zur Stabilisierung einer neuen Form der Demokratie auf dem Kontinent beigetragen. Schon während der ersten Nachkriegsjahre förderte die beginnende Kooperation die Selbstverwaltung innerhalb jener westeuropäischen Länder, in denen sie zuvor unter Druck, wenn nicht gar unter die Räder geraten war. Wichtiger noch war ihre erzieherische Wirkung in den postfaschistischen Staaten Deutschland und Italien: Dort beschleunigte sie die Verwestlichung, indem sie Demokratie als Standard, als unerlässliche Vorbedingung für den Wiedererhalt internationaler Respektabilität festlegte. Ein paar Jahrzehnte später spielte die EU eine aktive Rolle beim Übergang der Griechen, Spanier und Portugiesen zum Parlamentarismus, denen sie ökonomische Hilfe bereitstellte, um ihnen die wirtschaftliche Entwicklung zu erleichtern und sie bei der Konstruktion demokratischer Strukturen von Grund auf zu unterstützen. Einen ähnlichen Übergang mussten später die postkommunistischen Staaten leisten. Dabei wirkte die EU geradezu wie ein Magnet, der die neuentstehenden Staaten anzog; sie hieß sie in der Europäischen Gemeinschaft willkommen und half ihnen mit materiellem Beistand und politischem

Rat. Selbst wenn europäische Missbilligung den Aufstieg von Populisten wie Jörg Haider oder Viktor Orbán nicht immer verhindern konnte, hat doch das Prinzip der »demokratischen Konditionalität« – Demokratie als Unterpfand der Aufnahme – der Hinwendung der Kandidatenländer zu jener Herrschaftsform den entscheidenden Schub gegeben.[50]

Trotz vieler Fortschritte bleibt aber die oft gewünschte »immer engere Union« schwer zu realisieren, denn der Wettstreit zwischen den Föderalisten und den Skeptikern darüber, was die europäische Moderne eigentlich bedeute, ist nach wie vor unentschieden. Verfechter einer Fortsetzung der Integration wie der deutsche Philosoph Jürgen Habermas meinen, eine »Vertiefung des föderativen Aspekts der EU« sei notwendig, um den Kontinent auf ein globales Bürgertum vorzubereiten. Neoliberale Gegner weiterer Schritte wie die britische UKIP sehen Brüssel als die Wurzel allen Übels, bezichtigen es der Überregulierung und haben ihre Landsleute sogar überredet, die EU zu verlassen. Zwischen diesen Extremen findet sich bei den Kommentatoren ein breites Spektrum gemäßigterer Positionen – vom Befürworter einer moderaten Stärkung der gemeinsamen Institutionen bis zu Forderungen, alles solle bleiben, wie es ist. Durch diese Debatte wurde »Europa« zu einem Symbol für widerstreitende Ansichten über die Modernisierung, die die einen als Fortschritt, die anderen als Gefahr betrachten. Brüssel wird bejubelt als Garant von Freizügigkeit und Gleichheit der Geschlechter – oder aber verdammt als Inkarnation von Technokratie und Bürokratie.[51] Obwohl die populistischen Kritiker der Integration vor allem in Ostmitteleuropa immer lauter werden, ist der Prozess der Integration letztlich wohl nicht mehr aufzuhalten.

Pop und Prosperität

Werbung für die Konsumgesellschaft, 1957

Als in den 1950ern die heißen Rhythmen des Rock 'n' Roll Europa erreichten, schlugen Traditionalisten Alarm: »Amerikanische Kulturbarbarei bedroht unsere Jugend« – so oder ähnlich lauteten besorgte Schlagzeilen. Reißerische Presseberichte schilderten die Tumulte, die sich bei Bill Haleys Konzerten abspielten; regelmäßig wurden nämlich Veranstaltungssäle demoliert und Dutzende Zuhörer verletzt. Andere Reportagen erzählten von Teenagern, denen beim Hüftschwung eines Idols wie Elvis Presley, der seinen Militärdienst als G. I. in Hessen ableistete, schier die Sinne schwanden. Das *Neue Deutschland*, Presseorgan der ostdeutschen Regierungspartei SED, vermutete hinter jener »Anti-Musik« »eine bewusst und systematisch betriebene Erziehung zur Verrohung, zur Missachtung des Menschenlebens, zur Abstumpfung gegen Unrecht und Willkür, eine systematische Erziehung zur Unmenschlichkeit, kurz die ideologische Vorbereitung auf neuen Kriegswahnsinn«; man wolle die Heranwachsenden gezielt dehumanisieren, um ihnen die Tötungshemmung zu nehmen und aus ihnen willige Werkzeuge der NATO-Aggression zu machen.[1] Auch in Westdeutschland warnten etwa Sprecher der Kirchen vor der Zügellosigkeit der »Halbstarken«, – anderswo hießen sie »Teddy Boys«: Jugendliche aus der Arbeiterklasse, die mit Lederjacken bekleidet auf Mopeds herumkreuzten. Die Besorgten drängten konservative Politiker, alsbald ein Gesetz zum Schutze der Jugend zu schaffen. Während die SED noch eine ganze Weile fortfuhr, diese rebellische Subkultur zu brandmarken, lernten die liberalen Kalten Krieger im Westen schließlich doch, mit jugendlichem Ungestüm zu leben; manche nutzten die Popmusik gar, um den Osten zu destabilisieren.[2]

Die heftige Debatte um Rockmusik und Kinoschwärmerei war Teil eines generelleren Konflikts, der die Frage betraf, welche Richtung Gesellschaft und Kultur insgesamt einschlagen sollten. Im Bestreben, Ordnung und Stabilität wiederherzustellen, beklagten bestimmte Beobachter die jüngsten Veränderungen nach dem Kriege als Anzeichen des Verfalls der westlichen Zivilisation. Die modernekritischen Tiraden eines Oswald Spengler oder Arnold Toynbee aus der Zwischenkriegszeit erlangten nach 1945 eine gewisse Popularität, lieferten sie doch eine umfassendere Erklärung für die erlebte physische Zerstörung und moralische Desintegration. Mitglieder der alten Elite prangerten den Verlust sozialer Rangunterschiede sowie das Verschwinden von Anstand und Stil an. Sie missbilligten ferner, dass im Schulunterricht Latein durch Englisch ersetzt und der literarische Kanon in Frage gestellt wurde. Dass die Leute immer weniger Bücher lasen und dafür umso mehr Radio hörten und fernsahen, empfanden sie als Erosion kultureller Normen. Sie fühlten sich überrollt von Entwicklungen, die sie nicht mehr kontrollieren konnten, und so versuchten sie, unter den Gebildeten die Religiosität wiederzubeleben; zumindest sollten humanistische Werte wieder stärkere Beachtung finden. Einer ihrer Lieblingsdenker war der französische katholische Philosoph Jacques Maritain, dessen »integraler Humanismus« Vernunft und Glauben miteinander zu versöhnen versuchte.[3]

Die Kulturoptimisten wiederum erhielten Auftrieb durch den allgemeinen Wohlstandszuwachs. Diese Gruppe begrüßte die Veränderungen als Fortschritt hin zu einer europäischeren Version der Moderne. Westlichen Werbeleuten bereitete es wenig Mühe, das Publikum zum Kauf neuer Produkte zu animieren, denn ihre Botschaften appellierten an aufgestaute Konsumwünsche und lockten mit dem Charme des technischen Fortschritts. Beobachter des sozialen Lebens feierten die Einebnung von Klassenunterschieden zugunsten dessen, was der Soziologe Helmut Schelsky »nivellierte Mittelklassengesellschaft« nannte. Auch führende Vertreter der Hochkulturavantgarde wie Pablo Picasso sahen sich als progressive Kräfte. Den von den Kunstdoktrinen des Ostblocks vorgeschriebenen »sozialistischen Realismus« lehnten sie ab, ihre eigenen experimentellen, teils abstrakten Stile hingegen erklärten die Westkünstler zum Ausdruck menschlicher Freiheit und Kreativität. Produzenten der Populärkultur machten sich derweil lustig über die Exklusivität und Steifheit der Hochkultur. Ihr eigenes Massenentertainment priesen sie als sozial inklusiver, auch wenn es schlichtere Geschmäcker bediente. Die Soziologen schließlich erarbeiteten eine »Modernisierungstheorie«, die jene Veränderungen als unvermeidlich und zwangsläufig rechtfertigte.[4] Während viele Pessimisten bei ihrer ambivalenten Haltung zur Moderne blieben, hießen die Optimisten sie aus vollem Herzen willkommen.

Da in den 1950ern noch konservative Tendenzen und Bestrebungen die kulturelle Szene beherrschten, war es keineswegs ausgemacht, dass die selbsternannten Erneuerer am Ende die Oberhand gewinnen würden. In ganz Europa konnte sich die Avantgarde erst nach einer Reihe hitziger Debatten mit lokalen Gegnern und nur dank eines internationalen Netzwerks Raum für neue Initiativen erkämpfen. Auf dem Gebiet der bildenden Kunst wirkte besonders die Biennale in Venedig provokativ, die seit 1955 wieder stattfand und die ästhetischen Konventionen erschütterte sowie die moderne Kunst populär machte.[5] Bei der Musik kamen die entscheidenden Impulse von Events wie den »Donaueschinger Musiktagen für neue Tonkunst«, die die Zwölftontechnik und andere experimentelle Ansätze feierten. Im Bereich der Architektur boten spektakuläre Wettbewerbe den neuen Meistern dieses Faches ein Forum zur Präsentation ihrer modernistischen Designs; auf der »Internationalen Bauausstellung« des Jahres 1957 nutzten etwa Le Corbusier, Oscar Niemeyer und Walter Gropius diese Gelegenheit. Anders als in der Zwischenkriegszeit konnten diesmal die Parteigänger des Wandels den Kampf für sich entscheiden. Immer wieder setzten sie sich in hart ausgefochtenen sozialen Konflikten und kulturellen Kontroversen durch, weil es ihnen gelang, ihren Innovationswillen als positive und progressive Kraft hinzustellen, die Probleme löste, statt welche zu schaffen.

Die allmähliche Akzeptanz der kulturellen Moderne nach dem Zweiten Weltkrieg hatte mehrere Gründe; materielle Wohlstandszuwächse spielten ebenso eine Rolle wie technische Fortschritte, soziale Veränderungen und intellektuelle Umorientierungen.[6] In den Zwischenkriegsjahren hatten Krisen eine wohlwollende Rezeption verhindert; während des Nachkriegsbooms jedoch ließ das merkliche Steigen der Lebensstandards die Modernisierung wie eine Quelle des materiellen Fortschritts aussehen. Indem sie die Preise senkte, erschloss die technische Innovation immer breiteren Kreisen den Zugang zu Luxusprodukten, die früher nur den Eliten zur Verfügung gestanden hatten; infolgedessen stieg der Massenkonsum. Dank solcher sichtbarer Verbesserungen im Alltagsleben glichen sich die Kleidungsstile und Sprachmuster der gesellschaftlichen Schichten einander an, was soziale Rangunterschiede nivellierte und Klassenschranken relativierte. Der Avantgarde verpflichtete Kritiker wussten das Publikum ferner davon zu überzeugen, dass moderne bildende Kunst und experimentelle Fiktion für künstlerische Freiheit stünden; realistische Malerei und Literatur hingegen bezichtigten sie der Affinität zum Totalitarismus, hatten doch Diktatoren wie Hitler und Stalin den Stil für Propagandazwecke missbraucht. Zu guter Letzt schien die Explosion der Populärkultur in Film, Funk und Fernsehen Massenunterhaltung fest mit Modernsein zu verknüpfen.[7] Diesem Ansturm auf mehreren Ebenen waren die Traditionalisten letztlich nicht gewachsen.

Wachsender Wohlstand

Ein Hauptgrund für die Akzeptanz der Moderne nach dem Zweiten Weltkrieg war freilich der ökonomische Boom, der das Leben der Menschen sichtbar verbesserte. Anfangs lahmte die Erholung noch, da Nachkriegschaos, zerstörte Verkehrswege, brachliegende Produktionskapazitäten, der Verlust von Arbeitern und administrative Beschränkungen den Schwung bremsten. Doch mit der westdeutschen Währungsreform 1948 begann ein Vierteljahrhundert rapiden Wachstums, wie es noch nie eines gegeben hatte und auch später nie wieder eines geben sollte. Während dieser Periode stiegen die durchschnittlichen Jahresumsätze beim Bruttoinlandsprodukt um über 5 Prozent – dies war mehr als doppelt so hoch wie das gleichzeitige Wachstum der US-Ökonomie. Schon 1970 staunte ein französischer Historiker über die Geschwindigkeit und das Ausmaß der Transformation: »In nur wenigen Jahren erreichte dieser verwüstete, dezimierte, hungergepeinigte Kontinent einen zuvor nie gekannten Wohlstand; seine materiellen und geistigen Kräfte gewannen ihre alte Stärke zurück.« Binnen einer einzigen Generation erhob sich Europa wie der sprichwörtliche Phönix aus der Asche der Selbstzerstörung. Im Rückblick wirkten jene drei Nachkriegsdekaden so sehr wie eine Periode unablässigen Fortschritts, dass sie den Namen *trente glorieuses* erhielten.[8]

Mit der »sozialen Marktwirtschaft«, die der deutsche Wirtschaftsminister Ludwig Erhard verfocht und die laut seiner Überzeugung »Wohlstand für alle« bringen sollte, war der Schlüssel zum Wiederaufschwung Europas nach dem Kriege gefunden. Der 1897 in Franken geborene Erhard hatte seine Vorstellungen als Schüler einer kleinen Gruppe von ordoliberalen Wirtschaftswissenschaftlern entwickelt, die den Wettbewerb innerhalb eines staatlichen Rahmenwerks wiederbeleben wollten. Seine zwei großen Wagnisse, die Währungsreform und die Marktliberalisierung (beides 1948), bewirkten das »Wirtschaftswunder« in der Bundesrepublik, das bald auch auf das restliche Westeuropa übergriff. Da die Öffentlichkeit seinerzeit eher Nationalisierungen und Industriekartelle bevorzugte, erwies sich die Überwindung korporatistischer Gewohnheiten als schwierig; schließlich setzte sich aber der Wettbewerb durch, zumal auch die USA den marktliberalen Ansatz unterstützten. In Frankreich und England gab es häufig soziale Konflikte und Streiks, der »rheinische Kapitalismus« hingegen sah eine »Sozialpartnerschaft« vor, bei der sich Management und Beschäftigte zusammensetzten, um in konstruktiver Atmosphäre Arbeitsentgelte und Sozialleistungen auszuhandeln. Gleichzeitig erhielt die letztere Gruppe in großen Betrieben das formale Recht auf Mitbestimmung.[9] Das Modell war so erfolgreich, dass es sogar die Sozialdemokraten 1959 in ihr »Godesberger Programm« übernahmen. Die tatsächlichen Praktiken variierten von Land zu Land zwar beträchtlich – die französische Technokratie etwa ging anders vor als der skandinavische Sozialismus; man war sich jedoch in Westeuropa einig, dass die beste ökonomische Methode eine Kombination aus Marktwettbewerb, staatlicher Oberaufsicht und sozialer Wohlfahrt sei.

In gewisser Weise handelte es sich bei dem Nachkriegsboom lediglich um einen Aufholprozess besonderer Art: Der Alte Kontinent erlangte nun die Entwicklungsstufe, die er längst erreicht hätte, wenn die Große Depression und der Zweite Weltkrieg nicht stattgefunden hätten. Während der ersten Dekade war der Wiederaufbau Hauptmotor des Wachstums, etwa die Wiederinstandsetzung des Straßen- und Schienennetzes, der Produktionsanlagen und des Wohnwesens. Dass die Entwicklung zum Besseren nach der Mitte der 50er Jahre weiterging, verdankte sich jedoch der technischen Innovation und der Übernahme bewährter Praktiken der US-Ökonomie. Beides steigerte das Pro-Kopf-Bruttoinlandsprodukt in vielen Ländern des Alten Kontinents; in Westeuropa insgesamt kletterte es von 54 auf 77 Prozent des amerikanischen Niveaus, in Deutschland allein von 49 auf 87 Prozent. Dass sich der Abstand so bemerkenswert verringerte, lag an einer beeindruckenden Steigerung der Produktivität, und die wiederum verdankte sich erstens den traditionellen Stärken Europas, etwa seinen hochqualifizierten Arbeitskräften, und zweitens dem Umstand, dass man amerikanische Wirtschaftsstrategien wie Massenfertigung und umfassende Verkaufsförderung nachahmte. Zusätzlich vorangetrieben wurde der Prozess durch den Marshallplan, durch die Kredite des Internationalen Währungsfonds und durch die Wirkungen der Liberalisierung innerhalb des Gemeinsamen Marktes. Die Reparatur von Kriegsschäden und der Einsatz technischer Neuerungen sicherten den Westeuropäern ein nachhaltiges Wachstum.[10]

Kaum war der kurze Nachkriegsstillstand beendet, setzte sich eine Aufwärtsdynamik in Gang, eine Art Zyklus, in dem sich die Expansion weitgehend selbst nährte, weil Erwartungen und tatsächliches Geschehen einander immer wieder entsprachen, was neue Fortschritte begünstigte. Nach der zögerlichen Aufhebung der Kontrollmaßnahmen aus den Kriegs- und Nachkriegsjahren, etwa der Rationierungen, konnte der Markt wieder als Allokationsmechanismus fungieren. Das belebte den Wettbewerb, der individuelle Initiative belohnte. Infolge dieser Entwicklung erschien bald eine neue Generation von Unternehmern auf der Bildfläche, die sich an riskante Geschäftsstrategien heranwagten. Zu ihnen gehörte der Kfz-Bauer Heinrich Nordhoff, der zunächst einmal alles auf die Produktion eines einzigen schlichten, aber langlebigen und erschwinglichen Autotyps setzte – des VW Käfers. Das Wachstum war zu einem nicht geringen Teil durch Eigeninvestition finanziert: Erzielte Gewinne steckte man lieber in die Produktion und deren Steigerung, als dass man sie an die Aktionäre weiterreichte. Angetrieben wurde die Expansion durch den Fertigungssektor, der stark nachgefragte Waren herstellte, etwa Textilien, wobei man fordistische Massenproduktionstechniken einsetzte, die viele Arbeitsplätze schufen.[11] Die Unternehmer, die sich in neue Gebiete vorgewagt hatten, machten enorme Vermögen, beispielsweise Werner Otto im Versandgeschäft und Max Grundig in der Produktion von Radio- und Fernsehgeräten.

Und noch ein Faktor förderte die Expansion beträchtlich: Die Reallöhne stiegen und ließen die Kaufkraft der Werktätigen wachsen, sodass das Problem der Unterkonsumtion, das die Wirtschaft der Zwischenkriegszeit belastet hatte, vermieden werden konnte. Während der ersten Jahre traten die Beschäftigten noch nicht sehr fordernd auf, denn die heimgekehrten Soldaten waren froh, überhaupt einen Job zu haben und außerdem betriebliche Sozialleistungen zu bekommen. Im Gegenzug unterdrückten sie ihre Wünsche nach Lohnerhöhungen und ignorierten die Agitation der Kommunisten. Als aber in den 1950ern Vollbeschäftigung erreicht wurde, hatten die Gewerkschaften mehr Verhandlungsmacht und konnten die Arbeitgeber zu höheren Lohnzahlungen zwingen. Die Nettolohnzuwächse steigerten unmittelbar die Nachfrage nach industriellen Gütern; schließlich mussten nicht nur beschädigte oder abgenutzte Kleider und Möbel ersetzt werden, sondern man wollte daheim auch moderne Haushaltsgeräte und Unterhaltungselektronik haben. Da der Wettbewerb die Preise niedrig hielt, steigerten die höheren Reallöhne die Kaufkraft ihrer Empfänger. Arbeiter konnten also Waren erwerben, die sie sich früher niemals hätten leisten können. Der Facharbeitermangel befähigte die Gewerkschaften, eine Verkürzung des Arbeitstages auf acht Stunden, die Abschaffung der Samstagsarbeit und mehr Freizeit durchzusetzen. Der Lebensstandard verbesserte sich also dramatisch, selbst für die Arbeiterklasse.[12]

Auch der Ausbau des Wohlfahrtsstaates erhöhte die Nachfrage, versorgte er doch sozial benachteiligte Gruppen mit den Mitteln, Konsumgüter zu kaufen. Der wachsende Wohlstand ließ die nationalen Steuereinnahmen steigen, woraufhin die Regierungen das soziale Sicherheitsnetz erweitern und auf bisher nicht bedachte Bedürftige ausdehnen konnten. Nicht nur wurden die klassischen staatlichen Zahlungen wie z. B. Rente, Gesundheitsfürsorge und Arbeitslosenhilfe erhöht, die Wohlfahrtsbürokratie entdeckte auch die zahlreichen Opfer des Zweiten Weltkrieges als neue Gruppen von Unterstützungswürdigen, etwa die Witwen, Veteranen und Flüchtlinge. In der Bundesrepublik erließ die christdemokratische Regierung ein »Lastenausgleichsgesetz« (LAG), das massive Transfers anordnete: Künftig mussten die Bürger, die keine Verluste erlitten hatten, Abgaben zahlen, die Vertriebenen, Bombenopfern und anderen Geschädigten zugutekamen. Solange die Steuereinnahmen es zuließen, versorgte diese Sozialpolitik immer mehr von öffentlicher Unterstützung Abhängige. Ökonomisch betrachtet erlaubte die Sozialhilfe vielen wirtschaftlich Benachteiligten, bis zu einem gewissen Grad am Wohlstand teilzuhaben, wodurch sie gleichzeitig dessen Fortdauer beförderten.[13]

Obwohl die Statistiken kommunistischer Staaten unzuverlässig sind, darf man annehmen, dass auch Osteuropa ein gewisses ökonomisches Wachstum erlebte, freilich in bescheidenerem Maßstab. Zwar bekamen die Zentralplaner den Wiederaufbau durch öffentliche Lenkung hin, aber die Nationalisierung der Industrie und die Kollektivierung des Agrarwesens eliminierten praktisch den privaten Sektor und erstickten jede Eigeninitiative. Das Erfüllen von Planungszielen wurde zu einem Mantra; Zuteilungsentscheidungen basierten nicht auf wirtschaftlich seriöser Preiskalkulation, sondern auf bürokratischen Festlegungen, die Produktionskosten ignorieren durften. Da einzelne Fabriken nie sicher sein konnten, das für ihre Arbeit Benötigte auch geliefert zu bekommen, entstanden riesige Zusammenschlüsse industrieller Betriebe, sogenannte »Kombinate«, die alles von der kleinsten Schraube bis zum fahrbereiten

Automobil unter einem Dach fertigten. Die Kontrolle der Partei über die Industrie behinderte die technische Innovation, weil ideologische Linientreue über ingenieurische Findigkeit ging. Da die Gewerkschaften zum verlängerten Arm der Partei umfunktioniert worden waren, mussten die Arbeiter mit Kampagnen und Prämien motiviert werden. Die ökonomische Entwicklung des Sowjetblocks kam nicht über den Schornsteinindustrialismus hinaus, denn seine Wirtschaft war vom Wettbewerb auf dem Weltmarkt abgeschnitten, sodass es ihm nicht gelang, im technischen Bereich die nötigen Fortschritte zu erzielen.[14]

Das beispiellose Wachstum, das fast eine ganze Generation lang anhielt, veränderte grundlegend die mentale Einstellung der meisten Europäer: Letzte Restbestände von Angst wichen nun dem Vertrauen in die Zukunft. Durch ganz West- und Nordeuropa zogen sich die positiven Wirkungen des Wirtschaftswunders, die sich in jeder Brieftasche, an jedem Arbeitsplatz, in jedem Zuhause bemerkbar machten. Jetzt musste man nicht mehr jeden Groschen umdrehen, mit veraltetem Gerät arbeiten, in baufälligen Gebäuden hausen – mehr und mehr Europäer hatten mittlerweile hinreichend Geld zur Verfügung, benutzten neue Haushaltsgeräte und wohnten in erst jüngst erbauten und mit modernem Komfort versehenen Häuserblocks. Diese ermutigenden Erfahrungen erzeugten ein Gefühl der Sicherheit in der Bevölkerung, die die Veränderung nun nicht mehr für eine potenzielle Bedrohung hielt, sondern für eine positive Kraft. Zwar kamen die Fortschritte recht langsam und erreichten die südlichen und östlichen Nationen zuletzt – aber immerhin profitierten während der 50er und 60er immer mehr Menschen von ihnen oder konnten doch wenigstens hoffen, es in naher Zukunft zu tun. Während die ältere Generation immer noch fürchtete, Krieg und Depression kämen vielleicht zurück, wuchs bei den Jüngeren die Zuversicht, dass der Fortschritt ihr Leben weiter verbessern werde.[15] Dadurch war die Moderne für die meisten keine Bedrohung mehr, sondern ein Segen.

Expansion des Konsums

Wo früher nur die Elite Luxusgüter kaufte, ermöglichten steigende Einkommen und technischer Fortschritt jetzt den Massenkonsum erschwinglicher Produkte; eine Ahnung des ›guten Lebens‹ war nun der Mehrheit der Europäer zugänglich. Zum ersten Mal in der Geschichte erlaubte die Verbreitung des Wohlstands den einfachen Menschen, über das bloße Über-die-Runden-Kommen hinauszudenken und sich Annehmlichkeiten zu verschaffen, die zuvor den Reichen vorbehalten gewesen waren. Endlich konnte man sich langgehegte Wünsche und Träume erfüllen. Während der Nachkriegsjahrzehnte veränderte sich daher allmählich der Charakter des Einkaufens. Nicht nur diente es wie seit jeher dazu, sich Nahrung und Kleidung zu besorgen, damit man physisch überlebte, sondern es drückte nun auch einen Lebensstil aus und eröffnete eine verführerische Welt neuer Erfahrungen, welche die Mühsal der Alltagsroutinen vergessen machte. Ein Teil dieser Verschiebung war dem Sinken der Preise geschuldet, da technische Erfindungen zur Massenproduktion die Artikel erschwinglicher machten. Hinzu kamen Fortschritte in Werbung und Vermarktung; man wusste jetzt genauer, wie man neue Bedürfnisse schuf, die dann befriedigt werden mussten. Der Übergang zur Konsumgesellschaft begann eine neue Art Demokratie hervorzubringen, die Verbraucherdemokratie. In ihr legitimierte sich die Selbstverwaltung durch Massenkonsum; mit seiner Hilfe fand sie eine Akzeptanz, die ihr in der Zwischenkriegszeit noch versagt geblieben war.[16]

Den Wunsch nach Konsum verstärkte zudem die technische Innovation, die neue attraktive Produkte schuf und die Preise bereits existierender Elektroartikel reduzierte. Zwar waren viele Geräte wie Herde, Warmwasserboiler, Kühlschränke und Staubsauger schon um die Jahrhundertwende erfunden worden, aber die Hersteller entwickelten sie kontinuierlich weiter, um sie für die Hausfrauen, ihre Hauptkonsumenten, brauchbarer zu machen. Andere Elektroprodukte wie Transistorradios, Fernseher und Kofferplattenspieler waren Neuheiten, die rasch Käufer fanden, boten sie ihnen doch nie dagewesene Unterhaltungsmöglichkeiten. Fühlten sich Frauen vorwiegend von Haushaltsgeräten angesprochen, kauften Männer eher technische Apparate wie Foto- und Filmkameras; Amateure konnten jetzt ihren Urlaub auf Dias und Videos festhalten, deren Präsentation dann später ihre Familie und ihr Freundeskreis über sich ergehen lassen mussten. Durch Massenfertigung und Weiterentwicklung wurden neue Produkte wie Taschenrechner immer billiger und kamen so auch in Reichweite der unteren Klassen; ihre fleißigen Käufe steigerten das Produktionsvolumen und drückten dadurch die Preise noch tiefer. Fachmessen und Magazine priesen die Produkte an und beschleunigten die Einführung von Neuheiten.[17]

Einen weiteren Impuls versetzte dem Massenkonsum eine neue, aggressivere Form von Reklame und Vermarktung. Wie ihr amerikanisches Vorbild begnügte sich auch die kontinentale Werbung nicht mehr damit, über ein Produkt zu informieren, sondern versuchte zusätzlich, anhand von die Sinne besonders ansprechenden Bildern, Farben und Layouts Bedürfnisse zu stimulieren. Sie schuf eine Phantasiewelt und versprach, dass sich Wünsche nach Schönheit oder Glück erfüllen würden, wenn man einen bestimmten – an sich trivialen – Artikel erwarb. In Großkaufhäusern wie den Galeries Lafayette hatte einst nur die Elite verkehrt, doch nun begannen sie, den Massengeschmack zu bedienen. Die französische Supermarktkette Carrefour wurde auf diesem Gebiet mit ihrem besonders breiten Warenangebot weltweit führend. Und noch einen Vermarktungsmodus importierten die Europäer aus den USA: das Franchising. Kettenfilialen wie jene des deutschen Discounters Aldi verdrängten nach und nach den Tante-Emma-Laden an der Ecke, denn dank ihres Einkaufsvolumens konnten sie sich ein breiteres Sortiment und niedrigere Preise leisten. Wenn ein Wunsch die Mittel eines Kunden überstieg, bot das Kaufhaus ihm die Möglichkeit, die entsprechende Ware zurücklegen zu lassen, bis er den erforderlichen Betrag angespart hatte, oder sie in Raten zu erwerben. Die Innovationen bei der Vermarktung machten es den Konsumenten leichter, ein Produkt zu begehren, zu finden und zu erwerben.[18]

Eine der dramatischsten Entwicklungen war das Anwachsen der individuellen Mobilität, weil immer mehr Menschen über Autos verfügten und mit dem Flugzeug reisen konnten. Da Pkws in Europa teurer waren als in den Vereinigten Staaten, blieben sie bis in die 1940er ein Privileg der Elite; nur ein Zehntel der Bevölkerung besaß ein Auto. Die meisten Leute benutzten Fahrräder, Busse, Straßen- und Eisenbahnen. Nach dem Kriege jedoch startete die Motorisierung mit Schwung; den Anfang machten Motorräder, dann folgten auch die Autos. Ende der 1960er waren die Herstellungskosten genügend gesunken und die Löhne hinreichend gestiegen, dass mehr als die Hälfte der westeuropäischen Haushalte sich einen Pkw leisten konnte. Niedrige Benzinpreise und öffentliche Subventionen für den Bau von Orts-, Land- und Schnellstraßen machten das Autofahren so alltäglich wie bequem. Verbesserungen gab es auch im Bereich der Langstreckenreisen: Billigere und schnellere Düsenflugzeuge machten ferne Ziele plötzlich leicht erreichbar. Die Motorisierung am Boden und in der Luft veränderte Alltag und Freizeit beträchtlich, denn immer mehr Menschen pendelten jetzt mit dem Auto zur Arbeit, und Ferien an der Küste oder in den Bergen machte man nun in Massen.[19]

In den vom Krieg verwüsteten Ländern stieg der nachholende Konsum in mehreren aufeinanderfolgenden Wellen; die Konsumobjekte wechselten jedes Mal auf charakteristische Weise. Zunächst einmal wollte man sich für die Hungerjahre entschädigen: Die Männer stopften sich mit Fleisch und Kartoffeln voll, die Frauen konnten bei Schokoladen, Kuchen und Torten nicht mehr an sich halten. Danach kleideten sich die Kunden neu ein, wobei es zuerst nur um Gebrauchskleidung ging, später dann auch um modische Statements: Man trug Kleidung, die auffiel und etwas über einen aussagte. Als Nächstes kümmerten sich die Westeuropäer um ihr Zuhause: Sie suchten Wohnungen mit modernem Komfort oder sparten sogar auf ein eigenes Haus. Die neue Bleibe musste eingerichtet werden – eine gute Gelegenheit, den alten Kram aus der Zeit der Jahrhundertwende zu entsorgen und funktionale »moderne« Möbel zu kaufen, namentlich skandinavische, etwa bei einschlägigen Großanbietern wie IKEA. Der Wunsch, auch einmal etwas anderes zu sehen als die eigenen vier Wände, trieb die Menschen bald an entlegene Sehnsuchtsorte, an denen man sich von seinem anstrengenden Arbeitsalltag erholen konnte. Mittelmeerküsten und Alpenberge waren besonders beliebte Ziele. Die Touristikunternehmen nutzten den Reiseboom und veranstalteten Pauschalreisen. Massenweise wurden Passagiere mit Bussen, Zügen und schließlich auch Flugzeugen zu Bettenburgen transportiert – im Namen der Freizeit.[20] Erst nachdem diese elementaren Wünsche befriedigt waren, dachte man an Kultur. Dann allerdings ging man gern auch einmal in die Oper oder auf eine Vernissage, um seinen erlesenen Geschmack zu zeigen.

Eine wesentliche Rolle spielten bei diesen Transformationen die Frauen – als preisbewusste Konsumentinnen, die in vielen Fällen bestimmten, wie und wofür Geld ausgegeben wurde. Bei technischen Anschaffungen wie Auto oder Fernseher hatten wohl immer noch eher die Männer das Sagen, aber die Hausfrauen kauften fürs tägliche Essen ein und bestimmten, was auf den Tisch kam. Außerdem besorgten die Frauen die Garderobe und hielten sie in Ordnung, wobei sie sich von ihrem Modegeschmack leiten ließen, und sahen zu, dass der Kleidungsstil zu ihrer sozialen Position passte. Und wenn die Familie ein neues Haushaltsgerät brauchte, hatten sie ein gewichtiges Wort mitzureden: Meist waren es die Konsument*innen*, die sich über die verschiedenen Modelle informierten, eines davon favorisierten und am Ende auch auswählten. Sie mussten es ja schließlich künftig benutzen, und da sollte es schon eines sein, das ihnen das Kochen, Waschen, Reinigen oder Nähen auch erleichterte. Während man Frauen im Berufsleben immer noch diskriminierte, verlieh ihnen diese geschlechtliche Arbeitsteilung Konsumentenmacht, dank derer sie entscheiden konnten, welche Produkte und Stile erfolgreich wurden oder Ladenhüter blieben.[21] Nicht zuletzt durch ihre Kaufentscheidungen, die sie zwischen konkurrierenden Produkten fällten, entstand ein attraktiver westlicher Lebensstil.

Im Ostblock entwickelte sich eine alternative, kommunistische Version der Konsumgesellschaft, die mit dem westlichen Modell konkurrieren wollte. Der Einfluss der Sowjetunion zeigte sich, wenn etwa fraternisierende Delegationen aus Warschauer-Pakt-Staaten, also Vertreter der Nomenklaturen, einander mit Wodka zuprosteten. Solche Gebräuche missfielen aber der jugendlichen Subkultur vor Ort, die sich von der Amerikanisierung angetan zeigte. Immerhin schaffte es der Staatssozialismus nach anfänglicher Knappheit inzwischen, die Grundbedürfnisse sicherzustellen, wobei zeitweilige Engpässe nicht ausgeschlossen waren. Stalinistische Schnörkelei verabscheuend, folgten Produktdesigner von Plastikgeschirr dem internationalen modernistischen Stil und brachten recht ansprechende Formen hervor. Es gab sogar eine Modeindustrie bescheidenen Umfangs, die hauptsächlich die Parteielite, Medienpersönlichkeiten und Sportstars versorgte. Um den Schwarzmarkt auszutrocknen, autorisierten einige Länder Devisenläden – in der DDR hießen sie »Intershops« –, wo man mit westlichem Geld nichtsozialistische Produkte kaufen konnte. Der Kuhhandel zwischen Partei und Bevölkerung – bescheidene Erhöhung des Lebensstandards gegen politische Loyalität – funktionierte eine Weile. Auf lange Sicht aber sollte die glamourösere Kultur des Kapitalismus den kommunistischen Rivalen destabilisieren.[22]

Ein sichtbarer Ausdruck der auflebenden Konsumgesellschaft war die Einrichtung von Fußgängerzonen in den Stadtzentren, die einen spezifisch europäischen Urbanismus schufen. Beim Wiederaufbau seit den frühen 1950er Jahren wurden einerseits beschädigte historische Gebäude restauriert, andererseits aber auch neuartige Stahlglaskonstruktionen hochgezogen. So entstand eine einzigartige Verschmelzung aus Tradition und Moderne, die sich zu einem Charakteristikum der europäischen Städte entwickelte. Der Kfz-Verkehr wurde allmählich aus den Zentren verbannt; wer mit dem Wagen kam, sollte ihn in einer der Tiefgaragen vor Ort abstellen und öffentliche Verkehrsmittel nutzen. Um in den Innenstädten der Belastung durch Lärm und Abgase zu entgehen, wurden manche Straßen für den Verkehr gesperrt, damit Menschen dort nach Belieben flanieren konnten. Vor allem sollten sie nach dem Willen der Stadtplaner und der ansässigen Händler Gelegenheit haben, sich die in den Schaufenstern präsentierten Waren anzusehen. Fachgeschäfte lockten mit einer bunten Vielfalt an Artikeln, die dort zwar mehr kosteten als im Kaufhaus, aber das ganze Drum und Dran, die intimere Atmosphäre und die größere Varietät des Angebots machten das Einkaufserlebnis interessanter. Von Kopenhagen bis Zürich, von Leipzig bis Barcelona versammelten sich die Leute in autofreien Straßen, saßen in Cafés am Rande von Plätzen, lauschten Straßenmusikern oder bewunderten Jongleure. Vom unschönen Anblick riesiger Parkplätze und der Sterilität der amerikanischen Shoppingmalls weitgehend verschont, blühten die europäischen Innenstädte als angenehme Orte auf, die ein lebendigeres und grüneres Stadtleben boten.[23]

Schwindende Klassenunterschiede

Die fundamentale Transformation der ökonomischen Struktur ließ nicht nur die Löhne steigen und die Konsumgesellschaft entstehen; sie verminderte auch die Unterschiede zwischen den Klassen, in der Wirklichkeit wie in der Wahrnehmung. Wachsende Einkommen und wohlfahrtsstaatliche Umverteilung ebneten die sozialen Ungleichheiten ein, weil sich der Lebensstandard allgemein verbesserte. Der Massenkonsum, im Zuge dessen ›Oben‹ und ›Unten‹ nun die gleichen oder doch ähnliche Produkte verbrauchten, machte die Hierarchien flacher und brachte krasse Diskrepanzen hinsichtlich Kleidung und Erscheinungsbild zum Verschwinden. Man sah jemandem seinen sozialen Status nicht mehr auf den ersten Blick an; nur in subtilen Stilabweichungen zeigten sich weiterhin Unterschiede. Wichtiger noch war die Veränderung in den Beschäftigungsverhältnissen. Die Landwirtschaft erlebte einen steilen Absturz, die Industrie einen Höhenflug, der Dienstleistungssektor expandierte beachtlich. Dieser Wandel beförderte die individuelle soziale Mobilität und löste die seit längerem bestehenden sozioökonomischen Milieus auf, deren Angehörige mit dem Rest der Gesellschaft verschmolzen. Dass nun mehr Menschen Zugang zur höheren Bildung bekamen, eröffnete gleichzeitig Frauen bessere Chancen, eine gut bezahlte Arbeit zu finden. Da sich dergestalt die Schichten einander annäherten, sprachen einige Soziologen von einem generellen Zusammenfließen in einer großen Mittelschicht.[24] Kommunistische Kritiker jedoch verwarfen diese Behauptung als westliche Propaganda.

Eine dramatische Entwicklung traf den Agrarsektor: Auf dem Lande gab es immer weniger Beschäftigung, was zu einem Massenexodus in städtische Arbeitsplätze führte. Waren gegen Ende des Krieges immerhin zwei Fünftel aller Beschäftigten auf Bauernhöfen tätig, galt dies 1990 nur noch für ein Zehntel. Der Einsatz besserer Maschinen, die Verwendung von Kunstdüngern und Pestiziden, der Anbau ergiebigerer Feldfrüchte und die Intensivierung der Viehzucht steigerten die Produktivität der Landwirtschaft nachdrücklich. Da aber viele Betriebe nicht mehr das volle Versorgungsprogramm abdeckten, sondern sich spezialisierten, indem sie nur ein bestimmtes Marktsegment belieferten, wurden weniger Leute benötigt. Viele von denen, die man auf dem Lande nicht mehr brauchte, zogen in die Städte oder suchten sich zumindest einen Lebensunterhalt im urbanen Bereich und wurden Pendler. Daher gerieten einzelne Familienhöfe unter starken Druck: Entweder mussten sie ihr Produktionsvolumen steigern, indem sie mehr Land und mehr Vieh erwarben, oder eben aufgeben.[25] Bald lagen immer mehr Gehöfte brach, und ganze Dörfer starben aus, bis sich in den 1960ern die Leere wieder füllte: Die Gegenkulturbewegung führte junge Naturfreunde aufs Land; daneben kauften wohlhabende Städter alte Bauernhäuser und richteten sie als Wochenendsitze ein.

Die Arbeiterklasse blieb zwar zahlreich, doch der Macht kam sie keineswegs näher; anders als von Marx prophezeit, wurde sie nicht immer dominanter. Noch 1970 waren fast die Hälfte aller Beschäftigten Industriearbeiter; ihre Zahl, ihr Zusammenhalt und ihr Einfluss erreichten ihren Höhepunkt während der Jahrzehnte nach dem Krieg. In den westeuropäischen Ländern waren die meisten langfristig beschäftigten Arbeiter in Gewerkschaften organisiert und gehörten daneben oft freiwilligen Vereinigungen wie Sportclubs an. Auf dieser Grundlage erkämpften sie sich höhere Löhne, wählten sozialdemokratische Regierungen, die dann in ihrem Interesse die wohlfahrtsstaatlichen Zuwendungen ausweiteten. Aber speziell die jüngeren Arbeiter unterschieden sich dank des leichteren Zugangs zur höheren Bildung und der Partizipation am Konsumleben, die sich etwa im Erwerb schneller Motorräder, angesagter Rockalben und hipper Kleidung äußerte, kaum noch von Mittelschichtjugendlichen. Außerdem verlagerte sich die Massenproduktion bald in die Schwellenländer Asiens, sodass die absolute Zahl der Fabrikarbeiter zu sinken begann und ihr Anteil an der Gesamtsumme der Erwerbstätigen schließlich auf rund ein Drittel schrumpfte.[26] Das Zusammenwirken dieser Entwicklungen hatte zur Folge, dass die Subkultur der Arbeiterklasse ebenso zerfiel wie ihre politische Schlagkraft.

Die Mittelklasse hingegen wuchs während der Nachkriegsperiode an Größe und Bedeutsamkeit, bis sie über die Hälfte aller Beschäftigten stellte; bei diesem Prozess änderten sich ihre Zusammensetzung und ihre Haltung. Die ökonomische Erholung kam am meisten der begüterten Bourgeoisie zugute, denn sie erweiterte deren Geschäftsmöglichkeiten. Auch ihre Immobilien und Ersparnisse hatten inzwischen den alten Wert, der sich sogar noch steigern ließ, und Investitionen lohnten sich für sie wieder. Immer mehr Freiberufler profitierten ebenfalls vom steigenden Wohlstand, da er ihre Löhne, Gehälter und Honorare verbesserte. So wurden der Lebensstil und die sozialen Sitten und Gepflogenheiten der Mittelschicht zum nachahmenswerten Beispiel. Ferner steigerte die strukturelle Ausweitung des Dienstleistungsbereiches die Zahl seiner Mitarbeiter, denn Regierung, Verwaltung und Businesswelt engagierten immer mehr Angestellte, um auch jene Leistungen zu sichern, die nicht der Warenproduktion dienten, aber trotzdem für das Funktionieren des Ganzen unverzichtbar waren. Ihre wachsende Zahl förderte die Entstehung einer unteren Mittelschicht, was den Charakter der Mittelklasse insgesamt veränderte: War sie früher durch kleine unabhängige Produzenten und Ladenbetreiber gekennzeichnet gewesen, dominierten nun abhängige, aber höherqualifizierte Gehaltsempfänger.[27] Indem sie ihre früheren Vorteile zurückgewann und durch die Zunahme der *professionals* insgesamt zahlreicher wurde, entwickelte sich die Mittelklasse zur dominanten Schicht in der Nachkriegsgesellschaft.

Da die traditionellen Herrschaftskreise zu einem nicht geringen Teil durch ihre Kollaboration mit den Nazis diskreditiert waren, entstand nach dem Kriege eine neue Elite, die eigentlich schwer in Einklang zu bringende Gruppen zu einer Einheit verschmolz. Die Landaristokratie hatte ihren Einfluss schon nach dem Ersten Weltkrieg verloren, und viele Unternehmer waren durch ihr Paktieren mit dem Faschismus kompromittiert. Aber die Redemokratisierung des Westens und die Sowjetisierung des Ostens brachten eine neue Gruppe politischer Führer an die Macht, zu denen auch einige unbelastete Mitglieder der alten Elite gehörten. Da die Öffentlichkeit von kompetenten Experten beraten und geleitet werden wollte, traten daneben ein paar populäre Wissenschaftler, darunter Professoren und Forscher, ins Rampenlicht. Gleichzeitig beanspruchten reich gewordene Tycoons wie Rupert Murdoch, die den Lebensstil der Oberschicht imitierten, Führungsrollen für sich. Auch Filmstars wie Gina Lollobrigida, Vertreter der U-Musik wie Charles Aznavour und Sportprofis wie Eddy Merckx erheischten Aufmerksamkeit und ließen sich dafür von Hochglanzmagazinen ablichten. Diese heterogenen Gruppen kamen bei öffentlichen Anlässen zusammen, bei Wohltätigkeitsveranstaltungen etwa, und nach und nach verwuchsen sie zu einer neuen Elite.[28] Da sie sich nicht über Mitgliedschaftskriterien verständigt hatte, fehlte der Nachkriegsoberschicht allerdings der traditionelle Zusammenhalt und der Sinn für *noblesse oblige*.

Die Lockerungen in der Struktur der westeuropäischen Gesellschaft minderten die soziale Ungleichheit; gänzlich konnten sie diese aber nicht überwinden. Bis Mitte der 1970er, so zeigen komparative Datenanalysen, glichen sich die Einkommen im Westen unleugbar an, denn der Anteil, den die Topverdiener heimbrachten, verringerte sich, während der Anteil der unteren Gruppen merklich zunahm. Dazu trugen auch die sozialen Maßnahmen merklich bei, zumal der ökonomische Boom und die Wohlfahrtstransfers der Armut gewaltig zu Leibe rückten, obwohl immer ein nicht zu beseitigender Rest blieb. Die großen Umbrüche Depression, Krieg und Wiederaufbau verstärkten auch die soziale Mobilität, da viele Mitglieder der alten Elite ihre hohen Positionen in der Hierarchie verloren, die jetzt Neuankömmlingen offenstanden. Der breitere Zugang zur Bildung bedeutete eine bescheidene Verbesserung für Arbeiterkinder, die nun auch Abschlüsse auf weiterführenden Schulen machen konnten, sodass ihre Nachkommen dann oft den Sprung an die Universität schafften. Die Frauen profitierten am meisten von den vielen neugeschaffenen Angestelltenjobs, und nicht wenige Stellen wurden mit ihnen besetzt.[29] Die Verbreiterung der sozialen Pyramide an der Spitze und in der Mitte erzeugte ein optimistisches Klima, das die Klassenbarrieren weniger unüberwindlich erscheinen ließ.

Der Sowjetblock wollte die Ungleichheit dagegen mit einem rigorosen Egalitarismus bekämpfen, der die traditionellen Eliten stürzte, soziale Mobilität beförderte und keine neuen Distinktionen zuließ. Tatsächlich wurde man durch Verstaatlichung der Industrie und der Kollektivierung des Bodens die Kapitalisten und Großgrundbesitzer los. Nach der kommunistischen Machtergreifung jagte man außerdem die bürgerlichen Politiker davon und installierte eine neue Parteielite, die fortan das politische Leben kontrollierte. Sie kam zwar mit weniger Pracht daher als ihre Vorgängerin, doch genoss auch die neue Nomenklatura Privilegien, wie den Zugang zu Devisenläden sowie eigens reservierte Ferienorte und Jagdgründe. Die Mittelklasse war laut offizieller Ideologie zwar verpönt, aber man konnte auf ihren Bildungsstand ebenso wenig verzichten wie auf ihre kompetenten Dienstleistungen, und so schonte man technische Spezialisten, medizinisches Fachpersonal und selbst Geistliche. Innerhalb der ersten Generation nach den Umstürzen, als die alte Elite abgesetzt wurde und neue Kräfte an ihre Stelle traten, gab es in der Tat allerhand soziale Mobilität; später kümmerte sich die nunmehr herrschende Klasse, die Nomenklatura, nur noch um ihren Selbsterhalt: Die ihr Genehmen genossen besondere Förderung auf ihrem Bildungsweg und Protektion bei ihren Karrieren; dem Rest blieb diese Gunst versagt. Eine solche Blockade verhöhnte das egalitäre Versprechen, denn nun gab es Klassen auch im »realen Sozialismus«: Nur Bestimmte konnten sich beispielsweise politische Verbindungen zunutze machen, nur Bestimmte hatten Zugang zu westlichen Währungen.[30]

Die Nivellierung der sozialen Unterschiede ließ nicht nur den Wohlstand steigen und die Bürger sich der Konsumkultur zuwenden, sondern sie trug auch dazu bei, dass die Moderne von mehr Menschen willkommen geheißen wurde. Hatten sie in den ersten Nachkriegsjahren der harten Entbehrungen wegen noch recht sorgenvoll in die Zukunft geblickt, brachte die Rückkehr zur sogenannten Normalität eine gewisse Beruhigung, denn nun wurden die Lebensmuster wieder vorhersagbarer. Die strukturellen Veränderungen innerhalb der europäischen Ökonomie, etwa der Niedergang der Landwirtschaft, der Höhepunkt der Industriearbeit und das Wachstum des Dienstleistungssektors halfen ferner, die Spannungen zwischen dem Proletariat und den Kapitalisten zu mildern, denn die Angestellten machten sich generell die Standards der Mittelklasse zu eigen. Auch der leichtere Zugang zu Konsumgütern und Bildung reduzierte die Feindseligkeiten, besonders in der jüngeren Generation. Zwar brachten die Angleichung der Einkommen und die vermehrte soziale Mobilität weder die Armut noch die Klassengegensätze gänzlich zum Verschwinden, aber sie sorgten doch für eine optimistischere Stimmung und stellten nach und nach den Glauben an den Fortschritt wieder her.[31] Empfand man während der Zwischenkriegsperiode Veränderung noch weitgehend als etwas Störendes und Bedrohliches, begann die Moderne in den ersten drei Jahrzehnten nach dem Zweiten Weltkrieg wieder vielversprechend auszusehen.

Triumph der Modernität

In der Hochkultur mussten die Verfechter der Modernität trotz allem hart kämpfen, um den erbitterten Widerstand der Verteidiger traditioneller Stile und konservativer Werte zu überwinden. Abgestoßen von der Unmenschlichkeit und der Primitivität der erlebten Diktaturen, wollten konservative Intellektuelle die Elemente der großen europäischen Tradition bewahren, die nicht durch die Nazis und ihre Kollaborateure beschädigt worden waren oder die sie durch kommunistische Nivellierung bedroht sahen. Während der ersten zehn Nachkriegsjahre mühten sich die kulturellen Institutionen, namentlich die Museen, ihre Bestände wieder zusammenzubekommen, und Meinungsführer wie der deutsche Historiker Friedrich Meinecke empfahlen eine Rückwendung hin zur Klassik; Meinecke selbst regte zu diesem Behufe die Gründung weiterer »Goethe-Gesellschaften« an. Auf der Suche nach transzendentalen Werten und Erklärungen für ihr Leid strömten viele Menschen auch in die Kirchen, um religiösen Trost zu finden. Im Schulbereich betonten viele Pädagogen von Rang die Notwendigkeit, weiterhin Latein und Griechisch zu unterrichten, damit der Bezug zum humanistischen Erbe nicht verlorengehe. Doch sosehr sie auch gegen die vermeintlich geschmacklose Massenkultur und gegen die Bedrohung durch ideologische Indoktrination aus Amerika und Russland wüteten – die pessimistischen Verteidiger europäischer Geschmäcker und Traditionen vermochten den siegreichen Ansturm der kulturellen Moderne nicht zu verhindern.[32]

Den Übergang zur kulturellen Modernität erleichterte nicht zuletzt die Tatsache, dass die allgemeine Begeisterung für Wissenschaft und Technik wuchs. Die Gefahren unbegrenzten Experimentierens wurden damals noch ignoriert. Populäre Magazine, Technik-, Medizin- und Naturkundemuseen, Automobilsalons, Schauflüge und anderes Informations- und Kulturentertainment feierten Forschung und Entwicklung als wohltätig. In der Wissenschaft legten wichtige Entdeckungen wie 1953 die der Struktur des DNA-Moleküls den Schluss nahe, dass bei weiteren Anstrengungen die letzten Geheimnisse des Lebens entschlüsselt und Krankheiten effektiver bekämpft werden könnten. Im Bereich der Technik illustrierte die Entwicklung der Flugzeuge die Segnungen der Innovation: Durchzogen anfangs nur kleine Propellermaschinen die Lüfte, verkehrten dort nun gewaltige düsengetriebene Transkontinentaljets und revolutionierten den Langstreckentourismus. Es verwundert nicht, dass die Öffentlichkeit neue technische Großprojekte willkommen hieß, etwa die Nutzung der Atomenergie für friedliche Zwecke, der zuliebe zum Beispiel in Frankreich gleich Dutzende von Kernkraftwerken errichtet wurden. Die Europäer waren zwar selbst nicht involviert in Weltraumforschung und Astronautik, betrachteten aber ehrfürchtig die Erfolge der Amerikaner und Sowjets auf diesen Gebieten, die das wohltätige Potenzial der Technik anschaulich und eindringlich vor Augen führten.[33]

Eine wichtige Rolle bei der Auseinandersetzung mit der traditionellen Philosophie spielte eine neue skeptische Denkrichtung: der Existenzialismus, dem zufolge der Mensch den Sinn des Lebens selber bestimmen müsse. Inspiriert von Søren Kierkegaard und Martin Heidegger, brachte er den durch Massenmord und schlimmste Zerstörungen bewirkten Verlust des Glaubens an traditionelle Autoritäten auf den Punkt. Ein bedeutsamer Vertreter jener Schule war der französische Philosoph und Schriftsteller Jean-Paul Sartre, der in Essays wie *Der Existenzialismus ist ein Humanismus* und in Romanen wie *Ekel* sich mit Begriffen wie »Authentizität«, »Absurdes« und »existenzielle Verzweiflung« abmühte. Seiner Meinung nach musste und konnte jeder Mensch einen eigenen Lebensentwurf schaffen und dadurch sein Dasein selbst gestalten; dabei solle er Verantwortung für sich und andere übernehmen, um seinem Leben Sinn zu geben. Der in Algerien geborene Albert Camus, auch er Autor von Romanen, Dramen und philosophischen Essays, setzte diese Aufgabe in Bezug zum Mythos des Sisyphos: Der Versuch jener Sagengestalt, einen Stein bergaufwärts bis zum Gipfel zu rollen, ist und bleibt vergeblich, und doch kann dieser Akt seiner Existenz einen Sinn geben. Der irische Bühnenautor Samuel Beckett gab dieser Haltung in seinem Stück *Warten auf Godot* dramatische Form, einem der Hauptwerke des absurden Theaters. Darin warten zwei Figuren auf jemanden, der nie erscheint. Die Intellektuellen des Pariser *rive gauche* schlossen sich scharenweise dieser Philosophie an, obwohl sie schwerlich alle ihre Implikationen verstanden haben dürften. Sie schufen gar einen existenzialistischen Stil des *ennui*, der von weiten Kreisen imitiert wurde.[34] Die beißende Kritik des Existenzialismus an der Tradition schien dem radikalen Aufbruch der Moderne einen Weg zu weisen.

Bei der Malerei und Bildhauerei wandten sich die Verfechter der »modernen Kunst« gegen den Realismus, dessen vereinfachender Stil von Diktatoren gewünscht und gefördert worden sei. Mit der

Demokratie verbanden sie die neuen transnationalen, meist abstrakten Stile der Avantgarde – und bald beherrschten diese die Galerien und Museen. Pioniere des Abstrakten wie Pablo Picasso und Joan Miró konnten jetzt in einer aufgeschlosseneren Atmosphäre weitermalen. Bis vor kurzem noch als »entartet« diffamiert und ins Exil gezwungen, das nicht wenige in den USA fanden, gaben ältere Maler dieser Strömung nach dem Kriege ihre Impulse an jüngere weiter. So erfanden New Yorker Künstler wie Jackson Pollock den abstrakten Expressionismus, der seit den späten 1940ern wiederum auf den Kontinent zurückstrahlte und eine Welle der Imitation auslöste. Dieser Stil ließ die Konventionen der gegenständlichen Darstellung hinter sich; Farbe und Linie sollten Autonomie erhalten, Gedanken und Emotionen sich freier und unmittelbarer ausdrücken. Diese Maler und Bildhauer, selbstbewusste Experimentatoren, erweiterten ständig die Grenzen des Zeigbaren, um die Widersprüche des modernen Lebens einzufangen. Zunächst reagierte das Publikum überwiegend verwirrt auf die ungebundeneren Formen, doch die Kunstkritik feierte diese neuen Arbeiten als Befreiung von der Tradition, was zu deren Akzeptanz beitrug.[35] Auch führende Galerien unterstützten die Avantgardisten, und am Ende setzten sie sich durch; ironischerweise wurden sie mit diesem erfolgreichen Protest gegen den Kanon nun selber Teil des Kanons.

In den anderen Kunstbereichen verlief die Entwicklung ähnlich. Die moderne Architektur wurde der führende Baustil der Nachkriegsjahrzehnte, dessen kühne Formen das Selbstbild des technischen Zeitalters repräsentierten. Das Credo »Die Form folgt der Funktion«, das die eckig-kantige Schlichtheit des »Bauhauses« während der 1920er inspiriert hatte, wurde durch die Emigration ihrer Leitfiguren wie Walter Gropius nach Amerika internationalisiert. Die architekturale Moderne lehnte den Historismus des 19. Jahrhunderts ab: Man wollte die neuen industriellen Materialien wie Stahl, armierten Beton und Flachglas nicht länger verbergen, sondern sie exponieren oder sie gar für die Außenoberfläche eines Gebäudes verwenden, um es interessant zu machen. Die Hauptverfechter dieses Stils – nennen wir exemplarisch Mies van der Rohe,

Le Corbusier und Oscar Niemeyer – entwarfen himmelhoch ragende Wolkenkratzer, Fabrikanlagen und öffentliche Gebäude, die gleichermaßen funktional wie kunstvoll sein sollten und eine beinahe klassische Einfachheit erreichten. In Tel Aviv ließen von diesen Innovatoren beeinflusste Planer ein ganzes Viertel errichten, die »Weiße Stadt«, deren Wohnstätten Le Corbusiers Konzept der »Maschinen zum Wohnen« folgten: annähernd würfelförmige Häuser, weiß gestrichen, mit riesigen Fenstern und flachen Dächern. Obwohl sich der Modernismus schließlich in mehrere rivalisierende Einzelbewegungen aufteilte, dominierte er die europäische Architektur nach dem Zweiten Weltkrieg.[36]

Die moderne Musik hatte es schwerer mit der kulturellen Innovation, denn mit ihren dissonanten Experimenten mochten sich die Auditorien nicht so recht anfreunden. Auch im Bereich der Musik rebellierten die Erneuerer gegen die Zwänge der noch herrschenden Richtung der Spätromantik, die nicht zuletzt die Diktatoren in Berlin und Moskau favorisiert hatten. Komponisten wie Pierre Boulez begannen, mit Zwölftonreihen und atonalen Techniken zu experimentieren; einige stießen gar vor zur elektronischen Tonerzeugung oder zum Einbezug alltäglicher Klänge in die Musik. Viele Konzertbesucher fremdelten jedoch mit der allgemeinen Diskordanz, dem Fehlen jeglicher Melodie, konfusen Rhythmen und experimentellen Kompositionstechniken; was sie wollten, waren Harmonie, klare melodische Linien und rhythmische Ordnung. So kehrten denn Komponisten wie Paul Hindemith, Sergei Prokofjew und Benjamin Britten zu einer neoklassischen Tonsprache zurück, die sich lediglich ein paar modernistische Erweiterungen erlaubte. Damit waren sie gefragter als radikale Innovatoren wie Karlheinz Stockhausen und Luigi Nono. Mochten die Musikkritiker noch so eifrig die Dissonanzen rechtfertigen – sie konnten ein Publikum nicht mitreißen, dem es eher um Genuss als um Schock zu tun war. Also begeisterte sich nur eine kleine Schar von Enthusiasten für die moderne Musik, während das große Publikum seine Skepsis nur sehr langsam abbaute.[37]

Der Sowjetblock hatte seine liebe Mühe, eine eigene Form der Moderne zu entwickeln, denn die Annahme modernistischer Stile erforderte erst einmal die Überwindung der starren stalinistischen Reglementierungen. Viel Begeisterung gab es für die Wissenschaften. Der Marxismus selbst sah sich ja als eine wissenschaftliche Ideologie, und immerhin hatte die Sowjetunion den ersten Satelliten in die Erdumlaufbahn geschossen. Auch die atheistische Agitation der Kommunisten führte die Wissenschaft gegen die Religion ins Feld. Viele Marxisten wollten Letztere, die sie »das Opium des Volkes« nannten, gänzlich verdrängen; freilich besaß die Kirche in manchen Ländern, etwa Polen, starken Rückhalt im Volke, namentlich, wenn sie sich dem Nationalismus verschrieb. Stilistisch hatte die Mehrheit der Funktionäre einen kleinbürgerlichen Geschmack. Vergessen schien die enge Verbindung zwischen politischem und künstlerischem Radikalismus, die in der Zwischenkriegsperiode zu beobachten gewesen war. Dass die Partei anfangs nur den »sozialistischen Realismus« dulden wollte, machte es den Künstlern schwer, abstrakte Stile zu verwenden, und den Schriftstellern, die traditionellen narrativen Formen aufzulösen. Schließlich machte man aber unter dem Wettbewerbsdruck bestimmte Zugeständnisse in der Architektur und beim Konsumwarendesign, indem man vorgefertigte Teile beim Bau von Wohnblocks und die Produktion von funktional gestalteten Haushaltsartikeln und Möbeln aus Plastik für den internationalen Export erlaubte. Die Spannung zwischen populärem Geschmack und künstlerischer Ambition schuf endlose Konflikte mit ungewissem Ausgang.[38]

Gegen hartnäckige Widerstände gewannen im Westen und letztlich sogar im Osten Europas die Modernisierer die Oberhand, weil sie sich mit der Zukunft identifizierten. Zwar kontrollierten die Verteidiger gebildeter Geschmäcker und Traditionen, mochten sie in Kirchen, konservativen Verbänden oder kommunistischen Parteien sitzen, immer noch viele Institutionen. Aber der jüngeren Generation erschienen die Verfechter der Moderne attraktiver, denn sie war die etablierten Konventionen leid und wollte mit Kreativität experimentieren. Trotz transatlantischer Unterstützung bedurfte es noch zahlreicher lokaler Konfrontationen in Museen, Theatern und Ausstellungsjurys, um die Innovation vor den Wächtern des Kanons zu legitimieren. Erst dann konnte man gewagte Gebäude errichten wie die Neue Nationalgalerie und die Philharmonie in Berlin.[39] Auf dem Zweiten Vatikanischen Konzil 1962–65 versuchte sogar die altehrwürdige katholische Kirche unter der Führung von Papst Johannes XXIII., ihre Lehre mit der modernen Welt zu versöhnen. Künftig durfte bei Messen statt Latein die jeweilige Landessprache verwendet werden, und dies blieb nicht die einzige Reform.[40] Am Ende erwiesen sich die Argumente der Modernisierer als unwiderstehlich, denn es gelang ihnen, sich als Kräfte des Fortschritts hinzustellen, die künstlerisches Experiment mit politischer Demokratie verbanden.

Explosion der Populärkultur

Das üppige Gedeihen der Populärkultur trug auch dazu bei, den Massen die Moderne schmackhaft zu machen, denn sie bescherte ihnen neue Formen der Unterhaltung. Nachdem es Depression, Krieg und Wiederaufbau durchlitten hatte, empfand das Publikum ein enormes Verlangen nach Zerstreuung. Es wollte die schreckliche Vergangenheit ebenso vergessen wie die schwierige Gegenwart. Neue Elektronikgeräte wie Transistorradios und Tonbandgeräte ermöglichten all jenen einen Zugang zur populären Musik, die sich nicht der Mühe unterzogen hatten, ein Instrument zu lernen. Und dass solche technischen Innovationen in Massen hergestellt wurden, machte sie auch für Konsumenten mit begrenzten Mitteln erschwinglich; der potenzielle Markt erweiterte sich, und eine riesige Abnehmerschaft entstand. Da sich die Erwachsenen nur langsam mit den neuen Geräten anfreundeten, wurde die Veränderung weitgehend von der entstehenden jugendlichen Subkultur vorwärtsgetrieben, in deren Mittelpunkt Film- und Popstars standen, die durch Fanmagazine wie die westdeutsche *Bravo* bekannt wurden.[41] Während Traditionalisten den Verlust von Geschmack und Anstand beklagten, entdeckten die jungen Leute in der Populärkultur neue Möglichkeiten der Freiheit und empfanden sich selbst als moderner als ihre älteren Angehörigen.

Ein wichtiges Medium war das Hochglanzmagazin, in Millionenauflagen gedruckt und an Zeitungsständen zu erwerben. Während der Nachkriegsjahre wurde das Papier besser und der Druck schärfer, auch bei Fotos. Bilder bekamen Farbe, und beim Layout wagte man mehr. Aufwendig illustrierte Großformatmagazine wie der *Stern* oder *Paris Match* boten Inhalte, die von politischer Information bis zum Gesellschaftsklatsch reichten. Andere, spezialisiertere Publikationen wie *L'Express* brachten hauptsächlich Nachrichten, nicht immer ohne Sensationshascherei, wenn es um tatsächliche oder imaginierte Skandale ging. Als *Der Spiegel* verboten wurde, weil er den Geheimbericht über ein NATO-Manöver publik gemacht hatte, gab es einen Sturm der Kritik, der Adenauers Abgang aus der Politik beschleunigte; 1963 trat er vom Amt des Bundeskanzlers zurück.[42] Andere Blätter visierten besondere Zielgruppen an, *Brigitte* und *Marie Claire* etwa Frauen; Magazine über Sport, namentlich Fußball und Skilaufen, oder über Technik, zum Beispiel Fotoapparate oder Autos, sprachen eher männliche Leser an. Jedes Hobby bekam irgendwann seine eigene Publikation; die Bandbreite reichte vom Briefmarkensammeln bis zur Imkerei. Fotoreportagen erlaubten Einblicke in die Welt der Reichen und Berühmten; manche zeigten Film- oder Sportstars gar bei sexuellen Abenteuern. Nicht selten von Hand zu Hand weitergereicht, offerierten diese Magazine eine Mischung aus Information und Amüsement.[43]

Eine andere populäre Quelle der Unterhaltung war das Radio, das seine goldene Zeit in den 1950er Jahren erlebte. Nach dem Kriege wurden die Empfänger leistungs- und feinabstimmungsfähiger, auch im UKW-Bereich, und übertrugen Stereoklänge. Manche Hersteller boten Rundfunkgeräte kombiniert mit Plattenspielern an, die in einer großen Holzkiste, einer sogenannten ›Musiktruhe‹, verbaut waren. In den meisten Ländern war der Rundfunk staatlich kontrolliert und wurde über Gebühren finanziert, weitgehend noch nicht über Werbeeinnahmen. Anfangs versammelten sich die Familie, manchmal zusätzlich die Nachbarschaft, abends um den Apparat und lauschte einer einzigen Sendung, die nur regional zu empfangen war. Später jedoch deckte der Rundfunk den ganzen

Tag und die ganze Nacht ab; zu verschiedenen Tageszeiten wandte er sich an verschiedene Zielgruppen, bald an Hausfrauen und Schulkinder, bald an von der Arbeit heimgekehrte männliche Berufstätige. Umfragen ergaben, dass Programme mit Klassik und wissenschaftlichen Vorträgen, die das Publikum seelisch bereichern und bilden wollten, rasch ins Hintertreffen gerieten gegenüber Sendungen mit Tanzmusik und purem Entertainment, auf die besonders Frauen ansprachen. Männer schalteten eher bei Nachrichten und Sport ein, Jugendliche wollten wiederum Jazz oder Rock hören. In den 1960ern sorgte die Einführung der Transistorradios und der kommerziellen Radiostationen für eine Zersplitterung der Rundfunklandschaft: Immer mehr Sender mit immer kleineren Hörgemeinden entstanden.[44]

Das wichtigste Unterhaltungsmedium außerhalb des eigenen Zuhauses blieb vorerst der Film, der, was Besucherzahlen und Einspielergebnisse betraf, immer neue Rekorde brach. Dank technischer Innovationen wie exakterer Bild-Ton-Abstimmung, Farbfilm und größerer Leinwände wirkten die Werke immer lebensechter. Nach dem Krieg lagen allerdings viele europäische Produktionsstätten in Trümmern, was Hollywood die Chance bot, den kontinentalen Markt zu erobern, den zuvor die UFA beherrscht hatte. Und doch blieb das europäische Kino nicht untätig – talentierte Regisseure wie Roberto Rossellini, Robert Bresson und Ingmar Bergman schufen moderne experimentelle Filme im Stil des Neorealismus, Minimalismus oder Symbolismus. Sie behandelten darin die Verwicklungen, die soziale Existenznöte oder seelisches Leiden über den Menschen bringen können. Ein paar linksgerichtete Filmemacher wagten sogar, Themen wie die Schrecken des Krieges oder des Völkermordes direkt anzugehen, aber der weitaus überwiegende Teil der Filmproduktion vermittelte lieber weiterhin kleine Fluchten aus dem Alltag. Die Gattung des deutschen »Heimatfilms« beispielsweise versuchte, wie schon der Name verrät, Trost und Geborgenheit in der Trümmerwelt zu spenden. In Amerika erlebte das Genre des Westerns mit seiner vereinfachenden Moralität wachsende Erfolge. Hollywood, nicht selten unter der Federführung europäischer Emigranten, schuf darin die noch einflussreichere Illusion eines rechtschaffenen Gemeinwesens, in dem es manchmal gewaltsam zugeht, das Gute aber immer siegt.[45]

Während der ersten Hälfte der 1960er Jahre wurde dann das Fernsehen das beherrschende Medium in den europäischen Haushalten, das sowohl den Rundfunk als auch das Kino hinter sich ließ. Die immer bessere Qualität der Bildröhren und die Vielfalt der Programme zogen Millionen von Zuschauern an. TV-Übertragungen vermittelten das Gefühl, an wichtigen Geschehnissen selber teilzunehmen, an der Krönungsfeier der britischen Königin etwa oder an den Olympischen Spielen. Anfangs stellte man die Geräte an öffentlichen Orten wie Gaststätten oder in Ladenschaufenstern auf. Aber die Preise für das ursprüngliche Luxusgerät fielen rasant, bald besaß fast jeder Haushalt einen Fernseher. Wie der Rundfunk war auch das Fernsehen zunächst staatlich, gebührenfinanziert und auf einen Kanal begrenzt, aber allmählich war eine Vielfalt von Programmen verfügbar. Früher liefen abends nur Nachrichten, aber dann hielt auch zu dieser Zeit das bunte Allerlei Einzug: Quizshows, direkt fürs TV produzierte Langfilme, Berichte über ungeklärte Mordfälle, Sitcoms, Dokus und Sportreportagen. Dank ihrer hochwertigen Produktionsweise eroberten US-Serien wie *Bonanza* einen Großteil des Marktes; der Alte Kontinent vermochte da, sosehr sich das Projekt »Eurovision« auch anstrengte, aufgrund seiner Sprachenvielfalt nicht mitzuhalten. Das die Häuslichkeit fördernde Fernsehen stieg rasch zum führenden Massenmedium auf, das gelegentlich den geistigen Horizont seiner Zuschauer erweiterte, sie aber oft genug auch verdummte.[46]

Auch die Eroberung der populären Musik durch den Rock 'n' Roll gehört zur Moderne, denn sie war Teil einer jugendlichen Rebellion gegen den traditionellen Geschmack der Erwachsenen. Deutsche »Schlager« und französische *chansons* zogen die ältere Generation weiterhin an, aber die jungen Arbeiter strömten während der ersten Hälfte der 1950er in James-Dean-Filme sowie zu Bill-Haley-Konzerten und erwarben massenweise Elvis-Presley-Platten. Erst hörte man Jazz und Rock fast nur auf angelsächsischen Armeesendern wie dem American Forces Network (AFN); dann aber verbreitete sie das transnationale Radio Luxemburg, und schließlich spielten auch die regulären nationalen Stationen diese Musik. Frankreich versuchte durch Radioquoten für französischsprachige Musik, sich der anglophonen Invasion entgegenzustemmen, aber der aufregende Rockbeat verbreitete sich unaufhaltsam über ganz Europa durch Hitparaden, 45er-Platten, Kofferradios und Tonbandgeräte. Indem sie die Zwänge der Konvention hinter sich ließen, machten die durch Verstärker erhöhte Lautstärke und die primitiven Texte Rock 'n' Roll zum Stil einer ganzen Generation; dass die Erwachsenen ihn nicht mochten, nahm man als Beweis dafür, wie rebellisch doch seine Botschaft sei. Die simplen Melodien und hämmernden Rhythmen ließen sich leicht nachspielen, und bald bildeten sich Garagenbands, die ihre Idole imitierten.[47] Ohne den komplexen amerikanischen Hintergrund des Phänomens zu verstehen, begeisterten sich die europäischen Jugendlichen für diese Populärmusik aus Übersee, weil sie so modern und cool wirkte.

Am erfolgreichsten adaptierte den amerikanischen Rock eine britische Band namens The Beatles, deren Hits, die freilich etwas sanfter klangen als die Vorlage, während der 1960er die Charts stürmten. Schon als Teenager hatten die drei Arbeiterjungen John Lennon, Paul McCartney und George Harrison mit ihren Gitarren gemeinsam musiziert, später kam noch der Schlagzeuger Ringo Starr hinzu. Die Band spielte Rock in lokalen Clubs, bis sie ein Engagement in Hamburg erhielt, wohin sie immer wieder eingeladen wurde – eine Art Ritterschlag innerhalb der damaligen Szene. 1963 erreichte sie ihren Durchbruch mit dem Album *Please Please Me*; es folgten Hit-LPs wie *A Hard Day's Night* und *Sgt. Peppers Lonely Hearts Club Band* und Filme wie *Help*. Die Musik der Beatles verschmolz Rock, Folk-Balladen, zeitgenössische psychedelische Klänge und sogar klassische Elemente zu einem gefälligen Ganzen. Mit ihren Moppfrisuren, jugendlich frischen Gesichtern, ihrem Drogenkonsum und ihrer lässigen Kleidung kreierten sie einen eigenen Stil. Ihre persönliche und musikalische Ausstrahlung war derart überwältigend, dass eine wahre »Beatlemania« grassierte: Tausende weibliche Fans fielen bei ihren Konzerten in Ohnmacht. Bis zur Auflösung der Band 1970 hielten sie fast überall auf der Erde die

Vorstellungswelt einer ganzen Generation gefangen und verkauften mehr Platten als je eine andere Gruppe.[48] Das Phänomen Beatles wurde emblematisch für einen in der westlichen Moderne immer wieder beobachtbaren Vorgang: die Verbindung von Jugendprotest und Kommerz.

Die kommunistischen Führungen versuchten, in ihrem Machtbereich eine eigene Populärkultur zu entwickeln, die gleichzeitig unterhaltsam und ideologisch zuverlässig sein sollte. Bücher und Magazine konnte man ja durch Grenzkontrollen draußen halten, aber die Beiträge des Radio Free Europe und auch die westdeutscher TV-Anstalten, die dank Grundnetzsendern viele Bürger auf der anderen Seite erreichten, durchdrangen den Eisernen Vorhang, und auch Rockplatten gelang das öfters. Der mediale Wettbewerb zwang den Osten, dem westlichen Vorbild mit einiger Verzögerung zu folgen, bei der technischen Entwicklung wie bei der Programmgestaltung. Bald gab es auch dort Radio- und TV-Geräte, aber sie blieben relativ teuer. Neben den oft propagandistisch verfälschten Nachrichten brachte man viele Unterhaltungssendungen sowie osteuropäische Spielfilme. Dokumentationen, die wiederum oft didaktisch und tendenziös waren, behandelten etwa den antifaschistischen Widerstand, kapitalistische Repression und antiimperialistische Freiheitskämpfe. Einige DDR-Produktionen wie das *Sandmännchen*, eine Gute-Nacht-Sendung für Kinder, waren immerhin so populär, dass sie den Zusammenbruch des Kommunismus überlebten. Aber insbesondere Kommentare, Kabarett oder Musik für junge Leute führten immer wieder zu Konflikten.[49] In den Regionen, die West- *und* Ostprogramme empfangen konnten, verloren die staatlich gelenkten Medien den Wettbewerb, besonders als im Westen die kommerziellen Sender auf den Plan traten, denn deren Beiträge fand man unterhaltsamer und auch glaubwürdiger.

Wirkungen der Amerikanisierung

Wenn Europäer über das Fortschreiten der Moderne debattierten, stand das Phänomen »Amerikanisierung« im Mittelpunkt – schließlich kamen viele der neuen Entwicklungen aus den Vereinigten Staaten. Völlig zu Recht meinten sie, dass der Aufschwung des kontinentalen Geschäftslebens auf Techniken der wissenschaftlichen Betriebsführung beruhte, die in der Neuen Welt erdacht und erprobt worden waren. Auch brachten sie den nimmermüden Sinn für Eigeninitiative und soziale Mobilität in Zusammenhang mit der amerikanischen Freiheit. Zudem fanden sie, dass gerade die Ableger von US-Firmen in Europa effektivere Formen der Vermarktung herüberbrachten, durch die sich gutbürgerliche Kaufgewohnheiten zum Massenkonsum ausweiteten. Sogar in der Hochkultur empfanden die europäischen Kommentatoren die USA als segensreich. Denn dort saß die Avantgarde aus Europa, deren Erfolge in der Neuen auf die Alte Welt ausstrahlten und zum Siegeszug der modernen Stile beitrugen, teils, weil ihre Vertreter persönlich zurückkehrten, teils, weil viele einheimische Künstler diese Stile nun kopierten. Bezüglich der Populärkultur machte das Schlagwort »Cocakolonisierung« die Runde, um die transformative Kraft zu kennzeichnen, mit der Erscheinungen wie Hollywoodfilme und Rock 'n' Roll die populären Lebensstile diesseits des großen Teichs prägten. Die meisten Beobachter glaubten sogar, dass Modernisierung unvermeidlich auch Amerikanisierung bedeute, gehörte Europa doch fest zum informellen US-»Marktimperium«.[50]

Die dergestalt wahrgenommene Amerikanisierung Europas löste bei den pessimistischen Feinden der Moderne einen heftigen Antiamerikanismus aus. In den Reihen der kontinentalen Eliten hatte die Kritik am US-amerikanischen Egalitarismus eine lange Geschichte, da sie die Herrschaft der Massen als eine gefährliche Form des Populismus fürchteten. Europäische Konkurrenten beklagten sich über die aggressiven Geschäftspraktiken amerikanischer Firmen, während Gewerkschaften dem Marktkapitalismus der USA Arbeitnehmerfeindlichkeit attestierten. Verteidiger der

Hochkultur wüteten gegen den Mangel an Tradition und feinen Sitten in den Neuen Welt, die sie als Ödland, ja, als »Barbarei« empfanden. Einige dieser Anwürfe enthielten Anklänge von Rassismus, zum Beispiel wenn wider die »Rassenmischung« zwischen Weißen und Schwarzen gewettert oder antisemitische Verschwörungstheorien verbreitet wurden. Während des Kalten Krieges wandte sich auch die europäische Linke gegen die Vereinigten Staaten, bezichtigte sie etwa globaler kapitalistischer Ausbeutung und der Verfolgung neoimperialistischer Ziele, ja des Strebens nach Weltherrschaft. Obwohl solche Attacken bestenfalls einzelne negative Aspekte der amerikanischen Bilanz überzeichneten, fanden sie Gehör bei jenen Europäern, die sich gegenüber dem unaufhaltsamen Fortschreiten der Populärkultur machtlos fühlten.[51]

Trotz solcher Einwände erwies sich die Amerikanisierung weiterhin als verführerisch, denn sie repräsentierte eine erneuerte und vertrauenerweckende Version der liberal-demokratischen Moderne. Die Sowjetisierung begrüßten im Osten nur die marxistisch-leninistisch gesinnten Intellektuellen und Arbeiter; ansonsten bedurfte sie der Gewalt, ausgeübt von der Roten Armee, der kommunistischen Partei vor Ort und dem Geheimdienst. Im Gegensatz dazu konnte sich das amerikanische Imperium mehr auf die freiwillige Kooperation der ihm Eingegliederten verlassen, zumal es ihnen während des Kalten Krieges Schutz und Sicherheit versprach. In den Auslagen, Vorträgen und Filmen der Amerikahäuser erschienen die Vereinigten Staaten als ein Land des Friedens, des Wohlstands und der Freiheit. Diese attraktive Utopie, so die implizite Verheißung, könnten die Europäer auch bei sich zu Hause realisieren, wenn sie ihre mörderische Vergangenheit hinter sich ließen. Hinzu kam, dass die amerikanische Version der Moderne weniger nach einem zentralen Plan als vielmehr durch die vielfältigen Bemühungen von Diplomaten, Geschäftsleuten, akademischen Gelehrten, Regisseuren und Sangeskünstlern ins Werk gesetzt wurde; derlei ließ sich viel schwerer entgegentreten.[52] Und schließlich erschienen die meisten Amerikaner, mit denen man unmittelbaren Kontakt hatte, etwa die freundlichen G. I.s, schlicht sympathischer als die sowjetischen Rotarmisten und Funktionäre. So wundert es nicht, dass viele Europäer, namentlich die jungen, die Moderne in ihrer amerikanischen Gestalt recht unwiderstehlich fanden.

Die beliebte Gleichsetzung von Amerikanisierung und Modernisierung führte trotzdem in die Irre, denn sie übertrieb die Modernität der Vereinigten Staaten und vernachlässigte die Innovationsleistungen Europas. Weite Teile der USA, so die ländlichen Regionen und der alte Süden, waren doch sehr traditionell geblieben, wie die Stärke religiösen Brauchtums, der kreationistische Antiintellektualismus und der unterschwellig fortdauernde Rassismus zeigten. Außerdem waren viele vermeintlich originär amerikanische Erneuerungen europäischen Ursprungs; dazu zählen nicht wenige der innovativen Entwicklungen innerhalb von Industrie, Gesellschaft und Kultur, welche die Amerikaner nach dem Zweiten Weltkrieg in den eroberten Staaten wiedereinführten oder wiederbelebten. Die besiegten Länder, deren Traditionen genauso darniederlagen wie ihre Gebäude, begrüßten die amerikanischen Importe als Abkürzung zur demokratischen Moderne. Bei den stolzen Siegern jedoch war der Widerstand stärker. So versuchten in Frankreich nicht nur die Gaullisten, sondern auch die Linken ihre eigene Zivilisation zu verteidigen, unter anderem im Rundfunkwesen, dessen Sendeinhalte sie national quotierten. Auf der Gesamtebene der westlichen Zivilisation entspann sich ein Wettbewerb zwischen dem Druck der marktgetriebenen Amerikanisierung und der Bewahrung einer ausdrücklich europäischen Version liberaler Moderne, die den Wohlfahrtsstaat favorisierte.[53]

Die Moderne gewann in den Nachkriegsjahrzehnten letztlich die Oberhand, weil sie amerikanische und europäische Elemente zu einer transatlantischen Mischung verband. Kultureller Einfluss war keine Einbahnstraße, wie die Europäisierung der amerikanischen Küche, die Verbreitung des Jugendfußballs und die Popularität der Beatles hier wie dort bewiesen. Natürlich griffen die Europäer ihrerseits viele Ideen aus den Vereinigten Staaten auf; das Spektrum reicht von der umstrittenen Übernahme des Bachelorabschlusses bei der Bologna-Reform bis zu den »goldenen Bögen« der Firma McDonald's, die auch historische Gebäude ›zieren‹. Diese Hybridisierung wurde nicht unwesentlich gefördert durch Tausende amerikanischer Rucksacktouristen, die jeden Sommer in europäischen Zügen reisten, und Horden bleicher Europäer, die zur Winterszeit an den Stränden Floridas einfielen. In der Hoch- wie in der Populärkultur agierten bekannte Musiker, Filmstars und selbst prominente Intellektuelle bald in einem interkontinentalen Hyperraum: Sie besaßen hier wie dort Eigentumswohnungen, traten hier wie dort in Shows auf und jetteten zwischen den beiden Kontinenten beständig hin und her. Diese Moderne der Verschmelzung, die das Erbe von Depression, Krieg und Genozid überwand, wurde attraktiv, weil sie den Zugang zu einer aufregenden Welt des transatlantischen Austausches versprach.[54]

Die Planung sozialer Reformen

Die Satellitenstadt Sarcelles, 1963

Siebzehn Kilometer außerhalb von Paris liegt die Trabantenstadt Sarcelles, einst eine beschauliche Idylle. Doch seit den 1950ern ist es vorbei mit ihrer ländlichen Anmutung. Heute ragen hohe Betonquader in den Himmel und bilden eine Siedlung aus mächtigen gleichförmigen Wohnsilos, eine »wahre Stadt der Zukunft«. Von Mitte der 1950er bis Mitte der 1970er Jahre entstand in drei Phasen das *grand ensemble* des neuen Sarcelles. Den Anstoß gab seinerzeit zwar die Dringlichkeit, den Wohnungsmangel nach dem Kriege zu beheben, aber allmählich entwickelte sich die Siedlung zum Vorzeigeprojekt der Moderne. Ihre Planer und Beförderer waren sowohl Sozialreformer, die Familien einen gesünderen Lebensraum bieten wollten, als auch Architekten, die ein urbanes Design anstrebten, das »einen Hafen des Friedens und der Ruhe für den modernen Menschen« bieten konnte. Am Ende stand eine Mischung aus 12 331 Wohnungen, Geschäften, Straßen, Parkplätzen und Grünflächen bereit. Alles war sorgfältig angelegt, um ein Gemeinschaftsgefühl zu erzeugen; man sollte sich in angenehmer Umgebung während seiner Freizeit für die Arbeit regenerieren. Da sie aus ihren engen, heruntergekommenen und unhygienischen Wohnungen in den älteren Stadtteilen herauswollten, bewarben sich Mieter scharenweise für das Projekt. Schließlich erhofften sie sich von ihm ein besseres Leben, das für sie durch moderne Annehmlichkeiten wie Innentoiletten und Elektroherde gekennzeichnet war.[1] Ähnliche Satellitenstädte schossen während der 1960er Jahre in ganz Europa aus dem Boden, die allesamt, mochten sie sich auch in Details unterscheiden, den Optimismus des *social engineering* verkörperten.

1965 beschrieb der Jurist Joseph H. Kaiser dieses neue Vertrauen auf die Möglichkeit, Fortschritt durch wissenschaftliche Antizipation zu erzielen: »Planung ist der große Zug unserer Zeit […]. Planung ist der systematische Entwurf einer rationalen Ordnung auf der Grundlage allen verfügbaren Wissens.« Während Kulturpessimisten die Zukunft als unberechenbar betrachteten und Liberale Bedenken gegen Reglementierungen hegten, begannen viele Wissenschaftler, Journalisten und Politiker zu glauben, man könne vorhersagen, was geschehen werde, und entsprechend die richtigen Entscheidungen treffen. Überwältigt vom schnellen ökonomischen Wachstum, den sozialen Veränderungen und neuen kulturellen Ansätzen bzw. Experimenten, hielten jene Beobachter stückwerkhafte Reaktionen nicht mehr für ausreichend. Stattdessen brauche man nun systematische Pläne, um diese Vorgänge zu steuern. Philosophische Einwände ignorierend, zeigte sich die Öffentlichkeit angetan von der modernen Verkehrsplanung. Schließlich wuchs die Zahl der Autos so stark, dass sie immer wieder die Straßen verstopften und man sich von einem Ausbau des Netzes Entlastung erhoffte. Gleichzeitig behaupteten Verhaltensforscher, dank der Ergebnisse ihrer Studien sei die Politik nun in der Lage, soziale Probleme auf wissenschaftlicher Basis zu lösen; statt mit Meinungen könne sie mit gesicherten Fakten argumentieren.[2]

Diese Wende hin zur Sozialplanung reagierte auf den weitverbreiteten Wunsch nach einer Methode, die Zukunft zu steuern, denn man wollte kommende Entwicklungen vorausdenken und beeinflussen. In Literatur und Film gelangte während der 1960er die Science-Fiction zu Popularität; einer ihrer Reize für das Publikum bestand in der Spekulation über die möglichen Konsequenzen der Raumforschung. Sie gewann an Attraktivität, indem sie auf spezifische Weise technologische Phantasien mit Träumen von sozialen Alternativen verschmolz und dabei zwischen Utopie und Dystopie schwankte.[3] Etwas mehr Seriosität billigte man der akademischen Disziplin der »Futurologie« zu, deren wichtigste Pioniere Bertrand de Jouvenel und Robert Jungk waren. Sie und andere suchten nach einer systematischen, wissenschaftlichen Methode zur Erstellung von Prognosen. Bald gab es Lehrstühle und Thinktanks, die sich mit der Zukunft befassten. Regierungen und Unternehmen förderten sie, weil ihnen an der Vorhersagbarkeit von Entwicklungen gelegen war; schließlich ließ sich so das Risiko falscher Entscheidungen minimieren. Ein Schritt in diese Richtung schien mit dem Entstehen der neuen interdisziplinären Wissenschaft »Kybernetik« getan, der die Entwicklung von Großrechnern einen verstärkenden Impuls gab. Mit Hilfe der Kybernetik werde man, so die Erwartung vieler, die Komplexitäten der fortgeschrittenen Industriegesellschaften des Westens wie des Ostens in den Griff bekommen; nicht wenige hofften gar auf eine Konvergenz von Markt und Plan.[4]

Jene optimistische Einstellung speiste sich aus bestimmten Ansichten über die Modernisierung, die diesseits *und* jenseits des Eisernen Vorhangs gleichermaßen vertreten wurden. Dass diese Einschätzungen nur teilweise stichhaltig waren, erschloss sich erst rückblickend. Beide Parteien hegten etwa den Glauben, technische Innovation sei etwas Segensreiches und werde auf immer genialere Weise das Quantum der notwendigen Arbeit reduzieren. Eine andere, dem Nachkriegsboom geschuldete Überzeugung war die Annahme, die Wirtschaft werde automatisch immer weiter wachsen, solange keine neuen Kriege dazwischenkämen. Eine vielleicht noch größere Rolle spielte die Vorstellung, die Gesellschaft sei grundsätzlich formbar durch politische Entscheidungen. Zudem war man sich sicher, dass wissenschaftliche Forschung, institutionalisiert in verschiedenen Beratungskörperschaften, empirische Daten und objektive Interpretationen bereitstellen könnte, die zur konkreten Entscheidungsfindung dienten. So würde die Politik rationaler und effizienter, wenn sie nicht mehr um die richtige Ideologie kämpfen müsse, sondern sich bemühen könne, wissenschaftliche Empfehlungen umzusetzen. Dieser von Experten propagierte Enthusiasmus für die Sozialplanung bildete den Höhepunkt der klassischen Moderne, denn er stellte den verlorenen Glauben wieder her, dass Fortschritt durch menschliche Rationalität zu erreichen sei.[5]

Diese Bemühungen der Planer haben während der ersten Nachkriegsdekaden das Antlitz Europas modernisiert, eine perfekte Gesellschaft jedoch haben sie nicht geschaffen. Zwar spielte Planung, als man den Wiederaufbau organisierte, auf allen Ebenen eine wichtige Rolle, aber um die Richtung, die dabei einzuschlagen war, gab es immer wieder heftigen Streit. Während des Nachkriegsbooms war die Wiederbelebung des ökonomischen Wachstums weitgehend der Rückkehr zum Marktwettbewerb zu verdanken, der freilich im Geiste des Neokeynesianismus durch die Regierungen gelenkt und eingehegt wurde, die korporatistische Kooperationen zwischen Firmenleitung und Belegschaft ermutigte.[6] Indem man Städte nach dem Bedarf des Autoverkehrs plante, Satellitensiedlungen entwarf und Geschäftszentren sowie Gewerbegebiete errichten ließ, schuf man eine urbane Landschaft aus Beton, Stahl und Glas – und das betraf nicht nur die Gebäude, sondern auch große Teile des Raumes zwischen ihnen. Angesichts solcher unmenschlich anmutender Technik entstand ein Gegenimpuls, sodass viele Bürger lieber ältere Wohnviertel restaurierten und wiederbelebten. Ähnliche Zwiespalte entstanden an Schulen und Universitäten: Die drastische Ausweitung der weiterführenden Bildung ermöglichte zwar deutlich mehr Menschen den sozialen Aufstieg, aber viele der frischgebackenen Absolventen entfremdeten sich ihrer Herkunft, ohne sich in dem nun erreichten Milieu daheim zu fühlen. Der Ausbau des Wohlfahrtsstaates schließlich gewährte zwar mehr Gleichheit, brachte aber Kosten mit sich, die für Unmut sorgten. Ironischerweise behinderte gerade der Erfolg des modernen Planens dessen weiteres Fortschreiten.

Organisation des Wiederaufbaus

Im Gegensatz zum im anglo-amerikanischen Raum vorherrschenden Wirtschaftscredo des Freihandels besaß Kontinentaleuropa eine lange Tradition staatlichen Eingreifens in die Ökonomie. Die Erinnerung an den Merkantilismus, den die absolutistischen Herrscher praktiziert hatten, erleichterte es späteren Regierungen, eine führende Rolle einzunehmen, wenn ihr Land die Industrialisierung nachzuholen hatte. Dies war selbst während jener liberalen Periode im 19. Jahrhundert der Fall, die kurzfristig den Marktwettbewerb begünstigte. Nach dem tiefen Trauma der Großen Depression und dem Zweiten Weltkrieg akzeptierten die Leute bereitwillig staatliche Maßnahmen, damit nur ja eine neue Krise verhindert würde. Die Sozialisten wiederum verlangten die Verstaatlichung der industriellen Schlüsselsektoren und die Verteilung von Grund und

Boden. Außerdem sprach die Erfahrung mit der staatlichen Koordination der Wirtschaft während der Kriegsjahre für eine öffentliche Orchestrierung auch des Wiederaufbaus. Dass bestimmte höchst lästige Kontrollmechanismen abgeschafft gehörten, etwa die Rationierung von Lebensmitteln und Kleidung per Kartensystem, meinten alle, aber welcher generelle Kurs in der Zukunft eingeschlagen werden sollte – darüber blieben die Meinungen geteilt. Sozialisten, die eine Organisation der Wirtschaft durch die Regierung befürworteten, einer egalitäreren Gesellschaft zuliebe, stritten mit liberalen Befürwortern des freien Spiels der Marktkräfte, die das Wachstum anregen sollten.[7]

Eine Extremposition vertraten die Kommunisten, die hofften, sie könnten mit der Einführung der Planwirtschaft den Erfolg der sowjetischen Industrialisierung in Osteuropa wiederholen. Zum Teil wollten die Marxisten-Leninisten das alte Vorhaben der Arbeiterbewegung realisieren, die kapitalistische Ausbeutung durch Verstaatlichung der Industrie zu beenden und den agrarischen Großgrundbesitz durch die Verteilung von Land zu zerschlagen. Zum Teil glaubten sie ernsthaft, es lasse sich die Preisbildung als Methode der Ressourcenallokation abschaffen und das individuelle Profitstreben durch ein kollektives Bewusstsein sozialer Verantwortung ersetzen. Der Mechanismus, mit dem dieses hehre Ziel erreicht werden sollte, war der Wirtschaftsplan. Grob gesagt setzte damit die Partei ökonomische Prioritäten fest, die als ein Gesamtrahmen fungierten. Im Einzelnen formulierten die Leiter der industriellen Betriebe Vorgaben für ihre Fabriken; dazu gehörten der Bedarf an Rohstoffen und Arbeitskräften sowie Produktionsziele, die man aufgrund bisher erbrachter Leistungen fixierte. Diese rivalisierenden Einzelpläne wurden dann von einer zentralen Planungsbürokratie koordiniert und zu einem übergreifenden Soll zusammengefasst, das innerhalb der nächsten drei bis fünf Jahre zu bewältigen war. Solange es hauptsächlich darum ging, Kriegsschäden zu beseitigen und die Industrialisierung zu forcieren, funktionierte dieses System sogar halbwegs.[8]

Im Gegensatz dazu beruhte das skandinavische Modell, für das progressive Gelehrte wie der Ökonom Gunnar Myrdal eintraten, auf einem Kompromiss zwischen Marktfreiheit und staatlicher Fürsorge. Nachdem die schwedischen Sozialdemokraten 1932 in die Regierung gewählt worden waren, handelten sie mit Wirtschaftsführern einen solchen Kompromiss aus, der ein breites Spektrum sozialer Schutzmaßnahmen etablierte, freien Handel und Privateigentum aber unangetastet ließ. Der Staat sollte eine solidarische Gemeinschaft werden, ein *folkhemmet* (»Volksheim«), wie eine geläufige Metapher lautete. Zu diesem Zweck schufen die Sozialdemokraten ein Sicherheitsnetz mit hohen Arbeitslosen- sowie Pensionsbezügen und autorisierten ferner beträchtliche Transferleistungen an Bedürftige, welche die Zahl der Armen drastisch senkten. Da dieses Verfahren die Auswirkungen der Großen Depression erfolgreich bekämpfte, bauten die nordischen Staaten das System nach dem Kriege aus und schufen den umfassendsten Wohlfahrtsstaat im ganzen Westen. Natürlich erforderten derartige soziale Stützen hohe öffentliche Ausgaben, weshalb in Schweden die stolzesten Einkommensteuersätze von ganz Europa galten – durchschnittlich rund 50 Prozent. Doch in internationalen Wohlstandsvergleichen rangierten die skandinavischen Länder meist an der Spitze, und auch in Umfragen zur Lebenszufriedenheit belegten sie unvermeidlich die ersten Plätze.[9]

Die Franzosen planten den Wiederaufbau nach dem Kriege nicht ganz so großzügig, zeigten sich aber von einem ähnlichen Geist beseelt. Überzeugt, dass Frankreich sich »modernisieren« müsse, erarbeitete Jean Monnet im Dezember 1945 seine »Vorschläge für einen Plan der Modernisierung und Investition« und sandte sie an Präsident Charles de Gaulle. Daraufhin installierte man eine Allgemeine Planungskommission (»Commissariat Général du Plan«). Diese legte fest, welche Ziele die französische Wirtschaft in den nächsten Jahren erreichen sollte, und listete auf, welche und wie viele Ressourcen die 24 Schlüsselindustrien benötigten. Der »Monnet-Plan«, der als Reaktion auf die Nachkriegskrise des Landes entwickelt wurde, sollte dessen infrastrukturelle Basis erneuern, um Frankreich wettbewerbsfähiger zu machen, nicht zuletzt für die Konkurrenz mit seinem östlichen Nachbarn. In vielfacher Hinsicht war dieser Ansatz ein Produkt des traditionellen französischen

Zentralismus, an dem auch die wirtschaftswissenschaftliche Elite, die sich aus Absolventen der Verwaltungshochschulen rekrutierte, unverändert festhielt: Das ökonomische Geschehen in den Provinzen sollte aus der Hauptstadt heraus gestaltet werden. Der französische Plan sollte das Land mit Investitionen wieder auf die Beine bringen. Dabei nutzte man die Tatsache, dass weite Teile der Wirtschaft schon verstaatlicht waren, und nahm zusätzlich amerikanische Kredite auf. Auf diese Weise gelang es den Planern, den privaten Sektor wiederzubeleben, Frankreichs Nachkriegserholung einzuleiten und seine Ökonomie zu modernisieren.[10]

Obwohl auch England in dieser Zeit mit Knappheiten zu kämpfen hatte, konzentrierte es sich auf die Einführung eines modernen Wohlfahrtsstaates, um die unteren Klassen für deren Anstrengungen und Entbehrungen während des Krieges zu entschädigen. Die 1945 in die Regierung gewählte Labour Party verstaatlichte zwar hier und da Betriebe nach sozialistischem Muster, etwa die Eisenbahn; mehr Aufmerksamkeit aber widmete sie der Umsetzung des *Beveridge Report*, der Minimalstandards sozialer Absicherung empfahl. Mit atemberaubendem Wagemut veranlasste das Kabinett Attlee eine ganze Reihe einschlägiger Maßnahmen, beispielsweise 1946 den »National Insurance Act«, der Unterstützung bei Arbeitslosigkeit, Krankheit, Mutterschaft, Verlust der Eltern und Rückzug aus dem Erwerbsleben garantierte; auch Sterbegeld wurde gezahlt. Für diese Versorgung entrichtete jeder Beschäftigte einen wöchentlichen, nach der Höhe seines Lohnes oder Gehaltes berechneten Beitrag. Außerdem wurden Familienbeihilfen, eine Unfallversicherung und nationale Armenunterstützung eingeführt. Der ehrgeizigste Gesetzgebungsakt, eingebracht von Gesundheitsminister Aneurin Bevan, war die Etablierung des »National Health Service«, der die medizinische Grundversorgung zur staatlichen Aufgabe machte und aus Steuereinnahmen bezahlt wurde.[11] Während die Privatwirtschaft weitgehend unberührt blieb, dehnte dieses beeindruckende Paket von Wohlfahrtsmaßnahmen die Aktivitäten der Regierung in wichtigen Sektoren der Gesellschaft erheblich aus.

Anders ging das besiegte und verwüstete Deutschland vor, jedenfalls sein westlicher Teil, in dem man die exzessive staatliche

Kontrolle der NS-Zeit gerade hinter sich lassen wollte. Schließlich war man einmal die größte Wirtschaft auf dem Kontinent gewesen und wollte sie wieder werden. Während die Nazi-Maßnahmen rasch rückgängig gemacht wurden, waren die tieferliegenden Kartellstrukturen schwieriger aufzulösen. Zunächst ging es außerdem den siegreichen Besatzern noch hauptsächlich darum zu verhindern, dass Deutschland erneut zu einer Militärmacht heranwuchs. Also beharrten sie auf einer weitreichenden Demontage der dortigen Fabriken und erlaubten Produktion nur in einem beschränkten Umfang, um den bisherigen Feind zurück in die Agrarökonomie zu drängen. Obwohl die Alliierten diese Haltung schrittweise aufgaben, litt die Bevölkerung anfangs schweren Mangel, sodass die allmählich wieder entstehenden deutschen Behörden Hilfe leisten mussten. Ein Minimum an Nahrung war ebenso sicherzustellen (1200 Kalorien pro Tag und Person) wie Notquartiere, in denen es zwangsläufig bald eng wurde, und Heizmaterial, bei dem gleichfalls Knappheit herrschte. In dieser düsteren Situation fanden Rufe nach der Verstaatlichung der Industrie und nach der Verteilung von Großgrundbesitzerland an die Bauern schnell Gehör, sogar in bürgerlichen Kreisen, ja selbst bei der Christlich-Demokratischen Union. Nur eine kleine Minderheit liberaler Ökonomen folgten den Appellen, die Friedrich von Hayek in *Der Weg zur Knechtschaft* lanciert hatte, und forderten wie er, Restriktionen aufzuheben, damit die Dynamik des freien Marktes die wirtschaftliche Erholung beschleunigen könne.[12]

Amerikanischer Druck – und Beistand – hielten Westeuropa davon ab, weiterhin mit sozialistischer Planung zu experimentieren, und sorgten für eine Rückkehr zum freien Markt. In Amerika sympathisierten zwar einige »New Dealers« mit wohlfahrtlichen Reformen, aber *summa summarum* bevorzugten die US-Eliten doch den kapitalistischen Wettbewerb. Im besetzten Deutschland stoppten amerikanische Vetos vereinzelte Ansätze zur Verstaatlichung, etwa in Hessen und Nordrhein-Westfalen. Lediglich das Recht der Beschäftigten auf Teilhabe an Entscheidungen der Arbeitgeber im Rahmen betrieblicher Mitbestimmung wurde eingeführt. In Westeuropa brachten Hilfen von außen die Unternehmen wieder auf die Beine und setzten den Wettbewerb wieder in Gang: direkte US-Kredite, etwa die des Marshallplans, und indirekte Förderungen durch die OEEC (heute OECD). Zudem war das dynamische Wachstum der amerikanischen Wirtschaft ein attraktives Beispiel dafür, was ein Markt ohne Restriktionen im eigenen Land und freier Handel zwischen den Nationen alles bewirken konnten. Ermutigt durch Austauschprogramme sowie Service-Clubs wie Rotary und Lions, bemühten sich Europas Wirtschaftsführer daher, diesem Vorbild nachzueifern, und traten in den Debatten daheim für die Reduktion der Rolle des Staates und für die Rückkehr zum Wettbewerb ein.[13]

Das Rennen zwischen Markt- und Planwirtschaft gewann dank ihrer überlegenen Leistung schließlich Erstere, und die Waage neigte sich zugunsten des freien Unternehmertums, allerdings im Rahmen des expandierenden Wohlfahrtsstaates. Nachdem die anfängliche Zahlungsbilanzkrise überwunden war, übertrumpften die westlichen Marktökonomien die planwirtschaftliche Konkurrenz im Osten – diese Feststellung gilt selbst dann, wenn man die geschönten sozialistischen Statistiken für glaubwürdig hält. Zu den Ländern, deren Wirtschaft besonders schnell wuchs, gehörten die Bundesrepublik, in der Ludwig Erhard das Sagen hatte, Österreich und die Niederlande. Faktoren, die ihnen zugutekamen, waren die Aufhebung bisheriger Restriktionen, niedrige Stückkosten, eine sinnvolle Mischung aus Grundversorgungs- und Konsumindustrie, hochumfängliche Reinvestitionen von Gewinnen, eine exportorientierte Struktur und eine kooperative Arbeitnehmerschaft, die vom Wohlfahrtsstaat und seinen Maßnahmen profitierte. Frankreich und Italien brauchten etwas länger, zumal ihre Arbeitnehmer widerspruchsfreudiger waren; aber dank flexibler Planung und Koordination wuchsen am Ende auch sie. Großbritannien, Belgien und Irland bildeten die Nachhut – teils, weil sie auf einem höheren Level gestartet waren, teils, weil ihre Produktivitätszuwächse niedriger blieben.[14] Zwar differierte die Mischung von Land zu Land, doch lässt sich übergreifend feststellen, dass ebenjener Kompromiss mit dem Namen »soziale Marktwirtschaft« die wesentliche Triebkraft der Modernisierung in der Nachkriegszeit war.

Wirtschaftsplanung

Nachdem der freie Markt während der 1950er zurückgekehrt war, überrascht es umso mehr, dass während der 1960er Jahre in Westeuropa eine wahre »Planungseuphorie« ausbrach. In vielfacher Hinsicht war die Wende zum Denken nach vorn eine Reaktion auf das rasante Fortschreiten der technischen Erneuerung, das öffentliche Investitionen erforderte, beispielsweise wenn Fernmeldetürme für TV-Signale nötig wurden. Um auf lokaler Ebene beschädigte Häuser grob instand zu setzen und Notunterkünfte zu schaffen, mochte Stückwerk genügen. Wollte man aber einen Schritt weitergehen und neue Wege finden, um die Nachfrage nach besserem Wohnen zu befriedigen, bedurfte es schon intensiverer Koordination. Konservative wie linke Parteien sahen die Notwendigkeit, für anhaltendes Wachstum zu sorgen, damit sich der Wohlstand mehrte und möglichst viele Menschen die Segnungen der Konsumgesellschaft nutzen konnten. Gleichzeitig boten Techniker und Wissenschaftler Lösungen für einzelne Bereiche an: So sollte die Atomkraft den wachsenden Bedarf an Elektrizität decken helfen, während sich mit Statistik die Leistungspotenz der Wirtschaft evaluieren ließ.[15] Diese Konstellation schuf das euphorische Gefühl, alles sei möglich, das den Menschen zu versprechen schien, bald könnten alle die Erträge einer wohltätigen Modernisierung ernten, wenn die notwendigen Veränderungen nur systematisch geplant würden.

Gerade als man im Westen dergestalt mehr Planung anstrebte, wollte man im Osten ironischerweise den Markt beleben. Planwirtschaftler in Osteuropa versuchten, ihr bürokratisches System zu modifizieren, indem sie Marktanreize reimplantierten. Es war leichter gewesen, die Kontrolle über die Kommandopositionen der Wirtschaft zu erlangen, als die Details des ökonomischen Austausches zu regeln. Letzteres bereitete jedenfalls so lange Schwierigkeiten, wie die Preisbildung eher politische Vorgaben reflektierte denn die tatsächlichen Kosten, Angebot und Nachfrage. Außerdem überstieg der Umfang der Informationen, die die Planungskommission brauchte, ihre Kapazitäten, sie zu erfassen und zu verarbeiten; die Ära der Großrechner begann ja erst. Gleichzeitig war der administrative Apparat, wie sich immer wieder zeigte, zu schwerfällig in seinen Entscheidungen und seiner Steuerfunktion. Erwiesen Prognosen, die einen warmen Sommer angekündigt hatten, sich als falsch, konnte das System nicht rechtzeitig auf Regenschirme umdisponieren, sondern produzierte nutzlose Badeanzüge. Planer und Ökonomen wie Erich Apel in der DDR und Ota Šik in der Tschechoslowakei wollten daher einige Marktmechanismen wieder einführen, um die Arbeiter stärker zu motivieren, einen effektiveren Warenaustausch zu ermöglichen und besser auf Konsumentenwünsche einzugehen. Letztlich scheiterten ihre Anstrengungen, die Kommandowirtschaft zu modifizieren, an der Entschlossenheit der kommunistischen Parteien, die politische Kontrolle zu behalten.[16]

Von diesen negativen Erfahrungen keineswegs abgeschreckt, initiierte die Kommission der Europäischen Wirtschaftsgemeinschaft im Oktober 1962 eine westliche Diskussion über Wirtschaftsplanung. Ihr Memorandum zur zweiten Stufe der europäischen Integration forderte »eine Vorausschau auf ihre künftige Entwicklung über mehrere Jahre«. Das französische Muster der *planification* diente als Vorbild. Von kommunistischer Kontrolle unterschied sich die seitens der Kommission gewollte Planung dadurch, dass sie nur einen Rahmen bereitstellte, um Maßnahmen der Regierungen und der EWG-Institutionen zu koordinieren, sodass eine gemeinsame stabilitätsorientierte Wachstumspolitik betrieben werden konnte. Zweck dieser Initiative war es, die divergenten nationalen Politiken gemäß der Strategie der Europäischen Kommission zu harmonisieren. Liberale wie der deutsche Wirtschaftsminister Ludwig Erhard verwarfen entsetzt diese »ökonomische Modeerscheinung«, die ihnen zu sehr nach staatlicher Einmischung roch. Die Linke hingegen reagierte entzückt, deckten sich die Vorschläge doch mit ihrer Neigung zum Ausbau des Wohlfahrtsstaates. Auch zeigten sich die meisten der Ökonomen, die seit Ende der 1950er in den einschlägigen Beratergremien der Kommission organisiert waren, geradezu freudig bereit, den Regierungen mit auf makroökonomischen Statistiken basierenden Empfehlungen zur Seite zu stehen.[17]

Das französische Modell des *dirigisme* war eine mäßig erfolgreiche Form, eine Modernisierung der Wirtschaft zu planen, indem man sich Vorgaben machte, Investitionsgelder bereitstellte und Anreize schuf. Paris kontrollierte einen umfassenden staatlichen Sektor, darunter die Eisenbahnen (SNCF), das Post- und Fernmeldewesen (PTT), die Stromversorgung (EDF) und der Flugverkehr (Air France). Daneben investierte man in Schlüsselbereiche wie die Automobilherstellung. Die Allgemeine Planungskommission legte die generellen Ziele fest und bestimmte, wo Investitionen hinflossen. Sie arbeitete mehr mit Anreizen als mit autoritärer Reglementierung, weshalb sie die Privatwirtschaft eher anleitete, als dass sie sie ersetzte. Die Strategie, Prioritäten zu setzen und Unternehmen so lange zu konsolidieren, bis sie nationale Marktführer mit internationaler Wettbewerbsfähigkeit waren, zeitigte einige bemerkenswerte Erfolge, etwa die Entwicklung von Hochgeschwindigkeitszügen (TGV) und die massive Vermehrung der Kernkraftwerke auf französischem Boden. Aber das Mitmischen der Regierung produzierte auch spektakuläre Fehlschläge; beispielsweise erwiesen sich etwa das Telefon-Computer-Hybrid Minitel und das Überschallflugzeug Concorde als unrentabel. Ferner erzwangen die rivalisierenden Verbände der Gewerkschaft erhebliche Lohnzugeständnisse, die Großbetrieben wie Renault die Wettbewerbsfähigkeit wieder nahmen.[18]

Zögerlich wandte sich auch England der staatlichen Planung zu; es sah darin ein Mittel, seine enttäuschende Wachstumsrate zu kompensieren, die nur die Hälfte des europäischen Durchschnitts betrug. Um die Industrie zu modernisieren und die Produktivität zu steigern, entschloss sich 1961 sogar eine konservative Staatsführung zu lenkendem Eingreifen. Angespornt durch Schatzkanzler Selwyn Lloyd, rief die Regierung Macmillan den Nationalen Rat zur Wirtschaftlichen Entwicklung (»National Economic Development Council«) ins Leben, der Maßnahmen vorschlagen sollte, mit denen sich bessere Ergebnisse erzielen ließen. Allerdings scheiterte Premierminister Harold Macmillan mit seinen Bemühungen darum, dass die große Gewerkschaft »Trade Union Congress« (TUC) und die Arbeitgeberverbände sich auf moderate Lohnzuwächse einigten; zu tief saß das gegenseitige Misstrauen. Nach dem Labour-Sieg 1964 schuf das Kabinett Wilson ein komplett neues Planungsgremium, das »Department of Economic Affairs«. Unter der Leitung von Wilsons Stellvertreter George Brown hatte es einen umfassenden »National Plan« zu erarbeiten, der den TUC kooperativer stimmen sollte. Leider fußte das Konzept auf unvollständigen Daten, und die anvisierte Wachstumsrate – jährlich 4 Prozent – erwies sich als zu ehrgeizig. Denn die britische Ökonomie zeigte sich als zu komplex, um von oben dirigiert zu werden, und die zugrundeliegenden Strukturen waren so kleinteilig, dass man sie nicht einfach auf eine Kooperation hinlenken konnte. In der Öffentlichkeit wuchs begreiflicherweise die Enttäuschung, und so musste das Vorhaben scheitern.[19]

Abgeschreckt durch diese problematischen Beispiele, wollte die Bundesrepublik Deutschland lange Zeit nichts von ökonomischer Planung wissen, bis das Land 1966/67 in seine erste Rezession nach dem Krieg rutschte. Das Wachstum stagnierte, und die Arbeitslosigkeit stieg leicht, was die deutsche Öffentlichkeit so sehr schockierte, dass Ludwig Erhard das Kanzleramt verlor. Nun kam eine Große Koalition aus Christdemokraten (CDU) und Sozialdemokraten (SPD) in Bonn ans Ruder. Da der unerwartete Abschwung die Früchte des Wirtschaftswunders bedrohte, schlug die Stunde der Etatisten: Der SPD-Ökonom und Wirtschaftsminister Karl Schiller plädierte für ein kontrazyklisches Wachstumsprogramm und forderte eine sinnvolle Planung der künftigen ökonomischen Entwicklung. Gleichzeitig bemühte sich Finanzminister Franz Josef Strauß (CSU) um einen ausgeglichenen Haushalt. Schillers Programm, verankert im »Stabilitätsgesetz« von Juni 1967, war ein echt neokeynesianischer Versuch, die Rezession zu bewältigen und künftigen Rückschlägen durch eine »Globalsteuerung der Wirtschaft« vorzubeugen. Inspiriert von den Diskussionen um *new economics*, die man damals gerade in Amerika führte, sollte es die konkurrierenden Ziele Währungsstabilität und Wachstumsförderung miteinander in Einklang bringen.[20]

In der praktischen Umsetzung basierte dieser Ansatz auf einer »konzertierten Aktion«. Darunter verstand Schiller, dass Arbeitgeber und Arbeitnehmer unter der Vermittlung der Bundesregierung zusammenwirkten, um ein stabiles Wachstum zu sichern. Mit überzeugender Rhetorik legten die Planer ihr Konzept dar und veranschaulichten ihre Intentionen durch ein »magisches Viereck«, das vier interdependente Ziele präsentierte. Oberste Priorität gebührte der Preisstabilität, denn man musste den Leuten die Furcht vor einer neuen Inflation nehmen. Fast ebenso wichtig war die Vollbeschäftigung, um die Gefahr einer Rückkehr der Großen Depression zu bannen. Das außenwirtschaftliche Gleichgewicht wiederum musste die Exporte am Laufen halten. Der Hauptpunkt des Programmes war jedoch ein ständiges und angemessenes Wirtschaftswachstum, der Finanzierung des Wohlfahrtsstaates zuliebe. Da der 1962 berufene »Sachverständigenrat zur Begutachtung der gesamtwirtschaftlichen Entwicklung« zu Ähnlichem riet, ließen sich Unternehmer wie Beschäftigte schließlich von einer Kooperation überzeugen: Erstere zeigten sich bereit zu Investitionen, Letztere zur Zurückhaltung bei ihren Lohnforderungen. Dass dann das Wachstum tatsächlich wieder ansprang und die Exporte anstiegen, schien für den Erfolg der kontrazyklischen Methode zu sprechen. Während des nächsten halben Jahrzehntes sollte in der deutschen Wirtschaftspolitik jene sanfte Version indikatorengesteuerter Planung dominieren, die »eine Aura von Fortschrittlichkeit« umgab.[21]

Ermutigt durch die erneute Expansion, waren die Planer bereit, eine Reihe weiterer Reformen anzugehen. Eine günstige Gelegenheit dazu ergab sich, als SPD und FDP 1969 die Bundestagswahl gewannen und unter Willy Brandt eine sozialliberale Regierung bildeten. In dessen Kabinett wurde der Wirtschaftsrechtler Horst Ehmke Kanzleramtschef und Minister für besondere Aufgaben, zu denen ab sofort systematische Politikplanung gehörte. Eine große Herausforderung bildete die Modernisierung des Beamtenapparates, in dem der höheren Effektivität wegen Vorgänge rationalisiert und überflüssiges Personal abgebaut werden mussten. Ein weiteres Projekt war die Auflösung kleiner Verwaltungsbezirke und ihre Zusammenlegung zu größeren Einheiten, die die benötigten Dienste besser leisten konnten. Im Sinne ihrer Parole »mehr Demokratie wagen« beschloss die Koalition einen regelrechten Schwung an Reformen, um die Bundesrepublik zu modernisieren.[22] Die komplexe Entwicklung einer ganzen Gesellschaft zu planen, war aber nicht praktikabel. Also setzten die Planer Schwerpunkte und nahmen sich spezifischere Bereiche vor, etwa Wohnungsbau, Bildung oder Wohlfahrt. Immerhin blickten Europas Eliten mit neuem Optimismus in die Zukunft. Sie waren überzeugt, dass rationale Analyse jedes eventuell auftauchende Problem lösen könne – bis der feste Wechselkurs kollabierte und der Ölpreisschock die ökonomische Basis für neuerliche Initiativen erschütterte.

Planungsfeld Städtebau

Es gab noch einen Bereich, in dem Planung eine zentrale Rolle spielte: bei der Lösung der Wohnungskrise nach dem Krieg. Sie betraf jene Gebiete Europas, denen Bombardements oder Bodenkämpfe extrem zugesetzt hatten. Fotografien von Rotterdam, Coventry, Warschau und Dresden – um nur ein paar besonders geschlagene Städte zu nennen – zeigen wahre Mondlandschaften der Verwüstung, in denen kaum noch eine Mauer steht. Während *displaced persons* oder Kriegsgefangene hofften, heimzukehren oder zu emigrieren, strömten Millionen von Flüchtlingen nach Mitteleuropa, was die allgemeine Not verschärfte. Menschen drängten sich in Bunkern, Kellern, Baracken oder Scheunen – jede Räumlichkeit war gut genug, wenn sie nur ein wenig Schutz vor den Elementen bot. Den Stadtoberen blieb nichts anders übrig, als den Restbestand an Wohnraum zu verteilen, indem sie die Fremden Familien zuwiesen, deren Zuhause noch halbwegs intakt war.[23] Angesichts der Überfüllungen und unhygienischen Wohnbedingungen waren öffentliche Investitionen dringend nötig. Das, was jeder Einzelne an Wiederaufbau leistete, blieb Stückwerk; es reichte hinten und vorne nicht.

Die europäischen Regierungen reagierten auf den Wohnungsmangel, indem sie Geld in die Hände nahmen und rasch größere Wohnblocks mit Billigmieten hochziehen ließen, um die Menschen von der Straße zu holen. Im Anschluss an soziale Experimente der 1920er ging das britische Labour-Kabinett daran, vier Millionen beschädigte Wohneinheiten durch sogenannte *council houses* zu ersetzen, die die lokalen Behörden finanzierten. In Deutschland gab es ein ähnliches Programm, den »Sozialen Wohnungsbau«, das noch ehrgeiziger war. Denn dort zahlte der Staat Subventionen an Gemeinden oder Genossenschaften für die Errichtung schlichter Behausungen zwischen den noch stehenden Gebäuden. Unter dem zusätzlichen Druck des ungewöhnlich kalten Winters 1946/47 bemühte sich der öffentliche Sektor auf diese Weise, eine Grundversorgung an Wohnraum zu gewährleisten. Dort konnten sich Familien wieder zusammenfinden und versuchen, ihrem Alltag den Anschein von Normalität zurückzugeben. Die Bauten waren meist einfache vielstöckige Klötze mit relativ kleinen Wohneinheiten, aber wenigstens hatten sie Innentoiletten. Staatliche Subventionen hielten die Mieten niedrig, damit sie auch für Arbeiter und verarmte Angehörige der Mittelschicht erschwinglich blieben, die sich die hochschießenden Preise des kommerziellen Wohnungsmarktes nicht leisten konnten.[24]

Kaum war die unmittelbare Not beseitigt, sahen sich die Städteplaner mit steigenden Erwartungen hinsichtlich besserer Ausstattung konfrontiert. Der Bedarf an neuem Wohnraum wuchs weiter, da der Niedergang der Agrarwirtschaft frühere Landarbeiter in die Städte zog und die Fragmentierung der Familien die Zahl unabhängiger Haushalte vermehrte. Die alten Domizile verfielen derweil, zumal viele davon gar nicht so nachgerüstet werden konnten, dass sie höheren Komfortansprüchen entsprachen. Bald forderten die Bürger mehr Wohnraum pro Person. Jedes Kind sollte ein eigenes Zimmer und seine Privatsphäre haben; moderne Annehmlichkeiten wie Dusche, Zentralheizung und Elektroküche wurden erwartet. Wegen der immer weiter um sich greifenden Motorisierung mussten zudem neue Straßen, Autobahnen, Garagen und Parkplätze gebaut werden. Der Druck, mehr Wohnstätten zu errichten, zwang die Planer, Städte schon auf dem Reißbrett ganz anders anzulegen als bisher. Vorab hatten sie zu entscheiden, wo künftig Wohnsiedlungen sowie Einkaufszentren stehen und Durchfahrtsstraßen verlaufen sollten; auch einige neue Kirchen waren unterzubringen.[25]

Dank steigendem Wohlstand bescherte der fortdauernde Bedarf an Wohnraum Architekten und Bauunternehmen eine nie dagewesene Gelegenheit, moderne Hochhausstädte zu gestalten. Auf internationalen Bauausstellungen fanden sich die Stars der Architekturszene ein und präsentierten ihre Ideen. Zur IBA in Berlin kamen 1957 etwa Le Corbusier, Eero Saarinen, Oscar Niemeyer und Walter Gropius, deren futuristische Visionen für den urbanen Raum miteinander wetteiferten. Die Tradition bewahren wollten sie ebenso wenig wie den Kontext der bereits existierenden Gebäude ringsum. Ihr modernistischer Stil setzte Stahl, Glas und Betonplatten in Szene. Es entstanden Wolkenkratzer, umgeben von parkähnlichen Grünflächen, durch Straßen verbunden und versorgt durch Einkaufszentren, in denen ganze Gruppen von Läden und Märkten zusammengelegt waren. Die führenden Baufirmen nahmen solche Entwürfe begeistert entgegen, denn großformatige hohe Wohngebäude aus Fertigbauteilen zu errichten war einfacher, als freistehende Einfamilienhäuser zu mauern. Politiker schätzten die rasanten Entwürfe der Architekten ebenfalls, denn sie versprachen sich von ihnen, dass nun ganze neue Stadtviertel zu niedrigen Kosten und in kurzer Zeit geschaffen werden konnten; so hätte man schon bald genügend Wohnraum für die Massen parat.[26]

Die Kooperation zwischen ambitionierten Architekten, Bauunternehmern und politischen Führern brachte neue, komplett am Reißbrett entworfene Satellitenstädte wie Sarcelles hervor. Eine solche entstand ab 1956 auch nahe der westdeutschen Stadt Bielefeld, in der viele Fabriken ansässig waren. Auf 400 Hektar Fläche fügte Architekt Hans Bernhard Reichow der ostwestfälischen Metropole einen neuen Vorort namens Sennestadt an, hauptsächlich gedacht für Vertriebene und Flüchtlinge aus Osteuropa. Reichows Plan sah eine Mischung aus Hochhäusern und Wohnbauten normaler Höhe vor, darunter auch Reihenhäuser, dazwischen schlängelten sich von Kiefern beschattete Straßen. Das Ensemble, das per Bus, Straßenbahn und Auto bequem zu erreichen war, wirkte freundlich und einladend. Dagegen sollte ein vergleichbares Unternehmen in Ostdeutschland, Halle-Neustadt, auch bekannt als »Chemiearbeiterstadt« primär den Arbeitern eine Bleibe bieten, die im nahegelegenen »Chemiedreieck« tätig waren – so nannte man den industriellen Ballungsraum um die sächsisch-anhaltinischen Städte Halle, Merseburg und Bitterfeld. Entworfen hat Halle-Neustadt Richard Paulick, dessen Pläne 1963 bewilligt wurden. Dort gab es nun ausschließlich Hochhäuser in Fertigbauweise mit ein paar Grünflächen dazwischen. Eigentlich sollte der neue Hallenser Vorort eine sozialistische Modellstadt werden. Doch von Anfang an beeinträchtigten Materialknappheiten ihre Errichtung; auch ließ ihre kommerzielle Infrastruktur zu wünschen übrig, weshalb sie sich zu einer sterilen Schlafgemeinde entwickelte.[27] Während der 1960er Jahre schossen überall in Europa ähnliche Trabantensiedlungen aus dem Boden.

Mit nur leichten Abwandlungen ließen sich die Methoden, nach denen man die Satellitenviertel gebaut hatte, auch auf die Neugestaltung der verfallenden Innenstädte oder die Behandlung besonderer Problemzonen anwenden. Der Neubauboom hatte dazu geführt, dass man ältere urbane Bezirke und nicht mehr benutzte Örtlichkeiten wie aufgegebene Hafengelände vernachlässigte, die daher herunterkamen und jede Attraktivität verloren. Folglich sammelten sich dort Migranten und die neuen Armen; solche Gegenden waren von Drogenkonsum geprägt und zogen das Verbrechen an. Im Osten ließen die kommunistischen Führer, da Renovieren ihnen zu teuer erschien, einfach die Bulldozer vorrücken und auf den freigeräumten Flächen neue Wohnkomplexe in Fertigbauweise errichten, ohne sich um den Wert der Architektur zu kümmern. Im Westen gab man dem Vorgang zwar den harmlos klingenden Namen »Stadtumbau« und förderte die Maßnahmen durch Subventionen sowie steuerliche Anreize. Doch auch dort wurden Mieter vertrieben und baufällige Häuser abgerissen, die man durch gesichtslose Betonblöcke ersetzte. In manchen Städten, etwa dem britischen Manchester, entstanden bei der »Slumsanierung« zwar optisch beeindruckende Bauten, doch blieben die neu entstandenen zentralen Viertel ohne Leben. Mehr gelohnt haben sich die Investitionen in die ehemaligen Londoner

Docklands, die sich in ein Viertel voller ansprechender Großgebäude mit bunter Mischnutzung verwandelten, das später auch Touristen anzog.[28]

Es überrascht nicht, dass die Reaktionen auf diese Art urbaner Modernisierung höchst unterschiedlich ausfielen. Die Verfechter städtebaulicher Reform wie der Architekt von Sarcelles sahen in solchen Megasiedlungen suburbane Modellinseln, die man getreu der Forderung Le Corbusiers angelegt hatte, urbanes Bauen müsse einen kohärenten Raum schaffen, in dem man wohnen, arbeiten, entspannen und sich fortbewegen könne. Man versprach sich davon eine »Revolution der Lebensstile«. Nicht wenige der Bewohner der neuen Gebäude waren tatsächlich froh, ihre heruntergekommenen Feuerfallen verlassen und in sichere, moderne Räumlichkeiten ziehen zu können. Auch schätzten sie die größere Wohnfläche und die technischen Annehmlichkeiten ihrer neuen Quartiere, die in Sachen Komfort definitiv ein Fortschritt waren. Ein Psychiater kritisierte die Ensembles jedoch und behauptete, in jenen gesichtslosen Hochhauswohnblocks grassiere eine neue Krankheit, die er *sarcellite* (»Sarcellitis«) nannte und die besonders Frauen befalle. Ihre Symptome seien »Unregelmäßigkeiten der Monatsblutung, gastrointestinale Hypermotilität, Pseudo-Herzstillstand, Tachykardie, Extrasystolen, Angststörungen« und so weiter. Ein sozialistischer Journalist war ebenfalls entsetzt von der Sterilität des modernistischen Designs, die der Gesundheit schade. Mit einer gewissen Übertreibung behauptete er, dass es den Männern weniger zusetze, deren Leben Abwechslung durch die Arbeit habe; die daheimbleibenden Frauen hingegen würden in der monotonen Architektur »eine Art Stupor« erleiden. Sie würden sich fühlen, als wohnten sie »in einer toten Stadt, in einem Raum ohne wirklichen Ort, fast wie im Fegefeuer«.[29]

Auch dank Kritiken wie dieser rückten bei der Planung schließlich die Satellitenstädte und die urbane Erneuerung in den Hintergrund – zugunsten einer zunehmenden Rekultivierung der älteren Stadtbezirke, die manchmal die öffentliche Hand ebenfalls unterstützte. Seit den 1970ern wehrten sich Bürger gegen den Bau von Stadtautobahnen in ihrer näheren Umgebung und gegen den Abriss von Gebäuden, da sie die Logik des architekturalen Modernismus ablehnten. Zur gleichen Zeit entdeckten junge Akademiker den Charme gründerzeitlicher oder viktorianischer Wohnungen mit ihren Parkettböden, hohen Decken und Stuckverzierungen; die historische Substanz ließ man renovieren und neue Küchen- und Badezimmereinrichtungen hinzufügen. Eine derartige Veredelung älterer Viertel nannte man bald »Gentrifizierung«, da sie mit dem Zuzug der neuen urbanen Oberschicht verbunden war. Zahlungskräftige Städter nahmen das vorgefundene Historische in Beschlag und kultivierten einen alternativen Lebensstil, den sie in ihr neues Umfeld mitbrachten. Die allmähliche Transformation ganzer Viertel wie etwa des Prenzlauer Bergs in Berlin schuf neue Konflikte, denn steigende Mieten und die Umwandlung der Mietshäuser zu Eigentumswohnungen vertrieben ältere und ärmere Bewohner.[30] Insgesamt gesehen waren die neuen Bemühungen um die alte Bausubstanz aber segensreich, denn sie hatten zur Folge, dass komplexere und menschenfreundlichere Lebensräume erhalten blieben.

Ausbau der Bildung

Weitere geplante Reformen betrafen die Expansion der Bildung in Europa, da sich immer deutlicher erwiesen hatte, wie wenig sie den Erfordernissen des modernen Lebens entsprach. Sie brachte zwar exzellente Wissenschaftler hervor, blieb aber eine exklusive Angelegenheit. Das traditionelle System bestand aus einer Pyramide: unten die Volksschulen als breites Fundament, darüber ein schon viel schmalerer Pfeiler – die Gymnasien –, und ganz oben eine dünne Säule für die Elite – die Universitäten. Der Zugang war von der sozialen Herkunft abhängig: Kinder aus der Arbeiterklasse erhielten nur elementaren Unterricht, die der Mittelschicht durften länger lernen und erwarben immerhin ein paar Fremdsprachen, aber nur den künftigen Hochqualifizierten standen das Studium an Universitäten und eventuelle Forschungsaktivitäten offen. Die große Mehrheit der Jugendlichen schickte man in eine Lehre, in der sie auf praktische Tätigkeiten vorbereitet wurden. Außerdem beherrschten immer noch alte Sprachen und Klassiker die Lehrpläne der Gymnasien. Moderne Sujets kamen kaum vor, und das Fördern technischer Fähigkeiten galt gar als sozial minderwertig. Mit dem Sputnik-Schock 1957 wurde offenkundig, dass solche Strukturen den kommenden Herausforderungen nicht gewachsen waren – weder jenen der technischen Innovation noch jenen der sich ansatzweise schon formierenden Dienstleistungsökonomie.[31]

Zwar hatte der Ausbau in mehreren Ländern bereits begonnen, aber während der 1960er Jahre forderte ein wahrer Chor von Kritikern vehement eine Bildungsreform. In der Bundesrepublik etwa sorgte 1964 der Publizist Georg Picht für helle Aufregung mit einer Artikelserie über einen Missstand, den er »Bildungskatastrophe« nannte: Das Land habe zu wenig Abiturienten, hieß es darin, und die Lernbedingungen an den Schulen seien beklagenswert. Der liberale Soziologe Ralf Dahrendorf ging noch weiter und proklamierte, bei Bildung handele es sich um ein »allgemeines Bürgerrecht«. Kinder aus der Arbeiterklasse, aus dem ländlichen Raum und aus katholischen Elternhäusern sowie nicht zuletzt auch Mädchen seien aber in den sekundären und tertiären Einrichtungen drastisch unterrepräsentiert. »Investitionen in Bildung« verlangten auch Arbeitgeber, etwa Industrielle, die die traditionellen Inhalte der Lehrpläne ebenso wie die Gewichtung der Fächer kritisierten: Man solle doch mehr Mathematik und Naturwissenschaften in den Kanon hineinnehmen und moderne Sprachen unterrichten. Konservative Verteidiger des traditionellen Systems hielten dagegen, jedwede Änderung desselben werde die Qualität der Bildung verwässern und die Übermittlung des kulturellen Erbes gefährden.[32] Aber bald verlieh eine regelrechte Reformeuphorie den Erneuerern so viel Schwung, dass die Forderung nach mehr »Chancengleichheit« doch die Oberhand gewann.

Die Kommunisten in Osteuropa implementierten die radikalste Bildungsreform, wobei sie weitgehend das sowjetische System übernahmen. Da sie das bürgerliche Schulwesen als Keimzelle der Reaktion betrachtete, verlangte die Partei eine Säuberung des Lehrpersonals und eine antifaschistische Revision der Unterrichtsinhalte. Was die Arbeiterbewegung in diesem Sektor seit jeher forderte, nämlich die »Brechung des Bildungsprivilegs« der Bourgeoisie, wollten die Kommunisten nun durchsetzen. Sie machten unermüdliche Anstrengungen, um die Kinder der Arbeiter und Bauern entsprechend zu fördern; der Nachwuchs von Hochqualifizierten und bisher Bessergestellten blieb da oft ausgeschlossen. Das klassisch-traditionelle Curriculum hielten die Funktionäre für unnötig, da ihnen die »polytechnische Erziehung« wichtiger schien. Zu Letzterer gehörte, dass man Schulklassen für einen Tag pro Woche in die Fabriken schickte, damit sich die Kinder und Jugendlichen mit der Arbeitswelt vertraut machten. Die Einführung von Gesamtschulen im Sekundarbereich war ein Fortschritt, doch die Obrigkeit forderte im Gegenzug von den Lernenden politische Loyalität, was zeigt, dass die Partei Erziehung und Bildung für den Erhalt ihrer Macht instrumentalisierte. Solche Reformen ebneten immer mehr jungen Menschen den Weg zur weiterführenden Schule, aber beim Übergang zur Universität wurde strikter nach politischer Haltung, individueller Begabung und sozialem Hintergrund ausgewählt. Nicht jeder durfte jedes Fach wählen, ja, es durfte nicht einmal jeder überhaupt eine Hochschule besuchen: Nur rund ein Fünftel der Altersgruppe im Ostblock studierte; im Westen taten das durchschnittlich doppelt so viele.[33]

In Westeuropa vollzog sich die Modernisierung des Bildungssystems langsamer und schrittweise, wobei die Expansion der Überarbeitung der Inhalte vorausging. Die erste Aufgabe lag darin, den Schulbesuch obligatorisch zu machen und die tatsächliche Einhaltung dieses Gebotes zu kontrollieren. Alle Kinder mussten ab einem bestimmten Alter in die Grundschule; schließlich war der Analphabetismus namentlich in den Mittelmeerländern und in den Balkanstaaten zu bekämpfen. Zweitens verlängerte man die Schulpflicht, die künftig nicht mehr bis zum 10., sondern bis zum 16. Lebensjahr galt; in England wurde dieses Ziel 1972 erreicht. Ein weiterer Schritt nach vorn war die Aufweichung der konfessionell getrennten Schulen in Deutschland; künftig besuchten auch bekenntnisfremde Kinder religiös ausgerichtete Einrichtungen. In katholisch dominierten Ländern wie Italien bestand die Trennung nach Bekenntnissen allerdings fort. Zur gleichen Zeit wurden die Zwergschulen auf dem Lande, die nur ein bis zwei Klassen hatten, geschlossen und deren Schülerschaft in größeren Lernzentren zusammengelegt, die nun komplett alle Jahrgangsstufen von der ersten Grund- bis zur letzten Realschulklasse vereinten. Besonders die skandinavischen Länder und Frankreich bauten Kindergärten und Vorschulen aus, damit die Mütter arbeiten gehen konnten. Die Lehrerausbildung wiederum wurde akademisiert und dadurch aufgewertet. Diese Bemühungen verbesserten in ihrem Zusammenwirken tatsächlich die Lernergebnisse der Europäer, auch wenn sie nicht alle nationalen Eigenheiten tilgen konnten. Die Bundesrepublik etwa hielt vorerst am Halbtagsunterricht fest.[34]

Ebenso trieben die Kultusminister die Expansion des Sekundärsektors voran, denn auch soziale Milieus, deren Nachwuchs sich bisher mit Volksschule, Berufsschule und Lehre hatte begnügen müssen, sollten Abschlüsse erwerben können, die sie später gesellschaftlich weiterbrachten; man wollte allgemein die Begabungsreserven besser ausschöpfen. Die Reformer appellierten in Kampagnen besonders an skeptische Arbeiterklasseeltern, ihre lernwilligen Kinder zum Gymnasium zu schicken, damit diese zu Angestellten aufsteigen konnten. Daher wurden existierende Lehranstalten ausgebaut sowie viele neue Schulen in Industriegebieten und Kleinstädten errichtet. Zusätzlich glich man Fächerkanon und Curricula den aktuellen Erfordernissen an: Griechisch entfiel weitgehend, Latein wurde zugunsten moderner Sprachen wie Englisch reduziert, und sowohl Mathematik als auch Naturwissenschaften erhielten mehr Gewicht. In vielen Ländern schaffte man die verschiedenen sekundären Schulformen ab, sodass alle Kinder und Jugendlichen von 6 bis 17 nun die sogenannte Gesamtschule besuchten, in der Haupt-, Real- und Oberschule verschmelzen sollten. Traditionalisten freilich verteidigten hartnäckig das klassische Gymnasium. All diese Anstrengungen machten die weiterführende Bildung für Katholiken und Mädchen transparenter. Vor den Reformen betrug der Anteil der Abiturienten innerhalb eines Altersjahrgangs ganze 10 Prozent; bis zum Ende des Jahrhunderts stieg er auf zwei Drittel. Freilich entwertete das den Abschluss, der angesichts der Masse an Abiturienten in den Augen des »Berechtigungswesens« kein Exzellenzbeweis mehr war. Früher garantierte das Reifezeugnis dem Absolventen einen attraktiven Job, etwa im Öffentlichen Dienst, doch das hatte mit der Abiturinflation ein Ende.[35]

Der Hochschulsektor erlebte einen nicht minder dramatischen Bauboom, von dem bereits existierende Universitäten ebenso wie neugegründete profitierten. Die Abiturientenschwemme führte zu einem steilen Anstieg bei der Zahl der Studierenden: Von ursprünglich 4 Prozent kletterte sie bis 1990 auf 30 Prozent eines Altersjahrgangs, was den traditionellen Lehrbetrieb zu überwältigen drohte. Die Bildungspolitiker reagierten auf diese Überbelegung mit vier Strategien. Sie versuchten, die Kapazität der älteren Einrichtungen durch Anbauten zu erhöhen. Sie verliehen pädagogischen Hochschulen und Ingenieurschulen den Universitätsstatus. Sie gründeten zahlreiche neue Studierstätten. Sie beförderten technische Hochschulen zu Universitäten, indem sie deren Fächerangebot um Geistes- und Sozialwissenschaften ergänzten. England beispielsweise schuf während der 1960er zwanzig neue *plateglass*-Universitäten im modernen Baustil aus Stahl und Glas, die sich von den »Backsteinuniversitäten« aus dem 19. Jahrhundert wie auch von den prestigeträchtigen, im Mittelalter gegründeten alten Eliteuniversitäten wie Cambridge und Oxford deutlich unterschieden. Die Sorbonne in der französischen Hauptstadt schwoll auf mehrere hunderttausend Studenten an und musste sich teilen; nach einer Weile hatte Paris statt einer dreizehn Universitäten mit jeweils eigenem Campus. In Deutschland wurden mehrere Dutzend Universitäten errichtet, die baulich an Industriekomplexe gemahnten, etwa in Bochum, Bielefeld und Konstanz. Der Übergang zur Massenhochschule milderte zwar den Druck der Vielzahl, aber die so entstandenen Lernfabriken lösten Gefühle der Entfremdung aus; nicht zuletzt diese gaben später den Anstoß zur Studentenrevolte.[36]

Der letzte Nutznießer der Bildungsexpansion während der 1960er war die Forschung in unabhängigen Zentren und Instituten außerhalb der Universitäten. Angesichts der Schnelligkeit der technischen Entwicklung und des Aufstiegs der Sozialwissenschaften konnte das traditionelle Modell, das die Akademie als eine »Gelehrtengesellschaft« konzipierte, nicht mehr genügen. Im Ostblock behielt man die Bezeichnung »Akademie« zwar bei, vergrößerte die Einrichtungen aber nach sowjetischem Vorbild gewaltig, sodass sie nun Forschungsinstitute für Grundlagen- und angewandte Wissenschaften mit mehreren tausend Beschäftigten beherbergten. Ähnlich ambitioniert war das riesige Nationale Forschungszentrum »Centre national de la recherche scientifique« in Paris, das ebenfalls den Schwerpunkt auf Naturwissenschaften und Technik legte; Geistes- und Sozialwissenschaften wurden nur in kleinem Rahmen geduldet. Die Bundesrepublik folgte hingegen einem dezentralen Modell mit mehreren hundert Instituten, lose koordiniert durch Gesellschaften, die nach bedeutenden Gelehrten benannt wurden, etwa nach Max Planck, Joseph von Fraunhofer, Hermann von Helmholtz oder Gottfried Wilhelm Leibniz. England beließ die Spitzenforschung in seinen führenden Universitäten und unterstützte sie durch Zuschüsse der staatlichen »Research Councils«. Diese Institutionen hielten Europa konkurrenzfähig im Wettbewerb um Nobelpreise, indem sie Umfang und Qualität der – weitgehend außeruniversitär betriebenen – Forschung enorm steigerten.[37]

Die öffentliche Reaktion auf die Modernisierung aller Bildungsebenen blieb dennoch ambivalent, denn mit den neuen Möglichkeiten kamen auch unvorhergesehene Probleme. Kein Zweifel, das numerische Wachstum hob die Alphabetisierungsrate, die Bürger verstanden komplexe Sachverhalte und Zusammenhänge besser, und unterprivilegierte Gruppen wie Frauen und Arbeiterkinder erhielten Zugang zu den höheren Schulen. Dass im sekundären und tertiären Bildungssektor der Personalbestand verdoppelt oder gar verdreifacht wurde, verschaffte einer ganzen Generation von Lehrern, Professoren und Forschern Karrierechancen; Letztere wurden nicht selten Angehörige eines sich selbst tragenden akademischen Unternehmens. Doch die beispiellose Ausweitung stieß bald an ihre Grenzen, denn die Unterhaltskosten eines nun erheblich umfassenderen Systems stiegen auf kaum zu bewältigende Höhen, und das Wachstum in der Größe machte die Handhabung des Systems komplizierter. Viele der neuen Schüler und Studenten, die aus benachteiligten Milieus kamen, fühlten sich nicht nur ihren weniger gebildeten Eltern entfremdet, sondern auch orientierungslos in einem System, das für den kultivierten Geschmack des Bildungsbürgertums entworfen worden war.[38] Gerade der Erfolg der Expansion schuf neue Herausforderungen: Nun musste man die pädagogischen Methoden ändern, die Inhalte der Curricula den aktuellen Erfordernissen anpassen und die Autoritätsverhältnisse liberalisieren.

Der Wohlfahrtsstaat

Das populärste Projekt der Reformplaner war der Ausbau des Sozialstaates, der seinen Höhepunkt in den frühen 1970er Jahren erreichte. Ironischerweise hat niemand anderes als der konservative Staatsmann Otto von Bismarck ein Jahrhundert zuvor die Sozialversicherung eingeführt, mit dem Hintergedanken freilich, die Verbreitung des Marxismus im Proletariat zu begrenzen. Dem Reichskanzler ging es seinerzeit darum, »die arbeitenden Klassen zu gewinnen, oder soll ich sagen zu bestechen«, indem er ihnen »Teilhabe an der Gesellschaft« ermöglichte. Seine Sozialpolitik sollte den Arbeitern Schutz vor Erwerbslosigkeit, Krankheit oder Altersnot bieten. Großbritannien entschloss sich unter dem liberalen Asquith-Kabinett vor dem Ersten Weltkrieg zu ähnlichen Bestimmungen, während in Frankreich erst die Volksfront unter Léon Blum Mitte der 1930er Jahre ein vergleichbares System etablierte. Seine größte Reichweite innerhalb des Westens erlangte der Wohlfahrtsstaat jedoch in den sozialdemokratisch beherrschten Ländern Skandinaviens, während im Osten der marxistische Egalitarismus alles regelte. Es bildeten sich mehrere verschiedene Formen sozialer Absicherung heraus: in Osteuropa die kommunistische Version der Grundversorgung; im sozialdemokratischen Skandinavien der steuerfinanzierte Rundumschutz; in Frankreich, Deutschland und Italien, weitgehend unter christdemokratischer Ägide, eine mitteleuropäische Variante des Subsidiaritätsprinzips; in der Schweiz und Großbritannien die wirtschaftsliberale, mehr oder weniger soziale Marktökonomie.[39]

Beseelt von den alten Zielen der Arbeiterbewegung, machten die Kommunisten den engagiertesten Versuch, Ausbeutung, Ungleichheit und Siechtum zu beseitigen. Dieses ziemlich ehrgeizige Projekt erforderte die Restrukturierung der gesamten Wirtschaft und Gesellschaft. Zu seinen Hauptmethoden gehörte es, jedem einen Arbeitsplatz zu garantieren. So konnte immerhin Erwerbslosigkeit vermieden werden, eines der größten Übel des Kapitalismus. Darüber hinaus subventionierte man einige Dinge des elementaren Bedarfs, nämlich die Grundnahrungs- und Verkehrsmittel sowie die Mieten; niemand musste also hungern, auf der Straße leben oder die Möglichkeit entbehren, zur Arbeit zu fahren. Die Nutzung des Bildungs- und Gesundheitswesens war in den sozialistischen Staaten gratis; alle Kinder sollten zur Schule gehen können und die gesamte Bevölkerung medizinische Versorgung erhalten. Da all das aber enorm viel kostete, blieben die Löhne relativ niedrig und die Renten mager. Während der ersten Nachkriegsjahrzehnte meinten die kommunistischen Führungen, in ihren Ländern sei Sozialpolitik unnötig, denn der Sozialismus decke als solcher schon alle Bedürfnisse. So verwundert es nicht, dass sich die klassischen Wohlfahrtsinstrumente, wie man sie aus dem Westen kannte, dort nur unvollkommen entwickelten, bis die Partei in den 1970ern bemerkte, dass »der realexistierende Sozialismus keineswegs alle sozialen Probleme gelöst« hatte.[40]

Das umfassendste Wohlfahrtssystem im Westen war das nordische Modell, für das besonders die Sozialdemokraten kämpften, um Sozialpolitik auf hohem Niveau innerhalb eines kapitalistischen Systems machen zu können. Anders als der Sowjetblock hielten die skandinavischen Länder an dem Konzept fest, dass individuelle Initiative und persönliches Gewinnstreben die Triebkräfte wirtschaftlichen Wachstums seien. Außerdem waren sie sowohl für Marktwettbewerb als auch für Freihandel und griffen kaum regulierend in Produktion oder Arbeitsmobilität ein; zusätzlich unterstützten sie technische Innovationen. Starke Gewerkschaften setzten jedoch einen Sozialpakt durch, dem zufolge sie kollektive Tarifverhandlungen mit den Arbeitgebern führen konnten, in denen die Regierung vermittelte. Dieser in den folgenden Dekaden noch optimierte Ansatz bot eine Rundumabsicherung gegen die Wechselfälle des Lebens, dazu kostenfreie Bildung und allgemeine Gesundheitsfürsorge. Das nordische Modell versuchte der Polarität des Kalten Krieges auszuweichen, indem es einen dritten Weg zwischen Kapitalismus und Kommunismus suchte. Diese großzügige Wohlstandsverteilung erforderte Ausgaben von über 50 Prozent des Bruttoinlandsprodukts; um sie zu gewährleisten, musste der Staat seinen Bürgern rund die Hälfte ihres persönlichen Einkommens nehmen. Während Prominente wie die Kinderbuchautorin Astrid Lindgren grollten, bestätigten die Wähler dieses System immer wieder, da es ihnen sozialen Frieden und Sicherheit bescherte.[41]

Ebenfalls stattlich, aber weniger umfassend war das christdemokratische Modell, beispielsweise das der Bundesrepublik. Deren Grundgesetz definiert als Ziel des Gemeinwesens, ein »demokratischer und sozialer Bundesstaat zu sein«, der Sicherheit und Gleichheit zu gewähren versprach. Während Erhard glaubte, der Markt sei der beste Garant für Wohlfahrt, forderten die auch in Deutschland einflussreichen Gewerkschaften lautstark, nicht nur die Folgen des Krieges zu lindern, sondern auch das Los der Arbeiterklasse zu verbessern. Um Wahlen gewinnen zu können, baute das Adenauer-Kabinett die soziale Sicherung schrittweise aus; doch wie viel der Einzelne in die Rentenkasse entrichten musste, bemaß sich unverändert an seiner individuellen Leistung, und entsprechend abgestuft waren dann später die Bezüge. Da Krieg und Inflation die Ersparnisse vieler Bürger vernichtet hatten, wurde seit der Rentenreform 1957 das Rentensystem aus den Steuereinkünften finanziert – kein Problem, solange es genügend Lohnempfänger gab, die mit ihren Beiträgen die Kosten kompensierten. Von einem Fortdauern des Wachstums ausgehend, dehnte die sozialliberale Koalition unter Willy Brandt den Sozialstaat weiter aus und schloss neue Gruppen in die Förderung ein. Da die Krankenversicherung privat blieb, überschritten Einkommenssteuer und öffentliche

Ausgaben nie ein knappes Drittel der gesamten staatlichen Einnahmen.[42]

Frankreichs soziale Sicherung begann auch als Versicherung, dann aber wurde ihr Deckungsbereich systematisch ausgeweitet, um jedem Bürger ein wenigstens minimales Niveau an Lebensstandard zu garantieren. Die kurz nach dem Krieg etablierte Sozialversicherung kam in immer mehr Fällen von Einkommensverlust zu Hilfe: bei Krankheit, Mutterschaft, Erwerbsunfähigkeit, Unfall und Tod; auch die Altersfürsorge und Familienförderung gehörten zu ihren Aufgaben. Wegen dieser außerordentlichen Deckungsbreite finanzierte man das Ganze bald nicht mehr durch Lohnabzüge, sondern durch normale Steuern. Um den stagnierenden Bevölkerungszuwachs auszugleichen, einigte man sich ferner – dabei zogen katholische Kirche und weltliche Nationalisten an einem Strang – auf hohe Mutterschaftsleistungen und extensive Familienförderung. Von den Krippen bis hin zu den Kindergärten stand den meisten Müttern ein umfassendes Kleinkinderbetreuungssystem zur Verfügung, das ihnen ermöglichte, Kinder zu haben und dennoch arbeiten zu gehen, denn diese Einrichtungen waren ganztägig geöffnet. Die Unterstützung hatte zur Folge, dass die französische Geburtenrate die höchste in Europa wurde. Die Schattenseiten jener breiten sozialen Absicherung waren eine hohe Lohnabzugs- und Steuerquote sowie ein gewaltiges Quantum öffentlicher Ausgaben, durch die sich das Wirtschaftswachstum verlangsamte.[43]

Die Geschichte des jüngeren britischen Sozialstaates begann 1942 mit der Publikation des *Beveridge Report*. Dessen Autoren hatten im Regierungsauftrag Vorschläge erarbeitet, wie den fünf großen Übeln »Not, Krankheit, Unwissen, Elend und Untätigkeit« zu begegnen sei. Seit 1945 bemühte sich die Labour-Regierung unter Attlee, diese Anregungen umzusetzen. Sie hatte freilich einen »Wohlfahrtskapitalismus« im Sinn, der Vollbeschäftigung, Bereitstellung von Wohnraum und Nahrungsmitteln sowie Gesundheitsfürsorge mit der Marktökonomie kombinieren wollte. Das konservative Nachfolgekabinett unter Macmillan versuchte, die Ausgaben und den Kreis der Anspruchsberechtigten zu begrenzen.

Die Wilson-Regierung aber baute die Daseinsfürsorge wieder aus, um der Ungleichheit zu Leibe zu rücken. Beispielsweise stockte sie die ohnehin garantierte Sicherung des Existenzminimums um ein zusätzliches lohnabhängiges Arbeitslosengeld auf. Andere Programme wie die Kinderzulage folgten; spezielle Sozialämter wurden eingerichtet. Billig war das alles nicht; namentlich der staatliche Gesundheitsdienst verschlang immer größere Summen. Das Hauptproblem aber lag darin, dass die britische Wirtschaft schwächelte, was den Möglichkeiten des Staates, sozial Schwache zu unterstützen, auf lange Sicht immer drastischere Grenzen setzte. Obwohl Sozialpolitik ein Anspruchsrecht der Armen wurde, blieb ihre konkrete Ausdehnung jedoch ein Schlachtfeld für erbitterte ideologische und politische Kämpfe zwischen Labour und Konservativen.[44]

Die Ergebnisse dieser Expansion waren eher widersprüchlich. Dank der umfassenden sozialpolitischen Maßnahmen sank von 1960 bis 1991 in allen OECD-Mitgliedsstaaten außer Italien der Anteil der Armen innerhalb der Gesamtgesellschaft unter 10 Prozent. Ganz beseitigt wurde die Armut nicht, doch sie nahm immerhin merklich ab. Ferner reduzierte die hartnäckige Arbeit an der Umverteilung des Wohlstandes die Einkommenskluft zwischen Reich und Arm beträchtlich; sie schuf zwar keine völlige Gleichheit, verengte aber den Abstand zwischen dem oberen und dem unteren Zehntel auf ein sozial akzeptables Maß. Natürlich erforderten diese Bemühungen, Ungleichheit zu vermindern, erhebliche Grenzsteuersätze, die manchmal 50 Prozent erreichten oder gelegentlich gar überschritten. Daneben steigerte die Finanzierung der expandierten Wohlfahrtsprogramme den Anteil der öffentlichen Ausgaben am Bruttoinlandsprodukt auf über zwei Fünftel in den skandinavischen Ländern, auf etwas weniger in den christdemokratischen Staaten und auf ein Viertel in England.[45] Kein Wunder, dass diese wachsende Bürde für Unmut bei jenen sorgte, die sie schultern mussten.

Im Großen und Ganzen zeigten sich die europäischen Wähler während der Nachkriegsjahre jedoch gewillt, diesen Preis zu zahlen, denn sie waren überzeugt, dass sie eine moralische Verpflichtung zur sozialen Solidarität hatten. Verständlicherweise wussten die verschiedenen Zielgruppen die Unterstützung zu schätzen, wenn auch ihre Lobbyisten ständig Unzufriedenheit äußerten. Die Kirchen wiederum waren froh, dass sie die Last der Wohltätigkeit nicht mehr allein tragen mussten, sondern der Staat sich bereiterklärte, einzuspringen. Die Gewerkschaften gratulierten sich dazu, einen zentralen Forderungspunkt aus ihrer sozialistischen Agenda in die Praxis umgesetzt zu haben, sodass sie den Mitgliedern ihre Relevanz beweisen konnten. Die Sozialwissenschaftler wiederum freuten sich, die Öffentlichkeit davon überzeugt zu haben, dass ihre Empfehlungen für die Lösung spezifischer Probleme den sozialen Frieden voranbrachten. Und die Sozialpolitiker der einzelnen Parteien konnten behaupten, dass jene Wohlfahrtsausgaben das Gefühl der Teilhabe stärkten und die Nachkriegsdemokratie auf ein solideres Fundament stellten, was die Anziehungskraft extremistischer Parteien begrenzte. Da die öffentlichen Ausgaben auf dem alten Kontinent höher waren als in den Vereinigten Staaten (16,8 vs. 10,6 Prozent Anteil am Bruttoinlandsprodukt 1990), konnte die Entwicklung eines großzügigen Wohlfahrtsstaates ein Charakteristikum der europäischen Moderne werden.[46]

Der Aufstieg der Experten

Während der ereignisreichen 1960er Jahre schien es vielen Zeitgenossen, dass ein rascher Wandel bevorstehe. Also machte man den technokratischen Versuch, den Prozess der Modernisierung zu steuern. Dafür warb man ein Korps von Experten an, das man für fähig hielt, die Zukunft zu planen. Den europäischen Regierungen, die mit einer nie dagewesenen Komplexität konfrontiert waren, wurde bewusst, dass sie wissenschaftliche Kenntnisse brauchten, um die richtigen Entscheidungen zu fällen.[47] Galt es Autobahnen, Flughäfen, Atomreaktoren und Computersysteme zu entwerfen, waren ganz offensichtlich informierte Entscheidungen nötig; sonst ließ sich keine verantwortungsvolle Politik entwickeln. Die Verfechter der technokratischen Logik gaben vor, keineswegs parteilich der einen oder anderen Seite zuarbeiten zu wollen, da die Struktur der Probleme »objektive« Lösungen erfordere. Die meisten höheren Beamten hatten eine juristische Ausbildung und waren oft mit komplizierten Aufgabenfeldern wie Technik oder Gesellschaft überfordert. Also baten die Regierungen Forscher, die an Universitäten oder in einschlägigen Zentren arbeiteten, um Beistand; so schufen sie sich eine Gruppe akademischer Berater. Voller Selbstvertrauen in die eigene professionelle Autorität, produzierten diese Pläne für die Wirtschaft, den Städtebau, die Bildungsreform und den Wohlfahrtsstaat. In vielfacher Hinsicht gipfelte im Aufkommen dieser Experten die modernisierende Politik.[48]

Die Sozialwissenschaftler, stets in Konkurrenz mit den Technikexperten, trauten sich ebenfalls zu, gesellschaftsbedingte Probleme durch soziale Reformen zu lösen. Dabei konnten sie auf die immer umfassendere Sammlung sozialer Indikatoren und deren Veröffentlichung in statistischen Langzeitstudien zurückgreifen, die detaillierte Aussagen über ökonomische und soziale Trends erlaubten. Einen weiteren Impuls lieferte die sich ständig verfeinernde Meinungsforschung: Politische Haltungen ließen sich ebenso exakt eruieren wie die Vorlieben von Konsumenten, weshalb die Regierungen genauer wussten, was die Öffentlichkeiten wollten. Die amerikanische sozialwissenschaftliche Strömung des Behaviorismus, die auf Empirie setzte und starken Einfluss ausübte, nutzte man nun auch in Europa für die Politik. Diese Fortschritte führten dazu, dass man weniger normativ argumentierte, sondern von empirisch ermittelten Daten ausging und diese zur Untermauerung des eigenen Standpunkts verallgemeinerte. Dank dieser methodologischen Revolution spielten die Disziplinen Wirtschaftslehre, Soziologie und Politikwissenschaft eine Hauptrolle, wenn Regierungen etwa Reformen der Familienpolitik oder die Liberalisierung des Arbeitsmarktes planten. Experten aus diesen Sparten überzeugten die Öffentlichkeit davon, dass sie die nötigen Kenntnisse besaßen, um die Verantwortlichen wissenschaftlich zu beraten, wie man ökonomische Entwicklungen vorhersagen, die Gesellschaft regulieren und Politik organisieren konnte.[49]

Der schwedische Ökonom Gunnar Myrdal war ein solcher Experte, der Forschung mit politischer Aktivität kombinierte und sich zusätzlich sozial engagierte. 1898 in bescheidene Verhältnisse hineingeboren, studierte er zunächst Jura, dann aber Wirtschaftswissenschaften, und lehrte letzteres Fach später auch. Myrdals frühe Theorien nahmen vieles von dem vorweg, was später die Keynesianer vertraten. Zusammen mit seiner Frau Alva unternahm er Anfang der 1930er Jahre eine Studie zur schwedischen Bevölkerungspolitik, deren Publikation die Öffentlichkeit schockierte, denn sie enthüllte eine sinkende Geburtenrate im Lande. Nachdem man den Sozialdemokraten in den Senat gewählt hatte, half Gunnar Myrdal, die Fundamente des schwedischen Wohlfahrtsstaates zu legen. Beispielsweise führte er soziale Hilfsmaßnahmen für Familien ein, um jenem Geburtendefizit entgegenzuwirken. Während des Krieges untersuchte er bestimmte Widersprüche innerhalb der US-amerikanischen Gesellschaft, namentlich die Diskrepanz zwischen der offiziellen Rhetorik von den allen offenstehenden »unbegrenzten Möglichkeiten« und der Rassendiskriminierung. Sein Buch *An American Dilemma* gab den Anstoß zur Aufhebung der Rassentrennung in den USA. Später wurde Myrdal Handelsminister in der schwedischen Regierung, dann Leiter der UNO-Wirtschaftskommission für Europa, die den Wiederaufbau des zerstörten Kontinents organisieren half. Daneben war er als Friedensforscher aktiv und engagierte sich auch in der Entkolonialisierung. Der Reformer Myrdal setzte seinen akademischen Sachverstand ein, um progressive Veränderungen zu verfechten und dann auch in Gang zu bringen.[50]

Der wachsende Einfluss der Experten veränderte den Charakter der politischen Debatten, in denen nun nicht mehr die parteiliche Rhetorik die Hauptrolle spielte; stattdessen diskutierte man Forschungsberichte, Politikanalysen und statistische Prognosen. Natur- und Sozialwissenschaftler wie der Historiker A. J. P. Taylor wurden zu Berühmtheiten, die dem Publikum Ratschläge zu kontroversen Fragen gaben. Gleichzeitig begannen Interessengruppen, Gelehrte anzuwerben, die ihrer Sache vielleicht dienlich sein konnten, damit sie politischen Parteien ihre Anliegen unterbreiten konnten. Regierungen schufen eine Reihe ständiger Ausschüsse, etwa die »Wirtschaftsweisen« um verlässlicher Prognosen und sachgerechter Projektplanung willen. Sie stellten auch Ad-hoc-Kommissionen zusammen, die über bestimmte Themen referieren sollten, zum Beispiel darüber, wie sich die öffentliche Verwaltung effizienter gestalten ließe. Des weiteren förderten sie Forschungsprojekte zu umstrittenen Themen wie der neuen Armut, dem Rechtsradikalismus, der Jugendarbeitslosigkeit und der Gleichberechtigung der Geschlechter. Experten pflegten zu behaupten, dass ihre Empfehlungen die Politik entpolitisierten, da sie nur der wissenschaftlichen Evidenz folgten. Bald zeigte sich jedoch, dass auch die Experten selbst jeweils eigene Wertvorstellungen hatten; es war also gar nicht möglich, dass sie alle mit einer Stimme sprachen.[51]

Der Aufstieg der Experten erwies sich daher als ein zweischneidiges Schwert und förderte die Modernisierung der Demokratie nur bedingt. Zweifellos brachte die Bemühung, politische Entscheidungen auf wissenschaftliche Evidenz zu gründen, einigen Gewinn, ging man doch informierter und reflektierter an technische, ökonomische und soziale Fragen heran. Doch der Expertenrat garantierte noch keine Umsetzung. In den kommunistischen Ländern beanspruchte die Partei selbst die oberste Autorität; im Westen befolgte man viele Empfehlungen nicht, weil sie zu kostspielig, unpraktisch oder unwillkommen waren. Ein weiteres Problem stellte die Treffsicherheit dar. In gar nicht wenigen Fällen kam es schlicht anders, als die Experten meinten. Namentlich die Ökonomen lagen wiederholt falsch, wenn sie fortdauerndes Wachstum prophezeiten, da unvorhergesehene Ereignisse den Lauf der Dinge verändert hatten. Solche Fehlprognosen erschütterten die Glaubwürdigkeit der Planer. Außerdem entwickelten die Experten gar zu häufig Ideen, ohne die betroffenen Bevölkerungskreise einzubeziehen. Beispielsweise planten sie, die deutsche Provinz mit Kernkraftwerken vollzustellen, und provozierten so eine Volksrebellion. Mochten sich jene Fachleute selbst für sehr wichtig und einflussreich halten – weitaus nicht alle ihrer Vorschläge wurden befolgt. Sogar viele wohldurchdachte Pläne blieben unrealisiert, weil in der Politik die Entscheidung über Richtig oder Falsch nicht so eindeutig zu treffen ist wie in der Wissenschaft. Bestenfalls lässt sich konstatieren, dass die Interventionen der Experten der für die moderne Demokratie typischen vielstimmigen Debatte eine Stimme hinzugefügt haben.[52]

TEIL IV

Umstrittene Globalisierung, 1973–2000

Revolte gegen die Moderne

Französische Studentenbewegung, 1968

Am 18. Februar 1975 versammelten sich 300 Bürger nahe dem südwestdeutschen Dorf Wyhl am Rhein, um gegen die Errichtung eines Atomreaktors zu demonstrieren. Die baden-württembergische Regierung habe ihre ökologischen Bedenken schlicht ignoriert und zwinge sie dadurch zu energischerem Widerstand, erklärten die Empörten während einer Pressekonferenz. Die anwesenden Bauunternehmer reagierten heftig, und im Nu gab es ein hitziges Wortgefecht. Als die Protestierer mit ansehen mussten, wie jahrhundertealte Bäume gefällt wurden, gerieten sie außer sich, »durchbrachen den Zaun und strömten auf das Gelände«, auf dem ein Kernkraftwerk entstehen sollte. Sie kletterten in die Bulldozer, sprangen auf die Löffel der Bagger und behinderten so den Fortgang der Arbeiten, worüber sie in heftigen Streit mit den Bauarbeitern gerieten. Die Demonstranten hatten freilich schon Erfahrungen im jenseits des Rheines auf französischem Gebiet gelegenen Marckolsheim gesammelt, wo sie gegen ein Bleichemiewerk protestiert hatten. Also stellten sie Zelte auf, packten die mitgebrachten Schlafsäcke und Lebensmittel aus und machten sich bereit für eine längere Mahnwache. Die Baustellenblockade, in der die Presse – zu Unrecht – nicht mehr sehen mochte als eine illegale Störaktion, war eine spontane Antwort auf ein immer konfrontativeres Regierungshandeln. Aus ihr entstand eine friedliche, disziplinierte Form des Protestes: Mit gewaltfreien Methoden des zivilen Ungehorsams sollte der Bau eines Atomreaktors gestoppt werden, den die Politik und, in ihrem Auftrag, der größte Elektrokonzern Deutschlands unbedingt durchsetzen wollten.[1]

Der Protest gegen die Atomkraft war eine Spätfolge einer Graswurzelbewegung, die die Rebellion der 1968er-Generation inspiriert hatte. Diese überraschende Jugendrevolte wandte sich gegen die Kompromissbereitschaft der älteren Generation, die sich gewillt gezeigt hatte, die Politik den Parlamentariern zu überlassen, wenn sie dafür Wohlstand und persönlichen Komfort erhielt. Die kritischen Jugendlichen hingegen nahmen ein ganzes Bündel Ungerechtigkeiten und Missstände wahr, etwa den autoritären Paternalismus, überfüllte Universitäten, sexuelle Unterdrückung und imperialistische Kriege. In der Folge entstand eine transnationale Protestwelle, die sich als »Neue Linke« verstand. Zwar scheiterte der Versuch der Linken, eine »neue Klasse« aus Studenten und Angestellten solle das revolutionäre Subjekt bilden, in politischer Hinsicht, wo immer er unternommen wurde. Kulturgeschichtlich betrachtet jedoch war ihre Bemühung, Lebensstile und Werte zu verändern, ein Bombenerfolg.[2] Auch in Osteuropa versuchte man mit dem Posener Aufstand und im Prager Frühling das kommunistische Einparteiensystem zu liberalisieren – mit noch schlechteren Siegesschancen, als sie den Rebellen im Westen beschieden waren. Ironischerweise hatten diese beiden Kämpfe um eine partizipatorischere Demokratie gegenläufige Stoßrichtungen: Während die westlichen Protestler die Ungerechtigkeiten der liberalen Moderne kritisierten, wandten sich die östlichen Dissidenten gegen die Repressivität der kommunistischen Alternative zu dieser Moderne.

Unmittelbar politisch gelangen diese Rebellionen also nicht, doch stießen sie eine Reihe neuer sozialer Bewegungen an, die sich zuerst im Westen verbreiteten, dann aber auch in den Osten ausstrahlten. Anders als die Gewerkschaften agitierten diese zivilgesellschaftlich und postmaterialistisch orientierten Akteure nicht primär für mehr Lohn und mehr Wohlstand; ganz oben stand auf ihrer Agenda stattdessen eine bessere »Lebensqualität«. Es formierten sich verschiedene Gruppierungen, die sich jeweils eines bestimmten Themas annahmen. Eine solche Strömung war die Umweltschutzbewegung. Sie erwuchs aus lokalen Initiativen gegen urbane Erneuerung, gegen den Bau neuer Autobahnen, gegen verschiedene Arten des Eingriffs in natürliche Lebensräume und kämpfte für die Bewahrung von Grünlandschaften sowie des ökologischen Gleichgewichts. Eine weitere Strömung war der neue Feminismus, der für Frauenrechte und Gleichstellung der Geschlechter agitierte, nachdem sich unter den Frauen einige Enttäuschung über die Rücksichtslosigkeit der männlichen Kombattanten breitgemacht hatte. Der Friedensbewegung wiederum hatten das nukleare Wettrüsten und die Proliferation von Interkontinentalflugkörpern den Anstoß gegeben. Sie verwob religiöse, säkulare und sozialistische Kriegsgegnerschaft zu einem neuen Pazifismus, der sich 1979–1983 vor allem gegen die Stationierung zusätzlicher NATO-Raketen wandte.[3] Interessanterweise positionierten sich diese simultanen Bürgerbewegungen immer kritischer gegenüber der Industriegesellschaft. Immer häufiger hoben sie deren negative Konsequenzen hervor und suchten zunehmend nach Wegen, die Zwänge der Hochmoderne zu überwinden.

Welche Auswirkungen die Proteste der 1960er und 1970er Jahre gezeitigt haben, ist bis heute umstritten; Identitätspolitik färbt oft die Befunde ein, so dass diese davon abhängen, wie der jeweils Urteilende zu den Zielen und Methoden jener Aktivisten steht. Traumatisiert durch die Exzesse der Nazis, fürchteten konservative und traditionsverhaftete Liberale, der Irrationalismus einer Massenbewegung könnte die Jugend wieder in eine totalitäre Richtung lenken. Die marxistische Rhetorik einiger Proteste ließ manche eine kommunistische Subversion befürchten, während das antiautoritäre Gebaren in den Augen vieler ein Verlust an zivilen Umgangsformen bedeutete. Die weithin Standard gewordene Verfeinerung der Sitten schien auf dem Spiel zu stehen. Die jugendlichen Demonstranten selbst hingegen sahen in ihrem Protest ein emanzipatorisches Projekt, zu dem eine längst überfällige Demokratisierung des parlamentarischen Regierungssystems ebenso gehörte wie die sexuelle Befreiung, die sie geradezu feierten, aber auch die Überwindung bürgerlicher Zwänge und die Setzung neuer Werte im Sinne eines lässigeren Lebensstils. Eine »Fundamentalliberalisierung« der westlichen Gesellschaft habe diese Opposition im Sinn gehabt, folgerte Jürgen Habermas, und sie sei ihr zum Teil auch gelungen. Im Osten erwuchsen aus der Wiederbelebung zivilgesellschaftlichen Denkens und Handelns Dissidentenbewegungen, die schließlich die kommunistischen Regime hinwegfegten. Die Massenerhebung von 1968 wirft weiterhin einen langen Schatten. Schon dass zu jedem runden Jahrestag extensiv ihrer gedacht wird, sichert ihr breite und anhaltende Aufmerksamkeit, wobei allerdings Motive und Aktionen der damaligen Aktivisten von beiden Seiten beträchtlich mythologisiert werden.[4]

Gemeinsam war den etwa simultan verlaufenden westlichen und östlichen Revolten, dass sie sich gegen Leitwerte und Kernpraktiken der Gesellschaft richteten, in der die Akteure jeweils lebten. Ihre Kritik traf de facto bestimmte Varianten der Moderne, hier die demokratische, dort die sozialistische. Ging es den Jungrebellen im Westen anfangs darum, das Leben humaner, sozial gerechter und friedlicher zu gestalten, signalisierten bald ihre neomarxistische Rhetorik, ihr modischer Maoismus und ihre Hinwendung zur Gewalt, dass sie mit der liberalen Moderne insgesamt nichts mehr im Sinn hatten; vielmehr wollten sie ihren Ländern einen unorthodoxen Sozialismus überstülpen. Ironischerweise versuchten die Dissidenten im Ostblock damals, den real existierenden Sozialismus ausgerechnet mit einem Rückgriff auf die bürgerlichen Menschenrechte und Marktanreize menschlicher zu machen, also mit Elementen jener konkurrierenden Version der Moderne, welche die westliche Jugend ablehnte. Die Einführung des Sozialismus misslang im Westen; erfolgreicher waren dort neue soziale Bewegungen, die eine Alternative zur Maschinenlogik, zum männlichen Sexismus und zum Wettrüsten suchten. Eine Rolle spielten dort auch postmoderne Theoretiker, deren Reflexionen eine zunehmende Unzufriedenheit mit dem Rationalismus, dem Formalismus und der Inhumanität der späten Industriegesellschaft verrieten. Gemeinsam war diesen verschiedenen kulturellen Strömungen die Suche nach einer menschlicheren Form der Politik jenseits der Hochmoderne, ein Bestreben, das das letzte Viertel des 20. Jahrhunderts beherrschen sollte.[5]

Inspirationsquellen des Protests

Ungeachtet des wachsenden Wohlstands und ihrer politischen Freiheit begannen in den frühen 1960ern einige Intellektuelle, die kapitalistische Demokratie zu kritisieren; ihre Gedanken lieferten die Inspiration für die generationelle Revolte gegen Ende des Jahrzehnts. Ein wichtiger Impuls kam aus der britischen Neuen Linken, einer losen Gruppe von Intellektuellen, die eine humane und freiheitliche Form des Sozialismus anstrebten. Letzterer sollte radikaler als die westliche Sozialdemokratie sein, aber auch weniger stalinistisch als der Sowjetkommunismus. Ihr bedeutsamstes Debattenforum bildete die Zweimonatsschrift *New Left Review*, in der Autoren wie Perry Anderson und Edward P. Thompson für einen unorthodoxen Marxismus stritten. Den kulturellen Ursachen der Entfremdung innerhalb der Konsumgesellschaft spürten sie anhand der Ideen Antonio Gramscis nach. Das ursprüngliche Konzept des Klassenkampfes unterzogen sie einer Revision; da sich das soziale System zu einer Dienstleistungsgesellschaft gewandelt habe, sei eine »neue Klasse« von Angestellten und Studenten die revolutionäre Avantgarde der Zukunft. Theoretiker der Frankfurter Schule wie Herbert Marcuse zogen außerdem Erkenntnisse Sigmund Freuds heran, um die sexuelle Repressivität der bourgeoisen Gesellschaft zu erschüttern.[6] In diesen Diskussionen zeigte sich eine aufregende Mischung aus kritischen Positionen zur Nachkriegsrestaurierung des liberalen Kapitalismus.

Bunter noch war die antiautoritäre Gegenkultur, ein Ensemble aus verschiedenen künstlerischen Bewegungen, die der bürgerlichen Gesellschaft und der ihr immanenten Kompromisse ebenfalls überdrüssig waren. In Frankreich gründeten Künstler, angeregt durch den multimedialen Aktionisten Guy Debord, eine Gruppe namens »Situationistische Internationale«, um Situationen des Alltagslebens kritisch daraufhin zu analysieren, ob sie auch wirklich den authentischen individuellen Wünschen entsprächen. Die vage marxistisch ausgerichteten Situationisten lehnten den modernistischen Funktionalismus ab, wie er sich etwa in Satellitenstädten à la Sarcelles manifestierte, und strebten an, künstlerische Kreativität mit persönlicher Freiheit zu verschmelzen. Die niederländischen Provos folgten ähnlichen Impulsen: Sie wollten die etablierte Ordnung ›provozieren‹, indem sie sich beispielsweise ungeachtet gesetzlicher Verbote *sex, drugs and Rock 'n' Roll* hingaben. Ihr Manifest attackierte »Kapitalismus, Kommunismus, Faschismus, Bürokratie, Militarismus, Professionalismus, Dogmatismus und Autoritarismus« und forderte »Widerstand, wo immer möglich«. Diese Antiautoritären, zu deren vielfältiger Schar auch Beatniks,

Vegetarier, Pazifisten und Aktionskünstler gehörten, bedienten sich oft des Humors, um die Regeln und Normen zu diskreditieren, die sie als repressiv betrachteten. Anders als die Theoretiker der Neuen Linken, die sich an den Sozialismus Marx'scher Prägung hielten, verkörperten die Repräsentanten der Gegenkultur eine eher anarchistische Strömung der Rebellion.[7]

Eine dritte Inspiration kam paradoxerweise aus den Vereinigten Staaten – zwar stellten sich die Aktivisten der Revolte gemeinhin gegen deren Politik, doch übernahmen sie die dort üblichen Protestmethoden. Populäre Kulturpraktiken wie das Tragen von Jeans und das Hören von Rockmusik hatten schon während der 1950er die ›spießigen‹ bürgerlichen Erwachsenen des Kontinents zur Weißglut gebracht. Wichtiger waren aber die gewaltlosen Protestformen der US-Bürgerrechtsbewegung als Vorbild für europäische Campusaktivisten, die an ihren Universitäten die Studenten mobilisieren wollten. Es genügten ein paar Schlüsselpersonen, um die Provokationen des »Free Speech Movement« in Berkeley (Kalifornien) rasch in Berlin bekannt zu machen; umgekehrt wurde die Kulturkritik der Frankfurter Schule in San Francisco begierig gelesen. Die gemeinsame Opposition gegen den Vietnamkrieg vertiefte diesen transatlantischen Austausch, zumal namhafte Musiker wie Joan Baez ihre Antikriegslieder auf Massenveranstaltungen auch in Europa sangen. Fotogene Ikonen der »Black-Power«-Bewegung, etwa Angela Davis, waren auf beiden Seiten des Eisernen Vorhangs populär. Die radikalen Studenten Europas übernahmen sowohl amerikanische Protestmethoden als auch die Popkultur, um gegen den Krieg der Amerikaner in Vietnam zu streiten, und wollten eine »zweite Front« der antiimperialistischen Solidarität bilden.[8]

Doch nicht nur solche Inspirationen von außen stießen die Revolte an, sondern auch selbst erlebte Missstände, welche die kritische Jugend irritierten und erzürnten. Dazu gehörte der immer noch vorherrschende Autoritarismus, der ihnen das Erwachsenwerden erschwerte. In den meisten Familien hatten immer noch die Väter das alleinige Sagen, und die Autoritäten in Schule wie Universität setzten Regeln fest, die unbedingt befolgt werden mussten, während die Jugendlichen mehr persönliche Freiheit begehrten. Die paternalistische Ordnung verlangte streng die Einhaltung klassischer Mittelschichttugenden, etwa Pünktlichkeit, Sauberkeit und Bereitschaft zu harter Arbeit – vieles davon erschien dem rebellischen Nachwuchs als unnötige Last. Da die meisten Erwachsenen noch die Erinnerung an die Entbehrungen während des Krieges quälte, waren sie stolz auf die sichtbaren Zeichen materieller Prosperität wie Eigenheime, Autos und Waschmaschinen; die Jungen aber, im wachsenden Wohlstand aufgewachsen, hielten solche Besitztümer für selbstverständlich und suchten einen anderen, postmateriellen Lebenssinn. In Deutschland und Italien sowie den Ländern ihrer Weltkriegsverbündeten, aber auch jenen, die sie damals besetzt hatten, hatten die Autoritätsfiguren durch die Kollaboration mit den Nazis ihre Glaubwürdigkeit verloren. Entsprechend oft folgte nur ein peinliches Schweigen auf die bekannte Frage: »Vater, was hast du im Krieg gemacht?« Kein Wunder, dass die Jungen den Slogan übernahmen: »Trau niemandem über dreißig«.[9]

Unzufriedenheit angesichts überfüllter Schulen und persönliche Entfremdung innerhalb der Massenuniversitäten waren zusätzliche Protestmotive. Die enorme Expansion der weiterführenden Bildung hatte eine Abiturientenschwemme bewirkt, so dass Hörsäle und Seminare nun von Studenten überquollen; weder das Raumangebot noch das Lehrpersonal war diesem Ansturm gewachsen. Viele neue Einrichtungen wie Nanterre und Bielefeld waren im modernistischen Glasstahlbetonstil erbaut; in ihrer sterilen Unpersönlichkeit ähnelten sie Fabrikhallen. Auch kamen immer mehr Studenten aus unterprivilegierten Familien an die Universitäten, die mit der akademischen Kultur noch fremdelten. Bald fühlten sie sich daher intellektuell überfordert und in der ungewohnten Umgebung verloren bzw. alleingelassen. Gleichzeitig hielten die traditionellen Lehrpraktiken der Universitäten kaum Schritt mit den neuen Erfordernissen; der didaktische Stil der allmächtigen Ordinarien erschöpfte sich oft in monotonem Vorlesen. »Unter den Talaren / Muff von tausend Jahren« – so prangerten die radikalen Studenten die Zustände an, die ihnen das Gefühl vermittelten, akademisches Proletariat zu sein.[10]

Ein weiterer Impuls zur Rebellion war das Bestreben, die sexuellen Zwänge zu überwinden, welche die Moral der wiederhergestellten bürgerlichen Gesellschaft kennzeichneten. Die Jugendlichen empörten sich über »Doppelstandards« in diesem Bereich, etwa jenen, dass beruflich erfolgreiche Männer Affären haben und gleichzeitig von ihren eigenen Ehefrauen absolute Treue verlangen durften. Ferner protestierte man gegen mangelnde Aufklärung über Geburtenkontrolle, das Abtreibungsverbot und die gesetzliche Verfolgung der Homosexuellen, die nicht mehr zeitgemäß sei. Dank der Einführung der »Pille« wurde es zum ersten Mal möglich, Geschlechtsverkehr zu haben, ohne dass man eine unerwünschte Schwangerschaft fürchten musste. Die Verfügbarkeit eines wirksamen Verhütungsmittels verschob die dem Sex zugeschriebene Funktion fundamental; statt der Fortpflanzung diente er nun dem Vergnügen. Die religiösen Lehren hatten immer weniger Einfluss auf eine Generation, die begierig darauf war, ihre Körper zu erforschen und ohne Hemmungen mit der sexuellen Lust zu experimentieren. Progressive Medien unterstützten diesen Trend. Dass man neuerdings vielfach in Kommunen oder auch schlichten Wohngemeinschaften lebte, erleichterte es den jungen Leuten, Sex zu haben. So wurde der Kampf für sexuelle Befreiung, der das private Verlangen politisierte, ein integraler Bestandteil der generationellen Revolte.[11]

Die wachsende öffentliche Missbilligung der US-Intervention im Bürgerkrieg zwischen Nord- und Südvietnam war ein weiterer Anstoß zur Rebellion. Da die meisten Jugendlichen wenig über die Komplexität der nationalen Befreiungskämpfe gegen den europäischen Kolonialismus wussten, erzeugte die Anwesenheit vieler internationaler Studenten aus der Dritten Welt antiimperialistische Solidarität an europäischen Hochschulen. Dies war der erste Krieg, der quasi live im Fernsehen lief. Immer wieder zeigten die Abendnachrichten schockierende Bilder aus Vietnam: Amerikanische Bombardements verwüsteten das Land, chemische Waffen töteten Zivilisten und zerstörten Bauernhöfe und Dörfer. Erschwerend kam hinzu, dass das von den USA unterstützte südvietnamesische Regime als Militärdiktatur galt, durchsetzt von Korruption –

nicht gerade ein Aushängeschild für die sogenannte freie Welt. Dem Image der amerikanischen Seite abträglich war ferner, dass die Brutalität des von den kommunistischen Ländern Sowjetunion und China unterstützten Vietcong kaum je auf den Bildschirmen erschien, denn nur wenige Journalisten wagten es, sich auf sprengfallenbestückten Pfaden oder durch Versorgungstunnel kriechend ins Aktionsgebiet jener selbsternannten Befreier der Nation zu begeben und deren Gewalttaten zu dokumentieren. Es sah so aus, als verriete Amerika durch das »Abschlachten der Zivilbevölkerung« seine eigenen Ideale; passé schien das gängige Modell des Kalten Krieges, in dem die moralische Überlegenheit stets aufseiten des Westens lag.[12]

Viele wichtige Facetten der Protestbewegung verkörperte der charismatische deutsche Studentenführer Rudi Dutschke, dessen politisches Denken Elemente des Neomarxismus, des Anarchismus und des *civil rights movement* geprägt hatten. In Ostdeutschland geboren, verließ er im August 1961, kurz vor der Schließung der Grenze, die DDR, weil er die Repression innerhalb des »real existierenden Sozialismus« nicht ertrug. Über seine Ehefrau Gretchen Klotz, eine tiefreligiöse amerikanische Austauschstudentin, kam er auch in Berührung mit radikalen Strömungen der USA. Da ihn ebenso die westliche Doppelmoral erboste, fühlte er sich zum anarchistischen, rebellischen Lebensstil hingezogen. Als Doktorand der Soziologie bemühte er sich dann aber doch um Systematik: Er wollte eine neue soziale Theorie entwickeln, um die Widersprüche des Spätkapitalismus zu erklären. Ideologisch betrachtet, suchte er nach einer wahrhaft demokratischen Form des Sozialismus, die Frieden, Freiheit und Gleichheit brächte. Bei Massenveranstaltungen machte ihn diese Kombination aus theoretischer Belesenheit und emotionalem Engagement zu einem mitreißenden Redner, den die jugendlichen Scharen verehrten. Als symbolischer Anführer der deutschen Studentenbewegung kritisierte er sowohl die kommunistische Modernisierung als auch die Moderne der liberalen Konsumgesellschaft; im Sinn hatte er eine Revolution, die eine gerechtere Form progressiver Politik herbeiführen sollte.[13]

Muster der Revolte

Die Protestbewegungen verbreiteten sich rasch, nicht zuletzt, weil ihre neuartigen Methoden die Autoritäten verwirrten und potenzielle Gefolgsleute faszinierten. Diese Widerstandsformen waren von anderer Art und Wirkungsweise als die konventionellen Straßendemonstrationen der Arbeiterbewegung. Sit-ins blockierten das normale Funktionieren von Bildungs-, Verwaltungs- und Regierungseinrichtungen manchmal über Wochen; bei Teach-ins wurden reguläre Lehrinhalte durch das Verstreuen radikaler Botschaften ersetzt. Dieser zivile Ungehorsam arbeitete mit kalkulierten Regelverletzungen, die das Establishment gerade dadurch reizten, dass es rechtlich kaum gegen sie vorgehen konnte, weil sie gewaltlos blieben. Aufmerksamkeit erregten besonders die Respektlosigkeit von Parolen wie »Tags sind sie Bullen, / Nachts sind sie Nullen!« oder innovativ gestaltete Demoschilder wie jenes, das den persischen Schah in Steckbriefmanier zeigte, mit der Schriftzeile »Gesucht wegen Mordes«.[14] Diese Taktiken brachten die Autoritäten in eine Zwickmühle: Wenn sie mit Härte konterten, wirkte dies möglicherweise repressiv; ließen sie sich die Proteste gefallen, hielt man sie vielleicht für unfähig. Sich über die Professorenschaft oder die Polizei lustig zu machen, betrachteten viele Aktivisten als aufregendes Spiel, mit dem sie ihre Gegner austricksten und obendrein neue Anhänger gewannen.

Die Protestler lernten schnell, wie sie bei Intellektuellen und Schaulustigen am besten Sympathie erzeugten, nämlich indem sie den Anschein erweckten, Opfer einer so plump wie repressiv handelnden Obrigkeit zu sein. Sorgfältig planten sie ihre Provokationen, die nicht nur Aufsehen erregen, sondern auch den wahren Charakter der Staatsmacht offenlegen sollten. Wenn frustrierte Polizisten friedliche Studenten mit Gummiknüppeln schlugen und sie rabiat in eine grüne Minna zerrten, sah das aus, als gehe die Gewalt vom Staat aus, der Andersdenkende brachial niederhalten wolle. Die Schlagzeilen der Presse verurteilten zwar häufig die Demonstranten, aber ihre Schilderungen und Fotos von Polizeiaktionen sprachen eine eigene Sprache: Sie schienen eine unterschwellige

Anklage gegen die Intoleranz der parlamentarischen Demokratie zu enthalten. Die Aktivisten entwickelten eine gewisse Versiertheit beim Umgang mit den Medien: Sie etablierten nicht nur einen eigenen öffentlichen Raum durch Flugblätter, gegenkulturelle Zeitungen etc., sondern sie nutzten auch die TV-Bilder, Leitartikel und Reportagen des medialen Establishments für ihre Sache. Jede harte Reaktion seitens des Staates, von Fernsehen und Zeitungen in allen dramatischen Details berichtet, trieb der Bewegung neue Anhänger zu, der man bald einen summarischen Namen gab: »Außerparlamentarische Opposition«, kurz APO. Im Frühjahr 1968 ließ die wachsende Gefolgschaft an den Universitäten Leitfiguren jener APO wie Daniel Cohn-Bendit und Rudi Dutschke schon einmal über die Möglichkeit einer »revolutionären Machtergreifung« nachdenken.[15]

In Westdeutschland beschleunigten zwei reaktionäre Gewaltakte das Erstarken des Protests, der schließlich gar Massenunterstützung fand. Als es zu Beginn an den Universitäten um das Recht auf freie Rede ging, hatten diese Konfrontationen noch lediglich lokale Wellen geschlagen; die Kampagne gegen die Notstandsverfassung erregte da schon mehr Aufsehen. Das Gesetzeswerk sollte die Handlungsfähigkeit des Staates in Krisensituationen oder bei Naturkatastrophen sichern, es gab der Regierung aber auch das Recht, während einer solchen Lage die Grundrechte einzuschränken. Die Notstandsgesetze wurden höchst kontrovers diskutiert, und die Proteste gegen sie fanden Rückhalt bei Kirchen und Gewerkschaften. Als aber der Polizeiobermeister Karl-Heinz Kurras am 2. Juni 1967 in Westberlin den Studenten Benno Ohnesorg erschoss, der sich eigentlich nur die gerade stattfindende Kundgebung gegen den Schah von Persien hatte ansehen wollen, organisierten schockierte Studenten Sympathiekundgebungen in Berlin und anderen Städten. Intellektuelle wie Heinrich Böll brandmarkten die Repressivität des Staates. Der »Sozialistische Deutsche Studentenbund« (SDS) befand, das »postfaschistische System der Bundesregierung« sei »ein präfaschistisches geworden«, und forderte Attacken auf die kapitalistische Oligarchie. Beim Internationalen Vietnamkongress Februar 1968, ebenfalls in Westberlin, radikalisierte die Bewegung ihr Ziel zu einer »Destabilisierung der imperialistischen Machtzentren in den Metropolen«. Als am 11. April 1968 der Neonazi Josef Bachmann Rudi Dutschke anschoss, stürmten Studenten die Büros der rechtsgerichteten Springer-Boulevardzeitung *Bild*, die zur Gewalt gegen die Protestler aufgestachelt hatte. Doch gerade als die Aktivisten glaubten, sie müssten keine nennenswerten Widerstände mehr fürchten, begann die Bewegung zu schwächeln.[16]

In Frankreich kamen die studentischen Aktivisten schon näher an die Machtergreifung heran, als sie gewisse Traditionen der Revolutionen des 19. Jahrhunderts wieder aufgriffen: sie bauten Barrikaden im Quartier Latin. Schon seit längerem artikulierte die nationale Studentenvereinigung UNEF ihre Unzufriedenheit mit der offiziellen Politik: In den frühen 1960ern kritisierte sie Frankreichs Algerienkrieg, ein halbes Jahrzehnt später protestierte sie gegen die technokratische Restrukturierung der Universitäten. Nun also eröffnete sich die große Chance einer Umwälzung. Unter der Führung von »Dany le Rouge« (›Dany dem Roten‹), wie Daniel Cohn-Bendit gemeinhin genannt wurde, versammelten sich die Aktivisten März 1968 in Nanterre. Ende April marschierten sie zur Sorbonne und besetzten sie. Als die Polizei sie Anfang Mai brutal vertrieb, verteidigten die Studenten, ermutigt durch die Sympathie der Öffentlichkeit, die Universität mit Barrikaden aus Pflastersteinen, gemäß der ironischen Parole: »Unter dem Pflaster liegt der Strand«. Mehrere Tage lieferten sich Studenten und Polizei heftige Gefechte. Am 13. Mai begannen rund zehn Millionen Arbeiter einen wilden Generalstreik und forderten »Selbstverwaltung« in den Fabriken, also die Kontrolle über die Betriebe. Die Regierung schien kurz vor dem Sturz, als der verängstigte Präsident Charles de Gaulle auf einen Militärstützpunkt in Deutschland floh. Als jedoch Premierminister Georges Pompidou den Renault-Beschäftigten Lohnerhöhungen anbot, legte sich die Aufregung.[17]

Nur in Italien erreichte die Konfrontation eine vergleichbare Intensität, während der Konflikt in England und den kleineren westeuropäischen Ländern moderater blieb. Die italienischen Studenten gebärdeten sich sehr radikal: Schon 1967 besetzten sie Universitäten, brandmarkten den akademischen Autoritarismus und forderten studentische Selbstbestimmung (*potere studentesco*). Im Mai 1968 kam es auch in Rom zu Gewalt, als die Polizei an der Villa Giulia nahe der Fakultät für Architektur Proteste brutal unterdrückte. Die Aktivisten erhielten Unterstützung von linken Arbeitern, die ihrerseits lautstark Kontrolle über die Industriebetriebe verlangten. Es folgte ein Jahrzehnt gewaltsamen Widerstands, der in dem Terror der Roten Brigaden kulminierte. In England hingegen blieben die Demonstrationen weitgehend friedlich; allerdings erhoben die Aktivisten ähnliche Forderungen nach einer Liberalisierung der Universitäten wie ihre italienischen Kommilitonen und stellten sich nicht minder entschieden gegen den Vietnamkrieg. In Belgien brach bei den Protesten der alte Antagonismus zwischen Flamen und Wallonen durch, der das libertäre Anliegen überlagerte. In den Niederlanden jedoch schuf man nach deutschem Vorbild sogenannte »Kritische Universitäten«, einschlägige Veranstaltungsreihen innerhalb der existierenden Hochschulen; dort attackierte man die kapitalistische Demokratie eher intellektuell als physisch. Das Revolutionsfieber befiel sogar Skandinavien, aber auch dort blieben die Debatten relativ zivil.[18]

Sehr zur Überraschung der Aktivisten verpuffte die generationelle Revolte fast ebenso schnell, wie sie begonnen hatte. Ein Hauptgrund war die Unzulänglichkeit der neomarxistischen Klassenkampftheorie, denn die Angestellten und Jungakademiker, das vermeintliche neue Proletariat, zeigten sich letztlich mehr daran interessiert, einen bürgerlichen Lebensstil zu erreichen, als die gesellschaftliche Ordnung umzustürzen. Trotz der Popularität ikonischer Revolutionshelden wie des überall plakatierten Che Guevara erwies es sich als sehr schwierig, die maoistisch inspirierten Stadtguerillataktiken auf die europäischen Metropolen zu übertragen. Die Mehrheit der kontinentalen Arbeiterklasse verweigerte den Schulterschluss mit den unzufriedenen Intellektuellen, denn aufgrund des steigenden Wohlstands hatte sie bereits zu viel zu verlieren. Zudem erwies sich der Vorwurf des Neofaschismus, den die radikaleren Protestler der Elite entgegenschleuderten, als eindeutig übertrieben; die parlamentarische Demokratie funktionierte doch, die Leute gingen zu den Urnen, und der Wille der Mehrheit geschah, mit durchaus unterschiedlichen Ergebnissen: Die Franzosen wählten de Gaulle wieder ins Präsidentenamt, und die Westdeutschen verhalfen einer progressiven sozialliberalen Koalition unter Willy Brandt zur Macht. Als ihr revolutionärer Eifer sich abgekühlt hatte, zeigten sich die meisten Jugendlichen bereit, stattdessen den »langen Marsch durch die Institutionen« anzutreten, um sie von innen her zu reformieren.[19]

Dass die Machtergreifung scheiterte, fragmentierte und radikalisierte die Studentenbewegung. Eine Menge der Protestenergie konzentrierte sich nun darauf, das existierende System empfänglicher für eine Demokratisierung von unten her zu machen. Während des Kampfes gelangten viele Kämpfer zu einer Einsicht, die sich in dem damals häufig zitierten Gemeinplatz ausdrückt: Wer die Welt umkrempeln wolle, müsse erst einmal sich selber verändern. Also nahm man das Antiautoritäre auch in seinen Lebensstil auf, trug lässige Kleidung und frönte der freien Liebe. Eine unverbesserliche Minderheit hielt an den marxistischen Theorien fest, doch waren sich diese Orthodoxen nicht darüber einig, wie diese anzuwenden seien und welchem ihrer Vordenker man folgen solle. Daher spaltete sich der Block, und es formierten sich konkurrierende trotzkistische, maoistische und stalinistische Sekten, die mehr gegeneinander stritten als gegen den Kapitalismus. Die äußerste Konfrontation mit den Herrschenden suchten ein paar Hardcore-Radikale, die in Deutschland die »Rote Armee Fraktion«, in Italien die »Roten Brigaden« bildeten. Beide taten den Schritt von der »Gewalt gegen Sachen« zur »Gewalt gegen Personen«. Sie führten einen terroristischen Krieg gegen ihre Regierungen und die Führungsriegen der Wirtschaft ihrer Länder, der Dutzende von Leben kostete. Für die »Revolution« wurde unschuldiges Blut vergossen – ein Kollateralschaden, der nicht viel übrig ließ von dem romantischen Appeal, den die Protestbewegung in ihren Anfängen verströmt hatte. Selbst ursprünglich sympathisierende Intellektuelle wandten sich nun gegen diesen ideologischen Kreuzzug. Und der attackierte bürgerliche Staat zeigte sich wehrhaft: Italien verteidigte seine Demokratie robust gegen die Roten Brigaden, und die Bundesrepublik reagierte resolut auf eine erpresserische Flugzeugentführung im

Herbst 1977. Beides trug dazu bei, dass der Terrorismus in der Bedeutungslosigkeit versank.[20]

In eine andere Art Sackgasse führten die Versuche der maoistischen Splittergruppen, einen neuen sozialistischen Humanismus zu begründen, der die liberale Demokratie durch ein alternatives marxistisches System ersetzen sollte – zu eng war der dogmatische Horizont. Die technokratische Modernisierung lehnte man ab, denn man wollte seinerzeit, erinnerte sich später ein ehemaliger Aktivist, »nicht mehr ein Leben führen, in dem man nur noch für die Maschine funktionierte, und die Maschine wurde einem so abscheulich, dass man zu dem Entschluss kam, dass diese Maschine gestoppt werden musste«.[21] Eine nachvollziehbare Kritik, doch leiteten viele Aktivisten daraus bedenkliche Konsequenzen ab, denn sie wählten eine Kur, die sich als schlimmer erwies als die Krankheit – die maoistische Rezeptur zur Modernisierung der Welt. Die *Worte des Vorsitzenden Mao Tse-Tung*, auch bekannt als das »Kleine rote Buch« oder die »Mao-Bibel«, konnten unter bestimmten Gruppen der westlichen Intellektuellen nur deshalb populär werden, weil diese so erschreckend wenig wussten von den Gräueln der Kulturrevolution, die zur selben Zeit in China stattfand. Diese Kampagne war dazu gedacht, die ideologische Transformation Chinas zu beschleunigen und dem Land einen Lebensstil nach dem Willen des Vorsitzenden Mao zu oktroyieren. Sie missbrauchte den Idealismus der Jugend, brachte Millionen unschuldiger Bürger den Tod und zerstörte viele alte kulturelle Traditionen. Der Versuch, die liberale Demokratie durch die maoistische Alternative zu ersetzen, hatte, wen wundert es, keine Chance; die Rezepturen des chinesischen Revolutionsführers waren für Westeuropa ungeeignet.

Sozialismus mit menschlichem Antlitz

Während die Protestbewegung im Westen an Fahrt aufnahm, wuchs auch im Ostblock der Unmut. Es war dort längst nicht mehr so ruhig, wie die Oberfläche diktatorischer Herrschaft suggerierte; vielmehr hofften kritische Kräfte auf eine Reform des Sozialismus.

Bis in die späten 1950er war es den kommunistischen Parteien vor Ort mit Hilfe der Sowjetarmee und der Einschüchterungspotenz der Geheimdienste noch immer weitgehend gelungen, jedwede offen antikommunistische Opposition auszumerzen. Aber bei den Arbeitern wuchs die Unzufriedenheit, als sie bemerkten, dass wegen der Planwirtschaft ihr Lebensstandard unterhalb dem ihrer Kollegen auf der anderen Seite des Eisernen Vorhangs blieb. Die Schriftsteller und Maler wiederum frustrierte die Unbedarftheit der literarischen und bildnerischen Stile, verbunden mit der biederen Proletarierverherrlichung, welche die Führung ihnen abverlangte; sie beschwerten sich über die Zensur und forderten mehr Freiheit für Experimente. Sogar echte Anhänger des Marxismus unter den Intellektuellen bemängelten ärgerlich die stalinistischen Überbleibsel in der aktuellen kommunistischen Politik und sehnten eine demokratischere Form des Sozialismus herbei.[22] 1953 und 1956 hatten die sowjetischen Militärinterventionen ihrem Zweck, offenen Dissens abzuschrecken, noch genügt, doch nun baute sich in Osteuropa ein Druck auf, der nur noch eine Gelegenheit suchte, plötzlich loszubrechen.

Der erste größere Protest brach in Polen aus; er richtete sich gegen das Regime von Parteichef Władysław Gomułka, der einem Zickzackkurs zwischen Willfährigkeit gegenüber dem sowjetischen Diktat und nationaler Unabhängigkeit folgte. Mochte sich die katholische Kirche in anderen osteuropäischen Ländern fügsam verhalten – die polnische blieb auch nach der kommunistischen Machtergreifung ein öffentlicher Faktor. Daneben gab es eine lebendige Dissidentenszene, zu der u. a. der mehrfach inhaftierte Jacek Kuroń gehörte, dessen mutige Kritik an der Partei nur im Ausland erscheinen konnte. Zudem enttäuschte die schwächelnde, auf Schwerindustrie konzentrierte Wirtschaft die Arbeiter, die bessere Lebensbedingungen verlangten. Im März 1968 folgte die offene Konfrontation: Nachdem in Warschau staatliche Stellen ein patriotisches Theaterstück des polnischen Nationaldichters Adam Mickiewicz abgesetzt hatten, protestierten Studenten dagegen; die Bereitschaftspolizei trieb ihre Demonstration brutal auseinander. Als die Widerständler ihre Aktionen ausweiteten und an mehreren

Universitäten Streiks organisierten, wurden auch diese brachial niedergeworfen und 2725 Teilnehmer festgenommen, darunter der Dissident Adam Michnik. Innenminister Mieczysław Moczar machte »heimliche Zionisten« für die Unruhen verantwortlich. Schon seit längerem ließ er die jüdischen Bürger Polens in einer Kartei erfassen; nun säuberte er auch die Partei von entsprechenden Genossen. Angesichts dieser Bedrohung beeilten sich über 15 000 polnische Juden zu emigrieren.[23] Durch die Hasskampagne gewann das Regime zwar die Kontrolle zurück, doch erschütterten Polen auch in den nächsten Jahren immer wieder Protestwellen.

Dass die Unzufriedenheit ausgerechnet in der Tschechoslowakei so anstieg, mochte überraschen, denn das Land hatte seinerzeit die Befreiung durch die Rote Armee begrüßt, zumal es bereits eine starke und große kommunistische Partei besaß, die KPČ. Allerdings verärgerte die Langsamkeit der Entstalinisierung viele Bürger, die sich nur zu gut an Stalins antikosmopolitische Schauprozesse erinnerten. Zudem zeigten die Verbraucher sich frustriert: Zwar war die Wirtschaft des Landes bereits hoch entwickelt, kam nun aber zu einem Stillstand, denn die Planer hatten zu sehr auf die klassische Schornsteinindustrialisierung gesetzt und den Konsumsektor vernachlässigt. Ota Šik integrierte zwar Mitte der 1960er marktökonomische Anreize ins bestehende System, aber diese kurbelten das Wachstum nicht so stark an wie erhofft. Gleichzeitig rebellierten talentierte Autoren wie Václav Havel, Ivan Klíma und Milan Kundera gegen das Korsett der Zensur, das ihre Kreativität zu ersticken drohte. Ferner regten sich Spannungen zwischen Tschechen und Slowaken, da die Letzteren sich bei und von der ökonomischen Planung vernachlässigt fühlten. Angesichts dieser Druckfaktoren löste der wendige slowakische Parteichef Alexander Dubček im Januar 1968 den orthodoxen Ersten Sekretär Antonin Novotný ab. Dubček gab seiner Bereitschaft Ausdruck, Veränderungen einzuleiten, und nannte als Ziel »einen Sozialismus, der den historischen demokratischen Traditionen der Tschechoslowakei entspricht«.[24]

Im April verkündete Dubček ein sogar noch umfassenderes reformerisches »Aktionsprogramm«, das Berühmtheit erlangte unter seinem symbolischen Namen »Sozialismus mit menschlichem

Antlitz«. Da die Periode der harten Klassenkämpfe vorbei sei, werde man nunmehr die Wirtschaft auf eine von Experten geleitete Konsumökonomie hin reorientieren; auch Rede- und Pressefreiheit sowie individuelle Freizügigkeit solle es geben, um die Revitalisierung zu unterstützen. Zwar gedachte die KPČ eigentlich die Reformen selbst zu leiten, doch entwickelten diese rasch eine unaufhaltsame Eigendynamik. Kaum war die Zensur außer Kraft gesetzt, publizierte der Autor Ludvík Vaculík ein Manifest mit dem Titel *Zweitausend Worte*, das die Menschen ermunterte, in eigener Initiative auf weitere Veränderungen zu drängen. Die wachsenden Freiheiten nutzend, begannen außerdem die Medien, die Korruption in der Kommunistischen Partei offenzulegen. Gleichzeitig machten sich einige gemäßigte Sozialisten an die Wiederbelebung einer unabhängigen Sozialdemokratischen Partei. In den aufregenden Tagen des Prager Frühlings schien alles möglich – sogar eine Demokratisierung des Kommunismus von innen.[25]

Zunehmend beunruhigt darüber, wie der KPČ die Kontrolle entglitt, entschied sich Sowjetführer Leonid Breschnew allerdings schließlich, die Liberalisierung durch eine militärische Intervention mehrerer Warschauer-Pakt-Staaten zu stoppen. Bei einem Treffen im März 1968 in Dresden gelang es Dubček noch, seine Kollegen damit zu beschwichtigen, dass er daheim nur versuche, den Kommunismus auf ein festeres Fundament zu stellen. Doch die unpopulären Oberhäupter einiger anderer Ostblockländer – Walter Ulbricht aus der DDR, Władysław Gomułka aus Polen, János Kádár aus Ungarn – befürchteten, dass die Liberalisierung über ihre Grenzen schwappen könne. Während der Augustkonferenz der Warschauer-Pakt-Staaten in Bratislava vermochten die tschechoslowakischen Reformer diese Sorgen nicht mehr zu zerstreuen. Als eine konservative Minderheit innerhalb des Prager Politbüros um sowjetischen Beistand gegen die sogenannte »Konterrevolution« bat, befahl Breschnew eine Invasion, um die Demontage des Kommunismus zu verhindern. In der Nacht zum 21. August 1968 fielen 200 000 Warschauer-Pakt-Soldaten, begleitet von 2000 Panzern, in die Tschechoslowakei ein, wo sie fast nur auf symbolische Gegenwehr stießen. Freilich kam es hier und da doch zu gewaltsamen

Auseinandersetzungen, bei denen 72 Tschechen getötet und 700 weitere verletzt wurden.[26] Der passive Widerstand konnte diese Niederwerfung eines mutigen Experiments nicht verhindern.

Schrittweise, aber gerade deswegen umso nachdrücklicher eroberte sich der orthodoxe Kommunismus die Herrschaft über die Tschechoslowakei zurück und verurteilte sie dergestalt für die nächsten 21 Jahre zu Erstarrung und Lethargie. Verbale Proteste der westlichen Länder und einiger neutraler Staaten bewirkten wenig, und eine kritische UN-Resolution verhinderte die Sowjetunion mit ihrem Veto. Nicht einmal die dramatische Selbstverbrennung des Studenten Jan Palach auf dem Wenzelsplatz konnte abwenden, dass Dubček aus seinem Amt gejagt wurde und Gustáv Husák an seine Stelle trat. Der neue tschechische Staatschef verfolgte eine »Politik der Normalisierung«, was nichts anderes bedeutete als eine Rücknahme der ökonomischen Reformen, eine Festigung der Parteikontrolle und die Wiedereinführung einer harschen Zensur. Nach außen hin – was blieb ihnen übrig – verhielten sich die eingeschüchterten Bürger konform; innerlich jedoch hegten sie unvermindert heftigen Groll gegen die sowjetgeführte Invasion. Husák versuchte, die Kritik durch Verbesserung des Lebensstandards zu dämpfen, indem er mehr Konsumgüter und mehr zerstreuende TV-Unterhaltung produzieren ließ. Die kritischen Intellektuellen jedoch trieb die harte Hand des Zensors in den geistigen Untergrund, wo sie sich lediglich der »Antipolitik« widmen konnten: Man vermied die offene Konfrontation mit der Obrigkeit, suchte aber die eigene Integrität zu wahren und eine unabhängige Zivilgesellschaft im Kleinen zu konstituieren.[27]

Die Unterdrückung des Prager Frühlings hatte eine nachhaltige Wirkung: Der klassische Kommunismus verlor jeglichen utopischen Zauber für die Intellektuellen beiderseits des Eisernen Vorhangs. Innerhalb des Ostblocks zerstörte die Invasion der Sowjetarmee die Hoffnungen auf eine Selbstreform des Kommunismus, bei der er endlich seine stalinistische, vielleicht sogar auch seine leninistische Verfasstheit abschütteln und eine demokratischere Version seiner selbst ins Leben setzen würde. Die bewaffnete Intervention der Warschauer-Pakt-Mächte offenbarte westlichen Beobachtern zudem, dass die sowjetische Herrschaft über Osteuropa eine Form des russischen Imperialismus war, der in seinen Klientelstaaten Minderheitendiktaturen päppelte. Dass der Kreml so bedenkenlos Gewalt gegen Dissidenten gebrauchte, schockierte auch viele Mitglieder der westeuropäischen kommunistischen Parteien, die in der Sowjetunion bisher ein Leuchtfeuer des Fortschritts gesehen hatten. Dies verstärkte bei ihnen Impulse in Richtung des Eurokommunismus, der einen moderateren und unabhängigeren Weg zum Sozialismus finden wollte. Gleichzeitig desillusionierte das Scheitern des tschechischen Experiments kurzsichtige Mitläufer des Kommunismus wie Jean-Paul Sartre, denen allmählich aufging, dass Moskaus Friedens- und Gleichheitsrhetorik nur Schall und Rauch war. Global betrachtet, erschienen die Sowjets nun plötzlich konservativ, im Gegensatz zum revolutionär wirkenden Maoismus.[28]

Eine weitere Folge der Invasion der Tschechoslowakei war, dass die sowjetische Version der Modernisierung sich nun diskreditiert fand, beruhte sie doch eher auf Zwang als auf freiwilliger Kooperation. Besonders in den Ländern, die bereits eine entwickelte Konsumwirtschaft besaßen, musste der Primat der Schwerindustrie, den die Sowjetunion diktiert hatte, kontraproduktiv erscheinen, denn er brachte sie nicht weiter. Die überlegene Wohlfahrt, die der Kommunismus versprach, verlor ihren Glanz angesichts einer Diktatur, in der es an grundlegenden Freiheiten mangelte. Solch politische Repression verschaffte den westlichen Menschenrechten wieder einen höheren Stellenwert bei den Intellektuellen und Bürgern im Osten, wo sie doch laut offizieller Lesart durch den Aufbau des Sozialismus überflüssig geworden waren. 1968 verfolgten Europas Intellektuelle daher zwei recht unterschiedliche Ziele, um über die Hochmoderne hinauszukommen: Während westliche Radikale von einer irgendwie sozialistischen Revolution träumten, die der kapitalistischen Ausbeutung sowie der imperialistischen Aggression ein Ende bereiten sollte, entdeckten östliche Dissidenten die Bürgerrechte für sich neu – als notwendige Garanten ihrer Meinungsfreiheit.[29] Diese entgegengesetzten Zielrichtungen erschwerten die Kommunikation über den Eisernen Vorhang hinweg. Die so entstandene Spannung löste sich erst, als er 1989 fiel.

Neue soziale Bewegungen

Die neuen sozialen Bewegungen, die aus den Trümmern der generationellen Revolte erstanden, ließen die Hochmoderne hinter sich, denn sie folgten einer fundamental anderen Vision. Die entmutigte und desorganisierte europäische Linke distanzierte sich nach und nach vom neomarxistischen Sektierertum und dem kontraproduktiven Kult um die terroristische Gewalt. Aber sie entdeckte neue Felder für ihr Engagement. Überrascht beobachtete sie leidenschaftliche lokale Proteste gegen urbane Kahlschlagsanierung oder den Bau von Autobahnstrecken und Atomkraftwerken, deren Mobilisierungspotenzial einige Aktivisten rasch erkannten. Bürgerschaftliche Konflikte konnten ein neues Anwendungsgebiet einer Basispolitik mit offenem Ende werden, sofern das Thema dazu geeignet war, den Teilnehmenden eine Bewegungsidentität zu stiften. Anliegen gab es genug, etwa den Umweltschutz, die Gleichberechtigung der Geschlechter oder den Weltfrieden. Anders als die straff organisierte, materielle Ziele verfolgende Arbeiterbewegung waren diese Aktionen nur lose formiert. Ihre Agenda prägten postmaterialistische Vorstellungen von Lebensqualität, in denen sich der Wertewandel der generationellen Revolte widerspiegelten. Ihre jungen und hochgebildeten Aktivisten wollten die Kontrolle über ihre Leben zurückerlangen und wandten sich daher gegen die Dominanz der Maschine, den Korporatismus und den Staat.[30]

Die neuartige Form der Interessenvereinigung in »Bürgerinitiativen« entstand spontan aus lokalen Konfrontationen um scheinbar triviale Streitpunkte, bei denen es oft um geplante Eingriffe in gewachsene urbane Strukturen ging. Als etwa Anfang der 1970er Jahre Hamburger Stadtplaner eine Zubringerstraße durch den Arbeiterbezirk Ottensen bauen lassen wollten, rebellierten seine Einwohner, denn die Maßnahme hätte ihr Viertel in zwei Teile zerschnitten. Sie protestierten lautstark gegen die Entscheidung ihrer gewählten Vertreter, sammelten Unterschriften, veranstalteten Massenkundgebungen, klebten Plakate und verteilten Flugblätter. Um die vielen einzelnen Initiativen zu koordinieren, bildeten die Protestler schließlich eine Aktionsgemeinschaft, die mit den städtischen Autoritäten verhandelte. Die hatten für ihr Anliegen, Hamburg autofreundlicher zu machen, Zustimmung erwartet oder wenigstens dessen passive Hinnahme. Am Ende mussten sie ihre Pläne fallen lassen und stattdessen nach Wegen suchen, Ottensens marode Bausubstanz zu renovieren.[31] Der Vorgang wiederholte sich Dutzende Male in anderen europäischen Städten, bis eine neue Art politischer Einflussnahme außerhalb der parlamentarischen Entscheidungswege etabliert war, die sich als überraschend erfolgreich erwies.

Ein Hauptärgernis, das für besonders breiten Protest sorgte, war die Umweltverschmutzung, eine Folge ungehemmten ökonomischen Wachstums. In Industrieregionen wie dem Ruhrgebiet hatten unkontrollierte Fabrikabflüsse das Wasser untrinkbar gemacht, während im ostdeutschen »Chemiedreieck« die Luft inzwischen so verseucht war, dass Kinder allergischen Husten bekamen. In der Tschechoslowakei verdarb saurer Regen reihenweise Wälder auf exponierten Berghängen, an denen man inzwischen nur noch schüttere Baumskelette sah: Das »Waldsterben« begann, das die Forstwirtschaft zeitweilig ruinierte. In den Niederlanden kontaminierten industrielle Tierhaltung und Pestizideinsatz auf den Feldern nicht nur den Boden, sondern töteten auch Vögel und andere Kleintiere. Unfälle in Kernkraftwerken wie 1986 die Explosion im ukrainischen Tschernobyl drohten ganze Gegenden über Generationen hinweg zu vergiften. Persönlich betroffen oder durch dramatische Medienberichte aufgewühlt, wandelten sich traditionelle Naturfreundegruppen zu Organisationen für Umweltschutz. Dank ihren beständigen Warnungen änderte sich nach und nach das politische Klima: Statt einseitig auf industrielle Expansion zu setzen, räumte man nun auch der Empfindlichkeit der Umwelt einen höheren Rang ein, und die politischen Parteien nahmen das Thema in ihre Programme auf.[32]

Ein weiteres wichtiges Anliegen war die Gleichstellung der Geschlechter. Der neue Feminismus suchte das Patriarchat zu stürzen und forderte Maßnahmen, durch die sich die Doppelbelastung von Haushalt und Karriere leichter bewältigen ließe. Die osteuropäischen Frauen hatten dank der egalitären Ausrichtung des Sozialismus und der kommunistischen Planwirtschaft mit ihrem wachsenden Bedarf an Arbeitskräften viele formale Rechte; allerdings blieb aufgrund der schlechten Versorgungslage die ihnen meist allein obliegende Organisation des Haushalts schwierig. Im Westen weigerte sich der Feminismus, sich mit den bisher errungenen Rechten zufriedenzugeben. Eine seiner prominenteren Aktivistinnen war die Medienstudentin Helke Sanders, deren Unmut ursprünglich dem Chauvinismus ihrer männlichen Mitstreiter in der 1968er-Bewegung galt. Sie prangerte generell die »gesellschaftliche Unterdrückung von Frauen« an und rief diese auf, sie sollten »sich selbst emanzipieren«. Konkret bedeutete das zum Beispiel die Legalisierung der Abtreibung, für die zuerst in Frankreich gekämpft wurde. Dort bekannten mehrere hundert Frauen öffentlich, gegen das einschlägige Verbot verstoßen zu haben. Auch das damalige Scheidungsrecht schien reformbedürftig, da die Gerichte zerbrochene Ehen nur für aufgelöst erklären konnten, wenn sie einer der beiden Parteien die juristische Schuld am Zerbrechen zuwiesen. Weibliche Berufstätige beschwerten sich über die »gläserne Decke«, die ihnen eine gleiche Bezahlung und gleiche Aufstiegschancen vorenthalte. Solche unbefriedigenden Zustände ließen eine neue Frauenbewegung entstehen, die energisch forderte, aus dem abstrakten Prinzip der Gleichheit eine konkrete Chancengleichheit im Sinne sozialer Staatsbürgerschaft zu machen.[33]

Und noch ein Problem vermochte eine breite Gefolgschaft zu mobilisieren: die Bewahrung des Friedens angesichts der nuklearen Konfrontation im Kalten Krieg. Pazifistisches Engagement hatte es damals nicht leicht, da die kommunistische Propaganda den Sowjetblock als »Lager des Friedens« hinstellte, der doch in Wahrheit Militarisierung betrieb. Erschwerend kam hinzu, dass bereits die Kampagne gegen die Wiederaufrüstung in der Bundesrepublik und die »Campaign for Nuclear Disarmament« in England gescheitert waren, obwohl Letztere immerhin der Philosoph Bertrand Russell eingeleitet hatte. Aber dann kamen 1979 die sowjetische Invasion in Afghanistan und der NATO-Doppelbeschluss, der gleichzeitig Gespräche über die numerische Begrenzung von Nuklearwaffen *und* die Aufstellung neuer Atomraketen vorsah. Beide Ereignisse verschafften dem Thema wieder Dringlichkeit. Unterstützt von Kirchen, Gewerkschaftern und prominenten Intellektuellen, formierte sich eine breite Protestbewegung, »um durch unablässigen und wachsenden Druck der öffentlichen Meinung eine Sicherheitspolitik zu erzwingen, die eine Aufrüstung Mitteleuropas zur nuklearen Waffenplattform der USA nicht zulässt«. In London, Bonn und ganz Westeuropa demonstrierten von 1981 bis 1983 drei Millionen Menschen für »ein atomfreies Europa«. Aber als das BRD-Parlament für die Stationierung von Raketen votierte und diese installiert wurden, löste sich die Bewegung auf.[34]

Gegen Ende der 1970er begannen einzelne Mitglieder der genannten Gruppen – Umweltbewegte, Feministinnen, Antikriegsaktivisten etc. –, ihre politischen Anstrengungen unter dem Banner einer neuen parlamentarischen Partei zusammenzuführen, die nach ihrem Hauptanliegen »Die Grünen« genannt wurde. Erste Erfolge ernteten Parteien dieser Ausrichtung in England und Belgien. Erst 1979 zogen auch westdeutsche Umweltschützer in ein Parlament ein, und zwar ins EU-Parlament: Damals noch ein loses Bündnis aus mehreren Gruppierungen, erreichten sie bei der bundesdeutschen Europawahl unter der Führung der charismatischen Petra Kelly 3,2 Prozent der Stimmen; dies reichte immerhin aus, um öffentliche Fördermittel zu erhalten. Im Gründungsprogramm von 1980 erklärten die Grünen, sie wollten eine »Alternative zu den herkömmlichen Parteien« sein. Ihre Vereinigung orientiere sich, hieß es, »an vier Grundsätzen: sie ist ökologisch, sozial, basisdemokratisch und gewaltfrei«. Bei der nächsten Gelegenheit, 1983, gewannen sie 5,6 Prozent und saßen nun im Bundestag. Zwei Jahre später erlangte erstmals ein Grüner, Joschka Fischer, ein Ministeramt, und zwar im Kabinett des Landes Hessen; bei seiner Vereidigung zum Umweltminister trug Fischer in symbolischem Protest gegen das Establishment Jeans und Turnschuhe. Zwar war die Partei schon früh gespalten in Fundamentalisten (»Fundis«), die einen radikalen Wechsel anstrebten und vorwiegend außerparlamentarisch wirken wollten, und Realisten (»Realos«), die den Schwerpunkt auf die Arbeit *im* Parlament legten. Aber anders als die anderen Parteien verstanden sie sich als eine »Antipartei« und pflegten einen eigenen Politikstil, der bei ihrer jungen, gebildeten Klientel gut ankam. Nach und nach formierten sich auch in anderen Ländern grüne Parteien, denen größere Wahlerfolge freilich versagt blieben.[35]

Neue soziale Bewegungen entwickelten sich auch in Osteuropa, allerdings aufgrund der diktatorischen Kontrolle des Staatsapparats über den öffentlichen Raum später und unter großen Schwierigkeiten. Die Missstände, an denen sich der Unmut entzündete, ähnelten teilweise jenen, gegen die westliche Oppositionelle Sturm liefen: Umweltverschmutzung, Sexismus und Militarismus existierten offenbar auch im »sozialistischen Lager«. Und dass man solche Verhältnisse nicht einfach hinnehmen musste, wussten die Unangepassten im Osten inzwischen – nicht zuletzt dank der westlichen Medien, die ja den Eisernen Vorhang durchdrangen. Sie lieferten Informationen über die einschlägigen Themen und ebenso über Organisationsformen des Widerstands. Hinzu kam direkte persönliche Ermutigung, wenn westliche Aktivisten den Osten besuchten. Das allmähliche Wiedererstehen zivilgesellschaftlicher Strukturen sowie die Veröffentlichung von Untergrundpublikationen ermöglichten die Bildung eines Ökologie-Clubs in Polen, der tatsächlich wagte, die Industriepolitik der Regierung zu kritisieren. In der DDR machte die Friedensbewegung die offizielle Propaganda ihren eigenen Zwecken dienlich und unterstrich das mit der biblischen Parole »Schwerter zu Pflugscharen«, um gegen den Militarismus der ostdeutschen Gesellschaft zu protestieren. Die protestantische Kirche bot eine quasi-öffentliche Sphäre, in der kritische Gruppen sich versammeln, diskutieren und Ideen austauschen konnten, etwa über die Frauenfrage; man kommunizierte aber auch schriftlich in selbstproduzierten Periodika wie den *Umweltblättern*. Da sie geheimdienstliche Repression am eigenen Leib erlebt hatten, erkannten diese Gruppen die Bedeutsamkeit der Menschenrechte und wurden Teil der zivilgesellschaftlichen Opposition gegen den Kommunismus.[36]

Obwohl die neuen sozialen Bewegungen ein Produkt der Moderne waren, gingen sie mehr und mehr dazu über, einige zentrale Grundsätze derselben zu verwerfen. Ihr nicht immer ganz ausgereifter Protest wandte sich gegen die unbegrenzte Expansion der hochindustrialisierten Gesellschaft, die Umweltschäden, Geschlechterungleichheit und Aufrüstung zur Folge habe. Seit der Club of Rome 1972 seine alarmierende Studie *Die Grenzen des Wachstums* publiziert hatte, brandmarkten westliche Kritiker immer wieder das Evangelium der ökonomischen Expansion, an das lange Zeit Arbeitgeber wie Arbeitnehmer gleichermaßen geglaubt hatten. Ähnlich missbilligten im Osten Dissidenten die produktivistische Planungsideologie, weil sie die sozialen und ökologischen Konsequenzen der Ausbeutung natürlicher Ressourcen ignoriere. Damit ihre Stimmen gehört wurden, engagierten sich diese Aktivisten in Basisorganisationen, die mehr Teilhabe an der Demokratie forderten. Ihr Gegenideal war eine ökologisch sensible, geschlechtergerechte und friedliche Welt, in Harmonie mit sich selbst und eben darum zukunftsfähig. Der deutsche Soziologe Claus Offe sah darin später »eine ›moderne‹ Kritik weiterer Modernisierung«.[37] Indem sie aber nach Wegen forschten, die Fehler der Industrialisierung zu korrigieren, versuchten die sozialen Bewegungen, sowohl die kapitalistische als auch die kommunistische Moderne hinter sich zu lassen.

Postmoderne Kritik

Ironischerweise erhob sich die radikalste Opposition gegen den Modernismus im Zentrum der Moderne selbst, indem Kritiker ein ganzes Bündel von Unzufriedenheiten mit ihren kulturellen Formen und ihrer wissenschaftlichen Weltsicht äußerten. Im Bereich der Architektur lehnten viele den nun als fade empfundenen *international style* ab, der seit Jahrzehnten bei Stadtplanung und urbaner Erneuerung vorherrschte. Im Bereich der Literaturwissenschaft und Literaturkritik begann man nun auch kreative Texte zu schätzen, die über den klassischen Modernismus eines T. S. Eliot hinausgingen, und erklärte die Populärkultur zum lohnenswerten Studienobjekt. In den Sozialwissenschaften äußerte sich das Unbehagen in einer Abkehr von den großen Modernisierungsnarrativen und einer vermehrten Bereitschaft, auch die negativen Aspekte des

Phänomens ›Entwicklung‹ zur Kenntnis zu nehmen. Und auf dem Gebiet der Philosophie manifestierte sich die Antihaltung in einer subjektivistischen Kritik am traditionellen Rationalismus und dem Willen, alle Implikationen der »Linguistischen Wende« zu erforschen. Beim Versuch, den Modernismus hinter sich zu lassen, fanden Denker und Künstler Arnold Toynbees 1947 geprägten Terminus vom »postmodernen Zeitalter« immer passender und übernahmen ihn schließlich in den 1970ern.[38] Als relationaler Begriff, der die Ära nach der Hochindustrialisierung bezeichnete, repräsentierte das Etikett »Postmoderne« eher eine diffuse Stimmung denn ein kohärentes Programm, eine Stimmung, die die Frage aufwarf, ob die Epoche der Moderne nicht vielleicht an ihr Ende gelangt sei.

Ein erster Impetus zur Attacke auf die Hochmoderne kam von Architekten, die den rationalistischen Funktionalismus des Bauhaus-Stils verwarfen. Da die Wolkenkratzer im Glasstahlbetonmanier überall gleich aussahen, begannen Architekturkritiker wie Robert Venturi sie langweilig zu finden, da sich im Wesentlichen nur ein und dasselbe Muster ohne Rücksicht auf Klima oder Landschaft wiederhole. Die idealistische Überzeugung der frühen Jahre, innovative Architektur und urbane Erneuerung könnten soziale Probleme beheben helfen, war längst einer Ernüchterung gewichen; zu sehr hatten negative Folgen der Stadtplanung wie Verkehrslärm, Luftverschmutzung und Anomie der Individuen die anfängliche Euphorie Lügen gestraft. Der Bruch mit dem modernistischen Klischee führte zu einer befreienden Experimentierlust, die den Stilpluralismus wieder zuließ. Man fand erneut Gefallen am Ornamentalen und ahmte ungeniert Gestaltungselemente aus vergangenen Epochen nach. Diesen kunsthistorischen Weg von der dogmatischen Moderne zur ungebundenen Kreativität illustrieren zunächst das fabrikförmige Centre Pompidou in Paris, dann, quasi als Übergang, James Stirlings Spiel mit der Technik an der Neuen Staatsgalerie in Stuttgart und schließlich Frank Gehrings Guggenheim-Museum in Bilbao, eine hochfliegende Vision mit wilden Linienschwüngen. Die neu gewonnene Freiheit des Designs machte die Architektur wieder interessant.[39]

Ein weiterer Angriff auf die modernistische Synthese kam von der Linguistischen Wende in den Geisteswissenschaften im letzten Drittel des 20. Jahrhunderts. Damit sind Bemühungen gemeint, die zentrale Bedeutung der Sprache für das menschliche Verstehen genauer als zuvor in den Blick zu nehmen. Über die strukturalistische Semiotik hinausgehend, entwickelte der französische Philosoph Jacques Derrida eine exegetische Methode namens »Dekonstruktion«. Sie beinhaltet ein *close reading* des Textes, um hinter seine ideologischen Implikationen zu kommen, hinter versteckte Subtexte und verborgene Botschaften, die an der Oberfläche nicht zugänglich seien. Dieser Ansatz widerspricht schärfstens den Methoden der traditionellen Interpretation, der es hauptsächlich um die Intention des Autors geht, aber auch der marxistischen Untersuchung des sozialen Kontextes eines Werkes. Die dekonstruktive Lektüre fokussiert auf den gegebenen Text selbst, analysiert seine stilistischen Eigenheiten und multiplen Bedeutungsschichten. Derrida proklamierte sogar: »Es gibt nichts außerhalb des Textes« und stellte damit in Abrede, dass Texte auf etwas verweisen könnten, das man gemeinhin »Wirklichkeit« nennt. Alle Bezugnahmen auf eine Außenwelt würden schließlich nur durch Worte erfolgen. Diese radikale Textbefragung öffnete den Weg zu einer Vielfalt einfallsreicher Interpretationen; gleichzeitig aber unterminierte die Methode die Möglichkeit objektiver Erkenntnis, um die es der wissenschaftlichen Moderne zentral zu tun ist.[40]

Ein weiterer französischer Theoretiker, Jean-François Lyotard, versuchte ebenfalls, die Implikationen des linguistischen Ansatzes zu durchdringen, etwa in seinen Reflexionen über die *condition postmoderne*, die unter diesem Titel 1979 als Buch erschienen. Enttäuscht von marxistischer Politik und freudianischer Psychoanalyse, verwirft Lyotard auch ein entscheidendes Erbe der Aufklärung, den Glauben an den menschlichen Fortschritt. Von der Furcht beseelt, das menschliche Wissen werde infolge der Einführung der Computer auf bloße »Daten« zusammenschrumpfen, rät er zu fundamentalem Misstrauen gegenüber den sogenannten »Großerzählungen«, welche die menschliche Entwicklung zu erklären und zu rechtfertigen suchen. Diesen nämlich wirft er vor, gewöhnlich die –

wie auch immer geartete – Unterdrückung anderer zu rechtfertigen. Sichere Erkenntnisse gibt es nicht; Lyotards radikale Kritik lässt nur heuristische Verstehensansätze gelten, die »Sprachspiele«, denen jedoch ebenfalls nicht uneingeschränkt zu trauen sei.[41] Aber der Philosoph verzweifelte keineswegs, sondern freute sich an der neuen Freiheit, die den Kreativen nun erwuchs, namentlich der künstlerischen Avantgarde, den Experimentellen, deren Erzeugnisse er wohlwollend kommentierte. Die Dekonstruktion der Großerzählungen gewann besondere Wichtigkeit für die Historiker, denn sie gab ihnen ein Werkzeug in die Hand, mit dem sie die Behauptungen nationalistischer, proletarischer oder religiöser Mythologisierungen in Frage stellen konnten.

Auch Michel Foucault war ein Kritiker der Moderne, allerdings noch umstrittener als andere. Seine schillernde Biografie belegt seine Bereitschaft zu vielfältigem politischen Engagement und steilen philosophischen Thesen. Wie viele seiner zeitgenössischen Kollegen emanzipierte er sich schrittweise vom rationalistischen Erbe des Marxismus, obschon er sich auch noch, nachdem diese Abnabelung vollzogen war, für linke Belange einsetzte, etwa die Dekolonisation oder die Antipsychiatrie-Bewegung. In seinen umfangreichen Werken versuchte Foucault nichts Geringeres als eine »Archäologie des Wissens«, bei der er sich mit der Entwicklung der gesamten philosophischen Tradition seit Kant auseinandersetzte. Die Herkunft aus einer Ärztefamilie mag die Thematik seiner ersten Bücher mitbestimmt haben: Sie behandelten Siechtum, Wahnsinn und Zivilisation sowie deren Zusammenhänge und enthüllten dabei die soziale Konstruiertheit von Krankheit bzw. Gesundheit. Zu einer Zeit, da man in Frankreich auf Schwule noch verächtlich herabschaute, erforschte er furchtlos die Geschichte der Sexualität. Als Moralist reflektierte er die Macht und deren Wichtigkeit für den Staat. Letzterer kann nur durch »Gouvernementalität« funktionieren, zu der die Routinen von Disziplin und Strafe gehören. Foucaults bedeutsamster Beitrag aber dürfte die Prägung des Begriffs »Diskurs« gewesen sein. Diskurse sind aufeinander bezogene rhetorische Systeme des Sprechens über bestimmte Themen und können etwa genutzt werden, um eine bestimmte Politik zu rechtfertigen.[42]

Zum einen Teil hatte dieser postmoderne Sturm, dessen Wucht die Medien noch verstärkten, einen befreienden Effekt, denn er schuf Raum für Innovation. In Architektur, Malerei und Musik fühlten sich die Künstler mittlerweile frei genug, um die Konventionen der Hochmoderne zu ignorieren und mit noch radikaleren Stilen zu experimentieren. In der Literaturwissenschaft ermutigte die Betonung der Dekonstruktion eine Fülle von *close readings*, die nicht länger durch einen vorgegebenen Kanon eingeschränkt waren. In den Medien entdeckte das postmoderne Auge eine Vielzahl fotografischer und filmischer Bilder, ohne Rücksicht darauf, woher und aus welcher Zeit sie stammten. In der Philosophie zog diese Perspektive den Glauben an objektives Wissen in Zweifel, was mehr Spielraum für Subjektivitäten eröffnete. In den Sozialwissenschaften half solche Kritik, lineare Betrachtungsweisen zu unterminieren – seien es liberal-kapitalistische oder marxistische –, die in der Modernisierung eine ausschließlich fortschrittliche Entwicklung sahen. In der Geschichtswissenschaft ermöglichte der Angriff auf die großen Narrative das Erzählen von »Gegengeschichten« durch einstmals unterdrückte Minderheiten.[43] Besonders feministische, schwarze und postkoloniale KulturwissenschaftlerInnen machen sich die Postmoderne zu eigen, um die Hegemonie der toten weißen europäischen Männer zu beenden.

Dennoch erntete die Postmoderne auch Kritik auf breiter Ebene. Man disqualifizierte sie als bloße intellektuelle Mode, die die Lage der Menschheit nicht substanziell erhellen könne. Besonders konservative und religiöse Denker lasteten ihr moralische Beliebigkeit an, eine Perspektive, aus der heraus alles erlaubt sei – *anything goes*, wie eine polemische Vorwurfsparole hieß. Marxisten in Ost und West wiederum attackierten die Postmodernen als Repräsentanten eines dekadenten »Spätkapitalismus«, die nicht bereit seien, gegen die massiven Ungerechtigkeiten in der Welt anzugehen. Die Naturwissenschaftler wiederum ignorierten das »Pomo«-Geschwätz schlicht, auch die meisten Sozialwissenschaftler verwarfen die kulturalistische Epistemologie. Letztere verließen sich lieber weiterhin auf traditionelle Empirie, auf die Generalisierung erfasster quantitativer Daten und die »Theorie der rationalen Entscheidung«. Die gravierendste Kampfansage jedoch kam von liberalen Theoretikern wie dem Philosophen Jürgen Habermas, der das emanzipatorische Potenzial der Aufklärung retten wollte, indem er eine Methode diskursiver Rationalität etablierte.[44] Während die Postmoderne in Frankreich und den Vereinigten Staaten ihre dominante Position verteidigte, hielten die deutschen Intellektuellen lieber weiter an der Moderne fest: Sie schien ihnen immer noch ein bewährtes progressives und demokratisches Mittel gegen den reaktionären Geist des Nationalsozialismus.

Die postmoderne Attacke auf die Hochmoderne diente daher eher dazu, zu signalisieren, dass eine Epoche an ihr Ende kam, als dass sie den Charakter dessen hätte definieren können, das danach kommen mochte. Was die selbsternannten Rebellen ablehnten, war ziemlich klar – sie hatten etwas gegen Rationalität, Funktionalismus, Objektivität, Marxismus und Kapitalismus. Obwohl sie sich von der Ideologie der Modernisierung distanzierten, blieben sie weitgehend bestimmten Anliegen der Linken verpflichtet. Aber die Theorien waren zu konfus, ihre philosophischen Argumente zu unzugänglich und ihre Behauptungen bzw. Ansprüche zu verstiegen, als dass sie gänzlich hätten überzeugen können. Wenn die Menschenrechte keine universelle Geltung besaßen – worauf sollte sich dann die Opposition gegen Patriarchat, Rassismus oder Imperialismus gründen? Und doch verbreitete sich die Postmoderne keineswegs nur deshalb so geschwind in den intellektuellen Kreisen, weil sie von den stets nach Neuem gierenden Medien gehypt wurde. In vielfacher Hinsicht berührten die linguistischen Theoretiker einen kulturellen Nerv. Sie signalisierten, dass etwas zu Ende ging, ohne wirklich zu wissen, was das für die Zukunft besagte. So gesehen war die Postmoderne gleichzeitig das Ende der Hochmoderne und ein Vorgeschmack auf die Dinge, die da kommen sollten.

Nach der Moderne?

In vielerlei Hinsicht erschien die postmoderne Provokation, das Ende der Moderne zu verkünden, zeitgenössischen Progressiven wie Kulturtraditionalisten gleichermaßen absurd. Skeptiker konnten mit vielen Argumenten begründen, warum der Terminus »Moderne«, wenn man seine verschiedenen Bedeutungen voll ausschöpfte, auch noch auf das letzte Viertel des 20. Jahrhunderts passte. Sicherlich würde solch eine große Epoche, die einst mit Renaissance und Reformation begonnen hatte, nicht allein deshalb enden, weil ein paar französische Theoretiker und amerikanische Literaturwissenschaftler dies großspurig verkündeten. Gleichzeitig suggerierte der adjektivische Gebrauch des Begriffs »modern« im Sinne von »fortwährend neu« eine ewige Gegenwart, die immer weiterging, obwohl ihr Inhalt ständig wechselte. Auch waren die Optimisten noch längst nicht verstummt, die in der Modernisierung einen Prozess des Fortschritts zumindest in Europa sahen. Die Verfechter dieser Deutung verwiesen auf gestiegenen persönlichen Wohlstand oder die höhere Lebenserwartung.[45] Obwohl es reichlich Gründe gab, abzustreiten, dass die Gegenwart in eine Ära »nach der Moderne« eingetreten sei, fand die Behauptung, man lebe nun in der Postmoderne, dennoch weithin Anklang.

Ein Grund für die Popularität des Etiketts der Postmoderne war die unzweifelhafte Existenz einer kulturellen Bewegung, die sich so nannte. Nachdem sie sich in der neuen Verspieltheit der Architektur als dominant erwiesen hatte, dehnte sie sich später auch auf andere Felder aus, etwa auf Musik und Literatur. Daneben schufen die Auswirkungen der Linguistischen und später zusätzlich der Ikonischen Wende eine neue Form der Literatur- und Kunstbetrachtung, bei der man diese Werke in freierer Weise für das allgemeine Publikum interpretierte. Natürlich setzten die Postmodernen vielfach schlicht die Experimente der Avantgarde fort, wobei sie freilich die brauchbaren Elemente aus dem Fundus der modernen Formen gewissenhaft auswählten. Da aber die Entscheidung, was sie weiterführten und was sie verwarfen, davon abhing, wie im jeweiligen Tätigkeitsgebiet die Hochmoderne definiert war, entstand kein einheitlicher postmoderner Stil. Stattdessen verstand man unter Postmoderne schließlich eine Richtung, die den existierenden Kanon ablehnte, um einer Vielfalt von Ansätzen Stimme und Bild zu verleihen, die dabei ungeniert Vergangenheit und Gegenwart vermischte sowie die Unterscheidung zwischen Hoch- und Populärkultur ignorierte. Diese Fragmentierung erwies sich als so vorteilhaft wie einschränkend, aber sie schien gerechtfertigt durch eine Kulturpolitik, die sich gegen Standards richtete, weil sie auf die kreative Kraft der Pluralität setzte.[46]

Eine weitere Ursache für die rasche Verbreitung des Terminus war ein bestimmter »Wertewandel«, nämlich die Wendung hin zum Postmaterialismus, eine Nachwirkung der generationellen Rebellion von 1968. Schon knapp zehn Jahre später entdeckten empirische Sozialforscher wie Ronald Inglehart eine solche Verschiebung: Hatte für die Nachkriegsgeneration noch das Erlangen von Wohlstand und Sicherheit hohe Bedeutung, legten ihre Kinder den Akzent viel stärker auf Lebensqualität und Selbstverwirklichung. Namentlich die hochgebildeten Städter setzten andere Prioritäten als die aus Gewerkschaftskämpfen bekannten, in denen es um Löhne und Arbeitsbedingungen ging. Wenn die Jüngeren Kampagnen lancierten, dann ging es etwa um Widerstand gegen Umweltzerstörung, das männliche Patriarchat oder Wettrüsten. Interessanterweise richtete sich ihre Kritik gleichermaßen gegen kapitalistische Ausbeutung und sozialistische Reglementierung, denn sie wollten die Politik des ungehemmten ökonomischen Wachstums nicht fortgesetzt sehen, sondern forderten vor allem Nachhaltigkeit. Großindustrie, Massenorganisationen und Verwaltungsbürokratie bereiteten ihnen eher Unbehagen; die neuen sozialen Bewegungen bevorzugten kleine Handwerksbetriebe, informelle Vernetzungen und Basismobilisierung.[47] Zweifellos lag ein Hauch Romantik in ihrer Ablehnung der Hochmoderne, aber die Suche nach Alternativen war auch ein hilfreiches Korrektiv zu deren Defiziten.

Und noch ein letzter Anstoß für die postmoderne Rhetorik sei genannt: Das Modernisierungsparadigma wurde gleichermaßen als makrosoziologische Theorie menschheitlicher Evolution wie auch als Strategie ökonomischer Entwicklung zunehmend in Zweifel gezogen. Da die Wohltaten und Vorzüge der Moderne auf der Hand zu liegen schienen, weil sie während des Nachkriegsbooms die Lebensstandards so stark verbessert hatte, hatte man innerhalb der Sozialwissenschaften bisher die Frage diskutiert, wie man den Prozess beschleunigen und an die sogenannten Entwicklungsländer weitergeben könne. Doch nun verlor die Modernisierung ihren Glanz, und zwar aus theoretischen wie aus praktischen Gründen. Zunächst einmal unterminierte die philosophische Attacke der postmodernen Theoretiker die epistemologischen Fundamente, auf denen die Generalisierungen der Sozialwissenschaften fußten. Ferner erwiesen sich die kapitalistischen und kommunistischen Entwicklungsstrategien in den sich gerade dekolonisierenden Ländern als eher unergiebig und enttäuschend. Während der Westen erfolgreich zu einer Konsumwirtschaft avancierte, blieb der Sowjetblock beim Lebensstandard zurück, was ihn als sozialistische Alternative in den Augen seiner eigenen Bürger entzauberte. Erwähnen wir als letzten Faktor auch die wachsende Sensibilität gegenüber dem Phänomen Genozid, wesentlich gefördert dadurch, dass immer mehr ins allgemeine Bewusstsein drang, was der Holocaust gewesen war. Der Massenmord raubte der Moderne viel von ihrem emanzipatorischen Nimbus, hatte sich in ihm doch ihre dunkle Kehrseite offenbart.[48]

Die Frage, ob die Moderne nun vorbei sei oder nicht, hat noch keine definitive Antwort gefunden. Viele Argumente sprechen für eine Kontinuität der Hochmoderne, denn mit Wissenschaft und Technik, industrieller Produktion, bürokratischer Verwaltung und urbanem Leben geht es ja offensichtlich weiter. Andere Indikatoren jedoch – etwa das Aufkommen einer Dienstleistungswirtschaft, der Quantensprung innerhalb der Spitzentechnologie und die immer intensivere Globalisierung – suggerieren durchaus, dass vielleicht gerade etwas Neues entsteht. Die kulturellen Veränderungen wie die Stilverschiebungen, der Wertewandel und die Linguistische Wende sind möglicherweise Vorboten oder Wegbereiter einer größeren Transformation, die den Zeitgenossen noch nicht klar zu Bewusstsein kommt, weil sie mitten in ihr stecken. Die verschiedenen Versuche, dieser irritierenden Situation einen Namen zu geben, haben bisher nicht zu einem überzeugenden Konsens geführt. Vorgeschlagene Bezeichnungen wie »zweite Moderne« (Anthony Giddens) oder »reflexive Moderne« (Ulrich Beck) müssen sich erst noch durchsetzen. Eine eher ironische Antwort auf diese begriffliche Unsicherheit hat der Philosoph Wolfgang Welsch gegeben; er fand für das letzte Viertel des 20. Jahrhunderts die provisorische Benennung »postmoderne Moderne«.[49]

Die postindustrielle Transformation

Deindustrialisierung in Großbritannien, 1983

Am 16. Oktober 1973 verkündeten die sechs größten Erdölförderländer am Persischen Golf unerwartet eine Erhöhung ihrer Rohölpreise um 70 Prozent. Indem sie »Öl als arabische Waffe« nutzten, wollten sie Druck ausüben auf jene Staaten, die während des Jom-Kippur-Krieges Israel unterstützt hatten. Sie sollten Jerusalem zwingen, sich aus der Sinai-Halbinsel und von den Golanhöhen wieder zurückzuziehen. Außerdem erließ die »Organisation erdölexportierender Länder«, kurz OPEC, die 40 Prozent des weltweiten Bestands kontrollierte, ein Embargo gegen die Vereinigten Staaten, Japan und Westeuropa, das »eine Reduktion der Erdöllieferungen um monatlich 5 Prozent« vorsah. Die Preise stiegen daraufhin um das Vierfache: ein Barrel kostete statt drei US-Dollar nun zwölf. Fassungslosigkeit ergriff die Industrieländer, denn nicht nur ihr Heizwesen sowie ihre Verkehrs- und Transportsysteme, sondern auch ein gewichtiger Teil ihrer Industrieproduktion waren abhängig vom Öl aus dem Nahen Osten. Weite Teile der Bevölkerung reagierten panisch, da sie sich an die Brennstoffmängel im und nach dem Zweiten Weltkrieg erinnert fühlten, und es bildeten sich lange Schlangen vor den Tankstellen. Die Regierungen versuchten hektisch, Benzin zu sparen, indem sie Rationierungen, Geschwindigkeitsbegrenzungen und Sonntagsfahrverbote verhängten. Zwar normalisierten sich nach einem proarabischen Statement der EG die Lieferungen wieder, aber das Selbstvertrauen des Westens war erst einmal erschüttert.[1]

Dieser »Ölpreisschock« brachte die europäischen Wirtschaften mächtig durcheinander und versetzte auch die Politik des Westens in Verwirrung, denn alternative Energiequellen waren nicht zur Hand, jedenfalls nicht so schnell. Die Araber konnten ihr Erdöl nutzen, um politischen Druck auszuüben, denn die Europäische Gemeinschaft bezog 80 Prozent ihres Rohölbedarfs aus den Golfstaaten, und bis Nordseeöl durch die Pipelines floss, sollte es noch etwas dauern. Die Preiserhöhung verschob die Hauptgewichte der Macht, zumindest fürs Erste, von den Industriestaaten zu den Rohstoffländern. Sie wirkte wie eine Zusatzsteuer, die gewaltige Profite in den Nahen Osten transferierte und der die Produzenten unerhörte Vermögen verdankten. Da er alles verteuerte, was mit fossilem Kraftstoff angetrieben oder hergestellt wurde, löste der steile Ölpreisanstieg zudem eine Inflation aus, weil die Nachfrage sich als auf kurze Sicht unelastisch erwies. In den Bevölkerungen verbreitete sich, vom übertriebenen Alarmismus der Medien noch geschürt, die Angst vor einem sinkenden Lebensstandard, die zu einer tiefen Rezession beitrug. Letztere beendete dann tatsächlich den Nachkriegsboom, der eine ganze Generation gedauert hatte.[2] Der Ölpreisschock, der als eine negative Wendung im Konjunkturzyklus missverstanden wurde, lenkte von einem fundamentaleren Problem ab – dem Übergang zu einer postindustriellen Ökonomie.

Den regierenden Linken gelang es nicht, effektive Lösungen dafür zu finden, auch nicht, als die Ölpreise 1979 wieder mächtig anzogen. Nicht zuletzt daran lag es, dass sich die keynesianische Politik alsbald diskreditiert fand und der Westen ein überraschendes Revival des Neoliberalismus erlebte. Dessen Vordenker waren eine kleine Gruppe bürgerlicher Ökonomen gewesen, die an die Lehren Friedrich von Hayeks anknüpften. Sie wandten sich scharf gegen die Reglementierung der Wirtschaft, wie Faschismus und Kommunismus sie betrieben; doch auch der demokratische Staat, so predigten sie schon seit Jahrzehnten, solle seine Kontrolle über die Ökonomie reduzieren. Nach der Universität, an der wesentliche Teile ihres Programms entwickelt worden waren, nannte man diese monetaristische Richtung »Chicagoer Schule«, die auf liberale Theoretiker des 19. Jahrhunderts wie Adam Smith zurückgriff. Sie befürwortete die Schaffung günstiger Bedingungen für unternehmerische Initiative, und dazu brauchte es individuelle Autonomie, den Wettbewerb des freien Marktes, Deregulierung und Privatisierung. Nachdem antizyklische Investitionen nicht vermocht hatten, für ein robustes Wachstum zu sorgen und die hohe Inflation einzudämmen, gewannen solche neoliberalen Rezepturen plötzlich an Attraktivität. Unter den wichtigsten politischen Persönlichkeiten, die sich zu dieser Lehre bekehrten, war Margaret Thatcher, konservative Oppositionsführerin im britischen Unterhaus, die ihren Tories den Korporatismus austrieb. Nachdem sie 1979 die Parlamentswahlen gewonnen hatte, hatte sie die Chance, als Premierministerin eine neoliberale Agenda durchzusetzen.[3] Die Ergebnisse ihrer hartnäckigen Politik beschleunigten und vertieften den Strukturwandel in England.

Die Wende zum Neoliberalismus zeitigte vielerorts Attacken auf den Wohlfahrtsstaat, dessen Exzesse man einhegen wollte, um wieder die Eigenverantwortung zum herrschenden Grundsatz zu machen. Objektive Belastungen und subjektive Präferenzen führten gemeinsam zu dem Ruf nach niedrigeren öffentlichen Ausgaben. Während der ölbedingten Rezessionen 1974/75 und 1981/82 schnellte die Arbeitslosigkeit im Vereinigten Königreich auf über 10 Prozent hoch, was dem Fiskus gewaltige Kosten verursachte. Außerdem machte es der Rückgang bei den Steuereinnahmen schwierig, weiterhin umfassende soziale Programme zu finanzieren. Und eine wachsende Zahl von Wählern aus dem Mittelstand – zuerst nur im Vereinigten Königreich, dann auch auf dem Kontinent – revoltierte gegen die hohen Grenzsteuersätze, die etwa in Skandinavien fast 90 Prozent betrugen. Konservative Parteien nutzten diesen Unmut und forderten einen Rückbau der Sozialleistungen, niedrigere Arbeitslosengelder und eine Senkung der staatlichen Fürsorge. Wollten die Moderaten nur den Wildwuchs des Wohlfahrtsstaats kappen, gedachten die Neoliberalen ihn komplett abzuschaffen. Diese Überreaktion war psychologisch verständlich, doch sie bedrohte den Bestand des Sozialwesens zu einem Zeitpunkt, da es wegen der notwendigen Restrukturierung mehr als je gebraucht wurde.[4]

Im Streit darüber, wie auf den Ölpreisschock zu reagieren sei, verkannte man, was die tiefere Ursache jener Verlangsamung war: der Übergang in die postindustrielle Phase der Moderne. Die Rezession hatte nicht nur mit dem Konjunkturzyklus zu tun, sondern auch mit der Verlagerung der fordistischen Massenproduktion in die asiatischen »Tigerstaaten«. In Europa ließ die Deindustrialisierung ganze Regionen veröden und gefährdete viele Existenzen innerhalb der Arbeiterschaft; Versuche, den Prozess zu bremsen, milderten zwar die ärgsten Folgen für die Betroffenen, machten aber wenig Hoffnung auf eine Wiederkehr des Wachstums. Dass es der antizyklischen Strategie nach keynesianischem Muster nicht gelang, die hartnäckige Kombination aus ökonomischer Stagnation und hoher Inflation zu überwinden, verschob die Sympathien der Öffentlichkeit mehr und mehr hin zu den Methoden des Neoliberalismus. Die Einschränkungen, die man in der Folgezeit an den wohlfahrtsstaatlichen Ausgaben vornahm, machten die europäischen Industrien geringfügig wettbewerbsfähiger. Der entscheidende Schritt nach vorn jedoch, der den jungen Hochqualifizierten neue Chancen eröffnete, sollte erst noch kommen: der Siegeszug der digitalen Ökonomie, befeuert vor allem durch Computer und innovative Kommunikationstechnik.[5] Zusammen mit der kulturellen Revolte leitete dieser Übergang zur postindustriellen Gesellschaft eine neue Phase der globalen Moderne ein, die für Unsicherheit sorgte, aber auch ungeahnte Möglichkeiten mit sich brachte.

Die Ölpreisschocks

Schon vor dem arabisch-israelischen Krieg zeigte die internationale Wirtschaft deutliche Anzeichen von Überstrapazierung. Die Hauptursache waren die hohen Kosten des US-Engagements in Vietnam, die Präsident Johnsons Politik nach dem Prinzip »Kanonen und Butter« auf lange Sicht gar zu sehr verteuerte. Um das permanente Leistungsbilanzdefizit der Vereinigten Staaten zu mindern, beschloss die Nixon-Regierung im August 1971, aus dem Bretton-Woods-System der festen Wechselkurse auszutreten, das den Welthandel berechenbar gemacht hatte. Kaum konnte der schwächelnde Dollar sich frei entfalten, taten andere Währungen wie die D-Mark und der Yen es ihm gleich; sie erlebten eine Aufwertung, was Deutschlands und Japans Exportstärken minderte.[6] Da die Erdöleinnahmen in US-Dollars abgerechnet wurden, verringerte die Abwertung der amerikanischen Währung die Profite der Förderländer, was die OPEC dazu bewegte, die Preise zu erhöhen. Das Ölkartell konnte sogar kräftige Aufschläge verlangen, weil einiges dafür sprach, dass die Vereinigten Staaten gerade »den Höhepunkt ihrer Ölproduktion« erreicht hatten, während die Europäer keine nennenswerten eigenen Ölquellen besaßen. Das änderte sich erst, als England und Norwegen ab Mitte der 1970er den Stoff aus dem Nordseeboden zu holen begannen.

Die europäischen Länder waren besonders verwundbar, weil bei ihnen das Erdöl während der 1960er Jahre die Steinkohle als Hauptenergiequelle abgelöst hatte. Der Wiederaufbau nach dem Krieg und das Wirtschaftswunder der 1950er wurden vorwiegend mit Anthrazitkohle aus den tiefen Schächten in Wales, im Ruhrgebiet oder in Schlesien befeuert. Doch lief das flüssige Schwarze Gold dem festen bald den Rang ab, denn es ließ sich nicht nur billiger herstellen und leichter transportieren, sondern bot auch noch andere Vorteile: Ging es ums Heizen, funktionierte ein automatischer Ölbrenner kontinuierlich und sauber, während ein Kohleofen nicht nur immer wieder geschürt werden musste, sondern auch gesundheitsschädlichen Rauch erzeugte. Im Verkehrswesen dominierten bald nicht mehr kohlebetriebene öffentliche Transportmittel wie Eisenbahnen, sondern mit einem Erdölraffinat betankte Autos, die mehr individuelle Mobilität erlaubten, denn ihre Benutzer waren unabhängig von vorgegebenen Strecken und Fahrplänen. Im Industriebereich hatte man zwar ein Verfahren entwickelt, Kohle zu verflüssigen, doch erwies es sich als zu teuer, während Derivate des bereits im Urzustand flüssigen Erdöls ein ganzes neues Produktionsgebiet erschlossen: die Welt der Kunststoffe, aus denen sich leicht Konsumgüter und Bauteile herstellen ließen. Kohlekraftwerke gab es zwar weiterhin, doch der Wechsel zum Erdöl wurde lediglich dadurch gebremst, dass Europas Böden so wenig davon hergaben.[7]

Die westlichen Regierungen reagierten auf die »Öl-Erpressung« der OPEC mit einer konfusen Mischung aus kurzfristigen Aktionen und langfristigen Überlegungen. Um die Ängste der Öffentlichkeit zu beseitigen, verfielen sie auf eine Reihe von Maßnahmen, die den Eindruck von Aktivität vermittelten, am Ende aber wenig bewirkten. In Westdeutschland verhängte die sozialliberale Koalition ein Fahrverbot für vier Sonntage hintereinander. Bilder von damals zeigen gespenstisch leere Autobahnen – genauer gesagt fast leere, denn Fußgänger und Radfahrer ergriffen hocherfreut die Gelegenheit und eroberten den ihnen sonst versperrten Raum. Einige Länder wie Frankreich senkten die erlaubten Höchstgeschwindigkeiten drastisch, um Brennstoff zu sparen; das Problem war nur, dass gar zu viele Fahrer die Beschränkungen einfach ignorierten. Anderswo rationierte man den Kraftstoff, was zu Konfrontationen an den Tankstellen führte, denn die Betreiber wussten nicht ein noch aus angesichts der reduzierten Lieferungen und der zornigen Kunden, die sich mit ihnen sowie untereinander um das knappe Benzin stritten. Der Journalist Sebastian Haffner folgerte: »Wir müssen los vom Öl, auch wenn uns die Entziehungskur hart ankommt.«[8] Nur nach und nach wurde klar, wie eine konstruktivere Reaktion auf den Missstand aussehen musste: Ressourcenerhaltung sowie das Erschließen und Entwickeln alternativer Energiequellen.

Der Beschluss der OPEC, die Erdölproduktion um 7,5 Prozent zu senken, hatte gravierende wirtschaftliche Konsequenzen. Die westeuropäischen Ökonomien fielen in eine tiefe und langandauernde Rezession. Es gab bei den Zahlen geringfügige Abweichungen von Land zu Land, aber der generelle Trend war eindeutig: Die Bruttosozialprodukte sanken von November 1973 bis Mitte 1975 um mehr als 3 Prozent. Teilweise lag dieser Rückgang an übertriebenen Ängsten, die den Konsumenten die Kauflust verdarben. Teilweise war die Rezession aber auch einer Regierungspolitik geschuldet, die Fabriken und Privathaushalten aus Furcht vor Engpässen weniger Energie zuteilte; in England verkürzte man die Arbeitswoche auf drei Tage, um Stromausfälle zu vermeiden. Und teilweise forcierten auch Entscheidungen der Unternehmer die Rezession, etwa jene, aufgrund des erwartbaren Sinkens der Nachfrage die Autoproduktion zu drosseln, was eine Abwärtsspirale in Gang setzte. Dank dieser Entwicklung stieg die Arbeitslosenquote im Vereinigten Königreich und in den Niederlanden unabwendbar auf 12 Prozent, was die Kaufkraft noch heftiger nach unten drückte. Hinzu kam, dass die gestiegenen Energiekosten die Inflation hochjagten, die 1983 in Europa 9,4 Prozent betrug – für die Wirtschaft nicht gerade ein Ansporn zu vermehrter Aktivität. Die Folge des Abschwungs war die erste größere Rezession seit 1945, die fast drei Jahrzehnte Nachkriegsboom beendete.[9]

Das ökonomische Wachstum wiederzubeleben, gestaltete sich

schwierig, nicht zuletzt wegen einer garstigen Stagflation, die die europäischen Wirtschaften nach dem Anstieg der Energiekosten befiel. Der Neologismus »Stagflation« setzt sich zusammen aus ›Stagnation‹, d. h. geringes Wachstum, und ›Inflation‹, d. h. verminderte Kaufkraft. Infolge der hohen Ölpreise kam die Expansion der europäischen Ökonomie tatsächlich zum Stillstand, dafür stiegen Arbeitslosigkeit und Inflation. Diese unerwartete Misslichkeit machte die Keynesianer im politischen Betrieb ratlos: Versuchte man, Wachstum durch staatliche Ausgaben zu stimulieren, fachte dies die Inflation noch mehr an; bemühte man sich, die Abwertung der Währung zu stoppen, wuchs die Zahl der Arbeitslosen. Während die Briten im Teufelskreis von hohen Lohnforderungen und exzessiven Staatsleistungen gefangen blieben, gelang es dem westdeutschen Kanzler Helmut Schmidt, durch Ausgabenkürzungen und begrenzte Stimulation zumindest Erwerbslosenquote und Inflation zu senken.[10] Lediglich die Strategie, »Öldollars wiederzugewinnen«, die darin bestand, dass man die Neureichen innerhalb der arabischen Eliten motivierte, westliche Luxusgüter zu kaufen und so Teile ihrer Profite nach Europa zurückzutragen, bescherte einen kleinen Anflug von Wachstum.

Leider ereignete sich 1979–1981 eine zweite Ölkrise, die die schwache Erholung im Keim erstickte und eine neue Rezession verursachte. Der Sturz des iranischen Schahs durch die von Ayatollah Khomeini angeführte Islamische Revolution verminderte die Öllieferungen um 7, der anschließende Krieg zwischen Iran und Irak um weitere 6 Prozent. Diese neuerliche Drosselung der Fördermenge trieb den Ölpreis auf über 40 Dollar pro Barrel, was die effektiven Energiekosten wieder einmal verdoppelte. Das vorhersagbare Ergebnis war eine weitere, noch härtere Rezession. Die Erwerbslosigkeit stieg in Frankreich und Deutschland auf fast 8 Prozent, der private Konsum stagnierte, und die Inflation erreichte ein neues Nachkriegshoch. Infolgedessen nahm der Handel zwischen den fortgeschrittenen Industrieländern um ein Fünftel ab, der industrielle Output schrumpfte um gut 10 Prozent. Nach drei Jahrzehnten Wachstum war diese zweite Rezession ein noch gewaltigerer Schock als die erste, wies sie doch darauf hin, dass die

Schwierigkeiten keineswegs vorübergehender Natur waren.[11] Da die neue Krise die aktuellen Amtsinhaber schlecht aussehen ließ, wählten die Briten 1979 Margaret Thatcher. In Frankreich kam 1981 François Mitterrand an die Macht, und Helmut Kohl wurde 1982 in Deutschland Bundeskanzler.

Dass 1986 die Ölpreise auf 12 Dollar pro Barrel fielen, die Krisensymptome aber nicht verschwanden, offenbarte, dass die Ursachen für das Schwächeln der europäischen Wirtschaften in Wahrheit doch tiefer lagen. In der Periode des Dauerwachstums hatten die Unternehmen überinvestiert und damit Überkapazitäten geschaffen, während die Beschäftigten sich an hohe Löhne und lange Urlaubszeiten gewöhnt hatten. Dass man nun die Investitionen wieder zurückfuhr, senkte die Produktionsgewinne und zog das Leistungsbild der europäischen Firmen ins Mittelmaß hinab. Gleichzeitig erzeugten beharrliche Gewerkschaftsforderungen eine Lohn-Preis-Spirale, die die Lohnzuwächse zunichtemachte, indem sie die Warenpreise hochtrieb und hohe Inflationsraten verstetigte. Viele Regierungen reagierten mit »defensiven Investitionen« auf den wachsenden weltweiten Wettbewerb, und die EG erhöhte ihre Außenzölle, um einheimische Produzenten zu schützen. Der Rationalisierungsdruck ließ wenig neue Arbeitsplätze entstehen, während die steigenden Ausgaben für Erwerbslosenhilfe die Geldmittel für Forschung und Entwicklung knapp werden ließen. So kam es, dass externe Beobachter und interne Kritiker immer häufiger von einer »Eurosklerose« sprachen, die den Alten Kontinent offenbar daran hinderte, seine Lethargie abzuschütteln.[12]

Osteuropa wiederum schien von der Ölkrise verschont geblieben zu sein, doch erwies sich dieser Eindruck als trügerisch, denn dort waren ihre langfristigen Auswirkungen noch desaströser. Zweifellos schirmte die Nichtkonvertierbarkeit ihrer Währungen die kommunistischen Länder vom Weltmarktwettbewerb ab, und ihre Führer redeten mit Schadenfreude über die Probleme des »Spätkapitalismus«, dessen baldigen Hingang sie prophezeiten. Die Mitglieder des Comecon fühlten sich sicher, denn sie erhielten ihr Öl aus den weiten Feldern der Sowjetunion und einigen kleineren marxistischen Staaten der Dritten Welt. Der Nachteil dieser geschützten Lage war, dass es für die Länder des Sowjetblocks noch weniger Anreiz gab, ihre arbeitsintensiven Schornsteinindustrien zu modernisieren. Da jedoch ihr heimisches Wachstum praktisch stillstand, mussten sie vom Westen borgen, um jene attraktiven Konsumprodukte zur Verfügung zu haben, die sie selber nicht herstellen konnten. Schließlich erhöhte auch die Sowjetunion ihren Ölpreis, und zwar um einen gleitenden Fünfjahresdurchschnitt, was zunächst die Zuwächse bremste, aber dann die Kosten hochhielt, als die Preise auf dem Weltmarkt wieder gesunken waren. Diese Rechnung wurde erst später präsentiert, aber als sie 1989 kam, fiel sie umso verheerender aus.[13]

Die Geißel der Deindustrialisierung

Die Ölkrise überschattete eine tieferliegende und noch schwieriger zu bewältigende Entwicklung in der Weltwirtschaft, nämlich den Prozess der Deindustrialisierung. Bedrohlich war er deshalb, weil er die ökonomische Basis der Hochindustriegesellschaft zerstörte. Die Schließung einzelner Betriebe, das Verschwinden ganzer Industriebranchen und ihre verheerenden Konsequenzen umfasst der Begriff »Deindustrialisierung«, ein Neologismus, der selbst ein Produkt der strukturellen Veränderungen ist, die die Globalisierung in den 1970ern auslöste. Ihre Ursache war die Intensivierung des internationalen Wettbewerbs, denn die Schwellenländer in Asien konnten mittlerweile viele Konsumartikel billiger produzieren als die reifen Ökonomien, wodurch sie ihre etablierten Konkurrenten aus dem Feld schlugen. Die Verlegung der Produktion wurde beschleunigt durch sinkende Transportkosten, aber auch durch technische Innovationen, dank derer sich die Produktion automatisieren ließ, sodass man weniger ausgebildete Arbeitskräfte benötigte. Während die Konsumenten von den niedrigeren Preisen profitierten, verloren westliche Hersteller ihre Fabriken; die Entwicklung verursachte strukturelle Erwerbslosigkeit und verheerte alte Industrieregionen. Die politischen Eliten waren auf die Deindustrialisierung nicht vorbereitet, missverstanden sie gar als ein Problem des normalen Konjunkturzyklus und verteidigten lieber ihre darniederliegenden Industrien, statt in Innovationen zu investieren.[14]

Ein Kernelement der Deindustrialisierung bestand im Niedergang der fordistischen Massenproduktion von Konsumgütern wie Textilien, der schon während der 1950er begonnen hatte. Nachdem sich die Verbraucher nach dem Krieg mit Kleidung wieder grundsätzlich eingedeckt hatten, kam es zur Überproduktion, die die Konkurrenz zwischen den Firmen verschärfte. Viele Fabriken versuchten, durch Automation zu überleben; sie nahmen Kredite auf, um neue, weniger personalintensive Spinn- und Webmaschinen zu installieren. Da diese Strategie nicht genügend Profit abwarf, verlegten tatkräftige Unternehmer ihre Produktion an die südliche und östliche Peripherie Europas, wo die Löhne niedriger waren; entworfen wurde die Kleidung allerdings unverändert daheim. Als auch dies nicht mehr funktionierte, gingen die größeren Firmen nach Asien, wo die Löhne noch niedriger waren. Aber diese lizensierten Fertiger emanzipierten sich bald von ihren Auftraggebern und begannen ihre eigenen Marken aufzubauen. Nachdem sich die Produktion von Artikeln wie T-Shirts fast komplett in den Fernen Osten verlagert hatte, konnten es sich nur noch wenige Firmen – darunter Benetton – leisten, weiterhin Design in Europa mit Herstellung in Asien zu kombinieren.[15] Sang- und klanglos musste eine Fabrik nach der anderen schließen, und die freigesetzten Werktätigen, oft Frauen, hatten Mühe, neue Jobs zu finden.

Ein weiterer, noch fatalerer Faktor war die Kohle- und Stahlkrise, die die industriellen Kerne der europäischen Länder schon seit Ende der 1950er erodieren ließ. Nachdem Öl statt Kohle die Hauptenergiequelle geworden war und in den USA sowie in Australien Kohle aus offenen Gruben gewonnen wurde, wurde europäische Kohle vergleichsweise zu teuer. Schließlich musste man sie aus großer Tiefe holen, wo sie in schmalen Flözen lag, was den maschinellen Abbau erschwerte. Das Zechensterben war unvermeidlich; unter dem Protest der Gewerkschaften machte während der 1960er und 1970er eine Kohlegrube nach der anderen dicht. Mochten die Briten und Franzosen den Bergbau verstaatlichen und die Deutschen ihre Kohleproduktion auf eine einzige Region konzentrieren sowie in einem einzigen Unternehmen, der »Ruhrkohle AG«, zusammenlegen – nichts davon half. Das Ende des Koreakrieges und des Wiederaufbaus der kriegsverwüsteten Städte dämpfte außerdem die Nachfrage nach Stahl, zumal die größten Abnehmer, die Schiffbauindustrie in Belfast und Hamburg, ebenfalls schwächelten. Einfacher Stahl wurde fortan vorwiegend in Asien hergestellt, weil dort die Kohle billiger war und die Arbeit weniger kostete; nur die Fertigung von Spezialstahl überlebte in Europa. Die EG versuchte die kontinentale Produktion dadurch zu retten, dass sie den Markt kartellähnlich aufteilte bzw. die Teilnehmer umgruppierte, indem sie etwa Konkurrenten wie Krupp und Thyssen zu Fusionen ermunterte.[16]

Eine dritte, oft übersehene Dimension technischen Wandels ließ die Deindustrialisierung sogar in anspruchsvollere Sektoren der Fabrikation vorstoßen. Zunächst hatte die aufholende Industrialisierung der asiatischen Tigerstaaten die billige Massenproduktion übernommen, aber schrittweise etablierte sich dann in Ländern wie Japan auch die Fertigung höherwertiger Waren. Traditionelle europäische Firmen hielten sich lange Zeit für unangefochten und glaubten, dank ihrem überlegenen Knowhow und Design, ihren hochqualifizierten Fachkräften sowie ihren prestigeträchtigen Namen würden sie auch künftig teure Artikel verkaufen – Zeiss seine Optikgeräte, Leica seine Fotokameras, AEG seine Haushaltsgeräte und Grundig seine Unterhaltungselektronik. Aber die Asiaten hatten in einem Punkt die Nase vorn: Sie nutzen als Erste Innovationen wie Computerchips und roboterisierte Fertigung. Bald waren sie Marktführer auf dem Gebiet hochwertiger, aber dank Massenproduktion günstiger Waren. Maschinelle Fortschritte und ein eigenes, neuartiges Design brachten die Tigerstaaten allmählich an die vorderste Front der Innovation, und die vielen renommierten europäischen Marken hatten bald Mühe, mitzuhalten. Schnell machte die Kombination aus technischem Raffinement und vernünftigen Preisen Labels wie Sony, Canon und Samsung in Europa bekannt, während ein altvertrauter Name – wie der des Filmherstellers Agfa – nach dem anderen aus dem Alltag verschwand.[17]

Die Hauptkonsequenz dieses Deindustrialisierungsprozesses war eine strukturelle Arbeitslosigkeit, die sich als resistent gegen politische Heilmittel erwies. Vereinfacht gesagt, kehrten von den bei der Rezession 1973–1975 verlorengegangenen Arbeitsplätzen während der anschließenden Erholungsphase nur ein Teil zurück. Vom neuen Niveau des Beschäftigungsstands gingen 1979–1981 dann wiederum Jobs verloren, was die Erwerbslosenquote, und diesmal für längere Zeit, auf über 7,6 Prozent hochtrieb. Allein in England verschwanden mit der Deindustrialisierung während der 1970er rund zwei Millionen Jobs – viel mehr, als im Finanzdienstleistungs- und Hightechbereich neue Stellen entstanden. Hoch- und geringqualifizierte männliche Arbeiter über 40 Jahre zeigten wenig Bereitschaft, umzuziehen oder umzulernen. Bergleute, Stahlwerker, Werftschweißer – Berufsgruppen, die früher zur ›Arbeiteraristokratie‹ gehörten – waren nun extrem verbittert darüber, dass sie nicht nur ihre Beschäftigung, sondern auch eine Hauptquelle ihrer Identität und ihres Stolzes an einen makroökonomischen Prozess verloren hatten, den sie nicht ganz begriffen. Frauen und jungen Erwerbstätigen hingegen fiel die Anpassung leichter, auch wenn diese sie oft auch nur auf Niedriglohnstellen brachte. Die Folgen der Langzeitarbeitslosigkeit waren politischer Unmut und ein enormer Anstieg der staatlichen Stützzahlungen, der sogenannten »Sozialpläne«, mit denen man die Härte der Verluste abzufedern versuchte.[18]

Der Kampf gegen die Schließung des Krupp-Stahlwerks in Rheinhausen nahe Duisburg ist ein dramatisches Beispiel für die erbarmungslose Logik der Globalisierung und die Ohnmacht der Arbeiterschaft. Die zeitweise größte Stahlproduktionsstätte Europas, am Rhein fast genau gegenüber der Ruhrmündung gelegen, war 1897 an dieser Stelle gegründet worden, weil man die lokale Kohle nutzen wollte, um aus dem Ausland per Schiff hertransportiertes Eisenerz zu Edelstahl zu verarbeiten. Obwohl der Betrieb soeben kostenintensiv renoviert worden war, entschied Krupp-Manager Gerhard Cromme wegen der stark gesunkenen Nachfrage nach Walzstahl auf dem Weltmarkt, die Rheinhausener Hütte stillzulegen. Als Cromme den Entschluss am 26. November 1987 verkündete, standen 6000 geschockte Stahlwerker plötzlich vor der Arbeitslosigkeit. Die starke Metallgewerkschaft leistete heftigen

Widerstand: Man besetzte die Rheinbrücke, mobilisierte den nordrhein-westfälischen Ministerpräsidenten und appellierte an die Solidarität der Öffentlichkeit. Eine ganze Lebensweise sollte gerettet werden, der zu Ehren die Streikenden das emotionale Lied anstimmten: »Rheinhausen, du darfst nicht untergehn«. Obwohl sie 164 Tage lang kämpften, schloss die Konzernleitung die Fabrik 1993 und verkaufte die Ausrüstung, teilweise nach China. Der Gebäudekomplex wurde abgerissen und an seiner Stelle eine Logistikzentrum errichtet, in dem höchstens ein Drittel der ehemaligen Belegschaft wieder Arbeit fand.[19]

Das Ergebnis solcher profitorientierten Entscheidungen war die Verödung ganzer Regionen, die einmal das industrielle Kerngebiet Westeuropas gebildet hatten. Von den Midlands bis nach Lothringen, von Lancashire bis zur Ruhr standen verlassene Fabriken mit zerbrochenen Fenstern herum, im Inneren verrotteten Maschinen, aus den Rissen auf dem Betriebsparkplatz wuchs Gras. In den Arbeiterwohngebieten gab es immer mehr Leerstand, kleine Läden machten dicht. Männer lungerten auf den Straßen herum oder trafen sich in Kneipen, während Frauen ihr karges Bargeld zusammenkratzten, um ein paar Lebensmittel einzukaufen. Auffällig war das Fehlen junger Menschen, die an vielversprechendere Orte gezogen waren. Eine Atmosphäre von Depression und Verwahrlosung lag über den betroffenen Gemeinden, aus denen alle Hoffnung entschwunden war. Nur sehr wenige dieser Mutlosen wurden von anderen Betrieben eingestellt, denn überall im metallverarbeitenden Gewerbe schrumpften die Belegschaften. Ein paar Bergwerke und Stahlhütten hatten Glück und wurden Industriemuseen.[20] Hier und da baute man Fabriken zu Eigentumswohnungen oder Künstlerateliers um, aber meist fehlte es an zahlungskräftigen Interessenten. Es war ein schwacher Trost, dass man die Luft nun wieder atmen und in den Flüssen wieder baden konnte.

Abgeschirmt durch dem Eisernen Vorhang, entgingen die Osteuropäer dahinter anfangs den Turbulenzen der Deindustrialisierung – die dann nach 1989 umso heftiger über sie hereinbrachen. Auch ohne seine stalinistischen Verzerrungen blieb der Marxismus-Leninismus eine hochindustrielle Ideologie, die auf der Fabrikproduktion und der Arbeiterklasse basierte. Die kommunistischen Führungsriegen waren entschlossen, eine Wiederholung der Erwerbslosigkeit während der Großen Depression zu verhindern, und zeigten sich stolz auf ihre Politik der Vollbeschäftigung, die jedem einen Job garantierte. Freilich wurde ein nicht geringer Teil der Arbeitszeit mit ideologischer Indoktrination und dem Erledigen von Einkäufen verbracht. Mangels Investitionen verkam die industrielle Infrastruktur; viele Maschinen waren Jahrzehnte alt und hätten dringend ersetzt werden müssen. Außerdem trieb der weitverbreitete Wunsch nach Konsumgütern die kommunistischen Regierungen dazu, den Westen um Kredite anzugehen, womit sie in eine Falle tappten, denn nun waren sie vom Klassenfeind abhängig.[21] Westliche Besucher bewunderten nicht mehr, was sie sahen, sondern wunderten sich nur noch gewaltig: Einige der bedeutendsten Industrieanlagen des Ostens, von Nowa Huta bis Eisenhüttenstadt, sahen schon aus wie Museen – dabei standen darin noch echte Arbeiter an den Maschinen!

Die neoliberale Wende

Da er der Stagflation und der strukturellen Arbeitslosigkeit nicht abzuhelfen vermochte, verlor der keynesianische Konsens mehr und mehr an Rückhalt, bis er schließlich den Apologeten des freien Marktes weichen musste. Sozialdemokratische Versuche, die Ökonomie durch antizyklische Staatsausgaben zu stimulieren, erhöhten nur die Inflation, die sich in England Ende der 1970er der 20-Prozent-Marke näherte. Die verbleibenden Arbeitsplätze zwischen den Beschäftigten aufzuteilen und die wöchentliche Arbeitszeit auf 30 Stunden herunterzufahren, wie die Gewerkschaften es forderten, hätte europäische Waren weiter verteuert. So erhielt eine Gruppe von Managern und Ökonomen Zulauf, die für mehr »Mut zum Wettbewerb« plädierten. Ihrer Meinung nach hatten die Einmischung der Regierungen in die Wirtschaft und die daraus resultierenden hohen Steuern sowie Sozialausgaben zu einer Preispolitik geführt, die die europäischen Länder konkurrenzunfähig gemacht habe. Daher riefen die sogenannten »Neoliberalen« nach weitgehendem Rückzug des Staates aus der Wirtschaft und nach drastischen Ausgabenkürzungen, denn nur so könne man Wettbewerbsfähigkeit wiedergewinnen und eine neue ökonomische Dynamik entfalten. Kurz, sie schlugen vor, das Problem zu lösen, indem man nicht versuchte, es zu lösen, nämlich dadurch, dass man dem Prozess der Deindustrialisierung seinen Lauf ließ. Innerhalb der hitzigen Kontroverse um die Frage, ob man Arbeitsplätze teilen oder einen unbeschränkten Wettbewerb den Markt wiederbeleben lassen sollte, überzeugte schließlich die letztere Position Medien und Öffentlichkeit.[22]

Führungsfigur der neoliberalen Wende wurde eine Person, der man diese anfangs wohl kaum zugetraut hätte: die umstrittene britische Premierministerin Margaret Thatcher. 1925 in Lincolnshire als Tochter eines methodistischen Kolonialwarenhändlers geboren, studierte sie zunächst Chemie in Oxford, dann Jura in London und war eine Zeitlang Anwältin für Steuerrecht. Sie trat in die Konservative Partei ein und stieg dort dank ihrer Direktheit, ihrem Moralismus und ihrer politischen wie strategischen Gewitztheit rasch auf. 1970 wurde sie Bildungsministerin und übernahm nach dem für die Konservativen ungünstigen Wahlausgang 1975 vom glücklosen Edward Heath den Oppositionsvorsitz. Unter dem Einfluss neoliberaler Denker wie Keith Joseph und der Experten des »Institute of Economic Affairs« wurde sie mehr und mehr zu einer glühenden Verfechterin des freien Marktes, welche die der Labour Party unterstellte »Kultur der Abhängigkeit« für den wirtschaftlichen Niedergang Großbritanniens verantwortlich machte. Außenpolitisch vertrat sie einen harten Antikommunismus und griff immer wieder die Sowjetunion scharf an. Als James Callaghans Labour-Regierung im berüchtigten *winter of discontent* (›Winter der Entrüstung‹, nach William Shakespeare) 1978/79 gegen Inflation, Arbeitslosigkeit und Streiks nichts auszurichten vermochte, nutzte Thatcher die Chance und gewann die Unterhauswahl im Mai 1979.[23] Die erste Frau im Amte des Premierministers machte sich sogleich daran, das britische Unternehmertum zu fördern, denn nur so, meinte sie, könne das Land wieder auf die Beine kommen.

Höchst kampflustig begann Margaret Thatcher ihr Programm

umzusetzen, was ihr den Spitznamen »Eiserne Lady« einbrachte. Sie verfolgte eine monetaristische Politik, die nichts Geringeres als einen fundamentalen Wandel der britischen Gesellschaft bezweckte. Kaum im Amt, beschnitt sie die öffentlichen Ausgaben beträchtlich, senkte die Einkommens- und erhöhte dafür die Mehrwertsteuersätze. Um das Land vom Sozialismus zu entwöhnen, brach sie den 13 Millionen Mitglieder zählenden Gewerkschaften das Rückgrat, indem sie 1984 einem Bergarbeiterstreik standhielt, mit dem deren Organisation die Schließung von zwanzig Gruben hatte verhindern wollen. Um den Staat aus der Wirtschaft herauszubekommen, startete sie ein ambitioniertes Privatisierungsprogramm: Sie verkaufte öffentliche Versorgungsunternehmen aller Art, nationale Industriebetriebe wie British Steel und die Betreibergesellschaften des sozialen Wohnungsbaus, die sogenannten *council houses.* Die Strategie war nicht durchgehend erfolgreich, denn Konzerne und Monopole blieben auch in privater Hand ineffizient, und die spätere Privatisierung der Eisenbahn hatte katastrophale Konsequenzen. Die Reaktivierung des Sinnes für Eigenständigkeit und Eigenverantwortlichkeit im wirtschaftlichen Bereich aber schien zu wirken: Die Zahl der Aktienbesitzer stieg von 7 auf 25 Prozent, die der Wohnraumbesitzer auf zwei Drittel der Bevölkerung. Thatchers neoliberale Restrukturierung polarisierte die britische Gesellschaft, indem sie die regionale Deindustrialisierung beschleunigte. Sie ermöglichte aber auch neuen Wohlstand, indem sie den Finanzsektor deregulierte.[24]

Anfangs erschien der Sieg von François Mitterrand bei den französischen Präsidentschaftswahlen 1981 als Gegenpol zum neoliberalen Trend. Mitterrand war ein dezidierter Sozialist, der auch die Unterstützung der Kommunistischen Partei genoss. Er wurde 1916 im Département Charente (Mittelwestfrankreich) geboren; der Vater war Essigproduzent, die Familie katholisch-nationalistisch gesinnt. Während Mitterrand an der renommierten »École libre des sciences politiques« studierte, war er in rechtsgesinnten Kreisen aktiv. Nach der Flucht aus deutscher Gefangenschaft bekleidete er einen untergeordneten Beamtenposten in der Vichy-Regierung, bis er sich 1943 doch noch der Résistance anschloss. Nach dem Kriege diente er als Minister in verschiedenen Kabinetten; zur Fünften Republik schließlich stand er in scharfer Gegnerschaft, da de Gaulle sich per Staatsstreich an die Macht gebracht hatte. Mitterrand, der gleichzeitig Sozialist und Machiavellist war, wurde in den 1960ern Konsenskandidat des gesamten linken Lagers, der de Gaulle und seine Nachfolger heftig attackierte. Während ihrer 23-jährigen Regierungszeit hatten die Gaullisten eine ziemlich zentristische Politik in der Tradition des *étatisme* verfolgt, sie agierten also nach außen hin nationalistisch und im Innern wohlfahrtsorientiert. Die durch die zweite Ölkrise bedingte Rezession aber vermochten sie nicht zu bändigen. Neben diesen wirtschaftlichen Schwierigkeiten beschädigten Skandale um Präsident Giscard d'Estaing das Image der Gaullisten; und so konnte François Mitterrand Frühjahr 1981 in den Élysée-Palast einziehen.[25]

Sein sozialistisches Projekt scheiterte jedoch nach kurzer Zeit, und so wechselte auch Mitterrand am Ende ins neoliberale Lager, freilich sehr widerwillig. Sein ursprüngliches, linkskeynesianisches Programm sah weitere Verstaatlichungen in der Industrie vor, die Kontrolle der Arbeiter über die Fabriken und diverse planwirtschaftliche Maßnahmen. Außerdem erhöhte die Regierung Mindestlohn und Kindergeld, senkte das Renteneintrittsalter und erweiterte die Wohnungsbauförderung, wodurch die Sozialtransferkosten innerhalb eines Jahres von 4,5 auf 7,6 Prozent des Bruttoinlandsprodukts stiegen. Die Schaffung von 200 000 neuen Stellen im staatlichen Sektor hätte zu keinem ungünstigeren Zeitpunkt kommen können, denn sie vergrößerte das ohnehin schon ansehnliche Haushaltsdefizit, während sich bei Inflation und Erwerbslosenzahlen nichts rührte. Im Juli 1983 musste ein zerknirschter Präsident das Scheitern seines sozialistischen Experiments eingestehen: Das wirtschaftliche Wachstum zeigte keine Neigung, sich der Ideologie zu beugen. Mitterrand sah sich gezwungen, einen harten Austeritätsplan zu verkünden. Der Regierung blieb nichts übrig, als öffentliche Ausgaben zu kürzen, Löhne einzufrieren und die Unternehmenssteuern zu senken. Mehr noch: um im Europäischen Währungssystem bleiben zu können, musste die gedemütigte Nation den Franc abwerten.[26] Der Fehlschlag von Mitterrands Keynesianismus verstärkte die Attraktivität des neoliberalen Thatcherismus, der auch in Frankreich seine Anhänger hatte, darunter eine neokonservative Denkergruppe namens *nouveaux philosophes* (›Neue Philosophen‹).

Ebenfalls in jene Riege neuer Staatslenker gehörte der deutsche Bundeskanzler Helmut Kohl. Auch er versuchte, sein Land durch eine Abkehr von der erfolglosen sozialdemokratischen Politik zu revitalisieren. Sein Aufstieg zur Macht war letztlich ebenfalls eine Folge der zweiten Ölkrise, deren Auswirkungen die kleine Freie Demokratische Partei (FDP) dazu bewogen, die bisherige Koalition mit der SPD zu verlassen. Stattdessen gingen sie ein Bündnis mit der CDU ein, wodurch Helmut Schmidt sein Kanzleramt verlor. Helmut Kohl stammte aus der rheinpfälzischen Stadt Ludwigshafen, wo er 1930 als Kind einer katholischen Beamtenfamilie geboren wurde. Sein älterer Bruder fiel kurz vor Ende des Krieges. Kohl studierte Geschichte und Politik in Heidelberg und trat bereits mit 16 Jahren in die Christlich-Demokratische Union ein. Seine Offenheit für neue politische Ansätze und seine Fähigkeit, Netzwerke zu knüpfen, verhalfen ihm zu einer konstanten Karriere in der Region. Schon im zarten Alter von 39 Jahren wurde er rheinland-pfälzischer Ministerpräsident. 1976 schien ein noch höheres Amt greifbar nahe: Doch obwohl seine Partei bei den Bundestagswahlen 48,6 Prozent erlangte, reichte es nicht zum Regieren, denn die sozialliberale Koalition unter Helmut Schmidt behielt eine knappe Mehrheit. Der enttäuschte Kohl blieb vorerst Oppositionsführer, wurde im Oktober 1982 aber doch noch Bundeskanzler, nachdem er ein konstruktives Misstrauensvotum gewonnen hatte. Die Bundestagswahl sechs Monate später segnete das Ergebnis ab.[27]

Der von Intellektuellen unterschätzte Kohl glaubte fest an die »soziale Marktwirtschaft« und forderte daher eine »geistig-moralische Wende«. Als Vertreterin des mittelständischen Unternehmertums forderte sein Koalitionspartner FDP schon seit längerem »eine Politik zur Überwindung der Wachstumsschwäche und zur Bekämpfung der Arbeitslosigkeit«. Da er das ideologische Erbe von 1968 ablehnte, schlug Kohl in dieselbe Kerbe und proklamierte: »weg von mehr Staat, hin zu mehr Markt; weg von kollektiven Lasten, hin zur persönlichen Leistung«. Der Schutz etablierter Sonderinteressen solle zurücktreten zugunsten der Rehabilitation individueller Eigeninitiative. Der Kurswechsel fand Unterstützung beim führenden ökonomischen Beratungsgremium der Republik, den »fünf Wirtschaftsweisen«, die gleichfalls eine »Verbesserung der Wettbewerbsfähigkeit durch Akzeptanz des Strukturwandels« forderten. Um die Wirtschaft zu stimulieren, reduzierte Kohl die öffentlichen Ausgaben, sorgte für einen wieder ausgeglichenen Haushalt, privatisierte bisher staatliche Aktiengesellschaften wie die Deutsche Telekom und deregulierte die Finanz- sowie die Unternehmenswelt. Von den Gewerkschaften kam heftiger Widerstand, ebenso von den Sozialdemokraten, die noch radikalere Maßnahmen durch ihre Mehrheit im Bundesrat blockierten. Immerhin aber ließ dieser moderate Neoliberalismus das Wachstum wieder anspringen, die Einkommen steigen und neue Arbeitsplätze entstehen. Ohne die soziale Solidarität gänzlich aufzugeben, gelang es den CDU/FDP-Reformen, die Stagnation zu überwinden und wieder einen gewissen Fortschrittsglauben zu wecken.[28]

Infolge dieser positiven Erfahrung erlebte der Neoliberalismus einen Siegeszug durch West- wie Mitteleuropa und wurde der neue wirtschaftspolitische Konsens. Der Ruf des Thatcherismus verbesserte sich, als nach mehreren turbulenten Jahren die britische Ökonomie endlich wieder auflebte, der Wert des Pfundes stieg, das Wachstum neu einsetzte und die Beschäftigtenzahlen von Anfang bis Mitte der 1980er deutlich aufwärtskletterten.[29] In den Vereinigten Staaten zauberte derweil außerdem die »Reagan-Revolution« Wachstum durch eine ähnliche Geldmarktpolitik herbei; Milton Friedmans Volkswirtschaftslehre etablierte sich als neue Orthodoxie. Dank solcher Erfolge verbreitete sich der Neoliberalismus von Italien bis nach Skandinavien. Bürgerliche Parteien, die Jahrzehnte in der Opposition verbracht hatten, machten sich ihn zu eigen und konnten so in Ländern an die Macht gelangen, die man für immun gegen Marktradikalismus gehalten hatte, selbst in Schweden und Dänemark. Dank diverser Regionalfonds der EU konnten schließlich auch deren neue Mitglieder am Mittelmeer ihre Ökonomien liberalisieren. Offiziell blieb der Sowjetblock scharf antikapitalistisch, aber sogar hinter dem Eisernen Vorhang träumten einzelne wagemutige Ökonomen in Budapest und Prag von marktwirtschaftlichen Anreizen, und in Polen klagten unruhige Arbeiter mehr Wohlstand für sich ein. Verstärkt durch die Globalisierung, rollte die neoliberale Welle über die Lande und begrub vorerst alle Widerstände und Einwände unter sich.

Der Rückbau des Wohlfahrtsstaates

Das beliebteste Angriffsziel der Neoliberalen war der wuchernde Sozialstaat, denn in ihren Augen lähmte sein teures und extensives Sicherheitsnetz die ökonomische Kreativität. Die Kritiker – Unternehmer, Geschäftsleute, Wirtschaftsexperten und Steuerzahler aus der Mittelschicht – führten ökonomische wie moralische Argumente gegen die Sozialpolitik ins Feld, die europäische Produkte zu teuer mache und eine Mentalität der Abhängigkeit schaffe. Die Verteidiger des Wohlfahrtsstaates jedoch – Gewerkschaften, betroffene Gruppen sowie Soziologen – verwiesen darauf, dass Solidarität für die Gesellschaft unerlässlich sei, wenn die Spannungen innerhalb eines Gemeinwesens niedrig gehalten werden sollten. In der Debatte über die Zukunft des Wohlfahrtsstaates ging es daher um fundamental verschiedene Interpretationen von Kapitalismus und Demokratie. Die eine setzte ›individuelle Initiative‹ als Leitwert, die andere dagegen ›kollektive Sicherheit‹. Während des Nachkriegsbooms hatte das stabile Wachstum dafür gesorgt, dass beide Sichtweisen miteinander in Einklang gebracht werden konnten; nach den Ölpreisschocks jedoch begannen ihre Konzepte auseinanderzustreben. Eine heftige Diskussion über den richtigen Weg entbrannte in der Öffentlichkeit, wobei die schwächelnde Wirtschaft, die jene Ereignisse bewirkt hatte, die neoliberalen Argumente zu stützen schien.[30]

Den Hauptimpetus zum Rückbau des Wohlfahrtsstaates gaben massive Einnahmeausfälle aufseiten der öffentlichen Hand. Finanziert wurde er ja über Steuern, die inzwischen so hoch geklettert waren, dass es zu einer »Steuerrevolte« kam. Inspiriert von der »Proposition-13«-Initiative in Kalifornien, machten europäische Antisteueraktivisten geltend, dass Spitzensteuersätze von über 50 Prozent den Leistungsträgern jeden Anreiz nähmen, sich ins Wirtschaftsgeschehen einzubringen. Nicht minder kritisierten sie die Erbschaftssteuer, die nicht selten ein Drittel oder gar die Hälfte des Hinterlassenen verschlinge. Dies mache es schwierig, eine Firma, selbst eine kleine, an die nächste Generation weiterzugeben. Angesichts der hohen Gewerbe- und Unternehmenssteuern von rund 50 Prozent des Jahresgewinns verlegten Konzerne ihre Hauptsitze in sogenannte Steueroasen, deren Sätze viel niedriger lagen; zu diesen Schutzräumen zählten Liechtenstein, Luxemburg und die Kanalinseln. Gelegentlich pflegte die Anti-Steuer-Bewegung einen moralistischen Unterton und ließ verlauten, die Armen müssten einfach mehr arbeiten. Sie appellierte manchmal aber auch an xenophobe Ressentiments, etwa wenn sie sich weigerte, für die Unterstützung mittelloser Immigranten zu zahlen. Obwohl sie nicht in allen Regionen gleich virulent war, befeuerte Steuerunlust die Wahlerfolge rechter Parteien wie der britischen Konservativen.[31]

Ökonomen und Journalisten machten den Sozialstaat wegen seiner großzügigen Zahlungen verantwortlich für die sinkende Wettbewerbsfähigkeit der europäischen Unternehmen. In der EG, hoben sie hervor, absolvierten die Beschäftigten rund ein Drittel weniger Arbeitsstunden als die in den Vereinigten Staaten, da es in den beteiligten europäischen Ländern mehr Feiertage und längere Ferien gebe. Außerdem gingen die Werktätigen des Kontinents oft früher in den Ruhestand als ihre amerikanischen Kollegen, was die Renten- und Pensionskosten erhöhe. Jeder Lohn und jedes Gehalt in Europa sei für den Arbeitgeber mit staatlichen Abzügen von circa 50 Prozent belastet, bestehend aus Zahlungen an die Steuerbehörden und an die Sozialversicherung, während die Abzüge bei Löhnen und Gehältern in den USA nur ein Drittel betrügen. Belastungen dieser Art ließen die Kosten des durchschnittlichen Stundenlohns für die Unternehmer in Europa gewaltig steigen, um ein Viertel höher als in Amerika – und benachteiligten so die arbeitsintensive Industrie innerhalb der internationalen Konkurrenz gewaltig. Wegen der beträchtlich höheren Sozialleistungen hätten die betreffenden staatlichen Ausgaben in Europa 1980 rund 20 Prozent des Gesamthaushalts erreicht, aber in den Vereinigten Staaten seien es nur 13 Prozent. Die neoliberalen Kommentatoren konnten nun mit einiger Berechtigung behaupten, dass die Großzügigkeit des europäischen Wohlfahrtsstaates infolge solcher Abgabenlasten die Wettbewerbsfähigkeit der kontinentalen Unternehmen empfindlich beeinträchtige.[32]

Die Verteidiger des Wohlfahrtsstaates mochten sich indes nicht kampflos geschlagen geben. Vehement proklamierten sie: »Der keynesianische sozialdemokratische Staat ist nicht gescheitert«. Linke Politiker, Gewerkschaftsführer und Sozialtheoretiker formulierten eine ganze Reihe von Gegenargumenten. Sie führten etwa eine »moralische Verpflichtung« ins Feld, Fremden in Not zu helfen; eine zivilisierte Gesellschaft müsse ihre Fähigkeit zur Solidarität beweisen. Außerdem seien gerade während der durch Deindustrialisierung bewirkten Krise die Stützzahlungen wichtiger als je, um die betroffenen Arbeiter vor völliger Verelendung zu bewahren. Ferner betonten sie die beachtlichen Errungenschaften der Sozialpolitik, die weiteren Kreisen höhere Bildung erschlossen sowie den Geringverdienern umfänglichere medizinische Versorgung, eine effektivere Sozialversicherung, bezahlbaren Wohnraum und Zugang zu personenbezogenen Dienstleistungen verschafft habe.[33] Linke Ökonomen gaben außerdem zu bedenken, dass durch die Leistungstransfers an die Armen ja auch die Nachfrage nach Waren und Dienstleistungen gesteigert werde. Und nicht zuletzt sei soziale Sicherheit essenziell für das Funktionieren einer Demokratie. Statt ihn abzuschaffen, solle man den Wohlfahrtsstaat lediglich reformieren.

Rhetorisch betrachtet war Margaret Thatchers Versuch, die »Abhängigkeit vom Staat« einzuschränken, ein radikaler Ansatz, forderte sie doch »eine neue Ethik der Sozialpolitik«. Eine Priorität bestehe darin, Selbsthilfe und Wohltätigkeit zu fördern; im Klartext sollten soziale Probleme von Freiwilligen, nicht vom Staat gelöst werden. Den National Health Service etwa wollte sie zwar nie komplett aufgeben, aber sie ermutigte Bemühungen, ihn mit Marktelementen zu versehen, etwa der Kooperation von Ärzten in Gruppen oder der Einführung einer privaten Zusatzversicherung. Gleichzeitig beendete Thatcher im Gegensatz zu ihren Labour-Vorgängern die vergeblichen Ansätze zu einer Einkommenspolitik, die das Anwachsen von Lohn- und Gehaltsunterschieden staatlicherseits begrenzte. Stattdessen verfügte sie hohe Zuwendungen für überragende Leistungen, die die Ungleichheit verschärften. Das gestaffelte System der Stützzahlungen schaffte sie nicht ab, attackierte es aber rhetorisch: Es sei doch unanständig, sich auf die Arbeitslosenhilfe zu verlassen, statt sich selbst einen Job zu suchen. Entsprechend bot das britische Sozialwesen künftig nur noch eine Grundsicherung für die Erwerbslosen, strich aber die höheren Lohnersatzleistungen. Überraschenderweise schrumpften aber trotz aller Austeritätsbemühungen der neuen Premierministerin die Steuersätze und die öffentlichen Ausgaben nur langsam, und der Sozialstaat blieb im Wesentlichen unangetastet.[34]

Auf dem Kontinent, beispielsweise in der Bundesrepublik, verlief der Rückbau generell behutsamer, denn der Zweck der Kostenbegrenzung war nur, dass der Sozialstaat bezahlbar blieb. Das westdeutsche Wohlfahrtswesen orientierte sich bei seinen einschlägigen Berechnungen an einem männlichen Lohnempfänger mit einem Langzeitarbeitsplatz in der Industrie, den es gegen Missgeschicke versicherte; diejenigen ohne festen Job aber überließ es der Sozialfürsorge. Das umlagenfinanzierte Rentensystem und eine großzügige medizinische Versorgung in Form einer gesetzlichen Krankenversicherung machten Veränderungen schwierig. Schon Mitte der 1970er begann die sozialliberale Koalition mit selektiven Kürzungen, begrenzte den Rentenanstieg, verlangte Zuzahlungen sowie hier und da höhere Beiträge. Während seiner Kanzlerschaft legte auch Helmut Kohl den Fokus auf Kostendämpfung, die er durch gezielte Einsparungen in verschiedenen Bereichen, Gebührenerhöhungen und Begrenzungen bei der Rentenanpassung erreichen wollte. So sollte eine hinreichende Reserve entstehen, um wenigstens bescheidene Rentenzuwächse zu decken. Das französische System war noch großzügiger hinsichtlich der Kinderfürsorge und Familienhilfe. Im Großen und Ganzen hielten diese moderaten Anpassungen das System am Leben, vermochten dessen Auswirkungen auf die Wettbewerbsfähigkeit der Wirtschaft jedoch nur wenig zu mindern.[35]

Die Skandinavier wiederum erfanden das Modell des »aktivierenden Sozialstaats«, das eine bessere Lösung bot, denn Umschulungen hielten die Betroffenen, anders als das rein finanzielle Abfedern von Erwerbslosigkeit, in der Arbeitswelt. Seit den 1970ern geriet auch das in Europas Norden übliche, durch hohe Steuern und üppige Stützleistungen gekennzeichnete Sozialwesen immer mehr unter Druck, was einige Kürzungen erzwang. Letztlich folgte aber eine konstruktive Reaktion, die Investition ins »Humankapital«, durch die man den Betroffenen half, mit den Anforderungen der Globalisierung fertigzuwerden. Ein Geheimnis ihres Erfolges war die aktivierende Arbeitsmarktpolitik, die die Erwerbslosen für neue Aufgaben qualifizierte. Dafür mussten diese Umschulungsprogramme absolvieren und notfalls auch den Wohnort wechseln. Ein weiteres Element war die Flexibilisierung des Arbeitsmarktes. Der Schutz der Beschäftigten vor Kündigungen und Vergleichbarem wurde reduziert, desto mehr Unterstützung gab es jedoch während der Phase der Erwerbslosigkeit, die dem Arbeitssuchenden das Finden einer neuen Stellung erleichterte. Ferner gab es eine geradezu exemplarische Förderung der weiblichen Erwerbstätigen: Spezielle Betreuungseinrichtungen ermöglichten Frauen, berufstätig zu bleiben, statt sich ganztägig um ihre Kinder und ihre alten Angehörigen daheim kümmern zu müssen. Die Menschen am Arbeiten zu halten, statt ihre Untätigkeit zu finanzieren, schien nicht nur humaner, sondern auch kosteneffizienter; dank dieser Strategie konnten sogar einige Steuern gesenkt werden.[36]

Die Bemühungen um die Reform des europäischen Wohlfahrtsstaates lagen in der Mitte zwischen dem radikalen Liberalismus der »Reaganomics« und der sowjetischen Unbeweglichkeit. In seiner Rhetorik war das angloamerikanische Programm ein ehrgeiziger Versuch, den Wohlfahrtsstaat so weit wie möglich zurückzufahren, um die Dynamik des freien Marktes wiederherzustellen. Der Sowjetblock unter Breschnew hingegen zählte weiter auf den Kollaps des Kapitalismus und sah, da sein Außenhandel ja überschaubar blieb, keinen Anlass, sich dem Globalisierungsdruck zu beugen und anzupassen. Die Franzosen und die Deutschen beschnitten das kontinentale Modell des Wohlfahrtsstaates nur so weit, wie es nötig war, um ihn solvent zu halten; doch reichten ihre halbherzigen Anstrengungen nicht, um ihre Wirtschaften wieder ganz konkurrenzfähig zu machen. Der skandinavische Ansatz hatte größeren Erfolg, denn das neue Konzept eines »aktivierenden Wohlfahrtsstaates« sah Investitionen in menschliche Ressourcen vor, die den sozialen Schutz nicht antasteten und die Lebensstandards hoch hielten. Dank dieser moderaten Korrekturen – sie wurden auch in anderen kontinentalen Ländern durchgeführt, so in den Niederlanden und in Österreich – überlebte der Sozialstaat nicht nur, sondern wurde auch ein Gutteil seiner Apathie los und gewann sogar tatsächlich ein Stück weit seine Konkurrenzfähigkeit zurück.[37]

Neue Chancen durch Hightech

Anders als die Linken, die den Niedergang der traditionellen Industrie beklagten, hießen die Neoliberalen den Übergang zur postindustriellen Gesellschaft willkommen, versprach er doch eine ganze Reihe aufregender Chancen für Wachstum und soziale Veränderungen. In der Auflösung der hochindustriellen Ordnung sahen sie nicht nur einen Verlust an Sicherheit, sondern auch eine reizvolle Möglichkeit, dem Würgegriff etablierter Interessen zu entkommen, indem man Platz für Innovationen schuf. Die Individuen würden profitieren, und die Gesellschaft als Ganzes würde dynamischer werden. Von derselben Technik, die die Sozialdemokraten als »Arbeitsplatzvernichter« geißelten, erhofften sich Konservative den Wiederanschub des Wachstums und die Überwindung des allzu selbstgefälligen Korporatismus. Besonders die junge Generation sprach schnell auf die Einführung der Informationstechnik am Arbeitsplatz und im Privatleben an, experimentierte mit neuen, eigenen Gebrauchsweisen und entwickelte Software für zuvor nicht existente Anwendungszwecke. Um nicht hinter Amerika und Japan zurückzufallen, erhöhten die europäischen Regierungen die Investitionen in Forschung und Entwicklung, damit nationale Prestigeprojekte entstehen konnten. Intellektuelle Unheilsprophezeiungen beiseitewischend, bejubelten die Neoliberalen die *high technology* als potenzielle Retterin.[38]

Diese Technikbegeisterung verdankte sich positiven Erfahrungen mit der Einführung neuer Geräte, die viele Bereiche des Alltagslebens revolutionierten. So verkürzte die Entwicklung von Passagierdüsenjets die Reisezeiten im internationalen Tourismus; Transatlantikflüge wurden während der 1960er auch für das Massenpublikum erschwinglich. Ähnlich durchschlagende Wirkung hatten die Entwicklung des Farbfernsehers während der zweiten Hälfte der 1960er und später die des Videorekorders, der geliehene Filme abspielen konnte, im Bereich der Unterhaltung. Nicht minder nützlich war die Erfindung des Taschenrechners Anfang der 1970er: Er erleichterte dem Buchhalter die Zahlenarbeit, ersetzte dem Ingenieur den Rechenschieber und vereinfachte das Einkaufen, wenn er in eine Kasse integriert war. Und die sukzessive Einführung der elektronisch lesbaren Kreditkarten änderte radikal die Ausgabengewohnheiten.[39] Die Verbreitung solcher Innovationen veränderte sowohl das individuelle Leben als auch die ökonomischen Beziehungen. Das Aufkommen immer neuer Gadgets wie Digitaluhren und das stetige Sinken ihrer Preise umgab technische Erfindungen mit der Aura des Versprechens, den Weg in ein besseres Leben zu erleichtern.

Um immer auf dem neuesten Stand zu bleiben, schoben die europäischen Regierungen eine Reihe von Prestigeprojekten an, von denen sich freilich nur ein paar auf dem Markt bewährten. Die in französisch-britischer Kooperation entstandene Überschallmaschine für den Passagierverkehr, ein Wunder der Ingenieursarbeit namens »Concorde«, das die Flugzeiten halbierte, erwies sich als kommerziell auf lange Sicht nicht lebensfähig. Das »Minitel« wiederum, eine Art Onlinesystem mit einer ausgeklügelten Kombination aus TV-Bildschirm, Telefon und Computer, fand nur in Frankreich Anklang, bis es dort wie überall durch das Internet verdrängt wurde. Auch vom deutschen »Transrapid«, einer eingleisigen Magnetschwebebahn für den Hochgeschwindigkeitsverkehr, versprach man sich anfangs viel, doch dann wurde nur eine einzige Linie in Schanghai gebaut, denn anderswo fand man den Betrieb zu teuer. Andere Großprojekte mit Hochgeschwindigkeitszügen waren jedoch sehr wohl profitabel, etwa der französische »TGV« und der noch weitere Strecken abdeckende deutsche »ICE«. Bei mittleren

Entfernungen wurde das Fliegen unnötig, da diese Eisenbahnen bald eine Geschwindigkeit von bis zu 300 km/h erreichten. Ebenfalls Erfolg beschieden war dem deutsch-französischen Unternehmen »Airbus«, das der amerikanischen »Boeing Company« Konkurrenz zu machen wusste, indem es effiziente Passagierflugzeuge produzierte.[40] Zwar setzten sich nicht alle Planungswagnisse in der Praxis durch, doch dank einiger Großprojekte blieb der europäische Sachverstand an vorderster Front der Innovation.

Die revolutionärste neue Technologie war der Computer, gleichzeitig ein Superrechner und ein leistungsfähiges Kommunikationsverbindungsglied. Das US-Militär hatte die frühen Forschungen und Konstruktionen unterstützt, sein eigentlicher Siegeszug aber begann erst, als IBM die Computerentwicklung für den zivilen Gebrauch in die Hand nahm und privatisierte. In den 1960ern und 1970ern stellte das Unternehmen innovative Großrechner her. Westeuropäische Staaten strengten sich an, einheimische Industrien in dieser Sparte aufzubauen, und förderten entsprechende Firmen: Die Briten versuchten es mit ICL, die Franzosen mit Bell, die Deutschen mit Nixdorf und Siemens. Aber die »nationalen Champions« konnten dann doch nicht mit der Geschwindigkeit der amerikanischen Hard- und Software-Entwickler mithalten, zumal IBM raffinierterweise einen Teil seiner Forschung und Produktion auf den Kontinent verlagert hatte. Bald wurden die Großrechner dank der Erfindung des Mikrochips durch die in handlicheren Formaten gebauten *personal computers* verdrängt. Die winzigen Halbleiterplättchen kamen zunächst aus dem Silicon Valley, später wurden sie weitestgehend in Asien hergestellt; Ausnahmen wie die finnische »Nokia Corporation« bestätigen die Regel. Die meiste Software entstand ebenfalls in den USA; auf manchen Spezialgebieten freilich, etwa bei der Firmensoftware, vermochten sich auch europäische Firmen wie SAP zu behaupten. Jedenfalls brachte die rasche Verbreitung des Computerwesens im öffentlichen wie privaten Bereich Europa ins Informationszeitalter.[41]

Das Finanzwesen wurde dank der Informationstechnik ein führender Bereich der Wirtschaft, denn sie machte dessen Transaktionen leichter. Nur noch Computer konnten in Echtzeit genau verfolgen, was sich im Börsenhandel, bei den Wechselkursschwankungen und internationalen Finanztransfers tat; sie verbanden Marktplätze auf der ganzen Welt in Bruchteilen von Sekunden. Die Deregulierung des Bankensektors, die in England 1986 autorisiert wurde, ermutigte auch diese Institute, sich an jenem Handel zu beteiligen. Die Unterschiede zwischen Geldgeschäften mit Einzelkunden und Finanzspekulationen waren nun aufgehoben, sodass traditionelle Banken an allen möglichen Märkten handeln konnten. Auch Versicherungsgesellschaften und Pensionsfonds mochten sich nicht mehr mit den mageren Erträgen aus den traditionellen verzinslichen Vermögenswerten begnügen, sondern begannen sich nach etwas umzuschauen, das ordentlichere Rendite brachte, etwa Aktien, Bonds oder Währungstransaktionen. Je mehr sich die Mittelschicht auf diesen Märkten tummelte, desto nötiger wurden Finanzberater, die den Kunden sagten, wo sie ihr Geld investieren sollten. Waren die Banken für ihre Klienten früher nicht selten respekt-, ja furchteinflößende Institute mit einem sehr formalisierten Geschäftsverkehr gewesen, wurden sie nun ein wenig kundenfreundlicher: Sie gaben Kreditkarten aus und installierten Geldautomaten. Bald prosperierten einige Finanzhochburgen wie London und Frankfurt geradezu. Ganze Horden von gutbezahlten Investmentbankern benahmen sich dort wie die »Herren der Welt«, während sie mit dem Geld anderer Leute spekulierten.[42]

Ein weiterer neuer Dienstleistungsbereich, den die Informationstechnik beförderte, war der private Rundfunk, der infolge politischen wie kommerziellen Drucks nun auch in Europa entstand. Die öffentlichen Anstalten, die bislang ein mediales Monopol besessen hatten, etwa die BBC, wollten unterhalten, aber eben auch bilden und erziehen. Solche Programme zu produzieren war teuer, weshalb die Sender von ihren Nutzern Zwangsgebühren einziehen mussten. Da nun die konservativen Parteien meinten, die Radio- und TV-Journalisten der Öffentlichen seien liberaler eingestellt als die »schweigende Mehrheit« der Bevölkerung, drängten sie auf die Einrichtung kommerzieller Anstalten, die zu den staatlichen in Konkurrenz treten sollten. Italien tat als erstes Land den Schritt zur Deregulierung, woraufhin 2500 Lokalsender entstanden – was zum

Aufstieg des Berlusconi-Imperiums führte. Auch die Werbewirtschaft, die in den elektronischen Medien viel Geld zu machen hoffte, machte sich für mehr Privatfunk stark. Zögernd und widerwillig gewährten die größeren europäischen Länder den kommerziellen Konkurrenten wie RTL und SAT.1 Zugang zu den Ätherwellen, wenn auch vorerst nur unter strikten Einschränkungen. Die technischen Innovationen des Kabel- und Satellitenfernsehens kamen für die Privaten zur rechten Zeit. Mit ihrer Hilfe entstand eine werbefinanzierte Medienindustrie, die unter anderem mit Softpornos und Gewaltfilmen lockte, während sie ansonsten konservative politische Botschaften verbreitete.[43] Ironischerweise hatte die Rechte mit ihrer Förderung des privaten Rundfunks Programme geschaffen, die ihren eigenen Moralvorstellungen zuwiderliefen.

Nicht alle Industriezweige wurden durch den globalen Wettbewerb auf Dauer geschädigt. Die Automobilproduktion etwa ging, in manchen Ländern zumindest, gestärkt aus den schwierigen Phasen hervor, sofern sie mit der Innovation Schritt gehalten hatte. Der Ölpreisanstieg und die japanische Konkurrenz stürzten die europäischen Hersteller Mitte der 1970er Jahre in eine ernste Krise; die Verkaufszahlen mancher Marken brachen glatt um ein Viertel ein. Besonders die Massenproduzenten eher preiswerter Autos – etwa Opel, Fiat und Renault – traf es hart, da ihre schmalen Gewinnmargen nicht gerade ein bequemes Polster bildeten. Dieser Druck offenbarte die Ineffizienz einzelner britischer Hersteller wie Vauxhall und Morris, und als Margaret Thatcher sich weigerte, ihnen mit staatlichem Geld auszuhelfen, gingen sie nach und nach zugrunde oder wurden von den Japanern gekauft. In Frankreich dagegen retteten öffentliche Fonds die Autobauer des Landes. Deutsche Firmen wie VW, Mercedes, BMW und Audi schafften die Rettung wiederum aus eigener Kraft: Sie erfanden sich praktisch neu, indem sie Industrieroboter einsetzten und *just-in-time*-Methoden wie die Japaner verwendeten. Auch stießen sie nun in ein höheres Marktsegment vor, und bald wurde »deutsche Technologie« ein Codewort für Schnelligkeit, Luxus und Langlebigkeit.[44] Im Sowjetblock hingegen blieb die Kfz-Herstellung hoffnungslos hinter der Entwicklung zurück, sodass sie nach 1989 weitgehend kollabierte.

Die Ankunft der Hochtechnologie in Europa schuf also tatsächlich eine Reihe neuer Chancen, aber sie war nicht das Allheilmittel, als das man sie pries. Zwar eröffnete sie neue Karrierewege in der Flugzeugproduktion, in der Softwareprogrammierung, in der Finanzbranche sowie in den Medien, während sie nicht wenigen alten Sektoren das Überleben sicherte, beispielsweise der Automobil- und der Werkzeugmaschinenindustrie. Ganze Regionen wie der Südwesten Englands, der Süden Frankreichs, der Südwesten Deutschlands und der Norden Italiens erlebten einen Aufschwung zu nie gekannter Prosperität. Die alten industriellen Kernregionen – etwa die britischen Midlands, der französische Nordosten und das deutsche Ruhrgebiet – gingen dagegen ziemlich leer aus.[45] Obwohl auch die Länder Osteuropas sich bemühten, eine eigene Computerindustrie auf die Beine zu stellen, blieben die meisten von ihnen komplett zurück. Die Sowjetunion nämlich steckte ihre Spitzenforschungs- und Entwicklungskapazitäten in den Waffenbau und erlaubte auch ihren Satellitenstaaten nicht, sich an eigenen, unabhängigen Innovationen zu versuchen. Während die Börsenspekulanten im Finanzwesen enorme Profite machen konnten, waren die Jobs in anderen Dienstleistungsbereichen, etwa in Callcentern oder Supermärkten, schlecht bezahlt. Die entstehende Hightechwirtschaft erhöhte die Chancen für die Jungen und Flexiblen, doch die anderen lernten eine neue Form der Jobunsicherheit kennen.

Die postindustrielle Gesellschaft

Die enttäuschende Leistung der europäischen Ökonomien nach den Ölpreisschocks war nicht bloß ein normaler Abschwung im Konjunkturzyklus, sondern verwies auf eine tiefere Transformation der Moderne. Von den Zeitgenossen kaum bemerkt, offenbarten die 1970er eine fundamentale »Krise der Industriegesellschaft«, die der fordistischen Produktionsweise in West- und Osteuropa ein Ende setzte.[46] Der durch den globalen Wettbewerb angestoßene Prozess der Deindustrialisierung trieb die Arbeitslosigkeit von praktisch null während der drei ersten Nachkriegsdekaden auf über

10 Prozent im Jahre 1985 und jagte die Inflationsraten in nie gekannte Höhen. Nur langsam wurde den Verantwortlichen bewusst, dass es sich um ein strukturelles Problem handelte. Sozialdemokraten wie Helmut Schmidt versuchten etablierte Industrien zu verteidigen und subventionierten deren Produktion, um einheimische Arbeitsplätze zu retten. Diese Strategie, auf der die Gewerkschaften bestanden, verschlang viel öffentliches Geld, konnte den Niedergang aber bestenfalls verzögern. Im Gegensatz dazu ließen Neoliberale wie Margaret Thatcher dem Markt freien Lauf und setzten auf das Entstehen neuer Jobs durch die Hochtechnologie sowie im Dienstleistungssektor. Diese Entwicklung hatte der Soziologe Daniel Bell, der das Entstehen einer postindustriellen Gesellschaft prophezeit hatte, schon in den 1970ern vorhergesehen.[47]

Vorangetrieben wurde diese Transformation größtenteils von den erst seit kurzem bestehenden Informationstechniken, die alte Gerätschaften obsolet machten. Die Nachfrage nach Frischem, noch nicht Dagewesenem rief neuartige Produkte und Dienstleistungen ins Leben. Die Europäer waren weiterhin exzellent darin, bereits existierende Konsumartikel wie Autos oder Waschmaschinen schrittweise zu perfektionieren. Aber ihnen fehlte der umfängliche, durch den Kalten Krieg bedingte Komplex der Rüstungsindustrie, wie sie in den USA existierte: Sie nämlich gab erst den Anstoß zur Entwicklung neuer Rechner, Flugzeuge und Raketen, bei der Beiprodukte für die Zivilwelt abfielen. Außerdem dominierten in Europa bürokratische Lösungsansätze, die nicht unbedingt den individuellen Einfallsreichtum oder den Wagemut förderten, eine Anschubfinanzierung für technische Innovationen wie etwa die chipbasierte Entwicklung von Mikroelektronik zu riskieren. Ohne Letztere hätte es keine Hardware wie PCs, keine Software wie Microsoft, keine Suchmaschine wie Google etc. geben können. Aber immerhin erhöhten die europäischen Regierungen ihre Investitionen in die einschlägige Forschung und Entwicklung. Damit trugen sie ihren Teil zu neuen Patenten bei und konnten an der digitalen Revolution teilnehmen, die größtenteils von jenseits des Atlantiks gekommen war.[48] Dies befähigte sie, die neuen Techniken rasch zu übernehmen, sie mit ihren traditionellen Herstellungsformen zu kombinieren und so selber auch ins Informationszeitalter einzutreten.

Der technische Quantensprung und die Verschärfung der Globalisierung bewirkten gemeinsam, dass immer mehr industrielle Produktion aus Europa hinausverlegt wurde. Während der 1970er erlebten internationaler Handel, finanzielle Transaktionen und kulturelle Kommunikation über Grenzen und Meere hinweg ein rasches Wachstum, das den Umfang globalen ökonomischen Austauschs auf eine neue Ebene hob. Weil die sogenannten Entwicklungsländer niedrigere Lohnkosten boten und Schiffstransporte dank der Container billiger wurden, konnten sie intensiver mit den hochindustrialisierten Regionen Europas konkurrieren. Kontinentale Firmen mussten ihre Fabriken schließen und weite Teile ihrer Produktion nach Asien »outsourcen«. Als die bisherigen Lizenznehmer eigene Produkte entwickelten und deren Qualität gar die der in kontinentalem Auftrag hergestellten übertraf, vermochten die Europäer nicht mehr mitzuhalten. Sie verloren ganze Industriezweige, etwa Textilfertigung, Stahlerzeugung, Schiffbau etc. In bestimmten Bereichen konnten die europäischen Unternehmen wenigstens die Designabteilung am Heimatsitz behalten. Da sie den kontinentalen Geschmack am besten kannten, war diese Nähe profitabel. In anderen Branchen bewahrte sie der Schwenk von der Massen- zur Luxusproduktion davor, ganz aus dem Geschäft zu fliegen. Dennoch bleibt festzuhalten, dass die Gleichzeitigkeit sowie das Ineinanderwirken von Digitalisierung und sich verstärkender Globalisierung die Ära fordistischen Produzierens auf dem Kontinent weitgehend beendete.[49]

Die Verschiebung vom Keynesianismus zum Neoliberalismus beschleunigte den Übergang zum Postfordismus in Europa, denn sie ermöglichte es den Kräften des technischen Fortschritts und des globalen Marktes, ihr Werk der »kreativen Zerstörung« zu verrichten. Der Konsens antizyklischer Politik bröckelte, als die öffentlichen Stimuli den Würgegriff der Stagflation nach den Ölpreisschocks nicht zu lösen vermochten, was den monetaristischen Verfechtern des freien Marktes die Tür öffnete. Margaret Thatchers Weigerung, sterbende Industrien zu retten, ihre Kampagne für Privatisierung und ihre Versuche, durch die Kürzung der Sozialleistungen zu einem ausgeglichenen Haushalt zu gelangen, beseitigte eine Barrikade gegen den Marktwettbewerb, hinter der sich die Gewerkschaften lange Zeit hatten sammeln können, um ihre Industriejobs zu verteidigen. Weil diese Politik den Übergang von einer Produktions- zu einer Dienstleistungsökonomie erleichterte, war sie insofern erfolgreich, als sie viele neue Angestelltenjobs im Finanzwesen, in den Medien und der Populärkultur schuf. Aber dieser Erfolg hatte einen exorbitanten Preis: Viele Regionen verloren ihre Industrie, viele Arbeiter ihren Broterwerb. Der alternative Ansatz eines aktivierenden Wohlfahrtsstaates in Skandinavien bewältigte diese negativen Konsequenzen besser, weil er Wettbewerb mit Solidarität verband.[50]

Indem es den Hochindustrialismus hinter sich ließ, trat Europa in eine neue Phase der Moderne ein – eine Transformation, die alle Kennzeichen einer dritten industriellen Revolution aufwies. Bestand deren erste Etappe aus den epochemachenden Entwicklungen bei Textilfertigung, Kohleabbau, Stahlerzeugung und der Erfindung der Eisenbahn, die sich ab 1750 hauptsächlich in England vollzogen, charakterisierten die etwa in den 1890ern beginnende zweite Etappe die wissenschaftsinduzierten Zuwächse bei Chemikalien, elektronischen Geräten, Automobilen und Flugzeugen; diesbezüglich war Deutschland führend. Diese Phase kam allmählich im letzten Viertel des 20. Jahrhunderts zum Ende, weil nun ein weiterer Umbruch digitale Informationstechnik, globalisierten Wettbewerb und neoliberale Politik mit sich brachte. Wahrzeichen des Kontinents waren nicht mehr die Fördertürme der Kohlengruben, die Glut der Stahlöfen oder die Trockendocks der Schiffbauer, sondern vielmehr die gleißenden Wolkenkratzer der Banken, die hochragenden Hauptsitze der Medienunternehmen und die kühnen Designs der Museen. In gewissem Sinne waren diese Werke durchaus noch modern, denn man hatte sie mit den Methoden und Techniken der Hochindustrie errichtet. Allerdings signalisierten ihr eklektischer Stil, ihre patchworkhafte Arbeitswelt sowie die Verwendung softwareabhängiger Produkte doch den Eintritt in eine andere, postindustrielle Art der Moderne.[51]

Zurück zur Entspannung

Entspannung zwischen Ost und West, 1986: Ronald Reagan und Michail Gorbatschow

Über zwei Jahre hatten sie verhandelt, 33 europäische Staaten, die USA und Kanada. Am 1. August 1975 war es so weit: Die Führer der konferierenden Länder versammelten sich in der finnischen Hauptstadt, um einen Text zu signieren, der bekannt wurde als die »Schlussakte von Helsinki «. Präsident Gerald Ford, Generalsekretär Leonid Breschnew und ihre Kollegen unterzeichneten in einer bescheidenen Zeremonie vor surrenden TV-Kameras ein Dokument »so dick wie ein Telefonbuch«. Der Gastgeber, Präsident Urho Kekkonen, gab der Hoffnung Ausdruck, dass diese Vereinbarung »Grundlage und Leitlinie für unsere künftigen Beziehungen und deren weitere Entwicklung« sein sowie endlich die Ost-West-Konfrontation beilegen werde. Das Hauptstück der Deklaration hielt zehn Prinzipien fest, nach denen sich die Interaktion der Nationen fortan richten sollte, darunter die »Unverletzlichkeit der Grenzen« und »Nichteinmischung in die inneren Angelegenheiten der anderen Teilnehmerstaaten«. Daneben nannte jene Kernpassage drei primäre Themen- oder Aufgabenbereiche, »Körbe« genannt. Korb I betraf vertrauensbildende Maßnahmen in Sachen Sicherheit und Abrüstung, Korb II die Zusammenarbeit auf den Gebieten Wirtschaft und Umwelt, Korb III die Achtung der Menschenrechte. Die Sowjets zeigten sich hocherfreut darüber, dass ihre territorialen Eroberungen aus Kriegszeiten nun nicht mehr in Frage gestellt wurden. Westliche Kritiker bemängelten denn auch, dass der ›freie Westen‹ den Kommunisten zu weit entgegengekommen sei; dabei unterschätzten sie allerdings die Wirkmacht, die in der Bekräftigung der Menschenrechte steckte. Indem sie Ängste minderte, markierte die Erklärung von Helsinki einen Höhepunkt der Entspannungspolitik.[1]

Kaum vier Jahre später brach ein zweiter Kalter Krieg aus. Da war sie wieder, die ideologische, politische und militärische Konfrontation zwischen dem Westen und dem Sowjetblock. Die altbekannten Spannungen hatten sich über Jahre aufgeladen durch Stellvertreterkonflikte im Nahen Osten, Chile, Äthiopien und Angola – Staaten und Regionen, in denen prokommunistische und prowestliche Bewegungen um die Vorherrschaft rangen. Als die Sowjetunion 1979 sogar ihre eigene Armee aussandte, um eine kommunistische Minderheitsdiktatur in Afghanistan zu unterstützen, verurteilte Präsident Jimmy Carter die Invasion, und die Vereinigten Staaten versorgten die aufständischen Mudschaheddin über Pakistan mit Waffen. Nur wenig später begann Russland, an verschiedenen Orten seines Territoriums neue Mittelstreckenraketen vom Typ SS-20 aufzustellen. Die Amerikaner entwickelten alsbald ein strategisches Äquivalent, die Pershing II. Bundeskanzler Helmut Schmidt schlug als Reaktion einen »zweigleisigen Ansatz« vor: Gleichzeitig mit der Stationierung von Pershings im Westen sollte mit dem Osten um die Beseitigung sämtlicher Mittelstreckenraketen verhandelt werden. Im November 1980 wurde dann Ronald Reagan zum Präsidenten der USA gewählt. Dieser gab sich wenig Mühe, den Ost-West-Antagonismus zu entschärfen, und beschimpfte etwa die Sowjetunion als »Reich des Bösen«. Die Gegenseite brandmarkte daraufhin noch heftiger den amerikanischen Imperialismus.[2]

1989/90 endete der Kalte Krieg dann doch überraschend. Seither tobt eine hitzige Debatte um die Frage, wem das Hauptverdienst an dieser Wendung zukomme. Während all der Jahre der Konfrontation zwischen den Supermächten waren einige Staatsmänner, aber auch viele Vertreter zivilgesellschaftlicher Ideen und Organisationen nicht müde geworden, sich für die Entspannung einzusetzen, aber praktisch niemand hatte eine so schnelle und umfassende Ost-West-Versöhnung vorhergesehen. Eine Schar triumphalistischer Antikommunisten glaubte, der machtpolitische Realismus des Westens, die massive Aufrüstung und Präsident Reagans »Krieg der Sterne« – eine Großinitiative zum Bau eines neuen Antiraketensystems – hätten die Sowjetunion in die Knie gezwungen; Moskau habe technisch nicht mehr Schritt halten und die Kosten der Rüstung nicht länger tragen können. Ganz im Gegenteil, meinten die Verfechter der Entspannungspolitik, der subtile Einsatz »sanfter Macht« habe den Kommunismus unterminiert. Erfolgreich sei jene Strategie gewesen, die in den Bürgern des Ostens Wünsche nach mehr Konsum erweckte, auf die Menschenrechte pochte und die politische Kommunikation intensivierte. All dies habe die schweigenden Mehrheiten innerhalb der Klientelstaaten dem Kommunismus abspenstig gemacht, wachsende Oppositionsbewegungen geschaffen und sogar Parteiführer von der Notwendigkeit überzeugt, Reformen einzuleiten.[3] Da beide Lager das Ausmaß ihres jeweiligen Beitrags übertreiben, liegt die richtige Antwort wohl dazwischen: Eine unbeabsichtigte Kombination von Aufrüstung und Verhandlungen gab den Ausschlag.

Konventionelle Deutungen des Kalten Krieges haben ihren Blick zu sehr auf die bilaterale Konfrontation der Supermächte gerichtet und vernachlässigen daher oft die konstruktive Rolle der Europäer in seiner finalen Phase. Militärplaner in Ost und West sahen den Alten Kontinent primär als ein schwieriges Schlachtfeld. Wollte man auf ihm bei einem bewaffneten Konflikt obsiegen, war eine Mischung aus nuklearen und konventionellen Strategien erforderlich. Die politischen Führer in Washington und Moskau betrachteten ihre europäischen Partner als Hilfskräfte, die gelegentlich zur Aufsässigkeit neigten; ihr Vorhandensein verstärkte zwar die Macht der jeweiligen Seite, aber man musste sie bei Laune und auf Linie halten. Diese bipolare Perspektive unterschätzte jedoch die Rührigkeit einzelner europäischer Politiker, die nicht mehr herumkommandiert werden mochten, sondern einen unabhängigeren Kurs zu steuern versuchten; zu ihnen gehörten de Gaulle und Brandt im Westen, Tito und Ceaușescu im Osten. Besonders in den späteren Etappen des Kalten Krieges entwickelten kontinentale Regierungschefs wie Helmut Schmidt und Erich Honecker ein gemeinsames Interesse daran, die Entspannungspolitik fortzusetzen und auszubauen; ja, sie bemühten sich sogar immer hartnäckiger, die kriegstreiberischen Supermächte zu zügeln. Der europäische Beitrag zu Begrenzung und Überwindung des zweiten Kalten Krieges sollte daher ausdrücklicher gewürdigt werden als bisher geschehen.[4]

Paradoxerweise half gerade der technische Fortschritt der Moderne, einen Dritten Weltkrieg zu verhindern, und zwar ausgerechnet die Innovation beim Bau von Kampfgerät: Es ließen sich nun Waffen produzieren, die zu tödlich waren, um sie zu gebrauchen. Die Entwicklung von Wasserstoffbombensprengköpfen und ballistischen Interkontinentalraketen war ein technischer Quantensprung, der der Menschheit die Macht verlieh, sich selber zu vernichten. Ein thermonuklearer Krieg konnte faktisch nicht ausgefochten werden – zu apokalyptisch wären die Wirkungen: Millionen Menschen fänden auf einen Schlag den Tod; die Verstrahlung brächte zusätzlich unerhörte Scharen von Zivilisten um; die ganze Erde würde verwüstet und wäre zu weiten Teilen über Generationen hinweg unbewohnbar. Mehrfach kamen die Kontrahenten nahe an eine solche Eskalation heran, beispielsweise beim Konflikt um die Berliner Mauer und in der Krise um die sowjetischen Raketen auf Kuba. Jedes Mal aber schreckten sie vor jenem Abgrund zurück, da ihnen rechtzeitig klar wurde, dass ein solcher Krieg im konventionellen Sinne nicht gewinnbar war. Den Sieger nämlich erwartete mit hoher Wahrscheinlichkeit die gleiche Vernichtung wie den Verlierer. Dieses Dilemma hob die logische Notwendigkeit hervor, ein derartiges Inferno durch Diplomatie und Abrüstung zu verhindern.[5] Dass die ideologisch verfeindeten Blöcke begriffen, welche nie dagewesene Tödlichkeit in den modernen Waffen steckte – diese Erkenntnis war es, die beide Seiten zwang, ihre Konfrontation schließlich zu beenden.

Nukleare Abschreckung

Die immense Zerstörungskraft der Atombombe, die am 6. August 1945 auf Hiroshima fiel, veränderte den Modus der Kriegsführung fundamental. Sechs Jahre zuvor hatte Albert Einstein Präsident Roosevelt vor der potenziellen Vernichtungsgewalt einer »Uranbombe« gewarnt, denn er wollte verhindern, dass die skrupellosen Naziführer sie als Erste fertigten und einsetzten. Im August 1942 begann das »Army Corps of Engineers«, Forschungs- und Produktionseinrichtungen nahe Los Alamos in der Wüste von New Mexico zu bauen. Sie sollten einem Unternehmen dienen, das als »Manhattan Project« bekannt wurde. Diverse Hindernisse stellten sich in den Weg, aber das Organisationstalent des Brigadegenerals Leslie Groves und die wissenschaftliche Brillanz des Physikers Robert J. Oppenheimer überwanden sie. Am Ende waren drei einsatzfähige

Bomben fertig. Die Politik wollte sich nun nicht damit zufriedengeben, deren Funktionsweise vorzuführen; vielmehr entschloss sich Präsident Harry Truman, zwei von ihnen, euphemistisch »Little Boy« und »Fat Man« getauft, auf echte Städte abzuwerfen, um die Japaner zur Kapitulation zu zwingen. Der beispiellose Massentod sowie die physische Zerstörung von Hiroshima und Nagasaki erreichten ihr unmittelbares Ziel, die Beendigung des Krieges im Pazifik. Doch der Doppelschlag überschritt eine moralische Schwelle, mit zweierlei Folgen: Er etablierte die Atombombe als potenzielle *ultima-ratio*-Waffe – und verhinderte gleichzeitig ihren nochmaligen Gebrauch.[6]

Da Nuklearbomben ihre Besitzer, theoretisch zumindest, unbesiegbar machten, waren beide Supermächte begierig, ihre technischen Kapazitäten zu perfektionieren und ein überlegenes Arsenal anzulegen. Als Truman während der Konferenz in Potsdam Stalin gegenüber beiläufig auf den ersten erfolgreichen Test der neuen amerikanischen Waffe anspielte, gab sich der sowjetische Diktator unbeeindruckt, ordnete aber insgeheim an, sofort mit der Entwicklung einer russischen Atombombe zu beginnen. Schockiert über die Zerstörungskraft ihres Geisteskindes, bekamen Oppenheimer und einige Physiker aus seiner Umgebung Skrupel, sich an weiteren Projekten ähnlicher Art zu beteiligen. Es gab auch Versuche, die Verbreitung nuklearer Waffen zu verhindern, etwa den Baruch-Plan; doch sie scheiterten an der Unnachgiebigkeit beider Seiten. Obwohl die Vereinigten Staaten ihr Arsenal geschwind erweiterten, holten die Sowjets überraschend schnell auf, was sie einem Crashprogramm und Spionen wie Klaus Fuchs verdankten. 1949 fand die Probezündung ihrer eigenen Nuklearbombe statt. Die Amerikaner wollten ihre Überlegenheit aber unbedingt behalten und präsentierten 1954 dann die Wasserstoffbombe; diese nutzte statt der Kernspaltung die Kernfusion, die viel mehr Energie freisetzte. Keineswegs gewillt, sich abhängen zu lassen, produzierten die Russen ein Jahr später eine eigene Wasserstoffbombe. So entstand zwischen den Supermächten ein technisches Patt, das ein paar Jahrzehnte andauern sollte.[7]

Infolge der Rivalität der Supermächte entbrannte nun ein atomares Wettrüsten, in dem eine Seite die andere zu übertreffen suchte. Da die genaue Zahl der Sprengköpfe ein strikt gehütetes Geheimnis blieb, übertrieben die Nachrichtendienste oft die Schlagkraft des Feindes, womit sie die eigenen Politiker motivieren wollten, mehr Waffen produzieren zu lassen. Als erfahrener Kommandeur und Stratege stand Präsident Dwight D. Eisenhower den Nuklearwaffen prinzipiell skeptisch gegenüber; ein denkbarer unverantwortlicher Gebrauch machte ihm Sorge. Aber es tobte ein antikommunistischer Furor draußen im Lande, wo McCarthy und die Seinen Jagd auf einheimische Kommunisten und deren »Weggenossen« machten. Auch Leute aus Eisenhowers engstem Beraterkreis, namentlich Außenminister John Foster Dulles, waren von diesem Fanatismus befallen, weshalb sich der Präsident gelegentlich zu martialischer Rhetorik gezwungen sah. Zwar hatte er eine Vereinigung ins Leben gerufen, die sich unter dem Schirm der UN für die friedliche Nutzung der Kernenergie einsetzte, die »Internationale Atomenergie-Organisation«, aber leider vermochte diese der Verbreitung der Nuklearwaffen kaum Einhalt zu gebieten. 1960 hatten die Vereinigten Staaten rund 20 000 Sprengköpfe beisammen, die Sowjetunion besaß dagegen nur 1600. Aber Nikita Chruschtschow und seine Nachfolger waren entschlossen, mit Amerika gleichzuziehen; 1978 überholte Russland die USA sogar zahlenmäßig.[8] Die Briten und Franzosen wiederum mochten sich nicht damit zufriedengeben, der Entwicklung beängstigt zuzusehen, und bauten, freilich in bescheidenerem Rahmen, eigene nukleare Abschreckungspotenziale auf.

Die wachsenden Bestände an Atomwaffen schufen ein alldurchdringendes Klima der Furcht, das ein typisches Merkmal der im Kalten Krieg herrschenden Hysterie werden sollte. Die Amerikaner litten an einem Pearl-Harbor-Komplex und fürchteten einen Überraschungsangriff, die Sowjets misstrauten ihren kapitalistischen Gegnern grundsätzlich, und die Europäer glaubten, zwischen beiden in der Falle festzusitzen. Um sich eine Möglichkeit zum Zweitschlag zu erhalten, schuf Washington das »Strategic Air Command«, eine Streitmacht aus mehreren hundert Flugzeugen, darunter nuklearfähige Bomber wie die B-52. Dutzende davon blieben beständig in der Luft, um sofort die Sowjetunion anzugreifen, sollte diese einen Erstschlag gegen die USA wagen. Diese Einsatzbereitschaft und Wachsamkeit im Angesicht der atomaren Gefahr wurden begleitet von Propagandafeldzügen, mit denen man selbst Schulkindern beibrachte, »in Deckung zu gehen«: Wenn die Bombe falle, sollten sie unter ihre Pulte kriechen und die Arme über den Kopf legen. Daneben lief eine nicht minder energische Zivilschutzkampagne: Den Bürgern wurde dringend empfohlen, in ihren Gärten oder Hinterhöfen Betonbunker zu bauen und umfassende Notvorräte anzulegen. »Jeder hat eine Chance« lautete eine einschlägige Parole jener Zeit; die Kunst des Überlebens zu erlernen, erlangte für viele Menschen existenzielle Wichtigkeit. Romane wie *On the Beach* (dt. *Das letzte Ufer*) und Filme wie *Dr. Strangelove* (dt. *Doktor Seltsam*) und *Failsafe* (dt. *Angriffsziel Moskau*) förderten jene Atomangst, indem sie dramatisch schilderten, welche tödlichen Konsequenzen es haben könnte, wenn eine Bombe versehentlich gezündet würde oder Sicherheitsmechanismen sich verselbständigten.[9]

Der Rüstungswettlauf nahm zusätzlich Fahrt auf, als ballistische Raketen eingeführt wurden, die Wasserstoffbomben an jeden Ort innerhalb ihrer Reichweite tragen konnten. Anfangs baute man schlicht die deutsche V-2 nach, übertraf sie aber bald beträchtlich: Die furchterregenden ballistischen Interkontinentalraketen, kurz ICBMs, waren ausgestattet mit elektronischen Lenksystemen sowie passenden Sprengköpfen und bewältigten mühelos die Distanz zwischen den beiden Supermächten. Als die Sowjets 1957 ihren »Sputnik« hochjagten – den ersten Satelliten, der je in den Orbit geschossen wurde –, erschrak die westliche Öffentlichkeit, denn der Vorgang bewies, dass die Russen einen Flugkörper besaßen, mit dem sie Atomwaffen nicht nur zu europäischen Zielen hin, sondern auch über den Atlantik oder den Pazifik zu senden vermochten. Damit konnten sie auch die USA erreichen. Besorgte Politiker in Washington gaben kurzerhand vor, im eigenen Arsenal eine »Raketenlücke« entdeckt zu haben, und drängten Präsident Eisenhower, den Bestand aufzustocken. Die USA beeilten sich, ihre ICBMs weiterzuentwickeln, deren Technik sich auch für die Raumfahrt verwenden ließ. Da sie nicht mehr die Ersten im All werden konnten, hatten sie den Ehrgeiz, als Erste auf dem Mond zu landen. Vor allem aber brauchten sie Flugtransportmittel, die amerikanische Sprengköpfe bis in die Sowjetunion hineinzubringen vermochten; nur so, meinten sie, lasse sich die Gegenseite von Aggressionen abschrecken. Obwohl Eisenhower weder im Korea- noch im Vietnamkrieg Atomwaffen hatte einsetzen wollen, wäre es bei Konflikten um Berlin und Kuba fast dazu gekommen: Kennedys Berater legten ihrem Präsidenten diese Maßnahme nahe und entwarfen bereits Notfallpläne für diesen »gefährlichsten Augenblick in der gesamten Menschheitsgeschichte«.[10]

Den Europäern flößte der nukleare Gleichstand Furcht ein, denn er verdeutlichte ihre Abhängigkeit von den Supermächten, auf deren letztendliche Entscheidungen sie wenig Einfluss hatten. Die Satellitenstaaten der Sowjetunion waren Letzterer als Hilfstruppen willkommen – schließlich würden sie die 175 Panzerdivisionen verstärken, die im Ernstfall durch die *Fulda gap* rollten (jene osthessische Region, die eine strategische Schwachstelle in der Verteidigung gegen Einfälle der Warschauer-Pakt-Staaten bildete). Bei Moskaus nuklearen Einsätzen hatten sie jedoch kein Mitspracherecht. Großbritannien und Frankreich, die beide in der NATO waren, entwickelten ihre eigenen nuklearen Abschreckungskräfte; aber die waren eben relativ überschaubar. Da sie nicht ausreichten, um eine sowjetische Attacke abzuwehren, blieben auch diese beiden Länder auf den Nuklearschirm der USA angewiesen. Die Bundesrepublik hingegen verzichtete ausdrücklich auf eigene Kernwaffen. Da die Landstreitkräfte der NATO von geringerer Größe waren als die des Warschauer Pakts, sah sich der Westen gezwungen, diese Unterlegenheit durch höhere Schlagkraft zur See und in der Luft wettzumachen, die ihr u. a. nukleare U-Boote und ICBMs gewährten. Westeuropa wiederum fehlte die letzte Sicherheit, ob die Amerikaner es im Ernstfall wirklich mit Atomschlägen verteidigen würden, riskierten sie dadurch doch ihre eigene Vernichtung. Daher wurden eigene Gefechtsfeldnuklearwaffen entwickelt, deren Sprengköpfe auf den Bedarf der Infanterieverteidigung herunterverkleinert wurden. Der technische Fortschritt ermöglichte übrigens inzwischen, mehrere Sprengköpfe auf eine Rakete zu montieren; entsprechend konnten diese Flugkörper, MIRVs genannt, mehrere Ziele gleichzeitig angreifen. Westdeutschland, das mutmaßliche Schlachtfeld eines neuen Weltkriegs, verlangte zusätzlich, dass die sogenannte »Vorwärtsverteidigung«, das Zusammenziehen der militärischen Abwehrkräfte im grenznahen Raum, Hauptdoktrin der NATO werde.[11]

Der gedankliche Umgang mit dem Atomkrieg war kompliziert, denn eine solche Zerstörungskraft, wie er sie implizierte, hatte es zuvor nicht gegeben. Churchill meinte gar, er lasse die »moderne Vorstellung von Krieg völlig überholt« aussehen. Da die erwartbare massive Gegenreaktion des Feindes es unmöglich machte, einen solchen Konflikt durchzukämpfen, konnte Rüstung nur den Zweck haben, mit Abschreckung dafür zu sorgen, dass er gar nicht erst ausbrach. Um auf einen solchen Krieg zu verzichten, brauchte jede Seite aber von ihrem Antagonisten ein unmissverständliches Signal, dass dieser fähig und entschlossen sei, ihn zu führen – und dessen konnten sich die politischen Führer eben nie sicher sein. In den 1960ern kursierte das Schlagwort von der *mutually assured destruction* (›wechselseitig garantierte Zerstörung‹ oder auch MAD); ein deutsches Äquivalent hieß »Gleichgewicht des Schreckens«. Gemeint ist ein Zustand, der einen nuklearen Konflikt ungewinnbar macht, weil der Angreifer gewärtigen muss, ebenfalls vernichtet zu werden. Angesichts der Unsicherheit der transatlantischen Garantie nahm die »Nuclear Planning Group« der NATO nach und nach eine neue Sicherheitsdoktrin an, genannt *flexible response* (›flexible Reaktion‹), der gemäß der Westen erst dann Atomwaffen einsetzen sollte, wenn er dabei war, einen konventionellen Krieg zu verlieren, also »so spät wie möglich, so früh wie nötig«.[12] Ganze Thinktanks entwarfen Pläne, wie ein Erstschlag gelingen könnte, aber das Risiko der Selbstzerstörung – unkalkulierbar wegen der Ungewissheit um die potenzielle Reaktion des Feindes – hielt die Militärs glücklicherweise davon ab, ein solches Experiment zu wagen.

Die Irrationalität des atomaren Wettrüstens bewog schließlich doch beide Seiten, immer wieder Initiativen zu Kontrollabsprachen in diesem Bereich zu starten, die auch durchaus Teilerfolge brachten; eine echte Abrüstung bewirkten sie freilich nicht. Die europäischen Friedensbewegungen drängten regelmäßig auf Begrenzung der Arsenale; Kennedy und Chruschtschow wiederum erkannten nachträglich sehr wohl, wie nahe sie in der Kuba-Krise einem Armageddon gekommen waren. Das ›Atomteststoppabkommen‹ von 1963 war ein erster Schritt, da es Versuche in der Luft verbot, um den radioaktiven Fallout zu reduzieren. Der ›Atomwaffensperrvertrag‹ von 1968, in dem 183 Nationen gelobten, keine eigenen Atomwaffen zu entwickeln, war schon umfassender. Einige Staaten jedoch verweigerten das Versprechen; Indien und Pakistan erklärten sogar offen, an ihrem nuklearen Kriegsgerät weiterzubauen. Die Nichtunterzeichner Israel und Nordkorea taten das Gleiche, allerdings heimlich. Vertrauensbildende Maßnahmen der beschriebenen Art ermöglichten weiterführende ›Gespräche zur Begrenzung strategischer Rüstung‹, kurz SALT I, die schließlich 1972 in den ›ABM-Vertrag‹ mündeten (ABM steht für »Anti-Ballistic Missiles«). Dank dieser Vereinbarungen fror die Zahl der strategischen Waffen ein, nicht aber jene der Sprengköpfe, die weiter stieg. Und dennoch schufen diese Bemühungen um Rüstungsbegrenzung, indem sie die Gefahr der Selbstvernichtung zumindest ein wenig einfriedeten, die Grundlage für den Fortgang der Entspannungspolitik.[13]

Europas steigendes Selbstbewusstsein

Die europäischen Staatslenker beiderseits des Eisernen Vorhangs, die in der Konfrontation der Supermächte gefangen waren, wurden immer unzufriedener, weil sie keine Kontrolle über die ultimativen Nuklearentscheidungen besagter Mächte besaßen. Seit der Wohlstand nach Europa zurückgekehrt war, verblassten die Erinnerungen an die Leiden der Kriegs- und Nachkriegsjahre mehr und mehr. Durch die im Gange befindliche Dekolonisierung schwand allmählich die imperiale Bürde, und der Fokus der Außenpolitik verschob sich wieder auf den Kontinent. Der Fortschritt bei der westeuropäischen Integration ermöglichte es außerdem, mit geeinterer Stimme zu sprechen, wenn man die Wünsche Europas artikulierte. Gewiss waren die kontinentalen Führer nicht bereit, das Lager, dem sie im Kalten Krieg angehörten, ganz zu verlassen, aber sie waren es auch müde, über in Moskau oder Washington gefallene Entscheidungen immer lediglich informiert zu werden, ohne daran beteiligt gewesen zu sein. Ungeduldig verlangten sie mehr Mitspracherecht in den Angelegenheiten ihres jeweiligen Bündnisses. Während der 1960er begann eine eher heterogene Gruppe europäischer Staatsmänner zu testen, ob man die engen Begrenzungen der vom Kalten Krieg aufgelegten Ordnung nicht etwas dehnen könne. Sie nutzten den durch die *détente* gewachsenen Spielraum, um ihre unorthodoxen Sichtweisen geltend zu machen.

Der französische Präsident Charles de Gaulle wagte die erste Herausforderung des bipolaren Systems, indem er ein »Europa vom Atlantik bis zum Ural« forderte, das von den Vereinigten Staaten unabhängig sein sollte. Der erfolgreiche General, der Frankreich von der Naziherrschaft befreit und dann durch die Nachkriegszeit geführt hatte, glaubte vor allem an eine besondere Mission seines eigenen Landes: »Ohne Größe kann Frankreich nicht Frankreich sein«. Da er vermutete, dass die anderen Staaten des Erdteils eine ähnliche mystische Bestimmung umtrieb, postulierte er ein »Europa der Vaterländer«, in dem unabhängige Nationen freiwillig kooperieren würden. Die Zweiteilung des Kontinents hielt er für eine historische Verirrung. Folglich ging er daran, ein einiges Europa zu schaffen, in dem Frankreich den Westen und Russland den Osten führen sollte, während Deutschland, sicher eingehegt, zwischen beiden läge. Immer noch kränkte ihn, dass seine *France-libre*-Bewegung im Zweiten Weltkrieg nicht als das legitime Frankreich anerkannt worden war; deshalb misstraute er den Briten und wollte die Amerikaner aus Europa entfernen. Aus diesem Grund verließ Frankreich 1966 offiziell das integrierte Kommando der NATO, weshalb der Nordatlantikpakt sein Hauptquartier von Paris nach Brüssel verlegen musste. Zudem begann das Land seine eigene nukleare Abschreckungsstreitmacht aufzubauen, die *force de frappe*.[14]

Die Bundesrepublik Deutschland fiel ins andere Extrem einer übertriebenen Konformität, denn sie litt immer noch unter einem »Musterknabensyndrom«. Kanzler Adenauer verstand die USA zwar nicht wirklich, wohl aber begriff er, dass politische Kooperation und wirtschaftlicher Handel mit Washington unerlässlich waren, um sich den amerikanischen Verteidigungsschutz zu sichern. Da allerdings die Bundeswehr den Hauptteil der Infanterietruppen für die westliche Allianz stellte, wollten deutsche Verteidigungsexperten gern mehr Einfluss auf die strategischen Planungen der NATO haben. Manche Politiker wie der unberechenbare Bayer Franz Josef Strauß liebäugelten sogar mit der Idee, der BRD den Zugriff auf Nuklearwaffen zu verschaffen. Bonn aber unterschrieb dann doch lieber den Atomwaffensperrvertrag und verließ sich auf den amerikanischen Nuklearschirm. Andere Konservative setzten große Hoffnungen in die deutsch-französische Freundschaft, besonders nach dem Abschluss des Élysée-Vertrags 1963. Ihre Idee, einen deutschen Gaullismus zu entwickeln, blieb jedoch ein Wunschtraum, weil das französische Abschreckungspotenzial zu schwach war, um hinreichend Schutz zu bieten.[15] Adenauers Nachfolger Erhard, Kiesinger und Brandt glaubten fest an die westliche Allianz – obwohl auch sie bei ihren Verbündeten mehr Gehör einforderten.

Obwohl ihre Kriegsführung in Vietnam zunehmend kritisiert wurde, gelang es den Vereinigten Staaten, ihren Anspruch auf westliche Führerschaft zu behaupten und doch die Wünsche der Europäer nach mehr Mitsprache in der Allianz zu berücksichtigen. Zu Europa gehörten ja auch die Briten, die einiges mit Washington verband: die Waffenbrüderschaft im Zweiten Weltkrieg, gemeinsame Kultur und ähnliche Sichtweisen. Dankbar für den amerikanischen Nuklearschirm waren auch die kleineren europäischen Nationen, selbst wenn die eine oder andere von ihnen, etwa Schweden und Österreich, formal die Neutralität wählten. Trotzdem ernteten die USA mehr und mehr mediale Kritik für ihren Krieg gegen die Aufständischen in Südostasien, die auch die westlichen Intellektuellen zunehmend Amerika entfremdete und eine weltweite Protestbewegung innerhalb der jüngeren Generation in Gang setzte. Inzwischen offenbarten nicht nur Textreportagen, sondern auch drastische Bilder, mit welcher Brutalität der Westen seine von ihm selbst proklamierten Ideale schändete. Den Vereinigten Staaten wiederum wurde zunehmend bewusst, wie sehr sie den Alten

Kontinent brauchten, weshalb sie von der Bipolarität zum Polyzentrismus übergingen. Der Realist Henry Kissinger beriet sich mittlerweile mit den europäischen Regierungen so oft, dass sie sich einbezogen fühlten.[16] Auf der Grundlage gemeinsamer Werte und freiwillig eingegangener Bindungen erwies sich die transatlantische Beziehung als stark genug, auch zeitweiligen Belastungen standzuhalten.

Seltsamerweise hatte die Sowjetunion mehr Probleme mit ihren Verbündeten, da sie auf ideologischer Uniformität bestand und mit handfesteren Methoden ihre Dominanz durchsetzte. Der Titoismus war ihr ein besonderes Ärgernis. Stalin brandmarkte ihn als eine gefährliche Abweichung von der Orthodoxie, versuchte Jugoslawien doch, einen eigenen Weg zum Sozialismus zu finden. Jener Ismus war benannt nach »Tito«, dem *nom de guerre* des charismatischen Partisanenführers Josip Broz, der es gegen Ende des Zweiten Weltkriegs geschafft hatte, in Belgrad die Macht zu ergreifen. Die disparaten und einander nicht immer gewogenen Provinzen des Ex-Königreiches Jugoslawien hatte er unter der Parole »Brüderlichkeit und Einheit« in einem Staat zusammengebracht. Auch Tito herrschte diktatorisch, aber sein Jugoslawien erlaubte Arbeiterselbstverwaltung in den Fabriken, ließ kleinere private Unternehmen zu und öffnete sich dem westlichen Tourismus, der unverzichtbar schien, um harte Devisen ins Land zu holen. Stalin und seine Nachfolger betrachteten den Titoismus nicht deshalb als Bedrohung, weil er sich an ideologischen Innovationen versuchte, sondern weil sein Wille zur Unabhängigkeit die russische Kontrolle über die internationale kommunistische Bewegung in Frage stellte. Nachdem er 1948 aus der Kominform ausgeschlossen worden war, wurde Tito eine der wichtigsten Führungsfiguren innerhalb der Bewegung der »blockfreien Staaten«, die sich dem Sog der Bipolarität entziehen wollten.[17]

Ein weiterer Einzelgänger des Ostblocks war Rumäniens brutaler Diktator Nicolae Ceaușescu, der eine unabhängige, nationalistische Außenpolitik verfolgte und seit 1965 an der Macht war. Er unterdrückte nicht nur seine prorussischen Konkurrenten, sondern führte auch eine harte Zensur ein, die streng über Künstler und Intellektuelle wachte. Als Parteiführer und Präsident baute Ceaușescu einen extensiven Personenkult um sich selbst sowie seine Gattin auf, in dem er die Rolle eines populistischen Modernisierers spielte. Der Westen begegnete ihm nicht unfreundlich, sondern bewunderte ihn gar wegen seiner Distanz zu Moskau. Beispielsweise beteiligte sich sein Rumänien nicht mehr aktiv an den Unternehmungen des Warschauer Pakts, auch nicht an dessen Einmarsch in die Tschechoslowakei, den Ceaușescu verurteilte. Nachdem er aus westlichen Ländern Kredite in der Höhe von über 13 Milliarden Dollar erhalten hatte, sah er sich zu drastischen Anstrengungen gezwungen, diese zurückzuzahlen. Dafür aber musste er den rumänischen Lebensstandard so weit senken, dass den Bürgern in den 1980ern gerade genug blieb, um nicht zu verhungern. Immer auf der Suche nach Unterstützung gegen Russland innerhalb des sozialistischen Lagers, knüpfte Ceaușescu auch engere Bande zu China und Nordkorea, deren revolutionären Radikalismus er imitierte. Der Westen umwarb ihn gleichwohl, hoffte er doch, so im Sowjetblock Differenzen zu säen. Dabei überschätzte er allerdings Ceaușescus Bedeutsamkeit bei weitem.[18]

Der wachsende chinesisch-sowjetische Zwist erschütterte die ideologische Einheit der kommunistischen Bewegung und wirkte sich auf die geopolitischen Ausrichtungen aus. Während des Bürgerkriegs hatten die sowjetischen Kommunisten den chinesischen Genossen noch großzügig geholfen, indem sie Waffen und Berater lieferten, auch wenn Mao bereits in Theorie und Praxis vom klassischen Marxismus-Leninismus abgewichen war; seine Variante rückte eine »bäuerliche Revolution« in den Mittelpunkt. Im Laufe des Koreakriegs vertieften beide Seiten ihre ökonomische und militärische Kooperation; man teilte auch einige militärische Geheimnisse. Zwar ärgerte die Oberen der KPCh bereits, dass Russland die Leistungen der Chinesen, wie sie meinten, nicht genügend würdigte, aber noch erkannten sie Moskaus Führung an. Ende der 1950er jedoch begann eine Spaltung: Die Sowjets entwickelten ein Interesse an stabilen Beziehungen zum Westen, während Mao sich radikalisierte und politische Unternehmungen wie den »Großen Sprung nach vorn« sowie die »Kulturrevolution« initiierte, die desaströse Folgen zeitigten. In den frühen 1960ern steigerte sich die Meinungsverschiedenheit zum offenen Bruch. Die Chinesen beschimpften die Russen als »revisionistische Verräter«, während die Sowjets den Maoismus als linksextremes Sektierertum brandmarkten. Ende der 1960er erreichte die Feindseligkeit zwischen Moskau und Peking eine solche Heftigkeit, dass sie einen niemals offiziell erklärten Grenzkrieg entlang des Ussuri-Flusses auslöste.[19]

Die Versuche bestimmter europäischer Staatsführer während der 1960er Jahre, ihre Unabhängigkeit zu behaupten, konnten die bipolare Struktur der Konfrontation zwischen den Supermächten nicht aufbrechen. Bei aller antiamerikanischen Rhetorik war de Gaulle vorsichtig genug, nicht alle Bande zur Westallianz zu durchtrennen, denn letztlich blieb er ja ebenfalls auf den amerikanischen Nuklearschirm angewiesen. Der Vietnamkrieg brachte die Verbündeten ebenfalls nicht auseinander, mochten die Linke und die Jugend in Europa ihn auch lautstark als imperialistische Intervention anprangern – die Regierungen dort blieben bei ihrer amerikasolidarischen Linie, zu der sich die kontinentalen Eliten durch die Mitgliedschaft ihrer Länder in NATO und EG verpflichtet sahen. Der Sowjetunion wiederum bereiteten Dissidenten in Polen, der Tschechoslowakei und Ungarn mehr Schwierigkeiten als die Mätzchen eines Tito oder Ceaușescu. Sehr wohl eine Änderung im internationalen Kräftefeld bewirkte jedoch der Zusammenbruch der sowjetisch-chinesischen Allianz. Er schuf eine neue geopolitische Situation, deren Multipolarität mehr diplomatischen Manövrierraum eröffnete. Einer der Ersten, die diese Chance erkannten, war Präsident Richard Nixon.[20] Obwohl die Bemühungen einzelner europäischer Staaten um einen gewissen Grad an Unabhängigkeit ziemlich erfolglos blieben, setzten sie doch ein Zeichen, dass die polarisierten Nationen weiterhin versuchten, die Kontrolle über ihr eigenes Schicksal zurückzugewinnen.

Deutsche Ostpolitik

Die Umkehr der westdeutschen Politik gegenüber dem Osten, der Schwenk vom Revisionismus hin zum Versöhnungskurs, war eine große Hilfe bei den Anstrengungen, die Ost-West-Spannungen in Europa abzubauen. Da die Supermächte und die unmittelbaren Nachbarn gleichermaßen ein Interesse daran hatten, dass Deutschland geteilt blieb, war es nur logisch, dass die Initiative, die Teilung des Kontinents zu beenden, aus Bonn kommen musste. Zu diesem Zweck galt es, den eingefleischten, eher emotional denn rational gesteuerten Antikommunismus, wie er sich etwa in der Hallstein-Doktrin offenbarte, hinter sich zu lassen; auch konnte man jetzt nicht länger das Ziel verfolgen, Deutschland in den Grenzen von 1937 wiederherzustellen. Das fiel der Bundesrepublik nicht leicht, zumal Millionen aus Osteuropa Vertriebene alle Hoffnung fahren lassen mussten, je wieder in ihre alten Heimatländer zurückkehren zu können. Das neue demokratische Deutschland wollte dadurch, dass es auf die Ostprovinzen des Deutschen Reiches verzichtete, fortdauernde Feindseligkeiten lindern. Eigentlich passte dieser Versuch nahtlos in die vom Westen damals allgemein und einstimmig vertretenen Bestrebungen, das Verhältnis zum Sowjetblock zu entspannen. Und doch blieb Washington misstrauisch, denn zum ersten Mal betrieb Bonn eine unabhängige Außenpolitik.[21] Seine Strategie verfolgte das Fernziel, die Spaltung Deutschlands und Europas zu beenden, und zwar ausgerechnet, indem man erst einmal die durch sie entstandenen Grenzen innerhalb des Kontinents stabilisierte. Auf kurze Sicht mochte dieses Unterfangen der Ostpolitik paradox erscheinen, und tatsächlich hatten viele Konservative anfangs große Mühe, sie zu verstehen.

Schlüsselfigur dieses Wandels war der charismatische Sozialdemokrat Willy Brandt. Schon Ende der 1960er drängte er, damals noch als Außenminister der Großen Koalition, auf eine Änderung des Umgangs mit Osteuropa. 1913 als uneheliches Kind geboren, wurde er in der Weimarer Republik Sozialist. Er ergriff den Beruf des Journalisten und floh nach Skandinavien, von wo aus er seine publizistische Tätigkeit primär dem Kampf gegen Hitler widmete.

1946 kehrte er in die zerstörte Hauptstadt zurück, um bei der Demokratisierung des besiegten Landes Hilfe zu leisten. Eine ganze Generation jünger als Adenauer, lehnte er den katholischen Abendland-Konservatismus des BRD-Gründers ab, obwohl er als Sozialdemokrat auch den Kommunismus entschieden bekämpfte. Von 1957 bis 1966 war Brandt Regierender Bürgermeister des demokratischen Teils von Berlin, und in dieser Eigenschaft hatte er fast täglich Kontakt zur kommunistischen Gegenseite. Dabei konnte er viele Erfahrungen sammeln, die ihm ermöglichten, sowohl die Chancen als auch die Probleme einzuschätzen, die sich aus Verhandlungen mit den Sowjets und der ostdeutschen SED ergeben konnten. Definitiv zum Umdenken brachte ihn das Ausbleiben einer entschiedenen Reaktion der Amerikaner und Westdeutschlands auf den Bau der Berliner Mauer 1961. Dass beide es nicht vermochten, die Schließung des letzten Schlupflochs im Eisernen Vorhang zu verhindern, ließ ihn die Vergeblichkeit einer Politik erkennen, die sich in antikommunistischer Rhetorik erschöpfte. Entsprechend hielt er nach konstruktiveren Lösungen Ausschau.[22]

Kaum war er 1969 zum Bundeskanzler gewählt worden, initiierte der SPD-Führer eine neue Osteuropapolitik, die mehrere einander ergänzende Ziele verfolgte: Erstens sollte die bereits begonnene »Politik der kleinen Schritte« gegenüber der DDR fortgesetzt werden. Man wollte weitere Passierscheinvereinbarungen mit den östlichen Autoritäten erwirken, die das Alltagsleben der Hauptstadtbürger insofern erleichterten, als Westberliner nun ihre Verwandten und Bekannten im Ostteil besuchen durften. Zweitens brandmarkte man nicht mehr die bloße Existenz der DDR (nichts anderes hatte die Hallstein-Doktrin getan), sondern verhandelte mit deren Repräsentanten über die Lösung praktischer Probleme. Hinter dem sogenannten »Wandel durch Annäherung« steckte die Hoffnung, die harte Haltung der östlichen Führungsriegen dahingehend aufzuweichen, dass sie sich weniger bedroht fühlten, westliche Medien in ihre Länder ließen und ihren Bürgern mehr Freiheit zugestanden. Zumindest die ostdeutsche Regierungspartei SED erkannte die List hinter dieser scheinbar harmlosen Strategie und nannte sie »Aggression in Filzlatschen«. Obwohl sie auf einer schärferen »Abgrenzung« gegenüber dem Westen beharrte, konnte sie die Attraktivität der Konsumgesellschaft nicht neutralisieren. Drittens übernahm das demokratische Deutschland die Verantwortung für die Verbrechen des Nationalsozialismus und betrachtete den Verlust der ehemaligen deutschen Ostgebiete als deren logische Konsequenz, die daher hinzunehmen sei. Indem man sich dergestalt vom Revanchismus der Vertriebenen distanzierte, versuchte man die Nachbarn im Osten zu beruhigen. Diese besonders von Brandts Berater und Emissär Egon Bahr überzeugend vertretene Ostpolitik schlug eine neue Saite an, indem sie mutig die Nachkriegsrealitäten akzeptierte.[23]

Der Prozess der Versöhnung begann mit einem Nichtangriffskontrakt zwischen der Bundesrepublik und der Sowjetunion, dem »Moskauer Vertrag«, unterzeichnet im Kreml am 12. August 1970. Nachdem Moskau lange Zeit alle Versuche der BRD blockiert hatte, die Beziehungen zu den Satellitenstaaten der UdSSR zu verbessern, begann Willy Brandt direkte Verhandlungen mit den Sowjets, und zwar über einen inoffiziellen Kanal mit Hilfe von Egon Bahr. Die BRD schwor jedem Revisionismus und jedem Gebrauch von Gewalt zur Veränderung der Grenzen ab, um die Situation in Europa zu normalisieren. Das wichtigste Zugeständnis bestand in der Anerkennung der Oder-Neiße-Linie als Ostgrenze Deutschlands. Wörtlich hieß es in der Vereinbarung: Beide unterzeichnenden Seiten »verpflichten sich, die territoriale Integrität aller Staaten in Europa in ihren heutigen Grenzen uneingeschränkt zu achten«. Sechs Monate später wiederholte der »Warschauer Vertrag« diese Erklärung, setzte allerdings einen Vorbehalt hinzu: Die festgehaltenen Regelungen gälten einstweilen, bis ein künftiger Friedensvertrag endgültige Vereinbarungen treffe. In einer überraschenden Geste der Reue kniete Willy Brandt dann während seines Staatsbesuchs in Polen am 7. Dezember 1970 vor dem Denkmal für die Aufständischen des Warschauer Ghettos nieder, um der deutschen Scham Ausdruck zu verleihen.[24] Auch wenn die BRD in einem Begleitdokument, dem »Brief zur deutschen Einheit«, ihre Meinung betonte, das in den Verträgen Vereinbarte stehe einer friedlichen Wiedervereinigung Deutschlands nicht entgegen, beschwichtigten die gegebenen Versprechungen die Angst vor einer deutschen Aggression in Osteuropa – eine Angst, die Nationalisten jener Länder dazu verleitet hatte, sich hinter ihre kommunistischen Herren zu stellen.

Der nächste Schritt war das »Viermächteabkommen über Berlin«, unterzeichnet am 3. September 1971, das der Stadt den Status als ständiger internationaler Krisenherd nahm. Der Text stellte einen Kompromiss dar zwischen dem Wunsch des Westens, die Zukunft Westberlins zu sichern, und dem Begehren des Ostens, den östlichen Sektor Berlins als Hauptstadt der DDR zu etablieren. Um künftigen Streitigkeiten vorzubeugen, bestätigte das Dokument in Grundzügen die bereits existierenden Rechte und Verantwortlichkeiten der vier Weltkriegssieger. Russland versprach, nie wieder zum Mittel der Blockade zu greifen; der »Transitverkehr« solle künftig »ohne Behinderungen« verlaufen. Ferner nahm die Ostseite hin, »dass die Bindungen zwischen den Westsektoren Berlins und der Bundesrepublik Deutschland aufrechterhalten und entwickelt werden«; damit war eine stärkere Integration Westberlins in den Westen bewilligt. Schließlich sollte mehr Verkehr zwischen Westberlin und der DDR ringsum ermöglicht werden. Die westliche Gegenleistung war die De-facto-Anerkennung Ostberlins als Territorium der DDR, wodurch Ostdeutschland künftig ganz offiziell von dort regiert werden konnte. Indem sie den Konfrontationen um die deutsche Hauptstadt, die 1948 und 1958 bedrohlich aufgeflammt waren, ein Ende setzte, garantierte diese Neubestätigung des rechtlichen Status quo den Fortbestand einer westlichen Insel in einem kommunistischen Meer.[25]

Der umstrittenste Teil der Ostpolitik war der »Grundlagenvertrag«, geschlossen zwischen den beiden deutschen Staaten am 21. Dezember 1972. Er erkannte die DDR de facto an, ließ die Tür für eine künftige Wiedervereinigung in der Zukunft aber offen. Einer der Kernsätze, auf die man sich nach langen Verhandlungen verständigte, lautete: »Die Bundesrepublik Deutschland und die Deutsche Demokratische Republik entwickeln normale gutnachbarliche Beziehungen zueinander auf der Grundlage der Gleichberechtigung.« Ganz im Ton der vorherigen Nichtangriffsverträge betonte das Dokument erneut die Unverletzlichkeit der Grenzen und den

Verzicht auf die Anwendung von Gewalt. Der Osten verpflichtete sich zur Regelung »humanitärer Fragen«, der Westen versprach »zum beiderseitigen Vorteil« die Entwicklung engerer Kooperation »auf dem Gebiet der Wirtschaft, der Wissenschaft und Technik, des Verkehrs, des Rechtsverkehrs, des Post- und Fernmeldewesens, des Gesundheitswesens, der Kultur, des Sports, des Umweltschutzes und auf anderen Gebieten«. Vollkonsulate sollte es zwar nicht geben, immerhin aber Ständige Vertretungen mit Sitz in der Hauptstadt des jeweils anderen Staates. Auch wenn die Vereinbarung eine Quasi-Anerkennung bedeutete, bestand die BRD in einem Begleitschreiben darauf, dass dieser Vertrag »nicht im Widerspruch zu dem politischen Ziel der Bundesrepublik Deutschland steht, auf einen Zustand des Friedens in Europa hinzuwirken, in dem das deutsche Volk in freier Selbstbestimmung seine Einheit wiedererlangt«. Unter heftigen Protesten der CDU/CSU, die sich über die Perpetuierung der Teilung empörte, wurde der Grundlagenvertrag am 11. Mai 1973 mit der Mehrheit der SPD/FDP-Koalition angenommen. Letztere hatte rund ein Jahr zuvor wegen ihrer Ostpolitik fast die Macht verloren. Nur knapp gewann am 27. April 1972 Willy Brandt ein Misstrauensvotum, das die Opposition initiiert hatte – mit nur zwei Stimmen Mehrheit, die, wie man heute zu wissen glaubt, vom Staatssicherheitsdienst der DDR, der berüchtigten »Stasi«, gekauft worden waren.[26]

Der Abbau der Spannungen wurde auf der »Konferenz für Sicherheit und Zusammenarbeit in Europa« (KSZE) von Helsinki bekräftigt. Diese sollte die Entspannungspolitik trotz ungelöster ideologischer Meinungsverschiedenheiten institutionalisieren. Moskau verlangte die Anerkennung der Nachkriegsgrenzen und eine Intensivierung des Ost-West-Handels. Die Bundesrepublik war bereit, Zugeständnisse zu machen, damit die Chance einer späteren friedlichen Wiedervereinigung mit der DDR erhalten blieb. Washington und London zeigten sich skeptisch, ob bei solchen Beratungen etwas Gutes herauskommen konnte, sahen sich aber gezwungen mitzuspielen, um nicht zurückzubleiben. Die kleineren europäischen Länder freuten sich über die KSZE-Verhandlungen, die ihre Sicherheit zu verbessern versprachen, weshalb sie auch an parallelen Abrüstungsgesprächen in Wien teilnahmen. Nachdem die vielfältigen Interessen artikuliert worden waren, entstand ein komplexes Bündel an Kompromissen, mit dem, wie viele meinten, besonders Breschnew zufrieden sein konnte – jedenfalls äußerten kalte Krieger im Westen gleich nach Ende der Treffen diesen Einwand. Doch die Antikommunisten unterschätzten die explosive Kraft, die von der Festschreibung der Menschenrechte ausging und dem Dissidentenprotest im Osten eine Plattform gab.[27] Somit trug die Erklärung von Helsinki dazu bei, dass aus erbitterter Konfrontation mehr kooperativer Wettbewerb zwischen den Systemen wurde.

Die positive Auswirkung der Ostpolitik wird leicht übersehen, denn sie beruhte eher auf sanften Strategien denn auf harscher Rhetorik. Einige der schmerzlichen Zugeständnisse, die Bonn in Europas Namen machte, entfalteten ihren Nutzen ziemlich rasch: Die Bitten um Entschuldigung für die Nazi-Verbrechen demonstrierten die erfolgreiche Rezivilisierung der Deutschen. Die Akzeptanz der Nachkriegsgrenzen beruhigte die jetzigen Bewohner der ehemals deutschen Gebiete, die keinen territorialen Revanchismus mehr fürchten mussten. Die De-facto-Anerkennung der kommunistischen Herrschaft wiederum machte einen pragmatischen Modus vivendi möglich, der das Leben der Menschen hinter dem Eisernen Vorhang erleichterte. Der langfristige Nutzen der Versöhnung mit dem Osten war, wie sich herausstellte, sogar ein noch größerer. Die aufrichtige Reue der Deutschen beraubte die Kommunisten des Arguments, Bonn habe Revanche im Sinn. Das Mehr an Handel und Kommunikation ließ die westliche Konsumgesellschaft attraktiver erscheinen. Zu guter Letzt sorgte das Beharren auf den individuellen Menschenrechten dafür, dass sich eine innere Opposition innerhalb der und gegen die staatssozialistischen Regime entwickeln konnte.[28] Indem der Schwenk von der Konfrontation zur Entspannung eine friedliche westliche Moderne vorführte, beschleunigte er den Zerfall der Sowjetdiktaturen.

Ein zweiter Kalter Krieg

Leider verflog die Euphorie der KSZE-Kooperation bald wieder in der Hitze neuerlicher ideologischer Konfrontation, die von vielfältigen Konflikten in der Dritten Welt herrührte. Im ersten Stadium des Kalten Krieges hatten die Vereinigten Staaten und die Sowjetunion gemerkt, dass einen heißen Krieg in Europa auszufechten für sie zu gefährlich war: Russland hatte es nicht weit zum potenziellen Schlachtfeld, und Amerika hielt fleißig seine Nuklearwaffen im Anschlag. Aber in den postkolonialen Ländern waren die beiden Staaten »geradezu verkeilt in eine Auseinandersetzung um die richtige Vorstellung von europäischer Moderne«. Jede Seite wollte beweisen, dass ihre Variante – demokratischer Kapitalismus hier, egalitärer Kommunismus dort – der bessere Weg zur Modernisierung sei. Da die Regime der Entwicklungsstaaten gewöhnlich schwach waren und fremde Hilfe brauchten, versuchten beide Parteien in der Dritten Welt einander auszustechen – durch mitreißende ideologische Appelle, materielle Unterstützung und militärischen Beistand.[29] Die daraus folgenden lokalen Erhebungen, Aufstandsbekämpfungen und Stellvertreterkriege schadeten der Entspannung zwischen den Supermächten und brachten einige Europäer in den Konflikt zurück – die einen als ehemalige Kolonialherren, andere als revolutionäre Berater.

Obwohl die Ost-West-Beziehungen sich bereits vorher verschlechtert hatten, besiegelte die sowjetische Invasion in Afghanistan endgültig das Schicksal der Entspannungspolitik. Jimmy Carter und Leonid Breschnew stritten sich schon länger über Konflikte in Afrika und über Menschenrechtsfragen. Aber als die Russen mit eigenen Truppen einrückten, um ein schwaches kommunistisches Regime zu stützen, das in Kabul die Macht ergriffen hatte und von internen persönlichen Intrigen zerrissen war, verwandelte sich steigende Spannung in offene Feindseligkeit. Im Dezember 1979 besetzte die sowjetische Armee rasch die Hauptstadt, andere größere Städte sowie die Verbindungsstraßen und installierte ein Marionettenregime. Aber die Aktion erregte einen Sturm internationaler Kritik und fand bei der afghanischen Bevölkerung nicht genügend Rückhalt. Stattdessen sahen sich die Sowjets einem hartnäckigen Guerillawiderstand gegenüber, der bald zu einer ausgewachsenen islamistischen Erhebung anschwoll. Präsident Carter, den sein Sicherheitsberater Zbigniew Brzezinski zu energischem Handeln drängte, ordnete eine massive verdeckte Operation an, bei der die rebellierenden Mudschaheddin via Pakistan Waffen erhielten. Obwohl die Supermächte nicht direkt miteinander kämpften, wurde der unbesiegbare Aufstand das Vietnam der Sowjets.[30]

Der NATO-Doppelbeschluss steigerte die Ost-West-Spannungen noch mehr, denn er dehnte das Wettrüsten auf mit Atomsprengköpfen bestückte Mittelstreckenraketen aus. Die mobilen und treffgenauen SS-20-Raketen der Russen und ihre wachsende Zahl machten den führenden europäischen Staatsmännern Sorgen, denn sie befürchteten einen kommunistischen Vorsprung in einer Waffenkategorie, die durch die SALT-Vereinbarungen nicht abgedeckt war. Den deutschen Kanzler Helmut Schmidt beunruhigte »die Lücke im Spektrum der dem Bündnis zur Verfügung stehenden nuklearen Reaktionen«, da jede russische Attacke, egal auf welcher Ebene, nur mit dem Abfeuern US-amerikanischer Interkontinentalraketen beantwortet werden könne. Schmidt selbst bevorzugte eigentlich die sogenannte »Nulllösung« – die Beseitigung aller Raketen dieser Art, der amerikanischen wie der sowjetischen –, aber einstweilen befürwortete er eine Modernisierung der westlichen Mittelstreckenflugkörper. Die NATO-Minister betonten nochmals ihre Beunruhigung angesichts der »Überlegenheit« des Ostens »bei den nuklearen Mittelstreckensystemen« und beschlossen im Dezember 1979, 108 Pershing-II-Raketen und 464 landgestützte Cruise Missiles in Europa zu stationieren. Da sie aber sowjetische Ängste sehr wohl ernst nahmen, boten sie dem Konfliktpartner gleichzeitig an, sämtliche westlichen Waffensysteme dieses Typs zu zerstören – wenn der Osten mit den seinen das gleiche tue.[31] Als Moskau diesbezügliche Gespräche verweigerte, folgte ein Nervenkrieg, in dem jede Seite der anderen vorwarf, die Eskalation weiterzutreiben.

Die grassierende Furcht vor dem Atomkrieg mobilisierte eine eindrucksvolle Friedensbewegung in Europa, die die Entscheidung der NATO scharf als »verhängnisvollen Fehler« kritisierte; man solle doch zur »ursprüngliche[n] Absicht der Entspannung« zurückkehren. Die Aktivisten nahmen die Stationierung der sowjetischen SS-20 als gegeben hin, versuchten aber, wenigstens die Aufstellung der NATO-Mittelstreckenraketen zu stoppen, und forderten den sofortigen Beginn ernsthafter Abrüstungsverhandlungen. Auch der deutsche Zweig der Bewegung wuchs spontan von unten, in dem Intellektuelle wie Heinrich Böll, Geistliche wie Helmut Gollwitzer, Grünen-PolitikerInnen wie Petra Kelly, linke Gewerkschafter und kommunistische, vom Osten bezahlte Frontorganisationen aufeinandertrafen. Ihren Höhepunkt erlebten die Proteste 1981 bis 1983; zu Berühmtheit gelangten das »Women's Peace Camp« im südenglischen Greenham Common und Massendemonstrationen mit 300 000 bis 500 000 Teilnehmern in Amsterdam, Bonn, Brüssel und Rom. Zwar ging im Vereinigten Königreich und in der Bundesrepublik die Aufstellung der Raketen unvermindert weiter, doch diese gewaltige Mobilisierung für den Frieden tat, indem sie populäre Ängste dramatisch veranschaulichte, das Ihre dazu, den zweiten Kalten Krieg im Rahmen zu halten.[32]

Die politische Klasse Amerikas motivierte die Lage keineswegs zu Verhandlungen. Stattdessen trieb die neuerliche Konfrontation die Welt einmal mehr an den Rand eines Nuklearkriegs. In Washington setzten die Wähler mit Ronald Reagan einen ehemaligen Filmschauspieler und früheren Gouverneur von Kalifornien auf den Präsidentenstuhl, der nur geringe Kenntnisse in Sachen Außenpolitik besaß und mehr daran interessiert war, antikommunistische Reden zu halten, als daran, sich mit mühseliger politischer Detailarbeit abzugeben. Einige seiner führenden Assistenten, darunter Caspar Weinberger und Richard Perle, waren Hardliner, die allein schon das Wort Entspannungspolitik hassten, weil Henry Kissinger es so oft benutzt hatte. In Moskau war der alternde Alkoholiker Leonid Breschnew seinen Dienstgeschäften immer weniger gewachsen; seine Nachfolger Juri Andropow und Konstantin Tschernenko, beide ebenfalls schon sehr betagt, amtierten krankheitsbedingt nur kurz – keine gute Zeit für Verhandlungen und Kompromisse. Fehler und Irrtümer in den Sicherheitssystemen gefährdeten 1983 den Frieden zusätzlich: Der grundlose Abschuss des Korea-Air-Lines-Flugs 007 durch sowjetische Jäger sorgte für helle Empörung in Washington. Moskau wiederum missdeutete das provokante NATO-Manöver »Able Archer« als Vorbereitung eines atomaren Erstschlags und versetzte seine Streitkräfte in höchste Alarmbereitschaft.[33] Ein paar Besonnene gab es bei den Militärs immerhin: Als der sowjetische Radar fälschlicherweise einen amerikanischen Raketenstart meldete, weigerte sich Oberstleutnant Stanislaw Petrow glücklicherweise, ohne Gewissheit einen Gegenschlag auszulösen, und der Erde blieb die Einäscherung erspart.

Da ihn anscheinend niemand stoppen konnte, ging der Rüstungswettlauf verstärkt weiter. Die nächste Runde begann mit einer neuen Generation von Waffensystemen, darunter das schlecht durchdachte SDI-Projekt im Rahmen der »Star-Wars«-Initiative. Als die Sowjets immer mehr Sprengköpfe bauten und neue Raketen entwickelten, verlangten die Hardliner in der Reagan-Administration, die nur Außenminister George Shultz gelegentlich etwas bremste, nachdrücklich ein massives Aufrüstungsprogramm mit MX-Missiles und B-1-Bombern. MX-Raketen hatten aber den Nachteil, dass ihre Silos von Flugkörpern attackiert werden konnten, und eine wirksame Gegenmaßnahme fehlte bislang. Als Reagan während eines Briefings einen seiner Berater sagen hörte, es sei vielleicht besser, eine Abwehr zu besitzen, die »unser Volk schützen und nicht nur rächen« könne, setzte er sich in den Kopf, ein Anti-Raketen-Verteidigungssystem bauen zu lassen, das den Weltraum als Aktionsfeld einbezog: Dort sollten Satelliten kreisen, die den Sprengkopf einer auf ein Silo zielenden Rakete mit Laserstrahlen zerstören konnten – daher der makabre Spitzname der Initiative, »Star Wars« (nach dem bekannten Science-Fiction-Spielfilm *Krieg der Sterne*). Die Führer der westeuropäischen Staaten waren entsetzt angesichts dieser »Strategic Defense Initiative« (SDI), denn das Programm warf Jahrzehnte gemeinsamen Abschreckungsdenkens über den Haufen. Nicht nur war nun wieder eine Erstschlagmöglichkeit gegeben, das System koppelte auch die Sicherheit Amerikas von der Westeuropas ab. Osteuropa wiederum fühlte sich bedroht und reagierte zornig. Generalsekretär Andropow warnte: »Washingtons Aktionen setzen die ganze Welt aufs Spiel«.[34]

Da sie die Errungenschaften der Entspannungspolitik zu bewahren hofften, reagierten Europas Staatenlenker mit wachsendem Unbehagen auf das amerikanische Säbelrasseln. Die Friedensbewegung machte ohnehin mit Vorliebe den Starrsinn der USA verantwortlich für den Mangel an substanziellen Fortschritten bei den seit 1982 abgehaltenen »Strategic Arms Reduction Talks« (START). Vor allem Frankreichs Präsident François Mitterrand hielt Reagans antikommunistisches Gebaren für kontraproduktiv, zumal es ihm auch innenpolitisch schadete, denn er brauchte die Unterstützung seiner Eurokommunisten. Wenig Begeisterung für die SDI zeigte auch die britische Premierministerin Margaret Thatcher, die die technische Machbarkeit des Projekts bezweifelte. Da ihr auch die hohen Kosten missfielen, versuchte sie deutlich zu machen, dass man sich so viel nun auch wieder nicht von dem Vorhaben versprechen solle. Was Deutschland betraf, so glaubten die Bundeskanzler von Willy Brandt bis Helmut Kohl an eine »Verantwortungsgemeinschaft«, die ihre östlichen Vettern mit einschloss, denn ihnen war daran gelegen, den Dialog mit den osteuropäischen Führern aufrechtzuerhalten, namentlich mit Erich Honecker. Da sie in direkter Nähe zu ihren kommunistischen Nachbarn leben mussten, begannen die kontinentalen Politiker zu spüren, dass die Menschen diesseits und jenseits doch ein gemeinsames Schicksal verband. Entsprechend empfanden sie eine gemeinsame Verpflichtung, die Dinge zum Besseren zu wenden und die wachsende Feindseligkeit zwischen den Supermächten zu mäßigen.[35]

Während des zweiten Kalten Krieges spielten die Europäer also die Rolle des Entschärfers im strategischen Dreieck zwischen ihrem eigenen Kontinent und den beiden Supermächten. Dank der Erklärung von Helsinki hatte die Zahl der kontinentalen Konflikte sich stark verringert, weshalb die Gründe für das Wiederaufleben der Konfrontation denn auch außerhalb lagen – es waren dies die Rivalität zwischen der USA und der UdSSR in der Dritten Welt sowie das Wettrüsten. Nach ihrem Rückzug aus den Imperien waren die Europäer der Verantwortung für ihre früheren Überseeterritorien ledig, sodass sie die ideologischen Konflikte nicht mehr direkt betrafen, die nun innerhalb der postkolonialen Länder tobten. Das Wettrüsten aber konnte ihnen nicht gleichgültig sein. Da sie fürchten mussten, unter einem dritten Weltkrieg am meisten zu leiden, zeigten sich die europäischen Regierungen und auch die europäische Öffentlichkeit lebhaft daran interessiert, dass es bei den Abrüstungsverhandlungen Fortschritte gab. Zwar fielen die ultimativen Entscheidungen immer noch in Moskau und Washington, aber die kontinentalen Staatsführer übten beträchtlichen Druck auf die Supermächte aus und hielten ihnen die Vorteile einer friedlichen Moderne vor Augen. Auch wenn die genaue Wirkung ihrer flehentlichen Beschwörungen schwer zu messen ist, trug die Vermittlung der Europäer jedenfalls dazu bei, dass der zweite Kalte Krieg nicht außer Kontrolle geriet.[36]

Zurück zur Entspannungspolitik

Dass es trotz aller Versuche keiner Seite gelang, in der Ost-West-Konfrontation die Oberhand zu gewinnen, führte in der zweiten Hälfte der 1980er schließlich dazu, dass man sich wieder der Entspannungspolitik zuwandte. Diese neuerliche Umkehr sollte den Kalten Krieg ein für alle Mal beenden. Langsam, aber sicher ernüchterten die einschlägigen Erfahrungen Moskau und Washington im Hinblick auf ihre Strategie in der »Dritten Welt«. Immer wieder hatte man sich bemüht, das Gleichgewicht der Kräfte zu verändern, indem man in Entwicklungsländern amerika- respektive sowjetfreundliche Regime installierte. Das Verfahren erwies sich aber als zu kostspielig und obendrein als unzuverlässig, denn manchmal wechselte ein Klientelstaat die Seiten, wie es etwa Ägypten tat. Außerdem dämmerte den amerikanischen und den sowjetischen Führungsriegen allmählich, wie vergeblich das Wettrüsten war: Das unausgesprochene Ziel der nuklearen Überlegenheit rückte, kaum erreicht, immer wieder in weitere Ferne. Derweil stieg die Zahl der eigenen Bürger, die bei einem atomaren Zweikampf wahrscheinlich getötet würden, ständig, bis die geschätzte Menge gar den

Großteil der eigenen Bevölkerung umfasste. Gleichzeitig bekundete die beeindruckende Stärke der Friedensbewegung auf dem Alten Kontinent den öffentlichen Widerwillen gegen den Ost-West-Konflikt, der die Oberhäupter der europäischen Staaten ermutigte, die Supermächte unter Druck zu setzen, damit sie sich nur ja zurückhielten. Feindseligkeit und Misstrauen saßen in beiden ideologischen Blöcken allerdings so tief, dass es fast ein halbes Jahrzehnt dauerte, sie zu überwinden.[37]

Nicht der kriegerische Geist Reagans, sondern seine überraschende Mäßigung legte schließlich den Grundstein für einen friedlichen Ausgleich mit der Sowjetunion. Mochten auch während seiner ersten Amtszeit die Falken die öffentliche Rhetorik dominieren – innerlich hegte der US-Präsident einen tiefen Abscheu gegen Atomwaffen und suchte nach Wegen, aus der Falle namens »wechselseitig zugesicherte Zerstörung« zu entkommen. Rüstungskontrollberater wie Paul Nitze und George Shultz vermochten ihn zunehmend mit dem Argument zu beeindrucken, dass, wenn bereits genügend Sprengköpfe und Raketen vorhanden seien, um die Erde in die Luft zu jagen, es sinnlos werde, weitere anzuhäufen. Am 16. Januar 1984 verkündete Reagan programmatisch: »Wir wollen mehr als Abschreckung; wir suchen echte Kooperation; wir suchen den Fortschritt zum Frieden.« Dies war ein Weckruf an die politische Klasse, keine Feindseligkeiten mehr zu pflegen, sondern wieder eine realistische Verständigung mit Moskau anzustreben. Amerika solle die Abrüstungsgespräche wiederaufnehmen, den Ton gegenüber dem Kreml ändern und die verbleibenden regionalen Konflikte in der Dritten Welt lösen helfen. Zwar schenkten die Medien dieser Botschaft kaum Aufmerksamkeit, da diese nicht zu dem öffentlichen Bild des Hardliners zu passen schien, das Reagan sich zuvor erworben hatte. Aber genau diese versöhnliche Agenda dominierte sein Handeln während seiner zweiten Amtszeit.[38]

Parallel dazu brachte der Amtsantritt Michail Gorbatschows eine jüngere Generation in den Kreml, mit der »neues politisches Denken« in die Innen- und Außenpolitik einfloss. Während die gesundheitlich angeschlagenen Breschnew, Andropow und Tschernenko Veränderungen abhold gewesen waren, verstand ihr Nachfolger die Notwendigkeit, die überall spürbare Stagnation zu überwinden. Der neue Generalsekretär war ein orthodoxer Leninist, der den Sozialismus retten wollte, indem er Chruschtschows innovatives Erbe so aufgriff, dass es sein volles Potenzial entfalten konnte. Daheim bedeutete dies, die Parteifunktionäre sowie die staatliche Bürokratie aus ihrer Lethargie zu wecken und Korruption zu bekämpfen. Besonders die durch das Wettrüsten so strapazierte Wirtschaft benötigte neue Energie, und Gorbatschow glaubte auch die Mittel dafür zu kennen: mehr Wettbewerb, Öffnung der eigenen Ökonomie zum internationalen Handel hin, Import moderner Technik. Waffen zu bauen, war nicht mehr das Gebot der Stunde, sondern die Konsumwünsche der Massen zu erfüllen. Die Hauptkonzepte dieses Programms ließen sich in zwei Schlagworte fassen: erstens *perestroika*, die »Umgestaltung« der sozioökonomischen Beziehungen und Verhältnisse hin zu mehr Flexibilität, zweitens *glasnost*, »Öffentlichkeit« – in ebender sollten Maßnahmen erörtert werden, auch um Fehler einzugestehen und abzustellen.[39] Diese umfassende Agenda brachte frischen Wind nach Russland.

Zum Programm gehörte ferner eine veränderte Betrachtung der internationalen Politik. Um die Sowjetunion allmählich aus ihrer Isolation herauszuführen, verabschiedete man sich von bestimmten Konzepten der stalinistischen Tradition, etwa der »Zwei-Lager-Theorie«. Verbesserte Beziehungen zum Westen würden hoffentlich auch die ökonomische Erholung erleichtern, die das Land, wie Gorbatschow wusste, dringend brauchte. Aber die Falken in der Reagan-Regierung machten die Versöhnung schwer, denn sie trauten dem neuen russischen Führer nicht und setzten ihre provokative Rhetorik fort. Daraufhin weigerten sich die Sowjets, Afghanistan zu verlassen, und erhöhten 1985 und 1986 ihre Militärausgaben sogar. Gorbatschow jedoch erinnerte sich nur zu gut an die Leiden des Volkes im Zweiten Weltkrieg. Er hasste die Atomwaffen, denn er fürchtete, dass, wenn es tatsächlich zu einem nuklearen Schlagabtausch käme, die ganze Erde verwüstet würde. Daher verkündete Russland ein einseitiges Moratorium für Waffentests und ging sogar so weit, eine generelle Abrüstung vorzuschlagen, zumindest die Beseitigung aller Atomwaffen; die Offerte wurde allerdings in

Washington nicht ernst genommen. Bei der Genfer Gipfelkonferenz im November 1985 vermochten Reagan und Gorbatschow sich nur auf die Feststellung zu verständigen, dass »ein Atomkrieg nicht gewonnen werden kann und daher nie stattfinden darf«; in allem anderen waren sie uneins.[40]

Enttäuscht über die mangelnden Fortschritte, drängten die westeuropäischen Führungsriegen auf eine Rückkehr zur Entspannungspolitik, während osteuropäische Dissidenten Europas Bevölkerung zu einen suchten. Ausgerechnet Premierministerin Thatcher, die stramme Antikommunistin, hatte ein gutes Verhältnis zu Gorbatschow. Sie ermutigte ihn, sein Programm zur Reform der Sowjetunion fortzuführen und auch in seinen Abrüstungsanstrengungen nicht nachzulassen. Präsident Mitterrand versuchte zwischen Moskau und Washington zu vermitteln, wobei er betonte, dass Reagan selbst weniger kriegsbegeistert sei als einige in seiner Entourage. Westdeutschlands Kanzler Kohl empfing, um die Bande zwischen den beiden Deutschlands zu festigen, SED-Generalsekretär Honecker zu einem formellen Staatsbesuch in Bonn. Willy Brandt und weitere führende Sozialdemokraten pflegten derweil inoffizielle Kontakte mit anderen Ostblockpolitikern. In Ungarn, der Tschechoslowakei und Polen wiederum belebten Intellektuelle die alte Idee von »Mitteleuropa« neu. Ihre Länder lägen doch im Herzen des Kontinents, und sie fühlten sich auch politisch wie kulturell eher mitteleuropäisch als osteuropäisch. Da sie aus diesem Grund auch die sowjetische Oberherrschaft loswerden wollten, suchten sie zivilgesellschaftliche Kontakte in den Westen.[41] Einander in der Wirkung verstärkend, verbesserten diese Bemühungen das Ost-West-Klima.

Das im Oktober 1986 folgende Gipfeltreffen von Reykjavik war diplomatisch ein Fehlschlag, initiierte aber doch eine Art mentales Tauwetter, das die starren Denkschemata des Kalten Krieges löste und künftige Vereinbarungen möglich machte. Bedauerlicherweise war das Treffen stark überschattet vom Reaktorunglück in Tschernobyl. Gorbatschow präsentierte eine Reihe radikaler unilateraler Vorschläge und bot an, die so heiß umstrittenen SS-20-Raketen zu verschrotten. Reagan glaubte allerdings inzwischen, er könne den

Sowjetführer dazu bewegen, sämtliche Nuklearwaffen aufzugeben, während Amerika weiter an seinem SDI-Programm arbeiten dürfe. Fünfzehn Stunden lang verhandelten die beiden Führer in der isländischen Hauptstadt zäh miteinander. Reagan offerierte, alle Interkontinentalraketen zu zerstören, und Gorbatschow bot an, alle nuklearen Sprengköpfe zu beseitigen. »Alle Atomwaffen? Aber Michail, davon rede ich doch die ganze Zeit«, hakte der US-Präsident nach. »Warum vereinbaren wir es dann nicht einfach?« entgegnete der Sowjetführer. Das verblüffende Übereinkommen wurde freilich bald wieder kassiert, weil Reagan darauf beharrte, dass Amerika sein Lieblingsprojekt »Star Wars« weiterentwickeln dürfe. Vielleicht war das Treffen in Reykjavik, wie George Shultz befand, »zu kühn für die Welt«, aber es startete immerhin den Schwenk hin zu einer erneuten Phase der Entspannung.[42]

Die allgemeine Verbesserung der internationalen Atmosphäre führte zum Abschluss mehrerer wichtiger Waffenbegrenzungsvereinbarungen. Das wachsende Vertrauen zwischen Washington und Moskau vereitelte die Bemühungen einiger Hardliner, den ABM-Vertrag so zu interpretieren, dass die Entwicklung der SDI doch nicht gegen ihn verstieße. Wichtiger noch: In Genf gelang die Aushandlung des »Intermediate-Range Nuclear Forces Treaty«, des INF-Vertrags, der sich an der früher schon erwogenen »Nulllösung« orientierte: Alle nuklear bestückten Flugkörper mit Reichweiten von 500 bis 5500 Kilometern sollten vernichtet werden. Obwohl diese ballistischen Waffen nur rund 4 Prozent des nuklearen Arsenals ausmachten, galt der Beschluss als ein »großer Erfolg«, denn er beruhigte die Europäer – schließlich waren jene Raketen auf sie gerichtet gewesen. Diese Vorschläge belebten auch die »Strategic Arms Reduction Talks« neu, in denen sämtliche Raketen- und Sprengkopfabwehrsysteme einbezogen wurden. In einem vorläufigen Abkommen einigten sich beide Seiten auf tiefere Einschnitte: 50 Prozent der Waffen ihrer Arsenale mussten weichen. Beispielsweise durften an Sprengköpfen nur noch 6000, an Trägersystemen nur noch 1600 übrig bleiben; die Reduktion betraf land-, see- und luftgestützte Raketen gleichermaßen. Da neue Erfindungen wie U-Boot-gestützte Cruise-Missiles die Gespräche komplizierten, kam es erst 1991 zu einem abschließenden Vertrag, dem »Strategic Arms Reduction Treaty« (START).[43]

Das Verdienst an der Beendigung des zweiten Kalten Kriegs gebührt also einer Kombination aus ungewöhnlichen Führungsfiguren und wagemutigen Politikentscheidungen. Die massive Aufstockung des US-Arsenals löste eine starke Verteuerung des Rüstungswettlaufs aus und verursachte daher erhebliche Kosten. Wesentlich für den Abbau der Spannungen zwischen den Supermächten war aber doch, dass Reagan neue Töne anschlug und von Konfrontation zur Kooperation überging. Obwohl sie keine Macht über die ultimativen Entscheidungen der Amerikaner hatten, warben europäische Politiker von Thatcher bis Kohl unermüdlich für eine Verständigung mit der Sowjetunion und drängten auf Waffenreduktionen. Aber auch dies hätte nicht genügt, wenn nicht eine neue Generation russischer Führer an die Macht gekommen wäre, wie sie Gorbatschow verkörperte. Erst diese Änderung sandte positive Signale in hinreichender Stärke, darunter den so lange geforderten Rückzug aus Afghanistan. Obwohl Gorbatschows Verweis auf ein »gemeinsames europäisches Haus« in mehreren Reden letztlich die Existenz der NATO in Frage stellte, zeigte er doch, dass beiderseits des Eisernen Vorhangs ein Interesse an Abrüstung bestand. Dank dem verbesserten Ost-West-Klima schuf das allmähliche Abweichen von der Breschnew-Doktrin auch in den Satellitenstaaten Raum für Reformversuche, was die Dissidenten ermutigte, sich zu äußern.[44] So kam es, dass die zweite Entspannungsphase den Kalten Krieg nicht nur einhegte, sondern effektiv beendete.

Nuklearer Frieden

Indem sie nicht weniger als das Überleben der Menschheit bedrohte, offenbarte die Entwicklung der Atombomben und der Interkontinentalraketen die negative Dynamik der Moderne. Der Bau von Kernspaltungs- und Kernfusionswaffen ermöglichte es, nie dagewesene Mengen destruktiver Energie freizusetzen, vor der weder Truppen noch Zivilisten wirksam geschützt werden konnten. Gleichzeitig lieferten ballistische Interkontinentalraketen ein Trägersystem, das in alle Ecken der Erde reichte und vor dem man sich nicht mehr verstecken konnte. Das Wettrüsten der Supermächte war zudem ein Prozess mit einer Eigendynamik: Ingenieure suchten einander durch clevere Innovationen zu übertreffen, während Militärstrategen sich bemühten, mehr Zerstörungswerkzeuge anzuhäufen als der Gegner, um der eigenen Seite die Erstschlagsfähigkeit zu verschaffen oder ihr wenigstens die Zweitschlagskapazität zu sichern. Entsetzt über dieses wachsende Arsenal, warnten Wissenschaftler davor, dass der Gebrauch dieser Waffen einen »atomaren Winter« zur Folge hätte, der unsere Welt für mehrere Generationen unbewohnbar machen würde.[45] Die optimistischen technischen Utopien aus den 1950ern verwandelten sich in die furchterregenden Dystopien aus den 1970ern.

Glücklicherweise gab es auf beiden Seiten des Eisernen Vorhangs das gemeinsame Interesse zu überleben, das auch den Anreiz zur Kooperation schuf; darin kam das wohltätige Potenzial der Moderne zur Geltung. Kommunistische Friedenspropaganda fand im Westen nur bei linken Minderheiten Anklang, da sie sich nicht mit der Militarisierung der östlichen Gesellschaft vertrug. Konstruktiver wirkte die westliche Betonung der Menschenrechte, die östlichen Dissidenten, wenn sie von politischer Repression bedroht waren, einen gewissen Schutz verschafften. Am lautesten beschwor den Frieden aber die Basisbewegung gegen die Atomwaffen, die in öffentlichen Kampagnen Abrüstung forderte, damit die Supermächte daran gehindert wurden, die Menschheit zu vernichten. Angeführt von Intellektuellen wie Alva Myrdal, trugen sie ihre engagierte Botschaft auch in die östlichen Satellitenstaaten. Daneben intensivierte die Zivilgesellschaft ihre internationalen Kontakte beständig – durch akademische Austauschprogramme, Handelsbeziehungen, Städtepartnerschaften und Sportwettkämpfe konnten Menschen sich treffen und die Ideen der jeweils anderen Seite kennenlernen. So entstand ein immer stärkeres Gefühl der Gemeinsamkeit, zumal man sich derselben Bedrohung gegenübersah. Dieses Empfinden der Zusammengehörigkeit motivierte die von ihm Bewegten, für einen Abbau der Feindseligkeiten einzutreten. Obwohl seine Wirkung schwer zu messen ist, trug dieser Dialog zumindest zur Verhinderung des Desasters bei.[46]

Während der zweiten Phase des Kalten Krieges nach 1961 wechselten sich Versöhnlichkeit und Konfrontation immer wieder zyklisch ab, sodass unklar blieb, welche Fasson der Moderne sich denn am Ende durchsetzen würde. Zwar versetzte die Kuba-Raketen-Krise Moskau und Washington gleichermaßen in Schrecken, zeigte sie doch, wie nahe man der Zerstörung der Welt kommen konnte. Dennoch ging das Wettrüsten weiter, denn keine Seite mochte eine atomare Parität hinnehmen. In Europa schuf das nukleare Gleichgewicht eine eigenartige Stabilität, indem er dem Kontinent strikt abgegrenzte Einflusssphären aufzwang. Dieser Zustand hielt den Westen genauso davon ab, dem Prager Frühling oder der polnischen Solidarność-Bewegung zu Hilfe zu eilen, wie er den Osten darauf verzichten ließ, in der portugiesischen Nelkenrevolution zu intervenieren. Nach der Helsinki-Deklaration verlegte sich die Konfrontation in Länder der Dritten Welt, die gerade mit ihrer Dekolonisation beschäftigt waren. Eine Reihe von Revolutionen und Repressionen führten zu blutigen Stellvertreterkriegen in Asien, Afrika und Lateinamerika, die wiederum zum Kollaps der Entspannungspolitik beitrugen. Aber wieder waren anschließend beide Seiten enttäuscht, denn die lokalen Kämpfe in Regionen wie Nicaragua oder Afghanistan erwiesen sich als kostspielig und unkontrollierbar. Erst nachdem es offensichtlich geworden war, dass weder sein Ausbau noch gegenseitiges Ausstechen funktionierte, konnte der zweite Kalte Krieg beendet werden.[47]

Letztlich haben beide Dimensionen der Moderne den friedlichen Ausgang des Ost-West-Konflikts mitgeprägt, indem sie eine Kombination aus Furcht und Hoffnung boten. Auf der negativen Seite stand etwa die Nichtgewinnbarkeit eines Atomkrieges, die am Ende die Verantwortlichen in Moskau und Washington doch überzeugte, dass ihr gemeinsames Interesse am Überleben schwerer wog als die potenzielle Ausbeute eines Erstschlages, denn der Aggressor hatte möglicherweise keine Gelegenheit mehr, sich der Früchte seines Sieges zu erfreuen. Gleichzeitig verdeutlichten die unbefriedigenden Ergebnisse der lokalen Konflikte in der Dritten Welt, die sich eben nicht alle in das Schema des Kalten Krieges pressen ließen, dass es weder der einen noch der anderen Supermacht je gelingen würde, das globale Gleichgewicht der Kräfte dauerhaft zu ihren Gunsten zu verlagern. Die Hoffnungsseite hingegen hatte durchaus Gewicht: Nach Helsinki wurden immer mehr Dialoge durch den Eisernen Vorhang hindurch geführt, was die steigenden Spannungen in Schach hielt. Dabei entdeckten Politik und Bürger, dass das gemeinsame Interesse zu überleben schwerer wog als das unbedingte Festhalten an propagandistischen Feindstereotypen. Gleich, welchem ideologischen Lager sie zugehörten, verstanden die europäischen Staatsführer schließlich, dass sie alle zusammen den Entspannungsprozess wiederbeleben mussten. Andernfalls wurden ihre Länder möglicherweise zum Schlachtfeld des Dritten Weltkrieges.[48]

In seiner Expertenaussage vor dem Komitee für Internationale Beziehungen des US-Senats verkündete im April 1989 der alte Russlandkenner George Kennan, mit dem Kalten Krieg sei nun endgültig Schluss. In Sorge angesichts der riesigen Bestände an Waffen auf der Welt erklärte er, große Teile gerade des atomaren Arsenals seien letztlich redundant: »Wegen ihrer übermäßigen Destruktivität und ihrer selbstmörderischen Wirkung sind diese Waffen eigentlich nutzlos, vom Standpunkt eines tatsächlichen Einsatzes in militärischen Kampfhandlungen her betrachtet.« Die seinerzeitigen, durch Gorbatschow initiierten Veränderungen kommentierte Kennan dahingehend, dass die Sowjetunion kein militärischer Gegner mehr sei: »Dieses Land sollte man jetzt im Wesentlichen als eine zweite Großmacht betrachten«, mit eigener Geschichte und eigenen Ambitionen, die »nicht krass genug in Gegensatz zu den unseren stehen, um die Annahme zu rechtfertigen, dass vielleicht zu erwartende Differenzen nicht mit den normalen Mitteln des Kompromisses und des Ausgleichs geregelt werden könnten.« Um den Gefahren entgegenzuwirken, die von diesen Waffen drohten, etwa durch Unfälle und unkontrollierte Verbreitung, sollte so bald wie möglich ein ordentlicher Vertrag zur nuklearen Abrüstung ausgehandelt und unterzeichnet werden.[49] Dieser weise Rat kam von einer jener Stimmen der Vernunft, die den Konflikt beschließen halfen und die Tür zu einer friedlicheren Zukunft öffneten.

Friedliche Revolution

Fall der Berliner Mauer, 1989

Es war der Abend des 9. November 1989 in Ostberlin. Zahlreiche Journalisten saßen im Internationalen Pressezentrum versammelt und lauschten gespannt, als ihnen Regierungssprecher Günter Schabowski eine sensationelle Entscheidung verkündete: Das Zentralkomitee der SED habe heute beschlossen, die DDR-Bürger dürften künftig ohne Formalitäten ausreisen und emigrieren. Befragt, wann diese Neuregelung in Kraft trete, antwortete der unzureichend informierte Schabowski fälschlich: »sofort, unverzüglich«. Als die ostdeutschen Bürger diese hochwillkommene Neuigkeit im Fernsehen hörten, strömten viele von ihnen, noch ganz ungläubig, zu den Grenzübergängen wie dem an der Bornholmer Straße und baten, nach Westberlin gelassen zu werden. Die Wachsoldaten versuchten verzweifelt, von ihren vorgesetzten Offizieren zu erfahren, wie sie reagieren sollten, doch die Herren lagen zu so später Stunde schon im Bett. Darum beschlossen sie nach einer Weile, der wachsenden Menge nachzugeben, und öffneten einfach die Tore. Kaum hatte sich die erste Bresche herumgesprochen, »tollten Hunderttausende Ostberliner durch die jetzt plötzlich poröse Mauer in einem nicht enden wollenden Feierzug« und gaben so ihrer unbändigen Freude Ausdruck. Kanzler Helmut Kohl versicherte den überfrohen Neuankömmlingen: »Wir stehen an eurer Seite. Wir sind und bleiben eine Nation. Und wir gehören zusammen.« Durch zufällige Fügung und durch Druck aus dem Volke hob sich der Eiserne Vorhang – und konnte nie wieder geschlossen werden.[1]

Der Mauerfall war das Ergebnis eines demokratischen Aufbruchs, der seit Ende der 1970er durch Osteuropa ging und in vielem dem »Völkerfrühling« von 1848 glich. Er begann in Polen, dem am wenigsten repressiven Satellitenstaat, als 1979 Danziger Werftarbeiter unter der Führung Lech Wałęsas eine unabhängige Gewerkschaft namens »Solidarność« gründeten, die auch durch zeitweilig verhängtes Kriegsrecht nicht zu bezwingen war. Knapp zehn Jahre später fanden ähnliche Phänomene in Ungarn statt; 1988 demonstrierten Hunderttausende Budapester Bürger für eine würdige Bestattung der Helden des Aufstands von 1956 – ein Protest gegen die kommunistische Repression, der die Anliegen der seinerzeit Gefallenen erneut artikulierte. Bald brachten Massenauswanderung und Massendemonstrationen auch die Diktatur der SED in Bedrängnis, denn gefordert wurde inzwischen nicht mehr nur Freiheit, sondern auch die Wiedervereinigung mit dem Westen. Begünstigt durch die sowjetische Passivität, setzte sich die Serie der Volksrebellionen in Prag fort, wo sie sich gegen das orthodoxe Husák-Regime richtete; dann wurden in Bulgarien Schiwkow und in Rumänien Ceauşescu gestürzt. Schließlich erreichte die Bewegung auch die Sowjetunion, als Nationalisten in den baltischen Staaten sowie der Ukraine Unabhängigkeit forderten und die Russen selbst sich vom Kommunismus abwandten.[2] Diese atemberaubende Revolte der Bevölkerungen sollte Europa fundamental neu definieren.

Für die Mittel- und Osteuropäer setzten die überraschenden Ereignisse von 1989/90 eine Zäsur, denn sie überwanden die seit dem Potsdamer Abkommen 1945 bestehende sowjetische Dominanz, die ein halbes Jahrhundert lang ihr Leben beherrscht hatte. Der demokratische Aufbruch beendete den Kalten Krieg, denn mit der Liquidation der Sowjetunion 1991 war der Protagonist des Ostens kollabiert, während der westliche Antagonist triumphierte. Mehr noch, der Mauerfall symbolisierte den Zusammenbruch aller kommunistischen Diktaturen des Kontinents, die seit 1945 die »gefangenen Nationen« unterdrückt hatten. Als sich der Eiserne Vorhang hob, war es endlich vorbei mit der Teilung Europas längs den Linien der militärischen Besatzung nach dem Zweiten Weltkrieg. Gleichzeitig erweckte der Zerfall des Sowjetblocks die Bestrebungen nach nationaler Unabhängigkeit zu neuem Leben, die sich ja unter der Decke der russischen Oberherrschaft kaum hatten entfalten können. Daneben bescherte die Volksbewegung der Osteuropäer ihren Ländern eine neue Chance, demokratische Institutionen und Marktwirtschaft zu etablieren, sodass sie freier und in größerem Wohlstand leben konnten. Und schließlich erlaubte die Entfernung der Stacheldrahtbarrieren dem Kontinent, seine Teilung zu überwinden, um nach und nach wieder zusammenzuwachsen.[3]

Überwältigt von der Geschwindigkeit und dem Ausmaß der

Veränderungen, fragen sich viele Beobachter bis heute, was in dem turbulenten Jahr 1989 denn eigentlich genau geschah. Linke Verschwörungstheoretiker geben einer geheimen Absprache zwischen den Supermächten die Schuld: Die korrupten Eliten des Ostens hätten das sozialistische Experiment preisgegeben, dafür habe ihnen der Westen die Möglichkeit verschafft, von den Privatisierungen zu profitieren. Konservative Analytiker, die wie so häufig eine Perspektive von oben einnehmen, betonen, der Kommunismus sei schlicht wegen seines armseligen Leistungsbildes, interner Selbstzweifel und der Unfähigkeit seiner Führung implodiert; als beispielhaft nennen sie die Illusionen, mit denen Gorbatschow an seine Reformen herangegangen sei. Liberale Kommentatoren heben stattdessen hervor, dass Widerstand von unten die Diktaturen sowjetischen Typs gestürzt habe; es sei also eine echte Revolution gewesen. Dissidenten, die an den Erhebungen selber teilgenommen haben, benutzen diesen Terminus aber höchst ungern, assoziieren sie ihn doch mit jakobinischem oder bolschewistischem Blutvergießen. Dabei ignorieren sie freilich, dass der Begriff »Revolution« keineswegs Gewalt voraussetzt, sondern definiert ist als ein »Versuch, die politischen Institutionen« eines Staates durch Massenmobilisation »umzugestalten«. Was den revolutionären Prozess des Jahres 1989 von anderen Rebellionen unterschied, war gerade sein gewaltloser Charakter, das Streben nach einem Umsturz durch Verhandeln statt durch blutigen Kampf. Inzwischen haben die meisten Kommentatoren die Bezeichnung »friedliche Revolution« für den Vorgang akzeptiert.[4]

Der Zusammenbruch des Kommunismus markierte die Niederlage des sozialistischen Modernisierungsprogramms im ideologischen Wettkampf mit seinem liberal-demokratischen Rivalen. Auf lange Sicht erwies sich die Diktatur des »real existierenden Sozialismus« als weniger attraktiv als die durch Demokratie und Kapitalismus gekennzeichnete »offene Gesellschaft«, weil diese die Wünsche der Bürger erfolgreicher erfüllte. Anfangs standen die Chancen des Kommunismus, den Streit zu gewinnen, keineswegs schlecht, da er der Ausbeutung des krisengeschüttelten Kapitalismus die Utopie einer gerechteren und stabileren sozialistischen Ordnung entgegenhalten konnte. Die Praxis des Marxismus-Leninismus jedoch enttäuschte die meisten seiner Unterstützer in Osteuropa wie in der Sowjetunion, denn er entpuppte sich als noch repressiver, dafür aber weniger produktiv als sein westlicher Konkurrent. An Attraktivität gewannen Kapitalismus und Demokratie namentlich, nachdem Liberale ein paar der eklatantesten Schwächen ihres eigenen Systems gemildert hatten, indem sie einen umfassenden Wohlfahrtsstaat einführten und Westeuropa zu einer integrierten Gemeinschaft formten. Da die Systemvergleiche aus eigener Anschauung – manche Bewohner der sozialistischen Länder durften ja reisen – generell zugunsten des Westens ausfielen, entschieden sich die Osteuropäer am Ende doch für die verlockendere demokratische Version der Moderne.[5]

Zerfall des Kommunismus

Der Zusammenbruch des Kommunismus kam recht überraschend, denn jahrzehntelang hatte das Sowjetsystem unbezwinglich gewirkt. Überzeugt davon, dass die Geschichte auf ihrer Seite sei, vertrauten die östlichen Diktatoren auf das, was Erich Honecker in seinem bekannten kinderreimartigen Spruch versprach: »Den Sozialismus in seinem Lauf hält weder Ochs noch Esel auf«. Wenn sie den massiven Militärparaden zuschauten, mit denen die Russen ihren Sieg über die Nazis feierten, waren sich auch ausländische Journalisten sicher, dass die sowjetische Armee jeden niederwerfen würde, der sie herausforderte. Einzelne westliche Intellektuelle wie Günter Grass meinten sogar schweren Herzens, die Teilung Europas sei eben der Preis, der für den Zweiten Weltkrieg gezahlt werden müsse, und die Bewahrung des Friedens hänge davon ab, dass sie fortbestehe. Zwar wiesen einige Kremlologen, die zwischen den Zeilen der Propaganda lesen konnten, auf Fehlentwicklungen hin wie etwa die Stagnation in der Planwirtschaft, den demografischen Rückgang oder die Unzufriedenheit der Jugend. Aber im Großen und Ganzen waren sich alle Sozialwissenschaftler gewiss, dass ein Ende der Sowjetunion und ihres Imperiums nicht absehbar sei. Bestenfalls könne man hoffen, dass die funktionale Logik einer fortgeschrittenen Industriegesellschaft die Repression ein wenig mildern werde.[6]

Hinter der beeindruckenden Fassade beeinträchtigte allerdings eine Reihe ungelöster Probleme nach und nach die Festigkeit des sowjetischen Bauwerks. Am schwersten wog der Verlust der ideologischen Gewissheit, des unbedingten Glaubens an die moralische Überlegenheit und praktische Umsetzbarkeit der sozialistischen Visionen. Ideologie spielte eine zentrale Rolle im Marxismus-Leninismus, denn das sozialtechnische Projekt, eine revolutionäre Moderne zu schaffen, hing ab von dem festen Vertrauen in seine ethische Autorität, wissenschaftliche Rationalität und historische Zwangsläufigkeit. Aber die wiederholten militärischen Interventionen – 1953, 1956, 1968 und 1981 – zeigten, dass das System unfähig war zur Selbsterneuerung: Jeder Versuch, den Sozialismus zu demokratisieren, wurde brutal unterdrückt. Konnte man den Einsatz von Panzern in Ostdeutschland und Ungarn noch mit der Abwehr einer Konterrevolution rechtfertigen, machte die spätere Niederwerfung des »Sozialismus mit menschlichem Antlitz« in Prag sowie der unabhängigen Gewerkschaft in Warschau den Anspruch der Kommunisten zunichte, im Namen der Arbeiterklasse zu handeln.[7] Solche schockierenden Erfahrungen ließen die Intellektuellen enttäuscht zurück, und der Sozialismus verlor seinen utopischen Glanz.

Ironischerweise hat ausgerechnet die umfassende Entspannungspolitik dazu beigetragen, die kommunistischen Diktaturen zu destabilisieren, nämlich indem sie ihnen den wichtigsten äußeren Feind wegnahm. Um seine fortgesetzte Militanz zu rechtfertigen, brauchte der Sozialismus einen »Klassenfeind« als Bedrohung, gegen die es die Einheit und Schlagkraft der Bewegung zu bewahren galt. In der sowjetischen Rhetorik war andauernd von Gegnern die Rede, die besiegt werden mussten, denn sie beruhte auf dem Bild tapferer Revolutionäre, die gegen innere und äußere Widersacher stritten. Die allmähliche Entspannung ließ den Kapitalismus weniger bedrohlich wirken, und so wandelte sich der Westen von einem Todfeind zu einem potenziellen Partner im Handel, bei sportlichen

Wettkämpfen und in der Wissenschaft. Und hatte man erst einmal zugegeben, dass beide Lager des Kalten Krieges das gemeinsame Interesse verband, den Frieden zu bewahren, war die Einsicht nicht mehr weit, dass der Ost-West-Dialog sich zu einer wirklichen Kooperation bei der Abrüstung sowie in anderen Bereichen entwickeln könnte. Dass Dissidenten nun die Möglichkeit hatten, sich öffentlich auf die Deklaration von Helsinki zu berufen, schuf auch im Inneren mehr Raum für Diskussionen. Die vermehrte Kommunikation über den Eisernen Vorhang hinweg, erleichtert durch die deutsche Ostpolitik, irritierte die kommunistischen Geheimdienste, denn sie ließ die scharfen Konturen des Bildes, das man sich vom äußeren Feind gemacht hatte, verschwimmen.[8]

Ein weiteres Strukturproblem war der Stillstand in den zentral gelenkten Planwirtschaften, denn deren enttäuschendes Leistungsbild strafte den Anspruch des Sozialismus Lügen, materielle Überlegenheit zu bieten. Zwar stieß die Propagandamaschinerie unablässig Statistiken aus, die allenthalben kräftiges Wachstum bilanzierten, das man ehrgeizigen Planzielen und innovativer Technik verdanke. Die Wirklichkeit allerdings sah ganz anders aus: eine verrottete Infrastruktur, veraltete Maschinen und Arbeiter, die am Einsatzort eher Aktivität vortäuschten. Ein Teil des Problems bestand im Vorrang der grundlegenden Investitionsgüter vor den Konsumprodukten, die die Menschen wirklich wollten. Ein anderer Faktor war die strukturelle Ineffizienz der Planwirtschaft, die mit ihrer Fixiertheit auf Produktionsziffern und ihrer künstlichen Preisbildung zusammenhing. Auch das Protegieren ineffizienter Produzenten gegen die internationale Konkurrenz führte zur Stagnation, zumal die mangelnde Konvertibilität der östlichen Währungen den internationalen Handel auf schwerfällige, umständliche Tauschgeschäfte reduzierte. Eine Weile kompensierten bestimmte Mitglieder des Sowjetblocks wie Polen und die DDR diese Unzulänglichkeit, indem sie im Westen Kredite aufnahmen – und hatten alsbald Mühe, ihre Auslandsschulden zu bedienen.[9] Man brauchte nur den engen Trabi mit dem komfortablen VW Golf zu vergleichen, um zu sehen, wie weit der Osten hinterherhinkte.

Diese Misslichkeiten führten dazu, dass sich gerade jene Gruppen vom Regime entfremdeten, die für die Stabilität des »real existierenden Sozialismus« unverzichtbar waren. Eine zentrale Rolle spielte die Enttäuschung der Arbeiterklasse, die doch eigentlich der Hauptnutznießer des Kommunismus sein sollte. Da repräsentative Meinungsumfragen weiter tabu blieben und Geheimdienstberichte auf dem Weg nach oben »geschönt« wurden, ist nachträglich schwer in Erfahrung zu bringen, was das Proletariat tatsächlich dachte. Man darf aber vermuten, dass der in den 1970ern aufgekommene politische Tauschhandel – steigender Lebensstandard gegen Loyalität zum System – immer schlechter funktionierte, weil die Planwirtschaft eben nicht hinreichend Konsumgüter lieferte. Anders als die offizielle Gleichheitsrhetorik suggerierte, hatte der Sozialismus, wie die Menschen in ihrem Alltag erfahren mussten, eine Schichtengesellschaft besonderer Art hervorgebracht: Ganz oben standen die Parteinomenklatura und die Besitzer westlicher Währung, in der Mitte die Arbeiter und Bauern sowie ganz unten die ehemalige Bourgeoisie und die praktizierenden Christen. So kam es, dass die Einstellung der Bürger zum Regime immer stärker von Zynismus geprägt war, der sich in sarkastischen Witzen wie diesem äußerte:

> Die Kommunisten versprachen, im Kommunismus werde es von allem mehr geben, und sie haben Wort gehalten: Die Parteitage sind größer, die Schlangen vor den Geschäften sind länger, es gibt zehnmal so viele Geheimpolizisten, und statt einem Deutschland gibt es zwei.[10]

Die zögerliche Liberalisierung infolge der Entspannungspolitik ermöglichte die Bildung einer Dissidentenbewegung im Ostblock, bestehend aus Individuen und Gruppen, die nach und nach zu einer ernstzunehmenden Opposition zusammenwuchsen. Angespornt durch Ängste vor der atomaren Vernichtung, begannen Unzufriedene wie der Entwickler der russischen Wasserstoffbombe, Andrei Sacharow, ihre Stimme in der Sowjetunion zu erheben und auf Abrüstung zu drängen. Um sich einen öffentlichen Raum zu schaffen, in dem die Parteizensur sie nicht behindern konnte, entwickelten sie eine Untergrundpresse, genannt »Samisdat«, die selbstgefertigte, meist per Hektografie vervielfältigte Publikationen in Umlauf brachte, von Flugblättern bis hin zu ganzen Zeitschriften. Die Kampfbereitschaft der Dissidenten griff auf Polen über, dessen katholische Kirche einen gewissen Schutz bot, den einige Protestler nutzten. Es formierten sich dort aber auch säkulare Gruppen, beispielsweise das von Intellektuellen wie Jacek Kuroń und Adam Michnik gegründete KOR, das widerspenstige Arbeiter unterstützte. In der Tschechoslowakei spielte die »Charta 77«, eine Gruppe von Intellektuellen um Václav Havel, eine wichtige Rolle. Sie verfolgte eine antipolitische Agenda, die sich die Wiederbelebung der Zivilgesellschaft zum Ziel setzte, während in Ostdeutschland enttäuschte Kommunisten wie Robert Havemann und Wolf Biermann die SED-Diktatur von einem sozialistischen Standpunkt her kritisierten.[11] Polizeiliche Repression brachte diese Dissidenten nicht zum Schweigen; sie beschleunigte eher die Radikalisierung ihrer Positionen. Von der Kritik an politischen Einzelphänomenen gelangte man zur Infragestellung des gesamten sozialistischen Systems.

Endgültig verlor die Sowjetherrschaft ihre Legitimation, weil die regierenden Parteien die Mission, aus der sie ihre Machtbefugnis ableiteten, nicht mehr glaubwürdig vertreten konnten. In den Beamtenapparaten, Fabriken und Universitäten hielten kommunistische Funktionäre das System am Laufen, denn sie kontrollierten alle Entscheidungen und beaufsichtigten deren Umsetzung. Viele jüngere Parteimitglieder waren nun aber frustriert über den Stillstand, russisch *sastoi*. Die Schuld daran gaben sie den engstirnigen Gerontokraten an der Spitze, die sich hinter dem Althergebrachten verschanzten und sich gegen jede Änderung sperrten. Auf Reisen ins nichtsozialistische Ausland gewannen auch loyale Kader den Eindruck, dass das eigene Lager, was Technik und Lebensstandard anging, mit dem Westen nicht mithalten konnte. Daher reagierten viele Parteimitglieder enthusiastisch auf Gorbatschows Versuche, das System neu zu beleben – und wurden prompt ausgebremst von den orthodoxen Älteren in der Bürokratie, die jede Reform als Konterrevolution verschrien. Die Kommunisten mussten also einen Weg finden, den Sozialismus, damit er überleben konnte, zu liberalisieren, ohne dass der Prozess der Partei aus den Händen glitt.[12]

Während der 1980er wuchs somit die Diskrepanz zwischen der formidablen äußeren Erscheinung und dem inneren Schwächeln des Ostblocks. Einerseits war die militärische Schlagkraft der Sowjetunion und des Warschauer Pakts nie größer gewesen, wenn man sie an der Truppenstärke sowie der Zahl der nuklearen Sprengköpfe misst. Sofern die ostdeutsche Stasi repräsentativ ist, muss man zugeben, dass die Geheimpolizei größer geworden war und raffiniertere Methoden entwickelt hatte, um ausländische Subversion und inländisches Dissidententum zu bekämpfen. Außerdem kontrollierten die kommunistischen Parteien wichtige Massenorganisationen, etwa die Gewerkschaften, besaßen ein Medienmonopol und steuerten die Ökonomie. Andererseits wuchs gleichzeitig der Eigensinn der Arbeiter, da die Gefahr, der Staat könnte auf ihre Verweigerung mit physischen Vergeltungsmaßnahmen reagieren, sie nicht länger schreckte. Zudem gab es dank jugendlichen Subkulturen, literarischen Zirkeln und Dissidentengruppen wieder eine Art Zivilgesellschaft, die sich der Kontrolle des Systems entzog und in der Lage war, eigene Meinungen zu politischen Fragen zu formulieren.[13] Hinzu kam, dass die herrschenden Parteien infolge der Konfrontationen zwischen Hardlinern und Reformern zu zerfallen begannen. All diese Phänomene trugen bei zu einer schleichenden Erosion, im Zuge derer die Alternative einer kommunistischen Moderne nach und nach ihre Stabilität verlor.

Wachsende Unruhe

Und doch bedurfte es einer ganzen Verkettung unerwarteter Ereignisse, um diese strukturelle Schwäche zu enthüllen und den Kommunismus in Osteuropa krachend einstürzen zu lassen. Im Oktober 1989 konnte die Deutsche Demokratische Republik noch fröhlich den 40. Jahrestag ihrer Gründung feiern. Vor den Führungsriegen der Warschauer-Pakt-Staaten und den SED-Oberen defilierte eine gewaltige Parade aus waffentragenden Soldaten kommunistischer Armeen, Parteigläubigen, proletarischen Gewerkschaftern und Mitgliedern der staatlichen Jugendorganisationen und jubelte ihnen zu. Hinter den Kulissen wurde die Kluft zwischen dem unbeweglichen Erich Honecker und dem ungeduldigen Michail Gorbatschow aber offensichtlich, als der sowjetische Besucher seinen Gastgeber ermahnte, den Wandel freudig zu begrüßen. Verbürgt sind seine Worte: »Ich glaube, Gefahren warten nur auf jene, die nicht auf das Leben reagieren«. Die bekanntere Formulierung »Wer zu spät kommt, den bestraft das Leben« ist wohl nicht korrekt, erfasst Gorbatschows Haltung aber sehr prägnant. Keines der spezifischen Probleme Osteuropas – seine ökonomische Trägheit, die unruhige Arbeiterschaft, nationalistische Ressentiments oder intellektuelles Abweichlertum – war unlösbar, aber ihre Häufung überforderte, wie sich zeigen sollte, die alternden Führer der kommunistischen Parteien. Letztlich setzte die überraschende Massenflucht ostdeutscher Bürger im Sommer 1989 den entscheidenden Schlag, der den Sowjetblock nachhaltig erschütterte.[14]

Der zivile Widerstand von unten begann in Polen mit der Organisation einer unabhängigen Gewerkschaft namens »Solidarność« (›Solidarität‹). Unter der unerschrockenen Führung Lech Wałęsas taten sich die Arbeiter der Danziger Schiffswerft zusammen, um gegen die gestiegenen Lebensmittelpreise zu protestieren, die ihnen zu viel von ihren ohnehin schon kargen Löhnen wegfraßen. Die Volksbewegung ignorierte die Gefahr einer Vergeltungsaktion seitens der Sicherheitsorgane, denn sie wussten sich unterstützt vom polnischen Papst Johannes Paul II. im Ausland sowie von Teilen der katholischen Kirche im Inland. Obwohl die Gründung einer außerparteilichen Gewerkschaft klar dem Anspruch der Kommunisten zuwiderlief, die Interessen des Proletariats zu vertreten, sah sich die Regierung im August 1980 gezwungen, die Solidarność anzuerkennen, denn sie hatte 10 Millionen Mitglieder mobilisiert – ein Drittel der gesamten Arbeiterschaft des Landes! Die Oberhäupter der anderen Sowjetblockstaaten waren empört, aber Breschnew entschied, dass die polnische Führung die Erhebung diesmal allein unterdrücken möge. Er veranlasste General Wojciech Jaruzelski, das Kriegsrecht zu proklamieren, damit die Armee die leitenden

Vertreter der Gewerkschaft inhaftieren konnte. Diese musste nun zwar in den Untergrund gehen, setzte aber dort ihre Agitation fort. Ihre Ziele waren jetzt anspruchsvoller, beinhalteten etwa eine Verfassungsreform. Inzwischen war daneben auch eine Zivilgesellschaft entstanden, die kategorisch freie Wahlen forderte.[15]

Die Sowjetunion intervenierte nicht mehr, um derartige Aufstände zu unterdrücken, seit Gorbatschows »Neues Denken« den Satellitenstaaten mehr Spielraum bei der Lösung ihrer Probleme zugestanden hatte. Der angesichts des Widerstands der alten Parteikader frustrierte russische Generalsekretär unternahm immer radikalere Reformversuche, die den Kommunismus retten sollten, indem sie ihn modernisierten. Konkret wollte Gorbatschow die Wirtschaft revitalisieren durch Einführung marktökonomischer Anreize, die Unterstützung der Öffentlichkeit durch Abschaffung der Zensur gewinnen und die Machtbalance innerhalb der Partei durch das Abhalten kompetitiver Wahlen verändern. In der Außenpolitik ging Gorbatschow anfangs vorsichtiger zu Werke. Er ließ zunächst lediglich durchblicken, dass er weniger begierig sei als seine Vorgänger, in die inneren Angelegenheiten der Klientelstaaten mit Druck oder Gewalt einzugreifen. Eigentlich hatte er erwartet, dass die Oberen der Satellitenländer dem reformerischen Beispiel des Großen Bruders folgten. Daher verlor er allmählich die Geduld mit den alten Hardlinern und hoffte, dass der Wechsel der Generationen das Problem schon lösen werde. Im Februar 1988 ging er einen Schritt weiter und proklamierte, jedes Land habe die Freiheit, seine Herrschaft selbst zu wählen. Damit setzte er praktisch die Breschnew-Doktrin außer Kraft, die eine militärische Intervention für den Fall vorsah, dass ein kommunistisches Regime anders nicht zu halten wäre.[16]

In Ungarn zeigte die kommunistische Führung die gewünschte Flexibilität. Sie folgte dem Aufruf zur Reform und ging sogar über Moskaus Beispiel hinaus. Budapest hatte schon immer einen etwas liberaleren Kurs gewählt und den Bürgern mehr ökonomischen sowie intellektuellen Freiraum gewährt. Aber erst als 1988 Führungsfiguren wie Károly Grósz und Miklós Németh die Szene betraten, wurden umfassendere Veränderungen möglich. Um den Druck von unten abzufangen, beschloss das ungarische Parlament im Januar 1989 »ein Bündel von Demokratisierungsmaßnahmen«, das Bürgerrechte, Verfassungsreform und Gewerkschaftspluralismus in Aussicht stellte. Nun konnten sich auch nichtkommunistische Interessenvertretungen formieren und ins politische Geschehen eingreifen. Die Regierung gab ferner offiziell zu, dass die Rebellion von 1956 ein Volksaufstand gewesen sei und keine Konterrevolution. Auch erlaubte sie die Exhumierung und würdige Zweitbestattung des seinerzeit hingerichteten Imre Nagy, die zu einer Demonstration wurde: Hunderttausende kamen und bekannten sich erneut zum ungarischen Nationalstolz. Gleichzeitig orientierte die Partei ihre Außenpolitik um und intensivierte ihre Beziehungen zu Westeuropa.[17] Im Sommer 1989 demontierte Ungarn den 270 Kilometer langen Zaun an seiner Grenze zu Österreich und schaffte schließlich auch die Polizeipatrouillen in diesem Gebiet ab – mit diesem Akt riss das Land buchstäblich ein Loch in den Eisernen Vorhang.

Nervös reagierten die orthodoxen kommunistischen Regime in der DDR, der Tschechoslowakei, in Rumänien und Bulgarien: Sie fürchteten, der Reformprozess könnte außer Kontrolle geraten, und sperrten sich heftig gegen jede Veränderung. In der Überzeugung, der Widerstand in ihren Ländern lasse sich noch brechen, lehnten Erich Honecker, Gustáv Husák, Nicolae Ceaușescu und Todor Schiwkow Gorbatschows Liberalisierungskurs als Irrweg ab. Sie wollten den Eisernen Vorhang behalten und forderten den Warschauer Pakt zu einer gemeinsamen Maßnahme auf. Doch die Sowjetunion verweigerte eine solche Intervention, die ihren eigenen Reformprozess ebenso gefährdet hätte wie die Versöhnung mit dem Westen; Polen und Ungarn schlossen sich dieser Haltung an. Die Hardliner wiederum fühlten sich ermutigt, als die in China regierende KP am 4. Juni 1989 Studentenproteste auf dem Pekinger Tiananmen-Platz brutal niederschlagen ließ und dabei Hunderte von Toten in Kauf nahm. Eine entschlossene Führung, die über eine loyale Armee gebiete, könne, trumpften die Reformgegner nun auf, sehr wohl die Kontrolle wiedererlangen, wenn sie denn bereit sei, den Preis an Menschenopfern zu zahlen.[18] Gorbatschow hingegen bekräftigte in einer Rede vor dem Straßburger Europarat seinen festen Willen zum Verzicht auf Gewalt, wobei er die Einmischung in die inneren Angelegenheiten eines andern sozialistischen Staates »unzulässig« nannte. Diese eindeutige Absage an die chinesische Strategie des Blutbads bestärkte die mutigen Dissidenten und unzufriedenen Arbeiter in Osteuropa, den eingeschlagenen Pfad weiterzugehen.

Ironischerweise brach die Front der Reformfeinde ausgerechnet dort ein, wo man es am wenigsten erwartet hatte: in der Deutschen Demokratischen Republik. Ostdeutschland war eine Schlüsselbastion der Sowjetmacht, die dort rund 400 000 Soldaten stationiert hielt. Das Gebiet hatten sich die Russen seinerzeit gleichsam als Trophäe auserkoren, als Entschädigung für ihre furchtbaren Leiden im Zweiten Weltkrieg. Darüber hinaus gehörte die Herrschaft der »Sozialistischen Einheitspartei Deutschlands« (SED) zu den repressivsten Diktaturen im Ostblock; allerdings war der Lebensstandard der DDR der höchste innerhalb der kommunistischen Welt, nicht zuletzt dank der BRD, die großzügig Transitgebühren zahlte und Kredite gewährte. Die interne Opposition, die lange Zeit relativ schwach gewesen war, bestand aus einer Friedens- und Umweltschutzbewegung, die im Schatten der evangelischen Kirche operierte. Die Stasi konnte immer wieder Lücken in die Reihen der Widerständler reißen, indem sie zahlreiche von ihnen in die Bundesrepublik auswies. Aber trotz aller Bemühungen, westliche Einflüsse zu bannen, durchdrangen Funk und Fernsehen aus dieser Richtung den Eisernen Vorhang. Jeden Abend hatten die DDR-Bürger die Möglichkeit, vor ihren TV-Geräten sozusagen geistig zu emigrieren; rebellische Jugendliche konnten aus den Ätherwellen die dazu passende Rockmusik aufnehmen. Viele der hinter der Mauer festsitzenden Ostdeutschen sehnten sich nach einem besseren Leben im Westen und riefen auf Demonstrationen: »Wir wollen raus!« Am 19. August 1989 fand dann an der offiziell noch gesperrten ungarisch-österreichischen Grenze das »Paneuropäische Picknick« statt, bei dem symbolisch Stacheldraht durchtrennt wurde. Die Veranstalter, Menschenrechtsaktivisten aus Ost und West, besaßen seitens der ungarischen Regierung die Zusage, an einer bestimmten Stelle ein improvisiertes Grenztor mehrere Stunden offen zu halten, was nicht wenige zum Übertritt nutzten. Die Breschen sollten sich vervielfachen, und bald wurde der Weg über Ungarn nach Österreich eine Standardfluchtroute für DDR-Bürger.[19]

Der anschließende Massenexodus der Ostdeutschen verschärfte die allmähliche Erosion des Kommunismus zu einer akuten Krise, mit der das System, wie sich bald zeigte, nicht mehr fertigwurde. Da die SED-Führung befürchtete, ihre Bürger würden nicht zurückkehren, strich sie ihnen kurzerhand einige Urlaubsziele, darunter auch solche, die in Ländern des Sowjetblocks lagen. Nur loyale Parteimitglieder und Rentner behielten das Privileg, in den Westen reisen zu dürfen. Ostdeutsche, die gerade am ungarischen Plattensee Ferien machten, betrachteten die Entfernung des Stacheldrahts an der Grenze zwischen Ungarn und Österreich als Möglichkeit, die sie wohl kein zweites Mal im Leben bekämen: Man musste die Schwächung der Befestigung und Bewachung einfach nutzen, um hinüberzugelangen. Westliche Medien strömten an den Ort des Geschehens und sendeten emotional berührende Bilder freudestrahlender Flüchtlinge, die in der Freiheit ankamen. Unter denen, die sich noch in Ostdeutschland befanden, brach nun Panik aus, sie könnten ihre Chance verpassen. Als die DDR versuchte, den menschlichen Aderlass durch Reiseverbote zu stoppen, belagerten Scharen von Emigrationswilligen die BRD-Botschaften in Prag und Warschau, zogen also andere Staaten in ihr humanitäres Drama hinein, um ihre Ausreise in den Westen zu erzwingen. Honecker fiel gerade als Regierungschef aus, da er sich einer Gallenblasenoperation hatte unterziehen müssen und sich nur langsam erholte. Daher appellierte Ostberlin an die Solidarität der anderen Warschauer-Pakt-Staaten, doch der Ruf stieß bei den kommunistischen Genossen auf taube Ohren, und die Massenflucht ging mit großer Geschwindigkeit weiter.[20]

Dass zu der polnischen und der ungarischen Herausforderung für die Sowjetunion nun auch noch die ostdeutsche in Gestalt eines Exodus trat, gefährdete ihre Kontrolle über Osteuropa. Die Flucht Zehntausender einfacher Bürger aus der DDR bedeutete eine symbolische Ablehnung der leninistischen Version der Moderne. Dass so viele spontan entkamen, bewies, dass der Eiserne Vorhang nur noch eingeschränkt funktionierte und dass die SED dabei war, die Herrschaft über ihre Untertanen zu verlieren. Gleichzeitig erzeugte die humanitäre Notlage der massenhaft Fortgegangenen internationales Mitgefühl; Maßnahmen zur Eindämmung wären der Weltöffentlichkeit da wohl als Willkür und Repression erschienen. Die Massenbewegung von Ost nach West sorgte ferner für eine diplomatische Krise, indem sie die betroffenen Länder zwang, sich auf eine Seite zu schlagen: Da es von Westdeutschland Kredite bekam, hielt Ungarn die Grenze offen, während die tschechische Regierung am liebsten hart durchgegriffen hätte, aber damit riskierte sie eine Entfremdung vom eigenen Volk. Angesichts der TV-Bilder von ostdeutschen Flüchtlingen in überfüllten Zügen, die tränenreich ihre Ankunft im Westen feierten, kam für die Politiker der BRD die nationale Frage wieder aufs Tapet – nicht wenige von ihnen hatten sich schon bequem mit der Teilung arrangiert. Und schließlich war die Massenflucht auch der Moment der Wahrheit für Gorbatschow: Er musste sich nun entscheiden, ob er seine Versprechen wirklich halten wollte.[21]

Der Mauerfall

Unter den vielen freudigen Augenblicken der Jahre 1989/90 ragt der Fall der Berliner Mauer heraus wegen seiner praktischen wie symbolischen Bedeutung für den Sturz der kommunistischen Diktatur. Die Öffnung der Grenze – erst in Berlin, dann an vielen Stellen ihres Verlaufs – erlaubte den DDR-Bürgern, die Wirklichkeit des Alltagslebens im Westen aus eigener Anschauung zur Kenntnis zu nehmen. Wenn sie den weit überlegenen Lebensstandard und den politischen Pluralismus in der BRD beobachteten, schockierte sie der Unterschied zu den Verhältnissen daheim geradezu. Solche Empfindungen durchkreuzten allerdings das Projekt der Reformkommunisten und der Dissidenten aus der Bürgerrechtsbewegung, die Ostdeutschland demokratisieren, aber dessen staatliche Souveränität bewahren wollten, um dort eine Alternative zum liberalen

Kapitalismus aufzubauen. Regelrecht problematisch wurde die freie Bewegung Ostdeutscher in den Westen wie Westdeutscher in den Osten für die zahlreichen sowjetischen Militäreinheiten: Sie sahen sich einer Bevölkerung ausgesetzt, die ihnen nicht wohlgesinnt war und vielfach den Wunsch nach ihrem Abzug äußerte. Druck von unten erzwang auch die Öffnung des Brandenburger Tores – ein hochgradig symbolisches Ereignis. Jahrzehntelang war das Gebäude ein Emblem der deutschen Teilung und des Kalten Krieges gewesen, nicht zuletzt, weil es inmitten der trennenden Mauer lag – und nun wurde just an dieser zentralen Stelle eine der ersten größeren Breschen in den Eisernen Vorhang geschlagen. Andere Satellitenregime konnten sich liberalisieren, ohne die russische Hegemonie zu gefährden, aber der Zusammenbruch des Kommunismus gerade in Ostdeutschland bedrohte das Überleben des gesamten Sowjetimperiums.[22]

Das Drama der Massenflucht aus Ostdeutschland mobilisierte die bisher fügsame Bevölkerung, in immer größerer Zahl Demonstrationen zu wagen, auf denen sie interne Reformen forderten. Für sie war Weggehen keine Option, daher lautete ihr Slogan: »Wir bleiben hier!« Die Proteste begannen mit Friedensmahnwachen, die regelmäßig montagabends in der Leipziger Nikolaikirche abgehalten wurden. Dort kritisierten Pastoren wie Christoph Wonneberger die SED, und Dissidenten trafen sich, um einander zu ermutigen. Brutale polizeiliche Repression war die Folge, was aber die Zahl der Sympathisanten nur vergrößerte, die das harsche Gebaren mit dem Ruf beantworteten: »Wir sind das Volk!« Damit stellten sie die Behauptung ihrer Obrigkeit in Frage, eine »Volksregierung« zu sein. Der entscheidende Augenblick kam am 9. Oktober 1989, als rund 70 000 Demonstranten friedlich durch die Leipziger Innenstadt zogen, was die lokalen SED- und Stasigrößen, die noch keine klaren Direktiven aus Berlin besaßen, zu einer Entscheidung zwang: Entweder befahlen sie jetzt ein massives Blutbad, oder sie erlaubten den Protest gegen das Regime. Eine Initiative aus Parteioffiziellen und Privatleuten, geleitet vom Gewandhauskapellmeister Kurt Masur, lancierte einen Appell gegen Gewalt. Unter diesem Eindruck beschlossen die Behörden, die Fortsetzung der Demonstration zu gestatten, was eigentlich nichts weniger bedeutete als die Wiedereinführung des Rechts auf freie Meinungsäußerung. Das West- und auch das sich allmählich öffnende Ostfernsehen verbreiteten Bilder von den Protesten, und so griffen diese bald auf Hunderte anderer DDR-Städte über. In der Folge bildeten sich Oppositionsgruppen wie das »Neue Forum«, das einen öffentlichen Dialog forderte und auf Reformen drängte.[23]

Die regierende Sozialistische Einheitspartei Deutschlands reagierte auf die immer lauter werdende Kritik recht konfus, weil sie sich nicht einig darüber war, welcher Kurs nun zu verfolgen sei. Der betagte Diktator Honecker denunzierte die Volksbewegung als »Konterrevolution«, die gewaltsam niedergeworfen werden müsse. Jüngere und flexiblere Mitglieder der Führungsebene wollten lieber Gorbatschows Beispiel folgen und den Unzufriedenen kontrollierte Reformen anbieten, um die Partei an der Macht zu halten. Die Pragmatiker, der Unterstützung aus Moskau gewiss, setzten am 18. Oktober Honecker ab und wählten den jüngeren Egon Krenz als dessen Nachfolger. Krenz, ehemaliger FDJ-Chef und nunmehr Vorsitzender des Nationalen Verteidigungsrats, versprach einen offenen Dialog, aber die Oppositionellen zweifelten an seiner Aufrichtigkeit, hatte er doch nur wenige Monate zuvor die blutige Repression in China gebilligt. Enttäuscht über das Scheitern des sozialistischen Experiments und in Furcht, von zornigen Bürgern angegriffen zu werden, verließen Zehntausende SED-Mitglieder die Partei, was deren Entschlossenheit schwächte.[24] Unbeeindruckt von den Reformversprechen, demonstrierten Dissidenten und Arbeiter weiter; am 4. November versammelten sich eine halbe Million Protestler auf dem Berliner Alexanderplatz und forderten Demokratie.

Am 9. November 1989 fiel unter dem Einfluss der verschiedenen Faktoren des Massenexodus, des öffentlichen Protests und der Regimereform die Mauer. Reisefreiheit war eine der Hauptforderungen, die man auf den Transparenten der Demonstranten las und in ihren Sprechchören hörte. Die SED steckte in der Zwickmühle, denn sie fürchtete, dass, wenn sie Urlaubsreisen und gar Emigration uneingeschränkt und bedingungslos gestattete, die Bevölkerung weiter schrumpfen würde. Viele, die noch in der DDR wohnten, seien nur zu bereit, hinüberzugehen und das dort winkende Angebot der sofortigen BRD-Staatsbürgerschaft wahrzunehmen. Trotzdem entschied sich das Zentralkomitee, Bewegungsfreiheit zu gewähren, ließ die meisten Vorbedingungen fallen und befreite den Ausreiseprozess von einem Großteil seiner Langwierigkeit. Schabowskis irrige Antwort, die Änderungen träten sofort in Kraft, überraschte die Grenzwachen und ermutigte die Bürger, den angekündigten Politikwandel unverzüglich vor Ort zu testen. Westliche TV-Reporter wie Tom Brokaw von NBC hielten fest, wie sich infolge dieser Ankündigung die Übergänge öffneten, und verbreiteten die spontane Freude der Berliner in aller Welt. Die Sowjetführung hatte sich im Kreml schon zur Ruhe begeben; wegen des Zeitunterschieds war es dort zwei Stunden später. Am nächsten Morgen sollte sie in einer veränderten Welt erwachen und erkennen, dass sie die Grenze nicht mehr mit Gewalt würde schließen können, ohne eine internationale Krise größeren Ausmaßes zu riskieren.[25]

Trotz des über Jahre angestauten Zorns blieb der demokratische Aufbruch friedlich, weil der »Runde Tisch« – ein neu geschaffenes Beratungsgremium aus Vertretern der Regierung und der Opposition – es ermöglichte, einen Machttransfer in Einzelschritten zu verhandeln. Die Idee zu einer solchen Vermittlungseinrichtung, die sich im ganzen Ostblock verbreitete, stammte aus Polen: Vertreter der Solidarność und der regierenden Polnischen Arbeiterpartei hatten sich immer wieder versammelt, um notwendige Veränderungen zu diskutieren. Auch in Ostdeutschland fanden beide Seiten diese Lösung attraktiv: Die SED saß an den Hebeln der Macht, doch ihr fehlte Legitimität; die Oppositionsgruppen hatten Legitimität, doch fehlten ihnen Ressourcen und Organisation. Unter Vermittlung der Kirche erwiesen sich die Debatten an den Runden Tischen auf zentraler und lokaler Ebene als konstruktiv, denn Regime und Opponenten stimmten darin überein, dass der Staat demokratisiert werden musste, um einen freieren Sozialismus zu schaffen, den damals noch beide Seiten wollten. Der Runde Tisch diente zur Kontrolle der DDR-Regierung, an deren Spitze inzwischen der flexiblere Dresdner Parteichef Hans Modrow stand. Bei den Verhandlungen ging es um die Revitalisierung der parlamentarischen Institutionen, die Abschaffung der Geheimpolizei, der berüchtigten »Stasi«, und die Belebung der Wirtschaft durch Wettbewerb. Die wichtigste Entscheidung des Runden Tisches betraf die Verständigung auf eine Verfassungsreform und auf freie Wahlen.[26]

Der Versuch, einen »dritten Weg« zwischen den Blöcken zu finden, schlug jedoch fehl, denn die öffentliche Stimmung in der DDR hatte sich verändert: Die Mehrheit wollte nun eindeutig die Wiedervereinigung mit der BRD. Nach dem Fall der Mauer riefen die Demonstranten plötzlich »Wir sind *ein* Volk«, womit sie die bisherige Parole in einem entscheidenden Detail änderten. Obwohl die meisten westdeutschen Politiker nur eine Demokratisierung des Ostens im Sinne gehabt hatten, preschte Kanzler Helmut Kohl am 28. November 1989 mit einem kühnen »Zehn-Punkte-Programm« vor, das ihm die Gunst der Wähler zurückbringen sollte. Kohls Plan sah für die noch separaten Staaten BRD und DDR einen zehnstufigen Übergang von einer Konföderation zu einem Bundesstaat vor; am Ende eines längeren Prozesses sollte also die deutsche Einheit stehen. Der überraschende Vorschlag erregte einen Sturm internationaler Kritik, verwandelte er doch die »deutsche Frage« vom Gegenstand frommer Platitüden in einen realen Punkt der politischen Tagesordnung. Als am 19. Dezember bei seinem ersten Staatsbesuch in der DDR Zehntausende Dresdner Bürger »Helmut! Helmut!« und »Deutschland! Deutschland!« riefen, entschloss sich der emotional tief bewegte Kanzler, alles für eine möglichst umgehende Wiedervereinigung zu tun – trotz Gorbatschows Einspruch, trotz Thatchers Kritik und trotz Mitterrands Wankelmütigkeit. In den Nachbarstaaten hatten übrigens die meisten einfachen Menschen, anders als ihre skeptischen Eliten, nichts dagegen, dass die Deutschen ihre Selbstbestimmung wiederbekamen.[27]

In der Wahl zur Volkskammer der DDR am 18. März 1990 erteilten die Ostdeutschen dem Kommunismus eine endgültige Absage und billigten eindeutig den Weg zur deutschen Wiedervereinigung. Der Wahlkampf war hitzig, schließlich ging es diesmal um ein echtes demokratisches Votum, nicht nur um ein rituelles »Zettelfalten«, und die Zukunft der DDR stand zur Debatte. Da sie ohnehin auf Kampagnenhelfer, finanzielle Unterstützung und demoskopische Institute aus dem Westen angewiesen waren, fusionierten einige Ostparteien mit ihren größeren bundesrepublikanischen Pendants. Die »Christlich-Demokratische Union« (CDU) verließ sich ganz auf Helmut Kohl und dessen Einsatz für die Wiedervereinigung. Die »Sozialdemokratische Partei Deutschlands« (SPD) hingegen trat mit einem Handicap an: Ihr Vorsitzender Oskar Lafontaine hatte gewarnt, die Einheit könne teuer werden, was ihn den Ostdeutschen nicht unbedingt sympathisch machte. Das Ergebnis bestätigte voll und ganz die Christdemokraten und ihre Verbündeten, die mehr als zwei Fünftel der Stimmen holten, während sich die enttäuschten Sozialdemokraten, auf Platz zwei gelandet, mit einem Viertel zufriedengeben mussten. Die Kommunisten der ehemaligen SED, nun umbenannt in »Partei des Demokratischen Sozialismus« (PDS), überlebten mit einem Fünftel der Wählerstimmen, und die Liberalen bekamen ein Zehntel. Die zersplitterte Bürgerrechtsbewegung, die die Speerspitze der Demonstrationen gebildet hatte, war mit weniger als einem Zwanzigstel der große Verlierer. Der klare Sieger, Ost-CDU-Chef Lothar de Maizière, bildete eine Koalitionsregierung, um die Integration der DDR in die BRD nach Artikel 23 des westdeutschen Grundgesetzes vorzubereiten. Im Mai 1990 kam es zunächst zur »Währungs-, Wirtschafts- und Sozialunion« zwischen den beiden deutschen Staaten, im August besiegelte dann der »Einigungsvertrag« die Selbstauflösung der DDR und ihren Beitritt zur Bundesrepublik.[28]

Nun folgten die komplizierten »Zwei-plus-Vier-Verhandlungen«, in denen sich die vereinigungsbereiten beiden Deutschlands mit den vier alliierten Mächten berieten, die das Territorium nach dem Krieg okkupiert hatten. Dank der dabei erreichten Übereinkünfte bewirkte das Wählermandat von März 1990 in letzter Konsequenz eine allgemein akzeptierte internationale Neuordnung des postkommunistischen Europa. Da US-Präsident George H. W. Bush und sein Außenminister James Baker in der deutschen Wiedervereinigung eine Chance sahen, den Kalten Krieg zu gewinnen, unterstützten sie diese von Anfang an. Der enttäuschte Gorbatschow weigerte sich jedoch, die DDR aufzugeben – bis im Januar

1990 klar wurde, dass der Satellitenstaat bankrott, zahlungsunfähig und nicht mehr kreditwürdig war. In den Gesprächen gelang den Vertretern der beiden deutschen Staaten und den Außenministern der vier Siegermächte eine Vereinbarung, mit der alle Parteien zufrieden waren. Unter internationalem Druck erkannte Kanzler Kohl schließlich auch die Oder-Neiße-Linie als deutsche Ostgrenze an, obwohl er das lieber vermieden hätte, weil er die Vertriebenen innerhalb seiner Wählerschaft nicht verprellen wollte. Im Gegenzug musste Polen erklären, keine Forderungen nach Reparationszahlungen an die Deutschen zu stellen. Eine ähnliche Entwicklung gab es bei der strittigen Bündniszugehörigkeit: Zwingende Argumente aus Amerika und beträchtliche Hilfszahlungen aus Westdeutschland bewogen Generalsekretär Gorbatschow schließlich doch dazu, hinzunehmen, dass auch das vereinigte Deutschland Mitglied der NATO wurde. Die endgültige Regelung der deutschen Frage löste die nach den Zweiten Weltkrieg offengebliebenen Probleme, liquidierte die DDR als separaten Staat und verbannte die Russen aus Mitteleuropa.[29]

Kollaps der Sowjetunion

Was die Amerikaner während des Vietnamkrieges fürchteten und in der Folge teilweise auch erleben mussten – den Dominoeffekt –, das geschah nun spiegelverkehrt dem kommunistischen Ostblock: Ein Stein nach dem anderen fiel, wodurch zuerst das Imperium zerbrach und dann die Sowjetunion selbst. Die Proteste in Polen und Ungarn waren der Anfang, der Fall der Mauer schlug den Stützpfeiler DDR weg, die Tschechoslowakei und die Balkanländer folgten alsbald. Das Ausscheiden der baltischen Staaten und der Ukraine zerstörte die UdSSR, und am Ende implodierte der Kommunismus auch in der verbliebenen Sowjetrepublik Russland. Ein von den Medien befeuerter Prozess der Ansteckung bewirkte diese erstaunliche Abfolge: War in einem Land das Wagnis gelungen, inspirierte dies das nächste, es ebenfalls zu versuchen. Statt den Kommunismus durch Modernisierung zu retten, setzte Gorbatschows Strategie einer Reform von oben Kräfte im Volk frei, die die Parteidiktatur anschließend nicht mehr kontrollieren konnte. Bei allen genannten Regimewechseln machte sich ein temporäres Bündnis zwischen Dissidenten, die auf die Menschenrechte pochten, und Arbeitern, die ein besseres Leben forderten, die wiederhergestellte Rede- und Versammlungsfreiheit zunutze, um die müden Apparatschiks zu diskreditieren. Dergestalt setzten sie einen Prozess der Veränderung in Gang, der über alle Widerstände hinwegrollte.[30] Der ausschlaggebende Faktor war Gorbatschows Entscheidung, keine Gewalt zu gebrauchen. Dadurch gab er das einzige Instrument aus den Händen, mit dem sich die Kontrolle vielleicht hätte wiederherstellen lassen.

Im ganzen Ostblock endete also die Herrschaft des Kommunismus, aber obwohl das Ergebnis überall das gleiche war, unterschieden sich doch die Wege dorthin von Land zu Land ein wenig, je nach der jeweiligen Situation dort. In Polen begann die Konfrontation mit Druck von unten, zu dem etwa Streiks für die Wiederzulassung der Solidarność gehörten. Im April 1989 kam Jaruzelski am Runden Tisch der Forderung der Opposition nach, freie Wahlen zuzulassen. Komplett frei sollten aber diesmal lediglich die Wahlen zur zweiten Kammer sein, dem Senat, während im Abgeordnetenhaus, Sejm genannt, 65 Prozent der Plätze für die Regierungsunterstützer reserviert blieben. Trotzdem erlitt die Polnische Arbeiterpartei beim Urnengang des 4. Juni eine krachende Niederlage: Im Sejm gewann die Solidarność sämtliche ihr zugänglichen Sitze, im Senat 99 von 100. Nach diesem politischen Erdrutsch wurde Mitte August der katholische Publizist Tadeusz Mazowiecki Premierminister, der die erste nichtkommunistische Regierung Polens seit 1945 bildete. Das Land änderte seinen Namen in »Republik Polen« und wählte im Dezember 1990 Lech Wałęsa zum Staatspräsidenten.[31] Da dieser Wandel sich schrittweise vollzog, einen überwältigenden Rückhalt im Volke besaß und friedlich verlief, weigerte sich Gorbatschow, den Hardlinern unter seinen Beratern zu folgen, die auf eine Intervention drängten. Stattdessen stimmte er dem von polnischer Seite gewünschten Rückzug der sowjetischen Truppen zu.

In Ungarn bewirkte eine ähnliche Mischung aus Forderungen des Volkes von unten und Konzessionen der Partei von oben das Ende der kommunistischen Herrschaft. Es begann alles damit, dass Umweltschützer im Frühjahr 1989 gegen den geplanten Bau eines Donaustaudamms demonstrierten, bis die Regierung das Projekt einstellen musste. Um eine Konfrontation mit oppositionellen Kräften zu vermeiden, brachten reformorientierte Führungsfiguren der Kommunistischen Partei eine Verfassungsreform auf den Weg. Sie ergriffen die Initiative, da sie hofften, dadurch das Ergebnis der Verhandlungen wesentlich mitbestimmen zu können. Die unruhige Öffentlichkeit erhielt den Druck aufrecht: Am 15. März, dem ungarischen Nationalfeiertag, demonstrierten über hunderttausend Menschen in Budapest für Bürger- und nationale Rechte, für Meinungsfreiheit, Unabhängigkeit der Medien, Rückzug der sowjetischen Truppen und ökonomische Reformen. Drei Monate später dann, während der feierlichen Umbestattung der Anführer der Erhebung von 1956, rief der Student Viktor Orbán die riesige Menge der Zuhörer auf, ihre politischen Angelegenheiten in ihre eigenen Hände zu nehmen. Unter dem Eindruck dieser gewaltigen Mobilisation kam der Runde Tisch im September überein, die Verfassung zu revidieren, die Oppositionsparteien zu legalisieren und freie Wahlen abzuhalten. Obwohl die Kommunisten sich als »Sozialistische Partei« neu erfanden, brachte der Urnengang im Mai 1990 einen klaren Sieg für die Mitte-Rechts-Parteien, und der Historiker József Antall konnte eine nichtkommunistische Regierung bilden.[32]

Ermutigt durch den Fall der Mauer, ahmte man mit der »Samtenen Revolution« in der Tschechoslowakei das erfolgreiche Beispiel der Nachbarn nach und stürzte den Kommunismus in gerade einmal sechs Wochen. Zuvor waren schon die Appelle der immer noch aktiven Gruppe Charta 77 auf Resonanz in der Bevölkerung gestoßen, denn die ärgerte sich über die ökonomische und politische Stagnation. Den Funken aber, der die Massenproteste auslöste, entzündete die brutale Unterdrückung einer Studentendemonstration in Prag am 17. November 1989 durch die Bereitschaftspolizei, bei der Gerüchten zufolge ein Teilnehmer ums Leben kam. Während der nächsten Tage fanden in vielen Theatern und in den Medien lebhafte öffentliche Diskussionen statt, die Intellektuelle nutzten, um zu Streiks aufzurufen, und es gab weitere Demonstrationen: Hunderttausende kamen zum Wenzelsplatz, um ihren Unmut über das Husák-Regime kundzutun. Spontan bildete sich eine Oppositionsplattform, die sich in Anlehnung an das »Neue Forum« der DDR-Widerständler »Bürgerforum« nannte. Ein zweistündiger Generalstreik am 27. November, an dem sich drei Viertel der Bevölkerung beteiligten, bewies den überwältigenden Rückhalt für das Bürgerforum. Der Ausstand zwang den unpopulären Präsidenten zum Rücktritt; nun konnte eine nichtkommunistische Regierung gebildet werden. Am 29. Dezember bestimmte die Prager Föderalversammlung den Autor und Dissidenten Václav Havel per Mehrheitsvotum zum neuen Präsidenten, und die freien Wahlen im Juni 1990 vollendeten die Machtübertragung an die nichtkommunistischen Parteien.[33]

Während Bulgarien dem tschechischen Muster folgte, kamen bei der rumänischen Revolution rund 1100 Menschen ums Leben, weil Ceaușescu keinerlei Bereitschaft zeigte, abzutreten. Die Unruhen begannen Mitte Dezember 1990 mit Protesten im westrumänischen Timișoara gegen die Verhaftung des dort ansässigen Dissidenten László Tökés. Der protestantische Pfarrer, Angehöriger der ungarischen Minderheit, hatte in einem TV-Interview kritische Bemerkungen gemacht, weswegen er festgesetzt werden sollte. Die Proteste dagegen unterdrückten die Geheimpolizei »Securitate« und die Armee mit äußerster Brutalität. Am 21. Dezember hielt Ceaușescu in Bukarest vor etwa hunderttausend Zuhörern eine Rede, in der er auch zu diesen Vorgängen Stellung nahm. Als er die Erhebung verurteilte, wurde er zu seiner höchsten Verwunderung ausgebuht; dann knallten Schüsse, und es kam zu einem Tumult. Der Diktator befahl, die Unruhen mit Gewalt niederzuwerfen; das Ergebnis waren zahlreiche tote und verwundete Zivilisten. Als das Gerücht die Runde machte, der Verteidigungsminister habe Selbstmord begangen, wechselten viele Soldaten die Seiten. Panzer kamen der Menge zu Hilfe und jagten Geheimpolizisten sowie Regimeloyale. Als dann auch noch der Oberkommandeur seiner Truppen den Diktator im Stich ließ, flohen Ceaușescu und seine Frau per Hubschrauber, wurden aber gefasst, wegen Verrats angeklagt und am 25. Dezember 1989 erschossen. Infolge dieser seltsamen Kombination aus einer Volkserhebung und dem Seitenwechsel von Teilen des Regimes kamen Ion Iliescu und seine Reformkommunisten an die Macht.[34]

Das Bröckeln ihres osteuropäischen Imperiums zerlegte am Ende sogar die Sowjetunion selbst, denn dank der Liberalisierung des Diskurses durften nun auch Nationalisten wieder auf den Plan treten. Da sie fanden, die föderale Struktur der fünfzehn Einzelrepubliken werde eher durch Zwang als durch Konsens zusammengehalten, nutzten die peripheren Staaten mit nichtrussischen ethnischen Mehrheiten die Gelegenheit, ihre Unabhängigkeit einzufordern. Mit dem Hinweis, ihre Annexion während des Zweiten Weltkriegs sei illegal gewesen, erklärten Litauen, Lettland und Estland als Erste im Frühjahr 1990 ihre Unabhängigkeit. Anfangs versuchte Moskau noch, ihr Bestreben mit Gewalt zu unterdrücken, doch schließlich blieb der schwächelnden sowjetischen Zentralmacht nichts übrig, als ihren Austritt im Herbst 1991 anzuerkennen. Mit den nächsten beiden Sezessionen gingen schon größere Gebiete verloren: Die Ukraine und Weißrussland veranstalteten Volksreferenden, in denen beide Male eine Mehrheit für die Selbständigkeit votierte. Moskau nahm nicht nur deren Weggang hin, sondern erklärte am 8. Dezember 1991 im Abkommen von Belowesch die Auflösung der Sowjetunion. Da Russland und einige ehemalige Sowjetrepubliken aber weiterhin über einen gemeinsamen Wirtschafts- und Sicherheitsraum verfügen wollten, gründeten sie mit der Alma-Ata-Erklärung vom 21. Dezember eine neue, diesmal freiwillige Assoziation namens »Gemeinschaft Unabhängiger Staaten« (GUS).[35] Der rechtliche Nachfolger der Sowjetunion war die »Russische Republik«, ein weitgehend auf sein ethnisches Kerngebiet reduziertes Russland, das seine imperialistischen Hoffnungen begraben musste.

Der Verlust des Reichs beschleunigte den Zusammenbruch des Kommunismus in Russland, denn die demokratisch gewendeten Exkommunisten unter Boris Jelzin gewannen den Kampf um die postimperiale Macht. Die Fragmentierung der Sowjetunion und ihres Imperiums fachte die im Lande schon lange schwelende Unzufriedenheit mit dem enttäuschenden ökonomischen Leistungsbild sowie den Ärger über den fortwährenden Mangel an politischer Freiheit weiter an. Die kommunistischen Hardliner wollten die Herrschaft ihrer Ideologie und das Weiterbestehen der großsowjetischen Föderation verteidigen, notfalls mit Gewalt; die Zentristen um Gorbatschow zeigten sich hingegen bereit, die abtrünnigen Provinzen gehen zu lassen und das System zu liberalisieren. Die Reformer um Jelzin wiederum planten, aus den Trümmern der Sowjetrepublik Russland einen demokratischen Staat aufzubauen. Jelzin, zuvor Parteichef von Moskau, wurde im Juni 1991 zum Präsidenten Russlands gewählt. Als seine Widersacher ihm das Amt gleich wieder streitig machen wollten, erklärte er kurzerhand die russische Teilrepublik für souverän; damit war sie nicht mehr der (formal ja noch existierenden) Sowjetunion zugehörig und ihr folglich auch nicht unterworfen. Am 11. August 1991 versuchten kommunistische Verschwörer, zu denen der KGB-Vorsitzende Wladimir Krjutschkow gehörte, einen Militärcoup gegen die jüngsten Veränderungen. Jelzin gelang es jedoch, den Putsch abzuwenden, nicht zuletzt durch eine mutige Rede vor dem Moskauer Parlamentsgebäude, wo sich eine Menschenmenge versammelt hatte, darunter viele Soldaten.[36] Daraufhin verlor Gorbatschow die Macht, der Kommunismus war diskreditiert, und das neue Russland machte sich auf den steinigen Weg zur Unabhängigkeit, zum Kapitalismus und zur Demokratie.

Insgesamt jedoch kam es bei den osteuropäischen Erhebungen der Jahre 1989–1991 zu überraschend wenig Gewalt. Eben darum sieht die Geschichtsschreibung in ihnen einen neuen Typus einer »friedlichen Revolution«. Das Grundmuster bürgerlicher Mobilisierung war fast überall gleich: Dissidenten, die gegen ein kommunistisches Regime protestierten, fanden mehr und mehr Resonanz in immer weiteren Kreisen der Bevölkerung. Während die Herausforderer, die von unten her agierten, keine Waffen für einen gewaltsamen Kampf besaßen, waren die Autoritäten in ihrem Handeln ebenfalls eingeschränkt: Sie konnten nicht einfach zur »Chinesischen Lösung« greifen, denn dies hätte die internationale Öffentlichkeit gegen sie aufgebracht, mit schmerzlichen Konsequenzen.

Die entscheidende Innovation innerhalb dieses revolutionären Prozesses war der Runde Tisch, der Opposition und Regierende zusammenbrachte, damit sie die notwendigen Schritte für einen geordneten Übergang diskutieren konnten. Dort wurden etwa die Wiederinkraftsetzung der Menschenrechte und Verfassungsreformen zugunsten politischer Pluralität vereinbart, woraufhin in freien Wahlen entschieden werden konnte, wem die Macht gebührte. So entstand ein gewaltloser Modus des Systemwechsels: Im »ausgehandelten Übergang« konnte die Bevölkerung mitentscheiden, wie das künftige politische und soziale System gestaltet sein sollte. Obwohl er nur schrittweise vor sich ging, war die Auswirkung dieses Prozesses dennoch recht revolutionär.[37]

Ambivalente Folgen

Die erstaunlichen Ereignisse der friedlichen Revolution markierten in der europäischen Geschichte die wichtigste Zäsur seit 1945, denn sie wandelte die Struktur Mittel- und Osteuropas fundamental. Innerhalb der kurzen Spanne von nur drei Jahren wurden die kommunistischen Diktaturen, die den halben Kontinent kontrolliert hatten, von ihren eigenen Bürgern gestürzt. Im Gegensatz zu den gewaltsamen Umbrüchen von 1918 und 1945 blieben die Regimewechsel bemerkenswert friedlich; sie mussten weder durch einen neuen Weltkrieg noch durch äußere Intervention erzwungen werden. Stattdessen nutzte eine Volksbewegung von unten den Spielraum, den Reformen von oben und die internationale Entspannung geschaffen hatten, um Menschenrechte einzufordern und den Übergang zur Demokratie zu erzwingen. Aus Unzufriedenheit mit den Ergebnissen der Planwirtschaft kehrte man zum kapitalistischen Wettbewerb zurück, von dem man sich mehr Wohlstand für alle erhoffte. Das Auseinanderbrechen des Sowjetimperiums und die anschließende Auflösung der Sowjetunion ordneten die internationalen Beziehungen neu, indem sie die Satellitenstaaten von der russischen Vorherrschaft befreiten und den Kalten Krieg zwischen den Supermächten beendeten. Dadurch erhielt Osteuropa eine neue Chance auf Selbstbestimmung und auf ein besseres Leben.[38]

Das Ende des Kalten Krieges machte der ideologischen Rivalität zwischen der Sowjetunion und den Vereinigten Staaten ein Ende, die während der gesamten zweiten Hälfte des 20. Jahrhunderts Europa geteilt und die Welt polarisiert hatte. Dank der intensivierten Entspannungspolitik erklärten George H. W. Bush und Michail Gorbatschow bei ihrem Gipfeltreffen auf Malta im Dezember 1989, der Kalte Krieg sei nun Geschichte. Während der nächsten Monate säuberte die NATO ihre Militärdoktrin von allem, was angriffslustig klingen könnte, damit die Sowjetunion es leichter hinnehmen konnte, dass Deutschland in der atlantischen Allianz verblieb, und um neutralistischen Versuchungen dort entgegenzuwirken. Auf einem weiteren Gipfeltreffen im Juli 1991 in Moskau bot der Westen den Russen eine strategische Partnerschaft an. Nun konnten die sowjetischen Truppen aus Osteuropa abziehen, da Moskau dahingehend beruhigt sein konnte, dass die USA keinerlei offensive Ziele verfolgten. Obwohl die beiden Staaten noch etwas misstrauisch blieben, unterzeichneten sie schließlich auf derselben Konferenz den »Strategic Arms Reduction Treaty«, kurz START; ein zweites START-Abkommen folgte im Januar 1993.[39] Da Russland vollauf mit seiner eigenen Transformation beschäftigt war, blieben die Vereinigten Staaten während der 1990er Jahre die einzige Supermacht.

Die Öffnung des Eisernen Vorhangs bescherte Europa die Gelegenheit, seine Teilung zu überwinden, indem Ost und West wieder zusammenfanden. Die Beseitigung der befestigten Grenze machte die alten Hauptstädte Warschau, Prag und Budapest wieder zugänglich; ein neuer Osttourismus entstand. Die Instandsetzung der durchtrennten Bahngleise und der Bau neuer Autobahnen erleichterten Reise und Handel; die Fernlastfahrer fungierten quasi als Pioniere bei der Reintegration des Kontinents. Nachbarn wie Ungarn und Österreich entdeckten ihre historischen Verbindungen neu, während ehemalige Feinde wie Polen und Deutschland sich um Versöhnung bemühten. Um sich gegenüber Russland sicherer zu fühlen, traten Polen, Tschechien und Ungarn 1999 der NATO bei; die baltischen Länder, Slowenien, die Slowakei, Bulgarien und

Rumänien folgten 2004. Die Ostausdehnung der Europäischen Union verlief komplizierter, denn Ost und West unterschieden sich hinsichtlich des ökonomischen Potenzials enorm. Westliche Arbeiter fürchteten massenweise hereinströmende Billigkonkurrenz; und die Ostländer mussten zuerst einmal ihre maroden Volkswirtschaften sanieren, damit sie zum Integrationsniveau der Westländer aufzuschließen vermochten. Nach einer beträchtlichen Vorbereitungsphase schlossen sich 2004 acht osteuropäische Staaten der EU an. 2007 kamen zwei weitere hinzu, was die Zahl der Mitgliedsländer auf siebenundzwanzig erhöhte.[40]

Leider öffneten der Rückzug der Sowjetarmee und der Kollaps der Sowjetunion nicht nur den Menschenrechten und der Demokratie Tür und Tor, sondern auch dem Wiedererwachen des Nationalismus, der als ideologischer Ersatz für den diskreditierten Kommunismus fungierte. Russland, das sich auf die Grenzen reduziert fand, die 1918 der Vertrag von Brest-Litowsk gezogen hatte, sah inzwischen sogar die Zarenzeit in anderem Licht. Viele Russen entdeckten allerlei Quellen für neuen Nationalstolz in ihrem historischen Erbe und nutzten nationalistische Appelle, um Teile des alten Reichsterritoriums, die offiziell nicht mehr zu Russland gehören wollten, wiederzugewinnen, etwa im Kaukasus, auf der Krim oder in der Ukraine. Russlands Rückzug und Deutschlands Pazifizierung entließen auch eine ganze Reihe von Ländern in die Unabhängigkeit, die kaum je richtige Staaten gewesen waren, etwa die Ukraine, Weißrussland und Moldawien. Innerhalb dieser soeben souverän gewordenen Länder, aber ebenso in anderen ehemaligen Ostblockstaaten befeuerte der Wunsch nach Konsolidierung und Selbstbehauptung einen intoleranten Nationalismus. In der Folge kamen alte Minderheitenprobleme erneut aufs Tapet, die allen ethnischen Säuberungen getrotzt hatten; beispielsweise brachen Zwistigkeiten zwischen Ungarn und Rumänen wieder auf. Nationalistischer Furor zerlegte auch zwei Konföderationen, die nach dem Ersten Weltkrieg als Barrierestaaten fungiert hatten. In der Tschechoslowakei verlief die Scheidung friedlich: Man firmierte künftig separat als »Tschechien« und »Slowakei«. Das Auseinanderbrechen der Republik Jugoslawien führte hingegen zu blutigen Nachfolgekriegen.[41]

NATO-Osterweiterung, 2004

Insgesamt schwankten die neuen Staaten zwischen trotziger Betonung ihrer Unabhängigkeit und Kooperation mit Europa.

Der demokratische Aufbruch und die Zwei-plus-Vier-Vereinbarung lösten auch das lange schwelende »deutsche Problem« in Europa, indem man Deutschland einen geläuterten Nationalstaat werden ließ. Als die bankrotte DDR der florierenden BRD beitrat, regte sich international kaum Protest, sondern lauter Zuspruch, hatte sich Letztere doch in den Jahrzehnten nach dem Kriege als friedlich erwiesen. Der Preis für die Einheit war Deutschlands Anerkennung, dass die ehemaligen deutschen Ostgebiete auf Dauer verloren waren. Da Deutschland zudem die Verantwortung für den Zweiten Weltkrieg und den Holocaust übernahm, fiel es dem Ausland leichter zu glauben, das da kein gefährliches neues Machtzentrum entstand. Obwohl die Hauptstadt seit 1999 wieder Berlin war, blieb die vergrößerte BRD eine zivile Macht, dank NATO und EU fest eingespannt in ein Netz multilateraler Bindungen. Sie opferte sogar ihre harte DM-Währung für die europäische Integration, im Zuge derer der Euro allgemeines Zahlungsmittel in der EU wurde. Allerdings wurde Deutschland mit rund 82 Millionen Einwohnern nun der bevölkerungsreichste Staat des Kontinents; auch besaß es die größte Volkswirtschaft, die immer noch zu einem beträchtlichen Teil auf der Herstellung und dem Export hochwertiger Produkte fußte. Mit der Wiedervereinigung gewann Deutschland seine zentrale Position in Europa zurück, diente als Brücke zwischen West und Ost und wurde sogar eine Art europäische Führungsmacht – mangels einer besseren.[42]

Für die unabhängigen Staaten Osteuropas brachte der Sturz des Kommunismus sowohl großartige Chancen als auch schwierige Herausforderungen, denn sie mussten sich weitgehend neu erfinden. Es reichte nicht, formale Strukturen der Selbstverwaltung zu etablieren, denn das Parlamentsleben und den demokratischen Umgang mussten Repräsentanten und Bürger gleichermaßen erst einmal lernen. Nach Jahrzehnten geplanter Kargheit musste die Wirtschaft so umgebaut werden, dass sie den Marktwettbewerb trug, und die Bürger mussten mit den Versuchungen der Konsumgesellschaft umzugehen lernen. Der Wechsel vom Leben im Kollektiv zum Handeln als Individuum war zudem ein schwerer Schock, denn der soziale Sicherheitsapparat löste sich weitgehend auf, und die Menschen mussten selber schauen, wie sie zurechtkamen. Das Problem des Umgangs mit dem Erbe der kommunistischen Diktaturen war besonders heikel. Anfangs schien es einfacher, die Verbrechen unter den Teppich zu kehren, doch auf lange Sicht vergiftete dies die sozialen Beziehungen.[43] Bei diesem Systemwechsel waren die baltischen Länder und die mitteleuropäischen Staaten, die in Teilen eine demokratische Tradition besaßen, erfolgreicher als ihre weniger erfahrenen Nachbarn.

Da die Transformation hauptsächlich Mittel- und Osteuropa betraf, waren die Westeuropäer nur indirekt in sie involviert. Viele Westler sahen dem Schauspiel der friedlichen Revolution mit Erstaunen zu; sie mochten gar nicht glauben, dass die Sowjetunion Macht und Territorien so bereitwillig hergab. Doch selbst jene, die entfernt vom demokratischen Aufbruch lebten, fanden sich bald – die einen mehr, die anderen weniger – in ihn hineingezogen. Mitglieder demokratischer Parteien arbeiteten als Berater beim Aufbau parlamentarischer Institutionen und bei der Organisation von Wahlkämpfen. Wirtschaftsbosse und Manager halfen bei der Privatisierung ehemals staatlicher Betriebe und beschafften Investitionen für Start-up-Unternehmen. Beamte assistierten bei der Errichtung einer öffentlichen Verwaltung, in der Parteigunst keine Rolle mehr spielen sollte, und zahlten Gelder von Hilfsorganisationen aus. Akademiker hielten Gastvorträge und trugen mit ihrer Erfahrung dazu bei, dass sich die internationalen wissenschaftlichen Standards auch in Osteuropa etablierten. Bisweilen grollten angesichts all dieser Mühen die westlichen Steuerzahler – etwa die bundesdeutschen, die einen Solidaritätszuschlag entrichten mussten –, die Erneuerung des Ostens sei aber ganz schön teuer.[44] Doch übersahen sie den vielfachen Nutzen dieser Anstrengungen: einen größeren Markt, weniger Unsicherheit und mehr Gemeinschaft.

Die Erfahrungen mit der neuen Realität nach dem Kommunismus waren also eher gemischt, denn nicht alle frohgemuten Hoffnungen ließen sich erfüllen. Als sie den Kontrast gewahrten zwischen der mitreißenden Euphorie des demokratischen Aufbruchs und den Mühen des Alltagslebens danach, zeigten sich viele Osteuropäer von der entstehenden postkommunistischen Ordnung enttäuscht.[45] An Jahrestagen der friedlichen Revolution waren sich die meisten Leitartikelschreiber einig, dass es substanzielle Fortschritte gegeben habe: beim internationalen Frieden, bei der politischen Freiheit und beim individuellen Wohlstand, jedenfalls für viele Bürger. Linke Kritiker jedoch konnten auch schwerwiegende Nachteile aufzählen: weniger ökonomische Sicherheit, geringere Planbarkeit des beruflichen Lebensweges und Einschnitte bei sozialen Dienstleistungen, etwa der kostenlosen staatlichen Kinderbetreuung. Unerwartet stellten sich neue Probleme ein, etwa eine hohe Arbeitslosigkeit, weitverbreitete Korruption und unschöne Ausbrüche von Fremdenhass. Aber es gab eben auch nie dagewesene Möglichkeiten des intellektuellen Austauschs; man konnte in fremde Länder reisen und attraktive Konsumartikel kaufen. Da der postkommunistische Wandel noch nicht abgeschlossen ist, hoffen die Osteuropäer weiterhin, dass die positiven Erträge, die er bringt, am Ende doch die damit verbundene Mühsal überwiegen werden.

Triumph der Demokratie?

Im Kern beendete der Sturz des Kommunismus den schon das ganze Jahrhundert lang andauernden Wettkampf zwischen der sozialistischen und der demokratischen Alternative der Moderne in Europa. Der amerikanische Theoretiker Francis Fukuyama sah deshalb das »Ende der Geschichte« gekommen, jedenfalls, wenn man »Geschichte« als ideologische Konfrontation verstehe: »Die Zwillingskrisen von Autoritarismus und sozialistischer Zentralplanung haben nur einen Kämpfer siegreich im Ring übrig gelassen, wenn es darum ging, welche Ideologie potenziell universelle Gültigkeit beanspruchen könne: die liberale Demokratie, die Doktrin der individuellen Freiheit und der Volkssouveränität.« Die Rechte triumphierte nun ziemlich offen, feierte die liberale Demokratie als die »endgültige Form des menschlichen Regierens« und propagierte eine weitere Befreiung des Kapitalismus von den Regelwerken, die ihn noch einschränkten. Die Linke wiederum zeigte sich keineswegs erleichtert darüber, dass die Niederlage des Leninismus den Weg freigemacht hatte für eine moderatere Version des Sozialismus, etwa eine sozialdemokratische. Stattdessen sahen enttäuschte Intellektuelle wie Eric Hobsbawm das gesamte sozialistische Projekt der sozialen Gleichheit diskreditiert.[46] So verständlich sie sein mochten, brachten beide Reaktionen gefährliche Vereinfachungen mit sich: Die neokonservative Schadenfreude nährte eine unilaterale Hybris, während die Abdankung der Linken in ihrer Verzagtheit den Kapitalismus seiner Kritiker beraubte.

Die antithetische Deutung des Kampfes von Kommunismus gegen Demokratie ließ gar zu leicht die gemeinsamen Wurzeln der beiden übersehen. Dabei ähnelten sie einander, weil sie beide Planskizzen für eine Modernisierung waren. Beide Philosophien stammten aus der Aufklärung, wobei der Sozialismus auf Rousseaus *volonté générale* (›Wille aller‹) zurückgriff und der Liberalismus auf Montesquieus *balance des pouvoirs* (›Gleichgewicht der Kräfte‹). Beide Ideologien teilten den Glauben an Wissenschaft und Technik, gründeten sich auf industrialisierte Ökonomien, trieben die soziale Organisation voran und bauten komplizierte Herrschaftssysteme auf. In der Praxis brachten beide Systeme ferner Nationalstaaten hervor, etablierten riesige Verwaltungsapparate, entwickelten schlagkräftige Armeen und versuchten die internationalen Beziehungen im Sinne ihres jeweiligen Interesses zu formen. Kein Wunder, dass beide Seiten im Laufe ihres langandauernden Wettkampfes voneinander hin und wieder rhetorische Bezüge und praktische Politikelemente borgen mussten. Folglich kam es zu einer gewissen funktionalen Konvergenz, als jede Seite ihre fortgeschrittene Industriegesellschaft aufbaute: Der Sowjetblock hielt die äußere Form der demokratischen Institutionen aufrecht, um behaupten zu können, er sei durch das Volk legitimiert, während die freie Welt den Wohlfahrtsstaat und seine Versorgungsleistungen einführte, um Klassenkonflikte zu mildern.[47]

Wie in der Propaganda üblich, haben Kommentatoren stattdessen die Unterschiede zwischen Sozialismus und Liberalismus hervorgehoben, um die Überlegenheit des jeweils eigenen Lagers darzutun. Im Osten wurde die wissenschaftliche Forschung von oben gelenkt, die Ökonomie geplant; Recht und Gesetz wurden instrumentalisiert, um dem großen Projekt des sozialistischen Aufbaus zu dienen. Im Westen konnten sich Technik und Wissenschaft frei entfalten, der Marktwettbewerb trieb das ökonomische Wachstum an, Individualismus kennzeichnete die sozialen Beziehungen, und das Rechtssystem blieb unabhängig, weil die Liberalen meinten, persönliche Initiative könne mehr zum kollektiven Wohl beitragen.

Um ihre politischen Ziele zu erreichen, betonten die Kommunisten den Internationalismus, ordneten die Verwaltung der Partei unter, bauten ideologisch gefestigte Streitkräfte auf und regierten ihr Reich durch Zwang von oben, weil sie glaubten, nur im Kampf lasse sich das bourgeoise System niederwerfen. Die Demokraten dagegen favorisierten nationale Selbstbestimmung, verließen sich auf eine unparteiische Beamtenschaft, bevorzugten Berufsarmeen und entwickelten ein *empire by invitation*, denn sie hielten freiwillige Kooperation für effizienter.[48]

Dass der Kommunismus als Strategie einer Modernisierung von oben scheiterte, lag zu einem hohen Maße daran, dass die Umsetzung seiner Versprechen viele Menschen enttäuschte. Der ausgebeuteten, stets mit der Gefahr der Erwerbslosigkeit konfrontierten Arbeiterklasse erschienen die Aussicht auf soziale Sicherheit und eine egalitäre Gesellschaft durchaus attraktiv. Für die Intellektuellen war das sozialtechnische Projekt, eine neue Ordnung zu schaffen, inspirierend, denn sie sollten darin eine zentrale Rolle spielen. Und die Oberhäupter von Entwicklungsländern schöpften angesichts der stalinistischen und später maoistischen Industrialisierung die Hoffnung, ganze Entwicklungsstufen überspringen und den fortgeschrittenen Westen einholen, gar an ihm vorbeiziehen zu können. In der Praxis des »real existierenden Sozialismus« jedoch ließen die Leistungen der Planwirtschaft viel zu wünschen übrig, denn sie eignete sich nicht dazu, genügend begehrte Konsumgüter herzustellen. Die Intellektuellen wiederum fanden sich der Partei untergeordnet, in ihren künstlerischen Stilen eingeschränkt und in ihrer Kritik am System zensiert. Und für die schon weiter entwickelten Satellitenländer bedeutete die ›Schornsteinindustrialisierung‹ einen Schritt zurück, der den Übergang zur Hightech-Ökonomie behinderte.[49]

Vielen Osteuropäern, die mit dem System auf der anderen Seite nicht vertraut waren, schien die westliche Version der Moderne daher so überlegen, dass sie sich nach ihr sehnten. Da sie wussten, dass Propaganda, namentlich die ihrer Führung, häufig übertrieb, taten sie die stereotypen Warnungen der Partei vor Drogen, Kriminalität, Arbeitslosigkeit und Ungleichheit ab. Was sie in den westlichen Medien, denen sie sich ständig aussetzten, ihren Filmen, TV-Serien und den Sendungen des Radio Free Europe wahrnahmen, was sie von Leuten hörten, die in den Westen hatten reisen dürfen, bot ein verlockendes Bild einer Welt, in der Wohlstand für alle, intellektuelle Diskussionen und technische Raffinesse zu Hause waren. Der Westen mochte vielleicht nicht perfekt sein, aber die Kombination aus Marktwettbewerb und individueller Freiheit schien eine Konsumentendemokratie hervorgebracht zu haben, gestützt von einem sozialen Sicherheitsnetz, die bunter und befriedigender wirkte als die triste Existenz unter kommunistischer Herrschaft. Da sie wussten, was sie nicht mochten, und zu bekommen hofften, was sie wollten, entschieden sich die Osteuropäer gegen den Marxismus-Leninismus und wählten stattdessen die liberale demokratische Moderne. Wenn sie diesen Sprung wagten, glaubten viele, würden sich ein paar sozialistische Sicherheiten doch bestimmt bewahren lassen, während man die Segnungen der westlichen Wettbewerbsgesellschaft genoss. Sie ahnten kaum, was für ein schwieriger Übergang vor ihnen lag.[50]

Die Transformation des Ostens

Neues polnisches Einkaufszentrum in den 1990er Jahren

Im Januar 2005 gab der indische Magnat Lakshmi Mittal bekannt, dass er gerade die Tadeusz-Sędzimir-Werke in Polen erworben habe. Das metallurgische Kombinat am östlichen Rand von Krakau, 1954 eröffnet und ursprünglich nach Lenin benannt, war einmal die größte Stahlfabrik des Landes, beschäftigte 40 000 Arbeiter und produzierte sieben Millionen Tonnen Stahl pro Jahr. Dicht daneben lag die Planstadt Nowa Huta (wörtlich ›neue [Eisen]-Hütte‹), ein stalinistisches Vorzeigeprojekt, wo eine Viertelmillion Menschen in Hochhauswohnungen lebten. Die Megasiedlung war lange Jahre ein Aushängeschild der kommunistischen Moderne gewesen, wie ihre Schwesterstädte Magnitogorsk in Russland und Eisenhüttenstadt in der DDR. Ironischerweise wurde der Distrikt während der 1980er eine Hochburg der oppositionellen Solidarność: Zwei Drittel der dortigen Arbeiter traten ihr bei. 1990 erhielten die Werke den Namen eines weltweit geachteten polnischen Ingenieurs. Schwieriger als die Umbenennung freilich gestaltete sich der Neuanfang des Betriebs. Trotz staatlicher Subventionen hielt er sich nur mit Mühe, denn er litt unter Überbesetzung, veraltetem Gerät, der geringen Qualität seiner Produkte und unter einem gewaltigen Schuldenberg von 1,5 Milliarden Złoty. Mittal musste den betagten Komplex verkleinern, vier Fünftel der Beschäftigten entlassen und viel Geld in neue Maschinen investieren. Aber der Großunternehmer wollte es mit den Tadeusz-Sędzimir-Werken versuchen – die Arbeitskosten waren vor Ort niedrig, und ohne Stahl würde Osteuropas Wirtschaft, das war abzusehen, nicht wieder auf die Beine kommen.[1]

Die Komplikationen des postkommunistischen Übergangs zu Demokratie und Markt verwandelten den erregenden Rausch der friedlichen Revolution weithin in deprimierte Enttäuschung. Während des demokratischen Aufbruchs hatten viele Osteuropäer sich erträumt, sie könnten künftig an der Politik partizipieren, dank materieller Prosperität sich am Konsum erfreuen, dank des Individualismus verschiedene Lebensstile pflegen, dank des Pluralismus künstlerische Experimente machen und dank des internationalen

Friedens den Kalten Krieg als beendet betrachten. Doch erlebten sie in den folgenden Jahrzehnten allzu oft politische Instabilität, ökonomische Zusammenbrüche, Arbeitslosigkeit, steigende Kriminalitätsraten, soziale Kälte, seichten Kommerzialismus in den populären Medien und neue Arten von ethnischen Kriegen. Kein Wunder, dass bald eine hitzige Kontroverse darüber entbrannte, wem diese Fehlentwicklungen anzulasten seien. Die antikommunistischen Kommentatoren wiesen die Schuld dem desaströsen Erbe des Sozialismus zu, während die Postkommunisten bestimmte Fehler bei der Transformation und die Unbarmherzigkeit des kapitalistischen Systems für jene Enttäuschungen verantwortlich machten.[2]

Beide Seiten konnten ihre Behauptungen mit Belegen von beachtlicher Triftigkeit untermauern, denn die Transformation war durchaus ein in sich widersprüchlicher Prozess. Die antikommunistischen Beobachter verwiesen auf die allgegenwärtigen Hinterlassenschaften des untergegangenen Systems: verfallende Wohngebäude, stillgelegte Militärbasen, verseuchte Industriegelände sowie heruntergekommene Infrastruktur. Dem sozialistischen Regime lasteten sie den weiterhin allobwaltenden Autoritarismus, die opportunistische Konformität, die Gewohnheiten der Korruption und den geistlosen Kollektivismus an; die staatlich geführten Industrien, betonten sie, seien veraltet, überbesetzt, überteuert und nicht wettbewerbsfähig. Die postkommunistischen Apologeten zeigten sich hingegen entsetzt über die neuen Ungleichheiten des Wohlstands. Die erlebte Instabilität führten sie auf einen medienbefeuerten Populismus und den unangemessenen Einfluss bestimmter Interessengruppen zurück. Sie attackierten ebenso die Destruktivität der ökonomischen »Schocktherapie«, eiferten gegen die Exzesse des Kasinokapitalismus und beklagten die unverhohlene Gier, die sich bei den Privatisierungen offenbare.[3] Da die Urteile von der ideologischen Einstellung oder persönlichen Erfahrung derer, die sie fällten, abhingen, priesen die ehemaligen Regimegegner die Chancen auf ein besseres Leben, während die Verteidiger des Kommunismus die Ungerechtigkeiten des Kapitalismus anprangerten.

Tatsächlich haben das schlimme Erbe des Kommunismus *und*

die Irrtümer beim Übergang in eine völlig unbekannte Welt den postkommunistischen Weg zu Demokratie und Kapitalismus kompliziert. Das »Dilemma der Gleichzeitigkeit« verlangte einen Wandel in gleich mehreren Bereichen: von der Diktatur zur Demokratie, von der Plan- zur Marktwirtschaft und in Einzelfällen auch von einem multiethnischen Imperium zu einem oder mehreren Nationalstaaten – eine solche Mannigfaltigkeit der Aufgaben musste zwangsläufig enorme Schwierigkeiten hervorrufen. Außerdem zeigten die frisch unabhängigen Staaten ein überraschendes Maß an »Pfadabhängigkeit«, sie neigten also zur Fortsetzung älterer, nicht selten problematischer Verhaltensweisen. So kam es, dass es Ländern, die geografisch wie geistig dem Westen näher waren und in denen bereits eine zivilgesellschaftliche Tradition existierte – etwa den baltischen Staaten, Polen, Tschechien und Ungarn –, gelang, liberale Systeme samt parlamentarischer Kontrolle und Marktwettbewerb zu etablieren. Im doppelten Sinne entferntere Staaten, die über weniger demokratische Erfahrung verfügten – wie die Slowakei, Bulgarien und Rumänien –, hielten an autoritäreren Regierungsstilen fest, und die Länder im jugoslawischen und russischen Umfeld hinkten noch weiter hinterher.[4] Wer drei Jahrzehnte nach der friedlichen Revolution bilanziert, was die Übernahme westlicher Muster ergeben hat, stellt fest, dass die Resultate doch gemischter sind als ursprünglich erwartet.

Im Wesentlichen war die postkommunistische Transformation ein Übergang von der kommunistischen zur liberal-demokratischen Version der Moderne. Der Schwenk von der geschlossenen Diktatur zur »offenen Gesellschaft« erforderte mehr als eine »aufholende Revolution«, denn das Ensemble aus der Wiedergeburt der Zivilgesellschaft, der Vermittlungsfunktion des Runden Tisches und der Legitimation durch freie Wahlen schuf einen neuartigen Typus von Systemwechsel – nämlich die »friedliche Revolution«.[5] Der Prozess gestaltete sich so schwierig, weil Osteuropa nicht nur »rückständig« war, sondern eigentlich einen komplett anderen Weg der Entwicklung genommen hatte. Diesen nun lehnten seine Bürger am Ende ab, weil sie den westlichen *way of life* bevorzugten. Bei dem anstehenden Systemwechsel mussten die postkommunistischen Länder ihre politischen Gefüge demokratisieren, ihre Ökonomien wettbewerbsfähig machen, ihre Kulturen pluralisieren und einen Platz in der internationalen Ordnung finden. Die große Herausforderung lag nicht in ambitionierten sozialtechnischen Projekten, wie die totalitären Diktaturen sie verfolgt hatten, sondern in der Bewältigung eines Übergangs von einer Moderne zur anderen. Dafür gab es keine Modelle, Pläne und Entwürfe, weil dergleichen eben noch nie da gewesen war.[6]

Politische Demokratisierung

Wie sich der Prozess der Demokratisierung gestaltete, hing wesentlich ab von den einschlägigen historischen Erfahrungen eines Landes, vom Elan der revolutionären Bewegung und der verbliebenen Macht der kommunistischen Eliten. Dort, wo es schon einmal wenigstens in Teilbereichen Selbstverwaltung gegeben hatte, die Opposition Stärke besaß und die Nomenklatura aus den Ämtern vertrieben hatte, gelang der Aufbau einer funktionierenden Demokratie überwiegend. Dies war weitgehend der Fall in den baltischen Staaten, in Polen, in Tschechien und zunächst auch in Ungarn. In Ländern, in denen Protest und zivilgesellschaftliches Engagement weniger kraftvoll daherkamen und die Staatspartei stärker war, dauerte die Transformation länger und blieb oft unvollständig. Die Slowakei, Bulgarien und Rumänien waren Beispiele für einen solchen zähen Übergang. Und dort, wo auch früher kaum Selbstverwaltung existiert hatte, die Volksbewegung schwach war und die bisherige Elite sich ihre Macht bewahrte, kam die Demokratisierung nur langsam voran. Weißrussland und die Ukraine blieben daher de facto Diktaturen, während in Jugoslawien ein postkommunistischer Populismus einen Bürgerkrieg auslöste.[7] Anders als die großen Erwartungen von 1989 es vermeint hatten, erwies sich der Aufbau einer demokratischen Regierung als ein Vorgang voller Schwierigkeiten und Enttäuschungen.

Beim Entwerfen der neuen Verfassungen kombinierten die Reformer entsprechende Regelwerke aus der eigenen Geschichte mit

Modellen, die sie sich bei Westeuropa und den Vereinigten Staaten abschauten. Der erste Schritt bestand in einer Revitalisierung der parlamentarischen Institutionen, die die Kommunisten hinterlassen hatten, indem man freie Diskussion und freie Wahlen einführte. In den osteuropäischen Staaten mit den stärksten Dissidentengruppen schlugen die vereinigten Oppositionsbewegungen bei den ersten demokratischen Urnengängen die postkommunistischen Parteien. Während der Jahre 1990–1992 wurden überall im ehemaligen Ostblock neue Verfassungen beschlossen, um dem politischen Wettbewerb eine stabile Ordnung zu verschaffen. Etwas schwer tat man sich in Polen, wo erst der zweite Versuch von 1997 gelang. Die meisten der kleineren Staaten führten ein Einkammersystem ein, ein paar der größeren hingegen, wie Polen und Rumänien, bevorzugten zwei Kammern. Rund ein Drittel der Länder entschied sich für den strikt parlamentarischen Modus, während zwei Drittel die Wahl des Präsidenten durch Volksabstimmung erlaubten. Den meisten erschien ferner eine Mischung aus bezirksbezogener Mehrheits- und Verhältniswahl angemessen. Alle Länder jedoch vereinbarten Sperrklauseln für den Parlamentseinzug, die hier bei drei, dort bei fünf Prozent lagen.[8] Bei den formalen Bestimmungen versuchte man auf die besten und bewährtesten Praktiken des Westens zurückzugreifen.

Den neuen politischen Parteien gelang es nur graduell, ihre Programme zu stabilisieren und sich eine konstante Wählerschar zu sichern. Vielmehr erwiesen sich die Anhängerschaften als wankelmütig, und oft zählte beim Stimmvolk eher die starke Persönlichkeit als die Ideologie. Sammlungsformationen der bürgerlichen Rechten, die sich erstmals in der kurzen Etappe zwischen dem Ende des Zweiten Weltkriegs und der kommunistischen Machtergreifung gegründet hatten, erschienen nach 1990 überraschend wieder auf der Bildfläche, beispielsweise in Ungarn die »Unabhängige Partei der Kleinlandwirte, der Landarbeiter und des Bürgertums« (kurz FgKP). Zwar gewannen vereinigte Oppositionsbewegungen wie in der Tschechoslowakei das »Bürgerforum« die ersten demokratischen Urnengänge haushoch, und populäre Führer wie Lech Wałęsa von der Solidarność wurden die ersten frei gewählten Präsidenten ihres Landes nach Ende der Diktatur. Doch kaum hatten diese Dachorganisationen die Unterstützer der kommunistischen Regime besiegt, neigten sie dazu, auseinanderzulaufen. Als etwa in Prag Václav Klaus und seine Anhänger sich zum Neoliberalismus bekannten und für einen harten Übergang zur Marktökonomie votierten, mochten ihnen nicht mehr alle Mitglieder des Bürgerforums folgen. Daneben gründeten mehrere katholische und nationalistische Gruppen konservative Parteien, unter ihnen Vladimír Mečiars populistische »Bewegung für eine Demokratische Slowakei«, die auf Unabhängigkeit drängte.[9] In den baltischen Staaten stellte der Streit der ethnischen Majoritäten mit der russischen Minderheit den Hauptkonfliktpunkt dar. Aber nach vielen anfänglichen Fluktuationen stabilisierte sich das Parteiensystem doch, und es bildete sich ein Links-Rechts-Spektrum heraus wie in Westeuropa.

Ironischerweise spielten im Osten nach 1990 auch die postkommunistischen Parteien eine wesentliche Rolle bei der politischen Demokratisierung, zumal sie einen beträchtlichen Teil der bisherigen Eliten repräsentierten. Da der Kommunismus nach sowjetischer Art diskreditiert war, erfanden sich die ehemaligen Staatsparteien überall mit dem Anspruch neu, mittlerweile einen anderen, reformierten Sozialismus zu vertreten, nach dessen Bezeichnung sich beispielsweise die SED in »Partei des Demokratischen Sozialismus«, kurz PDS, umbenannte. Wo solche Formationen die erste Wahl gewannen, wie in Bulgarien und Rumänien, gestaltete sich der anschließende Übergang schleppend und unvollständig, denn ihr Sieg verfestigte die kommunistische Dominanz und verhinderte eine grundlegende Erneuerung der Eliten. Wo sie aber verloren, wie in Ungarn, Polen und in der Tschechoslowakei, ging die Transformation schneller und erfolgreicher vonstatten, denn die nunmehr zur Macht gelangten Ex-Oppositionellen beharrten auf einem gründlicheren Regimewechsel und einem Umbau der Staats- zur Marktökonomie. Wegen der Schwierigkeiten bei diesem Übergang gewannen die neustrukturierten Postkommunisten oft die zweiten Runden der Wahlen dann doch wieder. So entstand ein robuster Wettbewerb zwischen den politischen Parteien, der den

Fortgang der Reform in Fahrt hielt und die Gefahr minderte, dass eine einzelne Gruppierung den Staat als Selbstbedienungsladen benutzte.[10]

Die Attraktivität der Europäischen Union war ein weiterer wichtiger Faktor, der die Demokratisierung der postkommunistischen Staaten vorantrieb. »Der Westen« fungierte grundsätzlich als Lehrbeispiel eines Lebens in Freiheit und Wohlstand – und genau das strebten die sich transformierenden Staaten in allererster Linie an. Nachbarn wie Deutschland und Österreich halfen mit Austauschprogrammen, wenn es galt, östlichen Eliten das nötige Know-how zu vermitteln und Kontakte zwischen politischen Parteien herzustellen, durch die sich Netzwerke knüpfen ließen. Auch Investitionen wurden getätigt, um die Neulinge mit internationalen Geschäftspraktiken vertraut zu machen. Auch passiv übte die EU einen beträchtlichen Druck aus, eben durch die Vorteile, die eine Mitgliedschaft versprach, denn ein osteuropäisches Land konnte nur hoffen, diese zu erlangen, wenn es eine stabile Demokratie hatte und sein ökonomisches Leistungsbild mit westlichen Levels mithalten konnte, wenn es also den »Kopenhagener Kriterien« genügte. Hatten sich die lokalen Eliten einmal zum Beitritt entschlossen, setzte sich ein aktiver Hebel in Gang, denn nun mussten die Aspiranten ihre Bereitschaft erklären, den expliziten EU-Rechtsstandard zu akzeptieren und umzusetzen, den sogenannten *acquis communautaire* (deutsch »Gemeinschaftlicher Besitzstand«).[11] Dieses Zugangsbedingungswerk beeinflusste intensiv die Politik vor Ort, denn es stattete die reformwilligen Gruppen mit unwiderlegbaren Argumenten aus.

Beim Übergang gelang es den ostmitteleuropäischen Ländern, liberale Demokratien hervorzubringen, indem sie Entscheidungen trafen, die pluralistische Lösungen geradezu erzwangen. Legte man Kriterien zugrunde wie die Beachtung der Menschenrechte, konnte man den baltischen Ländern, Polen, Ungarn und Tschechien bescheinigen, dass sie offene Gesellschaften geschaffen hatten. In all diesen Staaten existierten starke antikommunistische Oppositionsbewegungen, die eine friedliche Machtübergabe aushandeln konnten; anschließend drängten sie auf entschiedene Reformmaßnahmen, die ihnen teilweise schon in Anbetracht des Zusammenbruchs ihrer Ökonomien erforderlich erschienen. So etablierte sich eine institutionelle Struktur, die dynamischen Wettbewerb erlaubte, an dem sich sogar die postkommunistischen Rivalen der nunmehr führenden bürgerlichen Parteien beteiligten. Auch widerstanden in diesen Staaten die Eliten weitgehend der Versuchung, sich mit nationalistischer Intoleranz gegenüber Minderheiten bei der Mehrheit lieb Kind zu machen. Die neuen Regierungen unternahmen energische wirtschaftliche Reformen, indem sie die Ökonomie dem Risiko des freien Spiels der Marktkräfte aussetzten. Bei diesem resoluten Kurs scheuten sie keine Konflikte, aber nahmen die unvermeidlichen Veränderungen doch so vor, dass die Bevölkerung sie als notwendig verstand. Das Wagnis wurde international belohnt mit Lob, Hilfe und ausländischen Investitionen.[12]

Waren diese Faktoren nicht gegeben oder wurden erste Fortschritte gar rückgängig gemacht, blieb die Transformation unvollständig, und eine illiberale Demokratie kam heraus, die die Form wahrte, ohne die Substanz zu bieten. In Rumänien, in Bulgarien und in der Slowakei war die Opposition zu schwach, um das Ruder zu übernehmen. Dadurch konnten die umbenannten Kommunisten an der Macht bleiben, oder Populisten traten an ihre Stelle. Offiziell ging die kommunistische Diktatur zwar zu Ende, es gab Wahlen, und neue Parteien bildeten sich, aber die bisherigen Eliten kontrollierten immer noch die Regierung und bereicherten sich weiterhin am Staat. Dies taten etwa Präsident Ion Iliescu in Bukarest und die Sozialistische Partei in Sofia. Populisten wie Mečiar in Bratislava wiederum fachten nationalistische Ressentiments gegen Minderheiten an. Ohne Zweifel ein Desaster war der Übergang in Jugoslawien. In Weißrussland wiederum errichtete Alexander Lukaschenko eine Diktatur, und nach 2000 etablierte Wladimir Putin in Russland ein autoritäres und nationalistisches Regime. Doch nicht überall in Osteuropa scheiterte die Demokratie: Die Weiterentwicklung Sloweniens, die Neugestaltung der Slowakei und die Entwicklung Kroatiens bewiesen, dass Fortschritt, obzwar mit Verzögerung, sogar in den Balkanländern möglich war.[13]

Die Führungsfigur, die das osteuropäische Engagement für demokratische Werte am besten verkörperte, war der tschechische Intellektuelle Václav Havel. 1936 in Prag als Sohn eines wohlhabenden Unternehmers geboren, wandte er sich erst dem Schreiben zu und verfasste einige erfolgreiche Dramen in der Tradition des absurden Theaters. Ab 1968 aber hatte er Schreib- und Aufführungsverbot, und nun wurde der bis dahin eher sporadisch politikaktive Havel zum Dissidenten. Der Kommunismus verurteile die Menschen dazu, »in einer Lüge zu leben«, kritisierte er öffentlich; mehrfach musste er wegen solcher Äußerungen ins Gefängnis. Als einer der Gründer der Charta 77 verarbeitete er seinen Kampf für die Menschenrechte in bewegenden Essays wie »Moc bezmocných« (wörtlich ›Die Macht der Machtlosen‹, dt. Titel: »Versuch, in der Wahrheit zu leben«). Die Achtung, die er dank seiner Zivilcourage genoss, ebnete ihm nach der Samtenen Revolution den Weg an die Spitze der Republik: 1989 zum Präsidenten gewählt, konnte er die Wende hin zur Demokratie leiten. Sein internationaler Ruhm ermöglichte ihm ferner, eine führende Rolle bei der Auflösung des Warschauer Pakts zu spielen; die Sezession der Slowakei allerdings konnte er nicht verhindern. Zweimal bestimmten die Wähler ihn erneut zum Präsidenten, dann wurde er von dem Neoliberalen Václav Klaus abgelöst. In seiner Bereitschaft, alte und schädliche Zwistigkeiten auszuräumen, trat er sogar für eine Versöhnung mit den Sudetendeutschen ein. Durch seine moralische Integrität hat Václav Havel viel dazu beigetragen, die tschechische Demokratie zu konsolidieren.[14]

Ökonomischer Wandel

Die (Wieder-)Einführung des modernen Kapitalismus erwies sich als noch schwieriger als der politische Übergang, denn sie bedeutete eine doppelte Herausforderung: Nötig war eine Transformation erstens vom Plan zum Markt und zweitens von der Protektion im Ostblock zum globalen Wettbewerb. Die Konversion von einem Planungs- zu einem Marktsystem beendete das politische Zuweisungs- und Finanzierungswesen, in dessen Rahmen z. B. Lebensmittel subventioniert worden waren; nun mussten die tatsächlichen Produktionskosten mit in Betracht gezogen werden. Dieser Schwenk revolutionierte die gesamte Preisstruktur der Ökonomie: Komparative Effizienz verdrängte ideologische Konformität, und die Unternehmen durften nach Profit streben sowie Sozialleistungen fallen lassen. Gleichzeitig waren die Ostwährungen neuerdings konvertibel, was dem Protektionismus ein Ende machte. Das setzte die schwerfälligen staatseigenen Betriebe dem harten globalen Wettbewerb aus und offenbarte meist ihre Ineffizienz. Oft konnten asiatische Hersteller dank niedriger Lohnkosten und technischer Innovationen so billige Produkte in solch hoher Qualität herstellen, dass die osteuropäischen Länder nicht mitzuhalten vermochten. Zwar konnten einzelne Betriebe bei Preisen und Qualität aufschließen, doch die meisten Industriegiganten des Ostens blieben bald auf der Strecke; zu sehr waren sie abhängig von Subventionen gewesen.[15]

Jene mangelnde Wettbewerbsfähigkeit bewirkte einen Liberalisierungsschock, der das Bruttoinlandsprodukt um mehr als ein Viertel verminderte, und dies wiederum ließ die Lebensstandards schmerzlich sinken. Die Kommunisten waren immer so stolz auf ihre selbst geschaffene fortgeschrittene Industriegesellschaft gewesen, nur hatten sie eine anachronistische Struktur aus Industrie- und Agrararbeit bewahrt, die der Westen längst hinter sich gelassen hatte, indem er zur Dienstleistungswirtschaft übergegangen war. Auf der Mikroebene, also in den einzelnen Betrieben, war ein Großteil der Maschinen veraltet, die Arbeitsproduktivität unverändert niedrig, während die technische Innovation hinter dem Weltstandard weit zurückblieb, weshalb die Produkte unattraktiv waren. Auf der Makroebene, also dem Aktionsfeld des Staates, schleppten viele Länder, etwa Ungarn und Polen, weiterhin exzessive Auslandsschulden mit sich herum, während im Inland extensive Sozialleistungen, Preisstützen sowie die Kosten des Militär- und Geheimpolizeiapparats die Budgets strapazierten. Da es die Konsumenten nach westlichen Produkten gelüstete, blieben die einheimischen Waren oft unverkauft liegen, was zahlreiche lokale Produzenten empfindlich traf. Schließlich kollabierte das gesamte Handelssystem des Comecon, als die östlichen Abnehmer mehr und mehr Produkte aus dem Weltmarkt importierten. In der Folge ging ungefähr die Hälfte aller Betriebe bankrott, und die Arbeitslosenquote schnellte hoch auf rund 20 Prozent.[16]

Eine besonders schwierige Aufgabe war die Privatisierung, denn das Fehlen jeglicher Präzedenzfälle erschwerte die Entscheidung, wie man vorgehen sollte. Laut der neoliberalen Doktrin mussten staatseigene Posten an Private veräußert werden, die dann den jeweiligen Betrieb wettbewerbsfähiger zu machen hatten; eine Mischwirtschaft durfte man höchstens vorübergehend dulden. Am einfachsten war die Konversion noch im kleinwirtschaftlichen Bereich, denn die einst kollektivierten Bauern, Handwerker und Ladenbesitzer wussten weitgehend noch selber, wie man unabhängig Geschäfte machte. Problematischer gestaltete sich die Privatisierung von Staatsbetrieben durch die Ausgabe von Volksaktien, wie sie in Polen und der Tschechoslowakei versucht wurde. Dabei kam nämlich nicht genügend Geld für Fonds zusammen, aus denen sich Modernisierungen hätten finanzieren lassen; zudem wurden Investoren abgeschreckt. Die gewaltigste Herausforderung aber war der Massenverkauf »volkseigener« Unternehmen an Investoren, der z. B. in Ostdeutschland von einer staatlichen Anstalt namens »Treuhand« beaufsichtigt wurde. Verlief dieser Prozess wie gedacht, generierte er Kapital und zog ökonomisches Know-how an, sodass die Betriebe wieder wettbewerbsfähig wurden. Vielfach trübten allerdings gewisse Insider-Deals den Ruf der Privatisierung: Zu oft gelang es hohen Partei- oder Geheimpolizeileuten, an Staatseigentum zu kommen, und dann konnten sie selbst mit Vorsprung als Kapitalisten starten. Dennoch war diese gigantische Transformation von der Staats- zur Privatökonomie eine Vorbedingung für die wirtschaftliche Erholung.[17]

Ein weiterer bedeutsamer Faktor waren ausländische Investitionen, denn Außenkapital wurde dringend gebraucht, um die ökonomische Transformation zu stützen. Während der Internationale Währungsfonds (IWF) und die Weltbank einige Anleihen gegenfinanzierten und beträchtliche Kredite bereitstellten, kam aus dem Ausland getätigten Direktinvestitionen in einheimische Unternehmen noch größere Wichtigkeit zu. Einige internationale Investoren wie die italienische Firma Benetton waren primär am Zugang zum neuen Markt im Osten interessiert, damit sie Brückenköpfe für den Verkauf ihrer Produkte in einer sich entwickelnden Wirtschaft setzen konnten. Andere Firmen wie Adidas versuchten die relativ niedrigen Lohnkosten im Osten und die geografische Nähe jener Länder zum Westen zu nutzen, indem sie arbeitsintensivere Produktionszweige – beispielsweise die Herstellung von Sportartikeln, namentlich von Schuhen und Bekleidung – dorthin verlagerten. Relativ selten wurde eine osteuropäische Produktion um ihrer selbst willen gegründet – zu unklar war, wie sich jener Markt künftig entwickeln würde. Während US-amerikanische und westeuropäische Finanziers weitgehend uninteressiert blieben, kamen die meisten Investitionen aus Deutschland. Volkswagen etwa kaufte den am Boden liegenden tschechischen Autobauer Škoda und führte ihn zurück in die Profitabilität.[18] Oft waren diese Engagements die Belohnung für bereits geleistete oder zumindest auf dem Weg befindliche Reformen.

Eine berühmte Methode, den Übergang zu bewerkstelligen, war die »Schocktherapie«, die namentlich amerikanische neoliberale Ökonomen wie Jeffrey Sachs empfahlen. Dieser radikale Ansatz nutzte Deregulierung, Privatisierung und ausgeglichene Haushalte, um eine rasche Transformation bewirken und schnellstmöglich Schwung in die wirtschaftliche Erholung bringen zu können, statt den Prozess sich hinziehen zu lassen. Mit dem drohenden Industriekollaps und hoher Inflation konfrontiert, versuchten die polnische und die tschechische Regierung sich zunächst an einer solchen Politik, aber schon bald sank der Lebensstandard so drastisch, dass sich die Reformer gezwungen sahen, doch wieder einen moderateren Kurs zu fahren. Die baltischen Staaten, Estland vorneweg, begannen ihre brachiale Restrukturierung etwas später, doch fiel ihr Bruch mit dem Bisherigen nicht minder radikal aus: Sie liberalisierten die Märkte, beschnitten die Sozialausgaben, führten niedrige Steuersätze ein und unternahmen noch ein paar weitere wirtschaftsfördernde Maßnahmen. Ein Teil ihrer Bemühungen galt dem Ziel, die russische Oberherrschaft zu beenden. Skandinavische Ostseenachbarn halfen mit Investitionen. Hinzu kam, dass die estnischen, lettischen und litauischen Arbeiter über ein hohes Bildungs- und Ausbildungsniveau sowie viel technische Erfahrung verfügten. All diese Faktoren zusammengenommen führten schließlich dazu, dass es den Balten durch jenen harschen Ansatz gelang, ihre Ökonomien zu revitalisieren.[19]

Ein anderer, letztlich auch erfolgreicher Weg lag in einem moderateren Verfahren ökonomischer Umgestaltung, das größere Teile des Wohlfahrtsapparates intakt ließ. Gegenüber den Balkanstaaten hatten die meisten Länder Ostmitteleuropas einige Vorteile: Sie waren auf einem höheren Niveau industrialisiert und hatten sich in der Kleinwirtschaft sowie im Agrarbereich auch unterm Kommunismus einige Marktelemente bewahrt. Dass in der Politik nun Pluralismus herrschte, verhinderte die Plünderung des öffentlichen Vermögens durch die Bürokratie einer einzigen, »Staatsalimentierung« suchenden Partei. Auch wenn die Privatisierung eher schrittweise voranging und Management-Buyouts vorherrschten, wurde sie doch nicht minder resolut vollzogen. Wegen ihrer Nähe zum Westen zogen diese Staaten die meisten westlichen Direktinvestitionen in den ehemaligen Sowjetblock an. Die Industriegebiete östlicher Städte wie Posen wurden regelrecht zu Oasen für westliche Industriegiganten wie VW, GlaxoSmithKline oder Bridgestone. Zuvor waren viele dynamische junge Leute abgewandert, allmählich aber stoppte die geschilderte Entwicklung diesen *brain drain*. Der Lebensstandard erreichte schließlich zwei Drittel dessen, was der Westen aufbot.[20] Auf diese Art erwarben sich Polen, Tschechien und die Slowakei einen Ruf als Musterschüler eines gelungenen Übergangs.

Andere postkommunistische Staaten hingegen scheiterten leider weitgehend bei ihrer ökonomischen Restrukturierung, weil sie die notwendigen Schritte nicht entschlossen genug angingen. Die Balkanländer hatten das Handicap, von einem niedrigeren Entwicklungslevel aus zu starten und quasi als verlängerte Werkbank des Westens zu fungieren. In Rumänien und Bulgarien blieb dank der unvollständigen politischen Transition auch die alte Sucht nach Staatsalimentierung und sozialen Subventionen erhalten. In den ehemaligen jugoslawischen Staaten verhinderte während der

1990er eine Reihe von Kriegen die innere Entwicklung, was ausländische Investoren abschreckte. Der Mangel an Rechtssicherheit und die vielen Insider-Privatisierungen wiederum ermutigten die Korruption und steigerten nicht gerade die Bereitschaft der internationalen Organisationen, helfend einzugreifen. Daher schleppte sich die Erholung träge dahin, die persönlichen Einkommen verharrten auf niedrigem Niveau, und die Kluft zum Westen blieb breit. Slowenien jedoch gelang es, sich durch eine korporatistische Strategie interner Investitionen selber aus dem Sumpf zu ziehen, und auch Kroatien kam allmählich wieder auf die Beine. Rumänien und Bulgarien hingegen schienen in permanentem Stillstand gefangen, während Serbien, Bosnien und der Kosovo erst einmal ihre Kriegswunden ausheilen lassen mussten.[21]

Bilanziert man die drei Jahrzehnte nach dem Sturz des Kommunismus im Hinblick auf die ökonomische Transformation, kommt man wohl zu einem gemischten Befund: Einige Länder haben Fortschritte gemacht, andere sind zurückgefallen. Die Deindustrialisierung gleich zu Beginn, der Anstieg der Inflation und die weitverbreitete Arbeitslosigkeit während der Umstellung von der Plan- auf die Marktwirtschaft haben allerhand »kreative Zerstörung« bewirkt. Die pessimistische Diagnose eines »Umwegs von der Peripherie zur Peripherie« freilich ist eine zu große Vereinfachung und trifft nur auf die erfolglosen Länder zu.[22] In den Staaten des Baltikums, Mittelosteuropas und teilweise auch des Balkans gab es zeitweise ein rascheres Wachstum als im Westen, und die Schere der Lebensstandards zwischen Ost und West schloss sich um ein gehöriges Stück. Natürlich gab es einige Rückschläge und Krisen, aber im Großen und Ganzen hat sich der einmal begonnene Fortschritt verstetigt. Das Erscheinungsbild Polens, Tschechiens und Ungarns hat sich dramatisch verbessert: Die alten Hauptstädte Warschau, Prag und Budapest erleben gerade einen zweiten Frühling. Fabriken werden gebaut, Häuser haben einen neuen Anstrich, und glänzende Autos stehen am Straßenrand. Die dynamische Auswirkung kapitalistischen Wettbewerbs ist überall sichtbar.

Soziale Restratifizierung

Die politischen und ökonomischen Transformationen veränderten auch das Verhältnis des Einzelnen zur Gesellschaft grundlegend, das sich fundamental neu orientierte: Statt Kollektivismus wurde nun Individualismus der Leitwert. Von Kindheit an hatten im Sowjetblock Kollektive das Leben des Menschen beherrscht, die er nacheinander durchlief: Kindergarten, Jugendgruppen der Partei, Gewerkschaft und andere Einrichtungen, in denen man Zwangsmitglied war. Das System übte, um die Konformität aufrechtzuerhalten, massiven Druck aus und verhängte harte Sanktionen gegen Außenseiter, sei es gegen praktizierende Christen, Künstler oder Homosexuelle. Aber dank des plötzlichen Schwenks hin zu Pluralismus und ökonomischem Wettbewerb verschwand der Gruppenzwang: Der Einzelne bekam die Freiheit, seine persönlichen Träume zu verwirklichen, und strebte nun nach Individualität und Originalität. Kollektivistische Überlebensmechanismen wie der, nur ja nicht aufzufallen oder gar herauszustechen, wurden obsolet; ab sofort mussten Techniken der Selbstbehauptung gelernt werden. Der Zuwachs an Freiheit hatte einen hohen Preis, nämlich den Verlust des sozialen Zusammenhalts. Beispielsweise fielen der ökonomischen Transformation eine Reihe bisher garantierter Wohlfahrtsleistungen zum Opfer.[23] Obwohl die Individualisten glücklich waren, frei zu sein, fühlten sich viele Osteuropäer unsicher in dieser neuen kompetitiven Umgebung.

Eine unmittelbare Folge des Übergangs zur Marktwirtschaft war das drastische Schrumpfen der osteuropäischen Wohlfahrtssysteme, und das zu einem Zeitpunkt, da man ihren Beistand dringendst gebraucht hätte. Dass zu Beginn der Wende die Industrieproduktion um über ein Drittel zurückging, verminderte die Einnahmen der Regierungen, zumal gleichzeitig die Steuerordnung vereinfacht wurde. Außerdem drängten sie internationale Kreditgeber wie der IWF, ihre Haushaltsdefizite zu begrenzen. Daher sahen sich alle postkommunistischen Staaten gezwungen, ihre Wohlfahrtsleistungen zu reduzieren. Man kürzte die Dauer des Arbeitslosengeldbezugs, senkte die Renten, beschnitt die Gesundheitsfürsorge und die öffentliche kostenfreie Kinderbetreuung. Ebenso strichen die ums Überleben kämpfenden Fabriken ihre Sozial- und Kulturprogramme, und selten fanden sich private Anbieter, die sie weiterführten. Konfrontiert mit einer galoppierenden Inflation und dem Wegfall von Subventionen, mussten viele Einrichtungen, die ihre Dienste bisher kostenlos anboten, inzwischen Gebühren verlangen, die sich jene, die ihrer bedurften, oft nicht leisten konnten. Tatsächlich blieb den Reformregierungen nichts übrig, als den extensiven kommunistischen Wohlfahrtsstaat auf ein Niveau zurückzustutzen, das die wirtschaftliche Kapazität zu tragen vermochte.[24] Diese Veränderungen wurden nicht als Befreiung erlebt, sondern als herber Verlust.

In Bestandsaufnahmen der Transformation herrschten oft die Beschwerden jener vor, die zu den Verlierern der sozialen Restrukturierung gehörten und die beklagten, dass es für sie nur noch abwärtsgehe. Besonders zahlreich unter ihnen waren Mitglieder der kommunistischen Nomenklatura, etwa Parteikader und Offiziere der Geheimpolizei und des Militärs, die ihre komfortablen Jobs verloren oder in den vorzeitigen Ruhestand geschickt wurden. Viele der entlassenen intellektuellen und akademischen Apologeten des alten Systems kritisierten lautstark die Ungerechtigkeiten der Transformation, die namentlich die postkommunistischen Parteien krass benachteilige. Ebenso hart traf jene Anpassung die erwerbslosen Arbeiter der Schornsteinindustrie und der kollektivierten Landwirtschaft; ihre Stellen waren verschwunden, ihre Fähigkeiten nicht mehr gefragt. Nicht besser erging es alten Menschen mit festen Rentenbezügen, deren Erträge die Inflation auffraß, sodass sie finanziell kaum noch über die Runden kamen; besonders Frauen waren betroffen. So breitete sich Armut aus im unteren Viertel der Bevölkerung, das sich von der gerade geschehenden ökonomischen Erholung ausgeschlossen fand; viele sahen sich gezwungen zu emigrieren. Der Index zur Messung sozialer Ungleichheit, der sogenannte Gini-Koeffizient, stieg daher in allen Übergangsländern.[25]

Andererseits gab es auch genügend Gewinner, die von der Transformation profitierten und am Fortgang der Reformen interessiert waren. Viele Opfer der kommunistischen Diktatur bekamen die Chance, jene Karrieren zu machen, die diese bislang verhindert hatte, und Entschädigungen zu erhalten; prominente Dissidenten konnten sich um politische Ämter bewerben. Nicht wenige osteuropäische Unternehmer nutzten die Gelegenheiten, die ihnen der Kapitalismus bot, um riesige Vermögen anzuhäufen. Bald bildeten sie eine eigene Klasse von Neureichen, die ihren Erfolg zur Schau stellten, indem sie in brandneuen Luxuslimousinen herumkutschierten. Dynamischen Angestellten, die bei internationalen Firmen einen Platz fanden und nun wesentlich mehr verdienten als früher, nutzte die ökonomische Konversion ebenfalls, und junge Leute, die eine Ausbildung im Ausland ergattern konnten, hatten nach ihrer Rückkehr bessere Chancen, beruflich aufzusteigen, da sie die globalen Standards kennengelernt hatten. Schließlich profitierte auch die Bevölkerung allgemein, wie die hohen Verkaufszahlen bei TV-Geräten, Geschirrspülmaschinen und Autos bewiesen.[26] Obwohl der Weg der Transformation dornig war, legte die beträchtliche Wählerunterstützung für neoliberale Parteien den Schluss nahe, dass der Prozess eine sich selbst verstärkende Zustimmung schuf.

Die Frauen befanden sich in einer besonders paradoxen Situation, denn der Übergang zu westlichen Sozialmustern brachte ihnen sowohl Nachteile als auch Vorteile. Einerseits hatten die Kommunisten die rechtliche Gleichheit zwischen den Geschlechtern eingeführt, um über mehr Arbeitskräfte zu verfügen; fast neun Zehntel der Frauen waren berufstätig. Nun aber entließen viele Firmen, die verzweifelt um ihre Wettbewerbsfähigkeit kämpften, ihre weiblichen Angestellten, denn Frauen waren primär in Dienstleistungsberufen beschäftigt, die nun als verzichtbar galten. Daneben brachen soziale Stützstrukturen zusammen, darunter die kostenfreie Kinderbetreuung, was die jungen Mütter zurück ›zu Heim und Herd‹ zwang. Andererseits verbesserte sich das Alltagsleben der Frauen erheblich; beim Einkaufen mussten sie nicht mehr dauernd Schlange stehen, und neue, effiziente Haushaltsgeräte nahmen einen Teil der Doppelbelastung weg. Außerdem machten westliche Feministinnen sie mit theoretischen Rechtfertigungen für Geschlechtergleichheit und einschlägigen Forderungen bekannt, die über das vom sozialistischen Egalitarismus Gewährten hinausgingen. Und nicht zuletzt präsentierten die Regelsetzungen der Europäischen Union und die Rechtsprechung des Europäischen Gerichtshofs eine internationale Agenda zur Schaffung gleicher Lebenschancen, die über die zweckorientierte Gleichheit hinausging, die die Frauen unter der kommunistischen Diktatur erfahren hatten.[27]

Einflussreiche Gruppen, die die sozialistischen Errungenschaften bewahren wollten, verzögerten den ökonomischen Übergang. Marxistische Intellektuelle verteidigten die soziale Gleichheit, indem sie ein abstoßendes Bild von dem sich gerade vollziehenden Wandel malten, den die Habsucht des ungehinderten Kapitalismus kennzeichne, und schockierende Beispiele gierigen Tycoon-Gebarens im »Wilden Osten« brachten. Leiter der verschiedenen Wohlfahrtseinrichtungen und Akademiker, die deren Aufgaben ausführten, fürchteten um ihre Jobs und kämpften hart dafür, dass die Programme bestehen blieben. Natürlich wollten die Empfänger der Transferzahlungen nicht minder, dass diese weitergingen, wofür sie auch häufig demonstrierten. Diese Gruppen bildeten eine Wählerbasis für die postkommunistischen Parteien, die aus den Überbleibseln ihres Systems zu retten begehrten, was ihnen rettbar schien.[28] Sofern sie sich zu Sozialdemokraten westlichen Stils mauserten, gelang es ihnen tatsächlich, die Härten des Übergangs zu mildern und sogar indirekt zu dessen Akzeptanz im Volke beizutragen. Kultivierten sie aber weiterhin ihre Neigung, den Staat zu plündern, bewirkten die Ex-Kommunisten – sie waren immer noch welche, auch wenn sie sich umbenannt hatten – nicht mehr, als dass sie den Wandel behinderten und dadurch die Schmerzen, mit denen er einherging, verlängerten.

Auf der anderen Seite des Spektrums rief ein wachsender, immer lauterer Chor nach einer durchgehenden Liberalisierung, damit die postkommunistischen Staaten wettbewerbsfähig wurden und einen Zustand erreichten, der ihnen erlaubte, der EU beizutreten. Sogar kommunistische Manager sahen die Notwendigkeit ein, ihre Unternehmen dahingehend zu reformieren, dass sie der internationalen Konkurrenz standhielten, und die Wissenschaftler wussten, dass sie zum »Weltstandard« in ihren Disziplinen aufschließen mussten. Die informellen Gruppen in Prag, Budapest und Warschau, die während der zweiten Hälfte der 1980er begonnen hatten, die Notwendigkeit der Liberalisierung innerhalb der Politik und der Ökonomie ihrer Länder zu diskutieren, wurden nun die Meinungsführer während des Reformprozesses. Auch aus dem Ausland heimgekehrte Emigranten und Berater, die IWF und Weltbank entsandten, fanden zunehmend Gehör in ihrem Beharren auf neoliberaler Politik, jedenfalls bei den neuen Kapitalisten und den Freiberuflern, denen die Notwendigkeit der Veränderung einleuchtete. Diese Gruppen bildeten die Wählerschaft der liberalen und konservativen Parteien, die auf eine rigorose Rekonstruktion drängten, auch wenn sie anfangs etwas schmerzhaft sei. Wo sie Wahlen gewannen, wie in den baltischen Ländern und in den osteuropäischen Staaten, ging die Umgestaltung zügig voran.[29]

Der Übergang zur westlichen Moderne auch im Sozialen führte zu einer Restratifizierung der Gesellschaft, und die allgemeine Verbesserung der Lebensqualität schien den Vorgang zu rechtfertigen. Dass es nun wieder finanzielle Anreize für außerordentliche Leistungen gab, belohnte die Tatkräftigen und verletzte die weniger Wettbewerbsfähigen. Die Polarisierung zwischen den neuen Kapitalisten, die in der Lage waren, große Vermögen anzuhäufen, und den Armen, deren Wohlfahrtszahlungen mit der Inflation nicht Schritt hielten, brachte eine neue Form der Ungleichheit. Jener wachsende Einkommensunterschied wurde toleriert, solange die Mehrheit der Gesellschaft von der Rückkehr des ökonomischen Wachstums zumindest mitprofitierte – und einen entsprechenden Eindruck konnte man durchaus bekommen: Es gab überall Konsumgüter zu kaufen, der internationale Reiseverkehr boomte, und die Lebenserwartung stieg.[30] Trotz des beträchtlichen Leides, das die Transformation brachte, hielt das soziale Gefüge, denn die meisten Leute waren überzeugt, dass jenes »Tal der Tränen« nur eine temporäre Phase sei. Man müsse eben hindurch, um in eine bessere Zukunft zu gelangen. Indem sie mit dem nominellen Egalitarismus der Vergangenheit brach, reetablierte die soziale Transformation ein Klassensystem, dessen Unannehmlichkeit dadurch gemildert wurde, dass es der Mehrheit ein hohes Konsumniveau bieten konnte.

Kulturelle Pluralisierung

Obwohl die Wiederherstellung der Menschenrechte eine pluralisierte öffentliche Sphäre entstehen ließ, in der keine Parteizensur mehr waltete, brachte die Hinwendung zur kulturellen Moderne des Westens neue Parteilichkeit und Kommerzialisierung mit sich. Während der 1980er Jahre hatte eine wachsende, aber noch unterschwellige Westernisierung den Übergang innerhalb Osteuropas schon vorbereitet. Besonders die Jugend war fasziniert von den lauten Beats des Rock 'n' Roll und von lässiger Kleidung wie den Jeans, weil sie assoziiert wurden mit Protest gegen Autorität. Aber auch viele Erwachsene begehrten westliche Konsumgüter, etwa Kaffee, Zigaretten und Likör, die in speziellen Devisenläden verkauft wurden: Sie schmeckten nicht nur besser, sondern besaßen darüber hinaus eine Art kosmopolitischen Appeal, weil sie im Lande selbst ansonsten fast nirgendwo erhältlich waren. Ferner imitierte man im Sowjetblock gern den Lebensstil der westlichen Wohlhabenden, der für die Ostler idealtypisch so aussah: Eine Party im Grünen unter freiem Himmel, die Gäste sitzen in entspannter Runde, einige grillen Steaks, nahebei lockt ein Swimmingpool. Es war das Leben der Reichen, wie Hollywoodfilme es (sicherlich übertreibend) zeigten, und ebenjenes Lebensgefühl der Leichtigkeit faszinierte jenseits des Eisernen Vorhangs. Darüber hinaus überzeugte die Verlässlichkeit und Genauigkeit der Berichte von Sendern wie Voice of America und Radio Free Europe die östlichen Hörer von der Überlegenheit freier Medien.[31]

Die friedliche Revolution gab führenden Dissidenten die Gelegenheit, aus dem Schatten der Untergrundopposition ins Rampenlicht hinauszutreten. Es schien nur logisch, dass mutige Intellektuelle wie Adam Michnik, Václav Havel, György Konrád und Bärbel

Bohley, die mit ihrer messerscharfen Kritik an der Diktatur den Sturz der Kommunismus vorbereitet hatten, die Sprecher und Sprecherinnen des Übergangs wurden. Letztlich hatten ihre Samisdat-Kolumnen und -Manifeste geholfen, die Zivilgesellschaft zu mobilisieren, indem sie die repressive Natur des »real existierenden Sozialismus« dramatisch schilderten, an die Bedeutsamkeit der Menschenrechte erinnerten und die Möglichkeit apolitischen Widerstands im Alltagsleben dartaten. Viele von ihnen fühlten sich jedoch unbehaglich bei dem Gedanken, aus der Kleingruppenopposition in die hohe Politik zu wechseln, in der sie erheblich mehr Verantwortung übernehmen müssten. Daneben waren jene, die den Sozialismus lediglich hatten reformieren wollen, davon enttäuscht, dass die Mehrheit der Öffentlichkeit den »Dritten Weg« verwarf und die liberal-kapitalistische Version der Demokratie wählte. Zwar blieb ihre moralische Glaubwürdigkeit hoch, doch wurden sie, wenn sie in Führungsränge aufgestiegen waren, meist bald von neuen postkommunistischen Politikern beiseitegeschoben.[32]

Die Schriftsteller befanden sich in einer besonders heiklen Lage, weil sie ihre Rolle als Ratgeber der Partei und als Substitut für die öffentliche Debatte verloren hatten. Im ganzen Ostblock waren die Intellektuellen als Verbündete des Proletariats privilegiert gewesen: Der Staat unterstützte sie finanziell, verschaffte ihnen exklusive Urlaubsreisen oder -domizile, erlaubte ihnen, in den Westen zu fahren, und ehrte sie mit Preisen. Da sie beim Aufbau des Sozialismus helfen sollten, wurden ihre Texte nicht nur durch die Partei, sondern auch von den Autoren selber zensiert – sie wollten schließlich ihre paradoxe Rolle einer loyalen Opposition beibehalten. Der plötzliche Fall der Diktatur entzog ihnen nicht nur ihre materiellen Privilegien, sondern beraubte sie zudem ihrer wesentlichen Funktion, den Aufbau des Kommunismus voranzutreiben. Jetzt waren sie nur noch eine Stimme unter vielen in einer pluralisierten öffentlichen Sphäre und wurden auch nicht mehr vom westlichen Ausland als potenzielle Dissidenten umworben. Ihrer staatlichen Bezüge ledig, mussten sie ihre Produkte auf dem offenen Markt verkaufen, um zu überleben. Endlich durften sie sagen, was sie wollten, endlich konnten sie mit neuen literarischen Formen experimentieren –

aber würde ihnen jetzt noch jemand zuhören, würde sie jetzt noch jemand lesen? Wie Christa Wolf in ihrem halbautobiografischen Roman *Stadt der Engel* (2010) sahen viele Schriftsteller als einzige ihnen verbliebene Aufgabe, die Gründe für das Scheitern ihres antifaschistischen Traums zu reflektieren.[33]

Den Zensurbeschränkungen enthoben, reflektierten Medien und Populärkultur die Turbulenzen des Übergangs und versuchten gleichzeitig, den Prozess in eine demokratische Richtung zu lenken. Untergrundzeitungen und westliche Rundfunksendungen hatten eine wichtige Rolle bei der Destabilisierung des Kommunismus gespielt, und die Befreiung des Radios, des Fernsehens und der Presse im Osten hatte wiederum die friedliche Revolution zu bedeutenden Teilen vorangetrieben. Doch inmitten der neu gewonnenen Freiheiten zersplitterte die Medienlandschaft, wobei die Bruchlinien den Grenzen zwischen den verschiedenen Meinungs- und ökonomischen Interessengruppen entsprachen. Den Journalisten fehlte zu einem souveränen Auftreten Professionalität; wer sich anderweitig artikulieren wollte, brauchte kommerziellen Rückhalt durch eine Partei oder private Sponsoren aus der Wirtschaft. Gleichzeitig schwappte eine Flut westlicher Populärkultur, deren Produkte bunter und unterhaltsamer waren als abwechslungsarme einheimische Kost, über die östlichen Medienkunden. Ganz anders als die sozialistische Kulturproduktion, die einen impliziten Erziehungs- und Bildungsanspruch besaß, appellierte der krude Kommerzialismus bestimmter neuer Publikationen wie der *Super Illu* schamlos an den niedrigsten gemeinsamen Nenner.[34] Die befreiten Medien schufen eine hochwillkommene Verbindung zur globalen Populärkultur, trugen aber durch ihre Sensationshascherei das Ihre dazu bei, dass die Transformation gelegentlich konfus geriet.

Ein Hauptproblem, vor dem diese Gesellschaften im Wandel standen, war die Frage: Wie sollte man rechtlich mit der Repression der Jahrzehnte vor der Befreiung umgehen? Die »justizielle Aufarbeitung« der kommunistischen Vergangenheit hatte essenzielle Bedeutung für die demokratische Selbstlegitimation. Angesichts der Erfahrung anderer Länder, die eine Diktatur abgeschüttelt hatten, einigte man sich auf folgende Grunderfordernisse: Man musste Regierungs- und Verwaltungspersonal rigoros prüfen, um Parteigänger des alten Regimes aufzuspüren und auszusondern; man musste die Akten jener Jahre sichern, Verstöße gegen die Menschenrechte ermitteln und die Täter in ordentlichen Verfahren anklagen bzw. bestrafen. Da die Opfer lautstark Genugtuung und Entschädigung verlangten, während die Unterdrücker ihre Verantwortlichkeit abzustreiten pflegten, wurde die Aufarbeitung unvermeidlich politisiert. Außerdem war die Überprüfung des Personals komplizierter als gedacht, denn die Apparate und Aktivitäten der seinerzeit mächtigen, rücksichtslosen Geheimpolizeien hatten ein schweres Erbe hinterlassen, in der DDR etwa das der berüchtigten Stasi. Nicht nur war ihr die erbarmungslose Einschüchterung der Einzelnen anzulasten, sie hatte auch verdeckt und mittels Täuschung agiert. In allen Übergangsländern entbrannte eine hitzige Debatte zwischen den Vertretern zweier antagonistischer Prinzipien: »Vergeben und vergessen« stand »verfolgen und bestrafen« gegenüber. Argumentierten erstere, dass ein Neuanfang Milde erfordere, machten letztere geltend, die Öffentlichkeit habe einen Anspruch darauf, dass die Verbrechen ans Licht gebracht und die Täter zur Verantwortung gezogen würden.[35]

Die Übergangsländer standen nun vor der Aufgabe, sich von ihrer kommunistischen Vergangenheit zu distanzieren, die damals begangenen Missetaten zu ahnden und ein Fortwirken zu verhindern; dieser Prozess wird, in Analogie zur Entnazifizierung, »Entkommunisierung« genannt. Die neuen Demokratien des Ostens entkommunisierten sich unterschiedlich radikal, je nach der Repressivität des Ex-Regimes, der Stärke der Ex-Opposition und der Form des Übergangs. Bei der Sichtung des Personals, die verhindern sollte, dass Mitglieder der Partei und der Geheimpolizei wieder in hohe Positionen gelangten, sortierten Ostdeutschland, Tschechien und die baltischen Staaten am rigorosesten aus, während Ungarn und Polen eher der Vergebungstendenz folgten; die übrigen Länder unternahmen gar keine ernsthaften Anstrengungen auf diesem Gebiet. Was die Sicherung der Akten betraf, waren die Ostdeutschen abermals Vorreiter, als sie das große und aufwändige Stasi-Archiv

(BStU) aufbauten; die Tschechen und Balten folgten dem Beispiel kurz danach, die Polen und Bulgaren einige Zeit später. Die juristische Aufarbeitung im engeren Sinne zeitigte eher enttäuschende Ergebnisse, da Rumänien, Deutschland und Polen zwar fleißig ermittelten, aber wenige Fälle zur Anklage brachten und noch weniger Verurteilungen ernteten. Die Ostdeutschen, Tschechen und Balten bemühten sich sehr um Aufklärung; die Polen und Ungarn engagierten sich ein wenig; die Slowakei, Slowenien und andere Balkanländer hingegen blockierten den Prozess weitgehend.[36] Wie heftig sich ein Land um Läuterung bemühte, reflektierte, wie rasch es in ihm generell mit der Demokratisierung voranging.

Statt die kommunistischen Mythen ein für alle Mal zu erledigen, hatte die skandalisierende und reißerische Berichterstattung über die Repression im alten Regime nicht selten den gegenteiligen Effekt: Sie erzeugte Nostalgie – auf einmal wirkte der Sozialismus im Rückblick sympathischer. Emsig enthüllten die Medien, wer seinerzeit alles mit der Geheimpolizei kollaboriert hatte, und alsbald sahen sich nicht nur Spitzensportlerinnen wie Katarina Witt, sondern auch Politiker wie Lothar de Maizière diskreditiert – bis manche fragten, was man von den Anklagen wider das DDR-System überhaupt noch glauben könne. Auch die Totalitarismustheorie, die den Faschismus und Kommunismus gleichermaßen verdammte und nun aus gegebenem Anlass wiederauflebte, vermochte nicht alle zu überzeugen. Schließlich deckte sie sich nicht mit den Erinnerungen vieler einfacher Osteuropäer, denen nicht nur Not und Drangsal, sondern auch positive Erfahrungen im Gedächtnis geblieben waren. Die Härten der Transformation ließen das Vorgängerregime geradezu als Hort warmer Solidarität erscheinen, nicht mehr als Mangelgesellschaft, in der man um das Notwendigste hatte Schlange stehen müssen. Dem zeitweiligen Verschwinden der materiellen Kultur des Ostens wollten die Menschen nicht tatenlos zusehen. Plötzlich waren alte DDR-Waren wie Spreewaldgurken und Club-Cola wieder populär, und DDR-Bands wie die Puhdys spielten wieder; bald öffneten sogar spezielle »Ostläden«, in denen man die einschlägigen Artikel kaufen konnte.[37] Obwohl kaum jemand wirklich den Sozialismus wiederhaben wollte, gab es vielerorts diesen seltsamen Widerspruch zwischen besseren Lebensbedingungen in der Gegenwart und der Sehnsucht nach einer mythischen sozialistischen Vergangenheit.

Die pluralistische Moderne, wie sie sich nach dem Ende des Kommunismus im kulturellen Leben der Ostländer herausformte, bot ein verwirrendes Bild, weil sie eine wahre Fülle unterschiedlicher Positionen enthielt. Am linken Ende des Spektrums präsentierten sich die Postkommunisten, die die Bilanz des Sozialismus verteidigten, erörterten, was falsch gelaufen sei bzw. was nicht, und auf eine zweite Chance in der Zukunft hofften. Dann kamen die ehemaligen Dissidenten, die den Heroismus feierten, mit dem sie der Repression die Stirn geboten hatten, aber nicht so recht zu wissen schienen, wo und wofür sie sich innerhalb der Übergangsgesellschaften engagieren sollten. In der Mitte fand man die knallharten Westernisierer, die die Chancen, die der Kapitalismus bot, mit aller Kraft ergriffen, während sie ihre Landsleute schalten, weil diese die Veränderungen nicht begeistert genug willkommen hießen. Daneben gab es die Traditionalisten, die damit beschäftigt waren, ein Erbe auszugraben, das unter dem Kommunismus hatte verborgen bleiben müssen. Ein paar von ihnen versuchten auch, den religiösen Glauben wiederzubeleben. Am rechten Extrem schließlich stand der wiedergeborene Nationalismus, dessen Vertreter die vermeintliche Überlegenheit ihrer Ethnie betonten und fremdenfeindliche Parolen verbreiteten.[38] Diese alles andere als harmonische Kakophonie belebte die Szenerie, wirkte aber auch desorientierend: Verschiedene Berufungen auf die Vergangenheit und konträre Analysen der Gegenwart rangen um die Kontrolle über die Zukunft.

Neue Balkankriege

Der Zusammenbruch des Marxismus-Leninismus in Osteuropa hatte viele Folgen. Eine davon war die Desintegration Jugoslawiens, ein besonders drastisches Ergebnis eines gescheiterten Übergangs. Das Auseinanderbrechen des multiethnischen südslawischen Staates in einer Reihe desaströser Bürgerkriege hat eine hitzige Kontroverse über dessen Ursachen, Verlauf und Konsequenzen ausgelöst. Um die ethnischen Säuberungen und grauenvollen Verbrechen gegen die Menschlichkeit zu erklären, die sich nach dieser Zerlegung ereigneten, führen einige Beobachter »alte Feindschaften« auf der Balkanhalbinsel an, deren Wurzeln in der osmanischen Herrschaft oder in der Zeit des Zweiten Weltkriegs vermutet werden, als einzelne Ethnien teils mit den nazistischen Besatzern kollaborierten, teils Widerstand gegen sie leisteten. Andere Analytiker betonen das Wiederaufleben des Nationalismus als postkommunistische Ideologie im gesamten ehemaligen Sowjetblock. Diesem schlechten Vorbild nacheifernd, ließen sich auch die Balkanländer dazu entflammen, ethnische und religiöse Spannungen mit Gewalt auszutragen; aus Kooperation wurde Konflikt. Wieder andere Kommentatoren sehen äußere Einmischung als Grund für den Zerfall der Föderation, etwa die Anerkennung Sloweniens und Kroatiens durch Deutschland oder ineffektive Vermittlungsversuche des Westens.[39] In Parteilichkeit befangen, verkennen diese Deutungen leicht, dass der Konflikt auch »den Ausbruch einer fundamentalen Krise der Moderne und Modernisierung« involvierte, der die ökonomische Basis des gemeinsamen Staates beschädigte.[40]

Die Fragmentierung Jugoslawiens begann unterschwellig schon vor dem Kollaps des Kommunismus in Osteuropa, nämlich mit dem Tod Marschall Titos im Jahre 1980. Tito hatte die bunte Föderation vermöge seiner charismatischen Persönlichkeit über dreieinhalb Jahrzehnte zusammengehalten. Sein späterer Nachfolger Slobodan Milošević hingegen, erst Chef der serbischen KP, schließlich jugoslawischer Präsident, peitschte in der Republik Serbien einen neuen Ethnonationalismus hoch, um die Kontrolle über die gesamte jugoslawische Föderation zu erlangen. Pathetisch versprach er, auch die Serben in den anderen Teilstaaten zu schützen, einschließlich der kleinen serbischen Minderheit im Kosovo. Diese Ansage aber befeuerte nationalistische Gegenregungen in Slowenien und, schon problematischer, in Kroatien, wo Franjo Tudjman regierte. Beide Republiken forderten lautstark mehr ökonomische und politische Autonomie. In dieser Atmosphäre sich erhitzender Leidenschaften scheiterten Versuche, Jugoslawien in eine losere Konföderation umzuwandeln, denn Serbien bestand auf seiner Zentralautorität, die es sogar noch verstärken wollte, statt den postkommunistischen Regierungen der anderen Republiken mehr Raum für Selbstbestimmung zuzugestehen. Als die gemeinsamen Institutionen nicht mehr funktionierten, begannen Slowenen und Kroaten nach Unabhängigkeit zu streben, während Milošević seine Ziele dahingehend modifizierte, dass er nun vornehmlich einen größeren serbischen Staat wollte.[41] Der Westen blieb untätig, denn erstens war er zu jener Zeit mit anderen Problemen befasst, und zweitens favorisierte er die Einheit Jugoslawiens, in der er einen Ordnungsfaktor sah.

Die Unabhängigkeitserklärungen Sloweniens und Kroatiens lösten den ersten Jugoslawienkrieg im Sommer 1991 aus, denn Belgrad weigerte sich, die Kontrolle über die anderen Republiken abzugeben. Die von Serben dominierte jugoslawische Armee machte nur halbherzige Anstrengungen, das im Norden an der Grenze zu Österreich gelegene Slowenien zurückzuerobern, denn dort lebten gar keine Serben. Stattdessen vollführten Miloševićs Truppen einen Großangriff auf Kroatien, denn in der kroatischen Region Krajina – einst das Grenzgebiet des Habsburger zum Osmanischen Reich – gab es eine bedeutende serbische Minderheit. Da die Serben einen direkten Zugang zur Adria wollten, die Küste aber Kroatien unterstand, bombardierten sie das malerische Dubrovnik. Belgrads Armee wurde unterstützt von lokalen Milizen. Beide spornte die serbische Propaganda dazu an, Rache an den Kroaten für die Grausamkeiten zu nehmen, die die aufseiten der deutschen Nazis kämpfende Ustaša im Zweiten Weltkrieg begangen hatte. Obwohl sie keine schweren Waffen besaßen, verteidigten sich die Kroaten hartnäckig genug, um ein Ende der Kampfhandlungen zu erzwingen. Während die EU noch zu vermitteln versuchte, drängten die Regierungen Deutschlands und der Niederlande auf eine Anerkennung der slowenischen und der kroatischen Sezession. Anfang 1992 endete der Konflikt dahingehend, dass Serbien zwar die Krajina behielt, die Kroaten jedoch ihre Unabhängigkeit bekamen.[42]

Der zweite Krieg, der sich auf Bosnien und Herzegowina konzentrierte, fiel noch katastrophaler aus, weil Serbien mit kalter Systematik ethnische Säuberungen einsetzte, um die Nationalitäten-

Das zerfallene Jugoslawien, 2008.

karte neu zu zeichnen. Die Bevölkerung Bosniens war eine derart bunte ethnische Mischung, dass sie für jeden, der dort Homogenität stiften wollte, eigentlich einen hoffnungslosen Fall bedeutete. Die Hälfte bestand aus muslimischen Bosniaken, rund ein Drittel waren Serben, der Rest Kroaten. Die drei Ethnien hatten ihre geografischen Schwerpunkte, mancherorts wohnten sie allerdings auch durchmischt. Als der bosnische Präsident Bakir Izetbegović erklärte, auch sein Land wolle Unabhängigkeit – bisher hatte er um Toleranz für Muslime im jugoslawischen Staatsgebiet ersucht, jetzt verlangte er Sezession im Namen des Islams –, proklamierten die bosnischen Serben unter der Führung von Radovan Karadžić und Radko Mladić eine eigene Republika Srpska auf zuvor bosnischem Boden. Nun rückten Serbiens Armee und ihre lokalen Hilfsmilizen aus, um eine Landbrücke zwischen jenem Außenterritorium und Serbien selbst zu schaffen. US-Außenminister Cyrus Vance und sein britischer Kollege David Owen schalteten sich ohne Erfolg ein. Daraufhin legten die Vereinten Nationen sechs Städte als »Schutzzonen« fest, in die von Serben vertriebene Bosnier flüchten konnten. In der Enklave Srebrenica hatten im Juli 1995 niederländische Blauhelmeinheiten die Aufsicht. Als die Serben den Ort überrannten, wagten die ängstlichen Friedenstruppen keinen Widerstand. Die Aggressoren töteten sieben- bis achttausend bosniakische Männer und Jungen.[43]

Medienbilder von der Bombardierung Sarajewos und Beweise für Massaker während der ethnischen Säuberungen zwangen die internationale Gemeinschaft schließlich doch zu einer Intervention. Ungeachtet eines Embargos der UN lieferten andere muslimische Länder heimlich Waffen an die Bosnier, was deren Widerstandskapazität stärkte. Die kroatische Rückeroberung der Krajina half, das Kriegsglück zu wenden. Nun griff auch die NATO selbst ein und begann eine Strafaktion gegen Serbien samt seiner Hauptstadt, die Milošević an den Verhandlungstisch zwang. Nach schier endlosen Gesprächen in Dayton/Ohio, die der US-Spitzendiplomat Richard Holbrooke leitete, kam es im November 1995 zu einem halbherzigen Kompromiss. Formal wurde die Einheit Bosniens bewahrt durch eine rotierende Präsidentschaft; 51 Prozent des Territoriums blieben dem Land mit der bosnisch-kroatischen Mischbevölkerung, doch der Rest ging an die Serben, die also den Großteil ihrer Eroberungen behalten durften. Im Wesentlichen fror das Abkommen die Ergebnisse der Kämpfe vor Ort ein, was keine der Kriegsparteien so recht befriedigte.[44] Bosnien war innerlich derart gespalten, dass man es unter permanente UN-Aufsicht stellen musste; das Land wurde ein Schutzbefohlener der internationalen Gemeinschaft. So blieb das im Abkommen verbriefte Recht der Flüchtlinge auf Rückkehr weitgehend ein leeres Wort.

Der dritte Balkankrieg betraf das Kosovo, eine bergige Region zwischen Jugoslawien und Albanien mit rund zwei Millionen Einwohnern. Obwohl etwa 90 Prozent davon Moslems waren, hielt Milošević an dieser Provinz fest, denn dort lag das legendäre Amselfeld, auf dem 1389 jene Schlacht stattgefunden hatte, die die osmanische Herrschaft über den Balkan für mehrere Jahrhunderte zementierte. Nun jagten serbische Terrorgangs mittels physischer Einschüchterung rund 900 000 Kosovaren in die Flucht; bewegende TV-Reportagen haben den erschütternden Vorgang dokumentiert. Offenbar hatte aber die internationale Gemeinschaft aus ihrem beschämenden Verhalten im Bosnien-Konflikt gelernt und reagierte beim zweiten Mal prompter. Sich über russische Einwände hinwegsetzend, flog die NATO zahlreiche Luftschläge gegen Belgrad, und nach 78 Tagen Bombardierung gab Milošević schließlich auf. Bodentruppen der Westalliierten besetzten das Territorium, ohne freilich verhindern zu können, dass die UÇK, die ihrerseits ethnonationalistische »Befreiungsarmee des Kosovo«, Racheakte an Serben verübte. Das durch Wahlen legitimierte Kosovo-Parlament erklärte in der Hauptstadt Priština 2008 die Unabhängigkeit des Landes, woraufhin ein weiterer neuer Staat aus einer jugoslawische Teilrepublik entstand.[45] Mazedonien hingegen besaß seine Souveränität schon seit 1991, und Belgrad hatte die Republik friedlich ziehen lassen – es lebten keine Serben dort, und die Region war bettelarm.

Da Miloševićs nationalistischer Traum von einem Großserbien gescheitert war, öffnete sich auch für Belgrad selbst der Weg zur Demokratie. Die Kriege setzten der ohnehin schon maroden Wirtschaft Serbiens noch mehr zu; es konnte die von den NATO-Bombardements angerichteten Schäden kaum aus eigener Kraft reparieren. So wuchs innerhalb Serbiens der Groll gegen Milošević, eine Opposition formierte sich, und im Oktober 2000 gab es einen wahren Volksaufstand in Belgrads Straßen, der den Machthaber zum Abtritt zwang. Die neue Regierung lieferte den in Ungnade gefallenen Führer sogar dem Internationalen Strafgerichtshof in Den Haag aus. In den folgenden freien Wahlen schwankte Serbien zwischen dem Willen zur Demokratie westlichen Zuschnitts und dem Festhalten an einem xenophoben Autoritarismus. Die EU versuchte, durch Hilfsleistungen Anreize für eine Demokratisierung zu schaffen, aber auch Putins Russland bemühte sich, den ehemaligen Klientelstaat der Sowjetunion auf seine Seite zu ziehen. Schließlich obsiegten die prodemokratischen Kräfte, die nach einer Weile auch Karadžić und Mladić an das Haager Tribunal überstellten. Dem Austritt Montenegros aus dem gemeinsamen Staatsverband legte Belgrad, nachdem sich die Bevölkerung der an der Adriaküste gelegenen Provinz 2006 in einem Referendum für die Unabhängigkeit ausgesprochen hatte, keine Steine in den Weg. Binnen anderthalb Jahrzehnten war Jugoslawien auseinandergebrochen.[46]

Die Balkankriege des späten 20. Jahrhunderts verdeutlichten auf bittere Weise, dass auch der friedliche Sturz einer ideologischen Diktatur wie der kommunistischen grausam schiefgehen konnte. Der Konflikt hatte viele Ursachen, aber eine war sicherlich der Widerstreit zwischen den Bemühungen in Slowenien, Kroatien und Bosnien, die liberal-demokratische Version der Moderne zu übernehmen, und dem serbischen Projekt, die diskreditierte marxistische Ideologie durch einen populistischen Nationalismus zu ersetzen. Im brutalen Verlauf der Kriege begingen alle Seiten Gräueltaten; festzuhalten aber bleibt, dass die serbischen Streitkräfte rund fünfmal so viele Zivilisten töteten wie ihre Feinde. Außerdem bedeutete das Programm einer systematischen nationalen Homogenisierung durch ethnische Säuberungen einen Rückfall in die barbarischen Methoden Hitlers und Stalins. Dass man derlei überhaupt ins Auge fasste, implizierte eine Weigerung, aus den Desastern der ersten Hälfte des Jahrhunderts zu lernen.[47] Mit dem Scheitern des

Übergangs von einer autoritär-sozialistischen zu einer demokratischen jugoslawischen Konföderation zerfiel die politische Welt des westlichen Balkans in lauter Ministaaten, die nur auf Wohlstand hoffen konnten, wenn sie ihre gegenseitige Feindschaft überwanden und der EU beitraten. Einstweilen hatte die Region sich selbst marginalisiert, und die Entwicklung einer funktionierenden Demokratie war um eine ganze Generation zurückgeworfen.

Postkommunistischer Systemwechsel

Der Übergang von der kommunistischen zur demokratischen Moderne war, wie sich zeigte, gar nicht so einfach, weil es keine Modelle oder Pläne gab, denen man hätte folgen können. Einige der neoliberalen Reformer wie Leszek Balcerowicz in Polen rechneten zwar mit erheblichen Schwierigkeiten, vermuteten aber, das Geschehen werde den Verlauf einer J-Kurve nehmen: Erst gehe es noch ein Stück bergab, dann indes werde es gründlich besser. In Wahrheit jedoch war die Talsohle tiefer als gedacht, denn die östliche Kommandowirtschaft hing noch weiter hinter ihrer westlichen Konkurrenz zurück und erlebte eine noch dramatischere Krise, als selbst Spezialisten erwartet hatten. Der antizipierte Aufschwung kam zwar, verlief aber flacher als erhofft, weil große Teile des Volkes darauf bestanden, dass der Übergangsschock abgemildert werde, wodurch sich der Prozess in die Länge zog.[48] Während der viereinhalb Jahrzehnte sowjetischer Oberherrschaft hatten die Kommunisten die unter ihr Lebenden viel nachhaltiger geprägt, als diese selbst es wahrnahmen. Deshalb wurde nicht nur eine Neuorientierung in Politik und Wirtschaft notwendig, sondern auch eine Neugestaltung der Sozialstrukturen sowie der kulturellen Wertesysteme. Selbst Länder, die im Übergang zur westlichen Moderne frühere zivilgesellschaftliche Ansätze nutzen und wiederbeleben konnten, bedurften einer enormen Anstrengung, um zu einem liberalen Entwicklungsweg zurückzufinden.

Sieht man vom Debakel im ehemaligen Jugoslawien ab, machte Osteuropa, auch nach westlichen Kriterien bemessen, beträchtliche

Fortschritte. Trotz der gewaltigen Strapazen der Transformation blieben die politischen Verhältnisse generell stabil, es gab freie Wahlen, und Machtwechsel wurden Routine. Zwar blieb, was den Lebensstandard betraf, eine unübersehbare Kluft zwischen Ost und West bestehen, aber immerhin wurde die Inflation bezwungen, das Wachstum sprang wieder an, und allmählich verbreitete sich Prosperität, die eine neue Mittelschicht hervorbrachte. Obwohl die Zuwendungen des Wohlfahrtsstaats drastisch reduziert werden mussten, schaffte man ihn nicht ab, sondern schraubte ihn lediglich so weit zurück, dass er langfristig bezahlbar blieb. Später konnten wegen steigender Steuereinnahmen einige soziale Leistungen wieder eingeführt werden. Auch wenn es immer wieder zu hitzigen Diskussionen um die Frage kam, ob man unter den Nazis oder unter den Sowjets mehr zu leiden gehabt hatte, bildete sich nach und nach eine Art postkommunistische Identität heraus, zu der unbedingt gehörte, dass man den Zuwachs an Debattierfreiheit zu schätzen wusste. Die Integration der meisten Ostländer in die NATO und EU überwand das Gegeneinander des Kalten Krieges und festigte den Frieden.[49] Obwohl Polen unter Jarosław Kaczyński und Ungarn unter Viktor Orbán in einen autoritären Nationalismus zurückschlitterten, ist Osteuropa im Großen und Ganzen heute doch freier und ganz allgemein bessergestellt als ein Vierteljahrhundert zuvor.

Ostdeutschland war ein Sonderfall, denn seine Transformation vollzog sich durch die Vereinigung mit der demokratischen und wohlhabenden Bundesrepublik. Die Bürger der ehemaligen DDR gingen am 2. Oktober 1990 zu Bett und wachten am nächsten Morgen in einem erfolgreichen westlichen Staat auf, ohne auch nur einen Fuß vor die Tür gesetzt zu haben. Der Gang der Dinge bescherte ihnen entscheidende Vorteile: Sie wurden in eine funktionierende Demokratie integriert, worin Rechtsstaatlichkeit herrschte, und in einen aufwändigen Wohlfahrtsstaat mit einem umfassenden sozialen Netz eingegliedert. Für diesen mühelosen Übergang zahlten die Ostdeutschen allerdings mit dem Kollaps fast ihrer gesamten Industrie, mit der Notwendigkeit, bestimmte Einstellungen und Verhaltensweisen praktisch von jetzt auf gleich zu ändern, und mit weitgehender Einflusslosigkeit. Zwar ging es ihnen materiell nun besser als zuvor, aber sie blieben auf massive Transferzahlungen angewiesen, denn nur Teile ihrer Wirtschaft erholten sich hinreichend, um sich selber zu tragen. Mochten ältere Intellektuelle darüber murren, dass sie Bürger zweiter Klasse waren – die jüngere Generation bekam die Möglichkeit, in einem vereinten Land aufzuwachsen, dessen neue Chancen sie nutzte.[50] Verglichen mit dem, was ihre Nachbarstaaten bei ihren Transformationen durchmachten, war die Erfahrung der Ostdeutschen privilegiert und problematisch zugleich.

In den anderen osteuropäischen Ländern fiel die Bilanz der Transformation eher gemischt aus; das Spektrum reichte von beeindruckenden Leistungen bis hin zu enttäuschenden Fehlschlägen. Die Erträge des Schwenks zur westlichen Moderne hingen ab von einer komplexen Mischung von Faktoren, darunter das politische Erbe, die nationalen Traditionen, die Art und Weise, wie man die Kommunisten vertrieb, die Heftigkeit des Bruchs mit ihnen und bestimmte Entscheidungen hinsichtlich sowie während des Übergangs. Da sie früher schon einmal Erfahrungen mit Demokratie gemacht hatten und ökonomisch weit entwickelt waren, taten sich die baltischen und mitteleuropäischen Staaten in vielem leichter. Zu Sowjetzeiten hatten sie kräftige Oppositionsbewegungen erlebt, und nach der Wende unternahmen sie resolute Reformen. Daher kamen sie auf dem Fortschrittsweg hin zur liberalen Demokratie und zur Marktwirtschaft ein gutes Stück voran. Die Balkanländer allerdings hatten sich vor den Umbrüchen nicht so stark entwickelt, zumal sich mit den Postkommunisten die alte Elite an der Macht hielt und nur halbherzige Maßnahmen umsetzte. All dies hatte zur Folge, dass sie auch jetzt wieder hinterherhinkten. Den Staaten wiederum, die in die Sezession Jugoslawiens involviert waren oder die dem Beispiel von Putins Russland folgten, fiel es ungleich schwerer, das kommunistische Erbe abzuschütteln. Folglich blieben sie festgefahren zwischen den Systemen Kommunismus und Demokratie und ernteten von beiden nur die Auswüchse, nämlich illiberale Herrschaft und Raubtierkapitalismus.[51] Wie der Grenzkrieg und die politische Instabilität in der Ukraine zeigen, erfordert der Übergang vom Kommunismus zur Demokratie eine so fundamentale Neuorientierung, dass der Prozess vorerst weitergeht und viel Zeit brauchen wird, bis er an sein Ende kommt.

Die krasseste Überraschung der postkommunistischen Transformation war das Wiederaufleben des traditionellen Nationalismus, der neue kulturelle Gegensätze in den globalisierten Westen brachte. In mancher Hinsicht erscheint die Rückkehr zu einer emphatischen Bindung an eine nationale Gemeinschaft verständlich, etwa als Versuch, jene Leere zu füllen, die der Kollaps des kommunistischen Internationalismus gelassen hatte. Doch entgegen den Hoffnungen der am Westen orientierten Eliten fühlten sich viele Angehörige der unteren Schichten Osteuropas von der Geschwindigkeit der Veränderung hin zur liberalen Demokratie und wettbewerbsorientierten Wirtschaft bedroht. Stattdessen legten sie Wert auf die Stabilität ihres eigenen Nationalstaats und verwarfen die transnationalen Forderungen der Europäischen Union als neue Zwänge von außen. Viele Bürger, die schon älter waren oder auf dem Lande lebten, sahen sich überrannt und überfordert durch den Ansturm der Globalisierung, die ihre subventionierten Schornsteinindustrien dichtmachte, während sie die Jungen und Flexiblen belohnte, die mit der neuen IT-Welt bestens zurechtkamen. Wonach sich viele offensichtlich sehnten, wenn sie die Herrlichkeiten ihrer nationalen Vergangenheit beschworen, war ein »Retropia«, eine hochindustrielle Moderne als Zuflucht innerhalb einer postmodernen Welt. Man kann nur hoffen, dass dieses Wiederaufflammen eines xenophoben Nationalismus nur eine vorübergehende Phase ist und die liberale Demokratie am Ende doch die Oberhand behält.

Globale Herausforderungen

Afrikanische Flüchtlinge, 2011

Die brutale Unterdrückung der Antiglobalisierungsproteste durch die Polizei verwandelte den G8-Gipfel in Genua im Juli 2001 in einen regelrechten Alptraum. Die acht Regierungschefs, die sich in der Renaissancestadt versammelt hatten, um Hilfen für Afrika zu besprechen, sahen sich mit Demonstrationen einer nie dagewesenen Größe und Intensität konfrontiert. An die 700 Organisationen hatten Aktivisten zusammengetrommelt, um »gegen die gegenwärtige Form kapitalistischer Globalisierung« zu protestieren. Sie warfen den G8 vor, die Entwicklungsländer auszubeuten, die Umwelt zu zerstören und sich der demokratischen Kontrolle zu entziehen. Der populistische Premierminister Silvio Berlusconi, der als Gastgeber Italien von seiner besten Seite zeigen wollte, verbarrikadierte die Staatschefs in der Zitadelle und befahl seinen Sicherheitskräften, die Zehntausende teils friedlicher, teils widerspenstiger, teils gewalttätiger Demonstranten mit Hilfe von Tränengas, Wasserwerfern und Schlagstöcken zur Räson zu bringen. Im anschließenden Tumult starb ein 23-jähriger Italiener, Hunderte wurden verletzt und 329 Personen verhaftet.[1] Diese Überreaktion der Behörden schien die Kritik an der repressiven Globalisierung zu bestätigen, die eine globale Protestbewegung von unten äußerte.

Der Begriff Globalisierung war selbst eine Wortschöpfung, in der sich das Gefühl ausdrückte, die Welt schrumpfe aufgrund der durch sekundenschnelle elektronische Kommunikation verringerten Distanzen sowie der Intensivierung des internationalen Austauschs zusammen. Dem britischen Soziologen Anthony Giddens zufolge kann man Globalisierung als »eine Intensivierung weltweiter sozialer Beziehungen, durch die entfernte Orte in solcher Weise miteinander verbunden werden, dass Ereignisse an einem Ort durch Vorgänge geprägt werden, die sich an einem viele Kilometer entfernten Ort abspielen, und umgekehrt«, verstehen.[2]

Zwar hatten der internationale Handel, die Kommunikationsmedien und das Reisen die Teile des Globus schon vor 1914 miteinander verbunden. Doch die Weltkriege und die Weltwirtschaftskrise zerstörten diese Entwicklung, weshalb es bis in die 1960er Jahre dauerte, den Austausch in der vormaligen Intensität wiederherzustellen. Im letzten Drittel des 20. Jahrhunderts brachte eine Reihe wirtschaftlicher Veränderungen Länder, Firmen und Menschen weltweit einander näher als je zuvor. Dazu gehörten die Verlagerung der Massenfertigung nach Asien, technologische Neuerungen wie das Internet und kulturelle Trends wie die Amerikanisierung der Popkultur. Als die Medien in der zweiten Hälfte der 1980er Jahre erstmals von Globalisierung sprachen, griffen Politiker das Modewort rasch auf, um ihre neoliberalen Ideen zu verbreiten.

Befürworter der Globalisierung wie der indische Ökonom Jagdish Bhagwati haben recht optimistisch die zahlreichen Vorteile einer zusammenwachsenden Welt betont. Der »Washingtoner Konsens« der Geldgeber um den Internationalen Währungsfonds und die Weltbank versprach, dass Austerität, Privatisierung und die Liberalisierung der Märkte der wirtschaftlichen Entwicklung durch die Förderung des Welthandels zugutekommen würden. Positive Stimmen in den Medien argumentierten, die Globalisierung werde Armut durch steigende Löhne bekämpfen, Kinderarbeit durch internationale Kontrolle beenden und Frauen zu einem eigenen Einkommen verhelfen. Auch die Kultur werde von der neuen Pluralität profitieren, während die Standards des Umweltschutzes sich verbessern und Firmen sich zur Selbstregulierung verpflichten würden.[3] Andere Apologeten verwiesen auf Anreize zur technologischen Innovation, verbraucherfreundliche Preissenkungen und die erfreuliche Auswirkung auf das Wirtschaftswachstum. Solche Plädoyers für die Globalisierung gefielen vor allem denen, die in den multinationalen Konzernen von den Veränderungen profitierten, den Hightech-Firmen und der Unterhaltungsindustrie. Zudem lieferten sie konservativen Politikern wie Margaret Thatcher ein zukunftsorientiertes Programm.

Im Gegensatz dazu verwiesen pessimistische Kritiker wie der italienische Denker Antonio Negri darauf, dass die Nebenwirkungen der Globalisierung vielen Menschen in den Entwicklungsländern das Leben noch schwerer machten. Immer mehr Aktivisten betonten, dass Arbeitsplätze der Deindustrialisierung in Europa zum Opfer fallen würden. Sie kritisierten die Ausbeutung natürlicher Ressourcen, die unerträglichen Arbeitsbedingungen und niedrigen Löhne in den ausländischen Zuliefererfabriken, den fehlenden Arbeitsschutz für Frauen und Kinder, die verbreitete Umweltzerstörung und den Mangel an demokratischen Strukturen in der »Dritten Welt«. Andere Autoren nannten als »dunkle Seite der Globalisierung« den zunehmenden Waffenhandel zugunsten neuer Bürgerkriege, internationale Verbrechen wie Drogenhandel und die Verschleppung von Frauen, aber auch den weltweiten Terrorismus, der unschuldige Zivilisten traf.[4] Die Protestierenden betonten, man solle sie nicht als Globalisierungsgegner missverstehen, da sie lediglich eine humanere Form der Globalisierung forderten. Schließlich sei ihre Gegenbewegung ja selbst international organisiert. Intellektuelle, Gewerkschaftler und Politiker des linken Spektrums wie Oskar Lafontaine griffen in Europa die Kritik auf.

Die Globalisierung der Moderne ist bis heute ein so kontroverses Thema, da sie Europa sowohl Chancen als auch Gefahren gebracht hat. Manchen Beobachtern zufolge ist die Globalisierung »im Grunde eine Fortsetzung, wenn auch in intensiverer und beschleunigter Form, der weiterhin bestehenden Herausforderung der Modernisierung«.[5] Tatsächlich geht diese Entwicklung darauf zurück, dass viele europäische Errungenschaften wie etwa technologische Innovationen, die Marktwirtschaft, der gesellschaftliche Individualismus und der Rechtsstaat inzwischen auch in der restlichen Welt verbreitet sind. Aber der intensivere Austausch sowie der Triumph des demokratischen Kapitalismus, der eine neue, globalisierte Phase der Moderne eingeleitet hat, stellen die Europäer auch vor unvorhergesehene Herausforderungen. In dieser letzten Phase haben die Wettbewerber in Asien, dem Nahen Osten sowie in Lateinamerika immer mehr an Einfluss gewonnen und lassen Europa im Vergleich oft alt aussehen. Seit sie ihr ursprüngliches Monopol auf die Entwicklung verloren haben, stehen die Europäer unter starkem Konkurrenzdruck. Daher stellt sich die Frage, ob hohe Löhne und der Sozialstaat in einer globalisierten Welt noch eine Zukunft haben.

Wirtschaftliche Impulse

Der Hauptantrieb der Globalisierung war ökonomischer Art; insbesondere verdichtete sich der weltweite Handel. Dank Vereinbarungen wie dem Allgemeinen Zoll- und Handelsabkommen und Institutionen wie der Welthandelsorganisation wuchs der internationale Kommerz seit 1970 fast zweimal so schnell wie die Produktion. Einen wichtigen Beitrag leistete die Entwicklung von Containerschiffen und Riesentankern, die die Transportkosten auf etwa ein Zehntel der ursprünglichen Summe reduzierte. Nun ließ sich die Massenfertigung nach dem Ford'schen Modell in ferne Länder mit niedrigen Löhnen und willigen Arbeitskräften verlagern, oft nach Asien. Da der Außenzoll der EU nicht hoch genug war, um Importe zu verhindern, konnten sich die europäischen Verbraucher über günstige Warenangebote freuen, von Textilien bis hin zu Elektronik. Obwohl die Deindustrialisierung viele Arbeitsplätze kostete, wehrten sich die Firmen gegen drohende Verluste, indem sie sich auf höherpreisige Sektoren spezialisierten. Damit konnten sie den Wert ihrer Exporte zwischen 1973 und 2000 von 1,5 auf 2,5 Billionen steigern. Europa blieb damit bis in die jüngste Zeit die größte einzelne Handelsgemeinschaft und übertraf China sowie die USA sowohl bei den Exporten als auch den Importen.[6] Dank dieser Entwicklung konnten Container, die koreanische Fernseher anlieferten, im Rotterdamer Hafen direkt wieder mit deutschen Luxusautos beladen werden.

Zeitgleich mit diesem atemberaubenden Handelszuwachs etablierte sich ein weltweites Finanzsystem, das auch nötig war, um den intensiveren Austausch zu finanzieren. Die Deregulierung der Banken, die von den USA auf Europa übergriff, erleichterte internationale Kapitalflüsse. Die Einführung des Euro im Jahr 2002, der auf dem Weltmarkt zum Teil den Dollar ersetzte, vereinfachte den Währungsaustausch weiter, der in der Folge einen nie gekannten Umfang erreichte. Bei vielen finanziellen Transaktionen handelte es sich um direkte Investitionen im Ausland, die beinahe doppelt so schnell wuchsen wie der Handel. Mit ihrer Hilfe konnten große Konzerne sich auf den Märkten anderer Länder behaupten. Andere Geldflüsse waren hingegen hochspekulativ, etwa wenn in Aktienfonds, Derivate und Devisengeschäfte investiert wurde. Entsprechend nahm die Unberechenbarkeit der Märkte zu. Die USA hatten zwar in der Nachkriegszeit die meisten Auslandsinvestitionen getätigt, doch bis 2000 waren zwei Fünftel des Gesamtvolumens Europa zuzurechnen, das die Vereinigten Staaten sowohl als Geber- als auch als Zielregion hinter sich ließ.[7] Dank seiner imperialen Verbindungen wie auch der Politik Thatchers wurde London wieder das Finanzzentrum der Welt, sodass sogar Frankfurt am Main mit der Europäischen Zentralbank ins Hintertreffen geriet.

Ein weiterer Aspekt der Globalisierung war die durch Computerhardware und -software ermöglichte Zunahme der Kommunikation. Nachdem diese Erfindungen ursprünglich militärischen Zwecken und der Buchhaltung gedient hatten, führten technologische Innovationen dazu, dass es neben Großrechnern nun auch PCs gab. Das erlaubte es, die immer größer werdenden Datenmengen zu speichern und zu verarbeiten, die der Handel und das Finanzwesen erzeugten. Darüber hinaus war die Erfindung des Internets der entscheidende Baustein, da sie grenzüberschreitende Kommunikation in Echtzeit ermöglichte, die für die wachsende Zahl an Transaktionen unabdingbar war. Den einzelnen Verbrauchern eröffnete sie gemeinsam mit der Erfindung des Smartphones Zugang zu einer unglaublichen Menge an Informationen. Die Medien machten sich das Potenzial der neuen Kommunikationstechnik schnell zunutze und boten dem globalen Publikum sowohl Nachrichtendienste als auch Werbung für Erzeugnisse der amerikanischen Popkultur an. Die Kontinentaleuropäer trugen zwar hier und da eine Innovation bei, wurden aber von der englischsprachigen Informationsgesellschaft an den Rand gedrängt, da ihre sprachliche Diversität ihnen im Weg stand. Erst allmählich passten sie sich an und etablierten hybride Produktformen, die traditionelle Qualitätsfertigung mit mikroelektronischer Steuerung verbanden.[8]

Angesichts dieses Drucks entwickelte Europa eine paradoxe Hassliebe zur Globalisierung, die es zugleich förderte und zu bremsen versuchte. Die europäische Integration, die über den größten

Binnenmarkt der Welt und ein Bruttoinlandsprodukt verfügt, das dem der USA gleichkommt, hat viele Fortschritte in Handel und Kommunikation vorweggenommen. Umfragen zeigten, dass zwei Drittel der Europäer die Globalisierung generell befürworteten, doch viele misstrauten ihrem neoliberalen Charakter, da sie schlechte Erfahrungen mit der Deindustrialisierung und dem Kasinokapitalismus gemacht hatten. Einflussreiche Minderheiten unterstützten zwar insbesondere im Vereinigten Königreich den Washingtoner Konsens, doch die Mehrheit auf dem Kontinent wollte lieber ihr gemischtes Modell der sozialen Marktwirtschaft beibehalten. Auch war sie bereit, im Geiste der Solidarität einen höheren Anteil des BIP für Soziales auszugeben, als das in den individualistischer denkenden USA der Fall war (die nur 15 statt der europäischen 25 Prozent des BIP dafür aufbrachten). Da ihnen an ihrem hohen Lebensstandard lag, bevorzugten die Europäer ein alternatives Modell der Globalisierung, das regionale Integration ins Zentrum stellte, Spekulationen begrenzte und mehr Diversität zuließ.[9] In der Folge entwickelten die Europäer eigene Strategien, mit globalen Herausforderungen umzugehen.

Als erfolgreiche Anpassung kann man die Entwicklung transnationaler Konzerne bezeichnen, deren Zentralen in Europa blieben, die aber die Produktion nach Übersee verlagerten. Dieses Outsourcing sollte die Lohnkosten senken, den Firmen aber auch Zugang zu von Protektionismus geprägten Märkten eröffnen. War man in mehr als nur einem Land tätig, konnte man Währungsschwankungen abfedern und hohe Steuern vermeiden, indem man ausländische Einkünfte vor Abzügen schützte. Aus dieser Transnationalisierung heraus entstanden Netzwerke, innerhalb derer Unternehmen Produkte an einem Ort entwerfen und an einem zweiten Ort herstellen ließen, wobei sie oft die Einzelteile noch von einem dritten Ort bezogen, was insgesamt die Abläufe optimieren sollte. Große amerikanische Konzerne wie Ford hatten es mit ihren Investitionen in Europa vorgemacht, doch bald konnte die EU dank ihres Zusammenwachsens mithalten. Im Jahr 2008 waren dort laut Forbes 24 der 50 erfolgreichsten multinationalen Firmen ansässig. Unter diesen riesigen Unternehmen waren

Banken (HSBC, Paribas, Deutsche Bank), Ölfirmen (Shell, BP, Total), Versicherungskonzerne (ING, Allianz), Autohersteller (VW, Mercedes), Produzenten technischer Geräte (Alstom, Siemens), Versorgungsbetriebe (EDF, e.on) und Lebensmittelkonzerne (Nestlé).[10]

Eine weitere Strategie bestand darin, den Arbeitsmarkt bis zu einem gewissen Grad zu reformieren, um die Flexibilität zu erhöhen und die Löhne zu stabilisieren, die Kosten für Sozialausgaben aber einzuhegen. Im Vergleich mit den Vereinigten Staaten genossen die Europäer größere Sicherheit, da die Arbeitnehmer durch strengere Gesetze geschützt wurden; sie hatten mehr Urlaubstage und umfangreichere Sozialleistungen. Die Globalisierung eröffnete zwar den Gutausgebildeten neue Möglichkeiten und schuf auch Dienstleistungsjobs auf einem niedrigeren Niveau, aber sie bedrohte ernstlich die traditionellen Industriearbeitsplätze. Der Druck des internationalen Wettbewerbs machte auch den Gewerkschaften das Leben schwer, denn die Arbeitgeber konnten Forderungen nach höheren Löhnen jederzeit mit der Drohung kontern, die Produktion ins Ausland zu verlagern. Beunruhigt durch das Outsourcing nach Osteuropa, etwa die Entscheidung Audis, neue Autos künftig in Ungarn herstellen zu lassen, ließen sich selbst sozialdemokratische Politiker dazu bewegen, die soziale Absicherung der Arbeiter zu beschneiden, indem sie das Arbeitslosengeld sowie die Sozialhilfe senkten, die Schaffung von Teilzeitstellen erleichterten und das Rentenalter auf 67 Jahre erhöhten. Die britische Labour-Partei machte den ersten Schritt, die deutsche SPD folgte mit der Agenda 2010, und selbst Skandinavien machte dabei mit. Die Kürzungen lösten kurzzeitige Empörung aus, verbesserten aber langfristig die europäische Wettbewerbsfähigkeit.[11]

Schließlich investierte man auch in die Bildung, um die Arbeiter für den Konkurrenzkampf in der »Wissensgesellschaft« fit zu machen. Wollte man technologisch mithalten, brauchte man gutausgebildetes Personal. Daher steckten die europäischen Staaten mehr Geld in die technische Ausbildung. Man finanzierte Computer für die Schulen, um Vorurteile gegen die Technologie zu überwinden und die Schüler mit auf dem Arbeitsmarkt nützlichen Computerkenntnissen auszustatten. Die einzelnen Länder stockten ihr Budget für Forschung und Entwicklung auf über 2,5 Prozent des Bruttosozialprodukts auf, animierten aber auch die Firmen dazu, ihren Beitrag zu erhöhen. Die EU finanzierte eine Reihe von Wissenschafts- und Technologieprojekten, investierte Milliarden in die Spitzenforschung, beispielsweise im Bereich der Mikroelektronik, der Gentechnik und der erneuerbaren Energien. Diese Bemühungen gipfelten in der Lissabon-Strategie aus dem Jahr 2000, die Europa zum »wettbewerbsfähigsten und dynamischsten wissensgestützten Wirtschaftsraum der Welt« machen sollte. Davon versprach man sich neues Wirtschaftswachstum und bessere Jobs.[12] Auch der Bologna-Prozess gehört in diesen Zusammenhang, mit dessen Hilfe die weiterführende Bildung in Europa vereinheitlicht und Studiengänge vergleichbar gemacht werden sollten.

Die Erfahrungen, die Europa mit der globalen Moderne machte, fielen daher eher gemischt aus, denn der Wettbewerbsdruck erweiterte die Kluft zwischen Gewinnern und Verlierern der Umstrukturierung. Einige transnationale und sogar manche mittelgroße Unternehmen profitierten, aber andere Firmen, die viele Arbeiter beschäftigten, scheiterten gleichwohl. Manche Hightech-Regionen wie Südwestengland, das Umland von Paris und Südwestdeutschland blühten auf, während klassische Industrieregionen wie die englischen Midlands, das Ruhrgebiet und Wallonien sowie viele osteuropäische Gebiete zurückfielen. Einige hochqualifizierte Mitarbeiter im technischen und im Finanzbereich verdienten das große Geld, auch die Aktionäre ernteten beachtliche Dividenden, aber viele Industriearbeiter verloren ihre Stelle. Vor allem Jugendliche hatten es schwer, aus Praktika in dauerhafte Beschäftigungsverhältnisse zu gelangen. Die Frauen wiederum rutschten oft in die Teilzeitfalle. Es entstand ein schlecht abgesichertes Prekariat, das von der Hand in den Mund leben musste. Im Zuge der neoliberalen Reformen wurde Europa wieder wettbewerbsfähig, aber die Aufgabe, kostengünstige Produktion und soziale Stabilität miteinander zu vereinbaren, ist noch nicht überzeugend gelöst.[13]

Sorgen um die Umwelt

Angesichts des Wirtschaftswachstums, das aus der Globalisierung folgte, machten sich viele Menschen Sorgen um die damit verbundenen Umweltschäden. Ironischerweise ist es der Deindustrialisierung zu verdanken, dass in den alten Industrieregionen die schlimmste Luft- und Wasserverschmutzung überwunden werden konnte; der Himmel über der Ruhr wurde wieder blau. Damit verlagerte sich das Problem aber nur in die Entwicklungsländer, deren Gesetze weniger restriktiv waren. Da die Motorisierung immer weiter voranschritt, zerschnitten mehr und mehr Autobahnen die Landschaft, während die Innenstädte verstopften und der Feinstaubausstoß anstieg. Die drastische Zunahme des Luftverkehrs verschmutzte derweil die Atmosphäre, und Fluglärm legte sich über die ohnehin krachgeplagten Städte. Die Europäer hatten zwar strengere Umweltauflagen als die Amerikaner, aber auch sie asphaltierten oder versiegelten immer mehr Landflächen im Umfeld der Vorstädte, um sie mit Wohnungen und Einkaufszentren zu bebauen. Aufgrund der Zunahme an Lärm, Smog und Beton änderten viele Europäer freilich nach und nach ihre Prioritäten. Lebensqualität wurde wichtiger als Wirtschaftswachstum, Ausbeutung wich der Bewahrung.[14]

Da alle Umweltprobleme letztlich lokal begrenzt waren, dauerte es etwas, bis man ihre allgemein verbreiteten Ursachen und transnationalen Auswirkungen erkannte. Der übermäßige Gebrauch von Pestiziden oder die industrielle Tierhaltung im großen Stil beeinträchtigten vielleicht nur die unmittelbare Umgebung, aber die betroffenen Lebensmittel wurden auf dem ganzen Kontinent verkauft. Ebenso mochte ein Kohlekraftwerk zwar lediglich die Luft in Polen verschmutzen, aber der dadurch entstehende saure Regen ließ Bäume an tschechischen oder deutschen Gebirgshängen absterben, wenn der Wind entsprechend stand. Die Chemikalien, die große Pharmafirmen entsorgten, vergifteten nur das Wasser in der Schweiz, aber die wenigen überlebenden Fischarten stromabwärts im Rhein wurden dadurch ungenießbar. Aktivisten mochten ein paar Bäume in ihrer Nachbarschaft retten, aber die besorgten Europäer verstanden allmählich, dass die allgemeineren Umweltprobleme alle miteinander zusammenhingen und dass sie politische Rechtssysteme sowie nationale Grenzen überschritten. Wissenschaftler, die die negativen Folgen der Verschmutzung für die Gesundheit enthüllten, und Journalisten, die über Lebensmittelgifte sowie Luft- und Wasserverschmutzung berichteten, klärten die Öffentlichkeit mehr und mehr über die entsprechenden Gefahren auf.[15]

Die Reaktorkatastrophe im ukrainischen Tschernobyl machte selbst Unbesorgten auf dramatische Weise klar, dass die Abhängigkeit von der Kernenergie der Umwelt gefährlich werden konnte. Während eines Tests in der Nacht des 26. April 1986 fiel dort die Kühlung von Block vier eines Plutoniumreaktors aus. Es kam zur Kernschmelze, und eine Explosion schoss radioaktives Material weit in die Atmosphäre hinein. 31 mutige Ingenieure und Feuerwehrleute opferten ihre Leben, um ein Übergreifen des Brandes auf die benachbarten Blöcke zu verhindern. Da die sowjetische Führung den Vorfall zunächst vertuschte, alarmierten die Weltöffentlichkeit erst schwedische Wissenschaftler, die eine ungewöhnlich hohe Radioaktivität in ihrer Umgebung gemessen hatten. In Skandinavien, Österreich und Deutschland lösten die bruchstückhaften Informationen Hysterie aus, da man eine Kontaminierung des Wassers, der Erde, des Getreides und der Tierwelt durch den Fallout befürchtete. Die sowjetische Regierung evakuierte schließlich eine halbe Million Menschen aus der betroffenen Region und versiegelte den Reaktor, doch eine Mischung aus Unwissenheit und Angst ließ die Menschen in Mitteleuropa in übertriebene Panik verfallen. Politiker wurden mit der pathetischen Formel »Sie haben versagt« angeklagt.[16] Infolge der drastischen Schäden in der Ukraine und Belarus mussten 350 000 Menschen umgesiedelt werden. Tschernobyl wurde ein wirkmächtiges Symbol der Fehlbarkeit der technologischen Moderne im Allgemeinen.

Je mehr sich solche Skepsis verbreitete, desto aufmerksamer nahmen die Europäer Warnungen bezüglich des Klimawandels zur Kenntnis, der der Erderwärmung durch CO2-Emissionen zuzuschreiben ist. Die Beobachtung, dass alpine Gletscher dramatisch schnell schmolzen, bestätigte wissenschaftliche Studien, die einen allmählichen Anstieg der Temperaturen konstatierten. Der Morteratschgletscher in der Schweiz beispielsweise ist zwischen 1878 und 2015 um 2231 Meter geschrumpft! Freilich bestritten die Energieunternehmen, Autohersteller und Agrarfirmen, die die schädlichen Gase produzierten, vehement, dass derartige Befunde etwas zu bedeuten hätten. Schließlich gebe es erst seit etwas mehr als einem Jahrhundert verlässliche Messungen. Doch Daten aus Studien zum Baumwachstum und Untersuchungen der Gletscherkerne überzeugten immer mehr Menschen von der Wahrheit der Befunde, zumal extreme Wetterereignisse wie Hochwasser, Wirbelstürme und lange Trockenheit ebenfalls zunahmen. Da Europa in der gemäßigten Klimazone liegt, würden es die Folgen des Klimawandels weniger hart treffen als andere Kontinente, wenn man von steigenden Meeresspiegeln an der Nordseeküste oder dem Austrocknen von Gewässern in der Mittelmeerregion absah. Dennoch nahmen die Europäer die Herausforderung des Klimawandels ernster als die meisten anderen.[17]

Bürger, die sich um die Umwelt sorgten, gründeten zahlreiche Initiativen, um die widerstrebenden Politiker und Geschäftsleute zum Umdenken zu zwingen. Ganz gewöhnliche Menschen recycelten ihren Müll, um den Abfall zu reduzieren, und stiegen aufs Rad oder öffentliche Verkehrsmittel um, damit der CO2-Ausstoß sich verringerte. Kündigten sich große Bauprojekte an, etwa das der dritten Start- und Landebahn am Flughafen Heathrow, formierten sich Proteste, bei denen Umweltschützer und Anwohner, die das fragliche Bauwerk lediglich nicht vor der eigenen Haustür haben wollten, miteinander kooperierten. Um ihrer Stimme Gehör zu verschaffen, traten sie Organisationen wie Greenpeace bei und spendeten großzügig für deren Projekte. Derweil kämpften die Grünen für Beschränkungen der Atomkraft, forderten die Stilllegung alter Reaktoren und protestierten gegen nukleare Endlager wie das im französischen La Hague. Solch öffentlicher Druck brachte viele nationale Regierungen schließlich dazu, die Firmen zu komplizierten Umweltfolgenabschätzungen und öffentlichen Anhörungen zu verpflichten, sodass unerwünschte Projekte in kostspieligen Genehmigungsprozessen und Rechtsstreits abgewendet werden konnten.[18] In der Folge hat Europa eine bessere Energiebilanz als die USA oder China.

Von Umweltschutz war in den Römischen Verträgen noch keine Rede, doch letztendlich wurde er ein wichtiges Thema der EU-Politik, für das ein eigenes Direktorat zuständig ist. Das Politikfeld, das ursprünglich auf Bemühungen zurückgeht, gleiche wirtschaftliche Bedingungen für alle Mitgliederstaaten zu erreichen, ist seit den 1970er Jahren beträchtlich gewachsen. Ein Streitpunkt war die Gemeinsame Fischereipolitik, da maritime Länder wie Dänemark und Irland ihre Bestände schützen und anderen Wettbewerbern keinen Zugang dazu gewähren wollten. Die Gemeinsame Agrarpolitik erschöpfte sich anfangs in Zuschüssen für Großbetriebe, doch seit 2004 sollen auch die Artenvielfalt und die Biolandwirtschaft von ihr profitieren. Mit der Natura-Direktive versuchte man, die Lebensräume von Vögeln in allen EU-Staaten zu bewahren. Eine Wasserdirektive wiederum führte Qualitätsstandards ein und schrieb einen bestimmten Umgang mit Flusssystemen vor. Das REACH-Programm schließlich sollte gefährliche Chemikalien dokumentieren sowie die Öffentlichkeit und die Umwelt vor Kontaminierung schützen. Zum Zweck der Regulierung hat die EU daher einheitliche Mindeststandards für alle Mitgliedsstaaten festgelegt.[19]

Die EU hat sich zudem bemüht, in den globalen Verhandlungen über den Schutz der Ozonschicht und die Minderung der Kohlenstoffemissionen voranzugehen, allerdings bleibt sie bisweilen hinter der eigenen Rhetorik zurück. Obwohl die Idee der »nachhaltigen Entwicklung« sich erst in den 1980er Jahren als Ziel herauskristallisiert hat, haben die nationalen Regierungen und die Europäische Kommission durchgängig internationale Anstrengungen unterstützt, den Treibhauseffekt zu bekämpfen, etwa mit dem Kyoto-Protokoll von 1997. Die ehrgeizigen Ziele, die schädlichen Emissionen bis 2013 um 8 sowie bis 2020 um 20 Prozent zu mindern, wurden dank der Deindustrialisierung, dem Umstieg auf erneuerbare Energien und effizienterem Verbrauch erreicht. Das darüber hinausgehende Klimaabkommen von Paris im Jahre 2015 sieht vor, die globale Erwärmung auf unter 2 Grad Celsius zu reduzieren.

Nicht alle Initiativen hatten Erfolg, denn die ursprüngliche EU-Strategie des Emissionshandels ist im Großen und Ganzen gescheitert. Zudem haben die Entwicklungsländer, um weiter wachsen zu können, es größtenteils abgelehnt, sich von Umweltschutzabkommen einschränken zu lassen. Von einer weiteren Verschmutzung oder Abholzung des Regenwaldes wollten sie nur mit finanzieller Unterstützung absehen.[20] Was allerdings andere Themen wie etwa die Zulassung genmanipulierter Lebensmittel in der EU betrifft, waren die Europäer skeptischer als die Amerikaner.

Angesichts der beschriebenen Problematik gingen die Europäer in den letzten Jahrzehnten des Jahrhunderts vorsichtiger mit ihren natürlichen Ressourcen um. Viele Umweltschutzinitiativen, etwa das Schaffen von Nationalparks oder die Begrenzung des Schadstoffausstoßes von Autos, stammen ursprünglich aus den USA. Doch haben die Europäer, die seit Jahrtausenden auf ihren ressourcenarmen Kontinent angewiesen sind, ein besseres Bewusstsein für den Schutz ihres Landes entwickelt, das auch die Lebensbedingungen künftiger Generationen umfasst, weshalb sie auch strengere Kontrollen wie etwa bei Bauordnungsbestimmungen eingeführt haben. Zudem waren sie bereit, den kostspieligen Umstieg auf erneuerbare Energien durch Steuerzuschüsse für Solar- und Windenergie zu finanzieren. Die Verbreitung der grünen Technologie hat auch neue Arbeitsplätze etwa in der Herstellung von Solarzellen und Windturbinen geschaffen. Nicht alle Länder mochten so weit gehen wie Deutschland, das einen endgültigen Ausstieg aus der Atomenergie bis 2020 beschloss, nachdem im japanischen Fukushima ein Reaktor havariert war. Doch im Allgemeinen haben die Europäer einen modernen Lebensstil mit weniger benzinfressenden SUVs entwickelt, der ihren ökologischen Fußabdruck kleiner ausfallen lässt als den der Amerikaner.[21]

Der Druck der Zuwanderung

Auf den zunehmenden Zuwanderungsdruck im Zuge der Globalisierung waren die Europäer schlecht vorbereitet, da sie sich ursprünglich selbst eher als Auswanderungsregion begriffen hatten. Da auf dem Alten Kontinent immer schon mehr Menschen geboren wurden, als man ernähren konnte, waren Briten, Deutsche, Bewohner der Mittelmeerländer und Osteuropäer seit Jahrhunderten ins Ausland gegangen und lebten nun an fremden Gestaden wie etwa in den Vereinigten Staaten oder Australien. Die letzte Auswanderungswelle hatte Europa nach dem Zweiten Weltkrieg verlassen. Dabei handelte es sich um Displaced Persons und jüdische Überlebende der Shoah, aber auch um faschistische Gewalttäter. In Deutschland hatte man daher die ab 1945 aus den verlorenen osteuropäischen Regionen des »Dritten Reichs« hereinströmenden sogenannten »Volksdeutschen« als Landsleute betrachtet, die einen moralischen Anspruch auf Unterstützung hatten. Genauso hatten die Franzosen die Rückkehr der früheren Kolonialherren und Siedler (der sogenannten *pieds-noirs*) aus Algerien nach dessen Unabhängigkeit 1962 pflichtschuldig akzeptiert, da man die Neuankömmlinge als Mitbürger definierte.[22] Doch als die Geburtenrate unter das Niveau der Sterberate sank und die Lebenserwartung der Europäer beträchtlich anstieg, wurde das alternde Europa von einem Auswanderungs- zu einem Einwanderungsgebiet – es brauchte die Zuwanderung aus dem Ausland, um zu überleben.

Obwohl Frieden und Wohlstand zurückgekehrt waren, überraschte dieser demografische Wandel die europäischen Politiker, die nun ihre Haltung zur Zuwanderung nur widerwillig änderten. Nach der Einführung der Pille sank die Zahl der Geburten stetig bis auf etwa 1,4 Kinder pro Frau; lediglich Frankreich, das Vereinigte Königreich, Schweden und Irland bildeten Ausnahmen. Gleichzeitig stieg die Lebenserwartung von etwa 65 auf mehr als 80 Jahre an, sodass die Bevölkerungszahl anfänglich noch wuchs. Allmählich aber wurde klar, dass vor allem die Zahl der Rentner und Pensionäre stieg: Die Gruppe der über 80-Jährigen wuchs in den meisten Ländern schneller als jedes andere Bevölkerungssegment.

Viele nicht vollständig ausgelastete Kindergärten und Schulen mussten schließen, und das Verhältnis von nur noch vier Erwerbstätigen zu einer Person im Ruhestand erforderte eine Anhebung des Rentenalters auf über 65 Jahre; auch die Gesundheitskosten stiegen. Den Regierungen gelang es nicht, den Geburtenschwund zu stoppen, weshalb Arbeitskräfte importiert werden mussten, die die wirtschaftlich wie gesellschaftlich notwendigen Aufgaben erledigten.[23]

Während des Booms der Nachkriegszeit heuerten nord- und westeuropäische Länder daher Migranten aus Südeuropa an, die sich am Ausbau der Industrie beteiligen sollten. Bis zur Mitte der 1970er Jahre hielten etwa acht Millionen »Gastarbeiter« die Fabriken in Frankreich, Deutschland und Großbritannien in Gang, indem sie manuelle Tätigkeiten verrichteten. Diese oft vom Lande kommenden Neulinge sprachen zwar Italienisch oder Griechisch, doch sie waren Christen und, so glaubte man, ohnehin nur zum Aushelfen während einer Übergangszeit da, bevor sie wieder in ihre Heimat zurückgehen würden. Außerdem hatte die Einführung des Gemeinsamen Marktes diese Art der Migration auch über bilaterale Abkommen hinaus legalisiert, da die Freizügigkeit der Arbeitnehmer ein Anliegen der EG war. Problematischer wurde es, als auch Zuwanderer von außerhalb Europas ankamen, etwa aus der Türkei, Nordafrika und Asien, denn sie hatten eine andere Hautfarbe, andere Sitten, Ernährungsweisen und vor allem eine andere Religion. Ungeachtet der Rückkehrhilfen und anderer Maßnahmen, mit denen die Bundesrepublik auf das Ende des Booms in den 1970ern reagierte, wollten viele der sogenannten Gastarbeiter keineswegs in die Heimat zurück, sondern blieben und holten ihre Familien nach. Die zeitweilige Arbeitsmigration führte daher zu einer permanenten Anwesenheit von Fremden, und es entstanden neue ethnische Minderheiten.[24]

In den achtziger Jahren stieg die Zahl der Asylanträge aus Entwicklungsländern rasant an, was Europa in eine Zwickmühle zwischen offenherziger Menschlichkeit und eigennütziger Abschottung brachte. Flüchtlinge aus Osteuropa waren während des Kalten Krieges politisch willkommen gewesen, und selbst angesichts der Balkankriege hatte man ein Verantwortungsgefühl gegenüber seinen Miteuropäern verspürt. Doch als Hilfesuchende aus anderen Krisenregionen der Welt kamen, die vor Bürgerkriegen oder Klimakatastrophen flohen und deren Zahl in die Hunderttausende stieg, kühlte sich das Mitgefühl schnell ab, zumal viele Asylbewerber wirtschaftliche Motive zu haben schienen. Bewerber ohne Papiere oder mit unbelegbaren Verfolgungsgeschichten gerieten in eine rechtliche Sackgasse, da es oft Jahre dauerte, bis über ihre Fälle entschieden wurde, während derer sie auf öffentliche Fürsorge angewiesen waren. Da man ihren Kontakt mit den Einheimischen vermeiden wollte, wurden sie generell in Auffanglager gesteckt, aus denen sie im Fall einer Ablehnung direkt abgeschoben werden konnten.[25] Bisweilen wurde den Zuwanderern »Asylbetrug« unterstellt. Europas Umgang mit Zuwanderern aus anderen Kontinenten verweist auf eine bestürzende Kluft zwischen einer Rhetorik der Nächstenliebe und tatsächlich praktiziertem Egoismus.

Der Sturz des Kommunismus und die wachsende Globalisierung machten den Balanceakt zwischen kosmopolitischer Offenheit und dem Schutz der eigenen Gesellschaft in den 1990er Jahren noch schwieriger. Einerseits war wirtschaftlicher Erfolg nur möglich, wenn man hochqualifizierte Arbeitskräfte aus dem Ausland mittels spezieller Visa anwerben konnte, die die alternde und schwindende europäische Bevölkerung ergänzten. Andererseits machten sich immer mehr ob ihrer Armut verzweifelte Menschen ohne Papiere auf den Weg nach Europa, die zwar harte Arbeit nicht scheuten, aber weder offiziell anerkannt waren noch Zugang zu staatlichen Sozialleistungen erhielten. Die Angst der Westeuropäer, nach der EU-Osterweiterung von Osteuropäern überrannt zu werden, stellte sich zwar als eindeutig übertrieben heraus, da viele von ihnen angesichts der wirtschaftlichen Erholung ihrer Heimat dorthin zurückkehrten. Aber die große Zahl ertrunkener Afrikaner, die ihre gesamten Ersparnisse für Schlepper ausgegeben hatten, um mit überfüllten, kaum seetüchtigen Booten das Mittelmeer überqueren zu können, wurde zum Skandal, denn die EU brachte kein liberales Einwanderungsgesetz zustande, das eine weniger riskante

Einreise ermöglichen würde. Europa ist somit ein widerwilliger Einwanderungskontinent geworden.[26]

Die Zuwanderer, die sich von den Einheimischen visuell sowie kulturell unterschieden, aber bleiben konnten, ließen sich oft in ghettoähnlichen Bereichen der europäischen Städte nieder, die bald ihren Herkunftsländern zu ähneln begannen. Da sie sich keine teuren Mieten leisten konnten, waren die Migranten auf die preisgünstigeren Stadtviertel angewiesen, deren ursprüngliche Bewohner sie allmählich verdrängten. Dort eröffneten sie eigene Lebensmittelläden, Cafés und Moscheen, in die sie sich vor den oft schwierigen Begegnungen mit den Einheimischen zurückziehen konnten. Die Gründung eigener Zeitungen, elektronischer Medien, Organisationen und Sportvereine bot den Einwanderern Schutz und Zusammenhalt, erschwerte ihnen aber auch das Einleben ihrer neuen Heimat. Besonders die Kinder hatten es oft schwer, die neue Sprache ausreichend zu lernen, um Erfolg in der Schule zu haben oder einen guten Job zu bekommen. Bisweilen verspürten sie deshalb mehr Frustration als ihre Eltern, die mit ihren bescheidenen Errungenschaften meist zufrieden waren. Junge Männer, die sich ihrer Identität und Zugehörigkeit unsicher waren, wurden anfällig für die Botschaften fundamentalistischer Imame, während junge Frauen oft versuchten, sich der Kontrolle ihrer Familien zu entziehen.[27] Die Migrantenghettos boten zwar kurzfristigen Trost, behinderten aber langfristig die Integration.

Im Jahre 2015 nahm der Druck der Zuwanderung solch krisenhafte Ausmaße an, dass er alle bisherigen Kontrollversuche hinwegfegte. Um den Zustrom illegaler Migranten zu stoppen, hatte die EU in Dublin eine gemeinsame Asylpolitik beschlossen, der zufolge Asylbewerber in »sichere Länder« ihrer Herkunft oder ihrer ersten Einreise zurückgeschickt werden durften. Ein Grenzschutzregime wurde gebildet, das nun der Agentur Frontex oblag. Angesichts der Bürgerkriege in Syrien, Jemen und im Sudan, aber auch der fortdauernden Kämpfe in Afghanistan und der Armut in Afrika flohen massenhaft Menschen nach Europa, die aus der Türkei nach Griechenland gelangten oder die riskante Überfahrt nach Italien wagten. Nachdem in den Medien immer dramatischere

Bilder einer humanitären Katastrophe zu sehen waren, entschloss sich die Kanzlerin Angela Merkel, die deutschen Grenzen zeitweilig zu öffnen. Ihr ermunternder Satz »Wir schaffen das!« lockte 1,2 Millionen Menschen, meist junge Männer, aber auch ganze Familien, in das größte Land der EU. Obwohl Tausende Freiwillige ihre Hilfe anboten, zeigte sich die deutsche Verwaltung schon bald mit der Aufgabe überfordert, die Ankömmlinge zu registrieren, zu beherbergen und zu versorgen. Diese außerordentliche Geste der Humanität ließ sich letztendlich aus politischen Gründen nicht aufrechterhalten, da andere europäische Länder wie etwa Ungarn es ablehnten, überhaupt Flüchtlinge aufzunehmen, und die bayerische Schwesterpartei CSU auf schneller Abschiebung bestand.[28]

Auf die zunehmende Einwanderung und die wirtschaftliche Stagnation reagierten viele europäische Länder mit einem hässlichen Rückfall in nationalistische Denkmuster, wobei sie das Ausmaß des Problems durchaus überschätzten. Viele Arbeiter fürchteten, ihre Stelle an einen Einwanderer zu verlieren, beneideten die Ankömmlinge um ihre angeblichen Sozialleistungen oder lehnten ihre unbekannten Sitten ab. Manche ließen sich auch von Terroranschlägen und Fällen sexueller Belästigung wie bei der Silvesterfeier in Köln 2015/2016, bei der Hunderte von Migranten entsprechender Übergriffe beschuldigt wurden, verunsichern. Diverse rechte Parteien wie etwa die Freiheitliche Partei Österreichs (FPÖ), die Rassemblement National in Frankreich, die Alternative für Deutschland (AfD) und Populisten wie Geert Wilders in den Niederlanden machten sich diese verbreiteten Ressentiments zunutze, woraufhin sie überraschend große Erfolge bei den Wahlen verbuchen konnten, sogar in Dänemark. Ihre Propaganda befeuerte auch Ausbrüche fremdenfeindlicher Gewalt etwa bei Skinheads, die Schwarze angriffen oder Asylbewerberheime in Brand steckten. Während die zivilgesellschaftlichen Initiativen im Umfeld der Linken sich für Toleranz einsetzten, die Schulen sich um die Integration und Akzeptanz der Neulinge bemühten und Sportvereine die Diversität feierten, erhielten die konservativen Parteien Zuspruch aus dem empörten Volk für ihre restriktive Gesetzgebung.[29] Das Dilemma zwischen der Angst vor Fremden und dem Bedarf an hochqualifizierten Zuwanderern verhinderte die Entwicklung einer rationalen, europaweiten Einwanderungspolitik. Einerseits verlangten die Nationalisten strengere Abschiebungen sowie eine Einschränkung des Familiennachzugs und der Aufenthaltsgenehmigungen, um potenzielle Zuwanderer zu entmutigen. Deswegen überredete die EU mit großzügigen finanziellen Hilfen die Türkei und Libyen dazu, die Migranten aufzuhalten, während Deutschland sich an die Abarbeitung von Hunderttausenden von Asylanträgen machte. Andererseits erwirkten die Unternehmen die Einführung verschiedener Blue-Card-Programme, damit Hochschulabsolventen bleiben oder Hochqualifizierte einreisen durften, sofern sie genug verdienten oder neue Stellen zu schaffen versprachen. Manche EU-Staaten führten zudem eine Art Zwischenstatus ein, durch den illegale Einwanderer offiziell geduldet wurden, sodass ihre Anwesenheit de facto akzeptiert schien. Deutschland mit seinen etwa sieben Millionen Ausländern liberalisierte schließlich sein Staatsbürgerschaftsrecht: Im Land geborene Kinder durften mit 18 Jahren deutsche Staatsbürger werden, und ältere Einwanderer konnten sich ebenfalls leichter einbürgern lassen.[30] Angesichts der verwirrenden Mischung aus der humanitären Aufnahme von Asylbewerbern und der fremdenfeindlichen Abschottung gegenüber Wirtschaftsmigranten ist der Umgang mit Migranten ein ungelöstes politisches und soziales Problem geblieben.

Die terroristische Bedrohung

Der entstehende islamistische Terrorismus war eine weitere unvorhergesehene Entwicklung, die eine fortschrittliche und sich als liberal verstehende europäische Gesellschaft vor komplizierte Probleme stellte. Die »Propaganda der Tat«, die die Anarchisten im 19. Jahrhundert erprobt hatten, war stets die Waffe derjenigen gewesen, die zu schwach waren, um politische Veränderungen durch demokratische oder revolutionäre Mittel zu erreichen. Die meisten Europäer glaubten, die Bedrohung überwunden zu haben, als in den Jahren nach 1968 die Angriffe der italienischen Roten Brigaden und der Roten Armee Fraktion in Westdeutschland allmählich nachließen. Zwar flackerten hier und da die Gewalttaten von Separatisten auf, zu denen die Irisch-Republikanische Armee (IRA), die baskische ETA, aber auch radikale Korsen und Südtiroler gehörten, doch das schienen die so effizienten wie gnadenlosen Sicherheitskräfte unter Kontrolle zu haben. Doch der Anschlag einer Gruppe der Palästinensischen Befreiungsorganisation (PLO) auf die israelische Olympiamannschaft in München 1972 kündigte eine neuartige Qualität des Terrors an, denn er brachte den Nahostkonflikt auf den europäischen Kontinent, und die PLO-Botschaft verbreitete sich durch sensationslüsterne Medien rund um den Globus.[31] Zwar gingen aus der anschließenden Zusammenarbeit europäischer und palästinensischer Terroristen keine weiteren Anschläge hervor, doch München war ein Vorgeschmack auf eine kommende Bedrohung, die sich aus der Verbindung zwischen einheimischem und ausländischem Terrorismus speisen sollte.

Verglichen mit nationalistischer oder anarchistischer Gewalt, erzeugte die religiöse Inspiration eine noch stärkere Rechtfertigung des Terrorismus, da sie ihn transzendental legitimierte. Der Siegeszug des fundamentalistischen Islam, der der Liberalität der westlichen Moderne etwas entgegensetzen sollte, inspirierte ein heiliges Pflichtgefühl im Kampf für konkrete politische Projekte, etwa der Umwandlung des Iran in einen Gottesstaat oder der Befreiung der Palästinenser aus Israels Kontrolle. Radikale Imame in Europa verbreiteten solche Botschaften, während sie den Koran lehrten, indem sie ein wortwörtliches und reaktionäres Verständnis ihres Glaubens in den Moscheen predigten. Damit überzeugten sie vor allem junge Männer in den Einwandererghettos und den Pariser Vororten, die sich zwischen ihrer Herkunft und der weltlichen europäischen Kultur hin und hergerissen fühlten. Ihre Erfahrungen, in der Schule zu scheitern, in der Gesellschaft angefeindet und bei der Arbeitssuche diskriminiert zu werden, gaben ihnen das diffuse, aber starke Gefühl des Grolls gegen eine Gesellschaft, die sie nicht respektierte. Gerade die Strenge des radikalen Islam versprach den verwirrten Jugendlichen die nötige Klarheit und Identität, denn man würde sie im Jenseits für ihre womöglich geopferten Leben belohnen. Die neuartigen Selbstmordanschläge zogen auch die Aufmerksamkeit der Medien auf sich, die die Geschichten der Attentäter reißerisch darstellten.[32]

Die Europäer waren entsetzt, als sie die schockierenden Fernsehbilder der entführten Passagierflugzeuge sahen, die Terroristen in die Türme des World Trade Center jagten. Die islamistischen Anschläge auf die USA lösten eine Welle des aufrichtigen Mitgefühls mit dem angegriffenen Land aus. Nach dem 11. September 2001 riefen ganz gewöhnliche Europäer Bekannte in den USA an, um sie ihrer Solidarität per Ferngespräch zu versichern. Selbst die linksorientierte französische Zeitung *Le Monde* verkündete »Wir sind alle Amerikaner«, während der deutsche Kanzler Gerhard Schröder sich dafür schämte, dass einige der Terroristen sich in seinem Land vorbereitet hatten. Er nannte den Anschlag »eine Kriegserklärung gegen die gesamte zivilisierte Welt«. Die NATO berief sofort eine Notfallsitzung ein und rief erstmals den »Bündnisfall« aus, in dem ein Mitglied den militärischen Beistand der anderen einfordern kann. Die europäische Öffentlichkeit hatte daher Verständnis für US-Präsident George W. Bushs Kriegserklärung gegen den internationalen Terrorismus, mit der er Osama bin Laden bestrafen und dessen Organisation Al Qaida zerstören wollte. Ohne zu zögern, entschieden sich die Europäer, an der »Operation Enduring Freedom« teilzunehmen und Truppen in den Kampf gegen die islamistische Miliz Taliban in Afghanistan zu schicken.[33]

Als die USA jedoch 2003 einen »Präventivkrieg« gegen den Irak begannen, spaltete sich Europa in zwei Lager. Manche Länder waren bereit, die Rechtfertigung der Neokonservativen um Bush zu akzeptieren, andere waren misstrauisch. Generell wollten die Europäer einen Krieg eher vermeiden als die USA, da sie weder Interesse an den Ölvorkommen im Irak hatten noch den zweifelhaften Behauptungen glaubten, der dortige Diktator Saddam Hussein besitze Massenvernichtungswaffen. Frankreich und Deutschland stellten sich ebenso wie Russland und China gegen den Alleingang der USA. Sie weigerten sich, an einem Angriff teilzunehmen, der von den Vereinten Nationen nicht genehmigt worden war. Nur Großbritannien, das sein besonderes Verhältnis zu den USA wiederherstellen wollte, Italien, Spanien, Polen und einige kleinere Staaten schlossen sich der »Koalition der Willigen« an. Die führenden Länder des Kontinents hörten mit Entsetzen, wie der amerikanische Verteidigungsminister Rumsfeld daraufhin das moribunde »alte Europa« in herablassendem Ton maßregelte, während die Bevölkerung in Massendemonstrationen mit dem Slogan »Kein Blut für Öl« auf die Straße ging. Trotz des schnellen militärischen Sieges der Vereinigten Staaten fühlten sich der französische Präsident Jacques Chirac und Kanzler Schröder weiterhin im Recht, denn den USA gelang es nicht, Frieden im Irak zu schaffen. Auch wurden weder Massenvernichtungswaffen noch eine Verbindung des Irak zu Al Qaida gefunden.[34]

Eine Reihe islamkritischer Publikationen erregte den Ärger vieler Muslime, der sich gegen Europa wendete. Die Veröffentlichung von Salman Rushdies Satire *Die satanischen Verse* hatte bereits die britischen Muslime empört, die das Buch für Gotteslästerei hielten und deshalb die Fatwa des iranischen Religionsführers Ayatollah Chomeini unterstützten. Der Autor versteckte sich und konnte so dem Lynchmord entgehen. 2004 brachte ein Film über die brutale Behandlung der Frauen im islamischen Recht einen jungen Marokkaner dazu, den Regisseur Theo van Gogh zu töten, woraufhin sich in den Niederlanden antimuslimische Ressentiments ausbreiteten. Im selben Jahr verbot Frankreich das Tragen religiöser Symbole in den Schulen, also auch das islamische Kopftuch, was die dortigen Nordafrikaner aufbrachte. Die Veröffentlichung von einem Dutzend Karikaturen des Propheten Mohammed in einer dänischen Zeitung ein Jahr später schockierte Millionen Gläubige in der ganzen Welt, sodass es zu gewalttätigen Protesten gegen die Entehrung des Propheten kam.[35] Zwischen weltlichen Europäern, die auf Menschenrechtsprobleme im fundamentalistischen Islam hinwiesen, und den jungen Muslimen, die sich in der westlichen Gesellschaft entfremdet und beleidigt fühlten, entstand eine unüberbrückbare Kluft.

Diese aufgeheizte Stimmung zog diverse große Terroranschläge in Europa nach sich, mit denen man es auch den Verbündeten der USA im Irakkrieg heimzahlen wollte. Am 11. März 2004 explodierten zehn Bomben in Madrider Pendlerzügen; es starben 191 Menschen, 1800 weitere wurden verletzt. Die mutmaßlichen Täter, eine lose Gruppe marokkanischer Selbstmordattentäter, hatten sich von Al Qaidas Dschihad inspirieren lassen. Überraschenderweise traf das Attentat indirekt auch die konservative spanische Regierung, die die Parlamentswahlen nur vier Tage später verlor, nachdem sie fälschlich baskische Separatisten des Anschlags bezichtigt hatte, aber auch weil sie die amerikanische Invasion in den Irak unterstützt hatten. Am 7. Juli 2005 ließen vier radikale Islamisten Bomben in der Londoner U-Bahn sowie in einem Doppeldeckerbus detonieren, wobei sie 52 Menschen töteten und über 700 verletzten. Einer der Attentäter rechtfertigte den Anschlag als Vergeltung: »Eure demokratisch gewählten Regierungen begehen kontinuierlich Gräueltaten gegen mein Volk überall in der Welt.« Am 13. November 2015 starben bei einer Serie geplanter Massenschießereien und Bombenanschläge in Paris 130 Menschen, während 600 verwundet wurden.[36] Mit diesen Wellen der Gewalt kehrte der Terrorismus nach Europa zurück; auch Deutschland wurde getroffen, als ein LKW bei einem Weihnachtsmarkt in eine Menschenmenge raste.

Die wachsende Bedrohung durch den Terrorismus brachte die zögerlichen Regierungen dazu, die innenpolitischen Maßnahmen gegen politische Gewalt zu verschärfen. Auf der Grundlage bisheriger Erfahrungen mit dem Kampf gegen Unruhen verabschiedeten Großbritannien, Frankreich und Deutschland neue Gesetze gegen den Terrorismus, die die Befugnisse der Polizei ausweiteten. Der französische Innenminister Nicolas Sarkozy versuchte die Öffentlichkeit zu beruhigen, indem er ihr »aktive Intoleranz« gegen Attentäter versprach. In der Praxis wurden mit den Gesetzen gegen den Terrorismus die Überwachungsmöglichkeiten des Staates erweitert: Es wurden mehr Sicherheitskameras installiert, und der Staat konnte nun leichter seine Bürger belauschen. Verteidiger der bürgerlichen Freiheiten protestierten freilich dagegen, dass diese Maßnahmen genau jene Rechte mit Füßen traten, die sie eigentlich zu schützen vorgaben. Da die EU diesbezüglich keine formale Macht hatte, bemühte sie sich darum, die Polizeikoordination zu stärken und den Informationsaustausch zu erleichtern; eine europaweite Terrorismusdatei wurde geschaffen. Einzelne Mitgliedsstaaten gaben zwar nur ungern ihre diesbezügliche Souveränität auf, doch die EU ernannte schlussendlich einen Koordinator der Terrorismusbekämpfung, damit die Länder besser zusammenarbeiteten.[37]

Diese gemäßigte Antwort Europas auf den islamistischen Terrorismus erwies sich als erfolgreicher als die militärische Intervention der USA. Radikale Islamisten lehnten zwar die euro-amerikanischen Werte der Freiheit als solche ab, weshalb sie beide Partner als gemeinsamen Feind, genannt »der Westen«, empfanden. Doch die meisten Europäer reagierten weniger hysterisch und kriegstreiberisch als Bush und Blair, versuchten sich an der UNO zu orientieren und den Palästinensern versöhnlich zu begegnen. Während man die Polizeikräfte im Inneren aufstockte, bemühte man sich, die tieferen Ursachen des Terrorismus zu ergründen, die sowohl in der Perspektivlosigkeit vieler muslimischer Länder als auch der vielfachen Frustration ghettoisierter Einwanderer lagen. Die europäischen Regierungen versuchten daher, nicht nur deren materielle Sorgen zu lindern, sondern auch den gemäßigten Islam zu stärken. In ihrem Dialog mit muslimischen Klerikern bekundeten sie ihren Respekt vor der Religion, bestanden aber auch darauf, dass die Menschenrechte zu achten waren.[38] Die europäische Unterscheidung zwischen Sicherheitsrisiken und religiöser Differenz war vielversprechender als der Gebrauch von Gewalt, da die Ursachen der Unzufriedenheit angesprochen wurden und man sich weigerte, auf Antimodernismus mit der gleichen Intoleranz zu antworten.

Demokratische Teilhabe

Eine letzte Herausforderung bestand darin, die Teilhabe der Bürger an Entscheidungen auszuweiten, damit die Demokratie auf die transnationalen Prozesse der Globalisierung reagieren konnte. Ironischerweise verloren die Westeuropäer just in dem Moment, in dem Osteuropa sich für die repräsentative Demokratie entschied, den Glauben an ihre Volksvertretungen, von deren Arbeit sie lange profitiert hatten. Die Bürger, die der mühsamen Kompromisse der Kohabitation und der großen Koalitionen überdrüssig waren, beteiligten sich nicht mehr an den rituellen Konkurrenzkämpfen der Parteien. In der Folge sank die Wahlbeteiligung in fast allen Ländern, weshalb sich aktive Minderheiten einen unverhältnismäßig großen Anteil an der Politik erstreiten konnten. Zugleich verloren die großen Volksparteien der Nachkriegszeit Zuspruch von den Rändern ihres Wählerspektrums, und auch die Mitgliederzahlen sanken, da sich die sozialen Milieus, aus denen die Parteien hervorgegangen waren, immer mehr auflösten. In den kontinentalen Demokratien mit Verhältniswahlrecht konnten die kleineren, auf ein spezielles Anliegen konzentrierten Parteien Zuwächse verbuchen, sodass sich das Parteienangebot ausdifferenzierte und die Koalitionsbildung immer schwieriger wurde. Mit Verweis auf diese Entwicklungen begannen Beobachter von einer »Demokratiemüdigkeit« zu sprechen.[39]

Da man den Prozessen der parlamentarischen Entscheidungsfindung zunehmend misstraute, fanden immer mehr lokale Proteste gegen bestimmte Regierungsvorhaben statt, die engagierte Aktivisten organisierten. Ein klassisches Beispiel war die Bewegung gegen den Bau eines neuen unterirdischen Bahnhofs in Stuttgart, der den alten Kopfbahnhof durch Durchgangsgleise ersetzen, die Reisezeiten verkürzen und bessere Einkaufsmöglichkeiten schaffen sollte. Formell hatten die Deutsche Bahn und die Landesregierung alle Planungsvorschriften beachtet, doch als die Bauarbeiter mit dem Fällen alter Bäume im umliegenden Schlossgarten begannen, versammelten sich wütende Demonstranten, die das Projekt verhindern wollten. Die Bewegung, in der sich neben älteren Bürgern auch Studenten versammelt hatten, wurde von Umweltschutzaktivisten angeführt, die die technischen Ziele der Bahningenieure und den Sinn des Baus hinterfragten. Als die konservative Regierung mit Wasserwerfern und Polizeischlagstöcken gegen die Demonstranten vorging, war die Empörung so groß, dass die CDU die anschließenden Landtagswahlen verlor und die Grünen an die Macht kamen.[40] Zwar scheiterte der anschließende Bürgerentscheid, doch mit dem Konflikt gelangte der neue Begriff *Wutbürger* in die Wörterbücher.

Weitere Kritik bezüglich eines »Demokratiedefizits« betraf die bürokratische Form der Entscheidungsfindung in der EU. Junge Föderalisten hatten mit diesem Begriff bereits in den 1970er Jahren darauf hingewiesen, dass die öffentliche Unterstützung der europäischen Integration bröckelte, weil die gesetzgebenden und administrativen Gremien so weit vom gewöhnlichen Bürger entfernt agierten. Das deutsche Bundesverfassungsgericht hat darauf hingewiesen, dass dieser Mangel strukturell bedingt ist: Die meisten EU-Institutionen sind intergouvernemental gedacht, und die EU-Kommission als Exekutive sowie die Regierungen der Mitgliedsstaaten haben das letzte Wort. Das direkt gewählte EU-Parlament hingegen konnte sich nur allmählich eine stärkere Beteiligung an der Entscheidungsfindung erkämpfen, ihm fehlen jedoch weiterhin die klassischen Charakteristika eines Parlaments, denn es kann weder Minister ernennen, noch darf es eine Regierung wählen. Seine scheinbare Bedeutungslosigkeit hat dazu geführt, dass sich nur 43 Prozent der EU-Bürger an der Europawahl von 2009 beteiligten. Diese Unzufriedenheit kann auch als eine der Ursachen dafür gelten, dass Frankreich und Dänemark den Entwurf einer europäischen Verfassung ablehnten. Allen demokratischen Insignien zum Trotz war die EU eine indirekt demokratische Institution, in der die Macht lediglich Abgesandten der Nationalregierungen übertragen wurde.[41]

In den Protesten gegen den G8-Gipfel drückte sich auf ähnliche Weise das Gefühl aus, dass die kapitalistische Globalisierung außer Kontrolle geraten sei. Man wünschte sich eine weltweite Gegenbewegung, um sie einzuhegen, die manche als »Altermondialismus«

oder »Alterglobalisierung« bezeichneten, weil sie diese als alternative Form der internationalen Zusammenarbeit verstanden. Eine lokale Galionsfigur der Bewegung war der französische Aktivist und Schäfer José Bove aus Larzac, der sich gegen eine im Bau befindliche McDonalds-Filiale, genmanipulierte Lebensmittel und die internationale Agrarindustrie engagierte. Die übergreifende Bewegung für Globale Gerechtigkeit, die die G8-Proteste vorbereitet hatte, bestand aus einem Netzwerk, in dem Kommunisten, aber auch NGOs wie Attac für »die Regulierung der Finanzmärkte, die Schließung der Steueroasen«, einen Schuldenerlass für Entwicklungsländer und Begrenzungen sowohl der Waren- als auch der Kapitalflüsse kämpften. Den Demonstranten gelang es zwar, den internationalen Medien ihre antikapitalistische Botschaft zu unterbreiten, doch die Bewegung zerfiel schließlich, da sie schlecht organisiert war und sich nicht auf eine gemeinsame Haltung zur Gewalt einigen konnte.[42] Ausgerechnet die Vielzahl der Protestierenden und die Bandbreite ihrer ideologischen Hintergründe standen dem Erfolg der weltweiten Graswurzelbewegung für mehr Demokratie im Weg.

Eine Reaktion auf die beschriebenen Frustrationen war der Aufstieg medial gewiefter Populisten, die einfache Lösungen für komplexe Probleme vorschlugen. In Österreich gelang es dem selbsternannten Rebellen Jörg Haider 1986, mit seiner ultranationalistischen FPÖ das Patt zwischen den katholischen Konservativen und den Sozialdemokraten aufzubrechen. In Italien kam der Medienmogul Silvio Berlusconi Mitte der 1990er Jahre an die Macht, nachdem er die Mittelschicht, die eigentlich immer die skandalumwitterte Democrazia Cristiana gewählt hatte, mit seinem neoliberalen Programm, seinem Machoverhalten und großzügig verteilten Vergünstigungen bezaubert hatte. In Frankreich gewann 2007 der Neo-Gaullist Nicolas Sarkozy die Präsidentschaftswahl dank seiner markigen Worte, seines hektischen Aktionismus sowie seiner Anbiederung an die Reichen und Berühmten. In den Niederlanden gründete der Populist Pim Fortuyn eine fremdenfeindliche Bewegung, die sich Anstand und Sicherheit auf die Fahnen schrieb, bevor er 2002 einem Attentat zum Opfer fiel. Überall zeigte sich ein ähnliches Muster, das sich aus einer starken Persönlichkeit, medialer Beeinflussung und dem Spiel mit Ressentiments gegen Ausländer zusammensetzte. Allerdings führte die ebenfalls allgegenwärtige Vetternwirtschaft auch zu Skandalen, die dem Ruf der Populisten schadeten.[43]

Eine verantwortungsbewusstere Alternative bestand in dem Versuch, den Wohlfahrtsstaat für den globalen Wettbewerb fit zu machen und so seinen solidarischen Kern zu bewahren. Der wortgewandte britische Labour-Premierminister Tony Blair, der 1997 auf den Konservativen John Major folgte, lehnte dessen neoliberales Erbe keineswegs ab, sondern versuchte, die Impulse des Wettbewerbs menschlicher zu gestalten. Sein »New Labour«-Programm versprach, Großbritannien auf die »nächste Stufe der Modernisierung« zu heben, indem es »persönlichen Ehrgeiz mit sozialer Empathie« und »Gerechtigkeit mit Effizienz« verband. In Deutschland versuchte der dynamische Kanzler Gerhard Schröder, der Helmut Kohl 1998 besiegt hatte, zunächst, eine sozialistische und dem Umweltschutz dienende Politik zu machen. Bald überlegte er es sich jedoch anders, da die weltweite Rezession weitere Umverteilungsmaßnahmen unmöglich zu machen schien. Die kühne Agenda 2010 der Sozialdemokraten sollte die Arbeitnehmer zur Eigeninitiative bewegen, während einige Sozialleistungen gestrichen und Regulierungen vereinfacht wurden, um Deutschland wettbewerbsfähiger zu machen. Leider wurde Blair sein unnötiger Einsatz für den Irakkrieg politisch zum Verhängnis, während Schröder bei den Wahlen von der eigenen Klientel für seine Reform abgestraft wurde.[44] Doch die beiden Politiker haben bewiesen, dass auch in der Demokratie resolute Entscheidungen möglich sind.

Verschiedene Versuche, die repräsentative Demokratie mit besserer Teilhabe zu verbinden, hatten nur beschränkten Erfolg, da die betreffenden Maßnahmen widersprüchliche Ergebnisse zeitigten. Beispielsweise brachten Bemühungen um mehr Transparenz oder auch die Enthüllungen von Wikileaks in der Tat skandalöse Geheimnisse ans Licht, aber die damit verbundenen wichtigen Debatten verschwanden oft in Spezialforen. Die Einführung von Frauen- und Minderheitsquoten eröffnete einer größeren Zahl von Menschen Teilhabemöglichkeiten, stellte aber die Frage nach Geschlecht und Herkunft zu sehr in den Vordergrund. Auch die Mobilisierung der Zivilgesellschaft, die sich in NGOs für bestimmte Anliegen engagieren konnte, zog Vorwürfe des Lobbyismus oder finanzieller Unregelmäßigkeiten nach sich. Die Schweizer Erfahrung zeigt, dass eine direkte Demokratie mittels Volksabstimmungen oft vereinfachenden Kampagnen Vorschub leistet, die die zur Debatte stehenden Fragen emotionalisieren. Zudem trieb die aus den USA importierte Praxis, innerhalb der Parteien die Spitzenkandidaten von der Basis wählen zu lassen, die Politik in die Extreme hinein. Denn die Parteibasis neigte dazu, Ideologen gegenüber den am Gemeinwohl Interessierten zu bevorzugen. Offensichtlich bestand die Lösung des Teilhabeproblems weniger in einer konkreten Maßnahme als vielmehr darin, die Bürger insgesamt mehr in die Politik einzubeziehen.[45]

Der technologische Traum der Cyberdemokratie, wie sie die internationale Piratenpartei als Königsweg zu mehr Teilhabe vorschlug, hat ebenfalls nicht nur Gutes gebracht. Seine Verfechter argumentieren, die Erfindung des Internets habe schon während der kurzen Dauer seiner Existenz den politischen Diskurs grundlegend verändert: Das weltweite Web stelle bislang nicht zugängliche Daten zur Verfügung, es erlaube dank seiner Interaktivität Debatten z. B. auf Blogs, seine Reichweite komme Kampagnen zugute, es könne Nachrichten sowie Kommentare in Echtzeit verbreiten, und seine wirkmächtigen Bilder könnten das Interesse an der Aktualität wiederbeleben. Auch habe das Internet rekordverdächtige Spendensammlungen ermöglicht und dazu beigetragen, demokratische Rebellionen wie den Arabischen Frühling zu organisieren. Aber die Skeptiker konterten mit berechtigten Warnungen: Die sozialen Medien erleichterten es auch, unpopuläre Sichtweisen anzuprangern; der Hang zur Kommerzialisierung führte dazu, dass Werbung überhandnahm; abgespeicherte E-Mails konnten von der Regierung gelesen werden; aufgrund mangelnder Prüfung der Informationen verbreiteten sich Gerüchte; und Hassbotschaften inspirierten Gewalttäter sowie Terroristen. Das Internet konnte, kurz und gut, nur dann der demokratischen

Teilhabe zugutekommen, wenn man es auch verantwortungsbewusst nutzte.[46] Wie man mehr Bürger dazu bewegen konnte, sich konstruktiv an der Demokratie zu beteiligen, blieb ein ungelöstes Rätsel.

Globale Modernen

Viele Beobachter haben versucht, die Erfahrungen der letzten Jahrzehnte des 20. Jahrhunderts auf einen theoretischen Nenner zu bringen. Sie haben in der Regel die Globalisierung als Fortsetzung der Modernisierung in weltweitem Umfang interpretiert. Einige verweisen darauf, dass die westlichen Werte, Praktiken und Institutionen sich rund um den Globus in identischer Form durchgesetzt haben. Andere betonen, dass die Verbreitung technologischer Neuerungen und die Hartnäckigkeit des Kapitalismus mehr und mehr Regionen in ein weltweites Handelsnetz hineingezogen haben. Wieder andere Kommentatoren bemerken, dass der Nationalstaat sich als vorherrschendes politisches Modell in der Welt verbreitet hat und sich selbst im Namen der »Vereinten Nationen« wiederfindet. Manche Analysen beziehen sich auch auf die Stärkung des Völkerrechts und das Wachstum internationaler Organisationen, etwa des IWF und der WTO. Ungeachtet der Differenzen über die spezifischen Indikatoren und ihre Bewertung scheint sich ein Konsens darüber herauszubilden, dass die Globalisierung die Modernisierungsprozesse in Europa und den USA beschleunigt hat, um sie daraufhin auf andere Erdteile zu übertragen. Indem sie kulturelle Unterschiede eingeebnet haben, sind sie zu einem allgemeinen Standard geworden.[47]

Da auch der Kontakt zwischen den Erdteilen umfangreicher und schneller geworden ist, erscheint seine gewachsene Intensität als eine neuartige Qualität, die das »Zeitalter der Globalisierung« von früheren Epochen unterscheidet. Beispielsweise ist dank der immer schnelleren technologischen Innovationen eine Hightechwirtschaft entstanden, die den klassischen Industrialismus ersetzt hat. Die gleichzeitigen Kapitalflüsse und Handelskontakte haben die

Nationalstaaten durchdrungen und multinationale Unternehmen erzeugt, deren wirtschaftliche Macht größer ist als die mancher Regierung. Ebenso ist die Welt durch die digitale Kommunikation auch ein Dorf geworden, wie Marshall McLuhan das so schön nennt, und hat eine McDonaldisierung der Popkultur geschaffen, die eine gewisse Einförmigkeit mit sich gebracht hat. In theoretischen Begriffen wie Postfordismus, Postindustrialismus und Postmoderne spiegeln sich die Bemühungen, den Kern dieses Wandels zu verstehen, doch sie sind keine überzeugenden Bezeichnungen des Phänomens. Da wir uns noch mitten im Übergang befinden, ist es vielleicht auch zu früh, einen definitiven Begriff dafür zu finden.[48] Aber die widerstreitenden Sichtweisen lassen sich vielleicht miteinander versöhnen, indem man von einer sich ankündigenden globalen Phase der Moderne spricht.

Ironischerweise hat sich nach dem Sieg der Demokratie über die faschistische und die kommunistische Alternative die kapitalistische Moderne selbst in rivalisierende Formen ausdifferenziert. Europa löste zwar den Prozess der Globalisierung aus, dessen Ideen, Muster und Institutionen es erfunden hat. Dennoch steht es ihr mit äußerst zwiespältigen Gefühlen gegenüber und verweist oft eher auf ihre Gefahren als auf ihre Chancen. Im Gegensatz dazu haben sich die Eliten in den Vereinigten Staaten ihrer weiteren Ausdehnung verschrieben. Sie predigen ohne Furcht vor möglichen Konsequenzen mehr Selbstverwaltung und Marktwettbewerb, da sie beides für universelle Prinzipien halten. Ostasien und Südostasien, die die wichtigsten technologischen und wirtschaftlichen Errungenschaften der Moderne übernommen haben, sind ebenfalls glühende Befürworter der Globalisierung geworden, da sie ihren Lebensstandard dramatisch verbessert hat, auch wenn sich darüber streiten lässt, ob es dabei immer demokratisch zuging. Europa befindet sich dadurch in einem Wettstreit dreier Akteure, in dem es von seinem einstigen Abkömmling jenseits des Atlantiks manche Kritik zu hören bekommt und von seinen ehemaligen Kolonien überholt wird. Die Verbreitung der kapitalistischen Demokratie in der Welt hat das liberal-demokratische Modell in mehrere rivalisierende Modernen aufgespalten.[49]

Angesichts der verbreiteten Kritik vergisst man leicht, dass Europa während der jüngsten Generation selbst beträchtlich von der Globalisierung profitiert hat. Die EU, die sich durch die Verschärfung des Wettbewerbs auf dem Binnenmarkt darauf vorbereiten konnte, ist weiterhin der größte Exporteur der Welt und lieferte 2006 mehr als 40 Prozent der Ausfuhrware; schließlich sind dort mehr als die Hälfte der größten multinationalen Konzerne weltweit angesiedelt. Europäische Firmen haben mit ihren Direktinvestitionen in Übersee gut verdient, und die Aufstockung der Gelder für Forschung und Entwicklung hat den Kontinent zumindest im mittleren Technologiesektor wettbewerbsfähig erhalten. Die relative Kaufkraft der Verbraucher hat sich dank der Intensivierung des Handels sowie der fallenden Preise vieler Produkte gesteigert. Sicherlich sind erschreckend viele Arbeitsplätze dem Auslagern der Produktion zum Opfer gefallen, aber im Dienstleistungssektor wurden im Gegenzug neue Stellen geschaffen. Die nord- und mitteleuropäischen Länder haben in den vergangenen Jahrzehnten ihre Wettbewerbsfähigkeit verbessert, während die Mittelmeerregion und Osteuropa aufzuholen beginnen.[50] Europas Wirtschaftsleistung ist daher erfreulicher ausgefallen, als es die Medien auf beiden Seiten des Atlantiks zugeben mochten.

Dennoch müssen sich die Europäer der Aufgabe stellen, die Globalisierung demokratisch zu kontrollieren, um deren Nachteile zu begrenzen und ihre möglichen Vorteile auszudehnen. Weder intellektuelle Kritik noch der Widerstand der Gewerkschaften haben verhindern können, dass ein Großteil der Grundstoffindustrie nach Asien verlagert wurde, weshalb eine rein defensive Haltung wenig Erfolg verspricht. Die EU hat mit der Lissabonner Strategie von 2000 bis 2010 schon einen aussichtsreicheren Versuch gemacht, der die »Vorbereitung des Übergangs zu einer wettbewerbsfähigen, dynamischen und wissensbasierten Wirtschaft« sowie die »Forcierung des Prozesses der Strukturreform im Hinblick auf Wettbewerbsfähigkeit und Innovation« zum Ziel hatte. Obwohl auch danach noch manche Wünsche offenblieben, gingen die Bemühungen in die richtige Richtung, die strukturellen Bedingungen der Wirtschaftsleistung zu verbessern. Ein solcher Versuch bedeutet auch, dass man sich weder der neoliberalen Ideologie unterwirft, indem man alle Schutzmechanismen des Sozialstaats abschafft, noch seine kulturelle Diversität zugunsten der einförmigen amerikanischen »Coca-Kolonisierung« aufgibt. Die gemäßigte Linke hat verstanden, dass die Herausforderung der globalen Moderne darin besteht, eine Balance zwischen zunehmendem wirtschaftlichem Wettbewerb und dem Erhalt der gesellschaftlichen Solidarität zu finden.[51]

Aussichten für das 21. Jahrhundert

Der französische Hochgeschwindigkeitszug TGV, 2011

Mit seinem kontroversen Aufsatz »Power and Weakness« trieb der amerikanische Journalist Robert Kagan am 1. Juni 2002 die transatlantischen Meinungsverschiedenheiten auf die Spitze. In seiner Zusammenfassung der zunehmenden politischen Spannungen schrieb er: »In wichtigen strategischen und internationalen Fragen heutzutage kommen die Amerikaner vom Mars und die Europäer von der Venus.« Die USA als militärische Supermacht neigten zu Alleingängen, während die Europäer, deren Militär weniger stark war, »Verhandlung, Diplomatie und Überredung gegenüber der Gewalt« bevorzugen würden. Der Artikel sollte zwar zum Nachdenken über die strukturellen Konfliktherde in der NATO anregen, hatte ironischerweise aber die umgekehrte Wirkung, indem er Stereotype verstärkte und eine hitzige Debatte in Gang setzte. Der amerikanische Einmarsch in den Irak, der Saddam Hussein stürzen sollte, ließ Kagans aus dem Aufsatz hervorgegangenes Buch wie eine machtpolitische Rechtfertigung der neokonservativen Abenteuerlust aussehen. Der Autor hatte eigentlich für ein besseres gegenseitiges Verständnis plädiert, doch die karikaturhafte Vereinfachung seiner Argumente fand Anklang bei den Koryphäen in Washington, die die europäische Weigerung, sich an ihren Plänen zu beteiligen, zunehmend verärgerte.[1]

Elf Monate später legte der deutsche Philosoph Jürgen Habermas mit seinem französischen Kollegen Jacques Derrida ein Gegenmanifest vor, in dem eine gemeinsame europäische Außenpolitik gefordert wurde. Indem sie ihre philosophischen Differenzen beiseiteließen, gaben der Kommunikationstheoretiker und der Vordenker des Dekonstruktivismus einem auf dem Kontinent weitverbreiteten Unmut, der sich gegen die Invasion des US-Präsidenten George W. Bush in den Irak richtete, eine Stimme. Beide betonten: »Europa muss sein Gewicht auf internationaler Ebene und im Rahmen der UN in die Waagschale werfen, um den hegemonialen Unilateralismus der Vereinigten Staaten auszubalancieren.« Sie sprachen sich für die Schaffung einer gemeinsamen europäischen Identität aus, die in einer zusammen zu entwickelnden Öffentlichkeit entstehen sollte. Europa habe in Kriegen und Revolutionen schmerzhafte Lernprozesse durchlaufen. Die EU biete sich schon heute als eine Form des »Regierens jenseits des Nationalstaates« an, die in der postnationalen Konstellation Schule machen könne. Auch die europäischen Wohlfahrtsregime seien lange Zeit vorbildlich gewesen. Im Gegensatz zu den Vereinigten Staaten hätten sich die Europäer eine größere »reflexive Distanz zu sich angeeignet« und ein besseres Verständnis der Gewalt, die mit der »entwurzelnden Modernisierung« verbunden sei. Aus diesem Grund müsse Europa vorangehen, um eine »Weltinnenpolitik« für die immer enger miteinander verbundenen Erdteile zu entwickeln.[2]

In den Vereinigten Staaten hatten sich immer mehr intellektuelle Leitwölfe von Europa abgewandt, was die transatlantische Kluft in Bezug auf die internationale Politik vertieft hatte. Postkoloniale Denker, die auf die Brutalität des Imperialismus hinwiesen, kritisierten, die Universalität der europäischen Menschenrechtsideen diene nur als Deckmantel für die imperiale Vormachtstellung. Auch Vertreter der Subalternen Studien lehnten die »Meistererzählungen« der ehemaligen Kolonialherren ab, da sie endlich deren Opfer zu Wort kommen lassen wollten. Der Literaturwissenschaftler Edward Said argumentierte in seinem bedeutenden Werk *Orientalismus*, dass es sich beim Orient um eine kulturelle Projektion der Europäer handle, die die Vorherrschaft ihres Kontinents mit Hilfe des »für andersartig Haltens« rechtfertigen wolle – was aber in Wahrheit getarnter Rassismus sei. Andere nichtwestliche Kritiker schlugen vor, Europa zu »provinzialisieren«, um eine Wertschätzung verschiedener Wege in die Moderne zu ermöglichen.[3] In mancher Hinsicht war diese Ablehnung des »Eurozentrismus« überfällig, da sie das Leid der Minderheiten anerkannte und die reichhaltigen Erfahrungen anderer Kulturen zur Geltung brachte. Allerdings bewirkte sie auch, dass das Interesse an Europa generell sank, dessen einst positives Erbe nun zum negativen Klischee zu werden drohte.

Um dem entgegenzuwirken, verwiesen die Verteidiger Europas auf die überraschend umfassende Erneuerung des Kontinents in den vergangenen Jahrzehnten. Der amerikanische Ökonom Jeremy Rifkin sprach sich in seinem breit diskutierten Buch *Der europäi-*

sche Traum: Die Vision einer leisen Supermacht dafür aus, sich das europäische Modell genauer anzuschauen. Dabei ging er weiter als Habermas und Derrida, indem er die europäische Integration als vielversprechende Entwicklung bezeichnete, die den Nationalstaat durch ihre gemeinsame kontinentbezogene Souveränität zu überwinden suche. Mit Verweis auf die Kluft zwischen Arm und Reich, die in Europa schmaler sei als in den USA, lobte er zudem die soziale Marktwirtschaft, die ein besseres Gleichgewicht zwischen Wettbewerb und Solidarität finde. Bezüglich vieler Kriterien des Wohlstands, beispielsweise der Lebenserwartung, der Alphabetisierungsrate und der Bildung, hatten die Europäer die USA zu deren Leidwesen überholt. Außerdem schien die gemäßigte und multilaterale Herangehensweise des Kontinents dessen internationalen Partnern humaner als Washingtons aggressive Politik.[4] Rifkin hat bisweilen übertrieben, doch sein Buch stellte klar, dass Europa als Vorbild für eine demokratische Modernisierung die einzige ernsthafte Alternative zu den Vereinigten Staaten war.

Diese widerstreitenden Einschätzungen warfen eine Reihe von Fragen bezüglich der Aussichten des europäischen Modells in der globalisierten Moderne auf. Während postkoloniale Kritiker das westliche Erbe auf den Prüfstand stellten, versuchten die Europäer, ihr Vermächtnis im Geiste des Universalismus neu zu definieren. Innerhalb des weiten Felds der liberalen Moderne haben sie eine ganz bestimmte Form des demokratischen Regierens und einen eigenen kulturellen Lebensstil entwickelt. Die Rückkehr der transatlantischen Spannungen legt nahe, dass die Differenzen mit den Vereinigten Staaten tiefere Ursachen haben als die wiederkehrenden politischen Meinungsverschiedenheiten. Zudem zwang der erbitterte Wettbewerb mit dem aufstrebenden Asien die Europäer, ihre Konkurrenzfähigkeit zu verbessern, um ihre gesellschaftliche Solidarität und ihre hohen Löhne zu schützen. Zu guter Letzt haben sie im Zuge der Integration auch mit zahlreichen inneren Differenzen zu kämpfen, die das Versprechen der EU bisweilen in Frage zu stellen scheinen. Infolge der Globalisierung stehen die Europäer vor einer Vielzahl von Herausforderungen, die ihre kulturelle Identität, ihre wirtschaftliche Effizienz und ihre politische

Handlungsfähigkeit betreffen und noch unbewältigt sind.[5] Ihre naive Begeisterung für den Fortschritt haben die Europäer verloren, obschon sie weiterhin dem Wandel wohlgesinnt sind. Dennoch haben sie damit zu kämpfen, der Moderne einen humaneren Sinn zu geben.

Der Westen verblasst

Je länger die westliche Tradition an Bedeutung verliert, desto mehr verblassen die europäischen Ursprünge der liberalen Moderne, wodurch deren künftige Relevanz immer zweifelhafter wird. Die Idee des »Westens« selbst bezog sich einst auf den Unterschied zwischen Konstantinopel, dem Oströmischen, und Rom, damals dem Weströmischen Reich. Dadurch entstand ein unklarer, aber umso wirkmächtigerer Begriff der westlichen Zivilisation, der die Dazugehörigen für überlegen hielt, aber die sogenannten Barbaren ausschloss. Die römisch-lateinische Variante des Christentums hatte nicht nur eine *lingua franca*, sondern auch einen Wertekanon, der den Okzident und den islamischen Orient einander gegenüberstellte. In der Folge haben Renaissance und Aufklärung das wissenschaftliche Forschen, den Marktwettbewerb, das individuelle Streben und den Rechtsstaat hervorgebracht, die im Epochenbegriff des *modern Europe* der vergangenen 500 Jahre als »modern« bezeichnet wurden. Genau diese Mischung aus Ideen, Gebräuchen und Institutionen brachten die Siedler auf neue Kontinente mit, und die Kolonialherren zwangen sie ihren Untergebenen auf.[6] Aufgrund des mit ihrem Namen verbundenen Leids ist die gesamte Tradition kürzlich unter ernstlichen Beschuss geraten.

Seit fast einem ganzen Jahrhundert beschreibt die Idee westlicher Zivilisation ein bestimmtes Verständnis historischer Entwicklungen, das die kapitalistische Demokratie als unvermeidlichen Fortschritt rechtfertigt. Diese Sichtweise geht auf die Entscheidung der Columbia University um die Wende zum 20. Jahrhundert zurück, das Studium des Lateinischen durch einen Literaturkurs zu ersetzen, dessen Lektüreliste künftig als gemeinsames kulturelles

Erbe galt. Im Ersten Weltkrieg war dieser Kanon der westlichen Zivilisation der ideologische Klebstoff, der die disparate Koalition der »Alliierten und ihrer Verbündeten« zusammenhielt, wobei man die Ausnahme des russischen Zarenreichs ignorierte. In den Vereinigten Staaten diente dieser Begriff dazu, »Bauernjungen aus Iowa zu überzeugen, warum sie bei Chateau-Thierry sterben sollten«, nämlich um das Fundament eines gemeinsamen Wertesystems zu verteidigen. Es handelte sich um eine Auswahl aus der europäischen Vergangenheit, die den Fortschritt der Freiheit in Großbritannien und Frankreich sowie das künstlerische Genie Italiens feierte, aber dem deutschsprachigen Mitteleuropa ambivalent gegenüberstand und den slawischen Osten völlig ausblendete. Gleichwohl wurden Kurse zur »Western Civilization« Pflichtprogramm für Studienanfänger in den USA, die dadurch einen Sinn für ihre kulturelle Identität bekommen sollten.[7]

Während des Kalten Krieges fungierte die Idee vom Westen sowohl als Gegenpol zum kommunistischen Osten als auch als transatlantische Brücke zwischen den Vereinigten Staaten und Europa. Das Propagandaklischee von der »freien Welt« verwies auf gemeinsame Werte wie Demokratie und Kapitalismus, die vom bolschewistischen Egalitarismus und der Ausdehnung der Sowjetunion bedroht schienen. Dementsprechend wirkte die transatlantische Sicherheitspartnerschaft der NATO für die Verteidigung des westlichen Lebensstils wie ein gutes Geschäft – Europa bekam den militärischen Schutz der USA und unterstützte dafür deren Politik. Katholische Politiker in Europa, etwa Adenauer, Schumann und de Gasperi, appellierten an das große Erbe des »Okzidents« oder »Abendlandes«, wobei sie ironischerweise christliche Moral mit amerikanischem Konsumethos vermengten. Einig war man sich in Bezug auf demokratische Institutionen, die Marktwirtschaft und die offensichtlich gefährdete intellektuelle Freiheit. Da aber der Osten mit dem Fall des Eisernen Vorhangs verschwand, wurde auch der Westen als Gegenpol überflüssig. Bald kamen innere Streitigkeiten des demokratischen Lagers an den Tag, und Politikwissenschaftler diskutierten, ob nun wohl »das Ende des Westens« bevorstehe.[8]

In der Nachkriegszeit hatte sich der allgemeinere Begriff »Westernisierung« auf »Amerikanisierung« verengt, was den Bedeutungsverlust Europas reflektierte. Ursprünglich waren es die Europäer gewesen, die nationalspezifische Versionen der Modernisierung gemäß ihrer jeweiligen »zivilisatorischen Mission« verbreitet hatten, mit denen sie das Leben der Menschen weltweit grundlegend veränderten. Doch nach dem Zweiten Weltkrieg rückte der Wettstreit der Supermächte in den Vordergrund, in dem das demokratische Modell der USA mit dem diktatorischen System ihres sowjetischen Rivalen wetteiferte. Nun gewannen die amerikanischen Wirtschaftspraktiken, Konsumgewohnheiten und popkulturellen Trends die Oberhand. Sie fegten über den Alten Kontinent hinweg, da sie innovativer waren, eine stärkere Macht im Rücken hatten und einen attraktiveren Lebensstil versprachen. Die Amerikanisierung stellte den im Zuge der Dekolonisierung schwindenden Einfluss Europas in den Schatten und wurde zum Inbegriff der Modernität auf der ganzen Welt. Europa sah im Vergleich plötzlich altmodisch aus, wurde zur Seite gedrängt und musste sich entscheiden, welche Elemente des *American Way of Life* es übernehmen wollte, um nicht ganz zurückzufallen.[9]

Seit Washingtons Macht und Einfluss zugenommen haben, hat sich die antiwestliche Kritik von Europa auf die USA als neues Hauptziel verlegt. Laut einer globalen Studie des Pew Research Center in Washington wurde der amerikanische Exzeptionalismus im Ausland oft als arrogante Ignoranz missverstanden. Mit dem Beginn des Vietnamkriegs verlagerten sich die antiimperialistischen Proteste von Paris nach Washington, dessen Unterstützung für Militärdiktaturen auf weltweite Kritik stieß. Die Prominenz multinationaler US-Konzerne machte es Neomarxisten nur allzu leicht, die Vereinigten Staaten der wirtschaftlichen Ausbeutung zu bezichtigen. Religiöse Fundamentalisten wiederum brachte der weltliche und hedonistische Lebensstil in Rage, den Hollywoodfilme propagierten. Die weiterhin klaffende Lücke zwischen dem Wert individueller Freiheit und dem der gesellschaftlichen Solidarität brachte ebenso wie der Unterschied zwischen Unilateralismus und Multilateralismus viele Europäer dazu, sich von den USA zu distanzieren.[10] Ironischerweise verdankte Europa dem Aufkommen des populären Antiamerikanismus eine Atempause von antiimperialistischen Vorwürfen.

Mit der Intensivierung der Globalisierung entwickelten sich auch universellere Sichtweisen, die das einseitige Paradigma der Westernisierung verdrängten. In den 1970er Jahren hatten Sozialwissenschaftler begonnen, die sich verdichtenden weltweiten Kontakte zu erforschen, und die Historiker taten es ihnen zwei Jahrzehnte später mit ihrer »transnationalen Wende« nach. Der entstehende Forschungszweig der Globalgeschichte war ein weiteres Produkt der postkolonialen Kritik, die von Intellektuellen der »Dritten Welt« geäußert wurde; es erkannten aber auch viele Wissenschaftler in den ehemaligen Mutterländern, dass zahlreiche Probleme die Grenzen der Nationalstaaten überschritten. Diese neue Entwicklung trug ferner der wachsenden Diversität der Studentenschaft Rechnung, denn man wollte nun auch das nichteuropäische Erbe der Vereinigten Staaten besser kennenlernen, etwa des aus Afrika, Lateinamerika und Asien. Viele Studien hatten einen antiimperialistischen Unterton und beschuldigten den Westen im Allgemeinen sowie die USA im Besonderen, die Probleme der Entwicklungsländer verursacht zu haben.[11] Daher versuchten Vertreter der Global Studies durchaus selbstbewusst, die europäische Modernisierungstheorie durch einen egalitären Ansatz zu ersetzen, der von einem Kreislauf der Ideen ausging.

Obwohl der Kulturkonflikt mit dem islamischen Fundamentalismus eine Schwarzweißsicht auf die Welt befördert hat, haben Intellektuelle, die das euroamerikanische Modell der westlichen Zivilisation zu verteidigen suchen, bisher wenig Erfolg damit. Konservative, die sich der Globalgeschichte entgegenstemmen und an Kursen zur »Western Civilization« mit ihren Klassikern festhalten, haben gerade einmal ein paar traditionelle geisteswissenschaftliche Colleges dazu überreden können. Da muslimische Extremisten den vereinten Westen als Feind begreifen, hat Samuel Huntington in seiner suggestiven Darstellung *Kampf der Kulturen* versucht, einen neuen Antagonismus zur Grundlage seiner Analyse der Bruchlinien der Weltpolitik zu machen. Freilich hat seine Einschätzung: »Das

Überleben des Westens hängt davon ab, dass die Amerikaner ihre westliche Identität bekräftigen und die Westler sich damit abfinden, dass ihre Kultur einzigartig, aber nicht universal ist«, mehr Kritik als Zuspruch erfahren. Selbst wenn die Bedeutung kultureller Motive in vielen Konflikten unstrittig ist, vernachlässigt seine Analyse die Spannungen zwischen den USA und Europa, zumal Huntington dem Letzteren nur eine untergeordnete Rolle zugesteht.[12]

Das Ende der kulturellen Vorherrschaft der westlichen Zivilisation war befreiend, hat aber auch das Verständnis des paradoxen Einflusses von Europa erschwert. Unterscheidet man Modernisierung als solche von einem spezifischeren Prozess der Westernisierung, erlaubt das die Anerkennung einer Pluralität von Modernen. Die Verschiebung der Bedeutung des Konzepts des Westens von seinem europäischen Ursprung nach Amerika, seine dortige Verbreitung und schließliche Reimportierung nach Europa hat die Komplexität des Vorgangs durchschaubarer gemacht. Zudem ist es durch die Ablehnung des Eurozentrismus möglich geworden, europäische Entwicklungen in eine globale Perspektive einzubetten. Doch diese hilfreichen Veränderungen haben auch neue Probleme geschaffen: Einige postkoloniale Autoren lehnen die Idee der Modernisierung insgesamt ab, ohne eine andere Erklärung für den großen Wandel anzubieten. In der Debatte über die amerikanische Vorherrschaft taucht Europa als unabhängiger Akteur so gut wie gar nicht mehr auf. Zu guter Letzt birgt die Erweiterung des Horizonts die Gefahr eines kulturellen Relativismus, der die wichtigen Beiträge Europas zum westlichen Erbe, etwa universelle Werte wie die Menschenrechte, in den Hintergrund drängt.[13]

Das europäische Modell

Vielen Besuchern aus Übersee mag Europa wie ein »kultureller Vergnügungspark« erscheinen, bemerkte jüngst ein Kommentator pessimistisch. Und in der Tat drängen sich Touristen aus Asien in den Museen der Hauptstädte wie Paris und Berlin, um Meisterwerke der Kunst zu bestaunen. Neureiche Russen besuchen die Riviera bei Cannes, die Kurbäder in Baden-Baden oder die Skipisten von St. Moritz. Jeden Sommer trifft man amerikanische Studenten in den Hochgeschwindigkeitszügen, die pittoreske Städte wie Brügge, Siena, Stratford-upon-Avon oder Rothenburg ob der Tauber bewundern, während Veteranen aus den alliierten Armeen an die Schauplätze vergangener Schlachten zurückkehren …[14] Aber diese selektive Wahrnehmung ist eine drastische Irreführung. Denn sie lässt die Dynamik der Finanzmärkte in London und Frankfurt am Main ebenso außer Acht wie die glitzernden Autofabriken in Wolfsburg und Sochaux, die Flugzeugwerkstätten in Toulouse und Hamburg, die Containerhäfen in Rotterdam und Bremen. Ein umfassenderer Blick auf Europa, der die kühnen neuen Bauten in Warschau und Helsinki zur Kenntnis nimmt, legt offen, dass der Kontinent auch eine gewaltig moderne Seite hat, die gerade in seiner Mischung aus Tradition und Moderne besteht. In etwas idealtypischer Weise kann sie wie folgt skizziert werden.

Als Antwort auf den Druck des globalen Wettbewerbs hat Europa eine kontrollierte Form des Wirtschaftens entwickelt, die mit weniger Spekulation auskommt als der US-Kapitalismus. Auch wenn mit der Verbreitung des MBA-Studiums die amerikanische Sicht auf die Ökonomie auch den Alten Kontinent erreicht hat, denken doch die Europäer weniger an kurzfristige Dividenden als an langfristige Planungen, da sie nicht wie US-Firmen auf Quartalsergebnisse fixiert sind. Die Gewerkschaften sind stärker, und trotzdem ist die Arbeitsdisziplin höher, da die Arbeiter dank der Mitbestimmung auch an Entscheidungen des Managements beteiligt werden. Die Unternehmen neigen in Krisenzeiten dazu, an ihren hochqualifizierten Mitarbeitern festzuhalten, statt zwecks kurzzeitiger Gewinnsteigerungen Personal zu entlassen. Dank der Einführung des Gemeinsamen Marktes sind Firmen wie Siemens oder Aventis von globaler Bedeutung, aber die wahre Innovation geht oft auf Mittelstandsbetriebe zurück, die mit einem speziellen Produkt globale Marktführer sind. Selbst im IT-Bereich sind einige Europäer erfolgreich, etwa der niederländische Gigant Philips oder der deutsche Softwarekonzern SAP.[15] Europäische Firmen werden zwar stärker reguliert als ihre US-Rivalen, doch wer Europa für überholt hält, verkennt seine Dynamik.

Eine weitere Besonderheit Europas besteht im umfassenden Sozialstaat, der zwar hohe Steuersätze erfordert, aber auch ein überlegenes Sicherheitsnetz zu bieten hat. Im Gegensatz zu den Amerikanern ist es Europäern im Großen und Ganzen lieber, dass die Regierung zu ihrer Solidarität und Gleichheit beiträgt, statt auf individuellen Unternehmergeist zu setzen. Aus diesen Grundwerten fügt sich ein soziales Modell zusammen, das die Menschen von der Wiege bis zur Bahre vor den Widrigkeiten des Lebens schützt, etwa mit großzügiger Arbeitslosenhilfe und vom Staat garantierten Renten. Die Umsetzung des Modells variiert in den einzelnen Ländern, doch eine Krankenversicherung für alle gibt es überall. Der National Health Service in Großbritannien ist grundsätzlich für jeden kostenlos, während auf dem Kontinent eine Mischung aus staatlicher Fürsorge und privater Versicherung üblich ist. Zudem gibt es in Europa weniger Armut als in den Vereinigten Staaten, da die soziale Umverteilung die Kluft zwischen Arm und Reich mindert. Sicherlich sind die hohe Mehrwertsteuer und Einkommenssteuer lästig, doch auch die Vorteile sind beträchtlich. Manche grummeln über ihre hohen Abzüge, doch im Allgemeinen akzeptieren die meisten Europäer ihre Steuerlast, da sie sicher sind, etwas vom Staat dafür zu bekommen.[16]

Mit einem bemerkenswerten Schritt haben die Europäer ebenso den Krieg hinter sich gelassen, um sich für Frieden auf der ganzen Welt einzusetzen. Die schier endlosen Soldatenfriedhöfe führen noch heute das unermessliche Sterben und die Zerstörung vor Augen, die Europa von der Sinnlosigkeit des Krieges selbst für den Sieger überzeugt haben. Der Wunsch, traditionelle Feindschaften zu überwinden, der ein Kernziel der Gründer der EU gewesen ist, hat auch noch die jüngsten Bemühungen geprägt, den Konflikt auf dem Balkan beizulegen. Aufgrund der schmerzlichen Kriegserfahrungen, die fast jede Familie hat machen müssen, waren viele Europäer nur zu gern bereit, sich hinter den nuklearen Schutzschirm der USA zu ducken, der ihnen dank der NATO-Allianz zur Verfügung stand. Daher senkten sie ihre Militärausgaben pro Person auf die Hälfte des amerikanischen Niveaus. Stattdessen haben einzelne Staaten wie Deutschland, aber auch die EU als Einheit, sich auf die Ausübung von »sanfter Macht« verlegt und versuchen, ihre Interessen durch internationale Institutionen, multilaterale Zusammenarbeit, finanzielle Beiträge und kulturellen Einfluss wahrzunehmen. Die Haltung, dass sie ihre Truppen nur noch auf Friedens- und Wiederaufbaumissionen entsenden wollen, hat ihnen einen ernstlichen Konflikt mit den Realpolitikstrategen in Washington eingebracht, die nun höhere Militärausgaben verlangen.[17]

Das europäische Verkehrsnetz, das mehr aus öffentlichen Mitteln als aus Markteinnahmen finanziert wird, ist auch beispielhaft und fördert die individuelle Mobilität. Der Pkw und seine Autobahnen haben zwar das menschliche Reiseverhalten grundlegend verändert, doch die überschaubare Größe und enge Besiedlung des Kontinents haben Exzesse verhindert. Obwohl die Bahnverbindungen in kleinere Städte ausgedünnt wurden, hat der Passagierverkehr auf Schienen nicht nur überlebt, er ist auch aufgeblüht, da man dank schnellen TGVs und ICEs rascher von Stadt zu Stadt gelangt als mit dem Auto oder Flugzeug. Zugleich unterhalten die urbanen Ballungsräume ein engmaschiges Netz des öffentlichen Nahverkehrs mit U- und S-Bahnen, Bussen und sogar Straßenbahnen, mit deren Hilfe fast jeder Ort erreichbar ist. Die Kosten müssen natürlich subventioniert werden, zumal Studierende und Rentner vergünstigte Tickets kaufen können, aber der Zugewinn an umweltfreundlicher Mobilität ist beträchtlich. Autos sind zwar immer noch individuell beliebt und bequem, doch ihre Geschwindigkeit, ihre Abgase und ihre Abstellmöglichkeiten werden inzwischen streng reguliert, damit die Innenstädte nicht ersticken.[18] Dadurch bleibt auch genügend Platz für Rad- und Gehwege.

Trotz ihrer vielfachen Zerstörung sind europäische Städte lebenswerter geblieben als ihre amerikanischen oder asiatischen Entsprechungen. Dank der rechtlichen und administrativen Kontrolle der Metropolregionen ist die Besteuerungsgrundlage einheitlich, was den Verfall der Innenstädte verhindert. Zentren mit Fachwerkhäusern, Kopfsteinpflaster und Marktplätzen wurden bewahrt oder restauriert, weshalb es selten zum Bau von Wolkenkratzern kam und die Bewohner in der Innenstadt bleiben konnten. Zudem waren Vororte ursprünglich für Fabriken und Arbeiter angelegt worden, sodass einige der Besserverdienenden immer noch in den Zentren leben, zumal die strengeren Planungsbeschränkungen dafür sorgten, dass der Bau von Einfamilienhäusern an den Stadträndern nicht überhand nahm. Von Rom bis Oslo haben die Städte des Kontinents viel Baumbestand, Parks und andere Grünflächen zu Erholungszwecken. Die aus verschiedenen Epochen erhaltenen Gebäude haben sich zu einer interessanten Stilmischung privater und öffentlicher Räume zusammengefügt, in der Wohnungen über Cafés und Geschäften liegen. Amerikanische Touristen staunen darüber, dass es trotz der vielen Autos weiterhin angenehm ist, durch fußgängerfreundliche Straßen zu spazieren, die Schaufenster zu bewundern und anderen Menschen zu begegnen, was eine interessante Atmosphäre der Urbanität erzeugt.[19]

Infolge ihrer traumatischen Erfahrungen haben viele Europäer außerdem eine selbstkritische Erinnerungskultur entwickelt, die ihre Bemühungen um die Integration bestärkt hat. US-Bürger sind extrem stolz auf ihr Land, und Asiaten neigen sogar noch etwas mehr zum Chauvinismus, doch nur weniger als die Hälfte der Teilnehmer einer europäischen Umfrage bekannte sich zu einem vergleichbaren Patriotismus. Die Verantwortung für die beiden Weltkriege und den Holocaust hat selbstverständlich zu einer intensiven Selbstbefragung der meisten Deutschen geführt. Aber auch andere Europäer haben genügend problematische Erinnerungen bezüglich der Kollaboration mit den Nazis, der Kolonialzeit oder der rassistischen Ausbeutung, um sich kritisch mit der eigenen Vergangenheit auseinanderzusetzen. Während die Russen sich immer noch ihres Sieges im »Großen Vaterländischen Krieg« rühmen, haben die Osteuropäer mit der Erinnerung an die sowjetische Repression zu kämpfen. Statt den Hass zu befördern, haben diese schmerzhaften Erlebnisse zur Versöhnung zwischen den Nationen ermutigt, etwa zwischen Franzosen und Deutschen oder auch zwischen Polen und Deutschen.[20] Im Gegensatz zum tiefsitzenden Glauben an den Exzeptionalismus der Amerikaner haben viele Europäer eine eher selbstkritische Haltung zu ihrer eigenen

Vergangenheit entwickelt, die ihnen in der Gegenwart von Nutzen ist.

All dies legt nahe, dass Europa sich ein unverwechselbares Modell der Moderne erarbeitet hat, das eine Alternative zu der dominanten Variante Amerikas und der entstehenden Version Asiens bietet. Aufgrund ihrer früheren Erfahrungen und ihrer beschränkten Ressourcen sind die Europäer zuversichtlicher, was die Rolle des Staates betrifft, und kümmern sich mehr um die gesellschaftliche Solidarität sowie den Umweltschutz als ihre Konkurrenten. Da sie die schwer bezifferbaren Vorteile einer engagierten Öffentlichkeit schätzen, sind sie eher bereit, Steuern für die Kulturförderung zu zahlen, die dann etwa Museen, Symphonieorchestern oder Vergleichbarem zugutekommen. In ihrer Überzeugung, dass manche Dinge besser nicht dem unberechenbaren Markt überlassen werden dürfen, verstehen sie Bildung als staatliche Aufgabe und als ein generell kostenlos bereitzustellendes Gut. Während nur eine Minderheit versucht, ihren individuellen Reichtum zu mehren, liegt den meisten Europäern mehr daran, die Lebensqualität aller zu verbessern.[21] Das ist keineswegs Rückwärtsgewandtheit, sondern das Ergebnis einer eigenständigen Interpretation der gemeinsamen Werte des Westens. Es wird sich zeigen, ob der uneingeschränkte Markt der Vereinigten Staaten, die wirtschaftliche Aufholjagd Chinas oder die soziale Solidarität Europas den besseren Weg in die Zukunft eröffnet.

Transatlantische Spannungen

Seitdem die äußere Bedrohung durch den Kommunismus verschwunden ist, hat sich die Bindung zwischen Europa und den Vereinigten Staaten gelockert; die Spannungen vervielfältigen sich. Selbst in den harmonischsten Zeiten haben selbstzufriedene Freundschaftsbekundungen in Reden nach Tisch auch dazu gedient, politische Dispute zu verbrämen, obschon sie auch die Findung von Kompromissen erleichterten. Doch nach dem 11. September 2001 begannen Kommentatoren, offen von einer transatlantischen »Krise« und einem »Konflikt« zu sprechen, wobei sie entweder einen Wandel oder gar einen endgültigen Bruch der Beziehung voraussagten. Öffentliche Meinungsverschiedenheiten zwischen George W. Bush und Jacques Chirac, aber auch zwischen Bush und Gerhard Schröder, verschärften sich derartig, dass man sie nicht mehr als bloße Missverständnisse abtun konnte. Vielmehr wurden sie als Ausdruck tiefergehender struktureller Unterschiede gedeutet.[22] Offensichtlich war das allmähliche Ableben der Nachkriegsgeneration der Atlantiker, die persönliche, emotionale Gründe gehabt hatten, engen Kontakt zu pflegen, ein wichtiger Faktor. Aber die gegenseitige Verachtung, die zum offenen Bruch führte, hatte tieferliegende Ursachen. Sowohl die Rollen beider Partner als auch ihre grundsätzliche Haltung hatten sich verändert.

Der allmähliche Zerfall der transatlantischen Gemeinschaft lässt den Atlantik unüberwindlicher scheinen und bewirkt eine gefährliche Entfremdung zwischen Europa und Amerika. Da die Vereinigten Staaten vornehmlich von europäischen Auswanderern gegründet wurden, die ihre Grundwerte des Christentums und der Aufklärung mitbrachten, war die ursprüngliche Beziehung recht eng. Zudem waren die Westeuropäer äußerst dankbar dafür, dass die USA sie gleich zweimal im 20. Jahrhundert vor der deutschen Übermacht gerettet hatten. Ein Teil der Truppen blieb gleich vor Ort, sodass die USA nach 1945 zur »europäischen Macht« wurden. Ironischerweise belebte das amerikanische Wiederaufbauprogramm Europas Wirtschaft und stärkte den politischen Zusammenhalt so erfolgreich, dass viele Europäer den amerikanischen Schutz im Kalten Krieg für selbstverständlich hielten. Da ihnen der Sturz des Kommunismus zusätzlich Mut machte, wollten sie die transatlantische Bevormundung abschütteln, denn mit Amerikas Neoliberalismus und seinen militärischen Alleingängen konnten sie immer weniger anfangen. Als die Neokonservativen in den Vereinigten Staaten imperiale Herrschaft anstrebten, weigerten sich viele Politiker des Kontinents, mitzumachen, und betonten lieber ihre Unabhängigkeit.[23]

Dieser ›Undank‹ ärgerte die konservativen US-Politiker und -Journalisten, die nun eine hässliche antieuropäische Kampagne begannen, in der sie an nationalistische Vorurteile appellierten. Diese Frustration brachte eine tiefe Zwiespältigkeit gegenüber dem »Alten Kontinent« an den Tag, in der sich die nostalgische Sehnsucht nach einer verlorenen Heimat und der herablassende Glaube an Amerikas Überlegenheit mischten. Da man den Zweiten Irakkrieg als moralischen Kreuzzug für die Demokratie darstellte, mussten die »unwilligen Europäer« als unverantwortlich beschimpft und als inkompetent verspottet werden. Den Medien machte es großen Spaß, Europas »Abstieg und Untergang« heraufzubeschwören, wobei sie die innenpolitischen Katastrophen der USA, etwa die Bankenkrise, das Platzen der Dotcom-Blase und den Zusammenbruch der Finanzwelt ausblendeten. Verteidigungsminister Rumsfeld zeigte sich erschreckend unwissend, als er das »alte Europa« abkanzelte, denn offensichtlich hatte er von der jüngsten europäischen Integration wenig mitbekommen. Robert Kagans Lobeshymne auf das Militär wiederum löste Debatten über ein mögliches »amerikanisches Weltreich« aus. Glücklicherweise nützten die populistischen Aufrufe, französischen Wein und Käse zu boykottieren, wenig. Doch mit diesem Ausbruch verfestigte sich das Klischee eines »schwachen, sozialistischen und bedauernswerten« Europa, das republikanische Wahlkampfpropaganda von Barry Goldwater bis Donald Trump befeuerte.[24]

Wie leicht vorherzusehen war, reagierten kontinentale Politiker und Journalisten auf den Antieuropäismus mit einem ebenso polemischen Antiamerikanismus. In den vergangenen zwei Jahrhunderten waren Europas Gefühle gegenüber den Vereinigten Staaten gleichfalls zwiespältig gewesen, denn sie bewunderten zwar die Neue Welt als Land der Freiheit und der unbegrenzten Möglichkeiten, lehnten aber ihre kapitalistische Habgier und ihre imperialistische Expansion ab. Auf dem Höhepunkt des Kalten Krieges waren ältere Konservative durchaus dankbar für den militärischen Schutz der USA, doch die Popkultur aus Hollywood verabscheuten sie als primitiv und kommerziell. In den 1960er Jahren verliebten sich jüngere Linke zwar in den lässigen Lebensstil der USA und den Mut seiner Bürgerrechtsbewegung, kritisierten aber den Vietnamkrieg und die amerikanische Unterstützung für Diktatoren. Besonders

Intellektuelle empörten sich nach dem Einmarsch in den Irak über den amerikanischen Hang zu unilateralen Interventionen, den auch Habermas in seinem Essay anprangerte. Nach der Enthüllung amerikanischer Kriegsverbrechen verwandelte sich die Bewunderung in Verachtung; Umfragen belegen ein deutliches Absinken der Zustimmungswerte.[25] Doch der Antiamerikanismus ging über die Kritik einer fehlgeleiteten Politik hinaus, indem er Stereotype verbreitete, die das gegenseitige Misstrauen verstärkten.

Hinter dieser Entfremdung verbarg sich eine wachsende Kluft bezüglich der Werte, an denen sich die politischen Eliten hier wie dort orientierten. Seit der revolutionären Amtszeit von Ronald Reagan ist diese Diskrepanz noch gewachsen, weil sie die gesamte Politik Washingtons in eine andere Richtung wendete. Zwar war man sich in grundlegenden Fragen weiterhin einig, etwa was die Unterstützung von Demokratie und Menschenrechten betraf. Aber die Umsetzung stellten sich die libertären, individualistischen und marktorientierten Amerikaner ganz anders vor als die staatsgläubigeren, ans Kollektiv denkenden und wohlfahrtsorientierten Europäer. In anderen Belangen war der Gegensatz sogar noch größer. Was den wichtigen Bereich der Gewaltlegitimierung betraf, verabscheuten die Europäer jeglichen Krieg, da einer ihre Heimat und ihre Familien zerstört hatte, während die Amerikaner militärische Konflikte durchaus gerechtfertigt fanden. Schließlich hatten sie die Auswirkungen der Kriege des 20. Jahrhunderts weniger getroffen, zumal diese mittels Technologie ausgetragen worden waren und sich auf weit entfernten Erdteilen abgespielt hatten. Außerdem war die Religion in den USA deutlich verbreiteter und einflussreicher als in den meisten europäischen Ländern, die man eher als postchristliche Gesellschaften beschreiben kann. Unterschiedliche Haltungen zu den Waffengesetzen, internationalen Institutionen, genmanipulierten Lebensmitteln und zum Klimawandel komplizierten die Lösung des transatlantischen Disputes zusätzlich.[26]

Ein weiterer Grund bestand darin, dass die Europäer sich um eine sanftere, aber effektivere Alternative zur von den USA bevorzugten harten Hand bemühten. Viele Gaullisten und Linke, die sich über die Dominanz der USA auf dem internationalen Parkett ärgerten, begrüßten die deutsch-französische Weigerung, sich am Zweiten Irakkrieg zu beteiligen. Europäische Beobachter rechtfertigten eine multilaterale Herangehensweise und behaupteten, der Alte Kontinent verfolge einen anderen Ansatz in Bezug auf regionale Kooperation und internationale Politik. Der britische Journalist Mark Leonard sagte 2005 provokant voraus, Europa werde »das 21. Jahrhundert beherrschen«, und argumentierte, die amerikanische Militärmacht sei »oberflächlich und engstirnig«, der europäische Einfluss aber »weitreichend und tiefgehend«, da er nicht auf Zwang, sondern auf Überzeugung beruhe. Diese »transformative Macht« hielt er für geeigneter, um demokratische Institutionen, Menschenrechte und die Marktwirtschaft zu verbreiten, da sie mit gutem Beispiel vorangehe. Nach seiner Schätzung würde sich eine kooperative Strategie in einer globalisierten Welt mit immer engeren Verbindungen letztlich durchsetzen. Was das Ende militärischen Zwangs sowie den europäischen Zusammenhalt angeht, war Leonard wohl zu optimistisch, doch seine Perspektive präsentierte die EU als vielversprechendere Alternativform der Moderne.[27]

Die Wahl Donald Trumps zum Präsidenten der Vereinigten Staaten 2016 hat die transatlantische Beziehung weiter strapaziert. Sein Vorgänger Barack Obama hatte zwar wenig Interesse an Europa, vertrug sich durch seine multilaterale Arbeitsweise aber besser mit den Werten des Alten Kontinents. Trump dagegen ist in den Unilateralismus zurückgefallen, um »Amerika wieder groß« zu machen, was eine Reihe neuer Konflikte ausgelöst hat: Seine Klage über das Handelsdefizit in Waren, vor allem mit Deutschland, sowie seine Verhängung von Strafzöllen auf Aluminium und Stahl drohen einen transatlantischen Handelskrieg heraufzubeschwören. Seine Forderung, die EU-Staaten sollten ihre Ausgaben für Verteidigung auf 2 Prozent des Bruttosozialprodukts steigern, hat die NATO-Allianz sogar geschwächt. Mit seiner Ablehnung des Klimaschutzabkommens von Paris hat er eine erstaunliche Ignoranz gegenüber den wissenschaftlichen Beweisen für den Klimawandel an den Tag gelegt. Sein Hang zur diplomatischen Selbstinszenierung durch das Ausstoßen wüster Drohungen hat das Atomabkommen mit dem Iran zum Kippen gebracht ... Washingtons Politik ist infolge des wechselhaften Temperaments und des drastischen Unwissens des Präsidenten unberechenbar geworden. Das sollte die Europäer dazu zwingen, ihre Interessen durch eine engere Kooperation untereinander durchzusetzen.[28]

Nur die Rückkehr zu einer friedlicheren Kooperation kann die Kluft zwischen den USA und Europa wieder verkleinern. Der Umstand, dass der Islamismus den Kommunismus als neue Bedrohung verdrängt hat, reicht nicht aus, um die beiden Seiten zusammenzuhalten; eine Wiederentdeckung der gemeinsamen Werte wäre zielführender. Timothy Garton Ash hat zu Recht dargelegt, dass »die Vereinigten Staaten sowie die meisten der diversen Länder Europas zu einer großen Familie entwickelter, liberaler Demokratien gehören. Amerika ist in einigen Hinsichten überlegen, Europa in anderen.«[29] Zugleich lohnt es sich, die Macht der gemeinsamen Interessen zur Kenntnis zu nehmen. 2012 lebten in den USA und Europa etwa zehn Prozent der Weltbevölkerung, auf die aber 40 Prozent des BSP sowie ein Drittel des globalen Handelsvolumens entfielen. Zwischen ihnen zirkulierten in diesem einen Jahr Waren von 646 Milliarden Dollar. Die kulturelle Nähe und die wirtschaftlichen Interessen legen nahe, dass Europa und die USA einander gut ergänzen, weshalb sie einander auch auf Augenhöhe begegnen sollten. Zwar ist es unwahrscheinlich, dass ihre Zusammenarbeit wieder so eng werden wird wie während des Kalten Krieges. Doch die Aggressivität des von Wladimir Putin regierten Russland etwa in Bezug auf die Ukraine macht deutlich, dass die beiden Partner ihren Zank beizeiten beilegen sollten.[30]

Die globale Rolle

Aufgrund seines blutigen Beitrags zur Weltgeschichte hat Europa weiterhin eine globale Verantwortung, den Frieden zu erhalten, die Demokratie und den Wohlstand zu fördern. Zwar hat die Einrichtung des Postens eines Hohen Vertreters der Europäischen Union für Außen- und Sicherheitspolitik 2009 die Koordination verbessert, doch die meisten wichtigen Entscheidungen treffen weiterhin die Regierungen der Nationalstaaten. Innerhalb der Region hat die EU sich darauf konzentriert, den Balkan zu befrieden, über einen Beitritt der Türkei zu verhandeln und freundschaftliche Beziehungen zu östlichen Nachbarn wie der Ukraine aufzubauen, ohne Russland vor den Kopf zu stoßen. Bezüglich ihrer ehemaligen Kolonien stehen die Länder aufgrund der fortbestehenden sprachlichen und historischen Bande vor der Herausforderung, deren Stabilität und wirtschaftliche Entwicklung zu fördern, ohne ein Muster der Abhängigkeit zu verstetigen. Gegenüber den asiatischen Konkurrenten hat Europa auf fairem Handel, der Beachtung des Urheberrechtes und akzeptablen Arbeitsbedingungen bestehen müssen, darf diese Konfliktpunkte aber nicht zum Anlass für Protektionismus nehmen. Der Weltgemeinschaft wiederum ist es Europa schuldig, internationale Organisationen und Abkommen zu unterstützen, die allen von Nutzen sind.[31]

Nach dem Ende der Jugoslawienkriege hat Brüssel den Ländern Südosteuropas eine EU-Mitgliedschaft in Aussicht gestellt, um den Balkan schneller zu befrieden. Da die ganze Region sich als Teil Europas verstand und viele Bewohner zum Westen gehören wollten, ging die Aufnahme Rumäniens und Bulgariens recht schnell, auch wenn beide Länder erheblich davon entfernt waren, die geltenden Kriterien zu erfüllen. Unter den ehemals jugoslawischen Staaten demokratisierte und entwickelte sich Slowenien ebenfalls rasch, während Kroatien länger brauchte, um seine autoritäre Vergangenheit abzuschütteln und sich zu qualifizieren. Das entscheidende Land in der Region ist aber Serbien, aufgrund seiner Größe und Wirtschaftsmacht sowie seiner problematischen Vergangenheit. Nach dem Sieg der demokratischen Bewegung begann Belgrad, über seinen Beitritt zu verhandeln, was die positive Wandlung verstärkte. Die kleineren Länder Albanien, Montenegro und Mazedonien scheinen überhaupt nur unter dem Schirm der EU lebensfähig zu sein. Die größten Probleme haben weiterhin der Kosovo, der auf Serbiens Anerkennung angewiesen ist, und Bosnien-Herzegowina, das mit ethnischem Separatismus zu kämpfen hat.[32] Die Suche nach Lösungen gestaltet sich schwierig, doch man kann hoffen, dass der Wohlstand und der Einfluss der EU letztendlich die Region befrieden werden.

Obwohl die USA sich für eine Mitgliedschaft der Türkei eingesetzt haben, ist deren Beitritt zur EU aufgrund kultureller, politischer und strategischer Gründe in den letzten Jahren eher unwahrscheinlich geworden. Weltliche, demokratisch gesinnte Türken wünschen sich schon lange, als Teil Europas akzeptiert zu werden, doch die 2005 begonnenen Verhandlungen haben unter der Islamisierung der vergangenen Jahre gelitten. Unter der Führung von Frankreich und Deutschland zeigt sich die europäische Öffentlichkeit zunehmend skeptisch, da sie sich wegen des Beitritts von etwa 80 Millionen Muslimen, der ungelösten Zypernfrage, des inneren Konflikts mit den Kurden und der Rückkehr autoritärer Politik unter der Präsidentschaft von Recep Tayyip Erdoğan Sorgen macht. Der geostrategische Vorteil ihrer Lage im Nahen Osten hat sich inzwischen als Nachteil erwiesen, da die Türkei gefährlich nah am kriegsgebeutelten Syrien liegt, aber auch an den zerfallenen Irak und den islamistischen Iran grenzt. Während des Arabischen Frühlings hat sich Ankara mit seiner moderat islamischen Modernisierung die Rolle eines regionalen Vorreiters erarbeitet und scheint einen Teil des Einflusses seines osmanischen Vorgängerreichs wieder herstellen zu wollen. Eine »privilegierte Partnerschaft« mit der EU könnte sich wie im Fall der von innen und von außen herausgeforderten Ukraine als die beste Lösung für beide Seiten erweisen.[33]

Obwohl sie dabei mit den Vereinigten Staaten und China konkurrieren, haben manche europäische Länder immer noch enge Beziehungen zu ihren ehemaligen Kolonien. Die Forschung hat oft die wichtige Rolle übersehen, die kulturelle Bindungen wie die gemeinsame Verkehrssprache Englisch oder Französisch für die einheimischen Völker darstellen, die sehr viele unterschiedliche Sprachen sprechen. Englisch ist zur globalen *lingua franca* geworden und hat sich in diversen Kreolsprachen mit einheimischen Idiomen vermischt. Die Franzosen wiederum haben einiges dafür getan, sich die Frankophonie als kulturellen Einflussbereich zu erhalten. Durch die Finanzierung von Fernseh- und Radiostationen sowie die Verbreitung von Filmen und Printmedien, aber auch durch die

Ausbildung von Journalisten hat Frankreich die Verbindung der gemeinsamen Sprache und Angelegenheiten gepflegt. Auch die Beziehungen mit afrikanischen oder südostasiatischen Länden im Bildungswesen, deren Einwohner durch Stipendien in die ehemaligen Mutterländer gelangten, blieben eng; die Europäer wiederum konnten in den früheren Kolonien Feldstudien durchführen und neue Netzwerke knüpfen.[34] Der Deutsche Akademische Austauschdienst, der weniger mit der kolonialen Vergangenheit zu kämpfen hat, ist auf diesem Gebiet ebenfalls bislang recht aktiv. In NGOs wie etwa bei »Ärzte ohne Grenzen« spielen Europäer gleichfalls eine bedeutende Rolle.

Die Bedingungen des Handels zwischen Europa und den früheren Kolonien sind Gegenstand von Kontroversen gewesen, da Erstere direkten Einfluss auf die Entwicklung eines Landes und die Linderung von dessen Armut haben. Das mit der Lomé-Konvention von 1975 etablierte Bevorzugungssystem, das die EU mit einer großen Zahl von afrikanischen, karibischen und pazifischen Staaten, den sogenannten ACP-Ländern, verband, wurde im Jahr 2000 in Cotonou überarbeitet, um den Austausch mittels ökonomischer Partnerschaftsabkommen zu liberalisieren. Importe und Exporte aus ACP-Ländern bzw. in diese machten für Europa zwar nur etwas mehr als 5 Prozent des Handelsvolumens aus, doch für die Partnerstaaten war dieser Warenverkehr von großer Wichtigkeit, denn die EU war sowohl ihr größter Markt als auch ihr größter Lieferant. Die Entwicklungsländer klagten darüber, dass ihr Marktzugang aufgrund von Agrarsubventionen beschränkt blieb, wollten aber ihre entstehenden Industrien ebenfalls vor etablierten Wettbewerbern schützen. Aufgrund ihrer Abhängigkeit von der Rohstoffproduktion litten sie zudem unter fallenden Marktpreisen. Alle Versuche, die Vereinbarungen neu auszuhandeln, scheiterten, da die Europäer das ungleiche Arrangement weiterhin dominierten.[35]

Die ökonomischen Beziehungen zu asiatischen Rivalen wie China, Japan, Indien oder Korea waren komplizierter, da das Handelsvolumen so rasant stieg und die Fairness bisweilen vergessen schien. China allein ist der zweitgrößte Handelspartner der EU geworden, die wiederum der größte Markt für chinesische Produkte ist. Die Europäer kauften meistens Massenware für die Verbraucher, während China Maschinen, Autos und Flugzeuge importierte. Mit den meisten asiatischen Ländern hatte die EU ein Handelsdefizit, da diese Staaten kaum Dienstleistungen aus dem Ausland einkauften und inoffizielle Beschränkungen den Zugang zu ihren Märkten erschwerten. Zudem investierten sie immer noch deutlich weniger direkt als die Vereinigten Staaten, obwohl das Volumen rasch wuchs. Ein Problem bestand darin, dass das Urheberrecht nicht immer gewahrt wurde, sondern asiatische Wettbewerber europäische Produkte kopierten und billigere Nachahmungen verkauften. Schwierigkeiten machten auch staatliche Subventionen der asiatischen Länder, die beispielsweise in die Herstellung von Solarzellen flossen. Durch sie wurden asiatische Firmen Marktführer und trieben europäische Produzenten in den Ruin.[36] Da aber die Löhne stiegen und die Regeln der WTO sich allmählich durchsetzten, mehrte sich dennoch die Hoffnung auf ein ausgeglicheneres Handelsverhältnis.

Die Meinungsverschiedenheiten bezüglich des Handels gingen auf kulturelle Unterschiede bei der Definition und Einschätzung der wichtigsten Werte zurück, die die EU von China sowie bis zu einem gewissen Grad auch von anderen asiatischen Ländern trennten. Zwar waren die meisten politischen Konzepte europäischen Ursprungs, doch die Erinnerung an die koloniale Ausbeutung gab ihnen in Asien eine andere Bedeutung. Der Nationalstolz in China berief sich insbesondere auf eine Art von Souveränität und Stabilität, welche die Europäer längst überwunden zu haben hofften. Die europäischen Ideen der individuellen Freiheit und Demokratie empfand man dort wiederum als Störung der Ordnung, weshalb man sie allenfalls schrittweise einführte. Besonders umstritten war die europäische Betonung der Menschenrechte, die vielen Chinesen eine Einmischung von außen zu sein schien, weil sie ihre Werte des kollektiven Konsenses und der Parteiautorität in Zweifel zog. Aufgrund der kulturellen Unterschiede legte man zudem den Schwerpunkt auf nationales Fortkommen statt auf gegenseitige Partnerschaft, womit die Anstrengung, mit dem Westen mitzuhalten oder ihn zu überholen, gerechtfertigt wurde. Während die Japaner, Inder und Koreaner die liberale Moderne langsam akzeptierten, suchten die Chinesen noch nach einem autoritären Weg zum Wohlstand.[37]

Nach der Dekolonisierung und dem Ende des Kalten Krieges fand Europa allmählich eine globale Rolle, in der es seine eigenen Interessen mit den allgemeinen Bedürfnissen versöhnen wollte. Sein Ansatz unterschied sich von dem der Vereinigten Staaten, da es sanfte statt harte Durchsetzungsmethoden wählte und sich eher auf internationale Abkommen als auf Machtpolitik verließ. Europa wich zudem vom asiatischen Projekt des nationalen Ehrgeizes ab, indem es eindeutig Gegenseitigkeit, Multilateralismus und internationale Zusammenarbeit bevorzugte, in der Hoffnung, dass vernünftige Gespräche schließlich zu einem akzeptablen Kompromiss führen würden. Ging es beispielsweise um den Kampf gegen die globale Erwärmung, gaben die Europäer bereitwilliger als die Amerikaner bindende Versprechen, den CO_2-Ausstoß zu reduzieren, selbst wenn sich das auf ihren Lebensstil und ihr Wirtschaftswachstum auswirkte.[38] Da sie weder imperiale noch nationalistische Projekte verfolgten, verließen sie sich zudem weniger auf militärische Macht, sondern führten lieber durch ihr friedliches Vorbild.[39] Im Vergleich mit dem brutalen Imperialismus der Zeit um 1900 ist diese Mäßigung, die sich im vergangenen Jahrhundert vollzogen hat, ein wahrhaft dramatischer Wandel.

Eine engere Union?

Will Europa einen konstruktiven Beitrag zu den Angelegenheiten der Welt leisten, muss es zunächst sein eigenes Haus in Ordnung bringen und eine Reihe von Problemen lösen, die bislang sein Potenzial gedämpft haben. Ein zentraler Disput betrifft den Charakter der EU selbst. Einerseits wollen die Freihandelsbefürworter in Großbritannien, Schweden und Dänemark die Römischen Verträge flexibel interpretieren, um Vereinbarungen zu umgehen, die ihnen nicht lohnend erscheinen. Andererseits streben die Föderalisten in Frankreich, Deutschland und den Beneluxländern eine

»immer engere Union der Völker Europas« an. Während ein Rückzug von Zypern oder Griechenland aus der Union wohl kaum Auswirkungen hätte, da die beiden nur einen kleinen Teil des BIP der EU beisteuern, hat der britische Austrittswunsch aufgrund der Größe der dortigen Wirtschaft die »ernsthafteste Krise der Stabilität und Sicherheit ausgelöst, die die Völker Westeuropas seit 1945 erlebt haben«. Der Siegeszug des Euroskeptizismus, den die Boulevardmedien und die UK Independence Party mit ihrem Chauvinismus noch befeuerten, ergab eine überraschende Abstimmungsmehrheit für den sogenannten Brexit, nachdem Großbritannien und die EU über vier Jahrzehnte zusammengearbeitet hatten. Dieses enttäuschende Bekenntnis zu nationalistischen Leidenschaften hat einen schwierigen Prozess in Gang gesetzt, in dem das Verhältnis der beiden Partner zueinander neu verhandelt werden muss. Vermutlich wird das Ergebnis Großbritannien mehr schaden als der EU.[40]

Zu klären ist auch, wie die institutionelle Struktur der Union gestärkt werden kann, damit sie effizienter und demokratischer wird. Nachdem das französische und das niederländische Referendum dem Verfassungsprojekt ein Ende gemacht hatten, sollte der Vertrag von Lissabon, der 2009 in Kraft trat, praktische Verbesserungen ermöglichen, ohne aber die symbolische Bürde des Supranationalismus zu tragen. Diese Vereinbarung, die alle Mitgliedsstaaten ratifiziert haben, hat einen sichtbareren Präsidenten des Europäischen Rates der Regierungschefs eingeführt, der den intergouvernementalen Charakter der EU verdeutlichen soll. Ebenfalls gibt es nun qualifizierte Mehrheitsabstimmungen im Ministerrat für die meisten Themengebiete, was den Nationalstaaten eine Blockadepolitik erschwert. Die mitentscheidende Macht des Europäischen Parlaments wurde erweitert, das nun ebenso wie die Europäische Kommission ein Vetorecht hat. Zu guter Letzt ist mit dem Vertrag die Charta der Grundrechte der Europäischen Union rechtlich bindend geworden. All diese Anstrengungen haben die Abläufe vereinheitlicht und die EU-Institutionen gestärkt. Dennoch ist es nicht gelungen, mit einem großen Wurf den europäischen Superstaat zu gründen.[41]

Ein weiteres ernsthaftes Problem besteht in der Uneinigkeit darüber, wie sich die Schuldenkrise nachhaltig lösen lässt, die den Euro als gemeinsame Währung bedroht. Notfallmaßnahmen wie beispielsweise das Hilfsversprechen der Europäischen Zentralbank haben die Finanzmärkte besänftigen und die aufgeblähten Zinssätze der verschuldeten Staaten reduzieren können. Doch das neoliberale Sparprogramm hat eine hartnäckige Rezession erzeugt, die die Arbeitslosenrate in manchen betroffenen Staaten wie Griechenland auf mehr als 20 Prozent hat steigen lassen. Diejenigen Europäer, die keine Verantwortung für ihre Fehler übernehmen wollen, werfen Angela Merkel vor, ihre Notlage verschuldet zu haben, während einige Euroskeptiker das Ende der gemeinsamen Währung heraufbeschwören. In Irland und Spanien ist dank gesenkter Lohnstückkosten und eines ausgeglichenen Haushalts das Wachstum wieder angesprungen, und selbst Griechenland erlebt erste Vorboten einer Erholung.[42] Will man die Misere aber langfristig beseitigen, braucht es einen Kompromiss zwischen einer Bankenunion, die die Steuerzahler vor Spekulationsrisiken schützt, einem gestärkten Finanzaufsichtsmechanismus der EU und neuen Investitionen für das Wachstum, um der Rezession beizukommen.

Die Gemeinsame Außen- und Sicherheitspolitik der EU ist ebenfalls eine ungelöste Aufgabe, da in diesem Bereich die nationale Souveränität der Mitgliedsstaaten am ausgeprägtesten ist. Die Europäische Union hat viel zur Demokratisierung und Einführung der Marktwirtschaft in der Mittelmeerregion sowie in Osteuropa beigetragen; zudem hat sie den ganzen Kontinent befriedet. Darüber hinaus bietet der Lissabonner Vertrag neue Werkzeuge, etwa den neuen Posten des Hohen Vertreters und die Einführung des Auswärtigen Dienstes, einer Art diplomatischen Korps. Aber auf diesem Gebiet tritt die EU vor allem als Koordinatorin auf, die die Übereinstimmung zwischen den Mitgliedsstaaten erhöht, statt über eine ausschließliche oder gemeinsame Zuständigkeit zu verfügen. Am augenfälligsten ist diese Einschränkung in der Verteidigung, in der ein gemeinsames Handeln nur bei Einstimmigkeit möglich ist. Außerdem sind die europäischen militärischen Mittel wie etwa das multinationale Eurocorps aufgrund des Übergewichts der NATO von recht bescheidenem Umfang. Die EU hat zwar versucht, eine Strategie bezüglich ihrer Nachbarn in Afrika, am Mittelmeer und im Nahen Osten zu entwickeln, doch Skeptiker halten trotz der Vereinheitlichung der Waffenentwicklung und Aufstockung gemeinsamer Einheiten Europa für einen eher schwachen Akteur.[43]

Im Gegensatz zu den genannten ungelösten Problemen hat die europäische Einigung in anderen Bereichen wertvolle Fortschritte gemacht, deren Bedeutung von Europäern selbst oft wegen der Negativität der Berichterstattung übersehen wird. Schon seit der Einheitlichen Europäischen Akte hat sich die EU darum bemüht, dass sich Güter, Geld, Menschen und schließlich auch Dienstleistungen innerhalb der Union frei bewegen können. Die Aussicht auf einen Markt aus 28 Staaten mit etwa 500 Millionen Einwohnern, die einen hohen Lebensstandard genießen, hat viele Investoren angelockt. Hinzu kommt, dass die Entscheidungen des EU-Wettbewerbskommissars, indirekte Beschränkungen des Handels aufzuheben, ebenfalls segensreich waren, da sie das Verhältnis zwischen den Marktrivalen ausgeglichen haben. Die Kommission hat wiederholt nationale Unterstützung für bestimmte Industrien wie etwa die Autohersteller unterbunden und andere Einschränkungen wie etwa exklusive Bildungsabschlüsse kassiert, um freien Wettbewerb bei Dienstleistungen zu ermöglichen. Das hat beträchtliche Vorteile gebracht, da Firmen durch den intensiveren Wettbewerb effizienter und günstiger wurden.[44] Außerdem hat die EU-Handelsgemeinschaft dank ihrer Größe eine bedeutendere Rolle im IWF und in der WTO, sodass Kanada und Japan Freihandelsabkommen mit ihr abgeschlossen haben, auch wenn die USA Verhandlungen zu einem TTIP-Abkommen storniert haben.

Weiterhin zu begrüßen ist, dass sich allmählich eine europäische Identität herauszukristallisiert, insbesondere unter gutausgebildeten jungen Menschen. Die Staatsbürgerschaft ist zwar dem Nationalstaat zugeordnet, doch die EU hat ihre Pässe einheitlich gestaltet. Außerdem erleichtert die gemeinsame Währung für derzeit achtzehn Länder das internationale Reisen, da man nicht mehr an das lästige Geldumtauschen denken muss. Das Schengen-Abkommen hat gleichzeitig die Binnengrenzen zwischen den meisten EU-Staaten abgeschafft, aber auch die Grenze zur Schweiz, sodass langes Warten am Grenzübergang nicht mehr nötig ist. Teile der jüngeren Generation haben dank Erasmus, Socrates und des EU-Programms des Lebenslangen Lernens in anderen europäischen Ländern mit finanzieller Unterstützung studieren können. Über 20 Millionen Studierende haben diese Chance in den vergangenen zwei Jahrzehnten genutzt und ihren Horizont auf dem gesamten Kontinent in bisweilen unvorhersehbarer Weise erweitert, wie das die Filmkomödie *L'auberge espagnole* illustriert. Die kumulative Wirkung individueller und geförderter Mobilität hat das Gefühl einer europäischen Zusammengehörigkeit gestärkt, das sich insbesondere bemerkbar macht, wenn Europäer durch andere Erdteile reisen.[45]

Gleichzeitig gibt es Anzeichen dafür, dass allmählich eine europäische Öffentlichkeit entsteht, in der der mediale Blick auf nationale Neuigkeiten überwunden wird. Freilich hat der fade europäische Musikwettbewerb namens »Eurovision« trotz der Publikumsvoten wenig bewirkt. Wichtiger waren dagegen die Fußballspiele der europäischen Champions League, da alle führenden Teams ihr Prestige sowie ihr Einkommen durch Spiele »in Europa« verbessern wollten. Manche Publikationen wie *The European* haben zwar nur eine begrenzte Reichweite, doch die europäischen Themen sind in den Fernsehnachrichten des Kontinents präsenter geworden, da EU-Entscheidungen oft kontrovers diskutiert werden. Nicht nur Parteien, sondern auch Lobbyisten sind zudem inzwischen auf der europäischen Ebene aktiv, um Debatten und Regulierungsentscheidungen in Brüssel zu beeinflussen. Die Finanzierungsmöglichkeiten europäischer Wissenschaftsprogramme haben außerdem bewirkt, dass sich mehr Akademiker um die Fördermittel der EU-Kommission bewerben.[46] Und schließlich hat die gemeinsame Initiative von Habermas und Derrida gezeigt, dass Intellektuelle in Europa mittlerweile auch transnationale Gespräche über europäische Angelegenheiten führen.

Trotz einer Menge ernsthafter Probleme ist das europäische Projekt daher keineswegs todgeweiht, sondern sogar sehr lebendig.

Weder die arrogante Herabwürdigung der »europäischen Schwächlinge« durch manche Kreise in Washington noch die föderalistischen Lobgesänge auf den »Superstaat« Europa sind allerdings realistisch. Mehr als ein halbes Jahrhundert nach den Römischen Verträgen ist die EU immer noch unfertig, denn sie muss ihre oben genannten drängenden Probleme lösen. Düstere Prophezeiungen von neoliberalen Angloamerikanern, die die Komplexität der Integration nicht verstehen wollen, haben sich aber ebenfalls stets als falsch erwiesen. Die öffentliche Begeisterung mag abgeflaut sein, zumal die Korruption nicht besiegt ist, doch Kroatien ist als bislang letzter Staat am 1. Juli 2013 der Union beigetreten. Im Januar 2014 hat Lettland den Euro eingeführt, Litauen folgte ein Jahr später. Diese Entscheidungen bezeugen nicht nur den Willen der baltischen Staaten, sich am Westen zu orientieren, sondern auch ihren festen Glauben daran, dass sich die Schuldenprobleme und die Migrationskrise bewältigen lassen.[47] Das Projekt einer engeren Union mag frustrierend langsam voranschreiten, doch es macht weiterhin Fortschritte, zumal ihm der französische Präsident Emmanuel Macron neue Energie einflößt.

Postmoderne Politik

Der institutionelle Flickenteppich der Europäischen Union frustriert Beobachter, Politiker und Bürger gleichermaßen, denen an konzeptueller Klarheit gelegen ist. Jacques Delors, der kratzbürstige französische Präsident der Europäischen Kommission, hat die EU daher einmal als »unidentifiziertes politisches Objekt« verspottet. Weder die euroskeptische Rede von der Freihandelszone noch die proeuropäische Hoffnung auf die Vereinigten Staaten von Europa können das entstehende Phänomen akkurat beschreiben. Ebenso wenig treffen die Verteidiger des Nationalstaats ins Schwarze, die die EU nur als Motor für wirtschaftliches Wachstum verstehen, oder auch die idealistischen Föderalisten, die die europäischen Institutionen als zukünftigen Superstaat betrachten. Es wäre daher vernünftiger, solche übermäßigen Vereinfachungen seinzulassen, um die widersprüchliche Mischung aus supranationalen und intergouvernementalen Elementen als hin- und herschwingendes Pendel ohne vorhersagbare Tendenz anzuerkennen.[48] Angesichts der ihr innewohnenden Komplexität und ihrer fortschreitenden Entwicklung könnte man die EU daher ironischerweise als postmoderne politische Konstruktion verstehen.

Ohne Zweifel ist die EU zum Teil eine postnationale Entität, die den Nationalstaat mit seinen Beschränkungen im Zeitalter postmoderner Globalisierung hinter sich gelassen hat. Der Nationalstaat, der sich im 19. Jahrhundert entwickelte, genoss volle Souveränität über seine Entscheidungen, ein Territorium mit feststehenden Grenzen und die militärische Macht der Selbstverteidigung, während er sich darum bemühte, seine Bevölkerung sprachlich und kulturell homogen zu machen, und allmählich auch Sozialleistungen einführen musste. Da die EU über kaum eines dieser Attribute verfügt, wird die Erwartung der Realisten, sie müsse zu einer Art Superstaat über den bereits existierenden Nationalstaaten werden, wohl enttäuscht werden. Schließlich haben die Weltkriege die Verletzlichkeit fast aller außer den größten Staaten hinlänglich bewiesen, und der wirtschaftliche, politische sowie kulturelle Druck der Globalisierung hat die nationalen Grenzen durchlöchert. Infolge des postindustriellen Wandels ist auch die Verbindung zwischen der Hochindustrialisierung und dem Nationalstaat hinfällig geworden, sodass Politiker gezwungen sind, ihre Bürger anders zu schützen. In vielerlei Hinsicht war die Entwicklung der EU eine produktive Reaktion auf die Mängel des Nationalstaats, da ein neues, darüber hinausgehendes Modell geschaffen wurde.[49]

Vielleicht lässt sich diese komplexe Struktur besser erklären, indem man sie mit dem Heiligen Römischen Reich des Mittelalters vergleicht. Letzteres bot einen übergreifenden Schirm, unter dem sich zunehmend souveräne Territorialstaaten versammeln konnten. Die Analogie mag weit hergeholt erscheinen, doch die Perspektive betont die vielschichtige Natur der Autorität, die Arbeit am Fortschritt in unterschiedlichen Geschwindigkeiten und die Zusammensetzung der Bürgerschaft aus zahlreichen Ethnien. Solch ein Ansatz erklärt, wie sich lokale, regionale, nationale und supranationale Macht zueinander verhalten, wie sich die Eurozone mit 18 Mitgliedern von den 28 Mitgliedsstaaten unterscheiden lässt, und berücksichtigt die sprachliche sowie kulturelle Bandbreite, die Einförmigkeit verhindert. Allerdings stößt diese vormoderne Konzeption angesichts der globalen Postmoderne an ihre Grenzen, zumal die EU nur in Teilen Souveränität über den Gemeinsamen Markt besitzt, denn sie muss ihre Macht in vielen Bereichen teilen, während sie in anderen nur beratende Funktion hat. Aus einer zeitgenössischeren Sicht erscheint die EU daher als neuartiges Hybrid, als gegensätzliche Mischung aus modernen und postmodernen Elementen.[50]

In der Praxis erweist sich das entstehende Europa als dezentrale, aber konsensorientierte Gemeinschaft der Staaten, Regionen und Bürger. Anstelle von mehreren konzentrischen Kreisen mit einem festen Zentrum und einer Peripherie ist die EU ein Konglomerat aus variierbaren Politikbündeln. Die französisch-deutsche Achse hat den Kern gebildet, um den sich die Beneluxländer und andere Staaten wie Österreich versammelten, wobei das Gewicht sich in den letzten Jahren von Paris nach Berlin verlagert hat. Die Freihandelsbefürworter, die sich einst um Großbritannien scharten, bilden ein weiteres Bündel, die verschuldeten Mittelmeerstaaten ein drittes. Auch die osteuropäischen Neulinge wie etwa Polen haben gemeinsame, nationalistische Anliegen; hinzu kommen die zuletzt beigetretenen Länder aus Südosteuropa. In der Eurokrise wiederum trat eine elliptische Struktur an den Tag: Entscheidungen konzentrierten sich in Berlin und Brüssel, die sich miteinander abstimmen mussten, während sie versuchten, unter den Mitgliedern der Gemeinschaft Einigkeit zu erzeugen. Obwohl Deutschland als größtes Land sich widerwillig in der Rolle des Anführers wiederfand, konnte es nur den Ton angeben, wenn alle anderen davon überzeugt waren, dass es im Interesse aller handelte.[51] Zum Beispiel konnte Berlin in der Migrationsfrage nur die Stärkung der Außengrenzen, nicht aber die Verteilung der Ankommenden an andere Staaten durchsetzen. So entstand eine neue Zwischenebene der innereuropäischen Politik.

Der postmoderne Charakter der EU als politisches Gebilde bietet Europa die Chance, Einigkeit von unten her zu erzeugen, denn ihre variable Struktur lädt ein zur Teilhabe auf verschiedenen Ebenen. Aufgrund der diversen Sprachen und Kulturen kann eine gemeinsame Identität nicht von oben verordnet werden; sie muss sich vielmehr in den sich intensivierenden Kontakten der Zivilgesellschaft herausbilden. Die Förderung des Jugendaustauschs eröffnet neue Horizonte jenseits des Nationalstaats, Städtepartnerschaften zeigen Lokalpolitikern, wie ähnlich die Probleme anderswo aussehen, gemeinnützige Vereine wie der Lions Club stellen Netzwerke zwischen Entscheidungsträgern in der Wirtschaft her. Transnationale Forschungsprojekte schließlich setzen sich mit Europa als Einheit auseinander. Kurz und gut, die komplizierte Zusammensetzung der EU-Institutionen hat einen Raum geschaffen, in dem Menschen einander begegnen und verstehen lernen können, was es heißt, Europäer zu sein. Auf der Grundlage dieser gelebten Erfahrung müssen und werden institutionelle Lösungen aufbauen. Wie der deutsche Außenminister Joschka Fischer in seiner Berliner Rede aus dem Jahr 2000 sagte, ist die Gründung der EU ein vielversprechender Beginn. Doch nun müssen die Europäer den nächsten Schritt tun.[52]

Epilog: Eine gezähmte Moderne

Alte und neue Windenergie, 2010

Die turbulenten Ereignisse des 20. Jahrhunderts haben die Leben vieler Europäer erschüttert und in unvorhergesehene Richtungen gewendet. Viktors Arājs zum Beispiel, ein lettischer Burschenschaftler, gründete eine Einheit der Hilfspolizei, die sich mit der Ermordung Hunderter Juden und Partisanen am Holocaust beteiligte. Nachdem er in Westdeutschland untergetaucht war, wurde dieser antikommunistische Gewalttäter schließlich gefasst und kam ins Gefängnis. Irmgard Mueller dagegen, die Tochter eines bekannten jüdischen Anwalts aus Sachsen, musste ihre akademische Ausbildung abbrechen, wurde in ein Arbeitslager geholt und schließlich nach Auschwitz deportiert. Da sie nähen und mit der Maschine schreiben konnte, gelang es ihr, Arbeit in der Lagerwäscherei sowie in der Verwaltung zu finden und dadurch zu überleben; später wanderte sie in die Vereinigten Staaten aus. Der elsässische Dichter André Weckmann wiederum wurde von der Wehrmacht eingezogen, desertierte aber von der Ostfront und ging zur französischen Résistance. Als Lehrer entschied er sich gleichwohl dafür, das Fach Deutsch zu unterrichten, und engagierte sich nach dem Krieg für die europäische Versöhnung.[1] Jedes dieser Leben wurde auf fundamentale Weise vom Zweiten Weltkrieg und vom Holocaust geprägt.

Die Geschichten derartiger europäischer Begegnungen mit der Moderne kann man entweder mit warnendem oder ermunterndem Unterton erzählen. Einerseits unterstreichen die schmerzlichen Erinnerungen die Brutalität der Weltkriege, die Unterdrückung in den Diktaturen und die auf Rassen oder auch Klassen abzielenden Genozide der ersten Hälfte des Jahrhunderts. Angesichts dieses immensen Leids und des Massensterbens erscheint Europa als »dunkler Kontinent«, als riesiger Friedhof, Konzentrationslager oder Trümmerhaufen. Andererseits legt die Zufriedenheit mit dem Frieden, dem erstaunlichen Wohlstand und der stetig sich vertiefenden Integration eine positivere Bewertung nahe. Eine solche konzentriert sich in der Regel auf die dynamische Erneuerung des Kontinents nach dem Krieg, in der Tradition und Fortschritt eine fruchtbare Verbindung eingegangen sind. Zudem rehabilitiert sie den Glauben daran, dass die Menschheit sich von Katastrophen erholen kann, und erhellt die positive Seite der Moderne.[2] Statt darüber zu streiten, welche dieser beiden Sichtweisen zutreffend ist, könnte es sich lohnen, darüber nachzudenken, wie diese gegensätzlichen Darstellungen desselben Jahrhunderts miteinander verbunden sein könnten.

Das verwirrende Jahrhundert

Wer den Unterschied zwischen der allgemeinen Stimmung in der Öffentlichkeit in den Jahren 1900 und 2000 verstehen will, muss den Blick auf einige Mühen und Nöte des 20. Jahrhunderts richten, die es erschweren, den Zeitraum im Nachhinein zu bewerten. Im Jahr 1900 blickte die Londoner *Times* mit außerordentlicher Zuversicht in die Zukunft:

> Mit dem Instrument einer solchen [demokratischen] Regierung, mit unserem unermesslichen Reichtum, von dem unsere Gemeinschaft weithin profitiert, und insbesondere mit einem wohlhabenden, zufriedenen, mannhaften, intelligenten und unabhängigen Volk können wir mit guter Hoffnung den Stürmen und Konflikten entgegensehen, die uns erwarten mögen.

Als das dritte Jahrtausend heraufzog, schienen die Aussichten erheblich düsterer, vor allem aufgrund des immensen menschlichen Leids, das Europa in der Zwischenzeit erlebt hatte. »Wie blickt man auf das 20. Jahrhundert? Es ist weder eine Tragödie noch eine Komödie. Es ist auch kein Heldenepos. Kein politisches Manifest kann es in Worte fassen. Nur ein bürokratisches Dokument kann ein Spiegel seiner Unpersönlichkeit, seiner Realität sein.« Der indische Intellektuelle Shiv Visvanathan fasste seinen Eindruck wie folgt zusammen: »Das 20. Jahrhundert war das Jahrhundert der Utopie, des Planens, der Märkte und der Revolution. Es war ein Jahrhundert der Alpträume.«[3]

Die vergangenen hundert Jahre sollten als ›langes‹, nicht als ›kurzes‹ Jahrhundert interpretiert werden, wenn man das Ausmaß des Wandels verstehen will. Da das Konzept des Jahrhunderts nur ein künstliches Kalenderkonstrukt ist, lässt sich ein solcher Zeitraum nicht mit Zahlen, sondern durch die Wahl bestimmter Zäsuren eingrenzen. Eric Hobsbawms These, es handle sich um ein »kurzes Jahrhundert«, das von 1914 bis 1991 reiche, hat einiges für sich. Schließlich betont sie den Aufstieg und das Scheitern des sozialistischen Experiments, wie es sich im Sowjetkommunismus manifestierte. Dennoch ist sie zu eng gefasst, da sie die Einwirkung der rivalisierenden faschistischen und demokratischen Ideologien unterschätzt. Zudem ignoriert sie überraschenderweise auch die Entwicklung des Kapitalismus, der in den 1890er Jahren mit der zweiten Phase der industriellen Revolution gerade einen Höhepunkt erreicht hatte. Es ist kein Zufall, dass in genau diesem Jahrzehnt das Konzept der »Modernität« eine beliebte Selbstbeschreibung künstlerischer Bewegungen wurde, die sich gegen die Tradition auflehnten. Letztendlich ist es auch eine offene Frage, ob man das Jahrhundert nicht besser mit dem Terroranschlag auf das World Trade Center am 11. September 2001 oder mit der Wirtschaftskrise von 2008 enden lassen sollte. Viele der damit verbundenen Entwicklungen reichen ja bis in die Gegenwart hinein. Da der Zeitraum also bislang keinen definitiven Endpunkt besitzt, lässt sich die ganze Tragweite des Wandels zu einer postindustriellen globalen Moderne wohl noch kaum erfassen.[4]

In den meisten Rückblicken wird das 20. Jahrhundert als Epoche einer außergewöhnlichen Grausamkeit beschrieben, die man größtenteils auf ideologische Ursachen zurückführt. Die Gräuel begannen mit den mörderischen Praktiken des Imperialismus, der auf Zwangsarbeit und der Unterdrückung von Revolten der Ausgebeuteten beruhte. Im Ersten Weltkrieg ging das massenhafte Töten weiter, denn dieser Hegemonialkrieg zwischen Koalitionen der Nationalstaaten und den Imperien Europas kostete Millionen Menschen das Leben. Die Opferzahlen der Russischen Revolution, des Bürgerkrieges, des Holodomor in der Ukraine, der »Großen Säuberungen« und anderer stalinistischer Aktionen im Namen einer besseren Zukunft kamen den zuvor genannten Verlusten mindestens gleich. Der von den Nazis entfesselte Zweite Weltkrieg war sogar noch mörderischer, da er nicht nur einen Vernichtungskrieg, sondern auch den systematischen rassenbezogenen Völkermord des Holocaust umfasste.[5] In der zweiten Hälfte des 20. Jahrhunderts haben sich die meisten Europäer, die so viele Tote zu beklagen hatten, dann aber vom Massenmord distanziert. Damit trugen sie dazu bei, weiteres Blutvergießen im Zuge des Kalten Krieges gerade noch zu verhindern. Aber das Töten hörte nicht auf – Massenmorde geschahen nun in China, Südostasien, Afrika und Lateinamerika.

Europas überraschende Wiedergeburt nach 1945, die Demokratie und Zivilität wiederherstellte, hat weniger Aufmerksamkeit erfahren als die genannten Gräuel, obwohl es sich um eine ermutigendere Geschichte handelt. Das vorangegangene Leid war so groß, betraf so unglaublich viele Familien, dass viele Europäer die Notwendigkeit eines Kurswechsels einsahen. Die westlichen Länder hatten bereits demokratische Traditionen, die man erneuern und sozial inklusiver gestalten konnte. Ironischerweise beschleunigten sowohl die amerikanische Hilfe in Gestalt des Marshallplans als auch die Bedrohung durch den Sowjetkommunismus im Kalten Krieg die Westernisierung der ehemaligen Feinde. Außerdem befreite die widerwillige Dekolonisierung, die einige hässliche Kriege mit sich brachte, aber einen Flächenbrand vermied, den Kontinent von seinen imperialistischen Altlasten. Nun konnte er sich darauf konzentrieren, seine eigenen sozialen Probleme durch den Ausbau des Wohlfahrtsstaates anzugehen. Die visionären Vorstöße zugunsten einer westeuropäischen Integration verbreiteten ebenfalls Wohlstand und Stabilität, zudem erleichterten sie den Mittelmeerländern den Beitritt. Zu guter Letzt vereinte der Sturz des Kommunismus fast den gesamten Kontinent.[6] Die Geschichte dieser europäischen Erholung lässt die zweite Hälfte des Jahrhunderts in einem beträchtlich strahlenderen Licht erscheinen.

Aufgrund der zahlreichen Umbrüche empfanden die meisten Europäer die Epoche als eine des sich beschleunigenden Wandels, was sich nachhaltig auf ihr Zeitgefühl auswirkte. Die immer schneller werdenden Verkehrsmittel, vom Pferd bis hin zum Auto, und die vielen technischen Errungenschaften, die von der Telegrafie bis hin zum Smartphone reichten, erlaubten es ihnen, die Vergangenheit hinter sich zu lassen, indem sie sich auf die Möglichkeiten des Fortschritts konzentrierten. Zudem erschien die Zukunft dank der zunehmenden sozialen Mobilität, sowohl vertikal als auch horizontal, aber auch aufgrund der vielen politischen Umbrüche nunmehr gestaltbar. Auf einmal schienen die Menschen ihr Schicksal selbst in der Hand zu halten, und die Gesellschaft wirkte, als ließe sie sich umformen und in ideologische Schablonen pressen. Diese Befreiung von der Tradition sowie die Verlagerung des Blicks auf das Kommende veränderte die Wahrnehmung der Gegenwart grundlegend, die nun als Fluchtmöglichkeit aus ererbten Zwängen sowie als unerfülltes Versprechen erschien. Sie wurde zu einem Moment in der Schwebe, bevor man sich zwischen verschiedenen Wegen entschied. Aber im Zuge der Enttäuschung über die Ergebnisse sozialreformerischer Vorhaben, die eine bessere Zukunft verheißen hatten, entstand letztendlich eine neue Hinwendung zur Erinnerung.[7] Die gefühlte Beschleunigung der Zeit im 20. Jahrhundert eröffnete den Europäern nicht nur aufregende Möglichkeiten, sondern auch neue Unsicherheiten.

Die Zähmung der Moderne

Als dynamische Entwicklung beschreiben ließ sich dieser Wandel mit dem schwer greifbaren Begriff der »Moderne«. Indem sie sich als Wohltäter der Menschheit bezeichnete, trat eine Gruppe selbsternannter Erneuerer für die Modernisierung ihrer Gesellschaften ein, was die Bewahrer der Tradition erbittert zu verhindern versuchten. Zu Beginn des 20. Jahrhunderts verstanden sich nur einige fortschrittliche Mitglieder der Ober- und Mittelschicht als modern, die sich aber alle Mühe gaben, ihre rückwärtsgewandten Nachbarn zu überzeugen. Mit wissenschaftlichen, ökonomischen und moralischen Argumenten machten sie den unteren Schichten die Idee und die Praktiken der Moderne schmackhaft, weil sie deren Leben verbessern sollten. Im Namen des Fortschritts predigten diese

Modernisierer die bürgerlichen Werte der Vernunft, der Hygiene und der Disziplin im ganzen Land, auch in kleinen Städten und Dörfern. Die unablässige Werbung für solchen Wandel zog zahlreiche Konflikte und unvorhergesehene Folgen nach sich, die durchaus vermeidbar gewesen wären.[8] Die Geschichte Europas im 20. Jahrhundert ist lehrreich, denn sie umfasst sowohl den Drang nach Modernisierung als auch die Widerstände dagegen.

Da sie auf den Fortschritt vertrauten, verbreiteten die mit dem Umbau ihrer eigenen Länder beschäftigten Europäer zugleich die frohe Botschaft von der Moderne in der Welt, die sie nach ihrem eigenen Bild formen wollten. Ihr wichtigstes Medium war der Imperialismus, der Wissenschaft und Technologie aber in den Dienst der politischen Kontrolle und wirtschaftlichen Ausbeutung stellte, statt das Leben der einheimischen Bevölkerung auf den anderen Kontinenten zu verbessern. Ironischerweise stieß der Transformationsprozess in den Siedlerkolonien auf weniger Hindernisse und schritt entsprechend schneller voran, sodass die Neue Welt den Alten Kontinent bezüglich des Umfangs und der Effizienz der Produktion überholte. In der Folge verdrängte die Amerikanisierung allmählich die Europäisierung als Bezeichnung für die Moderne, obwohl beide im Begriff der Westernisierung oft zusammengefasst wurden.[9] Die erfolgreiche Übernahme dieses Modells brachte nationalistische Ideologie, Geschäftspraktiken, Kommunikationsnetzwerke und Popkultur vor allem in asiatische Länder. Zunächst gelangten sie nach Japan, dann breiteten sie sich nach Korea, Indien und China aus, das zu einem weiteren Zentrum der schnellen Entwicklungen wurde. Aus der Begegnung mit den dortigen Hochkulturen gingen regionale Mischungen aus Tradition und Fortschritt hervor, sodass sich der Wettbewerb um Formen der Modernität inzwischen auf dem ganzen Globus abspielt.

In der Hitze des Ersten Weltkriegs zerfiel allerdings die lose Allianz der progressiven Bewegungen. Die so entstandenen konkurrierenden Gruppen warben für unterschiedliche Visionen des Fortschritts, weshalb sich das Konzept der Modernität auffächerte. Im 19. Jahrhundert hatten die liberalen, demokratischen und sozialistischen Bewegungen noch meist zusammengearbeitet, um den Widerstand der sogenannten reaktionären Kräfte zu überwinden. Aber in der Extremsituation des Ersten Weltkriegs schüttelten die Bolschewiken um Lenin den Konstitutionalismus der Provisorischen Regierung ab und schlugen ein revolutionäres Programm der Modernisierung vor, das sowohl Russland als auch die Welt verändern sollte. US-Präsident Wilson, der die Selbstverwaltung und die freie Marktwirtschaft bewahren wollte, setzte dem seinen demokratischen Internationalismus entgegen, verkörpert in der Idee des Völkerbunds. Darüber hinaus entwickelten die enttäuschten italienischen Kriegsbefürworter und die besiegten deutschen Neokonservativen ihre eigene Variante einer »organischen Moderne«, da sie sowohl die sowjetische als auch die liberale Version ablehnten. Viele der folgenden innenpolitischen wie internationalen Konflikte gingen auf den Wettstreit zwischen diesen rivalisierenden Ideologien zurück, wobei die Faschisten im Krieg und die Sowjets im wirtschaftlichen Wettbewerb unterlagen.[10] Erstaunlicherweise hat die Demokratie letztendlich überlebt, indem sie sich neu erfunden und ihre soziale Attraktivität verbreitert hat.

Beide diktatorischen Modernen, sowohl der Kommunismus als auch der Faschismus, erlebten einen ähnlichen Entwicklungskreislauf, mit dem sich ihr Aufstieg, ihre Institutionalisierung und ihr schlussendliches Scheitern beschreiben lässt. Nach ihrer Entstehung in den Kämpfen zwischen den liberalen und autoritären Varianten der Moderne im Zuge des Ersten Weltkriegs begriffen sich beide als Oppositionsbewegungen, die hoffnungsvoll auftraten und die seit kurzem wahlberechtigten Massen mit ihren Entwürfen für eine bessere Zukunft begeisterten. Sobald sie die Macht in der Sowjetunion, in Mussolinis Italien und in NS-Deutschland innehatten, bemühten sie sich um die Einrichtung dauerhafter Institutionen und Strukturen, mit deren Hilfe sie ihre ideologischen Ziele verwirklichen konnten. Aber die Anforderungen des stabilen Regierens vertrugen sich schlecht mit dem Bedürfnis, die Massen aufzupeitschen und zu mobilisieren. Diverse innere Konflikte waren die Folge, etwa Lenins Unterdrückung des Kronstädter Matrosenaufstands und die von Hitler veranlasste Ermordung der SA-Führung.[11] Letztendlich gelang es den diktatorischen Spielarten der

Modernisierung nicht, eine stabile Verwaltung mit einer dynamischen Umgestaltung zu verbinden. Die größeren westlichen Demokratien konnten hingegen erstaunlicherweise mit Erfolg ihre Krisen überwinden, indem sie den Wohlfahrtsstaat einführten und sich auf die postindustrielle Moderne zubewegten.[12]

Die Entstehung immer neuer Facetten der Modernität während des vergangenen Jahrhunderts war alles andere als ein vorhersehbarer Prozess. Vielmehr löste sie eine Reihe von Schocks aus, deren Wirkung von friedlichem Fortschritt bis hin zu kriegerischer Zerstörung reichte. Die ursprüngliche Erwartung eines besseren Lebens wurde durch das mechanisierte Töten im Ersten Weltkrieg ernstlich in Frage gestellt, erhielt während der »goldenen 1920er Jahre« aber neuen Auftrieb. Der kommunistische Versuch einer sozialen Revolution und das faschistische Projekt des Rassengenozids machten den Optimismus dann wieder zunichte, da die Industrialisierung unter Stalin und der Holocaust die mörderischen Folgen des sozialen Planens offenbart hatten. Während der konservativen Wiederherstellung der Stabilität im Kalten Krieg erhielt das Konzept der Modernisierung wieder einen positiven Klang; das kommunistische »Lager des Friedens« und die liberaldemokratische »Freie Welt« wetteiferten miteinander um eine bessere Zukunft. Doch gerade als die liberale Moderne nach dem Fall des Kommunismus zu triumphieren schien, erzeugten eine kulturelle Revolte und der Schock der Globalisierung neue Unsicherheiten auf dem Weg in ein postmodernes und postindustrielles Zeitalter.[13] Der Prozess der Modernisierung im 20. Jahrhundert war folglich geprägt von Brüchen und Überraschungen. Unmöglich hätte man voraussagen können, ob die gute oder die schlechte Seite der Moderne sich durchsetzen würde.

Angesichts des unausweichlichen Fortstürmens der Moderne besteht die politische Herausforderung vor allem darin, eine segensreiche, nicht zerstörerische Form für ihre Dynamik zu finden. Da Wissenschaft und Technologie grundsätzlich amoralisch sind, müssen ihre Innovationen mit konstruktiven Zwecken verknüpft werden. Die belebende Kraft des Wettbewerbs auf dem freien Markt kann nur gutartig sein, wenn Gier, Spekulation und Ausbeutung ausreichend eingehegt werden. Der kreative Impuls des Individualismus braucht die soziale Solidarität als Gegengewicht, damit die Gemeinschaft nicht individuellem Egoismus zum Opfer fällt. Demokratische Institutionen müssen die Menschenrechte schützen, um nicht zu populistischen Kulissen einer Diktatur zu verkümmern. Patriotismus muss Fremde tolerieren, um nicht zum Chauvinismus zu werden, der andere ausschließt. Die öffentliche Verwaltung muss neutral bleiben, um nicht kreative Initiativen ihrer Bürger durch Bürokratie zu blockieren. Das Militär darf sich nur der Verteidigung widmen, um keine gewalttätigen Aggressionen auszulösen. Zu guter Letzt brauchen Nationalstolz und Unabhängigkeit als Ausgleich die Bereitschaft zur internationalen Zusammenarbeit.[14] Die Legende von Faust lehrt uns, dass die Kraft der Moderne nur dann eine wohltätige Dynamik entfalten kann, wenn sie von humanistischer Ethik gezähmt wird.

Europäische Verwandlungen

Im 20. Jahrhundert erlebte Europa atemberaubende Veränderungen, die den Kontinent aus der globalen Hegemonie in die völlige Selbstzerstörung führten, nur um ihm daraufhin eine überraschende Erholung zu gewähren. Obwohl sie damals in rivalisierende Imperien und aufstrebende Nationalstaaten aufgeteilt waren, beherrschten die Europäer um das Jahr 1900 gemeinsam den Rest der Welt, denn sie kontrollierten eine große Zahl an Kolonien in Asien sowie in Afrika und beuteten sie aus. Da sie sich als Botschafter einer überlegenen Zivilisation verstanden, verbreiteten sie ihr Verständnis von Fortschritt mit Gewalt oder auch Überredung in den von ihnen abhängigen Gebieten wie z. B. Indien. Dadurch zwangen sie auch potenzielle Rivalen wie China, Japan oder das Osmanische Reich, sich mit Hilfe europäischer Technologien, Organisationsformen und Standards zu reformieren. Kein Wunder, dass Imperialisten wie Cecil Rhodes zuversichtlich glaubten, die »weiße Rasse« in Großbritannien, Deutschland und den Vereinigten Staaten habe den Gipfel der menschlichen Entwicklung erreicht und weiterer

Fortschritt sei garantiert. Nur manche Kritiker unter den kolonisierten Völkern, Vertreter der Arbeiterbewegung und einige nervöse Intellektuelle hofften auf das baldige Wanken des Fundaments der viktorianischen Pracht.[15]

Als Urkatastrophe des 20. Jahrhunderts zerstörte der Erste Weltkrieg die optimistische Überzeugung, der Fortschritt sei unvermeidlich; stattdessen bröckelte die europäische Überlegenheit. Nach dem unermesslichen Gemetzel der industriellen Kriegsführung, der einen Großteil der männlichen Jugend die Gesundheit oder das Leben gekostet hatte, war die europäische Bevölkerung im Wortsinne dezimiert. Hinzu kam die Zerstörung ganzer Landstriche, die als Schlachtfelder gedient hatten, was sowohl dem Wohlstand als auch dem kulturellen Erbe erheblich schadete. Aufgrund des totalen Charakters der Kriegsführung war auch die Heimatfront mobilisiert worden; Frauen schufteten in Fabriken, Arbeiter quälten sich, und Mittelschichtfamilien verarmten. Zwar beteiligten sich Intellektuelle an der Kriegspropaganda, doch die Beschreibungen des schrecklichen Leids in den Werken der Kriegsdichter stellten das heroische Bild des Kampfes in Frage; man zweifelte nun an der Gerechtigkeit der nationalen Sache.[16] Um den Auseinandersetzungen ein für alle Mal ein Ende zu machen, entwarfen Ideologen wie Lenin, Wilson und Mussolini ihre unterschiedlichen Konzepte der Moderne, die unter den Bezeichnungen Kommunismus, Demokratie und Faschismus in den folgenden Jahrzehnten um die Vorherrschaft kämpfen sollten.

Die Rückkehr des Friedens in den 1920er Jahren verschaffte den europäischen Mächten eine Art Nachsommer; man hätte glauben können, dass es nun mit dem liberalen Fortschritt der Vorkriegszeit weitergehen würde. Da sich die Vereinigten Staaten schmollend in die Isolation zurückgezogen hatten und die Sowjetunion mit ihrer eigenen Modernisierung beschäftigt war, übernahmen die traditionellen Großmächte des Kontinents die Kontrolle über den neugegründeten Völkerbund, der die internationale Zusammenarbeit stärkte. Darüber hinaus kündigte das Prinzip des Selbstbestimmungsrechts der Völker, das die alten Imperien des Kontinents beseitigte, den Siegeszug der Nationalstaaten und der demokratischen

Selbstverwaltung in ganz Europa an. Die Wiederbelebung des internationalen Handels und das sich erholende Wirtschaftswachstum versprachen, die Bürde der Arbeit zu erleichtern und der Mittelschicht ihren Wohlstand zurückzugeben. Zugleich prägten die Experimente des Modernismus die Hochkultur, aber auch populärere Formen der Unterhaltung und des Konsums breiteten sich aus.[17] Europa schien wieder im Aufwind zu sein, bis die Große Depression ihm in die Quere kam, woraufhin die Entwicklung auf einen weiteren, noch verheerenderen Konflikt zusteuerte.

Die zweite Phase dessen, was Charles de Gaulle als »Dreißigjährigen Krieg für oder gegen die Weltherrschaft des Deutschtums« bezeichnete, zerstörte Europa sowohl physisch als auch politisch, womit seine Hegemonie ein Ende fand. Diesmal gab es keinen Zweifel daran, dass Hitler der Aggressor gewesen war, der die vorangegangene Niederlage wettmachen und Lebensraum für die »arische Rasse« erobern wollte. Abgesehen von Großbritannien unterwarfen die Nazis den ganzen Kontinent mit ihrem Blitzkrieg, nur um die besiegten Länder im Dienste ihres »Großdeutschlands« auszubeuten. Mit Hitlers Angriff gegen Russland wurde der Konflikt zu einem Vernichtungskrieg, im Zuge dessen ethnische Säuberungen und ein Rassengenozid stattfanden, der im antisemitischen Holocaust gipfelte – einem endgültigen Zivilisationsbruch. Die von den Nazis geschaffene organische Moderne konnte nur überwunden werden, indem Vertreter zweier so gegensätzlicher Ideologien wie die der Kommunisten und die der Demokraten miteinander kooperierten. Bei ihrem gemeinsamen Kreuzzug gegen die Faschisten griffen sie durchaus auch auf moralisch fragwürdige Methoden zurück.[18] Als Europa in der Folge des Zweiten Weltkriegs darniederlag, verlor es die Kontrolle über seine Angelegenheiten, sodass die USA und die UdSSR den zerstörten Kontinent in angespannter Koexistenz verwalteten.

Das sichtbarste Zeichen des europäischen Niedergangs war der Verlust seiner Kolonien, der sich zwischen 1945 und 1975 mit überraschender Geschwindigkeit vollzog. Zum Teil ging die Entkolonialisierung auf die Proteste oder Aufstände der dortigen westernisierten Eliten zurück, die sich nach formaler Unabhängigkeit von ihren

Unterdrückern sehnten. Dass die Europäer nicht versuchten, ihre Imperien zu retten, ist zum Teil auf ihre Erschöpfung nach dem Krieg und ihre drastisch geschrumpften Ressourcen zurückzuführen, die sie zudem für den Wiederaufbau ihrer eigenen Städte benötigten. Der widerwillige und nicht immer friedliche Rückzug der Kolonialherren war durchaus ein Triumph des antiimperialistischen Widerstandes, doch bald kehrten die Westler in die fraglichen Länder zurück, um sich dort – nunmehr in der Rolle von Beratern und Investoren – den Herausforderungen der wirtschaftlichen Entwicklung und politischen Stabilisierung zu widmen. Dadurch verstetigte sich das Ungleichheitsverhältnis, obschon der Kontext ein anderer war. In den früheren imperialen Mutterländern trafen derweil immer mehr Zuwanderer aus den Kolonien ein, sodass muslimische und schwarze Minderheiten Teil der europäischen Gesellschaft wurden. Ironischerweise hatte die Modernisierung, die die Kolonialherren den Unterdrückten aufgezwungen hatten, den Letzteren selbst die Waffen und Slogans für den Befreiungskampf gebracht.[19]

Anstatt eine friedliche Moderne einzuleiten, teilte der Kalte Krieg Europa zwischen den Supermächten USA und UdSSR auf. Kaum waren die nationalsozialistischen Herausforderer besiegt, gerieten die ehemaligen Verbündeten in einen Konflikt über das Schicksal des in Trümmern liegenden Kontinents, da jede Seite die von ihr verwalteten Gebiete nach ihrer jeweiligen Ideologie umgestalten wollte. Das besetzte Europa sah sich gezwungen, Partei zu ergreifen, und tendierte letztendlich in Richtung der westlichen liberalen Demokratie. Der sowjetische Egalitarismus geriet ins Hintertreffen, weil das »informelle Imperium« der USA eine größere Freiheit ermöglichte als die russische Diktatur. Glücklicherweise verhinderte gerade die vernichtende Wirkung der Nuklearwaffen und Interkontinentalraketen, dass diese jemals zum Einsatz kamen. Angespornt durch eine eindrucksvolle Friedensbewegung, bemühten sich die europäischen Politiker um Entspannung, damit der Kontinent keinen Atom- oder sonstigen Krieg mehr erleben musste.[20] Wie das friedliche Ende des zweiten Kalten Krieges zeigt, war es möglich, die Logik des Wettrüstens zu überwinden und die nukleare Vernichtung mittels Verhandlungen auf Regierungsebene und Protesten der Bevölkerung abzuwenden.

Europas erstaunliche Auferstehung aus der Asche der Selbstzerstörung versöhnte die Westeuropäer mit der umkämpften liberalen Moderne. Inspiriert durch den skandinavischen und britischen Ausbau des Wohlfahrtsstaates, belebten die westlichen Länder ihre Demokratie neu und brachten das System auch den besiegten Gegnern nahe. Die Hilfe der Vereinigten Staaten war natürlich unabdingbar, denn Washington konnte Rat und materielle wie psychologische Unterstützung anbieten, damit eine Mischung aus Tradition und Erneuerung zustande kam. In Westdeutschland trug zudem Ludwig Erhards Werben für eine soziale Marktwirtschaft dazu bei, dass sich der ökonomische Wettbewerb frei entfalten konnte, ohne dass die gesellschaftliche Solidarität zu kurz kam. Unter dem strengeren Regiment der Sowjets konnten die osteuropäischen Länder zwar die Wunden des Krieges heilen und bescheidene Fortschritte erzielen, doch ihre triste Schornsteinindustrie zog im Wettstreit mit der Konsumgesellschaft des Westens schließlich den Kürzeren. Dort nämlich waren die »glorreichen« dreißig Jahre nach dem Krieg ein spektakulärer Erfolg: Das Vorkriegsniveau an Wohlstand wurde nicht nur wieder erreicht, sondern sogar übertroffen, bis die Herausforderung der Globalisierung Anlass zu neuen Sorgen über die Unkontrollierbarkeit der Entwicklung gab.[21]

Die letztendliche Transformation Europas, die Bildung der Europäischen Union, zählt zu den »außergewöhnlichsten Errungenschaften in der modernen Weltpolitik«. Nach einer Reihe von Krisen und darauffolgenden Kompromissen schufen die Europäer ein einzigartiges, auf vielen Ebenen operierendes transnationales System. Die Römischen Verträge der 1950er Jahre waren das Fundament, auf das in den 1960er Jahren der Binnenmarkt zur Belebung des Wirtschaftswachstums gesetzt wurde. In den 1970er Jahren erfand man das Europäische Währungssystem, um die Währungen zu stabilisieren, in den 1980er Jahren wurde mit der Einheitlichen Europäischen Akte der Wettbewerb ausgedehnt, in den 1990er Jahren legte der Maastrichter Vertrag eine gemeinsame Währung fest, und in den 2000er Jahren vereinheitlichte der Lissabonner Vertrag die Entscheidungsfindung in der EU. Dass aus den ursprünglich sechs Mitgliedern inzwischen 27 geworden sind, belegt auch nach dem Brexit noch die Attraktivität des Modells. Diese partielle Zusammenlegung der Souveränität, die sich auf eine Mischung aus Idealismus und wirtschaftlichen Interessen zurückführen lässt, kam durch Verhandlungen zwischen den Regierungen der Nationalstaaten zustande. Trotz aller frustrierenden Schwächen hat sie Europa so erneuert, dass der vereinte Kontinent ein starker Akteur auf dem Weltmarkt werden konnte.[22]

Lektionen der Geschichte

Der blutige Verlauf des 20. Jahrhunderts hat den Europäern beigebracht, ihre Erwartungen an das Potenzial der Moderne zu mäßigen. Diese wichtige Lektion müssen einige allzu selbstsichere Amerikaner noch lernen. Die Weltkriege waren derart zerstörerisch, für den Körper und die Seele des Einzelnen ebenso wie für das Gesamtgefüge der Bevölkerung, dass die Politik sich grundlegend neu orientieren musste. Während deutsche Militärfriedhöfe in der Normandie eine pazifistische Botschaft aussenden, lobt man auf amerikanischen Soldatengräbern immer noch »Kompetenz, Mut und Opferbereitschaft« der Gefallenen. Wenn es nicht gerade um die Konfrontation mit einem Diktator geht, bevorzugen Europäer den Frieden, da selbst der Sieger einen Krieg nicht unbeschädigt überstehen wird. Aus dieser Erfahrung folgte eine Entmilitarisierung der Gesellschaft, und zwar nicht nur bei den besiegten Faschisten, sondern auch unter den siegreichen Alliierten. Die Ehrfurcht vor einer Uniform ist gesunken, die Verteidigungsbudgets sind geschrumpft, und der Griff zu den Waffen ist keine Option mehr, solange es Alternativen gibt. Diesem Umdenken verdankt sich auch die Versöhnung zwischen ehemaligen Feinden wie den Deutschen, den Franzosen und den Polen, sowie eine große Bereitschaft, seine Interessen innerhalb von internationalen Organisationen zu verfolgen.[23] Die Entstehung der Europäischen Union, der 2012 der Friedensnobelpreis verliehen wurde, belegt, wie unschädlich trotz mancher chauvinistischer Misstöne das Gift des Nationalismus geworden ist.

Eine zweite Lehre, die die schreckliche Wirkung der Großen Depression noch unterstreicht, besteht darin, dass die Dynamik des Kapitalismus ausreichend eingehegt werden muss, um politische Stabilität gewährleisten zu können. Die wirtschaftliche Überlegenheit der liberalen Staaten während der Kriege zeigt, dass der freie Markt produktiver war, als Firmenkartelle oder die Planwirtschaft es sein konnten. Einige europäische Ökonomen wie John Maynard Keynes erkannten aber auch, dass Wettbewerb ohne Regeln zu Ausbeutung und zyklischen Krisen führt. Die Wiedereinführung des freien Marktes brachte dem Westen das Wirtschaftswunder ein, während dem Osten mit seiner Planwirtschaft nur ein bescheidener Aufschwung glückte. Da weder die neoliberale Deregulierung noch die sozialistische Kontrolle die richtige Lösung zu sein schien, wählte Europa schließlich den Kompromiss der sozialen Marktwirtschaft; ein Beispiel dafür ist der Rheinische Kapitalismus. Im Gegensatz zum US-amerikanischen Wettbewerb ohne genügende Einschränkungen schien diese Mischung aus persönlicher Initiative und staatlicher Anleitung den meisten Europäern annehmbar, da ihnen das Allgemeinwohl ebenso am Herzen lag wie das individuelle Fortkommen.[24]

Eine weitere Erkenntnis, die Europa der Kritik der Arbeiterbewegung und der Bedrohung durch den Kommunismus verdankt, betrifft die Notwendigkeit gesellschaftlicher Solidarität, wie sie ein Wohlfahrtsstaat gewährleisten kann. Zu Beginn des 20. Jahrhunderts fühlten sich die meisten Arbeiter ausgenutzt, denn ihre Löhne deckten kaum die Kosten des Lebensnotwendigsten ab. Daher gründeten sie mächtige Gewerkschaften und sozialistische Parteien, die den Klassenkampf gegen die gnadenlosen Kapitalistenbosse auf sich nahmen. Als die bolschewistische Revolution der Mittelschicht Angst einjagte und die moderaten Sozialdemokraten in den Umfragen zulegten, schien die Einrichtung eines Sozialstaates notwendig, um die Gesellschaft zu befrieden. Dank der moralischen Kritik der Intellektuellen und der im Krieg erlebten Solidarität entwickelte sich zudem ein kollektives Verantwortungsgefühl für die

Bedürftigen. Zudem beschleunigte die Rivalität mit dem Ostblock im Kalten Krieg den Ausbau des Wohlfahrtsstaats.[25] Im Gegensatz zu den stark individualistischen Amerikanern haben die Europäer eine Verpflichtung zur Solidarität verinnerlicht, aus der eine sozialere Variante der Moderne hervorgegangen ist.

Die Endlichkeit natürlicher Rohstoffe hat außerdem ein Umdenken in Bezug auf die Umwelt ausgelöst, sodass inzwischen die Nachhaltigkeit gegenüber der in Amerika verbreiteten Orientierung am schnellen Profit an Boden gewinnt. Die Europäer, die ihren Kontinent seit Jahrtausenden bewohnen, haben lernen müssen, dass die Verschwendung von Rohstoffen wie etwa dem Wald an der Mittelmeerküste zerstörerische Konsequenzen haben und das Land verschandeln kann. Abgesehen vom britischen sowie norwegischen Öl und den jüngst entdeckten Erdgasvorkommen haben die Europäer ihre Bodenschätze, etwa die Edelmetalle und die Steinkohle, größtenteils aufgebraucht. Da sie stets weniger an kurzfristigen Gewinnen interessiert waren als die Amerikaner, ist es den Europäern bis heute vor allem wichtig, eine Firma an ihre Kinder vererben zu können, weshalb sie eher auf langfristige Strategien setzen. Dementsprechend sind europäische Geschäftsleute empfänglicher für ökologische Kritik, während die Bevölkerung bereitwilliger ihren Müll recycelt und öffentliche Verkehrsmittel nutzt, statt Dinge einfach wegzuwerfen oder fossilen Treibstoff zu verbrennen. Viele Europäer begrüßten die Einführung umweltfreundlicher Technologien, und die Deutschen haben sogar den Atomausstieg beschlossen.[26] Trotz ärgerlicher Rückfälle wie des Dieselskandals hat das ökologische Bewusstsein eine alternative Form der postindustriellen Moderne ins Leben gerufen.

Die Unterdrückung durch linke wie rechte Diktaturen schließlich hat den Europäern vor Augen geführt, wie wichtig es ist, die Menschenrechte zu stärken und die Demokratie lebendig zu halten. Der Kampf um Bürgerrechte gehörte zur liberalen Modernisierung dazu, doch da die Demokratie der Zwischenkriegszeit scheiterte, blieb die Teilhabe begrenzt. Nach der Verwandlung der Wahl in Akklamation privilegierten die Kommunisten Arbeiter und Intellektuelle, verfolgten aber ihre Klassenfeinde. Die Faschisten wiederum schlossen Juden und Schwarze aus der nationalen Gemeinschaft aus, weil sie diese aufgrund ihrer »Rasse« für minderwertig hielten. Unterdrückt durch die Nazis, erkannten die Widerstandskämpfer, dass die Demokratie eine breitere soziale Basis brauchte. Zudem forderten die Bürger nach dem Krieg eine umfassendere Teilhabe. Darüber hinaus entwickelte sich angesichts der sowjetischen Unterdrückung osteuropäischer Dissidenten ein Bewusstsein für die Bedeutung der Menschenrechte, die dem Schutz des Individuums dienten. Sowohl Amerikaner als auch Europäer befürworten die Selbstverwaltung, doch das auf dem Alten Kontinent verbreitete Verhältniswahlrecht gibt Minderheitsansichten größeres Gewicht.[27] Hier wie dort ist jedoch das Auftauchen eines illiberalen Populismus eine neue Gefahr, die den Beginn eines »postdemokratischen« Zeitalters ankündigen könnte.[28]

Die europäische Alternative

Ungeachtet der düsteren Prophezeiungen anglo-amerikanischer Medien werden die Gespenster aus Europas blutiger Vergangenheit wohl nicht zurückkehren, um die damaligen Katastrophen zu wiederholen. Einerseits haben selbst gutinformierte Kommentatoren seit dem Ausbruch der Eurokrise mit ihren uferlosen Staatsschulden und Bankenrettungen den »Zusammenbruch des europäischen wirtschaftlichen und politischen Modells« vorausgesagt, die langen Wege der Entscheidungsfindung in der EU kritisiert und die von Deutschland durchgesetzte Austeritätspolitik beklagt.[29] Andererseits haben der »Kasinokapitalismus«, die wachsende soziale Ungleichheit und der Aufstieg des Rechtspopulismus Mitglieder der Linken an die Theorie von der »vertagten Krise des demokratischen Kapitalismus« erinnert, vor dessen unmittelbar bevorstehendem Untergang sie nun warnen.[30] Doch obwohl bei der Wahl 2014 zahlreiche Euroskeptiker zum Vorschein kamen und England die EU verlassen hat, ist die Eurozone keineswegs zerfallen. Der Wechselkurs des Euro liegt noch etwa ein Viertel höher als der des allmächtigen US-Dollars, und die Führungen in Berlin sowie in Brüssel haben gemeinsam den internationalen Finanzmarkt stabilisieren können. Die polemischen Vereinfachungen beider politischer Lager sind ein verräterisches Anzeichen dafür, dass beide die europäische Alternative grundlegend missverstehen.

Schaut man sich die Erfahrungen des Kontinents im vergangenen Jahrhundert genauer an, wird ersichtlich, dass Europa sein eigenes unverkennbares Modell einer demokratischen und sozialen Moderne entwickelt hat. Zweifellos hat der Kontinent mit ernsthaften Problemen zu kämpfen, dazu gehören eine alternde Bevölkerung, grenzüberschreitende Zuwanderung, weltweiter Klimawandel, institutionelle Strukturschwäche und der globale Wettbewerb. Aber diese Probleme lassen sich lösen, sofern Paris und Berlin zusammenarbeiten. Europa ist keine schlechte Kopie der amerikanischen Moderne, sondern es hat eigene Vorstellungen in Bezug auf Religion, Waffengesetze, die Bestrafung von Kapitalverbrechen, den Wohlfahrtsstaat, öffentliche Verkehrsmittel und internationale Organisationen entwickelt, um nur ein paar Beispiele zu nennen.[31] Viele liberale Amerikaner finden das europäische Modell attraktiver als das militaristische Gehabe der radikalen Rechten, die eigenmächtigen Interventionen und finanziellen Spekulationen sowie den unterschwelligen Rassismus und sozialen Konservatismus. Die überraschende Wahl des Minderheitspräsidenten Donald Trump hat nicht nur das transatlantische Klima eklatant verschlechtert, sondern auch den Unterschied zwischen aggressivem Nationalismus und multilateraler Kooperation noch einmal verdeutlicht. Gerade in dieser Krisensituation müssen progressive Kräfte den europäisch-amerikanischen Dialog über Grundwerte und Politikformen erneuern, um die Lektion der europäischen Geschichte von der Notwendigkeit einer Zähmung der Moderne weiterhin zu beherzigen.[32]

ANHANG

Danksagung

Viele Einzelpersonen und Institutionen haben mich in meinem Interesse an europäischen Themen bestärkt, von denen ich aber nur einige an dieser Stelle erwähnen kann. Beispielsweise haben die Politikwissenschaftler Gary Marks und die bereits verstorbene Ruth Pitts gemeinsam mit mir das Center for European Studies an der University of North Carolina gegründet. Eine Arbeitsgruppe am Zentrum für Zeithistorische Forschung, an der auch Thomas Lindenberger und Martin Sabrow beteiligt waren, hat mir geholfen, eine kritische Perspektive auf die europäische Entwicklung einzunehmen. Kollegen im Netzwerk EURHISTXX wie beispielsweise Henry Rousso haben meinen Blickwinkel auf die Zeitgeschichte erweitert, während Hannes Siegrist und Rüdiger Hohls mich dazu einluden, am Aufbau eines Webportals mit Quellen zur europäischen Geschichte mitzuwirken. Bo Stråth wiederum hat mich animiert, Fragen der europäischen Erinnerungskultur anzugehen. Wohingegen Christoph Kleßmann die Bedeutung Osteuropas betonte, haben Michael Geyer und Matthias Middell auf die globale Einbettung europäischer Probleme hingewiesen. Jürgen Kocka als damaliger Direktor des Wissenschaftszentrums Berlin, Paul Nolte von der FU Berlin und Christian Ostermann vom Woodrow Wilson International Center for Scholars in Washington haben mir wertvolle Zeit zum Schreiben verschafft. Andreas Kunz verdanke ich die Karten des Leibniz-Instituts für europäische Geschichte, und Kelly McCullough half mir bei der Suche nach Bildern. Victoria Pardini und Kristen Dolan unterstützten mich bei der Vorbereitung des Manuskripts, Michal Skalski erstellte das Register, und Birgitta van Rheinberg war als verlegerischer Beistand von unschätzbarem Wert. Für die deutsche Ausgabe bin ich vor allem Ulrich Bossier für seine wortgewaltige Übersetzung und dem Reclam Verlag zu großem Dank verpflichtet. Zu guter Letzt hat Hannelore Louise Flessa sich als geduldige Botschafterin der französischen Differenz erwiesen.

Ich möchte diesen Band meinen Enkeln Tyson und Charlotte Ober Jarausch sowie Anneliese und Johanna Tracey Jarausch widmen. Möge er ihnen als Schlüssel zu ihrem europäischen Erbe dienen.

Anmerkungen

Einleitung: Das europäische Paradox

1 Alexander Geppert, *Fleeting Cities: Imperial Expositions in fin-de-Siècle Europe,* Houndmills 2010. Aus Gründen des Umfangs beschränken sich die Anmerkungen auf direkte Belege und exemplarische Lektürehinweise.

2 »1900 Figures Forecast a Century's Dangers«, in: *New York World*, 30. Dezember 1900. Vgl. Volker Drehsen / Walter Sparn, »Die Moderne: Kulturkrise und Konstruktionsgeist«, in: Dies. (Hrsg.), *Vom Weltbildwandel zur Weltanschauungsanalyse: Krisenwahrnehmung und Krisenbewältigung um 1900*, Berlin 1996, S. 11–29.

3 Willibald Gutsche, »Jahrhunderterwartungen in Deutschland«, in: Fritz Klein / Karl Otmar von Aretin (Hrsg.), *Europa um 1900*, Berlin 1989, S. 377–386.

4 Hans Ulrich Gumbrecht, »Modern, Modernität, Moderne«, in: Otto Brunner / Werner Conze / Reinhart Koselleck (Hrsg.), *Geschichtliche Grundbegriffe*, Stuttgart 1978, Bd. 4, S. 93–131.

5 Paul Nolte, »Modernization and Modernity in History«, in: *International Encyclopedia of the Social and Behavioral Sciences*, London 2001, S. 9954–9961.

6 Michael Latham, »Modernization«, in: *International Encyclopedia of the Social Sciences*, 2. Aufl., Detroit 2008, S. 232–234. Vgl. Peter Wagner, *Modernity as Experience and Interpretation: A New Sociology of Modernity*, Cambridge 2008.

7 Frederick Cooper, *Colonialism in Question: Theory, Knowledge, History*, Berkeley, CA, 2005; Dipesh Chakrabarty, *Provincializing Europe: Postcolonial Thought and Historical Difference*, Ewing, NJ, 2000; und Zygmunt Bauman, *Modernity and the Holocaust*, Cambridge 1989.

8 Jürgen Kocka, *Das lange 19. Jahrhundert: Arbeit, Nation und bürgerliche Gesellschaft*, Stuttgart 2004; und Björn Wittrock, »One, None, or Many? European Origins and Modernity as a Global Condition«, in: *Daedalus* 129 (2000), H. 1, über »Multiple Modernities«.

9 Eugen Weber, *Peasants into Frenchmen: The Modernization of Rural France, 1870–1914*, Stanford, CA, 1976. Vgl. Siegfried Weichlein, *Nation und Region: Integrationsprozesse im Bismarckreich,* Düsseldorf 2004.

10 Peter Fritzsche, *The Turbulent World of Franz Göll: An Ordinary Berliner Writes the Twentieth Century,* Cambridge, MA, 2011. Vgl. Ulrich Herbert, *Geschichte Deutschlands im 20. Jahrhundert*, München 2014, S. 42–65.

11 Florian Greiner, *Wege nach Europa: Deutungen eines imaginierten Kontinents in deutschen, britischen und amerikanischen Printmedien, 1914–1945*, Göttingen 2014, S. 352–454.

12 Kenneth Pomeranz, *The Great Divergence: China, Europe, and the Making of the Modern World Economy,* Princeton, NJ, 2000.

13 Cheikh Hamidou Kane, *Ambiguous Adventure*, New York 2012.

14 Walter Rüegg (Hrsg.), *Universities in the Nineteenth and Early Twentieth Centuries*, Cambridge 2004.

15 David S. Landes, *The Unbound Prometheus: Technological Change and Industrial Development in Western Europe from 1750 to the Present*, 2. Aufl., Cambridge 2003. Vgl. Peer Vries, *Ursprünge des modernen Wirtschaftswachstums: England, China und die Welt in der Frühen Neuzeit*, Göttingen 2013.

16 Alain Renaut, *The Era of the Individual: A Contribution to a History of Subjectivity*, Princeton, NJ, 1997.

17 John Headley, *The Europeanization of the World: The Origins of Human Rights and Democracy*, Princeton, NJ, 2008.

18 Benedict Anderson, *Imagined Communities: Reflections on the Origin and Spread of Nationalism*, überarb. Aufl., New York 2006.

19 Hans Rosenberg, *Bureaucracy, Aristocracy and Autocracy: The Prussian Experiences, 1660–1815*, Boston 1966.

20 Martin van Creveld, *Technology and War: From 2000 BC to the Present*, New York 1991.

21 Paul Schroeder, *The Transformation of European Politics, 1763–1848*, Oxford 1994.

22 Volker R. Berghahn, *Europe in the Era of Two World Wars: From Militarism and Genocide to Civil Society, 1900–1950*, Princeton, 2006.

23 Mark Mazower, *Der dunkle Kontinent: Europa im 20. Jahrhundert*, übers. von von Hans-Joachim Maass, Berlin 2000; Eric J. Hobsbawm, *Das Zeitalter der Extreme: Weltgeschichte des 20. Jahrhunderts*, München 1997; Richard Vinen, *A History in Fragments: Europe in the Twentieth Century*, London 2000; Tony Judt, *Geschichte Europas von 1945 bis zur Gegenwart*, München 2007; und Ian Kershaw, *To Hell and Back: Europe, 1914–1949*, London 2015.

24 Eric Dorn Brose, *A History of Europe in the Twentieth Century*, New York 2005; Robert O. Paxton / Julie Hessler, *Europe in the Twentieth Century*, 5. Aufl., New York 2011; Spencer M. Di Scala, *Europe's Long Century: Society, Politics, and Culture 1900–Present*, New York 2013; und Bernard Wasserstein, *Barbarism and Civilization: A History of Europe in Our Time*, Oxford 2007.

25 John McCormick, *Europeanism*, Oxford 2010; Winfried Eberhard / Christian Lübke (Hrsg.), *Die Vielfalt Europas: Identitäten und Räume*, Leipzig 2009, S. 53–56; Rüdiger Hohls / Iris Schröder / Hannes Siegrist (Hrsg.), *Europa und die Europäer: Quellen und Essays zur modernen europäischen Geschichte*, Wiesbaden 2005.

26 Christoph Cornelißen, »Vom Schreiben einer Geschichte Europas im 20. Jahrhundert«, in: Martin Sabrow / Frank Bösch (Hrsg.), *Zeiträume. Potsdamer Almanach 2012/13*, Göttingen 2013, S. 65–86.

27 Claus Leggewie, *Der Kampf um die europäische Erinnerung. Ein Schlachtfeld wird besichtigt*, München 2011.

28 Donald McNeill, *The New Europe: Imagined Spaces*, London 2004.

29 Norbert Frei, *Was heißt und zu welchem Ende studiert man Geschichte des 20. Jahrhunderts?*, Göttingen 2006.

30 Lutz Raphael, »Ordnungsmuster der ›Hochmoderne‹? Die Theorie der Moderne und die Geschichte der europäischen Gesellschaften im 20. Jahrhundert«, in: Ute Schneider / Lutz Raphael (Hrsg.), *Dimensionen der Moderne: Festschrift für Christoph Dipper*, Frankfurt 2008, S. 73–91.

Globale Herrschaft

1 R. W. Paul, *Queen Victoria's Diamond Jubilee*, Film von 1897, http://www.youtube.com/watch?v=HxohzRe9D6w. Vgl. Herfried Münkler, »Imperium und Imperialismus«, in: *Dokupedia Zeitgeschichte*, 11. Februar 2010.

2 Niall Ferguson, *Empire: The Rise and Demise of the British World Order and the Lessons for Global Power*, London 2002, S. ix–xxvi, 303–317; Charles S. Maier, *Among Empires: American Ascendancy and Its Predecessors*, Cambridge, MA, 2006.

3 J. A. Hobson, *Imperialism: A Study*, 3. Aufl., London 1988; Wladimir I. Lenin, *Imperialism, the Highest Stage of Capitalism: A Popular Outline*, London 1996; Michael Hardt / Antonio Negri, *Empire*, Cambridge, MA, 2000.

4 Jane Burbank / Frederick Cooper, *Empires in World History: Power and Politics of Difference*, Princeton, NJ, 2010.

5 Ganz anders argumentiert Frederick Cooper, *Colonialism in Question: Theory, Knowledge, History*, Berkeley, CA, 2005.

6 Jonathan Hart, *Comparing Empires: European Colonialism from Portugese Expansion to the Spanish-American War*, New York, 2003.

7 Harrison M. Wright (Hrsg.), *The »New Imperialism«: Analysis of Late-Nineteenth-Century Expansion*, 2. Aufl., Lexington, KT, 1976.

8 Parker T. Moon, *Imperialism and World Politics*, New York, 1926; Jörn Leonhard / Ulrike von Hirschhausen (Hrsg.), *Comparing Empires: Encounters and Transfers in the Long Nineteenth Century*, Göttingen 2011, S. 12.

9 Maria Paula Diogo / Dirk van Laak, »Europeans Globalizing: Mapping, Exploiting, Exchanging«, London 2016.

10 H. Glenn Penny, *Objects of Culture: Ethnology and Ethnographic Museums in Imperial Germany*, Chapel Hill, NC, 2002.

11 Erika D. Rapaport, *Shopping for Pleasure: Women in the Making of London's West End*, Princeton, NJ, 2000.

12 John M. MacKenzie, *Propaganda and Empire: The Manipulation of British Public Opinion, 1880–1960*, Manchester 1984.

13 Rudyard Kipling, »The White Man's Burden«, in: *McClure's Magazine*, Februar 1899; Boris Barth / Jürgen Osterhammel (Hrsg.), *Zivilisierungsmissionen*, Konstanz 2005.

14 Alfred T. Mahan, *The Influence of Seapower upon History, 1660–1783*, New York 2004; David K. Fieldhouse, *Colonialism, 1870–1945: An Introduction*, London 1981.

15 Hans-Ulrich Wehler, *Bismarck und der Imperialismus*, Köln 1969.

16 David K. Pizzo, »To Devour the Land of the Mkwawa: Colonial Violence and the German-Hehe War in East Africa c. 1884–1914«, Dissertation, University of North Carolina, 2008.

17 Winston Churchill, *My Early Life: A Roving Commission*, New York, 1930; und Christian Methfessel, »Spreading the European Model by Military Means? The Legitimization of Colonial Wars and Imperialist Interventions in Great Britain and Germany around 1900«, in: *Comparativ* 22 (2013), S. 42–60.

18 Dirk van Laak, *Über alles in der Welt. Deutscher Imperialismus im 19. und 20. Jahrhundert*, München 2005.

19 Isak Dinesen [d. i. Karen Blixen], *Out of Africa*, London 1937; deutsche Ausgabe: Tania Blixen, *Jenseits von Afrika*, übers. von Gisela Perlet, Zürich 2010.

20 Catherine Coquery-Vidrovitch / Odile Goerg (Hrsg.), *La ville européenne outre mers: un modèle conquérant? (XVe–XXe siècles)*, Paris 1996.

21 Ronald Edward Robinson, *Africa and the Victorians: The Climax of Imperialism on the Dark Continent*, New York 1961.

22 Robert I. Rotberg / Miles F. Shore, *The Founder: Cecil Rhodes and the Pursuit of Power*, Oxford 1988.

23 Jacques Fremeaux, »France: Empire and the Mère-Patrie«, in: Robert Aldrich (Hrsg.), *The Age of Empires* (London, 2007), 152–75. Vgl. Alice Conklin, *A Mission to Civilize: The Republican Idea of Empire in France and West Africa, 1895–1930*, Stanford, CA, 1995.

24 Eric Ames / Marcia Klotz / Lora Wildenthal (Hrsg.), *Germany's Colonial Pasts*, Lincoln 2005.

25 Nicholas Doumanis, »The Ottoman Empire: A Resilient Polity«, in: *Age of Empires*, S. 26–41.

26 Dominic Lieven, *Empire: The Russian Empire and Its Rivals*, London 2000.

27 Alan Sked, *The Decline and Fall of the Austrian Empire, 1815–1918*, Harlow 2001.

28 Marcus Reinkowski / Gregor Thum (Hrsg.), *Helpless Imperialists: Imperial Failure, Fear and Radicalization*, Göttingen 2013.

29 Die schlimmste Ausbeutung geschah in Belgisch-Kongo. Vgl. Jean Luc Vellut, »Belgium: The Single-Colony Empire«, in *Age of Empires*, S. 220–237.

30 Lora Wildenthal, *German Women for Empire, 1884–1945*, Durham 2001. Vgl. Anne McClintock, *Imperial Leather: Race, Gender and Sexuality in the Colonial Contest*, Ithaca, NY, 1995.

31 Niels P. Petersson, »Markt, Zivilisierungsmission und Imperialismus«, in: *Zivilisierungsmissionen*, S. 33–54.

32 Joachim von Puttkamer, »Schooling, Religion and the Integration of Empire: Education in the Habsburg Monarchy and in Tsarist Russia«, in: *Comparing Empires*, S. 359–372.

33 Benedikt Stuchtey, »One Big Imperial Family? Religion and Missions in the Victorian Age«, in: *Comparing Empires*, S. 312–336.

34 Andreas Eckert / Michael Pesek, »Bürokratische Ordnung und koloniale Praxis«, in: Sebastian Conrad / Jürgen Osterhammel (Hrsg.), *Das Kaiserreich transnational. Deutschland in der Welt 1871–1914*, Göttingen 2004, S. 87–106.

35 Jürgen Osterhammel (Hrsg.), *Europa um 1900: Auf der Suche nach einer Sicht »von außen«*, Bochum 2008.
36 So sieht das McKenzie, *Propaganda and Empire*, vgl. als Gegenposition Bernard Porter, *The Absent-Minded Imperialists: Empire, Society, and Culture in Britain*, Oxford 2004.
37 Andrew Zimmerman, *Anthropology and Antihumanism in Imperial Germany*, Chicago 2001.
38 Jürgen Osterhammel, *Globalization: A Short History*, Princeton, NJ, 2005.
39 Andreas Eckert, »Die Verheißung der Bürokratie. Verwaltung als Zivilisierungsagentur im kolonialen Westafrika«, in: *Zivilisierungsmissionen*, S. 269–283.
40 Catherine Hall, *Civilizing Subjects: Colony and Metropole in the English Imagination, 1830–1867*, Chicago, IL, 2002.
41 David Canadine, *Ornamentalism: How the British Saw Their Empire*, New York 2001.
42 Susan D. Pennybacker, *From Scottboro to Munich: Race and Political Culture in 1930s Britain*, Princeton, NJ, 2009.
43 Mathew G. Stanard, *Selling the Congo: A History of European Pro-Empire Propaganda and the Making of Belgian Imperialism*, Lincoln 2011.
44 Anne Godlewska / Neil Smith (Hrsg.), *Geography and Empire*, Oxford 1994.
45 Jürgen Osterhammel, *Die Verwandlung der Welt. Eine Geschichte des 19. Jahrhunderts*, München 2009.
46 Dirk van Laak, »Kolonien als ›Laboratorien der Moderne‹?«, in: *Kaiserreich transnational*, S. 256–279.
47 Felix Driver / David Gilbert (Hrsg.), *Imperial Cities: Landscape, Display and Identity*, Manchester 1999.
48 Paul M. Kennedy, *The Rise and Fall of the Great Powers: Economic Change and Military Conflict from 1500 to 2000*, New York 1987.

Ein Frieden bricht zusammen

1 Vladimir Dedijer, *The Road to Sarajevo*, New York 1966.
2 Roger Chickering, *Imperial Germany and a World without War: The Peace Movement and German Society, 1892–1914*, Princeton, NJ, 1975.
3 Wayne C. Thompson, *In the Eye of the Storm: Kurt Riezler and the Crises of Modern Germany*, Iowa City, IA, 1980.
4 Fritz Fischer, *Griff nach der Weltmacht. Die Kriegszielpolitik des kaiserlichen Deutschland 1914/18*, Düsseldorf 1961.
5 Christopher Clark, *The Sleepwalkers: How Europe Went to War in 1914*, London 2012, S. xxvii; und Herfried Münkler, *Der große Krieg: Die Welt von 1914–1918*, Berlin 2013.
6 Martin H. Geyer / Johannes Paulmann (Hrsg.), *The Mechanics of Internationalism: Culture, Society and Politics from the 1840s to the First World War*, Oxford 2001.

7 Johannes Paulmann, *Pomp und Politik. Monarchenbegegnungen in Europa zwischen Ançien Regime und Erstem Weltkrieg*, Paderborn 2000.

8 Sidney Pollard, »Free Trade, Protectionism and the World Economy«, in: *Mechanics of Internationalism*, S. 27 ff.

9 Niall Ferguson, *The House of Rothschild*, New York 1998.

10 Madeleine Herren, »Governmental Internationalism and the Beginning of a New World Order in the Late Nineteenth Century«, in: *Mechanics of Internationalism*, S. 121 ff.

11 Peter Paret, *The Berlin Secession: Modernism and Its Enemies in Imperial Germany*, Cambridge 1980.

12 Fritz Stern, *Einstein's German World*, Princeton 1999.

13 Sandi E. Cooper, *Patriotic Pacifism: Waging War on War in Europe, 1815–1914*, New York 1991.

14 Geoff Eley, *Forging Democracy: A History of the Left in Europe, 1850–2000*, New York 2002.

15 Margaret MacMillan, *The War That Ended Peace: How Europe Abandoned Peace for the First World War*, London 2013.

16 Hugh Strachan, *The Outbreak of the First World War*, Oxford 2004.

17 John Breuilly, *Nationalism and the State*, 2. Aufl., Manchester 1993.

18 James Joll / Gordon Martel, *The Origins of the First World War*, 3. Aufl., Harlow 2007.

19 Paul Kennedy, *The Rise of the Anglo-German Antagonism,1860–1914*, London 1980, S. 291 ff.

20 Hans-Ulrich Wehler, *Das Deutsche Kaiserreich: 1871–1918*, Göttingen 1973.

21 Erskine Childers, *The Riddle of the Sands: A Record of Secret Service Recently Achieved*, London 1905.

22 Volker R. Berghahn, *Germany and the Approach of War in 1914*, 2. Aufl., London 1993.

23 David Stephenson, *Armaments and the Coming of War: Europe, 1904–1914*, Oxford 1996.

24 Friedrich von Bernhardi, *Deutschland und der nächste Krieg*, Stuttgart 1912.

25 E. Malcolm Carroll, *Germany and the Great Powers, 1866–1914: A Study in Public Opinion and Foreign Policy*, New York 1938.

26 Klaus Hildebrand, *Deutsche Außenpolitik, 1871–1918*, München 1989.

27 William L. Langer, *The Franco-Russian Alliance*, New York 1967.

28 John A. White, *Transition to Global Rivalry: Alliance Diplomacy and the Quadruple Entente, 1895–1907*, Cambridge 1995.

29 Eugene N. Anderson, *The First Moroccan Crisis, 1904–1906*, Hamden 1966.

30 Holger Afflerbach, *Der Dreibund. Europäische Großmacht- und Allianzpolitik vor dem Ersten Weltkrieg*, Wien 2002, S. 609 ff.

31 Katharine Lerman, *The Chancellor as Courtier: Bernhard von Bülow and the Governance of Germany, 1900–1905*, New York 1990.

32 Emily Oncken, *Panthersprung nach Agadir: Die Deutsche Politik während der zweiten Marokkokrise 1911*, Düsseldorf 1981.

33 Richard Hall, *The Balkan Wars, 1912–13: Prelude to the First World War*, London 2000.
34 Samuel R. Williamson, *The Politics of Grand Strategy: Britain and France Prepare for War, 1904–1914*, Cambridge 1969.
35 Sean McMeekin, *July 1914: Countdown to War*, New York 2013.
36 Clark, *Sleepwalkers*, 553–62; und Annika Mombauer, *The Origins of the First World War: Diplomatic and Military Documents*, Manchester 2013.
37 David MacKenzie, *Black Hand On Trial: Salonika, 1917*, Boulder, CO, 1995.
38 Samuel R. Williamson, *Austria-Hungary and the Origins of the First World War*, New York 1991.
39 D. C. B. Lieven, *Russia and the Origin of the First World War*, New York 1983.
40 Konrad H. Jarausch, *The Enigmatic Chancellor: Bethmann Hollweg and the Hubris of Imperial Germany*, New Haven, CT, 1973.
41 Raymond Poidevin, *Les relations économiques et financières entre la France et l'Allemagne 1904–1914*, Paris 1998.
42 Zara Steiner, *Britain and the Origins of the First World War*, London 1977; und Niall Ferguson, *The Pity of War*, London 1998.
43 Frederick A. Dickinson, *War and National Reinvention: Japan in the Great War, 1914–1919*, Cambridge 1999.
44 Mustafa Aksakal, *The Ottoman Road to War in 1914: The Ottoman Empire and the First World War*, Cambridge 2008.
45 Clark, *Sleepwalkers*, S. 555–562; Münkler, *Der große Krieg*, Einleitung.
46 Richard F. Hamilton / Holger Herwig (Hrsg.), *Decisions for War, 1914–1917*, Cambridge 2004.
47 Konrad H. Jarausch / Daniel Morat / Markus M. Payk (Hrsg.), »World War I and the Twentieth Century: A Roundtable«, in: *Zeithistorische Forschungen* (2014) H. 1.
48 Marti Koskenniemi, *The Gentle Civilizer of Nations: The Rise and Fall of International Law, 1870–1960*, Cambridge 2002.
49 John J. Mearsheimer, *The Tragedy of Great Power Politics*, New York 2001.
50 Jost Dülffer, *Regeln gegen den Krieg? Die Haager Friedenskonferenzen von 1899 und 1907 in der internationalen Politik*, Frankfurt 1981.
51 Stephen van Evera, »Offense, Defense, and the Causes of War«, in: *International Security* 22 (1998), S. 5–43.
52 Holger Afflerbach / David Stevenson (Hrsg.), *An Improbable War: The Outbreak of World War I and European Political Culture before 1914*, New York 2007.
53 Hans Joas, *Kriege und Werte. Studien zur Gewaltgeschichte des 20. Jahrhunderts*, Weilerswist 2000.

Ein totaler Krieg

1 Siehe die Tagebücher und Augenzeugenberichte auf firstworldwar.com/diaries. Vgl. Jay Winter / Antoine Prost, *The Great War in History: Debates and Controversies*, Cambridge 2005.

2 George Lachmann Mosse, *Fallen Soldiers: Reshaping the Memories of the World Wars,* New York 1990.

3 Roger Chickering / Stig Förster, *Great War, Total War: Combat and Mobilization on the Western Front, 1914–1918*, Cambridge 2000. Vgl. Michael Epkenhans, »Totalisierung des Krieges«, Vortrag, Potsdam 2014.

4 Paul Fussell, *The Great War and Modern Memory,* New York 2000.

5 Jennifer D. Keene / Michael S. Neiberg (Hrsg.), *Finding Common Ground: New Directions in First World War Studies*, Leiden 2011.

6 Jeffrey Verhey, *The Spirit of 1914: Militarism, Myth and Mobilization in Imperial Germany*, Cambridge 2000; und Lancelot L. Farrar, *The Short War Illusion: German Policy, Strategy and Domestic Affairs, August to December 1914*, Santa Barbara, CA, 1973.

7 Niall Ferguson, *The Pity of War*, New York 1999, S. 248 ff.

8 Hew Strachan, *The First World War*, Bd. 1: *To Arms*, Oxford 2001, S. 163 ff.

9 John Keegan, *The First World War,* New York 1999, S. 71 ff.

10 Gerhard P. Groß (Hrsg.), *Die vergessene Front: Der Osten 1914–1915*, Paderborn 2006.

11 Keegan, *First World War*, S. 219 ff.

12 Stevenson, *Cataclysm: The First World War as Political Tragedy*, New York 2004, S. 71 ff.

13 Stephen Bull, *Trench: A History of Trench Warfare on the Western Front*, Oxford 2014.

14 Stevenson, *Cataclysm*, S. 145 ff.

15 Keegan, *First World War*, S. 175 ff.

16 Strachan, *First World War*, Bd. 1, S. 644 ff.

17 Arthur J. Marder, *From Dreadnought to Scapa Flow: The Royal Navy in the Fisher Era, 1904–1919*, 3 Bde., London 1961–1978.

18 Alistair Horne, *The Price of Glory: Verdun, 1916*, New York 1963.

19 Keegan, *First World War*, S. 257 ff.

20 Stevenson, *Cataclysm*, S. 199 ff.

21 Bernd Ulrich / Benjamin Ziemann (Hrsg.), *German Soldiers in the Great War: Letters and Eyewitness Accounts*, Barnsley 2010.

22 Marc van Hagen, *War in a European Borderland: Occupations and Occupation Plans in Galicia and the Ukraine*, Seattle, WA, 2007.

23 Fischer, *Griff nach der Weltmacht.*

24 Alexander Dallin, *Russian Diplomacy and Eastern Europe, 1914–1917,* New York 1963.

25 David Stevenson, *French War Aims against Germany,* Oxford 1982.

26 Victor Rothwell, *British War Aims and Peace Diplomacy, 1914–1918,* Oxford 1971.

27 Wolfgang Steglich, *Die Friedenspolitik der Mittelmächte, 1917–1918*, Wiesbaden 1964.

28 Jürgen Kocka, *Klassengesellschaft im Krieg: Deutsche Sozialgeschichte 1914–1918*, Göttingen 1973.

29 Roger Chickering, *Imperial Germany and the Great War, 1914–1918,* Cambridge 2004.

30 Jay Winter (Hrsg.), *Capital Cities at War: Paris, London, Berlin, 1914–1919,* 2 Bde., Cambridge 1997, 2007.

31 John Horne, *German Atrocities, 1914: A History of Denial,* New Haven, CT, 2001.

32 Fischer, *Griff nach der Weltmacht*, S. 155–183.

33 Strachan, *First World War*, Bd. 2, S. 815 ff, 993 ff.

34 Roger Chickering, *The Great War and Urban Life in Germany: Freiburg, 1914–1918*, Cambridge 2007.

35 Gerald D. Feldman, *Army, Industry and Labor in Imperial Germany, 1914–1918,* Princeton, NJ, 1966.

36 Belinda Davis, *Home Fires Burning: Food. Politics and Everyday Life in World War I Berlin*, Chapel Hill, NC, 2000; und Susan R. Grayzel, *Women and the First World War*, Harlow 2002.

37 Arndt Bauerkämper / Elise Julien (Hrsg.), *Durchhalten! Krieg und Gesellschaft im Vergleich, 1914–1918*, Göttingen 2010.

38 Alfred F. Havinghurst, *Britain in Transition: The Twentieth Century*, 4. Aufl., Chicago, IL, 1985, S. 130–135.

39 Arthur S. Link, *Woodrow Wilson: Revolution, War and Peace*, Arlington Heights, IL, 1979.

40 Dirk Bönker, »Ein German Way of War? Deutscher Militarismus und maritime Kriegsführung im Ersten Weltkrieg«, in: Sven Oliver Müller / Cornelius Thorp (Hrsg.), *Das Deutsche Kaiserreich in der Kontroverse,* Göttingen 2009, S. 308–322.

41 Holger Herwig, *Luxury Fleet: The Imperial German Navy, 1888–1918*, London 1980.

42 Jarausch, *The Enigmatic Chancellor*, S. 264 ff.

43 Barbara Tuchman, *The Zimmermann Telegram,* New York 1966. Vgl. Elizabeth Sanders, »The War and Peace Election of 1916«, in: Gareth Davies / Julian E. Zelizer (Hrsg.), *America at the Ballot Box: Elections and Political History*, Philadelphia, PA, 2015, S. 18–138.

44 Keegan, *First World War*, S. 392 ff.

45 Jörg Nagler, »Pandora's Box: Propaganda and War Hysteria in the US during World War I«, in: *Great War, Total War*, S. 485 ff.

46 Wilfred Owen, »Dulce et decorum est«, übers. von Johannes C. S. Frank, in: Ders. (Hrsg.), *Die Erbärmlichkeit des Krieges. Gesammelte Gedichte von Wilfred Owen*, Berlin 2014. Vgl. Alan Bishop / Mark Bostridge (Hrsg.), *Letters from a Lost Generation: The First World War Letters of Vera Brittain and Four Friends*, Boston 1999.

47 Alan Kramer, *Dynamic of Destruction: Culture and Mass Killing in the First World War* (Oxford, 2007). Vgl. John Horne, »War and Conflict in Contemporary European History«, in: *Zeithistorische Forschungen* 3 (2004), H. 1.

48 Laurence Houseman (Hrsg.), *War Letters of Fallen Englishmen,* London 1930; und Jay Winter (Hrsg.), *German Students' War Letters,* Philadelphia, PA, 2002.

49 Dorothy Goldman (Hrsg.), *Women and World War One: The Written Response,* New York 1993.
50 Wolfgang J. Mommsen, *Die Urkatastrophe Deutschlands: Der Erste Weltkrieg,* 10. Aufl., Stuttgart 2002. (Handbuch der deutschen Geschichte. 17)

Die bolschewistische Revolution

1 Zit. in Wladislaw Hedeler / Horst Schützler / Sonja Strignitz (Hrsg.), *Die Russische Revolution 1917: Wegweiser oder Sackgasse?,* Berlin 1997, S. 231 ff.
2 John Reed, *Ten Days That Shook the World,* New York 1997; Leo Trotski, *Geschichte der Russischen Revolution. Februarrevolution,* Berlin 1931; und Sergei Eistensteins Filme *Panzerkreuzer Potemkin* und *Oktober.*
3 Jörg Baberowski, »Was war die Oktoberrevolution?«, in: *APuZ* 44–45 (2007), S. 7–13; und Ian D. Thatcher (Hrsg.), *Reinterpreting Revolutionary Russia,* Houndmills 2006.
4 Richard Pipes, *Die Russische Revolution,* Bd. 2: *Die Macht der Bolschewiki,* Berlin 1992, mit der Gegenposition Sheila Fitzpatrick, *The Russian Revolution,* Oxford 1982. Vgl. Edward Hallett Carr, *The Bolshevik Revolution, 1917–1923,* 3 Bde., New York 1951–1953.
5 Steve Smith, »Writing the History of the Russian Revolution after the Fall of Communism«, in: Martin A. Miller, *The Russian Revolution: The Essential Readings,* Oxford 2001, S. 261–281.
6 Vasilii O. Kliuchevskii, *A History of Russia,* Bd. 5, New York 1960.
7 Orlando Figes, *Die Tragödie eines Volkes: Die Epoche der russischen Revolution, 1891 bis 1924,* Berlin 1998, S. 23 ff.
8 Theodore H. von Laue, *Sergei Witte and the Industrialization of Russia,* New York 1963.
9 Manfred Hildermeier, *Geschichte der Sowjetunion, 1917–1991,* München 1998, S. 32 ff.
10 Helmut Altrichter, *Rußland 1917: Ein Land auf der Suche nach sich selbst,* Paderborn 1997, S. 61 ff.
11 Pipes, *Russische Revolution,* Bd. 2, S. 44 ff.
12 Victoria Bonnell, *Roots of Rebellion: Workers' Politics and Organizations in St. Petersburg and Moscow, 1905–1914,* Berkeley, CA, 1983.
13 Benjamin Beuerle, »Westernization as the Way to Modernity – Western Europe in Russian Reform Discussions of the Late Tsarist Empire, 1905–1917«, in: *Comparativ* 22 (2013), S. 21–41.
14 Karen Petrone, *The Great War in Russian Memory,* Bloomington, IN, 2011.
15 Joshua A. Sanborn, *Drafting the Russian Nation: Military Conscription, Total War, and Mass Politics, 1905–1925,* DeKalb 2003.
16 Figes, *Tragödie eines Volkes,* S. 275 ff.
17 Altrichter, *Rußland 1917,* S. 101 ff.
18 Figes, *Tragödie eines Volkes,* S. 313 f.

19 Altrichter, *Rußland 1917*, S. 110 ff.
20 Peter Gatrell, *Russia's First World War*, Harlow 2005.
21 Mike Rapport, *1848: Year of Revolution*, New York 2008.
22 »Prince L'vov States the Aims and Hopes of the New Government«, in: Robert P. Browder (Hrsg.), *The Russian Provisional Government: Documents*, Stanford 1961, Bd. 1, S. 158 ff.
23 Altrichter, *Rußland 1917*, S. 132 ff.
24 Martin McCauley (Hrsg.), *The Russian Revolution and the Soviet State, 1917–1921: Documents*, Basingstoke 1991, S. 23–24; Figes, *Tragödie eines Volkes*, S. 349 ff.
25 Hildermeier, *Geschichte der Sowjetunion*, S. 75 ff.
26 Figes, *Tragödie eines Volkes*, S. 410 ff.
27 Altrichter, *Rußland 1917*, S. 170 ff.
28 Hildermeier, *Geschichte der Sowjetunion*, S. 86 ff.
29 Matthew Rendle, *Defenders of the Motherland: The Tsarist Elites in Revolutionary Russia*, Oxford 2010.
30 Frederick C. Corney, *Telling October: Memory and the Making of the Bolshevik Revolution*, Ithaca, NY, 2004.
31 Robert T. Service, *Lenin: A Political Life*, Bde. 2–3, Basingstoke 1991–1995.
32 Hildermeier, *Geschichte der Sowjetunion*, S. 98 ff. Vgl. Donald F. Raleigh, *Revolution on the Volga: 1917 in Saratov*, Ithaca, NY, 1986.
33 Figes, *Tragödie eines Volkes*, S. 446, 465 ff.
34 McCauley, *Russian Revolution*, S. 113 f, 115 ff.
35 Altrichter, *Rußland 1917*, S. 215 ff.
36 Hildermeier, *Geschichte der Sowjetunion*, S. 111 ff.
37 Sheila Fitzpatrick, *The Russian Revolution*, 3., überarb. Aufl., New York 2008.
38 McCauley, *Russian Revolution*, S. 396, 402 ff. Vgl. Alexander Rabinowitch, *The Bolsheviks in Power: The First Year of Soviet Rule in Petrograd*, Bloomington, IN, 2007.
39 Pipes, *Russische Revolution*, Bd. 2, S. 387 ff.
40 Hildermeier, *Geschichte der Sowjetunion*, S. 122 ff.
41 Figes, *Tragödie eines Volkes*, S. 533 ff.
42 Hildermeier, *Geschichte der Sowjetunion*, S. 134 ff.
43 Figes, *Tragödie eines Volkes*, S. 638 ff.
44 Hildermeier, *Geschichte der Sowjetunion*, S. 352.
45 Konrad H. Jarausch, »Kurt Riezler and the Failure of German Ostpolitik, 1918«, in: *Slavic Review* 31 (1972), S. 381–398.
46 Das Konzept der »defensiven Modernisierung« stammt von Hans-Ulrich Wehler, *Deutsche Gesellschaftsgeschichte, 1700–1815*, München 1987, S. 531 ff.
47 Altrichter, *Rußland*, S. 367 ff.
48 Service, *Lenin*, Bd. 2, S. 216 ff.
49 Vladimir I. Lenin, *Collected Works*, Moskau 1960–1970, Bd. 30, S. 335. Vgl. Jonathan Coppersmith, *The Electrification of Russia, 1880–1926*, Ithaca, NY, 1992.
50 Jörg Baberowski (Hrsg.), *Moderne Zeiten? Krieg, Revolution und Gewalt im 20. Jahrhundert*, Göttingen 2006.

1 »Appeals to German People«, in: *New York Times*, 9. Januar 1918; August Heckscher, *Woodrow Wilson*, New York 1991, S. 468–474.

2 Die fünfbändige Biografie von Arthur S. Link ist immer noch das beste Werk über den 28. US-Präsidenten.

3 Arno Mayer, *Wilson vs. Lenin: Political Origins of the New Diplomacy, 1917–1918*, Cleveland, OH, 1963, S. 368–393.

4 Harold Nicolson, *Peacemaking 1919*, London 1964, im Gegensatz dazu Leo Trotski, *My Life: An Attempt at an Autobiography*, Mineola, NY, 2007, S. 362 ff.

5 Manfred F. Boehmke / Gerald Feldman / Elisabeth Glaser (Hrsg.), *The Treaty of Versailles: A Reassessment after 75 Years*, Cambridge 1998; und Gerd Krumeich, *Versailles 1919. Ziele – Wirkung – Wahrnehmung*, Essen 2001.

6 Amos Perlmutter, *Making the World Safe for Democracy: A Century of Wilsonianism and Its Totalitarian Challengers*, Chapel Hill, NC, 1997.

7 Thorstein Veblen, *Imperial Germany and the Industrial Revolution*, New York 1915; Hans-Ulrich Wehler, *Das deutsche Kaiserreich, 1871–1918*, Göttingen 1973; und Herfried Münkler, *Der große Krieg: Die Welt von 1914–1918*, Berlin 2013, Einleitung.

8 Erich Ludendorff, *Meine Kriegserinnerungen, 1914–1918*, Berlin 1919, S. 430–546.

9 Hew Strachan, *The First World War*, New York 2004, S. 267 ff.

10 John Keegan, *The First World War*, New York 1999, S. 372 ff.

11 Ludendorff, *Kriegserinnerungen*, S. 583 ff.; und Jeffrey R. Smith, *A People's War: Germany's Political Revolution, 1913–1918*, Lanham, MD, 2007, S. 183 ff.

12 Harry Rudin, *Armistice, 1918*, Hamden 1967.

13 Robert Gerwarth / John Horne (Hrsg.), *War in Peace: Paramilitary Violence in Europe after the Great War*, Oxford 2012.

14 Michael Clodfeller, *Warfare and Armed Conflicts – a Statistical Reference to Casualty and Other Figures, 1494–2007*, Jefferson, NC, 2008.

15 Adam Seipp, *The Ordeal of Peace: Demobilization and the Urban Experience in Britain and Germany, 1917–1921*, Farnham 2009.

16 Ferdinand Czernin, *Versailles 1919: The Forces, Events and Personalities That Shaped the Treaty*, New York 1964; und Lawrence E. Gelfand, *The Inquiry: American Preparations for Peace, 1917–1919*, New Haven, CT, 1963.

17 Gregor Dallas, *1918: War and Peace*, Woodstock 2002, S. 169–522.

18 Alan Sharp, *The Versailles Settlement: Peacemaking after the First World War, 1919–1923*, Basingstoke 2009, S. 109–138.

19 Ebd., S. 139–168.

20 Arno Mayer, *Politics and Diplomacy of Peacemaking: Containment and Counterrevolution at Versailles, 1918–1919*, New York 1967.

21 Carolyn Kitching, *Britain and the Problem of International Disarmament, 1919–1934*, London 1999.

22 John Maynard Keynes, *The Economic Consequences of the Peace*, New York

1920; und Margaret McMillan, *Paris 1919: Six Months That Changed the World*, New York 2002, S. 180–193.

23 Erez Manela, *The Wilsonian Moment: Self-determination and the International Origins of Anticolonial Nationalism*, Oxford 2007.

24 Jonathan Schneer, *The Balfour Declaration: The Origins of the Arab-Israeli Conflict*, London 2010.

25 John N. Snell, »Wilson on Germany and the Fourteen Points«, in: *Journal of Modern History* 26 (1954), S. 364–369.

26 T. Ivan Berend, *Decades of Crisis: Central and Eastern Europe before World War II*, Berkeley, CA, 1998.

27 Seipp, *Ordeal of Peace*, S. 203 ff.

28 David A. Adelman, *A Shattered Peace: Versailles 1919 and the Price We Pay Today*, Hoboken, NJ, 2008, S. 84 ff.

29 A. J. Ryder, *The German Revolution of 1918: A Study of German Socialism in War and Revolt*, Cambridge 1967.

30 Arthur Rosenberg, *A History of the German Republic* (New York, 1965); und Detlev Peukert, *The Weimar Republic: The Crisis of Classical Modernity*, New York 1992.

31 Anton Pelinka, »Intentionen und Konsequenzen der Zerschlagung Österreich-Ungarns«, in: *Versailles 1919*, S. 202–210.

32 Jon Jacobson, »The Soviet Union and Versailles«, in: *Treaty of Versailles*, S. 451–468.

33 Carole Fink, *Defending the Rights of Others: The Great Powers, the Jews, and International Minority Protection, 1878–1938*, New York 2004.

34 Hugh Seton-Watson, *Eastern Europe between the Wars, 1918–1941*, 3. Aufl., Hamden 1962.

35 David Lloyd George, *Memoirs of the Peace Conference*, 2 Bde., New York 1939. Vgl. Alfred F. Havinghurst, *Britain in Transition: The Twentieth Century*, 4. Aufl., Chicago, IL, 1985, S. 158–178.

36 Patrik Renshaw, *The General Strike*, London 1975.

37 Robert Fitzroy Foster, *Modern Ireland, 1600–1972*, London 1988.

38 Christopher Fischer, *Alsace to the Alsatians: Visions and Divisions of Alsatian Regionalism, 1870–1939*, New York 2010, S. 128 ff.

39 John F. Keiger, *Raymond Poincaré*, Cambridge 1997.

40 Conan Fischer, *The Ruhr Crisis, 1923–1924*, Oxford 2003.

41 Wilfried Loth, *Geschichte Frankreichs im 20. Jahrhundert*, Stuttgart 1987, S. 33–65.

42 Severine Ansart u. a., »Mortality Burden of the 1918–1919 Influenza Pandemic in Europe«, in: *Influenza and Other Respiratory Viruses* 3 (2009), S. 99–106.

43 Ruth B. Henig, *The League of Nations*, London 2010. Vgl. Susan Pedersen, »Back to the League of Nations: Review Essay«, in: *American Historical Review* 112 (2007), S. 1091–1117.

44 F. S. Northedge, *The League of Nations: Its Life and Times, 1920–1946*, Leicester 1986.

45 Carole Fink / Axel Frohn / Jürgen Heideking (Hrsg.), *Genoa, Rapallo and European Reconstruction in 1922*, Cambridge 1991.
46 Stephen Schuker, *The End of French Predominance in Europe: The Financial Crisis of 1924 and the Adoption of the Dawes Plan*, Chapel Hill, NC, 1976. Vgl. Mark Swartzburg, »The Call for America: German-American Relations and the European Crisis, 1921–1924«, Dissertation, University of North Carolina, 2005.
47 Gaynor Johnson (Hrsg.), *Locarno Revisited: European Diplomacy, 1920–1929*, London 2004.
48 Sally Marks, *The Illusion of Peace: International Relations in Europe, 1918–1923*, New York 2003.
49 Jon Jacobson, *Locarno Diplomacy: Germany and the West, 1925–1929*, Princeton, NJ, 1972.
50 Marc Trachtenberg, »Versailles after Sixty Years«, in: *Journal of Contemporary History* 17 (1982), S. 487–506. Vgl. Patrick O. Cohrs, *The Unfinished Peace after World War I: America, Britain and the Stabilization of Europe, 1919–1932*, Cambridge 2006.
51 Arno Mayer, *The Persistence of the Old Regime: Europe to the Great War*, New York 1981.
52 Joseph Rothschild, *East Central Europe between the Two World Wars*, Seattle, WA, 1974.
53 Pieter M. Judson / Marsha L. Rozenblit (Hrsg.), *Constructing Nationalities in East Central Europe*, New York 2005.
54 Alan Sharp, *Consequences of Peace: The Versailles Settlement: Aftermath and Legacy, 1920–2010*, London 2010.
55 Wolfgang J. Mommsen, »Der Vertrag von Versailles. Eine Bilanz«, in: *Versailles 1919*, S. 351–360. Vgl. Norman Graebner / Edward M. Bennett, *The Versailles Treaty and Its Legacy: The Failure of the Wilsonian Vision*, New York 2011.

Die faschistische Alternative

1 Benito Mussolini, *My Rise and Fall*, New York 1998, S. 68 ff.; Stanley Payne, *A History of Fascism, 1914–1945*, Madison, WI, 1995, S. 89 ff.
2 Zeev Sternhell, *The Birth of Fascist Ideology: From Cultural Rebellion to Political Revolution*, Princeton, NJ, 1994, S. 221 ff.
3 David Roberts, »How Not to Think about Fascism and Ideology: Intellectual Antecedents and Historical Meaning«, in: *Journal of Contemporary History* 35 (2000), S. 185–211.
4 Payne, *A History of Fascism*, S. 3–14, argumentiert umfassender als Ernst Nolte, *Three Faces of Fascism*, New York 1966. Vgl. Robert O. Paxton, *The Anatomy of Fascism*, New York 2004, S. 206–220.
5 Roger Griffin / Matthew Feldman (Hrsg.), *Fascism: Critical Concepts in Political Science*, Bde. 1–4, London 2004.

6 Mark Choate, *Emigrant Nation: The Making of Italy Abroad*, Cambridge, MA, 2008.
7 Denis Mack Smith, *Modern Italy: A Political History*, überarb. Aufl., Ann Arbor, MI, 1997, S. 3–24.
8 Manfred Clark, *Modern Italy: 1871 to the Present*, 3. Aufl., Harlow 2008, S. 54 ff.
9 Ebd., S. 99 ff.
10 Mack Smith, *Modern Italy*, S. 41–47.
11 Clark, *Modern Italy*, S. 84 ff., 133 ff. Vgl. auch Paul Corner, »The Road to Fascism: An Italian *Sonderweg?*«, in: *Contemporary European History* 11 (2002), S. 273–295.
12 Mack Smith, *Modern Italy*, S. 115 ff., 163 ff., 241 ff.
13 Clark, *Modern Italy*, S. 217–243.
14 Michael Ledeen, *The First Duce, D'Annunzio at Fiume*, Baltimore, MD, 1977.
15 Clark, *Modern Italy*, S. 247–253.
16 Nicholas Farrell, *Mussolini: A New Life*, London 2003, S. 1–75.
17 Mussolini, *My Rise and Fall*, S. 1–56. Die führende Biografie ist das vielbändige Werk von Renzo de Felice, *Mussolini*, Turin 1965–1998.
18 Farrell, *Mussolini*, S. 75–105.
19 George Lachmann Mosse, *Nationalism and Sexuality*, New York, 1985, die erste einer langen Reihe von Studien.
20 Farrell, *Mussolini*, S. 95 ff.
21 Mussolini, *My Rise and Fall*, S. 120; Clark, *Modern Italy*, S. 256–266.
22 Mack Smith, *Modern Italy*, S. 282–308.
23 William Brustein, »The ›Red Menace‹ and the Rise of Italian Fascism«, in: *American Sociological Review* 56 (1991), S. 652–664; und E. Spencer Wellhofer, »Democracy and Fascism: Class, Civil Society, and Rational Choice in Italy«, in: *American Political Science Review* 97 (2003), S. 91–106.
24 Mussolini, *My Rise and Fall*, S. 169–188.
25 Clark, *Modern Italy*, S. 266 ff.
26 Farrell, *Mussolini*, S. 135 ff. Vgl. Paul Corner, *The Fascist Party and Popular Opinion in Mussolini's Italy*, Oxford 2012.
27 Adrian Lyttelton, *The Seizure of Power: Fascism in Italy*, 1919–1929, London 2004.
28 Christopher Duggan, *Fascist Voices: An Intimate History of Mussolini's Italy*, London 2012.
29 Stuart Joseph Wolf (Hrsg.), *European Fascism*, New York 1969.
30 Benito Mussolini, *Fascism: Doctrine and Institutions*, Rom 1935, S. 14.
31 Ivone Kirkpatrick, *Mussolini: A Study in Power*, New York 1964; Farrell, *Mussolini*, S. 161 ff.
32 Mack Smith, *Modern Italy*, S. 337–347.
33 Clark, *Modern Italy*, S. 315–331.
34 Farrell, *Mussolini*, S. 199–213.
35 Clark, *Modern Italy*, S. 290–296.

36 Victoria de Grazia, *The Culture of Consent: Mass Organization of Leisure in Fascist Italy,* Cambridge 1981.
37 Mack Smith, *Modern Italy*, S. 367–374.
38 Philip Morgan, *Italian Fascism, 1815–1945*, 2. Aufl., Basingstoke 2004.
39 Konrad H. Jarausch, *The Four Power Pact, 1933*, Madison, WI, 1965.
40 Farell, *Mussolini*, S. 254–280.
41 Hugh Thomas, *The Spanish Civil War*, New York 2011.
42 Gerhard L. Weinberg, *Hitler's Foreign Policy: The Road to World War Two, 1933–1939*, New York 2005.
43 Emil Ludwig, *Mussolinis Gespräche mit Emil Ludwig*, Berlin 1932; und Farrell, *Mussolini*, S. 157 ff., 225 ff.
44 Richard Griffiths, *An Intelligent Person's Guide to Fascism*, London 2000, S. 72 ff.; Payne, *History of Fascism*, S. 245 ff.
45 Clark, *Modern Italy*, S. 301 ff.
46 Barrington Moore, *Social Origins of Dictatorship and Democracy: Lord and Peasant in the Making of the Modern World*, Boston, MA, 1966. Vgl. auch Renzo de Felice, *Interpretations of Fascism,* Cambridge, MA, 1977, S. 174–192.
47 Juan J. Linz, *Totalitarian and Authoritarian Regimes*, Boulder, CO, 2000. Vgl. Griffin / Feldman, *Fascism*, Bd. 2.
48 A. James Gregor, »Fascism and Modernization: Some Addenda«, in: *World Politics* 26 (1974), S. 370–384; und Jon S. Cohen, »Was Italian Fascism a Developmental Dictatorship? Some Evidence to the Contrary«, in: *Economic History Review* 41 (1988), S. 95–113.
49 Andrew Hewitt, *Fascist Modernism: Aesthetics, Politics and the Avant-Garde*, Stanford, CA, 1993; Ruth Ben-Ghiat, *Fascist Modernities: Italy, 1922–1945*, Berkeley, CA, 2001. Vgl. Griffin / Feldman, *Fascism*, Bd. 3.
50 Roger Griffin, »Modernity, Modernism, and Fascism. A ›Mazeway Resynthesis‹«, in: *Modernism/modernity* 15 (2008), S. 9–24.

Modernistische Provokationen

1 Dada-Manifeste und Bilder finden sich auf http://www.dada-companion.com.
2 Eve M. Duffy, »Representing Science and Technology: Politics and Display in the Deutsches Museum, 1903–1945«, Dissertation, University of North Carolina, 2002.
3 Thomas Rohkrämer, *Eine andere Moderne? Zvilisationskritik, Natur und Technik in Deutschland 1880–1933*, Paderborn 1999, S. 9–36.
4 Peter Gay, *Weimar Culture: The Outsider as Insider*, New York 1968.
5 John A. Williams (Hrsg.), *Weimar Culture Revisited*, Basingstoke 2011.
6 Carl E. Schorske, *Fin-de-siècle Vienna: Politics and Culture,* New York 1981.
7 Peter Watson, *German Genius*, New York, 2010, S. 341–397; und Peter Gay, *Freud, Jews and Other Germans: Masters and Victims in Modernist Culture,* New York 1978.

8 David S. Landes, *The Unbound Prometheus: Technological Change and Industrial Development in Western Europe from 1750 to the Present*, London 1969, S. 231–358.

9 Peter Paret, *The Berlin Secession: Modernism and Its Enemies in Imperial Germany*, Cambridge, MA, 1980. Vgl. Staatliche Museen zu Berlin (Hrsg.), *Das XX. Jahrhundert: Ein Jahrhundert Kunst in Deutschland*, Berlin 1999.

10 Alex Ross, *The Rest Is Noise: Listening to the Twentieth Century*, New York 2007, S. 3–73.

11 Neil Blackadder, *Performing Opposition: Modern Theater and the Scandalized Audience*, Westport 2003.

12 Anthologien wie Maynard Mack (Hrsg.), *The Norton Anthology of World Masterpieces*, 4. Aufl., New York 1979, sind sehr anglozentrisch ausgerichtet.

13 Mary Ann Caws, *Pablo Picasso*, London 2005. Vgl. Werner Haftmann, *Painting in the Twentieth Century*, New York 1965.

14 Paul Fussell, *The Great War and Modern Memory*, Oxford 1975.

15 Modris Eksteins, *Rites of Spring: The Great War and the Birth of the Modern Age*, Boston, MA, 1989, S. 139 ff.

16 Jay Winter, *Remembering War: The Great War between Memory and History in the Twentieth Century*, New Haven, CT, 2006.

17 Harvard H. Arnason / Elizabeth C. Mansfield, *A History of Modern Art: Painting, Sculpture, Architecture, Photography*, 6. Aufl., Upper Saddle River, NJ, 2010.

18 Ross, *The Rest Is Noise*, S. 74–119, 178–212.

19 Kenneth Douglas / Sarah N. Lawall, »Masterpieces of the Modern World«, in: *The Norton Anthology of World Masterpieces*, Bd. 2, S. 1231–1308.

20 Tom Gunning, *The Films of Fritz Lang: Allegories of Vision and Modernity*, London 2000.

21 Fussell, *Great War*, S. 310 ff.

22 Adelheid von Saldern (Hrsg.), *The Challenge of Modernity: German Social and Cultural Studies, 1890–1960*, Ann Arbor, MI, 2002.

23 Peter Fritzsche, *Reading Berlin 1900*, Cambridge, MA, 1996.

24 David L. Morton, *Sound Recording: The Life Story of a Technology*, Westport 2004.

25 Kristin Thompson / Richard Bordwell, *Film History: An Introduction* (Boston, 2003); und Siegfried Kracauer, *From Caligari to Hitler: A Psychological History of German Film*, Princeton, NJ, 2004.

26 Karl-Christian Führer / Corey Ross (Hrsg.), *Mass Media: Culture and Society in Twentieth Century Germany*, Basingstoke 2006.

27 Arnd Krüger / Else Transbaek (Hrsg.), *The History of Physical Education and Sport from European Perspectives*, Kopenhagen 1999; und David Clay Large, *Nazi Games: The Olympics of 1936*, New York 2007.

28 Bill Cormack, *A History of Holidays, 1812–2000*, London 1998.

29 Elisabeth Otto / Vanessa Rocco (Hrsg.), *The New Woman International: Representations in Photography and Film from the 1870s through the 1960s*, Ann Arbor, MI, 2011. Vgl. Marie Louise Roberts, »Samson and Delilah Revisited:

The Politics of Women's Fashions in 1920s France«, in: *American Historical Review* 98 (1993), S.657–684.

30 John Willett, *Art and Politics in the Weimar Period: The New Sobriety, 1917–1933*, New York 1996.

31 Watson, *German Genius*, S. 480–484, 595–599.

32 Mary Nolan, *Visions of Modernity: American Business and the Modernization of Germany*, New York 1994.

33 Frederic J. Schwartz, *The Werkbund: Design Theory and Mass Culture before the First World War*, New Haven, CT, 1996; Michael Siebenbrodt / Lutz Schöbe, *Bauhaus, 1911–1933: Weimar-Dessau-Berlin*, New York 2009.

34 Emile Langui (Hrsg.), *50 Jahre moderne Kunst*, Köln 1959.

35 Martin Esslin, *Bertolt Brecht*, New York 1969.

36 Thomas Mann, »Autobiography«, http://www.nobelprize.org/nobel_prizes/literature/laureates/1929/mann-bio.html; und Anthony Heilbut, *Thomas Mann: Eros and Literature*, New York 1997.

37 Martin Jay, *The Dialectical Imagination: A History of the Frankfurt School and the Institute for Social Research, 1923–1950*, Berkeley, CA, 1996.

38 Herbert Strauss (Hrsg.), *Hostages of Modernization: Studies on Modern Anti-Semitism, 1870–1933/39*, Berlin 1993, Teil 1 zu Deutschland, Großbritannien und Frankreich.

39 Michael Burleigh, *Earthly Powers: The Clash of Religion and Politics from the French Revolution to the Great War*, New York 2005.

40 Konrad H. Jarausch, *Students, Society and Politics in Imperial Germany: The Rise of Academic Illiberalism*, Princeton, NJ, 1982, S. 348–356.

41 Fritz Stern, *The Politics of Cultural Despair: A Study in the Rise of the Germanic Ideology* (Berkeley, 1961); und George L. Mosse, *The Crisis of German Ideology: Intellectual Origins of the Third Reich*, New York 1964.

42 John Carey, *The Intellectuals and the Masses: Pride and Prejudice among the Literary Intelligentsia, 1880–1939*, London 1992.

43 Yvonne Sherrat, *Hitler's Philosophers*, New Haven, CT, 2013.

44 Zeev Sternhell, *The Birth of Fascist Ideology: From Cultural Rebellion to Political Revolution*, Princeton, NJ, 1994; Thomas Höpel, »Die Abwehr internationaler Kunst im Nationalsozialismus«, in: *Themenportal Europäische Geschichte*, https://www.europa.clio-online.de/essay/id/artikel-3767.

45 Eric D. Weitz, *Weimar Germany: Promise and Tragedy*, Princeton, NJ, 2007.

46 Anton Kaes / Martin Jay / Edward Dimendberg (Hrsg.), *The Weimar Republic Sourcebook*, Berkeley, CA, 1994.

47 Debbie Lewer, »Revolution and the Weimar Avant-Garde: Contesting the Politics of Art, 1919–1924«, in: *Weimar Culture Revisited*, S. 1–21.

48 Peter D. Stachura, *The German Youth Movement, 1900–1945: An Interpretative and Documentary History*, New York 1981.

49 Wendy Perry, »Remembering Dreyfus: The Ligue des Droits de L'homme and the Making of the Modern French Human Rights Movement«, Dissertation, University of North Carolina, 1998.

50 Detlev J. K. Peukert, *The Weimar Republic: The Crisis of Classical Modernity*, New York 1992.

Eine verhängnisvolle Depression

1 »World Bank's Aid Sought by Austria« und »Bankers Here Seek Means to Aid Berlin«, in: *New York Times*, 13. Mai und 14. Juli 1931. Vgl. Harold James, *The German Slump: Politics and Economics, 1926–1936*, Oxford 1986.
2 Ivan T. Berend, *An Economic History of Twentieth Century Europe: Economic Regimes from Laissez-Faire to Globalization*, Cambridge 2006, S. 61 ff.
3 Carmen Reinhart / Kenneth S. Rogoff, *This Time Is Different: A Panoramic View of Eight Centuries of Financial Crisis*, Princeton, NJ, 2009. Vgl. Barry Eichengreen / Peter Temin, »The Gold Standards and the Great Depression«, in: *Contemporary European History* 9 (2000), S. 183–207.
4 Joseph Schumpeter, *Capitalism, Socialism and Democracy* (New York, 1942); und Konrad H. Jarausch, *The Unfree Professions: German Lawyers, Teachers and Engineers, 1900–1950*, New York 1990, S. 80 ff.
5 Barry Eichengreen, »Viewpoint: Understanding the Great Depression«, in: *Canadian Journal of Economics* 37 (2004), S. 1–27; und Harold James, *The End of Globalization: Lessons from the Great Depression*, Cambridge, MA, 2001.
6 John Maynard Keynes, *The Economic Consequences of the Peace*, New York 1920.
7 Berend, *Economic History*, S. 50 ff.
8 Michael Clodfelter, *Warfare and Armed Conflicts: A Statistical Reference to Casualty and Other Figures, 1500–2000*, 2. Aufl., Jefferson, NC, 2002.
9 Berend, *Economic History*, S. 564 f.
10 Patricia Clavin, *The Great Depression in Europe, 1929–1939*, New York 2000, 26 ff.
11 Adam Tooze, *The Deluge: The Great War and the Remaking of Global Order, 1916–1931*, London 2014.
12 Jürgen Osterhammel, *Globalisation: A Short History*, Princeton, NJ, 2005.
13 Clavin, *Great Depression*, S. 30 ff.
14 Gerald D. Feldman, *The Great Disorder: Politics, Economics and Society in the German Inflation, 1914–1924*, New York 1993.
15 Carl-Ludwig Holtfrerich, *The German Inflation, 1914–1924: Causes and Effects in International Perspective*, New York 1986.
16 Conan Fischer, *The Ruhr Crisis, 1923–1924*, Oxford 2003.
17 Stephen A. Schuker, *The End of French Predominance in Europe: The Financial Crisis of 1924 and the Adoption of the Dawes Plan*, Chapel Hill, NC, 1976.
18 Berend, *Economic History*, S. 56 ff.
19 Peter Jelavich, *Berlin Alexanderplatz: Radio, Film, and the Death of Weimar Culture*, Berkeley, CA, 2009.
20 Clavin, *Great Depression*, S. 68 ff.

21 Michael Tracy, »Agriculture in the Great Depression: World Market Developments and European Protectionism«, in: Herman Van der Wee (Hrsg.), *The Great Depression Revisited*, Den Haag 1972, S. 91–119.

22 Christoph Buchheim, »The ›Crisis before the Crisis‹ – the Export Engine Out of Gear«, in: Harold James (Hrsg.), *The Interwar Depression in an International Context*, München 2002, S. 113–122.

23 Mary Nolan, *Visions of Modernity: American Business and the Modernization of Germany,* New York 1994.

24 Robert Beevers, *The Garden City Utopia: A Critical Biography of Ebenezer Howard,* New York 1988.

25 Bärbel Schrader / Jürgen Schebera (Hrsg.), *The »Golden« Twenties: Art and Literature in the Weimar Republic,* New Haven, CT, 1988.

26 Thomas E. Hall / J. David Ferguson, *The Great Depression: An International Disaster of Perverse Economic Policies,* Ann Arbor, MI, 1998, S. 57 ff.; und John Kenneth Galbraith, *The Great Crash, 1929*, überarb. Aufl., Boston, MA, 1988.

27 John A Garraty, *The Great Depression: An Inquiry into the Causes, Course and Consequences of the Worldwide Depression of the Nineteen-Thirties as Seen by Contemporaries and in the Light of History*, Garden City, NY, 1987, S. 28–49.

28 Berend, *Economic History*, S. 61 ff.

29 Heinrich August Winkler, *Weimar 1918–1933. Die Geschichte der ersten deutschen Demokratie*, München 1993, S. 409–443.

30 Hans Jaeger, »Business in the Great Depression«, in: *Great Depression Revisited*, S. 134–142.

31 Für abweichende Zahlen vgl. Berend, *Economic History*, S. 71, und Clavin, *Great Depression*, S. 132.

32 Dass Deutschland 1932 43,7 Prozent Arbeitslose gehabt habe, wie Clavin, *Great Depression*, S. 112, schreibt, scheint etwas übertrieben. Vgl. Alfred F. Havinghurst, *Britain in Transition: The Twentieth Century*, 4. Aufl., Chicago, IL, 1985, S. 221–240.

33 Marie Jahoda / Paul Lazarsfeld / Hans Zeisel, *Marienthal: The Sociography of an Unemployed Community*, Chicago, IL, 1971; und Garraty, *Great Depression*, S. 100–113.

34 Hans Fallada, *Kleiner Mann, was nun?*, Berlin 1932; und George Orwell, *The Road to Wigan Pier,* London 1937.

35 *Men Without Work: A Report Made to the Pilgrim Trust*, Cambridge 1938, S. 144–149; Garraty, *Great Depression*, S. 113–126.

36 Zit. in: »Our Poverty – Your Responsibility«, in: *Labour Magazine* 9 (1932), H. 1, S. 29–31.

37 Winkler, *Weimar*, S. 477 ff.

38 Paul Nolte, *Was ist Demokratie? Geschichte und Gegenwart,* München 2012, S. 258–271.

39 Vincent Barnett, *John Maynard Keynes*, New York 2013; und Garraty, *Great Depression*, S. 128 ff.

40 Clavin, *Great Depression*, S. 127 ff., 147 ff.
41 Ebd., S. 130 ff.; und Hall/Ferguson, *Great Depression*, S. 85 ff.
42 Garraty, *Great Depression*, S. 220–235; und Wilfried Loth, *Geschichte Frankreichs im 20. Jahrhundert*, Stuttgart 1987, S. 70–95.
43 Francis Sejersted, *The Age of Social Democracy: Norway and Sweden in the Twentieth Century*, Princeton, NJ, 2011.
44 Ebd., S. 182 ff. Vgl. Kiran Klaus Patel, *Soldiers of Labor: Labor Service in Nazi Germany and New Deal America, 1933–1945*, New York 2005.
45 Richard Overy, *The Nazi Economic Recovery*, 2. Aufl., Cambridge 1995; und Adam Tooze, *Wages of Destruction: The Making and Breaking of the Nazi Economy*, London 2006.
46 Hall/Ferguson, *Great Depression*, S. 131 ff.; und Garraty, *Great Depression*, S. 245 ff.
47 Hall/Ferguson, *Great Depression*, S. 160.
48 Lutz Niethammer (Hrsg.), *Lebensgeschichte und Sozialkultur im Ruhrgebiet 1930 bis 1960*, 2 Bde., Berlin 1983. Vgl. auch Studs Terkel, *Hard Times: An Oral History of the Great Depression*, New York 1970.
49 Jarausch, *Unfree Professions*, S. 80 ff.
50 David Caute, *The Fellow Travelers: Intellectual Friends of Communism*, überarb. Aufl., New Haven, CT, 1988, S. 1–19.
51 Alastair Hamilton, *The Appeal of Fascism: A Study of Intellectuals and Fascism, 1919–1945*, New York 1971; und Elliot Neaman, »Mutiny on Board Modernity: Heidegger, Sorel and other Fascist Intellectuals«, in: *Critical Review* 9 (1995), S. 371–401.

Stalinistische Modernisierung

1 »Huge Industries Planned by Soviet«, in: *New York Times*, 26. April 1929; und Walter Duranty, »Stalin Dominates Fete of Revolution«, ebd., 8. November 1929.
2 Hubert R. Knickerbocker, »The Soviet Five Year Plan«, in: *International Affairs* 10 (1931), S. 433–459.
3 Jan Plamper, *The Stalin Cult: A Study in the Alchemy of Power,* New Haven, CT, 2012.
4 Stephane Courtois u. a., *The Black Book of Communism: Crimes, Terror, Repression*, Cambridge 1999.
5 Siehe z.B. Robert Conquest, *Lenin,* London 1972.
6 Robert C. Tucker (Hrsg.), *Lenin Anthology*, New York 1975; und George Brinkley, »Leninism: What It Was and What It Was Not«, in: *Review of Politics* 60 (1998), S. 151–164.
7 Jörg Baberowski, *Verbrannte Erde. Stalins Herrschaft der Gewalt,* München 2012.
8 Robert Service, *Stalin: A Biography*, New York 2004, S. 96–100.

9 Robert Service, *A History of Modern Russia: From Tsarism to the Twenty-First Century*, 3. Aufl., Cambridge, MA, 2009, S. 123–149.
10 Service, *Stalin*, S. 209–218.
11 Ebd., S. 219–222.
12 Adam Ulam, »Lenin: His Legacy«, in: *Foreign Affairs* 48 (1970), S. 460–470.
13 Diese kritische Haltung prägt auch die meisten seiner Biografien, etwa Isaac Deutschers Klassiker *Stalin: A Political Biography*, 2. Aufl., London 1966.
14 Service, *Stalin*, S. 13–42.
15 Deutscher, *Stalin*, S. 27–128; Service, *Stalin*, S. 43–112.
16 Deutscher, *Stalin*, S. 129–172; Service, *Stalin*, S. 113–157.
17 Deutscher, *Stalin*, S. 173–227; Service, *Stalin*, S. 157–185.
18 Deutscher, *Stalin*, S. 228–273; Service, *Stalin*, S. 219–229.
19 Deutscher, *Stalin*, S. 273–293; Service, *Stalin*, S. 240–250.
20 Die meisten Erklärungen konzentrieren sich auf die konkreten wirtschaftlichen Probleme oder auf die Rivalität mit Bucharin, nicht aber auf die grundlegenden Ursachen des großen Wandels. Vgl. Service, *History of Modern Russia*, S. 169 ff.
21 R. W. Davies, *The Soviet Collective Farm, 1929–1930*, Cambridge, MA, 1980.
22 W. Ladejinsky, »Collectivization of Agriculture in the Soviet Union«, in: *Political Science Quarterly* 49 (1934), S. 1–43.
23 Robert Conquest, *The Harvest of Sorrow: Soviet Collectivization and the Terror Famine*, Edmonton 1986; und Timothy Snyder, *Bloodlands: Europe between Hitler and Stalin*, New York 2010.
24 Sheila Fitzpatrick, *Stalin's Peasants: Resistance and Survival in the Russian Village after Collectivization,* Oxford 1994.
25 Holland Hunter, »The Overambitious First Soviet Five-Year Plan«, in: *Slavic Review* 32 (1973), S. 237–257.
26 Knickerbocker, »Soviet Five Year Plan«, S. 437 ff.
27 Samuel N. Harper, »Soviet Five-Year Plan«, in: *American Academy of Political Science* 14 (1931), S. 422 ff.
28 Hunter, »Overambitious«, S. 241 ff.
29 Service, *Stalin*, S. 264–275.
30 Stephen Kotkin, *Magnetic Mountain: Stalinism as Civilization*, Berkeley, CA, 1995.
31 Robert Conquest, *The Great Terror: A Reassessment*, New York 2008, S. vii–xxvi.
32 Ebd., S. 341 ff.; und Karl Schlögel, *Moscow 1937*, Cambridge 2012.
33 Norman Naimark, *Stalin's Genocides*, Princeton, NJ, 2010, S. 99 ff.
34 Jochen Hellbeck, *Revolution on My Mind: Writing a Diary under Stalin*, Cambridge, MA, 2006.
35 Anne Applebaum, *GULAG: A History,* New York 2003, S. xv–xl.
36 Arthur Koestler, *Darkness at Noon*, London 1941; Alexander Solschenizyn, *Ein Tag im Leben des Iwan Denissowitsch,* übers. von Wilhelm Löser u. a., München 1963; und Ders., *Der Archipel Gulag*, übers. von Anna Peturnig, Bern 1974.

37 Henry Reichman, »Reconsidering ›Stalinism‹«, in: *History and Theory* 17 (1988), S. 57–89.
38 Plamper, *Stalin Cult*, S. viii–xx.
39 Sheila Fitzpatrick, *Everyday Stalinism: Ordinary Life in Extraordinary Times: Soviet Russia in the 1930s*, New York 1999.
40 Alexei Rybakov, »›Es wird ganz Deutschland einstmals Stalin danken.‹ Johannes R. Bechers *Stalin-Oden* und die Strukturen der totalitären ›Kultur‹«, in: *FORUM für osteuropäische Ideen- und Zeitgeschichte* (2004), H. 1.
41 Service, *Stalin*, S. 491–530.
42 Zhores Medvedev, »Riddles Surrounding Stalin's Death«, in: Roy Medvedev / Zhores Medvedev, *The Unknown Stalin: His Life, Death, and Legacy*, Woodstock 2004, S. 11–42.
43 Service, *Stalin*, S. 571–590.
44 Roy Medvedev, »The Twentieth Party Congress: Before and After«, in: *Unknown Stalin*, S. 102–118.
45 Vladislav M. Zubok, *A Failed Empire: The Soviet Union in the Cold War from Stalin to Gorbachev*, Chapel Hill, NC, 2007.
46 Service, *Stalin*, 298–309. Selbst ein Kritiker wie Deutscher verteidigt das Projekt: *Stalin*, S. 627–630.
47 Alexander Chubarov, *Russia's Bitter Path to Modernity: A History of the Soviet and Post-Soviet Eras*, New York 2001, S. 101–110.
48 Paul R. Gregory (Hrsg.), *Behind the Façade of Stalin's Command Economy*, Stanford, CA, 2001, S. 11 ff.
49 David Satter, *It Was a Long Time Ago, and It Never Happened Anyway: Russia and the Communist Past*, New Haven, CT, 2012.

Hitlers Volksgemeinschaft

1 »Berlin Reds Urge Strike«, in: *New York Times*, 31. Januar 1933. Vgl. Graf Harry Kessler, *Tagebücher 1918–1937. Politik, Kunst und Gesellschaft der Zwanziger Jahre*, Frankfurt 1961, S. 704; und Victor Klemperer, *Ich will Zeugnis ablegen bis zum letzten. Tagebücher 1933–1941*, Berlin 1995, S. 6.
2 Peter Fritzsche, *Germans into Nazis*, Cambridge, MA, 1998, S. 210 ff.
3 Norbert Frei, »Wie modern war der Nationalsozialismus?«, in: *Geschichte und Gesellschaft* 19 (1993), S. 367–387; und Günter Könke, »›Modernisierungsschub‹ oder relative Stagnation?«, in: *Geschichte und Gesellschaft* 20 (1994), S. 584–608.
4 Jeffrey Herf, *Reactionary Modernism: Technology, Culture and Politics in Weimar and the Third Reich*, Cambridge, MA, 1984; und Paul Betts, »The New Fascination with Fascism: The Case of Nazi Modernism«, in: *Journal of Contemporary History* 37 (2002), S. 541–558.
5 Ian Kershaw, *The Nazi Dictatorship: Problems and Perspectives of Interpretation*, London 1989.
6 Eric Weitz, *Weimar Germany: Promise and Tragedy*, Princeton, NJ, 2007.

7 Kessler, *Tagebücher*, S. 20; A. J. Ryder, *The German Revolution of 1918: A Study of German Socialism in War and Revolt*, Cambridge 1967.
8 Kessler, *Tagebücher*, 22. Juni 1919, S. 184. Vgl. Hans Mommsen, *The Rise and Fall of Weimar Democracy*, Chapel Hill, NC, 1996.
9 Eberhard Kolb, *Gustav Stresemann*, München 2003; und Robert P. Grathwohl, *Stresemann and the DNVP: Reconciliation or Revenge in German Foreign Policy, 1924–1928*, Lawrence 1990.
10 Peter Gay, *Weimar Culture: The Outsider as Insider*, New York 1970; und Detlev Peukert, *The Weimar Republic: The Crisis of Classical Modernity*, New York 1989.
11 Anna von der Goltz, *Hindenburg: Power, Myth, and the Rise of the Nazis*, New York 2009.
12 Henry Ashby Turner, *Hitler's Thirty Days to Power, January 1933*, Reading, MA, 1996.
13 Donna Harsch, *German Social Democracy and the Rise of Nazism*, Chapel Hill, NC, 1993.
14 Die früheren Studien von Alan Bullock und Joachim Fest wurden übertroffen durch Ian Kershaw, *Hitler: A Biography*, New York 2008.
15 Kershaw, *Hitler*, S. 1–46. Vgl. John Boyer, *Culture and Political Crisis in Vienna: Christian Socialism in Power, 1897–1918*, Chicago, IL, 1996.
16 Thomas Weber, *Hitlers erster Krieg. Der Gefreite Hitler im Weltkrieg – Mythos und Wahrheit*, Berlin 2011.
17 Adam Seipp, *The Ordeal of Peace: Demobilization and the Urban Experience in Britain and Germany, 1917–1921*, Farnham 2009; und Kershaw, *Hitler*, S. 66–104.
18 Harold J. Gordon, *Hitler and the Beer Hall Putsch*, Princeton, NJ, 1972.
19 Kershaw, *Hitler*, S. 160–235.
20 Hermann Beck, *The Fateful Alliance: German Conservatives and Nazis in 1933: The Machtergreifung in a New Light*, New York 2008.
21 Kershaw, *Hitler*, S. 173 ff.
22 Eberhard Jaeckel, *Hitlers Weltanschauung: A Blueprint for Power*, Middletown, CT, 1972.
23 Christian Hartmann u. a. (Hrsg.), *Hitler, Mein Kampf. Eine kritische Edition*, München 2016, S. 9–53, 515 ff., 600 ff.; und Gerhard Weinberg u. a. (Hrsg.), *Außenpolitische Standortbestimmung nach der Reichstagswahl Juni–Juli 1928*, München 1995, S. 25, 32, 34, 65, 76.
24 Weinberg u. a., *Außenpolitische Standortbestimmung*, S. 5 ff.; Hartmann, *Hitler, Mein Kampf*, S. 734–859.
25 Habbo Knoch / Detlef Schmiechen-Ackermann (Hrsg.), *Nationalsozialistische ›Volksgemeinschaft‹. Studien zur Konstruktion, gesellschaftlichen Wirkungsmacht und Erinnerung*, Paderborn 2012.
26 Hartmann, *Hitler. Mein Kampf*, S. 295 ff., 1121 ff.
27 Michael H. Kater, *The Nazi Party: A Social Profile of Members and Leaders, 1919–1945*, Cambridge, MA, 1983, S. 234–239.

28 Thomas Childers, *The Nazi Voter: The Social Foundations of Fascism in Germany, 1919–1933*, Chapel Hill, NC, 1983; und Richard Hamilton, *Who Voted for Hitler*, Princeton, NJ, 1982.

29 Larry E. Jones, *German Liberalism and the Dissolution of the Weimar Party System, 1918–1933*, Chapel Hill, NC, 1988.

30 Kessler, *Tagebücher*, S. 708; und Kershaw, *Hitler*, S. 260 ff.

31 Kessler, *Tagebücher*, S. 709; Sven Felix Kellerhoff, *Der Reichstagsbrand. Karriere eines Kriminalfalls*, Berlin 2008.

32 Klemperer, *Tagebücher*, S. 8, 14 ff.; Kershaw, *Hitler*, S. 278 ff.

33 Jarausch, *The Unfree Professions*, S. 116 ff.; und Werner Treß, *»Wider den undeutschen Geist!« Bücherverbrennung 1933*, 2. Aufl., Berlin 2008.

34 Kershaw, *Hitler*, S. 301–319.

35 Robert Gellately, *Backing Hitler: Consent and Coercion in Nazi Germany*, New York 2001.

36 Richard Overy, *The Nazi Economic Recovery, 1932–1938*, Atlantic Highlands, NJ, 1982; und Adam Tooze, *Wages of Destruction: The Making and Breaking of the Nazi Economy*, London 2006.

37 Kershaw, *Hitler*, S. 391–400; Sebastian Haffner, *Defying Hitler: A Memoir*, New York 2002.

38 David Welch, »Nazi Propaganda and the *Volksgemeinschaft*: Constructing a People's Community«, in: *Journal of Contemporary History* 39 (2004), S. 213–238.

39 Richard Evans, *The Third Reich in Power, 1933–1939*, London 2005.

40 Ronald Smelser, *Robert Ley: Hitler's Labor Front Leader*, Oxford 1988; und Shelly Baranowski, *Strength Through Joy: Consumerism and Mass Tourism in the Third Reich*, Cambridge 2004.

41 Michael Kater, *Hitler Youth*, Cambridge, MA, 2004.

42 Claudia Koonz, *Mothers in the Fatherland: Women, the Family and Nazi Politics*, New York 1987; und Dagmar Herzog, *Sex after Fascism: Memory and Morality in Twentieth Century Germany*, Princeton, NJ, 2005.

43 Herwart Vorländer, »NS-Volkswohlfahrt und Winterhilfswerk des deutschen Volkes«, in: *Vierteljahrshefte für Zeitgeschichte* 34 (1986), S. 341–380.

44 Klemperer, *Tagebücher*, S. 18 ff.; Eric Johnson, *The Nazi Terror: Gestapo, Jews and Ordinary Germans*, New York 1999.

45 David Clay Large, *Nazi Games: The Olympics of 1936*, New York 2007.

46 Roger Griffin, »Modernity under the New Order: The Fascist Project for Managing the Future«, Oxford Brookes School of Business Imprint 1994; Ulrich Herbert, *Deutsche Geschichte im 20. Jahrhundert*, München 2014, S. 301.

47 Hartmann, *Hitler. Mein Kampf*, S. 80, 273, 967, 1621, 1673.

48 Ebd., S. 289, 829, 1009, 1359, 1451, 1463. Vgl. Hugh Trevor-Roper, ed., *Hitler's Table Talk, 1941–1944: His Private Conversations*, New York 2000, *Table Talk*, S. 91, 129, 353, 445, 517, etc.

49 Thomas Zeller, *Driving Germany: The Landscape of the German Autobahn, 1930–1970*, New York 2007.

50 Edward Ross Dickinson, »Biopolitics, Fascism and Democracy: Some Reflections on Our Discourse about ›Modernity‹«, in: *Central European History* 37 (2004), S. 1–48.

51 Konrad H. Jarausch / Fitz Brundage, »Masses: Mobilization versus Manipulation«, in: Christof Mauch / Kiran Klaus Patel (Hrsg.), *The US and Germany in the Twentieth Century: Competition and Convergence,* New York 2010.

Der Zweite Weltkrieg wird entfesselt

1 »Niederschrift über die Besprechung in der Reichskanzlei am 5. 11. 1937«, das sog. »Hoßbach-Protokoll«, in: Deutsches Historisches Institut Washington, *Deutsche Geschichte in Dokumenten und Bildern,* Bd. 7.

2 David Hoggan, *The Forced War: When Peaceful Revision Failed,* Costa Mesa, CA, 1989; und Gordon Martel (Hrsg.), *The Origins of the Second World War Reconsidered: The A. J. P. Taylor Debate After Twenty-Five Years,* Boston, MA, 1986.

3 Andreas Hillgruber, *Germany and the Two World Wars,* Cambridge 1981; vgl. dagegen Martin Broszat, *The Hitler State: The Foundation and Development of the Internal Structure of the Third Reich,* London 1981.

4 Nick Smart, *Neville Chamberlain,* London 2010.

5 Keith Robbins, *Appeasement*, Oxford 1988, S. 78–82.

6 Eric D. Weitz, »From the Vienna to the Paris System: International Politics and the Entangled Histories of Human Rights, Forced Deportations, and Civilizing Missions«, in: *American Historical Review* (Dezember 2008), S. 1313–1343.

7 Patricia Clavin, *Securing the World Economy: The Reinvention of the League of Nations, 1920–1946*, New York 2013.

8 Zara Steiner, *The Lights That Failed: European International History, 1919–1933*, Oxford 2005; und John Fischer Williams, »Recent Interpretations of the Briand-Kellogg Pact«, in: *International Affairs* (1935), S. 346–368.

9 F. S. Northredge, *The League of Nations: Its Life and Times, 1920–1946*, New York 1986.

10 Carole Fink, *Defending the Rights of Others: The Great Powers, the Jews, and International Minority Protection, 1878–1938*, New York 2004, S. 257–274; und Philipp Ther, *Die dunkle Seite der Nationalstaaten: »Ethnische Säuberungen« im modernen Europa,* Göttingen 2011.

11 Andrew Weber, »The Transnational Dream: Politicians, Diplomats and Soldiers in the League of Nations' Pursuit of International Disarmament, 1920–1938«, in: *Contemporary European History* 14 (2005), S. 493–518.

12 Sir Herbert Samuel, »The World Economic Conference«, in: *International Affairs* (July 1933), S. 439–459. Vgl. Barry Eichengreen / Marc Uzan, »The World Economic Conference as an Instance of Failed International Cooperation«, Berkeley Working Paper 90-149, 1990.

13 Philip Jowett, *Rays of the Rising Sun*, Bd. 1: *Japan's Asian Allies 1931–1945, China and Manchukuo*, London 2005.

14 Zara Steiner, *The Triumph of the Dark: European International History, 1933–1939*, New York 2011.

15 Handschriftliche Aufzeichnungen des General Leutnant Liebmann, 3. Februar 1933, in: *Deutsche Geschichte in Dokumenten und Bildern*, Bd. 7. Vgl. Klaus Hildebrand, *Das vergangene Reich: Deutsche Außenpolitik von Bismarck bis Hitler*, Stuttgart 1995, S. 563–578.

16 Konrad H. Jarausch, *The Four Power Pact, 1933*, Madison, WI, 1966.

17 Steiner, *Triumph of the Dark*, S. 9–61.

18 Wilhelm Deist, *The Wehrmacht and German Rearmament*, Toronto 1981. Vgl. Adam Tooze, *Ökonomie der Zerstörung. Die Geschichte der Wirtschaft im Nationalsozialismus*, München 2007, S. 127–200.

19 Gerhard Weinberg, *The Foreign Policy of Hitler's Germany*, Bd. 1: *Diplomatic Revolution in Europe, 1933–1936*, Chicago, IL, 1970, S. 207–216.

20 Steiner, *Triumph of the Dark*, S. 136–180.

21 Tooze, *Ökonomie der Zerstörung*, S. 243–334; und Hildebrand, Das *vergangene Reich*, S. 618–632.

22 Hugh Thomas, *The Spanish Civil War*, überarb. Aufl., New York 2001.

23 Kershaw, *Hitler*.

24 Kevin Mason, »Building an Unwanted Nation: The Anglo-American Partnership and Austrian Proponents of a Separate Nation, 1918–1934«, Dissertation, University of North Carolina, 2007.

25 Ernst Hanisch, *Der lange Schatten des Staates. Österreichische Gesellschaftsgeschichte im 20. Jahrhundert*, Wien 1994.

26 Günter Bischof / Anton Pelinka / Alexander Lassner (Hrsg.), *The Dollfuss/Schuschnigg Era in Austria: A Reassessment*, New Brunswick 2003.

27 Hildebrand, *Das vergangene Reich*, S. 644–651.

28 Gerhard Botz, *Wien vom Anschluss zum Krieg*, Wien 1978.

29 Werner Welzig, *Anschluss: März–April 1938 in Österreich*, Wien 2010.

30 Evan Bukey, *Hitler's Austria: Popular Sentiment in the Anschluss Era, 1938–1945*, Chapel Hill, NC, 2000.

31 Peter Judson, *Guardians of the Nation: Activists and the Language Frontiers of Imperial Austria*, Cambridge 2006.

32 Ron Smelser, *The Sudeten Problem: Volkstumspolitik and the Formulation of Nazi Foreign Policy*, Middletown, CT, 1975. Vgl. Gary B. Cohen, *The Politics of Ethnic Survival: Germans in Prague, 1861–1914*, Princeton, NJ, 1981.

33 Telford Taylor, *Munich: The Price of Peace*, Garden City, NY, 1979.

34 Hildebrand, *Das vergangene Reich*, S. 651–666.

35 Steiner, *Triumph of the Dark*, S. 610–668. Vgl. Alfred F. Havinghurst, *Britain in Transition: The Twentieth Century*, 4. Aufl., Chicago, IL, 1985, S. 266–277.

36 Chad Bryant, *Prague in Black: Nazi Rule and Czech Nationalism*, Cambridge, MA, 2007.

37 Gerhard L. Weinberg, *The Foreign Policy of Hitler's Germany: Starting World War II, 1937–1939*, Chicago, IL, 1980, S. 465–534.
38 Jeffrey Record, *The Specter of Munich: Reconsidering the Lessons of Appeasing Hitler,* Washington, DC, 2007.
39 Steiner, *Triumph of the Dark*, S. 832–844.
40 Weinberg, *Foreign Policy*, S. 497–504.
41 Hildebrand, *Das vergangene Reich*, S. 678 ff.; und Tooze, *Ökonomie der Zerstörung*, S. 335–379.
42 Geoffrey Roberts, *Stalin's Wars: From World War to Cold War, 1939–1953*, New Haven, CT, 2006.
43 Anna Kaminsky / Dietmar Müller / Stefan Troebst (Hrsg.), *Der Hitler-Stalin-Pakt 1939 in den Erinnerungskulturen der Europäer,* Göttingen 2011, S. 49–84.
44 Steiner, *Triumph of the Dark,* S. 995–1035.
45 Weinberg, *Starting World War Two,* S. 628–655.
46 Ebd., S. 656–677.
47 Gordon A. Craig / Francis L. Loewenheim (Hrsg.), *The Diplomats, 1939–1979,* Princeton, NJ, 1994.
48 Akira Irye, *Cultural Internationalism and World Order*, Baltimore, MD, 1997.
49 Geoff Eley, *Forging Democracy: The History of the Left in Europe, 1850–2000*, Oxford 2002.
50 Richard Evans, *Das Dritte Reich*, Bd. 2: *Diktatur*, München 2006, S. 853–862.

Eroberungszüge der Wehrmacht

1 Guido Enderis, »Ceremony Is Brief. Keitel Reads Preamble to Demands in Presence of Hitler and Others«, in: *New York Times*, 22. Juni 1940. Vgl. William S. Shirer, *Berlin Diary: The Journal of a Foreign Correspondent, 1934–1941,* New York 1941, S. 419–428.
2 Louis P. Lochner, »The Blitzkrieg in Belgium: A Newsman's Eyewitness Account«, in: *Wisconsin Magazine of History* 50 (1967), S. 337–346. Vgl. Robert M. Citino, *The Path to Blitzkrieg: Doctrine and Training in the German Army, 1920–1939*, Boulder, CO, 1999.
3 Henry J. Reilly, »Blitzkrieg«, in: *Foreign Affairs* 18 (1940), S. 254–265.
4 William J. Fanning, »The Origin of the Term ›Blitzkrieg‹: Another View«, in: *Journal of Military History* 61 (1997), S. 283–302; Tobias Jersak, »Blitzkrieg Revisited: A New Look at Nazi War and Extermination Planning«, in: *Historical Journal* 43 (2000), S. 565–582; und Richard Overy, »Hitler's War and the German Economy: A Reinterpretation«, in: *Economic History Review* 35 (1982), S. 272–291.
5 Heinz Guderian, *Erinnerungen eines Soldaten,* Heidelberg 1950.
6 Lochner, »Blitzkrieg«, S. 339; und Ian Kershaw, »War and Political Violence in Twentieth Century Europe«, in: *Contemporary European History* 14 (2005), S. 1007–1123.

7 Shirer, *Berlin Diary*, S. 191–201.
8 Jochen Böhler, *Der Überfall. Deutschlands Krieg gegen Polen,* Frankfurt 2009.
9 Alexander Rossino, *Hitler Strikes Poland: Blitzkrieg: Ideology and Atrocity*, Lawrence, KA, 2003.
10 Gerhard Weinberg, *A World at Arms: A Global History of World War Two*, Cambridge 1995, S. 64–73; und Adam Tooze, *Ökonomie der Zerstörung. Die Geschichte der Wirtschaft im Nationalsozialismus*, München 2007, S. 381–427.
11 Robert Edwards, *The Winter War: The Russian Invasion of Finland, 1939–1940*, New York 2008.
12 Douglas C. Dildy, *Denmark and Norway, 1940: Hitler's Boldest Operation,* Oxford 2007.
13 Shirer, *Berlin Diary*, S. 325–327; und Tooze, *Ökonomie der Zerstörung*, S. 380–427.
14 Shirer, *Berlin Diary*, S. 532; und Weinberg, *World at Arms*, S. 122 ff.
15 Weinberg, *World at Arms*, S. 107–112.
16 Karl-Heinz Frieser, *Blitzkrieg-Legende. Der Westfeldzug, 1940*, 2. Aufl., München 1996.
17 Alistair Horne, *To Lose a Battle. France, 1940*, Middlesex 1969. Vgl. Militärgeschichtliches Forschungsamt (Hrsg.), *Das Deutsche Reich und der Zweite Weltkrieg*, Stuttgart 1979, Bd. 2.
18 Hugh Sebag-Montefiore, *Dunkirk: Fight to the Last Man,* Cambridge, MA, 2006.
19 Julian Jackson, *The Fall of France: the Nazi Invasion of 1940,* Oxford 2003. Shirer, *Berlin Diary*, S. 412.
20 Robert O. Paxton, *Vichy France: Old Guard, New Order,* New York 1972; und Henry Rousso, *Vichy. L'événement, la mémoire, l'histoire,* Paris 2001.
21 Joel Blatt (Hrsg.), *The French Defeat of 1940: Reassessments,* Providence, RI, 1998.
22 Martin Gilbert, *Churchill: A Life*, London 1991; *The Churchill Centre*, http://www.winstonchurchill.org/learn/speeches/speeches-of-winston-churchill/128-we-shall-fight-on-the-beaches.
23 Martin Marix Evans, *Invasion! Operation Sealion, 1940*, Harlow 2004. Vgl. Alfred F. Havinghurst, *Britain in Transition: The Twentieth Century*, 4. Aufl., Chicago, IL 1985, S. 298–308.
24 James Holland, *The Battle of Britain: Five Months That Changed History, May–October 1940*, New York 2011.
25 Weinberg, *World at Arms*, S. 148–150; und Tooze, *Ökonomie der Zerstörung*, S. 459–471.
26 Franz Kurowski, *Das Afrika Korps: Erwin Rommel and the Germans in Africa, 1941–1943*, Mechanicsburg, PA, 2010.
27 Jozo Tomasevich, *War and Revolution in Yugoslavia, 1941–1945: Occupation and Collaboration*, Stanford, CA, 2001.
28 Militärgeschichtliches Forschungsamt (Hrsg.), *Das Deutsche Reich und der Zweite Weltkrieg*, Stuttgart 1984, Bd. 3.

29 Andrew Roberts, *Storm of War: A New History of the Second World War,* London 2010, S. 119–135.
30 Tooze, *Ökonomie der Zerstörung*, S. 495–532.
31 Roberts, *Storm of War*, S. 136–173.
32 Militärgeschichtliches Forschungsamt (Hrsg.), *Das Deutsche Reich und der Zweite Weltkrieg*, 2. Aufl., Stuttgart 1987, Bd. 3.
33 Klaus Reinhardt, *Die Wende vor Moskau. Das Scheitern der Strategie Hitlers im Winter 1941/42*, Stuttgart 1972.
34 Christian Hartmann, *Unternehmen Barbarossa. Der deutsche Krieg im Osten 1941–1945*, München 2011.
35 Konrad H. Jarausch, *Reluctant Accomplice: A Wehrmacht Soldier's Letters from the East, 1939–1941,* Princeton, NJ, 2011.
36 Roberts, *Storm of War*, S. 315 ff.
37 Weinberg, *World at Arms*, S. 408–420.
38 Gerhard L. Weinberg, *Visions of Victory: The Hopes of Eight World War II Leaders,* Cambridge 2007.
39 Christian Leitz, *Nazi Germany and Neutral Europe during the Second World War*, Manchester 2000. Vgl. Jean-François Bergier (Hrsg.), *Die Schweiz, der Nationalsozialismus und der Zweite Weltkrieg. Schlussbericht der Unabhängigen Expertenkommission Schweiz – Zweiter Weltkrieg*, Zürich 2002.
40 Bernd Martin, *Japan and Germany in the Modern World,* Providence, RI, 1995; und Ricky Law, »Knowledge Is Power: The Interwar German and Japanese Media in the Making of the Axis«, Dissertation, University of North Carolina, 2012.
41 Weinberg, *World at Arms*, S. 153–161, 238–245.
42 Ernest R. May, »Nazi Germany and the United States«, in: *Journal of Modern History* 41 (1969), S. 207–214; und Jochen Thies, *Hitler's Plans for Global Domination: Nazi Architecture and Ultimate War Aims,* New York 2012.
43 Roberts, *Storm of War*, S. 185–195. Vgl. Emily S. Rosenberg, *A Day Which Will Live: Pearl Harbor in American Memory*, Durham 2003.
44 Saul Friedländer, *Prelude to Downfall: Hitler and the United States, 1939–1941,* New York 1967.
45 Weinberg, *World at War*, S. 262 f.; und Roberts, *Storm of War*, S. 193–197.
46 Hermann Foertsch, *The Art of Modern Warfare*, New York 1940; und Cyril Falls, *The Nature of Modern Warfare,* New York 1941.
47 Bevin Alexander, *Inside the Nazi War Machine: How Three Generals Unleashed Hitler's Blitzkrieg upon the World*, New York 2010.
48 Roberts, *Storm of War*, S. 136–184.
49 Weinberg, *World at Arms*, S. 408–431; und Tooze, *Ökonomie der Zerstörung*, S. 560–590.
50 George Kassimiris / John Buckley (Hrsg.), *The Ashgate Research Companion to Modern Warfare*, Farnham 2010.

1 Patrick Dempsey, *Babi Yar: A Jewish Catastrophe*, Measham 2005.
2 Peter Novick, *The Holocaust and Collective Memory: The American Experience*, London 2001. Vgl. Christopher Browning, »The Personal Contexts of a Holocaust Historian: War, Politics, Trials and Professional Rivalry«, in: Browning [u. a.], *Holocaust Scholarship*, Springer 2017, S. 48–66.
3 Norman Naimark, *Fires of Hatred: Ethnic Cleansing in Twentieth Century Europe*, Cambridge, MA, 2001.
4 Daniel J. Goldhagen, *Hitler's Willing Executioners: Ordinary Germans and the Holocaust*, New York 1996. Vgl. Geoff Eley (Hrsg.), *The »Goldhagen Effect«: History, Memory, Nazism – Facing the German Past*, Ann Arbor, MI, 2000.
5 Timothy Snyder, *Bloodlands: Europe between Hitler and Stalin*, London 2010, S. 119–337.
6 Kershaw, *Hitler*, S. 486, 498, 521, 573 f. Vgl. Norman Rich, *Hitler's War Aims*, 2 Bde., New York 1973.
7 Vejas G. Lulevicius, *The German Myth of the East, 1800 to the Present*, New York 2009.
8 Gustavo Corni, *Blut und Boden. Rassenideologie und Agrarpolitik im Staat Hitlers*, Idstein 1994.
9 Jacob Katz, *Out of the Ghetto: The Social Background of Jewish Emancipation*, Syracuse, NY, 1998.
10 Konrad H. Jarausch, *Students, Society and Politics in Imperial Germany: The Rise of Academic Illiberalism*, Princeton, NJ, 1982.
11 Peter Longerich, *Heinrich Himmler*, Oxford 2012. Vgl. auch Omer Bartov, »Defining Enemies, Making Victims: Germans, Jews, and the Holocaust«, in: *American Historical Review* 103 (1998), S. 771–816.
12 Saul Friedländer, *Nazi Germany and the Jews*, Bd. 1: *The Years of Persecution, 1933–1939*, New York 1997.
13 Saul Friedländer, *Nazi Germany and the Jews*, Bd. 2: *The Years of Extermination, 1939–1945*, New York 2007.
14 Kershaw, *Hitler*, S. 597–603.
15 Snyder, *Bloodlands*, S. 379–408.
16 Richard Bessel, »Functionalists vs. Intentionalists: The Debate Twenty Years«, in: *German Studies Review* 26 (2003), S. 15–20.
17 Gerhard Weinberg, *A World at Arms: A Global History of World War Two*, Cambridge 1994, S. 509–532.
18 Ebd., S. 205 ff., 245 ff.
19 Joseph Rothschild, *Return to Diversity: A Political History of East Central Europe since World War II*, New York 1989.
20 Robert O. Paxton, *Vichy France: Old Guard, New Order, 1940–1944*, 2. Aufl., New York 2001.
21 Philippe Burrin, *France under the Germans: Collaboration and Compromise*, New York 1998.

22 T. Ivan Berend, *Decades of Crisis: Central and Eastern Europe before World War II*, Berkeley, CA, 1998, S. 396 ff.; und Adam Tooze, *Ökonomie der Zerstörung. Die Geschichte der Wirtschaft im Nationalsozialismus*, München 2007, S. 591–633.

23 Istvan Deak, *Europe on Trial: The Story of Collaboration. Resistance, and Retribution During World War Two*, Boulder, CO, 2015.

24 *Report of the Commission of Experts Established Pursuant to United Nations Security Council Resolution 780* (1992), New York 1994.

25 Götz Aly / Susanne Heim, *Architects of Annihilation: Auschwitz and the Logic of Destruction*, Princeton, NJ, 2002.

26 Valdis O. Lumans, *Himmler's Auxiliaries: The Volksdeutsche Mittelstelle and the German National Minorities of Europe, 1939–1945*, Chapel Hill, NC, 1993.

27 Snyder, *Bloodlands*, S. 119–154.

28 Christian Gerlach, *Kalkulierte Morde. Die deutsche Wirtschafts- und Vernichtungspolitik in Weißrussland, 1941–1944*, Hamburg 1998. Vgl. Konrad H. Jarausch / Klaus Arnold (Hrsg.), *Das stille Sterben … Feldpostbriefe von Konrad Jarausch aus Polen und Russland 1939–1942*, Paderborn 2008.

29 Mark Spoerer, *Zwangsarbeit unter dem Hakenkreuz. Ausländische Zivilarbeiter, Kriegsgefangene und Häftlinge im Deutschen Reich und im besetzten Europa 1938–1945*, Stuttgart 2001.

30 Robert Koehl, *RKFDV: German Resettlement and Population Policy, 1939–1945; A History of the Reich Commission for the Strengthening of Germandom*, Cambridge, MA, 1957.

31 Snyder, *Bloodlands*, S. 379–414.

32 Eric Weitz, *A Century of Genocide: Utopias of Race and Nation*, Princeton, NJ, 2003.

33 Henry Friedlander, *The Origins of Nazi Genocide: From Euthanasia to the Final Solution*, Chapel Hill, NC, 1995.

34 Christopher R. Browning, *The Origins of the Final Solution: The Evolution of Nazi Jewish Policy 1939–1942*, Lincoln 2004.

35 Christopher Browning, *Remembering Survival: Inside a Nazi Slave Labor Camp*, New York 2010.

36 Eric Steinhart, »Creating Killers: The Nazification of the Black Sea Germans and the Holocaust in Southern Ukraine, 1941–1944«, Dissertation, University of North Carolina, 2010; und Waitman Beorn, *Marching into Darkness: The Wehrmacht and the Holocaust in Belarus*, Cambridge, MA, 2014.

37 Patrick Desbois, *The Holocaust by Bullets: A Priest's Journey to Uncover the Truth behind the Murder of 1.5 Million Jews in 2008*, New York 2008.

38 Saul Friedländer, *The Years of Extermination: Nazi Germany and the Jews, 1939–1945*, New York 2007.

39 Charles Katzengold an Henri und Paula, 30. August 1945, in: Paula Cassen, »Mes Mémoirs de Guerre«, http://cassen.weebly.com/documents.html. Ich danke Flora Cassen, die dieses Dokument zur Verfügung gestellt hat.

40 Laurence Rees, *Auschwitz: A New History*, New York 2005.

41 Elie Wiesel, *Night*, New York 1982, S. 21–32. Vgl. auch Tadeuz Borowski, *This Way for the Gas, Ladies and Gentlemen*, New York 1976, S. 20–49.

42 Paul J. Weindling, *Nazi Medicine and the Nuremberg Trials: From Medical War Crimes to Informed Consent*, Houndmills 2004.

43 Mündlicher Bericht von Irmgard Mueller, Chapel Hill, 2004; und Ruth Klüger, *Still Alive: A Holocaust Girlhood Remembered*, New York 2001.

44 Yehuda Bauer, *The Death of the Stetl*, New Haven, CT, 2009.

45 Lucy S. Davidowicz, *The War on the Jews, 1933–1945*, New York 1986.

46 Alon Confino, *Foundational Pasts: The Holocaust as Historical Understanding*, New York 2012.

47 Peter Longerich, »*Davon haben wir nichts gewusst!*« *Die Deutschen und die Judenverfolgung, 1933–1945*, München 2006. Vgl. Eric A. Johnson / Karl-Heinz Reuband, *What We Knew: Terror, Mass Murder and Everyday Life in Nazi Germany*, Cambridge, MA, 2005.

48 Ulrich Herbert, *Best: Biographische Studien über Radikalismus, Weltanschauung und Vernunft, 1903–1989*, Bonn 1996; und Michel Wildt, *An Uncompromising Generation: The Nazi Leadership of the Reich Security Main Office*, Madison, WI, 2009.

49 Konrad H. Jarausch, »The Conundrum of Complicity: German Professionals and the Final Solution«, in: Alan E. Steinweis / Robert D. Rachlin (Hrsg.)., *The Law in Nazi Germany: Ideology, Opportunism and the Perversion of Justice*, New York 2013.

50 Gerhard Paul / Klaus-Michael Mallmann, *Milieus und Widerstand. Eine Verhaltensgeschichte der Gesellschaft im Nationalsozialismus*, Bonn 1995.

51 Martin Broszat, *The Hitler State: The Foundation and Development of the Internal Structure of the Third Reich*, London 1981. Vgl. Joachim Hagenauer / Martin Pabst, *Anpassung, Unbotmäßigkeit und Widerstand*, München 2014.

52 Norman Davies, *Rising '44: The Battle for Warsaw*, New York 2004.

53 Peter Hoffmann, *The History of the German Resistance, 1933–1945*, 3. Aufl., Montreal 1996.

54 Zygmunt Bauman, »Sociology after the Holocaust«, in: *British Journal of Sociology* 39 (1988), S. 469–497.

55 Omer Bartov, *The Eastern Front, 1941–1945: Germany and the Barbarisation of Warfare*, 2. Aufl., New York 2001.

56 Hans-Ulrich Wehler, *Deutsche Gesellschaftsgeschichte*, Bd. 4: *Vom Beginn des Ersten Weltkriegs bis zur Gründung der beiden deutschen Staaten, 1914–1949*, München 2003.

57 Michael Freeman, »Genocide, Civilization and Modernity«, in: *British Journal of Sociology* 46 (1995), 207–223.

58 Dan Diner, »Einleitung«, in: Ders. (Hrsg.), *Zivilisationsbruch. Denken nach Auschwitz*, Frankfurt am Main 1988.

59 Eric Dinning / Stephen Mennell, »Elias on Germany, Nazism and the Holo-

caust: On the Valance between ›Civilizing‹ and ›Decivilizing‹ Trends in the Social Development of Western Europe«, in: *British Journal of Sociology* 49 (1998), S. 339–357.

Bitterer Sieg

1 Andy Rooney, *My War*, New York 2000.
2 Andrew Roberts, *The Storm of War: A New History of the Second World War*, London 2009.
3 Gerhard Weinberg, *A World at Arms: A Global History of World War Two*, New York 1994.
4 Kurt Vonnegut, *Slautherhouse-five, or, the Children's Crusade: A Duty-Dance with Death*, New York 1969; und W. G. Sebald, *Luftkrieg und Literatur*, München 1999.
5 William I. Hitchcock, *The Bitter Road to Freedom: A New History of the Liberation of Europe*, Glencoe 2008.
6 Weinberg, *World at Arms*, S. 438–440.
7 Antony Beevor, *Stalingrad*, New York 1998.
8 Wolfram Wette / Gerd R. Überschär (Hrsg.), *Stalingrad. Mythos und Wirklichkeit einer Schlacht*, Frankfurt 2012.
9 Antony Beevor / Luba Vinogradova (Hrsg.), *A Writer at War: Vasily Grossman with the Red Army, 1941–1945*, New York 2007; und S. L. A. Marshall (Hrsg.), *Last Letters from Stalingrad*, New York 1965.
10 Charles R. Anderson, *Algeria-French Morocco, 8 November 1942–11 November 1942*, Washington 1993.
11 Roberts, *Storm of War*, S. 281–314. Vgl. Robert M. Citino, *Death of the Wehrmacht: The German Campaigns of 1942*, Lawrence 2007.
12 Randall L. Bytwerk, *Landmark Speeches of National Socialism*, College Station 2008). Vgl. Jay Baird, »The Myth of Stalingrad«, in: *Journal of Contemporary History* 4 (1969), S. 187–204.
13 Albert Speer, *Inside the Third Reich*, London 1970.
14 Adam Tooze, *Ökonomie der Zerstörung. Die Geschichte der Wirtschaft im Nationalsozialismus*, München 2007, S. 734–735.
15 Roberts, *Storm of War*, S. 351–369.
16 Ebd., S. 369–374; Donald F. Bittner, *The Lion and the White Falcon: Britain and Iceland in the World War Two Era*, Hamden 1983.
17 Jörg Friedrich, *The Fire: The Bombing of Germany, 1940–1945*, New York 2006; und Randall Hansen, *Fire and Fury: The Allied Bombing of Germany, 1942–1945*, Toronto 2008.
18 Alfred C. Mierzejewski, *The Collapse of the German War Economy, 1944–1945: Allied Air Power and the German National Railways*, Chapel Hill, NC, 1988.
19 Francis Harry Hinsley / Alan Stripp, *Codebreakers: The Inside Story of Bletchly Park*, Oxford 2001.

20 Jay Baird, *The Mythical World of Nazi War Propaganda, 1939–1945*, Minneapolis, MN, 1973; und Susan A. Brewer, *Why America Fights: Patriotism and War Propaganda from the Philippines to Iraq*, New York 2009.
21 Stephen Ambrose, *The Supreme Commander: The War Years of General Dwight D. Eisenhower*, New York 2012.
22 Roberts, *Storm of War*, S. 375 ff.
23 George F. Botjer, *Sideshow War: The Italian Campaign, 1943–1945*, College Station 1996.
24 Michael Carver, *War in Italy, 1943–1945*, London 2004.
25 Stephen D. Ambrose, *D-Day, June 6, 1944: The Climactic Battle of World War II*, New York 1995. Vgl. Jean Quellien, *Landing Beaches*, Bayeux 2010.
26 Antony Beevor, *D-Day: The Battle for Normandy*, London 2009.
27 Werner T. Angress, *Witness to the Storm: A Jewish Journey from Nazi Berlin to the 82nd Airborne, 1920–1945*, Durham 2012, S. 227 ff.
28 Roberts, *Storm of War*, S. 461–519.
29 Ebd., S. 529 ff. Vgl. Robert M. Citino, *The Wehrmacht Retreats: Fighting a Lost War, 1943*, Lawrence 2012.
30 Roland G. Foerster (Hrsg.), *Gezeitenwechsel im Zweiten Weltkrieg? Die Schlachten von Char'kov und Kursk in operativer Anlage, Verlauf und politischer Bedeutung*, Hamburg 1996.
31 David M. Glantz / Jonathan House, *The Battle of Kursk*, Lawrence 1999.
32 Earl F. Ziemke, *Stalingrad to Berlin: The German Defeat in the East*, Washington, DC, 1968.
33 Gerhard Krapf, »Recollections«, Manuskript, Calgary ca. 1990, S. 550–779.
34 Norman Davies, *Rising '44: The Battle for Warsaw*, London 2004.
35 Alexander Glantz, *When Titans Clashed: How the Red Army Stopped Hitler*, Lawrence 1995.
36 Istvan Deak, »Europe on Trial: The Story of Collaboration, Resistance, and Retribution during World War Two«, Philadelphia 2015.
37 Ian Kershaw, *The End: Hitler's Germany, 1944–1945*, London 2011.
38 Friedrich Georg, *Hitler's Miracle Weapons: Secret Nuclear Weapons and Their Carrier Systems in the Third Reich*, Solihull 2003, Bd. 1.
39 David K. Yelton, *Hitler's Volkssturm: The Nazi Militia and the Fall of Germany, 1944–1945*, Lawrence 2002.
40 Stephen G. Fritz, *Endkampf: Soldiers, Civilians and the Death of the Third Reich*, Lexington, KT, 2004.
41 Patrick Delaforce, *The Battle of the Bulge: Hitler's Final Gamble*, Harlow 2004.
42 Max Hastings, *Armageddon: The Battle for Germany*, New York 2004.
43 Richard J. Overy, *Russia's War*, New York 1998.
44 Antony Beevor, *The Fall of Berlin, 1945*, New York 2002.
45 Earl F. Ziemke, *The US Army in the Occupation of Germany, 1944–1946*, Washington, DC, 1975.
46 Roberts, *Storm of War*, S. 578–608; und Richard Overy, *Why the Allies Won*, New York 1996.

47 Kershaw, *Hitler*, S. 956–969.
48 Alexander Werth, *Russia at War, 1941–1945*, New York 1964.
49 Weinberg, *World at Arms*, S. 894–920.
50 Hitchcock, *Bitter Road to Freedom*, S. 367 ff. Vgl. Michael Bess, *Choices Under Fire: Moral Dimensions of World War II*, New York 2006; und Jörg Echternkamp / Stefan Matens (Hrsg.), *Der Zweite Weltkrieg in Europa: Erfahrung und Erinnerung*, Paderborn 2007.

Demokratischer Neubeginn

1 »Report of the Crimea Conference (Yalta), February 11, 1945«, in: *Foreign Relations of the United States: Diplomatic Papers. The Conferences at Malta and Yalta, 1945*, Washington, DC, 1955; und Charles E. Bohlen, *Witness to History, 1929–1969*, New York 1973, S. 173–201.
2 Margaret Bourke-White, *»Dear Fatherland, Rest Quietly«: A Report on the Collapse of Hitler's Thousand Years*, New York 1946.
3 John Lewis Gaddis, *The United States and the Origins of the Cold War, 1941–1947*, New York 1972.
4 Gerhard Weinberg, *Visions of Victory: The Hopes of Eight World War II Leaders*, Cambridge 2007.
5 Axel Schildt / Arnold Sywottek (Hrsg.), *Modernisierung im Wiederaufbau. Die westdeutsche Gesellschaft der 50er Jahre*, Bonn 1998.
6 »City's Celebration Chilled by Mayor«, »Russia Emphasizes Triumph of Allies«, »Paris Celebrates Resistance Birth«, and »King Urges Britain to Work for Peace«, in: *New York Times*, 8. und 11. Mai, 19. Juni und 16. August 1945.
7 Drew Middleton, *The Struggle for Germany*, Indianapolis, IN, 1949.
8 Rüdiger Overmans, *Deutsche militärische Verluste im Zweiten Weltkrieg*, München 2000. Da Verluststatistiken notorisch ungenau sind, sind die oben genannten Zahlen mit Vorsicht zu genießen.
9 Anna M. Holihan, *Between National Socialism and Soviet Communism: Displaced Persons in Postwar Germany*, Ann Arbor, MI, 2011; und R. M. Douglas, *Orderly and Humane: The Expulsion of the Germans after the Second World War*, New Haven, CT, 2012.
10 Alan S. Milward, *The Reconstruction of Western Europe, 1945–1951*, London 1984. Vgl. Paul Steege, *Black Market: Everyday Life in Berlin, 1946–1949*, Cambridge 2007.
11 Michaela Hönicke-Moore, *Know Your Enemy: The American Debate about Nazism, 1939–1945*, New York 2010, S. 271–350.
12 Ulrich Herbert / Axel Schildt (Hrsg.), *Kriegsende in Europa. Vom Beginn des deutschen Machtzerfalls bis zur Stabilisierung der Nachkriegsordnung, 1944–1948*, Essen 1998.
13 Vgl. z. B. die Reportagen von William Vandiver im *Life Magazine*, Sommer 1945.

14 Tony Judt, *Postwar: A History of Europe since 1945*, London 2005.
15 Geoffrey Roberts, *Stalin's Wars: From World War to Cold War, 1939–1953*, New Haven, CT, 2006.
16 Gerhard L. Weinberg, *A World at Arms: A Global History of World War Two*, New York 1994, S. 842–893.
17 »The Potsdam Decisions« und »Text of Communiqué Issued by Big Three after Conclusion of Berlin Conference«, in: *New York Times*, 3. August 1945. Herbert Feis, *Between War and Peace: The Potsdam Conference*, Princeton, NJ, 1960.
18 Klaus-Dietmar Henke, *Die amerikanische Besetzung Deutschlands*, München 1995.
19 Steven K. Pavlowitch, *A History of the Balkans, 1804–1945*, London 1999.
20 James L. Gormly, *From Potsdam to the Cold War: Big Three Diplomacy, 1945–1947*, Washington, DC, 1990.
21 Robert Cecil, »Potsdam Legends«, in: *International Affairs* 46 (1970), S. 455–465.
22 Marcel Gauchet, *L'avènement de la démocratie*, 3 Bde., Paris 2007–2010.
23 Judt, *Postwar*, Kap. 2. Vgl. Istvan Deak, *Europe on Trial: The Story of Collaboration, Resistance, and Retribution during and after World War Two*, Philadelphia, PA, 2015, S. 191 ff.
24 Melvyn P. Leffler, *A Preponderance of Power: National Security, the Truman Administration, and the Cold War*, Stanford, CA, 1992.
25 Rodney Lowe, *The Welfare State in Britain since 1945*, 3. Aufl., Basingstoke 2005; und Alfred F. Havinghurst, *Britain in Transition: The Twentieth Century*, 4. Aufl., Chicago, IL, 1985, S. 375–385.
26 Jean-Pierre Rioux, *The Fourth Republic, 1944–1958*, Cambridge 1987.
27 Judt, *Postwar*, Kap. 3.
28 Jan-Werner Müller, *Contesting Democracy: Political Ideas in Twentieth Century Europe*, New Haven, CT, 2011, S. 126 ff.
29 Hönicke-Moore, *Know Your Enemy*, S. 177–269.
30 Henke, *Amerikanische Besetzung*.
31 Konrad H. Jarausch, *After Hitler: Recivilizing Germanys, 1945–1995*, New York 2005.
32 Anthony J. Nicholls, *Freedom with Responsibility: The Social Market Economy in Germany, 1918–1963*, Oxford 1984.
33 Wolfgang Benz, *Auftrag Demokratie. Die Gründungsgeschichte der Bundesrepublik und die Entstehung der DDR, 1945–1949*, Berlin 2009.
34 Hans-Peter Schwarz, *Konrad Adenauer: A German Politician and Statesman in a Period of War, Revolution, and Reconstruction*, 3 Bde., Providence, RI, S. 1995 ff.
35 Norman Kogan, *A Political History of Italy: The Postwar Years*, New York 1983.
36 Rolf Steininger, *Austria, Germany, and the Cold War: From the Anschluss to the State Treaty, 1938–1955*, New York 2008.
37 Jeremi Suri, *Liberty's Surest Guardian: American Nation-Building from the Founders to Obama*, New York 2011.

38 I. William Zartman / Saadia Touval (Hrsg.), *International Cooperation: The Extents and Limits of Multilateralism*, New York 2010.
39 Daniel Chernilo, *A Social Theory of the Nation-State: The Political Forms of Modernity beyond Methodological Nationalism,* London 2007.
40 United Nations, »History of the United Nations«, http://www.un.org/en/aboutun/history/.
41 Mark Mazower, *No Enchanted Palace: The End of Empire and the Ideological Origins of the United Nations,* Princeton, NJ, 2009.
42 Alan S. Milward, *The Reconstruction of Western Europe, 1945–51,* London 1984.
43 Gustav Schmidt (Hrsg.), *A History of NATO: The First Fifty Years,* 3 Bde., London 2001.
44 Sergio Pistone, *The Union of European Federalists,* Mailand 2008.
45 Sherill Brown Wells, *Jean Monnet: Unconventional Statesman,* Boulder, CO, 2011.
46 Lutz Niethammer (Hrsg.), *Lebensgeschichte und Sozialkultur im Ruhrgebiet, 1930–1960*, 2 Bde., Bonn 1983.
47 Paul Nolte, *Was ist Demokratie? Geschichte und Gegenwart,* München 2012, S. 284–340.
48 Ludger Helms, *Presidents, Prime Ministers and Chancellors: Executive Leadership in Western Democracies,* New York 2005.
49 Peter Baldwin, *The Politics of Social Solidarity: Class Bases of the European Welfare State, 1875–1975,* Cambridge 1991.
50 Charles S. Maier, »The Two Postwar Eras and the Conditions for Stability in Twentieth Century Western Europe«, in: *American Historical Review* 86 (1981), S. 327–352.

Kommunistisches Diktat im Osten

1 Robert Powell, »Jan Masaryk«, in: *The Slavonic and East European Review* 28 (1950), S. 332–341; und Igor Lukes, »The Birth of a Police State: The Czechoslovak Ministry of the Interior, 1945–48«, in: *National Security* 11 (1996), S. 78–88.
2 Voitech Mastny, *The Cold War and Soviet Insecurity: The Stalin Years,* New York 1996.
3 Hannah Arendt, *The Origins of Totalitarianism,* New York, 1958, Neuausgabe 1966; und Carl Friedrich / Z. K. Brzezinski, *Totalitarian Dictatorship and Autocracy,* 2. Aufl., Cambridge 1967. Vgl. Anson Rabinbach, »Moments of Totalitarianism«, in: *History and Theory* 45 (2006), S. 72–100.
4 Sheila Fitzpatrick / Michael Geyer (Hrsg.), *Beyond Totalitarianism: Stalinism and Nazism Compared*, Cambridge 2009. Vgl. Konrad H. Jarausch (Hrsg.), *Dictatorship as Experience: Towards a Socio-Cultural History of the GDR*, New York 1999.

5 Konrad H. Jarausch / Hannes Siegrist (Hrsg.), *Amerikanisierung und Sowjetisierung in Deutschland 1945–1970*, Frankfurt 1997. Vgl. Balasz Apor / Peter Apor / E. A. Rees (Hrsg.), *The Sovietization of Eastern Europe: New Perspectives on the Postwar Period*, Washington, DC, 2008, S. 1–27.

6 Markku Kangaspuro / Jussi Lassila / Tatiana Zhurzhenko (Hrsg.), *Renarrating Heroism, Making Sense of Suffering: Memories of WWII in Russia and Beyond*, New York 2014.

7 Sonderausstellung zu Russland nach 1945 im Deutsch-Russischen Museum in Berlin-Karlshorst.

8 Rainer Karlsch / Jochen Laufer (Hrsg.), *Sowjetische Demontagen in Deutschland, 1944–1949. Hintergründe und Wirkungen*, Berlin 2002.

9 Milovan Djilas, *Conversations with Stalin*, New York 1962.

10 Olga Ivinskaya, *A Captive of Time: My Years with Pasternak*, Garden City, NY, 1978, S. 80.

11 Roger R. Reese, *The Soviet Military Experience: A History of the Soviet Army, 1917–1991*, New York 2000.

12 Rothschild, *Return of Diversity*, S. 78–80; und vgl. die SMAD-Datenbank von David Pike.

13 Gale Stokes (Hrsg.), *From Stalinism to Pluralism: A Documentary History of Eastern Europe since 1945*, 2. Aufl., New York 1996.

14 Teresa Toranska, *»Them«: Stalin's Polish Puppets*, New York 1987, S. 256 ff.

15 Norman Naimark, *The Russians in Germany: A History of the Soviet Zone of Occupation*, Cambridge, MA, 1995.

16 Gale Stokes, *The Walls Came Tumbling Down: Collapse and Rebirth in Eastern Europe*, überarb. Ausg., New York 2012. Vgl. I. Lukes, *On the Edge of the Cold War: American Diplomats and Spies in Postwar Prague*, New York 2012.

17 Wolfgang Leonhard, *Die Revolution entlässt ihre Kinder*, Leipzig 1990, S. 406.

18 Corey Ross, *The East German Dictatorship: Problems and Perspectives in the Interpretation of the GDR*, London 2002.

19 Andre Steiner, *The Plans That Failed: An Economic History of the GDR*, New York 2010.

20 Czesław Miłosz, *The Captive Mind*, New York 1951, S. 57 ff.

21 Richard Crossman (Hrsg.), *The God That Failed*, London 1949.

22 Michael Lemke (Hrsg.), *Sowjetisierung und Eigenständigkeit in der SBZ/DDR, 1945–1953*, Köln 1999.

23 Joseph Rothschild, *Return to Diversity: A Political History of East Central Europe since World War II*, New York 1989, S. 77–146. Vgl. Mike Schmeitzner, »Auf dem Weg zur Diktatur des Proletariats. Die KPD/SED als Instrument der Diktaturdurchsetzung«, in: Jens Gieseke / Hermann Wentker (Hrsg.), *Die Geschichte der SED: Eine Bestandsaufnahme*, Berlin 2011, S. 60–82.

24 Klaus Schroeder, *Der SED-Staat. Partei, Staat und Gesellschaft, 1949–1990*, München 1998; und Donna Harsch, *Revenge of the Domestic: Women, the Family and Communism in the GDR*, Princeton, NJ, 2007.

25 T. Ivan Berend, *Central and Eastern Europe, 1944–1993: Detour from the Periphery to the Periphery,* Cambridge 1996.
26 John Connelly, *Captive University: The Sovietization of East German, Czech, and Polish Higher Education, 1945–1956,* Chapel Hill, NC, 2000.
27 David Pike, *The Politics of Culture in Soviet Occupied Germany, 1945–1949,* Stanford, CA, 1992.
28 Andrew I. Port, *Conflict and Stability in the German Democratic Republic,* Cambridge 2007.
29 Vojtech Mastny / Malcolm Byrne (Hrsg.), *A Cardboard Castle? An Inside History of The Warsaw Pact, 1955–1991,* Budapest 2005.
30 Zbigniew K. Brzezinski, *The Soviet Bloc, Unity and Conflict*, Cambridge, MA, 1967.
31 Sergei Khrushchev, *Memoirs of Nikita Khrushchev,* 3 Bde., College Station, TX, 2004–2007. Vgl. William Taubman, *Krushchev: The Man and His Era,* New York 2003.
32 Arch Puddington, *Broadcasting Freedom: The Cold War Triumph of Radio Free Europe and Radio Liberty*, Lexington, KT, 2003.
33 Gary Bruce, *Resistance with the People: Repression and Resistance in Eastern Germany, 1945–1955,* Lanham, MD, 2003.
34 »Text of Speech on Stalin by Khrushchev as released by the State Department«, in: *New York Times,* 6. Mai 1956; und Taubman, *Khrushchev.*
35 Steven V. Bittner, *The Many Lives of Khrushchev's Thaw: Experience and Memory in Moscow's Arbat*, Ithaca, NY, 2008.
36 Pawel Machcewicz, *Rebellious Satellite: Poland 1956,* Stanford, CA, 2009. Vgl. Carole Fink / Frank Hadler / Thomas Schramm (Hrsg.), *1956: European and Global Perspectives*, Leipzig 2006.
37 John P. C. Mathews, *Explosion: The Hungarian Revolution of 1956,* New York 2006. Vgl. Janos M. Rainer, *Imre Nagy: Vom Parteisoldaten zum Märtyrer des ungarischen Volksaufstands*, Paderborn 2006.
38 Polly Jones (Hrsg.), *The Dilemmas of de-Stalinization: Negotiating Cultural and Social Change in the Khrushchev Era,* London 2006.
39 Eli Rubin, *Synthetic Socialism: Plastics and Dictatorship in the German Democratic Republic,* Chapel Hill, NC, 2008.
40 Matthew Brzezinski, *Red Moon Rising: Sputnik and the Hidden Rivalries That Ignited the Space Age,* New York 2007.
41 Susan E. Reid, »Cold War in the Kitchen: Gender and the De-Stalinization of Consumer Taste in the Soviet Union under Khrushchev«, in: *Slavic Review* 61 (2002), S. 211–252.
42 Judd Stitziel, *Fashioning Socialism: Clothing, Politics and Consumer Culture in East Germany,* Oxford 2005.
43 Jonathan R. Zatlin, *The Currency of Socialism: Money and Political Culture in East Germany,* Cambridge 2007.
44 Lorenz M. Lüthi, *The Sino-Soviet Split: The Cold War in the Communist World,* Princeton 2008.

45 William J. Tompson, »The Fall of Nikita Khrushchev«, in: *Soviet Studies* 43, S. 1101–1121; und Susanne Schattenberg, *Leonid Breschnew: Staatsmann und Schauspieler im Schatten Stalins*, Köln 2017.
46 Malgorzata Mazurek / Matthew Hilton, »Consumerism, Solidarity and Communism: Consumer Protection and the Consumer Movement in Poland«, in: *Journal of Contemporary History* 42 (2007), S. 315–343.
47 Johann P. Arnason, »Communism and Modernity«, in: *Daedalus* 129 (2000), S. 61–90.
48 Rothschild, *Return to Diversity*, S. 145–190; und Mary Fulbrook, *The People's State: East German Society from Hitler to Honecker*, New Haven, CT, 2005.
49 Jürgen Kocka, »The GDR: A Special Kind of Modern Dictatorship«, und Detlef Pollack, »Modernization and Modernization Blockages in GDR Society«, in: *Dictatorship as Experience*, S. 17–45.
50 Ann Applebaum, *Iron Curtain: The Crushing of Eastern Europe, 1945–1956*, New York 2012.
51 Arnason, »Communism and Modernity«, S. 76–79. Vgl. Rothschild, *Return to Diversity*, S. 191–225.

Krisen des Kalten Kriegs

1 Roger Gene Miller, *To Save a City: The Berlin Airlift, 1948–1949*, College Station, TX, 2000.
2 Daniel F. Harrington, *Berlin on the Brink: The Blockade, the Airlift and the Early Cold War*, Lexington, KT, 2012.
3 Michael F. Hopkins, »Continuing Debate and New Approaches in Cold War History«, in: *Historical Journal* 50 (2007), S. 913–934. Vgl. auch das *Cold War International History Project* am Woodrow Wilson International Center for Scholars in Washington, unter der Leitung von Christian Ostermann.
4 Melvyn P. Leffler / Odd Arne Westad (Hrsg.), *The Cambridge History of the Cold War*, 3 Bde., Cambridge 2010.
5 Sean Forner, *German Intellectuals and the Challenge of Democratic Renewal: Culture and Politics after 1945*, Cambridge 2015.
6 Richard H. Immerman / Petra Goedde (Hrsg.), *The Oxford Handbook of the Cold War*, Oxford 2013; und Geoffrey Warner, »The Cold War in Retrospect«, in: *International Affairs* 87 (2011), S. 173–184.
7 John Lewis Gaddis, *The Cold War: A New History*, London 2005, S. 7 ff.
8 Vladislav M. Zubok, *A Failed Empire: The Soviet Union in the Cold War from Stalin to Gorbachev*, überarb. Aufl., Chapel Hill, NC, 2009, S. 16–36.
9 Melvyn Leffler, *For the Soul of Mankind: The United States, the Soviet Union and the Cold War*, New York 2007.
10 J. P. B. Dunabin, *The Cold War: The Great Powers and Their Allies*, Harlow 1994.
11 Gerhard Wettig, *Stalin and the Cold War in Europe: The Emergence and Development of the East-West Conflict, 1939–1953*, Lanham, MD, 2008.

12 George Kennan, »The Long Telegram«, 22. Februar 1946, http://www.ntanet.net/KENNAN.html; und Gaddis, *Cold War*, S. 29 f.

13 George Orwell, »You and the Atom Bomb«, in: *Tribune*, 19. Oktober 1945; Walter Lippmann, *The Cold War: A Study in US Foreign Policy*, New York 1947.

14 Zubok, *Failed Empire*, S. 35 f.

15 Ebd., S. 36–46.

16 Gaddis, *Cold War*, S. 30 f.; Aida D. Donald, *Citizen Soldier: A Life of Harry S. Truman*, New York 2012.

17 Günter Bischof / Dieter Stiefel (Hrsg.), *Images of the Marshall Plan in Europe: Films, Photographs, Exhibits, Posters*, Innsbruck 2009.

18 J. F. Brown, *Eastern Europe and Communist Rule*, Durham 1988.

19 Zubok, *Failed Empire*, S. 62–74.

20 Gerhard Wettig (Hrsg.), *Der Tjulpanov-Bericht. Sowjetische Besatzungspolitik in Deutschland nach dem Zweiten Weltkrieg*, Göttingen 2012.

21 Klaus-Dietmar Henke, *Die amerikanische Besetzung Deutschlands*, München 1995.

22 Winston Churchill, »The Sinews of Peace«, in: Robert Rhodes James (Hrsg.), *Winston S. Churchill: His Complete Speeches, 1897–1963*, New York 1974, Bd. 7, S. 7285–7293.

23 Bernd Stöver, *Der Kalte Krieg, 1947–1991: Geschichte eines radikalen Zeitalters*, München 2007.

24 William R. Smyser, *Yalta to Berlin: The Cold War Struggle over Germany*, New York 1999, S. 75 f.

25 Andrei Cherny, *The Candy Bombers: The Untold Story of the Berlin Airlift and America's Finest Hour*, New York 2008; und Scott Krause, »Outpost of Freedom: A German-American Network's Campaign to bring Cold War Democracy to West Berlin, 1933–66«, Diss., Chapel Hill, NC, 2016.

26 Henry Ashby Turner, *Germany from Partition to Reunification*, New Haven, CT, 1992.

27 Peter Grieder, *The German Democratic Republic*, Basingstoke 2012.

28 Zubok, *Failed Empire*, S. 78–85.

29 David Clay Large, *Germans to the Front: West German Rearmament in the Adenauer Era*, Chapel Hill, NC, 1996.

30 Gaddis, *Cold War*, S. 32–47.

31 Konrad H. Jarausch / Christian Ostermann / Andreas Etges (Hrsg.), *The Cold War: History, Memory and Representation*, Berlin 2017.

32 Gaddis, *Cold War*, S. 48–72.

33 Richard C. S. Trahair / Robert L. Miller (Hrsg.), *Encyclopedia of Cold War Espionage, Spies and Secret Operations*, überarb. Aufl., New York 2012.

34 Volker R. Berghahn, *America and the Intellectual Cold Wars in Europe: Shepard Stone between Philanthropy, Academy, and Diplomacy*, Princeton, NJ, 2001.

35 Michael Lemke, *Vor der Mauer: Berlin in der Ost-West-Konkurrenz, 1948–1961*, Köln 2011, S. 29–418.

36 Siegfried Weichlein, »The Cultural Cold War and Cold War Culture: Interdisciplinary Perspectives«, in: Jarausch/Ostermann/Etges (Hrsg.), *The Cold War*, S. 19–66.
37 Chris Alden / Sally Morphet / Marco Antonio Vieira, *The South in World Politics,* Basingstoke 2010.
38 Charles E. Osgood, »An Analysis of the Cold War Mentality«, in: *Journal of Social Issues* 17 (1961), H. 3, S. 12–17.
39 Bernd Stöver, *Die Befreiung vom Kommunismus: Amerikanische Liberation Policy im Kalten Krieg, 1947–1991*, Köln 2002.
40 Zubok, *Failed Empire*, S. 101–122.
41 Gaddis, *Cold War*, S. 66–72.
42 Zubok, *Failed Empire,* S. 129–137.
43 Hope Harrison, *Driving the Soviets up the Wall: Soviet-East German Relations, 1953–1961*, Princeton, NJ, 2003.
44 Pertti Ahonen, *Death at the Berlin Wall,* Oxford 2011; und Hans-Hermann Hertle / Maria Nooke (Hrsg.), *The Victims at the Berlin Wall, 1961–1989: A Biographical Handbook*, Berlin 2011.
45 Dan Munton, *The Cuban Missile Crisis: A Concise History,* New York 2012.
46 Zubok, *Failed Empire,* S. 149–152; und Gaddis, *Cold War*, S. 79–82.
47 Edith Sheffer, *Burned Bridge: How East and West Germans Made the Iron Curtain*, New York 2011.
48 Christof Mauch / Kiran Klaus Patel (Hrsg.), *The United States and Germany during the Twentieth Century: Competition and Convergence,* New York 2010. Vgl. Ulrich Herbert, *Geschichte Deutschlands im 20. Jahrhundert*, München 2014, S. 616.
49 Marie-Janine Calic / Dietmar Neutatz / Julia Obertreis (Hrsg.), *The Crisis of Socialist Modernity: The Soviet Union and Yugoslavia in the 1970s,* Göttingen 2011, S. 9–14.
50 Geir Lundestad, *The United States and Western Europe since 1945: From »Empire by Invitation« to Transatlantic Drift,* New York 2003, S. 1–3.
51 Holger Nehring, »National Internationalists: British and West German Protests against Nuclear Weapons, the Politics of Transnational Communications and the Social History of the Cold War, 1957–1964«, in: *Contemporary European History* 14 (2005), S. 559–582.
52 Katalog des Victoria and Albert Museum, *Cold War Modern: Design 1945–1970,* London 2008.

Enttäuschende Entkolonialisierung

1 Harry Gilroy, »Lumumba Assails Colonialism as Congo Is Freed«, in: *New York Times*, 1. Juli 1960.
2 Ilunga Kabongo, »The Catastrophe of Belgian Decolonization«, in: Prosser

Gifford / W. Roger Louis (Hrsg.), *Decolonization and African Independence*, New Haven, CT, 1988, S. 381–400.

3 Gyan Prakash, »Subaltern Studies as Postcolonial Criticism«, in: *American Historical Review* 99 (1994), S. 1475–1490.

4 Niall Ferguson, *Empire: The Rise and Demise of the British World Order and the Lessons for Global Power,* New York 2002.

5 Gifford / Louis, »Introduction«, in: Dies., *Decolonization*, S. ix–xxix.

6 Ebd., S. xxvi, und Frederick Cooper, *Decolonization and African Society: The Labor Question in French and British Africa*, Cambridge 1996.

7 Hew Strachan, *The First World War in Africa,* New York 2004.

8 Krishnan Srinivasan, *The Rise, Decline and Future of the British Commonwealth,* Basingstoke 2005.

9 Gerhard L. Weinberg, *World at Arms: A Global History of World War Two,* New York 1994, S. 1142 ff.

10 András Balogh / Zafar Imam, *A Political History of National Liberation Movement in Asia and Africa, 1914–1985*, New Dehli 1988.

11 United Nations, »The United Nations and Decolonization«, http://www.un.org/en/decolonization/charter.shtml.

12 Simone Panter-Brick, *Gandhi and Nationalism: The Path to Indian Independence,* London 2012.

13 Adrian Vickers, *A History of Modern Indonesia,* New York 2005.

14 Prasenjit Duara, *Decolonization: Rewriting Histories,* London 2004, S. 2–18. Vgl. Frederick Cooper, »Reconstructing Empire in British and French Africa«, in: *Past and Present* 210, Supplement 6 (2011), S. 196–210.

15 Michael Burleigh, *Small Wars, Faraway Places: Global Insurrection and the Making of the Modern World, 1945–1965,* New York 2013.

16 Pierre Brocheux, *Ho Chi Minh: A Biography,* New York 2007; und Martin Winslow, *The Last Valley: The French Defeat at Dien Bien Phu,* London 2004.

17 Anthony Low, »The End of British Empire in Africa«, und Keith Panter-Brick, »Independence, French Style«, in: Gifford / Louis, *Decolonization*, S. 33–104.

18 Anthony Gorst / Lewis Johnman, *The Suez Crisis*, London 1997.

19 Frantz Fanon, »Algeria Unveiled«, in: Ders., *A Dying Colonialism* (New York, 1967); und Benjamin Stora, *Algeria, 1830–2000: A Short History*, Ithaca, NY, 2001, S. 29–116.

20 William R. Louis, *Ends of British Imperialism: The Scramble for Empire, Suez and Decolonization,* London 2006.

21 Lindsey Michie Eades, *The End of Apartheid in South Africa,* Westport, CT, 1999.

22 Duara, *Decolonization*, S. 2–18. Vgl. Alfred F. Havinghurst, *Britain in Transition: The Twentieth Century*, 4. Aufl., Chicago, IL, 1985, S. 471–479.

23 Cooper, *Decolonization*, S. 455 ff.

24 Timothy C. Weiskel, »Independence and the *Longue Dureé*: The Ivory Coast ›Miracle‹ Reconsidered«, in: Gifford / Louis, *Decolonization*, S. 347–380.

25 Crawford Young, »The Colonial State and Post-Colonial Crisis«, in: Gifford / Louis, *Decolonization*, S. 1–32.
26 Gareth Austin, »African Economic Development and Colonial Legacies«, in: *International Development Policy* 1 (2010), S. 11–32.
27 Martin Thomas / Bob Moore / L. J. Butler, *The Crises of Empire: Decolonization and Europe's Imperial States, 1918–1975*, London 2008.
28 Walt W. Rostow, *The Stages of Economic Growth: A Non-Communist Manifesto,* Cambridge 1960.
29 Christopher E. Goscha / Christian F. Ostermann (Hrsg.), *Connecting Histories: Decolonization and the Cold War in Southeast Asia, 1945–1962,* Washington, DC, 2009.
30 Michael Mann, »Post-Colonial Development in Africa«, in: *Foreign Policy Journal*, 3. Juni 2012.
31 Edmond J. Keller, »Decolonization, Independence, and the Failure of Politics«, in: Phyllis Martin / Patrick O'Meara (Hrsg.), *Africa*, 3. Aufl., Bloomington, IN, 1995, S. 156–171.
32 Albert Memmi, *Decolonization and the Decolonized*, Minneapolis, 2006, S. ix–xiv.
33 Ben Kiernan, *Blood and Soil: A World History of Genocide and Extermination from Sparta to Darfur,* New Haven, CT, 2007.
34 Giuliani Garavini, *After Empires: Integration, Decolonization and Challenges from the Global South,* Oxford 2012.
35 Massimo Livi-Bacci, *A Concise History of World Population*, 5. Aufl., Chichester 2012.
36 Leslie J. Favor, *Natural Disasters,* New York 2011.
37 Simon Allison, »Africa's Economic Growth Miracle: ›It's the Real Thing‹«, in: *Daily Maverick*, 9. November 2012.
38 Cheik Anta Babou, »Decolonization or National Liberation: Debating the End of British Colonial Rule in Africa«, in: *The ANNALS of the AAPSS* 632 (November 2010), S. 41–54.
39 Chalmers Johnson, *Blowback: The Costs and Consequences of American Empire*, New York 2000.
40 Bethwell A. Ogot / Tiyambe Zezela, »Kenya: The Road to Independence and After«, in: Gifford / Louis, *Decolonization*, S. 401–426.
41 Andrea L. Smith (Hrsg.), *Europe's Invisible Migrants*, Amsterdam 2003.
42 Bouda Etemad, »Europe and Migration after Decolonization«, in: *Journal of European Economic History* 27 (1998), S. 457–470.
43 Joan Scott, *The Politics of the Veil,* Princeton, NJ, 2010. Vgl. Jytte Klausen, *The Islamic Challenge: Politics and Religion in Western Europe,* Oxford 2005.
44 Tony Chater, »France and Senegal: The End of an Affair?«, in: *SAIS Review* 23 (2003), S. 155–167.
45 Jewan-Philippe Peemans, »Imperial Hangovers: Belgium – the Economics of Decolonization«, in: *Journal of Contemporary History* 15 (1980), S. 257–286.

46 Hans Holmen, *Snakes in Paradise: NGO's and the Aid Industry in Africa*, Sterling, VA, 2010.
47 David Strang, »From Dependency to Sovereignty: An Event History Analysis of Decolonization, 1870–1987«, in: *American Sociological Review* 55 (1990), S. 846–860.
48 Alexander McCall Smiths Krimiserie namens *The No. 1 Ladies' Detective Agency* (New York 2002) bietet eine phantasievolle Beschreibung des Übergangs in Botswana.
49 Martin Shipway, *Decolonization and Its Impact: A Comparative Historical Approach to the End of the Colonial Empire*, Oxford 2008.
50 Sabelo J. Ndlovu-Gatsheni, »Fiftieth Anniversary of Decolonization in Africa: A Moment of Celebration or Critical Reflection?«, in: *Third Word Quarterly* 33 (2012), S. 71–89.
51 Steve McDonald, »Africa's Long Spring«, in: *Wilson Quarterly*, Winter 2013.

Integration durch Wirtschaft

1 Arnaldo Cortesi, »West Europeans Sign Pacts Today«, und »Europeans Unite in Customs Union and Atom Agency«, in: *New York Times*, 24. und 26. März 1957.
2 Europäische Union, »The Treaty of Rome«, 25. März 1957, http://ec.europa.eu/economy_finance/emu_history/documents/treaties/rometreaty2.pdf.
3 Konrad H. Jarausch / Thomas Lindenberger (Hrsg.), *Conflicted Memories: Europeanizing Contemporary Histories*, New York 2007.
4 Florian Hartleb, *A Thorn in the Side of European Elites: The New Euroscepticism*, Brüssel 2011.
5 Andrew Moravcsik (Hrsg.), *Europe without Illusions: The Paul-Henry Spaak Lectures, 1994–1999*, Cambridge 2005.
6 Marie-Louise von Plessen (Hrsg.), *Idee Europa – Entwürfe zum »Ewigen Frieden.« Ordnungen und Utopien für die Gestaltung Europas von der pax romana zur Europäischen Union*, Berlin 2003.
7 Florian Greiner, *Wege nach Europa: Deutungen eines imaginierten Kontinents in deutschen, britischen und amerikanischen Printmedien, 1914–1945*, Göttingen 2014, S. 352–453.
8 Walter Lipgens, *A History of European Integration, 1945–1947: The Formation of the European Unity Movement*, Oxford 1982.
9 Parlament des Europarates, »Speech of Sir Winston Churchill«, Zürich, 19. September 1946, https://rm.coe.int/16806981f3.
10 Sherrill Brown Wells, *Jean Monnet: Unconventional Statesman*, Boulder, CO, 2011, S. 127–184.
11 John Gillingham, *Coal, Steel and the Rebirth of Europe, 1945–1955*, Cambridge 1991.
12 Walter Lipgens / Wilfried Loth (Hrsg.), *Documents on the History of European Integration*, 4 Bde., Berlin 1985–1991.

13 Pascaline Winand, *Eisenhower, Kennedy and the United States of Europe,* New York 1993, S. 26–63. Vgl. Wilfried Loth, *Geschichte Frankreichs im 20. Jahrhundert,* Stuttgart 1987, S. 138–151.

14 Derek K. Urwin, *The Community of Europe: A History of European Integration since 1945*, London 1995.

15 Ernest B. Haas, *The Uniting of Europe: Political, Social, and Economical Forces, 1950–1957*, London 1958.

16 Desmond Dinan, *Ever Closer Union? An Introduction to the European Community,* Boulder, CO, 1994.

17 John Gillingham, *European Integration, 1950–2003: Superstate or New Market Economy?*, Cambridge 2003, S. 43–52.

18 Europäische Union, »Treaty of Rome«, vgl. Anm. 2. Siehe auch den Euratom-Vertrag unter http://en.wikisource.org/wiki/Treaty_establishing_the_European_Atomic_Energy_Community.

19 Europäische Union, »Treaty of Rome.« Vgl. Urwin, *Community of Europe*, S. 78–84.

20 Barry Eichengreen, *The European Economy since 1945: Coordinated Capitalism and Beyond,* Princeton, NJ, 2007.

21 Kiran Klaus Patel (Hrsg.), *Fertile Ground for Europe? The History of European Integration and the Common Agricultural Policy since 1945*, Baden-Baden 2009.

22 Gillingham, *European Integration*, S. 53–72.

23 Alan Milward, *The European Rescue of the Nation State*, 2. Aufl., London 2000, S. 1–20.

24 N. Piers Ludlow, *The European Community and the Crises of the 1960s: Negotiating the Gaullist Challenge*, London 2006.

25 Denise Dunne O'Hare, *Britain and the Process of European Integration: Continuity and Policy Change from Atlee to Heath,* London 2013.

26 Emmanuel Moulon-Druol, *A Europe Made of Money: The Emergence of the European Monetary System,* Ithaca, NY, 2012.

27 Stephen George, *An Awkward Partner: Britain in the European Community*, 2. Aufl., Oxford 1994.

28 Desmond Dinan (Hrsg.), *Encyclopedia of the European Union,* Boulder, CO, 1998, S. 256 ff., 430 ff., and 389 ff.

29 Michael Geary, *Enlarging the European Union: The Commission Seeking Influence, 1961–1973*, New York 2013.

30 Jean-Marie Palayret / Helen Wallace / Pascaline Winand (Hrsg.), *Visions, Votes and Vetoes: The Empty Chair Crisis and the Luxembourg Compromise Forty Years On,* Brüssel 2006.

31 Gillingham, *European Integration*, S. 149–227.

32 Andrew Moravcsik, »Negotiating the Single European Act: National Interests and Conventional Statecraft in the European Community«, in: *International Organization* 45 (1991), S. 19–56.

33 Ruben Saiotti, *Cultures of Border Control: Schengen and the Evolution of European Frontiers*, Chicago, IL, 2011.

34 Clive Church / D. Phinnemore, *European Union and European Community: A Handbook and Commentary on the 1992 Maastricht Treaties*, 2. Aufl., London 1995.
35 Kenneth Dyson / Kevin Featherstone, *The Road to Maastricht: Negotiating Economic and Monetary Union*, Oxford 1999.
36 Thomas Mayer, *Europe's Unfinished Currency: The Political Economics of the Euro,* London 2012.
37 Adrian Curaj / Peter Scott / Lazăr Vlasceanu /Lesley Wilson (Hrsg.), *European Higher Education at the Crossroads: Between the Bologna Process and National Reforms,* Dordrecht 2012.
38 Jan Zielonka, *Europe as Empire: The Nature of the Enlarged European Union,* Oxford 2006.
39 Jenny J. Brine, *COMECON: The Rise and Fall of an International Socialist Organization*, New Brunswick 1992.
40 Ian Bache / Stephen George, *Politics in the European Union*, 2. Aufl., Oxford 2006, S. 543–547.
41 Geoffrey Pridham, *Designing Democracy: EU Enlargement and Regime Change in Post-Communist Europe,* Houndmills 2005.
42 Andrew Moravcsik, »The European Constitutional Settlement«, in: Sophie Meunier / Kathleen McNamara (Hrsg.), *Making History: European Integration and Institutional Change at Fifty*, Oxford 2007, S. 23–50; und Stephen Haseler, *Super-State: The New Europe and Its Challenge to America,* London 2004.
43 Michael O'Neill, *The Struggle for the European Constitution: A Past and Future History,* London 2009.
44 Loukas Tsoukalis / Janis A. Emmanouilidis (Hrsg.), *The Delphic Oracle on Europe: Is There a Future for the European Union?*, Oxford 2011.
45 Carlo Bastian, *Saving Europe: How National Politics Nearly Destroyed the Euro,* Washington 2012.
46 Rebecca Friedman / Markus Thiel (Hrsg.), *European Identity and Culture: Narratives of Transnational Belongings*, Farnham 2012.
47 Anthony Pagden (Hrsg.), *The Idea of Europe: From Antiquity to the European Union,* Washington 2002.
48 James J. Sheehan, *Where Have All the Soldiers Gone? The Transformation of Modern Europe,* Boston, MA, 2008.
49 Eichengreen, *European Economy since 1945*, S. 379 ff.
50 Anette Jünemann / Michele Knodt (Hrsg.), *Externe Demokratieförderung durch die Europäische Union*, Baden-Baden 2007.
51 Jürgen Habermas, *Time of Transitions,* Cambridge 2006, S. 71–110; und Andrew Geddes, *Britain and the European Union,* Houndmills 2013.

1 Alice Stettiner, »Amerikanische Kulturbarbarei bedroht unsere Jugend«, in: *Neues Deutschland*, 4. April 1950; »Bill Haley und die NATO«, ebd., 31. Oktober 1958.
2 Uta Poiger, *Jazz, Rock and Rebels: Cold War Politics and American Culture in a Divided Germany*, Berkeley, CA, 2000.
3 Jude P. Dougherty, *Jacques Maritain: An Intellectual Profile*, Washington, DC, 2003.
4 Paul Nolte, *Die Ordnung der deutschen Gesellschaft. Selbstentwurf und Selbstbeschreibung im 20. Jahrhundert*, München 2000.
5 Michael Glasmeier / Karin Stengel (Hrsg.), *50 Jahre documenta*, Göttingen 2005.
6 Dirk Moses, *German Intellectuals and the Nazi Past*, Cambridge 2007.
7 Hanna Schissler (Hrsg.), *The Miracle Years: A Cultural History of West Germany, 1949–1968*, Princeton, NJ, 2001.
8 Maurice Crouzet, *The European Renaissance since 1945*, New York 1970, S. 7.
9 Anthony J. Nicholls, *Freedom with Responsibility: The Social Market Economy in Germany, 1918–1963*, Oxford 1994.
10 Martin Neil Baily / Jacob Funk Kirkegaard, *Transforming the European Economy*, Washington, DC, 2004, S. 33–46.
11 Barry Eichengreen, *Europe's Post-War Recovery*, Cambridge 1995, S. 3–35.
12 Lutz Niethammer (Hrsg.), *Lebensgeschichte und Sozialkultur im Ruhrgebiet 1930 bis 1960*, 2 Bde., Berlin 1983.
13 Vgl. die vielbändige *Geschichte der Sozialpolitik in Deutschland seit 1945*, Baden-Baden 2001 ff., hrsg. vom Bundesministerium für Arbeit und Sozialordnung.
14 Ivan T. Berend, *An Economic History of Twentieth-Century Europe: Economic Regimes from laissez-faire to Globalization*, Cambridge 2006, S. 142–182.
15 Tony Judt, *Postwar: A History of Europe Since 1945*, New York 2005.
16 Sharon Zukin / Jennifer Smith Maguiere, »Consumers and Consumption«, in: *Annual Review of Sociology* 30 (2004), S. 173–197.
17 Wolfgang König, *Geschichte der Konsumgesellschaft*, Stuttgart 2000.
18 Geoffrey Crossick / Serge Jaumain (Hrsg.), *Cathedrals of Consumption: The European Department Store, 1850–1939*, Aldershot 1998.
19 König, *Konsumgesellschaft*, S. 305 ff.
20 Michael Wildt, *Am Beginn der ›Konsumgesellschaft‹. Mangelerfahrung, Lebenshaltung, Wohlstandshoffnung in Westdeutschland in den fünfziger Jahren*, Hamburg 1994.
21 Erica Carter, *How German Is She? Postwar West German Reconstruction and the Consuming Woman*, Ann Arbor, MI, 1997; und Rebecca J. Pulju, *Women and Mass Consumer Society in Postwar France*, New York 2011.
22 Paulina Bren / Mary Neuburger (Hrsg.), *Communism Unwrapped: Consumption in Cold War Eastern Europe*, Oxford 2012, S. 3–19.

23 Timothy Beatley, *Green Urbanism: Learning from European Cities*, Washington, DC, 2000. Vgl. Friedrich Lenger, *Metropolen der Moderne: Eine europäische Stadtgeschichte seit 1850*, München 2013.

24 Peter N. Stearns, *European Society in Upheaval: Social History since 1750*, New York 1992, S. 360–370.

25 Hartmut Kaelble, *A Social History of Europe, 1945–2000: Recovery and Transformation after Two World Wars*, New York 2013, S. 41. Vgl. George Gerolimatos, »Structural Change and Democratization of Schleswig-Holstein's Agriculture, 1945–1973«, Diss., Chapel Hill, NC, 2014.

26 Stefan Berger / Daniel Broughton (Hrsg.), *The Force of Labour: The Western European Labour Movement and the Working Class in the Twentieth Century*, Oxford 1995.

27 Jürgen Kocka (Hrsg.), *Industrial Culture and Bourgeois Society: Business, Labor and Bureaucracy in Modern Germany*, New York 1999.

28 Stefan Hradil / P. Imbusch (Hrsg.), *Oberschichten, Eliten, Herrschende Klassen*, Opladen 2003.

29 Peter Flora u. a. (Hrsg.), *State, Economy, and Society in Western Europe, 1815–1975: A Data Handbook*, 2 Bde., Frankfurt am Main 1983.

30 Martin Diewald / Karl Ulrich Mayer (Hrsg.), *Zwischenbilanz der Wiedervereinigung: Strukturwandel und Mobilität im Transformationsprozess*, Opladen 1996.

31 Hartmut Kaelble, *Auf dem Weg zu einer europäischen Gesellschaft. Eine Sozialgeschichte Westeuropas, 1880–1980*, München 1987.

32 Marcus Payk, *Der Geist der Demokratie: Intellektuelle Orientierungsversuche im Feuilleton der frühen Bundesrepublik: Karl Korn und Peter de Mendelssohn*, München 2008.

33 Peter J. Bowler, *Science for All: The Popularization of Science in Early Twentieth Century Britain*, Chicago, IL, 2009, S. 264 ff.

34 Steven Crowell (Hrsg.), *The Cambridge Companion to Existentialism*, Cambridge 2012.

35 Hans Werner Holzwarth / Laszlo Taschen (Hrsg.), *Modern Art*, Los Angeles, CA, 2011.

36 Kenneth Frampton, *Modern Architecture: A Critical History*, 4. Aufl., London 2007.

37 Paul Griffiths, *Modern Music and After*, 3. Aufl., New York 2010.

38 Katherine Pence / Paul Betts (Hrsg.), *Socialist Modern: East German Everyday Culture and Politics*, Ann Arbor, MI, 2008.

39 Tim Armstrong, *Modernism: A Cultural History*, Cambridge 2005.

40 Gavin D'Costa / Emma Jane Harris (Hrsg.), *The Second Vatican Council: Celebrating Its Achievements and the Future*, London 2013.

41 Kaspar Maase, *Das Recht auf Gewöhnlichkeit. Über populäre Kultur*, Tübingen 2011.

42 David Schoenbaum, *The Spiegel Affair*, Garden City, NY, 1968.

43 Margot Lindemann, *Geschichte der deutschen Presse*, 4 Bde., Berlin 1966–1986.

44 Axel Schildt, *Moderne Zeiten. Freizeit, Massenmedien und »Zeitgeist« in der Bundesrepublik der 50er Jahre,* Hamburg 1995, S. 208–261.
45 Johannes von Moltke, *No Place Like Home: Locations of Heimat in German Cinema,* Berkeley, CA, 2005.
46 Knut Hickethier, *Geschichte des deutschen Fernsehens*, Stuttgart 1998.
47 Annette Vowinckel / Marcus M. Payk / Thomas Lindenberger (Hrsg.), *Cold War Cultures: Perspectives on Eastern and Western European Societies,* New York 2012.
48 Hunter Davies, *The Beatles*, with a new introduction, New York 2010.
49 Carl Christian Führer / Corey Ross (Hrsg.), *Mass Media, Culture and Society in Twentieth Century Germany,* Basingstoke 2006.
50 Victoria de Grazia, *Irresistible Empire: America's Advance through Twentieth-Century Europe*, Cambridge 2005, S. 1–14.
51 Alexander Stephan (Hrsg.), *The Americanization of Europe: Culture, Diplomacy and Anti-Americanism after 1945*, New York 2006; und Andrei S. Markovits, *Uncouth Nation: Why Europe Dislikes America,* Princeton, NJ, 2007.
52 Richard F. Kuisel, *Seducing the French: The Dilemma of Americanization,* Berkeley, CA, 1993.
53 Hartmut Kaelble, *A Social History of Europe, 1945–2000: Recovery and Transformation after Two World Wars,* New York 2013.
54 Heide Fehrenbach / Uta G. Poiger (Hrsg.), *Transactions, Transgressions, Transformations: American Culture in Western Europe and Japan,* New York 2000, S. xiii–xl.

Die Planung sozialer Reformen

1 Michael Joseph Mulvey, »Sheltering French Families: Parisian Suburbia and the Politics of Housing«, Dissertation, University of North Carolina 2011.
2 Michael Ruck, »Ein kurzer Sommer der konkreten Utopie. Zur westdeutschen Planungsgeschichte der langen 60er Jahre«, in: Axel Schildt / Detlef Siegfried / Karl Christian Lammers (Hrsg.), *Dynamische Zeiten. Die 60er Jahre in den beiden deutschen Gesellschaften*, Hamburg 2000, S. 362–423.
3 Hans-Edwin Friedrich, »›One Hundred Years from This Day …‹ Zur Semantik der Zukunft in den 1960er Jahren«, in: Heinz Gerhard Haupt / Jörg Requate (Hrsg.), *Aufbruch in die Zukunft. Die 1960er Jahre zwischen Planungseuphorie und kulturellem Wandel. DDR, CSSR, und Bundesrepublik Deutschland im Vergleich*, Weilerswist 2004, S. 133–163.
4 Alexander Schmidt-Gernig, »›Futurologie.‹ Zukunftsforschung und ihre Kritiker in der Bundesrepublik der 60er Jahre«, in: *Aufbruch in die Zukunft*, S. 109–131.
5 Gabriele Metzler, *Konzeptionen politischen Handelns von Adenauer bis Brandt. Politische Planung in der pluralistischen Gesellschaft*, Paderborn 2005.

6 Mark Mazower, »Reconstruction: The Historiographical Issues«, in: *Past and Present* 210 (2011), Supplement 6, S. 17–28.
7 Tony Judt, *Postwar: A History of Europe since 1945*, New York 2005, S. 63–99.
8 Andre Steiner, *The Plans That Failed: An Economic History of the GDR*, New York 2010.
9 Nik Brandal / Øivind Bratberg / Dag Einar Thorsen, *The Nordic Model of Social Democracy*, Basingstoke 2013.
10 Sherrill Brown Wells, *Jean Monnet: Unconventional Statesman*, Boulder, CO, 2011, S. 95–126.
11 Keith Laybourn, *The Evolution of British Social Policy and the Welfare State c. 1800–1993*, Keele 1995, S. 209–236.
12 Friedrich von Hayek, *The Road to Serfdom*, London 1947.
13 Volker Berghahn, *The Americanization of West German Industry, 1945–1973*, Leamington Spa 1986.
14 Barry Eichengreen, *The European Economy since 1945: Coordinated Capitalism and Beyond*, Princeton, NJ, 2007, S. 86–130; und James C. Van Hook, *Rebuilding Germany: The Creation of the Social Market Economy, 1945–1957*, Cambridge 2004.
15 Glen O'Hara, *From Dreams to Disillusionment: Economic and Social Planning in 1960s Britain*, Basingstoke 2007, S. 9–36.
16 Jeffrey Kopstein, *The Politics of Economic Decline in East Germany, 1945–1989*, Chapel Hill, NC, 1997.
17 Ruck, »Ein kurzer Sommer der konkreten Utopie«, S. 365–374.
18 Eichengreen, *European Economy*, S. 100–112.
19 O'Hara, *From Dreams to Disillusionment*, S. 37–71; und Alfred F. Havinghurst, *Britain in Transition: The Twentieth Century*, 4. Aufl., Chicago, IL, 1985, S. 513 ff.
20 Alexander Nützenadel, *Stunde der Ökonomen: Wissenschaft, Politik und Expertenkultur in der Bundesrepublik, 1949–1974*, Göttingen 2011.
21 Ruck, »Ein kurzer Sommer der konkreten Utopie«, S. 380–386.
22 Metzler, *Konzeptionen politischen Handelns*, S. 315–382.
23 Clara Oberle, »Redistribution: Ruins, Housing, and the Politics of Order in Berlin, 1945–1949«, Manuskript, San Diego, CA, 2014. Vgl. Frank Biess, *Homecomings: Returning POWs and the Legacies of Defeat in Postwar Germany*, Princeton, NJ, 2006.
24 Kerstin Dörhöfer, *Erscheinungen und Determinanten staatlich gelenkter Wohnungsversorgung in der Bundesrepublik Deutschland. Zur Planung und Durchführung des Wohnungsbaus für die »breiten Schichten des Volkes«*, Berlin 1978.
25 O'Hara, *From Dreams to Disillusionment*, S. 129–166.
26 Kenneth Frampton, *Modern Architecture: A Critical History*, 4. Aufl., New York 2007.
27 Vgl. die in Entstehung begriffene Dissertation von Albrecht Wiesener, »Städte bauen und Sätze bauen. Zur politischen Semantik und Erfahrungsgeschichte des Städtebaus in Deutschland nach 1945«, zu Sennestadt und Halle-Neustadt.

28 Beispiele aus Hugh Clout (Hrsg.), *Europe's Cities in the Late Twentieth Century*, Utrecht 1994, S. 44 ff., 117 ff.
29 Zitate aus Mulvey, »Sheltering French Families«.
30 Yuri Kazepov, *Cities of Europe: Changing Contexts, Local Arrangements, and the Challenge of Urban Cohesion*, Malden 2005, S. 210–232.
31 Fritz K. Ringer, *Education and Society in Modern Europe*, Bloomington, IN, 1979.
32 Alfons Kenkmann, »Von der bundesdeutschen ›Bildungsmisere‹ zur Bildungsreform in den 60er Jahren«, in: *Dynamische Zeiten*, S. 402–423.
33 John Connelly, *Captive University: The Sovietization of East German, Czech and Polish Higher Education, 1945–1956*, Chapel Hill, NC, 2000. Die Zahlen im folgenden Abschnitt stammen aus Hartmut Kaelble, *A Social History of Europe, 1945–2000: Recovery and Transformation after Two World Wars*, New York 2013, S. 290–300.
34 Karen Hagemann / Konrad H. Jarausch / Cristina Allemann-Ghionda (Hrsg.), *Children, Families and States: Time-Policies of Childcare, Preschool, and Primary Education in Europe*, New York 2011.
35 Margret Kraul, *Das deutsche Gymnasium, 1780–1980*, Frankfurt am Main 1984.
36 Walter Rüegg (Hrsg.), *A History of the University in Europe*, vol. 4: *Universities since 1945*, Cambridge 2011, S. 31–69.
37 Axel C. Hüntelmann / Michael C. Schneider (Hrsg.), *Jenseits von Humboldt: Wissenschaft im Staat, 1850–1990*, Frankfurt am Main 2010.
38 Mitchell G. Ash (Hrsg.), *Mythos Humboldt: Vergangenheit und Zukunft der deutschen Universitäten*, Wien 1999.
39 Gösta Esping-Andersen, *The Three Worlds of Welfare Capitalism*, Princeton, NJ, 1990.
40 Christoph Klessmann, *Arbeiter im ›Arbeiterstaat‹ DDR: Deutsche Traditionen, Sowjetisches Modell, Westdeutsches Magnetfeld, 1945–1989*, Bonn 2007.
41 Mary Hilson, *The Nordic Model: Scandinavia since 1945*, London 2008.
42 Gabriele Metzler, *Der deutsche Sozialstaat. Vom Bismarckschen Erfolgsmodell zum Pflegefall*, Stuttgart 2003.
43 Paul V. Dutton, *Origins of the French Welfare State: The Struggle for Social Reform in France, 1914–1947*, Cambridge 2002.
44 Howard Glennerster, *British Social Policy 1945 to the Present*, 3. Aufl., Malden 2007, S. 44–151.
45 L. Kenworth, »Do Social-Welfare Policies Reduce Poverty? A Cross-National Assessment«, in: *Social Forces* 77 (1999), 1119–1139; und N. Barr, *Economics of the Welfare State*, New York 2004.
46 Winfried Süss, *Soziale Ungleichheit im Sozialstaat: Die Bundesrepublik Deutschland und Großbritannien im Vergleich*, München 2010. Vgl. Kaelble, *Social History of Europe*, S. 250–270.
47 Gabriele Metzler, »Demokratisierung durch Experten. Aspekte politischer Planung in der Bundesrepublik«, in: *Aufbruch in die Zukunft*, S. 267–287.

48 Thomas L. Haskell (Hrsg.), *The Authority of Experts: Studies in History and Theory*, Bloomington, IN, 1984.

49 Konrad H. Jarausch / Peter A. Coclanis, »Quantification in History«, in: *International Encyclopedia of the Social and Behavioral Sciences*, 2. Aufl. Amsterdam 2015, S. 695–699.

50 William J. Barber, *Gunnar Myrdal: An Intellectual Biography*, New York 2008.

51 Nico Stehr / Reiner Grundmann, *Experts: The Knowledge and Power of Expertise*, Milton Park 2011.

52 O'Hara, *From Dreams to Disillusionment*, S. 205–219. Vgl. Tomas Etzemüller (Hrsg.), *Die Ordnung der Moderne: Social Engineering im 20. Jahrhundert*, Bielefeld 2009.

Revolte gegen die Moderne

1 Stephen Milder, *Greening Democracy: The Anti-nuclear Movement and Political Environmentalism in West Germany and Beyond, 1968–1983*, New York 2017.

2 Arthur Marwick, *The Sixties: Cultural Revolution in Britain, France, Italy and the United States, c. 1958–c. 1974*, New York 1998.

3 Stephen M. Buechler, *Social Movements in Advanced Capitalism: The Political Economy and Cultural Construction of Social Activism*, New York 2000.

4 Konrad H. Jarausch, »Protesting Authority«, in: Ders., *After Hitler: Recivilizing Germans, 1945–1995*, New York 2006.

5 Tony Judt, *Postwar: A History of Europe since 1945*, New York 2005, S. 390–449, und Carole Fink / Philipp Gassert / Detlef Junker (Hrsg.), *1968: The World Transformed*, Cambridge 1998, sprechen das Thema Modernität nicht an.

6 Paul Blackledge, *Perry Anderson: Marxism and the New Left*, London 2004.

7 Martin Klimke / Joachim Scharloth (Hrsg.), *1968 in Europe: A History of Protest and Activism, 1957–1977*, New York 2008; und Timothy S. Brown, *West Germany in the Global Sixties: The Anti-Authoritarian Revolt, 1962–1978*, Cambridge 2013.

8 Martin Klimke, *The Other Alliance: Student Protest in West Germany and the United States in the Global Sixties*, Princeton, NJ, 2010, S. 236–245.

9 Mark Roseman (Hrsg.), *Generations in Conflict: Youth Revolt and Generation Formation in Germany, 1770–1968*, Cambridge 1995.

10 Louis Vos, »Student Movements and Political Activism«, in: Walter Rüegg (Hrsg.), *A History of the University in Europe*, Bd. 4: *Universities since 1945*, Cambridge 2011, S. 276–318.

11 Dagmar Herzog, *Sexuality in Europe: A Twentieth Century History*, Cambridge 2011.

12 Mark Atwood Lawrence, *Assuming the Burden: Europe and the American Commitment to War in Vietnam*, Berkeley, CA, 2005; Quinn Slobodian, *Foreign Front: Third World Politics in Sixties West Germany*, Durham 2012.

13 Michaela Karl, *Rudi Dutschke. Revolutionär ohne Revolution,* Frankfurt am Main 2003.
14 Jürgen Mierenmeister / Jochen Staadt (Hrsg.), *Provokationen. Die Studenten- und Jugendrevolte in ihren Flugblättern, 1965–1971,* Darmstadt 1980.
15 Rudi Dutschke, *Jeder hat sein Leben ganz zu leben. Die Tagebücher 1963–1979,* hrsg. von Gretchen Klotz-Dutschke, Köln 2003, S. 53ff.
16 Ingrid Gilcher-Holthey, *Die 68-Bewegung. Deutschland, Westeuropa, USA,* München 2001.
17 Jean-Pierre Le Goff, *Mai 68: L'heritage impossible,* Paris 2002.
18 Vos, »Student Movements and Political Activism«, S. 291–297.
19 Norbert Frei, *1968: Jugendrevolte und globaler Protest,* München 2008.
20 Karrin Hanshew, *Terror and Democracy in West Germany,* New York 2012.
21 Belinda Davis / Wilfried Mausbach / Martin Klimke / Carla MacDougall (Hrsg.), *Changing the World, Changing Oneself: Political Protest and Collective Identities in West Germany and the U. S. in the 1960s and 1970s,* New York 2010, S. 277–301.
22 Andrew I. Port, *Conflict and Stability in the German Democratic Republic,* Cambridge 2007.
23 David Ost, *Solidarity and the Politics of Anti-Politics: Opposition and Reform in Poland since 1968,* Philadelphia, PA, 1990. Vgl. Dariusz Stola, »Anti-Zionism as a Multipurpose Policy Instrument: The Anti-Zionist Campaign in Poland, 1967–1968«, in: *Journal of Israeli History* 25 (2006), S. 171–205.
24 Galia Golan, *The Czechoslovak Reform Movement: Communism in Crisis, 1962–1968,* Cambridge 1971, S. 223–274. Vgl. Joseph Rothschild, *Return to Diversity: A Political History of East Central Europe since World War II,* New York 1989, S. 166–173.
25 Kieran Williams, *The Prague Spring and Its Aftermath: Czechoslovak Politics, 1968–1970,* Cambridge 1997.
26 Günter Bischof / Stefan Karner / Peter Ruggenthaler (Hrsg.), *The Prague Spring and the Warsaw Pact Invasion of Czechoslovakia in 1968,* Lexington, KT, 2010.
27 Paulina Bren, *The Greengrocer and His TV: The Culture of Communism after the 1968 Prague Spring,* Ithaca, NY, 2010.
28 M. Mark Stolarik (Hrsg.), *The Prague Spring and the Warsaw Pact Invasion of Czechoslovakia: Forty Years Later,* Mundelein, IL, 2010.
29 Edward Richardson-Little, »Human Rights, Pluralism and the Democratization in Post-War Germany«, in: Karin Goihl / Konrad H. Jarausch / Harald Wenzel (Hrsg.), *Many Germanies: New transantlantic perspectives,* New York 2015, S. 158–177.
30 Paul D'Anieri / Claire Ernst / Elizabeth Kier, »New Social Movements in Historical Perspective«, in: *Comparative Politics* 22 (1990), S. 445–458; und Steven M. Buechler, »New Social Movement Theories«, in: *Sociological Quarterly* 36 (1995), S. 442–464.
31 »Die Bürger wehren sich. Partizipation oder: Die einzige Alternative? Bürger-

initiative am Beispiel Hamburgs«, in: *Frankfurter Allgemeine Zeitung*, 27. Oktober 1973.

32 Sandra Chaney, *Nature of the Miracle Years: Conservation in West Germany, 1945–1975*, New York 2008.

33 Anna Bull / Hanna Diamond / Rosalie Marsh (Hrsg.), *Feminism and Women's Movements in Contemporary Europe*, New York 2000.

34 Holger Nehring, *Politics of Security: British and West German Protest Movements and the Early Cold War, 1945–1970*, Oxford 2013; und Philipp Gassert / Tim Geiger / Hermann Wentker (Hrsg.), *Zweiter Kalter Krieg und Friedensbewegung. Der NATO-Doppelbeschluss in deutsch-deutscher und internationaler Perspektive*, München 2011.

35 Andrei Markovits / Philip S. Gorski, *The German Left: Red, Green and Beyond*, New York 1993. Vgl. auch Konrad H. Jarausch / Stephen Milder (Hrsg.), *Green Politics in Germany*, Sonderheft zu *German Politics and Society* 33 (2015), H. 4.

36 Erhard Neubert, *Geschichte der Opposition in der DDR, 1949–1989*, Berlin 1999.

37 Claus Offe, »New Social Movements: Challenging the Boundaries of Institutional Politics«, in: *Social Research* 52 (1885), S. 817–868.

38 Robert B. Pippin, *Modernism as a Philosophical Problem*, 2. Aufl., Malden, MA, 1999, S. 168–175.

39 Charles Jencks, *The Story of Postmodernism: Five Decades of the Ironic and Critical in Architecture*, Chichester 2011.

40 Jonathan D. Culler, *On Deconstruction: Theory and Criticism after Structuralism*, Ithaca, NY, 2007.

41 Jean-Francois Lyotard, *The Post-Modern Condition: A Report on Knowledge*, Minneapolis, MT, 1984.

42 Clare O'Farrell, *Michel Foucault*, London 2005.

43 Charles Jencks (Hrsg.), *The Post-Modern Reader*, 2. Aufl., Chichester, 2011.

44 Jürgen Habermas, *The Philosophical Discourse of Modernity*, Cambridge 1987.

45 Eine Kritik an diesem Begriff findet sich bei Ulrich Herbert, *Geschichte Deutschlands im 20. Jahrhundert*, München 2014.

46 Peter V. Zima, *Modern/Postmodern: Society, Philosophy, Literature*, London 2010.

47 Ronald Inglehart, *Modernization and Postmodernization: Cultural, Economic and Political Change in 43 Countries*, Princeton, NJ, 1997.

48 Zygmunt Bauman, *Modernity and the Holocaust*, Ithaca, NY, 1989; und Ders., *Postmodernity and Its Discontents*, New York 1997.

49 Ulrich Beck / Anthony Giddens / Christopher Lash, *Reflexive Modernization: Politics, Tradition and Aesthetics in Modern Society*, Stanford, CA, 1994; und Wolfgang Welsch, *Unsere postmoderne Moderne*, Weinheim 1987.

1 Clyde E. Farnsworth, »Oil as an Arab Weapon«, in: *New York Times*, 18. Oktober 1973.
2 Karen R. Merrill, *The Oil Crisis of 1973–1974: A Brief History with Documents*, Boston, MA, 2007.
3 Hugo Young, *One of Us: A Biography of Margaret Thatcher,* London 1989.
4 Brian Harrison, *Finding a Role? The United Kingdom, 1970–1990,* Oxford 2010, S. 288–370.
5 Konrad H. Jarausch (Hrsg.), *Das Ende der Zuversicht? Die Siebziger Jahre als Geschichte*, Göttingen 2008.
6 David M. Andrews (Hrsg.), *Orderly Change: International Monetary Relations since Bretton Woods*, Ithaca, NY, 2008.
7 Vicky S. Birchfield / John S. Duffield (Hrsg.), *Toward a Common European Union Energy Policy: Progress, Problems, Prospects*, New York 2011.
8 »Die Erdölerpressung« lautete die Titelbildschlagzeile des *Spiegel* am 12. November 1973; Sebastian Haffner, »Geht es nicht auch ohne Öl?«, in: *Der Stern*, 15. November 1973.
9 James D. Hamilton, »Historical Oil Shocks«, National Bureau of Economic Research Working Paper Nr. 16790, Cambridge, MA, 2011.
10 Ivan T. Berend, *An Economic History of 20th Century Europe,* Cambridge 2006, S. 280ff.
11 Barry Eichengreen, *The European Economy since 1945: Coordinated Capitalism and Beyond*, Princeton, NJ, 2007.
12 Martin Neil Baily / Jacob Funk Kirkegaard, *Transforming the European Economy,* Washington, DC, 2004, S. 43ff.
13 Ivan T. Berend, *From the Soviet Bloc to the European Union: The Economic and Social Transformation of Central and Eastern Europe since 1973*, Cambridge 2009, S. 6–37.
14 Lloyd Rodwin / Hidehiko Sazanami (Hrsg.), *Industrial Change and Regional Economic Transformation: The Experience of Western Europe,* London 1991.
15 Rainer Wirtz (Hrsg.), *Industrialisierung – Ent-Industrialisierung – Musealisierung?*, Köln 1998, S. 98–126.
16 Christoph Nonn, *Die Ruhrbergbaukrise: Entindustrialisierung und Politik, 1958–1969*, Göttingen 2001; und Yves Meny / Vincent Wright (Hrsg.), *The Politics of Steel: Western Europe and the Steel Industry in the Crisis Years 1974–1984*, New York 1987.
17 Silke Fengler, *Entwickelt und fixiert: Zur Unternehmens- und Technikgeschichte der deutschen Fotoindustrie, dargestellt am Beispiel der Agfa AG Leverkusen und der VEB Filmfabrik Wolfen, 1945–1995*, Essen 2009.
18 Martin Werding (Hrsg.), *Structural Unemployment in Western Europe: Reasons and Remedies,* Cambridge, MA, 2006.
19 Klaus Werner Schatz / Frank Wolter, *Structural Adjustment in the Federal*

Republic of Germany, Genf 1987; Werrner Bartels, »Vor 25 Jahren starb Krupp Rheinhausen«, in: *Rheinische Post online*, 18. November 2013.

20 Rodwin / Sazanami, *Industrial Change*, S. 3–36.

21 Berend, *From the Soviet Bloc to the European Union*, S. 7–36.

22 Konrad H. Jarausch, »Zwischen ›Reformstau‹ und ›Sozialabbau‹: Anmerkungen zur Globalisierungsdebatte in Deutschland, 1973–2003«, in: Ders. (Hrsg.), *Ende der Zuversicht*, S. 330–349.

23 Margaret Thatcher, *The Path to Power*, New York 1995. Vgl. Kenneth O. Morgan, *Ages of Reform: Dawns and Downfalls of the British Left*, London 2011.

24 Harrison, *Finding a Role*, S. 305–347.

25 David S. Bell, *François Mitterrand: A Political Biography*, Cambridge 2005.

26 Ronald Tiersky, *François Mitterrand: A Very French President*, Lanham, MD, 2003, S. 130–140; und Wilfried Loth, *Geschichte Frankreichs im 20. Jahrhundert*, Stuttgart 1987, S. 237–249.

27 Helmut Kohl, *Erinnerungen*, München 2004.

28 Hans-Peter Schwarz, *Helmut Kohl: Eine politische Biographie*, Bonn 2012.

29 Ben Jackson / Robert Saunders (Hrsg.), *Making Thatcher's Britain*, Cambridge 2012.

30 Anselm Doering-Manteuffel / Lutz Raphael, *Nach dem Boom: Perspektiven auf die Zeitgeschichte nach 1970*, Göttingen 2008.

31 Jacobs / Saunders, *Making Thatcher's Britain*, S. 1–21.

32 Baily / Kirkegaard, *Transforming the European Economy*, S. 56–75.

33 Paul Wildling (Hrsg.), *In Defense of the Welfare State*, Manchester 1986, S. 1–3.

34 Harrison, *Finding a Role*, S. 251–276.

35 Sabina Stiller, *Ideational Leadership in German Welfare State Reform: How Politicians and Policy Ideas Transform Resilient Institutions*, Amsterdam 2010, S. 45–74.

36 Jon Kvist, »Activating Welfare States: Scandinavian Experiences in the 1990s«, Working Paper of the Danish National Institute of Social Research, 2000, Nr. 7.

37 Stefan Svallfors, *Contested Welfare States: Welfare Attitudes in Europe and Beyond*, Stanford, CA, 2012.

38 Jarausch (Hrsg.), *Ende der Zuversicht*, S. 9–26.

39 Andreas Wirsching, *Abschied vom Provisorium, 1982–1990*, München 2006.

40 Stephen Aris, *Close to the Sun: How Airbus Challenged America's Domination of the Skies*, London 2002.

41 James W. Cortada, *The Digital Flood: The Diffusion of Information Technology across the U. S., Europe, and Asia*, Oxford 2012.

42 Irene Finelk-Honigman, *A Cultural History of Finance*, Abingdon 2010.

43 Frank Bösch, »Politische Macht und gesellschaftliche Gestaltung: Wege zur Einführung des privaten Rundfunks in den 1970/80er Jahren«, in: *Archiv für Sozialgeschichte* 52 (2012), S. 191–210.

44 Reinhold Bauer, »Ölpreiskrisen und Industrieroboter: Die 1970er Jahre als Umbruchphase für die Automobilindustrie in beiden deutschen Staaten«, in: Jarausch (Hrsg.), *Ende der Zuversicht*, S. 68–83.

45 Rodwin / Sazanami, *Industrial Change*, S. 39–167.
46 Niall Ferguson / Charles S. Maier / Erez Manela / Daniel J. Sargent (Hrsg.), *The Shock of the Global: The 1970s in Perspective,* Cambridge, MA, 2010, S. 25–48.
47 Daniel Bell, *The Coming of Post-Industrial Society: A Venture in Social Forecasting,* New York 1973.
48 Cortada, *Digital Flood*, S. 91–145; und Eichengreen, *European Economy since 1945*, S. 414–426.
49 Max Koch, *Roads to Post-Fordism: Labor Markets and Social Structures in Europe*, Aldershot 2006.
50 Jürgen Kocka, *Geschichte des Kapitalismus*, München 2013.
51 Peter Marsh, *The New Industrial Revolution: Consumers, Globalization and the End of Mass Production,* New Haven, CT, 2012.

Zurück zur Entspannung

1 Christopher Wren, »Curtain Falls Softly on Helsinki Parley«, und Flora Lewis, »After Parley, a Long Way to Go«, in: *New York Times*, 2. August 1975.
2 Olav Njolstad, »The Collapse of Superpower Détente, 1975–1980«, in: Melvyn P. Leffler / Odd Arne Westad (Hrsg.), *The Cambridge History of the Cold War*, Cambridge 2010, Bd. 3, S. 1135–1155.
3 Frederic Bozo / Marie-Pierre Rey / N. Piers Ludlow / Bernd Rother (Hrsg.), *Visions of the End of the Cold War in Europe, 1945–1990*, New York 2012, S. 1–14.
4 Standardwerke der Geschichtswissenschaft wie John Lewis Gaddis, *The Cold War: A New History*, New York 2005, leiden unter dieser Kurzsichtigkeit.
5 Michael Quinlan, *Thinking about Nuclear Weapons: Principles, Problems, Prospects,* Oxford 2009, S. 20–55.
6 Quinlan, *Thinking about Nuclear Weapons*, S. 5–12.
7 Joseph Cirincione, *Bomb Scare: The History and Future of Nuclear Weapons*, New York 2007, S. 1–14.
8 John Newhouse, *War and Peace in the Nuclear Age*, New York 1989, S. 53–116.
9 David D. Hoffman, *The Dead Hand: The Untold Story of the Cold War Arms Race and Its Dangerous Legacy*, New York 2009.
10 Newhouse, *War and Peace*, S. 117–184.
11 Carl H. Amme, *NATO Strategy and Nuclear Defense*, New York 1988.
12 Quinlan, *Thinking about Nuclear Weapons*, S. 20–45.
13 Richard Dean Burns (Hrsg.), *Encyclopedia of Arms Control and Disarmament,* New York 1993, Bd. 2.
14 Garret Martin, »Towards a New Concert of Europe: De Gaulle's Vision of a Post-Cold War Europe«, in: *Visions of the End of the Cold War*, S. 91–104. Vgl. Wilfried Loth, *Geschichte Frankreichs im 20. Jahrhundert*, Stuttgart 1987, S. 2008–2221.

15 Roland J. Granieri, *The Ambivalent Alliance: Konrad Adenauer, the CDU/CSU and the West, 1949–1966*, New York 2003.
16 Jeremi Suri, *Henry Kissinger and the American Century,* Cambridge MA, 2007.
17 Geoffrey Swain, *Tito: A Biography*, London 2011. Vgl. Marie-Janine Calic, *Geschichte Jugoslawiens im 20. Jahrhundert*, München 2010.
18 John Sweeney, *The Life and Evil Times of Nicolae Ceaucescu,* London 1991.
19 Odd Arne Westad, *Brothers in Arms: The Rise and Fall of the Sino-Soviet Alliance, 1945–1963,* Washington 1998, S. 1–46.
20 Newhouse, *War and Peace,* S. 185–265.
21 Timothy Garton Ash, *In Europe's Name: Germany and the Divided Continent,* New York 1993.
22 Peter Merseburger, *Willy Brandt 1913–1992: Visionär und Realist*, Stuttgart 2002.
23 Egon Bahr, *Zu meiner Zeit*, München 1996.
24 Friedhelm Boll / Krystof Ruchniewicz (Hrsg.), »*Nie mehr eine Politik über Polen hinweg.« Willy Brandt und Polen*, Bonn 2010.
25 David M. Kiethly, *Breakthrough in the Ostpolitik: The 1971 Quadripartite Agreement*, Boulder, CO, 1986.
26 Ernest D. Plock, *The Basic Treaty and the Evolution of East-West German Relations*, Boulder, CO, 1986.
27 Michael Morgan, »The Seventies and the Rebirth of Human Rights«, in: Niall Ferguson / Charles S. Maier / Erez Manela / Daniel J. Sargent (Hrsg.), *The Shock of the Global: The 1970s in Perspective*, Cambridge, MA, 2010, S. 237–250.
28 William E. Griffith, *The Ostpolitik of the Federal Republic of Germany*, Cambridge, MA, 1978, S. 228–234.
29 Odd Arne Westad, *The Global Cold War: Third World Interventions and the Making of Our Times*, Cambridge 2005, S. 1–7.
30 Vladislav M. Zubok, »Soviet Foreign Policy from Detente to Gorbachev, 1975–1985«, und Amin Saikal, »Islamism, the Iranian Revolution and the Soviet Invasion of Afghanistan«, in: *Cambridge History of the Cold War*, S. 89–134.
31 Jeffrey Herf, *War by Other Means: Soviet Power, West German Resistance and the Battle of the Euromissiles*, New York 1991.
32 Lawrence S. Wittner, *The Struggle against the Bomb*, 3 Bde., Stanford, CA, 1993; und Holger Nehring, *Politics of Security: British and West German Protest Movements and the Early Cold War, 1945–1970*, Oxford 2013, passim.
33 Benjamin B. Fischer, »A Cold War Conundrum«, Center for the Study of Intelligence, Washington, DC, 1997.
34 Newhouse, *War and Peace*, S. 333–363. Vgl. Mira Duric, *The Strategic Defense Initiative: US Policy and the Soviet Union*, Aldershot 2003.
35 Bernd Rother, »Common Security as a Way to Overcome the (Second) Cold War? Willy Brandt's Strategy for Peace in the 1980s«, in: *Visions of the End of the Cold War*, S. 239–225.
36 John W. Young, »Western Europe and the End of the Cold War, 1979–1989«, in: *Cambridge History of the Cold War*, Bd. 3, S. 289–310.

37 Michael I. Hogan, *The End of the Cold War: Its Meanings and Implications*, Cambridge 1992.
38 Beth A. Fischer, »US Foreign Policy under Reagan and Bush«, in: *Cambridge History of the Cold War*, Bd. 3, S. 267–288.
39 Vladislav M. Zubok, *A Failed Empire: The Soviet Union in the Cold War from Stalin to Gorbachev*, Chapel Hill, NC, 2007, 277–294.
40 Archie Brown, »The Gorbachev Revolution and the End of the Cold War«, in: *Cambridge History of the Cold War*, Bd. 3, 244–266.
41 John W. Young, »Western Europe and the End of the Cold War, 1979–1989«, in: *Cambridge History of the Cold War*, Bd. 3, S. 289–310. Vgl. Jose M. Faraldo / Paulina Gulinska-Jurgiel / Christian Domnitz (Hrsg.), *Europa im Ostblock: Vorstellungen und Diskurse, 1945–1991*, Köln 2008.
42 Newhouse, *War and Peace*, S. 388–398.
43 Janne E. Nolan, »The INF Treaty: Eliminating Intermediate-Range Nuclear Missiles, 1987 to the Present«, und Dan Caldwell, »From SALT to START: Limiting Strategic Nuclear Weapons«, in: *Encyclopedia of Arms Control*, S. 955–965 und 895–913.
44 Zubok, *Failed Empire*, S. 294–302.
45 Lawrence Badash, *A Nuclear Winter's Tale: Science and Politics in the 1980s*, Cambridge, MA, 2009.
46 Alva Myrdal, *The Game of Disarmament: How the United States and Russia Run the Arms Race*, New York 1976.
47 Westad, *Global Cold War*, S. 331–395; und Francis J. Gavin, »Wrestling with Parity: The Nuclear Revolution Revisited«, in: *Shock of the Global*, S. 189–204.
48 Adam Roberts, »An ›Incredibly Swift Transition‹: Reflections on the End of the Cold War«, in: *Cambridge History of the Cold War*, Bd. 3, S. 513–534.
49 George Kennan, »Future of U. S.-Soviet Relations«, Mitschrift einer Aussage vor dem Komitee für Internationale Beziehungen des US-Senats, *Congressional Record*, Washington, DC, 1989, 4. April 1989.

Friedliche Revolution

1 Serge Schmemann, »A Jubilant Horde«, sowie »Berlin, a Festival«, in: *New York Times*, 10. November 1989. Vgl. Hans-Hermann Hertle, *Der Fall der Mauer: Die unbeabsichtigte Selbstauflösung des SED-Staates*, Opladen 1996.
2 Timothy Garton Ash, *Magic Lantern: The Revolution of ›89 as Witnessed in Warsaw, Budapest, Berlin and Prague*, New York 1990; und Adam Borowski (Hrsg.), *The Road to Independence: Solidarnosc, 1980–2005*, Warschau 2005.
3 Vladimir Tismaneanu, »The Revolution of 1989: Causes, Meanings, Consequences«, in: *Contemporary European History* 18 (2009), S. 272–288.
4 Konrad H. Jarausch, »Germany 1989: A New Type of Revolution?«, in: Marc Silberman (Hrsg.), *The German Wall: Fallout in Europe* (New York, 2011), S. 11–35; und »The Peaceful Revolution as Transnational Process: Global Dimensions

of the Fall of the Wall«, in: Ulf Engel / Frank Hadler / Matthias Middell (Hrsg.), *1989 in a Global Perspective*, Leipzig 2015.

5 Ralf Dahrendorf, *Reflections on the Revolution in Europe: In a Letter Intended to Have Been Sent to a Gentleman in Warsaw,* New York 1990.

6 Hans Joas / Martin Kohli, *Der Zusammenbruch der DDR: Soziologische Analysen,* Frankfurt am Main 1993.

7 Vladimir Tismaneanu, *The Devil in History: Communism, Fascism, and Some Lessons of the Twentieth Century,* Berkeley, CA, 2012, S. 123–145.

8 Jens Gieseke, *Der Mielke Konzern: Die Geschichte der Stasi, 1945–1990*, 2., überarb. Aufl., München 2006. Vgl. Uwe Spiekermann (Hrsg.), »The Stasi at Home and Abroad«, in: *Bulletin of the German Historical Institute*, Supplement 9 (2014).

9 Barry Eichengreen, *The European Economy since 1945: Coordinated Capitalism and Beyond,* Princeton, NJ, 2007, S. 294–303.

10 Daniela Münkel / Jens Gieseke (Hrsg.), *Die DDR im Blick der Stasi: Die geheimen Berichte an die SED-Führung,* 6 Bde., Göttingen 2009–2012. Vgl. arprin, »Das Beste vom Kommunismus«, http://arprin. wordpress. com/2012/10/31/das-beste-vom-kommunismus/.

11 Gale Stokes (Hrsg.), *From Stalinism to Pluralism: A Documentary History of Eastern Europe since 1945*, 2. überarb. Aufl., New York 1996.

12 Archie Brown, *Seven Years That Changed the World: Perestroika in Perspective*, Oxford 2007.

13 Joseph Rothschild, *Return to Diversity: A Political History of East Central Europe since World War II*, New York 1989, S. 191–225; und Mary Fulbrook, *The People's State: East German Society from Hitler to Honecker*, New Haven, CT, 2005.

14 Konrad H. Jarausch, *The Rush to German Unity,* New York 1994.

15 Jan Kubik, *The Power of Symbols against the Symbols of Power: The Rise of Solidarity and the Failure of State Socialism in Poland,* College Park, MD, 1994.

16 Jacques Levesque, *The Enigma of 1989: The USSR and the Liberation of Eastern Europe*, Berkeley, CA, 1997, S. 52–90.

17 Patrick H. O'Neill, *Revolution from Within: The Hungarian Socialist Workers' Party and the Collapse of Communism,* Cheltenham 1998.

18 Philip J. Cunningham, *Tiananmen Moon: Inside the Chinese Student Uprising of 1989*, Lanham, MD, 2009.

19 Charles S. Maier, *Dissolution: The Crisis of Communism and the End of East Germany*, Princeton, NJ, 1997.

20 Stephen Pfaff, *Exit-Voice Dynamics and the Collapse of East Germany: The Crisis of Leninism and the Revolution of 1989*, Durham 2006.

21 Konrad H. Jarausch, *Die unverhoffte Einheit,* Frankfurt am Main 1995; und Karel Vodicka, *Die Prager Botschaftsflüchtlinge: Geschichte und Dokumente*, Göttingen 2014.

22 William F. Buckley, *The Fall of the Berlin Wall*, Hoboken, NJ, 2004.

23 Ilko-Sascha Kowalczuk, *Endspiel. Die Revolution von 1989 in der DDR*, München 2009.
24 Stephen Kotkin, *Uncivil Society: 1989 and the Implosion of the Communist Establishment*, New York 2009, S. 37–65.
25 Michael Meyer, *The Year That Changed the World: The Untold Story behind the Fall of the Berlin Wall*, New York 2009.
26 Uwe Thaysen, *Der Runde Tisch, oder wo blieb das Volk? Der Weg der DDR in die Demokratie*, Opladen 1990.
27 Helmut Kohl, *Erinnerungen 1982–1990*, München 2005, S. 1020–1028; und Andreas Rödder, *Deutschland, einig Vaterland. Die Geschichte der Wiedervereinigung*, München 2009.
28 Wolfgang Jäger, *Geschichte der deutschen Vereinigung*, Bd. 3: *Die Überwindung der Teilung. Der innerdeutsche Prozess der Vereinigung 1989/90*, Stuttgart 1998.
29 Mary E. Sarotte, *1989: The Struggle to Create Post-Cold War Europe*, Princeton, NJ, 2009.
30 Padraic Kenney, *A Carnival of Revolution: Central Europe 1989*, Princeton, NJ, 2002.
31 Timothy Garton Ash, *The Polish Revolution: Solidarity*, 3. Aufl., New Haven, CT, 2002.
32 Ignac Romsics, *From Dictatorship to Democracy: The Birth of the Third Hungarian Republic, 1988–2001*, Boulder, CO, 2007.
33 Robin E. H. Sheperd, *Czechoslovakia: The Velvet Revolution and Beyond*, Houndmills 2000.
34 Peter Sinai-Davies, *The Romanian Revolution of December 1989*, Ithaca, NY, 2005.
35 Ronald Grigor Suny, *The Revenge of the Past: Nationalism, Revolution and the Collapse of the Soviet Union*, Stanford, CA, 1993. Belarus und die Ukraine gehörten ebenfalls zur GUS.
36 John P. Dunlop, *The Rise of Russia and the Fall of the Soviet Empire*, Princeton, NJ, 1993.
37 Adam Roberts / Timothy Garton Ash (Hrsg.), *Civil Resistance and Power Politics: The Experience of Non-violent Action from Gandhi to the Present*, Oxford 2009.
38 Vgl. die Aufsätze in »Das Jahr 1989 als Zäsur der Kommunismusgeschichte«, *Jahrbuch für historische Kommunismusforschung* 2009.
39 Svetlana Savranskaya / Thomas Blanton / Vladislav Zubok (Hrsg.), *Masterpieces of History: The Peaceful End of the Cold War in Eastern Europe, 1989*, Budapest 2010.
40 Jacek Wieclawski, »The Eastern Enlargement of the European Union: Fears, Challenges, and Reality«, in: *Globality Studies Journal* 15, 18. März 2010, globality. cc. stonybrook. edu/? p=118.
41 Charles King, *Extreme Politics: Nationalism, Violence, and the End of Eastern Europe*, Oxford 2010.

42 Konrad H. Jarausch (Hrsg.), *United Germany: Debating Processes and Prospects*, New York 2013.
43 Claus Offe, *Varieties of Transition: The East European and the East German Experience*, Cambridge, MA, 1997.
44 Milada Anna Vachudova, *Europe Undivided: Democracy, Leverage and Integration after Communism*, New York 2005.
45 Maier, *Dissolution*, passim.
46 Francis Fukuyama, *The End of History and the Last Man*, New York 1992, S. ix–xxiii, 39–51; und Eric J. Hobsbawm, *Age of Extremes: The Short Twentieth Century, 1914–1991*, London 1994.
47 Daniel N. Nelson, »Political Convergence: An Empirical Assessment«, in: *World Politics* 30 (1978), S. 411–432.
48 Geir Lundestad, *The United States and Western Europe since 1945: From »Empire« by Invitation to Transatlantic Drift*, Oxford 2003.
49 François Furet, *The Passing of an Illusion: The Idea of Communism in the Twentieth Century*, Chicago, IL, 1999.
50 Stefan Wolle, *Die heile Welt der Diktatur. Alltag und Herrschaft in der DDR, 1971–1989*, Berlin 1998, S. 69–83.

Die Transformation des Ostens

1 Peter S. Green, »Two Rivals Vying for Control of Poland's Steel Group«, in: *New York Times*, 20. Dezember 2002.
2 Sabrina P. Ramet (Hrsg.), *Central and Southeast European Politics since 1989*, Cambridge 2010, S. 9–36. Vgl. Nancy M. Wingfields Kapitel in der 3. Aufl. von Joseph Rothschild, *Return to Diversity: A Political History of East Central Europe since World War II*, New York 2000, S. 265–302.
3 Richard Schroeder, *Die wichtigsten Irrtümer über die deutsche Einheit*, 2. Aufl., Freiburg 2007, versus Daniela Dahn, *Wehe dem Sieger! Ohne den Osten, kein Westen*, 2. Aufl., Reinbek 2011.
4 Milada Vachudova, *Europe Undivided: Democracy, Leverage, and Integration after Communism*, New York 2005, S. 1–9.
5 Jürgen Habermas, *Die Nachholende Revolution. Kleine Polititsche Schriften*, Frankfurt am Main 1990, Bd. 7; und Ralf Dahrendorf, *Reflections on the Revolution in Europe: In a Letter Intended to Have Been Sent to a Gentleman in Warsaw*, New York 1990.
6 Padraic Kenney, *The Burdens of Freedom: Eastern Europe since 1989*, New York 2006; und Günther Heydemann / Karel Vodicka (Hrsg.), *Vom Ostblock zur EU: Systemtransformationen 1990–2012 im Vergleich*, Göttingen 2013.
7 Thomas Kostelecky, *Political Parties after Communism: Developments in East Central Europe*, Baltimore, MD, 2002, S. 8–38.
8 Elisabeth Bakke, »Central and East European Party Systems since 1989«, in: *Central and Southeast European Politics*, S. 64–90.

9 Kostelecky, *Political Parties*, S. 39–75.
10 Anna Grzymala-Busse, *Rebuilding Leviathan: Party Competition and State Exploitation in Post-Communist Democracies,* Cambridge 2007.
11 Vachudova, *Europe Undivided*, S. 63–222.
12 Konstanty Gebert, »Poland since 1989: Muddling Through, Wall to Wall«, Carol Skalnik Leff, »Building Democratic Values in the Czech Republic since 1989«, und Andras Bozoki / Eszter Simon, »Hungary since 1989«, in: *Central and Southeast European Politics*, S. 139–181, 204–232.
13 Aurel Braun, »Facing the Twenty-first Century: Lessons, Questions, and Tendencies«, Erica Harris, »Slovakia since 1989«, Lavinia Stan, »Romania: In the Shadow of the Past«, und Maria Spirova, »Bulgaria since 1989«, in: *Central and Southeast European Politics*, S. 182–203, 379–420, 536–552.
14 John Keane, *Vaclav Havel: Political Tragedy in Six Acts*, New York 2000.
15 Karl Kaser, »Economic Reforms and the Illusion of Transition«, in: *Central and Southeast Politics*, S. 91–110.
16 Anders Aslund, *Building Capitalism: The Transformation of the Former Soviet Bloc*, Cambridge 2002.
17 Wolfgang Seibel, *Verwaltete Illusionen. Die Privatisierung der DDR-Wirtschaft durch die Treuhandanstalt und ihre Nachfolger, 1990–2000,* Frankfurt am Main 2005; und Aslund, *Building Capitalism*, S. 255–303.
18 Aslund, *Building Capitalism*, S. 396–440.
19 Hermann Smith-Sivertsen, »The Baltic States«, in: *Central and Southeast European Politics*, S. 447–472.
20 Barry Eichengreen, *The European Economy since 1945: Coordinated Capitalism and Beyond*, Princeton, NJ, 2007, S. 406–413.
21 Kaser, »Economic Reforms«, S. 100ff.
22 Ivan Berend, *Central and Eastern Europe, 1944–1993: Detour from the Periphery to the Periphery,* Cambridge 1996.
23 Konrad H. Jarausch (Hrsg.), *United Germany: Debating Processes and Prospects*, New York 2013, S. 1–21.
24 Berend, *Central and Eastern Europe*, S. 341–349.
25 Daina S. Eglitis / Tana Lace, »Stratification and the Poverty of Progress in Post-Communist Latvian Capitalism«, in: *Acta Sociologica* 52 (2009), S. 329–349.
26 John S. Micgiel (Hrsg.), *Perspectives on Political and Economic Transitions after Communism*, New York 1997, S. 197–212.
27 Myra Marx Ferree, »Feminist Encounters: Germany, the EU and Beyond«, in: *United Germany*, S. 171–179.
28 Geoffrey Evans, »The Social Bases of Political Divisions in Post-Communist Eastern Europe«, in: *Annual Review of Sociology* 32 (2006), S. 245–270.
29 Aslund, *Building Capitalism*, S. 304–347.
30 Michael Illner, »The Changing Quality of Life in a Post-Communist Country: The Case of the Czech Republic«, in: *Social Indicators Research* 43 (1998), S. 141–170.

31 Sebastian M. Herrmann u. a. (Hrsg.), *Ambivalent Americanizations: Popular and Consumer Culture in Central and Eastern Europe*, Heidelberg 2008.

32 Friederike Kind-Kovács / Jessie Labov (Hrsg.), *Samizdat, Tamizdat, and Beyond: Transnational Media during and after Socialism*, New York 2013.

33 Christa Wolf, *Stadt der Engel oder the overcoat of Dr. Freud*, Berlin 2010. Vgl. Thomas Goldstein, *Writing in Red: The East German Writers' Union and the Role of Literary Intellectuals*, Rochester, NY, 2017..

34 Peter Gross, *Entangled Evolutions: Media and Democratization in Eastern Europe*, Washington, DC, 2002, S. 158–174.

35 Lavinia Stan (Hrsg.), *Transitional Justice in Eastern Europe and the Former Soviet Union: Reckoning with the Communist Past*, Milton Park 2009, S. 12–14.

36 Ebd., 247–270. Vgl. Roman David, *Lustration and Transitional Justice: Personnel Systems in the Czech Republic, Hungary and Poland*, Philadelphia, PA, 2011.

37 Maria Todorova / Szusza Gille (Hrsg.), *Post-Communist Nostalgia*, New York 2010, S. 1–14.

38 Detlef Pollack / Jörg Jacobs / Olaf Müller / Gerd Pickel (Hrsg.), *Political Culture in Post-Communist Europe: Attitudes in New Democracies*, Aldershot 2003.

39 Sabrina P. Ramet, *Thinking about Yugoslavia: Scholarly Debates about the Yugoslav Breakup and the Wars in Bosnia and Kosovo*, Cambridge 2005.

40 Marie-Janine Calic, *Geschichte Jugoslawiens im 20. Jahrhundert*, München 2010, S. 340–344.

41 Louis Sell, *Slobodan Milosevic and the Destruction of Yugoslavia*, Durham 2002; und Cathie Carmichael, »Brothers, Strangers and Enemies: Ethnonationalism and the Demise of Communist Yugoslavia«, in: Dan Stone (Hrsg.), *Oxford Handbook of Postwar European History*, Oxford 2012, S. 546–562.

42 Sabrina P. Ramet, *The Three Yugoslavias: State-Building and Legitimation, 1918–2005*, Washington, DC, 2006.

43 James Gow, *The Serbian Project and Its Adversaries: A Strategy of War Crimes*, Montreal 2003. Vgl. Isabelle Delpla / Xavier Bougarel / Jean-Louis Fournel (Hrsg.), *Investigating Srebrenica: Institutions, Facts, Responsibilities*, New York 2014.

44 Geert Hinrich Ahrens, *Diplomacy on the Edge: Containment of Ethnic Conflict and the Minorities Working Group of the Conferences on Yugoslavia*, Washington, DC, 2006.

45 David L. Phillips, *Liberating Kosovo: Coercive Diplomacy and U. S. Intervention*, Cambridge, MA, 2012.

46 Ray Salvatore Jennings, »Serbia: Evaluating the Bulldozer Revolution«, in: Katryn Stoner / Michael McFaul (Hrsg.), *Transitions to Democracy: A Comparative Perspective*, Baltimore, MD, 2012.

47 Charles Ingrao / Thomas A. Emmert (Hrsg.), *Confronting the Yugoslav Controversies: A Scholars' Initiative*, West Lafayette, IN, 2009.

48 Ian Bremmer, *The J-Curve: A New Way to Understand Why Nations Rise and Fall*, New York 2006.

49 Siehe die Länderessays in Ramet, *Central and Southeast European Politics*, S. 111–472.
50 Jarausch, *United Germany*, S. 1–21. Vgl. Claus Offe, *Varieties of Transition: The East European and East German Experience*, Cambridge, MA, 1997.
51 Vachudova, *Europe Undivided*, S. 257–259; und Heydemann / Vodicka, *Vom Ostblock*, S. 329–380.

Globale Herausforderungen

1 Michael Hardt / Antonio Negri, »What the Protesters in Genoa Want«, und Alessandra Stanley / David E. Sanger, »Italian Protester Is Killed by Police at Genoa Meting«, in: *New York Times*, 20./21. Juli 2001.
2 Anthony Giddens, *The Consequences of Modernity*, Cambridge 1991, S. 64; und Ders., *Europe in the Global Age*, Cambridge 2007, S. 6–9.
3 Jagdish Bhagwati, *In Defense of Globalization*, Oxford 2004.
4 Timothy S. Murphy / Antonio Negri: *Modernity and the Multitude*, Cambridge 2012; und Jorge Heine / Ramesh Thakur (Hrsg.), *The Dark Side of Globalization*, New York 2011.
5 Peter Berger, »Many Globalizations: The Cultural Dynamics of Globalization«, in: Howard Wiarda (Hrsg.), *Globalization: Universal Trends, Regional Implications*, Lebanon, NH, 2011, S. 23–34.
6 Ivan Berend, *An Economic History of Twentieth Century Europe: Economic Regimes form Laissez-Faire to Globalization*, Cambridge 2006, S. 278–300.
7 Ebd., S. 325f., und Robert Gilpin, *The Challenge of Global Capitalism: The World Economy in the 21st Century*, Princeton, NJ, 2000, S. 18–28.
8 Gilpin, *Challenge of Global Capitalism*, S. 31–34; und Peter Marsh, *The New Industrial Revolution: Consumers, Globalization and the End of Mass Production*, New Haven, CT, 2012.
9 Paul S. Adams, »Europe and Globalization: Challenges and Alternatives«, in: Howard J. Wiarda (Hrsg.), *Globalization: Universal Trends, Regional Implications*, Boston 2007, S. 103–128.
10 Scott deCarlo, »The World's Biggest Companies«, in: *Forbes*, 4. Februar 2008; und Peter Dicken, »Economic Globalization: Corporations«, in: George Ritzer (Hrsg.), *The Blackwell Companion to Globalization*, Oxford 2007, S. 291–306.
11 Timo Fleckenstein, *Institutions, Ideas and Learning in Welfare State Change: Labor Market Reforms in Germany*, Basingstoke 2011.
12 Paul Copeland / Dimitris Papadimitriou (Hrsg.), *The EU's Lisbon Strategy: Evaluating Success, Understanding Failure*, Basingstoke 2012.
13 Andreas Wirsching, *Der Preis der Freiheit. Geschichte Europas in unserer Zeit*, München 2012, S. 226–269.
14 Sandra Chaney, *Nature of the Miracle Years: Conservation in West Germany, 1945–1975*, New York 2008.

15 Sara Nofri, *Environment in the European Press: A Multilingual Comparison*, Wiesbaden 2013.

16 Melanie Arndt, *Tschernobyl. Auswirkungen des Reaktorunfalls auf die Bundesrepublik Deutschland und die DDR*, Erfurt 2011; und Sara Ann McGill, *Chernobyl Disaster*, New York 2009.

17 Eurobarometer 69.2: *National and European Identity, European Elections, European Values, and Climate Change*, März – Mai 2008 (ICPSR 25021).

18 Christopher Rootes (Hrsg.), *Acting Locally: Local Environmental Mobilizations and Campaigns*, London 2008.

19 Maria Lee, *EU Environmental Law: Challenges, Change and Decision-Making*, Oxford 2005.

20 Steve Yearley, »Globalization and the Environment«, in: *Blackwell Companion to Globalization*, S. 239–253.

21 Christof Mauch / Kiran Klaus Patel (Hrsg.), *The United States and Germany in the Twentieth Century: Competition and Convergence*, Washington, DC, 2010, S. 180–193.

22 Leslie Page Moch, *Moving Europeans: Migration in Western Europe since 1650*, 2. Aufl., Bloomington, IN, 2003.

23 Sven Kunisch / Stephan Boehm / Michael Boppel (Hrsg.), *From Grey to Silver: Managing the Demographic Change Successfully*, Berlin 2011, S. 3–21; und Nicole Kramer, »Altern als Thema der Zeitgeschichte«, in: *Zeithistorische Forschungen 10* (2013), S. 455–463.

24 Ulrich Herbert, *Geschichte der Ausländerpolitik in Deutschland. Saisonarbeiter, Zwangsarbeiter, Gastarbeiter, Flüchtlinge*, München 2001. Vgl. Rita Chin, *The Guest Worker Question in Postwar Germany*, Cambridge 2007.

25 Christina Boswell / Andrew Geddes, *Migration and Mobility in the European Union*, Basingstoke 2011, S. 150–175.

26 Anna Triandafyllidou / Ruby Gropas (Hrsg.), *European Immigration: A Sourcebook*, Aldershot 2007, S. 1–17. Ein Sonderfall waren die neuen jüdischen Einwanderer aus Russland, die die Bundesrepublik als Wiedergutmachung für den Holocaust willkommen hieß.

27 Sarah Thomsen Vierra, »At Home in Almanya? Turkish-German Spaces of Belonging in the Federal Republic of Germany, 1961–1990«, Dissertation, University of North Carolina, 2011.

28 Cornelia Wilhelm (Hrsg.), *Migration, Memory, and Diversity: Germany from 1945 to the Present*, New York 2015.

29 Anthony M. Messina, *The Logics and Politics of Post-World War II Migration to Western Europe*, Cambridge 2007, S. 54–96.

30 Konrad H. Jarausch, *After Hitler: Recivilizing Germans, 1945–1995*, New York 2005, S. 230–66; und Cornelia Wilhelm (Hrsg.), *Migration, Memory, and Diversity: Germany from 1945 to the Present*, New York 2015.

31 Simon Reeve, *One Day in September: The Full Story of the 1972 Munich Olympics Massacre and the Israeli Revenge Operation »Wrath of God«*, New York 2000.

32 Bruce Hoffman, *Inside Terrorism*, überarb. Aufl., New York 2006. Vgl. Tzvetan Todorov, *The Fear of Barbarians: Beyond the Clash of Civilizations*, Chicago, IL, 2010.

33 Edgar Wolfrum, *Rot-Grün an der Macht: Deutschland, 1998–2005*, München 2013, S. 279–324.

34 Ebd., 402–456.

35 Joan Wallach Scott, *The Politics of the Veil*, Princeton, NJ, 2007; Gilles Kepel, Beyond Terror and Martyrdom: *The Future of the Middle East*, Cambridge, MA, 2008, S. 172–256.

36 Scott, *Politics of the Veil*; Kepel, *Beyond Terror*; und Alissa Rubin / Elian Peltier, »The Paris Attacks, 2 Years Later: Quiet Remembrance and Lasting Impact«, in: *New York Times*, 13. November 2017.

37 David Spence (Hrsg.), *The European Union and Terrorism*, London 2007, S. 1–29.

38 Franz Eder / Martin Senn (Hrsg.), *Europe and Transnational Terrorism: Assessing Threats and Countermeasures*, Baden-Baden 2009.

39 Paul Nolte, *Was ist Demokratie? Geschichte und Gegenwart*, München 2012.

40 Judy Dempsey, »›Enraged Citizens‹ Movement Rattles German Politics«, in: *New York Times*, 16. Mai 2011.

41 Hagen Schulz-Forberg / Bo Strath, *The Political History of European Integration: The Hypocrisy of Democracy-through-Market*, London 2010.

42 Hara Kouki / Eduardo Romanos (Hrsg.), *Protest beyond Borders: Contentious Politics in Europe since 1945*, New York, 2011, S. 86–102.

43 Wirsching, *Preis der Freiheit*, S. 308–347.

44 Tony Blair, *A Journey: My Political Life*, New York 2010, S. 313–320; und Wolfrum, *Rot-Grün an der Macht*, S. 528 ff.

45 John Dunn, *Democracy: A History*, New York 2005, S. 149–188; und Gerhard Loewenberg, *On Legislatures: The Puzzle of Representation*, Boulder, CO, 2011.

46 Andrew Chadwick / Philip N. Howards (Hrsg.), *Routledge Handbook of Internet Politics* (London, 2009); und Evgeny Morozov, *The Net Delusion: The Dark Side of Internet Freedom*, New York 2011.

47 William I. Robinson, »Theories of Globalization«, in: *Blackwell Companion to Globalization*, S. 125–143.

48 Konrad H. Jarausch (Hrsg.), »Zwischen ›Reformstau‹ und ›Sozialabbau‹: Anmerkungen zur Globalisierungsdebatte in Deutschland, 1973–2003«, in: Ders., *Ende der Zuversicht? Die Siebziger Jahre als Geschichte*, Göttingen 2008, S. 330–349; und Wirsching, *Preis der Freiheit*, S. 226–347.

49 Göran Therborn / Habibul Haque Khondker (Hrsg.), *Asia and Europe in Globalization: Continents, Regions and Nations*, Leiden 2006, S. 275–309.

50 Daniel S. Hamilton / Joseph P. Quinlan, *Globalization and Europe: Prospering in the New World Order*, Washington 2008.

51 Maria João Rodrigues (Hrsg.), *Europe, Globalization and the Lisbon Agenda*,

Cheltenham 2009; Lionel Jospin, *My Vision of Europe and Globalization*, Cambridge 2002; und Pascal Lamy / Jean-Pisany-Ferry, *The Europe We Want*, London 2002.

Aussichten für das 21. Jahrhundert

1 Robert Kagan, »Power and Weakness«, in: *Policy Review*, 1. Juni 2002; und Ders., *Of Paradise and Power: America and Europe in the New World Order*, New York 2003.

2 Jürgen Habermas / Jacques Derrida, »February 15, or What Binds Europeans Together: A Plea for a Common Foreign Policy, Beginning in the Core of Europe«, in: *Constellations 10* (2003), H. 3.

3 Edward W. Said, *Orientalism*, New York 1978, S. 1–28; Dipesh Chakrabarty, *Provincializing Europe: Postcolonial Thought and Historical Difference*, 2. Aufl., Princeton, NJ, 2007.

4 Jeremy Rifkin, *The European Dream: How Europe's Vision of the Future Is Quietly Eclipsing the American Dream*, New York 2004.

5 Dan Stone, *Goodbye to All That: The Story of Europe since 1945*, Oxford 2014.

6 John Headley, *The Problem with Multiculturalism: The Uniqueness and Universality of Western Civilization*, New Brunswick 2012.

7 Jasper M. Tautsch, »The Invention of the ›West‹«, in: *Bulletin of the German Historical Institute in Washington* 53 (2013), S. 89–102; und Michael Kimmage, »The Rise and Fall of the West: An American Story«, in: *Telos* 168 (2014), S. 22–44.

8 Jeffrey Anderson / G. John Ikenberry / Thomas Risse (Hrsg.), *The End of the West? Crisis and Change in the Atlantic Order*, Ithaca, NY, 2008.

9 Victoria de Grazia, *Irresistible Empire: America's Advance through Twentieth Century Europe*, Cambridge, MA, 2006; und David Ellwood, *The Shock of America: Europe and the Challenge of the Century*, Oxford 2012, S. 1–10.

10 Andrew Kohut / Bruce Stokes, *America against the World: How We Are Different and Why We Are Disliked*, New York 2006, S. 220–225.

11 Dominic Sachsenmaier, »Global History and Critiques of Western Perspectives«, in: *Comparative Education* 42 (2006), S. 451–470.

12 Samuel P. Huntington, *The Clash of Civilizations and the Remaking of the World Order*, New York 1996, S. 19ff.

13 Sam Moyn, *The Last Utopia: Human Rights in History*, Cambridge, MA, 2010.

14 Walter Laqueur, *After the Fall: The End of the European Dream and the Decline of a Continent*, New York 2011, S. 180ff.

15 T. R. Reid, *The United States of Europe: The New Superpower and the End of American Supremacy*, New York 2004, S. 88–144.

16 Ebd., S. 144–176; und Richard Berthoud / Maria Iacovou (Hrsg.), *Social Europe: Living Standards and Welfare States*, Cheltenham 2004.

17 James J. Sheehan, *Where Have All the Soldiers Gone? The Transformation of Modern Europe*, Boston, MA, 2008.

18 Ralf Roth (Hrsg.), *Städte im europäischen Raum. Verkehr, Kommunikation und Urbanität im 19. und 20. Jahrhundert*, Stuttgart 2009.

19 Peter Clark, *European Cities and Towns, 400–2000*, Oxford 2009.

20 Malgorzata Pakier / Bo Strath (Hrsg.), *A European Memory? Contested Histories and Politics of Memory*, New York 2010.

21 Rifkin, *European Dream*, S. 358ff.; und Reid, *United States of Europe*, S. 227ff.

22 G. John Ikenberry, »Explaining Crisis and Chance in Atlantic Relations«, in: *End of the West*, S. 1–27. Vgl. Paul Nolte, *Transatlantische Ambivalenzen: Studien zur Sozial- und Ideengeschichte des 18. bis 20. Jahrhunderts*, München 2014.

23 Mary Nolan, *The Transatlantic Century: Europe and America, 1890–2010*, Cambridge 2012, S. 1–9, 356–373.

24 Steven Hill, »Ignore America's Europe-bashing – It's Nothing New«, in: *The Guardian*, 2. September 2012; und Robert Marquard, »Is Romney's Europe-bashing Well Placed?«, in: *Christian Science Monitor*, 11. Januar 2012.

25 Ellwood, *Shock of America*, S. 488–519; und Kohut / Stokes, *America against the World*, S. 22–40.

26 Konrad H. Jarausch, »Drifting Apart: Cultural Dimensions of the Transatlantic Estrangement«, in: Hermann Kurthen / Antonio Menendez / Stefan Immerfall (Hrsg.), *Safeguarding German-American Relations in the New Century*, Lanham, MD, 2006, S. 17–32; und Kohut / Stokes, *America against the World*, S. 41–205.

27 Mark Leonard, *Why Europe Will Run the 21st Century*, London 2005.

28 Michael Wolff, *Fire and Fury: Inside the White House*, New York 2018; und Konrad H. Jarausch, »Der Trump-Schock«, in: *Zeitgeschichte Online*, Februar 2017.

29 Timothy Garton Ash, *Free World: America, Europe and the Surprising Future of the West*, New York 2004, S. 71–83; Steven Erlanger, »Conflicting Goals Complicate an Effort to Forge a Trans-Atlantic Trade Deal«, in: *New York Times*, 12. Juni 2012.

30 Sabrina P. Ramet / Christine Ingebritsen (Hrsg.), *Coming in from the Cold War: Changes in U. S.-European Interactions since 1980*, Oxford 2002.

31 Dieter Mahncke / Alicia Amos / Christopher Reynolds (Hrsg.), *European Foreign Policy – from Rhetoric to Reality?*, Brüssel 2004.

32 Gergana Noutcheva, *European Foreign Policy and the Challenge of Balkan Accession: Conditionality, Legitimacy and Compliance*, Hoboken, NJ, 2012.

33 Birol A. Yesilada, *EU-Turkey Relations in the 21st Century*, Abingdon 2012.

34 Trang Phan / Michel Guillou, *Francophonie et mondialisation: Histoire et institutions des origines à nos jours*, Paris 2011.

35 Yenkong Ngangjoh-Hodu / Francis A. S. T. Matambalya, *Trade Relations between the EU and Africa: Development, Challenges and Options beyond the Cotonou Agreement*, London 2010.

36 Jan van der Harst / Pieter C. M. Swieringa (Hrsg.), *China and the EU: Concord or Conflict?*, Maastricht 2012.
37 Zhongqi Pan (Hrsg.), *Conceptual Gaps in China-EU Relations: Global Governance, Human Rights and Strategic Partnerships*, Basingstoke 2012.
38 Zaki Laidi (Hrsg.), *EU Foreign Policy in a Globalized World: Normative Power and Social Preferences*, London 2008.
39 Jan Zielonka, »Europe as a Global Actor: Empire by Example?«, in: *International Affairs* 84 (2008), S. 471–484.
40 Sir Malcom Rifkind, »Britain and the EU: An Ever-Closer Union?«, Rede vom 6. Mai 2013, https://www. euractiv. com/section/uk-europe/opinion/britain-and-the-eu-an-ever-closer-union/. Vgl. Roger Cohen, »Britain's Brexit Leap in the Dark«, in: *New York Times*, 24. Juni 2016.
41 Finn Laursen, *The EU's Lisbon Treaty: Institutional Choices and Implementation*, Burlington 2012.
42 Philip Arestis / Malcolm Sawyer (Hrsg.), *The Euro Crisis*, Basingstoke 2012.
43 Federiga Bindi / Irina Angelescu (Hrsg.), *The Foreign Policy of the European Union: Assessing Europe's Role in the World*; Washington, 2012; und Ulrich Krotz / Kiran Klaus Patel / Federico Romero (Hrsg.), *The History of EC Foreign Relations, 1957–1992*, München 2018.
44 Richard Tilly / Paul J. J. Welfens / Michael Heise (Hrsg.), *50 Years of EU Economic Dynamics: Integration, Financial Markets and Innovation*, Berlin 2007.
45 Richard I. Jobs, *Backpack Ambassadors: How Youth Travel Integrated Europe*, Chicago 2017.
46 Hartmut Kaelble, *A Social History of Europe, 1945–2000: Recovery and Transformation after Two World Wars*, New York 2013. Vgl. Ariana Brill, *Abgrenzung und Hoffnung: »Europa« in der deutschen, britischen und amerikanischen Presse, 1945–1980*, Göttingen 2014.
47 Darko Bandic / Dusan Stoianovic, »Little Joy in Croatia as It Enters the EU«, in: *ABC News*, 17. Juni 2013; und Ed Dolan, »Here's Why Latvia's Decision to Join the Euro Makes Sense«, in: *Wall Street Journal*, 16. Juni 2013.
48 Sophie Meunier / Kathleen R. McNamara (Hrsg.), *Making History: European Integration and Institutional Change at Fifty*, Oxford 2007.
49 James Anderson / James Goodman, »Regions, States and the EU: Modernist Reaction or Postmodern Adaptation?«, in: *Review of International Political Economy* 2 (1995), S. 600–631.
50 Jan Zielonka, *Europe as Empire: The Nature of the Enlarged European Union*, Oxford 2006.
51 Steven Hill, *Europe's Promise: Why the European Way is the Best Hope in an Insecure Age*, Berkeley, CA, 2010.
52 Joschka Fischer, »From Confederacy to Confederation«, Rede am 12. Mai 2000; und Ders., *Scheitert Europa? Europa am Scheideweg*, Köln 2014.

Epilog: Eine gezähmte Moderne

1 Richards Plavnieks, »Nazi Collaborators on Trial during the Cold War: The Cases against Viktors Arajs and the Latvian Auxiliary Security Police«, Dissertation, University of North Carolina, 2013; mündliche Mitteilung von Irmgard Mueller; und Andre Weckmann, *Wie die Würfel fallen. Ein Roman aus dem Elsass*, Kehl 1981. Vgl. Mary Fulbrook, *Dissonant Lives: Generations and Violence through the German Dictatorships,* Oxford 2011.

2 Mark Mazower, *Dark Continent: Europe's Twentieth Century,* New York 1999, versus Richard Vinen, *A History in Fragments: Europe in the Twentieth Century,* London 2000.

3 »Editorial«, in: *London Times*, 1. Januar 1901; Shiv Visvanathan, »A Letter to the 21st Century«, in: *Economic and Political Weekly*, 8. Januar 2000.

4 Eric Hobsbawm, *Age of Extremes: The Short Twentieth Century, 1914–1991*, London 1994. Vgl. Martin Sabrow, *Zeitgeschichte schreiben: Von der Verständigung über die Vergangenheit in der Gegenwart*, Göttingen 2014, S. 160–193.

5 Eric Weitz, *A Century of Genocide: Utopias of Race and Nation*, Princeton, NJ, 2003; und Norman Naimark, *Stalin's Genocides*, Princeton, NJ, 2010.

6 Elizabeth Pond, *The Rebirth of Europe*, Washington 1999.

7 Chris Lorenz / Berber Bevenage (Hrsg.), *Breaking up Time: Negotiating Borders between Present, Past and Future,* Göttingen 2013; und Robert Hassan, *Empires of Speed: Time and the Acceleration of Politics and Society,* Leiden 2012.

8 Peter N. Stearns / Herrick Chapman, *European Society in Upheaval: Social History since 1750*, 3. Aufl., New York 1992. Vgl. Bo Stråth / Peter Wagner, *European Modernity. A Global Approach*, London 2017.

9 Theodore H. von Laue, *The World Revolution of Westernization: The Twentieth Century in Global Perspective*, New York 1987.

10 François Furet, *The Passing of an Illusion: The Idea of Communism in the Twentieth Century*, Chicago, IL, 1999.

11 Günther Heydemann / Eckhard Jesse (Hrsg.), *Diktaturvergleich als Herausforderung: Theorie und Praxis,* Berlin 1998.

12 Ronald Inglehart, *Modernization and Postmodernization: Cultural, Economic and Political Change in 43 Countries*, Princeton, NJ, 1997.

13 Ulrich Beck / Christoph Lau, »Second Modernity as a Research Agenda: Theoretical and Empirical Explorations in the ›Meta-Change‹ of Modern Society«, in: *British Journal of Sociology* 56 (2005), S. 525–557.

14 Sophia Marshman, »Bauman on Genocide – Modernity and Mass Murder: From Classification to Annihilation?«, in: Michael Hviid Jacobson / Poul Poder (Hrsg.), *The Sociology of Zygmunt Bauman,* Aldershot 2008, S. 75–96. Vgl. Ulrich Herbert, *Geschichte Deutschlands im 20. Jahrhundert*, München 2014, S. 1247–1251.

15 Martin Doerry, *Übergangsmenschen. Die Mentalität der Wilhelminer und die Krise des Kaiserreichs,* München 1986; und Jürgen Osterhammel, *Die Verwandlung der Welt. Eine Geschichte des 19. Jahrhunderts,* München 2009.

16 Roger Chickering, *The Great War and Urban Life in Germany: Freiburg, 1914–1918*, Cambridge 2007.
17 Eric Weitz, *Weimar Germany: Promise and Tragedy*, Princeton, NJ, 2007.
18 Heinrich August Winkler, *Geschichte des Westens. Die Zeit der Weltkriege, 1914–1945*, München 2011, S. 1197–1214.
19 Martin Thomas / Bob Moore / L. J. Butler (Hrsg.), *Crises of Empire: Decolonization and Europe's Imperial States, 1918–1975*, London 2008.
20 John Lewis Gaddis, *The Cold War*, London 2006.
21 Tony Judt, *Postwar: A History of Europe since 1945*, New York 2005.
22 Andrew Moravcsik, *The Choice for Europe: Social Purpose and State Power from Messina to Maastricht*, Ithaca, NY, 1998.
23 James J. Sheehan, *Where Have All the Soldiers Gone? The Transformation of Modern Europe*, Boston, MA, 2008.
24 Anthony J. Nicholls, *Freedom with Responsibility: The Social Market Economy in Germany, 1918–1963*, Oxford 1994. Vgl. Thomas Piketty, *Capital in the Twenty-first Century*, Cambridge, MA, 2014.
25 Geoff Eley, *Forging Democracy: The History of the Left in Europe, 1750–2000*, Oxford 2002.
26 Steve Milder / Konrad H. Jarausch (Hrsg.), »Green Politics in Germany«, Sonderheft *German Politics and Society* 33 (2015), H. 4.
27 Stefan Ludwig Hoffmann (Hrsg.), *Human Rights in the Twentieth Century*, New York 2011.
28 Colin Crouch, *Post-Democracy*, New York 2004.
29 Stephen Philip Kramer, »The Return of History in Europe«, in: *Washington Quarterly* (Herbst 2012), S. 81–91.
30 Wolfgang Streeck, *Gekaufte Zeit. Die vertagte Krise des demokratischen Kapitalismus*, Berlin 2013, und Dan Stone, *Goodbye to All That: The Story of Europe since 1945*, Oxford 2014, S. 291–294.
31 Tony Judt, *Ill Fares the Land*, New York 2010; Volker Benkert (Hrsg.), *Feinde, Freunde, Fremde? Deutsche Perspektiven auf die USA*, Baden-Baden 2018.
32 »Trump is Trying to Destabilize the European Union«, in: *Washington Post*, 29. Juni 2018. Vgl. Mary Nolan, *The Transatlantic Century: Europe and the United States, 1890–2010*, Cambridge 2012; und Timothy Snyder, *Über Tyrannei. Zwanzig Lektionen für den Widerstand*, München 2017.

Verzeichnis der Karten und Abbildungen

Register